◎ 岳阳楼

2016

湖南统计年鉴

HUNAN STATISTICAL YEARBOOK

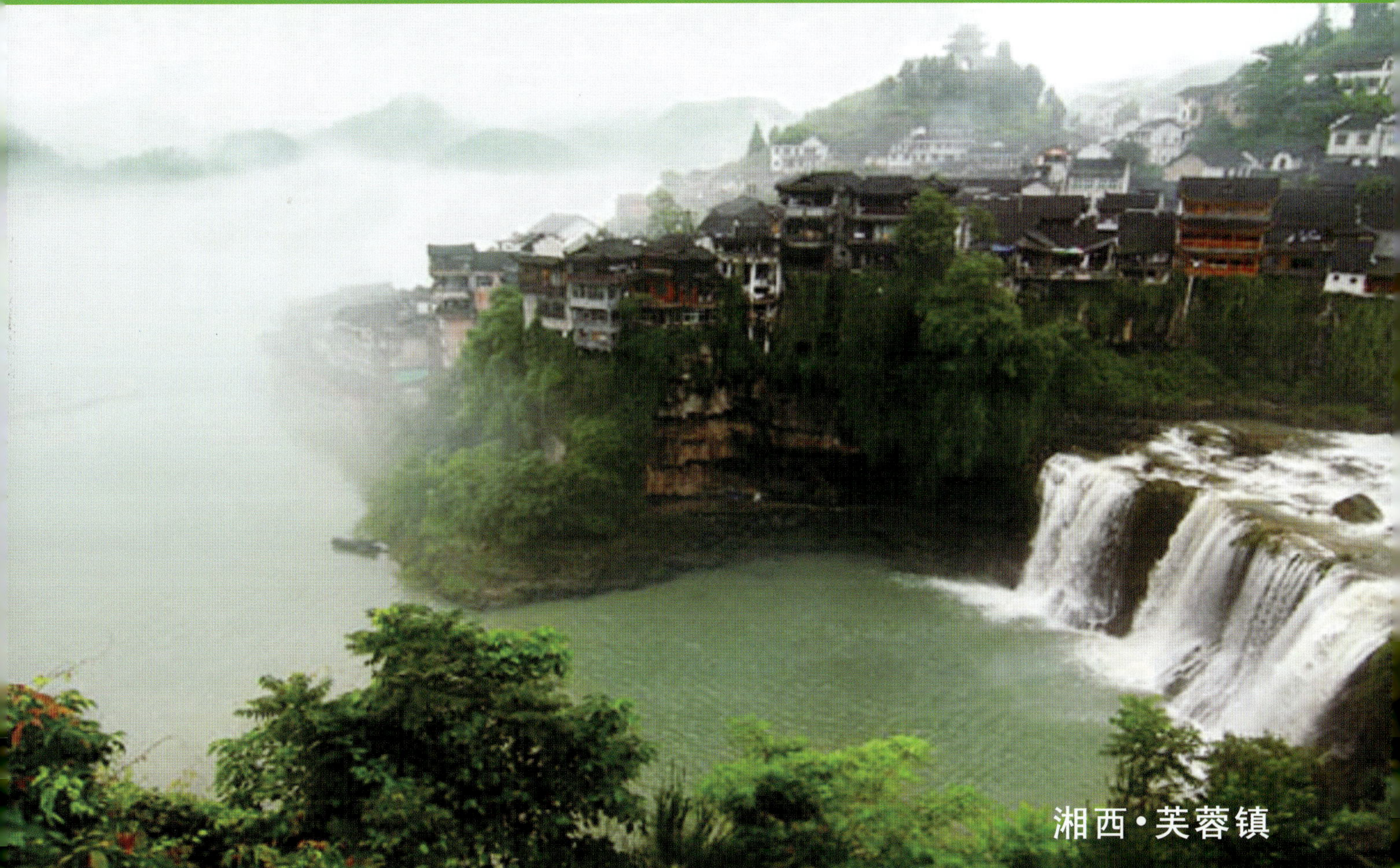

湘西·芙蓉镇

湖南省统计局　编

Compiled by

Hunan Provincial Bureau of Statistics

（总第34期　NO.34）

湖湘数典 DIGITAL HUNAN

★地区生产总值（亿元）

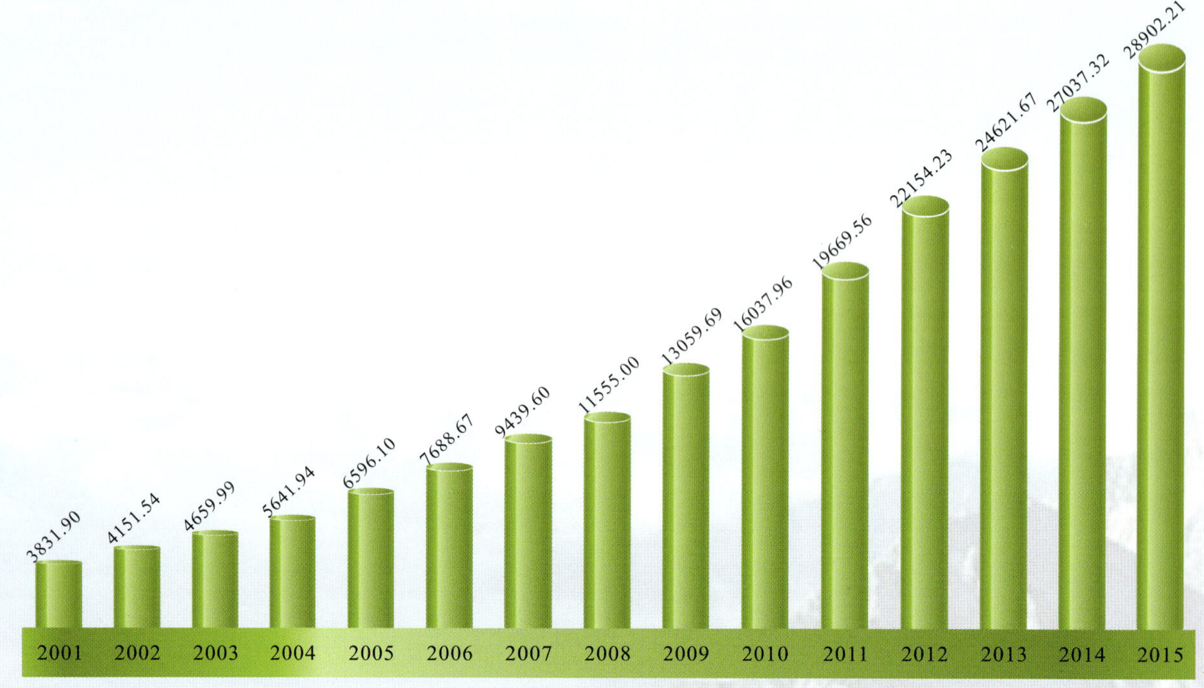

★三次产业增加值（亿元）

■ 第一产业　■ 第二产业　■ 第三产业

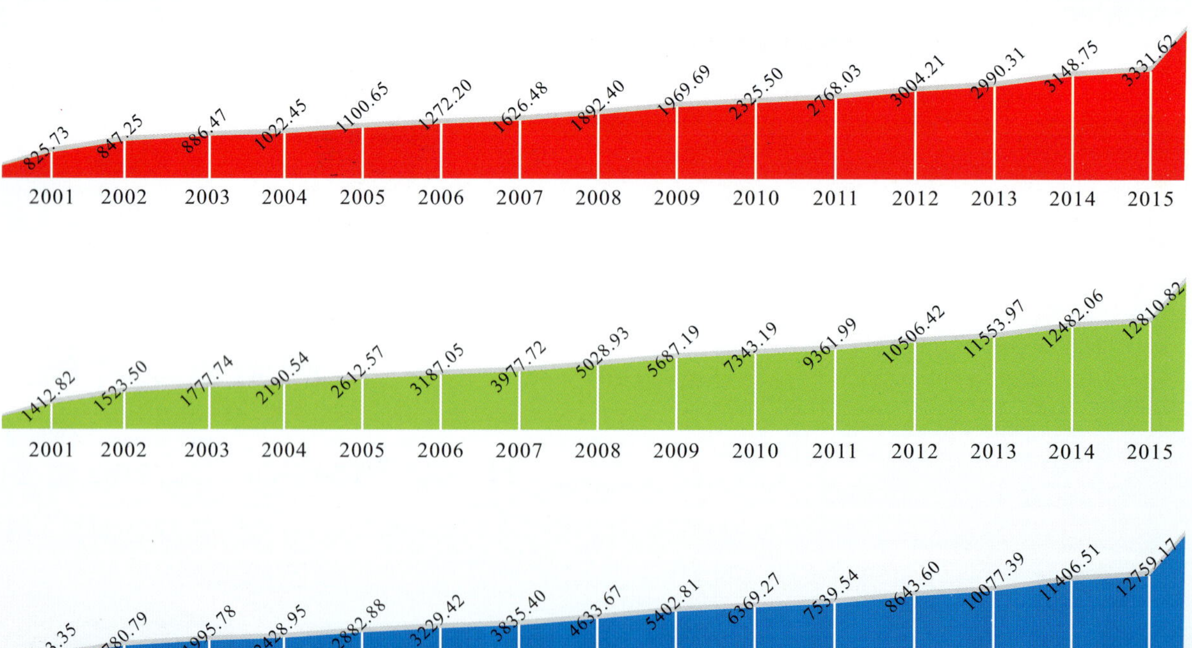

★人均生产总值（元）

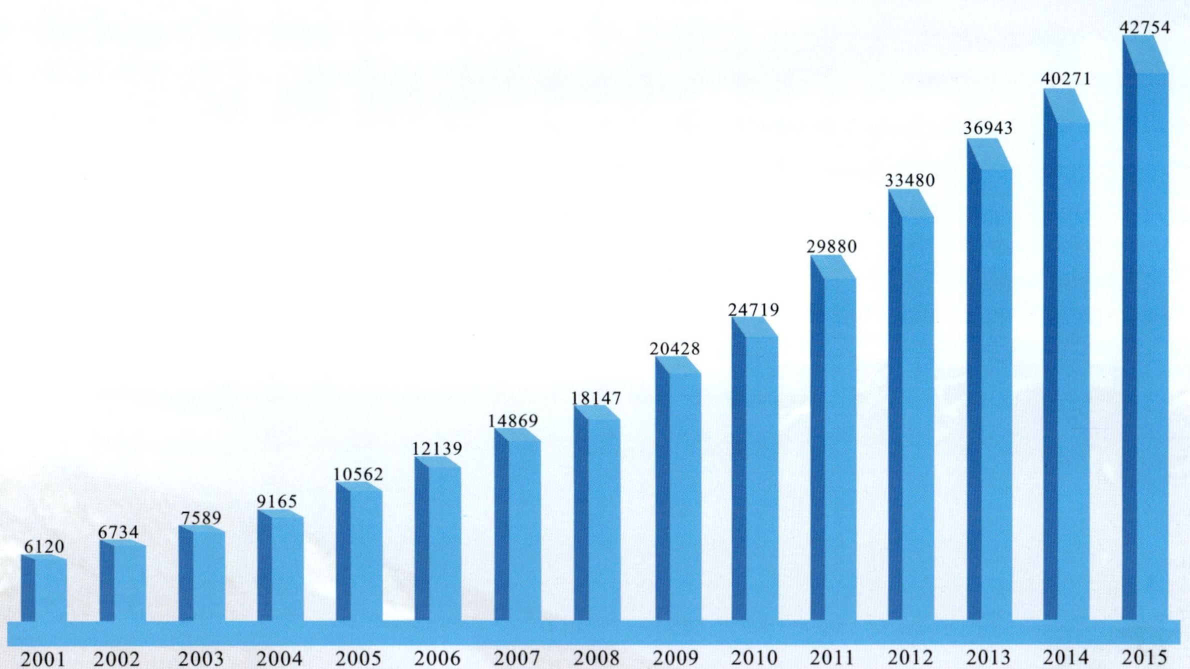

★工业增加值（亿元）

湖湘数典 DIGITAL HUNAN

★年末总人口（万人）

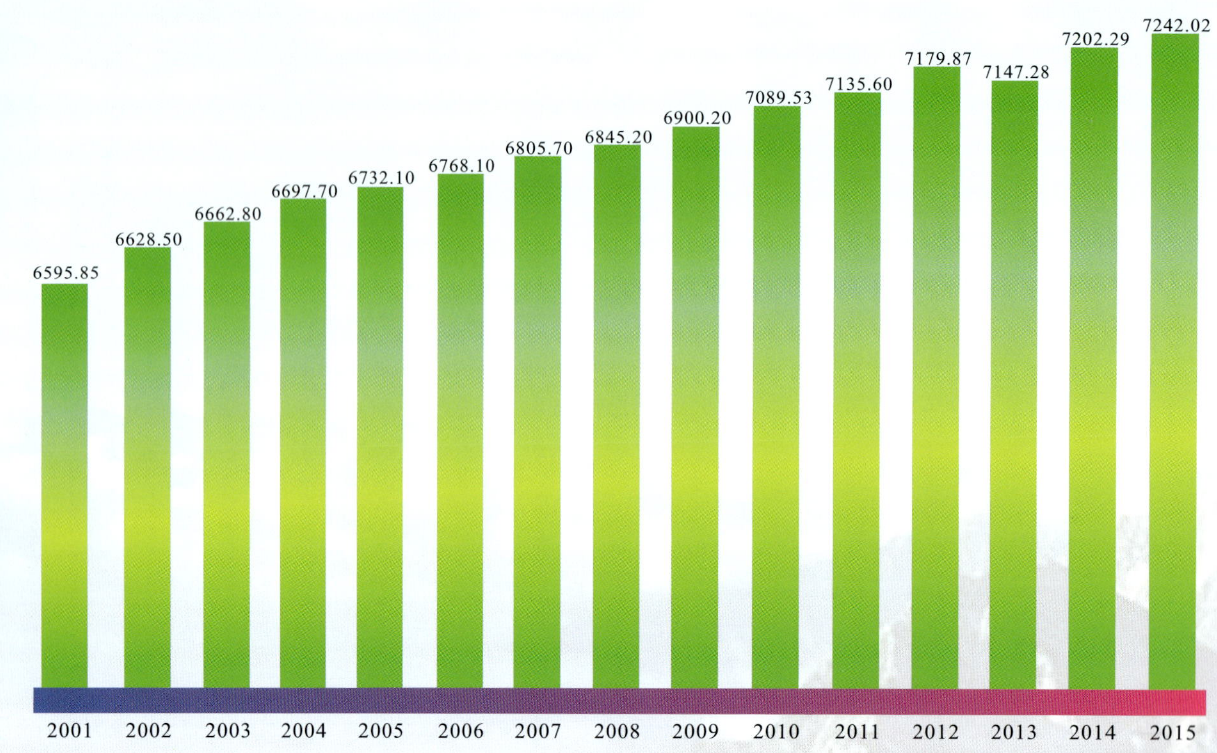

★城镇化率（%）

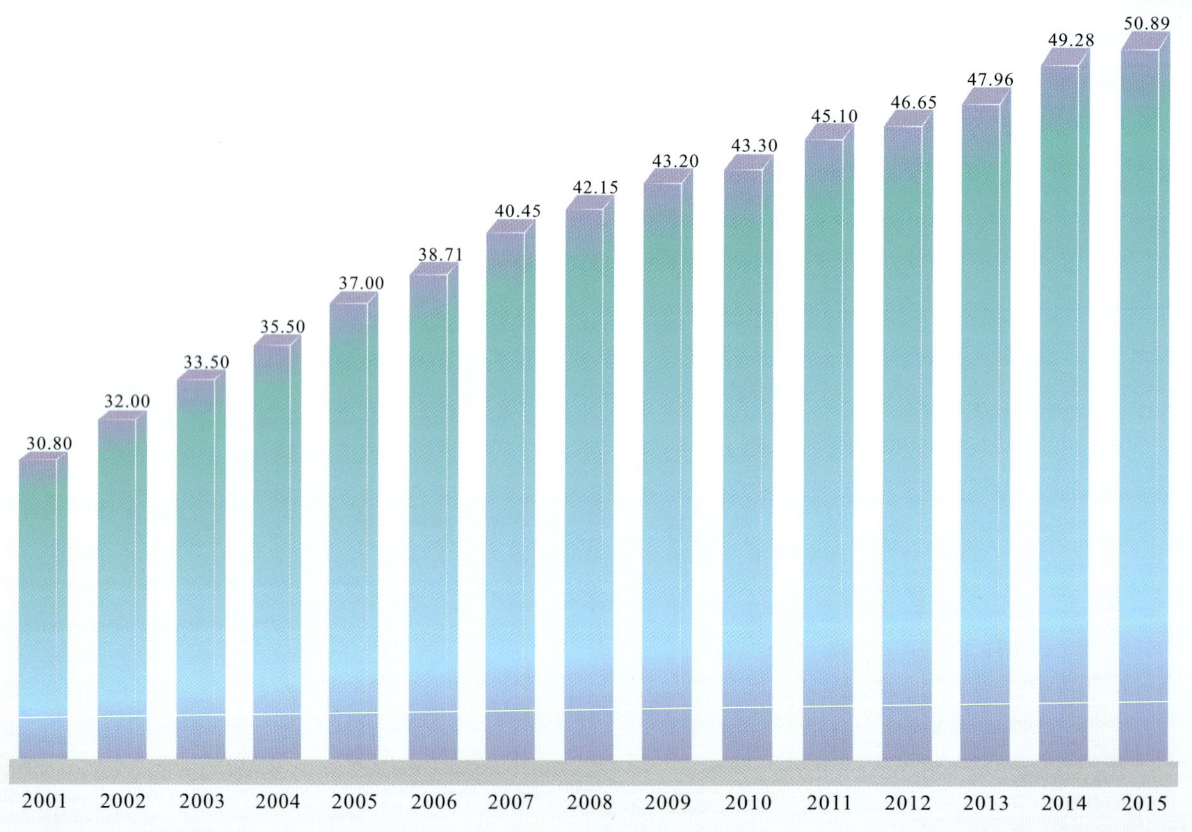

★三次产业从业人口（万人）

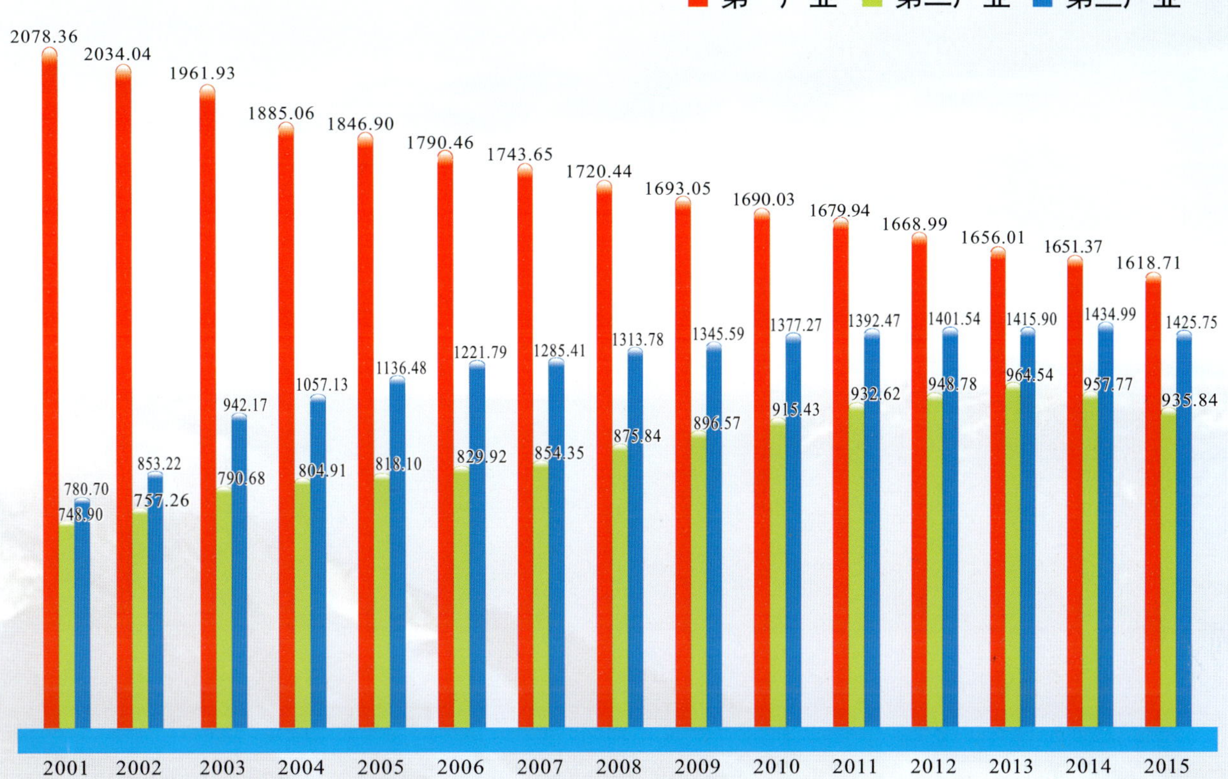

★财政收支（亿元）

湖湘数典 DIGITAL HUNAN

★固定资产投资（亿元）

★社会消费品零售总额（亿元）

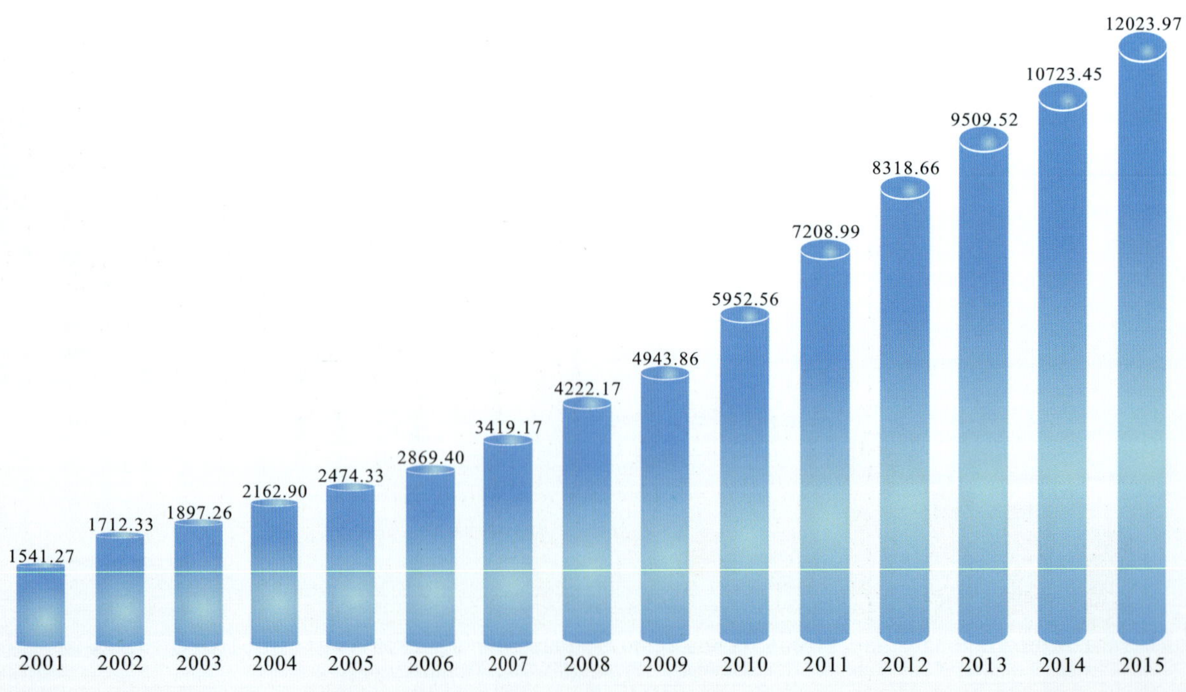

★进出口总额（亿美元）

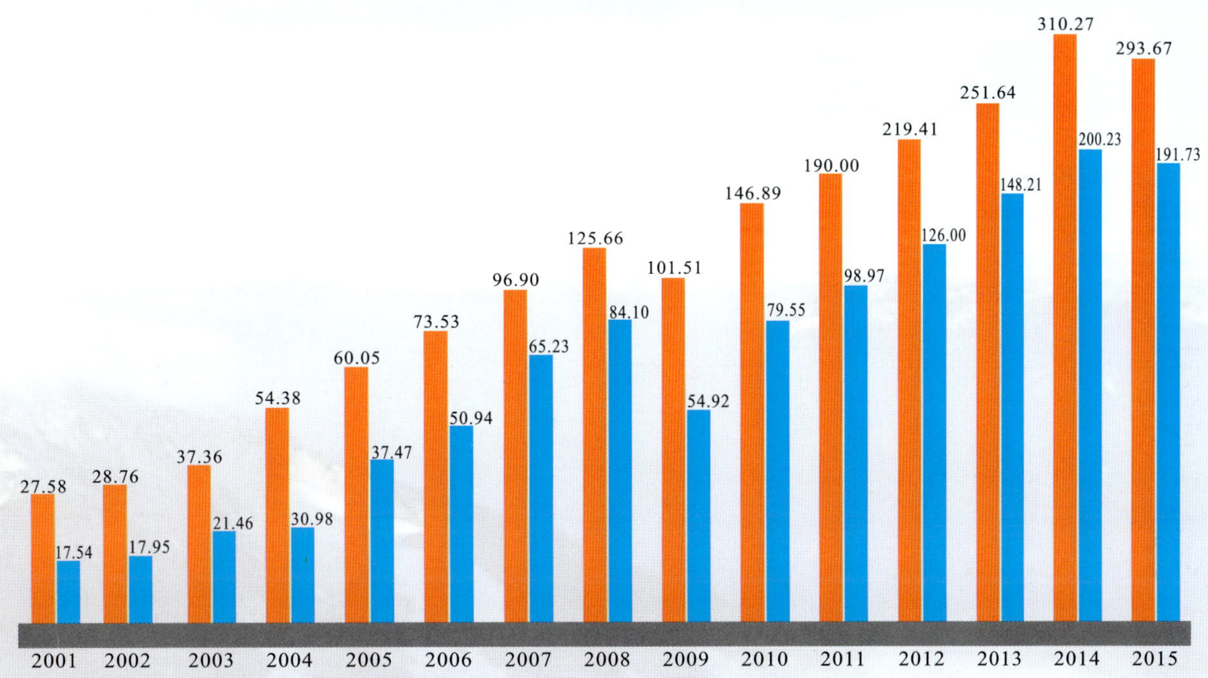

★实际利用外商直接投资（亿美元）

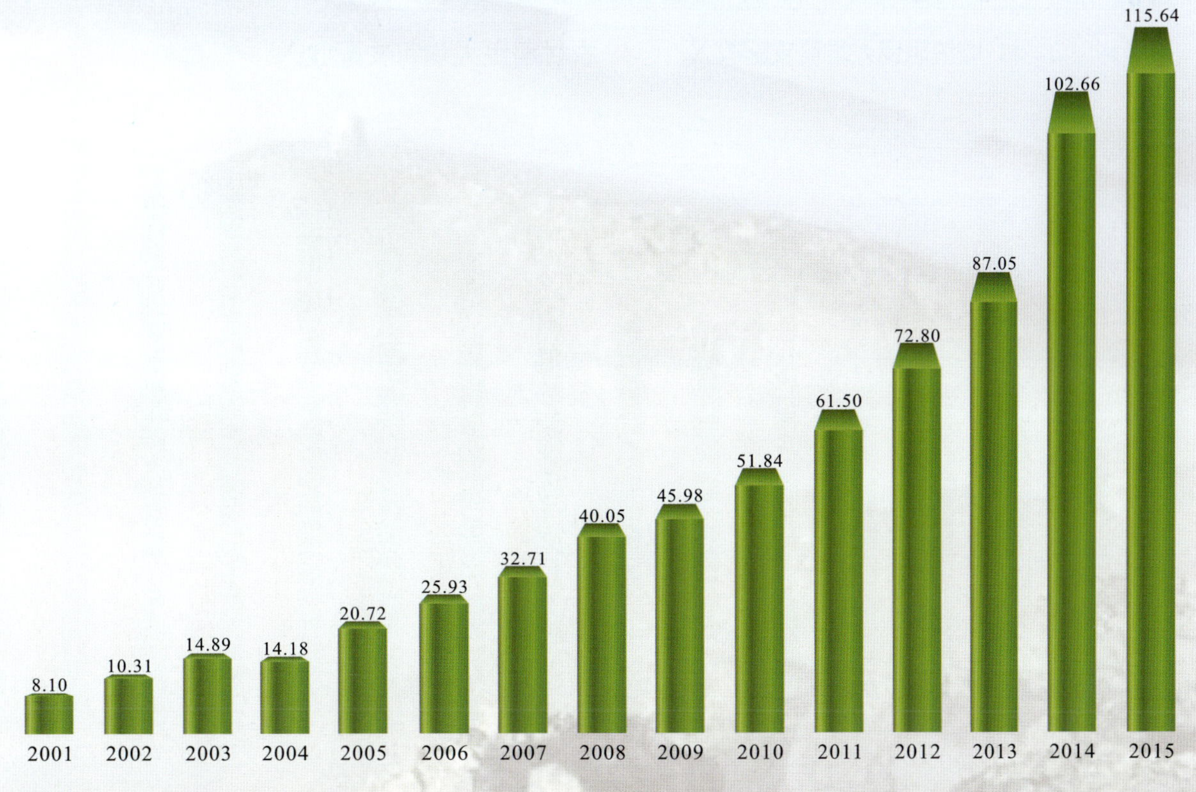

湖湘数典 DIGITAL HUNAN

★在岗职工年平均工资（元）

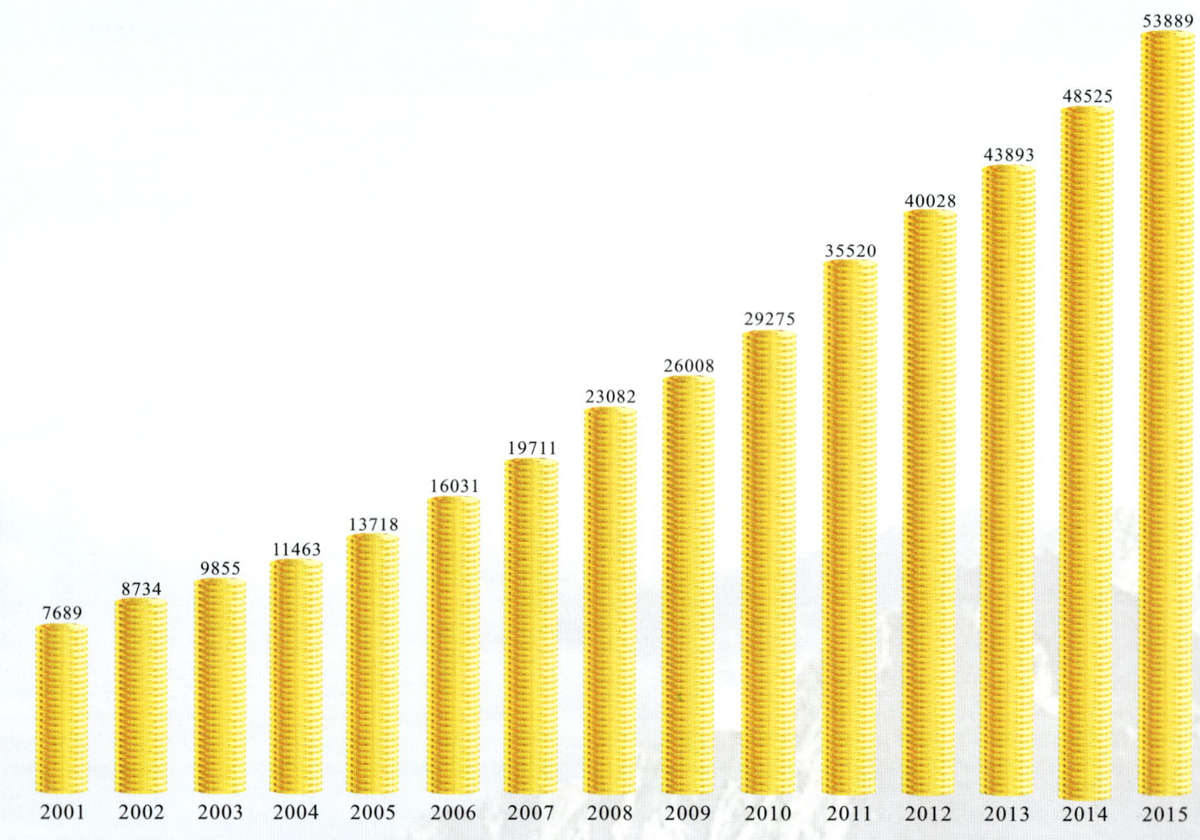

★城乡居民人均可支配收入（元）

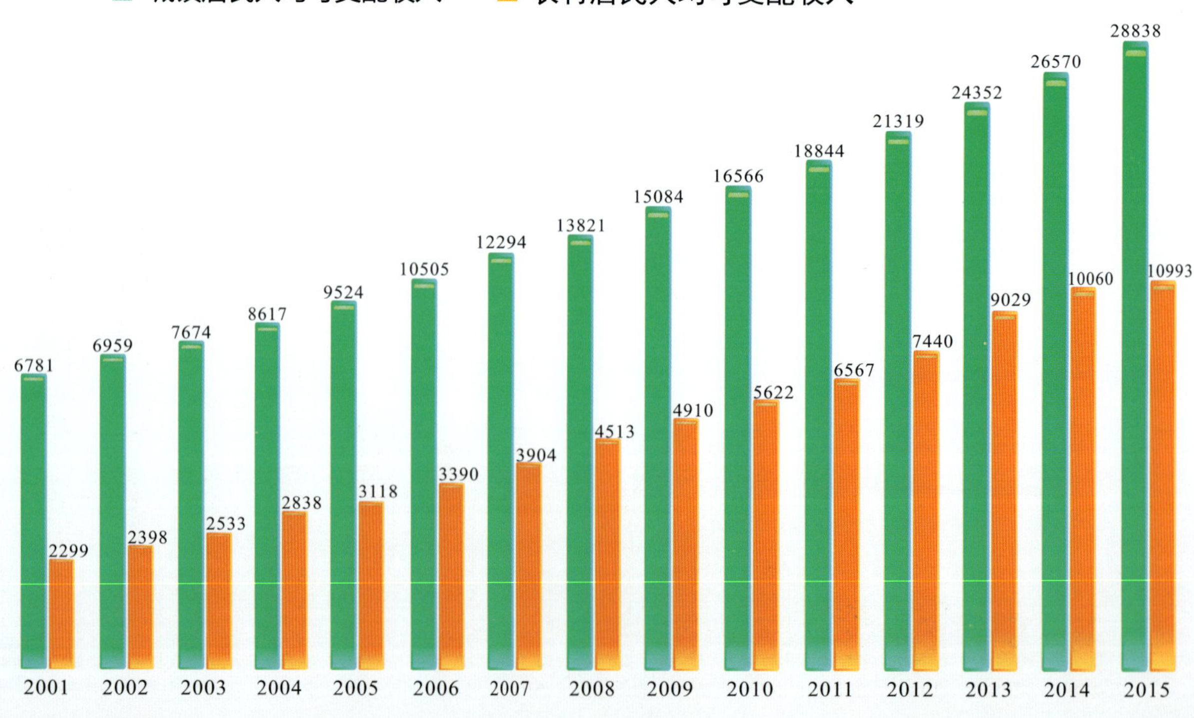

★城乡居民人均消费支出（元）

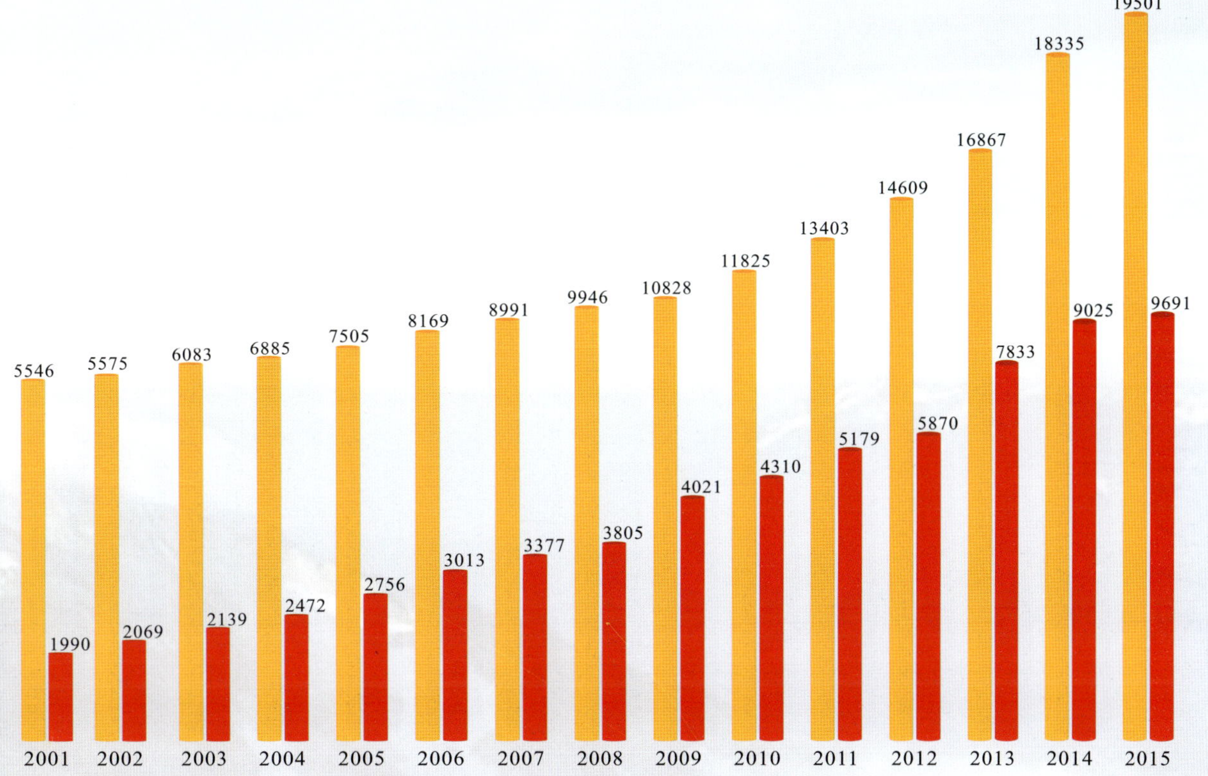

★汽车拥用量（万辆）

民用汽车　私人汽车

湖湘数典 DIGITAL HUNAN

★卫生技术人员与医生数（万人）

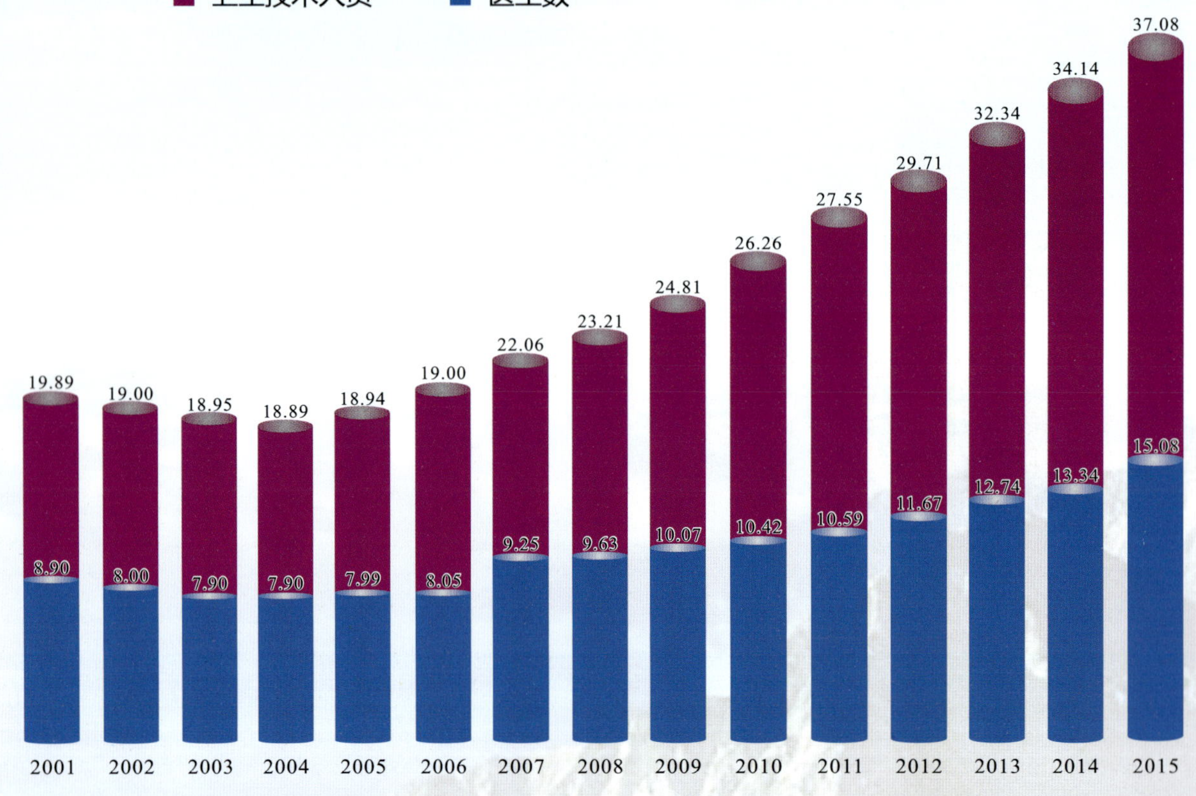

★高等学校毕业生数（万人）

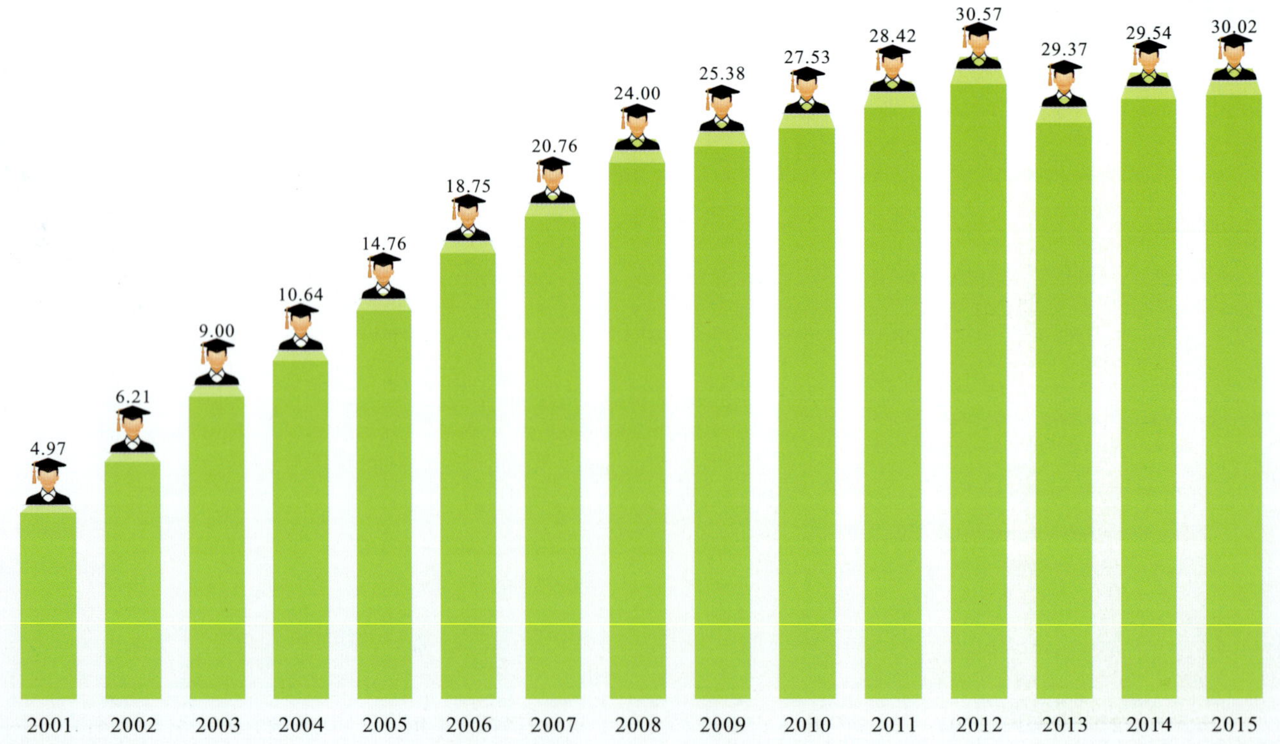

湖南的一天

指　标		Item		2000	2005	2014	2015
全省每天创造的财富		**Daily Production**					
地区生产总值	（亿元）	Gross Domestic Product	(100 million yuan)	9.73	18.07	74.07	79.18
农业总产值	（亿元）	Gross Output Value of Agriculture	(100 million yuan)	3.43	5.63	14.53	15.43
地方财政收入	（万元）	Public Budgetary Revenue	(10 000 yuan)	4850.40	10829.18	61994.20	68915.90
布	（万米）	Cloth	(10 000 m)	93.42	98.98	94.76	107.70
机制纸及纸板	（吨）	Machine-made Paper and Paperboard	(ton)	1919.73	4673.70	11138.63	10916.97
原　煤	（万吨）	Coal	(10 000 tons)	4.08	9.99	14.83	9.49
发电量	（万度）	Electricity	(10 000 kw.h)	9710.14	17268.08	34024.66	33292.60
原油加工量	（吨）	Machining Crude Oil	(ton)	14422.47	16189.52	21917.81	24038.90
粗钢	（吨）	Crude Steel	(ton)	8331.51	26717.09	52536.82	50761.10
钢材	（吨）	Steel	(ton)	8193.15	26335.95	54502.71	53460. 00
水　泥	（万吨）	Cement	(10 000 tons)	6.56	9.78	32.85	31.82
粮　食	（万吨）	Grain	(10 000 tons)	7.88	7.83	8.22	8.22
棉　花	（吨）	Cotton	(ton)	469.32	508.49	353.42	396.24
油　料	（吨）	Oil-bearing Crops	(ton)	3817.81	3862.47	6404.66	6654.61
苎　麻	（吨）	Ramie	(ton)	181.37	358.08	44.38	42.37
烤　烟	（吨）	Flue-cured Tobacco	(ton)	426.03	558.63	615.07	600.75
茶　叶	（吨）	Tea	(ton)	156.99	197.26	443.84	481.38
柑　桔	（吨）	Oranges	(ton)	3449.86	5630.41	12013.70	12524.04
猪牛羊肉	（吨）	Pork, Beef and Mutton	(ton)	11959.18	14957.26	13372.60	13136.99
水产品	（吨）	Aquatic Products	(ton)	3649.59	4910.14	6793.55	7258.92
进出口总额	（万美元）	Total Imports and Exports	(USD 10 000)	688.49	1645.16	8500.63	8045.70
进口额	（万美元）	#Total Imports	(USD 10 000)	235.62	618.68	3014.74	2792.85
出口额	（万美元）	Total Exports	(USD 10 000)	452.88	1026.48	5485.88	5252.84
其他经济活动		**Other Daily Economic Activities**					
邮电业务总量	（万元）	Business Volume of Postal and Telecommunications Services	(10 000 yuan)	3860.89	10198.36	20410.87	24770.41
出版图书	（万册）	Books Published	(10 000 copies)	68.07	91.06	115.60	133.00
出版杂志	（万册）	Magazines Published	(10 000 copies)	28.78	32.08	36.83	38.63
出版报纸	（万份）	Newspaper Published	(10 000 copies)	228.68	291.58	374.62	365.90
邮寄函件	（万份）	Post Letters	(10 000 pieces)	58.23	31.07	12.42	12.48
全省每天人口变动和婚姻		**Daily Population Changes and Marriages**					
出　生	（人）	Births	(person)	2054	2195	2487	2515
死　亡	（人）	Deaths	(person)	1218	1245	1267	1271
结　婚	（对）	Marriages	(couples)	1050	1259	1704	1487
离　婚	（对）	Divorces	(couples)	177	227	462	486

（京）新登字 041 号

图书在版编目（CIP）数据

湖南统计年鉴. 2016 : 汉英对照 / 湖南省统计局编
. -- 北京 : 中国统计出版社, 2016.9
ISBN 978-7-5037-7869-8

Ⅰ. ①湖… Ⅱ. ①湖… ②国… Ⅲ. ①统计资料－湖南省－2016－年鉴－汉、英 Ⅳ. ①C832.64-54

中国版本图书馆CIP数据核字(2016)第168110号

湖南统计年鉴-2016

作　　者/ 湖南省统计局
责任编辑/ 佘竞雄
装帧设计/ 刘雁
出版发行/ 中国统计出版社
地　　址/ 北京市丰台区西三环南路甲6号　邮政编码/100073
电　　话/ 邮购（010）63376909　书店（010）68783171
网　　址/ http://www.zgtjcbs.com
印　　刷/ 永州市湘华印务有限公司
经　　销/ 新华书店
开　　本/ 890mm×1240mm　1/16
字　　数/ 1460千字
印　　张/ 48
版　　别/ 2016年9月第1版
版　　次/ 2016年9月第1次印刷
定　　价/ 350.00元

本书附同版本CD-ROM一张，光盘内容以书面文字为准。
如有印装差错，由本社发行部调换。

《湖南统计年鉴—2016》

编辑委员会和编辑工作人员

《Hunan Statistical Yearbook – 2016》

Editorial Board and Staff

编辑说明

一、《湖南统计年鉴－2016》系统收录了全省及各市、州、县2015年经济和社会发展方面的大量统计数据，以及重要历史年份的全省主要统计数据，是一部全面反映湖南省经济和社会发展情况的资料性年刊。

二、全书分为首卷和统计资料。首卷为特载《政府工作报告》和《2015年湖南省国民经济和社会发展统计公报》。统计资料分为21个章节，即：1.综合；2.国民经济核算；3.人口；4.就业人员和工资；5.固定资产投资；6.对外经济、旅游和开发区；7.能源；8.财政、金融和保险；9.城市建设和环境保护；10.农业；11.工业；12.建筑业；13.交通运输、邮电和其他服务业；14.批发和零售业、住宿和餐饮业；15.教育和科技；16.文化、体育和卫生；17.党群、政法和社会福利；18.区域经济；19.各市、州主要经济和社会统计指标；20.各县、市(区)主要经济和社会统计指标；21.各省、市、自治区主要经济和社会统计指标。为方便读者使用，各篇章篇末附有《主要统计指标解释》。

三、与2015年版《湖南统计年鉴》比较，本《年鉴》内容和篇章结构主要做了如下修订和补充：将原“交通运输和邮电业”篇章更名为“交通运输、邮电和其他服务业”，对规模以上服务业年度统计资料进行公开发布；根据新的国民经济行业分类，本《年鉴》对有关指标进行了增减和调整，并对有关统计资料进行不同程度的充实。

四、本《年鉴》中价值指标均按当年价格计算，指数均按可比价格计算。如有变化，表后附有说明。本年鉴数据均为电脑合成，由于单位取舍按四舍五入处理产生的计算误差，均未作机械调整。

五、本《年鉴》按照《中国统计年鉴》大体框架和规范要求编辑。统一使用《中国统计年鉴》指标解释，统一采用国际度量衡标准计量单位，统一使用《中国统计年鉴》规范符号。

六、本《年鉴》中特载《政府工作报告》、《2015年湖南省国民经济和社会发展统计公报》和第21章节使用的数字为快报数或初步统计数。

七、本《年鉴》表中的符号使用说明：“#”表示其中的主要项；“空格”表示指标数据不详、无该项统计数据或数据不足最小计量单位。

八、本《年鉴》编辑中如有不足之处，恳请广大读者批评指正。

EDITOR'S NOTES

Ⅰ. *Hunan Statistical Yearbook-2016* is an annual statistical publication, which reflects comprehensively the economic and social development of Hunan. It covers data for 2015 and key statistical data in some historically important years at provincial level and local levels of cities, prefecture and counties.

Ⅱ. *Hunan Statistical Yearbook-2016* includes a special issue and statistical figures. The special issue are Government Work Report and Statistical Communiqué of Hunan Province on the 2015 National Economic and Social Development. The statistical data contain the following 21 parts: 1. General Survey; 2. National Accounts; 3. Population; 4. Employment and Wages; 5.Investment in Fixed Assets; 6. Foreign Economy ,Tourism and Development Zones;7. Energy ;8. Finance, Banking and Insurance; 9. Construction of Cities and Environmental Protection; 10. Agriculture; 11. Industry; 12. Construction; 13. Transportation, Post , Telecommunication and Other Services; 14. Wholesale and Retail Trades, Hotels and Catering Services; 15. Education, Science and Technology; 16. Culture, Sports and Public Health; 17.Party and Mass, Politics and Law, Social Service; 18. Regional Economy; 19. Main Economic and Social Statistics Indicators of Cities and Prefecture;20. Main Economic and Social Statistics Indicators of Counties and Cities (districts); 21. Main Economic and Social Indicators by Provinces (Municipalities and Autonomous Regions). To facilitate readers, at the end of each chapter, Explanatory Notes on Main Statistical Indicators are included.

Ⅲ. In comparison with *Hunan Statistical Yearbook-2015*, following revisions have been made in this new version in terms of the statistical contents and in editing: The original "Transportation,Postal and Telecommunication Services" chapter was renamed "Transportation, Postal ,Telecommunication and other Services", Public release of the annual statistics detail of the Service above Designated Size .

According to Classification of National Economic Industries, relevant statistics are increased or adjusted to enrich relative Statistical Indicators in different degree.

Ⅳ. All of the value indicators in this book are calculated by the same year's prices. All of the indices are calculated by the constant price. Explanatory notes are provided behind the list in which if there are changes. Data of the book are composed by computers.

Ⅴ. The book is edited according to the frame and standard of China Statistical Yearbook. The indicator explanatory notes are edited according to China Statistical Yearbook, and the units of measurement are internationally standard measurement units. The notations are standard notations of China Statistical Yearbook.

Ⅵ. Figures in Government Work Report, the communiqué and Chapter 21 are preliminary statistics.

Ⅶ. Notations used in the yearbook: "#" indicates the major items of the total; "(blank)" indicates that data are not available or the figure is not large enough to be measured with the smallest unit in the table.

Ⅷ. Based on our limited level, perhaps there are some mistakes in the book, we welcome all candid comments and criticism from our readers.

目 录

CONTENTS

特 载
SPECIAL ISSUE

统计资料
STATISTICAL DATA

一、综合
General Survey

二、国民经济核算
National Accounts

三、人口
Population

四、就业人员和工资
Employment and Wages

五、固定资产投资
Investment in Fixed Assets

六、对外经济、旅游和开发区
Foreign Economy ,Tourism and Development Zones

七、能源
Energy

八、财政、金融和保险
Government Finance, Banking and Insurance

九、城市建设和环境保护
Construction of Cities and Environmental Protection

十、农业
Agriculture

十一、工业
Industry

十二、建筑业
Construction

十三、交通运输、邮电和其他服务业
Transportation, Postal, Telecommunication and Other Services

十四、批发和零售业、住宿和餐饮业
Wholesale and Retail Trades, Hotels and Catering Services

十五、教育和科技
Education, Science and Technology

十六、文化、体育和卫生
Culture,Sports and Public Health

十七、党群、政法和社会服务
Party and Mass, Politics and Law, Social Service

十八、区域经济
Regional Economy

十九、各市、州主要经济和社会统计指标
Main Economic and Social Statistics Indicators of Cities and Prefecture

二十、各县(市、区)主要经济和社会统计指标
Main Economic and Social Statistics Indicators of Counties and Cities (Districts)

二十一、各省（市、自治区）主要经济和社会统计指标
Main Economic and Social Statistics Indicators By Provinces, Municipalities and Autonomous Regions

湖南省政府工作报告

湖南省人民政府省长　杜家毫

——2016年1月25日在湖南省第十二届人民代表大会第五次会议上

各位代表：

现在，我代表省人民政府向大会作政府工作报告，请予审议，并请各位政协委员和其他列席人员提出意见。

一、2015年及“十二五”时期工作回顾

过去五年，在党中央、国务院的坚强领导下，全省上下全面贯彻落实党的十八大和十八届三中、四中、五中全会精神，按照中共湖南省委决策部署，主动适应经济发展新常态，克服多重困难和挑战，大力推进“四化两型”，着力促进“三量齐升”，努力建设“四个湖南”，总体完成“十二五”目标任务，为全面建成小康社会奠定了坚实基础。

——经济规模持续扩大，步入稳中有进新阶段。经济总量2012年迈上2万亿台阶，2015年达到2.9万亿元，年均增长10.5%；非公经济增加值2011年突破万亿，2015年超过1.7万亿元。去年，存贷款余额分别达3.6万亿元、2.4万亿元，比“十一五”末分别新增1.9万亿元、1.3万亿元；完成固定资产投资2.6万亿元；实现社会消费品零售总额1.2万亿元。

——发展水平持续提高，跨入量质齐升新时期。去年，一般公共预算收入比2010年翻一番，迈上4000亿台阶，达4008.1亿元，年均增长16.4%。城乡居民收入分别达28838元、10993元，年均分别增长7.9%、10%。工业整体运行质量不断提升，规模工业增加值达1.1万亿元；省级以上产业园区规模工业增加值占全省61.5%，五年提高23.8个百分点。

——产业结构持续优化，进入转型发展新轨道。三次产业结构由2010年的14.5：45.8：39.7调整为去年的11.5：44.6：43.9，其中服务业年均增长11.3%，文化和创意产业增加值占GDP比重达到5.9%。六大高耗能行业增加值占规模工业的比重比2010年下降4.6个百分点；七大战略性新兴产业年均增长17%以上，高技术产业年均增长26.3%。

——基础设施持续夯实，取得全面升级新成效。五年完成基础设施投资2.2万亿元。城镇化率提高7.59个百分点，达到50.89%。建成高标准农田1495万亩。发电装机容量净增969.7万千瓦，达3889.1万千瓦；500千伏主干网基本建成，农村电网改造加快推进。所有乡镇和99.93%建制村通水泥（沥青）路。千吨级以上航道达700公里。长沙地铁二号线开通运营，国内首条、世界最长的长沙中低速磁浮线成功通车试运行，长株潭三市之间快速干道全部拉通。全省高速铁路、高速公路通车里程分别达1296公里、5653公里，均位居全国前列。

——民生保障持续加强，迈出全面建成小康社会新步伐。累计投入财政民生资金1.54万亿元。实施扶贫攻坚项目5.9万个，减少贫困人口541万。新增城镇就业385万人、农村劳动力转移就业360万人。建设保障性住房和改造各类棚户区222.5万套，改造农村危房91.6万户；新增供水能力2.7亿立方米，解决农村饮水安全2480万人；“气化湖南”管网覆盖9个地级城市。全民医保体系、基本养老保险、最低生活保障实现城乡全覆盖。

五年来，我们主要做了以下工作：

一是努力保持稳中求进的发展态势。出台制造强省五年行动计划和“互联网+”三年行动计划，以

及支持移动互联网、住宅产业化、新能源、环保、旅游、健康服务等重点产业发展政策，扶持发展特色县域经济，促进传统优势产业和新兴产业加快发展。装备制造成为首个万亿产业，移动互联网产业总收入连续两年保持100%以上的增长，电子信息、医药产业年均增长18%以上。推动农业产业化、规模化发展，三个“百千万”工程深入实施，粮食总产稳定在600亿斤左右。

*二是致力构筑科学发展的体制机制。*完成省、市两级政府机构改革，县（市、区）政府机构改革基本完成，事业单位分类改革积极稳妥推进，省直管县（市）经济体制改革试点有序进行。党政机关公车改革稳步推进。公布省本级“权力清单、责任清单、负面清单、政府核准投资项目目录”，完成省市县三级行政审批事项清理，省本级行政审批事项减少47%，向长沙市和其余市州分别下放190项、165项省级经济社会管理权限。商事制度改革和社会信用体系建设积极推进。上一轮国企改革全面完成，组建国有资产经营管理公司。实行财政预算公开“负面清单”，编制省级重大交通基础设施建设项目债务预算。以农信社改制、土地承包经营权确权登记颁证和农村土地经营权、农房抵押贷款等为重点的农村金融改革加快深化。撤乡并村改革有序推进，国有林场和集体林权制度改革完成，农业“三项补贴”改革全面启动，水利综合改革试点、供销合作社综合改革稳妥推进。

*三是不断增强经济持续发展的能力。*主动参与国家“一带一路”、京津冀协同发展和长江经济带三大战略，湘南承接产业转移示范区、洞庭湖生态经济区、长株潭自主创新示范区、湖南湘江新区获国家批准。着力推进创新型湖南建设，涌现出超级杂交稻、8英寸IGBT芯片生产线、高铁电传动系统、“天河二号”超级计算机等一批世界领先的科技成果。努力促进区域经济协调发展，长株潭、环洞庭湖、大湘南和大湘西地区生产总值年均保持两位数增长。综合保税区、国家级口岸等平台建设取得突破性进展，湘欧国际货运班列常态化运营，全省机场旅客年吞吐量突破2000万人次，新开通国际航线40条，成功架通湖南至欧美的“空中桥梁”。进出口总额年均增长12.9%，实际利用内资和外资年均分别增长16.4%、17.4%。

*四是积极探索两型社会建设的路子。*长株潭两型社会试验区第二阶段改革建设任务全面完成。绿色湖南建设加快，湘江保护与治理省政府“一号重点工程”第一个“三年行动计划”完成，清水塘等五大区域整治效果明显。节能减排目标全面实现，主要江河Ⅲ类以上水质达到96.9%，县以上城镇污水、垃圾无害化处理率分别达92.2%、99.2%；全省37台30万千瓦以上火电机组、66条新型干法水泥生产线完成脱硝设施建设。开展耕地重金属污染治理试点，石漠化综合治理、地质灾害防治、防护林建设、重要水源地保护取得积极进展。近两年关闭小煤矿588座，森林覆盖率稳定在57%以上，湿地保护率达70%以上。农村环境综合整治覆盖全省，完成8463个行政村的人居环境整治，建设671个美丽乡村。

*五是着力促进民生和社会事业发展。*实施全省统一的最低生活保障指导标准，出台武陵山和罗霄山片区教育卫生人才津贴、城镇独生子女父母奖励、原民办代课教师和老年乡村医生生活困难补助、重度残疾人护理补贴等民生政策，提前实现县级公立医院改革全覆盖。全面完成101个重点民生实事项目建设。农村义务教育薄弱学校改造和学生营养改善、城市义务教育学校扩容改造等重点工作深入推进，广播电视、新闻出版、体育等事业加快发展，公益性、经营性文化事业单位改革步伐加快，省市县乡村五级公共文化设施更加完善。

*六是深入推进精神文明和民主法制建设。*大力加强社会主义核心价值观教育，广泛开展爱国主义教育和精神文明创建活动。自觉接受省人大及其常委会的法律监督、工作监督，以及舆论监督和群众监督，支持配合省政协做好“双周协商”等政治协商、民主监督、参政议政工作。认真办理省人大代表建议、省政协委员提案。加快推进法治湖南建设，“六五”普法成效明显，率先实行行政程序、规范行政裁量权、政府服务法治化和规范性文件登记制度。切实加强信访维稳工作，强化安全生产、食品药品质

量安全监管，事故总量、重点行业领域事故持续下降，社会大局保持和谐稳定。

七是切实加强政府自身建设。深入开展党的群众路线教育实践活动和“三严三实”专题教育，认真贯彻《中国共产党廉洁自律准则》、《中国共产党纪律处分条例》，严格执行中央八项规定和省委九项规定，坚决反对“四风”，实施优化经济发展环境十条禁止性规定。实现省级行政机关政企、政资分开。建立市（州）长工作调度视频会议和重大决策部署督查制度，实行省政府领导分工联系重点项目、重大产业和重要工作联席会议制度。强化行政监察和审计监督，完善纠错问责机制。网上政务服务、公共资源交易中心和电子监察系统建设加快。廉政建设和反腐败斗争取得积极成效。

支持国防和军队现代化建设。国防动员和后备力量建设质量提高，民兵和预备役抢险救灾等作用充分发挥，优抚安置、人防工作得到加强。国防教育、双拥共建取得新成效，军地融合发展呈现新局面。

2015年，面对经济下行压力持续加大的严峻形势，我们认真贯彻中央方针政策，按照省委部署，主动认识适应引领经济发展新常态，保持定力，精准发力，群策群力，以改革增强发展动力，以重大项目支撑发展，及时研究经济社会运行中的困难和问题，有针对性地采取系列政策措施，既不放松有市场、有效益的传统产业发展，更加注重新兴产业培育；既不放松投资拉动，更加注重发挥投资的当前和长远效益；既不放松招商引资、承接产业转移，更加注重本地现有龙头和规模企业新一轮发展；既不放松劳动密集型产业稳步发展，更加注重大众创业、万众创新，保持了稳中趋优、稳中向好的发展态势。全年地区生产总值增长8.6%，固定资产投资增长18.2%，社会消费品零售总额增长12.1%，一般公共预算收入增长10.2%，城乡居民人均可支配收入分别增长8.5%、9.3%；年初确定的9大类、193项重点改革基本完成；涉及民生的支出占一般公共预算支出的69.1%，15个重点民生实事项目顺利完成，减贫110万人，新增城镇就业77.3万人、农村劳动力转移就业64.3万人。

各位代表！

“十二五”取得的成就，是党中央、国务院坚强领导和中共湖南省委总揽全局的结果，是全省上下团结拼搏的结果，是社会各界关心支持的结果。在此，我代表省人民政府，向全省各族人民，向各民主党派、人民团体，向驻湘人民解放军和武警部队指战员、政法干警，向中央驻湘单位，向关心支持湖南改革发展的海内外各界人士，表示衷心感谢！

各位代表！

保持湖南经济社会发展的良好势头，必须深入贯彻党的基本理论、基本路线、基本纲领、基本经验，坚持以习近平总书记系列重要讲话精神以及视察湖南时的重要指示为指导，坚定不移地贯彻中央决策部署，立足“一带一部”战略定位，创造性地开展工作；必须坚持发展第一要务，以问题为导向，保持定力、精准发力，以钉钉子精神一抓到底；必须坚持改革开放，认识适应引领经济发展新常态，破除思维定势、工作惯性和路径依赖，实现思想理念的新提升、工作思路的新转变、发展路径的新突破；必须坚持求真务实，转作风、抓政风、带民风，不断优化经济发展环境，充分调动各方面的积极性、创造性；必须坚持以人为本，把保障和改善民生作为一切工作的出发点和落脚点，把人民对美好生活的向往作为我们的奋斗目标。

各位代表！

回顾“十二五”，我们战胜了历史罕见的严重干旱和洪涝灾害，经受了国内外经济形势急剧变化的严峻考验，经历了经济发展进入新常态的转轨阵痛，打下了践行创新、协调、绿色、开放、共享发展新理念的良好基础。三湘大地正勃发出无限生机与活力，湖南人民正展现出无穷力量与豪情。我们坚信，在以习近平同志为总书记的党中央指引下，在中共湖南省委的带领下，拥有光荣传统、敢于变革、勇于创新的湖南人民，一定能创造出更加美好的新生活！

各位代表！

站在新的起点阔步前行的同时，我们必须认真面对存在的问题：一是经济下行压力较大，工业经济发展困难较多，科技创新投入不足，亟需加快培育新的经济增长点。二是全面深化改革进入关键期，深层次矛盾日益显现，啃硬骨头、涉险滩的劲头还需进一步增强。三是开放水平有待提高，外贸规模不大，拉动力不强。四是改善民生任务繁重，脱贫攻坚的难度大、时间紧，群众就医、就学、出行、住房等方面的难题仍然较多。五是发展环境还不优，政府职能还需加快转变，少数地方、少数干部依然有不作为、乱作为的现象，服务企业和群众的主动性仍然不够，廉政建设需进一步加强。六是影响社会和谐稳定的矛盾和问题仍然较多，安全生产基础还不牢固，社会风险防控和应急处置能力需进一步提高，等等。对此，我们要保持清醒头脑，坚持问题导向，以坚韧的毅力、扎实的作风、创新的意识，努力在攻坚克难中取得新的进步。

二、“十三五”时期主要目标和任务

“十三五”时期是实现第一个百年奋斗目标、全面建成小康社会的决胜阶段。

当前，世界经济在深度调整中曲折复苏，新一轮科技革命和产业变革蓄势待发；我国经济发展长期向好的基本面没有变，仍处于可以大有作为的重要战略机遇期；我省经济正处在爬坡过坎的关键时期，发展方式正在加快转变，新的发展动能正在孕育形成。我们要始终保持开拓创新的锐气和奋发向上的士气，努力在新常态中确立新理念、抢抓新机遇、实现新突破。

“十三五”时期，全省经济社会发展总的要求是：高举中国特色社会主义伟大旗帜，全面贯彻党的十八大和十八届三中、四中、五中全会精神，以邓小平理论、“三个代表”重要思想、科学发展观为指导，深入贯彻习近平总书记系列重要讲话精神，以“四个全面”战略布局为统领，坚持发展第一要务，坚持创新、协调、绿色、开放、共享发展理念，以提高发展质量和效益为中心，充分发挥“一带一部”区位优势，加快形成引领经济发展新常态的体制机制和发展方式，促进“三量齐升”，推进“五化”同步发展，统筹推进经济建设、政治建设、文化建设、社会建设、生态文明建设，确保如期全面建成小康社会，建设富饶美丽幸福新湖南。

落实这个要求，我们紧密结合湖南实际，对照全面建成小康社会各项目标任务，编制了《“十三五”规划纲要》（草案），现提请会议审查。“十三五”时期的发展目标是：地区生产总值年均增长8.5%左右，2020年前在中部地区率先实现地区生产总值和城乡居民人均可支配收入比2010年翻一番，人均地区生产总值与全国平均水平的差距明显缩小；一般公共预算收入年均增长8%左右；固定资产投资年均增长15%；完成国家下达的节能减排任务。

实现上述目标，必须突出抓好五个重点。

（一）坚持创新发展，培育经济发展新动力。努力做大经济总量、提升发展质量、提高人均均量，着力拉长县域经济、开放型经济、非公有制经济和金融服务业等发展短板，协同推进新型工业化、信息化、城镇化、农业现代化和绿色化。大力推进结构性改革，在供给侧和需求侧两端共同发力，挖掘投资、消费、出口潜力，全面释放新需求。实施创新驱动发展战略，发挥科技创新在全面创新中的引领作用，促进大众创业、万众创新。积极对接“中国制造2025”，加快制造强省建设，推进服务业现代化，着力构建现代农业产业体系、生产体系、经营体系，构筑多点支撑的产业发展格局。实施“互联网+”行动计划，促进互联网和经济社会融合发展。全面深化改革，健全有利于创新发展的体制机制，实现由低水平供需平衡向高水平供需平衡的跃升。

（二）坚持协调发展，构筑平衡发展新格局。以长株潭一体化为抓手，统筹推进环洞庭湖、大湘南、大湘西等区域发展，加快形成“一核三极四带多点”的发展新格局。推进以人为核心的新型城镇化，探索建立城乡发展一体化机制。加快建设文化强省，着力构建现代公共文化服务体系和现代文化市场体系，促进物质文明与精神文明协调发展。积极支持国防建设和军队改革，促进军民融合深度发展。

（三）坚持绿色发展，建设两型生态新家园。落实主体功能区制度，实施山水林田湖生态保护和修复工程，建设“一湖三山四水”生态屏障。全面建设两型社会，实施最严格的水资源管理和节约用地制度，严守资源消耗上限、环境质量底线、生态保护和耕地红线，构建科学合理的城市化格局、农业发展格局、生态安全格局、自然岸线格局。推动低碳循环发展，引导绿色投资、绿色生产、绿色消费，打造循环型工业、农业、服务业体系。深化生态文明体制改革，构建产权清晰、多元参与、激励约束并重、系统完整的生态文明制度。

（四）坚持开放发展，打造内陆开放新高地。全面对接和融入国家区域发展战略，把我省建成国家“一带一路”战略内陆核心腹地、长江经济带交通物流枢纽。坚持内外需协调、进出口平衡、引进来走出去并重、引资引技引智并举，加快对外贸易优化升级，不断提高招商引资水平，吸引更多世界知名企业和海外优秀人才来湘发展。深入实施走出去战略，开展产能出海、境外投资、跨国并购、服务外包等重点行动，推动我省优势产业、优秀企业开拓外部市场。

（五）坚持共享发展，创造幸福美好新生活。坚持普惠性、保基本、均等化、可持续，加强义务教育、就业服务、社会保障、基本医疗和公共卫生、公共文化、环境保护等基本公共服务，建立更加公平更可持续的社会保障制度。大力促进就业创业，持续增加城乡居民收入。推进健康湖南建设，促进人口均衡发展。健全社会治安防控体系，维护和谐稳定，建设平安湖南。特别是，要认真贯彻习近平总书记关于把脱贫攻坚作为头等大事和第一民生工程的要求，实施精准扶贫工程，更加注重对特定人群特殊困难的精准帮扶，确保2020年现行标准下农村贫困人口实现脱贫，贫困县全部摘帽。

三、2016年工作

今年经济社会发展的主要目标是：地区生产总值增长8.5%左右，规模工业增加值增长8%，固定资产投资增长16%，社会消费品零售总额增长12%，进出口总额增长10%，一般公共预算收入增长8%以上，全体居民人均可支配收入增长8.5%左右，万元GDP能耗下降3%。

实现以上目标，必须坚持稳中求进工作总基调，重点抓好以下七个方面的工作：

（一）努力保持经济平稳健康发展

增强创新驱动发展能力。推进长株潭自主创新示范区建设，健全“省统筹、市建设、区域协同、部门协作”工作推进机制，构建人才引进激励、科技成果转化、资源开放共享、军民协同创新、科技金融结合等政策体系。在高端装备、先进储能材料、“互联网＋”、大数据、节能环保、传感技术等领域实施一批关键技术协同攻关项目，实行企业技术需求和科技成果转化清单制度，支持企业技术改造和设备更新。推进企业联合高校、科研院所共建国家级重点实验室、工程实验室、工程中心和企业技术中心，建设工程机械、轨道交通、新材料等国家级创新中心。落实企业研发费用加计扣除、高新技术企业所得税减免政策，建设一批众创空间和农村“星创天地”。推进省级财政科技计划和资金管理改革，深化科技成果处置权、收益权改革，加强知识产权创造、运用、保护和管理。

加快制造强省建设。实施制造强省五年行动计划，抓好电力机车工程实验室及智能制造车间等重点项目建设。推动装备制造、钢铁、有色、石化等传统产业绿色化、品牌化发展，促进新能源、新材料、电子信息、生物医药、通用航空、两型住宅等新兴产业规模化、集约化成长，加快培育新能源汽车、高性能数字芯片、智能电网、3D打印、工业机器人等新增长点。推进浮空器、高效液力变矩器、北斗卫星应用等产业项目建设，加快军民融合产业示范基地建设。

大力发展现代服务业。加快发展金融保险、研发设计、检测检验、信息技术服务、商务咨询等生产性服务业。积极发展教育文化、健康养老、体育休闲、家政服务等生活性服务业。完善现代物流基础设施，加快发展第三方物流，促进物流业与电子商务、现代交通和产业体系的对接与配套。改善商贸基础设施，促进移动互联网、绿色、信息等新兴消费。深化与国内知名电商的战略合作，推动“湘品出湘”和“湘品网上行”，促进农村商贸综合服务体电商模式在全省范围落地运营。完善云计算、大数据平台，提升金融、医疗、教育、旅游、交通、物流、邮政、快递、零售等领域的在线化、智能化水平。加快传统媒体和新兴媒体融合发展，以互联网技术促进文化产业内容、形式和业态创新，支持文化产业示范园区（基地）建设。加快发展现代旅游业，打造以张家界为龙头的精品景点景区和旅游线路，加强旅游配套服务，培育新兴旅游业态。

加快转变农业发展方式。稳定粮食、生猪、油料等主要农产品生产，确保粮食总产稳定在600亿斤左右。继续划定永久基本农田，大规模推进土地整治、中低产田改造和高标准农田建设，抓好以水库除险加固、灌区续建配套和节水改造、“五小”水利为重点的农田水利建设。突出农业品牌培育和提升，继续实施“百千万”工程，推进农村一二三产业融合发展，打造粮油、畜禽、水产、果蔬、茶叶、林产等千亿产业，积极发展生态农业、休闲观光农业。大力推广良种良法和先进适用农机，提高主要农作物生产全程机械化水平。依法推进土地经营权有序流转，培育一批农机、农技专业服务合作社和种养结合的家庭农场，推广土地托管、代耕代种、联种联收、统防统治等专业化、规模化服务模式。创建农业标准化示范县、乡和基地，支持益阳等国家现代农业示范区建设。防控重大动物疫情，建设农产品质量安全追溯和信用体系。认真做好第三次全国农业普查。

（二）全面深化改革开放

加大供给侧结构性改革力度。认真落实“去产能、去库存、去杠杆、降成本、补短板”五大重点任务，在适度扩大总需求和调整需求结构的同时，扩大有效供给，提高供给结构适应性和灵活性。采取技术改造、兼并重组、债务重组和破产清算等方式，积极稳妥化解过剩产能。深化户籍和居住证制度改革，实施以满足新市民住房需求、购租并举为方向的住房制度改革，加大棚改货币化安置力度，大力发展住房租赁市场，积极化解房地产库存。把降低实体经济企业成本、减轻企业负担作为供给侧结构性改革的突破口，积极推进“营改增”，精简归并“五险一金”，清理规范中介服务，尽力降低企业电力价格、物流费用。推进要素市场改革，实施煤电价格联动；深化低丘缓坡开发利用和城乡建设用地增减挂钩试点；完善人才评价、引进、培养、使用、激励机制，建设科技成果转化和技术交易网络平台。放宽市场准入，鼓励社会资本参与国企改革重组和公共领域建设，引导支持非公企业转型创新发展。优化经济发展环境，强力推进社会信用体系建设，依法保护各类市场主体及企业家的合法权益。

加快行政管理体制改革。深入推进简政放权和行政审批制度改革，加快行业协会商会与行政机关脱钩，积极推动事业单位分类改革。全面完成党政机关公车改革，启动事业单位公车改革。进一步深化商事制度改革。加快公共资源交易管理体制改革。

推动投融资体制改革和金融创新。发展政府性基础设施基金，设立新兴产业投资基金，探索建立省级股权投资基金、风险补偿基金，支持地方金融类企业做大做强。支持申报组建地方法人财产保险公司和民营银行；推进国家农村金融服务体系改革试点，加快农信社改革，支持设立村镇银行，推动小额贷款公司和融资性担保机构持续健康发展；扩大股票、债券等多层次资本市场融资，推动险资入湘。积极稳妥扩大企业债券发行，规范各类融资行为，加强风险监测预警和处置，坚决守住不发生系统性和区域性金融风险的底线。

推进财政体制和国企国资改革。完善全口径预算分配、财政管理综合绩效考评、债务预算管理与风险防控机制，编制省级重大基础设施项目债务预算中期规划，做好政府存量债务置换工作，探索建立水利、交通领域事权与支出责任相匹配机制。推进省属监管国有资本布局调整与国有企业重组整合，规范省属监管企业董事会建设和企业负责人薪酬管理。加快推进省属国有企业和中央在湘企业“三供一业”分离移交。

深化农业农村改革。加快推进农村土地承包经营权确权登记颁证，整合各项涉农资金，推进农业“三项补贴”改革，深化国有林场、国有农场和供销合作社综合改革。加强乡(镇）、村区划调整后的管理和服务。稳步推进农业水价、输配电和天然气价格改革。

提升开放型经济发展水平。实施对接“一带一路”战略三年行动方案，大力开拓南美、东盟、非洲、中东等新兴市场，拓展国际交流合作渠道，完善企业“抱团出海”、“借船出海”和风险预警机制，支持省内优势企业在境外建立生产研发基地、承包国际工程项目、实施跨国兼并收购。加强与周边省区的区域合作，推动“湘赣”、“湘粤”等开放合作试验区建设。促进外贸转型升级，扩大传统优势产品和具有自主知识产权的高新技术产品出口，发展旅游、运输、软件、外包、技术、文化、中医药等领域服务贸易，支持建设中国（长沙）跨境贸易电子商务综合试验区。放大进口指定口岸功能，扩大先进技术设备、关键零部件、能源资源和重点消费品进口。提升招商引资实效，吸引跨国公司区域总部、营运中心和研发中心落户湖南，做好专业化、产业链、点对点和网络招商；积极发挥境外湘籍商协会和异地商会作用，支持邵阳湘商产业园建设；鼓励、引导和支持广大湘商回故乡、建家乡。加快建设高铁经济带，发展临港、临空经济，加强航空、水运、陆运以及电子口岸建设，充分发挥衡阳、湘潭、岳阳综合保税区政策功能优势、产业集聚效应和示范引领作用，推动郴州出口加工区转型整合为综合保税区；推进国际贸易单一窗口建设，深化通关作业无纸化、区域通关一体化、关检合作“三个一”、集中汇总纳税等改革；提升湘欧快线、“五定班列”、多式联运效益，拓展国际国内航班航线。

（三）积极扩大有效投资

启动30大工程，推进1000个重大项目，完成固定资产投资3万亿元左右。交通网，力争建成高速公路300公里以上、干线公路1000公里；加快湘江、沅水等高等级航道和一江一湖四水相关港口建设；推进怀邵衡、黔张常、蒙华湖南段等铁路建设，新开工张吉怀、湘桂扩能改造等铁路项目；推进长沙航空枢纽和其他市州支线机场建设。能源网，稳步推进电源点项目，推进五强溪水电站扩机项目前期，加快实施酒泉—湖南特高压直流输电工程，开工建设7条500千伏省内特高压配套线路、长沙艾家冲变电站扩建等主电网项目；开工建设中石化新疆煤制气外输管道工程湖南段，建成投产7条省内支干线；积极发展风电和光伏发电等清洁能源。水利网，继续推进涔天河水库枢纽和灌区工程、莽山水库等项目，争取启动毛俊水库建设。信息网，加快光纤高速宽带和第四代移动通信网络建设，实施“宽带乡村”工程。城建，建成长株潭城际铁路，加快长株潭城市轨道交通建设，完善停车场、新能源充电桩等设施，推进长沙地下综合管廊、常德海绵城市建设试点及城市黑臭水体整治。园区，推进创新创业园区“135”工程建设，完善配套服务，推动扩权强园。

（四）不断拓展区域城乡协调发展新空间

促进区域协调发展。以规划、交通、产业、科技创新、生态环境治理、公共服务为重点，以17个特色产业园区为载体，推进长株潭一体化发展。高起点建设湖南湘江新区，努力打造高端制造研发转化基地和创新创意产业集聚区、产城融合城乡一体的新型城镇化示范区、全国两型社会建设引领区、长江经济带内陆开放高地。推动环洞庭湖区全面融入长江经济带，发挥岳阳城陵矶“一区一港四口岸”优势，大力发展临江临港产业，加快环湖公路和特色城镇建设。完善湘南承接产业转移示范区的园区、口岸、会展平台功能。促进大湘西地区加快发展，推动特色产业、基础设施、生态保护、城镇建设和公共服务等项目建设。推动娄底等资源型城市转型发展。

加强城市规划、建设和管理。转变城市发展方式，发挥中心城市作用，走集约化城市发展道路。依法制定和执行城市规划，推进城市总体规划与主体功能区、经济社会发展等规划的衔接，编制城乡一体的城镇发展规划。塑造城市特色风貌，提高城市设计和建筑水平，保护城市历史文化。完善城市公共服务，抓紧实施棚改三年计划，推进供水、供气和污水、垃圾处理设施建设，加快城乡公交一体化，推行“以公共交通为导向”的开发模式。落实城市管理主体责任，加强城镇地下管线普查及市政公用设施安全监管。推进有能力在城镇稳定就业和生活的农业转移人口进城落户，提高户籍人口城镇化率；抓好长沙、株洲以及资兴、津市—澧县、芷江等国家新型城镇化综合试点；加强农村饮水、电力、道路、通信等基础设施建设，整治4000个以上行政村的人居环境。

推进县域经济发展。深化省直管县（市）经济体制改革试点。提高省对市县一般性转移支付比重，扩大市县政府对上级专项转移支付统筹安排的自主权，逐步降低县级财政配套标准，切实增强县级财政保障能力。推进特色县域经济重点县建设，深入开展扩权强县、强镇试点，推动产业项目、信贷资金、生产要素向县域倾斜。完善县域差别化绩效考核指标体系。

（五）着力加快绿色发展步伐

深入推进两型社会建设。启动长株潭两型社会试验区第三阶段改革建设，基本完成湖南湘江新区综合生态补偿、株洲综合执法体制、湘潭绿色GDP评价等改革试点，实施昭山等生态绿心地区示范片发展工程。积极推进石门县、江华县全国重点生态主体功能区试点示范，抓好武陵山片区、湘江源头区域、衡阳、宁乡等4个国家生态文明先行示范区建设，支持开展城步国家公园体制试点。实施森林禁伐减伐三年行动和湘江流域退耕还林、还湿试点，重视蓝山等湘江源头地区和东江湖水土保护，以及衡邵干旱走廊综合治理，推进裸露山体和矿山复绿行动。深入开展两型示范创建活动，扩大政府两型采购范围。推进不动产统一登记和自然资源生态空间统一确权登记，制定公益林分类分区域生态补偿办法。探索建立和完善生态红线保护、生态补偿、责任追究、环境保护督查和环境监督执法等制度。

加大环境治理力度。启动湘江保护与治理省政府“一号重点工程”第二个“三年行动计划”，深入推进株洲清水塘、湘潭竹埠港、衡阳水口山、郴州三十六湾、娄底锡矿山，以及邵阳龙须塘等重点区域的整治和建设；启动实施洞庭湖水环境综合整治“五大专项行动”，加快推进“十大重点工程”前期工作；抓好四水流域整治与河道保洁；实施工业污染源全面达标排放。下大力气治理雾霾，加强道路和建筑工地扬尘、燃煤和餐饮油烟、机动车尾气等污染防治，推广新能源汽车。稳步推进湘江流域重金属污染土壤治理试点，抓好常德国家土壤污染防治示范区试点以及重金属污染治理项目。以县（市、区）为单位推进城乡环境同治，分步实现省域全覆盖；开展农村垃圾治理专项行动，加强农业面源污染防治。推广环境污染第三方治理与合同环境服务。

全面节约和高效利用资源。推行能源消费总量和强度双控，加强合同能源管理；建立高耗能项目能评验收制度。健全传统行业能耗限额指导目录和新兴产业领域能效标准。强化用地标准管控和供地率考核，加大闲置土地清理与处置，盘活存量低效用地。强化用水总量、用水效率、水功能区限制纳污“三条红线”控制。加快低碳循环发展，推进国家循环经济、园区循环化改造试点，以及省级循环经济和低碳经济试点；实施电力、钢铁、水泥、有色、平板玻璃等行业脱硫、脱硝、除尘和清洁生产技术改造；大力推进大宗固废和秸秆综合利用；推广绿色建筑和建材。规范环保市场准入，支持环保产业集聚区建设。我们要像保护眼睛一样保护生态环境，像对待生命一样对待生态环境，以不懈的努力，让青山永驻、绿水长流！

（六）坚决打好脱贫攻坚战

按照“四个切实”、“五个一批”、“六个精准”的要求，坚持以武陵山、罗霄山集中连片特困地区为重点，以湘西自治州为主战场，着力解决“扶持谁、谁来扶、怎么扶、如何退”等问题。加大扶贫资金投入和监管，今年投入扶贫资金65亿元，带动社会和金融资金380亿元，实施群众增收、易地搬迁、素质提升、兜底保障、基础扶贫等“五大工程”，健全金融服务、社会参与、责任考核、建档立卡、贫困对象退出等精准扶贫机制。创新产业扶贫机制和模式，发展贫困地区特色农业，建设大湘西地区12条旅游精品线路，因村因户、分类指导实施产业扶贫项目。加快实施水、电、路、气、房、环境治理“六到农家”，扎实抓好就医、就学、养老、低保、五保、村级集体经济发展“六个落实”，完成20万人易地扶贫搬迁。实施雨露计划和“一家一”工程，落实连片特困地区“两免一补”、学生营养计划、贫困地区专项招生计划、助学专项补助基金等政策。构建专项扶贫、行业扶贫、社会扶贫“三位一体”工作格局，抓好驻村帮扶，鼓励支持各类企业、社会组织、个人参与脱贫攻坚。开展“万企帮万村”活动，实施万名贫困学生助学就业、万例贫困信息发布与对接、万名贫困眼疾患者光明工程。

（七）大力推进民生事业发展和社会建设

抓好16项24个重点民生实事项目。1、实现110万贫困人口脱贫；2、提质改造农村公路1万公里，完成7000公里农村公路安保设施建设；3、农村自来水普及率达到65%；4、新增城镇就业70万人；5、建设义务教育合格学校500所、农村公办幼儿园200所；6、改造农村危房12万户、城市棚户区35万套和国有工矿棚户区8000套；7、新增管输天然气用户36万户，确保县以上城镇市政管网水的水质达到国家生活饮用水卫生标准；8、帮助5000名残疾儿童实施抢救性康复，救治救助贫困重性精神疾病患者1.1万人，改扩建精神卫生服务机构20家；9、免费为100万35-64岁的农村妇女实施乳腺癌和宫颈癌检查；10、新增社会治安视频监控摄像头3万个；11、建设社区矫正中心73个；12、新增养老服务床位2万张；13、完成500个行政村通宽带和100万农户直播卫星户户通；14、改造1000个行政村的配电网；15、建设美丽乡村示范村155个；16、建设基层综合文化服务中心400个。

积极扩大就业和提高居民收入。增加对创业就业的财政专项补助，支持劳动密集型产业企业发展，加大对创业人员小额担保贷款个人微利项目贴息的支持力度，开展农民工等人员返乡创业试点，做好高校毕业生和农村劳动力转移就业工作。完善劳动关系协调机制，维护职工合法权益。健全艰苦边远地区津贴调整机制和事业单位高层次人才激励机制。逐步提高最低工资标准，保障农民工同工同酬，探索农民增加财产性收入渠道。

加快完善社会保障体系。研究实施医疗保险、生育保险合并；整合城乡医保制度，城乡居民医保财政补助标准提高到420元/人。全面实施城乡居民大病保险。推进机关事业单位养老保险制度改革，按政策提高企业和机关事业单位退休人员养老金。提高城乡低保指导标准，逐步实现农村低保标准与贫困标准融合；提高农村五保户、优抚对象补助水平，按照最低每人每月50元的标准为低保家庭残疾人发放生活补贴。

大力发展教育、卫生、文化等社会事业。全面推进教育强省建设。确保各类教育阶段的生均经费达到或超过中部平均水平，两年内高职生均拨款水平提高到1.2万元；全省高中生均经费提高部分，以及沿西部边境贫困县农村义务教育营养改善计划所需资金，全部由省财政承担。教育卫生人才津贴政策覆盖全部贫困县，对高校毕业生到贫困地区基层单位就业给予学费补偿；实施乡村教师支持计划。继续深化教育综合改革，稳步推进考试招生制度改革，努力化解城市“大班额”问题。提高医疗卫生和计划生育服务水平。深化医药卫生体制改革，建立分级诊疗制度体系，支持城市公立医院取消药品加成、降低大型设备检查价格和高值耗材费用，提升中心卫生院和社区卫生服务中心服务能力，加强传染病等重大疾病和公共卫生监测预警与防控，高度重视农村卫生工作。基本公共卫生服务人均补助标准提高到45元。稳妥有序实施全面两孩政策，开展出生缺陷干预工作，独生子女伤残、死亡家庭月补助标准分别提高到

320元、390元。加快发展文化体育事业。推进省博物馆改扩建，启动省图书馆新馆建设，实施县级未达标公共图书馆、文化馆提质改造，完成农村广播村村响工程，支持艺术创作、演艺惠民、非遗和文物保护；完善国有文化资产监管和考评机制。发展群众体育，积极备战里约奥运会。健全食品药品质量安全治理、保障体系，让人民群众吃得放心、喝得安全。我们要以真心实意保民生，以真金白银兴民生，以真抓实干惠民生，让人民群众有更多获得感！

推进社会治理精细化、信息化、法治化。加强社会治理基础制度建设，改进信访工作，完善社会矛盾排查预警和调处化解综合机制，加快建设覆盖城乡的公共法律服务体系。落实党的民族、宗教、侨务政策。发挥工、青、妇、红十字会等群团组织作用，保障妇女儿童权益，关爱农村留守儿童、妇女、老人，发展社区和居家养老。促进残疾人事业发展。牢固树立安全发展理念，健全公共安全体系，落实安全生产责任和管理制度。完善防灾减灾救灾体系。推进平安湖南建设，健全立体化社会治安防控体系，精准打击暴力恐怖分子，深入开展三年禁毒大行动，依法严厉打击各类违法犯罪行为。加强网络内容建设，强化网络信息安全管理，净化网络环境。依法加强统计工作。做好地震、气象、档案、测绘、地质等工作，加强地方外事工作和国际友城建设。

提高精神文明和民主法制建设水平。全面实施公民道德建设工程，深化各类群众性精神文明创建活动。启动“七五”普法，增强全社会尊法学法守法用法观念。自觉接受人大法律监督和工作监督、政协民主监督，以及舆论监督、群众监督，认真办理人大代表建议和政协委员提案。创新村（居）民依法自治工作。

推进国防建设。深入贯彻中央军委改革工作会议精神，坚决支持国防和军队改革，扎实开展新时期拥军优属工作，深化“双带双促”活动，认真做好退役士兵教育培训和就业指导，进一步加强人防工作，推动经济建设和国防建设融合发展。

各位代表！

如期全面建成小康社会，必须坚持以人为本、执政为民，忠实践行“三严三实”，严守党的政治纪律和政治规矩，加快建设服务政府、责任政府、法治政府、廉洁政府。

坚持主动作为。全面正确履行政府职能，增强政府执行力、公信力，强化政府绩效评估和行政问责，坚决纠正不作为、乱作为，坚决克服懒政、怠政，坚决惩处失职、渎职，着力解决缺位、越位、不到位的问题。保持积极进取的精神状态，不懈怠，不松劲，不回避矛盾，不推卸责任，营造肯干事、能干事、干成事的浓厚氛围。

坚持创新作为。坚决破除思维定势，适应把握引领新常态，克服主观主义、经验主义，努力变中求新、新中求进、进中突破。坚决破除工作惯性，从墨守成规中走出来，从按部就班中走出来，从司空见惯中走出来，提高深化改革、推动发展、化解矛盾、维护稳定的能力和水平，努力摆脱路径依赖、速度情结和换挡焦虑。

坚持依法作为。完善政府立法体制机制，全面推进依法行政，继续简政放权、放管结合、优化服务，完善权力清单制度，深化综合行政执法体制改革，加强基层执法力量。坚持科学民主依法决策，建立重大决策终身责任追究制度及责任倒查机制，发挥省政府院士专家咨询委员会和参事室等决策咨询机构的作用，加强新型智库建设。深入推进政务公开，推广电子政务和网上办事。加强对行政权力的监督制约，支持监察、审计、财政、法制等部门开展监督。

坚持廉洁作为。把党的纪律和规矩作为从政用权、修身律己的底线，贯彻落实《中国共产党廉洁自律准则》、《中国共产党纪律处分条例》，严格执行中央八项规定和省委九项规定。认真落实党风廉政建设主体责任和监督责任，重点查处官商勾结、权钱交易等腐败问题。以永远在路上的劲头加强作风建设，以过硬的作风调动干事创业积极性。认真做好政府换届工作，更加关心爱护广大基层干部，鼓励他们扎根基层、安心工作。

各位代表！展望“十三五”，我们将开创风雷激荡、风生水起的发展局面，我们要同舟共济、同心同德，焕发砥砺奋进的昂扬斗志。让我们紧密团结在以习近平同志为总书记的党中央周围，在中共湖南省委的领导下，团结全省各族人民，以更振奋的精神、更争先的勇气、更务实的作风，锐意进取，开拓创新，为夺取全面建成小康社会的伟大胜利而努力奋斗！

湖南省2015年国民经济和社会发展统计公报

湖南省统计局

2016年3月16日

2015年，面对错综复杂的经济形势和艰巨繁重的改革任务，省委、省政府带领全省人民全面贯彻“四个全面”战略布局，坚决落实中央各项决策部署，把稳增长摆在更加突出的位置，主动适应、引领经济发展新常态，着力促进“三量齐升”、推进“五化同步”，全省经济社会发展呈现稳中有进、稳中趋优态势。

一、综 合

初步核算，全省地区生产总值29047.2亿元，比上年增长8.6%。其中，第一产业增加值3331.6亿元，增长3.6%；第二产业增加值12955.4亿元，增长7.4%；第三产业增加值12760.2亿元，增长11.2%。按常住人口计算，人均地区生产总值42968元，增长7.9%。

图1 2010-2015年地区生产总值及其增长速度

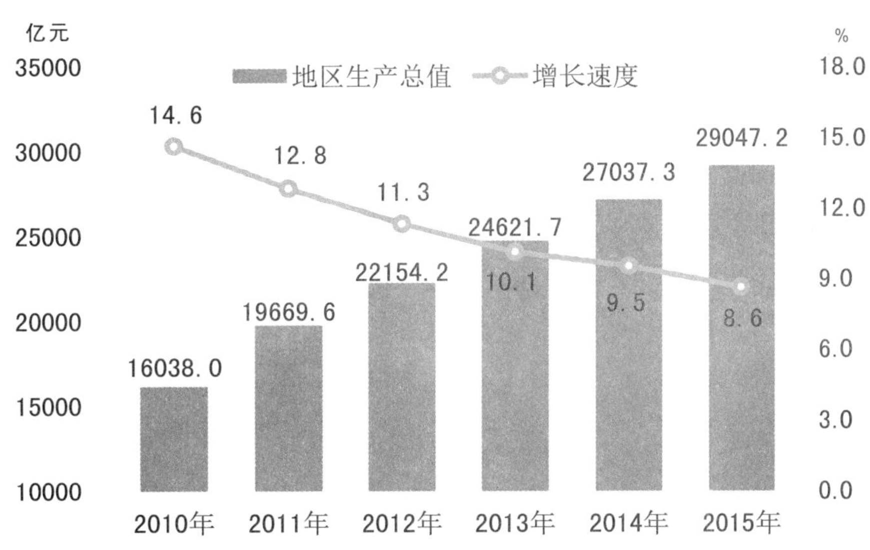

全省三次产业结构为11.5：44.6：43.9。规模以上服务业实现营业收入2123.0亿元，比上年增长13.0%；实现利润总额238.4亿元，增长10.1%。第三产业比重比上年提高1.7个百分点；工业增加值占地区生产总值的比重为38.2%，比上年下降1.6个百分点；高新技术产业增加值占地区生产总值的比重为21.1%，比上年提高2.1个百分点；非公有制经济增加值17316.4亿元，增长9.2%，占地区生产总值的比重为59.6%，比上年提高0.8个百分点；战略性新兴产业增加值3335.3亿元，增长9.5%，占GDP的比重为11.5%。第一、二、三次产业对经济增长的贡献率分别为4.5%、42.0%和53.5%，第三产业贡献率比上年提高6.5个百分点。其中，工业增加值对经济增长的贡献率为36.9%，生产性服务业增加值对经济增长的贡献率为19.7%。资本形成总额、最终消费支出、货物和服务净流出对经济增长的贡献率分别为62.3%、41.2%和-3.5%。

分区域看，长株潭地区生产总值12548.3亿元,比上年增长9.8%；湘南地区生产总值6031.8亿元，增长

8.7%；大湘西地区生产总值4896.5亿元，增长8.6%；洞庭湖地区生产总值6949.7亿元，增长8.7%。

二、农 业

第一产业中，农业实现增加值2130.4亿元，比上年增长4.0%；林业增加值234.6亿元，增长8.1%；牧业增加值727.8亿元，下降0.2%；渔业增加值238.8亿元，增长7.0%。

全省粮食播种面积494.5万公顷，比上年下降0.6%；棉花种植面积11.4万公顷，下降12.6%；糖料种植面积1.3万公顷，下降0.7%；油料种植面积144.5万公顷，增长1.4%；蔬菜种植面积137.3万公顷，增长3.2%。

全省粮食总产量3002.9万吨，比上年增长0.1%；油料增产3.9%，棉花增产12.4%，茶叶增产9.5%，蔬菜增产6.2%，烤烟减产2.8%，猪、牛、羊肉类减产1.8%，禽蛋增产3.7%，牛奶增产4.3%，水产品增产5.4%。

全年新增农田有效灌溉面积2.0万公顷，比上年增长2.6%；新增节水灌溉面积1.5万公顷；开工各类水利工程7.2万处，投入资金280亿元，完成水利工程土石方9.9亿立方米；建设农村公路5298公里。

三、工业和建筑业

全省全部工业增加值11090.8亿元，比上年增长7.5%。规模以上工业增加值增长7.8%。在规模以上工业中，新产品产值增长18.8%，占工业总产值比重为17.8%，比上年提高4.5个百分点。高加工度工业和高技术制造业增加值分别增长8.7%和13.3%；占规模以上工业增加值的比重分别为37.2%和10.5%，比上年提高0.6个和0.2个百分点。六大高耗能行业增加值增长7.0%，占规模以上工业的比重为30.3%，比上年下降0.9个百分点。非公有制企业增加值增长9.5%。园区工业增加值占规模以上工业的比重为61.5%，比上年提高2.5个百分点。分区域看，长株潭地区增长8.5%，湘南地区增长7.4%，大湘西地区增长6.8%，洞庭湖地区增长7.2%。

图2　2010-2015年全部工业增加值及其增长速度

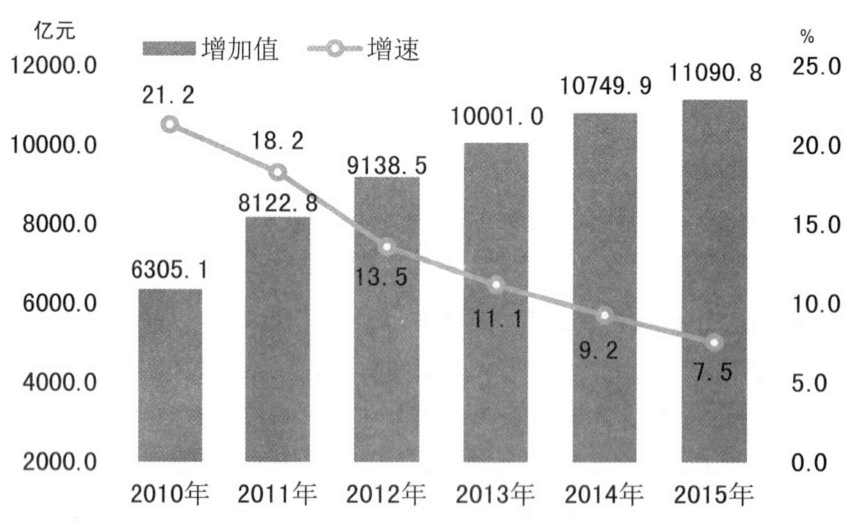

全省规模以上工业统计的产品中，产量比上年增长的有294种，占统计品种数的59.4%。主要产品中，大米1332.0万吨，增长9.8%；原油加工量877.4万吨，增长9.7%；水泥11613.6万吨，下降2.7%；钢材1951.3万吨，下降1.7%；十种有色金属267.5万吨，下降7.9%；混凝土机械4.4万台，下降13.3%；汽车63.6万辆，增长2.2%；发电量1215.1亿千瓦时，下降4.0%。

表1 2015年规模以上工业主要产品产量及其增长速度

产品名称	计量单位	产量	比上年增长（%）
原盐	万吨	263.0	-6.0
大米	万吨	1332.0	9.8
饲料	万吨	1684.5	3.2
精制食用植物油	万吨	319.7	10.8
卷烟	亿支	1757.4	0.8
机制纸及纸板	万吨	429.8	-2.1
原油加工量	万吨	877.4	9.7
硫酸（折100%）	万吨	244.1	-16.6
烧碱（折100%）	万吨	48.0	-25.7
合成氨	万吨	106.0	-13.8
化肥（折纯）	万吨	108.4	3.2
水泥	万吨	11613.6	-2.7
平板玻璃	万重量箱	2144.5	43.0
生铁	万吨	1762.8	-0.6
粗钢	万吨	1852.8	-2.9
钢材	万吨	1951.3	-1.7
十种有色金属	万吨	267.5	-7.9
白银	吨	8815.0	5.8
起重机	万吨	70.2	-34.8
混凝土机械	万台	4.4	-13.3
汽车	万辆	63.6	2.2
其中：轿车	万辆	36.9	-9.0
发电设备	万千瓦	190.4	39.4
交流电动机	万千瓦	1434.7	-17.5
变压器	万千伏安	10594.1	1.6
发电量	亿千瓦时	1215.1	-4.0
其中：火电	亿千瓦时	697.8	-6.8
水电	亿千瓦时	485.3	-1.0

规模以上工业企业实现利润总额1548.6亿元，比上年增长0.3%。分经济类型看，国有企业129.6亿元，增长0.8%；集体企业10.3亿元，下降10.3%；股份合作制企业3.4亿元，增长20.7%；股份制企业1165.8亿元，下降0.2%；外商及港澳台商投资企业123.1亿元，增长2.7%；其他内资企业116.5亿元，增长4.0%。利润总额居前五位的大类行业中，化学原料和化学制品制造业140.6亿元，增长1.3%；非金属矿物制品业131.8亿元，下降6.8%；农副食品加工业119.6亿元，增长16.9%；烟草制品业112.2亿元，下降4.3%；专用设备制造业85.0亿元，下降23.4%。

全省建筑业增加值1877.7亿元，比上年增长7.3%。具有资质等级的总承包和专业承包建筑企业实现利润总额224.4亿元，增长7.7%。房屋建筑施工面积47504.4万平方米，增长0.2%。房屋建筑竣工面积17390.0万平方米，增长4.9%。

图3 2010-2015年建筑增加值及其增长速度

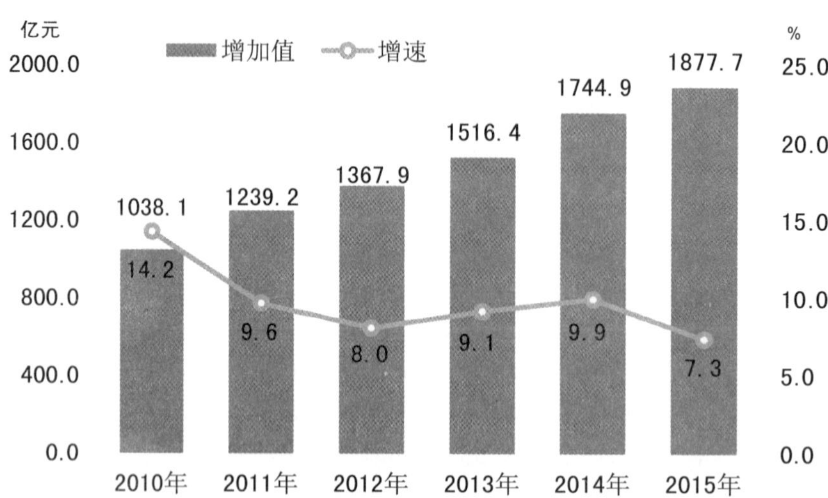

四、固定资产投资

全省固定资产投资（不含农户）25954.3亿元，比上年增长18.2%。其中，民间投资16977.9亿元，增长17.8%，占全部投资的比重为65.4%。分经济类型看，国有投资7829.9亿元，增长22.5%；非国有投资18124.3亿元，增长16.5%。分投资方向看，民生投资1930.6亿元，增长26.2%；生态投资1027.3亿元，增长26.8%；基础设施投资6192.7亿元，增长23.6%；高新技术产业投资1616.3亿元，增长27.0%；技改投资9020.0亿元，增长18.4%。分区域看，长株潭地区10350.0亿元，增长17.9%；湘南地区5836.3亿元，增长19.5%；大湘西地区4292.4亿元，增长19.0%；洞庭湖地区5236.4亿元，增长19.9%。

表2 2015年固定资产投资及其增长速度

指标	投资额（亿元）	比上年增长（%）
固定资产投资（不含农户）	25954.3	18.2
第一产业	914.5	28.8
第二产业	11027.6	18.3
其中：采矿业	626.8	-7.8
制造业	9079.1	18.8
电力、热力、燃气及水生产和供应业	926.0	18.2
建筑业	435.1	82.7
第三产业	14012.2	17.6
其中：交通运输、仓储和邮政业	1800.9	15.4
信息传输、软件和信息技术服务业	275.4	127.5
批发和零售业	1270.6	31.6
住宿和餐饮业	328.5	9.8
金融业	93.9	25.0
房地产业	3651.9	-2.2
租赁和商务服务业	552.9	31.8
科学研究和技术服务业	318.7	46.6
水利、环境和公共设施管理	3539.6	29.7
居民服务、修理和其他服务业	135.9	36.2
教育	500.3	19.8
卫生和社会工作	308.1	20.3
文化、体育和娱乐业	303.7	14.3
公共管理、社会保障和社会组织	690.0	16.9

全省施工项目共有48898个，本年投产项目36939个。亿元以上项目3029个，完成投资5449.0亿元，占全部投资的比重为21.0%。

全省房地产开发投资2613.8亿元，比上年下降9.4%。其中，住宅投资1802.9亿元，下降9.8%。商品房销售面积6363.0万平方米，增长17.0%。其中，住宅销售面积5671.2万平方米，增长16.9%。商品房销售额2738.9亿元，增长19.1%。其中，住宅销售额2253.9亿元，增长21.3%。

五、国内贸易和物价

全省社会消费品零售总额12024.0亿元，比上年增长12.1%。分经营地看，城镇10883.8亿元，增长12.1%；乡村1140.1亿元，增长12.2%。分区域看，长株潭地区5050.9亿元，增长12.1%；湘南地区2346.5亿元，增长12.2%；大湘西地区2086.5亿元，增长11.7%；洞庭湖地区2540.1亿元，增长12.4%。

限额以上法人批发和零售业商品零售额4506.5亿元，比上年增长9.8%。其中，文化娱乐体育健康类零售额增长14.1%，通讯器材类增长20.8%。分商品类别看，粮油、食品类零售额增长23.1%，服装、鞋帽、针纺织品类增长7.4%，日用品类增长13.4%，书报杂志类增长16.4%，家用电器和音像器材类增长16.1%，文化办公用品类增长10.0%，机电产品及设备类增长23.9%，汽车类增长13.6%。

表3　2015年社会消费品零售额及其增长速度

指标	零售额（亿元）	比上年增长（%）
社会消费品零售总额	12024.0	12.1
按经营地分		
其中：城镇	10883.8	12.1
乡村	1140.1	12.2
限额以上法人批发和零售业商品零售额	4506.5	9.8
其中：粮油、食品类	409.3	23.1
饮料类	81.6	29.2
烟酒类	121.9	19.7
服装、鞋帽、针纺织品类	321.1	7.4
化妆品类	50.1	6.7
金银珠宝类	76.0	4.8
日用品类	136.7	13.4
五金、电料类	52.2	14.4
体育、娱乐用品类	10.7	33.2
书报杂志类	85.2	16.4
电子出版物及音像制品类	3.8	-1.1
家用电器和音像器材类	305.0	16.1
中西药品类	283.9	13.9
文化办公用品类	59.0	10.0
家具类	24.8	19.7
通讯器材类	51.0	20.8
煤炭及制品类	63.2	10.0
石油及制品类	750.6	-8.0
建筑及装潢材料类	77.8	24.4
机电产品及设备类	41.8	23.9
汽车类	1373.2	13.6

全省居民消费价格比上年上涨1.4%。其中，城市上涨1.5%，农村上涨1.1%。商品零售价格下降0.1%。工业生产者出厂价格下降3.7%，工业生产者购进价格下降5.5%。固定资产投资价格上涨0.4%。农产品生产者价格上涨4.1%，农业生产资料价格上涨4.1%。

表4　2015年居民消费价格比上年涨跌幅度

指标	比上年上涨（%）
居民消费价格	1.4
其中：食品	3.0
烟酒及用品	2.4
衣着	2.2
家庭设备用品及维修服务	0.9
医疗保健和个人用品	1.9
交通和通信	-1.9
娱乐教育文化用品及服务	1.4
居住	-0.8

六、对外经济

全省进出口总额1825.4亿元，比上年下降3.7%。其中，出口1189.9亿元，下降2.9%；进口635.5亿元，下降5.1%。分贸易方式看，一般贸易出口730.0亿元，下降15.7%；加工贸易出口391.5亿元，增长23.6%。分重点商品看，机电产品出口占全省出口额的比重为52.3%，比上年提高10.3个百分点；高新技术产品出口占全省出口额的比重为19.1%，比上年提高7.1个百分点。分产销国别（地区）看，对香港出口334.1亿元，增长10.1%；美国137.9亿元，增长38.7%；欧盟110.8亿元，下降4.7%；南非39.3亿元，增长58.3%。

表5　2015年进出口总额及其增长速度

指标	绝对数（亿元）	比上年增长（%）
进出口总额	1825.4	-3.7
出口额	1189.9	-2.9
按贸易方式分		
其中：一般贸易	730.0	-15.7
加工贸易	391.5	23.6
按重点商品分		
其中：机电产品	622.5	20.6
高新技术产品	227.0	54.0
农产品	65.3	-2.9
进口额	635.5	-5.1
按贸易方式分		
其中：一般贸易	332.7	-18.3
加工贸易	228.4	9.5
按重点商品分		
其中：机电产品	316.7	25.0
高新技术产品	161.2	72.7
农产品	21.3	-12.3

全省实际利用外商直接投资115.6亿美元，比上年增长12.7%。其中，第一产业6.3亿美元，增长8.3%；第二产业71.4亿美元，增长8.5%；第三产业37.9亿美元，增长22.2%。实际到位资金3000万美元以上外资项目21个。年内引进世界500强企业4家，截止2015年末，在湘投资的世界500强企业138家。实际引进境内省外资金3791.9亿元，增长14.9%。其中，第一产业193.1亿元，增长84.5%；第二产业2075.8亿元，下降2.5%；第三产业1523.0亿元，增长42.6%。引进亿元以上境内省外项目988个，增长23.0%；实际到位资金2173.5亿元，增长31.3%。

全省新签对外承包工程、劳务合作和设计咨询合同金额59.1亿美元，比上年增长13.9%；实现营业额51.8亿美元，增长27.0%；外派劳务8.2万人，增长18.3%。新批境外投资企业180家，对外合同投资额31.0亿美元。

七、交通、邮电和旅游

全省客货运输换算周转量5096.9亿吨公里，比上年增长4.5%。货物周转量4143.3亿吨公里，增长0.8%。其中，铁路周转量729.6亿吨公里，下降10.0%；公路周转量2731.8亿吨公里，增长5.9%。旅客周转量1768.2亿人公里，增长12.8%。其中，铁路周转量865.6亿人公里，增长28.0%；公路周转量767.3亿人公里，下降1.2%；民航周转量132.3亿人公里，增长18.0%。

表6　2015年各种运输方式完成客货运输量及其增长速度

指标	计量单位	绝对数	比上年增长（%）
货运量	万吨	215124.1	5.7
其中：铁路	万吨	4183.2	-6.9
公路	万吨	184830.9	7.1
水运	万吨	25109.2	-2.2
民航	万吨	6.1	-2.7
管道	万吨	994.8	21.9
客运量	万人	151080.6	-7.0
其中：铁路	万人	10390.2	9.4
公路	万人	138221.0	-8.2
水运	万人	1533.9	5.9
民航	万人	935.4	7.5

年末全省公路通车里程23.7万公里，比上年末增长0.3%。其中，高速公路通车里程5652公里，比上年末增加159公里。年末铁路营业里程4521公里，其中高速铁路1110公里。年末全省民用汽车保有量516.6万辆，增长16.5%；私人汽车保有量466.1万辆，增长18.5%；轿车保有量277.2万辆，增长18.4%。

全省邮电业务总量893.7亿元，比上年增长20.0%。其中，邮政业务总量104.2亿元，增长28.2%；电信业务总量789.6亿元，增长18.9%。年末局用交换机总容量467.0万门，下降23.8%。年末固定电话用户787.1万户，下降6.8%；移动电话用户4859.1万户，增长2.7%。年末互联网宽带用户889.7万户，增长19.4%。

全省接待国内旅游者4.7亿人次，比上年增长14.9%；接待入境旅游者226.1万人次，增长3.0%。实现旅游总收入3712.9亿元，增长21.7%。其中，国内旅游收入3660.0亿元，增长21.9%；国际旅游外汇收入8.6亿美元，增长7.2%。

八、财政、金融和保险

全省一般公共预算收入4008.1亿元，比上年增长10.2%。地方收入2513.1亿元，增长11.1%。其中，税收收入1526.1亿元，增长6.1%；非税收入987.0亿元，增长19.7%。上划中央“两税”1141.6亿元，增长8.7%；上划中央所得税347.5亿元，增长9.3%。全省一般公共预算支出5684.5亿元，增长13.3%。其中，文化体育与传媒支出102.6亿元，增长50.7%；住房保障支出263.7亿元，增长26.7%；社会保障和就业支出786.4亿元，增长18.8%。

表7　2015年一般公共预算收支及其增长速度

指标	绝对数（亿元）	比上年增长（%）
一般公共预算收入	4008.1	10.2
其中：地方收入	2513.1	11.1
其中：税收收入	1526.1	6.1
非税收入	987.0	19.7
上划中央“两税”	1141.6	8.7
上划中央所得税	347.5	9.3
一般公共预算支出	5684.5	13.3
其中：一般公共服务	657.7	4.9
教育	926.4	11.2
科学技术	66.0	11.2
文化体育与传媒	102.6	50.7
社会保障和就业	786.4	18.8
医疗卫生与计划生育	488.0	15.5
节能环保	147.8	7.5
城乡社区事务	540.1	16.4
农林水事务	639.1	14.6
住房保障	263.7	26.7

年末全省金融机构本外币各项存款余额36220.6亿元，比年初新增5438.8亿元。其中，住户存款余额18800.7亿元，比年初新增2045.3亿元；非金融企业存款余额9860.5亿元，比年初新增1970.0亿元。本外币各项贷款余额24221.9亿元，比年初新增3438.2亿元。其中，住户贷款余额7786.0亿元，比年初新增887.1亿元；非金融企业及机关团体贷款余额16340.2亿元，比年初新增2504.6亿元。

表8　2015年末金融机构本外币存贷款余额及其新增额

指标	年末余额（亿元）	比年初新增额（亿元）
各项存款	36220.6	5438.8
其中：境内存款	36187.2	5434.7
#住户存款	18800.7	2045.3
活期存款	7196.2	762.1
定期及其他存款	11604.5	1283.2
非金融企业存款	9860.5	1970.0
活期存款	5155.8	1374.7

表8：续

指标	年末余额（亿元）	比年初新增额（亿元）
定期及其他存款	4704.7	595.3
非银行业金融机构存款	1375.0	506.3
境外存款	33.4	4.1
各项贷款	24221.9	3438.2
其中：境内贷款	24126.5	3391.5
#住户贷款	7786.0	887.1
短期贷款	2133.3	167.2
中长期贷款	5652.7	720.0
非金融企业及机关团体贷款	16340.2	2504.6
短期贷款	4436.6	348.2
中长期贷款	11022.2	1637.7
境外贷款	95.4	46.7

年末全省上市公司数量99家。其中，境内上市公司84家，境外上市公司15家。全年直接融资总额2466.1亿元，增长30.0%。其中，通过发行、配售股票共筹集资金351.9亿元。年末证券公司营业部322家，证券交易额116134.9亿元。辖区共有期货公司3家，成交金额187462.8亿元。

全年保险公司原保险保费收入712.2亿元，比上年增长21.2%。其中，寿险保费收入389.2亿元，增长22.8%；健康险保费收入60.0亿元，增长38.0%；人身意外伤害险保费收入19.8亿元，增长23.9%；财产险保费收入243.2亿元，增长15.1%。原保险赔付支出257.0亿元，增长13.6%。

九、教育和科学技术

年末全省有普通高校109所。普通高等教育研究生毕业生1.9万人，本专科毕业生30.1万人，中等职业教育毕业生20.4万人，普通高中毕业生33.5万人，初中学校毕业生70.0万人，普通小学毕业生73.0万人。在园幼儿216.6万人，比上年增长6.6%。小学适龄儿童入学率99.97%，高中阶段教育毛入学率90.0%。各类民办学校12280所，在校学生248.5万人。落实义务教育保障资金74.1亿元，发放普通高中国家助学金4.2亿元；发放中职国家助学金3.0亿元，资助中职学生30.3万人次；落实中职免学费资金11.1亿元，资助中职学生92.2万人次；发放高校国家奖学金、助学金10.8亿元，资助高校学生52.6万人次。

表9　2015年各级学校招生、在校及毕业生人数及其增长速度

指标	招生人数		在校（学）人数		毕业人数	
	绝对数（万人）	比上年增长（%）	绝对数（万人）	比上年增长（%）	绝对数（万人）	比上年增长（%）
研究生教育	2.2	3.6	6.9	3.9	1.9	-2.1
普通高等教育	36.0	4.3	118.1	3.9	30.1	1.5
成人高等教育	10.7	-14.2	24.2	-0.1	10.5	-1.1
中等职业教育	23.8	4.7	64.8	0.5	20.4	-0.5
普通高中	38.0	4.1	107.4	1.6	33.5	4.6
初中学校	73.9	-0.9	222.4	0.8	70.0	7.3
普通小学	88.7	8.9	488.9	3.2	73.0	-1.5
特殊教育	0.5	58.2	2.3	43.5	0.2	47.1

年末全省有国家工程（技术）研究中心18个，省级工程（技术）研究中心282个。国家级重点实验室15个，省级重点实验室141个。国家（与地方联合）工程研究中心14个，国家（与地方联合）工程实验室26个。国家认定企业技术中心39个。签订技术合同3710项，技术合同成交金额105.4亿元。登记科技成果777项。获得国家科技进步奖励成果14项、国家技术发明奖励4项。“天河二号”超级计算机获全球超算“六连冠”，“海牛”深海钻机、永磁同步牵引电机、新一代大容量石墨烯超级电容、常导短定子中低速磁悬浮列车等一批高新成果研发成功。专利申请量54501件，比上年增长23.3%。其中，发明专利申请量19499件，增长34.7%。专利授权量34075件，增长27.9%。其中，发明专利授权量6776件，增长62.9%。工矿企业、大专院校和科研单位专利申请量分别为26867件、8628件和595件，专利授权量分别为18207件、4632件和291件。高新技术产业增加值6128.8亿元，增长17.8%。

图4　2010–2015年专利申请量和授权量

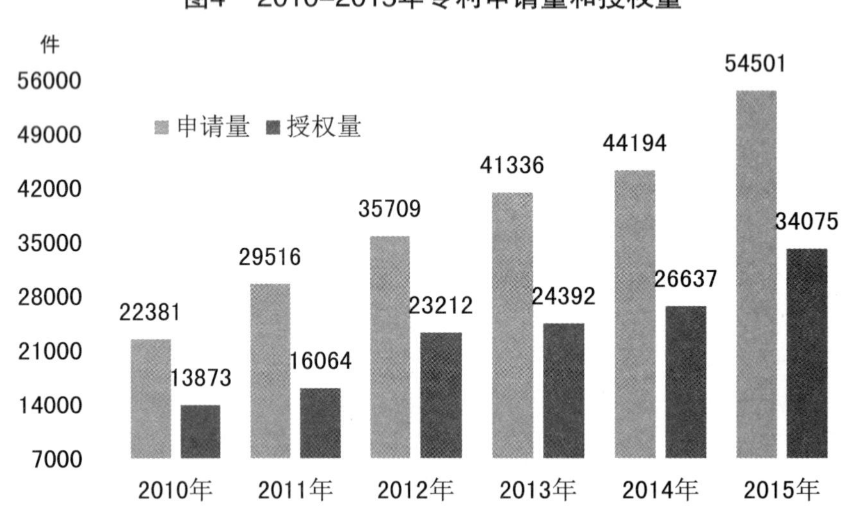

年末全省有检验检测机构1628个,其中国家产品质量监督检验中心23个。法定计量检定机构103个。特种设备生产单位1613家，特种设备24.3万台。重点工业产品质量监督抽查8089批次，抽查合格率93.4%，比上年提高1个百分点。参与制定国际标准4项，参与制定国家标准26项，组织制定地方标准189项。国土资源部门公开出版地图239种，拥有地理信息系统应用190个，天地图用户访问量42.0万次，提供地理空间数据成果18.3万幅。

十、文化、卫生和体育

年末全省有艺术表演团体271个，群众艺术馆、文化馆143个，公共图书馆136个，博物馆、纪念馆115个。广播电台13座，电视台15座。有线电视用户1133.6万户。广播综合人口覆盖率94.06%，比上年提高0.58个百分点；电视综合人口覆盖率97.98%，比上年提高0.47个百分点。国家级非物质文化遗产保护目录118个，省级非物质文化遗产保护目录202个。出版图书12254种、期刊248种、报纸48种，图书、期刊、报纸出版总印数分别为4.2亿册、1.4亿册和13.4亿份。

年末全省共有卫生机构62646个。其中，医院1173个，妇幼保健院（所、站）139个，专科疾病防治院（所、站）88个，乡镇卫生院2296个，社区卫生服务中心（站）674个，诊所、卫生所、医务室10405个，村卫生室44822个。卫生技术人员37.1万人，比上年增长8.6%。其中，执业医师和执业助理医师15.1万人，增长13.0%；注册护士14.9万人，增长9.6%。医院拥有床位总数27.6万张，增长11.7%；乡镇卫生院拥有床位总数9.3万张，增长11.0%。

全省经常参加体育锻炼人数2372.2万人，开展全民健身项目2566项次。新建农民体育健身工程的行政村6100个。全年获得11个世界冠军、7个亚洲冠军和67个全国冠军，破世界纪录2项/人/次。体育场地

83749个。其中，体育馆234座，运动场5904个，游泳池456个，各种训练房4171个。

十一、人口、人民生活和社会保障

年末全省常住人口6783.0万人。其中，城镇人口3451.9万人，城镇化率50.89%，比上年末提高1.61个百分点。全年出生人口91.8万人，出生率13.58‰；死亡人口46.4万人，死亡率6.86‰；人口自然增长率6.72‰。0—15岁（含不满16周岁）人口占常住人口的比重为19.57%，比上年末提高0.22个百分点；16—59岁（含不满60周岁）人口比重为63.26%，下降0.67个百分点；60岁及以上人口比重为17.17%，提高0.45个百分点。

表10 2015年末常住人口数及构成

指标	年末数（万人）	比重（%）
常住人口	6783.0	100.00
其中：城镇	3451.9	50.89
乡村	3331.1	49.11
其中：男性	3496.1	51.54
女性	3286.9	48.46
其中：0-15岁（含不满16周岁）	1327.6	19.57
16-59岁（含不满60周岁）	4291.0	63.26
60岁及以上	1164.4	17.17
其中：65岁及以上	774.0	11.41

全省全体居民人均可支配收入19317元，比上年增长9.6%，扣除价格因素实际增长8.1%；人均可支配收入中位数16654元。城镇居民人均可支配收入28838元，比上年增长8.5%，扣除价格因素实际增长6.9%；城镇居民人均可支配收入中位数27216元。农村居民人均可支配收入10993元，增长9.3%，扣除价格因素实际增长8.1%；农村居民人均可支配收入中位数10032元。分区域看，长株潭地区居民人均可支配收入30655元，增长8.4%；湘南地区18070元，增长9.2%；大湘西地区12877元，增长10.2%；洞庭湖地区17603元，增长9.6%。城乡居民收入比由上年的2.64:1缩小为2.62:1。

全省城镇居民人均消费支出19501元，比上年增长6.4%；农村居民人均生活消费支出9691元，增长7.4%。城镇居民食品消费支出占消费总支出的比重（恩格尔系数）为31.2%，农村居民为32.9%。

图5 2010-2015年城镇居民人均可支配收入及其实际增长速度

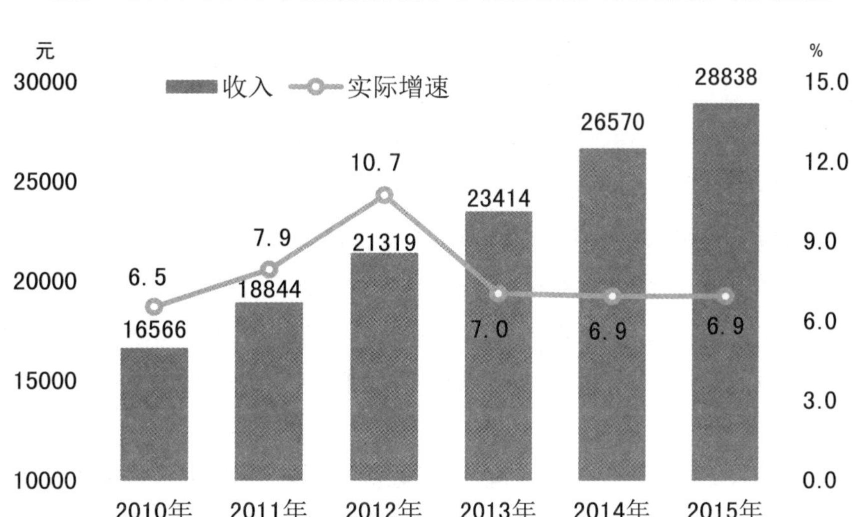

图6　2010-2015年农村居民人均可支配收入及其实际增长速度

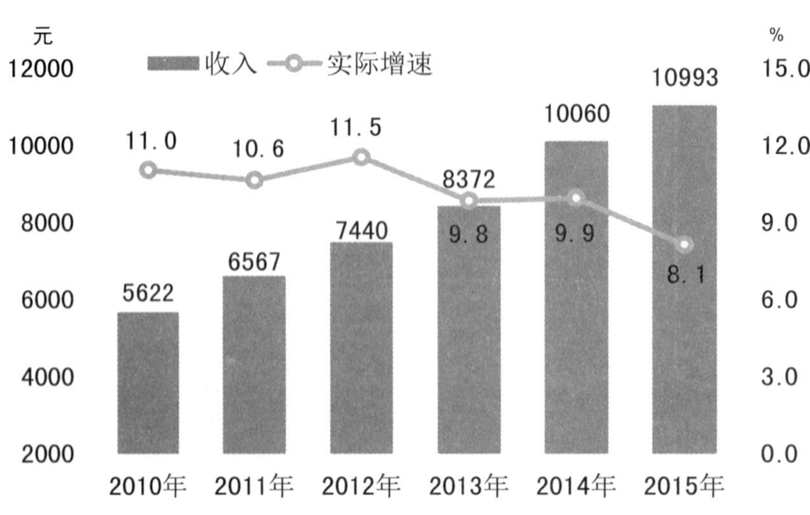

全省新增城镇就业人员78.0万人。年末参加城镇基本养老保险职工人数1160.7万人，比上年末增加41.8万人。其中，参保职工791.0万人，参保离退休人员369.7万人。参加城镇基本医疗保险人数2660.5万人，比上年末增加359.8万人。其中，城镇职工基本医疗保险参保人数818.7万人，城镇居民基本医疗保险参保人数1841.8万人。参加失业保险职工人数521.2万人，增加11.7万人。参加工伤保险职工人数777.9万人，增加29.9万人。参加生育保险职工人数544.3万人，增加6.7万人。新型农村养老保险登记参保人数3280.1万人。参加新型农村合作医疗人数4412.1万人（不含长沙、益阳），参合率99.03%。年末领取失业保险金职工人数14.2万人。获得政府最低生活保障的城镇居民127.3万人，发放最低生活保障经费41.6亿元；获得政府最低生活保障的农村居民318.0万人，发放最低生活保障经费45.3亿元。年末各类收养性社会福利单位床位22.7万张，收养各类人员12.2万人。城镇建立各种社区服务设施11303个，其中，综合性社区服务中心4155个。全年销售社会福利彩票77.7亿元，筹集社会福利资金21.2亿元；直接接收社会捐赠2.4亿元。解决农村715.6万人饮水不安全问题，支持21.3万户农村危房改造，新增公共租赁住房20.1万套，城市棚户区改造27.8万套，国有工矿棚户区改造1.4万套。

十二、资源、环境和安全生产

全省已发现矿种143种，探明资源储量矿种108种。其中，能源矿产7种，金属矿产38种，非金属矿产61种，水气矿产2种。实施地质勘查项目（含续作项目）233个，实施老矿山边深部找矿项目4个，新发现大中型矿产地7处。完成资源整合的重点矿区17个，完成资源整合的重要矿种8种。国家地质公园12个，地质遗迹保护区4个。实施省以上土地综合整治项目109个，整治土地9.1万公顷。

全省设市城市污水处理率92.5%，设市城市生活垃圾无害化处理率99.4%。实际监测的地表水断面中，达到III类标准的比重为87.2%。已批准建设自然保护区191个，面积137万公顷。其中，国家级自然保护区22个，省级自然保护区27个。全年完成造林面积37.6万公顷，年末实有封山（沙）育林面积133万公顷，活立木蓄积5.0亿立方米，森林覆盖率59.57%。

初步核算，全省规模工业综合能源消费量6060.1万吨标准煤，比上年下降5.9%。其中，六大高耗能行业综合能源消费量4806.6万吨标准煤，下降5.7%。万元规模工业增加值能耗0.58吨标准煤/万元，下降12.7%。主要污染物中，化学需氧量排放量比上年削减1.73%，二氧化硫削减4.52%，氨氮削减2.14%，氮氧化物削减10.1%。

全省全年发生各类生产经营性安全事故4457起，比上年下降6.7%；经营性生产安全事故死亡人数754

人，下降24.3%。亿元GDP事故死亡人数0.06人，下降26.9%；工矿商贸从业人员十万人事故死亡人数0.78人，下降35.5%；煤矿百万吨死亡人数1.43人，上升42.9%。全年发生道路交通事故9041起，增长2.96%；道路交通死亡率1.71人/万辆，减少0.31人/万辆。

注释：

1.本公报数据均为初步统计数，部分数据因四舍五入的原因，存在与分项合计不等情况。

2.地区生产总值、各产业增加值绝对数按现价计算，增长速度按不变价计算。

3.根据《国民经济行业分类》（GB/T4754-2011），2013年国家统计局对三次产业划分进行了修订，将“农、林、牧、渔业”中的“农、林、牧、渔服务业”，“采矿业”中的“开采辅助活动”，“制造业”中的“金属制品、机械和设备修理业”等三个大类调入第三产业，2015年三次产业数据按照此标准进行统计。

4.长株潭地区是指长沙、株洲和湘潭3市，湘南地区是指衡阳、郴州和永州3市，大湘西地区是指邵阳、张家界、怀化、娄底和湘西自治州5市（州），洞庭湖地区是指岳阳、常德和益阳3市。

5.高技术制造业包括医药制造业，航空、航天器及设备制造业，电子及通信设备制造业，计算机及办公设备制造业，医疗仪器设备及仪器仪表制造业，信息化学品制造业。

6.根据有关规定，对外贸易用人民币计价。

7.小学适龄儿童入学率指调查范围内已入小学学习的学龄儿童占校内外学龄儿童总数的百分比。

8.高中阶段教育毛入学率主要反映高中阶段教育覆盖面，是指高中阶段在校生总数占15－17岁学龄人口数的百分比。

9.常住人口是指实际经常居住在某地区一定时间的人口。按人口普查和抽样调查规定，主要包括：居住在本乡镇街道、户口在本乡镇街道或户口待定的人，居住在本乡镇街道、离开户口所在的乡镇街道半年以上的人，户口在本乡镇街道、外出不满半年或在境外工作学习的人。

10.2015年年末，全省0-14岁（含不满15周岁）人口为1254.1万人，15-59岁（含不满60周岁）人口为4364.5万人。

11.2015年城镇各类社区服务设施包括未注册登记的福利性设施以及职工社会保障管理服务的机构，统计口径与2014年不可比。

12.能耗数据为国家统计局初步审核数据。

资料来源：

本公报中财政数据来自省财政厅；物价、城乡居民收入和支出、恩格尔系数、部分农业数据来自国家统计局湖南调查总队；铁路客货运输量、周转量，铁路里程数据来自石长铁路有限责任公司、广州铁路(集团)公司和南昌铁路局；公路客货运输量、周转量，水路客货运输量、公路里程数据来自省交通运输厅；民航客货运输量、周转量数据来自省机场管理集团有限公司；管道货运量数据来自中国石化集团资产经营管理有限公司长岭分公司、中国石化集团资产经营管理有限公司巴陵石化分公司、中国石化股份有限公司长岭分公司、中国石化销售有限公司华中分公司湖南输油管理处、长沙新奥燃气有限公司；汽车保有量、道路交通事故数据来自省公安厅；电信业务量、移动电话用户数、固定电话用户数、互联网宽带用户数来自省电信公司、省移动公司、省联通公司和省铁通公司；邮政业务量来自省邮政管理局；旅游数据来自省旅游局；存贷款数据来自中国人民银行长沙中心支行；上市公司数据来自省人民政府金融工作办公室；证券数据来自中国证券监督管理委员会湖南监管局；保险业数据来自中国保险监督管理委员湖南监管局；教育数据来自省教育厅；科技数据来自省科技厅；专利数据来自省知识产权局；质量检测、行业标准数据来自省质量技术监督局；测绘、矿产资源、地质公园遗迹、土地数据来自省国土资源厅；艺术表演团体、博物馆、公共图书馆、文化馆、非物质文化遗产保护数据来自省文化厅；广播、电视、报纸、期刊、图书数据来自省新闻出版广电局；卫生、新型农村合作医疗数据来自省卫生和计划生育委员会；体育数据来自省体育局；城镇新增就业、社会保险数据来自省人力资源和社会保障厅；城乡低保、社会福利、社区服务、敬老院、社会捐赠数据来省自省民政厅；农村饮水安全数据来自省水利厅；农村危房改造、保障房建设、污水和垃圾处理数据来自省住房和城乡建设厅；自然保护区、造林、育林、活立木、森林覆盖率数据来自省林业厅；地表水质量、污染物排放数据来自省环境保护厅；安全生产数据来自省安全生产监督管理局；其他数据来自省统计局。

Hunan Province Statistical Communiqué for the 2015 National Economic and Social Development

Hunan Bureau of Statistics

March 16, 2016

In 2015, in face of the complex economic circumstance and arduous reform tasks, under the leadership of Hunan Provincial Committee and Hunan Provincial Government, strategic layout of "Four Comprehensives" was fully implemented, every decision from the CPC Central Committee was carried out firmly, and stabilizing growth was stressed out. Meanwhile, Hunan actively adapted to the new economic development situation, and strongly carried forward "Three Measurements" and "Five Modernizations". In these efforts, the economic and social development of Hunan province was stable with progresses.

I. General Outlook

In 2015, after preliminary accounting, Hunan's gross domestic product (GDP) for the year was 2,904.72 billion Yuan, up by 8.6% over the previous year. Out of this total, the added value of the primary industry was 333.16 billion Yuan, a 3.6% increase, that of the secondary industry was 1,295.54 billion Yuan, up by 7.4% and the tertiary industry was 1,276.02 billion Yuan, accounting for 11.2% rise. Calculated over permanent population, the Per Capita GDP turned out to be 42,968 Yuan, up by 7.9%.

Figure 1:Gross Domestic Product and the Growth Rates,2010–2015

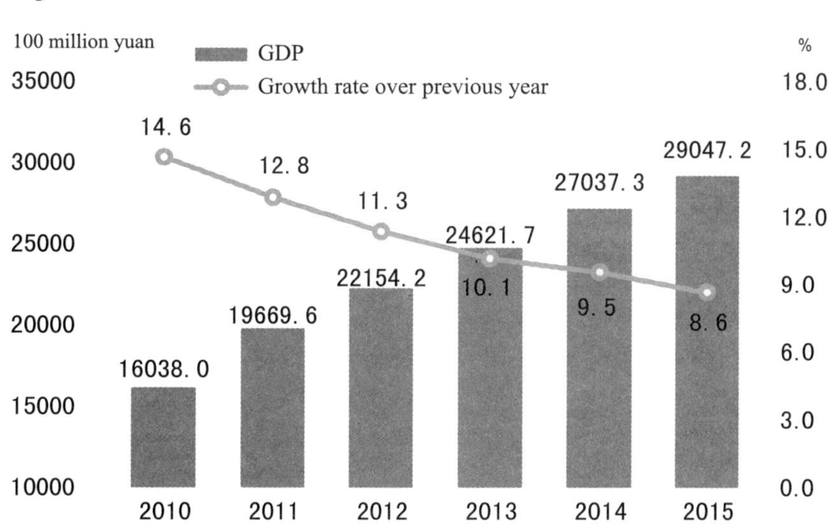

The proportion of the three industries in Hunan Province was calculated as 11.5:44.6:43.9. The operation revenue of service industry above designated size was 212.30 billion Yuan, up by 13.0% over the previous year, and its profits was 23.84 billion Yuan, up by 10.1%. The tertiary industrial proportion increased by 1.7 percentage points over the previous year. The added value of the secondary industry accounted for 38.2% of Hunan's GDP, down by 1.6

percentage points over the previous year. The added value of the high and new technology industry accounted for 21.1%, up by 2.1 percentage points over the preceding year. The added value of non-public sectors of the economy was 1,731.64 billion Yuan, up by 9.2%. And it accounted for 59.6% of Hunan' s GDP, up by 0.8 percentage points over the previous year. The added value of strategic emerging industry was 333.53 billion Yuan, up by 9.5%, accounting for 11.5% of Hunan' s GDP. The contribution rate of the primary, secondary and tertiary industry to economic growth was 4.5%, 42.0% and 53.5% respectively. Of the total, the contribution rate of tertiary industry increased by 6.5%. The contribution rate of industrial added value to economic growth was 36.9%, and that of the added value of product services to economic growth was 19.7%. The contribution rate of the gross capital formation, final consumption expenditure and net outflow of goods and services to economic growth was 62.3%, 41.2% and -3.5% respectively.

Looking from regions, the GDP of Changsha-Zhuzhou-Xiangtan (CZT) region was 1,254.83 billion Yuan, up by 9.8% over the previous year; The GDP of south Hunan was 603.18 billion Yuan, up by 8.7%; The GDP of western Hunan was 489.65 billion Yuan, up by 8.6%; The GDP of Dongting Lake area was 694.97 billion Yuan, up by 8.7%.

II. Agriculture

In primary industry, the added value of farming was 213.04 billion Yuan, up by 4.0%; that of forestry was 23.46 billion Yuan, up by 8.1%; animal husbandry was 72.78 billion Yuan, down by 0.2%; and fishery was 23.84 billion Yuan, up by 7.0%.

The sown grain area was 4,945,000 hectares, a decrease of 0.6% compared with that in the previous year; for cotton the area was 114,000 hectares, down by 12.6%; sugar crops was 13,000 hectares, a decrease of 0.7%; oil-bearing crops was 1,445,000 hectares, up by 1.4%; and the sown area of vegetables was 1,373,000 hectares, up by 3.2%.

The total output of grain in 2015 was 30,029,000 tons, increased by 0.1% over the previous year; that of oil-bearing crops, cotton, tea, and fruits increased by 3.9%, 12.4%, 9.5% and 6.2% respectively; flue-cured tobacco decreased by 2.8%; meat decreased by 1.8%; eggs increased by 3.7%; milk increased by 4.3%; and aquatic products increased by 5.4%.

Over 20,000 hectares of farmland owing to effective irrigation systems was increased, up by 2.6% over the previous year; additional 15,000 hectares of farmland was guaranteed by water-saving irrigation systems; there were 72,000 water conservancy projects under construction with an investment of 28.0 billion Yuan, a total area of 990 million cubic meters of earth and stone was covered; and 5,298 kilometers of rural highway was built.

III. Industry and Construction

The total added value of the industry sector was 1,109.08 billion Yuan, increased by 7.5% over the previous year;. The value added of industrial enterprise above designated size grew by 7.8%. The output value for new products of industrial enterprise above designated size increased by 18.8%, which takes up 17.8% of industrial total value, 4.5 percentage points higher than the previous year. The added value of high-processing industries and high-tech manufacturing industries rose by 8.7% and 13.3%, taking up 37.2% and 10.5% of the above-scale industrial added value respectively, 0.6 percentage points and 0.2 percentage points higher than the previous year. The growth of the added value for six major high energy consuming industries was 7.0%, accounting for 30.3% of industrial enterprise above designated size, 0.9 percentage points lower than that of the previous year. The growth of value added of non-public industrial enterprise above designated size reached 9.5%. The added value of industrial park took up 61.5% of the industrial enterprise above designated size, 2.5 percentage points higher than the previous year. In terms of regions, the value added of industrial enterprise above designated size in Changsha-Zhuzhou-Xiangtan(CZT) areas, southern Hunan, western Hunan and Dongting Lake area grew by 8.5%, 7.4%, 6.8% and 7.2% respectively.

Figure 2:The Total Value Added of the Industry and the Growth Rates,2010–2015

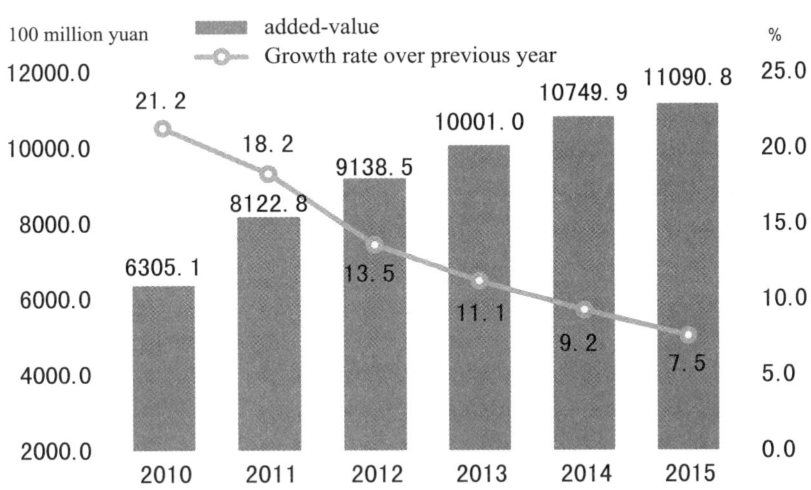

In the statistics about products of the industrial enterprises above designated size, there are 294 kinds of industrial products increased, which accounted for 59.4% of the whole. In terms of the main products, the output of rice was 13.320 million tons, up by 9.8%; the output of crude processing volume was 8,774 thousand tons, up by 9.7%; the output of cement reached 116.136 million tons, down by 2.7%; the output of rolled steel was 19.513 million tons, down by 1.7%; the output of ten kinds of non-ferrous metal was 2.675 million tons, down by of 7.9%; the output of concrete machineries totaled 44 thousand, down by 13.3%; the output of cars was 636 thousand, up by 2.4%; and the electric energy production was 121.51 billion kilowatt-hours, down by 4.0%.

Table 1: Outputs and Growth rates of Major Products in Industries above Designated Size, 2015

Product	Unit	Output	Increase over 2014（%）
Crude Salt	10,000 tons	263.0	-6.0
Rice	10,000 tons	1332.0	9.8
Feedstuff	10,000 tons	1684.5	3.2
Edible Vegetable Oil	10,000 tons	319.7	10.8
Cigarette	100 million	1757.4	0.8
Machine-made Paper and Paperboard	10,000 tons	429.8	-2.1
Crude Processing Volume	10,000 tons	877.4	9.7
Sulfuric Acid（converted into 100%）	10,000 tons	244.1	-16.6
Caustic Soda（converted into 100%）	10,000 tons	48.0	-25.7
Synthetic Ammonia	10,000 tons	106.0	-13.8
Fertilizers（converted into pure）	10,000 tons	108.4	3.2
Cement	10,000 tons	11613.6	-2.7
Plate Glass	10,000 weight cases	2144.5	43.0
Pig iron	10,000 tons	1762.8	-0.6
Crude Steel	10,000 tons	1852.8	-2.9

Rolled Steel	10,000 tons	1951.3	-1.7
Ten kinds of Nonferrous Metals	10,000 tons	267.5	-7.9
Silver	tons	8815.0	5.8
Jack-up Equipment	10,000 tons	70.2	-34.8
Concrete Machinery	10,000 units	4.4	-13.3
Motor Vehicles	10,000 units	63.6	2.2
Of which: Car	10,000 units	36.9	-9.0
Power Generating Equipment	10,000 kilowatts	190.4	39.4
AC Electric Motor	10,000 kilowatts	1434.7	-17.5
Transformer	10,000 KVA	10594.1	1.6
Electricity	100 million kilowatt-hours	1215.1	-4.0
Of which: Thermal power	100 million kilowatt-hours	697.8	-6.8
Hydropower	100 million kilowatt-hours	485.3	-1.0

The total profit of industrial enterprises above designated size was 154.86 billion Yuan, up by 0.3% compared with last year. Grouped by ownership, the profits of the state-owned enterprises were 12.96 billion Yuan, up by 0.8%; those of the collective enterprises were 1.03 billion Yuan, down by 10.3%; those of the share collaboration enterprises were 340 million Yuan, up by 20.7%; those of the share-holding enterprises were 116.58 billion Yuan, down by 0.2%; those of the enterprises by foreign investors and investors from Hong Kong, Macao and Taiwan was 12.31 billion Yuan, up by 2.7%; those of other domestic-funded enterprises were 11.65 billion Yuan, up by 4.0%. Among the industrial sectors whose profits was in the top five, the profits of manufacture of raw chemical materials and chemical products were 14.06 billion Yuan, up by 1.3%; the profits of manufacture of non-metallic mineral products were 13.18 billion Yuan, down by 6.8%; the profits of agricultural food processing industry were 11.96 billion Yuan, up by 16.9%; the profits of manufacture of cigarette were 11.22 billion Yuan, down by 4.3%; and the profits of manufacture of special purpose machinery were 8.50 billion Yuan, down by 23.4%.

The added value of construction enterprises was 187.77 billion Yuan, increased by 7.3% over the previous year. The profits made by general contracting and specializing contracting construction enterprises with qualification reached 22.44 billion Yuan, up by 7.7%. The floor space of building under construction was 475.044 million square meters, up by 0.2%. The floor space of building completed was 173.900 million square meters, up by 4.9%.

Figure 3:The Value Added of the Construction and the Growth Rates,2010–2015

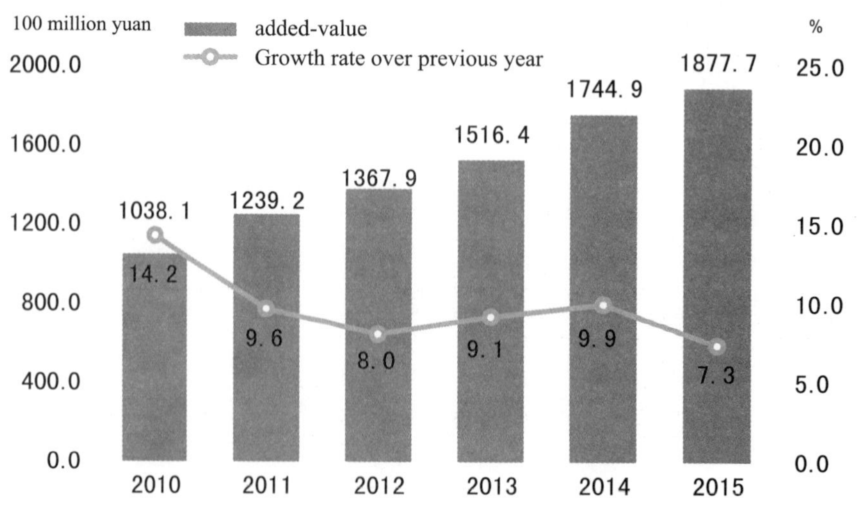

IV. Investment in Fixed Assets

The investment in fixed assets in Hunan(excluding rural households) was 2,595.43 billion Yuan, up by 18.2%. Of the total, private investment totaled 1,697.79 billion Yuan with a year-on-year growth of 17.8%, accounting for 65.4% of the provincial investment in fixed assets. Grouped by ownership, the investment of state-owned units was 782.99 billion Yuan, up by 22.5%, and the investment of non-state-owned units was 1,812.43 billion Yuan, up by 16.5%. Grouped by investment orientation, the investment for people's livelihood was 193.06 billion Yuan, up by 26.2%; that of ecology was 102.73 billion Yuan, up by 26.8%; that of infrastructure was 619.27 billion Yuan, up by 23.6%; that of high and new technology industries was 161.63 billion Yuan, up by 27.0%; and that of technical innovation was 902.00 billion Yuan, up by 18.4%. Grouped by region, the investment of Changsha-Zhuzhou-Xiangtan area, southern Hunan, western Hunan and Dongting Lake area was 1,035.00 billion Yuan, 583.63 billion Yuan, 429.24 billion Yuan and 523.64 billion Yuan respectively, up by 17.9%, 19.5%, 19.0% and 19.9% respectively.

Table 2: Fixed Assets Investments and Growth Rates,2015

Index	Investment (100 million Yuan)	Increase over 2014(%)
Fixed Assets Investment (Excluding Rural Households)	25954.3	18.2
Primary Industry	914.5	28.8
Secondary Industry	11027.6	18.3
Of which: Mining Industry	626.8	-7.8
Manufacturing Industry	9079.1	18.8
Production and Supply of Electricity, Heat, Gas and Water	926.0	18.2
Construction Industry	435.1	82.7
Tertiary Industry	14012.2	17.6
Of which: Transportation, warehousing and postal service	1800.9	15.4
Information Transmission, Software and IT Service	275.4	127.5
Wholesale and Retail Sale	1270.6	31.6
Hotels and Catering Service	328.5	9.8
Financial Industry	93.9	25.0
Real Estate	3651.9	-2.2
Leasing and Commercial Service	552.9	31.8
Scientific Research and Technological Service	318.7	46.6
Management of Water Conservancy, Environment and Public Facilities	3539.6	29.7
Residents Service, Repair and Other Services	135.9	36.2
Education	500.3	19.8
Sanitation and Social Work	308.1	20.3
Culture, Sport and Entertainment	303.7	14.3
Public Management, Social Security and Social Organization	690.0	16.9

The construction projects of the whole province were 48,898, and the number of the projects that were undertaken this year was 36,939. The investment in 3,029 over 100 million -Yuan projects was 544.90 billion Yuan, accounting for 21.0% of the total project investment.

The investment in province' s real estate development was 261.38 billion Yuan, down by 9.4% compared with the previous year. Of this total, the investment in residential buildings was 180.29 billion Yuan, down by 9.8%. The floor space of commercialized buildings sold was 63.630 million square meters, up by 17.0%. Of which, the floor space of residential buildings sold was 56.712 million square meters, up by 16.9%. The total sale of commercialized buildings was 273.89 billion Yuan, up by 19.1%. Of which, the sale of residential buildings was 225.39 billion Yuan, up by 21.3%.

V. Domestic Trade and Price

In 2015, Hunan' s total retail sales of consumer goods reached 1,202.40 billion Yuan, a growth of 12.1% over the previous year. An analysis of several areas showed that the retail sales of consumer goods in urban areas stood at 1,088.38 billion Yuan, up by 12.1%, and that in rural areas reached 114.01 billion Yuan, up by 12.2%. In terms of regions, the total retail sales of consumer goods in Changsha-Zhuzhou-Xiangtan (CZT) zone, southern Hunan, western Hunan and Dongting Lake area was 505.09 billion Yuan, 234.65 billion Yuan, 208.65 billion Yuan and 254.01 billion Yuan respectively, a growth of 12.1%, 12.2%, 11.7% and 12.4%.

The retail sales of the legal entities' wholesale and retail industry above designated size were 450.65 billion Yuan, a growth of 9.8% over the previous year. Of that total, the retail sales of cultural, recreational, sporting and healthy merchandise increased by 14.1%, and the retail sales of communication appliance increased by 20.8%. According to types of commodity, the retail sales of grain, oil, and food increased by 23.1%; the retail sales of garments, shoes, hats, and needles textiles increased by 7.4%; the retail sales of daily supplies increased by 13.4%; the retail sales of newspapers and magazines increased by 16.4%; the retail sales of household appliances and audiovisual equipment increased by 16.1%; the retail sales of cultural and official goods increased by 10.0%; the retail sales of mechanical and electrical products increased by 23.9%; and the retail sales of cars increased by 13.6%.

Table 3: Retail Sales and Growth Rates of Social Consumer Goods, 2015

Index	Retail Sale (100 million Yuan)	Increase over 2014(%)
Total Retail Sale of Consumer Goods	12024.0	12.1
Grouped by Location		
Of which: Town	10883.8	12.1
Village	1140.1	12.2
Retail Sale of Above-norm Corporate Wholesale and Retailing Merchandise	4506.5	9.8
Of which: Grain and Oils, and Food	409.3	23.1
Beverages and Alcohols	81.6	29.2
Tobaccos	121.9	19.7
Clothing, Shoes, Hats, Textiles	321.1	7.4
Cosmetics	50.1	6.7

Silver and Jewelry	76.0	4.8
Daily Commodity	136.7	13.4
Hardware and Electrical Materials	52.2	14.4
Sports and Recreation Articles	10.7	33.2
Newspapers and Magazines	85.2	16.4
Electronic Publications and Audio and Video Products	3.8	-1.1
Household Appliances and Audio and Video Accessories	305.0	16.1
Traditional Chinese and Western Medicines	283.9	13.9
Culture and Office Articles	59.0	10.0
Furniture	24.8	19.7
Communication Appliances	51.0	20.8
Coal and Related Products	63.2	10.0
Petroleum and Related Products	750.6	-8.0
Building and Decoration Materials	77.8	24.4
Mechanical and Electrical Products	41.8	23.9
Automobiles	1373.2	13.6

The consumer prices index (CPI) of household in Hunan was 1.4% higher than the previous year. Of the total, CPI in urban area grew by 1.5%, while CPI in rural area grew by 1.1%. The retail prices of commodities drop by 0.1%. The producer price index (PPI) drop by 3.7% and IPI drop by 5.5%. The prices for investment in fixed assets grew by 0.4%. The producer prices of farm products grew by 4.1%. The prices for means of agricultural production grew by 4.1%.

Table 4: The Change Rate of Consumer Prices compared with 2015

Index	Increase over 2014(%)
CPI (Consumer Price Index)	1.4
Of which: Food	3.0
Tobacco and Articles	2.4
Clothing	2.2
Household Appliances and Maintenance Services	0.9
Health Care and Personal Items	1.9
Traffic and Telecommunications	-1.9
Recreation, Education and Cultural Articles and Services	1.4
Residence	-0.8

VI. International Economics / Trade

Hunan's total imports and exports were worth 182.54 billion Yuan, a decrease of 3.7% compared with the previous year. Of the total, the exports were 118.99 billion Yuan and the imports were 63.55 billion Yuan, down by 2.9% and 5.1% respectively. In terms of types of trade, the exports of general trade were 73.00 billion Yuan, down by 15.7%, and the exports of processing trade totaled 39.15 billion Yuan, up by 23.6%. Analyzed from the key commodities perspective, the exports of mechanical and electrical products accounted for 52.3% of the total, a year-on-year increase of 10.3%, and the exports of new high-tech products accounted for 19.1% of the total, up by 7.1%. In terms of region, the exports to Hong Kong reached 33.41 billion Yuan, up by 10.1%; the exports to America reached 13.79 billion Yuan, up by 38.7%; the exports to European Union were 11.08 billion Yuan, down by 4.7%; and the exports to South Africa were 39.3 billion Yuan, up by 58.3%.

Table 5: Total Exports and Imports and Growth Rate, 2015

Index	Absolute Number (100 million Yuan)	Increase over 2014(%)
Total Imports and Exports	1825.4	-3.7
Exports	1189.9	-2.9
Grouped by Mode of Trade		
Of which: Original Trade	730.0	-15.7
Processing Trade	391.5	23.6
Grouped by Main Commodity		
Of which: Electromechanical Products	622.5	20.6
High-tech Products	227.0	54.0
Agricultural Products	65.3	-2.9
Imports	635.5	-5.1
Grouped by Mode of Trade		
Of which: Original Trade	332.7	-18.3
Processing Trade	228.4	9.5
Grouped by Main Commodity		
Of which: Electromechanical Products	316.7	25.0
High-tech Products	161.2	72.7
Agricultural Products	21.3	-12.3

The foreign capital actually utilized was 11.56 billion dollars, up by 12.7%. Of which, the foreign capital in the primary industry was 630 million dollars, up by 8.3%; the foreign capital in the secondary industry was 7.14 billion dollars, up by 8.5%; and the foreign capital in the tertiary industry was 3.79 billion dollars, up by 22.2%. There were 21 foreign-funded projects whose actually installed capital was over 30 million dollars approved. Four enterprises of the world top 500 were newly introduced in Hunan, and the number reached 138 by the end of 2015. The actually utilized capital out of the province and inside China was 379.19 billion Yuan, up by 14.5%. The actually utilized capital of the primary industry, the secondary industry and tertiary industry was 19.31 billion Yuan (up by 84.5%), 207.58 billion Yuan (down by 2.5%) and 152.30 billion Yuan (up by 42.6%) respectively. There were 988 projects above 100 million Yuan, up by 23.0%, and the actually installed capital was 217.35 billion Yuan, up by 31.3%.

The value in the new contracts signed through contracted projects, labor contracts and design consultation contracts reached 5.91 billion dollars, up by 13.9%. The accomplished turnover was 5.18 billion dollars, up by 27.0%. The expatriate labors reached 82 thousand, up by 18.3%. The number of overseas investment enterprises newly approved reached 180, and the overseas investment was 3.10 billion dollars.

VII. Transportation, Post and Telecommunications and Tourism

Hunan’s converted turnover volume of passenger and freight transportation reached 509.69 billion ton-km, up by 4.5%. The total turnover volume of freight transport was 414.33 billon ton-km, up by 0.8%. Of the total, goods transported via rail were 72.96 billion ton-km, down by 10.0%, and that by road was 273.18 billion ton-km, up by 5.9%. The total turnover volume of passenger traffic was 176.82 billion person-km, down by 12.8%. Of the total, passengers travelling by rail increased to 86.56 billion person-km, up by 28.0%; passengers travelling by road were 76.73 billion person-km, down by 1.2%; and that utilizing civil aviation reached 13.23 billion person-km, up by 18.0%.

Table 6: Volume of Passenger and Freight Transportation by Various Means and Growth Rate, 2015

Index	Unit	Absolute Number	Increase over 2014(%)
Volume of Freight Traffic	10,000 tons	215124.1	5.7
Of which: Railway	10,000 tons	4183.2	-6.9
Highway	10,000 tons	184830.9	7.1
Waterway	10,000 tons	25109.2	-2.2
Civil Aviation	10,000 tons	6.1	-2.7
Pipeline	10,000 tons	994.8	21.9
Volume of Passenger Traffic	10,000 people	151080.6	-7.0
Of which: Railway	10,000 people	10390.2	9.4
Highway	10,000 people	138221.0	-8.2
Waterway	10,000 people	1533.9	5.9
Civil Aviation	10,000 people	935.4	7.5

At the end of the year, the province's mileage in highway open to traffic reached 237 thousand kilometers, up by 0.3%. Of the total, the mileage in expressway open to traffic was 5,652 kilometers, an increase of 159 kilometers. The length of railway in operation reached 4,551.9 kilometers. Of which, express railway measured 1,110 kilometers long. The total number of the civil automobile in province reached 5.166 million by the end of 2015, up by 16.5%. The number of private vehicles was 4.661 million, up by 18.5%. The number of cars was 2.772 million, up by 18.4%.

The total value of post and telecommunications amounted to 89.37 billion Yuan, up by 20.0%compared with the previous year. Among them, the value of mail service totaled 10.42 billion Yuan, up by 28.2%, and that of teleservice reached 78.96 billion Yuan, up by 18.9%. The number of switchboard and fixed telephones users was 4.670 million (a decrease of 23.8%) and 7.871 million (a decrease of 6.8%) respectively by the end of the year. Mobile phone users hit 48.591 million, an addition of 2.7%, and the Internet broadband users totaled 8.897 million, up by 19.4%.

As for tourism, Hunan received 470 million domestic tourists (an increase of 14.9%) and 2.261 million inbound tourists (an increase of 3.0%) respectively. The total revenue of tourism was 371.29 billion Yuan, increasing by 21.7%. Of the total, domestic revenue, marking a growth of 21.9%, reached 366.00 billion Yuan, while foreign exchange earnings, reached 860 million dollars, marking an increase of 7.2%..

VIII. Finance and Insurance

Hunan' s total revenue of general public budget reached 400.81 billion Yuan, up by 10.2% compared with the previous year. Local revenue was 251.31 billion Yuan, increased by 11.1%. Of the total, tax revenue and nontax revenue reached 152.61 billion Yuan (an increase of 6.1%) and 98.70 billion Yuan (an increase of 19.7%) respectively. Tax revenue turned over to central government was 114.16 billion Yuan, up by 8.7%, including 34.75 billion Yuan income tax, up by 9.3%. The total expenditure of general public budget totaled 568.45 billion Yuan, up by 13.3%. Of the total, the expenditure for culture, sports and media, social security and employment, housing security was 10.26 billion Yuan (up by 50.7%), 26.37 billion Yuan (up by 26.7%) and 78.64 billion Yuan (up by 18.8%) respectively.

Table 7: Revenue and Expenditure of Public Finance and Growth Rate, 2015

Index	Absolute Number (100 million Yuan)	Increase over 2014(%)
Revenue of General Public Budget	4008.1	10.2
Of which: Local Revenue	2513.1	11.1
Of which: Tax Revenue	1526.1	6.1
Nontax Revenue	987.0	19.7
"Two Tax" turned over to Central Government	1141.6	8.7
Income Tax turned over to Central Government	347.5	9.3
Expenditure of General Public Budget	5684.5	13.3
Of which: General Public Service	657.7	4.9
Education	926.4	11.2
Science and Technology	66.0	11.2
Culture, Sports and Media	102.6	50.7
Social Security and Employment	786.4	18.8
Medical Service and Birth Control	488.0	15.5
Energy Conservation and Environment Protection	147.8	7.5
Urban and Rural Community Affair	540.1	16.4
Agriculture, Forestry and Water	639.1	14.6
Housing Security	263.7	26.7

Deposit balances of RMB and overseas currencies in financial institutions totaled 3,622.06 billion Yuan at the end of the year, an increase of 543.88 billion Yuan compared with the start of the year. Of the total, deposit balances of household and non-financial enterprise were 1,880.07 billion Yuan and 986.05 billion Yuan, increasing by 204.53 billion Yuan and 197.00 billion Yuan respectively. By the end of the year, loan balances of RMB and overseas currencies in financial institutions totaled 2,422.19 billion Yuan, an increase of 343.82 billion Yuan in relation to the beginning of the year. Of the total, loan balances of household and non-financial enterprise were 778.60 billion Yuan and 1,634.02 billion Yuan, up by 88.71 billion Yuan and 250.46 billion Yuan respectively.

Table 8: Deposit and loan Balances of RMB and Overseas Currencies in Financial Institutions and Added Balances, At the End of 2015

Index	Balances (100 million Yuan)	Added Balances over the beginning of 2015 (100 million Yuan)
Total Deposit Balances	36220.6	5438.8
Of which: Domestic Deposits	36187.2	5434.7
Household	18800.7	2045.3
Current Deposits	7196.2	762.1
Time Deposits and Other Deposits	11604.5	1283.2
Non-financial Enterprise	9860.5	1970.0
Current Deposits	5155.8	1374.7
Time Deposits and Other Deposits	4704.7	595.3
Non-banking Financial Institution	1375.0	506.3
Overseas Deposits	33.4	4.1
Total Loan Balances	24221.9	3438.2
Of which: Domestic Loans	24126.5	3391.5
Household	7786.0	887.1
Short-term Loans	2133.3	167.2
Medium and Long-term Loans	5652.7	720.0
Non-financial Enterprise and Government Organization	16340.2	2504.6
Short-term Loans	4436.6	348.2
Medium and Long-term Loans	11022.2	1637.7
Overseas Loans	95.4	46.7

At the end of 2015, the number of listed companies reached 99. Of the total, the number of listed companies in China was 84 and that beyond the borders was 15. The total amount of direct financing in Hunan annually was 246.61 billion Yuan, up by 30.0%. Of the total, the capital which raised from share issuances and share placements totaled 35.19 billion Yuan. At the end of this year, there were 322 business departments of security companies in the province and 3 futures companies in the area under jurisdiction, whose turnover was 11,612.49 billion Yuan and 18,746.28 billion Yuan respectively.

The annual original premium incomes, marking an increase of 21.2%, reached 71.22 billion Yuan. Of the total, incomes from life insurances, health insurances, life accident insurances and property insurances were 38.92 billion Yuan(an increase of 22.8%), 6.00 billion Yuan(an increase of 38.0%), 1.98 billion Yuan(an increase of 23.9%) and 24.32 billion Yuan(an increase of 15.1%) respectively. Meanwhile, the total payment of original insurances was 25.70 billion, a growth of 13.6%.

IX. Education, Science and Technology

There were 109 regular institutions of higher learning at the end of the year. The number of graduates with a master degree associated with regular higher education was 19 thousand; that of graduates from university and specialized colleges was 301 thousand; and that of graduates from secondary technical schools was 204 thousand. The number of regular high school graduates, middle school graduates and regular primary school graduates was 335 thousand, 700 thousand and 730 thousand respectively. Enrollment of children in kindergarten totaled 216.6 million, a year-on-year increase of 6.6%. Enrolment rate of children in primary school hit 99.97%. Gross enrollment rate of teenagers in senior high school was 90.0%. As for the 12,280 non-government colleges and schools, the enrolled students were 2.485 million. The security funds of compulsory education totaled 7.41 billion Yuan. And the state grants for regular high school reached 420 million Yuan. There were 303 thousand vocational students supported by 300 million Yuan state grants for secondary vocational school, 922 thousand vocational students subsidized by 1.11 billion Yuan tuition-free grants for secondary vocational school, and 526 thousand college students funded by 1.08 billion Yuan state scholarships and grants for colleges and universities.

Table 9: Number of New Students Enrollment, Students Enrollment and Graduates in Schools at Different Levels and Growth rates, 2015

Index	New Students Enrollment		Students Enrollment		Graduates	
	Absolute Number (10,000 people)	Increase over 2014 (%)	Absolute Number (10,000 people)	Increase over 2014 (%)	Absolute Number (10,000 people)	Increase over 2014 (%)
Post-graduate Education	2.2	3.6	6.9	3.9	1.9	-2.1
Regular Higher Education	36.0	4.3	118.1	3.9	30.1	1.5
Adult Higher Education	10.7	-14.2	24.2	-0.1	10.5	-1.1
Secondary Vocational Education	23.8	4.7	64.8	0.5	20.4	-0.5
Regular Senior Secondary School	38.0	4.1	107.4	1.6	33.5	4.6
Junior Middle Schools	73.9	-0.9	222.4	0.8	70.0	7.3
Regular Primary School	88.7	8.9	488.9	3.2	73.0	-1.5
Special Education	0.5	58.2	2.3	43.5	0.2	47.1

In 2015, there were 18 national engineering technology research centers, 282 provincial engineering technology research centers, 15 national key laboratories, 141 provincial key laboratories, 14 national(combined with the local) engineering research centers and 26(combined with the local) national engineering laboratories. The number of state validated enterprise technical centers reached 39. A total of 3,710 technology transfer contracts were signed, representing 10.54 billion Yuan in value. The number of registered scientific and technological achievements was 777, with 14 National Scientific and Technological Advancement Awards, 4 National Award for Technological Invention. "Tianhe-2" super computer won sixth straight Chinese Supercomputing Championship. Meanwhile, there were many high new technology achievements such as "Manatee" Deepwater Horizon rig, permanent-magnet synchronous traction motor, new high-capacity graphene supercapacitor, middle-low speed ems maglev train with short stator developed successfully. The number of patent applications was 54,501, a year-on-year rise of 23.3%. Of this total, 19,499 patent applications for original inventions were accepted, up by 34.7%. The number of authorized patents was 34,075, up by 27.9%. Of which, there were 6,776 authorized patents for original inventions, up by 62.9%. The number of patent applications in industrial and mining enterprises, universities and colleges, and scientific research institutes reached 26867, 8628 and 595, while the number of patents authorized were 18207, 4632 and 291. The added value of new and high technology industries was 612.88 billion Yuan, up by 17.8%.

Figure 4:The number of patent application and patent authorization,2010-2015

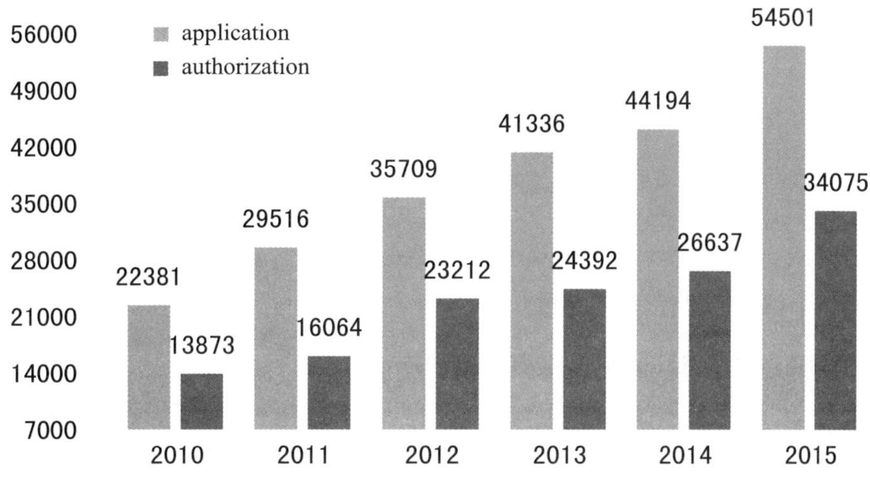

There were 1,628 testing and inspection agencies, and 23 of them were national product quality supervision and inspection centers. The number of authorized measurement institutions totaled 103. Production units for special equipment reached 1,613 and it had 243,000 special equipments available. There were 8,089 batches of key industrial products checked, and 93.4% met the standard, an increase of 1 percentage point. A total of 4 international standard, 26 national standards and 189 local standards were developed respectively in the year. Land and resources departments published 239 types of maps and provided 183,000 achievements of geospatial data. GIS applications reached 190. And total visits to Map World reached 420,000.

X. Culture, Public Health and Sport

By the end of 2015, there were 271 art-performing groups, 143 mass art centers and culture centers, 136 public libraries, 115 museums and memorials, 13 radio broadcasting stations, and 15 television stations. The users of CATV reached 11.336 million. Broadcasting and television coverage rates were 94.06% and 97.98%, up by 0.58% and 0.47%. There were 118 state-level intangible cultural heritage protection projects and 202 provincial level protection projects in the province. All sorts of books were issued under 12,254 categories, with 248 types of magazines and 48 styles of newspapers. A total of 420 million copies of books were published, 140 million copies of magazines and 1.34 billion copies of newspapers were issued.

By the end of 2015, there were 62,646 health institutions in the province, including 1,173 hospitals, 139 maternal and child health-care institutions, 88 specialized health institutions, 2296 township hospitals, 674 community health service centers, 10,405 clinics and infirmaries, and 44,822 village clinics. There were 371 thousand health workers were installed, up by 8.6%. Among these health workers, there were 151 thousand practicing doctors and assistant practicing doctors, up by 13.0%; and 149 thousand registered nurses, up by 9.6%. The total of beds in hospitals was 276 thousand, up by 11.7%. And the total of beds in township hospitals was 93 thousand, up by 11.0%.

The province carried out 2,566 fitness programs for all people throughout the province with a participation of 23.722 million. The number of newly built administrative village of farmer sports fitness projects was 6,100. The athletes of Hunan province won 11 World Championships, 7 Asian Championship gold medals and 67 National Championships, breaking two world records. There were 83,749 sports fields and associated buildings, including 234 gyms, 5,904 sports grounds, 456 swimming pools, and 4,171 training rooms.

XI. Population, Living Conditions and Social Security

By the end of 2015, the permanent residents of Hunan province reached 67.830 million. Of the total, the population in cities and towns was 34.519 million, and urbanization rate was 50.89%, an increase of 1.61 percentage points. The annual newly-born population was 918 thousand with a birth rate of 13.58 ‰, and dead population was 464 thousand with a death rate of 6.86‰. The natural growth rate was 6.72‰. The population aged 0-15 (under 16) accounted for 19.57% of the permanent resident population, up by 0.22%; the population aged 16-59(under 60) accounted for 63.26%, up by 0.67%; and the population aged 60 and above accounted for 17.17%, up by 0.45%.

Table 10: Resident Population and its Composition, At the End of 2015

Index	Number (10,000 people)	Proportion (%)
Resident Population	6783.0	100.00
Of which: Town	3451.9	50.89
Village	3331.1	49.11
Of which: Male	3496.1	51.54
Female	3286.9	48.46
Of which: Aged 0-15 (under 16)	1327.6	19.57
Aged 16-59 (under 60)	4291.0	63.26
Aged 60 and Above	1164.4	17.17
Of which: Aged 65 and Above	774.0	11.41

The province's per capita disposable income reached 19,317 Yuan, up by 9.6%, or a real increase of 8.1% over the previous year after deducting price factors, of which the median was 16,654 Yuan. Of the total, the per capita disposable income for urban dwellers was 28,838 Yuan, up by 8.5%, or a real increase of 6.9% after deducting price factors, of which the median was 27,216 Yuan; and that for rural residents was 10,993, up by 9.3%, or a real increase of 8.1% after deducting price factors, of which the median was 10,032. In terms of region, the per capita disposable income in Changsha-Zhuzhou-Xiangtan areas, southern Hunan, western Hunan and Dongting Lake area was 30,655 Yuan, 18,070 Yuan, 12,877 Yuan and 17,603 Yuan respectively, up by 8.4%, 9.2%, 10.2% and 9.6%. Moreover, the urban-rural income ratio was reduced to 2.62:1, which was 2.64:1 last year.

The province's per capita consumption expenditure for urban dwellers and rural residents reached 19,501 Yuan and 9,691 Yuan respectively, up by 6.4% and 7.4% over the previous year. The proportion of expenditure on food to the total expenditure was 31.2% for urban dwellers and 32.9% for rural residents.

Figure 5: The average per capita disposable incomes of city dwellers and the real growth rates, 2010–2015

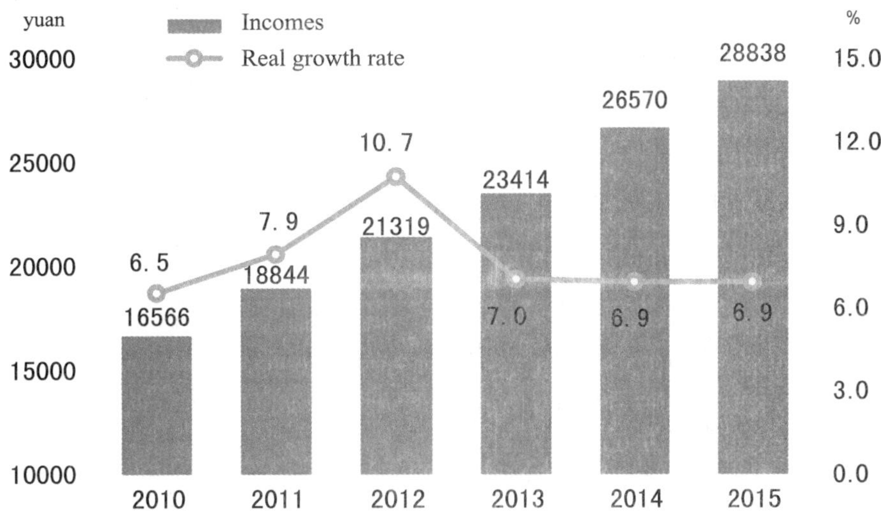

Figure 6:The average per capita net incomes of rural residents and the real growth rates, 2010–2015

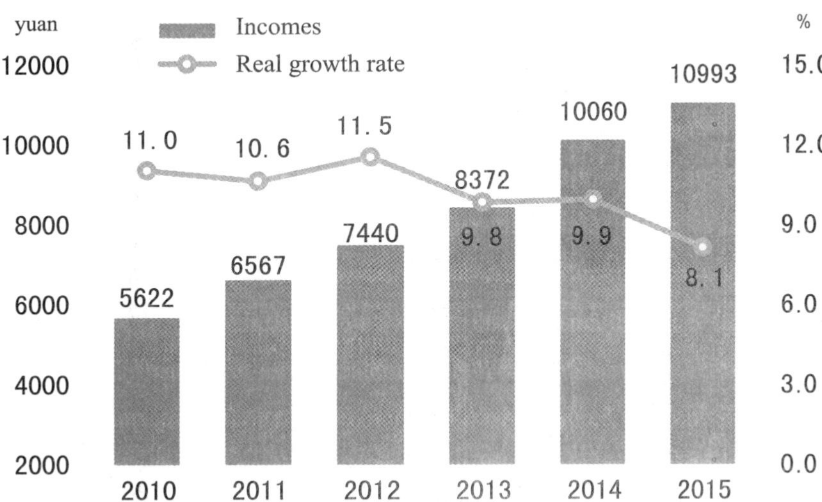

The newly-added employed people in urban areas were 780 thousand. At the end of 2015, a total of 11.607 million people participated in urban basic endowment insurance, a year-on-year increase of 418 thousand. Of the total, the insured employees and retirees was 7.910 million and 3.697 million respectively. A total of 26.605 million people participated in urban basic health insurance, an increase of 3.598 million against the end of 2014. Of the total, the number of insured staff and workers was 8.187 million, and that of the insured residents was 18.418 million. A total of 5.212 million staff and workers participated in unemployment insurance, an increase of 117 thousand. A total of 7.779 million staff and workers participated in work-related injury insurance, an increase of 299 thousand. A total of 5.443 million staff and workers participated in maternity insurance, an increase of 67 thousand. A total of 32.801 million people registered the new rural endowment insurance. A total of 44.121 million people (excluding Changsha & Yiyang) participated in the new rural cooperative medical system, with a participation rate of 99.03%. At the end of the year, a total of 142 thousand staff and workers received the unemployment insurance payments. A total of 4.16 billion Yuan was dispensed for urban minimum subsistence allowance and 4.53 billion Yuan was dispensed for rural minimum subsistence allowance, supporting 1.273 million urban residents and 3.180 million rural residents respectively. Various types of Adopting Social Welfare Institutions provided 227 thousand beds, accepting 122 thousand inmates. There were 11,303 community service facilities set up in urban areas. Of them, the number of comprehensive community service centers was 4,155. A total of 7.77 billion Yuan worth of social welfare lottery was sold, raising 2.12 billion Yuan of social welfare funds. A total of 240 million Yuan were received from direct donations. There were 7.156 million rural residents benefiting from the solving of unsafe drinking water problems. And 117 thousand dilapidated houses in rural areas were renovated. The new public rental housing was 201 thousand. There were 278 thousand urban shantytowns and 140 thousand state-owned mining shantytowns transformed.

XII. Resources, Environment and Work Safety

A total of 143 minerals have been discovered in the province and the reserves of 108 minerals have been explored, including 7 energy minerals, 38 metal minerals, 61 non-metal minerals and 2 water and gas minerals. Implementation of geological explorations projects (including continue projects) were 233 and exploration projects for prospecting in the depth portion and the periphery of old mines were 4 last year. A total of 7 new mineral deposits in large or medium size were discovered. A total of 17 key mining areas and 8 key minerals realized resources integration. There were 12 National Geology Park and 4 geological sites. Implementation of comprehensive land consolidation projects above province level were 109, and 91 thousand hectares of land was regulated.

In urban areas, the city sewage treatment rate and the treatment rate of solid waste were 92.5% and 99.4% respectively. The rate of actual surface water monitoring across sections which met the Grade III standard was 87.2%. A total of 191 natural reserves with an area of 1,370 thousand hectares was approved, including 22 state-level and 27 provincial-level reserves. In 2015, a total of 376 thousand hectares were reforested. At the end of the year, the area of closing hillsides to facilitate afforestation was 1,330 thousand hectares. And there were 500 million cubic meters of standing forest stock. The forest coverage rate reached 59.57%.

Preliminary estimation indicated that the comprehensive energy consumption of designed size enterprises amounted to 60.601 million tons of standard coal equivalent, a decrease of 5.9% compared with the previous year. Of which, the comprehensive energy consumption for the major six high energy consuming industries was 48.066 million tons of standard coal equivalent, a decrease of 5.7%. The energy consumption of added-value in ten-thousand-Yuan industrial enterprises was 0.58 tons of standard coal equivalent per 10,000 Yuan, down by 12.7%. Among main pollutants, Chemical oxygen demand was 1.73 percent down on last year. And the emission of sulfur dioxide, ammonia nitrogen and nitrogen oxide also decreased by 4.52%, 2.14% and 10.1% respectively.

In 2015, a total of 4,457 accidents of the production and business were reported in the province, down by 6.7%. The death toll due to commercial production safety accidents amounted to 754, a year-on-year decrease of 24.3%. The death toll from work accidents every 100 million Yuan worth of GDP was 0.06 people, a decline of 26.9%. Work accidents in industrial, mining and commercial enterprises caused 0.78 deaths out of every 100 thousand employees, down by 35.5%. The death toll in coalmines while producing one million tons of coal was 1.43, up by 42.9%. The year 2015 witnessed 9,041 traffic accidents, up by 2.96%. The road traffic death toll per 10 thousand vehicles was 1.71, a decrease of 0.31 compared with last year.

Notes:

1. All figures in this Communiqué are preliminary statistics. There may be slight discrepancy between the sum of individual items and the total owing to rounding.

2. Gross domestic product (GDP) and industrial added value as quoted in this Communiqué are calculated at current prices, whereas their growth rates are calculated at constant prices.

3. According to "National Industries Classification" (GB/T4754-2011), State Statistics Bureau revised the triple divisions of industry in 2013. The services of "farming, forestry, animal husbandry and fishery", "mining auxiliary activities" of "mining industry" and "repair services of metal product, machinery and equipment" in "manufacturing industry" were divided into the tertiary industry, so the data in 2014 of the tertiary industry was counted depends on this standard.

4. Changsha-Zhuzhou-Xiangtan (CZT) region refers to Changsha, Zhuzhou and Xiangtan; southern Hunan refers to Hengyang, Chenzhou and Yongzhou; western Hunan refers to Shaoyang, Zhangjiajie, Huaihua, Loudi and Xiangxi autonomous prefecture; Dongting Lake areas refers to Yueyang, Changde and Yiyang.

5. The high-tech manufacturing industries include the manufacturing of medicine, aerospace, electronic and telecommunication equipment, computer and office equipment, medical equipment and instrumentation, and chemicals used in information store.

6. According to relevant regulations, the foreign trades are accounted in RMB.

7. The enrollment rate for elementary-age kids refers to the percentage of school-age children in primary school to the total number inside and outside of the school within the scope of investigation.

8. The secondary gross enrollment ratio mainly reflects the coverage of senior secondary education, referring to the percentage of the total number of high school students to population aged 15-17.

9. Resident population refers to the population of often living actually in a certain area in a certain time. According to the census and sampling requirements, it mainly includes people who live in the current townships and whose household registration are located or whose household registration is to be settled; people who live in the current townships and leave the townships of their household registration over 6 months; people who leave the townships of their household registration for less than 6 months or work or study overseas, with their household registration located in the current townships.

10. At the end of 2015, the population aged 0-14 (under 15) was 12.541 million; the population aged 15-59 (under 60) was 43.645 million.

11. In 2015, urban community service facilities include unregistered welfare facilities and social security management and service agencies of staff, whose statistical caliber are not comparable with 2014.

12. The figures of energy consumption are verified initially by National Bureau of Statistics of China.

Source:

In this communique, fiscal data are from the Hunan Financial Department. Goods' Prices, the income and expenditure of urban and rural residents, the Engel's coefficient and data in the agricultural section are from the NBS Survey Office in Hunan; data about rail mileage are from Shichang Railway Co., Ltd, Guangzhou Railway (group)

Company and Nanchang Railway Administration; data about the traffic volume and the turnover volume of passengers and cargo in highway, turnover volume of passengers and cargo in waterway and highway mileage are from Hunan Road Transport Bureau; data about the traffic volume and the turnover volume of passengers and cargo in civil aviation are from Hunan Airport Management Co., Ltd; data about volume of freight traffic by pipeline are from Changling Branch and Baling Branch of China Petrochemical Group Assets Management co., LTD, Changling branch of China Petrochemical co., LTD, Hunan Oil Transportation Management Department of China Petrochemical Marketing co., LTD central-China Branch, and Changsha Xinao Gas co., LTD; data about car ownership and road traffic accident are from Provincial Public Security Bureau; data about telecommunications business, mobile phone users, fixed telephone users, broadband Internet users are from Hunan telecommunications company, Hunan Mobile Company, Hunan Unicom Company, Hunan Tietong Company; Data about postal business are from Hunan Postal Service Administration; Travel data are from Hunan Tourism Bureau; The financial data are from Changsha Central Sub-branch of the People's Bank of China; data about listed company are from Hunan Financial Affairs Office; stock data are from Hunan authority of China Securities Regulatory Commission; Insurance data are from the Hunan Authority of China Insurance Regulatory Commission; Education data are from Hunan Education Department; Data about science and technology are from Hunan Science and Technology Department; Patent data from Hunan Intellectual Property Office; data about quality inspection, industry standard are from Hunan Quality and Technical Supervision Bureau; data about mapping, mineral resources, geological parks and land are from Hunan Land and Resources Ministry; data about art performing groups, museums, public libraries, cultural centers, non-material cultural heritage protection are from the Cultural Department of Hunan; data are from the Bureau Radio and Television of Hunan Province; data about radio, television, newspapers, periodicals and book are from the Press and Publication of Hunan; data about hygiene and new rural cooperative medical service are from the Hygiene Bureau and Family Planning Committee of Hunan; data about sports are from the Sports Bureau of Hunan; data about newly-added urban jobs and social security are from Human Resources and Social Security Department; data about insurances providing for urban and rural low-income people, social welfare, community services, nursing homes and social donation are from the Department of Civil Affairs of Hunan; data about healthy drinking water provision to rural area are from the Water Resources Bureau of Hunan; data about rehabilitation of rural dilapidated housing, construction of security housing and disposal of sewage and garbage are from the Housing and Construction Department of Hunan; data about nature reserve, forestation, standing tree and coverage of forest are from Hunan Forestry Department; data about the quality of surface water and pollutant emission are from the Environmental Protection Bureau of Hunan Province; data about safe production are from the Work safety Administration of Hunan; all the other data are from Hunan Bureau of Statistics.

1 综　合

General Survey

资料整理人员：			
资料整理人员：	彭　蕾	周　玲	欧阳普
	赵　宏	张　驰	李培楚
	田杰平	谢　凡	贺淑贞
	郑石明	吕　燕	孟　强
	陈　慧	杨　耒	宋　超
	鲁　喆	殷梓晴	何　达
	廖闻菲	雷芙蓉	屈雄英
	刘　杰	刘　洋	周　迅
	黄少华	陈　思	汤炼坤
	田　原	伍春阳	韩建芳
	蔡冬娥	肖首雄	阳小林
	贺　震	刘　峰	郭开金
	彭　颖	周哲煊	

1-1 行政区划
Administrative Divisions

单位：个 (unit)

年份 Year	市州 Cities and A.P	地州数 Number of Prefecture and A.P	地级市 Number of Cities at Prefectural Level	县级市 Number of Cities at County Level	县数 Number of Counties	市辖区数 Districts Under the Jurisdiction of Cities at Prefectural Level	镇数 Number of Towns	乡数 Number of Township
	1978	12	3	7	90	13	154	3295
	1980	12	5	9	90	22	155	3321
	1985	9	6	14	84	27	544	3011
	1986	7	6	16	82	27	581	2895
	1987	7	6	18	80	26	585	2903
	1988	6	8	17	78	30	596	2889
	1989	6	8	17	78	30	621	2807
	1990	6	8	18	78	29	628	2801
	1991	6	8	18	78	29	639	2784
	1992	6	8	19	77	26	663	2773
	1993	6	8	20	76	26	748	2689
	1994	5	9	20	74	28	769	2658
	1995	4	10	19	73	30	899	1406
	1996	3	11	17	73	32	950	1360
	1997	3	11	18	72	32	979	1327
	1998	2	12	17	72	33	1001	1350
	1999	1	13	16	72	34	1023	1330
	2000	1	13	16	72	34	1055	1310
	2001	1	13	16	72	34	1087	1275
	2002	1	13	16	72	34	1097	1257
	2003	1	13	16	72	34	1098	1264
	2004	1	13	16	72	34	1098	1244
	2005	1	13	16	72	34	1089	1087
	2006	1	13	16	72	34	1091	1085
	2007	1	13	16	72	34	1095	1071
	2008	1	13	16	72	34	1101	1063
	2009	1	13	16	72	34	1106	959
	2010	1	13	16	72	34	1109	1052
	2011	1	13	16	71	35	1121	1038
	2012	1	13	16	71	35	1131	952
	2013	1	13	16	71	35	1138	828
	2014	1	13	16	71	35	1153	805
	2015	1	13	16	71	35	1119	417
长沙市	Changsha City		1	1	2	6	67	7
株洲市	Zhuzhou City		1	1	4	4	61	7
湘潭市	Xiangtan City		1	2	1	2	35	10
衡阳市	Hengyang City		1	2	5	5	115	32
邵阳市	Shaoyang City		1	1	8	3	105	62
岳阳市	Yueyang City		1	2	4	3	89	15
常德市	Changde City		1	1	6	2	100	29
张家界市	Zhangjiajie City		1		2	2	34	30
益阳市	Yiyang City		1	1	3	2	69	12
郴州市	Chenzhou City		1	1	8	2	100	37
永州市	Yongzhou City		1		9	2	111	40
怀化市	Huaihua City		1	1	10	1	101	92
娄底市	Loudi City		1	2	2	1	57	14
湘西土家族苗族自治州	West Hunan Tujia and Miao A.P	1		1	7		75	30

1-1 续表 continued

长沙市　Changsha City

芙蓉区(Furong District)、天心区(Tianxin District)、岳麓区(Yuelu District)、开福区(Kaifu District)、雨花区(Yuhua District)
望城区(Wangcheng District)、浏阳市(Liuyang City)、长沙县(Changsha County)、宁乡县(Ningxiang County)

株洲市　Zhuzhou City

荷塘区(Hetang District)、石峰区(Shifeng District)、芦淞区(LouSong District)、天元区(Tianyuan District)、醴陵市(Liling City)
株洲县(Zhuzhou County)、攸县(Youxiang County)、茶陵县(Chaling County)、炎陵县(Yanling County)

湘潭市　Xiangtan City

雨湖区(Yuhu District)、岳塘区(Yuetang District)、湘乡市(Xiangxiang City)、韶山市(Shaoshan City)、湘潭县(Xiangtan County)

衡阳市　Hengyang City

珠晖区(zhuhui District)、雁峰区（yanfeng District)、石鼓区(shigu District)、蒸湘区（zhengxiang District)
南岳区(Nanyue District)、耒阳市(Leiyang City)、常宁市(Changning City)、衡阳县(Hengyang County)、衡南县(Hengnan County)
衡山县(Hengshan County)、衡东县(Hengdong County)、祁东县(Qidong County)

邵阳市　Shaoyang City

双清区(Shuangqing District)、大祥区(Daxiang District)、北塔区(Beita District)、武冈市(Wugang City)、邵东县(Shaodong County)
新邵县(Xinshao County)、邵阳县(Shaoyang County)、隆回县(Longhui County)、洞口县(Dongkou County)、
新宁县(Xinning County)、绥宁县(Suining County)、城步苗族自治县 (Chengbu Miao Autonomous County)

岳阳市　Yueyang City

岳阳楼区(Yueyanglou District)、云溪区(Yunxi District)、君山区(Junshan District)、汨罗市(Miluo City)、临湘市(Linxiang City)
岳阳县(Yueyang County)、平江县(Pingjiang County)、湘阴县(Xiangyin County)、华容县(Huarong County)

常德市　Changde City

武陵区(Wuling District)、鼎城区(Dingcheng District)、津市市(Jinshi City)、安乡县(Anxiang County)、汉寿县(Huanshou County)
澧县(Li County)、临澧县(Linli County)、桃源县(Taoyuan County)、石门县(Shimen County)

张家界市　Zhangjiajie City

永定区(Yongding District)、武陵源区(Wulingyuan District)、慈利县(Chili County)、桑植县(Shanhzhi County)

益阳市　Yiyang City

资阳区(Ziyang District)、赫山区(Heshan District)、沅江市(Yuanjiang City)、南县(Nan County)、桃江县(Taojiang County)、
安化县(Anhuan County)

郴州市　Chenzhou City

北湖区(Beihu District)、苏仙区(Suxian District)、资兴市(Zixing City)、桂阳县(Guiyang County)、永兴县(Yongxing County)、
宜章县(Yizhang County)、嘉禾县(Jiahe County)、临武县(Linwu County)、汝城县(Rucheng County)、桂东县(Guidong County)、
安仁县(Anren County)

永州市　Yongzhou City

零陵区(Lingling District)、冷水滩区(Lengshuitan District)、东安县(Dongan County)、道县(Dao County)、
宁远县(Ningyuan County)、江永县(Jiangyong County)、江华瑶族自治县(Jianghua Yao Autonomous County)、
蓝山县(Lanshan County)、新田县(Xintian County)、双牌县(Shuangpai County)、祁阳县(Qiyang County)

怀化市　Huaihua City

鹤城区(Hecheng District)、洪江市(Hongjiang City)、中方县(Zhongfang County)、沅陵县(Yuanling County)、
辰溪县(Shenxi County)、溆浦县(Xupu County)、麻阳苗族自治县(Mayang Miao Autonomous County)、会同县(Huitong County)
新晃侗族自治县(Xinhuang Tong Autonomous County)、芷江侗族自治县(Zhijiang Tong Autonomous County),
靖州苗族侗族自治县(Jinzhou Miao and Tong Autonomous County)、通道侗族自治县(Tongdao Tong Autonomous County)

娄底市　Loudi City

娄星区(Louxing District)、冷水江市(Lengshuijiang City)、涟源市(Lianyuan City)、双峰县(Shuangfeng County)、
新化县(Xinhua County)

湘西土家族苗族自治州　West Hunan Tujia and Miao Autonomous Prefecture

吉首市(Jishou City)、泸溪县(Louxi County)、凤凰县(Fenghuang County)、花垣县(Huayuan County)、保靖县(Baojin County)、
古丈县(Guzhang County)、永顺县(Yongshun County)、龙山县(Longshan County)

1-2 人口和自然资源
Population and Natural Resources

项 目		Item		2015
人口		**Population**		
年底人口数	(万人)	Total Population at the Year-end	(10 000 persons)	7242.02
人口密度	(人/平方公里)	Density of Population	(person/sq.km)	341.93
土地		**Land**		
土地面积	(万平方公里)	Area of Land	(10 000 sq.km)	21.18
耕地面积	(万公顷)	Area of Cultivated Land	(10 000 hectares)	415.35
气候		**Climate**		
年平均降水量	(毫米)	Annual Average Precipitation	(mm)	1580.50
年降水总量	(亿立方米)	Annual Total Precipitation	(100 million cu.m)	3265.33
森林		**Forest**		
有林地面积	(万公顷)	Area with woodland	(10 000 hectares)	1102.28
	(万亩)	Area of Forest	(10 000 mu)	16534.20
森林覆盖率	(%)	Forest Coverage Rate	(%)	59.57
活立木总蓄积量	(万立方米)	Stock Volume of the Forest	(10 000 cu.m)	50487
水文、水利		**Water**		
5公里以上河流	(条)	Rivers Over 5 km	(unit)	5341
5公里以上河流长度	(万公里)	Total Length of Rivers Over 5 km	(10 000 km)	9.00
河川年径流总量	(亿立方米)	Annual Total Flow of Rivers	(100 million cu.m)	2136.00
淡水总面积	(万公顷)	Total Area of Fresh Water	(10 000 hectares)	135.38
	(万亩)	Total Area of Fresh Water	(10 000 mu)	2030.70
#已放养面积	(万公顷)	# Cultivated Area	(10 000 hectares)	42.25
	(万亩)		(10 000 mu)	633.72
天然水资源总量	(亿立方米)	Natural Water Volume	(100 million cu.m)	2682.80
地表水资源总量	(亿立方米)	Surface Water Volume	(100 million cu.m)	1419.30
地下(浅层)水量	(亿立方米)	Shallow Ground Water Volume	(100 million cu.m)	350.40
水力资源蕴藏量	(万千瓦)	Hydropower Resources	(10 000 kw)	1532.45
#可开发量		#Developable Resources		1083.84
矿产资源保有储量 （截至2015年底）		**Mineral Resources Ensured Resources**	**(at the 2015 year-end)**	
煤	(亿吨)	Coal	(100 million tons)	33.16
铁矿石	(亿吨)	Iron Ore	(100 million tons)	14.05
磷矿石	(亿吨)	Phosphate Ore	(100 million tons)	19.91
盐	(亿吨)	Salt	(100 million tons)	27.31

注:1.本表淡水面积、可养殖面积、水力资源蕴藏量均为过去清查数，有待进一步普查和勘测。

2.河川年径流总量=省内各水系年径流量+客水+地下水。

3.耕地面积是指年末耕地总资源面积，包括常用耕地和临时性耕地。由国土部门提供（后同）。

a. Figures in this table, except population, cultivated area and mineral resources were obtained from surveys in previous years, and is subject to further verification.

b. The annual total flow of rivers=annual flow of major rivers in our province + branch water + groundwater.

c. The data of cultivated land is actual cultivated land total resources(year end),including common cultivated land and temporary cultivated land. The date came from Hunan Province Territory Resource Burear。The same as in the following table。

1-3 土地状况(2014年)
Land Characteristics (2014)

项 目	Item	总面积 Total Area		占总面积的%
		万公顷 (10 000hectares)	万亩 (10 000 mu)	PPercentage to Total Area
总面积	**Total Area**	**2118.29**	**31774.35**	**100.0**
按地形分	**By Topographic Feature**			
山地	Mountains	1084.72	16270.80	51.2
盆地	Basins	294.12	4411.73	13.9
平原	Plains	277.86	4167.90	13.1
丘陵	Hills	326.22	4893.28	15.4
水面	Water-face	135.27	2030.64	6.4
按地高分	**By Altitude**			
50米以下	Under 50m	210.65	3159.76	9.9
50-100米	50-100m	235.27	3529.03	11.1
100-300米	100-300m	491.74	7376.03	23.2
300-500米	300-500m	478.36	7175.34	22.6
500-800米	500-800m	390.48	5857.19	18.5
800-1000米	800-1000m	220.58	3308.73	10.4
1000米以上	Above 1000m	91.21	1368.21	4.3
按特征分	**By Land Use**			
耕地	Cultivated Land	415.3	6229.5	
有林地	Woodland	1090.3	16354.50	
宜林荒山	Undeveloped Land Usable for Afforestation	31.80	477.00	
疏林	Sparsely Forests	5.45	81.75	
灌木	Shrubbery	116.80	1752.00	
未成林造林地	Afforestation for Undeveloped Forests	35.53	532.95	
淡水总面积	Total Area of Fresh Water			
其他	Others			

1-4 主要山脉基本情况
Major Mountain Ranges

名称	Name	平均高度(米) Average Height(m)	最高峰(米) Heightest Peak (m)	
雪峰山	Xuefeng Mountain Range	1500	2021 (城步县二宝顶)	Erbao Peak in Chengbu County
武陵山	Wuling Mountain Range	500--1200	2098.7 (石门县壶瓶山)	Huping Mountain in Shimen County
南岭山脉 (指大庾岭、骑田岭、萌渚岭、都庞岭、越城岭)	Nanling Mountain Range (Dayu Peak,Qitian Peak, Mengzhu Peak, DuPang Peak, Yuecheng Peak)		2009 (道县韭菜岭)	Jiucai Peak in Dao County
幕阜山---罗霄山	Mofu Mountain ---Luoxiao Mountain Range	1000	2052 (炎陵县斗笠顶)	Douli Peak in Yanling County
			2041.1 (桂东县八面山)	Bamian Mountain in Guidong County

1-5 主要河流基本情况
Major Rivers

名称	Name	河长(公里) Length of River (km)	#省内 #In Province	河流条数(条) Number of River (unit)	流域面积(平方公里) Drainage Area (sq.km)	#省内 #In Province	省内年径流量(亿立方米) Annual Flow in Province (100 million cu.m)	水力资源蕴藏量(万千瓦) Hydro-power Resources (10000 kw)	#可开发量 Develop-able Resources
总计	**Total**			**5341**		**211829**	**2560.00**	**1532.45**	**1083.84**
湘 江	Xiangjiang River	856	670	2157	94660	85383	1059.62	470.70	318.29
资 水	Zijiang River	713	630	771	28142	26738	319.96	201.03	147.71
沅 江	Yuanjiang River	1033	568	1491	89163	51066	609.49	537.51	460.21
澧 水	Lishui River	388	388	326	18496	15505	190.55	152.46	137.11
洞庭湖水系	Water System of Dongting Lake			432		27269	299.71	140.20	13.65
鄱阳湖水系	Water System of Poyang Lake			16		683	10.79	3.12	0.58
珠江水系	Water System of Zhujiang River			148		5185	69.88	27.43	6.29

注：1.河流条数指河长5公里以上的河流数，河长共9万公里。

2.资水河长以夫夷水作水源计算。

3.据1986年勘定，洞庭湖面积为2691平方公里。

a. Rivers refer to those which are more than 5 km long, and the total length of the rivers are 90 000 km.

b. The length of Zishui River refers to that of Fuyi River.

c. The figure on the area of Dongting Lake was taken from the survey in 1986.

1-6 主要城市平均气温(2015年)
Monthly Average Temperature of Major Cities(2015)

单位:摄氏度 (℃)

城市	City	1月 January	2月 February	3月 March	4月 April	5月 May	6月 June	7月 July
长沙市	Changsha	7.6	8.6	11.8	17.1	22.2	26.1	26.2
株洲市	Zhuzhou	8.3	9.1	12.4	18.2	23.3	27.0	26.8
湘潭市	Xiangtan	8.1	9.0	12.5	17.8	23.0	26.8	26.7
衡阳市	Hengyang	9.2	10.2	13.2	19.1	24.1	27.8	27.2
邵阳市	Shaoyang	7.7	8.9	12.1	17.6	22.3	25.8	25.2
岳阳市	Yueyang	8.2	8.7	12.5	17.5	23.0	26.0	27.1
常德市	Changde	7.6	8.1	12.0	16.6	21.9	24.3	26.3
张家界市	Zhangjiajie	8.2	8.8	13.4	18.4	22.4	25.2	27.2
益阳市	Yiyang	8.4	9.1	12.8	17.9	23.4	26.8	27.6
郴州市	Chenzhou	9.5	10.9	13.9	19.6	24.5	28.4	27.0
永州市	Yongzhou	9.0	10.3	13.1	19.2	23.6	27.3	26.3
怀化市	Huaihua	7.7	8.5	12.2	18.1	22.2	26.0	26.1
娄底市	Loudi	7.8	8.8	12.0	17.0	21.5	24.7	25.6
吉首市	Jishou	7.5	8.3	12.2	17.4	21.3	24.8	25.6

城市	City	8月 August	9月 September	10月 October	11月 November	12月 December	全年平均 Annual Average	上年平均 Annual Total Preceding year
长沙市	Changsha	27.0	24.0	19.3	11.8	7.3	17.4	18.6
株洲市	Zhuzhou	27.7	24.9	20.4	12.7	8.0	18.2	18.2
湘潭市	Xiangtan	27.5	24.5	19.8	12.4	7.9	18.0	17.9
衡阳市	Hengyang	28.3	25.7	21.5	13.4	8.4	19.0	19.1
邵阳市	Shaoyang	26.0	23.4	19.2	12.2	7.1	17.3	17.4
岳阳市	Yueyang	28.2	24.9	20.4	11.8	7.8	18.0	17.9
常德市	Changde	27.3	23.9	19.7	10.7	6.9	17.1	17.0
张家界市	Zhangjiajie	27.7	24.2	20.4	12.5	8.1	18.0	17.7
益阳市	Yiyang	28.5	25.1	20.5	12.4	8.2	18.4	18.0
郴州市	Chenzhou	27.6	25.2	21.1	14.0	8.3	19.2	19.4
永州市	Yongzhou	27.0	24.9	20.3	13.4	8.3	18.6	18.7
怀化市	Huaihua	26.6	23.8	19.3	12.1	7.1	17.5	17.2
娄底市	Loudi	26.6	23.9	19.7	12.2	7.7	17.3	17.6
吉首市	Jishou	25.7	23.1	18.6	11.7	7.1	16.9	16.7

1-7 主要城市降水量(2015年)
Monthly Precipitation in Major Cities (2015)

单位:毫米 (millimeter)

城 市	City	1月 January	2月 February	3月 March	4月 April	5月 May	6月 June	7月 July
长沙市	Changsha	17.9	69.7	146.9	104.1	241.1	273.2	108.7
株洲市	Zhuzhou	26.6	87.9	131.3	93.0	181.6	209.2	173.4
湘潭市	Xiangtan	20.6	58.3	125.7	82.3	149.6	256.1	179.8
衡阳市	Hengyang	38.9	39.1	137.8	130.9	104.4	79.7	180.7
邵阳市	Shaoyang	21.4	38.7	87.6	84.7	164.6	142.8	225.4
岳阳市	Yueyang	28.3	183.8	77.6	318.8	309.1	275.5	184.4
常德市	Changde	13.7	137.4	56.3	130.9	198.2	238.4	131.2
张家界市	Zhangjiajie	12.1	117.9	60.3	108.6	236.6	373.4	120.1
益阳市	Yiyang	22.4	103.2	106.2	101.1	253.3	315.0	128.9
郴州市	Chenzhou	53.2	65.7	95.4	94.6	254.7	97.0	95.4
永州市	Yongzhou	48.1	124.7	89.6	78.1	270.8	84.7	144.0
怀化市	Huaihua	36.1	62.7	100.2	105.6	225.1	445.5	224.0
娄底市	Loudi	24.5	65.2	129.9	73.2	181.2	370.2	159.5
吉首市	Jishou	20.2	85.0	47.6	71.3	227.0	446.5	84.9

城 市	City	8月 August	9月 September	10月 October	11月 November	12月 December	全年 Annual Total	上年全年 Annual Total Preceding year
长沙市	Changsha	69.3	147.4	97.9	161.6	100.4	1538.2	1386.8
株洲市	Zhuzhou	93.1	149.3	62.3	265.9	114.1	1587.7	1696.8
湘潭市	Xiangtan	25.1	152.4	68.9	222.0	103.1	1443.9	1553.6
衡阳市	Hengyang	95.6	55.3	125.8	228.2	117.4	1333.8	1455.7
邵阳市	Shaoyang	188.2	111.0	110.2	188.5	119.4	1482.5	1306.1
岳阳市	Yueyang	57.7	121.5	46.0	81.2	41.4	1725.3	1403.4
常德市	Changde	14.5	109.7	63.6	83.1	46.7	1223.7	1227.4
张家界市	Zhangjiajie	119.5	90.7	49.5	71.0	56.7	1416.4	1402.4
益阳市	Yiyang	92.6	101.7	88.2	120.4	84.6	1517.6	1428.4
郴州市	Chenzhou	217.0	87.7	120.6	311.1	213.4	1705.8	1091.5
永州市	Yongzhou	200.4	51.8	152.0	342.4	150.3	1736.9	1270.0
怀化市	Huaihua	203.8	83.4	102.6	83.8	97.9	1770.7	1641.7
娄底市	Loudi	182.4	143.3	122.6	204.6	106.9	1763.5	1547.6
吉首市	Jishou	164.7	200.0	37.5	83.0	79.9	1547.6	2209.5

1-8 主要城市日照时数(2015年)
Monthly Sunshine Hours in Major Cities (2015)

单位:小时 (hour)

城市	City	1月 January	2月 February	3月 March	4月 April	5月 May	6月 June	7月 July
长沙市	Changsha	86	92	50	117	95	151	125
株洲市	Zhuzhou	70	78	43	130	103	166	156
湘潭市	Xiangtan	61	76	46	129	105	168	137
衡阳市	Hengyang	68	67	28	108	86	147	128
邵阳市	Shaoyang	59	64	41	114	53	111	97
岳阳市	Yueyang	85	100	100	140	124	99	149
常德市	Changde	89	80	92	149	102	95	146
张家界市	Zhangjiajie	59	61	76	141	107	88	197
益阳市	Yiyang	82	80	74	133	81	139	150
郴州市	Chenzhou	84	62	36	100	99	169	119
永州市	Yongzhou	71	63	30	105	72	132	97
怀化市	Huaihua	51	53	63	140	97	164	165
娄底市	Loudi	60	64	43	122	90	140	128
吉首市	Jishou	34	47	37	89	67	82	152

城市	City	8月 August	9月 September	10月 October	11月 November	12月 December	全年 Annual Total	上年全年 Annual Total Preceding year
长沙市	Changsha	184	109	177	40	39	1263	1634
株洲市	Zhuzhou	206	147	169	44	45	1356	1487
湘潭市	Xiangtan	209	127	155	36	43	1294	1404
衡阳市	Hengyang	172	127	156	24	39	1150	1466
邵阳市	Shaoyang	182	110	160	28	39	1056	1140
岳阳市	Yueyang	248	154	168	49	74	1490	1460
常德市	Changde	239	111	166	36	62	1366	1391
张家界市	Zhangjiajie	223	83	146	34	59	1272	1129
益阳市	Yiyang	215	113	165	47	68	1348	1296
郴州市	Chenzhou	148	93	129	21	34	1092	1329
永州市	Yongzhou	159	101	140	24	35	1028	1328
怀化市	Huaihua	206	77	165	33	35	1248	1217
娄底市	Loudi	180	127	164	41	44	1203	1309
吉首市	Jishou	178	75	134	10	23	928	946

1-9 国民经济和社会发展总量指标
Principal Indicators of National Economy and Social Development

指 标	Item	总量指标 Aggregate Data			
		2000	2005	2014	2015
人口与就业	**Population and Employment**				
人口 (万人)	**Population** (10 000 persons)				
年底总人口	Population at the Year-end	6562.05	6732.10	7202.29	7242.02
城镇人口	Urban	1952.21	2490.88	3549.29	2037.29
乡村人口	Rural	4609.84	4241.22	3653.00	5204.73
男性人口	Male	3422.77	3490.59	3740.97	3761.09
女性人口	Female	3139.28	3241.51	3461.32	3480.93
就业 (万人)	**Employment** (10 000 persons)				
从业人员数	Employees	3577.58	3801.48	4044.13	3980.30
在岗职工数	Staff and Workers on the Job	580.82	451.80	552.81	534.77
宏观经济	**Macro-economy**				
国民经济核算 (亿元)	**National Accounting** (100 million yuan)				
地区生产总值	Gross Domestic Products	3551.49	6596.10	27037.32	28902.21
第一产业	Primary Industry	784.92	1100.65	3148.75	3331.62
第二产业	Secondary Industry	1293.18	2612.57	12482.06	12810.82
第三产业	Tertiary Industry	1473.39	2882.88	11406.51	12759.77
人均地区生产总值 (元)	Per Capita Gross Regional Product (yuan)	5425	10562	40271	42754
支出法地区生产总值	Gross Regional Product by Expenditure Approach	3551.49	6596.10	27037.32	28902.21
最终消费	Final Consumption	2471.77	4026.02	12463.11	14755.76
居民消费	Households Consumption	1928.94	3092.25	9657.14	11011.49
政府消费	Government Consumption	542.83	933.77	2805.97	3744.27
资本形成总额	Gross Capital Formation	1046.05	2576.17	15652.18	15555.06
固定资本形成	Gross Fixed Capital Formation	1082.00	2520.38	15139.68	15085.00
固定资产投资 (亿元)	**Investment in Fixed Assets** (100 million yuan)				
固定资产投资总额	Total Investment in Fixed Assets	1066.70	2563.96	21950.77	25954.27
国有单位	State-owned unit	574.12	1000.96	6393.07	7829.93
集体单位	Collective-owned Unit	118.80	94.89	649.97	755.40
个体经济	Individuals	281.89	499.08	7513.60	9377.88
财政 (亿元)	**Public Finance** (100 million yuan)				
地方财政收入	Public Budgetary Revenue	177.04	395.27	2262.79	2515.43
公共财政支出	Public Budgetary Expenditure	347.83	873.42	5017.38	5728.72
物价总指数 (上年＝100)	**Price Index** (preceding year=100)				
居民消费价格总指数	General Consumer Price Index	101.4	102.3	101.9	101.4
商品零售价格总指数	General Retail Price Index	99.3	102.3	101.2	99.9
农产品生产者价格指数	Producer Price Indices of Farm Products	96.8	99.5	98.6	104.1
利用外资 (万美元)	**Utilization of Foreign Capital** (USD 10 000)				
实际利用外商直接投资	Foreign Direct Investment	110843	207235	1026585	1156441
产 业	**Industry**				
农业	**Agriculture**				
耕地面积 (千公顷)	Cultivated Areas (1 000 hectares)	3921.60	3815.98	4153.22	4153.45
农林牧渔业从业人员 (万人)	Number of Persons Engaged in Farming, Forestry, Animal Husbandry and Fishery (10 000 persons)	2065.92	1951.90	1808.33	1762.31

1-9 续表 1 continued

指 标	Item	总量指标 Aggregate Data			
		2000	2005	2014	2015
农林牧渔业总产值 (亿元)	Gross Output Value of Farming, Forestry, Animal Husbandry and Fishery (100 million yuan)	1251.89	2056.24	5304.82	5630.75
农业	Planting	633.84	947.72	2884.73	3043.52
林业	Forestry	51.01	100.96	304.81	317.38
牧业	Animal Husbandry	486.13	834.52	1503.21	1601.75
渔业	Fishery	80.91	138.37	338.85	366.93
主要农产品产量 (万吨)	Output of Major Farm Products (10 000 tons)				
粮食	Grain	2874.97	2856.55	3001.26	3002.93
棉花	Cotton	17.13	18.56	12.90	14.46
油料	Oil-bearing Crops	139.35	140.98	233.77	242.89
黄红麻 (熟麻)	Jute and Ambary Hemp	0.23	0.06	0.06	0.07
苎麻	Ramie	6.62	13.07	1.62	1.47
烤烟	Fluecured Tobacco	15.55	20.39	22.45	21.93
茶叶	Tea	5.73	7.20	16.20	17.57
柑桔	Citrus	125.92	205.51	438.50	457.13
猪牛羊肉	Pork, Beef and Mutton	436.51	545.94	488.10	479.50
水产品	Aquatic Products	133.21	179.22	247.96	261.32
工业	**Industry**				
主要工业产品产量	Output of Major Industrial Products				
布 (亿米)	Cloth (100 million m)	3.41	3.61	3.46	3.93
机制纸及纸板 (万吨)	Machine-made Paper and Paperboards (10 000 tons)	70.07	170.59	406.56	398.47
成品糖 (万吨)	Sugar (10 000 tons)	4.44	2.10	0.09	
合成洗涤剂 (万吨)	Synthetic Detergents (10 000 tons)	8.12	32.06	49.35	44.65
家用电冰箱 (万台)	Household Refrigerators (10 000 sets)	44.54	55.54	12.18	8.91
原煤 (万吨)	Coal (10 000 tons)	1490.81	3646.51	5413.70	3464.59
发电量 (亿千瓦小时)	Electricity (100 million kw.h)	354.42	630.29	1241.90	1215.18
粗钢 (万吨)	Crude Steel (10 000 tons)	304.13	975.17	1917.59	1852.78
钢材 (万吨)	Steel (10 000 tons)	299.05	961.26	1989.35	1951.29
水泥 (万吨)	Cement (10 000 tons)	2395.72	3571.07	11991.30	11613.56
规模工业企业财务指标	Principal Financial Item of Industrial Enterprises above Designated Size				
年底固定资产原价 (亿元)	Original Value of Fixed Assets (100 million yuan)	1947.23	2932.81	13149.25	14266.10
利润和税金总额 (亿元)	Profits and Taxes (100 million yuan)	205.87	575.09	3865.01	3904.90
建筑业	**Construction**				
建筑业企业人数 (万人)	Number of Employed Persons (10 000 persons)	76.30	118.61	211.55	221.27
建筑业总产值 (亿元)	Gross Output Value of Construction (100 million yuan)	354.29	1219.35	6020.97	6630.82
施工房屋面积 (万平方米)	Floor Space of Buildings Under Construction (10 000 m^2)	5087.93	13774.87	47433.19	47504.41
#竣工房屋面积	Floor Space of Buildings Completed	2603.03	6846.04	16583.00	17390.00
交通运输	**Transportation**				
货运量 (万吨)	Freight Traffic (10 000 tons)	51228	76876	203604	215125
铁路	Railways	4676	5218	4495	4184
公路	Highways	42868	67040	172613	184831
水运	Waterways	3406	4615	25687	25109
客运量 (万人)	Passenger Traffic (10 000 persons)	87462	116457	162540	151059
铁路	Railways	5233	5423	9639	10368
公路	Highways	81005	109728	150583	138221
水运	Waterways	1094	702	1449	1534

注：2013年开始，公路水路客货运输数据，源自交通运输业经济统计专项调查，统计口径有所调整（下表同）。

Beginning in 2013,highway and waterway freignt volume data,from traffic transportation economic statistics,special inrestigation,statistical adjustments (the same below) .

1-9 续表 2 continued

指 标	Item	总量指标 Aggregate Data			
		2000	2005	2014	2015
邮电通信业	**Postal and Telecommunications Services**				
邮电业务总量 (亿元)	Total Business Revenue (100 million yuan)	140.92	372.24	745.00	904.12
函件 (万件)	Number of Letters Delivered (10 000 pieces)	21255.00	11338.80	4534.91	4553.71
报刊期发数 (万份)	Newspapers and Magazines Distributed (10 000 copies)	1042.72	582.89	513.18	536.03
交换机容量 (万门)	Capacity of Office Telephone Exchanges (10 000 lines)	873.20	1216.62	669.40	469.95
国内商业 (亿元)	**Domestic Trade (100 million yuan)**				
社会消费品零售总额	Total Retail Sales of Consumer Goods	1383.72	2459.12	10723.45	12023.97
对外经济贸易和旅游	**Foreign Trade and Tourism**				
进出口总额 (亿美元)	Total Exports and Imports (USD 100 million)	25.13	60.05	310.27	293.67
进口额	Imports	8.60	22.58	110.04	101.94
出口额	Exports	16.53	37.47	200.23	191.73
国际旅游	International Tourism				
来湘旅游人数 (万人次)	Tourism to Hunan (10 000 person-times)	45.40	71.98	219.55	226.05
旅游外汇收入 (亿美元)	Foreign Exchange Earnings from Tourism (USD 100 million)	2.21	3.90	8.00	8.58
金融保险 (亿元)	**Finance and Insurance (100 million yuan)**				
金融机构人民币存款余额	Total Saving Depositot of F inancial Institutions	2874.75	6498.23	30073.36	36009.09
金融机构人民币贷款余额	Total Loan Balances of F inancial Institutions	2403.39	4509.09	20356.39	23738.58
财产险保费收入	Premium Income from Property Insurance	13.12	31.50	211.27	259.15
人身险保费收入	Premium Income from Life Insurance	46.78	95.68	365.15	453.03
教育、科技、文化	**Education, Science and Technology, Culture**				
教育	**Education**				
专任教师数 (万人)	Full-time Teachers (1 0000 persons)				
普通高等学校	Institutions of Higher Education	2.03	4.53	6.49	6.66
中等职业学校	Specialized Secondary Schools	1.08	2.60	2.51	2.60
普通中学	Secondary Schools	22.37	26.14	23.85	23.83
小学	Primary Schools	30.64	24.61	24.81	24.91
在校学生 (万人)	Students Enrollment (10 000 persons)				
普通高等学校	Institutions of Higher Education	25.31	74.24	113.50	117.98
中等职业学校	Specialized Secondary Schools	25.83	70.56	64.48	64.80
普通中学	Secondary Schools	391.73	429.11	326.34	329.85
小学	Primary Schools	663.93	419.83	473.84	488.86
国家财政性教育经费 (亿元)	State Fiscal Funding on Education (100 million yuan)	85.77	166.91	880.93	954.08
科技	**Science and Technology**				
各类专业技术人员数(万人)	Scientific and Technical Personnel (10000 person)	109.34	122.91	98.65	99.45
科技拨款 (亿元)	Funding for Scientific and Technical Activities (100 million yuan)	5.55	10.77	59.38	66.26
技术市场技术交易成交额 (亿元)	Transaction Value in Technical Market (100 million yuan)	10.95	20.70	52.69	49.32
文化	**Culture**				
出版数量	Publications				
图书 (万册)	Number of Books (10 000 copies)	24844	33238	42194	48545
杂志 (万册)	Number of Magazines (10 000 copies)	10504	11708	13442	14099
报纸 (万份)	Number of Newspapers Issue (10 000 copies)	83467	106428	136738	133554
电视节目每周播出时间 (小时)	Time for TV Programs Telecasting (hour)	2338	13210	14523	14570

注:对外贸易中的进出口总额,统一按海关统计数据。
Figures on total imports and exports from foreign trade are obtained from the customs statistics.

1-9 续表 3 continued

指 标	Item	总量指标 Aggregate Data			
		2000	2005	2014	2015
家庭、生活、环境	**Family, People's Livelihood and Environment**				
家庭	**Family**				
城镇居民户均家庭人口 (人)	Average Household Size in Urban Areas (person)	3.09	2.93	2.94	3.00
农村居民户均常住人口 (人)	Average Household Size in Rural Areas (person)	3.97	3.94	3.16	3.18
婚姻 (万对)	**Marriages and Divorces (10 000 couples)**				
结婚数	Number of Marriages	38.31	45.97	62.20	54.27
离婚数	Number of Divorces	6.45	8.30	16.87	17.75
居住 (平方米/人)	**Housing (sq.m/person)**				
城市居民人均居住面积	Per Capita Floor Space of Urban Residents	11.75	22.03	39.52	41.02
农村居民人均住房面积	Per Capita Floor Space of Rural Residents	30.92	38.38	54.25	57.26
生活	**People's Livelihood**				
城镇居民人均可支配收入 (元)	Per Capita Annual Disposable Income of Urban Households (yuan)	6219	9524	26570	28838
农村居民人均可支配收入(元)	Per Capita Annual Net Income of Rural Households (yuan)	2197	3118	10060	10993
城镇居民人均消费支出 (元)	Per Capita Consumption Expenditure of Urban Households (yuan)			18335	19501
农村居民人均消费支出 (元)	Per Capita Consumption Expenditure of Rural Households (yuan)			9025	9691
工资福利	**Wages and Welfare**				
在岗职工工资总额 (亿元)	Total Wages on the Job (100 million yuan)	377.19	616.86	2665.89	2866.49
在岗职工平均工资 (元)	Average Wage of Staff and Workers on the Job (yuan)	6515	13718	48525	53889
卫生	**Health Care**				
医院与卫生院 (个)	Number of Hospitals (unit)	3339	4097	3318	3470
执业（助理）医师 (万人)	Number of Doctors (10 000 persons)	8.87	7.99	13.34	15.08
医院床位数 (万张)	Number of Hospital Beds (10 000 units)	9.32	15.22	24.70	27.58
市政建设	**City Construction**				
供水总量 (亿立方米)	Volume of Tap Water Supply (100 million tons)	28.24	26.78	19.26	19.79
排水管道长度 (公里)	Length of Sewer Pipelines (km)	3754.00	5593.83	12612.43	13199.99
城市煤气供气量 (万立方)	Volume of Coal Gas Supply in Urban Areas (10 000 cu.m)	60375	44064	2765	2767
液化石油气用量 (万吨)	Volume of Liquefied Petroleum Gas (10 000 tons)	20.20	29.47	18.92	24.15
天然气供气量 (万立方米)	Volume of Natural Gas (10 000 cu.m)			21.72	21.55
公共汽车总数 (辆)	Total Number of Public Buses (unit)	9083	9611	19754	22030
公交客运总量 (万人次)	Total Passenger Traffic of Public Transportation (10 000 person-times)	106227	212507	330865	337535
环境、灾害	**Environment and Disaster**				
火灾发生数 (次)	Number of Fire Disasters (times)	3440	5223	18237	15471
火灾经济损失 (万元)	Loss of Fire Accidents (10 000 yuan)	4799	4862	25090	22892
交通事故发生数 (次)	Number of Traffic Accidents (times)	23938	15013	8786	9036
交通事故经济损失 (万元)	Loss of Traffic Accidents (10 000 yuan)	9662	7131	7093	7231

注：2002年起，医生数是指执业医生数。2000年起，城镇居民人均居住面积由建设厅提供。2006年劳动厅取消有关离退休人员人数、劳保福利费等统计指标。2007年起，卫生部网络直报数据包含了诊所、医务室、卫生所、社区服务站；而2007年前是没有包括的。

Data of doctors are doctors and assistant doctors since 2002. Data on living floor space of urban residents came from Constructional Bureau of Hunan Province since 2000. The statistical indicators on retired staff and workers have been canceled in 2006.The data submitted directly by network of Ministry of Health has included clinics,health service stations,health service centers for community from 2007, but before 2007, has not included.

1-10 国民经济和社会发展速度指标
Develop Speed of National Economy and Social Development

单位：% (%)

指 标	Item	发展速度（以上年为100）Growth Rate (precending year=100)			
		2000	2005	2014	2015
人口与就业	**Population and Employment**				
人口	**Population**				
年底总人口	Population at the Year-end	100.5	100.5	100.7	100.7
城镇人口	Urban	113.2	104.8	103.5	104.0
乡村人口	Rural	95.9	98.2	98.1	97.5
男性人口	Male	101.0	100.6	100.6	100.7
女性人口	Female	99.9	100.5	100.8	100.6
就业	**Employment**				
从业人员数	Employees	99.3	101.5	100.2	98.4
在岗职工人数	Staff and Workers on the Job	98.3	95.9	99.7	96.7
宏观经济	**Macro-economy**				
国民经济核算	**National Accounting**				
地区生产总值	Gross Domestic Products	109.0	112.2	109.5	108.5
第一产业	Primary Industry	103.9	105.7	104.5	103.6
第二产业	Secondary Industry	110.6	112.9	109.3	107.3
第三产业	Tertiary Industry	110.9	113.8	111.0	111.2
人均地区生产总值	Per Capita Gross Regional Product	108.5	110.6	108.7	107.8
支出法地区生产总值	Gross Regional Product by Expenditure Approach	109.0	112.2	109.5	108.5
最终消费	Final Consumption	106.7	110.3	108.6	108.5
居民消费	Households Consumption	105.6	111.3	110.0	108.1
政府消费	Government Consumption	110.8	107.3	103.8	109.7
资本形成总额	Gross Capital Formation	104.3	116.8	110.4	108.7
固定资本形成	Gross Fixed Capital Formation	110.9	122.1	110.2	109.0
固定资产投资	**Investment in Fixed Assets**				
固定资产投资总额	Total Investment in Fixed Assets	113.0	129.4	119.4	118.2
国有单位	State-owned unit	109.8	113.8	114.7	122.5
集体单位	Collective-owned Unit	124.0	124.4	97.0	116.2
个体经济	Individuals	107.0	127.32	129.1	124.8
财政	**Pubic Finance**				
地方财政收入	Public Budgetary Revenue	106.3	123.3	111.4	111.2
公共财政支出	Public Budgetary Expenditure	111.1	121.4	107.0	114.2
物价总指数 (上年=100)	**Price Index (preceding year=100)**				
居民消费价格总指数	General Consumer Price Index	101.4	102.3	101.9	101.4
商品零售价格总指数	General Retail Price Index	99.3	102.3	101.2	99.9
农产品生产者价格指数	Producer Price Indices of Farm Products	96.8	99.5	98.6	104.1
利用外资	**Utilization of Foreign Capital**				
实际利用外商直接投资	Foreign Direct Investment	103.6	146.1	117.9	112.7
产 业	**Industry**				
农业	**Agriculture**				
耕地面积	Cultivated Areas	122.1	100.0	100.1	100.0
农林牧渔业从业人员	Number of Persons Engaged in Farming, Forestry, Animal Husbandry and Fishery	99.6	98.8	98.7	97.5

1-10 续表 1 continued

单位：% (%)

指 标	Item	发展速度（以上年为100）Growth Rate (precending year=100)			
		2000	2005	2014	2015
农林牧渔业总产值	Gross Output Value of Farming, Forestry,Animal Husbandry and Fishery	104.3	105.8	104.7	103.7
农业	Farming	103.1	104.5	104.2	104.4
林业	Forestry	104.3	109.8	105.8	108.2
牧业	Animal Husbandry	103.9	106.3	104.7	99.6
渔业	Fishery	111.5	109.6	105.6	107.1
主要农产品产量	Output of Major Farm Products				
粮食	Grain	99.4	101.6	102.6	100.1
棉花	Cotton	96.8	90.8	65.2	112.1
油料	Oil-bearing Crops	107.1	131.8	104.2	103.9
黄红麻(熟麻)	Jute and Ambary Hemp	100.0	85.7	103.9	104.4
苎麻	Ramie	173.3	109.0	102.0	90.8
烤烟	Fluecured Tobacco	125.4	113.6	90.6	97.7
茶叶	Tea	101.8	108.1	110.8	108.6
柑桔	Citrus	84.1	112.8	108.7	104.2
猪牛羊肉	Pork, Beef and Mutton	103.8	105.6	106.2	98.2
水产品	Aquatic Products	107.0	107.2	106.0	105.4
工业	**Industry**				
主要规模工业产品产量	Output of Major Industrial Products above Designated Size				
布	Cloth	118.8	86.4	101.6	107.3
机制纸及纸板	Machine-made Paper and Paperboards	132.1	101.6	95.3	97.2
成品糖	Refined Sugar	43.8	95.5	12.6	
合成洗涤剂	Synthetic Detergents	119.6	126.8	103.1	90.7
家用电冰箱	Household Refrigerators	155.7	90.8	60.8	73.2
原煤	Coal	104.0	120.1	76.5	69.8
发电量	Electricity	106.6	104.1	96.6	96.0
粗钢	Crude Steel	98.4	121.3	104.3	97.1
钢材	Steel	103.6	119.8	100.1	98.3
水泥	Cement	105.4	106.3	105.7	97.3
规模工业企业财务指标	Principal Financial Item of Industrial Enterprises above Designated Size				
年底固定资产原价	Original Value of Fixed Assets	108.2	106.4	108.4	108.5
利润和税金总额	Profits and Taxes	116.3	127.6	90.9	101.0
建筑业	**Construction**				
建筑业企业人数	Number of Employed Persons	98.9	102.8	107.1	104.6
建筑业总产值	Gross Output Value of Construction	106.1	118.6	113.9	110.1
施工房屋面积	Floor Space of Buildings Under Construction	97.8	110.0	108.9	100.2
竣工房屋面积	Floor Space of Buildings Completed	97.1	109.5	104.4	104.9
交通运输	**Transportation**				
货运量	Freight Traffic	100.1	110.3	110.1	105.7
铁路	Railways	104.9	96.6	91.9	93.1
公路	Highways	99.0	111.2	110.5	107.1
水运	Waterways	107.2	115.8	111.2	97.8
客运量	Passenger Traffic	99.6	109.5	101.4	92.9
铁路	Railways	104.5	101.8	106.3	107.6

1-10 续表 2 continued

单位：% (%)

指 标	Item	发展速度（以上年为100）Growth Rate (precending year=100)			
		2000	2005	2014	2015
公路	Highways	99.2	109.8	101.1	91.8
水运	Waterways	109.2	90.9	97.9	105.9
邮电通信业	**Postal and Telecommunications Services**				
邮电业务总量	Total Business Revenue	152.4	142.7	125.9	121.4
函件	Number of Letters Delivered	83.8	71.9	78.7	100.4
报刊期发数	Number of Newspapers and Magazines Distributed	65.1	88.2	97.3	104.5
交换机容量	Capacity of Office Telephone Exchanges	149.0	108.5	77.0	70.2
国内商业	**Domestic Trade**				
社会消费品零售总额	Total Retail Sales of Consumer Goods	111.0	114.4	112.8	112.1
对外经济贸易和旅游	**Foreign Trade and Tourism**				
进出口总额	Total Exports and Imports	128.5	110.4	123.2	95.2
进口额	Imports	127.6	96.5	106.3	93.6
出口额	Exports	128.9	120.9	135.1	96.1
国际旅游	International Tourism				
来湘旅游人数	Number of Tourism to Hunan	117.7	130.1	95.2	103.0
旅游外汇收入	Foreign Exchange Earnings from Tourism	119.2	124.6	97.2	107.2
金融保险	**Finance and Insurance**				
金融机构人民币存款余额	Total Saving Depositit of F inancial Institutions	113.2	118.1	112.4	119.7
金融机构人民币贷款余额	Total Loan Balances of F inancial Institutions	99.8	105.9	114.5	116.6
财产险保费收入	Premium Income from Property Insurance	102.0	119.3	114.4	122.7
人身险保费收入	Premium Income from Life Insurance	159.0	117.0	112.7	124.1
教育、科技、文化	**Education, Science and Technology, Culture**				
教育	**Education**				
专任教师数	Full-time Teachers				
普通高等学校	Institutions of Higher Education	112.9	118.3	101.6	102.6
中等职业学校	Specialized Secondary Schools			101.2	103.6
普通中学	Secondary Schools	105.3	100.2	100.9	99.9
小学	Primary Schools	99.7	99.1	100.7	100.4
在校学生	Students Enrollment				
普通高等学校	Institutions of Higher Education	140.7	118.7	103.2	103.9
中等职业学校	Specialized Secondary Schools			99.1	100.5
普通中学	Secondary Schools	124.7	90.9	102.5	101.1
小学	Primary Schools	92.0	97.1	101.3	103.2
国家财政性教育经费	State Fiscal on Education	107.1	118.4	104.3	108.3
科技	**Science and Technology**				
各类专业技术人员数	Number of Scientific and Technical Personnel	101.8	102.1	97.5	100.8
科技拨款	Funding for Scientific and Technical Activities	126.1	121.1	106.4	111.6
技术市场技术交易成交额	Transaction Value in Technical Market	153.2	123.9	102.4	93.6
文化	**Culture**				
出版数量	Publications				
图书	Number of Books	80.8	108.9	117.9	115.1

注：对外贸易中的进出口总额,统一按海关统计数据。

Figures on total imports and exports from foreign trade are obtained from the customs statistics.

1-10 续表 3 continued

单位：% (%)

指 标	Item	发展速度（以上年为100）Growth Rate (precending year=100) 2000	2005	2014	2015
杂志	Number of Magazines	84.5	61.2	103.5	104.9
报纸	Number of Newspapers Issue	98.2	102.2	102.0	97.7
电视节目每周播出时间	Time for TV Programs Telecasting	107.7	114.2	101.7	100.3
家庭、生活、环境	**Family, People's Livelihood and Environment**				
家庭	**Family**				
城镇居民平均每户家庭人口	Average Household Size in Urban Areas	100.3	98.0	103.2	102.0
农村居民平均每户常住人口	Average Household Size in Rural Areas	101.0	101.3	100.1	100.5
婚姻	**Marriages and Divorces**				
结婚数	Number of Marriages	94.6	108.0	100.2	87.3
离婚数	Number of Divorces	113.8	102.6	107.5	105.2
居住	**Housing**				
城市居民人均自有现住房面积	Per Capita Floor Space of Urban Residents	104.5	86.8	98.9	103.8
农村居民人均自有现住房面积	Per Capita Floor Space of Rural Residents	103.5	105.0	102.5	105.6
生活	**People's Livelihood**				
城镇居民人均可支配收入	Per Capita Annual Disposable Income of Urban Households	106.9	110.5	109.1	108.5
农村居民人均可支配收入	Per Capita Annual Net Income of Rural Households	102.3	109.9	111.4	109.3
城镇居民人均消费支出	Per Capita Consumption Expenditure of Urban Households			108.7	106.4
农村居民人均消费支出	Per Capita Consumption Expenditure of Rural Households			115.2	107.4
工资福利	**Wages and Welfare**				
在岗职工工资总额	Total Wages on the Job	108.1	113.4	110.7	107.5
在岗职工平均工资	Average Wage of Staff and Workers on the Job	108.3	119.7	110.6	111.1
卫生	**Health Care**				
医院与卫生院	Number of Hospitals	99.4	101.4	102.9	104.6
执业（助理）医师	Number of Doctors	104.5	100.0	104.7	113.0
医院床位数	Number of Hospital Beds	106.5	103.0	114.9	111.7
市政建设	**City Construction**				
供水总量	Volume of Tap Water Supply	99.7	112.6	126.6	102.7
排水管道长度	Length of Sewer Pipelines	76.3	113.1	180.7	104.7
城市煤气供气量	Volume of Coal Gas Supply in Urban Areas	81.0	99.9	100.0	100.1
液化石油气用量	Volume of Liquefied Petroleum Gas	106.5	98.1	201.7	127.6
天然气供气量	Volume of Natural Gas			123.7	99.2
公共汽车总数	Total Number of Public Buses	102.2	102.9	110.6	111.5
公交客运总量	Total Passenger Traffic of Public Transportation	115.7	121.3	102.7	102.0
环境、灾害	**Environment and Disaster**				
火灾发生数	Number of Fire Disasters	119.8	138.8	113.8	84.8
火灾经济损失	Loss of Fire Accidents	57.7	158.0	88.7	91.2
交通事故发生数	Number of Traffic Accidents	156.1	64.6	100.9	102.8
交通事故经济损失	Loss of Traffic Accidents	116.2	69.4	109.3	101.9

1-11 国民经济和社会发展效益指标
Beneficial Indicators of National Economy and Social Development

指标		Item		2000	2005	2014	2015
人口与就业		**Population and Employment**					
人口出生率	(‰)	Birth Rate	(‰)	11.45	11.90	13.52	13.58
人口死亡率	(‰)	Death Rate	(‰)	6.79	6.75	6.89	6.86
人口自然增长率	(‰)	Natural Growth Rate	(‰)	4.66	5.15	6.63	6.72
就业者负担人口	(人)	Dependency Rate	(person)	1.83	1.77	1.78	1.82
宏观经济		**Macro Economy**					
全社会劳动生产率	(元／年人)	Overall Labor Productivity	(yuan/person year)	9894	17188	66919	72036
第一产业		Primary Industry		3785	5899	19041	20376
第二产业		Secondary Industry		15399	31706	129865	135306
第三产业		Tertiary Industry		21791	24449	80021	89206
人均地区生产总值	(元)	Per Capita Gross Regional Product	(yuan)	5425	10562	40271	42754
固定资产投资相当于生产总值	(%)	Proportion of Investment in Fixed Assets to GDP	(%)	30.0	39.4	81.2	89.8
国有经济项目投产率	(%)	Rate of Projects Completed and Put into Use in State-owned Economic	(%)	62.3	56.1	66.1	71.3
国有经济固定资产交付使用率	(%)	Rate of Fixed Assets Completed and Put into Use in State-owned Economic	(%)	69.8	56.2	63.0	70.3
地方财政收入相当于生产总值	(%)	Proportion of Public Budgetary Revenue to GDP	(%)	5.0	6.1	8.4	8.7
公共财政支出相当于生产总值	(%)	Proportion of Public Budgetary Expenditure to GDP	(%)	9.8	13.4	18.6	19.8
产 业		**Industry**					
人均耕地面积	(公顷)	Per Capita Cultivated Land	(hectare)	0.06	0.06	0.06	0.06
农业从业者人均耕地面积	(公顷)	Cultivated Land per Agricultural Laborer	(hectare)	0.19	0.20	0.23	0.23
农业从业者人均农业总产值	(元)	Agricultural Output Value per Agricultural Laborer	(yuan)	6060	10535	29140	31539
每公顷耕地农业机械总动力	(千瓦)	Total Power of Agricultural Machinery per Hectare Cultivated Land	(kw)	5.63	8.36	13.68	14.19
每公顷耕地用电量	(千瓦小时)	Electric Power Consumption per Hectare Cultivated Land	(kw.h)	1135.00	1709.55	2981.55	2983.40
每公顷播种面积化肥施用量	(公斤)	Chemical Fertilizer Consumption per Hectare Sown Area	(kg)	228.00	251.75	282.75	282.82
每公顷耕地生产的农业产值	(元)	Agricultural Output Value per Hectare Cultivated Land	(yuan)	31923	53885	127728	135568
每一农业从业者农产品产量		Output of Farm Products per Agricultural Laborer					
粮食	(公斤)	Grain	(kg)	1388.86	1463.47	1659.69	1682.01
棉花	(公斤)	Cotton	(kg)	8.28	9.51	7.13	8.10
油料	(公斤)	Oil-bearing Crops	(kg)	67.32	72.23	129.27	136.05
肉类	(公斤)	Meat	(kg)	239.69	322.74	302.23	268.58
水产品	(公斤)	Aquatic Products	(kg)	64.35	91.82	137.12	144.51
每公顷播种面积农产品产量		Output of Farm Products per Hectare Sown Area					
粮食	(公斤)	Grain	(kg)	5716	5477	6033	6073
棉花	(公斤)	Cotton	(kg)	1173	1395	992	1272
油料	(公斤)	Oil-bearing Crops	(kg)	1490	1569	1641	1681
规模以上工业企业效益		Economic Efficiency of Industrial Enterprises above Designated Size					
固定资产利税率	(%)	Rate of Per-tax Profits to Fixed Assets	(%)	10.57	19.61	29.39	27.37

1-11 续表 continued

指 标		Item		2000	2005	2014	2015
产值利税率	(%)	Rate of Per-tax Profits to Output Value	(%)	12.7	12.1	11.1	10.5
百元销售收入实现利税	(元)	Per-tax profits per 100 Yuan Sales Revenue	(yuan)	13.2	12.5	11.4	11.0
工业产品销售率	(%)	Proportion of Industrial Products Sold	(%)	99.3	99.5	98.3	97.8
建筑业技术装备率	(元／人)	Value of Machinery in Construction per Laborer	(yuan/person)	5428	8051	9773	12487
建筑业动力装备率	(千瓦／人)	Power of Machinery per Laborer	(kw/person)	4.7	4.9	6.2	5.0
建筑业产值利税率	(%)	Ratio of Per-tax Profits to Gross Output Value	(%)	4.3	6.0	7.1	6.9
建筑业全员劳动生产率	(元／人)	Overall Labor Productivity	(yuan/person-year)	46436	105740	284618	299671
运输业铁路网密度	(公里／万平方公里)	Railway Density in Transportation	(km/10 000 sq.km)	138.07	132.29	213.97	213.46
运输业公路网密度	(公里／万平方公里)	Highway Density in Transportation	(km/10 000 sq.km)	2872.90	4164.31	11154.39	11184.42
全省人均消费品零售额	(元)	Per Capita Retail Sales of Consumer Goods	(yuan)	2113.51	3652.83	15971.97	17726.55
进出口总额相当于生产总值	(%)	Proportion of Total Imports and Exports to GDP	(%)	5.63	7.47	7.05	6.28
每一来湘旅游客人次支出	(美元)	Expenditure per International Tourist in Hunan	(USD)	486.92	541.82	364.38	379.43
教育、科技、文化		**Education, Science and Technology , Culture**					
学龄儿童入学率	(%)	Rate of School-age Children Enrollment	(%)	98.42	99.03	99.96	99.97
小学升学率	(%)	Rate of Graduates of Primary Schools Entering Junior Secondary Schools	(%)	97.04	99.66	100.59	101.15
初中升学率	(%)	Rate of Graduates of Junior Secondary Schools Entering Senior Secondary Schools	(%)	51.15	60.82	88.57	86.90
学校每一专任教师负担学生人数		Number of Students Supported by Each Fulltime Teacher					
#高等学校	(人)	Institutions of Higher Education	(person)	12.50	16.40	19.88	20.07
普通中学	(人)	Secondary Schools	(person)	17.50	16.41	13.68	13.84
小学学校	(人)	Primary Schools	(person)	21.70	17.06	19.10	19.62
国家财政性教育经费占GDP比例	(%)	Proportion of State Fiscal Funding on Education to GDP	(%)	2.42	2.53	3.26	3.30
科技拨款相当于生产总值	(%)	Proportion of Funding for Scientific and Technical Activities to GDP	(%)	0.15	0.17	0.22	0.23
每百万人有艺术表演团体	(个)	Number of Troupes per Million Persons	(unit)	1.39	1.35	4.02	4.02
每百万人有公共图书馆	(个)	Number of Public Libraries per Million Persons	(unit)	1.75	1.78	2.02	2.02
家庭、生活、环境		**Family , People's Livelihood and Environment**					
离婚率	(‰)	Divorce Rate	(‰)	1.97	2.50	2.50	2.63
每万人口中医院卫生院数	(个)	Number of Hospitals per 10 000 persons	(unit)	0.51	0.61	0.49	0.51
每万人口中执业(助理)医师数	(人)	Number of Doctors per 10 000 persons	(person)	13.52	11.87	19.80	22.24
每万人口中医院床位数	(张)	Number of Hospital Beds per 10 000 persons	(unit)	14.20	22.61	36.66	40.67
医院病床使用率	(%)	Utilization Rate of Hospital Beds	(%)	45.59	68.20	89.50	86.43
城市用水普及率	(%)	Percentage of Households with Access to Tap Water	(%)	97.50	91.11	97.05	97.30
城市燃气普及率	(%)	Percentage of Households with Access to Natural Gas	(%)	78.35	75.43	91.24	92.28
人均公园绿地面积	(平方米)	Park Green Land Per Capita	(sq.m)	5.10	6.87	9.85	9.99
每起火灾经济损失	(万元)	Average Loss of per Fire Disaster	(10 000 yuan)	1.40	0.93	1.38	1.48
每起交通事故经济损失	(万元)	Average Loss of per Traffic Accident	(10 000 yuan)	0.40	0.48	0.81	0.80

注:自2010年起艺术表演团体含民间职业剧团，此前为文化部门专业剧团数据。

Since 2010, arts performance troupes included folk troupes. And before that, arts performance troupes included professional troupes of cultural department only.

1-12 国民经济主要比例关系
Main Proportional Relations of National Economy

单位：%　　　　(%)

指 标	Item	2000	2005	2014	2015
地区生产总值(生产法)	**Ratio of Gross Domestic Products**				
第一产业	Primary Industry	22.1	16.7	11.6	11.5
第二产业	Secondary Industry	36.4	39.6	46.2	44.3
第三产业	Tertiary Industry	41.5	43.7	42.2	44.2
地区生产总值(支出法)	**Ratio of Gross National Expenditure**				
资本形成总额	Gross Capital Formation	29.5	39.1	57.9	53.8
#固定资本形成总额	#Fixed Capital Formation	103.4	97.8	96.7	97.0
存货增加	Changes in Inventories	-3.4	2.2	3.3	3.0
最终消费	Final Consumption Expenditure	69.6	61.0	46.1	51.1
#居民消费	#Resident Consumption	78.0	76.8	77.5	74.6
#农村居民	#Rural Household	46.7	36.9	28.2	30.0
城镇居民	Urban Household	53.3	63.1	71.8	70.0
政府消费	Government Consumption	22.0	23.2	22.5	25.4
固定资产投资的资金来源	**Ratio of Investment in Fixed Assets by Source of Finance**				
国家预算内投资	State Budgetary Appropriation	7.2	3.3	5.6	5.3
国内贷款	Domestic Loans	20.0	13.5	8.4	6.9
债 券	Bunds	0.2	0.3	0.2	
利用外资	Foreign Investment	2.1	2.5	0.2	0.1
自筹投资	Fundraising	58.5	66.0	75.0	77.6
其他投资	Others	12.1	14.4	10.6	10.0
国有经济投资中各行业比例	**Ratio of Investment in Fixed Assets by Sector**				
(国有经济)	(State-owned Economic)				
农 业	Agriculture	0.8	2.2	2.9	2.8
工 业	Industry	23.7	25.5	13.1	12.5
#能源工业	#Energy	15.5	12.0	4.5	3.7
运输、邮电业	Transportation, Postal and Telecommunications, Storage	42.5	20.7	18.1	16.3
地方财政收入比例	**Ratio of Public Budgetary Revenue**				
企业所得税	Income Tax of Enterprises	6.77	5.50	6.85	6.74
国有企业亏损补贴	Subsidies to Loss-suffering State-owned Enterprises	-2.78	-0.95	-0.08	-0.06

注:从2013年执行新的三次产业划分规定,即第一产业不含农林牧渔服务业;第二产业不含采矿业的开采辅助活动和制造业的金属制品、机械和设备修理业，因此第二产业不等于工业加建筑业，下表同。

Since 2013,the rules of the new division of three industries has been excuted.That is the first industry exclude agriculture,forestry,animal musbandry and fishery services ,the secondary industry exclude mining auxiliary activities in mining industry and metal products, machinery and equipment repair in manufacturing industry. So the secondary industry is not equal to the industry and the construction industry.The same applies to the relvant tables following.

1-12 续表 continued

单位：% (%)

指 标	Item	2000	2005	2014	2015
农业总产值中农林牧副渔比例	**Ratio of Agricultural Output Value**				
农业	Agriculture	50.6	46.1	54.4	54.1
林业	Forestry	4.1	4.9	5.7	5.6
牧业	Animal Husbandry	38.8	40.6	28.3	28.4
渔业	Fishery	6.5	6.7	6.4	6.5
客运量比例	**Ratio of Total Passenger Traffic**				
铁路	Railways	6.0	4.7	5.9	6.9
公路	Highways	92.6	94.2	92.6	91.5
水运	Waterways	1.3	0.6	0.9	1.0
民用航空	Civil Aviation	0.2	0.5	0.5	0.6
货运量比例	**Ratio of Total Freight Traffic**				
铁路	Railways	9.2	6.8	2.2	1.9
公路	Highways	83.7	87.2	84.8	85.9
水运	Waterways	6.6	6.0	12.6	11.7
货物周转量比例	**Ratio of Total Freight Ton-kilometers**				
铁路	Railways	58.8	56.0	20.1	18.0
公路	Highways	27.7	32.4	62.4	65.6
水运	Waterways	13.4	11.5	17.2	16.0
全社会消费品零售总额比例	**Ratio of Total Retail Sales of Consumer Goods**				
城镇	Urban			90.5	90.5
其中：城区	City Proper			58.8	58.6
乡村	Rural			9.5	9.5

注：从2010年起，社会消费品零售总额统计采用新的分组，即将经营单位所在地分组由“市”、“县”、“县以下”改为“城镇”、“乡村”。

From 2010, new grouping method is adopted for the statistics on the total retail sales of consumer goods: grouping according to operation location changes from city, county and below county level to urban and rural areas.

1-13 平均每天主要社会经济活动
Selected Indicators of Average Daily Social and Economic Activities

指 标		Item		2000	2005	2014	2015
全省每天创造的财富		**Daily Production**					
地区生产总值	(亿元)	Gross Domestic Product	(100 million yuan)	9.73	18.07	74.07	79.18
农业总产值	(亿元)	Gross Output Value of Agriculture	(100 million yuan)	3.43	5.63	14.53	15.43
地方财政收入	(万元)	Public Budgetary Revenue	(10 000 yuan)	4850.40	10829.18	61994.20	68915.90
布	(万米)	Cloth	(10 000 m)	93.42	98.98	94.76	107.70
机制纸及纸板	(吨)	Machine-made Paper and Paperboard	(ton)	1919.73	4673.70	11138.63	10916.97
原 煤	(万吨)	Coal	(10 000 tons)	4.08	9.99	14.83	9.49
发电量	(万度)	Electricity	(10 000 kw.h)	9710.14	17268.08	34024.66	33292.60
原油加工量	(吨)	Machining Crude Oil	(ton)	14422.47	16189.52	21917.81	24038.90
粗钢	(吨)	Crude Steel	(ton)	8331.51	26717.09	52536.82	50761.10
钢材	(吨)	Steel	(ton)	8193.15	26335.95	54502.71	53460.00
水 泥	(万吨)	Cement	(10 000 tons)	6.56	9.78	32.85	31.82
粮 食	(万吨)	Grain	(10 000 tons)	7.88	7.83	8.22	8.22
棉 花	(吨)	Cotton	(ton)	469.32	508.49	353.42	396.24
油 料	(吨)	Oil-bearing Crops	(ton)	3817.81	3862.47	6404.66	6654.61
苎 麻	(吨)	Ramie	(ton)	181.37	358.08	44.38	42.37
烤 烟	(吨)	Flue-cured Tobacco	(ton)	426.03	558.63	615.07	600.75
茶 叶	(吨)	Tea	(ton)	156.99	197.26	443.84	481.38
柑 桔	(吨)	Oranges	(ton)	3449.86	5630.41	12013.70	12524.04
猪牛羊肉	(吨)	Pork, Beef and Mutton	(ton)	11959.18	14957.26	13372.60	13136.99
水产品	(吨)	Aquatic Products	(ton)	3649.59	4910.14	6793.55	7258.92
进出口总额	(万美元)	Total Imports and Exports	(USD 10 000)	688.49	1645.16	8500.63	8045.70
进口额	(万美元)	#Total Imports	(USD 10 000)	235.62	618.68	3014.74	2792.85
出口额	(万美元)	Total Exports	(USD 10 000)	452.88	1026.48	5485.88	5252.84
其他经济活动		**Other Daily Economic Activities**					
邮电业务总量	(万元)	Business Volume of Postal and Telecommunications Services	(10 000 yuan)	3860.89	10198.36	20410.87	24770.41
出版图书	(万册)	Books Published	(10 000 copies)	68.07	91.06	115.60	133.00
出版杂志	(万册)	Magazines Published	(10 000 copies)	28.78	32.08	36.83	38.63
出版报纸	(万份)	Newspaper Published	(10 000 pieces)	228.68	291.58	374.62	365.90
邮寄函件	(万份)	Post Letters	(10 000 pieces)	58.23	31.07	12.42	12.48
全省每天人口变动和婚姻		**Daily Population Changes and Marriages**					
出 生	(人)	Births	(person)	2054	2195	2487	2515
死 亡	(人)	Deaths	(person)	1218	1245	1267	1271
结 婚	(对)	Marriages	(couples)	1050	1259	1704	1487
离 婚	(对)	Divorces	(couples)	177	227	462	486

注：邮电业务总量从2010年起，由2000年不变价调整为2010年不变价。出生、死亡人口数从2014年起为常住人口口径。

From 2010, the index of Revenue From Postal and Telecommunication is adjusted from 2000’s constant price to 2010's constant price. From2014,birth and death of the population for the resident population caliber.

1-14 人均主要工农业产品产量
Per Capita Output of Major Agricultural and Industrial Products

指 标		Item		2000	2005	2014	2015
粮食	(公斤)	Grain	(kg)	439.00	425.41	447.02	444.21
棉花	(公斤)	Cotton	(kg)	2.60	2.76	1.92	2.14
甘蔗	(公斤)	Sugarcane	(kg)	17.70	14.95	9.81	9.76
烤烟	(公斤)	Flue-cured Tobacco	(kg)	2.40	3.03	3.34	3.27
茶叶	(公斤)	Tea	(kg)	0.90	1.07	2.41	2.62
水果	(公斤)	Fruit	(kg)	23.00	80.26	137.03	145.12
#柑桔	(公斤)	#Oranges	(kg)	19.20	30.60	65.31	68.09
猪牛羊肉	(公斤)	Pork, Beef and Mutton	(kg)	66.70	81.30	72.70	70.93
#猪肉	(公斤)	#Pork	(kg)	63.30	76.20	68.23	66.27
禽蛋	(公斤)	Poultry Eggs	(kg)	11.20	13.70	14.58	15.01
水产品	(公斤)	Aquatic Products	(kg)	20.30	26.70	36.90	38.89
纱(混合数)	(公斤)	Yarn	(kg)	2.53	3.88	15.79	16.57
布(混合数)	(米)	Cloth	(meter)	5.19	5.38	5.15	5.82
针棉织品(折用纱量)	(公斤)	Cotton Knitwear	(kg)	0.10	0.24	0.05	0.06
机制纸及纸板	(公斤)	Machine-made Paper and Paperboard	(kg)	10.68	25.40	60.55	58.94
家用电冰箱	(台/百人)	Household Refrigerators	(unit / 100 persons)	0.68	0.83	0.18	0.13
合成洗涤剂	(公斤)	Synthetic Detergents	(kg)	1.24	4.77	7.35	6.60
原盐	(公斤)	Salt	(kg)	11.11	17.67	41.84	38.91
成品糖	(公斤)	Sugar	(kg)	0.68	0.31	0.01	
卷烟	(箱／百人)	Cigarettes	(cases/100 persons)	3.51	4.31	5.19	5.20
原煤	(吨)	Coal	(ton)	0.23	0.54	0.80	0.51
原油加工量	(公斤)	Machining Crude Oil	(kg)	80.22	88.00	118.74	129.79
发电量	(度)	Electricity	(kw.h)	540.11	938.64	1843.34	1797.57
生铁	(公斤)	Pig Iron	(kg)	50.70	143.17	265.22	260.77
粗钢	(公斤)	Crude Steel	(kg)	46.35	145.23	285.61	274.07
钢材	(公斤)	Steel	(kg)	45.57	143.15	296.30	288.65
水泥	(吨)	Cement	(ton)	0.37	0.53	1.79	1.72
合成氨	(公斤)	Synthetic Ammonia	(kg)	25.49	28.84	18.45	15.68
农用化肥(折纯量)	(公斤)	Chemical Fertilizers	(kg)	21.60	38.35	15.72	16.04
#氮肥	(公斤)	#Nitrogen Fertilizers	(kg)	17.21	34.09	14.01	14.16
化学农药原药	(公斤)	Chemical Pesticide	(kg)	0.70	1.34	0.90	0.76
汽车	(辆/万人)	Motor Vehicles	(unit/10 000 persons)	2.68	13.79	92.52	94.07
摩托车	(辆/万人)	Motorcycles	(unit/10 000 persons)	21.72	43.99	35.96	24.23

1-15 贫困市县基本情况 (2015年)
Basic Statistics on Poverty Counties and Cities (2015)

市　县	Counties and Cities	常住人口 (万人) Total Population (10 000 persons)	地区生产总值 (万元) Gross Regional Products (10 000 yuan)	第一产业增加值 (万元) Added Value of Primary Industry (10 000 yuan)	工业增加值 (万元) Added Value of Industry (10 000 yuan)	一般公共预算总收入 (万元) Government Revenue (10 000 yuan)	粮食产量 (吨) Total Output of Grain (ton)	农民人均可支配收入(元) Per Capita Annual Net Income of Rural Households (yuan)
武陵山片区	**Wuling mountainous Area**							
新邵县	Xinshao County	76.97	1166432	290025	375817	101563	320140	8149
邵阳县	Shaoyang County	95.78	1227673	325617	348964	83691	457601	7885
隆回县	Longhui County	110.09	1401160	332444	302501	101498	467814	7129
洞口县	Dongkou County	78.45	1374477	464105	348992	85849	458458	7790
绥宁县	Suining County	35.68	750357	179028	319931	46401	142630	7350
新宁县	Xinning County	57.41	841372	238539	158512	69313	308738	7230
城步县	Chengbu County	26.22	335383	96830	106292	39518	79092	5332
武冈市	Wugang City	76.30	1194200	422024	198720	85159	472180	8540
石门县	Shimen County	60.11	2113881	373351	790352	111009	273378	8778
慈利县	Cili County	61.30	1515724	250107	425221	100089	300562	7870
桑植县	Sangzhi County	38.85	740686	93313	132549	50783	147588	5428
安化县	Anhua County	91.20	1750207	401978	620020	117557	245128	6797
中方县	Zhongfang County	24.28	917590	120354	509659	53400	115854	8433
沅陵县	Yuanling County	60.18	1629817	193482	969189	102878	225910	7042
辰溪县	Chenxi County	46.14	994107	156577	345845	72217	187269	7436
溆浦县	Xupu County	75.20	1257759	302395	379643	61504	341957	8379
会同县	Huitong County	33.05	607694	125033	132845	44061	121251	7407
麻阳县	Mayang County	34.92	640026	155765	186343	39915	111775	6158
新晃县	Xinhuang County	24.93	494479	69697	234972	36530	81053	6003
芷江县	Zhijiang County	34.68	906696	212996	377616	64626	213390	6533
靖州县	Jingzhou County	25.30	680357	135597	232091	37298	126267	7156
通道县	Tongdao County	21.23	340151	72146	107118	32226	82070	5339
新化县	Xinhua County	113.15	2024668	542867	479372	107325	485930	6473
涟源市	Lianyuan City	101.37	2404879	493464	998821	113397	483235	7401
泸溪县	Louxi County	28.96	535815	75142	256949	41311	74664	5967
凤凰县	Fenghuang County	36.37	698203	87377	65234	82300	122411	7288
花垣县	Huayuan County	30.08	596664	65932	307286	76586	92033	6276
保靖县	Baojing County	29.46	445204	81738	131950	36893	88772	6952
古丈县	Guzhang County	13.19	221466	45606	49055	30380	33507	5265
永顺县	Yongsun County	44.85	574831	157610	88493	47030	212630	5579
龙山县	Longshan County	49.28	674082	177154	74603	61131	180975	6869
罗霄山片区	**Luoxiao Mountainous Area**							
茶陵县	Chaling County	58.78	1574472	310316	542246	121115	321112	7269
炎陵县	Yanling County	20.42	614270	79991	282208	90566	93680	6720
宜章县	Yizhang County	58.94	1816750	194111	744986	156784	245816	7215
汝城县	Nucheng County	34.40	514346	114674	155466	89908	199137	7560
桂东县	Guidong County	23.27	276768	46933	63174	28600	64645	7081
安仁县	Anren County	39.05	750155	167346	239262	50006	291063	8215
片区外国扶县	**Other State Aided Counties**							
平江县	Pingjiang County	97.93	2169521	421390	888797	103241	436260	7238
新田县	Xintian County	33.92	630391	167633	145503	56321	161829	6971
江华县	Jianghua County	42.91	942303	243742	251197	96147	222383	7750
片区外省扶县	**Other Province Aided Counties**							
祁东县	Qidong County	100.28	2399955	606610	820153	100995	469003	11088
永定区	Yongding Distract	46.10	1827231	158409	301374	92431	148500	7370
武陵源区	Wulingyuan Distract	6.15	448075	16511	2045	54442	15333	10001
双牌县	Shuangpai County	20.24	503667	148031	178173	41099	73720	6724
江永县	Jiangyong County	24.09	523187	186116	107537	39047	123512	7654
宁远县	Ningyuan County	72.67	1209429	267478	352234	118202	307719	10628
双峰县	Shuangfeng County	87.34	1994555	640294	699440	89965	546568	8811
吉首市	Jishou City	31.26	1228167	66076	297643	104548	48861	7875

1-16 城乡私营企业基本情况(2015年)
Basic Statistics on Private Enterprises in Urban and Rural Areas (2015)

项 目	Item	户 数 (户) Number of Enterprises (unit)	投资者 (人) Employers (person)	雇工人数 (人) Number of Employed Persons (person)	注册资金 (万元) Registered Capital (10 000 yuan)
总 计	**Total**	**444389**	**939984**	**5866464**	**219776428**
#城镇	Urban	374509	791917	5074397	192615327
独资企业	Private-funded Enterprises	103805	191925	286092	53882740
合伙企业	Private Partnership Enterprises	12287	58314	200874	18273040
有限责任公司	Private Limited Liability Corporations	373382	809328	5026284	188009680
股份有限公司	Private Share-holding Corporations Ltd.	3662	17965	55530	10127773

注：本表资料由湖南省工商行政管理局提供。

Data in the table were obtained from the Administrative Bureau for Industry and Commerce of Hunan Province.

1-17 城乡个体工商业基本情况(2015年)
Basic Statistics on Individuals and Commerce in Urban and Rural Areas (2015)

单位：亿元 (100 million yuan)

项 目	Item	期末户数(户) Number of Enterprise (household)	#城镇 Urban	期末从业人员(人) Number of Employees (person)	#城镇 Urban	期末注册资金 Registered Capital	#城镇 Urban
总 计	**Total**	**2024175**	**1725148**	**3827020**	**3309976**	**14741589**	**12620956**
农林牧渔业	Farming, Forestry, Animal Husbandry and Fishery	30926	18138	89688	50226	1079113	572092
采矿业	Mining and Quarrying	1581	942	7189	4358	96087	67094
制造业	Manufacturing	97393	77105	294048	224859	1105632	842189
建筑业	Construction	3676	2994	10367	8489	54500	42332
交通运输、仓储和邮政业	Transport, Storage and Post	38529	31591	51932	43572	276825	228864
信息传输、软件和信息技术服务业	Information Transfer, Computer Services and Software	18239	13676	29135	22460	89384	70754
批发零售贸易	Wholesale and Retail Trades	1424357	1208059	2335999	2014599	8337911	7408891
住宿和餐饮业	Hotels and Catering Trades	183683	169130	513356	481644	1875152	1740142
房地产业	Real Estate Trade	836	818	2060	2009	8797	8499
租赁和商务服务业	Tenancy and Business Services	24562	23181	53157	50745	268515	249893
居民服务、修理和其他服务业	Resident Services Repair and Other Services	174320	156534	365473	338183	1060010	986007
文化、体育和娱乐业	Culture,Sports and Entertainment	10175	9431	37922	37200	256260	243870

注：本表资料由湖南省工商行政管理局提供。

Data in the table were obtained from the Administrative Bureau for Industry and Commerce of Hunan Province.

1-18 “三资”企业投资基本情况(2015年)
Basic Statistics on Investment of “Three Types of Capital” Enterprises (2015)

类 别	Item	本期实际投资(万美元) Used Value (USD 10 000)	年末实有企业数(个) Number of Registered Enterprises (unit)	#本年新增企业 Newly Increase this Year
总 计	**Total**	**357379**	**5865**	**512**
中外合资企业	Foint-venture Enterprises	145878	1025	37
中外合作企业	Cooperation Enterprises	29933	127	2
外商独资企业	Enterprises with Sole Foreign Investment	181456	1236	43
按国民经济行业分组	**By Economic Sector**			
农、林、牧、渔业	Agriculture, Forestry, Animal Husbandry and Fishery	40020	176	16
采矿业	Mining		19	
制造业	Manufacturing	72788	1238	-15
电力、热力、燃气及水生产和供应业	Production and Distribution of Electricity, Heat, Gas and Water	6469	339	22
建筑业	Construction	30495	62	5
批发和零售业	Wholesale and Retail Trade	23008	1702	258
交通运输、仓储和邮政业	Transportation, Storage and Post	15724	114	16
住宿和餐饮业	Hotel and Restaurants	948	486	78
信息传输、软件和信息技术服务业	Information Transmission, Software and Information Technology	4396	483	40
金融业	Financial Intermediation	10653	202	-5
房地产业	Real Estate Trade	63292	304	10
租赁和商务服务业	Tenancy and Business Services	45393	456	95
科学研究和技术服务业	Scientific Research, Technical Services,	32522	120	11
水利、环境和公共设施管理业	Management of Water Conservancy, Environment and Public Facilities	4743	34	
居民服务、修理和其他服务业	Services to Households, Repair and Other Services	2405	65	-27
教育	Education		5	-1
卫生和社会工作	Health and Social Service	3870	5	2
文化、体育和娱乐业	Culture, Sports and Entertainment	654	55	7

注：本表年末实有企业数由湖南省工商行政管理局提供。

Figures on Number of Registered Enterprises were obtained from the Administrative Bureau for Indestry and Commerce of Hunan Province.

1-18 续表 continued

类 别	Item	本期实际投资 (万美元) Used Value (USD 10 000)	年末实有企业数 (个) Number of Registered Enterprises (unit)	#本年新增企业 Newly Increase this Year
按国别(地区)分组	**By Country (Territory)**			
亚洲	Asian	344239	1833	71
香港	Hong Kong	317100	1290	44
澳门	Macao	16	33	1
台湾	Taiwan	21114	288	27
日本	Japan	12	60	-6
韩国	Republic of Korea	238	43	5
亚洲其他国家（地区）		5758	119	
非洲	Africa	580	32	3
欧洲	Europe	6795	135	-1
德国	Federal Republic of Germany	15	28	-1
法国	France	1266	12	1
英国	United Kingdom		26	-3
欧洲其他国家（地区）		5515	69	2
拉丁美洲	Latin America	200	145	-12
维尔京群岛	Virgin Islands	200	117	-1
北美洲	North America	2317	211	14
加拿大	Canada	1058	47	4
美国	United States	1259	150	4
大洋洲	Oceanic	383	54	6
澳大利亚	Australia	383	22	3
新西兰	New Zealand		1	

1-19 非公有制经济指标(2015年)
Principal Indicators of Non-public Economy(2015)

指标	Item	总量指标 Aggregate Date	发展速度（%）（以上年为100） Growth Rate (precending year=100)	人均增加值（元） Per Capita Value Added (yuan)
总　计　（亿元）	Total Value Added (100 million yuan)	17316.39	109.2	25615
农林牧渔业	Agriculture, Forestry, Animal Husbandry and Fishery	861.49	101.6	
工业	Industry	8429.02	108.9	
建筑业	Construction	982.04	104.9	
批发和零售业	Wholesale and Retail Trades	2140.07	108.1	
交通运输、仓储和邮政业	Transport, Storage and Post	628.82	105.6	
住宿和餐饮业	Hotels and Catering Trades	564.71	107.7	
金融业	Financial Intermediation	114.49	129.7	
房地产业	Real Estate	663.49	110.7	
其他服务业	Others	2932.26	115.2	
第一产业	Primary Industry	731.12	100.4	
第二产业	Secondary Industry	9397.93	108.5	
第三产业	Tertiary Industry	7187.34	111.1	
实缴税金　（亿元）	Tax (100 million yuan)	1613.90	108.7	
第二、三产业从业人员数（万人）	Employed Persons in Secondary and Tertiary Industry (10000 person)	2110.00	100.3	
增加值按市州分列　(亿元)	Cities and Prefecture (100 million yuan)			
长沙	Changsha	5488.38	110.4	74452
株洲	Zhuzhou	1332.22	109.5	33467
湘潭	Xiangtan	1141.27	109.9	40496
衡阳	Hengyang	1678.02	110.3	22922
邵阳	Shaoyang	880.83	109.0	12165
岳阳	Yueyang	1793.48	109.6	31957
常德	Changde	1437.78	109.1	24631
张家界	Zhangjiajie	285.91	118.4	18791
益阳	Yiyang	897.43	109.0	20392
郴州	Chenzhou	1411.90	108.7	29951
永州	Yongzhou	813.47	110.4	15041
怀化	Huaihua	735.48	108.8	15053
娄底	Loudi	597.45	109.5	15469
自治州	West Hunan	333.62	108.6	12697

1-20 按登记注册类型分产业法人单位数(2015年)
Corporate Units by Registration Type and Industry(2015)

单位：个 (Unit)

指 标	Item	合计 Total	第一产业 Primary Industry	第二产业 Secondary Industry	第三产业 Tertiary Industry
总计	Total	467951	25373	86309	356269
内资	Internal-invested	466185	25347	85361	355477
国有	State-owned	59336	298	1170	57868
集体	Collective-owned	8317	681	1774	5862
股份合作	Cooperated by Joint-stock	1159	44	381	734
联营	Cooperative	784	37	191	556
国有联营	State-owned Cooperative	115	5	28	82
集体联营	Collective-owned Cooperative	345	17	98	230
国有与集体联营	State-owned and Collective-owned Cooperative	76	2	19	55
其他联营	Other Cooperative	248	13	46	189
有限责任公司	Limited Liability Company	50069	1023	10822	38224
国有独资公司	Wholly State-owned Cooperative Company	1573	11	446	1116
其他有限责任公司	Other Limited Liability Company	48496	1012	10376	37108
股份有限公司	Company Limited by Shares	6505	147	1738	4620
私营	Individual-owned	220774	7301	64831	148642
私营独资	Wholly Individual-owned	73729	2439	21366	49924
私营合伙	Individual-owned Partnership	16232	623	7948	7661
私营有限责任公司	Individual-owned Limited Liability Company	122360	3964	32723	85673
私营股份有限公司	Individual-owned Company Limited by Shares	8453	275	2794	5384
其他内资	Other Internal-invested	119241	15816	4454	98971
港澳台商投资	Enterprises Funded by Entrepreneurs From Hong Kong, Macao and Taiwan	1000	19	543	438
与港澳台商合资经营	Uoint Venture with Entrepreneurs From Hong Kong, Macao and Taiwan	459	6	247	206
与港澳台商合作经营	Cooperative Venture with Entrepreneurs From Hong Kong,Macao and Taiwan	42		22	20
港澳台商独资	Wholly Entrepreneurs-owned From Hong Kong, Macao and Taiwan	442	12	254	176
港澳台商投资股份有限公司	Enterprises Limited by Shares Funded by Entrepreneurs From Hong Kong,Macao and Taiwan	43	1	17	25
其他港、澳、台商投资	Other Enterprises Funded by Entrepreneurs From Hong Kong, Macao and Taiwan	14		3	11
外商投资	Enterprises Funded by Foreigners	766	7	405	354
中外合资经营	Sino-foreign Joint Equity	344	2	215	127
中外合作经营	Sino-foreign Cooperative Ventures	35		15	20
外资企业	Foreign-funded Enterprise	292	2	144	146
外商投资股份有限公司	Enterprises Limited by Shares Funded by Foreigners	37	1	14	22
其他外商投资	Other Enterprises Funded by Foreigners	58	2	17	39

1-21 按登记注册类型分机构类型法人单位数(2015年)
Corporate Units by Registration Type and Organization Type(2015)

单位：个 (Unit)

指 标	Item	合计 Total	企业 Enterprises	事业单位 Public Institution	机关 Government Department	社会团体 Social Organization
总计	Total	467951	321579	43579	12788	11645
内资	Internal-invested	466185	319835	43579	12788	11639
国有	State-owned	59336	3823	38806	12788	2803
集体	Collective-owned	8317	3700	1513		292
股份合作	Cooperated by Joint-stock	1159	968	17		14
联营	Cooperative	784	519	75		60
国有联营	State-owned Cooperative	115	67	40		4
集体联营	Collective-owned Cooperative	345	254	23		23
国有与集体联营	State-owned and Collective-owned Cooperative	76	55	9		2
其他联营	Other Cooperative	248	143	3		31
有限责任公司	Limited Liability Company	50069	49923			28
国有独资公司	Wholly State-owned Cooperative Company	1573	1560			7
其他有限责任公司	Other Limited Liability Company	48496	48363			21
股份有限公司	Company Limited by Shares	6505	6456			15
私营	Individual-owned	220774	215307			171
私营独资	Wholly Individual-owned	73729	69633			86
私营合伙	Individual-owned Partnership	16232	15116			55
私营有限责任公司	Individual-owned Limited Liability Company	122360	122154			27
私营股份有限公司	Individual-owned Company Limited by Shares	8453	8404			3
其他内资	Other Internal-invested	119241	39139	3168		8256
港澳台商投资	Enterprises Funded by Entrepreneurs From Hong Kong,Macao and Taiwan	1000	991			2
与港澳台商合资经营	Uoint Venture with Entrepreneurs From Hong Kong,Macao and Taiwan	459	456			1
与港澳台商合作经营	Cooperative Venture with Entrepreneurs From Hong Kong,Macao and Taiwan	42	41			
港澳台商独资	Wholly Entrepreneurs-owned From Hong Kong, Macao and Taiwan	442	437			1
港澳台商投资股份有限公司	Enterprises Limited by Shares Funded by Entrepreneurs From Hong Kong, Macao and Taiwan	43	43			
其他港、澳、台商投资	Other Enterprises Funded by Entrepreneurs From Hong Kong,Macao and Taiwan	14	14			
外商投资	Enterprises Funded by Foreigners	766	753			4
中外合资经营	Sino-foreign Joint Equity	344	343			1
中外合作经营	Sino-foreign Cooperative Ventures	35	35			
外资企业	Foreign-funded Enterprise	292	291			1
外商投资股份有限公司	Enterprises Limited by Shares Funded by Foreigners	37	37			
其他外商投资	Other Enterprises Funded by Foreigners	58	47			2

1-21 续表 continued

单位：个 (Unit)

指 标	Item	民办非企业单位 Private Non-enterprise Units	基金会 Foundation	居委会 Neighborhood Committee	村委会 Village Committee	其他组织机构 Other Organization
总计	Total	13601	111	4481	41625	18542
内资	Internal-invested	13599	111	4481	41625	18528
国有	State-owned	365	28			723
集体	Collective-owned	514	3			2295
股份合作	Cooperated by Joint-stock	129				31
联营	Cooperative	57				73
国有联营	State-owned Cooperative	1				3
集体联营	Collective-owned Cooperative	22				23
国有与集体联营	State-owned and Collective-owned Cooperative	5				5
其他联营	Other Cooperative	29				42
有限责任公司	Limited Liability Company	72				46
国有独资公司	Wholly State-owned Cooperative Company	1				5
其他有限责任公司	Other Limited Liability Company	71				41
股份有限公司	Company Limited by Shares	17				17
私营	Individual-owned	3925				1371
私营独资	Wholly Individual-owned	3069				941
私营合伙	Individual-owned Partnership	702				359
私营有限责任公司	Individual-owned Limited Liability Company	127				52
私营股份有限公司	Individual-owned Company Limited by Shares	27				19
其他内资	Other Internal-invested	8520	80	4481	41625	13972
港澳台商投资	Enterprises Funded by Entrepreneurs From Hong Kong,Macao and Taiwan	2				5
与港澳台商合资经营	Uoint Venture with Entrepreneurs From Hong Kong,Macao and Taiwan					2
与港澳台商合作经营	Cooperative Venture with Entrepreneurs From Hong Kong,Macao and Taiwan					1
港澳台商独资	Wholly Entrepreneurs-owned From Hong Kong, Macao and Taiwan	2				2
港澳台商投资股份有限公司	Enterprises Limited by Shares Funded by Entrepreneurs From Hong Kong, Macao and Taiwan					
其他港、澳、台商投资	Other Enterprises Funded by Entrepreneurs From Hong Kong,Macao and Taiwan					
外商投资	Enterprises Funded by Foreigners					9
中外合资经营	Sino-foreign Joint Equity					
中外合作经营	Sino-foreign Cooperative Ventures					
外资企业	Foreign-funded Enterprise					
外商投资股份有限公司	Enterprises Limited by Shares Funded by Foreigners					
其他外商投资	Other Enterprises Funded by Foreigners					9

1-22 按登记注册类型分行业法人单位数(2015年)
Corporate Units by Registration Type and Sector(2015)

单位：个 (Unit)

指 标	Item	合计 Total	农、林、牧、渔业 Agriculture, Forestry, Animal Husbandry and Fishing	采矿业 Mining	制造业 Manufac-turing	电力、燃气及水的生产和供应业 Production and Supply of Electricity, Gas and Water	建筑业 Constr-uction
总计	Total	467951	35753	6835	62180	5419	12227
内资	Internal-invested	466185	35722	6819	61321	5364	12207
国有	State-owned	59336	889	65	361	541	207
集体	Collective-owned	8317	758	196	913	433	238
股份合作	Cooperated by Joint-stock	1159	60	62	210	82	27
联营	Cooperative	784	47	15	105	57	14
有限责任公司	Limited Liability Company	50069	1299	436	6831	538	3067
股份有限公司	Company Limited by Shares	6505	202	108	1113	130	392
私营	Individual-owned	220774	9152	5503	48569	3249	7771
其他内资	Other Internal-invested	119241	23315	434	3219	334	491
港澳台商投资	Enterprises Funded by Entrepreneurs From Hong Kong,Macao and Taiwan	1000	21	6	486	39	12
与港澳台商合资经营	Uoint Venture with Entrepreneurs From Hong Kong,Macao and Taiwan	459	6	4	210	23	10
与港澳台商合作经营	Cooperative Venture with Entrepreneurs From Hong Kong,Macao and Taiwan	42	2		20	2	
港澳台商独资	Wholly Entrepreneurs-owned From Hong Kong, Macao and Taiwan	442	12	1	238	13	2
港澳台商投资股份有限公司	Enterprises Limited by Shares Funded by Entrepreneurs From Hong Kong,Macao and Taiwan	43	1	1	16		
其他港、澳、台商投资	Other Enterprises Funded by Entrepreneurs From Hong Kong, Macao and Taiwan	14			2	1	
外商投资	Enterprises Funded by Foreigners	766	10	10	373	16	8
中外合资经营	Sino-foreign Joint Equity	344	2	5	195	12	3
中外合作经营	Sino-foreign Cooperative Ventures	35		1	14		
外资企业	Foreign-funded Enterprise	292	3	1	140	3	1
外商投资股份有限公司	Enterprises Limited by Shares Funded by Foreigners	37	1	1	12	1	
其他外商投资	Other Enterprises Funded by Foreigners	58	4	2	12		4

1-22 续表1 continued

单位：个 (Unit)

指 标	Item	批发和零售业 Wholesale and Retail Trade	交通运输、仓储和邮政业 Transport, Storage and Post	住宿和餐饮业 Lodging and Catering Services	信息传输、计算机服务和软件业 Information Transmission, Computer Services and Software	金融业 Banking	房地产业 Real Estate	租赁和商务服务业 Leasing and Business Services
总计	Total	97476	7907	9786	8401	2996	13880	30928
内资	Internal-invested	97279	7863	9705	8354	2969	13679	30848
国有	State-owned	744	626	225	319	168	312	1589
集体	Collective-owned	679	195	68	24	35	114	324
股份合作	Cooperated by Joint-stock	162	21	46	16	83	37	86
联营	Cooperative	125	28	24	10	9	10	43
有限责任公司	Limited Liability Company	14183	1551	1135	2054	680	4607	8092
股份有限公司	Company Limited by Shares	1525	238	136	193	630	537	688
私营	Individual-owned	70507	4803	7182	5202	1231	7642	17988
其他内资	Other Internal-invested	9354	401	889	536	133	420	2038
港澳台商投资	Enterprises Funded by Entrepreneurs From Hong Kong,Macao and Taiwan	91	27	47	21	8	142	40
与港澳台商合资经营	Uoint Venture with Entrepreneurs From Hong Kong,Macao and Taiwan	36	13	29	9	2	64	23
与港澳台商合作经营	Cooperative Venture with Entrepreneurs From Hong Kong,Macao and Taiwan	1	6	1		1	4	1
港澳台商独资	Wholly Entrepreneurs-owned From Hong Kong, Macao and Taiwan	35	6	12	10	5	71	14
港澳台商投资股份有限公司	Enterprises Limited by Shares Funded by Entrepreneurs From Hong Kong, Macao and Taiwan	16	1	1	2		1	2
其他港、澳、台商投资	Other Enterprises Funded by Entrepreneurs From Hong Kong, Macao and Taiwan	3	1	4			2	
外商投资	Enterprises Funded by Foreigners	106	17	34	26	19	59	40
中外合资经营	Sino-foreign Joint Equity	37	4	8	6	11	30	14
中外合作经营	Sino-foreign Cooperative Ventures	5	8	1	1	2	1	
外资企业	Foreign-funded Enterprise	45	3	23	15	3	22	18
外商投资股份有限公司	Enterprises Limited by Shares Funded by Foreigners	6	2	2	3	2	2	2
其他外商投资	Other Enterprises Funded by Foreigners	13			1	1	4	6

1-22 续表2 continued

单位：个 (Unit)

指 标	Item	科学研究和技术服务业 Scientific Research, Technical Service and Geologic Perambulation	水利、环境和公共设施管理业 Water Conservancy, Environment and Public Facilities Management	居民服务、修理和其他服务业 Services to Households and Other Services	教育 Education	卫生和社会工作 Sanitation, Social Security and Social Welfare	文化、体育和娱乐业 Culture, Sports and Entertainment	公共管理、社会保障和社会组织 Public Management and Social Organization	国际组织 International Organization
总计	Total	16850	4441	10064	21891	16082	14899	89936	
内资	Internal-invested	16827	4433	10039	21885	16074	14868	89929	
国有	State-owned	3607	2219	242	8610	5628	1863	31121	
集体	Collective-owned	210	139	65	286	3010	102	528	
股份合作	Cooperated by Joint-stock	21	4	18	129	51	30	14	
联营	Cooperative	33	8	13	51	70	28	94	
有限责任公司	Limited Liability Company	2660	518	1017	357	140	873	31	
股份有限公司	Company Limited by Shares	223	60	106	63	30	115	16	
私营	Individual-owned	6941	1114	7666	5354	1213	9433	254	
其他内资	Other Internal-invested	3132	371	912	7035	5932	2424	57871	
港澳台商投资	Enterprises Funded by Entrepreneurs From Hong Kong,Macao and Taiwan	14	3	15	2	5	19	2	
与港澳台商合资经营	Uoint Venture with Entrepreneurs From Hong Kong,Macao and Taiwan	7	2	7		2	11	1	
与港澳台商合作经营	Cooperative Venture with Entrepreneurs From Hong Kong,Macao and Taiwan			1		1	2		
港澳台商独资	Wholly Entrepreneurs-owned From Hong Kong, Macao and Taiwan	6	1	7	2	2	4	1	
港澳台商投资股份有限公司	Enterprises Limited by Shares Funded by Entrepreneurs From Hong Kong,Macao and Tai wan and Taiwan	1					1		
其他港、澳、台商投资	Other Enterprises Funded by Entrepreneurs From Hong Kong, Macao and Taiwan						1		
外商投资	Enterprises Funded by Foreigners	9	5	10	4	3	12	5	
中外合资经营	Sino-foreign Joint Equity	4	2	3	3		4	1	
中外合作经营	Sino-foreign Cooperative Ventures	1					1		
外资企业	Foreign-funded Enterprise	3	1	6		1	3	1	
外商投资股份有限公司	Enterprises Limited by Shares Funded by Foreigners	1	2						
其他外商投资	Other Enterprises Funded by Foreigners			1	1	2	4	3	

主要统计指标解释

行政区划 指国家对行政区域的划分。根据宪法规定，我国的行政区域划分如下：(1)全国分为省、自治区、直辖市；(2)省、自治区分为自治州、县、自治县、市；(3)自治州分为县、自治县、市；(4)县、自治县分为乡、民族乡、镇； (5)直辖市和较大的市分为区、县；(6)国家在必要时设立的特别行政区。

国民经济行业分类 自 2003 年定期报表开始使用新的《国民经济行业分类》(GB/T4754-2002)该分类是由国家统计局组织修订，经国家质量监督检验检疫总局批准，于 2002 年 5 月 10 日发布实施。这次修订是在 1994 年分类标准的基础上，参照联合国《全部经济活动的国际标准产业分类》(ISIC/Rev.3)进行的。修订后的《国民经济行业分类》(GB/T4754-2002)共有门类 20 个，大类 95 个，中类 396 个，小类 913 个。新增门类 4 个，大类增加 3 个，中类增加 28 个，小类增加 67 个。

企业（单位）登记注册类型 是以在工商行政管理机关登记注册的各类企业为划分对象，以工商行政管理部门对企业登记注册的类型为依据，将企业登记注册类型分为内资企业、港澳台商投资企业和外商投资企业三大类。内资企业包括国有企业、集体企业、股份合作企业、联营企业、有限责任公司、股份有限公司、私营公司和其他企业；港澳台商投资企业和外商投资企业分别包括合资经营企业、合作经营企业、独资经营企业和股份有限公司。对不在工商行政管理部门进行登记注册的行政机关、事业单位和社会团体，主要按其经费来源和管理方式进行划分。

国有企业 指企业全部资产归国家所有，并按《中华人民共和国企业法人登记管理条例》规定登记注册的非公司制的经济组织。不包括有限责任公司中的国有独资公司。

集体企业 指企业资产归集体所有，并按《中华人民共和国企业法人登记管理条例》规定登记注册的经济组织。

股份合作企业 指以合作制为基础，由企业职工共同出资入股，吸收一定比例的社会资产投资组建，实行自主经营，自负盈亏，共同劳动，民主管理，按劳分配与按股分红相结合的一种集体经济组织。

联营企业 指两个及两个以上相同或不同所有制性质的企业法人或事业单位法人，按自愿、平等、互利的原则，共同投资组成的经济组织。联营企业包括国有联营企业、集体联营企业、国有与集体联营企业和其他联营企业。

有限责任公司 指根据《中华人民共和国公司登记管理条例》规定登记注册，由两个以上、五十个以下的股东共同出资，每个股东以其所认缴的出资额对公司承担有限责任，公司以其全部资产对其债务承担责任的经济组织。有限责任公司包括国有独资公司以及其他有限责任公司。

股份有限公司 指根据《中华人民共和国公司登记管理条例》规定登记注册，其全部注册资本由等额股份构成并通过发行股票筹集资本，股东以其认购的股份对公司承担有限责任，公司以其全部资产对其债务承担责任的经济组织。

私营企业 指由自然人投资设立或由自然人控股，以雇佣劳动为基础的营利性经济组织。包括按照《公司法》、《合伙企业法》、《私营企业暂行条例》规定登记注册的私营有限责任公司、私营股份有限公司、私营合伙企业和私营独资企业。

其他企业 指上述企业之外的其他内资经济组织。

与港澳台商合资经营企业 指港澳台地区投资者与内地企业依照《中华人民共和国中外合资经营企业法》及有关法律的规定，按合同规定的比例投资设立、分享利润和分担风险的企业。

与港澳台商合作经营企业 指港澳台地区投资者与内地企业依照《中华人民共和国中外合作经营企业法》及有关法律的规定，依照合作合同的约定进行投资或提供条件设立、分配利润和分担风险的企业。

港澳台商独资经营企业 指依照《中华人民共和国外资企业法》及有关法律的规定，在内地由港澳台地区投资者全额投资设立的企业。

港澳台商投资股份有限公司 指根据国家有关规定，经原外经贸部依法批准设立，其中港、澳、台商的股本占公司注册资本的比例达 25%以上的股份有限公司。凡其中港、澳、台商的股本占公司注册资本的比例小于 25%的，属于内资企业中的股份有限公司。

中外合资经营企业 指外国企业或外国人与中国内地企业依照《中华人民共和国中外合资经营企业法》及有关法律的规定，按合同规定的比例投资设立、分享利润和分担风险的企业。

中外合作经营企业 指外国企业或外国人与中国内地企业依照《中华人民共和国中外合作经营企业法》及有关法律的规定，依照合作合同的约定进行投资或提供条件设立、分配利润和分担风险的企业。

外资企业 指依照《中华人民共和国外资企业法》及有关法律的规定，在中国内地由外国投资者全额投资设立的企业。

外商投资股份有限公司 指根据国家有关规定，经原外经贸部依法批准设立，其中外资的股本占公司注册资本的比例达 25%以上的股份有限公司。凡其中外资股本占公司注册资本的比例小于 25%的，属于内资企业中的股份有限公司。

行政机关、事业单位和社会团体 参照企业登记注册类型，主要按其经费来源和管理方式划分。具体规定如下：

⑴行政机关：包括国家机关和政党机关，原则上均列为“国有”。但有特殊规定的，如供销社等，则列为“集体”。

⑵事业单位：包括经国家机构编制部门和有关业务主管部门批准成立的各类事业单位，不包括实行企业化管理的事业单位。事业单位的划分办法如下：

①由国家财政预算拨款或列入财政预算外资金管理以及经费主要来源于国有主管部门或国有上级单位的事业单位，列为“国有”。

②经费主要来源于集体单位的事业单位，列为“集体”。

③公民个人（或个人合伙）开办的事业单位，列为“私营”。

④上述以外的其他事业单位，如果其经费来源不明确，按管理方式进行归类。

⑶社会团体：包括经民政部门批准成立以及未纳入社会团体管理条例范围的工会、妇联等各类社会团体。社会团体的划分办法如下：

①未纳入民政部社会团体管理条例范围的工会、妇联、共青团、青联、工商联、科协、侨联等社会团体，国家拨款设立的基金会或基金管理组织以及经费主要来源于国有业务主管部门或国有上级单位的社会团体，列为“国有”。

②经费主要来源于集体单位的社会团体，列为“集体”。

③公民个人（或个人合伙）开办的社会团体，划为“私营”。

④上述以外的其他社会团体，如果其经费来源不明确，改按管理方式进行归类。

Explanatory Notes on Main Statistical Indicators

Divisions of Administrative Areas refers to the division of administrative areas by the state. The Constitution of the People Republic of China stipulates that the administrative areas in China are divided as: 1) The whole country is divided into provinces, autonomous regions and municipalities directly under the central government; 2) Provinces and autonomous regions are divided into autonomous prefectures, counties, autonomous counties and cities; 3) Autonomous prefectures are divided into counties, autonomous counties and cities; 4) Counties and autonomous counties are divided into townships, nationality townships and towns; 5) Municipalities and large cities are divided into districts and counties, 6) The state shall, when necessary, establish special administrative regions.

Industrial Classification of the National Economy The new Industrial Classification of the National Economy (GB/T 4754-2002) is introduced starting from the compilation of 2003 annual statistics. The new revision was basedon the 1994 classification and organized by the National Bureau of Statistics taking into consideration of the International Standards of the Industrial Classification of All Economic Activities (ISIC/Rev.3) of the United Nations, and the new Classification was promulgated by the National Administration of Quality Supervision, Inspection and Quarantine on May 10, 2002. The revised version of the Industrial Classification of the National Economy (GB/T 4754-2002) is composed of 20 major divisions, 95 divisions, 396 major groups and 913 groups, including 4 new major divisions, 3 new divisions, 28 major groups and 67 groups.

Registration Status of Enterprises Enterprises are classified into 3 categories, namely domestic funded enterprises, enterprises with investment from Hong Kong, Macau and Taiwan, and enterprises with foreign investment, in the light of the registration status of an enterprise in industrial and commercial administration agencies. Domestic-funded enterprises include state-owned enterprises, collective-owned enterprises, cooperative enterprises, joint ownership enterprises, limited liability corporations, share-holding corporations Ltd., private enterprises and other enterprises. Included in the enterprises with investment from Hong Kong, Macau and Taiwan and enterprises with foreign investment are joint-venture enterprises, cooperative enterprises, sole investment enterprises and share holding corporations Ltd. For government agencies, institutions and social organizations which are not requested to be registered in industrial and commercial administration agencies, they are classified mainly by their sources of funds and way of management.

State-owned Enterprises refer to non-corporation economic units where the entire assets are owned by the state and which have registered in accordance with the Regulation of the People's Republic of China on the Management of Registration of Corporate Enterprises. Excluded from this category are sole state funded corporations in the limited liability corporations.

Collective-owned Enterprisesrefer refer to economic units where the assets are owned collectively and which have registered in accordance with the Regulation of the People's Republic of China on the Management of Registration of Corporate Enterprises.

Cooperative Enterprisesrefer refer to a form of collective economic units (enterprises) where capitals come mainly from employees as their shares, with certain proportion of capital from the outside, where production is organized on the basis of independent operation, independent accounting for profits and losses, joint work, democratic management, and a distribution system that integrates remuneration according to work with dividend according to capital share.

Joint Ownership Enterprises refer to economic units established by two or more corporate enterprises or corporate institutions of the same or different ownership, through joint investment on the basis of equality, voluntary participation and mutual benefits. They include state joint ownership enterprises, collective joint ownership enterprises, joint state-collective enterprises, other joint ownership enterprises.

Limited Liability Corporationsrefer refer to economic units established with investment from 2-50 investors and registered in accordance with the Regulation of the People's Republic of China on the Management of Registration of Corporations, each investor bearing limited liability to the corporation depending on its share of investment, and the corporation bearing liability to its debt to the maximum of its total assets. Limited liability corporations include exclusive state funded limited liability corporations and other limited liability corporations.

Share-holding Corporations Ltd. refer to economic units registered in accordance with the Regulation of the People's Republic of China on the Management of Registration of Corporations, with total registered capitals divided into equal shares and raised through issuing stocks. Each investor bears limited liability to the corporation depending on the holding of shares, and the corporation bears liability to its debt to the maximum of its total assets.

Private Enterprises refer to profit-making economic units invested and established by natural persons, or controlled by natural persons using employed labour. Included in this category are private limited liability corporations, private share-holding corporations Ltd., private partnership enterprises and private-funded enterprises registered in accordance with the Corporation Law, Partnership Enterprises Law and Interim Regulations on Private Enterprises.

Other Domestic-funded Enterprises refer to domestic funded economic units other than those mentioned above.

Cooperative Enterprises with Funds from Hong Kong Macau and Taiwan established by investors from Hong Kong, Macau and Taiwan with enterprises in the mainland of China in accordance with the Law of the People's Republic of China on Sino-foreign Cooperative Enterprises and other relevant laws, where the investment or provision of facilities, and the share of profits and risks is stipulated in the cooperative contract.

Enterprises with Sole (exclusive) Investment from Hong Kong, Macau and Taiwan refer to enterprises established in the mainland of China with exclusive investment from investors from Hong Kong, Macau and Taiwan in accordance with the Law of the People's Republic of China on Foreign Funded Enterprises and other relevant laws.

Share-holding Corporations Ltd. with Investment from Hong Kong, Macau and Taiwan refer to share holding corporations Ltd. established with the approval from the former Ministry of Foreign Trade and Economic Relations in line with relevant state regulations, where the share of investment from Hong Kong, Macau or Taiwan businessmen exceeds 25% of the total registered capital of the corporation. In case the share of investment from Hong Kong, Macau or Taiwan is less than 25% of the total registered capital, the enterprise is to be classified as domestic-funded share-holding corporation Ltd.

Joint-venture Enterprises with Foreign Investment refer to enterprises jointly established by foreign enterprises or foreigners with enterprises in the mainland of China in accordance with the Law of the People's Republic of China on Sino-foreign Joint Venture Enterprises and other relevant laws, where the share of investment, profits and risks is stipulated in the contract.

Cooperation Enterprises with Foreign Investment refer to enterprises jointly established by foreign enterprises or foreigners with enterprises in the mainland of China in accordance with the Law of the People's Republic of China on Sino foreign Cooperative Enterprises and other relevant laws, where the investment or provision of facilities, and the share of profits and risks is stipulated in the cooperative contract.

Enterprises with Sole (exclusive) Foreign Investment refer to enterprises established in the mainland of China with exclusive investment from foreign investors in accordance with the Law of the People's Republic of China on Foreign Funded Enterprises and other relevant laws.

Share-holding Corporations Ltd. with Foreign Investment refer to share-holding corporations Ltd. established with the approval from the Ministry of Foreign Trade and Economic Relations in line with relevant state regulations, where the share of investment from foreign investors exceeds 25% of the total registered capital of the corporation. In case the share of foreign investment is less than 25% of the total registered capital, the enterprise is to be classified as domestic funded share holding corporation Ltd.

Government Agencies, Institutions and Social Organizations are classified into following categories by source of funds and way of management taking reference of the registration status of enterprises:

(1) Government agencies: include state and party agencies, classified in principle as state owned. There are exceptions, such as supply and marketing cooperatives which are classified as collective-owned.

(2) Institutions: include institutions of various types established with the approval by organization and staffing departments of the government, but exclude institutions where enterprise management system is introduced. Institutions are further classified as follows:

(a) Institutions whose main budget is listed in the government budget appropriations or extra budget funds, or allocated from the budget of their competent government agencies. Such institutions are classified as state owned.

(b) Institutions whose budget mainly comes from collective units. Such institutions are classified as collective owned.

(c) Institutions other than those mentioned above whose source of budget is not clear. Such institutions are classified by way of management.

(3) Social organizations: include social organizations established with the approval from the Ministry of Civil Affairs, and organizations that are not covered by social organization management regulations such as trade unions, womens federations etc.. Social organizations are further classified as follows:

(a) Social organizations that are not covered by social organization management regulations of the Ministry of Civil Affairs such as trade unions, womens federations, communist youth leagues, youth associations, industrial and commerce associations, scientists associations, overseas Chinese associations, etc., foundations and fund management organizations established with funds from the state, and social organizations whose funds mainly come from the budget of their competent government agencies. Such institutions are classified as state owned.

(b) Social organizations whose budget mainly comes from collective units. Such institutions are classified as collective owned.

(c) Social organizations established by individual or a group of citizens, which are classified as private.

(d) Social organizations other than those mentioned above whose source of budget is not clear. Such organizations are classified by way of management.

国民经济核算

2

National Accounts

资料整理人员：彭　蕾　　　周　玲

2-1 总产出
Gross Output

单位：亿元 (100 million yuan)

年份 Year	总产出 Gross Output	第一产业 Primary Industry	第二产业 Secondary Industry	第三产业 Tertiary Industry
1952	39.34	23.79	9.09	6.46
1955	49.24	25.83	14.47	8.94
1960	113.37	27.78	62.58	23.01
1965	107.35	42.70	45.55	19.10
1970	162.14	58.22	78.40	25.52
1975	234.10	76.06	120.60	37.44
1978	289.79	81.91	160.32	47.56
1979	347.74	109.18	186.04	52.52
1980	376.14	111.14	206.57	58.43
1981	408.13	126.36	214.61	67.16
1982	449.11	142.71	235.37	71.03
1983	498.03	158.16	261.66	78.21
1984	562.67	171.26	299.00	92.41
1985	698.36	198.44	372.89	127.03
1986	810.42	222.68	437.15	150.59
1987	980.08	253.39	540.92	185.77
1988	1239.59	303.01	690.19	246.39
1989	1390.89	337.48	768.85	284.56
1990	1571.34	397.42	809.86	364.06
1991	1777.40	425.58	928.67	423.15
1992	2210.80	471.22	1147.44	592.14
1993	2784.91	563.47	1472.01	749.43
1994	3532.16	792.90	1720.94	1018.32
1995	4247.69	1046.97	1982.36	1218.36
1996	5211.98	1226.32	2635.35	1350.31
1997	5927.87	1322.26	2939.06	1666.55
1998	6412.42	1262.46	3267.33	1882.63
1999	6883.16	1200.94	3484.59	2197.63
2000	7486.38	1251.89	3837.54	2396.95
2001	8263.96	1313.23	4209.32	2741.41
2002	9068.02	1349.92	4576.36	3141.74
2003	10272.43	1425.44	5319.03	3527.96
2004	12035.95	1677.92	6471.77	3886.26
2005	14452.14	1819.75	8048.75	4583.64
2006	17007.22	2104.95	9798.17	5104.10
2007	21204.26	2632.19	12528.83	6043.24
2008	27333.29	3131.12	16646.37	7555.80
2009	30927.67	3207.88	18750.36	8969.43
2010	38623.39	3787.48	24337.56	10498.35
2011	48712.03	4508.20	31817.67	12386.16
2012	54231.43	4904.10	35126.85	14200.48
2013	60184.06	4791.68	38672.76	16719.62
2014	66208.44	5031.60	42224.24	18952.60
2015	69757.70	5329.57	43172.99	21255.14

注：从2013年执行新的三次产业划分规定,即第一产业不含农林牧渔服务业;第二产业不含采矿业的开采辅助活动和制造业的金属制品、机械和设备修理业，因此第二产业不等于工业加建筑业，下表同。

Since 2013,the rules of the new division of three industries has been excuted.That is the first industry exclude agriculture,forestry,animal musbandry and fishery services ,the secondary industry exclude mining auxiliary activities in mining industry and metal products, machinery and equipment repair in manufacturing industry. So the secondary industry is not equal to the industry and the construction industry.The same applies to the relvant tables following.

2-2 总产出构成
Composition of Gross Output

单位：% （以总产出为100）（Gross Output=100） (%)

年份 Year	总产出 Gross Output	第一产业 Primary Industry	第二产业 Secondary Industry	第三产业 Tertiary Industry
1952	100.0	60.5	23.1	16.4
1955	100.0	52.5	29.4	18.1
1960	100.0	24.5	55.2	20.3
1965	100.0	39.8	42.4	17.8
1970	100.0	35.9	48.4	15.7
1975	100.0	32.5	51.5	16.0
1978	100.0	28.3	55.3	16.4
1979	100.0	31.4	53.5	15.1
1980	100.0	29.5	54.9	15.6
1981	100.0	31.0	52.6	16.4
1982	100.0	31.8	52.4	15.8
1983	100.0	31.8	52.5	15.7
1984	100.0	30.4	53.1	16.5
1985	100.0	28.4	53.4	18.2
1986	100.0	27.5	53.9	18.6
1987	100.0	25.9	55.2	18.9
1988	100.0	24.4	55.7	19.9
1989	100.0	24.3	55.3	20.4
1990	100.0	25.3	51.5	23.2
1991	100.0	23.9	52.2	23.9
1992	100.0	21.3	51.9	26.8
1993	100.0	20.2	52.9	26.9
1994	100.0	22.4	48.7	28.9
1995	100.0	24.6	46.7	28.7
1996	100.0	23.5	50.6	25.9
1997	100.0	22.3	49.6	28.1
1998	100.0	19.7	51.0	29.3
1999	100.0	17.4	50.6	32.0
2000	100.0	16.7	51.3	32.0
2001	100.0	15.9	50.9	33.2
2002	100.0	14.9	50.5	34.6
2003	100.0	13.9	51.8	34.3
2004	100.0	13.9	53.8	32.3
2005	100.0	12.6	55.7	31.7
2006	100.0	12.4	57.6	30.0
2007	100.0	12.4	59.1	28.5
2008	100.0	11.5	60.9	27.6
2009	100.0	10.4	60.6	29.0
2010	100.0	9.8	63.0	27.2
2011	100.0	9.3	65.3	25.4
2012	100.0	9.0	64.8	26.2
2013	100.0	8.0	64.3	27.8
2014	100.0	7.6	63.8	28.6
2015	100.0	7.6	61.9	30.5

2-3 总产出发展速度
Growth Rate of Gross Output

单位：% (以上年为100) (precending year=100) (%)

年份 Year	总产出 Gross Output	第一产业 Primary Industry	第二产业 Secondary Industry	第三产业 Tertiary Industry
1952	100.0	121.3	151.9	100.0
1955	115.1	118.5	111.8	110.2
1960	105.2	84.7	117.1	105.3
1965	115.5	104.4	126.1	112.2
1970	124.3	105.0	142.3	100.9
1975	117.4	104.6	128.4	112.9
1978	114.8	110.2	117.0	115.8
1979	110.4	106.3	112.9	108.7
1980	105.8	98.1	109.8	104.8
1981	105.6	106.1	103.2	112.9
1982	108.7	110.1	109.2	104.4
1983	108.9	105.0	111.4	108.2
1984	110.7	105.7	112.2	115.1
1985	114.5	104.9	116.1	125.9
1986	110.6	105.4	112.1	113.6
1987	113.3	103.3	116.2	117.8
1988	111.0	100.5	114.6	112.6
1989	104.3	105.1	103.1	107.2
1990	103.9	101.9	104.7	103.8
1991	109.5	103.9	111.9	110.5
1992	112.6	103.8	116.3	113.6
1993	115.4	105.3	119.0	116.5
1994	113.5	106.4	116.0	113.7
1995	113.9	120.5	113.6	109.4
1996	119.4	108.4	126.3	111.8
1997	113.0	108.3	114.8	111.9
1998	111.1	101.5	113.3	112.8
1999	109.6	103.4	109.5	114.3
2000	110.7	104.3	111.2	113.3
2001	109.5	104.0	110.0	111.7
2002	110.0	100.2	110.7	113.5
2003	111.2	103.7	114.3	109.5
2004	111.4	107.5	114.2	108.6
2005	115.5	105.8	117.8	115.3
2006	114.0	104.9	116.8	112.6
2007	117.2	104.0	121.3	114.8
2008	116.2	105.3	118.0	116.2
2009	115.1	105.2	118.5	111.6
2010	116.6	104.3	120.8	111.5
2011	114.4	104.3	117.4	111.0
2012	112.1	102.9	113.4	112.0
2013	110.5	102.6	111.1	111.4
2014	109.6	104.5	109.6	111.0
2015	108.5	103.4	107.8	111.5

2-4 总产出指数
Indices of Gross Output

单位：% （1952=100） (%)

年份 Year	总产出 Gross Output	第一产业 Primary Industry	第二产业 Secondary Industry	第三产业 Tertiary Industry
1952	100.0	100.0	100.0	100.0
1955	126.2	108.7	175.7	132.4
1960	260.8	103.1	773.1	320.5
1965	213.6	116.7	541.0	248.7
1970	341.1	151.4	1015.3	350.7
1975	494.8	186.5	1573.9	532.0
1978	622.9	209.5	2104.0	675.6
1979	687.6	222.7	2375.4	734.3
1980	727.5	218.4	2608.1	769.6
1981	768.2	231.6	2691.6	868.8
1982	835.1	255.1	2939.3	907.1
1983	909.4	267.9	3274.3	981.5
1984	1006.7	283.1	3673.8	1129.7
1985	1152.7	297.0	4265.3	1422.2
1986	1274.9	313.2	4781.4	1615.7
1987	1444.4	323.5	5556.6	1903.3
1988	1603.3	325.2	6367.2	2143.1
1989	1672.3	341.8	6564.5	2297.4
1990	1737.5	348.3	6873.1	2384.7
1991	1902.6	361.9	7691.0	2635.1
1992	2142.3	375.6	8944.6	2993.5
1993	2472.2	395.5	10644.1	3487.4
1994	2805.9	420.8	12347.2	3965.2
1995	3195.9	507.1	14026.4	4337.9
1996	3815.9	549.7	17715.3	4849.8
1997	4312.0	595.3	20337.2	5426.9
1998	4790.6	604.2	23042.0	6121.5
1999	5250.5	624.7	25231.0	6996.9
2000	5812.3	651.6	28056.9	7927.5
2001	6364.5	677.7	30862.6	8855.0
2002	7001.0	679.1	34164.9	10050.4
2003	7785.1	704.2	39050.5	11005.2
2004	8672.6	757.0	44595.7	11951.6
2005	10016.9	800.9	52533.7	13780.2
2006	11419.3	840.1	61359.4	15516.5
2007	13383.4	873.7	74429.0	17812.9
2008	15551.5	920.0	87826.2	20698.6
2009	17899.8	967.8	104074.0	23099.6
2010	20871.2	1009.4	125721.4	25756.1
2011	23876.6	1052.8	147596.9	28589.2
2012	26765.7	1083.4	167374.9	32019.9
2013	29576.1	1111.5	185953.5	35670.2
2014	32415.4	1161.5	203805.1	39593.9
2015	35170.7	1201.0	219701.8	44147.2

2-5 按产业分的地区生产总值
Gross Domestic Product by Industry

单位：亿元 (100 million yuan)

年份 Year	地区生产总值 Gross Domestic Product	第一产业 Primary Industry	第二产业 Secondary Industry	第三产业 Tertiary Industry	人均地区生产总值 Per Capita Gross Domestic Product(yuan)
1952	27.81	18.72	3.43	5.66	86
1953	30.29	18.48	4.28	7.53	91
1954	30.51	17.03	5.13	8.35	90
1955	35.83	21.13	5.76	8.94	104
1956	37.93	20.56	6.57	10.80	109
1957	45.20	26.41	7.45	11.34	127
1958	55.85	26.65	16.63	12.57	154
1959	61.95	23.60	21.57	16.78	168
1960	64.07	20.58	25.47	18.02	176
1961	46.64	20.78	11.69	14.17	132
1962	51.19	27.17	10.59	13.43	144
1963	48.08	25.11	11.37	11.60	131
1964	57.36	30.41	15.60	11.35	153
1965	65.32	34.00	19.17	12.15	170
1966	72.73	37.30	22.16	13.27	184
1967	73.51	40.07	19.89	13.55	181
1968	75.67	44.85	17.31	13.51	181
1969	81.26	44.08	21.98	15.20	189
1970	93.05	44.62	31.98	16.45	211
1971	99.10	46.31	35.33	17.46	218
1972	107.01	47.73	39.91	19.37	230
1973	115.80	51.91	43.35	20.54	244
1974	108.17	53.17	34.87	20.13	223
1975	118.40	54.97	41.96	21.47	239
1976	118.53	55.07	41.47	21.99	236
1977	129.17	55.95	49.59	23.63	254

2-5 续表1 continued

单位：亿元 (100 million yuan)

年份 Year	地区生产总值 Gross Domestic Product	第一产业 Primary Industry	第二产业 Secondary Industry	第三产业 Tertiary Industry	人均地区生产总值 Per Capita Gross Domestic Product(yuan)
1978	146.99	59.83	59.82	27.34	286
1979	178.01	79.40	68.42	30.19	343
1980	191.72	81.14	76.99	33.59	365
1981	209.68	93.29	77.78	38.61	394
1982	232.52	107.99	82.51	42.02	430
1983	257.43	117.79	93.37	46.27	470
1984	287.29	128.28	104.34	54.67	519
1985	349.95	147.72	127.08	75.15	626
1986	397.68	165.28	143.31	89.09	703
1987	469.44	187.09	172.45	109.90	818
1988	584.07	217.03	221.28	145.76	999
1989	640.80	234.31	238.15	168.34	1074
1990	744.44	279.09	249.98	215.37	1228
1991	833.30	301.02	281.95	250.33	1357
1992	986.98	323.91	337.17	325.90	1595
1993	1244.71	383.68	470.05	390.98	1997
1994	1650.02	532.89	589.72	527.41	2630
1995	2132.13	685.30	770.67	676.16	3359
1996	2540.13	793.98	920.06	826.09	3963
1997	2849.27	855.75	1041.79	951.73	4420
1998	3025.53	828.31	1123.08	1074.14	4667
1999	3214.54	778.25	1192.99	1243.30	4933
2000	3551.49	784.92	1293.18	1473.39	5425
2001	3831.90	825.73	1412.82	1593.35	6120
2002	4151.54	847.25	1523.50	1780.79	6734
2003	4659.99	886.47	1777.74	1995.78	7589
2004	5641.94	1022.45	2190.54	2428.95	9165
2005	6596.10	1100.65	2612.57	2882.88	10562
2006	7688.67	1272.20	3187.05	3229.42	12139
2007	9439.60	1626.48	3977.72	3835.40	14869
2008	11555.00	1892.40	5028.93	4633.67	18147
2009	13059.69	1969.69	5687.19	5402.81	20428
2010	16037.96	2325.50	7343.19	6369.27	24719
2011	19669.56	2768.03	9361.99	7539.54	29880
2012	22154.23	3004.21	10506.42	8643.60	33480
2013	24621.67	2990.31	11553.97	10077.39	36943
2014	27037.32	3148.75	12482.06	11406.51	40271
2015	28902.21	3331.62	12810.82	12759.77	42754

2-6 分行业增加值
Value added by Sector

单位：亿元 (100 million yuan)

年份 Year	农、林、牧、渔业 Agriculture, Forestry, Animal Husbandry and Fishery	工业 Industry	建筑业 Construction	批发和零售业 Wholesale and Retail Trade	交通运输、仓储和邮政业 Traffic,Transport, Storage and Post	金融业 Finance	房地产业 Real Estate
1952	18.72	2.94	0.49	2.50	1.10		
1953	18.48	3.53	0.75	3.54	1.64		
1954	17.03	4.22	0.91	3.98	1.77		
1955	21.13	4.25	1.51	3.83	2.07		
1956	20.56	5.19	1.38	4.83	2.38		
1957	26.41	5.94	1.51	4.51	2.71		
1958	26.65	12.40	4.23	4.58	3.51		
1959	23.60	16.57	5.00	6.04	5.45		
1960	20.58	19.22	6.25	6.60	5.42		
1961	20.78	10.25	1.44	4.95	3.20		
1962	27.17	9.46	1.13	4.93	2.73		
1963	25.11	10.31	1.06	2.82	3.25		
1964	30.41	13.50	2.10	3.45	2.57		
1965	34.00	16.86	2.31	3.68	2.98		
1966	37.30	19.67	2.49	4.41	3.14		
1967	40.07	17.46	2.43	4.54	3.03		
1968	44.85	15.03	2.28	4.22	2.92		
1969	44.08	19.39	2.59	5.20	3.37		
1970	44.62	28.83	3.15	5.67	3.96		
1971	46.31	30.35	4.98	5.63	4.34		
1972	47.73	34.31	5.60	6.68	4.89		
1973	51.91	37.92	5.43	7.23	5.01		
1974	53.17	29.21	5.66	6.98	4.34		
1975	54.97	35.58	6.38	7.29	4.92		
1976	55.07	34.95	6.52	7.17	4.83		
1977	55.95	43.41	6.45	8.06	5.33		

2-6 续表1 continued

单位：亿元 (100 million yuan)

年份 Year	农、林、牧、渔业 Agriculture, Forestry, Animal Husbandry and Fishery	工业 Industry	建筑业 Construction	批发和零售业 Wholesale and Retail Trade	交通运输、仓储和邮政业 Traffic,Transport, Storage and Post	金融业 Finance	房地产业 Real Estate
1978	59.83	51.94	7.88	9.71	5.91	2.55	2.03
1979	79.40	59.23	9.19	10.85	6.47	2.50	2.10
1980	81.14	65.31	11.68	11.73	6.77	2.70	2.32
1981	93.29	67.19	10.59	13.42	6.93	3.60	3.56
1982	107.99	71.31	11.20	12.81	7.61	5.02	3.96
1983	117.79	78.84	14.53	12.56	8.16	5.66	5.18
1984	128.28	90.79	13.55	15.40	9.30	6.53	5.76
1985	147.72	110.05	17.03	22.94	13.23	8.85	7.84
1986	165.28	124.30	19.01	27.60	15.00	12.55	7.93
1987	187.09	149.67	22.78	34.56	20.13	15.94	8.53
1988	217.03	190.40	30.88	46.61	24.12	20.91	9.96
1989	234.31	212.21	25.94	45.48	26.81	26.94	11.00
1990	279.09	220.69	29.29	62.94	32.27	31.01	16.25
1991	301.02	242.96	38.99	73.91	41.68	38.26	17.73
1992	323.91	284.66	52.51	104.96	51.29	49.01	20.57
1993	383.68	399.58	70.47	123.52	72.71	47.53	26.45
1994	532.89	499.97	89.75	167.24	100.30	54.07	34.13
1995	685.30	658.67	112.00	210.40	133.71	64.96	44.43
1996	793.98	790.19	129.87	244.45	171.14	74.32	64.06
1997	855.75	903.90	137.89	268.06	198.66	82.66	75.47
1998	828.31	960.70	162.38	289.06	220.86	85.44	89.28
1999	778.25	1010.53	182.46	311.68	246.08	86.57	105.50
2000	784.92	1094.76	198.42	342.30	288.16	88.88	131.58
2001	825.73	1180.43	232.39	377.18	303.88	91.71	138.41
2002	847.25	1265.72	257.78	416.15	333.51	92.43	165.29
2003	886.47	1484.98	292.76	458.07	373.27	99.35	186.49
2004	1022.45	1824.11	366.43	590.22	415.00	118.64	191.50
2005	1100.65	2195.33	417.24	587.21	386.96	162.37	215.63
2006	1272.20	2707.61	479.44	634.69	440.96	204.72	254.81
2007	1626.48	3397.69	580.03	771.73	517.67	260.14	301.80
2008	1892.40	4310.12	718.81	975.46	624.68	334.32	340.07
2009	1969.69	4819.40	867.79	1221.20	704.83	402.57	400.11
2010	2325.50	6305.11	1038.08	1434.68	832.28	463.16	464.21
2011	2768.03	8122.75	1239.24	1662.34	948.82	501.09	518.04
2012	3004.21	9138.50	1367.92	1849.04	1077.65	579.76	568.52
2013	3099.23	10001.00	1564.93	2031.81	1172.31	758.90	642.19
2014	3266.89	10749.88	1744.86	2211.82	1257.64	950.04	673.38
2015	3461.99	10945.81	1877.70	2323.67	1291.03	1104.18	751.81

2-7 地区生产总值构成
Composition of GDP

单位：% （GDP=100） (%)

年份 Year	地区生产总值 Gross Domestic Product	第一产业 Primary Industry	第二产业 Secondary Industry	第三产业 Tertiary Industry
1952	100.0	67.3	12.3	20.4
1953	100.0	61.0	14.1	24.9
1954	100.0	55.8	16.8	27.4
1955	100.0	59.0	16.1	25.0
1956	100.0	54.2	17.3	28.5
1957	100.0	58.4	16.5	25.1
1958	100.0	47.7	29.8	22.5
1959	100.0	38.1	34.8	27.1
1960	100.0	32.1	39.8	28.1
1961	100.0	44.6	25.1	30.4
1962	100.0	53.1	20.7	26.2
1963	100.0	52.2	23.6	24.1
1964	100.0	53.0	27.2	19.8
1965	100.0	52.1	29.3	18.6
1966	100.0	51.3	30.5	18.2
1967	100.0	54.5	27.1	18.4
1968	100.0	59.3	22.9	17.9
1969	100.0	54.2	27.0	18.7
1970	100.0	48.0	34.4	17.7
1971	100.0	46.7	35.7	17.6
1972	100.0	44.6	37.3	18.1
1973	100.0	44.8	37.4	17.7
1974	100.0	49.2	32.2	18.6
1975	100.0	46.4	35.4	18.1
1976	100.0	46.5	35.0	18.6
1977	100.0	43.3	38.4	18.3

2-7 续表 1 continued

单位：% (%)

年份 Year	地区生产总值 Gross Domestic Product	第一产业 Primary Industry	第二产业 Secondary Industry	第三产业 Tertiary Industry
1978	100.0	40.7	40.7	18.6
1979	100.0	44.6	38.4	17.0
1980	100.0	42.3	40.2	17.5
1981	100.0	44.5	37.1	18.4
1982	100.0	46.4	35.5	18.1
1983	100.0	45.8	36.3	17.9
1984	100.0	44.7	36.3	19.0
1985	100.0	42.2	36.3	21.5
1986	100.0	41.6	36.0	22.4
1987	100.0	39.9	36.7	23.4
1988	100.0	37.2	37.9	24.9
1989	100.0	36.6	37.2	26.2
1990	100.0	37.5	33.6	28.9
1991	100.0	36.1	33.8	30.1
1992	100.0	32.8	34.2	33.0
1993	100.0	30.8	37.8	31.4
1994	100.0	32.3	35.7	32.0
1995	100.0	32.1	36.1	31.8
1996	100.0	31.3	36.2	32.5
1997	100.0	30.0	36.6	33.4
1998	100.0	27.4	37.1	35.5
1999	100.0	24.2	37.1	38.7
2000	100.0	22.1	36.4	41.5
2001	100.0	21.5	36.9	41.6
2002	100.0	20.4	36.7	42.9
2003	100.0	19.0	38.1	42.9
2004	100.0	18.1	38.8	43.1
2005	100.0	16.7	39.6	43.7
2006	100.0	16.5	41.5	42.0
2007	100.0	17.2	42.1	40.7
2008	100.0	16.4	43.5	40.1
2009	100.0	15.1	43.5	41.4
2010	100.0	14.5	45.8	39.7
2011	100.0	14.1	47.6	38.3
2012	100.0	13.6	47.4	39.0
2013	100.0	12.2	46.9	40.9
2014	100.0	11.6	46.2	42.2
2015	100.0	11.5	44.3	44.2

2-8 地区生产总值发展速度
Growth Rate of GDP

单位：% (以上年为100) (precending year=100) (%)

年份 Year	地区生产总值 Gross Domestic Product	第一产业 Primary Industry	第二产业 Secondary Industry	第三产业 Tertiary Industry	人均地区生产总值 Per Capita Gross Domestic Product
1978	116.4	111.7	121.8	115.5	115.1
1979	109.1	106.8	111.4	109.0	107.9
1980	105.2	98.9	111.0	105.5	104.1
1981	105.5	107.0	100.2	113.3	104.1
1982	109.4	113.0	106.0	107.5	107.7
1983	109.2	103.7	116.7	108.2	107.7
1984	109.4	106.6	109.7	115.6	108.3
1985	112.0	103.7	113.6	127.2	110.9
1986	108.1	105.2	107.7	114.1	106.8
1987	109.3	102.9	112.8	114.0	107.8
1988	108.2	97.7	115.0	112.6	106.0
1989	103.6	105.7	101.2	105.0	101.6
1990	104.0	103.2	104.6	103.8	102.3
1991	107.9	105.6	108.5	110.5	106.6
1992	111.1	103.5	117.3	114.1	110.3
1993	112.4	104.3	118.2	116.0	111.7
1994	110.6	105.4	115.4	111.0	109.8
1995	110.3	106.5	113.5	110.6	109.1
1996	112.1	106.2	116.3	112.9	111.0
1997	110.6	106.1	113.3	111.6	110.0
1998	108.5	100.9	111.5	111.5	107.8
1999	108.4	103.3	109.3	111.4	107.8
2000	109.0	103.9	110.6	110.9	108.5
2001	109.0	104.0	110.3	110.6	110.6
2002	109.0	102.6	110.9	110.5	110.7
2003	109.6	103.6	112.5	109.7	110.0
2004	112.1	107.4	116.1	110.5	111.8
2005	112.2	105.7	112.9	113.8	110.6
2006	112.8	104.7	117.1	112.0	111.2
2007	115.0	103.9	118.6	115.7	114.7
2008	113.9	105.3	115.2	115.5	113.6
2009	113.7	105.0	118.9	111.3	113.2
2010	114.6	104.3	120.2	111.7	112.9
2011	112.8	104.2	117.0	111.0	111.2
2012	111.3	103.0	112.8	112.2	110.7
2013	110.1	102.7	110.9	111.3	109.3
2014	109.5	104.5	109.3	111.0	108.7
2015	108.5	103.6	107.3	111.2	107.8

2-9 主要行业增加值发展速度
Growth Rate of Value added by Sector

单位：% (以上年为100) (precending year=100) (%)

年份 Year	农、林、牧、渔业 Agriculture, Forestry, Animal Husbandry and Fishery	工业 Industry	建筑业 Construction	批发和零售业 Wholesale and Retail Trade	交通运输、仓储和邮政业 Traffic,Transport, Storage and Post	金融业 Finance	房地产业 Real Estate
1978	111.7	121.6	123.3	120.4	110.7	115.3	104.0
1979	106.8	111.3	112.1	110.1	109.3	96.5	101.7
1980	98.9	109.7	119.9	102.5	104.5	97.8	110.4
1981	107.0	101.4	92.7	112.6	102.6	131.0	146.4
1982	113.0	106.1	105.0	94.0	109.6	137.3	110.3
1983	103.7	114.8	130.2	95.8	107.2	110.1	128.5
1984	106.6	113.0	89.8	119.3	113.9	111.9	110.0
1985	103.7	114.3	108.7	134.8	140.6	122.1	128.4
1986	105.2	108.5	101.6	114.6	112.6	135.3	100.9
1987	102.9	113.3	108.6	113.8	127.1	114.9	105.0
1988	97.7	115.3	112.6	108.9	120.4	104.6	109.5
1989	105.7	103.0	79.3	90.6	97.3	150.6	86.7
1990	103.2	104.5	106.1	83.7	113.7	109.0	109.0
1991	105.6	107.4	116.7	112.0	118.6	115.5	106.1
1992	103.5	116.8	120.4	110.0	112.8	130.3	110.6
1993	104.3	120.0	105.5	110.8	125.2	121.3	124.0
1994	105.4	115.9	111.7	109.0	110.6	105.7	112.0
1995	106.5	113.4	114.6	109.1	116.3	106.0	114.7
1996	106.2	116.8	112.3	109.0	117.8	110.6	117.1
1997	106.1	114.3	104.4	109.5	115.0	110.3	110.2
1998	100.9	111.2	114.1	110.3	113.4	105.2	113.3
1999	103.3	109.0	111.7	110.5	108.0	105.1	117.3
2000	103.9	110.5	111.5	111.4	114.5	106.0	109.2
2001	104.0	109.9	112.3	111.3	110.2	103.5	109.3
2002	102.6	111.0	110.3	111.5	109.9	103.2	111.2
2003	103.6	112.7	111.2	109.6	110.3	105.4	109.0
2004	107.4	115.9	117.4	108.9	114.0	102.1	105.8
2005	105.7	113.6	109.2	117.1	113.1	112.6	107.4
2006	104.7	118.3	111.1	111.7	111.3	115.2	111.6
2007	103.9	119.7	112.4	116.7	116.2	120.9	110.0
2008	105.3	116.0	110.4	118.7	116.4	118.1	106.9
2009	105.0	118.5	121.2	114.9	106.8	118.0	110.0
2010	104.3	121.2	114.2	111.7	113.3	109.1	109.3
2011	104.2	118.2	109.6	108.3	112.6	105.6	104.1
2012	103.0	113.5	108.0	108.0	111.4	113.6	106.9
2013	102.8	111.1	109.1	108.0	105.9	118.7	108.4
2014	104.6	109.2	109.9	107.6	104.8	123.8	102.9
2015	103.8	107.3	107.3	105.1	105.0	114.8	112.2

2-10 地区生产总值指数
Indices of Gross Domestic Product

单位：% (1952 =100) (%)

年份 Year	地区生产总值 Gross Domestic Product	第一产业 Primary Industry	第二产业 Secondary Industry	第三产业 Tertiary Industry	人均地区生产总值 Per Capita Gross Domestic Product
1952	100.0	100.0	100.0	100.0	100.0
1953	108.4	99.9	131.5	128.1	105.8
1954	106.4	89.8	157.9	141.1	101.5
1955	126.1	110.3	190.0	150.4	118.1
1956	132.9	106.4	226.8	181.6	123.2
1957	153.0	129.2	253.3	187.8	139.2
1958	183.4	130.8	522.4	207.0	163.0
1959	199.5	113.4	660.9	277.9	175.2
1960	197.5	90.4	765.8	292.1	175.9
1961	127.4	82.8	332.0	189.1	116.4
1962	131.3	101.7	284.3	167.7	119.4
1963	126.5	92.7	306.7	163.0	111.9
1964	150.3	107.1	432.6	167.9	129.7
1965	170.1	111.7	558.4	186.1	143.1
1966	191.9	121.9	669.8	203.2	156.8
1967	192.5	130.9	610.1	206.9	153.0
1968	189.8	142.2	512.0	205.6	146.7
1969	210.0	138.2	684.2	231.5	157.8
1970	247.0	139.5	1005.8	245.9	180.5
1971	261.0	140.3	1122.5	252.7	185.6
1972	281.8	142.8	1283.9	280.0	195.8
1973	300.9	154.2	1361.2	295.4	204.4
1974	278.8	157.9	1071.5	290.6	185.4
1975	307.6	162.4	1325.9	309.9	200.8
1976	306.0	162.5	1290.1	316.9	196.6
1977	335.3	165.0	1562.0	340.0	212.9

2-10 续表 1 continued

单位：% (1952 =100) (%)

年份 Year	地区生产总值 Gross Domestic Product	第一产业 Primary Industry	第二产业 Secondary Industry	第三产业 Tertiary Industry	人均地区生产总值 Per Capita Gross Domestic Product
1978	390.3	184.3	1903.0	392.8	245.2
1979	425.7	196.8	2119.1	428.2	264.6
1980	448.0	194.6	2352.0	451.9	275.4
1981	472.4	208.3	2357.8	512.1	286.7
1982	516.7	235.4	2498.9	550.6	308.8
1983	564.4	244.2	2917.3	595.9	332.6
1984	617.4	260.2	3198.9	688.9	360.2
1985	691.8	269.9	3634.5	875.9	399.4
1986	748.1	284.0	3916.1	999.7	426.6
1987	817.8	292.2	4418.7	1139.2	459.9
1988	884.9	285.5	5081.5	1282.7	487.4
1989	916.8	301.8	5142.5	1346.8	495.2
1990	953.1	311.6	5380.0	1397.9	506.6
1991	1028.4	329.0	5837.3	1544.7	540.1
1992	1142.6	340.5	6847.2	1762.5	595.7
1993	1284.3	355.1	8093.4	2044.5	665.4
1994	1420.4	374.3	9339.8	2269.4	730.6
1995	1566.7	398.6	10600.7	2510.0	797.1
1996	1756.3	423.3	12328.6	2833.8	884.8
1997	1942.5	449.1	13968.3	3162.5	973.3
1998	2107.6	453.1	15574.7	3526.2	1049.2
1999	2284.6	468.1	17023.1	3928.2	1131.0
2000	2490.2	486.4	18827.5	4356.4	1227.1
2001	2714.3	505.9	20766.7	4818.2	1357.2
2002	2958.6	519.1	23030.3	5324.1	1502.4
2003	3242.6	537.8	25909.1	5840.5	1652.6
2004	3635.0	577.6	30080.5	6453.8	1847.6
2005	4078.5	610.5	33960.9	7344.4	2043.4
2006	4600.5	639.2	39768.2	8225.7	2272.3
2007	5290.6	664.1	47165.1	9517.1	2606.3
2008	6026.0	699.3	54334.2	10992.3	2960.8
2009	6851.6	734.3	64603.4	12234.4	3351.6
2010	7851.9	765.9	77653.3	13665.8	3784.0
2011	8857.0	798.0	90854.3	15169.1	4207.8
2012	9857.8	822.0	102483.7	17019.7	4658.0
2013	10853.5	844.2	113654.4	18942.9	5091.2
2014	11884.5	882.2	124224.3	21026.6	5534.1
2015	12894.7	913.9	133292.7	23381.6	5965.8

2-10 续表 2 continued

单位：% (1978=100) (%)

年份 Year	地区生产总值 Gross Domestic Product	第一产业 Primary Industry	第二产业 Secondary Industry	第三产业 Tertiary Industry	人均地区生产总值 Per Capita Gross Domestic Product
1978	100.0	100.0	100.0	100.0	100.0
1979	109.1	106.8	111.4	109.0	107.9
1980	114.8	105.6	123.6	115.0	112.3
1981	121.0	113.0	123.9	130.4	116.9
1982	132.4	127.7	131.3	140.2	125.9
1983	144.6	132.5	153.3	151.7	135.6
1984	158.2	141.2	168.1	175.4	146.9
1985	177.2	146.4	191.0	223.0	162.9
1986	191.7	154.1	205.8	254.5	174.0
1987	209.5	158.5	232.2	290.0	187.6
1988	226.7	154.9	267.0	326.6	198.9
1989	234.9	163.8	270.2	342.9	202.1
1990	244.3	169.1	282.7	355.9	206.7
1991	263.6	178.5	306.7	393.3	220.3
1992	292.9	184.8	359.8	448.7	243.0
1993	329.2	192.7	425.3	520.5	271.4
1994	364.1	203.1	490.8	577.8	298.0
1995	401.6	216.3	557.1	639.0	325.1
1996	450.2	229.7	647.9	721.4	360.9
1997	497.9	243.7	734.1	805.1	397.0
1998	540.2	245.9	818.5	897.7	428.0
1999	585.6	254.0	894.6	1000.0	461.4
2000	638.3	263.9	989.4	1109.0	500.6
2001	695.7	274.5	1091.3	1226.6	553.7
2002	758.3	281.6	1210.3	1355.4	612.9
2003	831.1	291.7	1361.6	1486.9	674.2
2004	931.7	313.3	1580.8	1643.0	753.8
2005	1045.4	331.2	1784.7	1869.7	833.7
2006	1179.2	346.8	2089.9	2094.1	927.1
2007	1356.1	360.3	2478.6	2422.9	1063.4
2008	1544.6	379.4	2855.3	2798.4	1208.0
2009	1756.2	398.4	3395.0	3114.6	1367.5
2010	2012.6	415.5	4080.8	3479.0	1543.9
2011	2270.2	433.0	4774.5	3861.7	1716.8
2012	2526.8	446.0	5385.7	4332.8	1900.5
2013	2782.0	458.0	5972.7	4822.4	2077.3
2014	3046.2	478.6	6528.2	5352.9	2258.0
2015	3305.2	495.9	7004.7	5952.4	2434.1

2-11 主要行业增加值指数
Indices of Value added by Seceor

单位：% (以1978=100) (%)

年份 Year	农、林、牧、渔业 Agriculture, Forestry, Animal Husbandry and Fishery	工业 Industry	建筑业 Construction	批发和零售业 Wholesale and Retail Trade	交通运输、仓储和邮政业 Traffic,Transport, Storage and Post	金融业 Finance	房地产业 Real Estate
1978	100.0	100.0	100.0	100.0	100.0	100.0	100.0
1979	106.8	111.3	112.1	110.1	109.3	96.5	101.7
1980	105.6	122.1	134.4	112.9	114.2	94.4	112.3
1981	113.0	123.8	124.6	127.1	117.2	123.6	164.4
1982	127.7	131.4	130.8	119.4	128.4	169.7	181.3
1983	132.5	150.8	170.3	114.4	137.7	186.9	233.0
1984	141.2	170.4	153.0	136.5	156.8	209.1	256.3
1985	146.4	194.7	166.3	184.0	220.5	255.4	329.1
1986	154.1	211.3	168.9	210.9	248.3	345.5	332.0
1987	158.5	239.4	183.5	240.0	315.6	397.0	348.6
1988	154.9	276.1	206.6	261.4	379.9	415.2	381.7
1989	163.8	284.3	163.8	236.8	369.1	625.3	331.0
1990	169.1	297.1	173.8	198.2	420.3	681.6	360.8
1991	178.5	319.1	202.8	222.0	498.5	787.2	382.8
1992	184.8	372.7	244.2	244.2	562.3	1025.7	423.4
1993	192.7	447.2	257.6	270.6	704.0	1244.2	525.0
1994	203.1	518.3	287.7	295.0	778.6	1315.1	588.0
1995	216.3	587.8	329.7	321.8	905.5	1394.0	674.4
1996	229.7	686.6	370.3	350.8	1066.7	1541.8	789.7
1997	243.7	784.8	386.6	384.1	1226.7	1700.6	870.2
1998	245.9	872.7	441.1	423.7	1391.1	1789.0	985.9
1999	254.0	951.2	492.7	468.2	1502.4	1880.2	1156.5
2000	263.9	1051.1	549.4	521.6	1720.2	1993.0	1262.9
2001	274.5	1155.2	617.0	580.5	1895.7	2062.8	1380.3
2002	281.6	1282.3	680.6	647.3	2083.4	2128.8	1534.9
2003	291.7	1445.2	756.8	709.4	2298.0	2243.8	1673.0
2004	313.3	1675.0	888.5	772.5	2619.7	2290.9	1770.0
2005	331.2	1902.8	970.2	904.6	2962.9	2579.6	1901.0
2006	346.8	2251.0	1077.9	1010.4	3297.7	2971.7	2121.5
2007	360.3	2694.4	1211.6	1179.1	3831.9	3592.8	2333.7
2008	379.4	3125.5	1337.6	1399.6	4460.3	4243.1	2494.7
2009	398.4	3703.7	1621.2	1608.1	4763.6	5006.9	2744.2
2010	415.5	4488.9	1851.4	1796.2	5397.2	5462.5	2999.4
2011	433.0	5305.9	2029.1	1945.3	6077.2	5768.4	3122.4
2012	446.0	6022.2	2191.5	2101.0	6770.0	6552.9	3337.8
2013	458.0	6690.6	2390.9	2269.0	7169.4	7778.3	3618.2
2014	479.1	7306.1	2627.6	2441.5	7513.6	9629.6	3723.1
2015	497.3	7839.5	2819.4	2566.0	7889.2	11054.8	4177.4

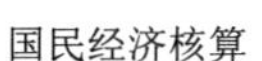

2-12 地区生产总值构成项目表
Structure of Gross Domestic Product

单位: 亿元 (100 million yuan)

指 标	Item	2014	2015
地区生产总值	**Gross Domestic Product**	**27037.32**	**28902.21**
劳动者报酬	Compensation of Laborers	13781.80	14709.62
生产税净额	Net Taxes on Production	4175.01	4456.93
固定资产折旧	Depreciation of Fixed Assets	2732.45	3020.68
营业盈余	Operating Surplus	6348.07	6714.98
农林牧渔业增加值	**Added Value of Farming, Forestry, Animal Husbandry and Fishery**	**3266.89**	**3461.99**
劳动者报酬	Compensation of Laborers	3165.97	3357.13
生产税净额	Net Taxes on Production	10.10	9.66
固定资产折旧	Depreciation of Fixed Assets	90.82	95.20
营业盈余	Operating Surplus		
工业增加值	**Added Value of Industry**	**10749.88**	**10945.81**
劳动者报酬	Compensation of Laborers	3738.92	3655.49
生产税净额	Net Taxes on Production	2832.14	2983.78
固定资产折旧	Depreciation of Fixed Assets	1053.48	1158.76
营业盈余	Operating Surplus	3125.34	3147.77
建筑业增加值	**Added Value of Construction**	**1744.86**	**1877.70**
劳动者报酬	Compensation of Laborers	1138.55	1221.86
生产税净额	Net Taxes on Production	283.78	305.88
固定资产折旧	Depreciation of Fixed Assets	47.19	52.48
营业盈余	Operating Surplus	275.35	297.48
批发和零售业增加值	**Added Value of Wholesale and Retail Trade**	**2211.82**	**2323.67**
劳动者报酬	Compensation of Laborers	736.16	790.16
生产税净额	Net Taxes on Production	554.37	586.17
固定资产折旧	Depreciation of Fixed Assets	115.44	115.84
营业盈余	Operating Surplus	805.85	831.50
交通运输仓储邮政业增加值	**Added Value of Transport, Storage and Post**	**1257.64**	**1291.03**
劳动者报酬	Compensation of Laborers	773.25	791.68
生产税净额	Net Taxes on Production	65.90	67.93
固定资产折旧	Depreciation of Fixed Assets	196.01	201.06
营业盈余	Operating Surplus	222.48	230.36
住宿和餐饮业增加值	**Added Value of Hotel and Restaurants**	**545.69**	**603.77**
劳动者报酬	Compensation of Laborers	327.59	359.78
生产税净额	Net Taxes on Production	58.86	65.14
固定资产折旧	Depreciation of Fixed Assets	85.20	93.63
营业盈余	Operating Surplus	74.04	85.22

2-12 续表 1 continued

单位: 亿元 (100 million yuan)

指 标	Item	2014	2015
信息传输、软件和信息技术服务业增加值	**Added Value of Information Transfer,Software Technology Service**	**546.85**	**627.84**
劳动者报酬	Compensation of Laborers	102.86	113.23
生产税净额	Net Taxes on Production	35.49	40.61
固定资产折旧	Depreciation of Fixed Assets	188.38	219.45
营业盈余	Operating Surplus	220.12	254.55
金融业增加值	**Added Value of Financial Intermediation**	**950.04**	**1104.18**
劳动者报酬	Compensation of Laborers	223.74	273.07
生产税净额	Net Taxes on Production	101.97	118.97
固定资产折旧	Depreciation of Fixed Assets	27.97	51.17
营业盈余	Operating Surplus	596.36	660.97
房地产业增加值	**Added Value of Real Estate**	**673.38**	**751.81**
劳动者报酬	Compensation of Laborers	100.85	104.77
生产税净额	Net Taxes on Production	86.09	108.80
固定资产折旧	Depreciation of Fixed Assets	405.91	430.20
营业盈余	Operating Surplus	80.53	108.04
租赁和商务服务业增加值	**Added Value of Leasing and Business Services**	**535.69**	**633.43**
劳动者报酬	Compensation of Laborers	199.60	235.44
生产税净额	Net Taxes on Production	39.78	46.96
固定资产折旧	Depreciation of Fixed Assets	62.66	73.96
营业盈余	Operating Surplus	233.65	277.07
科学研究和技术服务业增加值	**Added Value of Scientific Research, and Technical Services**	**273.73**	**314.66**
劳动者报酬	Compensation of Laborers	125.60	138.35
生产税净额	Net Taxes on Production	14.10	16.48
固定资产折旧	Depreciation of Fixed Assets	41.54	48.81
营业盈余	Operating Surplus	92.50	111.02
水利、环境和公共设施管理业增加值	**Added Value of Management of Water Conservancy, Environment and Public Facilities**	**126.26**	**138.13**
劳动者报酬	Compensation of Laborers	67.56	74.37
生产税净额	Net Taxes on Production	5.16	4.90
固定资产折旧	Depreciation of Fixed Assets	22.64	24.95
营业盈余	Operating Surplus	30.90	33.92
居民服务、修理和其他服务业增加值	**Added Value of Resident Services and Other Services**	**1074.12**	**1272.86**
劳动者报酬	Compensation of Laborers	879.50	1035.86
生产税净额	Net Taxes on Production	28.35	33.59
固定资产折旧	Depreciation of Fixed Assets	65.68	77.83
营业盈余	Operating Surplus	100.59	125.57

2-12 续表 2 continued

单位: 亿元 (100 million yuan)

指 标	Item	2014	2015
教育增加值	**Added Value of Education**	**792.51**	**905.51**
劳动者报酬	Compensation of Laborers	626.17	724.62
生产税净额	Net Taxes on Production	5.40	6.17
固定资产折旧	Depreciation of Fixed Assets	91.53	104.53
营业盈余	Operating Surplus	69.40	70.20
卫生和社会工作增加值	**Added Value of Health and Social Work**	**472.23**	**543.57**
劳动者报酬	Compensation of Laborers	289.26	339.41
生产税净额	Net Taxes on Production	4.36	5.01
固定资产折旧	Depreciation of Fixed Assets	43.16	47.09
营业盈余	Operating Surplus	135.45	152.06
文化、体育和娱乐业增加值	**Added Value of Culture, Sports and Entertainment**	**546.83**	**631.60**
劳动者报酬	Compensation of Laborers	247.07	286.75
生产税净额	Net Taxes on Production	41.93	48.48
固定资产折旧	Depreciation of Fixed Assets	61.08	70.29
营业盈余	Operating Surplus	196.74	226.08
公共管理、社会保障和社会组织增加值	**Added Value of Public Management and Social Organization**	**1268.92**	**1474.65**
劳动者报酬	Compensation of Laborers	1039.18	1207.66
生产税净额	Net Taxes on Production	7.23	8.40
固定资产折旧	Depreciation of Fixed Assets	133.75	155.43
营业盈余	Operating Surplus	88.76	103.15
第一产业	**Primary Industry**	**3148.75**	**3331.62**
劳动者报酬	Compensation of Laborers	3051.11	3230.34
生产税净额	Net Taxes on Production	10.10	9.66
固定资产折旧	Depreciation of Fixed Assets	87.54	91.62
营业盈余	Operating Surplus		
第二产业	**Secondary Industry**	**12482.06**	**12810.82**
劳动者报酬	Compensation of Laborers	4870.91	4871.64
生产税净额	Net Taxes on Production	3113.18	3287.12
固定资产折旧	Depreciation of Fixed Assets	1099.02	1209.60
营业盈余	Operating Surplus	3398.95	3442.46
第三产业	**Tertiary Industry**	**11406.51**	**12759.77**
劳动者报酬	Compensation of Laborers	5859.77	6607.63
生产税净额	Net Taxes on Production	1051.73	1160.15
固定资产折旧	Depreciation of Fixed Assets	1545.90	1719.47
营业盈余	Operating Surplus	2949.12	3272.52

2-13 支出法地区生产总值
Gross Domestic Product by Expenditure Approach

单位: 亿元 (100 million yuan)

年份 Year	地区生产总值 GDP by Expenditure Approach	最终消费 Final Consumption Expenditures	居民消费 Household Consumption Expenditures	农村居民 Rural Household	城镇居民 Urban Household	政府消费 Government Consumption Expenditures
1952	27.81	24.87	24.12	20.98	3.14	0.75
1953	30.29	26.30	25.44	21.61	3.83	0.86
1954	30.51	26.61	25.46	21.43	4.03	1.15
1955	35.83	29.84	28.52	24.26	4.26	1.32
1956	37.93	32.23	30.56	25.28	5.28	1.67
1957	45.20	34.18	32.42	26.31	6.11	1.76
1958	55.85	36.98	35.16	27.57	7.59	1.82
1959	61.95	37.16	34.76	24.93	9.83	2.40
1960	64.07	37.96	35.47	24.92	10.55	2.49
1961	46.64	41.38	39.12	28.36	10.76	2.26
1962	51.19	45.28	43.51	33.32	10.19	1.77
1963	48.08	40.92	39.32	28.50	10.82	1.60
1964	57.36	43.61	41.32	30.59	10.73	2.29
1965	65.32	47.29	45.18	33.84	11.34	2.11
1966	72.73	51.61	49.26	37.93	11.33	2.35
1967	73.51	54.81	52.56	40.95	11.61	2.25
1968	75.67	55.30	53.27	41.60	11.67	2.03
1969	81.26	55.90	53.52	42.09	11.43	2.38
1970	93.05	58.04	55.60	43.54	12.06	2.44
1971	99.10	62.19	59.04	45.36	13.68	3.15
1972	107.01	67.40	63.76	47.81	15.95	3.64
1973	115.80	71.30	67.28	50.71	16.57	4.02
1974	108.17	74.50	69.54	51.98	17.56	4.96
1975	118.40	76.87	72.16	53.89	18.27	4.71
1976	118.53	78.41	73.13	53.94	19.19	5.28
1977	129.17	86.16	79.74	60.13	19.61	6.42

注：从2015年起按新的支出法核算制度核算。According to the new expenditure accounting approach system accounting from 2015。

2-13 续表 1 continued

单位: 亿元 (100 million yuan)

年份 Year	地区生产总值 GDP by Expenditure Approach	最终消费 Final Consumption Expenditures	居民消费 Household Consumption Expenditures	农村居民 Rural Household	城镇居民 Urban Household	政府消费 Government Consumption Expenditures
1978	146.99	100.83	93.93	70.87	23.06	6.90
1979	178.01	118.77	109.67	83.37	26.30	9.10
1980	191.72	136.94	125.42	93.15	32.27	11.52
1981	209.68	155.72	142.77	107.33	35.44	12.95
1982	232.52	174.68	159.45	121.93	37.52	15.23
1983	257.43	195.09	178.56	137.91	40.65	16.53
1984	287.29	218.09	199.24	152.95	46.29	18.85
1985	349.95	263.11	240.71	182.85	57.86	22.40
1986	397.68	290.14	265.54	196.12	69.42	24.60
1987	469.44	328.34	298.85	218.93	79.92	29.49
1988	584.07	399.15	364.37	256.19	108.18	34.78
1989	640.80	439.54	393.49	270.81	122.68	46.05
1990	744.44	564.70	454.90	314.05	140.85	109.80
1991	833.30	621.93	500.84	340.27	160.57	121.09
1992	986.98	725.60	582.91	379.23	203.68	142.69
1993	1244.71	885.88	709.62	434.49	275.13	176.26
1994	1650.02	1188.55	964.13	565.53	398.60	224.42
1995	2132.13	1492.01	1214.61	688.72	525.89	277.40
1996	2540.13	1789.60	1462.70	859.46	603.24	326.90
1997	2849.27	1975.57	1585.43	887.73	697.70	390.14
1998	3025.53	2089.53	1662.14	906.18	755.96	427.39
1999	3214.54	2267.40	1789.71	901.12	888.59	477.69
2000	3551.49	2471.77	1928.94	900.05	1028.89	542.83
2001	3831.90	2638.39	2030.06	883.45	1146.61	608.33
2002	4151.54	2754.62	2075.13	889.53	1185.60	679.49
2003	4659.99	3046.50	2290.01	912.18	1377.83	756.49
2004	5641.94	3552.05	2680.61	1038.65	1641.96	871.44
2005	6596.10	4026.02	3092.25	1139.63	1952.62	933.77
2006	7688.67	4608.61	3488.56	1212.84	2275.72	1120.05
2007	9439.60	5275.29	3970.53	1317.86	2652.67	1304.76
2008	11555.00	5988.91	4554.12	1462.38	3091.74	1434.79
2009	13059.69	6644.74	5069.09	1522.26	3546.83	1575.65
2010	16037.96	7603.53	5788.85	1661.80	4127.05	1814.68
2011	19669.56	9088.73	6942.88	2059.44	4883.44	2145.85
2012	22154.23	10166.09	7768.35	2285.60	5482.75	2397.74
2013	24621.67	11281.02	8610.74	2459.93	6150.81	2670.28
2014	27037.32	12463.11	9657.14	2727.81	6929.33	2805.97
2015	28902.21	14755.76	11011.49	3301.44	7710.05	3744.27

2-13 续表 2 continued

单位: 亿元 (100 million yuan)

年份 Year	资本形成总额 Gross Capital Formation	固定资本 Fixed Capital	存货增加 Changes in Inventories	货物和服务净流出 Net Export of Goods&Services	资本形成率(投资率)(%) Rate of Capital Formation (%)	最终消费率(消费率)(%) Rate of Final Consumption(%)
1952	1.63	1.24	0.39	1.31	5.9	89.4
1953	2.69	1.93	0.76	1.30	8.9	86.8
1954	3.10	2.41	0.69	0.80	10.2	87.2
1955	5.36	1.93	3.43	0.63	15.0	83.3
1956	5.09	3.28	1.81	0.61	13.4	85.0
1957	7.99	3.81	4.18	3.03	17.7	75.6
1958	18.84	14.06	4.78	0.03	33.7	66.2
1959	24.54	16.43	8.11	0.25	39.6	60.0
1960	21.39	17.98	3.41	4.72	33.4	59.2
1961	3.69	4.62	-0.93	1.57	7.9	88.7
1962	0.89	2.73	-1.84	5.02	1.7	88.5
1963	6.83	3.91	2.92	0.33	14.2	85.1
1964	11.39	8.46	2.93	2.36	19.9	76.0
1965	12.69	9.39	3.30	5.34	19.4	72.4
1966	16.31	11.20	5.11	4.81	22.4	71.0
1967	13.93	9.41	4.52	4.77	18.9	74.6
1968	12.69	7.52	5.17	7.68	16.8	73.1
1969	16.78	10.81	5.97	8.58	20.6	68.8
1970	27.05	18.54	8.51	7.96	29.1	62.4
1971	33.51	22.12	11.39	3.40	33.8	62.8
1972	28.60	18.23	10.37	11.01	26.7	63.0
1973	28.24	19.00	9.24	16.26	24.4	61.6
1974	24.50	19.32	5.18	9.17	22.6	68.9
1975	26.36	21.31	5.05	15.17	22.3	64.9
1976	24.80	19.33	5.47	15.32	20.9	66.2
1977	28.00	17.83	10.17	15.01	21.7	66.7

2-13 续表 3 continued

单位: 亿元 (100 million yuan)

年份 Year	资本形成总额 Gross Capital Formation	固定资本 Fixed Capital	存货增加 Changes in Inventories	货物和服务净流出 Net Export of Goods&Services	资本形成率(投资率)(%) Rate of Capital Formation (%)	最终消费率(消费率)(%) Rate of Final Consumption(%)
1978	42.41	27.68	14.73	3.75	28.9	68.6
1979	41.82	29.81	12.01	17.42	23.5	66.7
1980	40.02	32.76	7.26	14.76	20.9	71.4
1981	41.19	27.95	13.24	12.77	19.6	74.3
1982	50.53	34.07	16.46	7.31	21.7	75.1
1983	56.63	43.89	12.74	5.71	22.0	75.8
1984	59.06	42.15	16.91	10.14	20.6	75.9
1985	92.19	58.14	34.05	-5.35	26.3	75.2
1986	115.02	75.57	39.45	-7.48	28.9	73.0
1987	139.84	91.79	48.05	1.26	29.8	69.9
1988	184.75	114.73	70.02	0.17	31.6	68.3
1989	169.41	83.19	86.22	31.85	26.4	68.6
1990	184.12	122.82	61.30	-4.38	24.7	75.9
1991	224.80	160.49	64.31	-13.43	27.0	74.6
1992	291.04	228.29	62.75	-29.66	29.5	73.5
1993	380.33	330.54	49.79	-21.50	30.6	71.2
1994	462.19	422.61	39.58	-0.72	28.0	72.0
1995	641.80	534.12	107.68	-1.68	30.1	70.0
1996	751.93	678.32	73.61	-1.40	29.6	70.5
1997	858.31	725.73	132.58	15.39	30.1	69.3
1998	919.50	846.37	73.13	16.50	30.4	69.1
1999	963.53	956.10	7.43	-16.39	30.0	70.5
2000	1046.05	1082.00	-35.95	33.67	29.5	69.6
2001	1190.12	1233.17	-43.05	3.39	31.1	68.9
2002	1391.46	1380.89	10.57	5.46	33.5	66.4
2003	1599.06	1613.12	-14.06	14.43	34.3	65.4
2004	2173.55	1978.31	195.24	-83.66	38.5	63.0
2005	2576.17	2520.38	55.79	-6.09	39.1	61.0
2006	3250.48	3159.17	91.31	-170.42	42.3	59.9
2007	4284.22	4194.92	89.30	-119.91	45.4	55.9
2008	5655.36	5571.61	83.75	-89.27	48.9	51.8
2009	6773.35	6666.80	106.55	-358.40	51.9	50.9
2010	8780.76	8568.77	211.99	-346.33	54.7	47.4
2011	10913.43	10487.26	426.17	-332.60	55.5	46.2
2012	12488.84	11990.65	498.19	-500.70	56.4	45.9
2013	14121.63	13693.85	427.78	-780.98	57.4	45.8
2014	15652.18	15139.68	512.50	-1077.97	57.9	46.1
2015	15555.06	15085.00	470.06	-1408.61	53.8	51.1

2-14 最终消费发展速度及指数
Growth Rate and Indices of Final Consumption Expenditure

单位:% (%)

年份 Year	以上年为100 (preceding year=100)					以1952年为100 (1952=100)				
	最终消费 Final Consumption Expenditures	居民消费 Household Consumption	农村居民 Rural Household	城镇居民 Urban Household	政府消费 Government Consumption	最终消费 Final Consumption Expenditures	居民消费 Household Consumption	农村居民 Rural Household	城镇居民 Urban Household	政府消费 Government Consumption
1978	112.5	112.9	111.0	118.7	107.7	258.5	246.2	211.6	490.9	677.9
1979	112.3	110.8	110.3	112.2	131.4	290.3	272.8	233.4	550.8	890.8
1980	108.9	108.5	109.2	106.5	112.8	316.2	296.0	254.8	586.6	1004.8
1981	111.2	111.3	113.0	106.5	109.9	351.6	329.4	288.0	624.8	1104.3
1982	111.8	111.3	113.4	105.0	116.5	393.0	366.6	326.5	656.0	1286.5
1983	107.5	107.7	108.8	104.2	104.7	422.5	394.8	355.3	683.5	1347.0
1984	108.9	108.8	108.3	110.2	110.6	460.1	429.6	384.8	753.3	1489.8
1985	108.3	108.4	107.6	111.3	106.6	498.3	465.7	414.0	838.4	1588.1
1986	104.5	104.5	101.8	113.3	104.3	520.7	486.6	421.5	949.9	1656.4
1987	102.3	102.1	101.2	104.5	104.5	532.7	496.9	426.5	992.6	1730.9
1988	98.3	98.2	95.6	105.4	99.4	523.7	487.9	407.7	1046.2	1720.5
1989	97.7	96.8	97.0	96.2	107.9	511.6	472.3	395.5	1006.5	1856.5
1990	105.9	105.0	101.7	113.8	114.0	541.8	495.9	402.2	1145.4	2116.4
1991	105.4	105.3	104.1	108.0	106.0	571.1	522.2	418.7	1237.0	2243.4
1992	103.9	103.5	101.4	108.3	105.4	593.3	540.5	424.6	1339.7	2364.5
1993	105.5	104.7	100.7	112.2	108.9	625.9	565.9	427.6	1503.1	2574.9
1994	106.1	106.2	100.6	115.5	105.6	664.1	601.0	430.2	1736.1	2719.1
1995	108.6	109.0	105.4	114.2	107.0	721.2	655.1	453.4	1982.6	2909.4
1996	108.6	108.2	113.2	101.5	109.9	783.2	708.8	513.2	2012.3	3197.4
1997	106.7	105.2	100.8	111.7	113.7	835.7	745.7	517.3	2247.7	3635.4
1998	105.7	105.5	103.8	107.7	106.8	883.3	786.7	537.0	2420.8	3882.6
1999	106.7	106.2	99.5	115.1	108.7	942.5	835.5	534.3	2786.3	4220.4
2000	106.7	105.6	98.9	113.2	110.8	1005.6	882.3	528.4	3154.1	4676.2
2001	107.7	106.1	98.3	112.9	113.6	1083.0	936.1	519.4	3561.0	5312.2
2002	104.7	102.3	100.7	103.6	112.8	1133.9	957.6	523.0	3689.2	5992.2
2003	108.8	108.6	100.5	114.5	109.5	1233.7	1040.0	525.6	4224.1	6561.5
2004	110.2	109.9	103.5	114.1	110.9	1359.5	1143.0	544.0	4819.7	7276.7
2005	110.3	111.3	107.3	113.6	107.3	1499.5	1272.2	583.7	5475.2	7807.9
2006	109.6	109.3	103.5	112.7	110.6	1643.5	1390.5	604.1	6170.5	8635.5
2007	112.3	111.6	104.8	115.3	114.6	1845.6	1551.8	633.1	7114.6	9896.3
2008	110.8	109.3	103.7	112.0	115.6	2045.0	1696.1	656.6	7968.4	11440.2
2009	109.8	109.4	104.0	111.8	111.1	2245.4	1855.5	682.8	8908.6	12710.0
2010	110.9	110.8	105.8	112.8	111.2	2490.1	2055.9	722.4	10048.9	14133.5
2011	110.8	111.2	110.2	111.6	109.5	2759.0	2286.2	796.1	11214.6	15476.2
2012	109.6	109.8	108.6	110.3	109.0	3023.9	2510.2	864.6	12369.7	16869.1
2013	108.7	108.8	106.8	109.7	108.1	3287.0	2731.1	923.4	13569.6	18235.5
2014	108.6	110.0	109.3	110.3	103.8	3569.7	3004.2	1009.3	14967.3	18928.4
2015	108.5	108.1	104.7	109.7	109.7	3873.1	3247.6	1056.7	16419.1	20764.5

2-15 居民消费水平
Household Consumption

年份 Year	按当年价计算 At Current Prices			以上年为100 Preceding Year=100			以1952年为100 1952=100		
	居民消费水平(元) Household Consumption Level (yuan)	农村居民 Rural Household	城镇居民 Urban Household	居民消费水平(%) Household Consumption Level (%)	农村居民 Rural Household	城镇居民 Urban Household	居民消费水平(%) Household Consumption Level (%)	农村居民 Rural Household	城镇居民 Urban Household
1978	183	154	427	111.7	110.0	115.4	153.4	134.7	252.9
1979	211	181	454	109.6	110.0	104.5	168.2	148.2	264.3
1980	239	201	523	107.3	108.8	100.1	180.4	161.2	264.6
1981	268	229	552	109.9	112.0	102.4	198.3	180.6	270.9
1982	295	257	567	109.5	111.8	101.7	217.2	201.9	275.5
1983	326	287	603	106.2	107.4	102.4	230.6	216.8	282.1
1984	360	317	650	107.7	108.0	104.3	248.4	234.2	294.3
1985	430	379	751	107.3	107.6	102.9	266.5	252.0	302.8
1986	469	404	866	103.3	101.1	108.9	275.3	254.7	329.8
1987	521	446	969	100.7	100.0	101.6	277.2	254.7	335.0
1988	623	514	1256	96.4	94.2	101.0	267.2	239.9	338.4
1989	660	534	1372	100.0	103.6	91.8	267.2	248.6	310.6
1990	750	611	1533	103.6	100.0	111.9	276.9	248.6	347.6
1991	816	654	1714	104.0	102.9	105.9	288.0	255.8	368.1
1992	942	726	2106	102.7	101.1	104.9	295.8	258.6	386.1
1993	1134	849	2598	103.9	100.8	106.6	307.3	260.7	411.6
1994	1408	1027	3260	105.0	100.8	109.6	322.7	262.8	451.1
1995	1752	1294	3884	107.8	109.0	103.2	347.9	286.5	465.5
1996	2199	1710	4395	113.0	119.9	100.1	393.1	343.5	466.0
1997	2390	1851	4746	105.6	105.7	104.3	415.1	363.1	486.0
1998	2471	1921	4813	104.3	105.6	100.8	432.9	383.4	489.9
1999	2594	1945	5290	104.0	101.3	107.6	450.2	388.4	527.1
2000	3034	1969	5770	103.2	100.8	105.5	464.6	391.5	556.1
2001	3242	2024	6050	107.7	103.0	106.2	500.4	403.2	590.6
2002	3366	2103	6126	103.9	103.9	101.4	519.9	418.9	598.9
2003	3729	2209	6851	109.0	103.0	110.2	566.7	431.5	660.0
2004	4355	2576	7731	109.7	106.0	108.1	621.7	457.4	713.5
2005	4952	2863	8623	109.7	108.7	106.6	682.0	497.2	760.6
2006	5508	3081	9491	107.8	104.7	106.4	735.2	520.6	809.3
2007	6254	3437	10551	111.4	107.6	109.9	819.0	560.1	889.4
2008	7152	3914	11749	109.0	106.4	107.0	892.7	596.0	951.6
2009	7929	4154	13000	108.9	106.1	107.8	972.2	632.3	1025.9
2010	8922	4513	14707	109.1	105.3	109.7	1060.6	665.8	1125.4
2011	10547	5607	16783	109.6	110.5	107.6	1162.5	735.8	1210.9
2012	11740	6382	18060	109.2	111.4	105.7	1269.5	819.7	1279.9
2013	12920	7005	19508	108.1	109.0	105.6	1372.3	893.5	1351.6
2014	14384	7908	21227	109.2	111.2	106.6	1498.5	993.5	1440.8
2015	16289	9785	22770	107.4	107.0	105.7	1609.4	1063.1	1522.9

2-16 支出法地区生产总值构成
Composition of Gross Domestic Product by Expenditure Approach

单位:% (%)

年份 Year	以地区生产总值为100 GDP=100			以最终消费为100 Final Consumption Expenditure=100		以居民消费为100 Household Consumption=100	
	最终消费 Final Consumption Expenditures	资本形成总额 Gross Capital Formation	货物和服务净流出 Net Export of Good and Services	居民消费 Household Consumption Expenditures	政府消费 Government Consumption Expenditures	农村居民 Rural Household	城镇居民 Urban Household
1978	68.6	28.9	2.5	93.2	6.8	75.4	24.6
1979	66.7	23.5	9.8	92.3	7.7	76.0	24.0
1980	71.4	20.9	7.7	91.6	8.4	74.3	25.7
1981	74.3	19.6	6.1	91.7	8.3	75.2	24.8
1982	75.1	21.7	3.2	91.3	8.7	76.5	23.5
1983	75.8	22.0	2.2	91.5	8.5	77.2	22.8
1984	75.9	20.6	3.5	91.4	8.6	76.8	23.2
1985	75.2	26.3	-1.5	91.5	8.5	76.0	24.0
1986	73.0	28.9	-1.9	91.5	8.5	73.9	26.1
1987	69.9	29.8	0.3	91.0	9.0	73.3	26.7
1988	68.3	31.6	0.1	91.3	8.7	70.3	29.7
1989	68.6	26.4	5.0	89.5	10.5	68.8	31.2
1990	75.9	24.7	-0.6	80.6	19.4	69.0	31.0
1991	74.6	27.0	-1.6	80.5	19.5	67.9	32.1
1992	73.5	29.5	-3.0	80.3	19.7	65.1	34.9
1993	71.2	30.6	-1.8	80.1	19.9	61.2	38.8
1994	72.0	28.0	0.0	81.1	18.9	58.7	41.3
1995	70.0	30.1	-0.1	81.4	18.6	56.7	43.3
1996	70.5	29.6	-0.1	81.7	18.3	58.8	41.2
1997	69.3	30.1	0.6	80.3	19.7	56.0	44.0
1998	69.1	30.4	0.5	79.5	20.5	54.5	45.5
1999	70.5	30.0	-0.5	78.9	21.1	50.4	49.6
2000	69.6	29.5	0.9	78.0	22.0	46.7	53.3
2001	68.9	31.1	0.0	76.9	23.1	43.5	56.5
2002	66.4	33.5	0.1	75.3	24.7	42.9	57.1
2003	65.4	34.3	0.3	75.2	24.8	39.8	60.2
2004	63.0	38.5	-1.5	75.5	24.5	38.7	61.3
2005	61.0	39.1	-0.1	76.8	23.2	36.9	63.1
2006	59.9	42.3	-2.2	75.7	24.3	34.8	65.2
2007	55.9	45.4	-1.3	75.3	24.7	33.2	66.8
2008	51.8	48.9	-0.7	76.0	24.0	32.1	67.9
2009	50.9	51.9	-2.8	76.3	23.7	30.0	70.0
2010	47.4	54.7	-2.1	76.1	23.9	28.7	71.3
2011	46.2	55.5	-1.7	76.4	23.6	29.7	70.3
2012	45.9	56.4	-2.3	76.4	23.6	29.4	70.6
2013	45.8	57.4	-3.2	76.3	23.7	28.6	71.4
2014	46.1	57.9	-4.0	77.5	22.5	28.2	71.8
2015	51.1	53.8	-4.9	74.6	25.4	30.0	70.0

2-17 资本形成总额发展速度及指数
Growth Rate and Indices of Gross Capital Formation

单位:% (%)

年份 Year	以上年为100 (Preceding year=100)			以1952年为100 (1952=100)		
	资本形成总额 Gross Capital Formation	固定资本 Fixed Capital	存货增加 Changes in Inventories	资本形成总额 Gross Capital Formation	固定资本 Fixed Capital	存货增加 Changes in Inventories
1952				100.0	100.0	100.0
1955	172.8	84.5	514.0	322.3	170.1	860.5
1960	86.5	106.0	40.0	1351.5	1610.6	762.6
1965	119.4	120.8	114.1	752.8	825.8	631.5
1970	169.6	177.2	149.1	1705.4	1783.3	1751.5
1975	113.5	115.8	99.6	1761.3	2102.2	1014.7
1978	154.2	156.3	148.0	2708.0	2749.5	2992.9
1979	98.0	106.2	75.9	2653.9	2920.0	2270.6
1980	96.1	105.9	58.4	2550.4	3092.3	1327.0
1981	95.8	84.2	176.5	2443.2	2603.7	2342.7
1982	122.7	122.4	123.7	2997.9	3186.9	2898.9
1983	113.5	125.0	75.4	3402.6	3983.6	2186.4
1984	99.6	93.9	130.4	3389.0	3740.6	2850.1
1985	138.0	125.6	185.8	4676.8	4698.2	5295.1
1986	119.7	123.6	110.1	5598.1	5807.0	5828.1
1987	113.7	113.7	113.3	6365.0	6602.6	6602.0
1988	114.1	109.7	127.4	7262.5	7243.0	8409.8
1989	81.2	68.6	113.3	5897.1	4968.7	9525.7
1990	88.1	90.9	86.0	5195.4	4516.6	8192.1
1991	115.4	121.4	103.4	5995.5	5483.2	8470.6
1992	112.3	122.1	89.1	6732.9	6694.9	7547.3
1993	119.8	123.2	91.7	8066.0	8248.1	6920.9
1994	115.3	112.6	144.9	9300.1	9287.4	10028.4
1995	121.6	114.5	182.9	11308.9	10634.1	18341.9
1996	118.1	124.5	83.8	13355.8	13239.5	15370.5
1997	114.2	105.1	187.4	15252.3	13914.7	28804.3
1998	104.1	113.9	60.1	15877.6	15848.8	17311.4
1999	102.0	112.7	11.2	16195.2	17861.6	1938.9
2000	104.3	110.9		16891.6	19808.5	
2001	112.9	113.1		19070.6	22403.4	
2002	116.6	111.6		22236.3	25002.2	
2003	111.7	113.6		24837.9	28402.5	
2004	125.2	116.3		31097.1	33032.1	
2005	116.8	122.1	37.2	36321.4	40332.2	
2006	118.1	117.3	155.0	42895.6	47309.7	
2007	120.9	121.5	100.4	51860.8	57481.2	
2008	118.7	119.8	75.0	61558.7	68862.5	
2009	119.7	119.7	116.6	73685.8	82428.4	
2010	119.3	118.6	166.6	87907.2	97760.1	
2011	114.6	114.0	141.0	100741.6	111446.6	
2012	112.7	112.7	112.8	113535.8	125600.3	
2013	111.3	111.8	92.4	126365.3	140421.1	
2014	110.4	110.2	118.4	139507.3	154744.1	
2015	108.7	109.0	99.7	151644.5	168671.0	

2-18 三次产业对地区生产总值增长的贡献率和拉动
Contribution Share and contribution of the Three strata of industry to the Growth of GDP

本表按不变价格计算 Data in this table are calculated at constant prices

年份 Year	贡献率（%） Contribution Share (%)				拉动（百分点） Contribution (percentage points)				
	第一产业 Primary Industry	第二产业 Secondary Industry	第三产业 Tertiary Industry	# 工业 Industry	地区生产总值 Gross Regional Product	第一产业 Primary Industry	第二产业 Secondary Industry	第三产业 Tertiary Industry	# 工业 Industry
1990	26.3	48.8	24.9	43.5	4.0	1.1	1.9	1.0	1.7
1991	27.5	35.6	36.9	25.2	7.9	2.2	2.8	2.9	2.0
1992	20.6	34.9	44.5	69.2	11.1	2.3	3.9	4.9	7.7
1993	12.8	49.2	37.9	47.4	12.4	1.6	6.1	4.7	5.9
1994	17.4	51.1	31.5	46.8	10.6	1.9	5.4	3.3	5.0
1995	20.6	48.1	31.3	42.6	10.3	2.1	5.0	3.2	4.4
1996	16.2	51.1	32.7	47.0	12.1	2.0	6.2	3.9	5.7
1997	17.2	49.1	33.6	47.4	10.6	1.8	5.2	3.6	5.0
1998	3.2	54.6	42.2	48.2	8.5	0.3	4.6	3.6	4.1
1999	10.6	45.9	43.6	40.2	8.4	0.9	3.8	3.7	3.4
2000	11.1	49.2	39.8	43.8	9.0	1.0	4.4	3.6	3.9
2001	9.8	41.4	48.8	33.8	9.0	0.9	3.7	4.4	3.0
2002	6.1	44.7	49.2	38.2	9.0	0.6	4.0	4.4	3.4
2003	1.7	52.1	46.2	44.8	9.6	0.2	5.0	4.4	4.3
2004	11.2	51.6	37.1	43.1	12.1	1.4	6.2	4.5	5.2
2005	7.3	41.8	50.9	37.2	12.2	0.9	5.1	6.2	4.5
2006	6.2	53.0	40.8	47.5	12.8	0.8	6.8	5.2	6.1
2007	4.0	50.8	45.2	45.6	15.0	0.6	7.6	6.8	6.8
2008	5.3	46.3	48.5	41.7	13.9	0.7	6.4	6.8	5.8
2009	4.7	58.9	36.4	49.8	13.7	0.6	8.1	5.0	6.8
2010	3.5	61.9	34.6	55.8	14.6	0.5	9.0	5.1	8.1
2011	4.8	61.0	34.2	56.1	12.8	0.6	7.8	4.4	7.2
2012	3.6	54.0	42.4	49.6	11.3	0.4	6.1	0.6	0.0
2013	3.3	51.9	44.8	46.4	10.1	0.3	5.3	4.5	4.7
2014	5.3	47.7	47.0	41.4	9.5	0.5	4.5	4.5	3.9
2015	4.5	41.6	53.9	36.4	8.5	0.4	3.5	4.6	3.1

2-19 三大需求对地区生产总值增长的贡献率和拉动
Contribution share and contribution of the Three Components of GDP to the Growth of GDP

本表按不变价格计算 Data in this table are calculated at constant prices

年份 Year	最终消费支出 Final Consumption Expenditure		资本形成总额 Gross Capital Formation		货物和服务净流出 Net Exports of Goods and Services	
	贡献率（%） Contribution Share (%)	拉动（百分点） Contribution (percentage points)	贡献率（%） Contribution Share (%)	拉动（百分点） Contribution (percentage points)	贡献率（%） Contribution Share (%)	拉动（百分点） Contribution (percentage points)
2000	68.7	6.2	23.1	2.1	8.2	0.7
2001	56.3	5.0	43.1	3.9	0.6	0.1
2002	53.2	4.8	46.3	4.2	0.5	
2003	47.0	4.5	52.8	5.1	0.2	
2004	41.9	5.1	59.6	7.2	-1.5	-0.2
2005	54.8	6.7	51.3	6.2	-6.1	-0.7
2006	45.8	5.9	55.1	7.0	-0.9	-0.1
2007	48.6	7.3	56.7	8.5	-5.3	-0.8
2008	44.8	6.2	57.6	8.0	-2.4	-0.3
2009	40.2	5.5	64.0	8.8	-4.2	-0.6
2010	40.3	5.9	62.0	9.1	-2.3	-0.4
2011	40.0	5.1	62.8	8.0	-2.8	-0.3
2012	39.8	4.5	62.7	7.1	-2.5	-0.3
2013	39.6	4.0	63.0	6.4	-2.6	-0.3
2014	41.1	3.9	62.5	5.9	-3.6	-0.3
2015	47.6	4.0	56.2	4.8	-3.8	-0.3

主要统计指标解释

国内生产总值（GDP） 指一个国家（或地区）所有常住单位在一定时期内生产活动的最终成果。

国内生产总值有三种表现形态，即价值形态、收入形态和产品形态。

从价值形态看，它是所有常住单位在一定时期内生产的全部货物和服务价值超过同期中间投入的全部非固定资产货物和服务价值的差额，即所有常住单位的增加值之和；

从收入形态看，它是所有常住单位在一定时期内创造并分配给常住单位和非常住单位的初次收入分配之和；

从产品形态看，它是所有常住单位在一定时期内最终使用的货物和服务价值与货物和服务净出口价值之和。

在实际核算中，国内生产总值有三种计算方法，即生产法、收入法和支出法。三种方法分别从不同的方面反映国内生产总值及其构成。

①生产法 是从生产过程中生产的货物和服务总产品价值入手，剔除生产过程中投入的中间产品的价值，得到增加价值的一种方法，公式为：

增加值＝总产出－中间投入

总产出 是一定时期内一个国家（或地区）常住单位生产的所有货物和服务的价值。既包括新增价值，也包括转移价值。

中间投入 是常住单位在生产或提供货物与服务过程中，消耗和使用的所有非固定资产货物和服务的价值。中间投入也称为中间消耗。

增加值 是指常住单位生产过程创造的新增价值和固定资产的转移价值。按生产法计算它等于总产出减去中间投入。

②收入法 收入法也称分配法，按收入法计算国内生产总值是从生产过程创造收入的角度，对常住单位的生产活动成果进行核算。按照这种计算方法，增加值由劳动者报酬、生产税净额、固定资产折旧和营业盈余四个部分组成。

用公式表示为：

增加值＝劳动者报酬+生产税净额+固定资产折旧+营业盈余

国民经济各部门的增加值之和等于国内生产总值。

劳动者报酬 指劳动者因从事生产活动所获得的全部报酬。它包括劳动者获得的各种形式工资、奖金和津贴，既包括货币形式的，也包括实物形式的，它还包括劳动者所享受的公费医疗和医疗卫生费、上下班交通补贴和单位直接支付的社会保险费等。

生产税净额 生产税减生产补贴后的差额。

生产税指政府对生产单位生产、销售和从事经营活动以及因从事生产活动使用某些生产要素，如固定资产、土地、劳动力所征收的各种税、附加费和规费。具体包括销售税金及附加、增值税、管理费中开支的各种税、应交纳的养路费、排污费和水电费附加、烟酒专卖上缴政府的专项收入等。

生产补贴与生产税相反，是政府对生产单位的单方面收入转移，因此视为负生产税处理，包括政策亏损补贴、粮食系统价格补贴、外贸企业出口退税收入等。

固定资产折旧 指一定时期内为弥补固定资产损耗按照核定的固定资产折旧率提取的固定资产折旧，或按国民经济核算统一规定的折旧率虚拟计算的固定资产折旧。它反映了固定资产在当期生产中的转移价值。各种类型企业和企业化管理的事业单位的固定资产折旧指实际计提并计入成本费用中的折旧费；不计提折旧的单位，如政府机关、非企业化管理的事业单位和居民住房的固定资产折旧则是按照统一规定的折旧率和固定资产原值计算的虚拟折旧。

营业盈余 是指常住单位创造的增加值扣除劳动者报酬、生产税净额和固定资产折旧后的余额。它相当于企业的营业利润加上生产补贴，但要扣除从利润中开支的工资和福利等。

③支出法 支出法是从最终使用角度来反映国内生产总值最终去向的一种方法。最终使用包括货物和服务的最终消费支出、资本形成总额、货物和服务净出口三部分。

最终消费 指常住单位在一定时期内对于货物和服务的全部最终消费支出，也就是常住单位为满足物质、文化和精神生活的需要，从本国经济领土和国外购买的货物和服务的支出；不包括非常住单位在本国经济领土内的消费支出。最终消费分为居民消费和政府消费。

居民消费 指常住住户对货物和服务的全部最终消费支出。居民消费按市场价格计算，即按居民支付的购买者价格计算。购买者价格是购买者取得货物所支付的价值，包括购买者支付的运输和商业费用。

居民消费除了直接以货币形式购买货物和服务的消费之外，还包括以其他方式获得的货物和服务的消费支出，即所谓的虚拟消费支出。居民虚拟消费支出包括以下几种类型：单位以实物报酬及实物转移的形式提供给劳动者的货物和服务；住户生产并由本住户消费的货物和服务，其中的服务仅指住户的自有住房服务；金融机构提供的金融媒介服务；保险公司提供的保险服务。

政府消费 指政府部门为全社会提供公共服务的消费支出和免费或以较低价格向住户提供的货物和服务的净支出。前者等于政府服务的产出价值减去政府单位所获得的经营收入的价值，政府服务的产出价值等于它的经常性业务支出加上固定资产折旧；后者等于政府部门免费或以较低价格向住户提供的货物和服务的市场价值减去向住户收取的价值。

资本形成总额 指常住单位在一定时期内获得减去处置的固定资产和存货的净额，包括固定资本形成总额和存货增加两部分。

固定资本形成总额 指常住单位购置、转入和自产自用的固定资产价值，扣除销售和转出的价值，包括有形固定资产形成总额和无形固定资产形成总额。有形固定资产形成总额包括一定时期内完成的建筑工程、安装工程和设备工器具购置（减处置）价值，商品房销售增值，土地改良形成的固定资产，新增役、种、奶、毛、娱乐用牲畜和新增经济林木价值。无形固定资产形成总额包括矿藏勘探、计算机软件、娱乐和文学艺术品原件等获得减处置的价值。

存货增加 指常住单位存货实物量变动的市场价值，即期末价值减期初价值的差额。存货增加可以是正值，也可以是负值；正值表示存货上升，负值表示存货下降。它包括生产单位购进的原材料、燃料和储备物资等存货，以及生产单位生产的产成品、在制品等存货等。

货物和服务净流出 指货物和服务流出减货物和服务流入的差额。流出包括常驻单位向非常住单位出售或无偿转让的各种货物和服务的价值。流入包括常住单位从非常住单位购买或无偿得到的各种货物和服务价值。地区核算净流出，除包括本地区对外贸易及国外非贸易往来的净出口额，还包括地区间货物和服务流出减流入的净额。

三次产业 是根据社会生产活动历史发展的顺序对产业结构的划分，产品直接取自自然界的部门称为第一产业，对初级产品进行再加工的部门称为第二产业，为生产和消费提供各种服务的部门称为第三产业。它是世界上较为通用的产业结构分类，但各国的划分不尽一致。

按照国民经济行业分类标准（GB/T 4754-2002）和我国的实际情况，我国的三次产业划分是：

第一产业 农林牧渔业（包括农业、林业、畜牧业、渔业、农林牧渔服务业）。

第二产业 工业（包括采掘业，制造业，电力、煤气及水的生产和供应业）和建筑业。

第三产业 除第一、第二产业以外的其他各业。由于第三产业包括的行业多、范围广，根据我国的实际情况，第三产业分为十五个门类。具体为：

交通运输、仓储和邮政业，信息传输、计算机服务和软件业，批发和零售业，住宿和餐饮业，金融业，房地产业，租赁和商务服务业，科学研究、技术服务和地质勘查业，水利、环境和公共设施管理业，居民服务和其他服务业，教育，卫生、社会保障和社会福利业，文化、体育和娱乐业，公共管理和社会组织，国际组织。

当年价格 指报告期的实际价格，如工业品的出厂价格，农产品的收购价格，商业的零售价格等。按当年价格计算，是指一些以货币表现的物量指标，如工农业总产值、国内生产总值等，按照当年的实际价格来计算总量。使用当年价格计算的数字，是为了使国民经济各项指标互相衔接，便于考察当年社会经济效益，便于对生产流通、生产和分配、生产和消费进行经济核算和综合平衡。

按当年价格计算的价值指标，在不同年份之间进行对比时，因为包含有各年间价格变动的因素，不能确切地反映实物量的增减变动。必须消除价格变动因素后，才能真实反映经济发展动态。因此，在计算增长速度时都使用按可比价格计算的数字。

可比价格 指计算各种总量指标所采用的扣除了价格变动因素的价格，可进行不同时期总量指标的对比。按可比价格计算总量指标有两种方法：一种是直接用产品产量乘某一年的不变价格计算；另一种是用价格指数进行换算。

Explanatory Notes on Main Statistical Indicators

Gross Domestic Product refers to the final products at market prices produced by all residents in a country (or a region) during a certain period of time.

Gross domestic product is expressed in three different forms, i.e. value, income, and products respectively.

GDP in its value form refers to the total value of all goods and services produced by all resident units during a certain period of time, minus the total value of input of goods of non-fixed assets and services; in other term, it is the sum of the value-added of all resident units.

GDP in the form of income includes the income created by all resident units and distributed to resident and non-resident units.

GDP in the form of products refers to the value of all goods and services for final consumption by all resident units minus the net exports of goods and services during a given period of time.

In the practice of national accounting, gross domestic product is calculated with three approaches, i.e. production approach, income approach and expenditure approach, which reflect gross domestic product and its composition from different aspects.

Production Approach focuses on the total value of goods and services produced in production activities. GDP by Production Approach equals the value of total output minus that of input consumed in production process.

GDP by Production Approach = gross output — intermediate input

Gross Output refers to the total value of goods and service produced by all residents in a given period,including newly-produced goods and service, and intermediate input.

Intermediate Input refers to non-fixed assets and paid service consumed during production process when goods and service are produced. Intermediate input is also called intermediate consumption.

Value-added refers to the value of newly-produced goods and service and that of consumed fixed assets. By production approach, it equals gross output minus intermediate input.

Income Approach (also known as distribution approach): refers to the method measuring the final results of production activities o from the perspective of income made by all residents. GDP of income approach includes laborers' remuneration,net taxed on production, depreciation of fixed assets and operating surplus.

GDP by income approach = laborers' remuneration+ net taxed on production+depreciation of fixed assets+operating surplus.

The sum of value added made by different industries is GDP.

Laborers' Remuneration refers to the whole payment of various forms earned by the laborers' from the productive activities they are engaged in. It includes wages, bonuses and allowances the laborers' earned in monetary form and in kind. It also includes the free medical services provided to the laborers' and the medicine expenses, traffic subsidies and social insurance, housing fund paid by the employers.

Net Taxes on Production refers to the difference of the taxes on production minus the subsidies on production.

Taxes on production refers to the various taxes, extra charges and fees levied on the production units on their production, sale and business activities as well as on the use of some factors of production, such as fixed assets, land and labor force in the production activities they are engaged in.

In contrast to the taxes on production, the subsidies on production refer to the unilateral government transfer to the production units and are therefore regarded as negative taxes on production.They include subsidies on the loss due to implementation of government policies, price subsidies, etc.

Depreciation of Fixed Assets refers to the depreciation of fixed assets of a given period, drawn in accordance with the stipulated depreciation rate for the purpose of compensating the wear loss of the fixed assets or the depreciation of fixed assets calculated in a fictitious way in accordance with the stipulated unified depreciation rate in the national economic accounting system. It reflects the value of transfer of the fixed assets in the production of the current period. The depreciation of fixed assets in various enterprises and institutions managed as enterprises refers to the depreciation expenses actually drawn. In government agencies and institutions not managed as enterprises which do not draw the depreciation expenses, as well as for the houses of residents, the depreciation of fixed assets is the imputed depreciation, which is calculated in accordance with the stipulated unified depreciation rate. In principle, the depreciation of fixed assets should be calculated on the basis of the re-purchased value of the fixed assets.

Operating Surplus refers to the balance of the value added created by the resident units deducting the laborers' remuneration, net taxes on production and the depreciation of fixed assets. It is equivalent to the business profit of the enterprises plus subsidies on production, but the wages and welfare expenses paid from the profits should be deducted.

GDP by Expenditure Approach refers to the method of measuring the final results of production activities of a country (region) during a given period from the perspective of final use. It includes final consumption expenditure, total capital formation and net export of goods and services.

Final Consumption Expenditure refers to the total expenditure on goods and services in a given period, which means the total expenditure of resident units for purchases of goods and services from domestic economic territory and abroad to meet the requirements of material, cultural and spiritual life. It excludes the expenditure of non-resident units on consumption in the economic territory of the country. The final consumption expenditure is broken down into household consumption expenditure and government consumption expenditure.

Household consumption refers to the consumption expenditure made by household on goods and services. It is calculated at market price which is the purchasers'price. Purchasers'price means the money the purchasers paid for goods, including transportation fees and operating fees.

In addition to the consumption of goods and services bought by the households directly with money, the households consumption expenditure also includes expenditure on goods and services obtained by the households in other ways, i.e. the so-called imputed consumption expenditure, which includes the following: (a) the goods and services provided to the households by the employer in the form of payment in kind and transfer in kind; (b) goods and services produced and consumed by the households themselves, in which the services refer only to the owner-occupied housing and domestic and individual services provided by the paid household workers; (c) financial intermediate services provided by financial institutions; (d) insurance services provided by insurance companies.

Government Consumption Expenditure refers to the expenditure on the consumption of the public services provided by the government to the whole society and the net expenditure on the goods and services provided by the government to the households free of charge or at low prices. The former equals to the output value of the government services minus the value of operating income obtained by the government departments. The latter equals to the market value of the goods and services provided by the government free of charge or at low prices to the households minus the value received by the government from the households.

Total Capital Formation refers to the fixed assets acquired minus those disposed of and the net value of inventory, including the total fixed capital formation and the increase in inventory.

Total Fixed Capital Formation refers to the value of fixed assets acquired minus those disposed of during a given period. Fixed assets are the assets produced through production activities with specified unit value which could be used for over one year, excluding natural assets. Total fixed capital formation can be categorized into total tangible capital formation and total intangible capital formation. The total tangible capital formation include the value of the construction projects, installation projects completed and the equipment,apparatus and instruments purchased as well as the value of land improved, the value of draught animals, breeding stock, animals for milk, wool and for recreational purpose, and the newly increased forest with economic value during a given period. The total intangible capital formation includes the prospecting of minerals, the acquisition of computer software, artisticworks artistic minus the disposal of them.

Increase in Inventory refers to the market value of the change in inventory of resident units during a given period, i.e. the difference of value between the beginning and the end of the period minus the current gains due to the change in prices. The increase in inventory can be positive or negative. A positive value indicates the increase in inventory while a negative value indicates the decrease in stock. The inventory includes the raw materials, fuels and reserve materials purchased by the production units as well as the inventory of finished products, semi-finished products, work-in-progress, etc.

Net exports of goods and services is the value of exports minus the value of imports. Exports consists of the nonresident units' various goods and services sold or transferred without compensation from the resident units. Imports consists of resident units' various goods and services bought or got without compensation from he nonresident units. Area accounting net exports, comes from including local foreign trade and foreign nontrade , also comes from net exports between regions .

Three Industries: Classification of economic activities into three branches of industries is based on the development of production. Primary industry refers to the production activities that obtain products from nature. Secondary industry refers to the production activities that process primary goods. Tertiary industry refers to the production activities that provide primary and secondary industries with services. Classification of economic activities into three branches of industries is a common practice in the world, although the grouping varies to some extent from country to country. According to the new

Industrial Classification of National Economy (GB/T 4754-2002), economic activities are categorized into following industries:

Primary industry refers to agriculture, forestry, animal husbandry and fishery.

Secondary Industry refers to mining and quarrying, manufacturing, production and supply of electricity, water and gas, and construction.

Tertiary industry refers to all other economic activities not included in primary or secondary industry.According to the economic condition in China, tertiary industry includes Transport, Storage and Post, Information Transmission, Computer Services and Software, Wholesale and Retail Trades, Hotels and Catering Services, Financial Intermediation, Real Estate, Leasing and Business Services, Scientific Research, Technical Services and Geologic Prospecting,Management of Water Conservancy, Environment and Public Facilities, Services to Households and Other Services,Education, Health, Social Security and Social Welfare, Culture, Sports and Entertainment, Public Management and Social Organizations, and International Organizations.

Current Price refers to the actual price during the reporting period, such as Ex-factory Price of Industrial Products, purchasing price of agricultural produces and retail price. Some indicators calculatedat current price are volume indicators in the value form, such as total value of output of industrial and agricultural industries and GDP, etc. Data calculated at current price are useful when it comes to evaluating the economic development and analyzing different aspects of economy, such as production, circulation,distribution and consumption.

When the different indicators calculated at current price are compared, it is in evitable that price changes will affect the comparison. Therefore, the change in volume cannot be showed. In order to eliminate the effect of price and reflect economic development, growth rate is calculated at current price.

Constant Price refers to the price without the effect of price change. By using constant price, total amount indices of different periods can be compared. There are two methods in which total amount indices are obtained, one using current price of some year to multiply the physical volume of certain products and the other using price index.

人　口

3

Population

资料整理人员：赵　宏

3-1 户籍人口数
Household population

年份 Year	总户数 (万户) Households (10 000 households)	总人口 (万人) Total Population (10 000 persons)	男 Male	女 Female	市镇 Urban	乡村 Rural
1949	689.40	2986.83	1558.45	1428.38	235.95	2750.88
1950	683.75	3074.34	1601.97	1472.37	245.79	2828.55
1951	743.32	3190.67	1664.24	1526.43	255.57	2935.10
1952	830.46	3271.20	1707.79	1563.41	259.08	3012.12
1953	836.11	3349.70	1751.22	1598.48	260.55	3089.15
1954	844.34	3429.02	1807.89	1621.13	277.21	3151.81
1955	855.56	3472.83	1831.58	1641.25	327.94	3144.89
1956	870.53	3507.43	1836.26	1671.17	329.02	3178.41
1957	883.15	3603.24	1887.55	1715.69	314.67	3288.57
1958	881.54	3672.72	1919.61	1753.11	352.78	3319.94
1959	874.96	3691.95	1933.47	1758.48	494.52	3197.43
1960	891.98	3569.37	1857.07	1712.30	404.63	3164.74
1961	932.08	3507.98	1819.55	1688.43	477.73	3030.25
1962	928.07	3600.26	1870.89	1729.37	384.66	3215.60
1963	920.52	3715.20	1926.81	1788.39	375.34	3339.86
1964	920.20	3785.13	1965.75	1819.38	429.54	3355.59
1965	934.09	3901.47	2022.78	1878.69	405.64	3495.83
1966	939.30	4009.65	2079.48	1930.17	411.87	3597.78
1967	953.11	4122.56	2138.25	1984.31	429.40	3693.16
1968	967.12	4238.65	2198.68	2039.97	446.93	3791.72
1969	981.34	4358.01	2260.82	2097.19	464.46	3893.55
1970	995.77	4480.76	2324.73	2156.03	481.97	3998.79
1971	1044.49	4598.27	2384.91	2213.36	470.86	4127.41
1972	1055.62	4700.56	2438.55	2262.01	489.75	4210.81
1973	1069.65	4809.79	2497.79	2312.00	506.49	4303.30
1974	1082.86	4900.86	2545.64	2355.22	522.34	4378.52
1975	1102.82	4991.36	2594.18	2397.18	531.82	4459.54

注:1995年以前的人口数均为年报数；2000年和2010年的人口数根据人口普查有关数据推算，其余各年人口数均根据人口变动抽样调查资料推算。2015年起，为公安户籍统计数据。

The data on the total population are collected from the year-reports before 1995. The data on the total population in 2000 and 2010 are collected from population surveys. The data of other years are estimated on the basis of the data collected from the sample surveys on population changes. Since 2015, data of population at the year-end were provied by Public Security Bureau.

3-1 续表 continued

年份 Year	总户数（万户） Households (10 000 households)	总人口（万人） Total Population (10 000 persons)	男 Male	女 Female	市镇 Urban	乡村 Rural
1976	1125.37	5056.81	2629.85	2426.96	544.71	4512.10
1977	1149.83	5111.83	2657.88	2453.95	561.21	4550.62
1978	1167.53	5165.91	2684.80	2481.11	593.86	4572.05
1979	1184.84	5223.05	2712.32	2510.73	639.60	4583.45
1980	1197.88	5280.95	2740.40	2540.55	671.05	4609.90
1981	1228.84	5360.05	2783.12	2576.93	694.72	4665.33
1982	1251.33	5452.12	2831.03	2621.09	774.75	4677.37
1983	1273.06	5509.43	2864.09	2645.34	794.46	4714.97
1984	1299.34	5561.32	2893.92	2667.40	857.56	4703.76
1985	1334.54	5622.49	2928.44	2694.05	915.90	4706.59
1986	1407.45	5695.73	2966.85	2728.88	963.15	4732.58
1987	1485.85	5782.61	3012.59	2770.02	1003.28	4779.33
1988	1562.45	5915.68	3079.65	2836.03	1044.12	4871.56
1989	1623.00	6013.62	3130.76	2882.86	1049.25	4964.37
1990	1661.65	6110.89	3178.31	2932.58	1072.46	5038.43
1991	1697.69	6166.33	3208.42	2957.91	1147.86	5018.47
1992	1725.72	6207.78	3231.73	2976.05	1217.74	4990.04
1993	1745.47	6245.58	3249.20	2996.38	1205.95	5039.63
1994	1765.67	6302.58	3279.07	3023.51	1356.56	4946.02
1995	1796.19	6392.00	3322.27	3069.73	1550.99	4841.01
1996	1799.97	6428.00	3339.25	3088.75	1606.95	4821.05
1997	1798.83	6465.00	3356.43	3108.57	1629.00	4836.00
1998	1809.00	6502.00	3374.33	3127.67	1684.00	4818.00
1999	1814.64	6532.00	3389.32	3142.68	1724.00	4808.00
2000	1874.87	6562.05	3422.77	3139.28	1952.21	4609.84
2001	1884.47	6595.85	3409.72	3186.13	2031.52	4564.33
2002	1899.30	6628.50	3433.56	3194.94	2121.12	4507.38
2003	1929.59	6662.80	3453.33	3209.47	2232.04	4430.76
2004	1991.34	6697.70	3470.75	3226.95	2377.68	4320.02
2005	2031.01	6732.10	3490.59	3241.51	2490.88	4241.22
2006	2048.17	6768.10	3513.35	3254.75	2619.93	4148.17
2007	2085.91	6805.70	3533.87	3271.83	2752.91	4052.79
2008	2113.88	6845.20	3549.30	3295.90	2885.25	3959.95
2009	2126.05	6900.20	3583.24	3316.96	2980.89	3919.31
2010	2152.90	7089.53	3674.49	3415.04	3069.77	4019.76
2011	2186.60	7135.60	3699.10	3436.50	3218.16	3917.44
2012	2224.69	7179.87	3725.63	3454.24	3349.41	3830.46
2013	2286.57	7147.28	3712.32	3434.96	3427.84	3719.44
2014	2313.58	7202.29	3740.97	3461.32	3549.29	3653.00
2015	2330.12	7242.02	3761.09	3480.93	2037.29	5204.73

3-2 人口出生率、死亡率、自然增长率
Birth Rate, Death Rate and Natural Growth Rate of Population

年份 Year	出生率 (‰) Birth Rate (‰)	死亡率 (‰) Death Rate (‰)	自然增长率 (‰) Natural Growth Rate (‰)	出生人口数 （万人） Population of Birth (10000 persons)	死亡人口数 （万人） Population of Death (10000 persons)	自然增长人数 （万人） Population of Natural Growth (10000 persons)
1950	37.00	20.00	17.00	112.13	60.61	51.52
1951	37.00	19.00	18.00	115.90	59.52	56.39
1952	37.00	19.00	18.00	119.54	61.39	58.16
1953	36.00	17.00	19.00	119.18	56.28	62.90
1954	37.85	17.54	20.31	128.29	59.45	68.84
1955	31.10	16.36	14.74	107.32	56.46	50.87
1956	29.59	11.51	18.08	103.27	40.17	63.10
1957	33.47	10.41	23.06	119.00	37.01	81.99
1958	29.96	11.65	18.32	108.99	42.38	66.61
1959	24.00	12.99	11.00	88.38	47.83	40.54
1960	19.49	29.42	-9.93	70.76	106.81	-36.05
1961	12.51	17.48	-4.97	44.27	61.86	-17.59
1962	41.40	10.23	31.16	147.14	36.36	110.78
1963	47.29	10.26	37.03	172.97	37.53	135.45
1964	42.20	12.88	29.31	158.26	48.30	109.95
1965	42.25	11.19	31.06	162.38	43.01	119.37
1966	37.23	10.15	27.08	147.27	40.15	107.12
1967	35.61	9.89	25.72	144.79	40.21	104.58
1968	33.99	9.63	24.36	142.10	40.26	101.84
1969	32.37	9.37	23.00	139.14	40.28	98.86
1970	30.75	9.11	21.64	135.90	40.26	95.64
1971	29.13	8.86	20.26	132.24	40.22	92.02
1972	29.93	9.01	20.91	139.16	41.89	97.27
1973	29.21	8.05	21.15	138.90	38.28	100.62
1974	27.11	8.67	18.44	131.63	42.10	89.53
1975	25.04	8.34	16.70	123.85	41.25	82.60
1976	20.07	7.70	12.36	100.83	38.69	62.15
1977	18.61	7.79	10.82	94.62	39.61	55.01
1978	17.40	7.01	10.39	89.42	36.02	53.39
1979	17.84	7.12	10.72	92.67	36.98	55.68
1980	17.68	6.88	10.80	92.86	36.13	56.72

3-2 续表 continued

年份 Year	出生率 (‰) Birth Rate (‰)	死亡率 (‰) Death Rate (‰)	自然增长率 (‰) Natural Growth Rate (‰)	出生人口数 （万人） Population of Birth (10000 persons)	死亡人口数 （万人） Population of Death (10000 persons)	自然增长人数 （万人） Population of Natural Growth (10000 persons)
1981	21.11	7.03	14.08	112.32	37.40	74.91
1982	21.98	6.77	15.21	118.83	36.60	82.23
1983	16.48	6.79	9.69	90.32	37.21	53.11
1984	16.66	7.20	9.46	92.22	39.85	52.36
1985	18.16	6.47	11.69	101.55	36.18	65.37
1986	19.90	6.30	13.60	112.62	35.65	76.96
1987	23.62	7.07	16.55	135.56	40.58	94.98
1988	23.32	6.82	16.50	136.40	39.89	96.51
1989	22.91	7.07	15.84	136.65	42.17	94.48
1990	23.93	7.23	16.70	145.07	43.83	101.24
1991	20.50	7.30	13.20	125.84	44.81	81.03
1992	16.70	7.30	9.40	103.32	45.17	58.16
1993	14.08	7.13	6.95	87.67	44.40	43.28
1994	13.88	7.03	6.85	87.08	44.11	42.98
1995	13.02	7.15	5.87	82.64	45.38	37.26
1996	12.81	7.20	5.61	82.11	46.15	35.96
1997	12.59	6.99	5.60	81.16	45.06	36.10
1998	12.31	7.10	5.21	79.81	46.03	33.78
1999	11.72	7.12	4.60	76.38	46.40	29.98
2000	11.45	6.79	4.66	74.96	44.45	30.51
2001	11.80	6.72	5.08	77.63	44.21	33.42
2002	11.56	6.70	4.86	76.44	44.30	32.14
2003	11.82	6.87	4.95	78.55	45.66	32.90
2004	11.89	6.80	5.09	79.43	45.43	34.00
2005	11.90	6.75	5.15	79.91	45.33	34.58
2006	11.92	6.73	5.19	80.46	45.43	35.03
2007	11.96	6.71	5.25	81.17	45.54	35.63
2008	12.68	7.28	5.40	86.55	49.69	36.86
2009	13.05	6.94	6.11	89.69	47.70	41.99
2010	13.10	6.70	6.40	91.63	46.87	44.77
2011	13.35	6.80	6.55	94.95	48.37	46.59
2012	13.58	7.01	6.57	97.20	50.17	47.03
2013	13.50	6.96	6.54	96.71	49.86	46.85
2014	13.52	6.89	6.63	90.77	46.26	44.51
2015	13.58	6.86	6.72	91.80	46.37	45.43

3-3 第1-4次全国人口普查基本情况
Basic Statistics on National Population of 1st-4th Censuses

单位：万人 (10 000 persons)

指 标	Item	第一次 1953 First	第二次 1964 Second	第三次 1982 Third	第四次 1990 Fourth
总户数(万户)	**Total Households (10 000 households)**	**836.11**	**916.20**	**1233.88**	**1573.79**
家庭户	Family Households			1227.89	1564.88
集体户	Non-Family Households			5.99	8.91
总人口	**Total Population**	**3322.69**	**3718.23**	**5401.05**	**6065.80**
男性人口	Male	1752.64	1931.70	2805.23	3149.76
女性人口	Female	1570.05	1786.53	2595.82	2916.04
#育龄妇女(15—49岁)	#Women at Childbearing Age (Age 15-49)	750.73	819.43	1301.08	1607.99
各年龄组人口	**Population by Age**				
0—6岁	Age 0-6	669.02	706.05	701.81	869.47
7—14岁	Age 7-14	519.19	768.91	1131.16	826.93
劳动年龄人口	Population within Working Age	1720.75	1878.68	2936.91	3618.26
男60、女55岁以上人口	Males Age 60 and Females Age 55 and Over	319.57	285.00	503.39	628.16
民族人口	**Population by Nationality**				
汉族	Han Nationality	3254.67	3589.80	5180.92	5583.42
少数民族	Minority Nationalities	68.02	128.43	220.13	482.38
15岁以上婚姻人口	**Marital Status of Population Aged 15 and Over**				
未婚	Unmarried			1009.86	1099.89
有配偶	Married			2271.76	2963.86
丧偶	Widowed			262.16	278.87
离婚	Divorced			24.31	26.77
6岁以上文化程度人口	**Population Aged 6 and Over by Educational Level**				
大学本科	University		9.77	24.56	20.72
大学专科	Three Years College				48.27
中专	Specialized Secondary School		40.99	353.64	81.82
高中	Senior Secondary School				404.79
初中	Junior Secondary School		160.27	932.53	1370.42
小学	Primary School		1256.03	2325.78	2552.16
不识字或识字很少	Illiterate and Semi-Illiterate		1255.57	1173.52	822.76
#文盲、半文盲人口	#Illiterate and Semi-Illiterate Aged 15 and Over		1255.57	943.97	742.56
在业人口	**Employed Population**			**2827.75**	**3489.74**
不在业人口	**Unemployed Population**			**740.34**	**879.65**
市镇县人口	**Population of Cities,Towns and Counties**				
市	Cities	134.97	161.31	507.43	765.62
镇	Towns	157.57	160.79	260.00	328.20
县	Counties	3030.15	3396.13	4633.62	4971.98

注：1.劳动年龄人口指男16-59岁,女16-54岁人口。

2.各年龄组人口缺15岁人口和年龄不详人口,加总不等于总人口。

3.由于四次普查所设指标不同,故此表空栏处均表示该年度普查无此调查项目。

4.1964年人口普查时,6-12岁不在校儿童没有调查其相当的文化程度,故各项文化程度人口加总不等于6周岁及以上人口数。

a. Working age range refers to 16-59 years for men and 16-54 years for women.

b. The sum of the population of the age group is not equal to the total population, because the population aged 15 is not shown and there is population whose true age is unknown.

c. Since the quota in the four population censuses were set differently, the blank space indicates the absence of this item of the year.

d. Data in 1964 excludes the children in school aged from 6-12, thus the sum of the population at all education levels does not equal to the population aged above six.

3-4 第五次全国人口普查基本情况
Basic Statistics on National Population of Fifth Censuses

指 标		Item		数量 Volume
总户数	**（万户）**	**Number of Households**	**(10 000 households)**	**1800.38**
家庭户		Family Households		1766.21
集体户		Non-Family Households		34.17
总人口	**（万人）**	**Total Population**	**(10 000 persons)**	**6327.42**
家庭户人口		Population of Family Households		6106.15
集体户人口		Population of Non-Family Households		221.27
平均家庭户规模	**（人/户）**	**Average Family Size**	**(person/household)**	**3.46**
总人口中：男性人口	（万人）	**In Total:** Male	(10 000 persons)	3299.37
女性人口	（万人）	Female	(10 000 persons)	3028.05
性别比		Sex Ratio		108.96
总人口中：汉族人口	（万人）	**In Total:** Han Nationality	(10 000 persons)	5686.35
少数民族人口	（万人）	Minority Nationalities	(10 000 persons)	641.07
少数民族人口比重	（%）	Percentage of Minonrity Nationalities Population	(%)	10.13
总人口中：市镇人口	（万人）	**In Total:** Urban Population	(10 000 persons)	1915.92
乡村人口	（万人）	Rural Population	(10 000 persons)	4524.15
总人口中：0—5岁人口	（万人）	**In Total:** Age 0-5	(10 000 persons)	387.71
6—14岁人口	（万人）	Age 6-14	(10 000 persons)	1012.25
15—64岁人口	（万人）	Age 15-64	(10 000 persons)	4454.80
65岁以上人口	（万人）	Aged 65 and Over	(10 000 persons)	472.66
6周岁及以上人口	**（万人）**	**Population Aged 6 and Over by Educational Level**	**(10 000 persons)**	**5939.70**
未上过学	（万人）	Unschool	(10 000 persons)	298.22
扫盲班	（万人）	Literacy Courses	(10 000 persons)	67.69
小学	（万人）	Primary School	(10 000 persons)	2421.99
初中	（万人）	Junior Secondary School	(10 000 persons)	2259.38
高中和中专	（万人）	Senior and Specialized Secondary School	(10 000 persons)	707.25
大专及以上	（万人）	College and Over	(10 000 persons)	185.17
每十万人口中: 小学文化	（人）	**Per 100000 Population:** Primary School	(person)	38278
初中文化	（人）	Junior Secondary School	(person)	35708
高中和中专	（人）	Senior and Specialized Secondary School	(person)	11177
大专及以上	（人）	College and Over	(persons)	2926
文盲、半文盲人口	**（万人）**	**Population of Illiterate and Semi Literate**	**(10 000 persons)**	**294.96**
文盲率	**（%）**	**Illiterate Rate**	**(%)**	**5.99**
普查年度出生率	**（‰）**	**Birth Rate in Census Year**	**(‰)**	**11.45**
普查年度死亡率	**（‰）**	**Death Rate in Census Year**	**(‰)**	**6.79**
普查年度自然增长率	**（‰）**	**Natural Growth Rate in Census Year**	**(‰)**	**4.66**

注：1.表中的各项数据均按普查登记的口径计算，不包括本省外出的人口，包括外省来本省的人口。

2.普查年度是指1999年11月1日0时至2000年10月31日24时。

3.城乡人口是按国家统计局1999年发布的《关于统计上划分城乡的规定（试行）》计算。

a. The data in table are calculated according to the approach of censuses. The data excluded the population of going to other provinces and included the population from other provinces.

b. The censuses year is 1999-11-1 zero o'clock to 2000-10-31 24 o'clock.

c. The urban population and rural population are calculated according to the 《regulations concerning plot out urban and rural in the statistical (test run)》 promulgated in 1999.

3-5 第六次全国人口普查基本情况
Basic Statistics on National Population of Sixth Censuses

指 标		Item		数量 Volume
家庭户	**（万户）**	**Number of Households**	**(10 000 households)**	**1862.57**
总人口	**（万人）**	**Total Population**	**(10 000 persons)**	**6570.08**
家庭户人口		Population of Family Households		6191.14
集体户人口		Population of Non-Family Households		378.93
平均家庭户规模	**（人/户）**	**Average Family Size**	**(person/household)**	**3.32**
总人口中：				
男性人口	（万人）	In Total: Male	(10 000 persons)	3377.65
女性人口	（万人）	Female	(10 000 persons)	3192.43
性别比		Sex Ratio		105.80
总人口中：				
0-14岁人口	（万人）	**In Total: Age 0-14**	**(10 000 persons)**	1157.65
15-64岁人口	（万人）	Age 15-64	(10 000 persons)	4770.49
65岁以上人口	（万人）	Aged 65 and Over	(10 000 persons)	641.94
0-14岁人口比重	（%）	Proportion of age 0-14		17.62
15-64岁人口比重	（%）	Proportion of age 15-64		72.61
65岁以上人口比重	（%）	Proportion of aged 65 and over		9.77
受教育程度（万人）		**Population Aged 6 and Over by Educational Level**	**(10 000 persons)**	
小 学	（万人）	Primary School	(10 000 persons)	1760.09
初 中	（万人）	Junior Secondary School	(10 000 persons)	2597.71
高中和中专	（万人）	Senior and Specialized Secondary School	(10 000 persons)	1013.39
大专及以上	（万人）	College and Over	(10 000 persons)	499.19
每十万人口中：				
小学文化	（人）	Per 100000 Population: Primary School	(person)	26790
初中文化	（人）	Junior Secondary School	(person)	39539
高中和中专	（人）	Senior and Specialized Secondary School	(person)	15425
大专及以上	（人）	College and Over	(persons)	7598
文盲、半文盲人口	**（万人）**	**Population of Illiterate and Semi Literate**	**(10 000 persons)**	**175.43**
文盲率	**（%）**	**Illiterate Rate**	**(%)**	**3.24**

注：1. 以上数据均为2010年人口普查机器汇总数。

2. 普查登记的对象是指普查标准时点在中华人民共和国境内的自然人以及在中华人民共和国境外但未定居的中国公民，不包括在中华人民共和国境内短期停留的境外人员。

3. 各市州的人口，是普查登记的2010年11月1日零时的常住人口。常住人口包括，居住在本乡镇街道、户口在本乡镇街道或户口待定的人；居住在本乡镇街道、离开户口所在的乡镇街道半年以上的人；户口在本乡镇街道、外出不满半年或在境外工作学习的人。

4. 家庭户是指以家庭成员关系为主、居住一处共同生活的人组成的户。

5. 文盲率是指全省常住人口中15岁及以上不识字人口所占比重。

a. All figures above are machine results of the 2010 Population Census.

b. The population census covers all natural persons residing in the territory of the People's Republic of China and the Chinese citizens residing outside but not permanently settled down in locations beyond the territory of the People' s Republic of China at the census reference time, excluding foreigners temporarily staying in the territory of the People' s Republic of China.

c. The population of each city and the XiangXi autonomous prefecture is the resident population, which was registered on zero hour of November 1, 2010.Resident population of a given town/street include: people living in the current town/street where their household registration is located or with their household registration to be settled; people living in the current town/street and leaving the town/street of their household registration for over 6 months; people leaving the town/street of their household registration for less than 6 months or working or studying overseas, with their household registration located in the current town/street.

d. Population of family households refer to households consists of persons, bonded by family relations, staying under the same roof and sharing living arrangement.

e. Illiterate rate refers to the population over 15 years of age who cannot read divided by the Resident population of the Whole province.

主要统计指标解释

人口数 指一定时点、一定地区范围内有生命的个人总和。

年度统计的年末人口数指每年12月31日24时的人口数。年度统计的全国人口总数内未包括香港、澳门特别行政区和台湾省以及海外华侨人数。

城镇人口和乡村人口 城镇人口是指居住在城镇范围内的全部常住人口；乡村人口是除上述人口以外的全部人口。

出生率(又称粗出生率) 指在一定时期内(通常为一年)一定地区的出生人数与同期内平均人数(或期中人数)之比，用千分率表示。本资料中的出生率指年出生率，其计算公式为：

$$出生率=\frac{年出生人数}{年平均人数}\times 1000‰$$

式中：出生人数指活产婴儿，即胎儿脱离母体时(不管怀孕月数)，有过呼吸或其他生命现象。年平均人数指年初、年底人口数的平均数，也可用年中人口数代替。

死亡率(又称粗死亡率) 指在一定时期内(通常为一年)一定地区的死亡人数与同期内平均人数(或期中人数)之比，用千分率表示。本资料中的死亡率指年死亡率，其计算公式为：

$$死亡率=\frac{年死亡人数}{年平均人数}\times 1000‰$$

人口自然增长率 指在一定时期内(通常为一年)人口自然增加数(出生人数减死亡人数)与该时期内平均人数(或期中人数)之比，用千分率表示。计算公式为：

$$人口自然增长率=\frac{本年出生人数-本年死亡人数}{年平均人数}\times 1000‰$$

$$=人口出生率-人口死亡率$$

Explanatory Notes on Main Statistical Indicators

Total Population refers to the total number of people alive at a certain point of time within a given area.

The annual statistics on total population is taken at midnight, the 31st of December, not including residents in Taiwan province, Hong Kong SAR and Macao SAR and Chinese national residing abroad.

Urban Population and Rural Population Urban population refers to all people residing in cities and towns, while rural population refers to population other than urban population.

Birth Rate (or Crude Birth Rate) refers to the ratio of the number of births to the average population (or mid-period population) during a certain period of time (usually a year), expressed in ‰. Birth rate in the chapter refers to annual birth rate. The following formula is used:

$$\text{Birth Rate}=\frac{\text{Number of Births}}{\text{Annual Average Population}}\times 1000‰$$

Number of births in the formula refers to live births, i.e. when a baby has breathed or showed any vital phenomena regardless of the length of pregnancy.

Annual average population is the average of the number of population at the beginning of the year and that at the end of the year. Sometimes it is substituted by the mid-year population.

Death Rate (or Crude Death Rate) refers to the ratio of the number of deaths to the average population (or mid-period population) during a certain period of time (usually a year), expressed in ‰. Death rate in the chapter refers to annual death rate. The following formula is used:

$$\text{Death Rate}=\frac{\text{Number of Deaths}}{\text{Annual Average Population}}\times 1000‰$$

Natural Growth Rate of Population refers to the ratio of natural increase in population (number of births minus number of deaths) in a certain period of time (usually a year) to the average population (or mid-period population) of the same period, expressed in ‰. The following formula is applied:

$$\text{Natural Growth Rate of Population}=\frac{\text{Number of Births - Number of Deaths}}{\text{Annual Average Population}}\times 1000‰$$

Natural Growth Rate of Population = Birth Rate-Death Rate

4 就业人员和工资

Employment and Wages

资料整理人员：　欧阳普　　张　驰

4-1 年末从业人员人数
Number of Employed Persons at the Year-end

单位:万人 (10 000 persons)

年份 Year	从业人员人数 Number of Employed Persons	在岗职工人数 Number of Staff and Workers on the Job	国有经济 State-owned Economic Units	城镇集体经济 Urban Collective-owned Economic Units	其他经济类型 Economic Units of Other Types	城镇个体私营企业从业人员 Employees in Urban Private Enterprises and Self-Employed Individuals	农村从业人员 Employees in Rural
1950	1107.76	40.67	22.81	0.18	17.68	38.93	1028.16
1951	1147.20	52.01	33.55	0.37	18.09	42.71	1052.48
1952	1188.76	69.25	48.87	0.77	19.61	46.70	1072.81
1953	1213.15	76.15	53.12	2.32	20.71	50.68	1086.32
1954	1223.84	80.68	54.61	8.56	17.51	42.92	1100.24
1955	1250.49	90.26	60.67	14.10	15.49	31.45	1128.78
1956	1271.31	121.24	73.66	35.78	11.80	7.62	1142.45
1957	1353.51	130.24	81.84	36.62	11.78	2.00	1221.27
1958	1461.08	226.98	190.02	30.49	6.47		1234.10
1959	1466.09	218.08	174.09	36.76	7.23		1248.01
1960	1508.04	242.89	182.44	54.05	6.40		1265.15
1961	1302.48	234.40	163.50	70.90		3.92	1064.16
1962	1401.22	201.97	135.76	66.21		5.62	1193.63
1963	1443.01	191.19	129.40	61.79		3.11	1248.71
1964	1508.43	192.88	130.34	62.54		4.99	1310.56
1965	1551.93	206.96	139.24	67.72		3.91	1341.06
1966	1607.49	211.73	144.17	67.56		3.41	1392.35
1967	1668.06	215.65	148.25	67.40		2.97	1449.44
1968	1728.41	216.95	149.71	67.24		2.59	1508.87
1969	1795.01	222.02	154.93	67.09		2.26	1570.73
1970	1880.85	243.75	176.81	66.94		1.97	1635.13
1971	1975.89	272.00	205.21	66.79		1.72	1702.17
1972	2056.50	285.73	219.04	66.69		1.50	1769.27
1973	2089.11	285.65	218.99	66.66		1.32	1802.14
1974	2117.00	291.53	223.43	68.10		1.10	1824.37
1975	2152.00	304.17	232.56	71.61		0.32	1847.51
1976	2183.24	313.31	238.79	74.52		0.26	1869.67
1977	2216.19	321.24	242.64	78.60		0.37	1894.58

注：1. 全省从业人员人数及分三次产业从业人数根据劳动力抽样调查资料推算。

2. 从2011年起，“职工人数”指标更改为“在岗职工人数”指标。

a. The data of total employees and employees by type of industry are estimated on the data collected from the sample surveys on labor.

b. From 2011,the index of "Staff and Workers "changed into"Staff and Workers of the Job”.

4-1 续表 continued

单位:万人 (10 000 persons)

年份 Year	从业人员人数 Number of Employed Persons	在岗职工人数 Number of Staff and Workers on the Job	国有经济 State-owned Economic Units	城镇集体经济 Urban Collective-owned Economic Units	其他经济类型 Economic Units of Other Types	城镇个体私营企业从业人员 Employees in Urban Private Enterprises and Self-Employed Individuals	农村从业人员 Employees in Rural
1978	2280.05	363.78	282.06	81.72		0.35	1915.92
1979	2328.12	388.16	299.36	88.80		0.32	1939.64
1980	2399.95	409.16	316.80	92.36		1.81	1988.98
1981	2449.46	426.88	332.46	94.42		3.43	2019.15
1982	2541.05	441.48	344.41	97.07		5.21	2094.36
1983	2594.37	447.81	348.97	98.84		9.72	2136.84
1984	2672.86	460.71	340.94	119.75	0.02	13.18	2198.97
1985	2728.71	475.15	352.73	122.34	0.08	16.19	2237.37
1986	2808.87	492.79	367.31	125.25	0.23	18.44	2297.64
1987	2904.10	515.22	386.34	128.60	0.28	24.72	2364.16
1988	2998.64	530.20	401.75	128.14	0.31	30.75	2437.69
1989	3091.37	536.64	411.34	124.81	0.49	30.43	2524.30
1990	3158.42	551.03	422.28	128.07	0.68	31.94	2575.45
1991	3222.43	567.07	435.66	130.35	1.06	32.52	2622.84
1992	3278.83	579.74	447.88	130.43	1.43	39.93	2659.16
1993	3345.61	588.87	454.26	126.70	7.91	60.42	2675.75
1994	3400.29	589.48	459.14	121.57	8.77	106.51	2685.54
1995	3467.31	597.50	466.00	119.13	12.37	133.86	2717.38
1996	3514.16	596.84	471.55	114.47	10.82	166.21	2732.35
1997	3560.29	597.48	471.52	110.48	15.48	200.36	2744.33
1998	3603.17	594.16	461.65	101.21	31.30	222.46	2772.59
1999	3601.39	590.75	461.83	96.01	32.91	210.29	2784.00
2000	3577.58	580.82	456.28	90.33	34.21	148.54	2832.04
2001	3607.96	534.22	407.55	70.95	55.72	199.76	2856.70
2002	3644.52	525.28	398.42	66.19	60.67	231.87	2870.32
2003	3694.78	500.27	379.72	56.55	64.00	335.94	2836.36
2004	3747.10	471.07	353.36	49.38	68.33	457.18	2792.67
2005	3801.48	451.80	293.79	40.12	117.89	547.83	2776.76
2006	3842.17	450.89	290.67	37.72	122.50	603.29	2762.41
2007	3883.41	460.03	283.72	37.50	138.81	635.94	2762.07
2008	3910.06	460.31	276.11	34.83	149.37	654.57	2761.85
2009	3935.21	474.43	268.57	29.21	176.65	665.17	2769.94
2010	3982.73	531.00	287.13	33.24	210.63	698.48	2753.25
2011	4005.03	514.73	258.99	23.92	231.82	894.18	2596.12
2012	4019.31	523.27	261.12	24.60	237.56	951.90	2544.14
2013	4036.45	554.44	249.67	20.92	283.85	1018.02	2463.99
2014	4044.13	552.81	245.28	19.53	288.00	1114.06	2377.26
2015	3980.30	534.77	229.95	16.14	288.68	1156.56	2288.97

4-2 按三次产业分的年末从业人员
Employees by Type of Industry at the Year-end

年份 Year	年末从业人员(万人) Employees at the Year-end (10 000 persons)	第一产业 Primary Industry	第二产业 Secondary Industry	第三产业 Tertiary Industry	构成(以合计为100) Composition in Percentage (total=100)	第一产业 Primary Industry	第二产业 Secondary Industry	第三产业 Tertiary Industry
1950	1107.76	980.83	54.86	72.07	100.0	88.5	5.0	6.5
1951	1147.20	1001.38	64.12	81.70	100.0	87.3	5.6	7.1
1952	1188.76	989.38	76.72	122.66	100.0	83.2	6.5	10.3
1953	1213.15	1014.03	90.34	108.78	100.0	83.6	7.5	9.0
1954	1223.84	982.69	89.39	151.76	100.0	80.3	7.3	12.4
1955	1250.49	1061.22	74.72	114.55	100.0	84.9	6.0	9.2
1956	1271.31	1055.72	101.21	114.38	100.0	83.0	8.0	9.0
1957	1353.51	1134.13	93.05	126.33	100.0	83.8	6.9	9.3
1958	1461.08	898.17	251.10	311.81	100.0	61.5	17.2	21.3
1959	1466.09	861.58	258.27	346.24	100.0	58.8	17.6	23.6
1960	1508.04	1023.93	199.05	285.06	100.0	67.9	13.2	18.9
1961	1302.48	1053.45	128.89	120.14	100.0	80.9	9.9	9.2
1962	1401.22	1180.33	98.04	122.85	100.0	84.2	7.0	8.8
1963	1443.01	1222.67	111.47	108.87	100.0	84.7	7.7	7.5
1964	1508.43	1274.86	116.73	116.84	100.0	84.5	7.7	7.8
1965	1551.93	1305.83	124.66	121.44	100.0	84.1	8.0	7.8
1966	1607.49	1355.48	129.72	122.29	100.0	84.3	8.1	7.6
1967	1668.06	1405.14	135.05	127.87	100.0	84.2	8.1	7.7
1968	1728.41	1456.39	140.79	131.23	100.0	84.3	8.2	7.6
1969	1795.01	1511.41	151.70	131.90	100.0	84.2	8.5	7.4
1970	1880.85	1564.21	179.69	136.95	100.0	83.2	9.6	7.3
1971	1975.89	1624.30	206.63	144.96	100.0	82.2	10.5	7.3
1972	2056.50	1683.60	227.31	145.59	100.0	81.9	11.1	7.1
1973	2089.11	1718.66	226.17	144.28	100.0	82.3	10.8	6.9
1974	2117.00	1732.28	236.13	148.59	100.0	81.8	11.2	7.0
1975	2152.00	1742.28	257.39	152.33	100.0	81.0	12.0	7.1
1976	2183.24	1759.48	266.42	157.34	100.0	80.6	12.2	7.2
1977	2216.19	1775.31	273.17	167.71	100.0	80.1	12.3	7.6

注：全省从业人员人数及分三次产业从业人数根据劳动力抽样调查资料推算。

The data of total employees and employees by type of industry are estimated on the data collected from the sample surveys on labor.

4-2 续表 continued

年份 Year	年末从业人员(万人) Employees at the Year-end (10 000 persons)	第一产业 Primary Industry	第二产业 Secondary Industry	第三产业 Tertiary Industry	构成(以合计为100) Composition in Percentage (total=100)	第一产业 Primary Industry	第二产业 Secondary Industry	第三产业 Tertiary Industry
1978	2280.05	1788.17	305.37	186.51	100.0	78.4	13.4	8.2
1979	2328.12	1798.27	325.70	204.15	100.0	77.2	14.0	8.8
1980	2399.95	1846.46	339.06	214.43	100.0	77.0	14.1	8.9
1981	2449.46	1887.54	339.52	222.40	100.0	77.0	13.9	9.1
1982	2541.05	1955.49	350.79	234.77	100.0	77.0	13.8	9.2
1983	2594.37	1966.48	361.77	266.12	100.0	75.8	13.9	10.3
1984	2672.86	1971.93	414.00	286.93	100.0	73.8	15.5	10.7
1985	2728.71	1946.85	458.68	323.18	100.0	71.4	16.8	11.8
1986	2808.87	1969.64	494.51	344.72	100.0	70.1	17.6	12.3
1987	2904.10	2011.35	531.70	361.05	100.0	69.3	18.3	12.4
1988	2998.64	2050.72	550.38	397.54	100.0	68.4	18.4	13.2
1989	3091.37	2104.60	550.26	436.51	100.0	68.1	17.8	14.1
1990	3158.42	2176.70	553.83	427.89	100.0	68.9	17.5	13.6
1991	3222.43	2219.82	570.35	432.26	100.0	68.9	17.7	13.4
1992	3278.83	2213.42	613.57	451.84	100.0	67.5	18.7	13.8
1993	3345.61	2140.76	679.22	525.63	100.0	64.0	20.3	15.7
1994	3400.29	2076.14	731.01	593.14	100.0	61.1	21.5	17.4
1995	3467.31	2071.61	756.54	639.16	100.0	59.8	21.8	18.4
1996	3514.16	1994.90	810.38	708.88	100.0	56.8	23.0	20.2
1997	3560.29	1998.59	802.25	759.45	100.0	56.1	22.5	21.4
1998	3603.17	2002.51	822.49	778.17	100.0	55.6	22.8	21.6
1999	3601.39	2026.09	839.09	736.21	100.0	56.3	23.3	20.4
2000	3577.58	2120.98	840.52	616.08	100.0	59.3	23.5	17.2
2001	3607.96	2078.36	748.90	780.70	100.0	57.6	20.8	21.6
2002	3644.52	2034.04	757.26	853.22	100.0	55.8	20.8	23.4
2003	3694.78	1961.93	790.68	942.17	100.0	53.1	21.4	25.5
2004	3747.10	1885.06	804.91	1057.13	100.0	50.3	21.5	28.2
2005	3801.48	1846.90	818.10	1136.48	100.0	48.6	21.5	29.9
2006	3842.17	1790.46	829.92	1221.79	100.0	46.6	21.6	31.8
2007	3883.41	1743.65	854.35	1285.41	100.0	44.9	22.0	33.1
2008	3910.06	1720.44	875.84	1313.78	100.0	44.0	22.4	33.6
2009	3935.21	1693.05	896.57	1345.59	100.0	43.0	22.8	34.2
2010	3982.73	1690.03	915.43	1377.27	100.0	42.4	23.0	34.6
2011	4005.03	1679.94	932.62	1392.47	100.0	41.9	23.3	34.8
2012	4019.31	1668.99	948.78	1401.54	100.0	41.5	23.6	34.9
2013	4036.45	1656.01	964.54	1415.90	100.0	41.0	23.9	35.1
2014	4044.13	1651.37	957.77	1434.99	100.0	40.8	23.7	35.5
2015	3980.30	1618.71	935.84	1425.75	100.0	40.7	23.5	35.8

4-3 年末城镇从业人员
Number of Employed Persons in Urban Areas at the Year-end

年份 Year	城镇从业人员合计（万人） Number of Employed Persons in Urban Areas (10 000 persons)	国有经济 State-owned Economic	城镇集体经济 Urban Collective-owned Economic	其他经济 Economic Units of Other Types	内资经济 Domestic Funded Economic	港澳台投资经济 Economioc With Funded From H.K, Macao and Taiwan	外商投资经济 Economic With Funded Foreign	城镇私营经济 Urban Private Economic	城镇个体经济 Urban Individuals Economic
1978	364.13								
1979	388.48								
1980	410.97								
1981	430.31								
1982	446.69								
1983	457.53								
1984	473.89								
1985	491.34								
1986	511.23								
1987	539.94								
1988	560.95								
1989	567.07								
1990	582.97								
1991	599.59								
1992	619.67								
1993	669.86								
1994	714.75								
1995	749.93	482.68	120.83	12.56	6.62	2.73	3.21	17.60	116.26
1996	781.81	487.94	116.61	11.05	5.12	2.59	3.34	22.80	143.41
1997	815.96	486.58	113.19	15.83	9.23	2.96	3.64	26.94	173.42
1998	830.58	472.37	103.56	32.19	25.21	3.20	3.78	36.89	185.57
1999	817.39	474.23	98.95	33.92	27.54	3.19	3.19	34.52	175.77
2000	745.54	467.98	92.99	36.04	29.81	3.07	3.16	33.54	114.99
2001	751.26	419.71	73.62	58.17	52.35	3.15	2.67	44.43	155.33
2002	774.20	410.13	68.73	63.47	56.88	3.51	3.08	65.63	166.24
2003	858.42	395.39	59.65	67.45	60.04	3.50	3.90	87.56	248.38
2004	954.43	370.64	52.86	73.75	65.62	4.31	3.82	143.11	314.07
2005	1024.72	306.70	43.43	126.76	111.93	8.29	6.54	165.80	382.03
2006	1079.76	302.73	40.96	132.78	116.28	8.50	8.00	214.19	389.10
2007	1121.34	294.47	40.63	150.30	131.93	9.13	9.24	223.33	412.61
2008	1148.21	291.65	37.73	164.26	144.57	9.90	9.79	218.99	435.58
2009	1175.27	283.50	32.48	194.13	170.51	11.02	12.60	227.67	437.49
2010	1229.48	287.13	33.24	210.63	186.38	11.91	12.34	234.04	464.44
2011	1408.91	275.01	27.84	248.58	218.97	16.16	13.45	260.62	596.86
2012	1475.17	282.57	27.46	257.45	225.47	18.64	13.34	291.65	616.03
2013	1572.46	265.99	23.69	311.47	274.36	21.64	15.47	311.84	659.47
2014	1666.87	261.52	22.07	314.31	277.58	22.04	14.69	334.81	734.16
2015	1691.33	244.57	18.53	316.04	281.97	20.29	13.78	364.53	747.66

4-4 按类型分的年末从业人员
Employees by Type at the Year-end

单位:万人 (10 000 persons)

类 别	Item	2014 合计 Total	2014 #城镇 Urban	2015 合计 Total	2015 #城镇 Urban
从业人员总计	**Total Number of Employed Persons**	**4044.13**	**1666.87**	**3980.30**	**1691.33**
按就业身份分	**By Status**				
在岗职工	Staff and Workers on the Job	552.81	552.81	534.77	534.77
私营业主	Private Enterprises Owner	81.52	64.68	94.00	79.19
私营企业和个体从业人员	Number of Employees in Private Enterprises and Self-Employed Individuals	886.25	745.54	969.35	838.44
农村劳动力	Laborer in Rural	2219.71		2143.25	
其他从业人员	Others	303.84	303.84	238.93	238.93
按经济类型分	**By Economic Types**				
国有经济	State-owned Economy	261.52	261.52	244.57	244.57
集体经济	Collective-owned Economy	2258.62	22.07	2161.78	18.53
私营经济	Private Enterprises	421.99	334.81	458.54	364.53
个体经济	Self-Employed Individuals	787.69	734.16	799.37	747.66
联营经济	Joint Ownership Enterprises	1.07	1.07	1.09	1.09
股份制经济	Share-holding Corporations Enterprises	261.52	261.52	264.87	264.87
外商投资经济	Enterprises With Foreign Investment	14.69	14.69	13.78	13.78
港、澳、台投资经济	Enterprises With Investment from Hong Kong, Macao and Taiwan	22.04	22.04	20.30	20.30
其他经济类型	Enterprises of Other Types of Ownership	14.99	14.99	16.00	16.00
按国民经济行业分	**By Sector**				
农、林、牧、渔业	Agriculture,Forestry,Farming of Animals and Fishing	1654.57	25.13	1618.71	40.75
采矿业	Mining	95.49	40.84	73.50	33.43
制造业	Manufacturing	522.63	307.32	527.49	304.26
电力、热力、燃气及水生产和供应业	Production and Distribution of Electricity,Heat,Gas and Water	37.61	30.89	33.82	27.37
建筑业	Construction	302.82	185.62	301.03	183.96
批发和零售业	Wholesale and Retail Trade	375.97	266.01	381.05	285.33
交通运输、仓储和邮政业	Traffic,Transport, Storage and Post	145.30	98.80	168.91	118.69
住宿和餐饮业	Accommodation and and catering	186.19	110.57	177.98	103.65
信息传输、软件和信息技术服务业	Information Transfer,Software and Information technology Services	70.77	51.61	65.14	52.49
金融业	Finance	46.57	39.32	42.84	38.44
房地产业	Real Estate Trade	41.40	33.56	45.13	37.78
租赁和商务服务业	Tenancy and Business Services	60.48	50.29	86.63	73.79
科学研究和技术服务业	Scientific Research and Technical Services	29.71	24.07	36.83	32.35
水利、环境和公共设施管理业	Management of Water Conservancy ,Environment and Public Establishment	13.66	11.20	13.00	10.48
居民服务、修理和其他服务业	Resident Services , Repair and Other Services	123.71	111.06	80.58	70.21
教育	Education	110.43	94.97	113.56	99.42
卫生和社会工作	Sanitation and Social Work	62.84	48.44	63.18	48.27
文化、体育和娱乐业	Culture,Sports and Entertainment	58.71	50.84	53.45	48.81
公共管理、社会保障和社会组织	Public Management, Social Security and Social Organization	105.27	86.34	97.47	81.85

4-5 各行业年末从业人员及构成(2015年)
Number of Employees and Its Composition by Sector at the Year-end (2015)

行　业	Item	从业人员 Employees	在岗职工 Staff and Workers on the Job	城镇个体私营企业 Urban Private and Individuals	农　村从业人员 Employees in Rural	其　他从业人员 Other Employees
总计　（绝对数,万人）	**Total　(ABS,10 000 persons)**	**3980.30**	**534.77**	**1112.19**	**2288.97**	**44.37**
农、林、牧、渔业	Agriculture,Forestry,Farming of Animals and Fishing	1618.71	1.98	38.37	1577.96	0.40
采矿业	Mining	73.50	10.01	23.17	40.07	0.25
制造业	Manufacturing	527.49	119.16	182.51	223.23	2.59
电力、热力、燃气及水生产和供应业	Production and Distribution of Electricity, Heat.Gas and Water	33.82	16.89	10.05	6.45	0.43
建筑业	Construction	301.03	86.27	77.68	117.07	20.00
批发和零售业	Wholesale and Retail Trade	381.05	19.97	264.07	95.72	1.29
交通运输、仓储和邮政业	Traffic,Transport, Storage and Post	168.91	23.12	94.28	50.22	1.29
住宿和餐饮业	Accommodation and and catering	177.98	8.08	95.31	74.33	0.26
信息传输、软件和信息技术服务业	Information Transfer,Software and Information technology Services	65.14	6.98	45.25	12.65	0.26
金融业	Finance	42.84	18.56	14.40	4.40	5.48
房地产业	Real Estate Trade	45.13	11.71	25.42	7.35	0.65
租赁和商务服务业	Tenancy and Business Services	86.63	9.36	63.95	12.84	0.48
科学研究和技术服务业	Scientific Research and Technical Services	36.83	10.81	20.81	4.48	0.73
水利、环境和公共设施管理业	Management of Water Conservancy, Environment and Public Establishment	13.00	6.90	2.09	2.52	1.49
居民服务、修理和其他服务业	Resident Services, Repair and Other Services	80.58	1.53	68.55	10.37	0.14
教育	Education	113.56	64.60	32.17	14.14	2.65
卫生和社会工作	Sanitation and Social Work	63.18	35.98	10.77	14.91	1.52
文化、体育和娱乐业	Culture, Sports and Entertainment	53.45	5.12	43.34	4.64	0.35
公共管理、社会保障和社会组织	Public Management, Social Security and Social	97.47	77.73		15.62	4.12
构成　（以合计为100）	**Composition in Percentage　(total=100)**					
农、林、牧、渔业	Agriculture,Forestry,Farming of Animals and Fishing	40.7	0.4	3.5	68.9	0.9
采矿业	Mining	1.8	1.9	2.1	1.8	0.6
制造业	Manufacturing	13.3	22.3	16.4	9.8	5.8
电力、热力、燃气及水生产和供应业	Production and Distribution of Electricity, Heat. Gas and Water	0.8	3.2	0.9	0.3	1.0
建筑业	Construction	7.6	16.1	7.0	5.1	45.1
批发和零售业	Wholesale and Retail Trade	9.6	3.7	23.7	4.2	2.9
交通运输、仓储和邮政业	Traffic,Transport, Storage and Post	4.2	4.3	8.5	2.2	2.9
住宿和餐饮业	Accommodation and and catering	4.5	1.5	8.6	3.2	0.6
信息传输、软件和信息技术服务业	Information Transfer, Software and Information technology Services	1.6	1.3	4.1	0.6	0.6
金融业	Finance	1.1	3.5	1.3	0.2	12.3
房地产业	Real Estate Trade	1.1	2.2	2.3	0.3	1.5
租赁和商务服务业	Tenancy and Business Services	2.2	1.8	5.7	0.6	1.1
科学研究和技术服务业	Scientific Research and Technical Services	0.9	2.0	1.9	0.2	1.6
水利、环境和公共设施管理业	Management of Water Conservancy,Environment and Public Establishment	0.3	1.3	0.2	0.1	3.4
居民服务、修理和其他服务业	Resident Services, Repair and Other Services	2.0	0.3	6.2	0.5	0.3
教育	Education	2.9	12.1	2.9	0.6	6.0
卫生和社会工作	Sanitation and Social Work	1.6	6.7	1.0	0.7	3.4
文化、体育和娱乐业	Culture, Sports and Entertainment	1.3	1.0	3.9	0.2	0.8
公共管理、社会保障和社会组织	Public Management, Social Security and Social Organization	2.4	14.5		0.7	9.3

4-6 年末城乡劳动力资源与分配
Resources and Distribution of Labor Force in Urban and Rural Areas at theYear-end

单位:万人 (10 000 persons)

类 别	Item	合计 Total		城 镇 Urban		乡 村 Rural	
		2014	2015	2014	2015	2014	2015
总 计	**Total**	**5433.27**	**5455.38**	**2677.52**	**2776.24**	**2755.75**	**2679.14**
经济活动人口	Economy Active Population	4117.65	4065.76	1740.39	1776.79	2377.26	2288.97
从业人员	Employees	4044.13	3980.30	1666.87	1691.33	2377.26	2288.97
失业人员	Unemployment	73.52	85.46	73.52	85.46		
非经济活动人口	Non-Economy Active Population	1315.62	1389.62	937.13	999.45	378.49	390.17

4-7 年末城镇各单位按行业分组的女性从业人员(2015年)
Number of Female Employees by Sector at the Year-end (2015)

单位:万人 (10 000 persons)

行 业	Item	各单位女性从业人员 Number of Female Employees in Units	国有经济 State-owned Economic Units	城镇集体 Urban Collective-owned Economic Units	其他经济 Economic Units of Other Types
总 计	**Total**	**196.74**	**94.68**	**4.59**	**97.47**
农、林、牧、渔业	Agriculture, Forestry, Farming of Animals and Fishing	0.76	0.40	0.04	0.33
采矿业	Mining	1.30	0.27	0.17	0.86
制造业	Manufacturing	42.15	1.48	0.84	39.84
电力、热力、燃气及水生产和供应业	Production and Distribution of Electricity, Heat, Gas and Water	5.06	3.16	0.08	1.82
建筑业	Construction	10.79	1.12	0.96	8.71
批发和零售业	Wholesale and Retail Trade	10.52	0.92	0.23	9.37
交通运输、仓储和邮政业	Information Transfer,Computer Services and Software	6.70	3.93	0.12	2.66
住宿和餐饮业	Accommodation and and catering	5.07	0.62	0.09	4.37
信息传输、软件和信息技术服务业	Information Transfer, Software and Information technology Services	2.82	0.32		2.50
金融业	Finance	13.07	0.88	0.40	11.80
房地产业	Real Estate Trade	4.53	0.29	0.03	4.22
租赁和商务服务业	Tenancy and Business Services	3.10	0.64	0.16	2.30
科学研究和技术服务业	Scientific Research and Technical Services	3.21	1.54	0.02	1.65
水利、环境和公共设施管理业	Management of Water Conservancy, Environment and Public Establishment	3.35	2.97	0.08	0.29
居民服务、修理和其他服务业	Resident Services , Repair and Other Services	0.78	0.09	0.01	0.68
教育	Education	33.57	30.18	0.34	3.04
卫生和社会工作	Sanitation and Social Work	23.79	20.90	1.02	1.88
文化、体育和娱乐业	Culture,Sports and Entertainment	2.41	1.45	0.01	0.95
公共管理、社会保障和社会组织	Public Management, Social Security and Social Organization	23.74	23.53	0.01	0.20

4-8 各行业年末在岗职工(2015年)
Total Number of Staff and Workers on the Job by Sector at the Year-end (2015)

单位:万人 (10 000 persons)

行业	Item	全部在岗职工 Number of Staff and Workers on the Job	国有经济 State-owned Economic	城镇集体 Urban Collective-owned Economic
总计	Total	**534.77**	**229.95**	**16.14**
农、林、牧、渔业	**Agriculture, Forestry, Farming of Animals and Fishing**	**1.98**	**0.97**	**0.10**
农业	Agriculture	0.37	0.16	
林业	Forestry	0.66	0.46	0.03
畜牧业	Farming of animals	0.16	0.02	0.01
渔业	Fishing	0.19	0.11	0.02
农、林、牧、渔服务业	Service Activities for Agriculture, Forestry, Farming of Animals and Fishing	0.61	0.23	0.03
采矿业	**Mining**	10.01	1.61	1.33
煤炭开采和洗选业	Mining and Washing of Coal	5.74	1.35	1.07
石油和天然气开采业	Petroleum and Natural Gas Extraction			
黑色金属矿采选业	Mining of Ferrous Metal Ores	0.48		0.17
有色金属矿采选业	Mining of Non-ferrous Metal Ores	2.42	0.12	0.04
非金属矿采选业	Mining and Processing of Nonmetal Ores	1.36	0.13	0.06
开采辅助活动	Mining auxiliary activities			
其他采矿业	Mining of Other Mineral			
制造业	**Manufacturing**	119.16	4.56	2.38
农副食品加工业	Processing of Food from Agricultural Products	6.13	0.27	0.09
食品制造业	Manufacture of Foods	3.48	0.05	0.04
酒、饮料和精制茶制造业	Manufacture of Beverage， drink and tea	2.59		0.01
烟草制品业	Manufacture of Tobacco	1.38	0.98	
纺织业	Manufacture of Textile	2.22	0.03	0.01
纺织服装、服饰业	Manufacture of Textile Wearing Apparel	1.74	0.02	0.04
皮革、毛皮、羽毛及其制品和制鞋业	Leather,Fur,Feather and Its Products and Footwear Products	6.14		0.02
木材加工和木、竹、藤、棕、草制品业	Processing of Timbers, Manufacture of Wood, Bamboo, Rattan,Palm and Straw Products	1.44	0.07	0.03
家具制造业	Manufacture of Furniture	0.51		0.01
造纸和纸制品业	Manufacture of Paper and Paper Products	2.47		0.05
印刷和记录媒介复制业	Printing,Reproduction of Recording Media	1.20	0.10	0.10
文教、工美、体育和娱乐用品制造业	Manufacture of Articles for Culture,Education and Sport Activity	1.28	0.02	0.12
石油加工、炼焦和核燃料加工业	Processing of Petroleum,Coking,Processing of Nucleus Fuel	1.23		
化学原料和化学制品制造业	Manufacture of Chemical Raw Material and Chemical Products	11.00	0.80	0.19
医药制造业	Manufacture of Medicines	3.29	0.09	0.06
化学纤维制造业	Manufacture of Chemical Fiber	0.21		
橡胶和塑料制品业	Manufacture of Rubber and plastic	1.98	0.02	0.20
非金属矿物制品业	Manufacture of Non-metallic Mineral Products	11.51	0.41	0.75
黑色金属冶炼和压延加工业	Manufacture and Processing of Ferrous Metals	5.75	0.12	0.13
有色金属冶炼和压延加工业	Manufacture and Processing of Non-ferrous Metals	6.37	0.13	0.05
金属制品业	Manufacture of Metal Products	2.80		0.03
通用设备制造业	Manufacture of General Purpose Machinery	4.70	0.12	0.06
专用设备制造业	Manufacture of Special Purpose Machinery	8.50	0.11	0.04
汽车制造业	Automobile Industry	6.65	0.21	0.08

4-8 续表 1 continued

单位:万人 (10 000 persons)

行业	Item	全部在岗职工 Number of Staff and Workers on the Job	国有经济 State-owned Economic	城镇集体 Urban Collective-owned Economic
铁路、船舶、航空航天和其他运输设备制造业	Manufacture of Railway,Marine,Aerospace and Other Transport Equipment	5.34	0.76	0.03
电气机械和器材制造业	Manufacture of Electrical Machinery and Equipment	5.67	0.08	0.09
计算机、通信和其他电子设备制造业	Manufacture of Communication Equipment, Computer and Other Electronic Equipment	11.90	0.12	0.01
仪器仪表制造业	Manufacture of Measuring Instrument	1.04	0.03	0.03
其他制造业	Other Manufacture N.E.C	0.17		
废弃资源综合利用业	Recycling and Disposal of Waste	0.37	0.02	0.11
金属制品、机械和设备修理业	Mental Products,Machine and Equipment Repair	0.10		
电力、热力、燃气及水生产和供应业	**Production and Distribution of Electricity,Gas and Water**	**16.89**	**11.18**	**0.23**
电力、热力生产和供应业	Production and Supply of Electric Power and Heat Power	13.71	9.47	0.17
燃气生产和供应业	Production and Distribution of Gas	0.57	0.03	
水的生产和供应业	Production and Distribution of Water	2.62	1.69	0.06
建筑业	**Construction**	**86.27**	**6.48**	**6.72**
房屋建筑业	Construction of Building	62.58	2.27	6.31
土木工程建筑业	Construction of Civil Engineering	18.02	3.89	0.26
建筑安装业	Architectural Installation	2.84	0.17	0.07
建筑装饰和其他建筑业	Architectural Decoration and Other Construction	2.84	0.15	0.07
批发和零售业	**Wholesale and Retail Trade**	**19.97**	**2.67**	**0.55**
批发业	Wholesale	6.87	2.00	0.10
零售业	Retail Trade	13.10	0.67	0.44
交通运输、仓储和邮政业	**Traffic,Transport,Storage and Post**	**23.12**	**13.89**	**0.50**
铁路运输业	Transport Via Railway	7.70	7.54	0.32
道路运输业	Transport Via Road	9.71	3.21	
水上运输业	Water Transport	0.26	0.03	0.02
航空运输业	Air Transport	0.84	0.26	
管道运输业	Pipeline Transportation Industry	0.02		
装卸搬运和运输代理业	Loading,Unloading,Portage and Other Transport Services	0.62	0.03	0.15
仓储业	Storage	0.46	0.33	0.01
邮政业	Post	3.50	2.50	
住宿和餐饮业	**Accommodation and Restaurants**	**8.08**	**0.97**	**0.14**
住宿业	Accommodation	5.34	0.89	0.12
餐饮业	Restaurants	2.74	0.08	0.02
信息传输、软件和信息技术服务业	**Information Transfer,Software and Information Technology Service**	**6.98**	**0.87**	**0.01**
电信、广播电视和卫星传输服务	Telecom, Broadcasting and Satellite Transmission Service	5.42	0.83	
互联网和相关服务	The Internet and Related Services	0.38		
软件和信息技术服务业	Software and Information Technology Service	1.18	0.03	
金融业	**Finance**	**18.56**	**1.95**	**0.87**
货币金融服务	Monetary and Financial Services	13.08	1.79	0.87
资本市场服务	Capital Markets Services	1.06	0.05	
保险业	Insurance	4.39	0.10	
其他金融业	Other Financial Activities	0.04		
房地产业	**Real Estate**	**11.71**	**0.69**	**0.06**
房地产开发经营	Real Estate Exploitation Management	6.70	0.29	0.01
物业管理	Management Concerning Dwelling	4.41	0.23	0.01
房地产中介服务	Real Estate Agency Service	0.29		0.01
租赁和商务服务业	**Tenancy and Business Services**	**9.36**	**2.01**	**0.57**
租赁业	Tenancy	0.15	0.01	

4-8 续表 2 continued

单位:万人 (10 000 persons)

行 业	Item	全部在岗职工 Number of Staff and Workers on the Job	国有经济 State-owned Economic	城镇集体 Urban Collective-owned Economic
商务服务业	Business Service	9.21	2.00	0.57
科学研究和技术服务业	**Scientific Research,Technical Service**	**10.81**	**5.17**	**0.07**
研究和试验发展	Research and Experimental Development	1.64	1.24	0.01
专业技术服务业	Professional Technique Services	6.17	3.29	0.05
科技推广和应用服务业	Services of S&T Intercommunion and Generalization	3.01	0.64	0.02
水利、环境和公共设施管理业	**Management of Water Conservancy, Environment and Public Establishment**	**6.90**	**5.99**	**0.17**
水利管理业	Management of Water Conservancy	1.74	1.59	0.07
生态保护和环境治理业	Environmental Management	0.35	0.21	
公共设施管理业	Management of Public Establishment	4.80	4.20	0.11
居民服务、修理和其他服务业	**Resident Services and Other Services**	**1.53**	**0.21**	**0.08**
居民服务业	Resident Services	1.03	0.19	0.02
机动车、电子产品和日用产品修理业	Motor,Electronic Products and Daily Products Repair Service	0.13	0.01	0.01
其他服务业	Other Services	0.36	0.01	0.05
教育	**Education**	**64.60**	**58.73**	**0.65**
初等教育	Primary Education	17.90	16.59	0.21
中等教育	Secondary Education	34.74	32.40	0.30
高等教育	Higher Education	7.71	7.21	0.02
卫生和社会工作	**Health and Social Work**	**35.98**	**31.52**	**1.65**
卫生	Health	35.32	31.02	1.63
社会工作	Social Work	0.66	0.50	0.02
文化、体育和娱乐业	**Culture, Sports and Entertainment**	**5.12**	**3.23**	**0.04**
新闻和出版业	Journalism and Publishing Activities	0.83	0.43	
广播、电视、电影和影视录音制作业	Broadcasting,Movies,Television and Audiovisual Activities	1.94	1.52	
文化艺术业	Culture and Art	1.46	1.08	0.03
体育	Sports Activities	0.25	0.14	
娱乐业	Entertainment	0.64	0.07	
公共管理、社会保障和社会组织	**Public Management and Social Organization**	**77.73**	**77.25**	**0.02**
中国共产党机关	Organ of Communist Party of China	2.47	2.47	
国家机构	Organ of State	72.88	72.88	
人民政协、民主党派	People's Political Consultative Conference and Democratic Party	0.38	0.38	
社会保障	Social Insurance	0.79	0.79	
群众团体、社会团体和其他成员组织	Mass Community,Social Community and Religion Organizations	1.21	0.72	0.02

4-9 在岗职工工资总额及年平均工资
Total Wages and Average Annual Wage of Staff and Workers on the Job

年份 Year	在岗职工工资总额 (亿元) Totel Wages of Staff and Workers on the Job (100 million yuan)	国有经济 State-owned Economic	城镇集体经济 Urban Collective-owned Economic	其他经济 Economic Units of Other Types	在岗职工年平均工资 (元) Average Annual Wages of Staff and Workers on the Job (yuan)	国有经济 State-owned Economic	城镇集体经济 Urban Collective-owned Economic	其他经济 Economic Units of Other Types
1978	20.33	16.29	4.04		563	589	474	
1979	23.39	18.50	4.89		628	644	580	
1980	28.73	23.09	5.64		718	746	625	
1981	30.09	24.17	5.92		725	748	643	
1982	32.46	26.13	6.33		750	772	670	
1983	34.48	27.71	6.77		780	803	700	
1984	41.69	32.28	9.41		922	965	800	
1985	49.30	38.36	10.93	0.01	1059	1111	912	1270
1986	58.80	45.97	12.81	0.02	1220	1281	1043	1078
1987	70.14	55.16	14.94	0.04	1400	1470	1190	1483
1988	87.38	69.78	17.54	0.06	1688	1777	1407	1966
1989	96.78	78.66	18.02	0.10	1836	1945	1475	2125
1990	108.97	88.92	19.91	0.14	2014	2141	1593	2089
1991	119.67	97.57	21.91	0.19	2152	2278	1727	2361
1992	143.69	118.37	24.96	0.36	2526	2686	1966	2852
1993	181.84	148.64	29.51	3.69	3142	3324	2379	4970
1994	238.22	198.56	34.76	4.90	4104	4388	2910	5762
1995	282.05	233.48	41.12	7.45	4797	5082	3525	6259
1996	299.57	251.74	41.59	6.24	5100	5412	3724	5897
1997	314.91	265.53	40.70	8.68	5326	5683	3736	5733
1998	323.76	269.17	35.94	18.65	5473	5849	3585	5994
1999	349.06	293.70	34.55	20.81	5939	6385	3627	6403
2000	377.19	318.62	34.21	24.36	6515	6999	3800	7217
2001	407.58	335.75	29.00	42.83	7698	8295	4146	7825
2002	458.53	374.41	30.05	54.07	8734	9403	4522	8958
2003	494.42	400.01	29.04	65.37	9855	10484	5108	10327
2004	543.76	432.98	31.20	79.58	11463	12173	6228	11602
2005	616.86	426.50	33.17	157.19	13718	14521	8355	13522
2006	715.23	488.02	36.31	190.90	16031	16898	9792	15874
2007	898.65	600.05	47.05	251.55	19711	21173	12921	18482
2008	1057.07	688.10	53.73	315.24	23082	24939	15529	21379
2009	1225.42	755.58	51.98	417.86	26008	28202	17867	23994
2010	1434.62	845.54	60.02	529.06	29275	31343	20221	27757
2011	1797.05	942.06	65.43	789.52	35520	36654	27034	35139
2012	2076.46	1080.35	72.93	923.18	40028	41628	30204	39270
2013	2407.62	1127.78	69.09	1210.75	43893	45342	33919	43330
2014	2665.89	1219.28	72.94	1373.67	48525	49784	37487	48196
2015	2866.49	1311.08	65.53	1489.88	53889	57308	41324	51860

注：从2011年起，“职工工资总额”及“职工年平均工资”指标更改为“在岗职工工资总额”及“在岗职工年平均工资”指标。

Form 2011,Index of "Wages of Saff and Workers"and "Average Annual Wages of Staff and Workers" Changed into"Wages of Saff and Workers on the Job"and "Average Annual Wages of Staff and Workers on the Jobs".

4-10 各行业在岗职工工资总额(2015年)
Total Wages of Staff and Workers on the Job by Sector (2015)

单位:万元 (10 000 yuan)

行业	Item	全部在岗职工 Number of Staff and Workers on the Job	国有经济 State-owned Economic	城镇集体 Urban Collective-owned Economic
总计	**Total**	**28664946**	**13110758**	**655340**
农、林、牧、渔业	**Agriculture, Forestry, Farming of Animals and Fishing**	**61739**	**31200**	**3815**
农业	Agriculture	9261	3256	116
林业	Forestry	22115	16485	1485
畜牧业	Farming of animals	5602	796	696
渔业	Fishing	5699	2675	842
农、林、牧、渔服务业	Service Activities for Agriculture,Forestry, Farming of Animals and Fishing	19063	7987	676
采矿业	**Mining**	**444345**	**63565**	**61018**
煤炭开采和洗选业	Mining and Washing of Coal	250402	55100	49006
石油和天然气开采业	Petroleum and Natural Gas Extraction			
黑色金属矿采选业	Mining of Ferrous Metal Ores	23345	125	8700
有色金属矿采选业	Mining of Non-ferrous Metal Ores	113738	2778	1534
非金属矿采选业	Mining and Processing of Nonmetal Ores	56635	5336	1779
开采辅助活动	Mining auxiliary activities			
其他采矿业	Mining of Other Mineral	226	226	
制造业	**Manufacturing**	**6253543**	**393387**	**90174**
农副食品加工业	Processing of Food from Agricultural Products	247829	11272	3987
食品制造业	Manufacture of Foods	123876	1655	1413
酒、饮料和精制茶制造业	Manufacture of Beverage，drink and tea	112438	24	311
烟草制品业	Manufacture of Tobacco	228611	211461	
纺织业	Manufacture of Textile	82077	1289	336
纺织服装、服饰业	Manufacture of Textile Wearing Apparel	67305	764	806
皮革、毛皮、羽毛及其制品和制鞋业	Leather,Fur,Feather and Its Products and Footwear	213244	33	922
木材加工和木、竹、藤、棕、草制品业	Processing of Timbers, Manufacture of Wood, Bamboo, Rattan, Palm and Straw Products	50789	2003	721
家具制造业	Manufacture of Furniture	20318		346
造纸和纸制品业	Manufacture of Paper and Paper Products	99420		1980
印刷和记录媒介复制业	Printing,Reproduction of Recording Media	55302	3705	4538
文教、工美、体育和娱乐用品制造业	Manufacture of Articles for Culture,Education and Sport Activity	49702	1278	3731
石油加工、炼焦和核燃料加工业	Processing of Petroleum, Coking, Processing of Nucleus Fuel	99971		
化学原料和化学制品制造业	Manufacture of Chemical Raw Material and Chemical Products	468492	36448	7372
医药制造业	Manufacture of Medicines	156862	4213	1486
化学纤维制造业	Manufacture of Chemical Fiber	9050		69
橡胶和塑料制品业	Manufacture of Rubber and plastic	79283	1094	8665
非金属矿物制品业	Manufacture of Non-metallic Mineral Products	548574	26625	26784
黑色金属冶炼和压延加工业	Manufacture and Processing of Ferrous Metals	310991	4842	4650
有色金属冶炼和压延加工业	Manufacture and Processing of Non-ferrous Metals	312259	5673	1932
金属制品业	Manufacture of Metal Products	133076	13	1236
通用设备制造业	Manufacture of General Purpose Machinery	223636	7788	2959
专用设备制造业	Manufacture of Special Purpose Machinery	635453	7793	1478
汽车制造业	Automobile Industry	401197	13807	4543
铁路、船舶、航空航天和其他运输设备制造业	Manufacture of Railway,Marine,Aerospace and Other Transport Equipment	491759	37924	932
电气机械和器材制造业	Manufacture of Electrical Machinery and Equipment	300255	3573	3584

4-10 续表 1 continued

单位:万元 (10 000 yuan)

行 业	Item	全部在岗职工 Number of Staff and Workers on the Job	国有经济 State-owned Economic	城镇集体 Urban Collective-owned Economic
计算机、通信和其他电子设备制造业	Manufacture of Communication Equipment, Computer and Other Electronic Equipment	646000	7301	429
仪器仪表制造业	Manufacture of Measuring Instrument	53839	1897	1318
其他制造业	Other Manufacture N.E.C	8794		
废弃资源综合利用业	Recycling and Disposal of Waste	16597	913	3550
金属制品、机械和设备修理业	Mental Products,Machine and Equipment Repair	6544		96
电力、热力、燃气及水生产和供应业	**Production and Distribution of Electricity,Gas and Water**	**1003873**	**658898**	**8846**
电力、热力生产和供应业	Production and Supply of Electric Power and Heat Power	843414	579608	6929
燃气生产和供应业	Production and Distribution of Gas	31506	1538	
水的生产和供应业	Production and Distribution of Water	128953	77751	1917
建筑业	**Construction**	**3660116**	**307123**	**233541**
房屋建筑业	Construction of Building	2530297	94234	219661
土木工程建筑业	Construction of Civil Engineering	885713	199532	9048
建筑安装业	Architectural Installation	137603	6294	2258
建筑装饰和其他建筑业	Architectural Decoration and Other Construction	106503	7064	2573
批发和零售业	**Wholesale and Retail Trade**	**931470**	**213134**	**17121**
批发业	Wholesale	425470	186369	5403
零售业	Retail Trade	506000	26766	11719
交通运输、仓储和邮政业	**Traffic,Transport,Storage and Post**	**1428841**	**988878**	**13389**
铁路运输业	Transport Via Railway	667715	651930	
道路运输业	Transport Via Road	396778	126259	7636
水上运输业	Water Transport	11631	1026	763
航空运输业	Air Transport	81739	16174	
管道运输业	Pipeline Transportation Industry	1067		
装卸搬运和运输代理业	Loading,Unloading,Portage and Other Transport Services	22471	1782	4478
仓储业	Storage	20373	16041	512
邮政业	Post	227067	175666	
住宿和餐饮业	**Accommodation and Restaurants**	**278974**	**41379**	**4178**
住宿业	Accommodation	190260	37734	3757
餐饮业	Restaurants	88715	3644	421
信息传输、软件和信息技术服务业	**Information Transfer,Software and Information Technology Service**	**490442**	**50912**	**478**
电信、广播电视和卫星传输服务	Telecom, Broadcasting and Satellite Transmission Service	370856	48928	130
互联网和相关服务	The Internet and Related Services	36372	141	348
软件和信息技术服务业	Software and Information Technology Service	83213	1844	
金融业	**Finance**	**2011204**	**171383**	**64650**
货币金融服务	Monetary and Financial Services	1479068	159289	64650
资本市场服务	Capital Markets Services	212564	4541	
保险业	Insurance	312045	7528	
其他金融业	Other Financial Activities	7527	26	
房地产业	**Real Estate**	**580669**	**39178**	**2052**
房地产开发经营	Real Estate Exploitation Management	403846	16382	447
物业管理	Management Concerning Dwelling	145283	13552	208
房地产中介服务	Real Estate Agency Service	17583	61	278
租赁和商务服务业	**Tenancy and Business Services**	**416026**	**85166**	**20223**
租赁业	Tenancy	4696	167	
商务服务业	Business Service	411330	84998	20223
科学研究和技术服务业	**Scientific Research,Technical Service&Geologic Perambulation**	**615354**	**299962**	**2715**

4-10 续表 2 continued

单位:万元 (10 000 yuan)

行　业	Item	全部在岗职工 Number of Staff and Workers on the Job	国有经济 State-owned Economic	城镇集体 Urban Collective-owned Economic
研究和试验发展	Research and Experimental Development	111975	72828	124
专业技术服务业	Professional Technique Services	408383	201989	2222
科技推广和应用服务业	Services of S&T Intercommunion and Generalization	94996	25145	369
水利、环境和公共设施管理业	**Management of Water Conservancy, Environment and Public Establishment**	**262703**	**223044**	**7086**
水利管理业	Management of Water Conservancy	68869	61668	3082
生态保护和环境治理业	Environmental Management	17135	8152	78
公共设施管理业	Management of Public Establishment	176699	153224	3926
居民服务、修理和其他服务业	**Resident Services and Other Services**	**64825**	**11862**	**3699**
居民服务业	Resident Services	47238	11052	987
机动车、电子产品和日用产品修理业	Motor, Electronic Products and Daily Products Repair Service	5527	187	287
其他服务业	Other Services	12060	624	2426
教育	**Education**	**3511944**	**3245628**	**35337**
初等教育	Primary Education	871669	811701	11302
中等教育	Secondary Education	1818053	1705845	17718
高等教育	Higher Education	626881	598239	1187
卫生和社会工作	**Health and Social Work**	**2511688**	**2265745**	**84910**
卫生	Health	2482252	2242712	84200
社会工作	Social Work	29436	23033	711
文化、体育和娱乐业	**Culture, Sports and Entertainment**	**333306**	**233407**	**1598**
新闻和出版业	Journalism and Publishing Activities	59695	27412	221
广播、电视、电影和影视录音制作业	Broadcasting, Movies, Television and Audiovisual Activities	171482	143896	155
文化艺术业	Culture and Art	66333	51126	1079
体育	Sports Activities	10676	6089	101
娱乐业	Entertainment	25121	4884	42
公共管理、社会保障和社会组织	**Public Management and Social Organization**	**3803888**	**3786908**	**510**
中国共产党机关	Organ of Communist Party of China	128117	128117	
国家机构	Organ of State	3567360	3567360	
人民政协、民主党派	People's Political Consultative Conference and Democratic Party	21288	21288	
社会保障	Social Insurance	35814	35814	
群众团体、社会团体和其他成员组织	Mass Community,Social Community and Religion Organizations	51308	34329	510

4-11 各行业在岗职工年平均工资(2015年)
Average Annual Wage of Staff and Workers on the Job by Sector (2015)

单位：元 (yuan)

行　业	Item	全部在岗职工 Number of Staff and Workers on the Job	国有经济 State-owned Economic	城镇集体 Urban Collective-owned Economic
总 计	**Total**	**53889**	**57308**	**41324**
农、林、牧、渔业	**Agriculture, Forestry, Farming of Animals and Fishing**	**31191**	**32235**	**37619**
农业	Agriculture	25309	20506	38533
林业	Forestry	33396	36271	50162
畜牧业	Farming of animals	36256	44994	51169
渔业	Fishing	30823	25168	41493
农、林、牧、渔服务业	Service Activities for Agriculture, Forestry, Farming of Animals and Fishing	31153	34634	19370
采矿业	**Mining**	**43045**	**38590**	**46286**
煤炭开采和洗选业	Mining and Washing of Coal	41593	39703	46328
石油和天然气开采业	Petroleum and Natural Gas Extraction			
黑色金属矿采选业	Mining of Ferrous Metal Ores	45120	48115	51662
有色金属矿采选业	Mining of Non-ferrous Metal Ores	46970	22902	42619
非金属矿采选业	Mining and Processing of Nonmetal Ores	41609	40121	31702
开采辅助活动	Mining auxiliary activities			
其他采矿业	Mining of Other Mineral	90240	90240	
制造业	**Manufacturing**	**51639**	**84990**	**37772**
农副食品加工业	Processing of Food from Agricultural Products	40800	40679	46096
食品制造业	Manufacture of Foods	37019	35743	36218
酒、饮料和精制茶制造业	Manufacture of Beverage，drink and tea	43434	30000	34955
烟草制品业	Manufacture of Tobacco	169971	210388	
纺织业	Manufacture of Textile	36216	38593	37697
纺织服装、服饰业	Manufacture of Textile Wearing Apparel	39031	48962	22715
皮革、毛皮、羽毛及其制品和制鞋业	Leather,Fur,Feather and Its Products and Footwear	35227	41500	39567
木材加工和木、竹、藤、棕、草制品业	Processing of Timbers, Manufacture of Wood, Bamboo, Rattan, Palm and Straw Products	35617	28817	23412
家具制造业	Manufacture of Furniture	41381		42654
造纸和纸制品业	Manufacture of Paper and Paper Products	39191		45727
印刷和记录媒介复制业	Printing,Reproduction of Recording Media	46414	37128	44488
文教、工美、体育和娱乐用品制造业	Manufacture of Articles for Culture, Education and Sport Activity	39352	55808	32731
石油加工、炼焦和核燃料加工业	Processing of Petroleum, Coking, Processing of Nucleus Fuel	78298		
化学原料和化学制品制造业	Manufacture of Chemical Raw Material and Chemical Products	42444	43262	39657
医药制造业	Manufacture of Medicines	47875	49794	24199
化学纤维制造业	Manufacture of Chemical Fiber	43176		28750
橡胶和塑料制品业	Manufacture of Rubber and plastic	39150	45008	43023
非金属矿物制品业	Manufacture of Non-metallic Mineral Products	48071	66679	34893
黑色金属冶炼和压延加工业	Manufacture and Processing of Ferrous Metals	52445	39751	34755
有色金属冶炼和压延加工业	Manufacture and Processing of Non-ferrous Metals	47878	44843	35386
金属制品业	Manufacture of Metal Products	47629	21167	39366
通用设备制造业	Manufacture of General Purpose Machinery	46483	62452	46161
专用设备制造业	Manufacture of Special Purpose Machinery	70452	62097	36863
汽车制造业	Automobile Industry	61491	71061	53699
铁路、船舶、航空航天和其他运输设备制造业	Manufacture of Railway, Marine, Aerospace and Other Transport Equipment	91383	49953	36276
电气机械和器材制造业	Manufacture of Electrical Machinery and Equipment	53352	42637	41006

4-11 续表 1 continued

单位:元 (yuan)

行　业	Item	全部在岗职工 Number of Staff and Workers on the Job	国有经济 State-owned Economic	城镇集体 Urban Collective-owned Economic
计算机、通信和其他电子设备制造业	Manufacture of Communication Equipment,Computer and Other Electronic Equipment	48689	59946	66984
仪器仪表制造业	Manufacture of Measuring Instrument	51270	62197	50708
其他制造业	Other Manufacture N.E.C	52784		
废弃资源综合利用业	Recycling and Disposal of Waste	45112	51022	31925
金属制品、机械和设备修理业	Mental Products,Machine and Equipment Repair	69103		32000
电力、热力、燃气及水生产和供应业	**Production and Distribution of Electricity, Gas and Water**	**61198**	**61575**	**38695**
电力、热力生产和供应业	Production and Supply of Electric Power and Heat Power	63755	64517	41439
燃气生产和供应业	Production and Distribution of Gas	55478	55129	
水的生产和供应业	Production and Distribution of Water	49470	46034	31221
建筑业	**Construction**	**44081**	**48577**	**35945**
房屋建筑业	Construction of Building	42618	41267	36059
土木工程建筑业	Construction of Civil Engineering	49092	53821	34482
建筑安装业	Architectural Installation	47699	36719	33059
建筑装饰和其他建筑业	Architectural Decoration and Other Construction	38971	44093	34495
批发和零售业	**Wholesale and Retail Trade**	**46667**	**77846**	**32457**
批发业	Wholesale	61589	90339	53596
零售业	Retail Trade	38769	39658	27463
交通运输、仓储和邮政业	**Traffic, Transport, Storage and Post**	**61377**	**70330**	**27043**
铁路运输业	Transport Via Railway	86555	86334	
道路运输业	Transport Via Road	40904	39217	24348
水上运输业	Water Transport	41823	34901	31796
航空运输业	Air Transport	95837	61380	
管道运输业	Pipeline Transportation Industry	53899		
装卸搬运和运输代理业	Loading,Unloading,Portage and Other Transport Services	40112	66242	30694
仓储业	Storage	44394	48287	44147
邮政业	Post	61446	66598	
住宿和餐饮业	**Accommodation and Restaurants**	**34654**	**42414**	**31066**
住宿业	Accommodation	35485	42006	31001
餐饮业	Restaurants	32997	47146	31662
信息传输、软件和信息技术服务业	**Information Transfer,Software and Information Technology Service**	**69075**	**57476**	**74641**
电信、广播电视和卫星传输服务	Telecom, Broadcasting and Satellite Transmission Service	66828	57752	32375
互联网和相关服务	The Internet and Related Services	95944	38054	145083
软件和信息技术服务业	Software and Information Technology Service	71025	52834	
金融业	**Finance**	**110638**	**87966**	**74490**
货币金融服务	Monetary and Financial Services	114194	88745	74490
资本市场服务	Capital Markets Services	228834	86338	
保险业	Insurance	73248	75050	
其他金融业	Other Financial Activities	202887	51200	
房地产业	**Real Estate**	**49956**	**56837**	**32786**
房地产开发经营	Real Estate Exploitation Management	60277	57301	40963
物业管理	Management Concerning Dwelling	33539	58187	20412
房地产中介服务	Real Estate Agency Service	59909	35647	32718
租赁和商务服务业	**Tenancy and Business Services**	**44755**	**42538**	**35780**
租赁业	Tenancy	32721	24246	
商务服务业	Business Service	44943	42601	35780
科学研究和技术服务业	**Scientific Research,Technical Service&Geologic Perambulation**	**57439**	**58435**	**37808**

4-11 续表 2 continued

单位:元 (yuan)

行 业	Item	全部在岗职工 Number of Staff and Workers on the Job	国有经济 State-owned Economic	城镇集体 Urban Collective-owned Economic
研究和试验发展	Research and Experimental Development	68311	59070	24216
专业技术服务业	Professional Technique Services	66545	61873	48095
科技推广和应用服务业	Services of S&T Intercommunion and Generalization	32344	39549	18005
水利、环境和公共设施管理业	**Management of Water Conservancy, Environment and Public Establishment**	**38235**	**37368**	**40886**
水利管理业	Management of Water Conservancy	39735	39018	45856
生态保护和环境治理业	Environmental Management	48499	39708	48500
公共设施管理业	Management of Public Establishment	36934	36630	37573
居民服务、修理和其他服务业	**Resident Services and Other Services**	**42494**	**56565**	**47918**
居民服务业	Resident Services	45893	58320	57366
机动车、电子产品和日用产品修理业	Motor,Electronic Products and Daily Products Repair Service	41215	21698	37724
其他服务业	Other Services	33307	53750	46296
教育	**Education**	**54595**	**55450**	**54880**
初等教育	Primary Education	48923	49154	52885
中等教育	Secondary Education	52537	52798	60021
高等教育	Higher Education	81609	83345	61482
卫生和社会工作	**Health and Social Work**	**70720**	**72835**	**51639**
卫生	Health	71204	73260	51882
社会工作	Social Work	44940	46550	33215
文化、体育和娱乐业	**Culture, Sports and Entertainment**	**64992**	**72327**	**40667**
新闻和出版业	Journalism and Publishing Activities	70015	63074	51419
广播、电视、电影和影视录音制作业	Broadcasting, Movies, Television and Audiovisual Activities	88256	95277	36976
文化艺术业	Culture and Art	45908	47352	40097
体育	Sports Activities	41963	45271	34828
娱乐业	Entertainment	39654	71826	42200
公共管理、社会保障和社会组织	**Public Management and Social Organization**	**49071**	**49160**	**30363**
中国共产党机关	Organ of Communist Party of China	51831	51831	
国家机构	Organ of State	49094	49094	
人民政协、民主党派	People's Political Consultative Conference and Democratic Party	55743	55743	
社会保障	Social Insurance	45369	45369	
群众团体、社会团体和其他成员组织	Mass Community, Social Community and Religion Organizations	42393	47298	30363

4-12 社会保险参保人员情况
Basic Indicators of Staff and Workers Participated in Social Security System

单位：万人 (10 000 persons)

年份 Year	养老保险参保人数 Persons in Pension Insurance	机关事业单位 Agencies and Institutions	企业单位 Enterprises	离退休人员 Lay-off Workers	医疗保险参保人数 Persons in Health Programs	城镇职工 Urban Workers	城镇居民 Rural Residents	失业保险参保人数 Persons in Unemployment Programs	工伤保险参保人数 Persons in Injury Insurance	生育保险参保人数 Persons in Maternity Insurance
1999	419.46		314.36	105.10	35.00	35.00		345.60		
2000	568.07	133.24	323.33	111.50	127.30	127.30		346.48		
2001	603.41	140.79	314.62	148.00	351.60	351.60		351.99		
2002	616.36	145.48	313.18	157.70	398.13	398.13		326.61		3.37
2003	636.19	151.25	317.44	167.51	423.50	423.50		347.50	8.59	3.28
2004	691.70	152.50	353.80	185.40	476.97	476.97		380.46	203.33	212.92
2005	718.65	154.26	369.15	195.24	503.35	503.35		382.67	228.22	250.24
2006	751.65	155.63	386.14	209.88	560.47	560.47		386.30	280.1	308.53
2007	783.98	155.89	400.77	227.32	724.47	620.57	103.90	388.97	342.44	369.34
2008	829.06	157.13	436.59	235.34	1348.51	682.02	666.49	390.12	403.53	431.55
2009	879.07	157.47	475.46	246.14	1831.93	746.40	1085.53	392.01	472.08	502.43
2010	937.66	155.97	516.88	264.81	1894.47	777.32	1117.15	399.50	515.97	527.13
2011	988.19	156.14	554.15	277.90	1941.21	789.52	1151.70	429.70	635.48	538.77
2012	1048.08	156.40	591.22	300.46	2341.90	797.60	1544.30	449.90	693.83	546.00
2013	1091.73	156.55	605.67	329.51	2316.19	799.25	1516.94	461.66	731.15	535.96
2014	1118.89	156.82	613.03	349.04	2300.70	807.89	1492.81	509.50	747.97	537.59
2015	1160.06	156.57	634.50	368.99	2662.40	818.80	1843.60	521.00	777.98	544.00

主要统计指标解释

经济活动人口 指在16周岁及以上，有劳动能力，参加或要求参加社会经济活动的人口。包括就业人员和失业人员。

就业人员 **指在16周岁及以上，从事一定社会劳动并取得劳动报酬**或经营收入的人员。这一指标反映了一定时期内全部劳动力资源的实际利用情况，是研究我国基本国情国力的重要指标。

单位就业人员 指在各级国家机关、政党机关、社会团体及企业、事业单位中工作，取得工资或其他形式的劳动报酬的全部人员。包括在岗职工、再就业的离退休人员、民办教师以及在各单位中工作的外方人员和港澳台方人员、兼职人员、借用的外单位人员和第二职业者。各单位的就业人员反映了各单位实际参加生产或工作的全部劳动力。

城镇私营和个体就业人员 城镇私营就业人员指在工商管理部门注册登记，其经营地址设在县城关镇(含县城关镇)以上的私营企业就业人员，包括私营企业投资者和雇工。城镇个体就业人员指在工商管理部门注册登记，并持有城镇户口或在城镇长期居住，经批准从事个体工商经营的就业人员，包括个体经营者和在个体工商户劳动的家庭帮工和雇工。

国有单位 指资产归国家所有的经济组织。包括按《中华人民共和国企业法人登记管理条例》规定登记注册的非公司制的经济组织，以及中央、地方各级国家机关、事业单位和社会团体。

集体单位 指生产资料归集体所有，并按《中华人民共和国企业法人登记管理条例》规定登记注册的经济组织。

其他单位 包括股份合作单位、联营单位、有限责任公司、股份有限公司、港澳台商投资单位以及外商投资单位等其他登记注册类型单位。

在岗职工 指在本单位工作并由单位支付工资的人员，以及有工作岗位，但由于学习、病伤产假等原因暂未工作，仍由单位支付工资的人员。

工资总额 指各单位在一定时期内直接支付给本单位全部就业人员的劳动报酬总额。工资总额的计算原则应以直接支付给就业人员的全部劳动报酬为根据。各单位支付给就业人员的劳动报酬以及其他根据有关规定支付的工资，不论是计入成本的还是不计入成本的，不论是按国家规定列入计征奖金税项目的，还是未列入计征奖金税项目的，不论是以货币形式支付的还是以实物形式支付的，均包括在工资总额内。

平均工资 指企业、事业、机关单位的就业人员在一定时期内平均每人所得的货币工资额。它表明一定时期职工工资收入的高低程度，是反映就业人员工资水平的主要指标。计算公式为:

$$平均工资=\frac{报告期实际支付的全部就业人员工资总额}{报告期全部就业人员平均人数}$$

平均工资指数 指报告期就业人员平均工资与基期就业人员平均工资的比率，是反映不同时期就业人员货币工资水平变动情况的相对数。计算公式为:

$$平均工资指数=\frac{报告期就业人员平均工资}{基期就业人员平均工资}\times 100\%$$

平均实际工资指数 就业人员平均实际工资指扣除物价变动因素后的就业人员平均工资。就业人员平均实际工资指数是反映实际工资变动情况的相对数，表明就业人员实际工资水平提高或降低的程度。计算公式为:

$$平均实际工资指数=\frac{报告期就业人员平均工资指数}{报告期城镇居民消费价格指数}\times 100\%$$

城镇登记失业人员 指有非农业户口，在一定的劳动年龄内(16周岁至退休年龄)，有劳动能力，无业而要求就业，并在当地就业服务机构进行求职登记的人员。

城镇登记失业率 城镇登记失业人员与城镇就业人员和城镇登记失业人员之和的比。计算公式为：

$$城镇登记失业率=\frac{城镇登记失业人数}{城镇就业人员+城镇登记失业人数}\times 100\%$$

Explanatory Notes on Main Statistical Indicators

Economically Active Population refers to the population aged 16 and over who are capable of working, are participating in or willing to participate in economic activities, including employed persons and unemployed persons.

Employed Persons refer to persons aged 16 and over who are engaged in gainful employment and thus receive remuneration payment or earn business income. This indicator reflects the actual utilization of total labour force during a certain period of time and is often used for the research on China's economic situation and national power.

Persons Employed in Various Units refer to all the persons working in government agencies of various levels, political and party organizations, social organizations, enterprises and institutions, and receiving wages or other forms of payment. They include fully-employed staff and workers, re-employed retirees, teachers in the schools run by the local people, foreigners and Chinese compatriots from Hong Kong, Macao, and Taiwan working in various units, part-time employees, employees of other units working temporarily at current posts, and employees holding the second job. This indicator reflects the total number of laborers actually engaged in production or other operations in various units.

Persons Employed in Private Enterprises and Self-Employed Individuals in Urban Areas Persons employed in private enterprises refer to the persons employed in the private enterprises which have been registered at the departments of industrial and commercial administration for which the business operation are situated at a county town (i.e. a town where the county government is located), or at urban areas with administrative hierarchy higher than a county town. The self-employed individuals in urban areas refer to persons who hold the certificates of residence in urban areas or have resided in the urban areas for a long time and have been registered at the departments of industrial and commercial administration and approved to be engaged in individual industrial or commercial business, including self-employed persons as well as helpers and hired labourers who work in individual households.

State-owned Units refer to economic units whose assets are owned by the state, including non-corporation units registered according to Regulation of the People's Republic of China on the Registration of Enterprises and Corporations, state organs, institutions and social organizations at the central-level and local levels.

Collective-owned Units refer to economic units registered according to Regulation of the People's Republic of China on the Registration of Enterprises and Corporations where the means of production are collectively owned.

Units of Other Types of Ownership refer to units registered with other types of ownership, including cooperative units, joint ownership units, limited liability corporations, share holding corporations, units funded by entrepreneurs from Hong Kong, Macao, and Taiwan, and foreign- funded units.

Employed Staff and Workers refer to persons who work in, and receive wages from their working units, including persons who have their work posts but are temporarily absent from work for reasons of study or on sick, injury or maternal leave and still receive wages from their working units.

Total Wage Bill refers to the total remuneration payment to employed persons in various units during a certain period of time. The calculation of total wage bill is based on the total remuneration payment to employed persons . Therefore, all the wages and salaries and other payments to employed persons are included in the total wage bill regardless of sources, reckoning the cost of production or not, category, listing as items of premium taxation or not, and forms, paying in cash or in kind.

Average Wage refers to the average wage in money terms per person during a certain period of time for employed persons in enterprises, institutions, and government agencies, which reflects the general level of wage income during a certain period of time and is calculated as follows:

$$\text{Average Wage} = \frac{\begin{array}{c}\text{Total Wage Bill of Employed}\\ \text{Persons at Reference Time}\end{array}}{\begin{array}{c}\text{Average Number of Persons}\\ \text{Employed at Reference Time}\end{array}}$$

Average Wage Indices refers to the ratio of average wage of employed persons the reference period to that at the base period, which reflects the change of wage of employed persons at the different period. It is calculated as follows:

$$\text{Average Wage Indices} = \frac{\text{Average Wage of Employed Persons at Reference Time}}{\text{Average Wage of Persons Employeds at Base Period}} \times 100\%$$

Average Real Wage Indices average real wage of employed persons refers to the average wage of employed persons after removing the effects of the price changes and average real wage indices of employed persons refers to the change of real wage, which reflects the relative increasing or decreasing level of real wage of employed persons ,which is calculated as follows:

$$\text{Average Real Wage Indices} = \frac{\text{Average Wage Indices of Employed Persons at the Reference Time}}{\text{Urban Consumer Price Indices at Reference Time}} \times 100\%$$

Registered Unemployed Persons in Urban Areas refer to the persons with non-agricultural household registration at certain working ages (16 years old to retirement age), who are capable of working, unemployed and willing to work, and have been registered at the local employment service agencies to apply for a job.

Registered Unemployment Rate in Urban Areas refers to the ratio of the number of the registered unemployed persons to the sum of the number of persons employed in various units and the registered unemployed persons in urban areas. The formula is as follows:

$$\text{Registered unemployment rate in urban areas} = \frac{\text{number of registered urban unemployed persons}}{\text{number of persons employed registered unemployed persons in urban areas}} \times 100\%$$

5 固定资产投资

Investment in Fixed Assets

资料整理人员： 田杰平

5-1 历年固定资产投资及构成
Composition of Investments in Fixed Assets over the Years

单位：亿元 (100 million yuan)

年份 Year	固定资产投资 Investment in Fixed Assets	中央 Central Investment	固定资产投资增速（%） Fixed asset investment growth（%）	国有投资 State-owned Investment	非国有投资 non—State-owned Investment
1978	20.15			14.71	5.44
1979	25.29			17.56	7.73
1980	32.20			20.32	11.88
1981	33.45			18.67	14.78
1982	40.18			25.34	14.84
1983	55.66			25.06	30.60
1984	60.54			29.39	31.15
1985	83.52			43.86	39.66
1986	99.26			50.40	48.86
1987	116.39			60.98	55.41
1988	140.04			72.97	67.07
1989	114.41			62.94	51.47
1990	124.17			72.01	52.16
1991	157.07			94.85	62.22
1992	233.39			149.72	83.67
1993	320.24			203.17	117.07
1994	420.89			251.21	169.68
1995	524.01			316.90	207.11
1996	678.33			375.27	303.06
1997	700.73			366.24	334.49
1998	848.59			457.00	391.59
1999	943.34			522.95	420.39
2000	1066.27	248.26		574.12	492.15
2001	1210.63	225.54		618.54	592.09
2002	1355.87	166.88		665.70	690.17
2003	1557.00	114.09		701.33	855.67
2004	1981.29	150.68		879.95	1101.34
2005	2563.96	175.48		1000.96	1563.00
2006	3242.39	255.23		1205.49	2036.90
2007	4294.36	354.63		1546.59	2747.76
2008	5649.69	457.13		1985.68	3664.01
2009	7695.27	288.58		2923.52	4771.75
2010	9821.06	281.61		3322.32	6498.75
2011	11431.48	353.67	27.9	3563.13	7868.35
2012	14576.61	435.37	25.0	4580.72	9995.89
2013	18381.44	334.14	26.1	5574.42	12807.02
2014	21950.77	460.48	19.4	6393.07	15557.70
2015	25954.27	492.75	18.2	7829.93	18124.34

注：从2011年起，固定资产投资起报点由50万元提高到500万元。全社会固定资产投资指标调整为固定资产投资。

From 2011, the starting point of reporting Investment in Fixed Assets increased from five hundred thousand yuan to five million yuan. The Index of "Total Investment in Fixed Assets" adjusted to the "Investment in Fixed Assets".

5-2 固定资产投资
Investment in Fixed Assets

指 标	Item	2000	2005	2014	2015	2015年比上年±% Increase Rate in 2015over 2014(%)
投资总额 (亿元)	**Total Investment (100 million yuan)**	**1066.27**	**2563.96**	**21950.77**	**25954.27**	**18.2**
按经济类型分	**Grouped by Ownership**					
国有经济	State-Owned Units	574.12	1000.96	6393.07	7829.93	22.5
集体经济	Collective-Owned Units	118.80	94.89	649.97	755.40	16.2
个体经济	Individuals	281.89	499.08	7513.60	9377.88	24.8
联营经济	Joint Owned Economic Units	1.36	13.26	30.23	17.13	-43.3
股份制经济	Share Holding Economic Units	49.80	752.22	5458.19	5716.21	4.7
外商投资经济	Foreign Funded Economic Units	24.72	47.48	220.72	224.51	1.7
港澳台投资经济	Economic Units Funded by Entrepreneurs from Hong Kong,Macao and Taiwan	13.69	66.25	212.72	194.94	-8.4
其他经济	Others	1.91	89.82	1472.27	1838.27	24.9
按资金来源分	**Grouped by Source of Funds**					
国家预算内投资	State Budgetary Appropriation	76.49	85.30	1219.29	1383.71	13.5
国内贷款	Domestic Loans	213.41	346.44	1843.38	1800.32	-2.3
债券	Bonds	2.34	7.74	46.15	10.30	-77.7
利用外资	Foreign Investment	22.01	63.25	51.75	32.82	-36.6
自筹投资	Fundraising	623.37	1692.73	16456.25	20130.65	22.3
其他资金	Others	128.65	368.50	2333.96	2596.48	11.2
按构成分	**Grouped by Use of Funds**					
建筑安装工程	Construction and Installation	759.94	1678.77	15297.92	18821.34	23.0
设备、工器具购置	Purchase of Equipment and Instruments	198.68	490.60	3578.48	4277.26	19.5
其他费用	Others	107.65	394.59	3074.38	2855.67	-7.1
按隶属关系分	**Grouped by Administrative Relationship**					
中央	Central	248.26	177.52	460.48	492.75	7.0
地方	Local	818.02	2386.44	21490.29	25461.52	18.5
按用途分：住宅	**Grouped by Industry: Residential Buildings**	**297.00**	**500.56**	**2169.52**	**1945.85**	**-10.3**
房屋建筑面积 (万平方米)	**Floor Space of Buildings (10 000 sq.m)**					
施工面积	Floor Space Under Construction	13170.34	14009.92	37715.69	37086.82	-1.7
竣工面积	Floor Space Completed	10892.52	8124.12	5918.31	6174.72	4.3
#住宅	# Residential Buildings	9117.54	6179.85	3649.65	3620.17	-0.8

5-3 按经济类型分固定资产投资及构成(2015年)
Investments in Fixed Assets and its Composition by Economic Types (2015)

类 别	Item	全省总计 Total	国有 State-owned	非国有 Non State-owned
投资总额 (亿元)	**Total Investment (100 million yuan)**	**25954.27**	**7829.93**	**18124.34**
按资金来源分	**Grouped by Source of Funds**			
#国家预算内投资	#State Budgetary Appropriation	1383.71	1268.09	115.62
国内贷款	Domestic Loans	1800.32	550.52	1249.80
债 券	Bonds	10.30	8.52	1.78
利用外资	Foreign Investment	32.82	8.46	24.36
自筹投资	Fundraising	20130.65	5439.15	14691.49
其他资金	Others	2596.48	555.20	2041.28
按构成分	**Grouped by Use of Funds**			
#建安工程	#Construction and Installation	18821.34	6327.34	12494.00
设备、工具、器具购置	Purchase of Equipment and Instruments	4277.26	584.01	3693.25
其他费用	Others	2855.67	918.58	1937.09
按用途分：住宅	**Grouped by Industry:Residential Buildings**	**1945.85**	**165.10**	**1780.74**
房屋建筑面积 (万平方米)	**Floor Space of Buildings (10 000 sq.m)**			
#施工面积	#Floor Space Under Construction	37086.82	4968.38	32118.44
竣工面积	Floor Space Completed	6174.72	1063.19	5111.54
#住宅	#Residential Buildings	3620.17	440.54	3179.63
构成 (%)	**Percentage (%)**			
按资金来源分	**Grouped by Source of Funds**			
#国家预算内投资	#State Budgetary Appropriation	5.3	16.2	0.6
国内贷款	Domestic Loans	6.9	7.0	6.9
债 券	Bonds		0.1	
利用外资	Foreign Investment	0.1	0.1	0.1
自筹投资	Fundraising	77.6	69.5	81.1
其他资金	Others	10.0	7.1	11.3
按构成分	**Grouped by Use of Funds**			
#建安工程	#Construction and Installation	72.5	80.8	68.9
设备、工具、器具购置	Purchase of Equipment and Instruments	16.5	7.5	20.4
其他费用	Others	11.0	11.7	10.7
按用途分：住宅	**Grouped by Industry:Residential Buildings**	**7.5**	**2.1**	**9.8**

注：其他含联营经济、股份制经济、中外合资经营、中外合作经营、外资、与大陆合资经营、与大陆合作经营、港澳台独资等经济。

Other types of ownership refer to the types of ownership of joint-owned economic units, share holding economic units, economic units funded by Chinese and foreign ventures, Chinese-foreign joint ventures, foreign-funded economic units, and the economic units funded by enterpriser from Hong Kong, Macao and Taiwan.

5-4 按行业分固定资产投资
Investment of Fixed Assets by Sector

行 业	Sector	2013	2014	2015	2015年比上年±% Increase Rate in 2015over 2014(%)
总计 (亿元)	**Total (100 million yuan)**	**18381.44**	**21950.77**	**25954.27**	**18.2**
农、林、牧、渔业	Agriculture,Forestry,Farming of Animals and Fishing	633.87	858.90	1116.75	30.0
采矿业	Mining	647.61	679.87	626.75	-7.8
制造业	Manufacturing	6668.03	7641.08	9079.12	18.8
电力、燃气及水的生产和供应业	Production and Distribution of Electricity,Gas and Water	610.93	783.23	926.00	18.2
建筑业	Construction	154.20	238.08	435.09	82.7
交通运输、仓储和邮政业	Traffic,Transport, Storage and Post	1381.87	1559.94	1800.94	15.4
信息传输、计算机服务和软件业	Information Transfer,Computer Services and Software	93.06	121.09	275.43	127.5
批发和零售业	Wholesale and Retail Trade	592.12	965.52	1270.61	31.6
住宿和餐饮业	Accommodation and Restaurants	247.10	299.17	328.48	9.8
金融业	Finance	57.79	75.15	93.92	25.0
房地产业	Real Estate Trade	3323.09	3732.52	3651.92	-2.2
租赁和商务服务业	Tenancy and Business Services	359.52	419.37	552.93	31.8
科学研究、技术服务和地质勘查	Scientific Research,Technical Service and Geologic Perambulation	139.61	217.38	318.66	46.6
水利、环境和公共设施管理业	Management of Water Conservancy,Environment and Public Establishment	2099.60	2729.89	3539.62	29.7
居民服务和其他服务业	Resident Services and Other Services	86.40	99.76	135.88	36.2
教育	Education	302.25	417.54	500.34	19.8
卫生、社会保障和社会福利业	Sanitation,Social Security and Social Welfare	172.38	256.05	308.06	20.3
文化、体育和娱乐业	Culture,Sports and Entertainment	200.61	265.75	303.73	14.3
公共管理和社会组织	Public Management and Social Organization	611.41	590.48	690.03	16.9
构成 (%)	**Composition in Percentage (%)**				
农、林、牧、渔业	Agriculture,Forestry,Farming of Animals and Fishing	3.4	3.91	4.30	10.0
采矿业	Mining	3.5	3.10	2.41	-22.0
制造业	Manufacturing	36.3	34.81	34.98	0.5
电力、燃气及水的生产和供应业	Production and Distribution of Electricity,Gas and Water	3.3	3.57	3.57	
建筑业	Construction	0.8	1.08	1.68	54.6
交通运输、仓储和邮政业	Traffic,Transport, Storage and Post	7.5	7.11	6.94	-2.4
信息传输、计算机服务和软件业	Information Transfer,Computer Services and Software	0.5	0.55	1.06	92.4
批发和零售业	Wholesale and Retail Trade	3.2	4.40	4.90	11.3
住宿和餐饮业	Accommodation and Restaurants	1.3	1.36	1.27	-7.1
金融业	Finance	0.3	0.34	0.36	5.7
房地产业	Real Estate Trade	18.1	17.00	14.07	-17.3
租赁和商务服务业	Tenancy and Business Services	2.0	1.91	2.13	11.5
科学研究、技术服务和地质勘查	Scientific Research,Technical Service and Geologic Perambulation	0.8	0.99	1.23	24.0
水利、环境和公共设施管理业	Management of Water Conservancy,Environment and Public Establishment	11.4	12.44	13.64	9.7
居民服务和其他服务业	Resident Services and Other Services	0.5	0.45	0.52	15.2
教育	Education	1.6	1.90	1.93	1.3
卫生、社会保障和社会福利业	Sanitation,Social Security and Social Welfare	0.9	1.17	1.19	1.8
文化、体育和娱乐业	Culture,Sports and Entertainment	1.1	1.21	1.17	-3.3
公共管理和社会组织	Public Management and Social Organization	3.3	2.69	2.66	-1.2

5-5 按行业、构成、隶属关系和注册类型分固定资产投资(2015年)
Investment of Fixed Assets by Sector, Source of Funds, Jurisdiction of Management and Registration Status (2015)

单位：亿元 (100 million yuan)

指 标	Item	投资额 Investment	中央 Central Investment	地方 Local Investment
总 计	**Total**	**25954.27**	**492.75**	**25461.52**
农、林、牧、渔业	**Agriculture, Forestry, Animal Husbandry and Fishing**	**1116.75**	**1.68**	**1115.07**
农业	Agriculture	536.25	0.95	535.30
林业	Forestry	136.17	0.25	135.92
畜牧业	Animal Husbandry	189.77		189.77
渔业	Fishing	52.30		52.30
农、林、牧、渔服务业	Service Activities for Agriculture, Forestry, Animal Husbandry	202.26	0.49	201.78
采矿业	**Mining**	**626.75**	**6.18**	**620.57**
煤炭开采和洗选业	Mining and Washing of Coal	198.43		198.43
石油和天然气开采业	Extraction of Petroleum and Natural Gas	1.25		1.25
黑色金属矿采选业	Mining and Processing of Ferrous Metal Ores	53.77	0.67	53.09
有色金属矿采选业	Mining and Processing of Non-Ferrous Metal Ores	131.82	5.31	126.51
非金属矿采选业	Mining and Processing of Nonmetal Ores	211.09	0.20	210.90
开采辅助活动	Support activities for mining	23.49		23.49
其他采矿业	Mining of Other Ores	6.90		6.90
制造业	**Manufacturing**	**9079.12**	**84.68**	**8994.43**
农副食品加工业	Processing of Food from Agricultural Products	775.16	0.27	774.89
食品制造业	Manufacture of Foods	370.70	0.31	370.39
酒、饮料和精制茶制造业	Wine, soft drinks and refined tea industry	244.12		244.12
烟草制品业	Manufacture of Tobacco	30.74	2.31	28.44
纺织业	Manufacture of Textile	143.71		143.71
纺织服装、鞋、帽制造业	Manufacture of Textile Wearing Apparel, Footware, and Caps	136.22		136.22
皮革毛皮羽毛(绒)及其制品业	Manufacture of Leather, Fur, Feather and Related Products	132.50		132.50
木材加工及木竹藤棕草制品业	Processing of Timber, Manufacture of Wood, Bamboo, Rattan, Palm, and Straw Products	287.03		287.03
家具制造业	Manufacture of Furniture	162.82		162.82
造纸及纸制品业	Manufacture of Paper and Paper Products	144.85		144.85
印刷业和记录媒介的复制	Printing,Reproduction of Recording Media	135.91		135.91
文教体育用品制造业	Manufacture of Articles For Culture, Education and Sport Activity	98.56		98.56
石油加工、炼焦及核燃料加工业	Processing of Petroleum, Coking, Processing of Nuclear Fuel	30.74		30.74
化学原料及化学制品制造业	Manufacture of Raw Chemical Materials and Chemical Products	765.29	3.89	761.40
医药制造业	Manufacture of Medicines	256.99	6.77	250.22
化学纤维制造业	Manufacture of Chemical Fibers	12.26		12.26
橡胶和塑料制品业	Rubber and plastic products industry	225.87		225.87
非金属矿物制品业	Manufacture of Non-metallic Mineral Products	1190.83	1.64	1189.19
黑色金属冶炼及压延加工业	Smelting and Pressing of Ferrous Metals	129.14	0.05	129.09
有色金属冶炼及压延加工业	Smelting and Pressing of Non-ferrous Metals	366.32		366.32
金属制品业	Manufacture of Metal Products	413.57		413.57
通用设备制造业	Manufacture of General Purpose Machinery	673.33	0.45	672.88
专用设备制造业	Manufacture of Special Purpose Machinery	576.60	8.57	568.03
汽车制造业	Automotive Manufacturing	351.50	9.71	341.79
铁路、船舶、航空航天和其他运输设备制造业	Railroad, marine, aerospace and other transportation equipment manufacturing	164.44	40.11	124.33
电气机械及器材制造业	Manufacture of Electrical Machinery and Equipment	512.76	2.18	510.58
通信设备、计算机及其他电子设备制造业	Manufacture of Communication Equipment, Computers and Other Electronic Equipment	475.64	6.52	469.12
仪器仪表制造业	Instrument Manufacturing	71.92		71.92
其他制造业	Other manufacturing	105.83		105.83
废弃资源综合利用业	Comprehensive utilization of waste resources industry	77.84	1.90	75.94
金属制品、机械和设备修理业	Metal products, machinery and equipment repair industry	15.91		15.91
电力燃气水的生产供应业	**Production and Distribution of Electricity, Gas and Water**	**926.00**	**43.33**	**882.67**
电力、热力的生产和供应业	Production and Distribution of Electric Power and Heat Power	466.95	38.47	428.48
燃气生产和供应业	Production and Distribution of Gas	80.31	1.00	79.31
水的生产和供应业	Production and Distribution of Water	378.74	3.86	374.88
建筑业	**Construction**	**435.09**	**10.59**	**424.50**
房屋建筑业	Housing construction	114.61	1.13	113.48
土木工程建筑业	Civil Engineering Construction	260.47	9.14	251.33
建筑安装业	Building Installation	13.63		13.63
建筑装饰和其他建筑业	Architectural decoration and other construction	46.39	0.33	46.06

5-5 continued

单位：亿元　　(100 million yuan)

投资额 Investment					
内资 Domestic Fund	港澳台商投资 Fund from hong kong, macao and taiwan	外商投资 Foreign Funded	国有及国有控股 State-owned and State-controlled	集体 Collective-owned	私营个体 Private and Individuals
17116.23	**194.94**	**224.51**	**7829.93**	**755.40**	**9213.61**
590.11	**3.40**	**6.32**	**220.63**	**72.16**	**486.51**
284.72	2.29	3.46	92.42	38.23	230.35
100.46		0.94	52.92	17.16	31.98
71.05	0.53	0.74	11.07	6.28	109.78
21.40	0.19		5.83	3.29	28.72
112.48	0.39	1.18	58.38	7.20	85.66
216.73	**0.64**	**1.83**	**43.70**	**36.15**	**385.72**
43.39	0.58	0.29	12.87	10.24	136.27
					1.25
8.98	0.06		3.27	4.09	44.26
76.25		1.54	14.37	6.77	52.50
65.97			7.66	5.87	143.79
18.63			4.42	8.94	4.86
3.51			1.10	0.24	2.80
3329.41	**81.81**	**154.58**	**456.86**	**117.99**	**5455.25**
262.34	0.82	2.54	21.91	20.62	498.66
137.30	0.70	1.79	10.55	4.86	230.76
75.85	0.24	5.20	5.43	0.93	160.63
29.76			9.55	1.93	0.99
57.07	1.67	0.37	4.48	2.41	84.60
38.18	2.87	0.58	2.19	2.72	94.23
31.28	3.81	1.38	3.72	1.60	94.28
79.53		0.66	11.22	7.77	202.17
51.47		1.96	0.80	0.48	103.66
49.70			5.65	2.37	94.93
46.81	1.05	0.99	0.65	1.38	86.32
32.57	1.74		4.23	0.57	62.96
8.18	0.80			0.96	21.76
229.52	1.82	4.21	37.47	12.14	526.63
159.91	4.62	4.49	15.22	3.38	87.80
4.79				0.34	7.04
82.41		0.91	2.27	3.67	141.64
334.66	5.04	24.64	21.32	14.20	806.96
32.74		1.36	5.68	0.10	95.05
186.83	0.64	1.80	44.33	4.97	176.32
147.05			24.00	1.17	264.36
255.82	6.72	1.68	6.84	3.28	408.93
218.24	10.55	6.92	39.39	6.42	339.64
135.22	5.20	44.53	23.90	1.09	166.36
110.30	0.50	4.30	56.30	3.01	49.34
194.40	8.52	0.93	14.13	0.90	308.71
203.57	23.17	41.62	38.23	10.25	206.56
33.47	0.57	1.49	7.79		36.19
47.28	0.41	0.23	22.53	2.00	57.51
44.61	0.34		14.10	1.54	32.89
8.54			2.98	0.94	7.37
745.42	**4.81**	**5.40**	**474.33**	**62.44**	**160.62**
378.49	2.81	0.63	254.25	20.41	76.49
38.68	0.60	3.42	21.08	1.68	37.61
328.25	1.39	1.35	199.00	40.35	46.52
378.24	**0.55**		**273.23**	**11.60**	**55.60**
100.44	0.09		75.44	3.52	13.69
242.16	0.46		189.46	7.08	17.73
7.43			3.45	0.35	6.19
28.21			4.90	0.65	17.99

5-5 续表 1 continued

单位：亿元 (100 million yuan)

指 标	Item	投资额 Investment	中央 Central Investment	地方 Local Investment
交通运输、仓储和邮政业	**Transport, Storage and Post**	**1800.94**	**178.04**	**1622.90**
铁路运输业	Railway Transport	204.30	168.70	35.60
道路运输业	Road Transport	1238.26	3.17	1235.09
水上运输业	Water Transport	30.69	0.67	30.03
航空运输业	Air Transport	35.68	1.56	34.12
管道运输业	Transport Via Pipelines	8.13		8.13
装卸搬运和其他运输服务业	Loading, Unloading and Other Transport Services	77.81	1.40	76.41
仓储业	Storage	190.95	1.95	189.00
邮政业	Post	15.10	0.59	14.51
信息传输、软件和信息技术软件业	**Information Transmission, Software and IT software industry**	**275.43**	**7.31**	**268.11**
电信、广播电视和卫星传输服务	Telecommunications, radio and television and satellite transmission services	58.82	2.27	56.54
互联网和相关服务	Internet and related services	58.28	4.68	53.60
软件和信息技术服务业	Software and IT services	158.33	0.36	157.97
批发和零售业	**Wholesale and Retail Trade**	**1270.61**	**3.29**	**1267.32**
批发业	Wholesale Trade	661.82	2.82	659.00
零售业	Retail Trade	608.79	0.47	608.32
住宿和餐饮业	**Hotel and Restaurants**	**328.48**		**328.48**
住宿业	Hotels	221.24		221.24
餐饮业	Restaurants	107.24		107.24
金融业	**Financial Intermediation**	**93.92**	**5.27**	**88.65**
货币金融服务	Monetary and Financial Services	33.23	2.56	30.68
资本市场服务	Capital Market Services	34.55	0.35	34.20
保险业	Insurance	6.19	1.95	4.25
其他金融业	Other Financial Activities	19.94	0.42	19.52
房地产业	**Real Estate**	**3651.92**	**64.67**	**3587.25**
租赁和商务服务业	**Leasing and Business Services**	**552.93**	**1.73**	**551.21**
租赁业	Leasing	35.04	0.40	34.64
商务服务业	Business Services	517.89	1.33	516.56
科学研究、技术服务业	**Scientific Research, Technical Service and Geologic Prospecting**	**318.66**	**6.06**	**312.59**
研究与试验发展	Research and Experimental Development	99.51	5.63	93.87
专业技术服务业	Professional Technical Services	110.09	0.43	109.66
科技交流和推广服务业	Services of Science and Technology Exchanges and Promotion	109.05		109.05
水利、环境和公共设施管理业	**Management of Water Conservancy, Environment and Public Facilities**	**3539.62**	**58.64**	**3480.98**
水利管理业	Management of Water Conservancy	393.97	2.34	391.63
环境管理业	Environmental Management	164.84	3.60	161.24
公共设施管理业	Management of Public Facilities	2980.81	52.70	2928.11
居民服务和其他服务业	**Services to Households and Other Services**	**135.88**	**1.57**	**134.32**
居民服务业	Services to Households	60.97	1.34	59.63
机动车、电子产品和日用产品修理业	Motor vehicles, electronics and household goods repair industry	45.59		45.59
其他服务业	Other Services	29.33	0.23	29.10
教育	**Education**	**500.34**	**6.61**	**493.73**
卫生、社会工作	**Health, social work**	**308.06**	**5.36**	**302.71**
卫生	Health	227.83	3.87	223.96
社会工作	Social Work	80.23	1.48	78.75
文化、体育和娱乐业	**Culture, Sports and Entertainment**	**303.73**	**2.95**	**300.78**
新闻出版业	Journalism and Publishing Activities	8.57	0.48	8.09
广播、电视、电影和影视录音制作业	Radio, television, film and video production industry recordings	24.34		24.34
文化艺术业	Cultural and Art Activities	158.42	1.06	157.37
体育	Sports Activities	44.84	0.52	44.32
娱乐业	Entertainment	67.56	0.89	66.67
公共管理、社会保障和社会组织	**Public administration, social security and social organizations**	**690.03**	**4.79**	**685.24**
中国共产党机关	Organs of Communist Party of China	0.75		0.75
国家机构	Government Agencies	576.85	4.74	572.11
人民政协和民主党派	People's Political Consultative Conference and Democratic Parties	0.72		0.72
社会保障	Social Security	47.22	0.05	47.17
群众团体、社会团体和宗教组织	Mass organizations, social organizations and religious organizations	29.65		29.65
基层群众自治组织	Grass-roots mass self-government organizations	34.84		34.84

续表 continued

单位：亿元 (100 million yuan)

投资额 Investment					
内资 Domestic Fund	港澳台商投资 Fund from hong kong, macao and taiwan	外商投资 Foreign Funded	国有及国有控股 State-owned and State-controlled	集体 Collective-owned	私营个体 Private and Individuals
1618.43	**3.40**	**6.26**	**1188.54**	**38.83**	**172.14**
201.68			197.19	0.26	2.62
1181.41	2.91		862.64	31.49	53.25
27.18			21.91	0.66	3.51
34.95			32.46		0.74
3.54			1.58	0.43	4.59
48.78	0.50	0.97	13.55	0.09	27.57
111.34		5.29	54.74	5.90	74.33
9.56			4.46		5.54
174.78	**1.51**	**4.32**	**63.67**	**4.76**	**92.66**
50.24		0.71	33.33	4.22	7.28
30.96	0.45	1.53	8.79	0.50	24.63
93.57	1.06	2.07	21.55	0.05	60.75
698.62	**1.09**	**5.63**	**106.28**	**35.40**	**556.96**
357.81	0.15	5.63	33.54	17.86	295.38
340.82	0.95		72.73	17.54	261.58
162.61	**2.37**	**1.89**	**49.28**	**14.17**	**144.89**
119.78	1.91	1.89	44.43	11.08	90.75
42.83	0.46		4.85	3.09	54.14
76.30		**0.33**	**20.10**	**3.06**	**17.30**
29.20			12.80	3.06	4.04
26.51			0.79		8.05
5.57			2.99		0.63
15.03		0.33	3.52		4.58
3484.09	**85.95**	**17.34**	**766.27**	**59.07**	**1021.60**
408.97	**2.77**	**3.99**	**203.50**	**10.76**	**136.52**
19.54		0.49	5.26		14.88
389.44	2.77	3.50	198.24	10.76	121.65
202.95	**0.82**	**0.63**	**52.70**	**6.50**	**112.83**
55.84			15.07	0.30	43.50
78.89	0.47	0.63	24.24	3.85	28.98
68.22	0.35		13.39	2.35	40.35
3333.03	**2.34**	**9.04**	**2578.13**	**204.25**	**190.04**
385.17	0.36		331.22	23.63	8.25
154.19	0.78		124.06	10.35	9.37
2793.67	1.20	9.04	2122.85	170.27	172.42
88.70		**0.38**	**38.69**	**3.24**	**45.30**
46.05			30.69	1.87	14.40
23.13		0.38	3.81	0.10	21.27
19.52			4.20	1.27	9.63
428.44	**0.20**	**1.54**	**342.64**	**14.19**	**67.97**
263.66	**0.66**	**2.62**	**205.30**	**13.59**	**40.78**
194.51	0.66	1.70	152.79	9.28	30.77
69.15		0.92	52.51	4.32	10.01
240.84	**2.05**	**2.23**	**148.31**	**9.98**	**56.79**
8.38			7.41	0.20	0.20
18.67			11.91	1.05	5.67
136.61	1.14	0.46	95.26	5.47	20.14
33.91	0.91	1.27	19.76	0.68	8.61
43.27		0.50	13.96	2.57	22.18
674.90	**0.58**	**0.20**	**597.75**	**37.26**	**14.13**
0.75			0.75		
563.80	0.30	0.20	529.08	15.07	12.54
0.20					0.52
47.05			31.77	11.19	0.16
28.46	0.28		19.07	3.84	0.69
34.63			17.08	7.17	0.21

5-6 各市州按行业分固定资产投资(2015年)
Investment of Fixed Assets by Sector of Cities and Prefecture(2015)

单位：亿元 (100 million yuan)

行业	Sector	合计 Total	长沙市 Changsha City	株洲市 Zhuzhou City	湘潭市 Xiangtan City
总计	**Total**	**25954.27**	**6363.28**	**2181.36**	**1805.40**
农、林、牧、渔业	Agriculture,Forestry,Farming of Animals and Fishing	1116.75	83.09	60.36	30.96
采矿业	Mining	626.75	29.69	100.92	25.33
制造业	Manufacturing	9079.12	2030.73	912.53	816.24
电力、燃气及水的生产和供应业	Production and Distribution of Electricity,Gas and Water	926.00	92.93	98.99	22.89
建筑业	Construction	435.09	43.47	7.24	6.28
批发和零售业	Wholesale and Retail Trade	1270.61	418.91	120.92	126.12
交通运输、仓储和邮政业	Transportation, storage and postal services	1800.94	481.60	41.43	63.85
住宿和餐饮业	Accommodation and catering	328.48	98.96	17.95	7.65
信息传输、软件和信息技术服务业	Information transmission, software and IT services	275.43	196.42	6.02	8.70
金融业	Finance	93.92	45.41	1.34	1.39
房地产业	Real Estate Trade	3651.92	1293.64	283.36	206.47
租赁和商务服务业	Tenancy and Business Services	552.93	240.85	7.59	23.22
科学研究、技术服务业	Scientific Research, Technical Services	318.66	220.72	9.15	9.55
水利、环境和公共设施管理业	Management of Water Conservancy, Environment and Public Establishment	3539.62	752.97	427.56	366.56
居民服务、修理和其他服务业	Resident services, repairs and other services	135.88	22.58	9.48	9.67
教育	Education	500.34	122.37	28.56	24.18
卫生和社会工作业	Health and social work sector	308.06	51.97	15.50	12.70
文化、体育和娱乐业	Culture,Sports and Entertainment	303.73	107.36	20.04	27.42
公共管理、社会保障和社会组织	Public administration, social security and social organizations	690.03	29.61	12.41	16.22

行业	Sector	衡阳市 Hengyang City	邵阳市 Shaoyang City	岳阳市 Yueyang City	常德市 Changde City
总计	**Total**	**2125.93**	**1522.60**	**2154.71**	**1857.91**
农、林、牧、渔业	Agriculture,Forestry,Farming of Animals and Fishing	138.57	180.13	101.89	74.87
采矿业	Mining	64.88	44.42	27.36	42.94
制造业	Manufacturing	784.58	550.33	863.78	738.67
电力、燃气及水的生产和供应业	Production and Distribution of Electricity,Gas and Water	61.78	82.87	74.06	100.50
建筑业	Construction	3.32	8.29	113.89	57.58
批发和零售业	Wholesale and Retail Trade	111.06	97.29	67.46	73.79
交通运输、仓储和邮政业	Transportation, storage and postal services	131.79	131.19	68.78	91.43
住宿和餐饮业	Accommodation and catering	35.20	27.86	22.20	35.53
信息传输、软件和信息技术服务业	Information transmission, software and IT services	14.41	2.27	5.50	15.36
金融业	Finance	9.94	1.46	9.42	4.04
房地产业	Real Estate Trade	200.85	187.52	243.89	139.38
租赁和商务服务业	Tenancy and Business Services	63.72	17.49	51.85	29.81
科学研究、技术服务业	Scientific Research, Technical Services	16.87	5.02	6.32	7.81
水利、环境和公共设施管理业	Management of Water Conservancy, Environment and Public Establishment	267.26	77.34	242.39	278.39
居民服务、修理和其他服务业	Resident services, repairs and other services	21.12	12.36	11.88	15.48
教育	Education	47.81	34.67	47.15	35.24
卫生和社会工作业	Health and social work sector	33.97	21.51	33.07	44.83
文化、体育和娱乐业	Culture,Sports and Entertainment	22.22	25.61	20.43	20.55
公共管理、社会保障和社会组织	Public administration, social security and social organizations	96.57	14.96	143.39	51.70

5-6 续表 continued

单位：亿元 (100 million yuan)

行 业	Sector	张家界市 Zhangjiajie City	益阳市 Yiyang City	郴州市 Chenzhou City	永州市 Yongzhou City
总计	**Total**	**296.43**	**1223.80**	**2168.98**	**1541.35**
农、林、牧、渔业	Agriculture,Forestry,Farming of Animals and Fishing	10.22	32.78	165.84	69.10
采矿业	Mining	8.32	17.71	159.43	25.40
制造业	Manufacturing	51.15	626.70	557.35	544.66
电力、燃气及水的生产和供应业	Production and Distribution of Electricity,Gas and Water	5.71	36.22	129.35	100.40
建筑业	Construction	6.65	17.44	33.67	70.54
批发和零售业	Wholesale and Retail Trade	4.10	26.17	124.32	39.88
交通运输、仓储和邮政业	Transportation, storage and postal services	31.54	40.73	136.27	54.85
住宿和餐饮业	Accommodation and catering	9.51	3.31	28.86	17.33
信息传输、软件和信息技术服务业	Information transmission, software and IT services	7.11	4.16	5.42	6.13
金融业	Finance	0.52	8.48	0.65	5.39
房地产业	Real Estate Trade	43.40	162.29	270.97	139.74
租赁和商务服务业	Tenancy and Business Services	2.62	5.75	10.33	60.75
科学研究、技术服务业	Scientific Research, Technical Services	0.17	2.72	22.39	8.27
水利、环境和公共设施管理业	Management of Water Conservancy,Environment and Public Establishment	38.52	219.92	399.58	131.21
居民服务、修理和其他服务业	Resident services, repairs and other services	10.61	3.39	8.92	3.33
教育	Education	9.23	5.50	37.85	52.91
卫生和社会工作业	Health and social work sector	3.91	5.81	22.21	22.39
文化、体育和娱乐业	Culture,Sports and Entertainment	2.48	1.51	19.58	18.13
公共管理、社会保障和社会组织	Public administration, social security and social organizations	50.65	3.23	35.99	170.94

行 业	Sector	怀化市 Huaihua City	娄底市 Loudi City	湘西自自治州 West Hunan A.P	不分地区 Not Classified by Region
总计	**Total**	**1008.00**	**1108.39**	**356.95**	**239.19**
农、林、牧、渔业	Agriculture,Forestry,Farming of Animals and Fishing	78.05	78.79	12.09	
采矿业	Mining	14.38	63.86	2.12	
制造业	Manufacturing	220.78	337.49	44.12	
电力、燃气及水的生产和供应业	Production and Distribution of Electricity,Gas and Water	65.13	40.61	14.57	
建筑业	Construction	57.99	5.06	3.67	
批发和零售业	Wholesale and Retail Trade	20.07	33.34	7.17	
交通运输、仓储和邮政业	Transportation, storage and postal services	83.14	101.40	103.74	239.19
住宿和餐饮业	Accommodation and catering	10.07	13.30	0.76	
信息传输、软件和信息技术服务业	Information transmission, software and IT services	2.57	1.02	0.35	
金融业	Finance	4.29	1.54	0.05	
房地产业	Real Estate Trade	204.06	204.07	72.29	
租赁和商务服务业	Tenancy and Business Services	23.07	4.49	11.39	
科学研究、技术服务业	Scientific Research, Technical Services	2.13	6.55	0.97	
水利、环境和公共设施管理业	Management of Water Conservancy,Environment and Public Establishment	158.56	138.66	40.69	
居民服务、修理和其他服务业	Resident services, repairs and other services	2.73	3.14	1.17	
教育	Education	19.88	20.03	14.97	
卫生和社会工作业	Health and social work sector	15.59	20.19	4.41	
文化、体育和娱乐业	Culture,Sports and Entertainment	3.88	5.77	8.76	
公共管理、社会保障和社会组织	Public administration, social security and social organizations	21.65	29.07	13.64	

5-7 各市州按行业分新增固定资产(2015年)
Newly Increased Fixed Assets by Sector of Cities and Prefecture (2015)

单位：亿元 (100 million yuan)

行 业	Sector	合计 Total	长沙市 Changsha City	株洲市 Zhuzhou City	湘潭市 Xiangtan City
总计	**Total**	**18743.53**	**4094.82**	**1723.44**	**1464.24**
农、林、牧、渔业	Agriculture,Forestry,Farming of Animals and Fishing	884.84	56.91	49.13	30.37
采矿业	Mining	509.62	21.86	94.80	23.05
制造业	Manufacturing	7058.66	1458.78	811.45	732.56
电力、燃气及水的生产和供应业	Production and Distribution of Electricity,Gas and Water	807.44	68.38	76.80	21.11
建筑业	Construction	299.95	33.81	6.17	4.60
批发和零售业	Wholesale and Retail Trade	933.46	287.31	77.39	114.03
交通运输、仓储和邮政业	Transportation, storage and postal services	985.68	196.56	33.50	57.58
住宿和餐饮业	Accommodation and catering	243.15	50.91	13.84	7.65
信息传输、软件和信息技术服务业	Information transmission, software and IT services	220.34	151.35	3.38	8.24
金融业	Finance	70.60	33.09	1.25	1.36
房地产业	Real Estate Trade	2179.42	799.09	159.66	90.17
租赁和商务服务业	Tenancy and Business Services	360.19	170.24	5.14	16.70
科学研究、技术服务业	Scientific Research, Technical Services	221.00	147.80	3.25	8.75
水利、环境和公共设施管理业	Management of Water Conservancy,Environment and Public Establishment	2577.80	424.57	334.48	276.14
居民服务、修理和其他服务业	Resident services, repairs and other services	109.66	14.24	3.78	8.86
教育	Education	325.28	59.17	15.74	21.01
卫生和社会工作业	Health and social work sector	218.77	34.33	12.28	11.12
文化、体育和娱乐业	Culture,Sports and Entertainment	204.41	64.19	9.17	16.59
公共管理、社会保障和社会组织	Public administration, social security and social organizations	533.26	22.25	12.23	14.33

行 业	Sector	衡阳市 Hengyang City	邵阳市 Shaoyang City	岳阳市 Yueyang City	常德市 Changde City
总计	**Total**	**1539.94**	**1163.01**	**1492.76**	**1514.94**
农、林、牧、渔业	Agriculture,Forestry,Farming of Animals and Fishing	119.72	145.60	61.39	67.07
采矿业	Mining	45.73	40.36	22.85	38.79
制造业	Manufacturing	580.09	458.55	606.56	621.82
电力、燃气及水的生产和供应业	Production and Distribution of Electricity,Gas and Water	38.44	73.14	48.68	95.15
建筑业	Construction	2.58	5.69	56.03	46.82
批发和零售业	Wholesale and Retail Trade	86.88	78.22	54.00	62.34
交通运输、仓储和邮政业	Transportation, storage and postal services	100.86	96.12	41.68	61.36
住宿和餐饮业	Accommodation and catering	28.44	22.15	24.69	33.68
信息传输、软件和信息技术服务业	Information transmission, software and IT services	11.81	2.01	4.39	14.78
金融业	Finance	9.66	1.00	8.06	4.78
房地产业	Real Estate Trade	89.36	90.66	144.04	71.78
租赁和商务服务业	Tenancy and Business Services	36.32	11.99	42.90	14.78
科学研究、技术服务业	Scientific Research, Technical Services	9.38	3.29	5.02	7.82
水利、环境和公共设施管理业	Management of Water Conservancy,Environment and Public Establishment	198.37	56.48	202.81	234.59
居民服务、修理和其他服务业	Resident services, repairs and other services	19.12	15.08	9.72	15.84
教育	Education	34.63	23.61	27.91	22.95
卫生和社会工作业	Health and social work sector	24.34	15.98	21.85	34.41
文化、体育和娱乐业	Culture,Sports and Entertainment	14.35	12.53	13.10	21.51
公共管理、社会保障和社会组织	Public administration, social security and social organizations	89.85	10.55	97.08	44.68

5-7 续表 continued

单位：亿元 (100 million yuan)

行 业	Sector	张家界市 Zhangjiajie City	益阳市 Yiyang City	郴州市 Chenzhou City	永州市 Yongzhou City
总计	**Total**	**213.51**	**994.38**	**1442.44**	**944.89**
农、林、牧、渔业	Agriculture,Forestry,Farming of Animals and Fishing	8.44	31.14	123.31	49.55
采矿业	Mining	8.10	16.57	113.48	14.65
制造业	Manufacturing	43.28	520.88	389.44	292.60
电力、燃气及水的生产和供应业	Production and Distribution of Electricity,Gas and Water	4.45	28.56	94.37	48.71
建筑业	Construction	4.95	16.11	21.72	48.46
批发和零售业	Wholesale and Retail Trade	3.83	22.23	74.68	29.56
交通运输、仓储和邮政业	Transportation, storage and postal services	7.20	38.32	103.38	43.17
住宿和餐饮业	Accommodation and catering	7.41	2.79	23.80	12.42
信息传输、软件和信息技术服务业	Information transmission, software and IT services	6.68	4.19	4.53	5.42
金融业	Finance	0.49	0.86	0.93	5.52
房地产业	Real Estate Trade	23.74	94.04	131.62	123.99
租赁和商务服务业	Tenancy and Business Services	1.42	2.78	7.24	33.61
科学研究、技术服务业	Scientific Research, Technical Services	0.17	2.16	19.98	4.18
水利、环境和公共设施管理业	Management of Water Conservancy,Environment and Public Establishment	33.53	189.49	241.28	73.11
居民服务、修理和其他服务业	Resident services, repairs and other services	8.71	3.39	5.22	1.77
教育	Education	6.25	7.82	25.05	34.01
卫生和社会工作业	Health and social work sector	1.33	5.25	10.40	17.18
文化、体育和娱乐业	Culture,Sports and Entertainment	2.48	2.54	11.32	12.78
公共管理、社会保障和社会组织	Public administration, social security and social organizations	41.04	5.26	40.70	94.19

行 业	Sector	怀化市 Huaihua City	娄底市 Loudi City	湘西自治州 West Hunan A.P	不分地区 Not Classified by Region
总计	**Total**	**1023.50**	**918.73**	**212.93**	
农、林、牧、渔业	Agriculture,Forestry,Farming of Animals and Fishing	62.97	68.73	10.52	
采矿业	Mining	12.80	54.69	1.89	
制造业	Manufacturing	209.27	301.88	31.50	
电力、燃气及水的生产和供应业	Production and Distribution of Electricity,Gas and Water	170.64	28.15	10.86	
建筑业	Construction	46.72	2.69	3.60	
批发和零售业	Wholesale and Retail Trade	17.63	23.21	2.17	
交通运输、仓储和邮政业	Transportation, storage and postal services	82.92	79.74	43.28	
住宿和餐饮业	Accommodation and catering	4.10	11.15	0.14	
信息传输、软件和信息技术服务业	Information transmission, software and IT services	2.57	0.85	0.14	
金融业	Finance	2.39	1.20		
房地产业	Real Estate Trade	190.01	138.26	32.99	
租赁和商务服务业	Tenancy and Business Services	8.24	3.17	5.65	
科学研究、技术服务业	Scientific Research, Technical Services	1.45	6.93	0.83	
水利、环境和公共设施管理业	Management of Water Conservancy,Environment and Public Establishment	150.73	132.12	30.10	
居民服务、修理和其他服务业	Resident services, repairs and other services	2.27	0.96	0.70	
教育	Education	14.82	20.19	12.12	
卫生和社会工作业	Health and social work sector	15.94	11.32	3.04	
文化、体育和娱乐业	Culture,Sports and Entertainment	3.94	10.45	9.46	
公共管理、社会保障和社会组织	Public administration, social security and social organizations	24.10	23.05	13.95	

5-8 固定资产投资项目个数、项目投产率(2015年)

Number of Investment of Fixed Assets Projects, Rate of Projects Put into Use (2015)

行业	Sector	投资额(亿元) Invest-ment (100 millions yuan)	施工项目(个) Projects under Construc-tion (unit)	全部建成投产项目(个) Projects Completed and Put into Uses (unit)	项目建成投产率(%) Rate of Project Completed and Put into Uses (%)	固定资产交付使用率(%) Rate of Fixed Assets Turn Over to Uses (%)
总计	**Total**	**25954.27**	**48898**	**36939**	**75.5**	**72.2**
按行业分	**By Sector**					
农、林、牧、渔业	Agriculture,Forestry,Farming of Animals and Fishing	1116.75	3340	2552	76.4	79.2
采矿业	Mining	626.75	1505	1197	79.5	81.3
制造业	Manufacturing	9079.12	18680	14774	79.1	77.7
电力、燃气及水的生产和供应业	Production and Distribution of Electricity, Gas and Water	926.00	1832	1390	75.9	87.2
建筑业	Construction	435.09	934	663	71.0	68.9
批发和零售业	Wholesale and Retail Trade	1270.61	3036	2320	76.4	73.5
交通运输、仓储和邮政业	Transportation, storage and postal services	1800.94	2448	1738	71.0	54.7
住宿和餐饮业	Accommodation and catering	328.48	886	671	75.7	74.0
信息传输、软件和信息技术服务业	Information transmission, software and IT services	275.43	669	518	77.4	80.0
金融业	Finance	93.92	205	150	73.2	75.2
房地产业	Real Estate Trade	3651.92	1828	1227	67.1	59.7
租赁和商务服务业	Tenancy and Business Services	552.93	1087	761	70.0	65.1
科学研究、技术服务	Scientific Research, Technical Services	318.66	772	521	67.5	69.4
水利、环境和公共设施管理业	Management of Water Conservancy, Environment and Public Establishment	3539.62	6731	4891	72.7	72.8
居民服务、修理和其他服务业	Resident services, repairs and other services	135.88	397	309	77.8	80.7
教育	Education	500.34	1301	920	70.7	65.0
卫生和社会工作业	Health and social work sector	308.06	748	542	72.5	71.0
文化、体育和娱乐业	Culture,Sports and Entertainment	303.73	681	473	69.5	67.3
公共管理、社会保障和社会组织	Public administration, social security and social organizations	690.03	1818	1322	72.7	77.3

5-9 国有经济固定资产投资及构成
Investment in Fixed Assets and Its Composition of State – owned Units

年份 Year	固定资产投资总额 Total Investment in Fixed Assets	新建 New Construction	扩建 Expansion	改建和技术改造 Re-construction	新增固定资产 Newly Increased Fixed Assets	新建 New Construction	扩建 Expansion	改建和技术改造 Re-construction
绝对数(亿元)	**Absolute Figure (100 million yuan)**							
1978	14.71	9.53	3.25	1.93	10.56			
1980	20.32	9.26	6.80	4.04	15.24			
1985	43.86	12.78	5.23	19.04	30.66			
1990	72.01	16.76	31.64	18.78	47.27			
1995	316.90	103.85	107.46	58.83	202.81			
1996	375.27	111.67	132.65	81.62	269.99			
1997	366.34	113.10	115.35	80.96	269.20			
1998	457.00	153.36	137.95	98.20	290.91			
1999	522.95	207.96	191.31	97.60	348.43			
2000	574.12	177.16	186.39	132.98	388.40			
2001	618.54	229.62	198.75	128.41	349.76			
2002	665.70	261.48	207.49	129.69	489.89			
2003	701.33	344.15	158.87	138.55	465.20			
2004	879.95	443.39	202.39	163.27	421.20	148.15	128.32	98.27
2005	1000.96	483.07	213.80	227.20	562.40	269.85	124.09	116.92
2006	1205.49	657.92	212.01	263.65	695.17	237.32	206.85	209.43
2007	1546.59	804.90	293.32	331.67	585.50	217.92	189.98	132.96
2008	1985.68	1032.23	320.92	466.39	692.67	259.35	158.31	220.04
2009	2923.52	1647.32	448.59	667.71	1174.41	511.83	246.71	363.07
2010	3322.32	2012.73	514.70	709.45	1335.38	599.05	270.05	429.26
2011	3563.13	2148.15	451.61	805.07	1633.03	838.62	302.89	417.01
2012	4580.72	2722.13	553.30	1134.54	2561.10	1231.53	410.65	800.14
2013	5574.42	3329.97	718.98	1287.07	3377.07	1747.12	550.60	927.00
2014	6393.07	4161.49	798.22	1252.00	4027.68	2471.96	551.44	897.46
2015	7829.93	5052.12	1169.97	1420.23	5508.18	3446.11	852.02	1101.33
构成(%)	**Composition in Percentage (%)**							
1978	100.0	64.8	22.1	13.1	100.0			
1980	100.0	45.6	33.5	19.9	100.0			
1985	100.0	29.1	11.9	43.4	100.0			
1990	100.0	23.3	43.9	26.1	100.0			
1995	100.0	32.8	33.9	18.6	100.0			
1996	100.0	29.8	35.3	21.7	100.0			
1997	100.0	30.9	31.5	22.1	100.0			
1998	100.0	33.6	30.2	21.5	100.0			
1999	100.0	39.8	36.6	18.7	100.0			
2000	100.0	30.9	32.5	23.2	100.0			
2001	100.0	37.1	32.1	20.8	100.0			
2002	100.0	39.3	31.2	19.5	100.0			
2003	100.0	49.1	22.7	19.8	100.0			
2004	100.0	50.4	23.0	18.6	100.0	35.2	30.5	23.3
2005	100.0	48.3	21.4	22.7	100.0	48.0	22.1	20.8
2006	100.0	54.6	17.6	21.9	100.0	34.1	29.8	30.1
2007	100.0	52.0	19.0	21.4	100.0	37.2	32.4	22.7
2008	100.0	52.0	16.2	23.5	100.0	37.4	22.9	31.8
2009	100.0	56.3	15.3	22.8	100.0	43.6	21.0	30.9
2010	100.0	60.6	15.5	21.4	100.0	44.9	20.2	32.1
2011	100.0	60.3	12.7	22.6	100.0	51.4	18.5	25.5
2012	100.0	59.4	12.1	24.8	100.0	48.1	16.0	31.2
2013	100.0	59.7	12.9	23.1	100.0	51.7	16.3	27.4
2014	100.0	65.1	12.5	19.6	100.0	61.4	13.7	22.3
2015	100.0	64.5	14.9	18.1	100.0	62.6	15.5	20.0

5-10 国有经济各种分组的固定资产投资
Investment in Fixed Assets of State - owned Units by Various Characteristics

指 标	Item	2000	2005	2014	2015
投资总额 (亿元)	**Total Investment (100 million yuan)**	**574.12**	**1000.96**	**6393.07**	**7829.93**
按资金来源分	**Grouped by Source of Funds**				
国家预算内投资	State Budgetary Appropriation	57.21	82.42	1081.86	1268.09
国内贷款	Domestic Loans	180.12	177.61	624.09	550.52
债 券	Bonds	2.34	6.81	40.36	8.52
利用外资	Foreign Investment	13.67	15.93	12.47	8.46
自筹投资	Fundraising	240.50	604.33	4170.93	5439.15
股票	Shares	3.65	0.64		
其他投资	Others	80.28	87.22	463.36	555.20
按隶属关系分	**Grouped by Administrative Relationship**				
中央项目	Central Government Projects	246.75	160.44	376.55	397.76
地方项目	Local Projects	327.37	840.51	6016.52	7432.17
按构成分	**Grouped by Use of Funds**				
建筑安装工程	Construction and Installation	394.25	684.21	5032.46	6327.34
设备、工具、器具购置	Purchase of Equipment and Instruments	119.42	171.26	540.51	584.01
其他费用	Others	60.45	145.49	820.11	918.58
按建设性质分	**Grouped by Type of Construction**				
新建	New Construction	177.16	483.07	4161.49	5052.12
扩建	Expansion	186.39	213.80	798.22	1169.97
改建	Reconstruction	132.98	227.20	1252.00	1420.23
按国民经济主要行业分	**Grouped by Main Sector**				
农业	Agriculture	4.42	22.51	185.50	220.63
工业	Industry	136.29	254.83	839.89	974.89
#能源工业	#Energy	75.46	119.64	289.23	288.21
运输邮电业	Transportation,Postal and Telecommunications Services	242.17	207.39	1155.73	1279.94
新增固定资产 (亿元)	**Newly Increased Fixed Assets (100 million yuan)**	**388.40**	**562.40**	**4027.68**	**5508.18**
房屋建筑面积 (万平方米)	**Floor Space of Buildings (10 000 sq.m)**				
施工面积	Floor Space Under Construction	2429.83	2354.03	4915.72	4968.38
竣工面积	Floor Space Completed	1262.35	1020.47	824.89	1063.19
#住宅	# Residential Buildings	718.01	321.29	434.83	440.54

5-11 国有经济各行业固定资产投资(2015年)
Investment in Fixed Assets of State-owned Units by Sector (2015)

行业	Sector	固定资产投资额 Investment in Fixed Assets	新建 New Construction	扩建 Expansion	改建和技术改造 Re-construction
总计 (亿元)	**Total (100 million yuan)**	**7829.93**	**5052.12**	**1169.97**	**1420.23**
农、林、牧、渔业	Agriculture, Forestry, Farming of Animals and Fishing	220.63	141.48	49.80	25.81
采矿业	Mining	43.70	16.73	4.29	22.32
制造业	Manufacturing	456.86	174.07	26.65	250.93
电力、燃气及水的生产和供应业	Production and Distribution of Electricity, Gas and Water	474.33	248.87	63.14	159.46
建筑业	Construction	273.23	181.55	47.18	36.53
批发和零售业	Traffic, Transport, Storage and Post	106.28	74.88	16.89	14.04
交通运输、仓储和邮政业	Information Transfer, Computer Services and Software	1188.54	902.06	170.71	107.53
住宿和餐饮业	Wholesale and Retail Trade	49.28	43.69	2.82	2.66
信息传输、软件和信息技术服务业	Accommodation and Restaurants	63.67	33.88	10.66	18.07
金融业	Finance	20.10	13.99	1.57	4.54
房地产业	Real Estate Trade	766.27	498.87	83.46	77.88
租赁和商务服务业	Tenancy and Business Services	203.50	162.74	16.74	22.89
科学研究、技术服务业	Scientific Research, Technical Service and Geologic Perambulation	52.70	26.90	10.87	8.72
水利、环境和公共设施管理业	Management of Water Conservancy, Environment and Public Establishment	2578.13	1672.73	399.02	481.15
居民服务、修理和其他服务业	Resident Services and Other Services	38.69	32.07	4.01	2.43
教育	Education	342.64	234.23	71.67	31.86
卫生和社会工作业	Sanitation,Social Security and Social Welfare	205.30	114.39	56.18	29.13
文化、体育和娱乐业	Culture, Sports and Entertainment	148.31	118.01	18.23	11.48
公共管理、社会保障和社会组织	Public Management and Social Organization	597.75	361.00	116.07	112.79
构成 (%)	**Composition in Percentage (%)**				
农、林、牧、渔业	Agriculture,Forestry, Farming of Animals and Fishing	2.8	2.8	4.3	1.8
采矿业	Mining	0.6	0.3	0.4	1.6
制造业	Manufacturing	5.8	3.4	2.3	17.7
电力、燃气及水的生产和供应业	Production and Distribution of Electricity, Gas and Water	6.1	4.9	5.4	11.2
建筑业	Construction	3.5	3.6	4.0	2.6
批发和零售业	Traffic,Transport, Storage and Post	1.4	1.5	1.4	1.0
交通运输、仓储和邮政业	Information Transfer, Computer Services and Software	15.2	17.9	14.6	7.6
住宿和餐饮业	Wholesale and Retail Trade	0.6	0.9	0.2	0.2
信息传输、软件和信息技术服务业	Accommodation and Restaurants	0.8	0.7	0.9	1.3
金融业	Finance	0.3	0.3	0.1	0.3
房地产业	Real Estate Trade	9.8	9.9	7.1	5.5
租赁和商务服务业	Tenancy and Business Services	2.6	3.2	1.4	1.6
科学研究、技术服务业	Scientific Research, Technical Service and Geologic Perambulation	0.7	0.5	0.9	0.6
水利、环境和公共设施管理业	Management of Water Conservancy, Environment and Public Establishment	32.9	33.1	34.1	33.9
居民服务、修理和其他服务业	Resident Services and Other Services	0.5	0.6	0.3	0.2
教育	Education	4.4	4.6	6.1	2.2
卫生和社会工作业	Sanitation, Social Security and Social Welfare	2.6	2.3	4.8	2.1
文化、体育和娱乐业	Culture,Sports and Entertainment	1.9	2.3	1.6	0.8
公共管理、社会保障和社会组织	Public Management and Social Organization	7.6	7.1	9.9	7.9

5-12 国有经济各行业新增固定资产(2015年)
Newly Increased Fixed Assets of State-owned Units by Sector (2015)

行业	Sector	新增固定资产 Newly Increased Fixed Assets	新建 New Construction	扩建 Expansion	改建和技术改造 Re-construction
总计 (亿元)	**Total (100 million yuan)**	**5508.18**	**3446.11**	**852.02**	**1101.33**
农、林、牧、渔业	Agriculture,Forestry,Farming of Animals and Fishing	178.36	118.83	37.53	18.71
采矿业	Mining	21.45	5.32	2.90	12.87
制造业	Manufacturing	322.68	119.56	17.79	181.58
电力、燃气及水的生产和供应业	Production and Distribution of Electricity, Gas and Water	426.26	251.76	34.49	137.15
建筑业	Construction	176.76	109.76	27.99	31.10
批发和零售业	Wholesale and Retail Trade	92.43	64.58	15.25	12.13
交通运输、仓储和邮政业	Transportation, storage and postal services	624.27	376.07	141.48	97.79
住宿和餐饮业	Accommodation and catering	20.58	17.22	1.18	2.18
信息传输、软件和信息技术服务业	Information transmission, software and IT services	51.98	25.94	7.10	17.88
金融业	Finance	15.44	10.44	1.70	3.29
房地产业	Real Estate Trade	518.12	355.21	73.91	39.53
租赁和商务服务业	Tenancy and Business Services	115.11	92.87	11.55	10.57
科学研究、技术服务业	Scientific Research, Technical Services	34.37	21.21	7.00	4.78
水利、环境和公共设施管理业	Management of Water Conservancy, Environment and Public Establishment	1960.35	1289.57	270.29	382.67
居民服务、修理和其他服务业	Resident services, repairs and other services	31.33	25.83	3.04	2.28
教育	Education	214.90	139.84	50.06	24.16
卫生和社会工作业	Health and social work sector	147.00	73.02	45.39	23.76
文化、体育和娱乐业	Culture,Sports and Entertainment	98.23	77.48	11.18	9.45
公共管理、社会保障和社会组织	Public administration, social security and social organizations	458.57	271.61	92.17	89.48
构成 (%)	**Composition in Percentage (%)**				
农、林、牧、渔业	Agriculture,Forestry,Farming of Animals and Fishing	3.2	3.4	4.4	1.7
采矿业	Mining	0.4	0.2	0.3	1.2
制造业	Manufacturing	5.9	3.5	2.1	16.5
电力、燃气及水的生产和供应业	Production and Distribution of Electricity,Gas and Water	7.7	7.3	4.0	12.5
建筑业	Construction	3.2	3.2	3.3	2.8
批发和零售业	Wholesale and Retail Trade	1.7	1.9	1.8	1.1
交通运输、仓储和邮政业	Transportation, storage and postal services	11.3	10.9	16.6	8.9
住宿和餐饮业	Accommodation and catering	0.4	0.5	0.1	0.2
信息传输、软件和信息技术服务业	Information transmission, software and IT services	0.9	0.8	0.8	1.6
金融业	Finance	0.3	0.3	0.2	0.3
房地产业	Real Estate Trade	9.4	10.3	8.7	3.6
租赁和商务服务业	Tenancy and Business Services	2.1	2.7	1.4	1.0
科学研究、技术服务业	Scientific Research, Technical Services	0.6	0.6	0.8	0.4
水利、环境和公共设施管理业	Management of Water Conservancy, Environment and Public Establishment	35.6	37.4	31.7	34.7
居民服务、修理和其他服务业	Resident services, repairs and other services	0.6	0.7	0.4	0.2
教育	Education	3.9	4.1	5.9	2.2
卫生和社会工作业	Health and social work sector	2.7	2.1	5.3	2.2
文化、体育和娱乐业	Culture, Sports and Entertainment	1.8	2.2	1.3	0.9
公共管理、社会保障和社会组织	Public administration, social security and social organizations	8.3	7.9	10.8	8.1

5-13 国有农林牧渔业投资及新增固定资产
Investment and Newly Increased Fixed Assets of State-owned Units of Farming, Forestry, Animal Husbandry and Fishery

单位：亿元 (100 million yuan)

行业	Sector	固定资产投资总额 Investment of Fixed Assets		新增固定资产 Newly Increased Fixed Assets	
		2014	2015	2014	2015
总计	**Total**	**185.50**	**220.63**	**139.50**	**178.36**
#农业	#Farming	70.21	92.42	48.86	71.78
林业	Forestry	54.64	52.92	42.91	47.89
畜牧业	Animal Husbandry	9.72	11.07	8.97	7.27
渔业	Fishery	4.37	5.83	3.12	3.56
农林牧渔服务业	Services	46.55	58.38	35.65	47.86

5-14 非国有经济投资
Investment of Non-State – owned Units

类别	Item	2000	2005	2014	2015
投资总额 (亿元)	**Total Investment (100 million yuan)**	**492.15**	**1563.00**	**15557.70**	**18124.34**
按资金来源分	**Grouped by Source of Funds**				
国家预算内投资	State Budgetary Appropriation	19.28	0.62	154.66	115.62
国内贷款	Domestic Loans	33.28	163.97	1221.35	1249.80
债券	Bonds		0.74	6.43	1.78
利用外资	Foreign Investment	8.35	46.88	39.22	24.36
自筹投资	Fundraising	382.87	1071.88	12270.58	14691.49
其他投资	Others	48.37	278.90	1865.47	2041.28
按隶属关系分	**Grouped by Administrative Relationship**				
中央项目	Central Government Projects	1.50	17.08	83.93	94.98
地方项目	Local Projects	490.65	1545.92	15473.77	18029.35
按构成分	**Grouped by Use of Funds**				
建筑安装工程	Construction and Installation	365.69	994.57	10265.50	12494.00
设备、工器具购置	Purchase of Equipment and Instruments	79.26	319.34	3037.93	3693.25
其他费用	Others	47.20	249.10	2254.27	1937.09
按建设性质分	**Grouped by Type of Construction**				
新建	New Construction	26.53	459.41	5193.59	6469.49
扩建	Expansion	32.85	111.64	1156.74	1403.51
改建	Reconstruction	9.27	364.47	6365.26	7599.80
按行业主要门类分	**Grouped by Main Sector**				
农业	Agriculture	0.29	42.96	673.39	896.12
工业	Industry	49.84	639.97	8264.30	9656.98
#能源工业	#Energy Industry	7.24	157.31	533.86	489.48
运输邮电仓储业	Transportation, Postal, Telecommunications and Storage	2.43	42.91	768.63	966.58
新增固定资产 (亿元)	**Newly Increased Fixed Assets (100 million yuan)**	**99.99**	**894.88**	**10803.24**	**13235.35**
建设项目个数 (个)	**Number of Projects (unit)**				
施工项目	Number of Projects under Construction	859	8946	28485	34189
全部建成投产项目	Number of Projects Completed and Put into Use	551	5336	21372	26452
房屋建筑面积 (万m²)	**Floor Space of Buildings (10 000 sq.m)**				
施工面积	Floor Space Under Construction	10740.51	11655.89	32799.97	32118.44
#住宅	#Residential Buildings	9082.99	8490.42	20120.85	20407.61
竣工面积	Floor Space Completed	9630.17	7035.90	5093.43	5111.54
#住宅	#Residential Buildings	8399.53	5761.77	3214.82	3179.63

5-15 新增生产能力(2015年)
Newly Increased Production Capacity (2015)

生产能力(或效益)名称		Production capacity Item(or Efficiency)		合计 Total	国有经济 State-owned Economic	其他经济 Other Types of Ownership
原煤开采	(万吨/年)	Loal Mining	(10000 tons/year)	4580.47		4580.47
焦炭	(万吨/年)	Coke	(10000 tons/year)	1.00		1.00
铁矿石原矿开采	(万吨/年)	Iron Ore Mining	(10000 tons/year)	313.71	100.00	213.71
铁矿选矿处理量	(万吨/年)	Selection of Iron Ore	(10000 tons/year)	34.00		34.00
炼铁	(万吨/年)	Iron-making	(10000 tons/year)	16.20		16.20
炼钢	(万吨/年)	Steel-making	(10000 tons/year)	584.20		584.20
连铸	(万吨/年)	Casting	(10000 tons/year)			
铁合金	(折标吨/年)	Iron Alloy	(tons/year)	56311.50		56311.50
铜冶炼	(吨/年)	Copper-making	(ton/year)			
铅锌采矿(原矿)	(万吨/年)	Lead&Zinc Mining	(10000 tons/year)	25.62		25.62
铅锌选矿:(1)处理原矿	(万吨/年)	Selection of Lead&Zinc	(10000 tons/year)			
(2)铅含量	(吨/年)	Lead Content	(ton/year)	22060		22060
(3)锌含量	(吨/年)	Zinc Content	(ton/year)	6015		6015
铅冶炼	(吨/年)	Lead-making	(ton/year)	140		140
其中:电解铅	(吨/年)	Electronlyted lead	(ton/year)			
锌冶炼	(吨/年)	Zinc-making	(ton/year)	123634		123634
锡采矿(原矿)	(万吨/年)	Tin Mining	(10000 tons/year)			
锡选矿:(1)处理原矿	(万吨/年)	Selection of Tin	(10000 tons/year)			
(2)锡含量	(吨/年)	Tin Content	(ton/year)			
锡冶炼	(吨/年)	Zinc-making	(ton/year)	11905		11905.00
电解铝	(吨/年)	Electronlyted Al	(ton/year)	600		600
粗铅	(吨/年)	Lead	(ton/year)			
铝加工	(吨/年)	Al-making	(ton/year)	21189		21189
金采矿(原矿)	(万吨/年)	Gold Mining	(10000 tons/year)			
黄金	(公斤/年)	Gold	(kg/year)	69170		69170
银选矿:(1)处理原矿	(吨/年)	Selection of Silver	(ton/year)			
(2)银含量	(公斤/年)	Silver Content	(kg/year)	118355		118355
水力发电	(万千瓦)	Hydropower	(10000kw)	658.84	270.25	388.59
火力发电	(万千瓦)	Thermal	(10000kw)	921.42	921.00	0.42
输电线路长度(11万伏及以上)	(公里)	Transmission Line	(>110000 v) (km)	2801.05	2408.55	392.50
变电设备能力(11万伏及以上)	(万千伏安)	Electric Substation Equipment (>110000 v)	(10000 kva)			
水 泥	(万吨/年)	Cement	(10000ton/year)	2633.82	110.00	2523.82
胶合板	(万立方米/年)	Deadlocked Boards	(10000 cu.m/year)			
纤维板	(万立方米/年)	Fibre Boards	(10000 cu.m/year)			
硫 酸	(吨/年)	Sulfuric Acid	(ton/year)			
合成氨	(吨/年)	Synthetic Ammonia	(ton/year)			

5-15 续表 1 continued

生产能力(或效益)名称		Production capacity Item(or Efficiency)		合计 Total	国有经济 State-owned Economic	其他经济 Other Types of Ownership
氮肥	(吨/年)	Nitrogen Fertilizer	(ton/year)	203300		203300
磷肥	(吨/年)	Phosphate Fertilizer	(ton/year)	96475		96475
钾肥	(吨/年)	Potash Fertilizer	(ton/year)	11370		11370
油漆	(吨/年)	Paint	(ton/year)			
塑料树脂及共聚物	(吨/年)	Plastics	(ton/year)	31405	2160	29245
化学原料药	(吨/年)	Chemical Medicine	(ton/year)	50		50
中成药	(吨/年)	Chinese Herbal Medicine	(ton/year)			
汽车制造	(辆/年)	Motor Vehicle	(unit/year)	1100		1100
轿车制造	(辆/年)	Sedan	(unit/year)			
显像管	(万只/年)	Kinescope	(10000unit/year)			
化学纤维	(吨/年)	Chemical Fiber	(ton/year)	50		50
其中:合成纤维	(吨/年)	Synthetic Fiber	(ton/year)			
棉纺锭	(锭)	Cotton Spindles	(unit)	53000		53000
毛纺锭	(锭)	Woolen Spindles	(unit)	3000		3000
食用植物油	(日处理原料:吨)	Edible Vegetable Oil	(handle in a day:ton)			
	(日精炼油:吨)		(purify in a day:ton)			
乳制品	(吨/年)	Dairy Products	(ton/year)			
奶粉	(吨/年)	Milk Powder	(ton/year)			
其他乳制品	(吨/年)	Other Dairy Products	(ton/year)			
啤 酒	(万吨/年)	Beer	(10000 tons/year)	4.00		4.00
白 酒	(万吨/年)	Wine	(10000 tons/year)	0.76		0.76
卷 烟	(箱/年)	Cigarette	(unit/year)			
机制纸浆	(万吨/年)	Machine -made Paper Pulp	(10000 tons/year)	3.90		3.90
机制纸	(万吨/年)	Machine -made Paper	(10000 tons/year)			
机制纸板	(万吨/年)	Machine-made Paper Boards	(10000 tons/year)			
手 表	(万只/年)	Watch	(10000unit/year)			
移动通信基站设备	(信道/年)	Basic Station of Mobile Telephone	(unit/year)			
程控交换机	(万线/年)	Autoexchage of Telephone Capacity	(10000 lines/year)			
新建公路	(公里)	Length of New Highways	(km)	6542.08	5492.86	1049.22
#高速公路	(公里)	Expressway	(km)	182.49	122.40	60.09
#一级公路	(公里)	First-class Highway	(km)	192.83	170.40	22.43
#二级公路	(公里)	Second-class Highway	(km)	1942.27	1179.02	763.25
改建公路	(公里)	Length of Reconstructed Highways	(km)	4731.21	4146.34	584.87
#高速公路	(公里)	Expressway	(km)	90.00	90.00	
#一级公路	(公里)	First-class Highway	(km)	206.74	201.74	5.00
#二级公路	(公里)	Second-class Highway	(km)	2392.34	2044.87	347.47

5-15 续表 2 continued

生产能力(或效益)名称		Production capacity Item(or Efficiency)		合计 Total	国有经济 State-owned Economic	其他经济 Other Types of Ownership
新建独立公路桥梁	(延长米)	Newly Build Highway Bridge	(extend metre)	16702	14439	2263
	(座)		(set)	55	42	13
新(扩)建客、货运站	(个)	Newly Build or Expanded	(unit)	87	33	54
	(平方米)	Passenger and Freight Station	(sq.m)	238265	92970	145295
长途电缆	(延长公里)	Long Distance Cables	(km)			
耕地面积	(万亩)	Cultivated Land Area	(10000 mu)			
造林面积	(万亩)	Afforested Area	(10000 mu)			
水库容量(总库容)	(亿立方米)	Reservoir Capacity	(100 million m^3)			
有效灌溉面积	(万亩)	Effective Irrigated Area	(10000 mu)			
除涝面积	(万亩)	Waterlogged Area Under Control	(10000 mu)			
商业石油库	(万立方米)	Commercial Oil Depot	(10000 m^3)			
粮食仓库	(万公斤)	Grain Storehouse	(10000 kg)			
	(平方米)		(sq.m)			
高等院校:学生席位	(个)	Number of Student seat of Universit and College	(unit)			
建筑面积	(平方米)		(sq.m)			
中等学校:学生席位	(个)	Number of Student seat of Secondary School	(unit)			
建筑面积	(平方米)		(sq.m)			
小学校:学生席位	(个)	Number of Student seat of Primary School	(unit)			
建筑面积	(平方米)		(sq.m)			
其他院校:学生席位	(个)	Number of Student seat of Other School	(unit)			
建筑面积	(平方米)		(sq.m)			
医院病床	(张)	Number of Hospital Bed	(unit)			
宾馆、旅馆、招待所客房数	(间)	Number of Hotel Guest-Room	(unit)			
	(平方米)		(sq.m)			
城市自来水供水能力	(万吨/日)	Capacity of City Tap Water Supply	(10000 tons/day)	199.7	112.9	86.8
城市自来水管道长度	(公里)	Length of City Tap Water Pipe	(km)			
城市煤气生产能力	(万立方米/日)	City Coal Gas Production	(10000 cu.m/day)			
城市天然气储气能力	(万立方米/日)	Capacity of City Gas Storage	(10000 cu.m/day)			
城市液化石油气储气能力	(万立方米/日)	City Liquefied Petro-gas Storage	(10000 cu.m/day)			
城市公共交通车辆购置	(辆)	Purchase of City Bus	(unit)			
城市道路扩建长度	(公里)	Length of City Road Extended	(km)			
城市道路扩建面积	(万平方米)	Area of City Road Extended	(10000 sq.m)			
城市排水管道铺设长度	(公里)	Length of Sewer Pipelines	(km)			
城市污水处理能力	(万吨/日)	Capacity of City Sewage Treatment	(10000 ton/day)	99.8	96.0	3.8
城市永久性桥梁	(座)	Number of City Bridge	(unit)			
城市防洪堤长度	(公里)	Length of City Embarkment	(km)			

5-16 房地产开发统计主要指标(2015年)
Major Statistics Indicators of Real Estate Development (2015)

单位：亿元 (100 million yuan)

指标	Item	总计 Total	国有 State-owned	集体 Colective-owned	其他 Other Types of Ownership
计划总投资	**Panning Gross Investment**	**17474.36**	**587.58**	**5.90**	**16880.89**
累计完成投资	Accumulative Investment Completed	11552.76	430.73	5.10	11116.93
本年完成投资	Investment Made in This Year	2613.75	93.05	1.09	2519.60
按构成分:	Group by Form:				
建筑工程	Construction	1868.39	66.87	0.74	1800.77
安装工程	Installation	297.77	10.84	0.23	286.69
设备、工具器具购置	Purchase of Equipment,Tools,Apparatus	40.17	2.12		38.04
按工程用途分:	Group by use of Projects				
住宅	Residential Buildings	1802.94	70.93	0.41	1731.60
办公楼	Business Buildings	120.80	5.76	0.01	115.03
商业营业用房	Commercial Buildings	430.63	9.50	0.67	420.46
其他	Others	259.38	6.86	0.01	252.50
房地产开发企业本年资金来源	Group by Source of Funds	3586.49	167.07	1.41	3418.01
国内贷款	Domestic Loans	481.83	27.78	0.41	453.65
自筹资金	Fund Raising	1246.05	44.16	0.86	1201.02
本年新增固定资产	Newly Increased Fixed Assets	1466.24	40.35	1.03	1424.86
本年施工房屋面积 (万平方米)	Floor Space of Buildings Under Construction (10000 sq.m)	28322.13	992.47	27.31	27302.35
#住宅	#Residential Buildings	20807.90	776.51	20.29	20011.10
本年竣工房屋面积 (万平方米)	Floor Space of Buildings Completed (10000 sq.m)	3969.96	121.95	5.73	3842.28
#住宅	#Residential Buildings	3087.42	91.85	2.60	2992.97
本年竣工房屋价值	Value of Buildings Completed	1221.38	29.08	1.00	1191.30
#住宅	#Residential Buildings	845.47	20.52	0.48	824.47
商品房销售额	Total Sales of Commercial House	2738.92	79.00	1.49	2658.43
商品房销售建筑面积(万平方米)	Floor Space of Selling Commercial House (10000 sq.m)	6363.01	201.92	6.57	6154.53

5-17 国有工业施工、投资项目及项目投产率(2015年)
Projects Under Construction, Put into Use and Rate of Projects Put into Use of State – Owned Industrial Enterprises (2015)

指 标	Item	施工项目个数(个) Number of Projects Under Construc-tion(unit)	全投项目个数(个) Projects Completed and Put into Produc-tion(unit)	项目投产率(%) Rate of Project Put into Produc-tion(%)
总 计	**Total**	**1608**	**1136**	**70.6**
采矿业	**Mining**	**74**	**48**	**64.9**
煤炭开采和洗选业	Mining and Washing of Coal	15	9	60.0
石油和天然气开采业	Extraction of Petroleum and Natural Gas			
黑色金属矿采选业	Mining and Processing of Ferrous Metal Ores	9	8	88.9
有色金属矿采选业	Mining and Processing of Non-Ferrous Metal Ores	26	17	65.4
非金属矿采选业	Mining and Processing of Nonmetal Ores	11	9	81.8
制造业	**Manufacturing**	**658**	**466**	**70.8**
农副食品加工业	Processing of Food from Agricultural Products	44	31	70.5
食品制造业	Manufacture of Foods	17	14	82.4
酒、饮料和精制茶制造业	Manufacture of Beverages	12	11	91.7
烟草制品业	Manufacture of Tobacco	17	10	58.8
纺织业	Manufacture of Textile	5	2	40.0
纺织服装、鞋、帽制造业	Manufacture of Textile Wearing Apparel, Footware, and Caps	6	3	50.0
皮革毛皮羽毛(绒)及其制品业	Manufacture of Leather, Fur, Feather and Related Products	8	7	87.5
木材加工及木竹藤棕草制品业	Processing of Timber, Manufacture of Wood, Bamboo, Rattan, Palm, and Straw Products	17	11	64.7
家具制造业	Manufacture of Furniture	3	1	33.3
造纸及纸制品业	Manufacture of Paper and Paper Products	8	6	75.0
印刷业和记录媒介的复制	Printing,Reproduction of Recording Media	1	1	100.0
文教体育用品制造业	Manufacture of Articles For Culture, Education and Sport Activity	3	3	100.0
石油加工、炼焦及核燃料加工业	Processing of Petroleum, Coking, Processing of Nuclear Fuel			
化学原料及化学制品制造业	Manufacture of Raw Chemical Materials and Chemical Products	51	39	76.5
医药制造业	Manufacture of Medicines	13	9	69.2
化学纤维制造业	Manufacture of Chemical Fibers			
橡胶和塑料制品业	Manufacture of Rubber	6	4	66.7
非金属矿物制品业	Manufacture of Non-metallic Mineral Products	40	29	72.5
黑色金属冶炼及压延加工业	Smelting and Pressing of Ferrous Metals	22	13	59.1
有色金属冶炼及压延加工业	Smelting and Pressing of Non-ferrous Metals	38	19	50.0
金属制品业	Manufacture of Metal Products	25	19	76.0
通用设备制造业	Manufacture of General Purpose Machinery	18	13	72.2
专用设备制造业	Manufacture of Special Purpose Machinery	46	36	78.3
汽车制造业		29	15	51.7
铁路、船舶、航空航天和 其他运输设制造业	Manufacture of Transport Equipment	92	68	73.9
电气机械及器材制造业	Manufacture of Electrical Machinery and Equipment	29	28	96.6
通信设备、计算机及其他电子设备制造业	Manufacture of Communication Equipment, Computers and Other Electronic Equipment	48	37	77.1
仪器仪表制造业		7	5	71.4
其他制造业	Manufacture of Artwork and Other Manufacturing	40	22	55.0
废弃资源综合利用业	Recycling and Disposal of Waste	10	8	80.0
金属制品、机械和设备修理业		3	2	66.7
电力燃气水的生产供应业	**Production and Distribution of Electricity, Gas and Water**	**889**	**627**	**70.5**
电力、热力的生产和供应业	Production and Distribution of Electric Power and Heat Power	371	262	70.6
燃气生产和供应业	Production and Distribution of Gas	49	36	73.5
水的生产和供应业	Production and Distribution of Water	469	329	70.1

主要统计指标解释

固定资产投资（不含农户） 是以货币形式表现的在一定时期内完成的建造和购置固定资产的工作量以及与此有关的费用的总称。

城镇固定资产投资 指城镇各种登记注册类型的企业、事业、行政单位及个体户进行的计划总投资500万元及500万元以上的建设项目投资和房地产开发投资。县城及以上区域内发生的投资，县及县以上各级政府及主管部门直接领导、管理的建设项目和企业事业单位的投资均为城镇固定资产投资。

房地产开发投资 指各种登记注册类型的房地产开发公司、商品房建设公司及其他房地产开发法人单位和附属于其他法人单位实际从事房地产开发或经营活动的单位统一开发的包括统代建、拆迁还建的住宅、厂房、仓库、饭店、宾馆、度假村、写字楼、办公楼等房屋建筑物和配套的服务设施，土地开发工程（如道路、给水、排水、供电、供热、通讯、平整场地等基础设施工程）的投资；不包括单纯的土地交易活动。

农村投资 包括在农村区域范围内进行固定资产投资活动的企业、事业、行政单位。

建设总规模 是指在报告期内所有施工项目的计划总投资。这个指标和施工项目相对应。

在建总规模 是指在报告期末所有在建项目的计划总投资。

在建净规模 是指报告期末所有在建项目建成投产尚需的投资总量。

在建净规模＝在建总规模－未投产项目（期末在建）累计完成投资。

固定资产投资的资金来源 根据固定资产投资的资金来源不同，分为国家预算内资金、国内贷款、利用外资、自筹资金和其他资金。

(1)国家预算内资金：分为财政拨款和财政安排的贷款两部分。包括中央财政的基本建设基金(分经营性基金和非经营性基金两部分)、专项支出(如煤代油专项等)、收回再贷、贴息资金，财政安排的挖潜改造和新产品试制支出、城建支出、商业部门简易建筑支出、不发达地区发展基金等资金中用于固定资产投资的资金；地方财政中由国家统筹安排的资金等。

(2)国内贷款：指报告期固定资产投资单位向银行及非银行金融机构借入的用于固定资产投资的各种国内借款，包括银行利用自有资金及吸收的存款发放的贷款、上级主管部门拨入的国内贷款、国家专项贷款、地方财政专项资金安排的贷款、国内储备贷款、周转贷款等。

(3)利用外资：指报告期收到的用于固定资产建造和购置的国外资金(包括设备、材料、技术在内)。包括对外借款(外国政府、国际金融组织贷款、出口信贷、外国银行商业贷款、对外发行债券和股票)、外商直接投资及外商其他投资。不包括我国自有外汇资金(国家外汇、地方外汇、留成外汇、调剂外汇和中国银行自有资金发行的外汇贷款等)。计算利用外资时，需要折算成人民币，折算中所使用的外汇汇率按现汇计算，即按使用外汇时的汇率计算。

(4)自筹资金：指固定资产投资单位报告期收到的，由各地区、各部门及企、事业单位筹集用于固定资产投资的预算外资金，包括中央各部门、各级地方和企、事业单位的自筹资金。

(5)其他资金：指在报告期收到的除以上各种资金之外其他用于固定资产投资的资金，包括企业或金融机构通过发行各种债券筹集到的资金、群众集资、个人资金、无偿捐赠的资金及其他单位拨入的资金等。

固定资产投资按国民经济行业分 根据建设项目建成投产后的主要产品或主要用途及社会经济活动性质来确定国民经济行业。一般情况下，一个建设项目或一个企业、事业单位只能属于一种国民经济行业。

固定资产投资按隶属关系分 是按建设单位或企业、事业、行政单位的主管上级机关确定的。

（1）中央：是指中共中央、人大常委会和国务院各部、委、局、总公司以及直属机构直接领导的建设项目和企业、事业、行政单位。这些单位的固定资产投资计划由国务院各部门直接编制和下达，建设中所需物资、主要设备以及建设中的问题都由中央有关部门安排和解决。

（2）地方：是由省（自治区、直辖市）、地区（州、盟、省辖市）、县（旗、县级市）三级政府及业务主管部门直接领导和管理的建设项目、企业、事业、行政单位。地方项目还包括不隶属以上各级政府及主管部门的建设项目和企业、事业单位，如外商投资企业和无主管部门的企业等。

固定资产投资按建设性质分 根据整个建设项目情况来确定。建设项目的性质一般分为新建、扩建、改建和技术改造、迁建、恢复。房地产开发单位、农村投资、城镇工矿区私人建房投资不划分建设性质。

(1)新建：一般指从无到有开始建设的企业、事业和行政单位或建设项目。有的单位原有基础很小，经过建设后新增的固定资产价值超过该企、事业、行政单位原有固定资产价值(原值)三倍以上的也应作为新建。

(2)扩建：指在厂内或其他地点，为扩大原有产品的生产能力(或效益)或增加新的产品生产能力，而增建主要的生产车间(或主要工程)、分厂、独立的生产线。行政、事业单位在原单位增建业务用房(如学校增建教学用房、医院增建门诊部、病房等)也作为扩建。

现有企、事业单位为扩大原有主要产品生产能力或增加新的产品生产能力，增建一个或几个主要生产车间(或主要工程)、分厂，同时进行一些更新改造工程的，也应作为扩建。

(3)改建和技术改造：指现有企业、事业单位，对原有设施进行技术改造或更新(包括相应配套的辅助性生产、生活福利设施) 的建设项目。现有企业、事业单位为适应市场变化的需要，而改变企业的主要产品种类(如军工企业转产民用品等) 的建设项目，应作为改建。原有产品生产作业线由于各工序(车间)之间能力不平衡，为填平补齐充分发挥原有生产能力而增建不增加本企业主要产品设计能力的车间，也应作为改建。技术改造是指企业、事业单位在现有基础上，用先进的技术代替落后的技术，用先进的工艺和装备代替落后的工艺和装备，以改变企业落后的技术经济面貌，实现以内涵为主的扩大再生产，达到提高产品质量、促进产品更新换代、节约能源、降低消耗、扩大生产规模、全面提高社会经济效益的目的。技术改造具体包括以下内容：机器设备和工具的更新改造；生产工艺改革、节约能源和原材料的改造；厂房建筑和公共设施的改造；劳动条件和生产环境的改造等。

固定资产投资按构成分　固定资产投资活动按其工作内容和实现方式分为建筑安装工程，设备、工具、器具购置，其他费用三个部分。

(1)建筑安装工程(建筑安装工作量)：指各种房屋、建筑物的建造工程和各种设备、装置的安装工程。包括各种房屋建造工程；各种用途设备基础和各种工业窑炉的砌筑工程及金属结构工程；为施工而进行的各种准备工作和临时工程以及完工后的清理工作等；铁路、道路的铺设，矿井的开凿及石油管道的架设等；水利工程；防空地下建筑等特殊工程；列入房屋工程预算内的暖气、卫生、通风、照明、煤气等设备的价值及装设油饰工程；列入建筑工程预算内的各种管道(蒸汽、压缩空气、石油、给排水等管道)、电力、电讯电缆导线等的敷设工程；以及各种机械设备的安装工程；为测定安装工程质量，对设备进行的试运工作；房地产开发单位进行的商品房屋开发建设工程、土地开发工程。

在安装工程中，不包括被安装设备本身的价值。

(2)设备、工具、器具购置：指建设单位或企、事业单位购置或自制的，达到固定资产标准的设备、工具、器具的价值。新建单位及扩建单位的新建车间，按照设计或计划要求购置或自制的全部设备、工具、器具，不论是否达到固定资产标准均计入“设备、工具、器具购置”中。

(3)其他费用：指在固定资产建造和购置过程中发生的，除上述几项内容以外的各种应分摊计入固定资产的费用。

施工项目　指报告期内进行过建筑或安装施工活动的项目。凡是报告期内施过工的建设项目，不论施工时间长短，均作为施工项目统计。施工项目个数可以反映一定时期固定资产投资的实际规模，与同期全部建成投产项目个数相比，可以从建设速度的角度反映固定资产投资的效果。根据建设项目施工活动的不同性质，施工项目又分为：本年正式施工项目、本年收尾项目和以前年度全部停缓建项目。

全部建成投产项目　指设计文件规定形成生产能力的主体工程及其相应配套的辅助设施全部建成，经负荷试运转，证明具备生产设计规定合格产品的条件，并经过验收鉴定合格或达到竣工验收标准，与生产性工程配套的生活福利设施可以满足近期正常生产的需要，正式移交生产的建设项目。非工业项目指设计文件规定的主体工程和相应的配套工程全部建成，能够发挥设计规定的全部效益，经验收鉴定合格或达到竣工验收标准，正式移交使用的建设项目。

新增生产能力(或工程效益)　指通过固定资产投资活动而增加的设计能力(或工程效益)，该指标是以实物形态表现的反映固定资产投资成果的指标，也是考核投资经济效果的重要依据之一。

新增生产能力(或工程效益)一般有以下几种表现形式：

(1)用产品数量表示，以工程在单位时间内(一般是一年)所能生产的产品数量(即年产量)表示。如原煤开采用万吨／年表示，化学农药用吨／年表示，拖拉机制造用台／年表示等。某些化工产品由于含量差别较大，按其设计含量计算折合量表示，如硫酸、纯碱、烧碱等。

(2)用单位时间内所能处理的原料数量表示，以工程每天(或小时)所能处理原料的数量表示。如机制糖工程日处理原料吨，食用植物油日处理原料吨，城市污水处理能力用万吨／日表示等。

(3)用新增加的主要设备的数量或容量表示，如新增棉布织机、丝织机等台数，毛纺锭等锭数，发电厂新增发电机组容量用千瓦表示等。

(4)用建筑物容积、容量、面积、长度表示，是非工业项目或工程新增效益的一种表现形式。如铁路投产里程、新建公路、水库容量、粮食仓库、学校学生席位、医院病床、有效灌溉面积等。

根据工程的特点，有时需要用两种或两种以上的复合计量单位表示新增生产能力(或工程效益)，如新增内燃机生产能力同时用年产台数、千瓦数表示等。

为了规范新增生产能力(或工程效益)的名称和计算单位，国家统计局制订了《新增生产能力(或工程效益)目录及代码》。各固定资产投资单位在统计新增生产能力(或工程效益)时，必须按目录中规定的名称、计量单位和代码填报。

房屋建筑面积　指房屋建筑物勒脚以上外墙外围的水平截面面积，包括房屋建筑物的有效面积和结构面积。该指标是从实物形态上反映建设规模和建设成果的重要指标之一，也是检查工程形象进度、计算工程造价、分析投资效果、研究施工任务和建筑材料之间平衡情况的重要依据。

住宅建筑面积 指施工和竣工房屋建筑面积中供居住用的房屋建筑面积。

施工面积 指报告期内施工的全部房屋建筑面积。包括本期新开工的面积和上期开工跨入本期继续施工的房屋面积，以及上期已停建在本期恢复施工的房屋面积。本期竣工和本期施工后又停缓建的房屋，其建筑面积仍计入本期房屋施工面积中。

竣工面积 指在报告期内房屋建筑按照设计要求已经全部完工，达到住人和使用条件，经验收鉴定合格(或达到竣工验收标准)，正式移交使用单位的各栋房屋建筑面积的总和。

房屋建筑面积竣工率 指一定时期内房屋竣工面积占同期房屋施工面积的比率。

新增固定资产 指报告期内已经完成建造和购置过程，并已交付生产或使用单位的固定资产价值。该指标是表示固定资产投资成果的价值指标，也是反映建设进度，计算固定资产投资效果的重要指标。

项目建成投产率 指一定时期内全部建成投产项目个数与同期施工项目个数的比率。该指标是从建设单位建设速度的角度反映投资效果的指标。

固定资产交付使用率 指一定时期新增固定资产与同期完成投资额的比率。该指标是反映固定资产动用速度，衡量建设过程中宏观投资效果的综合指标。由于新增固定资产是较长时期内形成的结果，而投资额则是当年完成的，因此，该指标一般适宜于反映较长时期内固定资产的动用情况。

商品房销售面积 指报告期内出售商品房屋的合同总面积(即双方签署的正式买卖合同中所确定的建筑面积)。由现房销售建筑面积和期房销售建筑面积两部分组成。

商品房销售额 指报告期内出售商品房屋的合同总价款(即双方签署的正式买卖合同中所确定的合同总价)。该指标与商品房销售面积同口径，由现房销售额和期房销售额两部分组成。

经济适用房 指根据经济适用房计划安排建设的政策性住宅。经济是指房屋建筑造价和销售价格低于一般商品住宅；适用是指适合中低收入家庭购买使用。经济适用房主要是由国家统一下达投资计划，房地产公司开发，对外销售；用地一般采用行政划拨或招标投标方式，免收土地出让金；对各种经批准的收费减半征收，开发利润不超过 3%；销售价格实行政府指导价。该指标可以分析房地产投资结构，反映中低收入家庭商品住宅的供求平衡情况。

Explanatory Notes on Main Statistical Indicators

Investment in Fixed Assets refers to the volume of activities in construction and purchases of fixed assets of the whole country and related fees, expressed in monetary terms during the reference period.

Urban Investment in Fixed Assets refers to construction projects involving a total planned investment of 5 million yuan and over by enterprises of various types of ownership, institutions, administrative units and individuals in urban areas, investment in real estate development. In other words, all investments that take place in county towns and urban areas, investment in construction projects under the direct leadership and management of government agencies at and above county levels and investments by enterprises and institutions at and above county levels are covered in urban investment in fixed assets.

Investment in Real Estate Development refers to investment by real estate development companies, commercialized buildings construction companies and other real estate development units of various types of ownership in the construction of buildings, such as residential buildings, factory buildings, warehouses, hotels, guesthouses, holiday villages, office buildings, and the complementary service facilities and land development projects, such as roads, water supply, water drainage, power supply, heating supply, telecommunications, land leveling and other infrastructural projects. It does not include activities in pure land transactions.

Investment in Rural Areas refers to investment in fixed assets by enterprises, institutions, administrative units and households in rural areas.

Total Size of Construction refers to the planned total investment for all construction projects during the reference period. This item should correspond with projects under work.

Total Size of Investment in Projects under Construction refers to the planned total investment of all projects under construction at the end of the reference period.

Net Size of Investment in Projects under Construction refers to the outstanding requirement of investment of all projects under construction at the end of the reference period.

Net size of investment in projects under construction= Total size of investment – Accumulated completed investment of projects under construction

Sources of Funds for Investment in Fixed Assets are categorized as funds from the State budget, domestic loans, foreign investment, self-raised funds, and others, depending on the sources of investment.

(1) Fund from the State budget consists of budgetary appropriation and loans from the State budget. More specifically, it includes, from the budget of the central government, capital construction fund (operation fund and non-operational fund), special expenses (e.g. expenses on substituting petroleum with coal), loans from repayment, discount fund, expenses on innovation and trial production of new products, expenses on urban construction, expenses on temporary construction from business departments, development fund for less developed areas, as well as local budgetary fund transferred from the central budget.

(2) Domestic loans refer to loans of various forms borrowed by investing units from banks and non-bank financial institutions during the reference period for the purpose of investment in fixed assets, including loans issued by banks from their self-owned funds and deposit, loans appropriated by higher authorities, special loans by government, loans arranged by local government from special funds, domestic reserve loan, and working loan.

(3) Foreign investment refers to foreign funds received during the reference period for the construction and purchase of investment in fixed assets (covering equipment, materials and technology), including foreign borrowings (loans from foreign governments and international financial institutions, export credit, commercial loans from foreign banks, issue of bonds and stocks overseas), foreign direct investment and other foreign investments. Excluded from this category is capital in foreign exchanges owned by China (foreign exchanges owned by the central and local governments, foreign exchanges retained by enterprises, foreign exchanges by enterprises through the regulating mechanism, loans in foreign exchanges issued by the Bank of China with its own fund, etc.). In calculating the utilization of foreign capital, foreign currencies are converted into Chinese Renminbi applying the current exchange rate when the foreign capitals are actually used.

(4) Self-raised funds refer to extra-budgetary funds for investment in fixed assets received during the reference period by investing units from central government ministries, local governments, enterprises and institutions, including their self-raised funds.

(5) Others refer to funds for investment in fixed assets received from sources other than those listed above, including capital raised through issuing bonds by

enterprises or financial institutions, funds raised from individuals and through donations, and funds transferred from other units.

Investment in Fixed Assets by Sector The classification of construction projects by sector is determined by the major products or the purpose of the projects when they are put into production or use, and by the nature of their social economic activities. In general, one project or one enterprise or institution can only be classified into one sector.

Investment in Fixed Assets by Jurisdiction of Management refers to the classification of investment by the competent authorities under which investment is made by construction units, enterprises, institutions or administrative units.

(1) Central investment refers to the investment in projects or by enterprises, institutions or administrative units which are under the direct leadership and management of the State Council and of the national commissions, ministries, agencies and State-owned large corporations. Various ministries and departments of the State Council prepare and implement plans for investment in fixed assets by those departments, and arrange and ensure the supply of materials and key equipment required for the projects.

(2) Local investment refers to the investment in projects or by enterprises, institutions or administrative units which are under the direct leadership and management of departments under the provincial, prefecture and county governments. Also included are projects by foreign-invested enterprises and enterprises without competent managing authorities.

Investment in Fixed Assets by Type of Construction Construction projects in general can be classified, by the type of construction, into new construction, expansion, reconstruction and technical transformation, moving and restoration. However, investment by type of construction is not applied to investment by real-estate development units, investment in rural areas and private investment in housing construction in urban areas and in industrial and mining areas.

(1) New construction in general refers to construction projects, which start from scratch, of enterprises, institutions, administrative agencies. In case the size of the existing unit is quite small, and the value of newly added fixed assets is more than three times of the the original value, the expansion will be considered as new construction.

(2) Expansion refers to construction of new major production workshop, branch factory or independent production line within a factory or in other locations, for the purpose of increasing the production capacity (or improving efficiency) or adding new production capacity. Newly constructed accommodation for the operation of institutions and administrative organizations (such as newly constructed buildings for teaching in schools, buildings for clinics or wards in hospitals, etc.) are also classified as expansion.

Also included in expansion are investments by existing enterprises or institutions in building major production line(s) or branch factory(ies) along with some work on innovation, for the purpose of expanding the production capacity of original products or producing new products.

(3) Reconstruction and technical transformation refers to construction projects by existing enterprises or institutions in innovation or technical transformation of the old facilities (including auxiliary production equipment and welfare facilities). Also considered as reconstruction is the construction of new workshops by the existing enterprises or institutions to change the variety of products to meet the market demand (such as the production of civil products by defence industries), or to bring the designed production capacity into full play through a more balanced production process on production lines. Technical transformation refers to replacement of old technology or equipment by new technology or equipment, in order to expand the reproduction through improvement of technology contents in production, to improve product quality, to promote new products, to save energy, to reduce consumption, to expand the production scale and to improve overall social-economic efficiency. Contents of technical transformation include: updating of machinery, equipment and tools; reforming production process by using energy or materials saving technology; construction of factory workshops and transformation of public facilities; improvement of working conditions and environment, etc.

Investment in Fixed Assets by Structure By their contents and the mode of implementation, investment activities are classified into 3 categories, i.e. construction and installation, purchase of equipment and instrument, and other expenses.

(1) Construction and installation (work volume of construction and installation) refers to the construction of houses and buildings and the installation of various kinds of equipment and instruments. They include construction of houses; equipment foundations, industrial kilns and stoves, and metal structure work; preparation works and temporary works for project construction, and clearing up works post project construction; pavement of railways and roads, drilling of mines and putting up of oil pipes; construction of water conservancy; construction of underground air-raid shelters and construction of other special projects; value of equipment for heating, sanitation, ventilation, lighting, gas, painting, etc. that are covered by the budget of housing projects; laying out of various pipelines (for steam,

compressed air, petroleum, tap water and sewage) and wiring and cabling for electric power and for communications; installation of various machinery and equipment; testing operation for pre-testing the quality of installation projects, and land and other development work conducted by real estate developers for commercialized housing. The value of equipment installed is itself not included in the value of installation projects.

(2) Purchase of equipment and instruments refers to the total value of equipment, tools, and instruments purchased or self-produced which come up to the cut-off point for fixed assets by the construction units or investing enterprises or institutions. Equipment, tools and instruments purchased or self-produced for new workshops by newly established or expanded units are categorized as "purchase of equipment and instruments" no matter whether they come up to the cut-off point for fixed assets.

(3) Other expenses refer to expenses arising during the construction or purchase of fixed assets other than those mentioned above.

Projects under Construction refer to projects with construction and installation activities undertaken in the reference period. All projects that have construction activities undertaken during the reference period are reported as projects under construction irrespective of the length of construction work. The number of projects under construction can reflect the actual size of investment in fixed assets during a given period, and when compared with the number of projects completed and put into use during the same period, it demonstrates the results of investment in fixed assets from the angle of the speed of the construction. Depending on the nature of construction activities, projects under construction can also be classified into projects beginning construction in current year, winding-up projects in current year and stopped or suspended projects in previous years (with resumption of work in current year).

Projects Completed and Put into Use refer to the major projects and anxilliary facilities having been completed in accordance with the design documents, resulting in forming production capacity and having checked and accepted after relevant tests, while the living and welfare facilities having been completed and being capable of ensuring normal production. Non-industrial projects refer to the major projects and anxilliary facilities which have been completed in accordance with the design documents ; have been checked, accepted after relevant examination; and have been formally delivered for use.

Newly Increased Production Capacity (or Project Efficiency) refers to the increase in design capacity (or project efficiency) through investment in fixed assets, which reflects the accomplishment of investment in fixed assets in physical form and serves as an important basis for evaluating the economic efficiency of investment.

The newly increased production capacity (project efficiency) are usually expressed in one of the following forms:

(1) volume of output of products, i.e. the volume of output that the project can produce during a given period (usually a year). For instance, the capacity in coal mining is expressed in 10,000 tons/year, the capacity in producing chemical pesticides expressed in ton/year, the capacity in producing tractors in tractor/year, etc. For some chemical products where the effective contents differ significantly, the production capacity is expressed as the designed effective content equivalent, such as in the case of sulphuric acid, soda ash, caustic soda, etc;

(2) volume of raw materials processed per unit of time, i.e. the volume of raw materials that could be processed by the project per day (or per hour), such as tons of materials processed per day by a sugar refining project or edible vegetable oil project, or tons of urban sewage processed per day;

(3) number or capacity of major equipment increased, such as number of cotton or silk looms increased, wool spindles increased, or capacity (in kilowatts) of power generators increased; and

(4) physical measures (volume, capacity, area, and length) of construction, which is typical for non-industrial projects, for instance, the length of railways put into operation, the length of highways, the capacity of reservoirs, the capacity of warehouses, the floor space of housing projects, capacity for new students in schools or beds in hospitals, areas under new irrigation project, etc.

The special features of projects may sometimes call for the combined use of two or more measurements to reflect the increase in production capacity (or project efficiency); for instance, the new capacity for the production of internal combustion engines is expressed in sets per year and kilowatts per year simultaneously.

To standardize the nomenclature and unit of measurement for newly increased production capacity (or project efficiency), the National Bureau of Statistics has developed the Nomenclature and Codes for New Production Capacity (Project Efficiency). All reporting units with investment activities are required to follow these two nomenclatures in reporting statistics on new production capacity (project efficiency).

Floor Space of Buildings under Construction refers to the total floor space of the horizontal section of outer walls above the plinth of the building, including the effective area and the area occupied by the structure. This indicator is one of the important indicators in physical terms to reflect the scale and accomplishment of the construction industry and also an important basis for monitoring the progress, calculating the cost, analyzing the efficiency and studying the supply of building materials in relation to the construction projects.

Floor Space of Residential Buildings refers to the floor space of the residential buildings among the total space of buildings under construction or completed.

Floor Space under Construction refers to total floor space of all buildings under construction during the reference period, including floor space of newly started buildings during the reference period, floor space of construction extended from the previous period to the current period, and floor space of construction suspended during the previous period and resumed in the current period. Floor space of construction completed in the current period, and floor space of construction started and then suspended in the current period are also included in the floor space under construction of the current year.

Floor Space Completed refers to the floor space of all buildings completed in the reference period, which have been appraised and accepted (or come up to the designed standards) and have been transferred to owner units.

Completion Rate of Floor Space of Buildings refers to the ratio of the floor space of buildings completed in a certain period of time to the floor space of buildings under construction in the same period.

Newly Increased Fixed Assets refer to the newly increased value of fixed assets, constructed or purchased, that have been transferred to the investors. This is an indicator that demonstrates the results of investment in fixed assets in monetary terms, and an important indicator to reflect the speed of construction and to calculate the efficiency of investment.

Rate of Construction Projects Completed and Put into Use refers to the ratio of the number of construction projects completed and put into use in a certain period of time to the number of projects under construction in the same period. This reflects the investment efficiency from the perspective of the speed of projects construction.

Rate of Projects of Fixed Assets Completed and Put into Operation refers to the ratio of the newly increased fixed assets to the total investment made in the same period. This is a comprehensive indicator reflecting the speed of the employment of fixed assets and the investment efficiency at the macro-level. As the newly increase fixed assets is the result of a long period while the investment is completed in the current year, this indicator is expected to be used to reflect the employment of fixed assets over a long period of time.

Area of Commercialized Housing Sold refers to total contracted area of commercialized housing (i.e. area of floor space as designated in the formal contracts signed by both sides) during the reference time. It constitutes floor space of completed housing and floor space of future housing.

Value of Commercialized Housing Sold refers to the total contracted value (i.e. value of sales/purchase for selling/purchase of commercialized housing as designated in the contract signed by both sides) during the reference time. This indicator has the same coverage as the area of commercialized housing sold, which constitutes floor space of completed housing and floor space of housing yet to be completed.

Economically Affordable Housing refers to housing constructed according to the State Plan for economically affordable housing. The features of houses of this category are low cost of construction and low prices, and therefore are affordable to mid-income and low income households. Economically affordable housing projects are developed by real estate companies under the State Investment Plan, with the land provided through government allocation or tendering procedures. Developers are exempted from land utilization fees and enjoy another 50% exemption of all other legitimate fees, while their profits are limited to less than 3%, and the completed houses are sold under government-guided prices. This indicator helps to analyze the investment structure of the real estate industry and the demand and supply of housing for mid-income and low income households.

6 对外经济、旅游和开发区

Foreign Economy ,Tourism and Development Zones

资料整理人员： 贺淑贞 吕 燕 陈 慧

6-1 对外经济和旅游
Foreign Economy and Tourism

年份 Year	进出口总额(万美元) Total Imports And Exports (USD 10 000)	出口 Exports	进口 Imports	实际利用外商直接投资金额(万美元) Total Amount of Foreign Capital Actually Used (USD 10 000)	接待旅游总人数(万人次) Number of Tourists (10 000 persons)	旅游业总收入(亿元) Income of Tourism (100 million yuan)	星级饭店数(个) Total Number of Tourist Hotels (unit)
1979	23363	22296	1067		0.81	0.01	
1980	32635	31389	1246		0.95	0.01	
1981	43531	35504	8027		1.33	0.02	
1982	42662	38369	4293		1.53	0.05	
1983	45667	40003	5664		1.99	0.03	
1984	46171	41703	4468		2.63	0.04	
1985	52549	39606	12943		3.20	0.04	
1986	62377	50305	12072		4.12	0.09	
1987	74642	61945	12697	235	5.72	0.10	
1988	83403	63860	19543	447	6.76	0.30	
1989	85201	66563	18638	1495	5.57	0.30	
1990	94161	80552	13609	1116	8.52	0.50	
1991	137525	101665	35860	2276	1210	3.68	
1992	207800	141145	66655	12853	1513	6.03	
1993	234800	161200	73600	43267	1615	11.62	
1994	201740	143321	58419	32512	2014	30.80	
1995	201664	145101	56563	48802	2518	43.41	
1996	176299	129074	47225	70344	3223	60.45	
1997	189445	144796	44649	91702	4040	79.59	
1998	178209	128290	49919	81816	4235	99.93	
1999	195604	128210	67394	65384	4339	120.35	
2000	251259	165308	85951	68182	4695	148.76	212
2001	275841	175400	100441	81011	5036	210.50	270
2002	287621	179542	108079	103089	5757	245.98	321
2003	373617	214626	158990	148907	5970	294.11	359
2004	543774	309778	233996	141806	6487	371.56	417
2005	600485	374667	225818	207235	7181	453.62	388
2006	735259	509401	225858	259335	9195	588.41	501
2007	968987	652342	316645	327051	10897	732.71	585
2008	1256584	840950	415634	400515	12830	851.75	569
2009	1015101	549189	465912	459787	16065	1099.47	567
2010	1468886	795487	673399	518441	20398	1425.80	549
2011	1900006	989747	910259	615031	25328	1785.78	568
2012	2194082	1259965	934117	728034	30506	2234.10	581
2013	2516439	1482083	1034356	870482	36058	2681.86	587
2014	3102729	2002348	1100380	1026585	41203	3050.70	555
2015	2936680	1917288	1019392	1156441	47331	3712.91	498

注：进出口数据1994年前为外贸统计数，1994年及以后为海关统计数。

Figures on total imports and exports form foreign trade were obtained from foreign trade statistics before 1994 and the figures were obtained from the Changsha Customs statistics after 1994.

6-2 对外经济贸易和旅游概况
A Survey on Foreign Trade and Tourism

指 标	Item	2000	2005	2013	2014	2015
进出口总额 (亿美元)	**Total Imports And Exports (USD 100 million)**	**25.13**	**60.05**	**251.64**	**310.27**	**293.67**
出口总额	Total Exports	16.53	37.47	148.21	200.23	191.73
进口总额	Total Imports	8.60	22.58	103.44	110.04	101.94
进出口差额	Balance	7.93	14.89	44.77	90.19	89.79
实际利用外资 (亿美元)	**Total Amount of Foreign Capital Actually Used (USD 100 million)**	**11.08**	**16.37**	**87.04**	**102.66**	**115.64**
对外借款	Foreign Loans	3.37	2.19	6.54	13.46	15.49
外商直接投资	Foreign Direct Investments	6.82	14.18	59.16	30.71	22.76
外商其他投资	Other Foreign Investments	0.89		21.34	58.49	77.4
外商投资企业基本情况	**Registered Foreign-funded Enterprises**					
年底登记户数 (户)	Number of Registered Enterprises (unit)	2316	2598	2255	2329	2415
投资总额 (亿美元)	Total Investment (USD 100 million)	73.06	119.08	404.86	463.07	521.47
注册资本 (亿美元)	Registered Capital (USD 100 million)	43.38	70.29	208.66	241.82	281.05
#外方	#Capital from Foreign Partners	26.51	52.66	157.87	183.89	201.16
对外经济合作合同金额 (亿美元)	**Contracted Value of Economic Cooperation With Foreign Countries & Territories (USD 100 million)**	**1.87**	**6.14**	**45.21**	**51.92**	**59.14**
对外承包工程	Contracted Projects	1.49	5.82	34.68	36.88	38.53
对外劳务合作	Labor Services	0.34	0.26	10.53	15.05	20.61
设计咨询	Design Consultation	0.04	0.06			
国际旅游人数 (万人次)	**Total Number of International Tourists (10 000 person-times)**	**45.40**	**55.34**	**230.66**	**219.55**	**226.05**
外国人	Foreigners	15.79	41.24	87.71	100.07	118.19
港澳台同胞	Compatriots from HongKong, Macao and Taiwan	29.61	14.10	142.95	119.47	107.86
旅游外汇收入总额 (亿美元)	**Foreign Exchange Earnings from International Tourism (USD 100 million)**	**2.21**	**3.13**	**8.23**	**8.00**	**8.58**
星级宾馆 (个)	Total Number of Tourist Hotels (unit)	212	388	587	555	498

注：外贸进出口资料统一按长沙海关统计数据，以下同。

Figures on total imports and exports form foreign trade are obtained from the Changsha Customs statitics.The same as in the following table.

6-3 进出口商品总值
Total Value of Imports and Exports

单位：万美元 (USD 10 000)

项 目	Item	2009	2011	2013	2014	2015
进出口总值	**Imports & Exports**	**1015101**	**1900006**	**2516439**	**3102729**	**2936680**
#出口	#Exports	549189	989747	1482083	2002348	1917288
进口	Imports	465912	910259	1034356	1100380	1019392
进出口差额	**Balance**	**83277**	**79488**	**447727**	**901968**	**897896**

6-4 进出口商品主要产销国别(地区)总值
Value of Imports and Exports by Main Producer and Sales Countries(Regions)

单位：万美元 (USD 10 000)

国家 (地区)	Country (Region)	2013		2014		2015	
		进口 Imports	出口 Exports	进口 Imports	出口 Exports	进口 Imports	出口 Exports
总 计	**Total**	**1034356**	**1482083**	**1100380**	**2002348**	**1019392**	**1917288**
中国香港	Hong Kong, China	2247	428892	12614	493836	26193	535826
日 本	Japan	71679	38416	103747	48238	69411	40445
菲律宾	Philippines	1713	9548	2110	16465		
新加坡	Singapore	3383	36312	3840	73271	4597	83277
韩 国	Republic of Korea	31499	54529	20967	77076	81390	67759
中国台湾	Taiwan, China	25315	18935	61156	31520	82111	35282
英 国	United Kingdom	4185	24494	3358	27218	8491	29808
德 国	Germany	84298	34032	68672	40595	41300	35904
法 国	France	7605	12552	4866	15705		
意大利	Italy	14475	18301	16937	19631		
荷 兰	Netherlands	11144	28329	14468	29181		
俄罗斯	Russia	19427	31743	13320	34568		
加拿大	Canada	17924	26097	10440	27774		
美 国	United States	51219	136575	107773	161810	140288	222868
澳大利亚	Australia	105942	16806	97582	19783	104775	17569
沙特阿拉伯	Saudi Arabia	211	20200	11301	32398		
阿联酋	United Arab Emirates	5136	31636	2281	36633	3166	34432
比利时	Belgium	5129	11746	3628	10265		
西班牙	Spain	3990	10035	7669	11291		
马来西亚	Malaysia	4258	34043	6904	79079	10822	68541

6-5 进出口商品机电电子产品情况
Import and Export Value of Machinery and Electrical Products

单位：万美元 (USD 10 000)

指标	Item	2013		2014		2015	
		进口 Imports	出口 Exports	进口 Imports	出口 Exports	进口 Imports	出口 Exports
机电产品	**Mechanical & Electrical Products**	**308020**	**576946**	**411664**	**840098**	**506050**	**1000616**
金属制品	Metal and Related Products	5745	73355	5296	98878	6695	80390
机械设备	Machinery Equipment	103259	107214	106311	145960	83912	147282
电器及电子产品	Electrical Products	106145	235574	214948	374608	356206	533376
运输工具	Facilities of Transportation	64058	91820	44608	121315	27845	163063
仪器仪表	Instruments and Meters	28356	16334	38463	24570	29403	17996
其他	Others	456	52648	2038	74767	1990	58509

6-6 进出口商品贸易方式
Value of Imports and Exports by Trade Ways

单位：万美元 (USD 10 000)

贸易方式	Trade Ways	2014		2015	
		进 口 Imports	出 口 Exports	进 口 Imports	出 口 Exports
一般贸易	Original Trade	662202	1409730	535212	1179878
国家间、国际组织无偿援助和赠送的物资	Assistant Goods from International Organization		225		216
华侨、港、澳同胞、外籍华人捐赠物资	Assistant Goods from Overseas Chinese, Compatriots from Hongkong, Macao and Taiwan				
补偿贸易	Compensation Trade				
来料加工装配贸易	Processing and Assembly Trade Provided with Raw Material	42206	54570	79163	91442
进料加工贸易	Processing Trade of Imported Material	297047	460825	287011	537396
寄售、代销贸易	Consign and Commission Trade				
边境小额贸易	Frontier Small Value Trade				
加工贸易进口设备	Processing and Assembling Import Equipment Provided with Material	7019		761	
对外承包工程出口货物	Constructed Projects in Foreign Countries		16463		6703
租赁贸易	International Lease				1468
外商投资企业作为投资进口的设备、物品	Imported Equipment and Materials as Investment of Foreign Investment Enterprises	6500		5383	
出料加工贸易	Processing Trade of Exported Material				
易货贸易	Barter				
免税外汇商品	Tax Free Foreign Exchange Commodities				
保税监管场所进出境货物	Import & Export Commodities in Protective Tariff Zone	28631	23153	80767	71737
海关特殊监管区域物流货物	Logistics Goods in Special CustomsSurveillance Areas	32556	28592	28112	27513
其它贸易	Others Trade	12405	743	2871	936

6-7 主要出口商品总值（2015年）
Major Exports Commodities in Value (2015)

商品名称		Item		数量 (Volume)	美元值（万美元）Dollar value（USD10000)
钢材	(万吨)	Rolled Steels	(10000 tons)	157.60	97352
钢铁板材	(万吨)	Steel-Board	(10000 tons)	62.60	32431
二极管及类似半导体器件	(亿个)	Diodes and Similar Semiconductor Devices	(100 million units)	9	91449
有线、无线通信设备零件		Part of Wired and Wireless Communication Equipment			88817
服装及衣着附件		Articles of Apparel & Clothing Accessories			81701
织物制服装		Garments with Textile			70959
集成电路	(亿个)	Integrated Circuit	(100 million units)	1.44	79739
放大器	(万个)	Amplifier	(10000 units)	1850.20	19088
鞋类	(万吨)	Footware	(10000 tons)	3.66	70682
鞋	(万吨)	Shoes	(10000 tons)	3.44	69137
金属银	(吨)	Metallic silver	(ton)	1280.30	68070
汽车	(万辆)	Car	(10000 units)	2.34	60853
陶瓷产品	(万吨)	Ceramic Products	(10000 tons)	18.81	50049
家用陶瓷	(万吨)	Domestic Ceramics	(10000 tons)	15.16	36506
烟花、爆竹	(万吨)	Fireworks and Firecrackers	(10000 tons)	19.92	47049
箱包及类似容器	(万吨)	Travel Goods	(10000 tons)	3.60	44800
灯具、照明装置及零件		Lamps, Lighting fixtures and Parts			30447
纺织纱线、织物及制品		Textile Yarn,Textile and Related Products			30040
肉及杂碎	(万吨)	Meat and Sweetbread	(10000 tons)	2	29036
电容器	(吨)	Capacitor	(ton)	1866	26677
家具及其零件		Furniture and Parts			25902
自动数据处理设备的零件	(吨)	Automatic Data Processing Equipment	(ton)	891.60	23447
蓄电池	(万个)	Battery	(10000 units)	2834.99	20609
手用或机用工具	(万吨)	Hand Tools and Tools For Machines	(10000 tons)	1.27	17759
汽车零配件		Parts of Motor Vehicles			16315

6-8 主要进口商品总值（2015年）
Major Imports Commodities in Value (2015)

商品名称		Item		数量 (Volume)	美元值（万美元）Dollar value（USD10000)
铁矿砂及其精矿	（万吨）	Iron Ores and Concentrate	（10000 tons）	2338.16	133659
集成电路	（亿个）	Integrated Circuit	（100 million units）	2.62	85610
二极管及类似半导体器件	（亿个）	Diodes and Similar Semiconductor Devices	（100 million units）	7	81873
铅矿砂及其精矿	（万吨）	Lead Ores and Concentrates	（10000 tons）	34	46741
银矿砂及其精矿	（万吨）	Silver Ores and Concentrates	（10000 tons）	11	33976
汽车零配件		Parts of Motor Vehicles			27182
纸浆	（万吨）	Paper Pulp	（10000 tons）	38.43	24949
原油#	（万吨）	Crude	（10000 tons）	53.77	20614
计量检测分析自控仪器及器具		Measuring and Checking			20445
电阻器	（吨）	Resistor	（ton）	48.94	19198
锌矿砂及其精矿	（万吨）	Zinc Ores and Concentrates	（10000 tons）	29.42	17899
电容器	（吨）	Capacitor	（ton）	130.94	16874
变压、整流、电感器及零件		Transformer, Rectifier, Inductor and Parts			13626
乳品	（万吨）	Dairy	（10000 tons）	1.76	10309
奶粉	（万吨）	Powdered Milk	（10000 tons）	1.11	8391
通断保护电路装置及零件		Eletrical Apparatus for Switching or Protecting			9987
纺织纱线、织物及制品		Textile Yarn,Textile and Related Products			9899
金属加工机床	（台）	Machine Tools for Processing Metals	（unit）	534	8288
煤及褐煤	（万吨）	Coal and Lignite	（10000 tons）	150	8079
有线、无线通信设备零件		Part of Wired and Wireless Communication Equipment			7815
机械提升搬运装卸设备及零件		Portage,Load and Unload Equipments and Accessories with Machine Exaltation			7133

6-9 利用外商直接投资
Foreign Direct Investments

单位：万美元 (USD 10 000)

项 目	Item	2000	2005	2013	2014	2015
总 计	**Total**	**68182**	**207235**	**870482**	**1026585**	**1156441**
按产业类别分类	**Grouped By Industry**					
第一产业	Primary Industry	3335	6915	53075	57919	62722
第二产业	Secondary Industry	43425	141882	586976	658342	714465
第三产业	Tertiary Industry	21422	58438	230431	310323	379254
按企业主体分类	**Grouped by Form**					
中外合资	Equity Foint Venture	32671	38146	200285	274186	226524
中外合作	Contractural Foint Venture	7328	15351	23613	35386	69742
外商独资	Wholly Foreign-owned Entenprise	27940	119798	633498	646476	730988
外商投资股份制	FDI Share Holding Inc.	243	33940	13086	70537	129187

6-10 外商直接投资签订合同情况(分国别、地区) (2015年)
Basic Statistics on Signed Contracts of Direct Foreign Investment(by Country or Region) (2015)

国别(地区)	Countries (Region)	项目(合同)个数(个) Number of Projects (case)	合同外资额(万美元) Agreement Amount (USD 10 000)	实际利用外资(万美元) Actually Used Amount (USD 10 000)
总 计	**Total**	**562**	**1182302**	**1156441**
中国香港	Hongkong, China	307	751502	678697
中国澳门	Macro, China	5	6638	9103
中国台湾	Taiwan, China	88	123872	83089
韩国	Korea	10	4495	4845
泰 国	Thailand	2	-2642	780
马来西亚	Malaysia	8	11520	7219
新加坡	Singapore	14	42633	44875
日 本	Japan	23	37288	35140
德 国	Germany	15	19831	59737
意大利	Italy		-9769	34
英 国	United Kingdom	5	14516	15209
卢森堡	Luxembourg			12035
加拿大	Canada	6	9298	5416
美 国	United States	28	36975	25386
澳大利亚	Australia	5	7416	4707
维尔京群岛	Virgin Islands	12	26285	40433

6-11 旅游业基本情况
Basic Statistics of Tourism

项 目	Item	2000	2005	2013	2014	2015
接待旅游总人数 (万人)	**Number of Tourists (10 000 persons)**	**4695.40**	**7180.98**	**36058.12**	**41202.53**	**47330.73**
#接待海外游客	# International Tourists	45.40	71.98	87.71	100.07	118.19
#接待国内游客	# Domestic Tourists	4650.00	7109.00	35827.46	40982.98	47104.68
旅游业总收入 (人民币亿元)	**Income of Tourism (100 million yuan)**	**148.80**	**453.57**	**2681.86**	**3050.70**	**3712.91**
#旅游创汇 (亿美元)	# Earnings from International Tourism (USD 100 million)	2.21	3.90	8.23	8.00	8.58
#国内旅游收入 (人民币亿元)	#Earnings from Domestic Tourism (RMB 100 million yuan)	130.46	421.20	2630.92	3001.54	3659.96

6-12 国际旅游人数和人天数
Number of International Tourists and Days of Tourism

项 目	Item	2000	2005	2013	2014	2015
接待入境旅游人数合计(人次)	**Total of International Tourists Arrivals (person-time)**	**454008**	**719829**	**2306593**	**2195461**	**2260521**
#外国人	#Foreigners	157899	608847	877108	1000746	1181881
港澳台同胞	Compatriots From Hongkong,Macao and Taiwan	296109	110982	1429485	1194715	1078640
#台胞	Compatriots from Taiwan	172731	61007	557534	417035	379043
入境旅游人天数合计 (人天)	**Total of International Tourist Arrivals (person-day)**	**1443640**	**2291253**	**4352114**	**4181638**	**4101029**
#外国人	#Foreigners	596216	1943303	1700490	2063019	2243927
港澳台同胞	Compatriots From Hongkong,Macao and Taiwan	847424	347951	2651624	2118619	1857102
#台胞	Compatriots from Taiwan	465221	19122	1031055	740267	641313

注：从2000年起，华侨并入外国人统计。 Overseas chinese are bring into foreigners since 2000.

6-13 接待外国人按国别分组
Number of Foreign Tourists by Country

单位：人次 (person-time)

国 别	Country	2008	2009	2012	2013	2014	2015
外国人总计	**Total**	**710983**	**640791**	**906356**	**877108**	**1000746**	**1181881**
#日 本	#Japan	59896	123563	102581	33072	74916	43335
菲律宾	Philippines	5438	2854	6037	4235	7475	10715
新加坡	Singapore	23116	19030	30039	26578	37298	24936
泰 国	Thailand	8824	6928	20480	16530	27648	25698
印度尼西亚	Indonesia	9413	6415	27307	27090	32131	24790
美 国	United States	56505	67886	88743	91864	97254	71296
加拿大	Canada	17628	8512	13106	12772	24458	24389
德 国	Germany	34557	20356	47754	46334	28554	25454
英 国	United Kingdom	28679	28502	49510	48507	57868	39514
法 国	France	26772	13437	28917	29347	33555	30292
意大利	Italy	5777	4473	11793	9304	18788	19932
俄罗斯	Russia	8326	4231	5931	7091	17100	26602
澳大利亚	Australia	8337	6702	6575	6667	18541	22615
新西兰	New Zealand	1999	2243	2978	2868	6705	11376
其 他	Others	415716	325659	464605	514849	518455	780937

6-14 湖南省产业园区基本情况(2015年)

Basic Indicators of above the provincial level Development Zones (2015)

指标		Item		2015
园区规划面积	(平方公里)	Floor Areas in Development Zone	(Sq.km.)	2323
已开发面积	(平方公里)	Actual Land Areas of Development Zone	(Sq.km.)	974
#工业用地面积	(平方公里)	#Floor Areas of Industrial	(Sq.km.)	682
园区企业个数	(个)	Number of Enterprises	(unit)	33060
#高新技术产品企业个数	(个)	#New-and-High-tech Enterprises	(unit)	2918
出口型企业个数	(个)	Exportation Type Enterprises	(unit)	1600
工业企业个数	(个)	Industrial Enterprises	(unit)	15705
年末从业人数	(人)	Population of Employment	(person)	2886539
#高新技术产品企业期末从业人数	(人)	#Employees in New-and-High-tech Enterprises	(person)	1029457
工业企业期末从业人数	(人)	Population of Industrial Enterperises	(person)	2244503
拥有专利数	(件)	Patent number	(item)	10570
本年完成固定资产投资	(亿元)	Investment in Fixed Assets	(100 million yuan)	7206
新批外商直接投资项目个数	(个)	Newly Authorized Projects of Foreign Direct Investment	(unit)	180
实际到位外商直接投资金额	(亿美元)	Actual value of Foreign Direct Investment	(USD 100 million)	53
实施省外境内合作项目个数	(个)	Foreign-funded projects	(unit)	1733
实际到位省外境内资金	(亿元)	Actual value of Foreign-funded projects	(100 million yuan)	1518
技工贸总收入	(亿元)	Industry and Trade income	(100 million yuan)	35186
#工业企业主营业务收入	(亿元)	#Industrial product sales income	(100 million yuan)	27340
利润总额	(亿元)	Total profit	(100 million yuan)	1388
上交税金总额	(亿元)	Total of the tax amount	(100 million yuan)	1055
R&D经费支出总额	(亿元)	Total of Expenditureonr R&D	(100 million yuan)	609
高新技术产品产值	(亿元)	Output Value of New-and-High-tech Enterprises	(100 million yuan)	15205
出口交货值	(亿元)	Delivery Value of Exports	(100 million yuan)	1470

6-15 湖南省国家级开发区基本情况（2015年）
Basic Indicators of National Development Zones (2015)

指标		Item		2015
园区规划面积	（平方公里）	Floor Areas in Development Zone	(Sq.km.)	995
已开发面积	(平方公里)	Actual Land Areas of Development Zone	(Sq.km.)	297
#工业用地面积	(平方公里)	#Floor Areas of Industrial	(Sq.km.)	174
园区企业个数	(个)	Number of Enterprises	(unit)	17856
#高新技术产品企业个数	(个)	#New-and-High-tech Enterprises	(unit)	1503
出口型企业个数	（个）	Exportation Type Enterprises	(unit)	873
工业企业个数	（个）	Industrial Enterprises	(unit)	6443
年末从业人数	(人)	Population of Employment	(person)	1050192
#高新技术产品企业期末从业人数	（人）	#Employees in New-and-High-tech Enterprises	(person)	545147
工业企业期末从业人数	（人）	Population of Industrial Enterperises	(person)	773687
拥有专利数	(件)	Patent number	(item)	6636
本年完成固定资产投资	（亿元）	Investment in Fixed Assets	(100 million yuan)	3179
新批外商直接投资项目个数	(个)	Newly Authorized Projects of Foreign Direct Investment	(unit)	70
实际到位外商直接投资金额	(亿美元)	Actual value of Foreign Direct Investment	(USD 100 million)	26
实施省外境内合作项目个数	(个)	Foreign-funded projects	(unit)	355
实际到位省外境内资金	(亿元)	Actual value of Foreign-funded projects	(100 million yuan)	491
技工贸总收入	(亿元)	Industry and Trade income	(100 million yuan)	17649
#工业企业主营业务收入	(亿元)	#Industrial product sales income	(100 million yuan)	12644
利润总额	(亿元)	Total profit	(100 million yuan)	560
上交税金总额	(亿元)	Total of the tax amount	(100 million yuan)	512
R&D经费支出总额	(亿元)	Total of Expenditureonr R&D	(100 million yuan)	333
高新技术产品产值	（亿元）	Output Value of New-and-High-tech Enterprises	(100 million yuan)	8856
出口交货值	（亿元）	Delivery Value of Exports	(100 million yuan)	795

6-16 湖南省省级开发区基本情况（2015年）
Basic Indicators of Provincial Development Zone (2015)

指标		Item		2015
园区规划面积	（平方公里）	Floor Areas in Development Zone	(Sq.km.)	1042
已开发面积	(平方公里)	Actual Land Areas of Development Zone	(Sq.km.)	512
#工业用地面积	(平方公里)	#Floor Areas of Industrial	(Sq.km.)	382
园区企业个数	(个)	Number of Enterprises	(unit)	12246
#高新技术产品企业个数	(个)	#New-and-High-tech Enterprises	(unit)	1074
出口型企业个数	（个）	Exportation Type Enterprises	(unit)	568
工业企业个数	（个）	Industrial Enterprises	(unit)	6848
年末从业人数	(人)	Population of Employment	(person)	1390851
#高新技术产品企业期末从业人数	（人）	#Employees in New-and-High-tech Enterprises	(person)	375017
工业企业期末从业人数	（人）	Population of Industrial Enterperises	(person)	1084270
拥有专利数	(件)	Patent number	(item)	2701
本年完成固定资产投资	（亿元）	Investment in Fixed Assets	(100 million yuan)	3168
新批外商直接投资项目个数	(个)	Newly Authorized Projects of Foreign Direct Investment	(unit)	74
实际到位外商直接投资金额	(亿美元)	Actual value of Foreign Direct Investment	(USD 100 million)	21
实施省外境内合作项目个数	(个)	Foreign-funded projects	(unit)	991
实际到位省外境内资金	(亿元)	Actual value of Foreign-funded projects	(100 million yuan)	739
技工贸总收入	(亿元)	Industry and Trade income	(100 million yuan)	14248
#工业企业主营业务收入	(亿元)	#Industrial product sales income	(100 million yuan)	11697
利润总额	(亿元)	Total profit	(100 million yuan)	686
上交税金总额	(亿元)	Total of the tax amount	(100 million yuan)	452
R&D经费支出总额	(亿元)	Total of Expenditureonr R&D	(100 million yuan)	235
高新技术产品产值	（亿元）	Output Value of New-and-High-tech Enterprises	(100 million yuan)	5254
出口交货值	（亿元）	Delivery Value of Exports	(100 million yuan)	536

6-17 湖南省省级工业集中区基本情况(2015年)
Basic Indicators of above the provincial level Development Zones (2015)

指标		Item		2015
园区规划面积	(平方公里)	Floor Areas in Development Zone	(Sq.km.)	286
已开发面积	(平方公里)	Actual Land Areas of Development Zone	(Sq.km.)	164
#工业用地面积	(平方公里)	#Floor Areas of Industrial	(Sq.km.)	125
园区企业个数	(个)	Number of Enterprises	(unit)	2958
#高新技术产品企业个数	(个)	#New-and-High-tech Enterprises	(unit)	341
出口型企业个数	(个)	Exportation Type Enterprises	(unit)	159
工业企业个数	(个)	Industrial Enterprises	(unit)	2414
年末从业人数	(人)	Population of Employment	(person)	445496
#高新技术产品企业期末从业人数	(人)	#Employees in New-and-High-tech Enterprises	(person)	109293
工业企业期末从业人数	(人)	Population of Industrial Enterperises	(person)	386546
拥有专利数	(件)	Patent number	(item)	1233
本年完成固定资产投资	(亿元)	Investment in Fixed Assets	(100 million yuan)	860
新批外商直接投资项目个数	(个)	Newly Authorized Projects of Foreign Direct Investment	(unit)	36
实际到位外商直接投资金额	(亿美元)	Actual value of Foreign Direct Investment	(USD 100 million)	5
实施省外境内合作项目个数	(个)	Foreign-funded projects	(unit)	387
实际到位省外境内资金	(亿元)	Actual value of Foreign-funded projects	(100 million yuan)	288
技工贸总收入	(亿元)	Industry and Trade income	(100 million yuan)	3289
#工业企业主营业务收入	(亿元)	#Industrial product sales income	(100 million yuan)	3000
利润总额	(亿元)	Total profit	(100 million yuan)	142
上交税金总额	(亿元)	Total of the tax amount	(100 million yuan)	91
R&D经费支出总额	(亿元)	Total of Expenditureonr R&D	(100 million yuan)	42
高新技术产品产值	(亿元)	Output Value of New-and-High-tech Enterprises	(100 million yuan)	1094
出口交货值	(亿元)	Delivery Value of Exports	(100 million yuan)	140

主要统计指标解释

进出口总额 指实际进出我国国境的货物总金额。包括对外贸易实际进出口货物，来料加工装配进出口货物，国家间、联合国及国际组织无偿援助物资和赠送品，华侨、港澳台同胞和外籍华人捐赠品，租赁期满归承租人所有的租赁货物，进料加工进出口货物，边境地方贸易及边境地区小额贸易进出口货物(边民互市贸易除外)，中外合资企业、中外合作经营企业、外商独资经营企业进出口货物和公用物品，到、离岸价格在规定限额以上的进出口货样和广告品(无商业价值、无使用价值和免费提供出口的除外)，从保税仓库提取在中国境内销售的进口货物，以及其他进出口货物。该指标可以观察一个国家在对外贸易方面的总规模。我国规定出口货物按离岸价格统计，进口货物按到岸价格统计商品经营单位所在地进、出口额 指所在地海关注册登记的有进出口经营权的企业实际进、出口额。

商品目的地进口额和商品货源地出口额 目的地进口额指进口货物的消费、使用或最终抵运地的实际进口额；货源地出口额指出口货物的产地或原始发货地的实际出口额。

利用外资 指我国各级政府、部门、企业和其他经济组织通过对外借款、吸收外商直接投资以及用其他方式筹措的境外现汇、设备、技术等。

对外借款 指通过对外正式签订借款协议，从境外筹措的资金，包括外国政府贷款、国际金融组织贷款、外国银行商业贷款、出口信贷以及对外发行债券等。1996年及以前还包括对外发行股票。该指标是我国利用外资的重要部分。

外商直接投资 指外国企业和经济组织或个人(包括华侨、港澳台胞以及我国在境外注册的企业)按我国有关政策、法规，用现汇、实物、技术等在我国境内开办外商独资企业、与我国境内的企业或经济组织共同举办中外合资经营企业、合作经营企业或合作开发资源的投资(包括外商投资收益的再投资)，以及经政府有关部门批准的项目投资总额内企业从境外借入的资金。

外商其他投资 指除对外借款和外商直接投资以外的各种利用外资的形式。包括企业在境内外股票市场公开发行的以外币计价的股票（目前主要是在香港证券市场发行的H股和在境内证券市场发行的B股）发行价总额，国际租赁进口设备的应付款，补偿贸易中外商提供的进口设备、技术、物料的价款，加工装配贸易中外商提供的进口设备、物料的价款。

对外直接投资 指我国国内投资者以现金、实物、无形资产等方式在国外及港澳台地区设立、购买国（境）外企业，并以控制该企业的经营管理权为核心的经济活动。

对外承包工程 指各对外承包公司以招标议标承包方式承揽的下列业务：(1)承包国外工程建设项目；(2)承包我国对外经援项目；(3)承包我国驻外机构的工程建设项目；(4)承包我国境内利用外资进行建设的工程项目；(5)与外国承包公司合营或联合承包工程项目时我国公司分包部分；(6)对外承包兼营的房屋开发业务。对外承包工程的营业额是以货币表现的本期内完成的对外承包工程的工作量，包括以前年度签订的合同和本年度新签订的合同在报告期内完成的工作量。

对外劳务合作 指以收取工资的形式向业主或承包商提供技术和劳动服务的活动。我国对外承包公司在境外开办的合营企业，中国公司同时又提供劳务的，其劳务部分也纳入劳务合作统计。劳务合作营业额按报告期内向雇主提交的结算数(包括工资、加班费和奖金等)统计。

旅游者人数

(1)入境国际旅游者人数：指来中国参观、访问、旅行、探亲、访友、休养、考察、参加会议和从事经济、科技、文化、教育、宗教等活动的外国人、华侨、港澳同胞和台湾同胞的人数。不包括外国在我国的常驻机构，如使领馆、通讯社、企业办事处的工作人员；来我国常住的外国专家、留学生以及在岸逗留不过夜人员。

(2)出境居民人数：指大陆居民因公务活动或私人事务短期出境的人数。公务活动出境居民人数包括在国际交通工具上的中国服务员工，因私出境居民人数不包括在国际交通工具上的中国服务员工。

(3)国内旅游者人数：指我国大陆居民和在我国常住1年以上的外国人、华侨、港澳台同胞离开常住地在境内其他地方的旅游设施内至少停留一夜，最长不超过6个月的人数。

国际旅游(外汇)收入 指入境旅游的外国人、华侨、港澳同胞和台湾同胞在中国大陆旅游过程中发生的一切旅游支出，其对于国家来说就是国际旅游(外汇)收入。

国际旅行社 指经营对外招徕并接待外国人、华侨、港澳同胞和台湾同胞来中国、归国或回内地旅游业务的旅行社。

国内旅行社 指负责经营招徕、组团、接待国内旅客的旅游业务，以及不对外招徕，负责经营接待国际旅行社或其它涉外部门组织的外国人、华侨、港澳同胞和台湾同胞来中国、归国或回内地的旅游业务的旅行社。

星级饭店 指已评定星级的饭店。

Explanatory Notes on Main Statistical Indicators

Total Imports and Exports at Customs refer to the real value of commodities imported into and exported from the boundary of China. They include the actual imports and exports through foreign trade, imported and exported goods under the processing and assembling trades and materials, supplies and gifts as aid given gratis between governments and by the United Nations and other international organizations, and contributions donated by overseas Chinese, compatriots in Hong Kong and Macao and Chinese with foreign citizenship, leasing commodities owned by tenant at the expiration of leasing period, the imported and exported commodities processed with imported materials, commodities trading in border areas (excluding mutual exchange goods), the imported and exported commodities and articles for public use of the Sino foreign joint ventures, cooperative enterprises and ventures exclusively with foreign own investment. Also included are import or export of samples and advertising goods for whose CIF or FOB value are beyond the permitted ceiling (excluding goods of no trading or use value and free commodities for export), imported goods sold in China from bonded warehouses and other imported or exported goods. The indicator of the total imports and exports at customs can be used to observe the total size of external trade in a country. In accordance with the stipulation of the Chinese government, imports are calculated at CIF, while exports are calculated at FOB.

Import Export Value by Location of China'sForeign Trade Managing Units refers to actual value of imports and exports carried out by corporations which have been registered by the local customhouse and are vested with right to run import export business.

Import Value of Commodities by the Places of their Destination and Export Value of Commodities by the Places of their Origin in China: The former indicator refers to the value of import commodities of the places of their consumption, utilization or the places of their final destination. The latter indicator refers to the value of export commodities of the places of their origin or the places of the commodities dispatched.

Utilization of Foreign Capitals refers to remittance, equipment and technology financed from abroad, by loans, foreign direct investment and other forms undertaken by the Chinese governments at all levels, by various departments, enterprises and other economic units.

Foreign Borrowings refer to funds borrowed from abroad through formal signing of borrowing agreements with foreign institutions, including loans of foreign governments, loans of international financial institutions, commercial loans of foreign banks, export credit, and funds raised by Chinese bonds (and shares before 1996) issued abroad. It is an important part of China's utilization of foreign capitals.

Foreign Direct Investment refers to the investments inside China by foreign enterprises and economic organizations or individuals (including overseas Chinese, compatriots from Hong Kong, Macao and Taiwan, and Chinese enterprises registered abroad), following the relevant policies and laws of China, for the establishment of ventures exclusively with foreign own investment, Sino oreign joint ventures and cooperative enterprises or for co perative exploration of resources with enterprises or economic organizations in China. It includes the re investment of the foreign entrepreneurs with the profits gained from the investment and the funds that enterprises borrow from abroad in the total investment of projects which are approved by the relevant department of the government.

Overseas Direct Investment refers to enterprises set up or bought by domestic investors in foreign countries and in Hong Kong, Macao and Taiwan, and the economic activities centering on operation and management of those enterprises are under the control of domestic investors. The statistical scope covers various corporation type enterprises and non-corporation type enterprises receiving direct investment from domestic investment entities.

Other Investment by Foreign Entrepreneurs refers to all forms of utilization of foreign capitals other than foreign borrowings and foreign direct investment. It includes the total value of stock shares in foreign currencies issued by enterprises at domestic or foreign stock exchanges (now mainly consisting of H shares issued at Hong Kong Security Market and B shares issued at domestic security markets), rent payable for the imported equipment through international leasing arrangement, cost of imported equipment, technology and materials provided by foreign counterparts in compensation trade and processing and assembly trade.

Contracted Projects with Foreign Countries refer to projects undertaken by Chinese contractors (project contracting companies) through bidding process. They include:(1) overseas civil engineering construction projects financed by foreign investors; (2) overseas projects financed by the Chinese government through its foreign aid programs; (3) construction projects of Chinese diplomatic missions, trade offices and other institutions stationed abroad; (4) construction projects in China financed by foreign investment; (5) sub-contracted projects to be taken by Chinese contractors through a joint umbrella project with foreign contractor(s); (6) housing development projects. The business income from international contracted projects is the work volume of contracted projects completed during the reference period, expressed in monetary terms, including completed work on projects signed in previous years.

Service Cooperation with Foreign Countries refers to the activities of providing technology and labour services to employers or contractors in the forms of receiving salaries and wages. Labour services providing by contractual joint ventures of Chinese international contracting corporations should be included in the statistics of service co-operation with foreign countries. The business income of labour service cooperation is the income in the form of wages and salaries, overtime pay, bonuses and other remuneration received from the employers during the reference period.

Number of Tourists

(1) International tourists refer to foreigners, overseas Chinese, Chinese compatriots from Hong Kong, Macao and Taiwan coming to China for sight seeing, visits, tours, family reunions, vacations, study tours, conferences and other activities of a business, scientific and technological, cultural, educational and religious nature. It does not include representatives and employees of resident institutions of foreign countries in China such as embassies, consulates, news agencies and offices of foreign companies and organizations, nor does it include long-term foreign experts or students residing in China, or persons in transition without spending a night in China.

(2) Chinese residents going abroad refer to Chinese residents going abroad for short terms for either public business or private purposes. Chinese employees working on international transport carriers are included in those going abroad for public business purpose, not in those for private purpose.

(3) Domestic tourists refer to residents of the mainland of China who stay for one night at least but no more than 6 months at tourist facilities in other places than their permanent residence within the territory of the mainland China, including foreigners, overseas Chinese and Chinese compatriots from Hong Kong, Macao and Taiwan who have resided in China for over one year.

Foreign Exchange Earnings from International Tourism refer to the total expenditures of foreigners, overseas Chinese, Chinese compatriots from Hong Kong, Macao and Taiwan during their stay in the mainland of China, which are earnings of foreign exchange from international tourism from the point of view from China.

International Travel Agencies refer to travel agencies engaged in the promotion, solicitation, organization and reception of tours to the mainland of China by foreigners, overseas Chinese, Chinese compatriots from Hong Kong, Macao and Taiwan.

Domestic Travel Agencies refer to travel agencies engaged in the promotion, solicitation, organization and reception of domestic tourists, and in the reception of foreigners, overseas Chinese, Chinese compatriots from Hong Kong, Macao and Taiwan organized by international travel agencies or other departments concerned, without their own promotion and solicitation programmes.

Star Hotels refer to hotels rated with stars.

7 能源

Energy

资料整理人员：杨　沫　　宋　超　　鲁　喆
殷梓晴　　何　达

7-1 能源生产消费及构成
The Structure of Energy Production and Consumption

指标	Item	2014	205
一次能源生产总量 (万吨标准煤)	**Gross Production of primary Energy (10 000 tons of SCE)**	**6348.84**	**4938.36**
各种能源所占比重 (%)	Proportions of Energies (%)		
其中:原煤	Raw Coal	72.67	60.76
原油	Crude Oil		
天然气	Natural Gas		
水电、核电、风电等	Hydropower, Nuclear Power, Wind Power Etc	27.33	39.24
能源消费总量 (万吨标准煤)	**Gross Consumption of Energy (10,000 tons of SCE)**	**15316.84**	**15468.61**
各种能源所占比重 (%)	Proportions of Energies (%)		
其中:煤品燃料	Raw Coal	58.08	59.92
油品燃料	Petroleum	14.56	16.07
天然气	Natural Gas	2.12	2.28
水电、核电、风电等	Hydropower, Nuclear Power, Wind Power Etc	15.44	12.53
其他能源	Other sources	9.80	5.00
一次能源生产弹性系数	**Elastic Coefficient of Energy Production**		
一次能源生产比上年增长 (%)	Increasing Rate of Primary Energy Production over the Previous Year (%)	-16.33	-22.22
核电、水电、风电生产比上年增长 (%)	Increasing Rate of Electric Power Production over the Previous Year (%)	30.51	11.68
国内生产总值比上年增长 (%)	Increasing Rate of GDP over the Previous Year (%)	9.51	8.57
一次能源生产弹性系数	Elastic Coefficient of Primary Energy Production	-1.72	-2.59
核电、水电、风电生产弹性系数	Elastic Coefficient of Electric Power Production	3.21	1.36
能源消费弹性系数	**Elastic Coefficient of Energy Consumption**		
能源消费比上年增长 (%)	Increasing Rate of Energy Consumption over the Previous Year (%)	2.67	0.99
电力消费比上年增长 (%)	Increasing Rate of Electric Power Consumption over the Previous Year (%)	0.88	1.26
国内生产总值比上年增长 (%)	Increasing Rate of GDP over the Previous Year (%)	9.51	8.57
能源消费弹性系数	Elastic Coefficient of Energy Consumption	0.28	0.12
电力消费弹性系数	Elastic Coefficient of Electric Power Consumption	0.09	0.15

7-2 综合能源平衡表
Consolidated Balance Sheet of Energy

单位:万吨标准煤 (10 000 tons of SCE)

指标	Item	2014	2015
可供量	**Supplies**	**15316.84**	**15468.61**
一次能源生产量	Energy Production	6348.84	4938.36
外省（区、市）调入量	the Amount Transferred from Other Provinces (Regions, Cities)	9311.87	10479.34
进口量	Import Volume	206.05	158.03
本省（区、市）调出量(-)	the Amount Transferred to Other Provinces (Regions, Cities)	391.03	274.34
出口量(-)	Export Volume	1.70	2.57
年初年末库存差额	Inventory Balance between the Beginning and End of the Year	-157.20	169.79
年初库存量	Beginning of the inventory	463.39	620.59
年末库存量(-)	Year-end inventory(-)	620.59	450.80
消费量	**Consumptions**	**15316.84**	**15468.61**
消费量分组一	**Group 1 of Consumptions**	**15316.84**	**15468.59**
农.林.牧.渔业	Agriculture, Forestry, Animal Husbandry and Fishery	683.02	699.55
工业	Industry	9329.02	9057.74
建筑业	Construction Industry	328.75	360.64
交通运输.仓储和邮政业	Transportation, Storage and Post Industry	1442.98	1550.67
批发、零售业和住宿、餐饮业	Wholesaling, Retailing, Lodging and Catering Trade	615.27	673.10
其他	Others	840.97	931.01
生活消费	Living Consumptions	2076.82	2195.87
消费量分组二	**Group 2 of Consumptions**	**15316.84**	**15468.61**
终端消费	**Terminal Consumptions**	**14884.52**	**14950.50**
#工业	#Industry	8900.63	8539.65
加工转换损失	**Processing and Conversion Loss**	**4.69**	**123.58**
火力发电损失	Loss of Thermal Power Generation		
供热损失	Heating Supply Loss	141.10	222.03
洗选煤损失	Coal Preparation Loss	177.22	181.86
炼焦损失	Coking Loss	48.53	59.08
炼油损失	Oil Refining Loss	7.30	36.26
制气损失	Gas Making Loss		
煤制品加工损失	Coal Products Processing Loss		
回收能	Recovered Energy	-369.67	-375.65
损失量	**Loss Amount**	**427.62**	**394.53**
平衡差额	**Equilibrium Balance**		

7-3 煤炭平衡表
Balance Sheet of Coal

单位:万吨 (10 000 tons)

指标	Item	2014	2015
可供量	**Supplies**	**10899.51**	**11142.26**
消费量	**Consumptions**	**10899.51**	**11142.26**
消费量分组一	**Group 1 of Consumptions**	**10899.51**	**11142.26**
农.林.牧.渔业	Agriculture, Forestry, Animal Husbandry and Fishery	456.22	474.10
工业	Industry	8803.66	8749.94
建筑业	Construction Industry	194.00	212.19
交通运输.仓储和邮政业	Transportation, Storage and Post Industry	163.15	169.15
批发、零售业和住宿、餐饮业	Wholesaling, Retailing，Lodging and Catering Trade	397.50	437.09
其他	Others	454.99	500.31
生活消费	Living Consumptions	429.99	599.49
消费量分组二	**Group 2 of Consumptions**	**10899.51**	**11142.26**
终端消费	**Terminal Consumptions**	**5991.22**	**6683.93**
#工业	#Industry	3895.37	4291.61
用于加工转换	**Used for Processing and Conversion**	**4870.06**	**4426.50**
火力发电	Thermal Power Generation	2993.55	2693.95
供热	Heating Supply	352.09	278.21
洗煤损耗	Coal Preparation Loss	623.14	540.56
炼焦	Coking	901.28	913.78
炼油及煤制油	Petroleum Refineries		
制气	Gas Making		
型煤加工损耗	Briquette Processing Loss		
损失量	**Loss Amount**	**38.23**	**31.83**
平衡差额	**Equilibrium Balance**		

7-4 石油平衡表
Balance Sheet of Petroleum

单位:万吨 (10 000 tons)

指标	Item	2014	2015
可供量	**Supplies**	**1559.52**	**1734.45**
消费量	**Consumptions**	**1559.52**	**1734.45**
消费量分组一	**Group 1 of Consumptions**	**1559.52**	**1734.43**
农.林.牧.渔业	Agriculture, Forestry, Animal Husbandry and Fishery	19.78	20.56
工业	Industry	355.20	370.89
建筑业	Construction Industry	68.99	74.63
交通运输.仓储和邮政业	Transportation, Storage and Post Industry	714.45	812.10
批发、零售业和住宿、餐饮业	Wholesaling, Retailing, Lodging and Catering Trade	66.17	71.52
其他	Others	87.60	95.74
生活消费	Living Consumptions	247.33	289.00
消费量分组二	**Group 2 of Consumptions**	**1559.52**	**1734.45**
终端消费	Terminal Consumptions	1541.07	1691.35
工业	Industry	338.51	327.81
加工转换损失	**Processing and Conversion Loss**	**16.69**	**43.10**
火力发电	Thermal Power Generation	7.48	5.31
供热	Heating Supply	7.52	7.76
炼油损耗	Oil Refining Loss	1.69	30.03
制气	Gas Making		
损失量	**Loss Amount**	**1.76**	
平衡差额	**Equilibrium Balance**		

7-5 电力平衡表
Balance Sheet of Electricity

单位:亿千瓦时 (100 million kwh)

指标	Item	2014	2015
可供量	**Supplies**	**1513.65**	**1532.77**
消费量	**Consumptions**	**1513.65**	**1532.77**
消费量分组一	**Group 1 of Consumptions**	**1513.65**	**1532.77**
农.林.牧.渔业	Agriculture, Forestry, Animal Husbandry and Fishery	21.71	17.07
工业	Industry	978.52	952.11
建筑业	Construction Industry	18.25	19.59
交通运输.仓储和邮政业	Transportation, Storage and Post Industry	39.55	42.53
批发、零售业和住宿、餐饮业	Wholesaling, Retailing, Lodging and Catering Trade	57.57	62.43
其他	Others	98.94	110.49
生活消费	Living Consumptions	299.11	328.56
消费量分组二	**Group 2 of Consumptions**	**1513.65**	**1532.77**
终端消费	**Terminal Consumptions**	**1396.09**	**1425.35**
#工业	#Industry	860.96	844.69
输配电损失量	**Processing and Conversion Loss**	**117.56**	**107.42**
平衡差额	**Equilibrium Balance**		

7-6 分行业分品种能源消费总量(2015年)
Total Consumption of Various Energy in Different Trades(2015)

指标	Item	煤炭消费量（万吨）Consumption of Coal (10 000 tons)	原煤消费量（万吨）Consumption of Raw Coal (10 000 tons)
消费总计	**Total Consumptions**	**11142.26**	**10315.05**
农、林、牧、渔业	**Agriculture, Forestry, Animal Husbandry and Fishery**	**474.10**	**443.03**
工业合计	**Industries in Total**	**8749.94**	**8431.34**
采矿业	**Excavating Industry**	**775.79**	**1723.28**
煤炭开采和洗选业	Mining and Washing of Coal	644.56	1592.14
石油和天然气开采业	Mining of Petroleum and Natural Gas		
黑色金属矿采选业	Mining of Ferrous Metal Ores	6.64	6.64
有色金属矿采选业	Mining of Non-ferrous Metal Ores	39.32	39.31
非金属矿采选业	Mining and Processing of Nonmetal Ores	85.18	85.11
开采辅助活动	Mining of Other Ores N.E.C		
其他采矿业	Mining of Other Ores N.E.C	0.09	0.09
制造业	**Manufacturing Industry**	**5363.69**	**4104.62**
农副食品加工业	Processing of Food From Agricultural Products	70.87	70.18
食品制造业	Manufacture of Foods	41.76	41.75
饮料制造业	Manufacture of Beverage	25.58	25.57
烟草制品业	Manufacture of Tobacco	13.22	12.89
纺织业	Manufacture of Textile	55.01	53.21
纺织服装、鞋、帽制造业	Manufacture of Textile Wearing Apparel, Footware and Caps	1.72	1.72
皮革、毛皮、羽毛(绒)及其制品业	Manufacture of Leather, Fur, Feather and Its Products	8.58	8.57
木材加工及木、竹、藤、棕、草制品业	Processing of Timbers,Manufacture of Wood,	40.23	40.19
家具制造业	Manufacture of Furniture	1.95	1.95
造纸及纸制品业	Manufacture of Paper and Paper Products	240.32	240.30
印刷业和记录媒介的复制	Printing,Reproduction of Recording Media	7.06	7.06
文教体育用品制造业	Manufacture of Articles for Culture, Education and Sport	3.22	3.22
石油加工、炼焦及核燃料加工业	Processing of Petroleum, Coking,Nuclear Oil	630.00	389.82
化学原料及化学制品制造业	Manufacture of Chemical Raw Material	627.10	627.99
医药制造业	Manufacture of Medicines	54.92	54.90
化学纤维制造业	Manufacture of Chemical Fiber	2.17	2.17
橡胶和塑料制品业	Manufacture of Rubber	13.68	13.68
非金属矿物制品业	Manufacture of Non-metallic Mineral Products	2453.16	1701.93
黑色金属冶炼及压延加工业	Manufacture and Processing of Ferrous Metals	499.71	237.55
有色金属冶炼及压延加工业	Manufacture and Processing of Non-ferrous Metals	281.69	278.51
金属制品业	Manufacture of Metal Products	207.32	207.32
通用设备制造业	Manufacture of General Purpose Machinery	16.94	16.85
专用设备制造业	Manufacture of Special Purpose Machinery	20.14	20.08
汽车制造业	Automotive Industry	6.50	6.50
铁路、船舶、航空航天和其他运输设备制造业	Manufacture of Railway,Marine,Aerospace and Other Transport Equipment	4.53	4.53
电气机械及器材制造业	Manufacture of Electrical Machinery and Equipment	9.93	9.93
通信设备、计算机及其他电子设备制造	Manufacture of Communication Equipment, Computer and Other Electronic Equipment	9.70	9.70
仪器仪表制造业	Manufacture of Measuring Instrument and Machinery for Cultural Activity and Office Work	1.64	1.64
其他制造业	Other Manufacture N.E.C	12.25	12.11
工艺品及其他制造业	Manufacture of Artwork,Other Manufacture N.E.C	2.79	2.79
废弃资源和废旧材料回收加工业	Recycling and Disposal of Waste		
电力、燃气及水的生产和供应业	**Production and Supply of Electric Power, Gas and Water**	**2610.46**	**2603.44**
电力、热力的生产和供应业	Production and Supply of Electric & Heat Power	2610.08	2603.08
燃气生产和供应业	Production and Distribution of Gas	0.36	0.35
水的生产和供应业	Production and Distribution of Water	0.02	0.02
建筑业	**Construction**	**212.19**	**188.27**
交通运输储运业和邮政业	**Transportation, Storage and Post Industry**	**169.15**	**140.46**
批发、零售业和住宿、餐饮业	**Wholesaling, Retailing, Lodging and Catering Trade**	**437.09**	**232.08**
其他行业	**Other Trades**	**500.31**	**316.86**
城乡居民生活	**Urban and Rural Citizens' Lives**	**599.49**	**563.00**

续表 continued

焦炭消费量（万吨）Consumption of Coal (10 000 tons)	原油（万吨）Crude Oil (10 000 tons)	汽油（万吨）Gasoline (10 000 tons)	煤油（万吨）Kerosene (10 000 tons)	柴油（万吨）Diesel Oil (10 000 tons)	燃料油（万吨）Fuel Oil (10 000 tons)	液化石油气（万吨）LPG (10 000 tons)	天然气(亿立方米) Natural Gas (100 million cu.m)	电力(亿千瓦时) Electric Power (100million kwh)
1145.05	**878.46**	**514.65**	**51.76**	**686.59**	**92.80**	**93.08**	**25.66**	**1532.77**
26.84		**10.88**		**9.45**	**0.01**	**0.21**	**0.08**	**17.07**
1118.21	**878.46**	**19.46**	**4.72**	**42.95**	**27.97**	**15.21**	**13.35**	**952.11**
0.84		**0.75**	**0.17**	**4.51**			**0.01**	**42.42**
		0.10		0.67				14.97
0.65		0.07		0.41				3.52
0.05		0.26	0.05	0.93				14.12
0.15		0.32	0.12	2.40			0.01	9.79
				0.09				0.01
1117.37	**878.46**	**18.12**	**4.55**	**36.58**	**27.69**	**15.21**	**13.31**	**670.35**
0.07		0.81	0.29	1.64	0.05		0.27	25.42
		0.41		0.28		0.01	0.23	7.69
0.51		0.18	0.03	0.28		0.01	0.28	7.08
		0.04		0.77			0.61	3.95
0.18		0.37	0.07	0.66			0.05	13.68
		0.11		0.13			0.02	2.29
0.02		0.14	0.05	0.28	0.04		0.07	5.28
		0.71	0.48	1.22				11.18
		0.14		0.27			0.08	2.38
0.16		0.16	0.01	0.35	1.33		0.25	33.49
		0.30	0.02	0.38			0.10	3.64
		0.05		0.04			0.02	3.83
	878.44	0.03		0.17	5.15	0.08	0.02	16.00
13.17		2.13	0.21	4.22	1.22	0.23	0.97	73.72
0.01		1.43		0.42			0.29	8.76
		0.01		0.01				1.29
0.12		0.38	0.07	0.66		0.07	0.25	10.71
0.33		2.43	1.25	9.84	18.47	11.02	3.52	109.46
947.85		0.50	0.05	2.00		0.01	0.76	117.37
143.71	0.01	0.79	0.02	2.22	1.17		3.28	99.44
5.59		0.63	0.11	1.40	0.01	0.02	0.21	15.23
2.60		1.33	0.47	1.73	0.03	0.01	0.28	16.80
0.49		1.89	0.55	2.61		0.37	0.25	15.77
1.52		0.91	0.01	0.93			0.73	12.03
0.36		0.15	0.08	0.40	0.02	0.02	0.17	6.47
0.08		0.95	0.41	1.72	0.13	0.07	0.08	14.50
		0.42	0.15	0.78			0.32	27.84
0.41	0.01	0.66	0.20	0.78			0.01	1.46
		0.05		0.01		3.27	0.01	1.41
0.20		0.02		0.34	0.08		0.18	2.18
								0.01
		0.59		**1.87**	**0.28**		**0.03**	**239.34**
		0.24		1.03	0.28		0.01	229.06
		0.06		0.21			0.02	0.94
		0.30		0.63				9.33
		17.18	**0.21**	**55.96**	**0.06**	**0.57**	**0.08**	**19.59**
		167.44	**44.81**	**500.63**	**60.88**	**8.18**	**1.96**	**42.53**
		40.42	**1.48**	**12.78**	**1.68**	**13.95**	**1.88**	**62.43**
		68.18	**0.54**	**17.48**	**0.85**	**6.75**	**3.14**	**110.49**
		191.08		**47.35**	**1.34**	**48.20**	**5.18**	**328.56**

7-7 能源加工转换情况(2015年)
Energy Processing and Conversion(2015)

指标	Item	投入量(万吨标准煤) Input Amount (10 000 tons of SCE)	产出量(万吨标准煤) Output Amount (10 000 tons of SCE)	转换损失量(万吨标准煤) Conversion Loss (10 000 tons of SCE)	转换效率(%) Conversion Efficiency (%)
合计	**Total**	**6227.76**	**4363.96**	**1863.80**	**70.07**
火电	Thermal Power	2238.08	873.51	1364.57	39.03
供热	Heating Supply	554.70	332.67	222.03	59.97
洗煤	Coal Washing	1224.40	1042.54	181.86	85.15
炼焦	Coking	822.40	763.32	59.08	92.82
炼油	Oil Refining	1388.18	1351.92	36.26	97.39
天然气液化	Natural Gas Liquefaction				
制气	Gas Making				
型煤加工	Briquette Processing				
热电合计	Heat Power Total	2792.77	1206.18	1586.60	43.19

7-8 主要能源库存量和周转天数(2015年)
The Stock and Inventory Turnover of the Main Energy(2015)

指标	Item	年末库存量（万吨） Stock at the End of the Year (10 000tons)	消费量（万吨） Consumption Amount (10 000 tons)	库存周转天数（天） Inventory Turnover (day)
煤炭	Coal	490.69	11142.26	16.07
原煤	Raw Coal	462.33	10315.05	16.36
洗精煤	Cleaned Coal	21.97	1260.43	6.36
其它洗煤	Other Washed Coal	6.37	208.25	11.16
焦炭	Coke	34.34	1145.05	10.95
石油	Petroleum	23.67	1734.45	4.98
原油	Crude Oil	17.20	878.46	7.15
汽油	Gasoline	0.06	514.65	0.04
煤油	Kerosene	0.01	51.76	0.10
柴油	Diesel Oil	0.87	686.59	0.46
燃料油	Fuel Oil	1.34	92.80	5.26

7-9 工业企业能源购进、消费及库存(2015年)
Energy Purchase, Consumption and Stock of Industry (2015)

指标	Item	年初库存 Stock at the Beginning of the Year	购进量实物量 Total Purchase	消费量合计 Total Consump-tion	生产消费 For Production	原材料 Material Use	库存 Stock at the End of the Year
能源合计 (吨标准煤)	**Total Energy (ton of SCE)**			**109216304**	**108527217**		
原煤 (吨)	Raw Coal (Ton)	6165214	66469938	68366345	68223236	2831504	4623258
其中：无烟煤 (吨)	Blind Coal (Ton)	1563033	11868071	12230622	12184567	903370	1336874
炼焦烟煤 (吨)	Coking Coal (Ton)	7555	222863	241585	241347	20121	10909
一般烟煤 (吨)	Generally Coal (Ton)	4511834	54287450	55802472	55705679	1878257	3194099
褐煤 (吨)	Lignitous Coal (Ton)	82793	91554	91667	91643	29756	81377
洗精煤 (吨)	Cleaned Coal (Ton)	336602	9104772	9221834	9205351	6267	219700
其它洗煤 (吨)	Other Washed Coal (Ton)	25295	1779847	1741468	1741461		63667
煤制品 (吨)	Coal Products (Ton)	347	44667	45033	44655	6276	157
焦炭 (吨)	Coke (Ton)	282826	5729864	9182089	9181648	183347	343401
其它焦化产品 (吨)	Other Coking Products (Ton)	2668	23360	22443	22443		3583
焦炉煤气 (万立方米)	Coke Oven Gas (10 000 Cu.M)		3685	108578	101377		
高炉煤气 (万立方米)	High Oven Gas (10 000 Cu.M)		80453	1857675	1847047	9393	
转炉煤气 (万立方米)	Converter Gas (10 000 Cu.M)			111070	91209		
发生炉煤气 (万立方米)	Producer Gas (10 000 Cu.M)		1	1	1		
天然气（气态）(万立方米)	Natural Gas (10 000 Cu.M)	642	129300	130097	128488	3926	38
液化天然气（液态） (吨)	Liquefied Natural Gas (Ton)	975	24810	25251	25211	1636	562
煤层气（煤田）(万立方米)	Coal Seam Gas (10 000 Cu.M)	22	66	237	237		
原油 (吨)	Crude Oil (Ton)	172669	8783910	8784621	8784618		171958
汽油 (吨)	Gasoline (Ton)	1536	190920	194448	166160	3028	631
煤油 (吨)	Kerosene (Ton)	291	47163	47188	47095	60	137
柴油 (吨)	Diesel Oil (Ton)	16199	420426	425702	393816	8293	8721
燃料油 (吨)	Fuel Oil (Ton)	25139	222320	279743	279523		13364
液化石油气 (吨)	Liquefied Petroleum Gas (Ton)	336	151075	152073	151878	14040	231
炼厂干气 (吨)	Refinery Gas (Ton)	3	2928	268468	268468		
石脑油 (吨)	Naphtha (Ton)	4					
润滑油 (吨)	Lubricating Oil (Ton)	170	6745	6804	6763	169	144
石蜡 (吨)	Paraffin Wax (Ton)	233	2280	2336	2336	1145	174
溶剂油 (吨)	Solvnet Naphtha (Ton)	1179	8609	8604	8604	7341	1055
石油焦 (吨)	Petroleum Coke (Ton)	3481	28662	74305	74301	1800	5222
石油沥青 (吨)	Petroleum Asphalt (Ton)	344	4144	4089	4089	1220	396
其它石油制品 (吨)	Other Petroleum Products (Ton)	8425	2044892	2586558	2586541	864985	34848
热力 (百万千焦)	Heat (Million Kilo-Joule)		20639365	108776203	102667175		
电力 (万千瓦时)	Electricity (10 Thousand Kwh)		6934426	9340493	9233119		
煤矸石用于燃料 (吨)	Coal Gangue Solid Fuel (Ton)	0	1485770	1538351	1538314		
城市垃圾用于燃料 (吨)	Municipal Refuse Fuel (Ton)	1664	323896	300928	300928		9928
生物质废料用于燃料 (吨)	Biomass Waste Fuel (Ton)	8066	2295870	2325611	2323528		6248
余热余压 (百万千焦)	Waste Heat And Excess Pressure (Million Kilo-Joule)		1658359	21929752	21698058		
其它工业废料用于燃料(吨)	Other Industrial Waste Fuel (Ton)	0	74565	159128	159002		
其他燃料 (吨标准煤)	Other Fuel (Ton Of Sce)	1786	818411	871925	871628		1380

注:本表统计范围为年主营业务收入2000万元及以上的工业企业。

All Industry corporation enterises with an annual sales income of over 20 million yuan.

7-9 续表1 continued

指标	Item	工业生产消费量 For Production	加工转换投入合计 Input& Outputof Transformation	火力发电 Thermal Power	供热 Heating Supply	原煤入洗 Coal Washing	炼焦 Coking
能源合计 (吨标准煤)	**Total Energy (ton of SCE)**	**82712762**	**62273814**	**22339620**	**5499935**	**12031636**	**8224042**
原煤 (吨)	Raw Coal (Ton)	53975104	45841216	26939540	1907137	16994539	
其中：无烟煤 (吨)	Blind Coal (Ton)	10604353	8693455	7948990	285912	458554	
炼焦烟煤 (吨)	Coking Coal (Ton)						
一般烟煤 (吨)	Generally Coal (Ton)	43370751	37147760	18990550	1621226	16535985	
褐煤 (吨)	Lignitous Coal (Ton)						
洗精煤 (吨)	Cleaned Coal (Ton)	9137824	9137824				9137824
其它洗煤 (吨)	Other Washed Coal (Ton)	1726590	874941		874941		
煤制品 (吨)	Coal Products (Ton)						
焦炭 (吨)	Coke (Ton)	8316843	2751666		2751666		
其它焦化产品 (吨)	Other Coking Products (Ton)						
焦炉煤气 (万立方米)	Coke Oven Gas (10 000 Cu.M)	97578	18283	18283			
高炉煤气 (万立方米)	High Oven Gas (10 000 Cu.M)	1766594	1375646	804788	570857		
转炉煤气 (万立方米)	Converter Gas (10 000 Cu.M)	91209	3	3			
发生炉煤气 (万立方米)	Producer Gas (10 000 Cu.M)						
天然气（气态）(万立方米)	Natural Gas (10 000 Cu.M)	8703	54	51	3		
液化天然气（液态） (吨)	Liquefied Natural Gas (Ton)						
煤层气（煤田）(万立方米)	Coal Seam Gas (10 000 Cu.M)	235	235	235			
原油 (吨)	Crude Oil (Ton)	8784421	8774191				
汽油 (吨)	Gasoline (Ton)	606	24	24			
煤油 (吨)	Kerosene (Ton)	187					
柴油 (吨)	Diesel Oil (Ton)	28933	6496	6041	455		
燃料油 (吨)	Fuel Oil (Ton)	69794	60979	24221	36757		
液化石油气 (吨)	Liquefied Petroleum Gas (Ton)	797					
炼厂干气 (吨)	Refinery Gas (Ton)	265540	24841	6001	10850		
石脑油 (吨)	Naphtha (Ton)						
润滑油 (吨)	Lubricating Oil (Ton)	80					
石蜡 (吨)	Paraffin Wax (Ton)						
溶剂油 (吨)	Solvnet Naphtha (Ton)	557					
石油焦 (吨)	Petroleum Coke (Ton)	51436	46313	16848	29465		
石油沥青 (吨)	Petroleum Asphalt (Ton)						
其它石油制品 (吨)	Other Petroleum Products (Ton)	2176204	1165155				
热力 (百万千焦)	Heat (Million Kilo-Joule)	81971860	22847644	22847644			
电力 (万千瓦时)	Electricity (10 Thousand Kwh)	2421686					
煤矸石用于燃料 (吨)	Coal Gangue Solid Fuel (Ton)	1259051	975711	975711			
城市垃圾用于燃料 (吨)	Municipal Refuse Fuel (Ton)	300729	300729	300729			
生物质废料用于燃料 (吨)	Biomass Waste Fuel (Ton)	1444034	1410853	1400132	10721		
余热余压 (百万千焦)	Waste Heat And Excess Pressure (Million Kilo-Joule)	21454118	12371378	12371378			
其它工业废料用于燃料(吨)	Other Industrial Waste Fuel (Ton)	4310					
其他燃料 (吨标准煤)	Other Fuel (Ton Of Sce)	8156					

7-9 续表2 continued

指标	Item	炼油及煤制油 Petroleum Refineries	制气 Gas Works	天然气液化 Natural Gas Liquefaction	加工煤制品 Coal Processing	能源加工转换产出 Energy Processing Conversion	回收利用 Recycling
能源合计 (吨标准煤)	**Total Energy (ton of SCE)**	**14178582**				**44145162**	**3753434**
原煤 (吨)	Raw Coal (Ton)						
其中：无烟煤 (吨)	Blind Coal (Ton)						
炼焦烟煤 (吨)	Coking Coal (Ton)						
一般烟煤 (吨)	Generally Coal (Ton)						
褐煤 (吨)	Lignitous Coal (Ton)						
洗精煤 (吨)	Cleaned Coal (Ton)					11565673	
其它洗煤 (吨)	Other Washed Coal (Ton)					23295	
煤制品 (吨)	Coal Products (Ton)						
焦炭 (吨)	Coke (Ton)					6573019	
其它焦化产品 (吨)	Other Coking Products (Ton)					243796	
焦炉煤气 (万立方米)	Coke Oven Gas (10 000 Cu.M)					153449	
高炉煤气 (万立方米)	High Oven Gas (10 000 Cu.M)						1819319
转炉煤气 (万立方米)	Converter Gas (10 000 Cu.M)						124432
发生炉煤气 (万立方米)	Producer Gas (10 000 Cu.M)						
天然气（气态）(万立方米)	Natural Gas (10 000 Cu.M)						
液化天然气（液态） (吨)	Liquefied Natural Gas (Ton)						
煤层气（煤田）(万立方米)	Coal Seam Gas (10 000 Cu.M)						
原油 (吨)	Crude Oil (Ton)	8774191					
汽油 (吨)	Gasoline (Ton)					2283309	
煤油 (吨)	Kerosene (Ton)					516917	
柴油 (吨)	Diesel Oil (Ton)					2874118	
燃料油 (吨)	Fuel Oil (Ton)					248660	
液化石油气 (吨)	Liquefied Petroleum Gas (Ton)					736335	
炼厂干气 (吨)	Refinery Gas (Ton)	7990				272312	
石脑油 (吨)	Naphtha (Ton)					153942	
润滑油 (吨)	Lubricating Oil (Ton)						
石蜡 (吨)	Paraffin Wax (Ton)						
溶剂油 (吨)	Solvnet Naphtha (Ton)					60632	
石油焦 (吨)	Petroleum Coke (Ton)					345551	
石油沥青 (吨)	Petroleum Asphalt (Ton)						
其它石油制品 (吨)	Other Petroleum Products (Ton)	1165155				2155274	
热力 (百万千焦)	Heat (Million Kilo-Joule)					97165180	
电力 (万千瓦时)	Electricity (10 Thousand Kwh)					7107466	
煤矸石用于燃料 (吨)	Coal Gangue Solid Fuel (Ton)						
城市垃圾用于燃料 (吨)	Municipal Refuse Fuel (Ton)						
生物质废料用于燃料 (吨)	Biomass Waste Fuel (Ton)						
余热余压 (百万千焦)	Waste Heat And Excess Pressure (Million Kilo-Joule)						32254283
其它工业废料用于燃料(吨)	Other Industrial Waste Fuel (Ton)						
其他燃料 (吨标准煤)	Other Fuel (Ton Of Sce)						

7-10 主要能源按工业行业分组消费量(2015年)
Consumption of Energy and Its Main Varieties by Sector (2015)

指标	Item	原煤（吨）Raw Coal (ton)	洗精煤（吨）Cleaned Coal (ton)	其他洗煤（吨）Other Washed Coal (ton)	煤制品（吨）Coal Products (ton)	焦炭（吨）Coke (ton)
煤炭开采和洗选业	Mining and Washing of Coal	14662385	780		3	4
黑色金属矿采选业	Mining of Ferrous Metal Ores	63504				6461
有色金属矿采选业	Mining of Non-ferrous Metal Ores	150305				457
非金属矿采选业	Mining and Processing of Nonmetal Ores	570782				1484
开采辅助活动	Mining Auxiliary Activities					
农副食品加工业	Processing of Food from Agricultural Products	651347	314	426	5644	653
食品制造业	Manufacture of Foods	414670			17	
酒、饮料和精制茶制造业	Manufacture of Liquor, Beverage and Refined Tea	240791			126	5051
烟草制品业	Manufacture of Tobacco	4293	3255			
纺织业	Manufacture of Textile	380422			17899	1814
纺织服装、服饰业	Manufacture of Textile Wearing and Clothing Apparel	13912			12	
皮革、毛皮、羽毛及其制品和制鞋业	Leather, Fur, Feather and Its Products and Footwear	84489				172
木材加工和木、竹、藤、棕、草制品业	Processing of Timbers,Manufacture of Wood, Bamboo, Rattan, Palm and Straw Products	361706		399		
家具制造业	Manufacture of Furniture	19318				
造纸和纸制品业	Manufacture of Paper and Paper Products	2012086				1600
印刷和记录媒介复制业	Printing,Reproduction of Recording Media	68996				
文教、工美、体育和娱乐用品制造业	Manufacture of Articles for Culture,Education and Sport Activity	32026			6	
石油加工、炼焦和核燃料加工业	Processing of Petroleum,Coking,Processing of Nucleus Fuel	3779863	3691603			
化学原料和化学制品制造业	Manufacture of Chemical Raw Material and Chemical Products	4279931	19173	13651	1449	131686
医药制造业	Manufacture of Medicines	546819	248		13	72
化学纤维制造业	Manufacture of Chemical Fiber	21550				
橡胶和塑料制品业	Manufacture of Rubber and plastic	109466			8	1159
非金属矿物制品业	Manufacture of Non-metallic Mineral Products	12069234	4426	403	6528	3320
黑色金属冶炼和压延加工业	Manufacture and Processing of Ferrous Metals	828768	5496908	1726590	4994	8478550
有色金属冶炼和压延加工业	Manufacture and Processing of Non-ferrous Metals	1067412	5126		7514	437096
金属制品业	Manufacture of Metal Products	256838				55876
通用设备制造业	Manufacture of General Purpose Machinery	139284			190	25977
专用设备制造业	Manufacture of Special Purpose Machinery	176039	1		607	4913
汽车制造业	Automobile Industry	64373			12	15234
铁路、船舶、航空航天和其他运输设备制造业	Manufacture of Railway,Marine,Aerospace and Other Transport Equipment	45323				3623
电气机械和器材制造业	Manufacture of Electrical Machinery and Equipment	96213				769
计算机、通信和其他电子设备制造业	Manufacture of Communication Equipment, Computer and Other Electronic Equipment	95545				48
仪器仪表制造业	Manufacture of Measuring Instrument	16321				4112
其他制造业	Other Manufacture N.E.C	19125				
废弃资源综合利用业	Recycling and Disposal of Waste	26595				1959
金属制品、机械和设备修理业	Mental Products,Machine and Equipment Repair					
电力、热力生产和供应业	Production and Supply of Electric Power and Heat Power	24993013				
燃气生产和供应业	Production and Distribution of Gas	3451			12	
水的生产和供应业	Production and Distribution of Water	150				

注：本表统计范围为年主营业务收入2000万元及以上的工业企业。

All Industry corporation enterises with an annual sales income of over 20 million yuan.

续表 continued

其他焦化产品 (吨) Other Coking Products (ton)	焦炉煤气 (万立方) Coke Oven Gas (10 000 cu.m)	高炉煤气 (万立方) High Oven Gas (10 000 cu.m)	天然气 (万立方) Natural Gas (10 000 cu.m)	原油 (吨) Crude Oil (ton)	汽油 (吨) Gasoline (ton)	煤油 (吨) Kerosene (ton)	柴油 (吨) Diesel Oil (ton)	燃料油 (吨) Fuel Oil (ton)
					1062	43	6749	
	101				700		4109	
					2597	492	9300	
			65		3154	1183	24005	
		180	2659		8084	2906	16447	467
			2336	1	4067		2850	
			2769		1804	325	2816	
			2681		208		3863	
			500		3736	726	6564	
			190	2	1084		1342	31
			700		1381	473	2820	387
360			5		7104	4752	12170	
			774		1366	20	2726	
			2515		1564	86	3530	13272
			1034		3020	235	3809	
			248	6	527		431	
			165	8784421	325		1657	51470
			9747	35	21269	2143	42161	12245
			2870		14308	5	4188	
					71		86	
			2528		3789	717	6591	
		62743	35198		24258	12529	98447	184706
22083	106030	1785339	7609		4997	466	20037	
			32780	75	7929	244	22211	11725
	2328		2059		6282	1117	14047	52
			2777		13274	4677	17309	257
			2538		18924	5515	26125	12
			7284		9130	129	9325	
			1704		1490	802	4026	202
	56	20	813	13	9523	4107	17186	1312
			3181		4189	1515	7818	
			148	68	6601	1978	7824	
			106		468		103	
	64	9393	1806		206		3443	755
					35		28	
			107		2352	5	10301	2849
			178		577		2071	
			23		2995		6290	

7-10 续表 1 continued

指标	Item	液化石油气（吨）Liquefied Petroleum Gas (ton)	其他石油制品（吨）Other Petroleum Products (ton)	热力（百万千焦）Heat (million kilo-joule)	电力（万度）Electricity (10 000 kwh)	其他燃料（吨标准煤）Other Fuel (ton of SCE)
煤炭开采和洗选业	Mining and Washing of Coal		31		149734	17602
黑色金属矿采选业	Mining of Ferrous Metal Ores				35234	1960
有色金属矿采选业	Mining of Non-ferrous Metal Ores				141236	6864
非金属矿采选业	Mining and Processing of Nonmetal Ores			7350012	97859	386
开采辅助活动	Mining Auxiliary Activities					
农副食品加工业	Processing of Food from Agricultural Products	7	3	207565	254240	65479
食品制造业	Manufacture of Foods	99		276973	76942	6798
酒、饮料和精制茶制造业	Manufacture of Liquor, Beverage and Refined Tea	59		72151	70770	21412
烟草制品业	Manufacture of Tobacco	8		54050	21799	7346
纺织业	Manufacture of Textile		3056	3012	136762	27745
纺织服装、服饰业	Manufacture of Textile Wearing and Clothing Apparel	23			22948	3523
皮革、毛皮、羽毛及其制品和制鞋业	Leather, Fur, Feather and Its Products and Footwear			245956	52752	4309
木材加工和木、竹、藤、棕、草制品业	Processing of Timbers,Manufacture of Wood, Bamboo, Rattan, Palm and Straw Products			16692	111837	202280
家具制造业	Manufacture of Furniture				23822	9863
造纸和纸制品业	Manufacture of Paper and Paper Products		416	10111198	334854	110308
印刷和记录媒介复制业	Printing,Reproduction of Recording Media			172885	36417	198
文教、工美、体育和娱乐用品制造业	Manufacture of Articles for Culture,Education and Sport Activity				38255	11380
石油加工、炼焦和核燃料加工业	Processing of Petroleum,Coking,Processing of Nucleus Fuel	797	2189438	7690355	160010	
化学原料和化学制品制造业	Manufacture of Chemical Raw Material and Chemical Products	2342	341979	17050951	887221	36730
医药制造业	Manufacture of Medicines		7030	1282264	87609	19106
化学纤维制造业	Manufacture of Chemical Fiber			52086	12871	8156
橡胶和塑料制品业	Manufacture of Rubber and plastic	676	15312	108840	107104	1498
非金属矿物制品业	Manufacture of Non-metallic Mineral Products	110223	9454	674987	1194564	166292
黑色金属冶炼和压延加工业	Manufacture and Processing of Ferrous Metals	111	16	58777508	1473723	40807
有色金属冶炼和压延加工业	Manufacture and Processing of Non-ferrous Metals			3857924	1094378	50200
金属制品业	Manufacture of Metal Products	219	10676	2745	152285	869
通用设备制造业	Manufacture of General Purpose Machinery	130	783	110000	168047	4133
专用设备制造业	Manufacture of Special Purpose Machinery	3738	7932	452	157732	4608
汽车制造业	Automobile Industry	38	143	150	120291	33
铁路、船舶、航空航天和其他运输设备制造业	Manufacture of Railway,Marine,Aerospace and Other Transport Equipment	200		15692	64750	
电气机械和器材制造业	Manufacture of Electrical Machinery and Equipment	686	197	2914	144966	26843
计算机、通信和其他电子设备制造业	Manufacture of Communication Equipment, Computer and Other Electronic Equipment			20163	278368	3275
仪器仪表制造业	Manufacture of Measuring Instrument				14614	
其他制造业	Other Manufacture N.E.C	32718			14061	3015
废弃资源综合利用业	Recycling and Disposal of Waste				21788	8824
金属制品、机械和设备修理业	Mental Products,Machine and Equipment Repair				104	
电力、热力生产和供应业	Production and Supply of Electric Power and Heat Power		92	559165	1477674	84
燃气生产和供应业	Production and Distribution of Gas			27331	9428	
水的生产和供应业	Production and Distribution of Water			32180	93315	

7-11 主要用能工业企业单位产品能源消耗情况
Unit Product Energy Consumption of Industry

指标	单位	Item	2013	2014	2015
吨原煤生产综合能耗	千克标准煤/吨	Total Energy Consumption of Raw Coal/ton	23.57	25.77	14.55
万米印染布综合能耗	千克标准煤/万米	Total Energy Consumption of Dyed Cloth/10,000m	2002.37	1586.26	1536.49
机制纸及纸板综合能耗	千克标准煤/吨	Total Energy Consumption of Machine-Made Paper and Paperboard	403.38	420.96	407.86
炼焦工序单位能耗	千克标准煤/吨	Energy Consumption of Coking Process/unit	90.07	89.98	90.22
原油加工单位综合能耗	千克标准油/吨	Total Energy Consumption of Crude Oil Processing/unit	67.66	70.18	66.46
单位烧碱生产综合能耗(离子膜法30%)	千克标准煤/吨	Total Energy Consumption of Caustic Soda Production/unit	406.95	411.86	406.54
单位烧碱生产综合能耗(隔膜法30%)	千克标准煤/吨	Total Energy Consumption of Caustic Soda Production/unit (Diaphragm Process 30%)	875.10	758.74	904.89
联碱法纯碱双吨产品生产综合能耗	千克标准煤/吨	Total Energy Consumption of Soda Production/double tons (Hou's process)	173.50	164.96	184.12
单位合成氨生产综合能耗	千克标准煤/吨	Total Energy Consumption of Synthetic Ammonia/unit	1326.75	1420.15	1468.18
吨水泥熟料综合能耗	千克标准煤/吨	Total Energy Consumption of Cement/ton	110.94	112.41	104.81
吨水泥综合能耗	千克标准煤/吨	Total Energy Consumption of Cement Per Ton	86.31	87.93	83.28
每重量箱平板玻璃综合能耗	千克标准煤/重量箱	Total Energy Consumption of Plate Glass/weight box	13.38	14.15	11.36
吨钢综合能耗	千克标准煤/吨	Total Energy Consumption of Steel/ton	592.64	585.82	579.50
炼铁工序单位能耗	千克标准煤/吨	Unit Energy Consumption of Iron Refining Process	358.67	365.38	372.05
铁矿烧结工序单位能耗	千克标准煤/吨	Unit Energy Consumption of Iron Ore Sintering Process	52.17	49.48	49.83
转炉炼钢综合工序单位能耗	千克标准煤/吨	Unit Energy Consumption of Converter Steelmaking Process	7.53	5.67	3.74
电炉炼钢综合工序单位能耗	千克标准煤/吨	Unit Energy Consumption of Electric Furnace Steelmaking Process	75.34	73.82	66.05
锰硅合金工序单位能耗	千克标准煤/标准吨	Unit Energy Consumption of Silicomanganese Alloy Process	736.87	544.98	330.70
轧钢工序单位能耗	千克标准煤/吨	Unit Energy Consumption of Steel Rolling Process	62.28	61.60	59.57
吨钢耗新水	吨/吨	New Water Consumption of Steel/ton	3.77	3.76	3.58
吨铜加工材消耗能源量	千克标准煤/吨	Total Energy Consumption of Copper Refining/unit		389.52	359.71
单位粗铅综合能耗	千克标准煤/吨	Total Energy Consumption of Crude Lead/unit	415.96	315.86	293.59
单位铅冶炼综合能耗	千克标准煤/吨	Total Energy Consumption of Lead Refining/unit	519.84	492.12	445.93
单位精锌（电锌）综合能耗	千克标准煤/吨	Total Consumption of Refined Zinc (Electrolytic Zinc)/unit	962.95	997.04	1000.27
吨铝加工材消耗能源量	千克标准煤/吨	Energy Consumption of Aluminium Processing Material/ton	573.50	533.45	475.15
电厂火力发电标准煤耗	克标准煤/千瓦时	Standard Coal Consumption of Thermal Power Generation in the Power Plant	303.21	302.39	309.53
电厂火力供电标准煤耗	克标准煤/千瓦时	Standard Coal Consumption of Thermal Power Supply in the Power Plant	323.20	323.67	329.79

7-12 规模工业企业水消费
Water Consumption of Scale Industry

单位:万立方米 (10 000 cu.m)

指标	Item	2010	2011	2012	2013	2014	2015
取水总量	**the Total Amount of Water Intake**	**637189.52**	**673445.94**	**373906.66**	**388919.79**	**371515.84**	**375964.33**
地表水	Surface Water	579276.02	608397.39	305670.30	314644.38	310620.87	320462.09
地下水	Groundwater	25630.10	29456.67	27572.62	24357.34	23106.22	20987.25
自来水	Tap Water	29457.02	32115.88	31024.35	32469.07	31527.52	33573.43
其他水	Other Water	2826.39	3476.00	9639.39	17449.00	2629.25	467.40
重复用水	Repeated Water	556719.49	569853.12	590344.31	602112.98	578978.95	541074.55
工业企业污水排放量	Discharge of Industrial Sewage	37472.09	34072.63	55636.12	64037.15	64978.25	118459.55

注：根据国家新修订的报表制度，2012年水、火电企业用于冷却机组的河湖海冷却用水(包括循环冷却用水和直抽直排冷却用水)不计入取水量。而2007年至2011年取水量中均包括水、火电企业用于冷却机组的河湖海冷却用水。

According to the new revision of the reporting system, in 2012, thermal power enterprises for the rivers and lakes water cooling water cooling unit (including circulating cooling water and cooling water straight pulling straight row) are not included in the water. But from 2007 to 2011 water consumption in thermal power enterprises including water, for rivers and lakes sea cooling water cooling unit.

7-13 能源消耗指标
Indicators of Energy Consumption

指标	Item	2010	2011	2012	2013	2014	2015
单位GDP能耗上升或下降（±%）	Energy Consumption of Unit GDP Increase or Decrease (±%)	-2.65	-3.68	-6.87	-4.71	-6.24	-6.98
单位规模工业增加值能耗上升或下降（±%）	Energy Consumption of Unit Scale Industry Added Value Increase or Decrease (±%)	-11.94	-8.61	-16.56	-8.26	-11.87	-12.69
单位GDP电耗上升或下降（±%）	Electric Power Consumption of Unit GDP Increase or Decrease (±%)	1.27	-2.10	-6.51	-3.97	-8.20	-6.80

注：相关指标计算所用的2011-2015年单位GDP能耗、单位规模工业增加值能耗、单位GDP电耗根据当年能耗、电耗与按2010年可比价计算的规模工业增加值计算的GDP相比较取得。2006-2010年规模工业增加值数据按2005年可比价计算的GDP相比较取得。

Related indicators used in the calculation 2011 - 2015 unit GDP energy consumption per unit industrial added value energy consumption per unit GDP power consumption according to the current energy consumption, power consumption and by 2010 comparable price scale industrial added value compared with the calculation of GDP achieved. Statistics of Energy Consumption Per Unit in 2006-2010 are Calculated at 2005 Prices.

7-14 非工业主要耗能单位综合能源消费量
Comprehensive Energy Consumption of Non-industrial Major Enery Consuming Units

单位:吨标准煤 (ton of SCE)

指标	Item	2014	2015
消费合计	**Total Energy**	**1991029.87**	**1824950.04**
按国民经济行业分组	**By Sector**		
建筑业	Construction	917404.58	809392.53
批发和零售业	Wholesale and Retail Trade	12649.86	13401.80
交通运输、仓储和邮政业	Traffic,Transport, Storage and Post	865983.15	797178.56
住宿和餐饮业	Accommodation and Restaurants	20368.62	23230.15
信息传输、软件和信息技术服务业	Information Transfer ,Computer Services and Software	152933.63	164288.52
金融业	Finance		
房地产业	Real Estate Trade		
租赁和商务服务业	Tenancy and Business Services	11889.62	9696.32
科学研究和技术服务业	Scientific Research, Technical Service	9761.24	7724.70
水利、环境和公共设施管理业	Management of Water Conservancy Environment and Public Establishment	21.46	20.44
居民服务、修理和其他服务业	Resident Services and Other Services	17.71	17.02
教育	Education		
卫生和社会工作	Sanitation,Social Security		
按登记注册类型	**Grouped by Registration**		
内资企业	Internal-invested Enterprises	1927922.57	1791625.60
港澳台商投资	Enterprises With Investment From Hong Kong, Macao and Taiwan	37887.06	27908.93
外商投资	Enterprises With Foreign Investment	25220.24	5415.51
国有控股	**State Controlling Share Hold Enterprises**	**1361276.02**	**1241371.65**

注：本表统计范围为年耗能3000吨标准煤以上的非工业企业。

The range of statistics is more than 3000 tons of standard coal consumption per year of non-industrial enterprises

主要统计指标解释

能源生产总量 指一定时期内，全国一次能源生产量的总和。该指标是观察全国能源生产水平、规模、构成和发展速度的总量指标。一次能源生产量包括原煤、原油、天然气、水电、核能及其他动力能(如风能、地热能等)发电量，不包括低热值燃料生产量、生物质能、太阳能等的利用和由一次能源加工转换而成的二次能源产量。

能源消费总量 指一定时期内，全国各行业和居民生活消费的各种能源的总和。该指标是观察能源消费水平、构成和增长速度的总量指标。能源消费总量包括原煤和原油及其制品、天然气、电力，不包括低热值燃料、生物质能和太阳能等的利用。能源消费总量分为终端能源消费量、能源加工转换损失量和能源损失量三部分。

(1)终端能源消费量：指一定时期内，全国生产和生活消费的各种能源在扣除了用于加工转换二次能源消费量和损失量以后的数量。

(2)能源加工转换损失量：指一定时期内，全国投入加工转换的各种能源数量之和与产出各种能源产品之和的差额。该指标是观察能源在加工转换过程中损失量变化的指标。

(3)能源损失量：指一定时期内，能源在输送、分配、储存过程中发生的损失和由客观原因造成的各种损失量，不包括各种气体能源放空、放散量。

能源生产弹性系数 是研究能源生产增长速度与国民经济增长速度之间关系的指标。计算公式：

$$能源生产弹性系数=\frac{能源生产总量年平均增长速度}{国民经济年平均增长速度}$$

国民经济年平均增长速度，可根据不同的目的或需要，用国民生产总值、国内生产总值等指标来计算，本年鉴是采用国内生产总值指标计算的。

电力生产弹性系数 是研究电力生产增长速度与国民经济增长速度之间关系的指标。一般来说，电力的发展应当快于国民经济的发展，也就是说电力应超前发展。计算公式为：

$$电力生产弹性系数=\frac{电力生产量年平均增长速度}{国民经济年平均增长速度}$$

能源消费弹性系数 反映能源消费增长速度与国民经济增长速度之间比例关系的指标。计算公式为：

$$能源消费弹性系数=\frac{能源消费量年平均增长速度}{国民经济年平均增长速度}$$

电力消费弹性系数 反映电力消费增长速度与国民经济增长速度之间比例关系的指标。计算公式为：

$$电力消费弹性系数=\frac{电力消费量年平均增长速度}{国民经济年平均增长速度}$$

能源加工转换效率 指一定时期内，能源经过加工、转换后，产出的各种能源产品的数量与同期内投入加工转换的各种能源数量的比率。该指标是观察能源加工转换装置和生产工艺先进与落后、管理水平高低等的重要指标。计算公式为：

$$能源加工转换效率=\frac{能源加工转换产出量}{能源加工转换投入量}\times 100\%$$

单位国内生产总值能耗 指一定时期内，一个国家或地区每生产一个单位的国内生产总值所消耗的能源。计算公式为：

$$单位国内生产总值能源=\frac{能源消费总量}{国内生产总值}$$

单位国内生产总值电耗 指一定时期内，一个国家或地区每生产一个单位的国内生产总值所消耗的电力。计算公式为：

$$单位国内生产总值电耗=\frac{全社会用电量}{国内生产总值}$$

单位工业增加值能耗 指一定时期内，一个国家或地区每生产一个单位的工业增加值所消耗的能源。计算公式为：

$$单位工业增加值能耗=\frac{工业能源消费量}{工业增加值}$$

Explanatory Notes on Main Statistical Indicators

Total Energy Production refers to the total production of primary energy by all energy producing enterprises in the country in a given period of time. It is a comprehensive indicator to show the level, scale, composition and pace of development of energy production of the country. The production of primary energy includes that of coal, crude oil, natural gas, hydro-power and electricity generated by nuclear energy and other means such as wind power and geothermal power. However, it does not include the production of fuels of low calorific value, bio-energy, solar energy and secondary energy converted from primary energy.

Total Energy Consumption refers to the total consumption of energy of various kinds by the production sectors and the households in the country in a given period of time. It is a comprehensive indicator to show the scale, composition and pace of increase of energy consumption. Total energy consumption includes that of coal, crude oil and their products, natural gas and electricity. However, it does not include the consumption of fuel of low calorific value, bio-energy and solar energy. Total energy consumption can be divided into three parts: end-use energy consumption; loss during the process of energy conversion; and energy loss.

(1)End-use Energy Consumption: It refers to the total energy consumption by the production sectors and the households in the country (region) in a given period of time. It does not include the consumption during the conversion of primary energy into secondary energy and the loss in the process of energy conversion.

(2)Loss During the Process of Energy Conversion: It refers to the total input of various kinds of energy for conversion, minus the total output of various kinds of energy in the country in a given period of time. It is an indicator to show the loss that occurs during the process of energy conversion.

(3)Energy Loss: It refers to the total of the loss of energy during the course of energy transport, distribution and storage and the loss caused by any objective reason in a given period of time. The loss of various kinds of gas due to gas discharges and stocktaking is not included.

Elasticity Ratio of Energy Production is an indicator to show the relationship between the growth rate of energy production and the growth rate of the national economy. The formula is:

$$\text{Elasticity Ratio of Energy Production} = \frac{\text{Average Annual Growth Rate of Energy Production}}{\text{Average Annual Growth Rate of National Economy}}$$

The average annual growth rate of the national economy can be measured by indicators such as the Gross National Product and the Gross Domestic Product, depending on the purposes or needs. The Gross Domestic Product has been used in the calculation of the ratio in this Yearbook.

Elasticity Ratio of Electricity Production is an indicator to show the relationship between the growth rate of electricity production and the growth rate of the national economy. Generally speaking, the growth rate of electricity production should be higher than that of the national economy.

Its formula is:

$$\text{Elasticity Ratio of Electricity Production} = \frac{\text{Average Annual Growth Rate of Electricity Production}}{\text{Average Annual Growth Rate of National Economy}}$$

Elasticity Ratio of Energy Consumption is an indicator to show the relationship between the growth rate of energy consumption and the growth rate of the national economy. The formula is:

$$\text{Elasticity Ratio of Energy Consumption} = \frac{\text{Average Annual Growth Rate of Energy Consumption}}{\text{Average Annual Growth Rate of National Economy}}$$

Elasticity Ratio of Electricity Consumption is an indicator to show the relationship between the growth rate of electricity consumption and the growth rate of the national economy. The formula is:

$$\text{Elasticity Ratio of Electricity Consumption} = \frac{\text{Average Annual Growth Rate of Electricity Consumption}}{\text{Average Annual Growth Rate of National Economy}}$$

Efficiency of Energy Processing and Conversion refers to the ratio of the total output of energy products of various kinds after processing and conversion to the total input of energy of various kinds for processing and conversion in the same reference period. It is an important indicator to show the current conditions of energy processing and conversion equipment, production technique and management. The formula is:

$$\text{Efficiency of Energy Processing \& Conversion} = \frac{\text{Output of Energy After Processing \& Conversion}}{\text{Input of Energy for Processing \& Conversion}} \times 100\%$$

Energy Consumption per Unit of GDP refers to the energy consumption per unit of Gross Domestic Product in a country or the Gross Regional Product in a region in the same reference period. The formula is:

$$\text{Energy Consumption per Unit of GDP} = \frac{\text{Total Energy Consumption}}{\text{Gross Domestic Product}}$$

Electricity Consumption per Unit of GDP refers to the electricity consumption per unit of Gross Domestic Product in a country or the Gross Regional Product in a region in the same reference period. The formula is:

$$\text{Electricity Consumption per Unit of GDP} = \frac{\text{Total Electricity Consumption}}{\text{Gross Domestic Product}}$$

Energy Consumption per Unit of Industrial Value-added refers to the energy consumption per unit of industrial value-added in a country or region in the same reference period. The formula is:

$$\text{Energy Consumption per Unit of Industrial Value-added} = \frac{\text{Total Energy Consumption}}{\text{Industrial Value-added}}.$$

8 财政、金融和保险

Government Finance, Banking and Insurance

资料整理人员： 廖闻菲

8-1 财政、金融和保险
Government Finance, Banking And Insurance

单位：亿元 (100 million yuan)

年份 Year	地方财政收入 Public Budgetary Revenue	公共财政支出 Public Budgetary Expenditure	金融机构人民币存款余额 Deposits of Financial Institutions	金融机构人民币贷款余额 Loans of Financial Institutions	全年各项保费收入 Premiums Institutions
1950	2.15	0.79	0.44	0.05	
1951	3.15	1.12	1.18	0.21	
1952	4.07	2.06	1.76	0.31	
1953	4.13	2.08	2.12	1.60	
1954	4.91	2.93	3.01	4.02	
1955	4.73	2.24	3.44	7.40	
1956	5.23	3.14	2.52	8.45	
1957	5.53	3.22	3.13	8.90	
1958	10.47	8.40	7.60	16.62	
1959	13.40	11.09	12.82	26.53	
1960	15.17	14.07	13.37	30.98	
1961	8.50	9.21	13.10	27.64	
1962	8.77	4.22	11.00	25.19	
1963	8.09	5.01	10.41	21.92	
1964	9.12	6.88	10.33	19.87	
1965	10.05	7.00	11.53	21.40	
1966	10.96	9.06	12.53	24.07	
1967	8.86	8.31	13.82	26.84	
1968	6.92	6.24	14.32	30.24	
1969	9.81	9.34	14.38	32.19	
1970	14.95	10.84	26.24	35.92	
1971	17.71	12.33	28.24	38.16	
1972	18.43	14.61	28.10	39.51	
1973	21.72	15.07	34.00	44.75	
1974	13.89	15.40	27.53	45.23	
1975	18.27	15.92	34.00	48.33	
1976	16.02	15.85	31.21	50.55	
1977	20.88	16.41	35.84	55.25	

8-1 续表 continued

单位：亿元 (100 million yuan)

年份 Year	地方财政收入 Public Budgetary Revenue	公共财政支出 Public Budgetary Expenditure	金融机构人民币存款余额 Deposits balance of Financial Institutions at Year-end	金融机构人民币贷款余额 Loans blance Of Financial Institutions at Year-end	全年各项保费收入 Premiums
1978	27.98	24.46	38.64	64.46	
1979	28.63	25.17	47.38	72.85	
1980	29.86	23.71	58.08	87.34	
1981	31.40	21.39	67.79	99.70	
1982	30.33	23.26	76.08	112.58	
1983	29.27	25.31	88.47	124.10	
1984	32.85	30.04	115.03	151.59	
1985	39.19	40.09	118.84	159.73	
1986	47.65	54.29	157.51	201.04	
1987	54.38	55.93	192.89	239.39	
1988	56.54	64.89	325.74	366.49	
1989	68.86	74.23	395.60	428.29	
1990	70.07	80.08	369.96	517.90	3.15
1991	80.52	88.58	472.10	631.07	3.69
1992	92.78	99.10	595.10	776.79	5.46
1993	127.56	132.03	738.86	944.40	7.15
1994	85.89	151.49	1107.80	1263.11	12.23
1995	108.16	173.94	1389.05	1494.03	16.17
1996	130.36	217.74	1748.61	1880.94	21.03
1997	137.16	230.82	1769.91	2123.00	30.74
1998	156.77	273.64	2110.71	2274.41	34.47
1999	166.50	313.12	2539.75	2408.36	42.30
2000	177.04	347.83	2874.75	2403.39	59.91
2001	205.41	431.70	3342.91	2787.92	56.09
2002	231.15	533.02	3923.17	3227.46	87.22
2003	268.65	573.75	4669.00	3796.31	103.70
2004	320.63	719.54	5500.47	4258.03	115.81
2005	395.27	873.42	6498.23	4509.09	127.17
2006	477.93	1064.52	7719.43	5173.87	147.82
2007	606.55	1357.03	9083.27	6037.40	201.31
2008	722.71	1765.22	10895..49	6989.42	312.49
2009	847.62	2210.44	13948.00	9369.81	348.45
2010	1081.69	2702.47	16553.78	11303.76	438.53
2011	1517.07	3520.76	19334.70	13186.68	443.53
2012	1782.16	4119.00	23037.07	15336.52	465.11
2013	2030.88	4690.89	26756.64	17774.99	508.57
2014	2262.79	5017.38	30073.36	20356.39	587.73
2015	2515.43	5728.72	36009.09	23738.58	712.18

8-2 财政收支基本情况
Government Financial Revenue and Expenditures

单位：亿元 (100 million yuan)

年份 Year	财政总收入 Total Financial Revenue	地方财政收入 Public Budgetary Revenue	非税（企业）收入 Revenue form Enterprises	各项税收 Taxes Revenue	公共财政支出 Total Government Expenditure	一般公共服务 General Public Services	社会保障和就业 Social Security Progams and Employment
1978	27.98	27.98	9.68	17.17	24.46	7.62	3.57
1979	28.63	28.63			25.17		
1980	29.86	29.86	9.58	19.53	23.71	4.86	3.44
1981	31.40	31.40			21.39		
1982	30.33	30.33	5.11	24.48	23.26	3.12	2.95
1983	29.27	29.27	2.25	26.16	25.31	3.48	3.26
1984	32.85	32.85	2.74	29.12	30.04	4.43	3.21
1985	39.19	39.19	1.61	36.83	40.09	4.60	4.01
1986	47.65	47.65	4.08	42.26	54.29	5.80	4.52
1987	54.38	54.38	4.37	48.36	55.93	4.65	3.09
1988	56.54	56.54	-0.47	54.25	64.89	5.21	5.88
1989	68.86	68.86	-1.48	64.88	74.23	5.44	6.91
1990	70.07	70.07	-3.70	67.33	80.08	5.60	8.17
1991	80.52	80.52	-0.91	74.14	88.58	6.16	8.81
1992	92.78	92.78	-0.78	84.90	99.10	6.23	9.86
1993	127.56	127.56	-0.66	116.31	132.03	7.73	12.89
1994	171.84	85.89	2.70	65.04	151.49	7.89	13.74
1995	204.02	108.16	2.74	78.05	173.94	9.65	14.55
1996	237.13	130.36	2.30	88.00	217.74	13.33	17.09
1997	254.98	137.16	2.72	105.75	230.82	13.78	17.66
1998	285.74	156.77	3.63	102.95	273.64	28.75	22.16
1999	302.28	166.50	6.04	105.50	313.12	37.66	21.49
2000	321.85	177.04	8.60	111.57	347.83	38.08	22.15
2001	361.71	205.41	19.35	124.45	431.70	39.40	25.55
2002	424.64	231.15	14.16	148.61	533.02	58.26	40.59
2003	489.75	268.65	14.69	173.15	573.75	51.40	36.21
2004	612.42	320.63	21.99	218.70	719.54	46.48	74.13
2005	747.30	395.27	32.67	267.87	873.42	74.98	71.91
2006	893.79	477.93	155.19	322.74	1064.52	72.67	84.32
2007	1123.27	606.55	195.89	410.66	1357.03	256.59	220.98
2008	1314.27	722.71	236.40	486.31	1765.22	295.56	310.31
2009	1507.24	847.62	279.34	568.27	2210.44	336.07	360.75
2010	1878.71	1081.69	350.85	730.84	2702.48	367.20	396.40
2011	2523.49	1517.07	601.67	915.40	3520.76	466.74	484.44
2012	2937.95	1782.16	671.42	1110.74	4119.00	550.26	525.71
2013	3315.02	2030.88	731.73	1299.15	4690.89	628.45	625.94
2014	3636.07	2262.79	824.27	1438.52	5017.38	627.24	661.97
2015	4011.04	2515.43	987.91	1527.52	5728.72	634.17	781.79

注：2007年起，"基本建设支出"指标更改为"一般公共服务"，"支援农村生产支出及农业事业费"指标更改为"社会保障和就业"。

From 2007,the index of" expenditure for capital construction" has been changed into general public services and "expenditrue for supporting agricultural prodution and agricultural expense" changed into "social security programs and emplogment".

8-3 财政收入及构成
Government Financial Revenue and Composition

项目	Item	财政收入(万元) Financial Revenue (10 000 yuan)		2015年比上年增长(%) Increase Rate in 2015 over 2014(%)	收入构成(%) Composition (%)	
		2014	2015		2014	2015
地方财政收入小计	**Public Budgetary Revenue**	**22627859**	**25154302**	**11.2**	**100.00**	**100.00**
(一)税收收入	**Tax revenue**	**14385178**	**15275224**	**6.2**	**63.57**	**60.73**
#增值税	#Value Added Tax	2122203	2186343	3.0	9.38	8.69
营业税	Operating Tax	4709388	4751771	0.9	20.81	18.89
企业所得税	Income Tax of Enterprises	1550149	1695267	9.4	6.85	6.74
企业所得税退税	Return for Enterprises' Income Tax					
个人所得税	Individual Income Tax	565590	628997	11.2	2.50	2.50
资源税	Resources Tax	104722	102307	-2.3	0.46	0.41
城市维护建设税	Tax on Town Maintenance and Construction	1151478	1191481	3.5	5.09	4.74
房产税	Tax on Real Estates	400775	440231	9.8	1.77	1.75
印花税	Stamp Tax	181571	190091	4.7	0.80	0.76
城镇土地使用税	Tax on the Use of Urban Land	351720	535899	52.4	1.55	2.13
土地增值税	Land Value Added Tax	767500	842021	9.7	3.39	3.35
车船使用税	Tax on the Use of Vehicles and Ships	137297	166840	21.5	0.61	0.66
耕地占用税	Tax on Occupancy of Cultivated Land	757199	598302	-21.0	3.35	2.38
契税	Contract Tax	1484564	1847642	24.5	6.56	7.35
烟叶税	Tobacco Tax	101022	98032	-3.0	0.45	0.39
(二)非税收入	**Non-tax revenue**	**8242681**	**9879078**	**19.9**	**36.43**	**39.27**
国有资产经营收入	Income from State-owned Assets	159678	143943	-9.9	0.71	0.57
其中：国有企业计划亏损补贴	Planning Subsidies to Loss-suffering State-owned Enterprises	-17659	-16190	-8.3	-0.08	-0.06
行政事业性收费	Income from Administrative Fees	1842040	1543212	-16.2	8.14	6.13
罚没收入	Penalty and Confiscation Income	812173	768588	-5.4	3.59	3.06
国有资源(资产)有偿使用收入	Income on the Use of State-owed resources (proverty)	3252858	3637981	11.8	14.38	14.46
专项收入	Expert Project Income	615261	1879302	205.4	2.72	7.47
其他收入	Other Income	1560671	1906052	22.1	6.90	7.58
上划中央“两税”收入	**Value Added Tax and Consumption Tax of Turn in Central Government**	**10498419**	**11420158**	**8.8**		
#增值税	#Value Added Tax	4915556	4786252	-2.6		
消费税	Consumption Tax	5582862	6633906	18.8		
上划中央所得税	**Income Tax of Turn in Central Government**	**3180639**	**3477522**	**9.3**		
其他收入	**Other**	**53800**	**58379**	**8.5**		
公共财政收入	**Total Financial Revenue**	**36360717**	**40110361**	**10.3**		

8-4 财政支出及构成
Government Financial Expenditure and Composition

项目	Item	财政支出 (万元) Financial Expenditure (10 000 yuan)		2015年比上年增长 (%) Increase Rate in 2015 over 2014(%)	支出构成 (%) Composition (%)	
		2014	2015		2014	2015
公共财政支出合计	**Total Public Budgetary Expenditure**	**50173828**	**57287161**	**14.2**	**100.00**	**100.00**
一般公共服务	General Public Services	6272350	6341652	1.1	12.50	11.07
外交、国防、公共安全	Foreign Affairs、National Defense、Pulic Safety	2591573	2832432	9.3	5.17	4.94
教育	Education	8332739	9285366	11.4	16.61	16.21
其中：普通教育	Common	6189608	7042898	13.8	12.34	12.29
职业教育	Vocational	745326	845466	0.8	1.49	1.48
科学技术	Science and Technology	593803	662625	11.6	1.18	1.16
文化体育与传媒	Culture ,Sports and Media	800051	1117377	39.7	1.59	1.95
其中：文化	Culture	284521	449466	58.0	0.57	0.78
体育	Sport	90878	114318	25.8	0.18	0.20
社会保障和就业	Social Security Progams and Employmenr	6619662	7817875	18.1	13.19	13.65
其中：财政对社会保障基金的补助	Subsidy on Social Insurance Fund	2617496	3245342	24.0	5.22	5.67
行政事业单位离退休	Subsidy on Retired Persons in Administrative Department	940788	1260205	34.0	1.88	2.20
企业改革补助	Subsidy on Reform of State-owned Enterprises	138900	168438	21.3	0.28	0.29
就业补助	Subsidy on Employment	500116	485491	-2.9	1.00	0.85
抚恤	Pension	456332	512778	12.4	0.91	0.90
城市居民最低生活保障	Subsistence Allowances for Urban Residents	430620	463793	7.7	0.86	0.81
自然灾害生活救助	Life assistance of natural disasters	65741	64744	-1.5	0.13	0.11
医疗卫生	Pulic Health	4224011	4937384	16.9	8.42	8.62
节能环保	Environmence Protection	1374932	1489955	8.4	2.74	2.60
城乡社区事务	Urban and Rural Communities	4639589	5512551	18.8	9.25	9.62
农林水事务	Agriculture,Forest and Irrigation	5575869	6762424	21.3	11.11	11.80
其中：农业	Agriculture	2206760	2478419	12.3	4.40	4.33
林业	Forest	549245	752816	37.1	1.09	1.31
水利	Irrigation	1481189	1881533	27.0	2.95	3.28
扶贫	Poverty Reduction	272054	384650	41.4	0.54	0.67
农业综合开发	Agricultural Exploitation	254399	274595	7.9	0.51	0.48
农业综合改革	Agricultural Reform	668968	750157	12.1	1.33	1.31
交通运输	Transportation	3221643	3189256	-1.0	6.42	5.57
资源勘探电力信息等事务	Expenditure for Resource exploration,Elecricity and Information Technology	1596948	1907832	19.5	3.18	3.33
商业服务业等管理事务	Expenditure for Business Services	444336	634688	42.8	0.89	1.11
金融监管等事务支出	Expenditure for Financial Affairs	57623	88327	53.3	0.11	0.15
援助其他地区支出	Expenditure for Other Regional Assistance	37048	46163	24.6	0.07	0.08
国土资源气象等事务	Expenditure for Land ,Sesources and Weather	657176	744388	13.3	1.31	1.30
住房保障支出	Expenditure for Housing Security	2081256	2772563	33.2	4.15	4.84
粮油物资储备事务	Expenditure for Reserve for Cereals and Oils	359745	340572	-5.3	0.72	0.59
债务付息支出	Expenditure for Debt Service	278956	375635	34.7	0.56	0.66
其他支出	Other Expenditure	414518	428096	-38.3	0.83	0.75

8-5 金融机构本外币信贷收支
Loans and Deposits of Financial Institutions

单位：万元 (10 000 yuan)

项目	Item	2014		2015	
		年末余额 Balance at the Year-end	比年初增减 Increase Over the Year-beginning	年末余额 Balance at the Year-end	比年初增减 Increase Over the Year-beginning
各项存款	**Deposits**	**302555802**	**33765050**	**362206143**	**54388464**
非金融企业存款	Company Demand	123573847	13721870	98604977	19699810
活期存款	Demand Deposits	63402180	898292	51557895	13747272
定期存款	Fixed Deposits	34250365	8974458	47047081	5952538
财政存款	Treasury Deposits	7901969	149827	9552994	1672394
住户存款	Household Deposits	167670867	19825918	188006726	20453329
活期	Demand	64026789	3394125	71961691	7620833
定期	Fixed	92211007	9933005	116045035	12832497
金融债券	**Financial Bonds**	**279720**	**283**	**2295174**	**2015454**
应付及暂收款	**Payable & Actually Received Funds**	**7361220**	**1011587**	**8006743**	**561226**
联行往来（净）	**Inter-bank Credits**	**6151396**	**2682258**		
各项准备	**All Plans**	**4719859**	**466084**	**5815926**	**1096112**
所有者权益	**Creditors' Equity**	**9933339**	**2002750**	**11206549**	**2033173**
实收资本	Total Capital Hold	3474554	361241	4173368	698814
其他	**Others**	**-48250741**	**-6479002**	**-41152034**	**-562251**
资金来源总计	**All Sources**	**286878297**	**36217927**	**348536616**	**59453352**

注：2011年起，“企业存款”、“储蓄存款”指标更改为“单位存款”和“个人存款”，口径进行了调整，不具可比性。

From 2011,"Deposits of Enterprises" and "Saving Deposits" han been changed "Company Deposits" and "Individual Deposits","Caliber changed",can't comparable.

8-5 续表 continued

单位：万元 (10 000 yuan)

项目	Item	2014		2015	
		年末余额 Balance at the Year-end	比年初增减 Increase Over the Year-beginning	年末余额 Balance at the Year-end	比年初增减 Increase Over the Year-beginning
各项贷款	**Loans**	**207830967**	**25244007**	**242218766**	**34382102**
短期贷款	Short-term Loans	60590340	3864289	65698844	5153208
#个人消费贷款	#Individual Consumption Loans	5051435	1100185	6342037	1291938
中长期贷款	Medium-term and Long-term Loans	143127409	20077710	166748779	23576686
#个人消费贷款	#Loans to Personal Expenditure	31105002	5755878	37198423	6091223
委托贷款	Commission Loans	15943064	3755523	18752425	3001035
票据融资	Financing From Bills	3399418	1137716	8580749	5181331
各项垫款	All Funds Advanced to Be Paid Back Later	227413	134492	233325	5912
债券投资	Securities	7738290	1115225	20152841	5791375
股权及其他投资	Equity and other Investments			15267921	5897765
买入返售资产	Assets Purchased under Resale Agreements			507068	-436895
应收及预付款项	Account Receivable and Advance Payment	2661692	245770	2203440	-473426
联行往来（净）	Inter-bank Credits	952231	-699688	64767571	13863258
外汇占款	Purchase of Foreign Exchanges				
固定资产	Fixed Assets	2971778	303020	3198685	226907
资金运用总计	**All Uses**	**286878297**	**36217927**	**348536616**	**59453352**

8-6 金融机构本外币存款分机构表
Deposits of Financial Institutions by Agency

单位：亿元 (100 million yuan)

项目	Item	2014		2015	
		年末余额 Balance at the Year-end	比年初增减 Increase Over the Year-beginning	年末余额 Balance at the Year-end	比年初增减 Increase Over the Year-beginning
金融机构	**Financial Institutions**	**30255.58**	**3376.50**	**36220.61**	**5438.85**
工商银行	Industrial and Commercial Bank of China Limited	2966.39	206.68	3369.68	328.19
建设银行	China Construction Bank	4707.84	458.74	5350.79	558.56
农业银行	Agricultural Bank of China	3187.23	290.18	3555.71	347.10
中国银行	Bank of China	2223.67	154.25	2461.40	209.47
开发银行	China Development Bank	279.22	115.32	625.59	346.29
交通银行	Bnak of Communications	867.84	59.60	1071.31	187.51
邮政储蓄银行	Postal Savings Bank of China	2839.02	387.69	3198.23	359.16
招商银行	China Merchants Bank	614.76	67.21	564.61	-77.56
农发行	Agricultural Development Bank of China	150.84	19.38	485.00	334.15
浦发银行	Shanghai Pudong Development Bank	518.99	54.17	611.44	84.12
中信银行	China CITIC Bank	573.48	86.69	714.65	132.66
兴业银行	Industrial Bank Co.,Ltd.	632.86	43.38	1039.15	129.34
民生银行	China Minsheng Banking Corp., Ltd	381.78	-19.74	465.73	82.97
光大银行	China Everbright Bank	475.80	47.64	608.48	115.02
华夏银行	Hua Xia bank	152.39	32.82	207.96	54.72
进出口银行	Export-Import Bank of China	10.72	6.87	7.94	-2.78
广发银行	China Guangfa Bank	240.19	66.66	310.10	39.61
平安银行	Ping An Bank			25.19	25.19
北京银行	Bank of Beijing	132.58	-12.30	282.82	116.92
渤海银行	Bohai Bank	69.29	-5.56	94.32	23.43
东莞银行	Bank of Dongguan	14.65	-3.80	27.50	12.84
广东南粤银行	Guangdong Nanyue Bank	42.48	-12.97	52.72	10.24
上海农商行	Shanghai Rural Commercial Bank	17.43	2.42	15.98	-1.45
长沙银行	Bank of Changsha	1464.23	206.76	1997.18	529.08
华融湘江银行	Huarong Xiangjiang Bank	1169.93	259.45	1448.80	277.35
农合机构	Rural Institutions	5380.23	788.42	6298.54	917.75
财务公司	Finance Companies	83.78	47.89	200.62	116.84
村镇银行	Village and Township Bank	202.88	35.48	273.26	70.38
三一汽车金融	Sany Auto Finance Co., Ltd.			3.50	3.50
外资银行	Foreign bank	28.61	4.43	36.92	8.16

注：2011年，湛江银行更名广东南粤银行，外资银行在汇丰银行的基础上，增加了花旗银行。

In 2011, the Bank of Zhangjiang was renamed Guangdong Nanyue Bank. Foreign Bank added to Citi Bank.

8-7 金融机构本外币贷款分机构表
Loans of Financial Institutions by Agency

单位：亿元　　(100 million yuan)

项目	Item	2014 年末余额 Balance at the Year-end	2014 比年初增减 Increase Over the Year-beginning	2015 年末余额 Balance at the Year-end	2015 比年初增减 Increase Over the Year-beginning
金融机构	**Financial Institutions**	**20783.10**	**1433.98**	**24221.88**	**3438.21**
工商银行	Industrial and Commercial Bank of China Limited	2087.00	180.05	2378.29	278.79
建设银行	China Construction Bank	3107.97	371.24	3478.97	371.00
农业银行	Agricultural Bank of China	1602.15	210.03	1741.52	84.17
中国银行	Bank of China	1645.80	123.74	1818.87	158.09
开发银行	China Development Bank	2223.77	217.71	2534.90	311.13
交通银行	Bnak of Communications	636.49	102.78	745.73	109.24
邮政储蓄银行	Postal Savings Bank of China	582.06	228.43	888.49	306.43
招商银行	China Merchants Bank	384.33	-2.40	403.53	16.19
农发行	Agricultural Development Bank of China	996.09	-9.53	1325.78	329.69
浦发银行	Shanghai Pudong Development Bank	388.90	35.54	408.80	19.90
中信银行	China CITIC Bank	368.42	50.15	427.57	59.15
兴业银行	Industrial Bank Co.,Ltd.	365.83	42.97	406.22	40.40
民生银行	China Minsheng Banking Corp., Ltd	311.46	31.59	345.19	33.73
光大银行	China Everbright Bank	339.06	30.97	419.30	77.24
华夏银行	Hua Xia bank	110.08	17.31	133.00	22.92
进出口银行	Export-Import Bank of China	402.15	101.32	497.32	95.16
广发银行	China Guangfa Bank	150.76	-1.28	172.79	22.03
平安银行	Ping An Bank			4.57	4.57
北京银行	Bank of Beijing	256.33	19.01	312.62	56.29
渤海银行	Bohai Bank	68.53	2.20	90.74	22.21
东莞银行	Bank of Dongguan	19.47	1.51	29.49	10.01
广东南粤银行	Guangdong Nanyue Bank	23.24	1.14	27.14	3.90
上海农商行	Shanghai Rural Commercial Bank	27.48	3.93	30.22	2.74
长沙银行	Bank of Changsha	675.10	135.20	872.66	197.05
华融湘江银行	Huarong Xiangjiang Bank	601.72	136.33	782.51	180.79
农合机构	Rural Institutions	3091.74	421.28	3531.90	440.11
信托公司	Trust and Investment Companies	7.44	3.13	8.72	1.29
财务公司	Finance Companies	41.15	7.28	53.24	12.09
村镇银行	Village and Township Bank	129.96	33.69	165.10	35.13
三一汽车金融	Sany Auto Finance Co., Ltd.	82.44	23.75	99.63	17.19
外资银行	Foreign bank	45.17	8.36	55.76	9.39

8-8 主要金融机构大中小型企业贷款分行业情况统计表(2015年)
Loans for Enterprises of All Size by Sector(2015)

单位：亿元　　(100 million yuan)

项目	Item	大中型企业合计		大型企业		中型企业		小型企业	
		年末余额 Balance at the Year-end	比年初增减 Increase Over the Year-beginning	年末余额 Balance at the Year-end	比年初增减 Increase Over the Year-beginning	年末余额 Balance at the Year-end	比年初增减 Increase Over the Year-beginning	年末余额 Balance at the Year-end	比年初增减 Increase Over the Year-beginning
合计	**Total**	**10109.26**	**936.37**	**5527.58**	**570.44**	**4581.69**	**365.92**	**4041.53**	**735.43**
农、林、牧、渔业	Agriculture,Forestry,Farming of Animals and Fishing	105.82	7.48	41.43	5.69	64.40	1.79	156.66	17.72
采矿业	Mining	94.25	11.71	60.82	14.47	33.43	-2.76	49.28	-7.98
制造业	Manufacturing	1634.30	52.85	1109.66	50.17	524.63	2.68	637.39	33.86
电力、燃气及水的生产和供应业	Production and Distribution of Electricity, Gas and Water	812.62	81.94	579.74	68.25	232.88	13.69	304.08	49.81
建筑业	Construction	525.01	42.67	245.91	17.77	279.10	24.90	185.63	67.43
交通运输、仓储和邮政业	Traffic,Transport, Storage and Post	3032.84	430.32	2402.99	398.32	629.86	32.00	364.12	22.53
信息传输、计算机服务和软件业	Information Transfer, Computer Services and Software	51.52	18.51	27.31	12.85	24.22	5.66	13.97	3.28
批发和零售业	Wholesale and Retail Trade	655.02	-50.22	267.13	20.92	387.88	-71.13	405.14	39.46
住宿和餐饮业	Accommodation and Restaurants	87.19	-27.02	41.99	-21.68	45.20	-5.33	78.36	18.03
金融业	Finance	200.54	103.19	60.60	-32.15	139.94	135.33	23.63	-2.55
房地产业	Real Estate Trade	899.10	100.34	80.91	18.07	818.18	82.27	315.86	168.50
租赁和商务服务业	Tenancy and Business Services	503.75	36.58	189.11	21.57	314.64	15.01	405.58	123.38
科学研究、技术服务和地质勘查业	Scientific Research, Technical Service and Geologic Perambulation	50.87	14.95	21.20	4.62	29.67	10.33	11.90	1.08
水利、环境和公共设施管理业	Management of Water Conservancy, Environment and Public Establishment	1323.77	91.43	337.57	-28.01	986.20	119.44	936.63	176.89
居民服务和其他服务业	Resident Services and Other Services	49.89	10.14	20.20	11.33	29.68	-1.19	50.69	1.06
教育业	Education	12.90	-0.84	2.74	-0.34	10.16	-0.50	16.98	2.92
卫生、社会保障和社会福利业	Sanitation,Social Security and Social Welfare	23.11	3.44	15.07	1.15	8.05	2.29	11.49	6.08
文化、体育和娱乐业	Culture,Sports and Entertainment	43.37	6.81	23.21	7.44	20.16	-0.64	16.42	0.31
公共管理和社会组织	Public Management and Social Organization	3.40	2.09	0.00	0.00	3.40	2.09	57.72	13.62

注：1、本表仅统计人民币贷款，不含外汇贷款和票据融资；

2、本表不含村镇银行、财务公司、信托公司。

a. The statistical scope in the table include RMB loans,not-include Foreign Currency Loans and Financing Instruments;

b .The statistical scope in the table non-include Village and Township Bank、Finance Companies、Trust and Investment Companies.

8-9 保险机构与人员
Institutions and Personnel of Insurance System

项 目	Item	2005	2013	2014	2015
全年各项保费收入 (亿元)	Premiums (100 million yuan)	127.17	508.57	587.73	712.18
保险机构数 (个)	Number of Institutions of Insurance System (unit)	445	2726	2816	2965
法人机构	Legal institutions		1	1	1
省级公司	Provincial Branches	16	45	49	51
地市级公司	Prefecture/City Branches	122	367	378	402
县支公司及营业部	County Branches	307	823	885	1226
营销服务部	Marketing Services Division		1490	1504	1285
年底实有职工人数 (人)	Employees at the Year-end (person)	12344		30132	32351
专业保险代理公司法人机构数 (个)	Professional Insurance Agents of Corporate Institutions (Unit)	29	19	19	19
专业保险经纪公司法人机构数 (个)	Professional Insurance Brokers Corporate Institutions (Unit)	6	10	11	10
专业保险评估公司法人机构数 (个)	Professional Insurance Agencies Assess Corporate Institutions (Unit)	3	5	5	5
兼业保险代理机构数 (个)	Insurance Agencies and Industry (Unit)	1699	9421	9145	9264

8-10 财产保险公司业务主要指标(2015年)
Major Indicators of Property Insurance Business (2015)

指标	Item	保费收入（万元）Premiums (10 000 yuan)	赔款支出（万元）Indemnity Expenditure (10 000 yuan)
合 计	**Total**	**2591466.62**	**1339335.34**
企业财产保险	Enterprises Property Insurance	91800.57	37523.84
家庭财产保险	Household Property Insurance	17858.69	4732.62
其中：投资型家财险	Investment Link Household Property Insurance	441.48	44.60
机动车辆保险	Motor Vehicle Insurance	1857275.42	979234.46
工程保险	Project Insurance	34011.89	11856.78
责任保险	Liability Insurance	114311.26	47175.62
信用保险	Credit Insurance	20015.77	11105.37
保证保险	Guarantee Insurance	38966.68	11461.34
其中：机动车辆消费贷款保证保险	Motor Vehicle Consumption Loans	32.91	124.77
其中：个人贷款抵押房屋保证保险	Personal Loans Home Mortagage	2154.17	330.75
船舶保险	Ships Insurance	2734.45	1151.52
货物运输保险	Freight Transport Insurance	12502.92	3728.60
特殊风险保险	Special Venture Insurance	1578.60	70.69
农业保险	Agriculture Insurance	236813.54	138432.95
健康险	Health Insurance	90142.85	68354.70
意外伤害保险	Unforeseen Injury Insurance	69216.05	20780.88
其中：投资型意外险	Investment Link Unforeseen Insurance	466.86	890.51
其他险	Other Property Insurance	4237.94	3725.96

8-11 人寿保险公司主要业务指标(2015年)
Major Indicators of Life Insurance Business (2015)

单位：万元 (10 000 yuan)

项目	Item	合计 Total
一、原保险保费收入	**The original insurance premium income**	**4530300.59**
(一)按险种分	According to the Insurance Division	4530300.59
1.寿险小计	Life Insurance	3891866.14
(1)个人业务	Personal Business	3861799.46
新单保费	New insurance premium	2101169.86
续期保费	Renewal premium	1760629.60
(2)团体业务	Group Insurance	30066.68
新单保费	New insurance premium	26966.11
续期保费	Renewal premium	3100.56
2.意外伤害险小计	Accidence Injury Insurance	128452.21
(1)一年期以内业务	Within One Year Period	9795.71
(2)一年期业务	One Year Period	99984.00
(3)一年期以上业务	Over One Year Period	18672.50
3.健康险小计	Health Insurance	509982.24
(1)一年期以内及一年期业务	Within One Year Periodand One Year Period	108161.96
个人业务	Personal Business	41814.62
团体业务	Group Insurance	66347.34
(2)一年期以上业务	Over One Year Period	401820.29
个人业务	Personal Business	359996.88
团体业务	Group Insurance	41823.41
(二)按销售渠道分	According to the sales channels	4530300.59
1.公司直销小计	Direct sales company	404853.98
(1)寿险	Life Insurance	292370.60
(2)意外伤害险	Accidence Injury Insurance	36050.84
(3)健康险	Health Insurance	76432.55
2.个人代理小计	Personal agent	2402857.25
(1)寿险	Life Insurance	1984471.44
(2)意外伤害险	Accidence Injury Insurance	40016.78
(3)健康险	Health Insurance	378369.04
3.保险专业代理小计	Professional insurance agents	43029.79
(1)寿险	Life Insurance	18502.76
直属保险代理公司	The insurance company	1446.85
(2)意外伤害险	Accidence Injury Insurance	10753.59
直属保险代理公司	The insurance company	0.35
(3)健康险	Health Insurance	13773.44
直属保险代理公司	The insurance company	101.00

8-11 续表 continued

单位：万元 (10 000 yuan)

项目	Item	合计 Total
4.银行邮政代理小计	Bank of postal agent	1589985.23
(1)寿险	Life Insurance	1571271.96
(2)意外伤害险	Accidence Injury Insurance	9946.27
(3)健康险	Health Insurance	8767.00
5.其他兼业代理小计	Agents and other industry	79077.26
6.保险经纪业务小计	The insurance brokerage business	10497.08
二、赔付支出	**Indemnity Expenditure**	**1230594.97**
1.赔款支出	Indemnity Expenditure	100750.37
(1)意外伤害险	Accidence Injury Insurance	20491.36
一年期以内业务	Within One Year Period	433.83
一年期业务	One Year Period	20057.54
(2)一年期以内及一年期健康险	Health Insurance Within One Year Periodand One Year Period	80259.01
个人业务	Personal Business	27962.39
团体业务	Group Insurance	52296.62
2.死伤医疗给付	Casualty medical payment	139858.94
(1)寿险	Life Insurance	75837.11
个人业务	Personal Business	74135.34
团体业务	Group Insurance	1701.77
(2)一年期以上健康险	Health Insurance Over One Year Period	64021.83
个人业务	Personal Business	43329.92
团体业务	Group Insurance	20691.90
3.满期给付	Mature payment	820368.58
(1)寿险	Life Insurance	819975.33
个人业务	Personal Business	812703.65
团体业务	Group Insurance	7271.68
(2)一年期以上健康险	Health Insurance Over One Year Period	393.24
个人业务	Personal Business	393.24
团体业务	Group Insurance	
4.年金给付	Annuity	169617.09
(1)个人业务	Personal Business	157385.98
年金保险	Annuity Assurance	132302.00
(2)团体业务	Personal Business	12231.11
年金保险	Annuity Assurance	12212.39
三、退保金	**Surrender Value**	**1182354.84**
1.寿险	Life Insurance	1140659.77
(1)个人业务	Personal Business	1114690.03
年金保险	Annuity Assurance	186546.93
(2)团体业务	Personal Business	25969.75
其中:年金保险	Annuity Assurance	416.28
2.一年期以上健康险	Health Insurance Over One Year Period	41695.07

主要统计指标解释

财政收入 指国家财政参与社会产品分配所取得的收入，是实现国家职能的财力保证。主要包括：

（1）各项税收：包括国内增值税、国内消费税、进口货物增值税和消费税、出口货物退增值税和消费税、营业税、企业所得税、个人所得税、资源税、城市维护建设税、房产税、印花税、城镇土地使用税、土地增值税、车船税、船舶吨税、车辆购置税、关税、耕地占用税、契税、烟叶税等。

（2）非税收入：包括专项收入、行政事业性收费、罚没收入和其他收入。

财政支出 指国家财政将筹集起来的资金进行分配使用，以满足经济建设和各项事业的需要。主要包括：

（1）一般公共服务：指政府提供基本公共管理与服务的支出，包括人大事务、政协事务、政府办公厅（室）及相关机构事务、发展与改革事务、统计信息事务、财政事务、税收事务、审计事务、海关事务、人力资源事务、纪检监察事务、人口与计划生育事务、商贸事务、知识产权事务、工商行政管理事务、国土资源事务、海洋管理事务、测绘事务、地震事务、气象事务、民族事务、宗教事务、港澳台侨事务、档案事务、共产党事务、民主党派事务及工商联事务、群众团体事务、彩票事务等。

（2）公共安全：指政府维护社会公共安全方面的支出，包括武装警察、公安、国家安全、检察、法院、司法行政、监狱、劳教、国家保密、缉私警察等。

（3）教育：指政府教育事务支出，包括教育行政管理、学前教育、小学教育、初中教育、普通高中教育、普通高等教育、初等职业教育、中专教育、技校教育、职业高中教育、高等职业教育、广播电视教育、留学生教育、特殊教育、干部继续教育、教育机关服务等。

（4）科学技术：指用于科学技术方面的支出，包括科学技术管理事务、基础研究、应用研究、技术研究与开发、科技条件与服务、社会科学、科学技术普及、科技交流与合作等。

（5）文化教育与传媒：指政府在文化、文物、体育、广播影视、新闻出版等方面的支出。

（6）社会保障和就业：指政府在社会保障与就业方面的支出，包括社会保障和就业管理事务、民政管理事务、财政对社会保险基金的补助、补充全国社会保障基金、行政事业单位离退休、企业改革补助、就业补助、抚恤、退役安置、社会福利、残疾人事业、城市居民最低生活保障、其他城镇社会救济、农村社会救济、自然灾害生活救助、红十字事务等。

（7）医疗卫生：指政府医疗卫生方面的支出，包括医疗卫生管理事务支出、医疗服务支出、医疗保障支出、疾病预防控制支出、卫生监督支出、妇幼保健支出、农村卫生支出等。

（8）环境保护：指政府环境保护支出，包括环境保护管理事务支出、环境监测与监察支出、污染治理支出、自然生态保护支出、天然林保护工程支出、退耕还林支出、风沙荒漠治理支出、退牧还草支出、已垦草原退耕还草、能源节约利用、污染减排、可再生能源和资源综合利用等支出。

（9）城乡社区事务：指政府城乡社区事务支出，包括城乡社区管理事务支出、城乡社区规划与管理支出、城乡社区公共设施支出、城乡社区住宅支出、城乡社区环境卫生支出、建设市场管理与监督支出等。

（10）农林水事务：指政府农林水事务支出，包括农业支出、林业支出、水利支出、扶贫支出、农业综合开发支出等。

存款 指企业、机关、团体或居民根据资金必须收回的原则，把货币资金存入银行或其他信贷机构保管并取得一定利息的一种信用活动形式。根据存款对象或性质的不同可划分为企业存款、财政存款、机关团体存款、城乡储蓄存款、农业存款、信托及委托类存款、其他存款等科目。它是银行信贷资金的主要来源。

贷款 指银行或其他信贷机构根据资金必须归还的原则，按一定利率，为企业、个人等提供资金的一种信用活动形式。我国银行贷款分为短期贷款、委托及信托类贷款、其他类贷款等。

保险公司 在中国境内的、经过保险监督管理部门批准设立，并依法登记注册的各类商业保险公司。

保险金额 指保险人承担赔偿或者给付保险金责任的最高限额。

保费 指投保人为取得保险人在约定范围内所承担赔偿责任而支付给保险人的费用。

赔款 指保险人根据保险合同的规定，向被保险人支付的赔偿保险责任损失的金额。

给付 包括死伤医疗给付和满期给付。死伤医疗给付是指保险人根据人寿保险及长期健康保险合同的规定，因被保险人在保险期内发生保险责任范围内的保险事故支付给被保险人(或受益人)的金额。满期给付是指被保险人生存期满，保险人按人寿保险合同规定支付给被保险人的满期保险金额。

Explanatory Notes on Main Statistical Indicators

Government Revenue refers to the revenue of the government finance by means of participating in the distribution of the social products, which is the financial resources for ensuring the government to function. The contents of government revenue have been changed several times. Now it includes the following main items:

(1) Various tax revenues including value added tax, business tax, enterprise income tax, personal income tax, resources tax, fixed assets investment direction regulating tax, tax on city maintenance and construction, real estate tax, stamp tax, tax on use of urban land, land value added tax, vehicle and vessel tax, tax on occupancy of cultivated land, property tax, tobacco leaf tax, and other tax revenues.

(2) Non-tax Revenues including special revenues, revenues from Administrative and institutional fees, penalty and confiscatory revenues , revenues from state-owned capital operationg,revenues from paid use of state-owned resources, and other revenues .

Government Expenditure refers to the distribution and use of the funds the government finance has raised, so as to meet the needs of economic construction and various causes. It includes the following main items:

(1) Expenditure for general public services: It reflects the expenditure from the government for general public services.

(2) Expenditure on public security: It reflects the expenditure from the government towards safeguarding the public security, including the related affairs of armed police, public security, state security, procuratorial administration,law court, judicial administration, jail , reeducation through labor, state confidentiality, anti-smuggling Patrol,etc.

(3) Expenditure on education: It reflects the expenditure from the government on education, including the related affairs of educational administration management, preschool education, primary education, junior secondary educate, regular senior secondary educate, regular higher education, primary vocational education, specialized secondary educate, technical educate, vocational senior secondary educate, vocational higher education, radio and television education, foreign student educate, special education, cadre continuing education, education institution services,etc.

(4) Expenditure on science and technology: It reflects the expenditure from the government on science and technology.

(5) Expenditure on culture, sport and media: It reflects the expenditure from the government on culture, cultural relics, sport, radio and television, publication, etc.

(6)Expenditure on social security and cmployment:It reflects the expenditure from the government on social security and employment, including the related affairs of management of social security and employment, civil administration, subsidies to social insurance funds, supplement to national social security funds, retirees of government agencies and institutions, subsidies to enterprises reform, subsidies to employment, pension, settling down demobilized servicemen,social security, disabled person administration, minimum living allowance in urban area, other social relief in urban area, social relief in rural area, subsidies to natural disaster, Red Cross business,etc.

(7)Expenditure on health care: It reflects the expenditure from the government on health care, including expenditure on management of health care, medical services, medical security, disease control and prevention, public health supervision, rural health care,etc.

(8) Expenditure on environment protection: It reflects the expenditure from the government on environment protection, including expenditure on management of environment protection, environment monitoring and supervisory, pollution government, natural ecological protection, project of natural forest protection, returning farmland to forest, sandstorm and wilderness government, returning grazing land to grassland, returning cultivated grassland to grassland, etc.

(9) Expenditure on urban and rural community affairs: It reflects the expenditure from the government on urban and rural community affairs, including expenditure on management of urban and rural community affairs, plan and management of urban and rural community, public utility of urban and rural community, residential buildings of urban and rural community, environmental sanitation of urban and rural community, management and supervision of markets construction, etc.

(10) Expenditure on agriculture, forest and irrigation: It reflects the expenditure from the government on agriculture, forest and irrigation, including expenditure on agriculture, forest, irrigation, poverty alleviation, comprehensive development of agriculture, etc.

Deposit is a form of credit by which enterprises, institutions, organizations or households can put money into banks and other credit institutions for safekeeping and interest earning under the principle of free withdrawal. According to different depositors, deposits are divided into enterprise deposits, treasury deposits, deposits of government agencies and organizations, capital construction deposits, savings deposits, rural saving deposits, entrusted deposits and other deposits. Deposits are major sources of the credit funds of banks.

Loan is a form of credit by which banks and other credit institutions provide funds at certain interest rate to enterprises and individuals in the light of the principle of unconditional repayment. Loans from Chinese banks include circulating capital loans, fixed assets loans, loans to urban and rural individuals engaged in industrial and commercial business and agricultural loans.

Insurance Companies refer to commercial insurance companies of various forms registered by law and established in China with the approval of insurance regulatory agencies.

Amount Insured refers to the maximum that the insurant will get for the claim of the case insured.

Premium is the fee paid by the insurant to the insurer to obtain the obligation of compensation from the insurance within the agreed terms.

Settled Claim is the compensation paid by the insurer to the insurant in accordance with the insurance contract.

Payment includes payment for death, injury or medical treatment and mature payment. Payment for death, injury or medical treatment refers to the money paid to the insurant (or the beneficiary) in accordance with the life or health insurance contract when the insurant encounters accidents within the insured period covered in the contract. Mature payment refers to the mature payment to the insurant in accordance with the life insurance contract at the end of the insured period.

9 城市建设和环境保护

Construction of Cities and Environmental Protection

资料整理人员：　伍春阳　　鲁　喆

9-1 城市公用事业基本情况
Basic Statistics for urban Public Utilities

项 目	Item	2000	2005	2014	2015
城市个数 (个)	**Number of Cities (unit)**				
省辖市	Cities Under the Jurisdiction of Province	13	13	13	13
县级市	Cities at County Level	16	16	16	16
城市规模	**City Size**				
城市人口 (万人)	Population of Cities (10 000 persons)	1196.68	1039.16	1333.74	1362.09
城区面积 (平方公里)	Total Areas of Cities (sq.km)	12733	9159	4286	4582
#建成区面积	#Developed Areas	799	1033	1540	1573
供水	**Water Supply**				
综合生产能力 (万立方米/日)	Production Capacity of Tap Water (10 000 cu.m/day)	1162	1255	1032	1038
#地下水	#Shallow Ground Water	104	97	84	80
供水管长度 (公里)	Length of Water Supply Pipelines (km)	7650	9862	20498	21393
供水总量 (万立方米)	Total Annual Volume of Water Supply (10 000 cu.m)	282357	267800	192647	197872
#生产用量	# For Production		137001	42044	38887
公共服务用量	For Republic Services		19271	12237	17818
家庭用量	For Family Use		77029	89751	89782
人均日生活用水量 (升)	Per Capita Daily Consumption of Tap Water for Residential Use (liter)	311	279	203	207
用水普及率 (%)	Percentage of Population with Access to Tap Water (%)	97.5	91.1	97.1	97.3
供煤气、液化石油气	**Coal Gas and Liquefied Petroleum Gas Supply**				
供气总量	Total Gas Supply				
煤气 (万立方米)	Coal Gas (10 000 cu.m)	60375	44064	2765	2767
#居民家庭	#Consumption for Residential Use	28521	8008	2206	2212
液化石油气 (吨)	Liquefied Petroleum Gas (ton)	202033	294718	189230	241529
#居民家庭	#Consumption for Residential Use	189827	250354	149766	189519
天然气 (万立方米)	Natural Gas (10 000 cu.m)			217162	215488
#居民家庭	#Consumption for Residential Use			73714	61734
煤气管道长度 (公里)	Length of Coal Gas Pipelines (km)	1116	695	440	441
天然气管道长度 (公里)	Length of Natural Gas Pipelines (km)			11741	12535
燃气普及率 (%)	Percentage of Population with Access to Natural Gas (%)	78	75	91	92
公共交通	**Public Traffic**				
运营车辆合计 (辆)	Number of Public Transportation Vehicles (unit)	9083	9611	15591	17203
#汽车	#Buses	9083	9611	15591	17203
标准运营车数 (标台)	Convert into Standard Unit (unit)	7212	9207	17869	19986
运营线路长度 (公里)	Length of Public Transportation Lines (km)	3713	11453	14535	15954
出租汽车总计 (辆)	Total of Taxi (unit)	19534	23087	25766	25945
每万人拥有公共交通车辆 (标台)	Number of Public Transportation Vehicles per 10 000 persons (unit)	10	9	10	11
公交客运总量 (万人次)	Number of Passengers Carried (10 000 person-times)	106227	212507	275236	277934

注：城市人口指标2006年起为城区人口，城市面积指标2006年起为城区面积。

Figure on population of cities means population of urban districts since 2006. Figure on city areas means urban district areas since 2006.

9-1 续表 continued

项 目		Item		2000	2005	2014	2015
市政设施		**Municipal Engineering**					
道路长度	(公里)	Length of Paved Roads	(km)	4739	5978	10947	11437
道路面积	(万平方米)	Area of Paved Roads	(10 000 sq.m)	4816	9936	20062	21333
人行道面积	(万平方米)	Area of Sidewalk	(10 000 sq.m)	1427	2411	5164	5324
桥梁数	(座)	Number of bridges	(unit)	637	482	728	827
#立交桥		#Cloverleaf Junction		82	48	76	75
路灯	(盏)	Number of Street Lights	(unit)	115147	295972	642846	682019
排水管道长度	(公里)	Length of Sewer Pipelines	(km)	3754	5594	12612	13199
污水排放量	(万立方米)	Number Volume of Let Sewage	(10 000 cu.m)	165902	169530	161784	165003
污水处理厂	(座数)	Number of Sewage Disposal Farm	(unit)	21	19	59	61
污水处理厂处理能力	(万立方米/日)	Daily Disposal Capacity of Sewage	(10 000 cu.m/day)	61.2	135.4	408.6	467.4
其他污水处理装置处理能力	(万立方米/日)	Capacity of Engineering	(10 000 cu.m/day)	83.9	152.3	142.7	119.3
污水年处理量	(万立方米)	Annual Volume of Sewage Treated	(10 000 cu.m)	45316	68740	145779	153025
人均拥有道路	(平方米)	Per Capita of Road Areas	(sq.m)	7.0	9.6	13.76	14.3
排水管密度	(公里/平方公里)	Density of Drainage Pipelines	(km/sq.km)	4.7	5.4	8.2	8.4
污水处理率	(%)	Rate of Sewage Disposal	(%)	27.3	40.6	90.1	92.7
园林绿化		**Parks, Gardens and Green Areas**					
绿化覆盖面积	(公顷)	Coverage Space of Green Areas	(hectare)	49290	44643	67118	68156
#建成区		#Developed Area		22646	34176	59519	62415
园林绿地面积	(公顷)	Area of Parks,Gardens and Green Areas in Cities	(hectare)	44672	40723	57273	59359
#建成区		#Developed Area		19450	30506	53576	56089
公园绿地面积	(公顷)	Park Green Land	(hectare)	3525	7143	14355	14930
公园个数	(个)	Number of Parks	(unit)	116	150	247	287
公园面积	(公顷)	Area of Parks	(hectare)	2646	6589	9555	10145
人均公园绿地面积	(平方米)	Park Green Land Per Capita	(sq.m)	5.1	6.9	9.85	9.99
建成区绿地率	(%)	Rate of Green Areas Developed	(%)	24.3	29.5	34.8	35.7
建成区绿化覆盖率	(%)	Coverage Rate of Green Areas Developed	(%)	28.3	33.1	38.6	39.7
环境卫生		**Environmental Sanitation**					
实际清扫面积	(万平方米)	Area Under Cleaning Program	(10 000 sq.m)	3236	7560	18032	19979
#机械清扫		Machine Cleaning		412	1149	9244	12363
生活垃圾清运量	(万吨)	Volume of Garbage Disposal	(10 000 tons)	358.46	486.00	600.79	638.15
垃圾无害化处理场	(座数)	Number of Factories to Treat Garbage Harmlessly	(unit)	15	7	34	32
#处理能力	(吨/日)	Daily Disposal Capacity	(ton/day)	4427	6122	21609	21233
垃圾无害处理量	(万吨)	Volume of Garbage Harmlessly Treatment	(10 000 tons)	180.91	192.90	598.97	636.89
公共厕所数	(座)	Number of Public Lavatories	(unit)	3001	2652	3373	3371
#三类以上		# Water Closet		1771	2240	2611	2682
市容环卫专用车辆设备总数	(辆)	Environmental Sanitation Equipment	(unit)	1213	1396	3642	3891
生活垃圾无害化处理率	(%)	Ratio of Garbage Harmlessly Treatment	(%)	50.5	39.7	99.7	99.8

9-2 城市规模和建设用地(2015年)
Urban Scale and Construction Land (2015)

单位: 平方公里 (sq.km)

城市	Cities	城区面积 Area of City	建成区面积 Developed Areas	建设用地面积 Area of Construction Use Land 居住用地 Living Space	工业用地 Industry	仓储用地 Storage	道路与交通设施用地 Land for Roads and traffic Facilities	本年征用土地面积 Requisition land area this year
长沙市	Changsha	1199.84	312.30	109.64	26.82	7.92	47.87	
浏阳市	Liuyang	26.80	26.80	7.70	2.00	0.60	1.00	
株洲市	Zhuzhou	837.00	137.98	46.44	27.11	2.66	11.70	17.20
醴陵市	Liling	113.50	29.50	11.91	5.90	1.04	1.90	
湘潭市	Xiangtan	168.21	79.81	27.24	14.00	4.53	13.26	6.30
湘乡市	Xiangxiang	26.00	21.40	9.22	2.61	0.95	3.03	3.12
韶山市	Shaoshan	32.00	4.89	0.50	0.70		1.00	0.16
衡阳市	Hengyang	133.78	113.53	37.52	16.57	3.09	18.34	2.50
耒阳市	Leiyang	49.65	43.00	12.20	4.70	1.45	2.23	1.85
常宁市	Changning	38.40	17.01	4.55	2.20	0.90	2.20	3.00
邵阳市	Shaoyang	75.00	65.00	21.85	3.73	2.26	5.26	0.45
武冈市	Wugang	40.00	18.03	5.60	0.75	0.75	1.60	0.84
岳阳市	Yueyang	155.00	97.00	25.00	18.10	4.00	4.10	0.50
汨罗市	Miluo	20.20	17.09	5.27	3.93	0.62	3.32	0.65
临湘市	Linxiang	25.00	14.70	3.55	2.45	0.95	1.50	0.01
常德市	Changde	339.16	90.22	23.20	20.67	3.17	15.16	
津市市	Jinshi	71.19	15.28	5.11	4.00	0.74	1.71	0.88
张家界市	Zhangjiajie	136.98	32.96	10.52	1.51		5.00	0.98
益阳市	Yiyang	109.00	75.00	28.00	5.00		2.00	1.40
沅江市	Yuanjiang	18.20	17.10	8.76	0.40		0.37	
郴州市	Chenzhou	580.00	77.23	25.55	6.50	2.03	12.00	3.86
资兴市	Zixing	24.63	21.04	6.38	5.60	0.42	2.64	0.55
永州市	Yongzhou	100.00	62.21	15.80	7.68	2.70	8.60	2.22
怀化市	Huaihua	64.72	64.00	14.00	5.00	2.40	9.00	
洪江市	Hongjiang	14.71	6.80	1.57	0.91	0.12	0.90	0.16
娄底市	Loudi	62.20	47.15	16.20	2.23	1.36	1.80	
冷水江市	Lengshuijiang	48.56	21.69	6.90	4.10		3.60	
涟源市	Lianyuan	25.00	15.00	4.90	2.20	0.40	1.25	6.00
吉首市	Jishou	47.60	28.80	18.40	0.70	0.60	1.50	

9-3 城市设施水平(2015年)
Indicators of Municipal Public Utilities Level (2015)

城市	Cities	人口密度(人/平方公里) Population Density (person/sq.km)	人均日生活用水量(升) Per Capita Water Consumption for Residential Use (liter)	用水普及率(%) Percentage of Population with Access to Tap Water (%)	每万人拥有公共交通车辆(标台) Number of Public Transportation Vehicles Per 10000 persons (unit)	用气普及率(%) Percentage of Population with Access to Gas (%)
长沙市	Changsha	2831	329.03	99.21	22.12	95.39
浏阳市	Liuyang	11567	121.34	96.77	1.72	97.23
株洲市	Zhuzhou	1287	257.32	100.00	13.60	98.82
醴陵市	Liling	2209	123.48	98.76	2.39	74.19
湘潭市	Xiangtan	4851	203.78	98.50	12.11	95.81
湘乡市	Xiangxiang	9038	105.47	100.00	3.45	90.94
韶山市	Shaoshan	1516	104.75	100.00	3.04	82.47
衡阳市	Hengyang	8360	139.68	99.25	14.55	99.25
耒阳市	Leiyang	10413	85.60	87.81	6.85	75.03
常宁市	Changning	6120	105.21	95.74	3.28	75.74
邵阳市	Shaoyang	9112	187.48	95.11	7.35	97.75
武冈市	Wugang	6268	102.80	83.77	2.52	65.70
岳阳市	Yueyang	4581	185.00	100.00	10.61	100.00
汨罗市	Miluo	7525	112.97	97.96	2.49	96.05
临湘市	Linxiang	7072	92.21	98.98	0.77	96.72
常德市	Changde	2366	161.83	91.60	7.04	93.48
津市市	Jinshi	1524	157.88	92.44	3.98	100.00
张家界市	Zhangjiajie	1632	202.09	97.58	9.42	88.28
益阳市	Yiyang	5632	190.97	99.36	10.51	89.14
沅江市	Yuanjiang	9835	75.33	99.44	3.15	72.63
郴州市	Chenzhou	1081	175.93	100.00	20.91	95.01
资兴市	Zixing	5562	67.29	91.24	3.86	65.69
永州市	Yongzhou	5372	194.81	98.81	9.67	90.60
怀化市	Huaihua	8752	161.79	93.49	6.59	75.92
洪江市	Hongjiang	4147	129.05	95.08	9.86	81.97
娄底市	Loudi	7814	208.51	99.40	6.06	96.54
冷水江市	Lengshuijiang	3707	179.91	95.00	6.09	91.83
涟源市	Lianyuan	6920	113.04	91.91	2.08	98.27
吉首市	Jishou	5735	234.43	92.12	10.00	87.62

9-3 续表 continued

城市	Cities	人均拥有道路面积(平方米) Per Capita Area of Paved Roads (sq.m)	排水管道密度(公里/平方公里) Density of Sewer Pipelines (km/sq.km)	污水处理率(%) Ratio of Sewage Treatment (%)	园林绿化 Parks, Gardens and Green Areas			生活垃圾无害化处理率(%) Ratio of Garbage Harmlessly Treatment (%)
					人均公园绿地面积(平方米) Park Green Land per Capita (sq.m)	建成区绿地率(%) Ratio of Green Area in Developed Areas (%)	建成区绿化覆盖率(%) Green Area Coverage Rate in Developed Areas (%)	
长沙市	Changsha	12.36	6.96	97.72	10.42	33.90	39.31	100.00
浏阳市	Liuyang	8.38	3.39	92.01	5.10	31.27	34.70	100.00
株洲市	Zhuzhou	19.72	10.69	95.36	11.60	39.23	41.36	100.00
醴陵市	Liling	11.41	9.64	91.32	9.44	33.81	36.23	100.00
湘潭市	Xiangtan	18.36	13.36	93.14	9.14	37.55	41.32	100.00
湘乡市	Xiangxiang	12.33	13.06	92.13	8.42	31.91	36.18	100.00
韶山市	Shaoshan	18.66	25.11	91.94	18.69	40.45	45.11	100.00
衡阳市	Hengyang	9.95	7.69	84.00	9.53	37.04	40.41	100.00
耒阳市	Leiyang	14.29	6.23	81.28	6.50	32.98	39.02	100.00
常宁市	Changning	21.79	11.02	90.03	7.18	28.94	35.10	100.00
邵阳市	Shaoyang	17.27	8.36	87.55	10.97	32.55	39.20	97.99
武冈市	Wugang	12.09	12.59	89.59	7.82	30.45	35.30	100.00
岳阳市	Yueyang	13.62	13.70	92.49	9.72	38.94	40.90	100.00
汨罗市	Miluo	19.01	8.31	88.05	7.93	33.76	36.69	94.41
临湘市	Linxiang	11.03	13.47	99.02	6.79	34.97	36.26	100.00
常德市	Changde	17.37	5.97	91.71	14.49	39.42	43.77	100.00
津市市	Jinshi	12.61	9.78	90.13	9.98	37.61	41.66	100.00
张家界市	Zhangjiajie	19.98	7.07	84.32	10.73	34.55	39.47	100.00
益阳市	Yiyang	13.40	4.84	92.35	9.00	38.86	40.02	100.00
沅江市	Yuanjiang	8.38	8.50	92.04	7.51	29.41	39.56	100.00
郴州市	Chenzhou	14.51	4.85	93.00	11.80	40.99	44.78	100.00
资兴市	Zixing	13.96	6.70	81.75	11.02	41.03	43.34	100.00
永州市	Yongzhou	20.38	8.71	90.68	11.97	36.92	41.09	100.00
怀化市	Huaihua	8.28	5.41	89.81	7.86	32.16	37.69	100.00
洪江市	Hongjiang	18.25	9.09	91.11	13.28	32.22	37.51	100.00
娄底市	Loudi	10.15	10.05	88.52	9.43	34.95	40.01	100.00
冷水江市	Lengshuijiang	12.15	7.41	88.02	12.42	37.04	38.70	96.60
涟源市	Lianyuan	8.98	7.00	91.19	8.38	30.71	36.01	98.69
吉首市	Jishou	25.44	10.60	90.00	6.67	18.23	18.78	100.00

9-4 城市供水(2015年)
Tap Water Supply in Cities (2015)

城市	Cities	综合生产能力(万立方米/日) Production Capacity of Tap Water (10 000 cu.m/day)	地下水 Shallow Ground Water	供水管道长度(公里) Length of Water Supply Pipelines (km)	供水总量(万立方米) Total Annual Volume of Water Supply (10 000 cu.m)	生产用量 For Productive Use	公共服务用量 For Republic Services	家庭用量 For Family Use	用水人口(万人) Number of Residents with Access to Tap Water (10 000 persons)
长沙市	Changsha	215.00		3457	57652	2985	7750	32656	337.00
浏阳市	Liuyang	11.50	1.50	310	2180	500	61	1268	30.00
株洲市	Zhuzhou	103.50		2493	17413	3994	2487	7564	107.72
醴陵市	Liling	6.50	0.50	682	1971	371	107	973	24.76
湘潭市	Xiangtan	55.39	6.74	1256	12386	1452	1805	4107	80.38
湘乡市	Xiangxiang	10.00		640	1596	183	62	825	23.50
韶山市	Shaoshan	3.90	0.30	88	475	77	27	157	4.85
衡阳市	Hengyang	66.50	1.50	1196	16220	3265	81	5579	111.00
耒阳市	Leiyang	10.87	0.87	210	2011	290	441	977	45.40
常宁市	Changning	11.00		240	1182	147	208	656	22.50
邵阳市	Shaoyang	51.50		820	8590	942	643	3757	65.00
武冈市	Wugang	7.20		402	1567	450	220	550	21.00
岳阳市	Yueyang	105.00	0.70	956	14340	7029	66	4691	71.00
汨罗市	Miluo	5.29		207	1170	300	90	520	14.89
临湘市	Linxiang	5.20		152	1240	430	125	444	17.50
常德市	Changde	43.48	4.32	1331	7355	2169	49	3196	73.49
津市市	Jinshi	10.60		301	1186	110	110	457	10.03
张家界市	Zhangjiajie	13.50		455	2764	95	403	1095	21.82
益阳市	Yiyang	64.00		471	7477	2254	111	4141	61.00
沅江市	Yuanjiang	3.70		137	743	90	92	370	17.80
郴州市	Chenzhou	33.50	4.30	1319	6632	1689	587	3370	62.69
资兴市	Zixing	5.50		380	777	200	49	232	12.50
永州市	Yongzhou	51.70	0.45	952	9075	2664	396	3369	53.08
怀化市	Huaihua	39.00	0.05	1045	5230	932	496	2611	52.95
洪江市	Hongjiang	3.02	0.02	60	399	33	58	206	5.80
娄底市	Loudi	18.50		391	5298	226	459	2950	48.31
冷水江市	Lengshuijiang	68.00	57.00	526	7268	5795	128	972	17.10
涟源市	Lianyuan	5.00	2.00	285	1150	215	73	581	15.90
吉首市	Jishou	10.50		633	2526		634	1508	25.15

9-5 城市公共交通(2015年)
Public Traffic in Cities (2015)

城市	Cities	公共汽车 Buses				出租汽车数(辆) Number of Taxis (unit)
		运营车数合计(辆) Number of Public Transportation Vehicles (unit)	标准运营车数(标台) Number of Vehicles Convert into Standard unit (unit)	运营线路网长度(公里) Length of Public Transportation Lines (km)	客运总量(万人次) Number of Passengers Carried (10 000 persontimes)	
长沙市	Changsha	6103	7877	3559	74324	7816
浏阳市	Liuyang	145	131	495	1823	400
株洲市	Zhuzhou	1196	1472	1155	21656	1955
醴陵市	Liling	131	127	101	3764	400
湘潭市	Xiangtan	1026	1156	912	17092	1400
湘乡市	Xiangxiang	110	108	257	1420	281
韶山市	Shaoshan	14	14	23	50	43
衡阳市	Hengyang	1345	1565	1196	19794	1400
耒阳市	Leiyang	411	390	170	7261	500
常宁市	Changning	145	130	176	3422	200
邵阳市	Shaoyang	420	440	353	10609	1100
武冈市	Wugang	82	77	120	1381	150
岳阳市	Yueyang	940	1090	858	15092	1684
汨罗市	Miluo	106	94	190	1201	200
临湘市	Linxiang	69	48	40	920	283
常德市	Changde	687	735	768	10728	1146
津市市	Jinshi	91	68	101	1213	200
张家界市	Zhangjiajie	255	254	280	7226	686
益阳市	Yiyang	772	820	490	11398	867
沅江市	Yuanjiang	138	107	122	2643	350
郴州市	Chenzhou	1115	1311	1736	25427	1116
资兴市	Zixing	88	83	193	1485	80
永州市	Yongzhou	614	622	709	14321	700
怀化市	Huaihua	351	370	612	7912	800
洪江市	Hongjiang	162	162	250	2234	160
娄底市	Loudi	241	271	197	5200	950
冷水江市	Lengshuijiang	170	160	417	2378	181
涟源市	Lianyuan	75	75	358	1210	200
吉首市	Jishou	201	229	121	4749	697

9-6 城市市政设施(2015年)
Urban Civil Facilities (2015)

城市	Cities	道路长度(公里) Length of Streets (km)	道路面积(万平方米) Area of Streets (10 000 sq.m)	人行道面积(万平方米) Area of Sidewalk (10 000 sq.m)	桥梁数(座) Number of Bridges (unit)	立交桥 Cloverleaf Junction	路灯盏数(盏) Number of Street Lights (unit)	排水管道长度(公里) Length of Sewer Pipelines (km)	污水年排放量(万立方米) Annual Volume of Sewage Discharged (10 000 cu.m)
长沙市	Changsha	2300.00	4200	925	186	25	103400	2172	48018
浏阳市	Liuyang	105.80	260	65	34		14420	91	1551
株洲市	Zhuzhou	1625.82	2124	453	96	20	69484	1475	14701
醴陵市	Liling	208.05	286	61	44	3	9885	285	1383
湘潭市	Xiangtan	590.45	1499	365	18		21756	1067	14468
湘乡市	Xiangxiang	191.50	290	85	8		8611	280	1424
韶山市	Shaoshan	25.44	90	23	2		1645	123	620
衡阳市	Hengyang	418.78	1113	300	63	14	77140	873	11356
耒阳市	Leiyang	286.20	739	263			7950	268	1474
常宁市	Changning	335.00	512	120	14	1	6800	187	973
邵阳市	Shaoyang	520.00	1180	388	20	2	60750	544	7018
武冈市	Wugang	125.00	303	68	18		6290	227	1480
岳阳市	Yueyang	730.00	967	228	26	3	42800	1329	11401
汨罗市	Miluo	88.20	289	101	8		6327	142	820
临湘市	Linxiang	138.00	195	70	3		2634	198	1020
常德市	Changde	649.02	1393	356	63		51010	539	5237
津市市	Jinshi	131.13	137	42	4		7863	149	831
张家界市	Zhangjiajie	311.00	447	69	18		10283	233	2270
益阳市	Yiyang	443.29	823	313	4		22777	363	5973
沅江市	Yuanjiang	120.19	150	42	1		1830	145	980
郴州市	Chenzhou	317.56	910	116	51	2	29998	374	6389
资兴市	Zixing	88.63	191	51	6		6360	141	767
永州市	Yongzhou	457.15	1095	294	18	5	22865	542	6344
怀化市	Huaihua	278.06	469	127	41		15000	346	3700
洪江市	Hongjiang	50.11	111	35	5		6305	62	371
娄底市	Loudi	260.61	493	113	8		41250	474	5146
冷水江市	Lengshuijiang	136.81	219	60	7		8629	161	5751
涟源市	Lianyuan	122.80	155	32	25		5860	105	806
吉首市	Jishou	382.51	694	160	36		12097	305	2731

9-6 续表 continued

城市	Cities	污水处理厂 Sewage Disposal Factory				其他污水处理装置处理能力(万方/日) Capacity of Engineering (10 000 cu.m/day)	污水年处理量(万方) Annual Volume of Sewage Disposal (10 000 cu.m)
		座数(座) Number of Units (unit)	二、三级处理 Biological and Chemical Disposal	处理能力(万立方米/日) Disposal Capacity (10 000 cu.m/day)	二、三级处理 Biological and Chemical Disposal		
长沙市	Changsha	9	9	133	133		46922
浏阳市	Liuyang	1	1	6	6		1427
株洲市	Zhuzhou	6	6	50	50		14019
醴陵市	Liling	1	1	3	3	1	1263
湘潭市	Xiangtan	2	2	35	35	56	13475
湘乡市	Xiangxiang	1	1	5	5		1312
韶山市	Shaoshan	1	1	2	2		570
衡阳市	Hengyang	3	3	36	36		9539
耒阳市	Leiyang	1	1	10	10	1	1198
常宁市	Changning	1	1	4	4		876
邵阳市	Shaoyang	3	3	20	20		6144
武冈市	Wugang	1	1	3	3		1326
岳阳市	Yueyang	5	5	28	28	20	10545
汨罗市	Miluo	1	1	3	3		722
临湘市	Linxiang	1	1	3	3		1010
常德市	Changde	3	3	17	17	1	4803
津市市	Jinshi	1	1	2	2		749
张家界市	Zhangjiajie	3	3	6	6		1914
益阳市	Yiyang	3	3	17	17		5516
沅江市	Yuanjiang	1	1	2	2	2	902
郴州市	Chenzhou	2	2	17	17		5942
资兴市	Zixing	1	1	3	3		627
永州市	Yongzhou	2	2	25	25		5753
怀化市	Huaihua	1	1	10	10	0	3323
洪江市	Hongjiang	1	1	1	1		338
娄底市	Loudi	2	2	15	15		4555
冷水江市	Lengshuijiang	1	1	3	3	39	5062
涟源市	Lianyuan	1	1	4	4		735
吉首市	Jishou	2	2	7	7		2458

9-7 城市园林绿化(2015年)
Urban Parks, Gardens and Green Areas (2015)

城市	Cities	绿化覆盖面积(公顷) Coverage Space of Green Areas (hectare)	建成区 Developed Areas	园林绿地面积(公顷) Area of Parks, Gardens and Green Areas (hectare)	建成区 Developed Areas	公园绿地面积(公顷) Park Green Land (hectare)	公园个数(个) Number of Parks (unit)	公园面积(公顷) Area of Parks (hectare)
长沙市	Changsha	12278	12278	10586	10586	3538	27	1809
浏阳市	Liuyang	930	930	838	838	158	6	70
株洲市	Zhuzhou	5707	5707	5413	5413	1249	19	1249
醴陵市	Liling	1122	1069	1067	997	237	5	163
湘潭市	Xiangtan	5006	3298	3027	2997	746	10	168
湘乡市	Xiangxiang	774	774	683	683	198	2	143
韶山市	Shaoshan	318	221	298	198	91	6	88
衡阳市	Hengyang	4588	4588	4205	4205	1066	27	857
耒阳市	Leiyang	1678	1678	1418	1418	336	2	58
常宁市	Changning	620	597	492	492	169	8	140
邵阳市	Shaoyang	3125	2548	2406	2116	750	8	630
武冈市	Wugang	943	636	657	549	196	6	186
岳阳市	Yueyang	4610	3967	4580	3777	690	9	465
汨罗市	Miluo	627	627	577	577	121	3	121
临湘市	Linxiang	638	533	556	514	120	1	89
常德市	Changde	3949	3949	3949	3557	1163	14	786
津市市	Jinshi	664	637	604	575	108	8	105
张家界市	Zhangjiajie	1576	1301	1390	1139	240	7	95
益阳市	Yiyang	3002	3002	2914	2914	553	36	504
沅江市	Yuanjiang	691	676	547	503	135	5	128
郴州市	Chenzhou	3458	3458	3166	3166	740	28	699
资兴市	Zixing	912	912	863	863	151	1	80
永州市	Yongzhou	2744	2556	2455	2297	643	8	380
怀化市	Huaihua	2434	2412	2105	2058	445	6	299
洪江市	Hongjiang	255	255	219	219	81	5	81
娄底市	Loudi	2785	1886	2046	1648	458	14	313
冷水江市	Lengshuijiang	1065	840	937	803	224	6	224
涟源市	Lianyuan	920	540	712	461	145	5	119
吉首市	Jishou	739	541	648	525	182	5	98

注:2006年开始公共绿地面积改为公园绿地面积。Public green areas means park green areas since 2006.

9-8 城市燃气使用情况(2015年)
Urban Coal Gas and Liquefied Petroleum (2015)

城市	Cities	液化石油气 Liquefied Petroleum Gas				
		供气总量 (吨) Total Gas Supply (ton)	家庭用量 Consumption for Residential Use	用气户数 (户) Number of Household with Access to Gas (household)	家庭用户 Consumption for Residential Use	用气人口 (万人) Population with Access to Gas (10 000 persons)
长沙市	Changsha	60876	49667	400000	285000	64
浏阳市	Liuyang	6478	6478	51125	51125	15
株洲市	Zhuzhou	4200	3300	11400	11320	3
醴陵市	Liling	2436	1200	19678	19568	6
湘潭市	Xiangtan	9765	9320	66540	64536	20
湘乡市	Xiangxiang	2267	2262	36620	36620	13
韶山市	Shaoshan	1589	1200	8670	7890	3
衡阳市	Hengyang	12800	7600	55000	50000	20
耒阳市	Leiyang	6500	6500	99980	99980	39
常宁市	Changning	2837	2160	28012	28000	16
邵阳市	Shaoyang	4700	4100	72000	67000	27
武冈市	Wugang	1050	1050	16150	16150	11
岳阳市	Yueyang	4125	3670	42100	41600	12
汨罗市	Miluo	2180	2172	24266	24266	8
临湘市	Linxiang	3101	3100	31450	31450	8
常德市	Changde	4154	4154	12890	12890	6
津市市	Jinshi	2122	2122	22400	22400	6
张家界市	Zhangjiajie	10106	9992	60680	60430	15
益阳市	Yiyang	16500	5460	20100	20000	6
沅江市	Yuanjiang	1240	710	2082	1980	4
郴州市	Chenzhou	18000	18000	106486	106486	37
资兴市	Zixing	1500	1500	12000	12000	5
永州市	Yongzhou	10418	9317	137290	137265	45
怀化市	Huaihua	37299	22598	178356	169700	32
洪江市	Hongjiang	782	762	12585	12585	5
娄底市	Loudi	6270	2950	24150	24058	14
冷水江市	Lengshuijiang	2450	2450	30550	30550	16
涟源市	Lianyuan	2960	2900	30150	30000	16
吉首市	Jishou	2824	2824	26000	26000	22

9-8 续表 continued

城市	Cities	天然气 Gas					
		供气总量 (万立方米) Total Gas Supply (10 000 cu.m)	家庭用量 Consumption for Residential Use	用气户数 (户) Number of Household with Access to Gas (household)	家庭用户 Consumption for Residential Use	用气人口 (万人) Population with Access to Gas (10 000 persons)	管道长度 (公里) Length of Pipelines (km)
长沙市	Changsha	72731	23057	1015879	1011474	260.00	1358.0
浏阳市	Liuyang	1227	537	39619	38569	14.69	46.2
株洲市	Zhuzhou	22102	6663	346121	343514	103.06	1473.9
醴陵市	Liling	21844	843	37811	37745	12.60	519.1
湘潭市	Xiangtan	15006	3665	180247	180236	58.18	1505.0
湘乡市	Xiangxiang	373	197	28991	28874	8.70	189.0
韶山市	Shaoshan	125	125	3088	3088	1.00	84.1
衡阳市	Hengyang	14856	4519	320494	317629	91.00	2277.0
耒阳市	Leiyang	9.78	9.62	950	950	0.29	16.0
常宁市	Changning	33	33	4800	4800	1.90	350.0
邵阳市	Shaoyang	2912	2139	100000	99700	40.00	550.0
武冈市	Wugang	409	253	15330	15000	5.47	153.5
岳阳市	Yueyang	16297	4300	194000	191430	59.50	992.3
汨罗市	Miluo	1774	224	11448	11034	6.68	122.7
临湘市	Linxiang	982	245	13250	11480	8.90	33.5
常德市	Changde	30864	9100	231000	210000	69.50	1470.7
津市市	Jinshi	310	220	16369	15969	5.33	130.0
张家界市	Zhangjiajie	1095	437	21097	19197	4.40	208.8
益阳市	Yiyang	6118	1853	150900	150000	48.29	237.0
沅江市	Yuanjiang	1624	1200	30000	29400	9.00	102.3
郴州市	Chenzhou	3044	890	56112	55733	22.29	355.0
资兴市	Zixing	281	266.00	6000	6000	4.00	56.0
永州市	Yongzhou	337	327	9973	9918	3.39	90.0
怀化市	Huaihua	473	366	160000	37000	11.00	165.3
洪江市	Hongjiang						
娄底市	Loudi	395					
冷水江市	Lengshuijiang	3	3	438	438	0.18	10.5
涟源市	Lianyuan	15.02	15	2300	2300	1	18
吉首市	Jishou	249	249	5760	5760	1.50	21.1

9-9 环境综合统计基本状况(2015年)
Basic Environment Comprehensive Statistics (2015)

指 标		Item		2015
废水排放总量	（万吨）	Total Volume of Waste Water Discharged	(10 000 tons)	314107.41
其中：工业废水排放量	（万吨）	Total Volume of Industrial Waste Water Discharged	(10 000 tons)	76887.64
城镇生活污水排放量	（万吨）	Household Waste Water Discharged by Urban Use	(10 000 tons)	236795.23
集中式治理设施污水排放量	（万吨）	Volume of Waste Water Discharged by Centralized Facilities	(10 000 tons)	424.55
化学需氧量(COD)排放量	（吨）	Volume of COD Discharged	(ton)	1207702.55
其中：工业废水中COD排放量	（吨）	Amount of COD in Industrial Waste Water	(ton)	124044.58
农业COD排放量	（吨）	Amount of COD in Agriculture	(ton)	543868.54
城镇生活污水中COD排放量	（吨）	Household of COD Waste Water Discharged by Urban Use	(ton)	531461.07
集中式治理设施COD排放量	（吨）	Volume of COD Waste Water Discharged by Centralized Facilities	(ton)	8328.36
氨氮排放量	（吨）	Ammonia Nitrogen Discharge	(ton)	151131.43
其中：工业废水中氨氮排放量	（吨）	Ammonia Nitrogen Discharge from Industrial Waste Water	(ton)	18367.31
农业氨氮排放量	（吨）	Ammonia Nitrogen Discharge from Agriculture	(ton)	59093.88
城镇生活污水中氨氮排放量	（吨）	Household of Ammonia Nitrogen Discharged by Urban Use	(ton)	72825.31
集中式治理设施氨氮排放量	（吨）	Volume of Ammonia Nitrogen Discharged by Centralized Facilities	(ton)	844.94
二氧化硫(SO_2)排放量	（吨）	Volume of SO_2 Emission	(ton)	595473.42
其中：工业SO_2排放量	（吨）	Volume of SO_2 Emission by Industry	(ton)	515934.60
城镇生活SO_2排放量	（吨）	Household of SO_2 Emission by Urban Use	(ton)	79507.52
集中式治理设施SO_2排放量	（吨）	Volume of SO_2 Emission by Centralized Facilities	(ton)	31.30
氮氧化物排放量	（吨）	Nitrogen Oxides Discharged	(ton)	496928.11
其中：工业氮氧化物排放量	（吨）	Volume of Nitrogen Oxides Discharged by Industry	(ton)	313715.67
城镇生活氮氧化物排放量	（吨）	Household of Nitrogen Oxides Discharged by Urban Use	(ton)	13846.49
机动车氮氧化物排放量	（吨）	Volume of Nitrogen Oxides Discharged by Motor vohicles	(ton)	169307.49
集中式治理设施氮氧化物排放量	（吨）	Volume of Nitrogen Oxides Discharged by Centralized Facilities	(ton)	58.46
烟(粉)尘排放量	（吨）	Volume of Soot Emission	(ton)	422420.38
其中：工业烟(粉)尘排放量	（吨）	Volume of Industrial Soot Emission	(ton)	380345.09
城镇生活烟尘排放量	（吨）	Household of Volume of Soot Emission by Urban Use	(ton)	25519.71
机动车烟尘排放量	（吨）	Volume of Volume of Soot Emission by Motor vohicles	(ton)	16519.61
集中式治理设施烟尘排放量	（吨）	Volume of Volume of Soot Emission by Centralized Facilities	(ton)	35.98
一般工业固体废物产生量	(万吨)	Volume of Solid Wastes Produced	(10 000 tons)	7126.01
一般工业固体废物综合利用量	(万吨)	Volume of Solid Wastes Utilized	(10 000 tons)	4682.98
其中:综合利用往年贮存量	(万吨)	Comprehensive utilization of the previous storage	(10 000 tons)	38.26
一般工业固体废物综合利用率	(%)	Percentage of Solid Wastes Utilized	(%)	65.37
一般工业固体废物处置量	(万吨)	Volume of Solid Wastes Treated	(10 000 tons)	2013.71
其中:处置往年贮存量	(万吨)	Volume of the Previous Storage Treated	(10 000 tons)	0.68
一般工业固体废物处置率	(%)	Percentage of Solid Wastes Treated	(%)	28.26
一般工业固体废物贮存量	(万吨)	Volume of Solid Wastes Treated	(10 000 tons)	467.68
一般工业固体废物倾倒丢弃量	(万吨)	Volume of Solid Wastes dumping of discarded	(10 000 tons)	0.58

9-10 全省环保产业统计情况(2015年)
Statistical Report of Hunan Environmental Protection Industry(2015)

指 标	Item	合计 Total	长沙 Changsha	株洲 Zhuzhou	湘潭 Xiangtan	衡阳 Hengyang	邵阳 Shaoyang	岳阳 Yueyang	常德 Changde
环保产业单位数（个）	**The Number of Environmental Protection Industry Units (unit)**	**1115**	**201**	**59**	**33**	**113**	**95**	**145**	**59**
环保产业从业人数（万人）	**The Number of Employees in Environmental Protection Industry (10 000 person)**	**12.1**	**3.9**	**0.9**	**0.3**	**0.9**	**0.6**	**0.9**	**0.4**
环保产业年收入（亿元）	**Annual Income of Environmental Protection Industry (100 million yuan)**	**1615.0**	**653.5**	**52.8**	**196.3**	**77.9**	**30.9**	**166.7**	**44.9**
#环境服务业	Environmental Services	180.0	148.6	3.9	2.4	3.5	1.5	6.7	2.6
#环境保护产品生产	Environmental Protection Products Production	112.0	85.3	0.4	9.0	5.4		4.2	0.4
#环境友好产品生产	Environment Friendly Products Production	658.0	333.3	21.8	180.1	2.5	10.5	43.8	35.4
#资源综合利用	Comprehensive Utilization of Resources	665.0	86.3	26.7	4.8	66.5	18.9	112.0	6.5

指 标	Item	张家界 Zhangjiajie	益阳 Yiyang	郴州 Chenzhou	永州 Yongzhou	怀化 Huaihua	娄底 Loudi	自治州 West Hunan
环保产业单位数（个）	**The Number of Environmental Protection Industry Units (unit)**	**11**	**55**	**160**	**34**	**40**	**59**	**51**
环保产业从业人数（万人）	**The Number of Employees in Environmental Protection Industry (10 000 person)**	**0.2**	**0.3**	**1.9**	**0.3**	**0.5**	**0.7**	**0.3**
环保产业年收入（亿元）	**Annual Income of Environmental Protection Industry (100 million yuan)**	**27.2**	**37.9**	**235.0**	**6.9**	**15.2**	**47.6**	**22.0**
#环境服务业	Environmental Services	1.4	3.1	1.6	0.6	0.4	1.1	2.6
#环境保护产品生产	Environmental Protection Products Production		0.9			4.2	2.2	
#环境友好产品生产	Environment Friendly Products Production	7.1	5.6	2.5	1.5	2.3	8.0	3.4
#资源综合利用	Comprehensive Utilization of Resources	18.7	28.3	230.9	4.8	8.3	36.3	16.0

主要统计指标解释

供水综合生产能力　指按供水设施取水、净化、送水、出厂输水干管等环节设计能力计算的综合生产能力。包括在原设计能力的基础上，经挖、革、改增加的生产能力。计算时，以四个环节中最薄弱的环节为主确定能力。

年末供水管道长度　指从送水泵至用户水表之间所有管道的长度。不包括新安装尚未使用、水厂内以及用户建筑物内的管道。

全年供水总量　指报告期供水企业(单位)供出的全部水量。包括有效供水量和漏损水量。

生活用水量　包括公共服务用水和居民家庭用水。公共服务用水指为城市社会公共生活服务的用水。包括行政事业单位、部队营区和公共设施服务、社会服务业、批发零售贸易业、旅馆饮食业以及其他公共服务业等单位的用水。居民家庭用水指城市范围内所有居民家庭的日常生活用水。包括城市居民、农民家庭、公共供水站用水。

用水普及率　指城市用水人口数与城市人口总数的比率。计算公式：

$$\text{用水普及率}=\frac{\text{城市用水人口数}}{\text{城市人口总数}}\times 100\%$$

人工煤气生产能力　指报告期末人工煤气生产厂制气、净化、输送等环节的综合生产能力，不包括备用设备能力。一般按设计能力计算，如果实际生产能力大于设计能力时，应按实际测定的生产能力计算。测定时应以制气、净化、输送三个环节中最薄弱的环节为主。

供气管道长度　指报告期末从气源厂压缩机的出口或门站出口至各类用户引入管之间的全部已经通气投入使用的管道长度。不包括煤气生产厂、输配站、液化气储存站、灌瓶站、储配站、气化站、混气站、供应站等厂(站)内的管道。

全年供气总量　指全年燃气企业(单位)向用户供应的燃气数量。包括销售量和损失量。

燃气普及率　指报告期末使用燃气的城市人口数与城市人口总数的比率。计算公式为：

$$\text{燃气普及率}=\frac{\text{城市用气人口数}}{\text{城市人口总数}}\times 100\%$$

城市供热能力　指供热企业(单位)向城市热用户输送热能的设计能力。

城市供热总量　指在报告期供热企业(单位)向城市热用户输送全部蒸汽和热水的总热量。

城市供热管道长度　指从各类热源到热用户建筑物接入口之间的全部蒸汽和热水的管道长度。不包括各类热源厂内部的管道长度。

年末道路长度　指年末道路长度和与道路相通的桥梁、隧道的长度，按车行道中心线计算。在统计时只统计路面宽度在3.5米(含3.5米)以上的各种铺装道路，包括开放型工业区和住宅区道路在内。

城市桥梁　指为跨越天然或人工障碍物而修建的构筑物。包括跨河桥、立交桥、人行天桥以及人行地下通道等。按使用年限分为永久性桥和半永久性桥。

城市排水管道长度　指所有排水总管、干管、支管、检查井及连接井进出口等长度之和。

城市污水日处理能力　指污水处理厂(或污水处理装置)每昼夜处理污水量的设计能力。

年末运营车数　指年末城市用于公共交通运营业务的全部车辆数。新购、新制和调入的运营车辆，自投入之日起开始计算；调出、报废和调作他用的运营车辆，自上级主管机关批准之日起不再计入。

城市园林绿地面积　指报告期末用作园林和绿化的各种绿地面积。包括公园绿地、生产绿地、防护绿地、附属绿地和其他绿地的面积。

公园绿地　城市中向公众开放的以游憩为主要功能，有一定的游憩设施和服务设施，同时兼有健全生态、美化景观，防灾减灾等综合作用的绿化用地。包括综合公园、社区公园、专类公园、带状公园和街旁绿地。其中综合公园、专类公园和带状公园面积之和为公园面积。

清扫保洁面积　指报告期末对城市道路和公共场所（主要包括城市行车道、人行道、车行隧道、人行过街地下通道、道路附属绿地、地铁站、高架路、人行过街天桥、立交桥、广场、停车场及其他设施等）进行清扫保洁的面积。一天清扫多次的，按清扫保洁面积最大的一次计算。

市容环卫专用车辆　指用于环境卫生作业、监察的专用车辆和设备，包括用于道路清扫、冲洗、洒水、除雪、垃圾粪便清运、市容监察以及与其配套使用的车辆和设备。

每万人拥有公共交通车辆　指报告期末城区内每万人平均拥有的公共交通车辆标台数。计算公式：

$$\text{每万人拥有公共交通车辆}=\frac{\text{公共交通运营车标台数}}{\text{城市人口总数}}$$

工业废水排放量　指经过企业厂区所有排放口排到企业外部的工业废水量。包括生产废水、外排的直接冷却水、超标排放的矿井地下水和与工业废水混排的厂区生活污水，不包括外排的间接冷却水(清污不分流的间接冷却水应计算在内)。

工业废水排放达标量　指报告期内废水中各项污染物指标都达到国家或地方排放标准的外排工业废水量，包括未经处理外排达标的，经废水处理设施处理后达标排放的，以及经污水处理厂处理后达标排放的。

生活污水排放量 指城镇居民每年排放的生活污水。用人均系数法测算。测算公式为：

$$\text{生活污水排放量}=\text{城镇生活污水排放系数}\times\text{市镇非农业人口}\times 365$$

生活污水中化学需氧量(COD)排放量 指城镇居民每年排放的生活污水中的 COD 的量。用人均系数法测算。测算公式为：

$$\text{城镇生活污水中}COD\text{排放量}=\text{城镇生活污水中}COD\text{产生系数}\times\text{市镇非农业人口}\times 365$$

化学需氧量(COD) 指用化学氧化剂氧化水中有机污染物时所需的氧量。COD 值越高，表示水中有机污染物污染越重。

工业废气排放量 指报告期内企业厂区内燃料燃烧和生产工艺过程中产生的各种排入大气的含有污染物的气体的总量，以标准状态(273K，101325Pa)计算。测算公式为：

$$\text{工业废气排放量}=\text{燃料燃烧过程中废气排放量}+\text{生产工艺过程中废气排放量}$$

生活及其他 SO_2 排放量 以生活及其他煤炭消费量和其含硫量为基础，根据以下公式计算：

$$\text{生活及其他}SO_2\text{排放量}=\text{生活及其他煤炭消费量}\times\text{含硫量}\times 0.8\times 2$$

工业 SO_2 排放量 指报告期内企业在燃料燃烧和生产工艺过程中排入大气的 SO_2 总量，计算公式为：

$$\text{工业}SO_2\text{排放量}=\text{燃料燃烧过程中}SO_2\text{排放量}+\text{生产工艺过程中}SO_2\text{排放量}$$

工业烟尘排放量 指企业厂区内燃料燃烧过程中产生的烟气中夹带的颗粒物排放量。

生活及其他烟尘排放量 指除工业生产活动以外的所有社会、经济活动及公共设施的经营活动中燃烧所排放的烟尘纯重量。以生活及其他煤炭消费量为基础进行测算。

工业粉尘排放量 指企业在生产工艺过程中排放的能在空气中悬浮一定时间的固体颗粒物排放量。如钢铁企业的耐火材料粉尘、焦化企业的筛焦系统粉尘、烧结机的粉尘、石灰窑的粉尘、建材企业的水泥粉尘等。不包括电厂排入大气的烟尘。

工业固体废物产生量 指报告期内企业在生产过程中产生的固体状、半固体状和高浓度液体状废弃物的总量，包括危险废物、冶炼废渣、粉煤灰、炉渣、煤矸石、尾矿、放射性废物和其他废物等；不包括矿山开采的剥离废石和掘进废石(煤矸石和呈酸性或碱性的废石除外)。酸性或碱性废石指采掘的废石其流经水、雨淋水的 pH 值小于 4 或 pH 值大于 10.5 者。

危险废物 指列入国家危险废物名录或根据国家规定的危险废物鉴别标准和鉴别方法认定的，具有爆炸性、易燃性、易氧化性、毒性、腐蚀性、易传染疾病等危险特性之一的废物。

工业固体废物综合利用量 指报告期内企业通过回收、加工、循环、交换等方式，从固体废物中提取或者使其转化为可以利用的资源、能源和其他原材料的固体废物量(包括当年利用往年的工业固体废物贮存量)，如用作农业肥料、生产建筑材料、筑路等。综合利用量由原产生固体废物的单位统计。

工业固体废物综合利用率 指工业固体废物综合利用量占工业固体废物产生量(包括综合利用往年贮存量)的百分率。计算公式为：

$$\text{工业固体废物综合利用率}=\frac{\text{工业固体废物综合利用量}}{\text{工业固体废物产生量}+\text{综合利用往年贮存量}}\times 100\%$$

工业固体废物贮存量 指报告期内企业以综合利用或处置为目的，将固体废物暂时贮存或堆存在专设的贮存设施或专设的集中堆存场所内的数量。专设的固体废物贮存场所或贮存设施必须有防扩散、防流失、防渗漏、防止污染大气、水体的措施。

工业固体废物处置量 指报告期内企业将固体废物焚烧或者最终置于符合环境保护规定要求的场所，并不再回取的工业固体废物量(包括当年处置往年的工业固体废物贮存量)。处置方式有填埋(其中危险废物应安全填埋)、焚烧、专业贮存场(库)封场处理、深层灌注、回填矿井及海洋处置(经海洋管理部门同意投海处置)等。

工业固体废物排放量 指报告期内企业将所产生的固体废物排到固体废物污染防治设施、场所以外的数量，不包括矿山开采的剥离废石和掘进废石(煤矸石和呈酸性或碱性的废石除外)。

"三废"综合利用产品产值 指报告期内利用"三废"作为主要原料生产的产品价值(现行价)；已经销售或准备销售的应计算产品价值，留作生产自用的不应计算产品价值。

生活垃圾清运量 指报告期内收集和运送到各生活垃圾处理厂(场)和生活垃圾最终消纳点的生活垃圾数量。生活垃圾指城市日常生活或为城市日常生活提供服务的活动中产生的固体废物以及法律行政规定的视为城市生活垃圾的固体废物。包括：居民生活垃圾、商业垃圾、集市贸易市场垃圾、街道清扫垃圾、公共场所垃圾和机关、学校、厂矿等单位的生活垃圾。

生活垃圾无害化处理率 指报告期生活垃圾无害化处理量与生活垃圾产生量比率。在统计上，由于生活垃圾产生量不易取得，可用清运量代替。计算公式为：

$$\text{生活垃圾无害化处理率}=\frac{\text{生活垃圾无害化处理量}}{\text{生活垃圾产生量}}\times 100\%$$

Explanatory Notes on Main Statistical Indicators

Production Capacity of Water Supply refers to the designed overall production capacity of water facilities, covering the four segments of water collection, purification, conveyance, and outflow through trunk pipelines. Increased capacity through transformation and innovation projects is included as well. The capacity is determined mainly on the weakest of the above-mentioned four segments.

Length of Water Supply Pipelines at Year-end refers to the total length of all the pipelines between the water pumps and the user water meters, excluding pipelines newly installed but not used yet, pipeline in the water factory,and pipeline in the user's buildings.

Annual Volume of Water Supply refers to the total volume of water supplied by water-works (units) during the reference period, including both the effective water supply and loss during the water supply.

Consumption of Water for Residential Use refers to water consumption of households for daily life and water consumption of public service facilities. The latter refers to water consumption for urban public services, including the consumption of government agencies and public institutions, military barracks, public facilities, wholesale and retail outlets, restaurants, hotels, and other units providing public services. Household water consumption refers to consumption of water for daily life of all households within the boundary of cities, including households of urban residents and farmers, and public water supply stations.

Coverage Rate of Urban Population with Access to Tap Water refers to the ratio of the urban population with access to tap water to the total urban population. The formula is:

$$\text{Coverage of urban population with access to tap water} = \frac{\text{Urban population with access to tap water}}{\text{Urban population}} \times 100\%$$

Production Capacity of Gaswork Gas refers to the overall production capacity of the urban gasworks in gas generation, purification and delivery at the end of the reference period, excluding capacity of the reserved facilities. In general, it is determined by the designed capacity, and when actual production capacity is larger than the designed capacity, the capacity is determined by the actual measurement on the weakest segment in the production, purification and delivery.

Length of Gas Pipelines refers to the total length of pipelines in use between the outlet of the compressor of gas-work or outlet of gas stations and the leading pipe of users, excluding pipelines within gasworks, delivery stations, LPG storage stations, refilling stations, gas-mixing stations and supply stations.

Volume of Gas Supply refers to the total volume of gas provided to users by gas-producing enterprises (units) in a year, including the volume sold and the volume lost.

Coverage Rate of Urban Population with Access to Natural Gas refers to the ratio of the urban population with access to gas to the total urban population at the end of the reference period. The formula is:

$$\text{Coverage rate of urban population with access to gas} = \frac{\text{Urban population with access to gas}}{\text{Urban population}} \times 100\%$$

Heating Capacity in Urban Areas refers to the designed capacity of heating enterprises (units) in supplying heating energy to urban users during the reference period.

Quantity of Heat Supplied in Urban Areas refers to the total quantity of heat from steam and hot water supplied to urban users by heating enterprises (units) during the reference period.

Length of Urban Heating Pipelines refers to the total length of steam or hot water pipelines for sources of heat to the leading pipelines of the buildings of the users, excluding internal pipelines in heat generating enterprises.

Length of Paved Roads at Year-end refers to the length of roads with paved surface including bridges and tunnels connected with roads by the end of the year. Length of the roads is measured by the central lines for vehicles for paved roads with a width of 3.5 meters and over, including roads in open-ended factory compounds and residential quarters.

Urban Bridges refer to bridges built to cross over natural or man-made barriers, including bridges over rivers, overpasses for traffic and for pedestrians, underpasses for pedestrians, etc. Both permanent and semi-permanent bridges are included.

Length of Urban Sewage Pipes refers to the total length of general drainage, trunks, branch and inspection wells, connection wells, inlets and outlets, etc.

Daily Disposal Capacity of Urban Sewage refers to the designed 24-hour capacity of sewage disposal by the sewage treatment works or facilities.

Number of Vehicles under Operation at Year-end refers to the total number of vehicles under operation by public transport enterprises (units) at the end of the year, based on the records of operational vehicles by the enterprises (units).

Area of Parks and Green Land refers to the total area occupied for green projects at the end of the reference period, including park green land, production green land, protection green land, green land attached to institutions, and other green areas.

Park Green Area refers to green areas open to the public for amusement and rest with the facilities of amusement, rest and services. Its function includes perfecting ecology, beautifying landscape, and preventing and reducing disaster. Park green areas include comprehensive park, community park, topic park, belt-shaped park and green area nearby street. Total areas of comprehensive park, topic park and belt-shaped is the area of park.

Area Cleaned refers to the area which are regularly cleaned, as at the end of the reference period, at urban roads and public places (mainly including urban roadways, pedestrian walkways, vehicular tunnels, pedestrian underpasses, underground railway stations, lifted roads, pedestrians walk bridges, overpasses, plazas, carparks and other facilities). If there are several times of cleaning in a day at a location, the area of that time of cleaning with the largest area cleaned will be taken.

Vehicles Dedicated to Urban Cleanliness and Environmental Sanitation refer to vehicles and facilities dedicated for use in the operation, management and monitoring of environmental hygiene work. They include vehicles for road cleaning, washing, showering, ice removal, disposal of garbage and human wastes, cleanliness monitoring and related activities.

Public Transportation Vehicles per 10000 Population refers to the number of public transportation vehicles, at the end of the reference period, per 10000 population in the city district. The formula for calculation is:

$$\text{Public Transportation Vehicles per 10000 Population} = \frac{\text{Number of Public Transportation Vehicles}}{\text{City District Population}}$$

Waste Water Discharged by Industry refers to the volume of waste water discharged by industrial enterprises through all their outlets, including waste water from production process, directly cooled water, groundwater from mining wells which does not meet discharge standards and sewage from households mixed with waste water produced by industrial activities, but excluding indirectly cooled water discharged (It should be included if the discharge is not separated from waste water).

Industrial Waste Water Meeting Discharge Standards refers to volume of industrial waste water discharge which, with or without treatment, reaches national or local standards with regard to all pollutants.

Urban Non-industrial Waste Water Discharge refers to annual discharge of non-industrial waste water by urban households. It is estimated by per capita coefficient using the formula:

$$\text{Urban non-industrial waste water discharge} = \text{urban non-industrial waste water discharge coefficient} \times \text{urban non-agricultural population} \times 365$$

Volume of Chemical Oxygen Demand (COD) Generated by Urban Non-industrial Waster Water refers to chemical oxygen demand generated through the annual discharge of non-industrial waste water by urban households. It is estimated as:

$$\text{Volume of chemical oxygen demand (cod) generated by urban non-industrial waster water} = \text{Coefficient of COD generated through urban non-industrial waste water} \times \text{urban non-agricultural population} \times 365$$

Chemical Oxygen Demand (COD) refers to the amount of oxygen required when chemical oxidants are used to oxidize organic pollutants in water. A higher value of COD corresponds to more serious pollution by organic pollutants.

Industrial Waste Air Emission refers to the discharge into atmosphere of waste air containing pollutants generated from fuel burning and production processes in enterprises within a given period of time. It is calculated at standard status (273K, 101325Pa) as:

$$\text{Industrial waste air emission} = \text{emission through fuel burning} + \text{emission through production process}$$

SO_2 Emission through Non-industrial and Other Activities is calculated on the basis of consumption of coal by households and other activities and the sulphur content of coal with the following formula:

$$SO_2 \text{ emission through non-industrial and other activities} = \text{of coal by households and other activities} \times \text{sulphur content} \times 0.8 \times 2$$

SO_2 Emission through Industrial Activities refers to volume of sulphur dioxide emission from fuel burning and production process by enterprises during a given period of time. It is calculated as:

$$SO_2 \text{ emission through industrial activities} = SO_2 \text{ emission from fuel burning} + SO_2 \text{ emission from production process}$$

Industrial Soot Emission refers to the volume of soot in smoke emitted in the process of fuel burning in the premises of enterprises.

Soot Emission by Consumption and Others refers to the net volume of soot emitted by fuel burning from all social and economic activities and operations of public facilities other than industrial activities. It is calculated on the basis of coal consumption by households and others.

Industrial Dust Emission refers to volume of dust emitted by production process of enterprises and suspended in the air for a given period of time, including dust from refractory material of iron and steel works, dust from coke-screening systems and sintering machines of coke plants, dust from lime kilns and dust from cement production in building material enterprises, but excluding soot and dust emitted from power plants.

Industrial Solid Wastes Produced refers to total volume of solid, semi-solid and high concentration liquid residues produced by industrial enterprises from production process in a given period of time, including hazardous wastes, slag, coal ash, gangue, tailings, radioactive residues and other wastes, but excluding stones stripped or dug out in mining - gangue and acid or alkaline stones not included (a stone is acid or alkaline according to the pH value of the water being below 4 or above 10.5 when the stone is in, or soaked by water).

Hazardous Wastes refers to those included in the national hazardous wastes catalogue or specified as any one of the following properties in the national hazardous wastes identification standards: explosive, ignitable, oxidizable, toxic, corrosive or liable to cause infectious diseases or lead to other dangers.

Industrial Solid Wastes Utilized refers to volume of solid wastes from which useful materials can be extracted or which can be converted into usable resources, energy or other materials by means of reclamation, processing, recycling and exchange (including utilizing in the year the stocks of industrial solid wastes of the previous year). Examples of such utilizations include fertilizers, building materials and road materials. The information shall be collected by the producing units of the wastes.

Rate of Utilization of Industrial Solid Wastes refers to the percentage of industrial solid wastes utilized over industrial solid wastes produced (including stocks of the previous years). It is calculated as:

$$\text{Rate of utilization of industrial solid wastes} = \frac{\text{volume of industrial solid wastes utilized}}{\text{industrial solid wastes produced} + \text{stock of previous years}} \times 100\%$$

Stock of Industrial Solid Wastes refers to the volume of solid wastes placed in special facilities or special sites for purposes of utilization or disposal. The sites or facilities should take measures against dispersion, loss, seepage, and air and water contamination.

Industrial Solid Wastes Disposed refers to the quantity of industrial solid wastes which are burnt or placed ultimately in the sites meeting the requirements for environmental protection and not salvaged or recycled (including disposition in the year of those wastes of previous years). The disposition includes landfill (Safe landfills should be conducted for hazardous wastes), incineration, containment spaces, deep underground disposal, backfill in mining pits and disposal at sea.

Industrial Solid Wastes Discharged refers to the volume of industrial solid wastes discharged by producing enterprises to disposal facilities or to other sites. The wastes exclude stones stripped or dug from mining (gangue and acid or alkaline waste stones not included).

Output Value of Products Made from Waste Gas, Waste Water and Solid Wastes refers to the current value of products with waste gas, waste water and solid wastes as main materials of production. Products sold and ready to sell shall be included while those produced for own use shall not be included.

Consumption Wastes Transported refers to volume of consumption wastes collected and transported to disposal factories or sites. Consumption wastes are solid wastes produced from urban households or from service activities for urban households, and solid wastes regarded by laws and regulations as urban consumption wastes, including those from households, commercial activities, markets, cleaning of streets, public sites, offices, schools, factories, mining units and other sources.

Ratio of Consumption Wastes Treated refers to consumption wastes treated over that produced. In practical statistics, as it is difficult to estimate, the volume of consumption wastes produced is replaced with that transported. It is calculated as:

$$\text{Ratio of consumption wastes treated} = \frac{\text{consumption wastes treated}}{\text{consumption wastes produced}} \times 100\%$$

10 农　业

Agriculture

资料整理人员：雷芙蓉　屈雄英　刘　杰
刘　洋　周　迅　黄少华

10-1 农林牧渔业总产值和指数
Gross Output Value and Indices of Farming, Forestry, Animal Husbandry and Fishery

年份 Year	农林牧渔总产值(亿元) Gross Output Value of Farming, Forestry, Animal Husbandry (100 million yuan)					指数(1952=100) Indices of Gross Output Value of Farming, Animal Husbandry (1952=100)				
	总产值 Total	#农业 Farming	#林业 Forestry	#牧业 Animal Husbandry	#渔业 Fishery	总指数 Total	#农业 Farming	#林业 Forestry	#牧业 Animal Husbandry	#渔业 Fishery
1949	15.84	12.05	0.24	1.42	0.03	59.6	64.4	51.1	45.7	42.9
1950	19.18	14.09	0.30	1.70	0.04	72.2	75.3	63.8	54.7	57.1
1951	21.91	15.66	0.36	2.37	0.04	82.5	83.7	76.6	76.2	57.1
1952	26.57	18.72	0.47	3.11	0.07	100.0	100.0	100.0	100.0	100.0
1953	26.59	18.70	0.37	2.97	0.10	100.1	99.9	78.7	95.5	142.9
1954	24.39	16.59	0.37	2.76	0.10	91.8	88.6	78.7	88.7	142.9
1955	28.89	19.99	0.57	2.36	0.12	108.7	106.8	121.3	75.9	171.4
1956	28.15	18.78	0.84	2.83	0.11	105.9	100.3	178.7	91.0	157.1
1957	35.04	21.14	1.20	5.39	0.28	127.2	112.9	255.3	173.3	400.0
1958	33.25	23.38	2.58	4.30	0.60	132.4	122.8	411.7	108.6	774.2
1959	30.55	21.96	2.62	3.14	0.70	121.7	115.3	418.1	79.3	903.2
1960	25.89	18.98	2.34	1.85	0.48	103.1	99.7	373.4	46.7	619.4
1961	21.95	16.63	1.00	1.56	0.26	87.4	87.3	159.6	39.4	335.5
1962	26.18	20.10	0.96	2.39	0.28	104.3	105.6	153.2	60.4	361.3
1963	24.65	18.09	1.03	3.25	0.31	98.2	95.0	164.4	82.1	400.0
1964	28.07	20.22	1.23	4.24	0.35	111.8	106.2	196.3	107.1	451.6
1965	29.31	21.07	1.31	4.42	0.40	116.7	110.7	209.0	111.7	516.1
1966	32.74	24.29	1.39	4.55	0.45	130.4	127.6	221.8	115.0	580.6
1967	34.40	25.41	1.55	4.89	0.46	137.0	133.5	247.8	123.5	593.5
1968	36.99	27.05	1.80	5.52	0.45	147.3	142.1	287.2	139.5	580.6
1969	36.21	26.48	1.85	5.36	0.34	144.2	139.1	295.2	135.4	438.7
1970	38.03	27.94	1.63	5.85	0.39	151.4	146.8	260.1	147.8	503.2
1971	58.77	43.42	2.72	9.18	0.53	151.3	150.5	295.2	151.1	541.9
1972	62.67	44.88	2.82	11.54	0.45	161.4	155.5	306.1	189.9	460.1
1973	67.86	50.48	2.77	10.93	0.57	174.7	175.0	300.6	179.9	582.8
1974	69.29	51.64	3.21	11.22	0.62	178.4	179.0	348.4	184.7	634.0
1975	72.45	54.41	2.86	11.64	0.64	186.5	188.6	310.4	191.6	654.4
1976	72.72	55.12	2.45	11.77	0.65	187.2	191.0	265.9	193.7	664.6
1977	73.81	55.40	2.98	11.95	0.68	190.0	192.0	323.4	196.7	695.3

注：本表绝对数按当年价格计算，指数按可比价格计算。

Absolute figures in this table are calculated at current prices while indices are calculated at comparable prices.

10-1 续表 continued

年份 Year	农林牧渔总产值(亿元) Gross Output Value of Farming, Forestry, Animal Husbandry (100 million yuan)					指数(1952=100) Indices of Gross Output Value of Farming, Animal Husbandry (1952=100)				
	总产值 Total	#农业 Farming	#林业 Forestry	#牧业 Animal Husbandry	#渔业 Fishery	总指数 Total	#农业 Farming	#林业 Forestry	#牧业 Animal Husbandry	#渔业 Fishery
1978	81.37	62.72	3.12	12.55	0.70	209.5	217.4	338.6	206.5	715.8
1979	86.51	65.47	3.13	14.27	0.77	222.7	226.9	339.7	234.8	787.3
1980	116.34	81.13	7.31	21.87	1.94	218.4	218.2	391.8	236.3	961.2
1981	123.38	86.05	6.70	23.32	2.18	231.6	231.4	359.1	252.0	1080.1
1982	135.90	95.95	6.45	26.26	2.46	255.1	258.1	345.7	283.8	1218.8
1983	142.70	100.60	6.43	27.87	2.88	267.9	270.6	344.6	301.2	1426.9
1984	150.80	102.32	7.02	32.16	3.37	283.1	275.2	376.3	347.5	1669.7
1985	158.22	101.84	7.25	34.87	3.89	297.0	273.9	388.6	376.8	1927.3
1986	166.83	106.01	6.35	38.42	4.64	313.2	285.1	340.4	415.2	2298.9
1987	172.32	108.48	6.90	38.62	5.42	323.5	291.8	369.8	417.3	2685.3
1988	173.19	103.09	6.74	42.02	5.69	325.2	277.3	361.3	454.1	2819.1
1989	182.09	109.68	7.75	44.18	6.28	341.8	295.0	415.5	477.3	3112.3
1990	430.21	241.32	22.00	120.40	22.13	348.3	296.0	404.7	493.5	3205.7
1991	451.69	249.79	28.22	126.62	22.20	361.8	306.4	434.2	519.2	3215.3
1992	468.73	250.39	31.55	135.67	24.90	375.5	307.0	485.4	556.1	3614.0
1993	493.63	258.70	31.26	147.51	28.59	395.4	317.1	481.0	604.5	4141.6
1994	532.16	266.43	32.92	169.22	32.70	426.2	326.6	506.5	693.4	4738.0
1995	578.73	277.43	33.66	195.25	39.71	463.7	340.3	518.1	800.2	5751.9
1996	627.16	283.37	34.74	224.61	47.91	502.7	347.4	534.7	920.2	6936.8
1997	679.20	306.80	35.26	245.35	52.89	544.4	376.2	542.7	1004.9	7658.2
1998	686.21	297.81	36.12	255.34	56.67	552.6	365.3	555.7	1046.1	8201.9
1999	1200.94	624.70	48.20	458.62	69.42	571.4	383.6	586.3	1048.2	8841.6
2000	1251.89	633.84	51.01	486.13	80.91	596.0	395.8	611.5	1089.1	9858.4
2001	1313.23	665.70	51.88	510.42	85.23	619.6	409.7	630.7	1136.3	10400.7
2002	1349.92	666.65	54.78	538.64	89.85	636.3	410.6	659.5	1194.3	11014.3
2003	1452.96	671.66	81.73	575.08	96.97	659.9	421.6	685.9	1243.3	11818.3
2004	1913.31	874.00	91.31	796.95	119.92	709.4	461.7	734.0	1310.4	12657.4
2005	2056.24	947.70	100.90	834.50	138.40	750.5	482.5	805.9	1393.0	13872.5
2006	2131.91	1023.51	112.45	808.50	150.50	787.3	509.0	855.1	1440.3	14996.2
2007	2632.10	1243.15	144.12	1013.82	154.70	818.8	530.9	924.4	1477.8	15866.0
2008	3324.51	1446.87	155.44	1463.40	169.56	862.2	542.0	964.1	1610.8	16659.3
2009	3207.88	1596.65	174.18	1100.38	188.53	907.0	574.0	1007.5	1680.0	17542.3
2010	3787.47	2059.55	207.43	1118.20	232.70	946.0	598.7	1077.0	1737.1	18501.3
2011	4508.20	2391.67	239.11	1425.60	255.04	986.3	640.0	1151.3	1730.1	18566.1
2012	4904.10	2651.69	259.97	1488.58	279.94	1015.9	647.9	1208.9	1811.4	19587.2
2013	5043.58	2726.75	287.67	1467.37	309.89	1043.3	666.0	1281.4	1824.1	20821.2
2014	5304.82	2884.73	304.81	1503.21	338.85	1091.9	693.8	1356.0	1909.6	21976.7
2015	5630.75	3043.52	317.38	1601.75	366.93	1131.9	724.4	1466.6	1901.4	23527.8

注：本表绝对数按当年价格计算，指数按可比价格计算。

Absolute figures in this table are calculated at current prices while indices are calculated at comparable prices.

10-2 农业基本情况
Basic Indicators of Agriculture

年 份 Year	农林牧渔业劳动力(万人) Number of Laborers (10 000 persons)	年末实有耕地面积(万公顷) Cultivated Areas (yearend) (10 000 hectares)	当年减少耕地面积(万公顷) Decrease in Cultivated Area by Cause (10 000 hectares)	农作物播种面积(万公顷) Total Sown Areas (10 000 hectares)	#粮食作物 Grain Corps	造林面积(万公顷) Afforestation Areas (10 000 hectares)
1978				844.58	582.94	
1979				833.44	570.42	
1980				790.95	545.13	
1981				800.94	542.01	
1982				796.95	540.34	
1983				774.62	542.32	
1984				763.92	539.09	
1985	1908.43	334.17		747.71	516.14	34.40
1986				753.65	521.04	37.73
1987				747.47	515.10	32.91
1988				749.62	519.63	32.17
1989				774.88	533.05	33.99
1990	2133.07	331.23	1.16	795.18	536.56	37.59
1991				804.02	536.52	37.17
1992				796.08	524.36	37.75
1993				765.39	505.05	27.83
1994				773.05	507.74	13.44
1995	2114.71	324.97	1.83	784.04	511.56	10.95
1996				792.74	513.39	5.29
1997	2074.12	323.01	1.66	800.90	515.53	4.29
1998	2074.51	321.87	1.64	793.63	507.48	2.86
1999	2074.13	321.32	1.30	802.77	513.52	2.74
2000	2065.92	392.16	1.18	800.21	502.99	5.15
2001	2058.67	391.26	1.73	793.17	480.28	7.56
2002	2019.60	389.10	2.80	777.92	465.26	10.09
2003	1997.67	383.37	6.46	773.12	452.98	40.96
2004	1975.89	381.65	2.60	818.87	508.22	33.38
2005	1951.90	381.60	0.70	833.64	521.52	13.65
2006		378.76	3.88	853.19	529.58	13.45
2007	1890.17	378.90	0.61	853.64	529.59	7.62
2008	1877.91	378.94	0.61	793.95	494.94	8.04
2009	1867.33	413.50	0.75	801.93	479.91	12.50
2010	1861.85	413.75	0.97	821.61	480.91	21.34
2011	1793.64	413.77	0.91	840.20	487.96	40.24
2012	1857.39	414.62	0.72	851.20	490.80	40.42
2013	1832.65	414.97	0.99	865.00	493.70	34.98
2014	1808.33	415.32		876.45	497.51	39.19
2015	1762.31	415.35	0.37	871.70	494.47	37.60

注：从2000年起，耕地面积为省国土资源厅统计数据(下表同)。

The data of cultivated Areas from Hunan Province Territory Resource Bureau since 2000.The same as in the following table.

10-3 农村基层组织
Grassroots Units of Rural Areas

指 标	Item	2000	2005	2014	2015
农村基层组织	**Grassroots Units of Rural Areas**				
#乡(镇)个数 (个)	Number of Township (Town Governments) (unit)	2353	2220	2055	1536
#乡个数	Number of Township	1314	1127	902	334
#民族乡	Number of National Township	104	107	97	83
镇个数	Number of Town Governments	1039	1093	1153	1119
村(居)民委员会个数 (万个)	Number of Villagers(Residential) Committees (10 000 units)	5.01	4.74	4.50	4.42
#村民委员会 (万个)	Number of Villagers Committees (10 000 units)	4.75	4.45	4.12	4.04
农村社会基础设施	**Country Society Basic Establishment**				
#自来水受益村数 (万个)	Villages Tap Water Benefited (10 000 units)	1.17	1.51	2.43	2.55
通汽车村数 (万个)	Villages Car Available (10 000 units)	4.41	4.21	4.10	4.04
通电话村数 (万个)	Villages Telephone Available (10 000 units)	4.05	4.28	4.10	4.05

10-4 农林牧渔业增加值(2015年)
Added - Value of Farming, Forestry, Animal Husbandry and Fishery (2015)

单位：万元 (10 000 yuan)

指 标	Item	总产值 Gross Output Value	中间消耗 Material Consump-tion	中间物质消耗 Middle Material Consump-tion	中间非物质部门劳务支出 Middle Non-material Department Service Payout
总 计	**Total**	**56307477**	**21687577**	**18740798**	**2946779**
农业	Farming	30435194	9131018	8082363	1048655
林业	Forestry	3173766	827769	688293	139476
牧业	Animal Husbandry	16017477	8739631	8321100	418531
渔业	Fishery	3669271	1281079	1151137	129943
服务业	Services	3011768	1708080	497905	1210175

10-5 耕 地 面 积
Cultivated Areas

单位：千公顷 (1 000 hectares)

指 标	Item	2000	2005	2014	2015
年初实有耕地总资源	Actual Cultivated Land Total Resources at The Year Beginning	3926.52	3816.47	4149.71	4149.04
年内增加耕地总资源	Increased Cultivated Land Total resources This Year	6.85	6.50	9.02	8.12
年内减少耕地总资源	Decrease in Cultivated Land Total resources This Year	11.77	6.99	5.51	3.71
年末实有耕地总资源	Actual Cultivated Land Total Resources at The Year End	3921.60	3815.98	4153.22	4153.45

10-6 农业生产条件
Condition of Agricultural Production

年份 Year	农业机械总动力(万千瓦) Total Power of Agricultural Machinery (10 000 kw)	有效灌溉面积(千公顷) Effective Irrigated Area (1000 hectares)	化肥施用量(万吨) Consumption of Chemical Fertilizers (10 000 tons)	农村用电量(亿千瓦小时) Electricity Consumed in Rural Areas (100 million kwh)	每公顷面积产量(公斤) Yield per hectare (kg) 粮食 Grain Crops	 棉花 Cotton	 油料 Oil-bearing Crops
1949	0.11	1199.21					
1950	0.10	1289.93					
1951	0.20	1360.65					
1952	0.33	1538.27	0.20				
1953	0.38	1586.24	0.10				
1954	0.43	1630.03	0.97				
1955	0.76	1666.75	2.40				
1956	1.95	1716.85	4.95				
1957	2.45	1777.03	5.18				
1958	7.44	1849.99	11.25				
1959	14.58	1716.96	12.84				
1960	22.43	1935.57	15.85				
1961	24.60	1957.07	9.36				
1962	26.57	1984.41	12.35				
1963	29.06	2019.75	23.91	0.50			
1964	33.91	2084.79	32.75	0.46			
1965	42.89	2163.53	53.15	0.91			
1966	54.47	2202.64	90.17	1.41			
1967	55.66	2262.00	86.20	1.58			
1968	63.93	2286.15	75.19	1.78			
1969	72.95	2307.52	101.41	2.00			
1970	89.50	2343.68	121.71	4.81			
1971	106.68	2377.67	130.29	3.27			
1972	132.77	2430.93	167.99	4.68			
1973	153.42	2483.15	198.07	4.14			
1974	186.16	2503.94	177.56	6.46			
1975	233.18	2583.35	193.84	6.82			
1976	283.42	2617.13	194.25	6.96			
1977	349.56	2657.09	202.95	7.36			

注:化肥施用量1989年及以前均为实物量,1990年及以后为折纯量。

Data of consumption of fertilizers refer to the consumption in quantity prior to 1989, and the consumption in purity in and after 1990.

10-6 续表 continued

年 份 Year	农业机械总动力 (万千瓦) Total Power of Agricultural Machinery (10 000 kw)	有效灌溉面积 (千公顷) Effective Irrigated Area (1000 hectares)	化肥施用量 (万吨) Consumption of Chemical Fertilizers (10 000 tons)	农村用电量 (亿千瓦小时) Electricity Consumed in Rural Areas (100 million kwh)	每公顷面积产量 (公斤) Yield per hectare (kg)		
					粮食 Grain Crops	棉花 Cotton	油料 Oil-bearing Crops
1978	428.64	2691.34	271.90	8.78			
1979	507.67	2730.43	325.23	9.26			
1980	588.99	2743.73	361.04	9.67			
1981	659.74	2753.03	371.20	11.20			
1982	704.94	2759.67	396.38	12.64			
1983	785.57	2773.45	421.54	13.81			
1984	805.43	2775.57	354.21	14.45			
1985	892.02	2771.18	369.64	15.06	4875	990	1005
1986	1059.37	2771.75	432.12	18.05			
1987	1053.56	2665.33	457.77	17.98			
1988	1112.91	2670.29	490.07	20.35			
1989	1168.74	2674.20	517.88	21.86			
1990	1209.17	2676.22	126.09	23.37	5025	1020	990
1991	1270.52	2612.70	138.66	25.77			
1992	1284.37	2664.98	146.18	27.71			
1993	1374.35	2676.11	148.15	30.44			
1994	1459.07	2675.09	159.41	33.04			
1995	1532.54	2680.03	167.91	37.64	5380	1206	1258
1996	1616.29	2667.07	167.08	38.91			
1997	1692.84	2672.38	175.30	41.68	5581	1448	1352
1998	1825.57	2675.14	179.93	42.01	5553	969	1323
1999	2006.97	2665.40	180.87	42.97	5632	1121	1391
2000	2209.74	2677.46	182.15	44.53	5716	1173	1490
2001	2358.02	2676.35	184.25	46.73	5622	1271	1505
2002	2498.09	2675.61	184.32	49.83	5376	1291	1334
2003	2664.45	2675.34	188.33	53.84	5393	1173	1449
2004	2923.93	2683.28	203.19	57.53	5530	1437	1591
2005	3189.86	2690.41	209.90	65.24	5477	1395	1569
2006	3416.61	2696.93	212.14	75.99	5478	1528	1628
2007	3684.43	2702.88	219.58	76.38	5494	1565	1671
2008	4021.14	2709.20	223.38	81.46	5999	1419	1479
2009	4352.64	2720.68	231.60	93.55	6048	1389	1587
2010	4651.55	2726.66	236.57	98.63	5921	1297	1612
2011	4935.59	2762.41	242.49	106.03	6024	1180	1662
2012	5189.24	3070.84	249.11	110.23	6126	1456	1572
2013	5435.93	2768.12	248.19	118.58	5927	1241	1623
2014	5680.34	3101.70	247.80	123.83	6033	992	1641
2015	5894.05	3113.32	246.54	123.91	6073	1272	1681

注:化肥施用量1989年及以前均为实物量,1990年及以后为折纯量。

Data of consumption of fertilizers refer to the consumption in quantity prior to 1989, and the consumption in purity in and after 1990.

10-7 农林牧渔业分项产值

Gross Output Value of Farming, Forestry, Animal Husbandry and Fishery by Branch

单位：万元 (10 000 yuan)

项目	Item	2014	2015
农林牧渔业合计	**Tatol**	**53048170**	**56307477**
农业产值	**Output Value of Farming**	**28847317**	**30435194**
谷物及其他作物	Cereal and Other Crops	10764350	10418110
谷物	Cereal	7710995	7738579
#小麦	#Wheat	18284	18767
稻谷	Rice	7163468	7177881
玉米	Corn	465842	470237
薯类	Tubers	242158	260051
油料	Oil-bearing Crops	1661471	1478853
#花生	#Peanuts	223612	193067
油菜籽	Rapeseeds	1417516	1269090
豆类	Beans	227934	227493
#大豆	#Soja	122475	134912
棉花	Cotton	276705	81925
生麻	Fiber Crops	11059	10061
糖料	Sugar Crops	77720	78351
烟草	Tobacco	489178	475796
其他农作物	Other Crops	67129	67003
蔬菜、食用菌及花卉盆景园艺产品	Vegetables and Gradening Plantations	12831314	14870955
蔬菜(含菜用瓜)	Vegetables	12430858	14423816
食用菌	Mushroom	194950	209787
花卉	Flowers	18178	22211
盆景园艺	Plants	187329	215140
水果、坚果、饮料和香料作物	Fruits,Nuts and Crops of Beverage&Perfumery	3554932	3878219
水果、坚果(含果用瓜)	Fruits and Nuts	2167617	2862276
茶及其他饮料	Tea and Other Beverage	1379124	1008902
#茶	#Tea	1379124	1008902
中药材	Medicinal Materials	1696720	1267911
林业产值	**Output Value of Forestry**	**3048069**	**3173766**
林木的培育和种植	Forest Planting and Cultivating	1036402	1082401
育种育苗	Grow Seedlings and Seed Cultivation	59679	62174
造林	Cultivate Forest	71689	74363
抚育和管理	Cultivation and Management	874404	902415
竹木采运	Bamboo Cutting and Transportation	544484	557491
林产品	Forest Products	1467183	1533874
牧业产值	**Output Value of Animal Husbandry**	**15032073**	**16017477**
牲畜饲养	Livestock Rasing	1152126	1167341
牛的饲养	Cattle Raising	648828	701292
羊的饲养	Sleeps and Goats Raising	463942	420917
其他牲畜饲养	Other Livestock Raising	1758	1800
奶产品	Milk Products	37572	43305
毛绒产品	Wool Products	27	28
猪的饲养	Hogs Rasing	9964921	10332445
家禽饲养	Poultry Rasing	3426791	3711996
肉禽	Poultry for Meat	1443337	1596074
禽蛋	Poultry Egges	1983454	2115922
狩猎和捕捉动物	Hunting and Catching of Wild Animals	42321	70994
其他畜牧业	Other Animal Husbandry	445915	734700
渔业产值	**Output Value of Fishing**	**3388512**	**3669271**
#养殖	#Cultivation	3034442	3203021
鱼类	Fish	3025507	3279700
虾蟹类	Shrimps,Prawns and Crabs	210353	237006
贝类	Shell-fish	40039	41393
其他	Others	112614	111172
农林牧渔服务业产值	**Output Value of Services**	**2732199**	**3011768**

10-8 农业机械年末拥有量
Year – End Possession of Agriculture Machinery

指 标		Item		2000	2005	2014	2015
农业机械总动力合计	**(千瓦)**	**Total Power of Agricultural Machinery**	**(kw)**	**22097435**	**31898640**	**56803400**	**59042895**
柴油发动机	(千瓦)	Diesel Engines	(kw)	15719714	24066482	43080419	44927907
汽油发动机	(千瓦)	Gasoline Engines	(kw)	2310250	2469999	3304098	3418898
电动机	(千瓦)	Electric motor	(kw)	3959172	5231169	10047433	10371225
其他机械	(千瓦)	Other Machinery	(kw)	108299	130990	354497	360297
机械分类		**Machinery by Tybe**					
大中型拖拉机	(混合台)	Large and Medium Tractors	(mixed unit)	15149	54751	118141	129754
	(千瓦)		(kw)	381244	1555796	3616214	4057112
#轮式拖拉机	(混合台)	Wheeled Tractors	(mixed unit)	5012	16244	90792	89911
	(千瓦)		(kw)	122689	496317	2545167	2619437
小型及手扶拖拉机	(混合台)	Mini and Walking Tractors	(mixed unit)	209271	168738	236189	217196
	(千瓦)		(kw)	1916099	1694959	2507029	2315230
耕整机	(台)	Tillage Machinery	(unit)	536557	738968	1748280	1809826
	(千瓦)		(kw)		2632278	6909006	7161429
机耕船	(艘)	Wet-field Tractors	(unit)	40778	99197	124961	121504
	(千瓦)		(kw)		373023	619660	612440
大中型拖拉机配套农具	(部)	Farm Tools for Large and Medium Tractors	(unit)	6428	6722	47186	56904
小型拖拉机配套农具	(部)	Necessary Farm Tools for Mini Tractors	(unit)	63865	38892	112025	115704
农用排灌动力机械	(台)	Motor Machinery for Drainage&Irrigation	(unit)	1158134	1526405	2455199	2490282
	(千瓦)		(kw)	5664559	6985340	10531845	10715617
#柴油机	(台)	Diesel Engines	(unit)	742261	968017	1316258	1330559
	(千瓦)		(kw)	3508951	4438499	6441529	6534050
电动机	(台)	Electric Motors	(unit)	404862	540617	1098647	1119212
	(千瓦)		(kw)	2116140	2475671	3879268	3938712
#农用水泵	(台)	Pumps	(unit)	1208900	1588618	2272661	2321096
联合收获机	(台)	Machinery for Combine Harvesters	(unit)	3049	21412	101616	108795
	(千瓦)		(kw)	43837	599077	3588784	3807486
增氧机	(台)	Machinery for Pond Oxygen Increase	(unit)		21471	85791	91647
池塘清淤机	(台)	Cleaners for Ponds and Canals	(unit)		1967	2304	1863
农产品初加工动力机械	(千瓦)	Motorized Machinery for Products Processing	(kw)	3525247	4687003	8715223	754286
#柴油机动力	(千瓦)	Diesel Engines Power	(kw)	2006630	2564560	3646346	3654094
农用运输车	(辆)	Transport Trucks for Agriculture Use	(unit)	83944	135778	227814	225474
	(千瓦)		(kw)	1602332	3125061	7194211	7218006
推土机	(台)	Bulldozers	(unit)	3688	5517	5572	5641
	(千瓦)		(kw)	216591	365800	419864	414530

10-9 农作物生产情况(2015年)
Basic Indicators of Farm Corp Production (2015)

指 标	Item	播种面积 (千公顷) Sown Area (1 000 hectares)	单 产 (公斤/公顷) Per Unit Area Yield (kg/hectare)	总产量 (吨) Total Output (ton)
农作物总播种面积	**Total Sown Area**	**9474**		
粮食作物	**Grain Crops**	**4945**	**6073**	**30029300**
#谷物	Cereal	4515	6311	28498300
#稻谷	Rice	4114	6429	26448100
#早稻	Early Season Rice	1445	5944	8589000
中稻与一季晚稻	Middle Season Rice and Late Rice of One-season	1179	6981	8227000
晚稻	Late Season Rice	1491	6461	9632100
小麦	Wheat	29	3185	93600
玉米	Corn	348	5421	1888300
高粱	Sorghum	9	215	29812
其他谷物	Other Cereal	17	2619	44000
#大麦	Barley	1	2500	3000
豆类	Soybeans	161	2133	343200
#大豆	Beans	91	2270	206200
杂豆	Mixed Beans	7	138	15405
#绿豆	Mung Beans	20	2094	42200
薯类(按折粮薯类计算)	Tubers(Converted into Grain)	268	4425	1187800
#红薯	Sweet Potatoes	164	4779	782800
马铃薯	Potatoes	105	3872	40500
油料	**Oil-bearing Crops**	**1445**	**1681**	**2428932**
#花生果	Peanuts	118	2579	304910
油菜籽	Rapeseeds	1315	1604	2108109
芝麻	Sesame	11	1344	14699
向日葵	Sunflower	1	699	503
其他油料	Other Oil-bearing Crops	1	1226	711
棉花	**Cotton**	**114**	**1272**	**144626**
麻类	**Fiber Crops**	**7**	**2315**	**15467**
#黄、红麻	Jute and Ambary Hemp	0	3095	650
苎 麻	Ramie	6	2285	14715
甘蔗	**Sugarcane**	**13**	**49741**	**659560**
烟叶	**Tobacco**	**104**	**2179**	**226856**
#烤烟	Flue-cured Tobacco	101	2181	219275
晒(土)烟	Sun-cured Tobacco	4	2112	7581
药材	**Medicinal Herbs**	**84**	**7090**	**598366**
蔬菜瓜类	**Vegetables and Melons**	**1525**	**29064**	**44323146**
#蔬菜(包括菜用瓜)	Vegetables(include Snake Melons)	1373	29100	39968522
果用瓜	Fruit Melons	152	28648	4354624
其他作物:	**Other Crops**	**565**		
#青饲料	Succulence	212		
绿肥	Green Manure	305		

10-10 林产品产量(2015年) Output of Major Forestry Products (2015)

名称	Item	数量 Number	名称	Item	数量 Number
生漆 (吨)	Lacquer (ton)	826	八角 (吨)	Anise (ton)	75
油桐籽 (吨)	Tung-oil Seeds (ton)	32985	白果 (吨)	Ginkgo (ton)	2716
油茶籽 (吨)	Tea-oil Seeds (ton)	824341	杏仁 (吨)	Almond (ton)	167
乌桕籽 (吨)	Tallow Tree Seeds (ton)	1133	桂皮 (吨)	Cinnamon (ton)	145
五倍子 (吨)	Gall (ton)	1555	黄柏 (吨)	Golden Cypress (ton)	4698
棕片 (吨)	Palm Leaf (ton)	6713	杜仲 (吨)	Gutta-percha (ton)	91438
松脂 (吨)	Pine Resin (ton)	39364	小杂竹 (吨)	Small Mixed Bamboo (ton)	95033
竹笋干 (吨)	Bamboo Shoots (ton)	38251	楠竹尾 (吨)	Tails of Phyllostachys Pubescens (ton)	
核桃 (吨)	Walnuts (ton)	13053	竹木采伐量	Bamboo in Village and Lower Level	
板栗 (吨)	Chestnuts (ton)	101655	#木材采伐量(万方)	Woods Cuts (10 000 cu.m)	351.67
紫胶 (吨)	Shellacs (ton)		竹材 (万根)	Bamboo (10 000 roots)	6398.59
山茱萸 (吨)	Fructus Litseae (ton)	112	#毛竹 (万根)	Phyllostachys Pubescens (10 000 roots)	5564.83
食用菌 (吨)		32722			
花椒 (吨)	Prickly Ashes (ton)	1021			

10-11 茶叶、水果生产情况(2015年) Output of Tea and Fruit (2015)

单位：吨 (ton)

名称	Item	数量 Number	名称	Item	数量 Number
茶叶产量	**Output of Tea**	**175704**	**水果产量**	**Output of Fruits**	**9810441**
绿茶	Green Tea	73258	柑桔	Citrus	4571275
青茶	Green tea	3234	桃子	Peaches	161238
红茶	Red tea	19668	梨	Pears	177456
黑茶	Black tea	71349	葡萄	Grapes	175981
黄茶	Yellow tea	37	红枣	Red Chinese Dates	30484
白茶	White tea	5	柿子	Fresh Persimmons	20504
其他茶	Other Tea	8153	其他水果	Other Fruits	4673500

注：从2013年起，水果产量统计包括瓜果和园林水果。 From 2013, the output of fruit included melon fruits and garden fruits.

10-12 林业情况
Basic Indicators of Forestry

单位：万公顷 (10 000 hectares)

指 标	Item	2000	2005	2014	2015
当年造林面积总计	**Total Afforestation Areas of the Current Year**	**5.15**	**13.65**	**39.19**	**21.57**
#竹林	Bamboo Forest	0.22	0.30	0.22	0.09
按主要林种用途分	**By the Use of Main Forestry**				
用材林	Timber Forest	2.22	3.02	20.36	
经济林	Economic Forest	1.21	1.02	4.74	
防护林	Shelter-forest	1.71	9.51	13.45	
薪炭林	Charcoal Forest			0.14	
特种用途林	Special Use Forest	0.01	0.10	0.51	
封山育林面积	Close Hillsides to Facilitate Afforestation Areas	12.18	94.99	96.82	133.05
零星(四旁)植树 (万株)	Oddly (all around) Tree Planting (10 000 roots)	27187	13009	14255	20667
林木种子采集量 (吨)	Forestry Seed Collection (ton)	678	755	2302	647
育苗面积	Grow Seedlings Areas	0.29	1.61	2.13	2.13
#本年新育面积	New Grow Seedlings Areas of the Current Year	0.18	0.49	0.21	
未成林抚育作业面积	Operative Areas of Young Growth Fostering	27.43	86.85	45.83	
中幼林抚育面积	Areas of Middle and Young Growth Fostering	30.18	22.03	40.58	
低产林改造面积	Low Yield Timber Remaking Areas	21.95	5.20	12.66	13.19

10-13 畜牧业年末存栏情况(2015年)
Year - end Animals in Stock (2015)

项 目	Item	合计 Total	能繁母畜 Breeding Dams	当年生仔畜 Young Animals Be Born in the Current Year
大牲畜总头数 (头)	Number of Large Animals (head)	5724630	2502583	1348674
#从事劳役的 (头)	Draught Animals (head)	2929045	1349122	713100
牛 (头)	Cattle and Buffaloes (head)	5661260	2485057	1341711
役用牛	Draught Animals	2884760	1331596	706137
肉牛	Beef Cattle	2745973	1133607	629487
乳牛	Dairy Cattle	30527	19854	6087
马 (匹)	Horses (head)	53608	15849	5973
驴 (匹)	Donkeys (head)	7739	1677	617
骡 (匹)	Mules (head)	2023		373
生猪 (万头)	Hogs (10 000 heads)	4675.17	479.84	
羊 (万只)	Goats and Sheep (10 000 heads)	678.58	331	
山羊	Goats			
绵羊	Sheep			

10-14 主要牲畜存栏和水产品产量
Number of Live Stocks and Output of Aquatic Products

年 份 Year	年底大牲畜头数(万头) Large Animals (year-end) (10 000 heads)	#牛 Cattle and Buffaloes	年底猪头数 (万头) Hogs(year-end) (10 000 heads)	年底羊只数 (万只) Sheep and Goats (year-end) (10 000 heads)	猪牛羊肉 (万吨) Pork,Beef, and Mutton (10 000 tons)	水产品 (万吨) Aquatic Products (10 000 tons)
1949	233.30					4.34
1950	249.77					4.34
1951	254.12					4.69
1952	269.71					4.82
1953	282.87					4.85
1954	281.82					6.47
1955	274.69					6.27
1956	292.74					6.31
1957	306.38					11.94
1958	311.80					13.00
1959	308.62					15.00
1960	291.51					10.40
1961	262.33					5.87
1962	258.08					6.01
1963	265.93					6.53
1964	278.37					7.49
1965	289.85					8.61
1966	301.51					9.33
1967	305.10					8.36
1968	310.72					7.84
1969	311.75					7.77
1970	317.39					8.46
1971	325.10					9.48
1972	332.46					7.69
1973	331.61					9.34
1974	333.92					10.15
1975	337.68					11.05
1976	327.85					11.57
1977	317.73					11.80
1978	322.16					11.87

10-14 续表 continued

年 份 Year	年底大牲畜头数(万头) Large Animals (year-end) (10 000 heads)	#牛 Cattle and Buffaloes	年底猪头数(万头) Hogs(year-end) (10 000 heads)	年底羊只数(万只) Sheep and Goats (year-end) (10 000 heads)	猪牛羊肉(万吨) Pork,Beef, and Mutton (10 000 tons)	水产品(万吨) Aquatic Products (10 000 tons)
1979	329.68					13.90
1980	325.28					15.91
1981	327.01					17.85
1982	328.92					20.45
1983	324.67					23.49
1984	335.95					27.49
1985	350.46					31.99
1986	366.22					38.17
1987	380.21					44.38
1988	385.37					46.23
1989	393.78					51.53
1990	400.65	399.25	2798.27	66.46	189.47	53.01
1991	406.28					53.16
1992	413.14					59.57
1993	416.50					68.06
1994	422.43					74.14
1995	432.65	430.46	3391.10	214.76	317.36	86.27
1996	471.78					98.25
1997	496.54	493.73	3632.01	461.31	404.02	110.76
1998	504.02	500.93	3692.24	449.75	429.03	116.78
1999	511.39	508.17	3567.53	466.93	420.56	124.45
2000	522.85	519.29	3694.56	501.27	436.51	133.21
2001	526.10	522.43	3770.44	518.33	452.12	140.96
2002	521.83	517.90	3845.68	603.46	470.23	149.56
2003	540.39	536.33	3924.10	588.37	485.89	156.60
2004	584.05	579.73	4111.02	671.08	517.03	167.21
2005	595.83	591.26	4248.28	711.26	545.94	179.22
2006	588.13	583.42	4160.23	694.08	561.12	160.04
2007	443.17	578.59	4416.98	699.44	578.13	170.09
2008	471.31	465.13	4494.69	549.09	544.49	178.59
2009	444.84	440.00	4032.80	521.10	422.10	188.59
2010	440.31	435.20	4044.86	509.60	439.28	198.89
2011	430.78	425.60	4158.20	512.60	432.53	200.02
2012	435.67	430.50	4245.52	500.81	454.70	220.08
2013	448.17	442.91	4096.91	512.50	459.49	233.91
2014	462.15	456.80	4188.30	529.00	488.10	247.96
2015	478.03	471.70	4079.40	546.10	479.50	261.32

10-15 渔业生产情况
Basic Indicators of Fishery Production

名 称	Item	2000	2005	2014	2015
水产品总产量 (吨)	**Total Aquatic Products (ton)**	**1332133**	**1792163**	**2479646**	**2613210**
淡水产品捕捞产量 (吨)	**Freshwater Aquatic Products Caught (ton)**	**150442**	**185190**	**180828**	**186679**
#鱼类	#Fish	127725	160760	156682	161954
虾蟹类	Shrimps,Prawns and Crabs	9474	10322	14028	14499
贝类	Shellfish	10659	11874	8408	8575
其他	Others	2584	2234	1711	1651
淡水产品养殖产量 (吨)	**Freshwater Aquatic Products Cultured (ton)**	**1181691**	**1606974**	**2298820**	**2426531**
#鱼类	#Fish	1145678	1564259	2226545	2348887
虾蟹类	Shrimps,Prawns and Crabs	11396	16487	32717	37024
贝类	Shellfish	12902	11951	19129	19972
其他	Others	11715	14277	20427	21647
淡水产品中:珍珠产量 (公斤)	**Freshwater Aquatic Pearl Products (kg)**	**92015**	**856547**	**468408**	**442131**
淡水养殖面积合计 (千公顷)	**Freshwater Cultured Area (1 000 hectares)**	**413.18**	**481.73**	**460.16**	**485.50**
#池塘养殖	#Pond Cultivated	214.96	256.79	243.97	261.17
#渔业专用塘	#Fishery Ponds for Special Use	112.02	156.56	170.19	183.16
湖泊养殖	Lake Cultivated	55.85	61.74	74.69	75.94
#粗养	Extensive Cultivated	32.80	36.17	50.09	56.15
河沟养殖	Brook Cultivated	20.74	25.82	13.24	16.39
水库养殖	Reservoir Cultivated	102.23	114.69	123.57	124.63
#粗养	Extensive Cultivated	48.01	51.43	56.11	55.17
其他养殖	Other Cultivated	19.40	22.69	4.69	7.32
附：稻田养殖	**Enclose: Paddy Cultivated**	**189.76**	**184.75**	**122.27**	**121.74**
#鱼种池面积	#Areas of (fish) Fry Ponds	14.98	21.42	19.38	18.72
成鱼面积	Growth Fish Areas	116.24	131.04	93.92	91.34

10-16 按全省人口平均的主要农产品产量
Per Capita Output of Major Farm Products

单位：公斤/人 (kg/person)

产品名称	Item	2000	2005	2014	2015
粮食	Grain	439.00	425.41	447.02	444.21
#谷物	#Cereal	403.66	393.23	422.97	421.56
#稻谷	#Rice	386.00	370.07	392.32	391.24
棉花	Cotton	2.60	2.76	1.92	2.14
甘蔗	Sugarcane	17.70	14.95	9.81	9.76
烤烟	Tobacco	2.40	3.04	3.34	3.29
茶叶	Tea	0.90	1.07	2.41	2.64
水果	Fruit	23.00	80.26	137.03	145.12
#柑桔	#Citrus	19.20	30.60	65.31	68.66
猪牛羊肉	Pork,Beef and Mutton	66.70	81.30	72.70	70.93
#猪肉	#Pork	63.30	76.21	68.23	66.27
禽蛋	Poultry Eggs	11.20	13.71	14.58	15.01
水产品	Aquatic Products	20.30	26.69	36.90	38.89

10-17 洞庭湖区主要社会经济指标
Major Economic Indicators and Social Indicators on The DongTing Lake Area

指标		Item		2000	2005	2014	2015
常住户数	（万户）	Total Number of Households	(10 000 households)			422.52	424.30
常住人口	（万人）	Total Number of Population	(10 000 persons)			1389.44	1396.71
乡村人口	（万人）	#Number of Rural Population		1213.70	1271.30	1157.55	667.70
乡村从业人员数	（万人）	Employment of Rural Population	(10 000 persons)	634.76	684.79	628.50	626.87
#农林牧渔业		#Farming,Forestry,Animal Husbandry,Fishery		457.18	429.51	335.73	330.45
有效灌溉面积	（千公顷）	Effective Irrigated Area	(1 000 hectares)	863.13	890.36	947.64	949.52
地区生产总值	（亿元）	Gross Domestic Products	(100 million yuan)	981.39	1529.15	6381.90	6949.71
#第一产业增加值		#Added-Value of First Industry		260.21	387.38	780.63	923.95
第二产业增加值		Added-Value of Second Industry		394.52	628.58	3278.81	3254.62
第三产业增加值		Added-Value of Third Industry		326.66	513.19	2322.46	2771.14
农业机械总动力	（万千瓦）	Total Power of Major Agriculture Machinery	(10 000 kw)	785.00	1059.80	1387.69	1516.88
农作物总播种面积	（千公顷）	Total Sown Area of Crops	(1 000 hectares)	2380.14	2498.25	2670.59	2674.47
粮食作物播种面积	（千公顷）	Sown Area of Grain Crops	(1 000 hectares)	1330.21	1500.38	1552.13	1579.97
#稻谷		#Paddy		1165.77	1352.91	1387.79	1404.08
玉米		Corn		40.77	34.92	58.25	68.88
油料播种面积	（千公顷）	Sown Area of Oils-bearing	(1 000 hectares)	375.15	348.73	510.74	512.71
棉花播种面积	（千公顷）	Sown Area of Cotton	(1 000 hectares)	115.83	108.87	159.40	125.69
粮食总产量	（万吨）	Total Output of Grain	(10 000 tons)	778.63	891.16	888.30	905.58
#稻谷		Paddy		720.06	833.69	830.17	844.09
玉米		Corn		19.15	18.02	27.10	30.18
油料产量	（万吨）	Output of Oils-bearing	(10 000 tons)	57.18	55.57	91.17	94.39
肉类总产量	（万吨）	Total Output of Meat	(10 000 tons)	127.02	171.94	150.69	150.56
水产品总产量	（万吨）	Total Output of Aquatic Products	(10 000 tons)	66.70	92.10	128.47	134.63
水果产量	（万吨）	Output of Fruits	(10 000 tons)	33.95	119.20	80.53	178.03
地方财政收入	（亿元）	Local Government Revenue	(100 million yuan)	24.42	71.68	316.09	345.20
普通中学在校学生数	（人）	Student Enrollment in General Secondary Schools	(person)	897821	987011	550541	536499
小学在校学生人数	（人）	Student Enrollment in Primary Schools	(person)	1417139	862828	710957	737455
医院、卫生院床位数	（张）	Hospital Beds	(unit)	26203	27217	51373	64558
医院、卫生院技术人员数	（人）	Medical Technical Personnel in Hospitals	(person)	42438	39001	46547	52063

注：洞庭湖区包括：长沙市的望城区、岳阳市（除平江县）、常德市（除石门县）、益阳市（除安化县）.

Dongting Lake areas include:Changsha city Wangcheng District,Yueyang city(except Pingjiang county),Changde (except shimen county),Yiyang(except Anhua county)

10-18 农村主要能源及物资消耗
Consumption of Major Energy and Materials of Rural Areas

指标	Item	2000	2005	2014	2015
农用化肥施用量	**Consumption of Agricultural Chemical Fertilizer**				
按实物量计算 (吨)	Calculated at Actual Quantity in Natural Form (ton)	6954529	7543577	8527810	8394632
#氮肥 (吨)	Nitrogenous Fertilizer (ton)	3906876	4007237	4122938	3920842
磷肥 (吨)	Phosphate Fertilizer (ton)	1777537	1859574	1967327	1901134
钾肥 (吨)	Potash Fertilizer (ton)	600221	702849	890676	876461
复合肥 (吨)	Compound Fertilizer (ton)	669895	973917	1546869	1696195
每亩播种面积施用量(公斤)	Consumption of Per-mu Sown Areas (kg)	57.90	60.34	64.87	64.20
按折纯量计算 (吨)	Calculated at Quantity of 100% Content (ton)	1821508	2098670	2478028	2465356
#氮肥 (吨)	Nitrogenous Fertilizer (ton)	980845	1059569	1074846	1016259
磷肥 (吨)	Phosphate Fertilizer (ton)	242760	256204	275569	265197
钾肥 (吨)	Potash Fertilizer (ton)	298514	348703	440978	432139
复合肥 (吨)	Compound Fertilizer (ton)	299389	434194	686635	751761
农用薄膜使用量 (吨)	**Consumption of Agricultural Films (ton)**	**40446**	**59306**	**82946**	**83989**
#地膜使用量 (吨)	Consumption of Ground Films (ton)	25309	39899	55867	55860
地膜覆盖面积 (公顷)	Ground Film Covered Areas (hectare)	313340	507093	717110	716791
农药使用量 (吨)	**Consumption of Pesticide (ton)**	**85611**	**113250**	**124277**	**122353**
农用柴油使用量 (吨)	**Consumption of Agricultural Diesel Oil (ton)**	**224315**	**326393**	**425905**	**436429**

10-19 自然灾害情况
Statistics on Natural Disaster

名 称		Item		2000	2005	2014	2015
受灾面积合计	**(千公顷)**	**Total Areas Covered**	**(1 000 hectares)**	**3170.11**	**1519.80**	**1120.76**	**765.18**
旱灾	(千公顷)	Drought	(1 000 hectares)	649.71	586.20		
水灾	(千公顷)	Flood	(1 000 hectares)	292.76	594.13	1041.13	757.40
风雹灾	(公顷)	Windstorm	(hectares)		90.77	2.14	5070
病虫	(千公顷)	Plant Diseases and Insect Pests	(1 000 hectares)	1871.07	34.25		1.98
霜冻	(公顷)	Frost	(hectares)		208.50	73.2	730
其他	(公顷)	Others	(hectares)	356.57	5.96	4.29	
成灾面积	**(千公顷)**	**Areas Affected**	**(1 000 hectares)**	**759.23**		**645.65**	**420.45**
旱灾	(千公顷)	Drought	(1 000 hectares)	231.44			
水灾	(千公顷)	Flood	(1 000 hectares)	128.06		598.75	417.34
风雹灾	(公顷)	Windstorm	(hectare)			13.03	1620
霜冻	(公顷)	Frost	(hectare)			34.94	580
病虫	(千公顷)	Plant Diseases and Insect Pests	(1 000 hectares)	222.43			0.91
其他	(千公顷)	Others	(1 000 hectares)	177.30			
死亡人数	**(人)**	**Number of Dead Population**	**(person)**	**176**	**203**	**67**	**31**
死亡大牲畜	**(头)**	**Dead Large Animals**	**(head)**	**59689**	**1608004**	**20368**	**3443**
倒塌房屋	**(间)**	**Collapsed Houses**	**(unit)**	**149806**	**200153**	**40760**	**16654**
损坏房屋	**(间)**	**Destroyed Houses**	**(unit)**	**436459**	**467980**	**248962**	**113145**
因灾缺粮人口	**(人)**	**Population of Grains Shorted of Disaster**	**(person)**	**9374555**	**8739499**	**5289000**	**3940000**
因灾经济损失合计	**(万元)**	**Total Economic Loss of Disaster**	**(10 000 yuan)**	**1081796**	**1578622**	**2064575**	**1268488**
#水灾损失	(万元)	Flood Loss	(10 000 yuan)	662662	789347	1993527	1260229

主要统计指标解释

农林牧渔业总产值 指以货币表现的农、林、牧、渔业全部产品和对农林牧渔业生产活动进行的各种支持性服务活动的价值总量，它反映一定时期内农林牧渔业生产总规模和总成果。1957年以前的农林牧渔业总产值中包括了厩肥和农民自给性手工业(如农民自制衣服、鞋、袜，自己从事粮食初步加工等)。1958年及以后，林业中增加了村及村以下竹木采伐产值；牧业中取消了厩肥产值；副业中取消了农民自给性手工业产值，增加了村及村以下办的工业产值；渔业中增加了海洋捕捞水产品产值。1980年及以后，在副业中增加了农民家庭兼营工业商品部分的产值。从1984年起村及村以下工业产值划归工业。从1993年起取消副业，将野生动物的捕猎划入牧业，野生植物采集和农民家庭兼营商品性工业划归农业。从2003年起，执行新的国民经济行业分类标准，农林牧渔业总产值中包括了农林牧渔服务业产值。林业中增加了森林采运业产值。农业中取消了家庭兼营商品性工业产值，将野生林产品的采集划归林业。

农林牧渔业总产值的计算方法通常是按农、林、牧、渔业产品及其副产品的产量分别乘以各自单位产品价格求得；少数生产周期较长，当年没有产品或产品产量不易统计的，则采用间接方法匡算其产值；然后将四业产品产值相加即为农林牧渔业总产值。

粮食产量 指全社会的产量。包括国有经济经营的、集体统一经营的和农民家庭经营的粮食产量，还包括工矿企业办的农场和其他生产单位的产量。粮食除包括稻谷、小麦、玉米、高粱、谷子及其他杂粮外，还包括薯类和豆类。其产量计算方法，豆类按去豆荚后的干豆计算；薯类(包括甘薯，不包括芋头和木薯)1963年以前按每4公斤鲜薯折1公斤粮食计算，从1964年开始改为按5公斤鲜薯折1公斤粮食计算。作为蔬菜的薯类(如马铃薯等)按鲜品计算，并且不作粮食统计。其他粮食一律按脱粒后的原粮计算。1989年以前全国粮食产量数据主要靠全面报表取得，1989年开始使用抽样调查数据。

棉花产量 指全社会的产量。包括春播棉和夏播棉。产量按皮棉计算。不包括木棉。

油料产量 指全部油料作物的生产量。包括花生、油菜籽、芝麻、向日葵籽、胡麻籽（亚麻籽）和其他油料。不包括大豆、木本油料和野生油料。花生以带壳干花生计算。

水产品产量 指人工养殖的水产品和天然生长的水产品的捕捞量。包括海水的鱼类、虾蟹类、贝类和藻类以及内陆水域的鱼类、虾蟹类和贝类，不包括淡水生植物。水产品产量是通过各级水产和统计部门逐级上报取得数据。1995年及以前，贝类中牡蛎按鲜肉计算；蚶、蛤、蛙按 5 斤鲜品折 1 斤计算。1996年以后则统一按鲜品计算。

猪、牛、羊肉产量 指当年出栏并已屠宰、除去头蹄下水后带骨肉(即胴体重)的重量。包括全社会范围内的产量。由于畜牧业产品年报数据与普查数据之间存在一定的差距，

根据国家统计局有关文件精神，从2000年起，对畜牧业年报数据与普查数据进行衔接。

期初(末)畜禽存栏头(只)数 指报告期初(末)农村各种合作经济组织和国营农场、农民个人、机关、团体、学校、工矿企业、部队等单位以及城镇居民饲养的大牲畜、猪、羊、家禽等畜禽的存栏数。数据上报方式及数据调整情况同猪、牛、羊肉产量。

农作物播种面积 指实际播种或移植有农作物的面积。凡是实际种植有农作物的面积，不论种植在耕地上还是种植在非耕地上，均包括在农作物播种面积中。在播种季节基本结束后，因遭灾而重新改种和补种的农作物面积，也包括在内。它是反映我国耕地面积利用情况的一个重要指标。目前，农作物播种面积主要包括粮食、棉花、油料、糖料、麻类、烟叶、蔬菜和瓜类、药材和其他农作物九大类。

有效灌溉面积 指具有一定的水源，地块比较平整，灌溉工程或设备已经配套，在一般年景下，当年能够进行正常灌溉的耕地面积。在一般情况下，有效灌溉面积应等于灌溉工程或设备已经配备，能够进行正常灌溉的水田和水浇地面积之和。它是反映我国耕地抗旱能力的一个重要指标。

农用化肥施用量 指本年内实际用于农业生产的化肥数量，包括氮肥、磷肥、钾肥和复合肥。化肥施用量要求按折纯量计算数量。折纯量是指把氮肥、磷肥、钾肥分别按含氮、含五氧化二磷、含氧化钾的百分之百成份进行折算后的数量。复合肥按其所含主要成分折算。公式为：

折纯量=实物量×某种化肥有效成份含量的百分比

农业机械总动力 指主要用于农、林、牧、渔业的各种动力机械的动力总和。包括耕作机械、排灌机械、收获机械、农用运输机械、植物保护机械、牧业机械、林业机械、渔业机械和其他农业机械〔内燃机按引擎马力折成瓦(特)计算、电动机按功率折成瓦(特)计算〕。不包括专门用于乡、镇、村、组办工业、基本建设、非农业运输、科学试验和教学等非农业生产方面用的动力机械与作业机械。这个指标的统计数据主要来源于农机部门。

乡村从业人员 指乡村人口中劳动年龄在16周岁以上实际参加生产经营活动并取得实物或货币收入的人员，包括劳动年龄内经常参加劳动的人员，也包括超过

劳动年龄但经常参加劳动的人员，但不包括户口在家的在外学生、现役军人和丧失劳动能力的人，也不包括待业人员和家务劳动者。从业人员按从事主业时间最长（时间相同按收入）分为农林牧渔业从业人员、工业从业人员、建筑业从业人员、交通运输业、仓储及邮电通信业从业人员、批零贸易业、餐饮业从业人员、其他非农行业从业人员。

Explanatory Notes on Main Statistical Indicators

Gross Output Value of Farming, Forestry, Animal Husbandry and Fishery refers to the total value of products of farming, forestry, animal husbandry and fishery, and total value of services rendered to support farming, forestry, animal husbandry and fishery activities. It reflects the total scale and results of agricultural production during a given period. Prior to 1957, Chinas gross agricultural output value included barnyard manure and handicraft products for self consumption (clothes, shoes, stockings, and initial grain processing undertaken by peasants). Since 1958, cutting and felling of bamboo and trees by villages and other cooperative organizations under villages have been included in forestry; value of barnyard manure has been excluded from animal husbandry; self consumed handicrafts has been excluded from sideline occupations, while the output value of industries run by villages and cooperative organizations under village had been included in sideline occupations and the output value of fish catches by motor fishing boats has been added to fishery. Since 1980, the value of handicraft products made for sale by individuals in households had been added to sideline occupations. Since 1984, industries run by villages and under villages have been included in the sector of industry. Since 1993, the subdivision of sideline occupations has been canceled, and the hunting of wild animals has been classified into animal husbandry, and the gathering of wild plants and commodity industry run by rural household have been included in farming. A new industrial classification of economic activities was introduced in 2003. Under the new classification, value of services to farming, forestry, animal husbandry and fishery is included in the gross output value of agriculture, value of wood felling and transport is included in forestry, value of industrial output by rural households is not included in agriculture, and the collection of wild forest products is taken from agriculture and included in the forestry. The first agriculture census of China revealed some discrepancy between the production of animal products from the annual reports and that from the census. Efforts were made by the Rural Socio economic Survey Organization of NBS to adjust the output value of animal husbandry to make the figures from the annual reports consistent with the census data.

Gross output value of agriculture is obtained by first multiplying the output of each product or by product by its price, resulting in the output value of each single item. For a small number of products, annual output of which is not available or difficult to get due to the long production (growing) process involved, the output value is estimated through an indirect approach. The sum of output value of all products of farming, forestry, animal husbandry and fishery is then equal to the gross output value of agriculture.

Grain Output refers to the total output in the whole country including grains produced by state farms, collective units, rural households, as well as by farms affiliated to industrial and mining enterprises and other production units. Grain includes rice, wheat, corn, sorghum, millet and other miscellaneous grains as well as tubers and bean. Output of beans refers to dry beans without pods. The output of tubers (sweet potatoes, not including taros and cassava) was converted into that of grain at the ratio 4: 1, i.e. 4 kilograms of fresh tubers was equivalent to 1 kilogram of grain up to 1963. Since 1964 the ratio for conversion has been 5:1. Tubers supplied as vegetables (such as potatoes) are calculated as fresh vegetables and their output is not included in the output of grain. Output of all other grains refers to husked grain. Data on grain production before 1989 were obtained through Comprehensive Statistical Reporting System. Since 1989, data from sample surveys are used.

Cotton Output refers to the cotton production in the whole country including cotton sown in spring and in autumn. Output is measured as the weight of ginned cotton. Ceiba is not included.

Output of Oil-bearing Crops refers to the total production of oil bearing crops of various kinds, including peanuts, (dry, in shell) rapeseeds, sesame, sunflower seeds, flax seeds, and other oil bearing crops. Soybeans, oil bearing woody plants, and wild oil bearing crops are not included.

Output of Aquatic Products refers to catches of both artificially cultured and naturally grown aquatic products, including fish, shrimps, crabs and shellfish in sea and inland water as well as seaweed. Freshwater plants are not included.Data on output of aquatic products are reported by aquatic product and statistical agencies level by level. Before 1995, among the shellfish, the oyster was counted as fresh meat; 5 kilograms of ark shell, clams and frogs are equivalent to 1 kilogram of fresh aquatic products; they are all counted as fresh aquatic products since 1996.

Output of Pork, Beef, and Mutton refers to the meat of slaughtered hogs, cattle, sheep and goats with head, feet, and offal taken away. Data refers to the production of the whole country. The first agriculture census of China in 1996 revealed some discrepancy between the production of animal products from the annual reports and that from the census. Efforts were made by the Rural Socio economic Survey Organization of NBS to adjust the output value of animal husbandry to make the figures from the annual reports consistent with the census data. Since 1999, NBS conducted sample survey for the major animal husbandry products, such as hogs, cattle, sheep and goats and fowls, and the data from sample surveys are used as national finalized data. Those products, which are not covered by the sample survey, are still reported by statistical agencies level by level.

Number of Livestock or Poultry in Stock at Beginning (or End) refers to the total number of large animals, pigs, sheep, fowls, etc. raised by rural cooperative organizations, state farms, rural individuals, government agencies, schools, industrial and mining enterprises, army, and urban residents at the beginning (or end) of the reference period. Data reporting system and data adjustment are the same as that in the output of pork, beef and mutton.

Sown Area of Crops refers to area of land sown or transplanted with crops regardless of being in cultivated area or non cultivated area. Area of land re sown due to natural disasters is also included. This is an important indicator that can reflect the utilization condition of the cultivated land in China. At present, the sown area of crops mainly include the following 9 categories of crops: grain, cotton, oil bearing crops, sugar crops, fiber crops, Tobacco, Vegetables and melons, medicinal materials and other farm crops.

Irrigated Area refers to areas that are effectively irrigated, i.e. level land, which has water source and complete sets of irrigation facilities to lift and move adequate water for irrigation purpose under normal conditions. Under normal conditions, irrigated area is the sum of watered fields and irrigated fields where irrigation systems or equipment have been installed for regular irrigation purpose. This important indicator reflects drought resistance capacity of the cultivated land in China.

Consumption of Chemical Fertilizers in Agricultu rerefers to the quantity of chemical fertilizers applied in agriculture in the year, including nitrogenous fertilizer, phosphate fertilizer, potash fertilizer, and compound fertilizer. The consumption of chemical fertilizers is required in calculation to convert the gross weight into weight containing 100% effective component (e.g. 100% nitrogen content in nitrogenous fertilizer, 100% phosphorous pent oxide contents in phosphate fertilizer, 100% potassium oxide contents in potash fertilizer). Compound fertilizer is converted with its major component. The formula is :

Volume of effective component=physical quantity× effective component of certain chemical fertilizer (%)

Total Power of Farm Machinery refers to total mechanical power of machinery used in farming, forestry, animal husbandry, and fishery, including ploughing, irrigation and drainage, harvesting, transport, plant protection, stock breeding, forestry and fishery. The power of internal combustion engines is required to convert horsepower into watts and the power of electric motors is required to be converted into watts. Machinery employed for non agricultural purposes, such as the machines used in township run and village run industry, construction, non agricultural transport, scientific experiments and teaching, is excluded. Data are mainly from agricultural machinery agencies.

Rural Employed Persons refer to rural labor forces aged over 16 years old who are engaged in real production and management activities and receive payment in kind or wages, including those covered within the age frame and regularly participating in production activities, and those who are out of the range of age frame and also participating in production activities regularly. Excluding students studying in other places with their permanent residence registered in local areas, servicemen and persons incapable of working; also excluding those who are waiting for jobs and those engaged in household work. Persons employed are classified as persons engaged in agriculture, forestry, animal husbandry or fishery activities; persons engaged in industrial activities; persons engaged in construction activities; persons engaged in transport, storage and telecommunications activities; persons engaged in whole sales and retail sales trade and catering activities; and persons engaged in other non agriculture activities, depending upon the longest period of employment in major activities (or using income indicator when period of employment is the same).

11 工　业

Industry

资料整理人员：　杨　耒　　汤炼坤　　田　原

11-1 规模以上工业企业基本情况
Basic Conditions of Industrial Enterprises above Designated Size

单位:亿元 (100 million yuan)

年 份 Year	工业总产值(现价) Gross Industrial Output Value (current price)	工业增加值 Value Added of Industry	工业增加值增速(%) The speed of Value Added of Industry (%)	主营业务收入 Revenue of Main Bussiness	利润总额 Total Profits	利税总额 Total Per-tax Profits
1978	129.03	41.94		124.40	14.15	24.48
1979	148.61	48.75		137.89	17.29	28.99
1980	163.97	53.51		159.74	19.02	31.97
1981	171.89	55.13		167.95	17.70	34.33
1982	188.29	59.03		183.52	19.92	36.18
1983	200.94	64.24		198.22	21.85	39.66
1984	227.60	73.37		219.47	23.37	43.45
1985	276.64	100.03		271.98	26.23	53.38
1986	319.88	109.30		313.30	27.32	57.89
1987	387.28	125.93		382.17	30.48	65.81
1988	489.05	155.58		481.22	36.01	80.48
1989	569.10	174.63		527.17	29.24	82.29
1990	586.67	188.56		540.02	9.33	65.37
1991	654.82	214.63		632.96	10.27	74.38
1992	790.54	231.88		782.16	18.91	89.91
1993	1064.40	323.31		1102.25	19.91	105.71
1994	1298.22	382.08		1120.34	15.93	130.54
1995	1370.84	400.52		1340.79	4.77	124.37
1996	1659.04	555.66		1487.09	10.90	135.51
1997	1740.59	571.22		1520.14	-1.22	150.24
1998	1287.43	436.31		1212.79	3.18	151.98
1999	1414.12	461.71		1366.59	16.21	177.04
2000	1627.94	528.06		1563.26	34.48	205.87
2001	1811.22	606.54	13.8	1699.15	51.42	235.66
2002	2099.40	706.54	16.1	1980.04	69.02	268.10
2003	2611.45	888.56	20.7	2604.98	111.25	345.67
2004	3654.07	1238.29	24.1	3544.38	154.77	471.37
2005	4754.86	1629.79	20.6	4585.31	189.25	575.09
2006	6131.18	2089.06	20.1	5968.67	272.69	719.19
2007	8464.08	2853.84	24.3	8348.97	488.24	1118.82
2008	11553.31	3748.80	18.4	11285.44	663.56	1641.27
2009	13507.64	4255.03	20.5	13077.27	758.48	1817.66
2010	19008.83	5921.04	23.4	18669.79	1451.45	2835.50
2011	26386.58	7911.51	20.1	25726.21	1832.99	3577.53
2012	28628.62	8562.88	14.6	27823.31	1790.96	3700.90
2013			11.6	31854.65	2047.87	4250.03
2014			9.6	33489.44	1688.30	3865.01
2015			7.8	35410.45	1808.70	3904.90

注：规模工业统计口径：2004年及以前为全部国有及年主营业务收入500万元及以上非国有工业法人企业，2005-2010年为年主营业务收入500万元及以上工业法人企业，2011年以后为年主营业务收入2000万元及以上工业法人企业。

Data of Industrial Enterprises above Designated Size refer to those from all state-owned and the non-state-owned industrial enterprises with annual sales income of 5 million yuan sine 2004 and before,all industry corporation enterises with an annual sales income ro over 5 million yuan since 2005-2010, all industry corporation enterises with an annual sales income ro over 20 million yuan since 2011.

11-2 规模以上工业企业各种分组的主要生产指标(2015年)
Major Production Indicators of Industrial Enterprises above Designated Size by Various Characteristics (2015)

单位:亿元 (100 million yuan)

指标	Item	企业单位数(个) Number of Enterprises (unit)	#亏损企业 Loss-making Enterprises	工业销售产值 Output Value of Industrial Products Sales	出口交货值 Delivery Value for Export
总计	**Total**	**13992**	**944**	**36231.56**	**1411.32**
按登记注册类型:	**Grouped by Registration**				
内资企业	Internal-invested Enterprises	13429	873	33269.37	999.74
国有企业	State-owned Enterprises	211	58	2018.91	20.39
中央企业	Central Enterprises	31	9	1738.49	18.04
地方企业	Local Enterprises	180	49	280.42	2.35
集体企业	Collective-owned Enterprises	164	13	249.79	2.91
股份合作企业	Enterprises Cooperated by Joint-stock	28	4	44.34	1.23
联营企业	Cooperative Enterprises	10		14.74	
有限责任公司	Limited Liability Company	2357	319	7367.5	278.57
股份有限公司	Company Limited by Shares	434	51	3363.17	85.32
私营企业	Individual-owned Enterprises	10094	426	19988.5	600.25
其他企业	Enterprises of Other Types of Ownership	131	2	222.42	11.07
港、澳、台商投资企业	Enterprises Funded by Entrepreneurs From Hong Kong,Macao and Taiwan	327	36	1750.49	326.52
外商投资企业	Enterprises funded by Foreigners	236	35	1211.7	85.06
按经济组织类型:	**Grouped by Ownership**				
独资企业	Enterprises Owned by a Sole Investor	1352	124	4348.67	184.88
合作、合伙企业	Enterprises of Partnership	698	14	1007.34	49.64
股份有限公司	Company Limited by Shares	1105	78	5704.1	234.73
有限责任公司	Limited Liability Company	10837	728	25171.45	942.07
国有控股企业	**State Controlling Share Hold Enterprises**				
按企业规模分:	**Grouped by Size of Enterprises**				
大型企业	Large Enterprises	211	40	9548.97	660.61
中型企业	Medium-sized Enterprises	2290	187	9127.16	386.65
小型企业	Small Enterprises	11088	667	17316.9	360.37
微型企业	Miniature Enterprise	403	50	238.54	3.69

11-2 续表 continued

单位:亿元 (100 million yuan)

指标	Item	企业单位数(个) Number of Enterprises (unit)	#亏损企业 Loss-making Enterprises	工业销售产值 Output Value of Industrial Products Sales	出口值交货值 Delivery Value for Export
按行业划分:	**Grouped by Sector**	**13992**	**944**	**36231.56**	**1411.32**
煤炭开采和洗选业	Mining and Washing of Coal	437	55	465.47	0.81
石油和天然气开采业	Petroleum and Natural Gas Extraction				
黑色金属矿采选业	Mining of Ferrous Metal Ores	98	4	130.59	0.77
有色金属矿采选业	Mining of Non-ferrous Metal Ores	206	27	374.71	2.28
非金属矿采选业	Mining and Processing of Nonmetal Ores	293	11	364.12	3.93
开采辅助活动	Mining of Other Ores N.E.C				
其他采矿业	Other Mining and Dressing	2		2.77	
农副食品加工业	Processing of Food from Agricultural Products	1272	49	3006.88	55.65
食品制造业	Manufacture of Foods	386	29	1020.43	8.26
酒、饮料和精制茶制造业	Manufacture of Liquor, Beverage and Refined Tea	387	13	663.48	6.90
烟草制品业	Manufacture of Tobacco	9		874.91	4.23
纺织业	Manufacture of Textile	237	29	644.58	18.84
纺织服装、服饰业	Manufacture of Textile Wearing and Clothing Apparel	228	5	310.69	12.13
皮革、毛皮、羽毛及其制品和制鞋业	Leather, Fur, Feather and Its Products and Footwear	270	6	423.06	34.64
木材加工和木、竹、藤、棕、草制品业	Processing of Timbers, Manufacture of Wood, Bamboo, Rattan, Palm and Straw Products	429	8	713.16	13.83
家具制造业	Manufacture of Furniture	137	1	298.69	0.52
造纸和纸制品业	Manufacture of Paper and Paper Products	317	18	665.07	5.93
印刷和记录媒介复制业	Printing,Reproduction of Recording Media	207	11	379.05	2.58
文教、工美、体育和娱乐用品制造业	Manufacture of Articles for Culture, Education and Sport Activity	172	2	293.21	18.83
石油加工、炼焦和核燃料加工业	Processing of Petroleum,Coking,Processing of Nucleus Fuel	39	7	673.92	3.05
化学原料和化学制品制造业	Manufacture of Chemical Raw Material and Chemical Products	1589	80	2927.25	225.71
医药制造业	Manufacture of Medicines	307	16	938.99	19.57
化学纤维制造业	Manufacture of Chemical Fiber	13	3	30.58	
橡胶和塑料制品业	Manufacture of Rubber and plastic	352	15	629.24	11.05
非金属矿物制品业	Manufacture of Non-metallic Mineral Products	1647	118	2759.45	65.96
黑色金属冶炼和压延加工业	Manufacture and Processing of Ferrous Metals	440	32	1411.36	62.87
有色金属冶炼和压延加工业	Manufacture and Processing of Non-ferrous Metals	496	52	2802.51	42.08
金属制品业	Manufacture of Metal Products	492	34	1112.85	29.69
通用设备制造业	Manufacture of General Purpose Machinery	788	60	1579.55	43.12
专用设备制造业	Manufacture of Special Purpose Machinery	627	50	2694.40	108.71
汽车制造业	Automobile Industry	300	47	1362.34	26.49
铁路、船舶、航空航天和其他运输设备制造业	Manufacture of Railway,Marine,Aerospace and Other Transport Equipment	136	16	1095.90	96.74
电气机械和器材制造业	Manufacture of Electrical Machinery and Equipment	565	41	1686.76	37.63
计算机、通信和其他电子设备制造业	Manufacture of Communication Equipment, Computer and Other Electronic Equipment	434	30	1816.85	404.73
仪器仪表制造业	Manufacture of Measuring Instrument	101	7	233.34	14.18
其他制造业	Other Manufacture N.E.C	76	2	162.56	28.64
废弃资源综合利用业	Recycling and Disposal of Waste	66	1	148.34	
金属制品、机械和设备修理业	Mental Products,Machine and Equipment Repair	5	1	6.30	0.20
电力、热力生产和供应业	Production and Supply of Electric Power and Heat Power	293	45	1337.04	0.77
燃气生产和供应业	Production and Distribution of Gas	43	1	114.98	
水的生产和供应业	Production and Distribution of Water	96	18	76.20	

11-3 规模以上工业企业主要经济指标(2015年)
Major Economic Indicators of Industrial Enterprises above Designated Size(2015)

单位:亿元 (100 million yuan)

指标	Item	资产总计 Total Assets	流动资产合计 Circulating Funds	应收账款 Net Value of Account Received	存货 Stock	产成品 Finished Products
总计	**Total**	**23575.75**	**10247.43**	**2858.26**	**2705.08**	**910.61**
按登记注册类型:	**Grouped by Registration**					
内资企业	Internal-invested Enterprises	21578.19	9388.23	2614.26	2543.29	846.81
国有企业	State-owned Enterprises	2227.44	826.91	144.98	490.11	59.99
中央企业	Central Enterprises	1849.85	696.57	105.71	475.47	54.59
地方企业	Local Enterprises	377.59	130.34	39.28	14.63	5.4
集体企业	Collective-owned Enterprises	89.65	26.19	6.36	6.98	2.73
股份合作企业	Enterprises Cooperated by Joint-stock	26.76	16.54	3.44	3.68	0.85
联营企业	Cooperative Enterprises	4.49	0.96	0.15	0.43	0.29
有限责任公司	Limited Liability Company	6252.93	2709.06	728.71	681.34	217.12
股份有限公司	Company Limited by Shares	4227.16	2206.13	713.98	514.45	180.27
私营企业	Individual-owned Enterprises	8661.97	3580.48	1009.45	841.7	382.57
其他企业	Enterprises of Other Types of Ownership	87.8	21.94	7.19	4.59	2.99
港、澳、台商投资企业	Enterprises Funded by Entrepreneurs From Hong Kong, Macao and Taiwan	1037.09	428.24	137.19	79.19	32.43
外商投资企业	Enterprises funded by Foreigners	960.46	430.96	106.81	82.61	31.37
按经济组织类型:	**Grouped by Ownership**					
独资企业	Enterprises Owned by a Sole Investor	3276.99	1247.16	284.83	568.87	96.71
合作、合伙企业	Enterprises of Partnership	389.2	101.66	25.07	22.24	11.19
股份有限公司	Company Limited by Shares	5450.44	2767.2	858.07	665.82	227.16
有限责任公司	Limited Liability Company	14459.13	6131.41	1690.29	1448.15	575.55
国有控股企业	**State Controlling Share Hold Enterprises**	**9325.62**	**4117.20**	**1162.35**	**1274.82**	**303.56**
按企业规模分:	**Grouped by Size of Enterprises**					
大型企业	Large Enterprises	10465.31	5363.37	1453.85	1577.54	386.72
中型企业	Medium-sized Enterprises	5325.13	2006.82	588.93	464.61	209.29
小型企业	Small Enterprises	7592.97	2813.16	798.94	649.87	309.21
微型企业	Miniature Enterprise	192.34	64.09	16.53	13.07	5.38

11-3 续表 1 continued

单位:亿元 (100 million yuan)

指标	Item	固定资产合计 Total Fixed Assets	固定资产原价 Original Price of Fixed Assets	累计折旧 Accumulated Depreciation
总计	**Total**	**9903.94**	**14266.1**	**4994.03**
按登记注册类型:	**Grouped by Registration**			
内资企业	Internal-invested Enterprises	9048.36	12955.51	4501.46
国有企业	State-owned Enterprises	1090.08	1996.02	941.16
中央企业	Central Enterprises	893.6	1721.34	835.97
地方企业	Local Enterprises	196.48	274.68	105.19
集体企业	Collective-owned Enterprises	40.5	54.33	19.66
股份合作企业	Enterprises Cooperated by Joint-stock	8.9	9.57	4.91
联营企业	Cooperative Enterprises	3.24	3.98	0.8
有限责任公司	Limited Liability Company	2697.97	3825.24	1325.35
股份有限公司	Company Limited by Shares	1506.15	2227.56	784.09
私营企业	Individual-owned Enterprises	3647.13	4750.94	1387.99
其他企业	Enterprises of Other Types of Ownership	54.39	87.88	37.51
港、澳、台商投资企业	Enterprises Funded by Entrepreneurs From Hong Kong, Macao and Taiwan	451.73	688.1	253.49
外商投资企业	Enterprises funded by Foreigners	403.85	622.49	239.08
按经济组织类型:	**Grouped by Ownership**			
独资企业	Enterprises Owned by a Sole Investor	1566.47	2664.27	1167.12
合作、合伙企业	Enterprises of Partnership	230.79	338.85	128.51
股份有限公司	Company Limited by Shares	1949.31	2818.57	963.29
有限责任公司	Limited Liability Company	6157.37	8444.41	2735.11
国有控股企业	**State Controlling Share Hold Enterprises**	**3999.03**	**6438.97**	**2616.16**
按企业规模分:	**Grouped by Size of Enterprises**			
大型企业	Large Enterprises	3719.89	6068.44	2454.67
中型企业	Medium-sized Enterprises	2627.91	3578.16	1148.39
小型企业	Small Enterprises	3506.65	4563.09	1377.98
微型企业	Miniature Enterprise	49.5	56.41	12.99

11-3 续表 2 continued

单位:亿元 (100 million yuan)

指标	Item	负债合计 Total Liability	流动负债合计 Total Circulating Liability	应付账款 Account Payable
总计	**Total**	**12240.94**	**8477.96**	**2197.37**
按登记注册类型:	**Grouped by Registration**			
内资企业	Internal-invested Enterprises	11308.48	7759.84	1933.22
国有企业	State-owned Enterprises	1156.53	669.9	226.88
中央企业	Central Enterprises	934.97	521.48	196.57
地方企业	Local Enterprises	221.56	148.43	30.3
集体企业	Collective-owned Enterprises	38.71	28.94	5.9
股份合作企业	Enterprises Cooperated by Joint-stock	14.44	9.81	2.79
联营企业	Cooperative Enterprises	1.82	1.23	0.13
有限责任公司	Limited Liability Company	3820.16	2811.98	695.75
股份有限公司	Company Limited by Shares	2519.49	1713.8	439.72
私营企业	Individual-owned Enterprises	3718.07	2500.24	556.79
其他企业	Enterprises of Other Types of Ownership	39.26	23.93	5.27
港、澳、台商投资企业	Enterprises Funded by Entrepreneurs From Hong Kong, Macao and Taiwan	472.43	365.51	123.73
外商投资企业	Enterprises funded by Foreigners	460.03	352.61	140.42
按经济组织类型:	**Grouped by Ownership**			
独资企业	Enterprises Owned by a Sole Investor	1554.95	982.25	351.78
合作、合伙企业	Enterprises of Partnership	130.39	83.08	20.73
股份有限公司	Company Limited by Shares	2977.55	2073.48	544.02
有限责任公司	Company Limited by Shares	7578.05	5339.14	1280.83
国有控股企业	**State Controlling Share Hold Enterprises**	**5818.2**	**3944.31**	**1071.51**
按企业规模分:	**Grouped by Size of Enterprises**			
大型企业	Large Enterprises	6482.16	4544.23	1186.01
中型企业	Medium-sized Enterprises	2428.78	1729.54	447.19
小型企业	Small Enterprises	3220.7	2138.15	545.93
微型企业	Miniature Enterprise	109.29	66.04	18.24

11-3 续表 3 continued

单位:亿元 (100 million yuan)

指标	Item	非流动负债合计 Total Long term Liability	所有者权益合计 Total Rights of Owners	实收资本 Assets Recevied
总计	**Total**	**3027.13**	**11311.45**	**5257.4**
按登记注册类型:	**Grouped by Registration**			
内资企业	Internal-invested Enterprises	2845.28	10247.46	4691.45
国有企业	State-owned Enterprises	460.09	1070.78	308.04
中央企业	Central Enterprises	399.78	914.87	215.8
地方企业	Local Enterprises	60.31	155.91	92.23
集体企业	Collective-owned Enterprises	4.16	50.65	26.19
股份合作企业	Enterprises Cooperated by Joint-stock	4.26	12.32	4.14
联营企业	Cooperative Enterprises	0.59	2.66	1.03
有限责任公司	Limited Liability Company	796.67	2431.41	1383.43
股份有限公司	Company Limited by Shares	758.51	1707.33	674.33
私营企业	Individual-owned Enterprises	811.51	4923.84	2262.34
其他企业	Enterprises of Other Types of Ownership	9.49	48.47	31.96
港、澳、台商投资企业	Enterprises Funded by Entrepreneurs From Hong Kong,Macao and Taiwan	92.37	564.58	247.54
外商投资企业	Enterprises funded by Foreigners	89.49	499.41	318.41
按经济组织类型:	**Grouped by Ownership**			
独资企业	Enterprises Owned by a Sole Investor	513.77	1719.8	667.69
合作、合伙企业	Enterprises of Partnership	30.46	255.2	140.4
股份有限公司	Company Limited by Shares	809.9	2470.05	969.68
有限责任公司	Limited Liability Company	1673.01	6866.4	3479.63
国有控股企业	**State-owned or Controlling Share Hold Enterprises**	**1742.72**	**3510.35**	**1590.67**
按企业规模分:	**Grouped by Size of Enterprises**			
大型企业	Large Enterprises	1883.48	3983.15	1401.47
中型企业	Medium-sized Enterprises	515.89	2899.29	1639.93
小型企业	Small Enterprises	616.31	4367.68	2163.59
微型企业	Miniature Enterprise	11.45	61.33	52.41

11-3 续表 4 continued

单位:亿元 (100 million yuan)

指标	Item	实收资本 Paid-in capital 国家资本 National Assets	集体资本 Collective Assets	法人资本 Corperative Assets	个人资本 Individual Assets	港澳台资本 Assets from Hongkong, Maco and Taiwan Funded Enterprises	外商资本 Total Rights of Owners Foreign Assets
总计	**Total**	**1016.24**	**86.14**	**2437.13**	**1414.87**	**103.61**	**199.07**
按登记注册类型:	**Grouped by Registration**						
内资企业	Internal-invested Enterprises	985.67	78.44	2202.47	1375.45	14.65	34.43
国有企业	State-owned Enterprises	251.26	2.69	51.06	2.9	0.13	
中央企业	Central Enterprises	208.35		7.32		0.13	
地方企业	Local Enterprises	42.91	2.69	43.74	2.9		
集体企业	Collective-owned Enterprises	0.03	5.48	14.47	6.2		
股份合作企业	Enterprises Cooperated by Joint-stock	1.22	0.13	1.44	1.35		
联营企业	Cooperative Enterprises			0.8	0.23		
有限责任公司	Limited Liability Company	483.19	28.67	693.23	161.04	7.19	10.11
股份有限公司	Company Limited by Shares	239.46	12.22	250.53	143.37	5.48	23.26
私营企业	Individual-owned Enterprises	10.51	27.04	1165.82	1055.71	1.85	1.06
其他企业	Enterprises of Other Types of Ownership		2.2	25.11	4.65		
港、澳、台商投资企业	Enterprises Funded by Entrepreneurs From Hong Kong,Macao and Taiwan	8.21	3.27	100.9	29.86	82.94	22.35
外商投资企业	Enterprises funded by Foreigners	22.36	4.43	133.76	9.55	6.03	142.29
按经济组织类型:	**Grouped by Ownership**						
独资企业	Enterprises Owned by a Sole Investor	251.95	8.69	201.24	73.55	54.26	78.01
合作、合伙企业	Enterprises of Partnership	5.13	6.96	66.48	59.87	0.78	1.19
股份有限公司	Company Limited by Shares	240.12	19.94	413.54	257.69	13.58	24.79
有限责任公司	Limited Liability Company	519.04	50.54	1755.86	1023.75	35	95.09
国有控股企业	**State Controlling Share Hold Enterprises**	**948.75**	**18.13**	**502.97**	**75.72**	**6.4**	**38.71**
按企业规模分:	**Grouped by Size of Enterprises**						
大型企业	Large Enterprises	673.2	4.05	460.2	145.1	40.71	78.21
中型企业	Medium-sized Enterprises	193.25	37.76	814.5	477.88	34.75	81.8
小型企业	Small Enterprises	148.07	44.08	1143.17	761.83	28.04	38.4
微型企业	Miniature Enterprise	1.73	0.24	19.26	30.05	0.11	0.67

11-3 续表5 continued

单位:亿元 (100 million yuan)

指标	Item	主营业务收入 Revenue of Major Business	主营业务成本 Cost of Major Business	主营业务税金及附加 Tax of Major Business
总计	**Total**	**35410.45**	**28807.96**	**1023.72**
按登记注册类型:	**Grouped by Registration**			
内资企业	Internal-invested Enterprises	32570.77	26437.8	997.69
国有企业	State-owned Enterprises	1942.7	1137.06	543.01
中央企业	Central Enterprises	1663.68	913.28	540.28
地方企业	Local Enterprises	279.02	223.77	2.73
集体企业	Collective-owned Enterprises	255.63	216.18	2.88
股份合作企业	Enterprises Cooperated by Joint-stock	42.14	34.41	0.65
联营企业	Cooperative Enterprises	13.53	11.36	0.24
有限责任公司	Limited Liability Company	7194.98	6003.38	86.98
股份有限公司	Company Limited by Shares	3299.04	2704.68	121.62
私营企业	Individual-owned Enterprises	19600.23	16144.5	234.13
其他企业	Enterprises of Other Types of Ownership	222.52	186.24	8.16
港、澳、台商投资企业	Enterprises Funded by Entrepreneurs From Hong Kong, Macao and Taiwan	1690.34	1441.2	10.88
外商投资企业	Enterprises funded by Foreigners	1149.34	928.97	15.15
按经济组织类型:	**Grouped by Ownership**			
独资企业	Enterprises Owned by a Sole Investor	4228.42	3012.14	574.38
合作、合伙企业	Enterprises of Partnership	977.21	805.22	22.73
股份有限公司	Company Limited by Shares	5581.16	4598.38	143.17
有限责任公司	Limited Liability Company	24623.67	20392.22	283.43
国有控股企业	**State Controlling Share Hold Enterprises**	**6636.21**	**4988.8**	**693.46**
按企业规模分:	**Grouped by Size of Enterprises**			
大型企业	Large Enterprises	9298.45	7317.54	704.13
中型企业	Medium-sized Enterprises	8807.73	7157.4	100.82
小型企业	Small Enterprises	17069.58	14125.43	215.84
微型企业	Miniature Enterprise	234.69	207.59	2.93

11-3 续表 6 continued

单位:亿元 (100 million yuan)

指标	Item	其他业务收入 Revenue of Other Business	其他业务利润 profit of Other Business	销售费用 Operation Expenses
总计	**Total**	**444.23**	**14.86**	**1064.86**
按登记注册类型:	**Grouped by Registration**			
内资企业	Internal-invested Enterprises	426.90	11.92	988.95
国有企业	State-owned Enterprises	184.58	-1.43	26.25
中央企业	Central Enterprises	180.24	-2.33	14.50
地方企业	Local Enterprises	4.34	0.90	11.74
集体企业	Collective-owned Enterprises	4.10	0.57	6.44
股份合作企业	Enterprises Cooperated by Joint-stock			1.32
联营企业	Cooperative Enterprises	0.73		0.51
有限责任公司	Limited Liability Company	117.11	4.83	196.09
股份有限公司	Company Limited by Shares	77.27	4.72	120.61
私营企业	Individual-owned Enterprises	42.87	3.21	631.94
其他企业	Enterprises of Other Types of Ownership	0.25	0.02	5.80
港、澳、台商投资企业	Enterprises Funded by Entrepreneurs From Hong Kong, Macao and Taiwan	9.18	1.19	32.51
外商投资企业	Enterprises funded by Foreigners	8.14	1.75	43.40
按经济组织类型:	**Grouped by Ownership**			
独资企业	`	196.93	0.15	105.48
合作、合伙企业	Enterprises of Partnership	1.10	0.07	34.10
股份有限公司	Company Limited by Shares	82.04	5.48	187.53
有限责任公司	Limited Liability Company	164.16	9.16	737.75
国有控股企业	**State-owned or Controlling Share Hold Enterprises**	**318.05**	**6.17**	**155.39**
按企业规模分:	**Grouped by Size of Enterprises**			
大型企业	Large Enterprises	374.07	7.68	248.36
中型企业	Medium-sized Enterprises	35.79	3.85	314.32
小型企业	Small Enterprises	32.62	3.21	497.74
微型企业	Miniature Enterprise	1.75	0.12	4.45

11-3 续表 7 continued

单位:亿元 (100 million yuan)

指标	Item	管理费用 Management Expense	税金 Tax	财务费用 Financial Expense	利息收入 Interest Revenue	利息支出 Interest Expense
总计	**Total**	**1565.74**	**90.89**	**426.25**	**28.24**	**376.71**
按登记注册类型:	**Grouped by Registration**					
内资企业	Internal-invested Enterprises	1449.69	85.18	402.03	25.02	354.51
国有企业	State-owned Enterprises	85.85	3.63	23.31	1.52	24.40
中央企业	Central Enterprises	58.86	2.14	19.35	1.42	20.59
地方企业	Local Enterprises	26.99	1.48	3.96	0.11	3.81
集体企业	Collective-owned Enterprises	9.97	0.53	2.25		1.85
股份合作企业	Enterprises Cooperated by Joint-stock	2.12	0.13	0.57	0.01	0.33
联营企业	Cooperative Enterprises	0.62	0.01	0.16	0.01	0.08
有限责任公司	Limited Liability Company	349.94	19.43	113.57	11.39	106.65
股份有限公司	Company Limited by Shares	161.01	7.19	74.85	9.23	74.21
私营企业	Individual-owned Enterprises	833.32	53.35	185.47	2.85	145.54
其他企业	Enterprises of Other Types of Ownership	6.86	0.91	1.85	0.02	1.45
港、澳、台商投资企业	Enterprises Funded by Entrepreneurs From Hong Kong, Macao and Taiwan	62.06	3.08	10.38	1.41	8.81
外商投资企业	Enterprises funded by Foreigners	54.00	2.64	13.83	1.80	13.39
按经济组织类型:	**Grouped by Ownership**					
独资企业	Enterprises Owned by a Sole Investor	176.56	8.15	41.45	2.40	38.37
合作、合伙企业	Enterprises of Partnership	39.68	2.11	10.14	0.14	6.81
股份有限公司	Company Limited by Shares	254.64	13.94	91.43	11.20	89.84
有限责任公司	Limited Liability Company	1094.86	66.68	283.22	14.51	241.69
国有控股企业	**State Controlling Share Hold Enterprises**	**347.06**	**16.66**	**163.45**	**17.90**	**164.84**
按企业规模分:	**Grouped by Size of Enterprises**					
大型企业	Large Enterprises	432.34	23.87	167.00	21.76	171.29
中型企业	Medium-sized Enterprises	454.14	29.72	96.58	3.55	83.22
小型企业	Small Enterprises	672.94	37.03	159.74	2.82	120.80
微型企业	Miniature Enterprise	6.31	0.27	2.92	0.12	1.40

11-3 续表 8 continued

单位:亿元 (100 million yuan)

指标	Item	营业利润 Operating Profit	投资收益 Income from Investment	政府补助 Income from Subsidy	营业外收入 Non-operating Income	利润总额 Total Profit
总计	**Total**	**1868.56**	**31.02**	**56.05**	**168.61**	**1808.70**
按登记注册类型:	**Grouped by Registration**					
内资企业	Internal-invested Enterprises	1731.23	32.43	48.10	143.91	1661.56
国有企业	State-owned Enterprises	128.97	9.01	2.63	9.80	128.89
中央企业	Central Enterprises	123.06	8.72	0.98	6.50	120.79
地方企业	Local Enterprises	5.92	0.29	1.65	3.30	8.10
集体企业	Collective-owned Enterprises	17.68	0.09	0.01	0.11	16.28
股份合作企业	Enterprises Cooperated by Joint-stock	2.97	0.04	0.03	0.05	2.20
联营企业	Cooperative Enterprises	0.91	0.02			0.91
有限责任公司	Limited Liability Company	302.53	5.47	19.25	45.26	285.30
股份有限公司	Company Limited by Shares	81.12	6.76	15.29	30.16	94.73
私营企业	Individual-owned Enterprises	1186.09	11.04	10.79	57.93	1122.63
其他企业	Enterprises of Other Types of Ownership	10.96	0.01	0.09	0.61	10.63
港、澳、台商投资企业	Enterprises Funded by Entrepreneurs From Hong Kong, Macao and Taiwan	91.92	0.84	6.18	18.16	97.42
外商投资企业	Enterprises funded by Foreigners	45.41	-2.25	1.78	6.54	49.72
按经济组织类型:	**Grouped by Ownership**					
独资企业	Enterprises Owned by a Sole Investor	275.00	5.90	4.76	19.46	272.29
合作、合伙企业	Enterprises of Partnership	57.12	-0.10	0.26	1.03	54.44
股份有限公司	Company Limited by Shares	213.76	5.34	18.36	40.62	224.53
有限责任公司	Limited Liability Company	1322.69	19.88	32.67	107.50	1257.44
国有控股企业	**State Controlling Share Hold Enterprises**	**190.46**	**13.84**	**30.91**	**61.19**	**224.18**
按企业规模分:	**Grouped by Size of Enterprises**					
大型企业	Large Enterprises	304.72	41.86	30.03	69.78	334.74
中型企业	Medium-sized Enterprises	520.71	-5.87	12.19	34.90	497.37
小型企业	Small Enterprises	1036.42	-4.89	13.66	62.48	970.10
微型企业	Miniature Enterprise	6.72	-0.08	0.17	1.45	6.49

11-3 续表 9 continued

单位:亿元 (100 million yuan)

指标	Item	亏损企业亏损总额 Total Loss of Enterprises Running under Deficit	利税总额 Taxes	本年应付职工薪酬 Total Sum of Wages Payable this Year	本年应交增值税 Value Added Payable of the Current Year
总计	**Total**	**185.89**	**3904.9**	**1796.81**	**1067.44**
按登记注册类型:	**Grouped by Registration**				
内资企业	Internal-invested Enterprises	155.67	3648.06	1627.36	983.86
国有企业	State-owned Enterprises	6.53	841.33	154.17	168.74
中央企业	Central Enterprises	2.32	818.25	120.68	156.68
地方企业	Local Enterprises	4.21	23.09	33.49	12.06
集体企业	Collective-owned Enterprises	0.19	26.98	15.32	7.82
股份合作企业	Enterprises Cooperated by Joint-stock	0.81	3.67	1.93	0.81
联营企业	Cooperative Enterprises		1.49	0.92	0.34
有限责任公司	Limited Liability Company	80.32	577.4	377.11	204.33
股份有限公司	Company Limited by Shares	47.41	313.13	179.12	96.13
私营企业	Individual-owned Enterprises	20.38	1857.97	887.5	498.4
其他企业	Enterprises of Other Types of Ownership	0.03	26.08	11.28	7.28
港、澳、台商投资企业	Enterprises Funded by Entrepreneurs From Hong Kong,Macao and Taiwan	3.97	162.86	105.92	54.51
外商投资企业	Enterprises funded by Foreigners	26.24	93.99	63.52	29.08
按经济组织类型:	**Grouped by Ownership**				
独资企业	Enterprises Owned by a Sole Investor	13.07	1079.16	310.22	231.72
合作、合伙企业	Enterprises of Partnership	2.11	110.93	69.42	33.64
股份有限公司	Company Limited by Shares	48.07	537.56	280.41	168.91
有限责任公司	Limited Liability Company	122.64	2177.26	1136.75	633.16
国有控股企业	**State-owned or Controlling Share Hold Enterprises**	**120.99**	**1249.17**	**458.46**	**330.11**
按企业规模分:	**Grouped by Size of Enterprises**				
大型企业	Large Enterprises	100.03	1406.4	572.53	366.38
中型企业	Medium-sized Enterprises	47.99	881.21	580.17	282.09
小型企业	Small Enterprises	34.77	1603.28	633.87	414.46
微型企业	Miniature Enterprise	3.09	14.02	10.23	4.51

11-3 续表 10 continued

指标	Item	全部从业人员年平均人数（万人）Average Number of Empolyment of the Current Year (10000persons)	百元固定资产原价实现利税（元）Per-tax Profits per 100 Yuan of Original Value of Fix Assets (yuan)	每百元主营业务收入实现的利税(元) Per-tax Profits per 100 Yuan of Sales Recenue (yuan)
总计	**Total**	**336.9**	**27.37**	**11.03**
按登记注册类型：	**Grouped by Registration**			
内资企业	Internal-invested Enterprises	304.68	28.16	11.20
国有企业	State-owned Enterprises	16.91	42.15	43.31
中央企业	Central Enterprises	9.91	47.54	49.18
地方企业	Local Enterprises	7	8.41	8.28
集体企业	Collective-owned Enterprises	3.57	49.66	10.55
股份合作企业	Enterprises Cooperated by Joint-stock	0.56	38.35	8.71
联营企业	Cooperative Enterprises	0.21	37.44	11.01
有限责任公司	Limited Liability Company	66.08	15.09	8.03
股份有限公司	Company Limited by Shares	23.14	14.06	9.49
私营企业	Individual-owned Enterprises	191.74	39.11	9.48
其他企业	Enterprises of Other Types of Ownership	2.46	29.68	11.72
港、澳、台商投资企业	Enterprises Funded by Entrepreneurs From Hong Kong, Macao and Taiwan	21.76	23.67	9.63
外商投资企业	Enterprises funded by Foreigners	10.46	15.10	8.18
按经济组织类型：	**Grouped by Ownership**			
独资企业	Enterprises Owned by a Sole Investor	50.12	40.50	25.52
合作、合伙企业	Enterprises of Partnership	15.81	32.74	11.35
股份有限公司	Company Limited by Shares	42.96	19.07	9.63
有限责任公司	Limited Liability Company	228	25.78	8.84
国有控股企业	**State Controlling Share Hold Enterprises**	**56.49**	**19.40**	**18.82**
按企业规模分:	**Grouped by Size of Enterprises**			
大型企业	Large Enterprises	71.66	23.18	15.13
中型企业	Medium-sized Enterprises	121.86	24.63	10.00
小型企业	Small Enterprises	140.75	35.14	9.39
微型企业	Miniature Enterprise	2.63	24.85	5.97

11-3 续表 11 continued

指标	Item	资产负债率 (%) Assets-Liability Ratio(%)	产品销售率 (%) Ratio of Proportion of Products Sold(%)	总资产贡献率 (%) Ratio of Total Assets to Industrial Output Vale(%)	产值利税率 (%) Ratio of Pertax Profits to Gross Output Value(%)
总计	**Total**	**51.92**	**97.80**	**18.04**	**10.54**
按登记注册类型:	**Grouped by Registration**				
内资企业	Internal-invested Enterprises	52.41	97.75	18.43	10.72
国有企业	State-owned Enterprises	51.92	97.86	38.8	40.78
中央企业	Central Enterprises	50.54	97.88	45.27	46.07
地方企业	Local Enterprises	58.68	97.71	7.1	8.05
集体企业	Collective-owned Enterprises	43.18	98.60	32.17	10.65
股份合作企业	Enterprises Cooperated by Joint-stock	53.96	99.05	14.89	8.20
联营企业	Cooperative Enterprises	40.66	98.70	34.86	9.97
有限责任公司	Limited Liability Company	61.09	97.88	10.76	7.67
股份有限公司	Company Limited by Shares	59.60	96.58	8.94	8.99
私营企业	Individual-owned Enterprises	42.92	97.88	23.1	9.10
其他企业	Enterprises of Other Types of Ownership	44.71	97.06	31.34	11.38
港、澳、台商投资企业	Enterprises Funded by Entrepreneurs From Hong Kong, Macao and Taiwan	45.55	98.43	16.42	9.16
外商投资企业	Enterprises funded by Foreigners	47.90	98.50	10.99	7.64
按经济组织类型:	**Grouped by Ownership**				
独资企业	Enterprises Owned by a Sole Investor	47.45	98.38	34.03	24.41
合作、合伙企业	Enterprises of Partnership	33.50	98.06	30.22	10.80
股份有限公司	Company Limited by Shares	54.63	97.11	11.31	9.15
有限责任公司	Limited Liability Company	52.41	97.85	16.63	8.46
国有控股企业	**State Controlling Share Hold Enterprises**	**62.39**	**97.58**	**14.97**	**18.01**
按企业规模分:	**Grouped by Size of Enterprises**				
大型企业	Large Enterprises	61.94	97.03	14.87	14.29
中型企业	Medium-sized Enterprises	45.61	97.83	18.04	9.45
小型企业	Small Enterprises	42.42	98.24	22.67	9.10
微型企业	Miniature Enterprise	56.82	97.05	7.95	5.70

11-4 规模以上工业企业行业大类主要经济指标(2015年)
Main Economic indicators of Industrial Enterprises above Designated Size by Industrial Sector(2015)

单位:亿元 (100 million yuan)

指标	Item	资产总计 Total Assets	流动资产合计 Cir-culating Funds	应收账款 Value of Account Received
按行业划分:	**Grouped by Sector**	**23575.75**	**10247.43**	**2858.26**
煤炭开采和洗选业	Mining and Washing of Coal	303.41	67.61	13.21
石油和天然气开采业	Petroleum and Natural Gas Extraction			
黑色金属矿采选业	Mining of Ferrous Metal Ores	71.04	23.04	4.17
有色金属矿采选业	Mining of Non-ferrous Metal Ores	272.97	71.21	10.94
非金属矿采选业	Mining and Processing of Nonmetal Ores	189.33	75.08	9.97
开采辅助活动	Mining of Other Ores N.E.C			
其他采矿业	Other Mining and Dressing	0.53	0.27	0.12
农副食品加工业	Processing of Food from Agricultural Products	1075.21	409.45	79.57
食品制造业	Manufacture of Foods	423.04	165.36	25.98
酒、饮料和精制茶制造业	Manufacture of Liquor, Beverage and Refined Tea	333.73	119.34	18.22
烟草制品业	Manufacture of Tobacco	779.96	579.70	43.07
纺织业	Manufacture of Textile	341.05	141.15	30.82
纺织服装、服饰业	Manufacture of Textile Wearing and Clothing Apparel	129.59	48.61	13.11
皮革、毛皮、羽毛及其制品和制鞋业	Leather, Fur, Feather and Its Products and Footwear	128.96	45.85	11.80
木材加工和木、竹、藤、棕、草制品业	Processing of Timbers, Manufacture of Wood, Bamboo, Rattan, Palm and Straw Products	198.29	57.16	11.05
家具制造业	Manufacture of Furniture	97.53	30.19	8.72
造纸和纸制品业	Manufacture of Paper and Paper Products	542.80	211.64	43.24
印刷和记录媒介复制业	Printing,Reproduction of Recording Media	156.58	76.19	23.80
文教、工美、体育和娱乐用品制造业	Manufacture of Articles for Culture,Education and Sport Activity	77.18	34.11	10.79
石油加工、炼焦和核燃料加工业	Processing of Petroleum, Coking, Processing of Nucleus Fuel	272.87	80.13	17.39
化学原料和化学制品制造业	Manufacture of Chemical Raw Material and Chemical Products	1354.29	493.17	113.53
医药制造业	Manufacture of Medicines	497.80	204.32	44.56
化学纤维制造业	Manufacture of Chemical Fiber	19.23	3.71	1.05
橡胶和塑料制品业	Manufacture of Rubber and plastic	244.46	87.30	27.91
非金属矿物制品业	Manufacture of Non-metallic Mineral Products	1633.76	535.59	155.15
黑色金属冶炼和压延加工业	Manufacture and Processing of Ferrous Metals	1115.02	403.73	60.92
有色金属冶炼和压延加工业	Manufacture and Processing of Non-ferrous Metals	1219.46	586.89	69.02
金属制品业	Manufacture of Metal Products	507.39	237.05	75.35
通用设备制造业	Manufacture of General Purpose Machinery	878.31	477.11	207.19
专用设备制造业	Manufacture of Special Purpose Machinery	2842.88	1883.14	734.79
汽车制造业	Automobile Industry	1239.81	701.23	219.61
铁路、船舶、航空航天和其他运输设备制造业	Manufacture of Railway, Marine, Aerospace and Other Transport Equipment	1078.29	733.40	198.43
电气机械和器材制造业	Manufacture of Electrical Machinery and Equipment	1307.00	736.94	255.87
计算机、通信和其他电子设备制造业	Manufacture of Communication Equipment,Computer and Other Electronic Equipment	853.40	398.36	160.66
仪器仪表制造业	Manufacture of Measuring Instrument	176.45	103.03	43.95
其他制造业	Other Manufacture N.E.C	40.70	18.06	4.82
废弃资源综合利用业	Recycling and Disposal of Waste	58.65	15.93	3.65
金属制品、机械和设备修理业	Mental Products,Machine and Equipment Repair	7.44	3.36	1.39
电力、热力生产和供应业	Production and Supply of Electric Power and Heat Power	2691.47	268.22	85.91
燃气生产和供应业	Production and Distribution of Gas	120.42	33.54	4.87
水的生产和供应业	Production and Distribution of Water	295.46	87.27	13.67

11-4 续表 1 continued

单位:亿元 (100 million yuan)

指标	Item	存货 Stock	产成品 Finished Products	固定资产合计 Total Fixed Assets
按行业划分:	**Grouped by Sector**	**2705.08**	**910.61**	**9903.94**
煤炭开采和洗选业	Mining and Washing of Coal	12.90	6.84	181.82
石油和天然气开采业	Petroleum and Natural Gas Extraction			
黑色金属矿采选业	Mining of Ferrous Metal Ores	4.11	1.30	36.42
有色金属矿采选业	Mining of Non-ferrous Metal Ores	18.60	8.78	142.77
非金属矿采选业	Mining and Processing of Nonmetal Ores	9.83	6.89	79.49
开采辅助活动	Mining of Other Ores N.E.C			
其他采矿业	Other Mining and Dressing	0.02	0.02	0.25
农副食品加工业	Processing of Food from Agricultural Products	127.79	55.30	510.33
食品制造业	Manufacture of Foods	41.90	14.11	182.49
酒、饮料和精制茶制造业	Manufacture of Liquor, Beverage and Refined Tea	43.52	18.13	162.93
烟草制品业	Manufacture of Tobacco	450.38	45.26	94.70
纺织业	Manufacture of Textile	48.39	27.97	148.49
纺织服装、服饰业	Manufacture of Textile Wearing and Clothing Apparel	12.16	5.97	62.11
皮革、毛皮、羽毛及其制品和制鞋业	Leather, Fur, Feather and Its Products and Footwear	14.68	7.52	65.63
木材加工和木、竹、藤、棕、草制品业	Processing of Timbers,Manufacture of Wood,Bamboo, Rattan,Palm and Straw Products	16.43	8.73	118.07
家具制造业	Manufacture of Furniture	9.36	5.94	56.95
造纸和纸制品业	Manufacture of Paper and Paper Products	85.35	16.46	261.58
印刷和记录媒介复制业	Printing,Reproduction of Recording Media	18.56	7.84	60.80
文教、工美、体育和娱乐用品制造业	Manufacture of Articles for Culture,Education and Sport Activity	11.91	5.13	35.49
石油加工、炼焦和核燃料加工业	Processing of Petroleum,Coking,Processing of Nucleus Fuel	32.89	11.37	178.47
化学原料和化学制品制造业	Manufacture of Chemical Raw Material and Chemical Products	123.68	60.55	648.72
医药制造业	Manufacture of Medicines	47.74	21.26	199.12
化学纤维制造业	Manufacture of Chemical Fiber	1.24	0.99	12.75
橡胶和塑料制品业	Manufacture of Rubber and plastic	22.96	13.85	116.66
非金属矿物制品业	Manufacture of Non-metallic Mineral Products	136.18	61.05	832.13
黑色金属冶炼和压延加工业	Manufacture and Processing of Ferrous Metals	107.90	24.85	573.91
有色金属冶炼和压延加工业	Manufacture and Processing of Non-ferrous Metals	210.57	49.17	448.86
金属制品业	Manufacture of Metal Products	54.26	25.23	200.91
通用设备制造业	Manufacture of General Purpose Machinery	118.27	57.95	282.76
专用设备制造业	Manufacture of Special Purpose Machinery	344.39	162.62	534.52
汽车制造业	Automobile Industry	117.77	49.55	373.01
铁路、船舶、航空航天和其他运输设备制造业	Manufacture of Railway,Marine,Aerospace and Other Transport Equipment	171.11	40.90	230.25
电气机械和器材制造业	Manufacture of Electrical Machinery and Equipment	166.37	49.48	349.07
计算机、通信和其他电子设备制造业	Manufacture of Communication Equipment,Computer and Other Electronic Equipment	67.62	27.50	321.94
仪器仪表制造业	Manufacture of Measuring Instrument	15.32	5.26	46.33
其他制造业	Other Manufacture N.E.C	6.21	2.19	15.26
废弃资源综合利用业	Recycling and Disposal of Waste	4.07	1.83	32.48
金属制品、机械和设备修理业	Mental Products,Machine and Equipment Repair	1.38	0.57	2.23
电力、热力生产和供应业	Production and Supply of Electric Power and Heat Power	21.80	0.73	2094.57
燃气生产和供应业	Production and Distribution of Gas	4.56	0.74	68.54
水的生产和供应业	Production and Distribution of Water	2.90	0.76	141.09

11-4 续表 2 continued

单位:亿元 (100 million yuan)

指标	Item	固定资产原价 Original Price of Fixed Assets	累计折旧 Accumulated Depreciation
按行业划分:	**Grouped by Sector**	**14266.10**	**4994.03**
煤炭开采和洗选业	Mining and Washing of Coal	263.00	104.16
石油和天然气开采业	Petroleum and Natural Gas Extraction		
黑色金属矿采选业	Mining of Ferrous Metal Ores	50.24	18.14
有色金属矿采选业	Mining of Non-ferrous Metal Ores	147.24	46.29
非金属矿采选业	Mining and Processing of Nonmetal Ores	101.80	29.09
开采辅助活动	Mining of Other Ores N.E.C		
其他采矿业	Other Mining and Dressing	0.38	0.13
农副食品加工业	Processing of Food from Agricultural Products	708.58	231.79
食品制造业	Manufacture of Foods	241.07	67.44
酒、饮料和精制茶制造业	Manufacture of Liquor, Beverage and Refined Tea	214.49	68.12
烟草制品业	Manufacture of Tobacco	205.67	112.99
纺织业	Manufacture of Textile	197.33	56.77
纺织服装、服饰业	Manufacture of Textile Wearing and Clothing Apparel	79.43	20.68
皮革、毛皮、羽毛及其制品和制鞋业	Leather, Fur, Feather and Its Products and Footwear	82.74	20.66
木材加工和木、竹、藤、棕、草制品业	Processing of Timbers, Manufacture of Wood, Bamboo, Rattan, Palm and Straw Products	156.93	43.19
家具制造业	Manufacture of Furniture	73.04	18.30
造纸和纸制品业	Manufacture of Paper and Paper Products	365.23	115.46
印刷和记录媒介复制业	Printing,Reproduction of Recording Media	103.23	46.62
文教、工美、体育和娱乐用品制造业	Manufacture of Articles for Culture,Education and Sport Activity	47.63	16.62
石油加工、炼焦和核燃料加工业	Processing of Petroleum,Coking,Processing of Nucleus Fuel	300.09	131.20
化学原料和化学制品制造业	Manufacture of Chemical Raw Material and Chemical Products	882.14	277.52
医药制造业	Manufacture of Medicines	268.60	83.82
化学纤维制造业	Manufacture of Chemical Fiber	14.30	2.47
橡胶和塑料制品业	Manufacture of Rubber and plastic	150.96	44.14
非金属矿物制品业	Manufacture of Non-metallic Mineral Products	1100.22	320.59
黑色金属冶炼和压延加工业	Manufacture and Processing of Ferrous Metals	961.27	409.44
有色金属冶炼和压延加工业	Manufacture and Processing of Non-ferrous Metals	608.15	206.38
金属制品业	Manufacture of Metal Products	258.81	78.47
通用设备制造业	Manufacture of General Purpose Machinery	384.09	125.79
专用设备制造业	Manufacture of Special Purpose Machinery	755.86	251.46
汽车制造业	Automobile Industry	491.70	146.19
铁路、船舶、航空航天和其他运输设备制造业	Manufacture of Railway,Marine,Aerospace and Other Transport Equipment	319.65	105.77
电气机械和器材制造业	Manufacture of Electrical Machinery and Equipment	409.99	117.36
计算机、通信和其他电子设备制造业	Manufacture of Communication Equipment,Computer and Other Electronic Equipment	445.11	136.96
仪器仪表制造业	Manufacture of Measuring Instrument	58.46	16.12
其他制造业	Other Manufacture N.E.C	20.87	7.26
废弃资源综合利用业	Recycling and Disposal of Waste	40.07	8.30
金属制品、机械和设备修理业	Mental Products,Machine and Equipment Repair	3.23	1.00
电力、热力生产和供应业	Production and Supply of Electric Power and Heat Power	3476.86	1423.63
燃气生产和供应业	Production and Distribution of Gas	80.18	16.85
水的生产和供应业	Production and Distribution of Water	197.49	66.84

11-4 续表 3 continued

单位:亿元 (100 million yuan)

指标	Item	负债合计 Total Liability	流动负债合计 Total Circulating Liability	应付账款 Account Payable
按行业划分:	**Grouped by Sector**	**12240.94**	**8477.96**	**2197.37**
煤炭开采和洗选业	Mining and Washing of Coal	122.63	91.36	12.06
石油和天然气开采业	Petroleum and Natural Gas Extraction			
黑色金属矿采选业	Mining of Ferrous Metal Ores	29.57	16.67	1.72
有色金属矿采选业	Mining of Non-ferrous Metal Ores	126.75	64.63	6.22
非金属矿采选业	Mining and Processing of Nonmetal Ores	86.41	61.15	7.05
开采辅助活动	Mining of Other Ores N.E.C			
其他采矿业	Other Mining and Dressing	0.28	0.19	0.09
农副食品加工业	Processing of Food from Agricultural Products	403.59	282.35	53.85
食品制造业	Manufacture of Foods	160.43	127.16	25.28
酒、饮料和精制茶制造业	Manufacture of Liquor, Beverage and Refined Tea	134.56	93.31	16.12
烟草制品业	Manufacture of Tobacco	118.92	118.86	65.29
纺织业	Manufacture of Textile	159.76	123.17	28.38
纺织服装、服饰业	Manufacture of Textile Wearing and Clothing Apparel	43.55	31.66	8.57
皮革、毛皮、羽毛及其制品和制鞋业	Leather, Fur, Feather and Its Products and Footwear	48.48	32.22	10.31
木材加工和木、竹、藤、棕、草制品业	Processing of Timbers, Manufacture of Wood, Bamboo, Rattan, Palm and Straw Products	61.23	40.81	6.39
家具制造业	Manufacture of Furniture	36.31	17.22	4.79
造纸和纸制品业	Manufacture of Paper and Paper Products	311.44	227.97	42.25
印刷和记录媒介复制业	Printing,Reproduction of Recording Media	63.55	50.15	13.73
文教、工美、体育和娱乐用品制造业	Manufacture of Articles for Culture,Education and Sport Activity	27.09	20.35	5.03
石油加工、炼焦和核燃料加工业	Processing of Petroleum,Coking,Processing of Nucleus Fuel	150.54	128.28	19.22
化学原料和化学制品制造业	Manufacture of Chemical Raw Material and Chemical Products	557.83	420.58	97.89
医药制造业	Manufacture of Medicines	180.57	137.38	35.22
化学纤维制造业	Manufacture of Chemical Fiber	11.25	8.29	1.39
橡胶和塑料制品业	Manufacture of Rubber and plastic	96.98	70.83	17.98
非金属矿物制品业	Manufacture of Non-metallic Mineral Products	741.92	545.16	131.06
黑色金属冶炼和压延加工业	Manufacture and Processing of Ferrous Metals	822.38	701.26	107.97
有色金属冶炼和压延加工业	Manufacture and Processing of Non-ferrous Metals	661.56	468.84	69.35
金属制品业	Manufacture of Metal Products	204.60	146.69	38.69
通用设备制造业	Manufacture of General Purpose Machinery	415.72	343.32	115.94
专用设备制造业	Manufacture of Special Purpose Machinery	1650.84	1029.53	214.19
汽车制造业	Automobile Industry	852.61	713.52	252.98
铁路、船舶、航空航天和其他运输设备制造业	Manufacture of Railway,Marine,Aerospace and Other Transport Equipment	572.42	474.65	225.61
电气机械和器材制造业	Manufacture of Electrical Machinery and Equipment	741.76	564.21	183.68
计算机、通信和其他电子设备制造业	Manufacture of Communication Equipment,Computer and Other Electronic Equipment	437.07	334.79	136.98
仪器仪表制造业	Manufacture of Measuring Instrument	68.14	55.80	24.66
其他制造业	Other Manufacture N.E.C	13.58	10.30	2.82
废弃资源综合利用业	Recycling and Disposal of Waste	23.67	15.48	4.11
金属制品、机械和设备修理业	Mental Products,Machine and Equipment Repair	4.72	4.52	1.74
电力、热力生产和供应业	Production and Supply of Electric Power and Heat Power	1825.58	728.17	187.51
燃气生产和供应业	Production and Distribution of Gas	76.03	60.62	9.36
水的生产和供应业	Production and Distribution of Water	196.60	116.51	11.86

11-4 续表 4 continued

单位:亿元 (100 million yuan)

指标	Item	非流动负债合计 Total Long term Liability	所有者权益合计 Total Rights of Owners	实收资本 Assets Recevied
按行业划分:	**Grouped by Sector**	**3027.13**	**11311.45**	**5257.40**
煤炭开采和洗选业	Mining and Washing of Coal	20.08	176.28	114.23
石油和天然气开采业	Petroleum and Natural Gas Extraction			
黑色金属矿采选业	Mining of Ferrous Metal Ores	8.85	41.16	27.36
有色金属矿采选业	Mining of Non-ferrous Metal Ores	36.78	146.15	84.76
非金属矿采选业	Mining and Processing of Nonmetal Ores	12.24	102.82	67.50
开采辅助活动	Mining of Other Ores N.E.C			
其他采矿业	Other Mining and Dressing	0.09	0.25	0.24
农副食品加工业	Processing of Food from Agricultural Products	62.60	670.60	303.52
食品制造业	Manufacture of Foods	21.14	261.31	119.14
酒、饮料和精制茶制造业	Manufacture of Liquor, Beverage and Refined Tea	19.61	198.81	97.04
烟草制品业	Manufacture of Tobacco	0.06	661.04	52.10
纺织业	Manufacture of Textile	17.32	181.30	98.35
纺织服装、服饰业	Manufacture of Textile Wearing and Clothing Apparel	5.31	85.87	32.33
皮革、毛皮、羽毛及其制品和制鞋业	Leather, Fur, Feather and Its Products and Footwear	11.15	80.18	42.23
木材加工和木、竹、藤、棕、草制品业	Processing of Timbers, Manufacture of Wood, Bamboo, Rattan, Palm and Straw Products	7.41	136.92	83.74
家具制造业	Manufacture of Furniture	2.43	59.60	36.17
造纸和纸制品业	Manufacture of Paper and Paper Products	68.46	230.23	236.43
印刷和记录媒介复制业	Printing,Reproduction of Recording Media	7.59	92.98	33.36
文教、工美、体育和娱乐用品制造业	Manufacture of Articles for Culture, Education and Sport Activity	3.91	50.08	26.81
石油加工、炼焦和核燃料加工业	Processing of Petroleum,Coking,Processing of Nucleus Fuel	19.34	122.33	73.00
化学原料和化学制品制造业	Manufacture of Chemical Raw Material and Chemical Products	72.93	797.43	429.80
医药制造业	Manufacture of Medicines	28.50	317.03	141.77
化学纤维制造业	Manufacture of Chemical Fiber	1.37	7.71	8.23
橡胶和塑料制品业	Manufacture of Rubber and plastic	15.36	146.91	94.09
非金属矿物制品业	Manufacture of Non-metallic Mineral Products	135.88	890.56	469.36
黑色金属冶炼和压延加工业	Manufacture and Processing of Ferrous Metals	83.34	291.68	189.64
有色金属冶炼和压延加工业	Manufacture and Processing of Non-ferrous Metals	149.59	555.83	258.52
金属制品业	Manufacture of Metal Products	29.26	302.80	144.65
通用设备制造业	Manufacture of General Purpose Machinery	45.18	462.32	186.14
专用设备制造业	Manufacture of Special Purpose Machinery	594.23	1190.92	270.04
汽车制造业	Automobile Industry	121.77	386.90	268.90
铁路、船舶、航空航天和其他运输设备制造业	Manufacture of Railway, Marine, Aerospace and Other Transport Equipment	79.35	505.87	180.70
电气机械和器材制造业	Manufacture of Electrical Machinery and Equipment	120.06	563.36	267.85
计算机、通信和其他电子设备制造业	Manufacture of Communication Equipment, Computer and Other Electronic Equipment	94.38	413.62	174.55
仪器仪表制造业	Manufacture of Measuring Instrument	10.54	106.58	32.66
其他制造业	Other Manufacture N.E.C	1.24	27.07	11.68
废弃资源综合利用业	Recycling and Disposal of Waste	1.35	34.98	23.13
金属制品、机械和设备修理业	Mental Products,Machine and Equipment Repair	0.05	2.83	1.44
电力、热力生产和供应业	Production and Supply of Electric Power and Heat Power	1042.94	865.89	511.45
燃气生产和供应业	Production and Distribution of Gas	10.87	44.38	17.25
水的生产和供应业	Production and Distribution of Water	64.57	98.86	47.25

11-4 续表5 continued

单位:亿元 (100 million yuan)

指标	Item	实收资本 Paid-in capital					
		国家资本 National Assets	集体资本 Collective Assets	法人资本 Corperative Assets	个人资本 Individual Assets	港澳台资本 Assets from Hongkong, Maco and Taiwan Funded	外商资本 Total Rights of Owners Foreign Assets
按行业划分:	**Grouped by Sector**	**1016.24**	**86.14**	**2437.13**	**1414.87**	**103.61**	**199.07**
煤炭开采和洗选业	Mining and Washing of Coal	8.25	5.33	55.77	44.88		
石油和天然气开采业	Petroleum and Natural Gas Extraction						
黑色金属矿采选业	Mining of Ferrous Metal Ores	0.01	0.35	16.00	11.00		
有色金属矿采选业	Mining of Non-ferrous Metal Ores	25.46	0.41	27.49	30.86	0.53	0.01
非金属矿采选业	Mining and Processing of Nonmetal Ores	8.88	0.39	37.13	21.06	0.04	
开采辅助活动	Mining of Other Ores N.E.C						
其他采矿业	Other Mining and Dressing			0.23	0.01		
农副食品加工业	Processing of Food from Agricultural Products	5.05	2.71	187.13	103.15	2.46	3.03
食品制造业	Manufacture of Foods	1.50	0.53	74.09	39.01	0.97	3.03
酒、饮料和精制茶制造业	Manufacture of Liquor, Beverage and Refined Tea	7.05	2.81	42.06	34.52	3.42	7.18
烟草制品业	Manufacture of Tobacco	45.52	0.16	6.27	0.15		
纺织业	Manufacture of Textile	0.28	1.48	66.12	29.35	1.12	
纺织服装、服饰业	Manufacture of Textile Wearing and Clothing Apparel	0.30	0.06	11.96	18.49	1.24	0.28
皮革、毛皮、羽毛及其制品和制鞋业	Leather, Fur, Feather and Its Products and Footwear	0.29		26.01	8.79	6.67	0.47
木材加工和木、竹、藤、棕、草制品业	Processing of Timbers,Manufacture of Wood, Bamboo, Rattan, Palm and Straw Products	0.08	0.40	55.95	26.75	0.21	0.35
家具制造业	Manufacture of Furniture		0.03	28.97	7.17		
造纸和纸制品业	Manufacture of Paper and Paper Products	48.71	4.00	51.97	118.00	0.33	13.42
印刷和记录媒介复制业	Printing,Reproduction of Recording Media	1.28	0.73	19.06	10.92	0.19	1.18
文教、工美、体育和娱乐用品制造业	Manufacture of Articles for Culture, Education and Sport Activity	0.74	0.29	14.18	9.46	1.99	0.13
石油加工、炼焦和核燃料加工业	Processing of Petroleum,Coking,Processing of Nucleus Fuel	25.97	0.52	37.47	5.89		3.15
化学原料和化学制品制造业	Manufacture of Chemical Raw Material and Chemical Products	76.58	7.53	209.40	130.48	2.95	2.85
医药制造业	Manufacture of Medicines	3.61	4.15	73.99	58.91	0.59	0.53
化学纤维制造业	Manufacture of Chemical Fiber			6.01	0.87		1.34
橡胶和塑料制品业	Manufacture of Rubber and plastic	1.42	2.12	44.94	25.19	2.09	18.33
非金属矿物制品业	Manufacture of Non-metallic Mineral Products	24.66	17.17	252.11	171.35	2.26	1.82
黑色金属冶炼和压延加工业	Manufacture and Processing of Ferrous Metals	29.76	1.54	132.91	24.68	0.02	0.73
有色金属冶炼和压延加工业	Manufacture and Processing of Non-ferrous Metals	45.28	1.90	128.93	77.16	2.27	2.99
金属制品业	Manufacture of Metal Products	12.06	2.47	89.77	38.53	0.95	0.51
通用设备制造业	Manufacture of General Purpose Machinery	18.67	4.64	102.87	56.77	1.84	1.34
专用设备制造业	Manufacture of Special Purpose Machinery	32.78	3.20	117.95	108.27	1.17	6.67
汽车制造业	Automobile Industry	56.13	0.52	127.87	20.92	1.50	61.96
铁路、船舶、航空航天和其他运输设备制造业	Manufacture of Railway,Marine,Aerospace and Other Transport Equipment	101.12	0.24	56.37	10.18	5.47	7.32
电气机械和器材制造业	Manufacture of Electrical Machinery and Equipment	53.23	8.03	104.48	73.89	5.87	22.34
计算机、通信和其他电子设备制造业	Manufacture of Communication Equipment, Computer and Other Electronic Equipment	16.00	0.88	81.91	48.16	21.88	5.71
仪器仪表制造业	Manufacture of Measuring Instrument	1.55	0.32	11.28	13.48	6.00	0.03
其他制造业	Other Manufacture N.E.C	1.63	0.19	6.23	3.64		
废弃资源综合利用业	Recycling and Disposal of Waste	0.61	0.21	15.17	6.36	0.78	
金属制品、机械和设备修理业	Mental Products,Machine and Equipment Repair	0.54		0.48	0.42		
电力、热力生产和供应业	Production and Supply of Electric Power and Heat Power	339.34	7.96	90.48	19.96	23.96	29.75
燃气生产和供应业	Production and Distribution of Gas	3.65		8.03	1.80	1.15	2.62
水的生产和供应业	Production and Distribution of Water	18.28	2.84	18.07	4.36	3.69	

11-4 续表 6 continued

单位:亿元 (100 million yuan)

指标	Item	主营业务收入 Revenue of Major Business	主营业务成本 Cost of Major Business	主营业务税金及附加 Tax of Major Business
按行业划分:	**Grouped by Sector**	**35410.45**	**28807.96**	**1023.72**
煤炭开采和洗选业	Mining and Washing of Coal	456.15	383.93	6.12
石油和天然气开采业	Petroleum and Natural Gas Extraction			
黑色金属矿采选业	Mining of Ferrous Metal Ores	128.85	106.58	1.46
有色金属矿采选业	Mining of Non-ferrous Metal Ores	361.01	286.19	5.23
非金属矿采选业	Mining and Processing of Nonmetal Ores	361.63	294.26	5.93
开采辅助活动	Mining of Other Ores N.E.C			
其他采矿业	Other Mining and Dressing	2.76	1.97	0.03
农副食品加工业	Processing of Food from Agricultural Products	2953.49	2507.51	26.80
食品制造业	Manufacture of Foods	941.98	782.15	8.84
酒、饮料和精制茶制造业	Manufacture of Liquor, Beverage and Refined Tea	640.18	511.34	10.94
烟草制品业	Manufacture of Tobacco	873.00	171.76	535.49
纺织业	Manufacture of Textile	614.59	532.61	5.89
纺织服装、服饰业	Manufacture of Textile Wearing and Clothing Apparel	302.13	251.80	2.75
皮革、毛皮、羽毛及其制品和制鞋业	Leather, Fur, Feather and Its Products and Footwear	417.45	343.01	3.54
木材加工和木、竹、藤、棕、草制品业	Processing of Timbers, Manufacture of Wood, Bamboo, Rattan, Palm and Straw Products	682.98	586.00	7.50
家具制造业	Manufacture of Furniture	299.00	248.61	3.73
造纸和纸制品业	Manufacture of Paper and Paper Products	624.58	516.01	8.36
印刷和记录媒介复制业	Printing,Reproduction of Recording Media	376.27	305.29	4.34
文教、工美、体育和娱乐用品制造业	Manufacture of Articles for Culture,Education and Sport Activity	297.07	245.86	4.20
石油加工、炼焦和核燃料加工业	Processing of Petroleum,Coking,Processing of Nucleus Fuel	638.24	477.64	123.81
化学原料和化学制品制造业	Manufacture of Chemical Raw Material and Chemical Products	2851.72	2328.81	61.03
医药制造业	Manufacture of Medicines	924.54	718.03	9.55
化学纤维制造业	Manufacture of Chemical Fiber	27.07	24.33	0.54
橡胶和塑料制品业	Manufacture of Rubber and plastic	616.82	518.79	7.57
非金属矿物制品业	Manufacture of Non-metallic Mineral Products	2735.39	2209.76	36.53
黑色金属冶炼和压延加工业	Manufacture and Processing of Ferrous Metals	1374.44	1231.00	12.59
有色金属冶炼和压延加工业	Manufacture and Processing of Non-ferrous Metals	2771.27	2429.78	19.10
金属制品业	Manufacture of Metal Products	1099.88	903.64	14.11
通用设备制造业	Manufacture of General Purpose Machinery	1546.95	1260.11	13.50
专用设备制造业	Manufacture of Special Purpose Machinery	2600.60	2188.43	17.31
汽车制造业	Automobile Industry	1262.41	1033.95	16.64
铁路、船舶、航空航天和其他运输设备制造业	Manufacture of Railway,Marine,Aerospace and Other Transport Equipment	994.05	741.44	5.34
电气机械和器材制造业	Manufacture of Electrical Machinery and Equipment	1701.57	1402.23	13.99
计算机、通信和其他电子设备制造业	Manufacture of Communication Equipment, Computer and Other Electronic Equipment	1853.43	1541.43	12.79
仪器仪表制造业	Manufacture of Measuring Instrument	225.25	175.19	2.39
其他制造业	Other Manufacture N.E.C	170.88	143.58	1.38
废弃资源综合利用业	Recycling and Disposal of Waste	147.57	128.37	1.72
金属制品、机械和设备修理业	Mental Products,Machine and Equipment Repair	6.19	4.72	0.03
电力、热力生产和供应业	Production and Supply of Electric Power and Heat Power	1322.68	1113.55	10.56
燃气生产和供应业	Production and Distribution of Gas	125.43	98.71	1.06
水的生产和供应业	Production and Distribution of Water	80.92	59.58	1.05

11-4 续表 7 continued

单位:亿元 (100 million yuan)

指标	Item	其他业务收入 Revenue of Other Business	其他业务利润 profit of Other Business	销售费用 Operation Expenses
按行业划分:	**Grouped by Sector**	**444.23**	**14.86**	**1064.86**
煤炭开采和洗选业	Mining and Washing of Coal	1.44	0.59	11.15
石油和天然气开采业	Petroleum and Natural Gas Extraction			
黑色金属矿采选业	Mining of Ferrous Metal Ores	0.02		3.55
有色金属矿采选业	Mining of Non-ferrous Metal Ores	1.08	0.18	7.85
非金属矿采选业	Mining and Processing of Nonmetal Ores	0.86	0.03	17.49
开采辅助活动	Mining of Other Ores N.E.C			
其他采矿业	Other Mining and Dressing			0.32
农副食品加工业	Processing of Food from Agricultural Products	8.01	0.30	90.05
食品制造业	Manufacture of Foods	4.20	0.03	42.89
酒、饮料和精制茶制造业	Manufacture of Liquor, Beverage and Refined Tea	2.92	0.38	32.85
烟草制品业	Manufacture of Tobacco	172.09	-4.15	11.97
纺织业	Manufacture of Textile	3.09	0.14	18.35
纺织服装、服饰业	Manufacture of Textile Wearing and Clothing Apparel	0.44		11.48
皮革、毛皮、羽毛及其制品和制鞋业	Leather, Fur, Feather and Its Products and Footwear	0.51	0.05	14.46
木材加工和木、竹、藤、棕、草制品业	Processing of Timbers,Manufacture of Wood, Bamboo, Rattan, Palm and Straw Products	0.24	0.01	16.85
家具制造业	Manufacture of Furniture	0.15	0.01	10.63
造纸和纸制品业	Manufacture of Paper and Paper Products	6.69	0.12	21.85
印刷和记录媒介复制业	Printing,Reproduction of Recording Media	1.54	0.41	10.33
文教、工美、体育和娱乐用品制造业	Manufacture of Articles for Culture,Education and Sport Activity	0.34		7.84
石油加工、炼焦和核燃料加工业	Processing of Petroleum,Coking,Processing of Nucleus Fuel	4.53	0.23	4.71
化学原料和化学制品制造业	Manufacture of Chemical Raw Material and Chemical Products	9.58	1.21	104.06
医药制造业	Manufacture of Medicines	0.92	0.04	70.61
化学纤维制造业	Manufacture of Chemical Fiber			0.47
橡胶和塑料制品业	Manufacture of Rubber and plastic	3.27	0.09	15.65
非金属矿物制品业	Manufacture of Non-metallic Mineral Products	3.51	0.46	107.49
黑色金属冶炼和压延加工业	Manufacture and Processing of Ferrous Metals	65.05	1.34	25.58
有色金属冶炼和压延加工业	Manufacture and Processing of Non-ferrous Metals	36.14	0.32	29.36
金属制品业	Manufacture of Metal Products	1.13	0.63	29.58
通用设备制造业	Manufacture of General Purpose Machinery	4.89	0.44	46.89
专用设备制造业	Manufacture of Special Purpose Machinery	10.40	1.73	99.86
汽车制造业	Automobile Industry	38.22	1.62	37.57
铁路、船舶、航空航天和其他运输设备制造业	Manufacture of Railway,Marine,Aerospace and Other Transport Equipment	23.52	2.91	32.53
电气机械和器材制造业	Manufacture of Electrical Machinery and Equipment	8.47	0.92	56.82
计算机、通信和其他电子设备制造业	Manufacture of Communication Equipment, Computer and Other Electronic Equipment	11.26	1.42	40.74
仪器仪表制造业	Manufacture of Measuring Instrument	0.20	0.04	10.47
其他制造业	Other Manufacture N.E.C	0.63	0.01	6.13
废弃资源综合利用业	Recycling and Disposal of Waste	1.49		2.68
金属制品、机械和设备修理业	Mental Products,Machine and Equipment Repair	0.12	0.06	0.07
电力、热力生产和供应业	Production and Supply of Electric Power and Heat Power	12.14	2.40	4.50
燃气生产和供应业	Production and Distribution of Gas	1.21	0.19	4.21
水的生产和供应业	Production and Distribution of Water	3.93	0.70	4.95

11-4 续表 8 continued

单位:亿元 (100 million yuan)

指标	Item	管理费用 Management Expense	税金 Tax	财务费用 Financial Expense	利息收入 Interest Revenue	利息支出 Interest Expense
按行业划分:	**Grouped by Sector**	**1565.74**	**90.89**	**426.25**	**28.24**	**376.71**
煤炭开采和洗选业	Mining and Washing of Coal	19.86	0.56	3.40	0.17	2.55
石油和天然气开采业	Petroleum and Natural Gas Extraction					
黑色金属矿采选业	Mining of Ferrous Metal Ores	5.37	0.33	1.11	0.01	0.98
有色金属矿采选业	Mining of Non-ferrous Metal Ores	27.54	1.03	3.95	0.10	2.90
非金属矿采选业	Mining and Processing of Nonmetal Ores	19.61	1.49	3.10	0.04	2.53
开采辅助活动	Mining of Other Ores N.E.C					
其他采矿业	Other Mining and Dressing	0.34		0.02		0.02
农副食品加工业	Processing of Food from Agricultural Products	113.68	8.46	27.52	0.21	20.53
食品制造业	Manufacture of Foods	41.40	3.15	9.37	0.37	7.20
酒、饮料和精制茶制造业	Manufacture of Liquor, Beverage and Refined Tea	30.44	1.79	5.51	0.25	3.91
烟草制品业	Manufacture of Tobacco	46.90	1.68	-1.26	1.24	
纺织业	Manufacture of Textile	22.07	2.16	7.54	0.12	6.44
纺织服装、服饰业	Manufacture of Textile Wearing and Clothing Apparel	12.97	0.57	2.09	0.04	1.56
皮革、毛皮、羽毛及其制品和制鞋业	Leather, Fur, Feather and Its Products and Footwear	15.77	0.64	3.66	0.09	3.21
木材加工和木、竹、藤、棕、草制品业	Processing of Timbers,Manufacture of Wood, Bamboo, Rattan,Palm and Straw Products	31.21	2.32	5.24	0.20	3.96
家具制造业	Manufacture of Furniture	12.04	0.85	2.31	0.05	1.97
造纸和纸制品业	Manufacture of Paper and Paper Products	37.08	2.05	14.62	1.52	13.74
印刷和记录媒介复制业	Printing,Reproduction of Recording Media	15.97	0.89	2.63	0.01	1.85
文教、工美、体育和娱乐用品制造业	Manufacture of Articles for Culture,Education and Sport Activity	10.44	0.65	2.29	0.04	1.12
石油加工、炼焦和核燃料加工业	Processing of Petroleum,Coking,Processing of Nucleus Fuel	21.38	0.47	4.86	0.27	4.83
化学原料和化学制品制造业	Manufacture of Chemical Raw Material and Chemical Products	134.78	6.84	32.01	1.17	23.53
医药制造业	Manufacture of Medicines	51.87	2.40	6.93	0.34	5.20
化学纤维制造业	Manufacture of Chemical Fiber	0.62	0.11	0.21	0.01	0.12
橡胶和塑料制品业	Manufacture of Rubber and plastic	22.67	1.52	4.61	0.05	2.94
非金属矿物制品业	Manufacture of Non-metallic Mineral Products	122.43	8.63	34.07	1.11	27.55
黑色金属冶炼和压延加工业	Manufacture and Processing of Ferrous Metals	46.23	3.16	30.90	3.33	24.19
有色金属冶炼和压延加工业	Manufacture and Processing of Non-ferrous Metals	72.07	3.51	23.35	2.17	21.55
金属制品业	Manufacture of Metal Products	50.43	3.02	7.58	0.26	6.13
通用设备制造业	Manufacture of General Purpose Machinery	73.97	4.10	11.33	0.59	9.25
专用设备制造业	Manufacture of Special Purpose Machinery	120.26	6.81	47.02	6.94	46.45
汽车制造业	Automobile Industry	78.16	7.24	13.55	1.50	13.24
铁路、船舶、航空航天和其他运输设备制造业	Manufacture of Railway,Marine,Aerospace and Other Transport Equipment	77.51	1.82	1.27	3.96	6.08
电气机械和器材制造业	Manufacture of Electrical Machinery and Equipment	75.20	4.43	20.69	1.77	19.90
计算机、通信和其他电子设备制造业	Manufacture of Communication Equipment, Computer and Other Electronic Equipment	81.92	3.13	7.18	-1.54	7.32
仪器仪表制造业	Manufacture of Measuring Instrument	15.56	1.18	3.18		2.69
其他制造业	Other Manufacture N.E.C	8.29	0.71	1.37	0.02	1.16
废弃资源综合利用业	Recycling and Disposal of Waste	4.73	0.21	0.52	0.01	0.37
金属制品、机械和设备修理业	Mental Products,Machine and Equipment Repair	0.57	0.01	0.01		0.01
电力、热力生产和供应业	Production and Supply of Electric Power and Heat Power	27.72	1.65	77.68	1.06	74.55
燃气生产和供应业	Production and Distribution of Gas	6.15	0.27	0.75	0.45	1.03
水的生产和供应业	Production and Distribution of Water	10.55	1.05	4.06	0.28	4.15

11-4 续表 9 continued

单位:亿元 (100 million yuan)

指标	Item	营业利润 Operating Profit	投资收益 Income from Investment	政府补助 Income from Subsidy	营业外收入 Non-operating Income	利润总额 Total Profit
按行业划分:	**Grouped by Sector**	**1868.56**	**31.02**	**56.05**	**168.61**	**1808.70**
煤炭开采和洗选业	Mining and Washing of Coal	26.06	-1.43	1.34	1.62	27.45
石油和天然气开采业	Petroleum and Natural Gas Extraction					
黑色金属矿采选业	Mining of Ferrous Metal Ores	8.30	-0.01		0.99	8.01
有色金属矿采选业	Mining of Non-ferrous Metal Ores	13.43	-0.30	0.50	3.57	8.39
非金属矿采选业	Mining and Processing of Nonmetal Ores	21.04	0.15	0.04	0.30	20.22
开采辅助活动	Mining of Other Ores N.E.C					
其他采矿业	Other Mining and Dressing	0.08				0.08
农副食品加工业	Processing of Food from Agricultural Products	162.26	0.29	3.27	12.68	140.94
食品制造业	Manufacture of Foods	46.61	0.27	0.69	2.11	46.03
酒、饮料和精制茶制造业	Manufacture of Liquor, Beverage and Refined Tea	39.16	0.53	0.56	3.42	37.43
烟草制品业	Manufacture of Tobacco	111.64	7.64	0.01	2.90	108.21
纺织业	Manufacture of Textile	25.42	0.09	0.45	0.80	23.99
纺织服装、服饰业	Manufacture of Textile Wearing and Clothing Apparel	18.55	0.10	0.10	1.65	16.54
皮革、毛皮、羽毛及其制品和制鞋业	Leather, Fur, Feather and Its Products and Footwear	28.73	-0.50	1.37	2.05	26.36
木材加工和木、竹、藤、棕、草制品业	Processing of Timbers, Manufacture of Wood, Bamboo, Rattan, Palm and Straw Products	30.54	0.39	0.07	0.56	29.16
家具制造业	Manufacture of Furniture	20.15	0.69	0.01	0.04	19.69
造纸和纸制品业	Manufacture of Paper and Paper Products	24.78	1.42	1.32	3.02	26.76
印刷和记录媒介复制业	Printing,Reproduction of Recording Media	34.32	0.09	0.07	3.87	35.93
文教、工美、体育和娱乐用品制造业	Manufacture of Articles for Culture, Education and Sport Activity	18.98	0.01	0.10	2.50	17.61
石油加工、炼焦和核燃料加工业	Processing of Petroleum,Coking,Processing of Nucleus Fuel	4.51	0.16	0.23	2.24	5.14
化学原料和化学制品制造业	Manufacture of Chemical Raw Material and Chemical Products	170.53	4.08	0.58	4.99	156.66
医药制造业	Manufacture of Medicines	63.82	-1.55	0.61	2.68	63.15
化学纤维制造业	Manufacture of Chemical Fiber	0.93	0.05		0.02	0.92
橡胶和塑料制品业	Manufacture of Rubber and plastic	38.01	-0.06	0.44	1.34	35.14
非金属矿物制品业	Manufacture of Non-metallic Mineral Products	157.52	-1.44	5.55	16.64	154.39
黑色金属冶炼和压延加工业	Manufacture and Processing of Ferrous Metals	14.42	0.79	1.46	4.96	14.66
有色金属冶炼和压延加工业	Manufacture and Processing of Non-ferrous Metals	83.69	-1.80	3.55	12.46	78.56
金属制品业	Manufacture of Metal Products	78.97	4.39	0.91	2.69	78.38
通用设备制造业	Manufacture of General Purpose Machinery	98.07	-1.63	0.79	4.72	90.27
专用设备制造业	Manufacture of Special Purpose Machinery	87.46	25.66	6.91	19.71	96.08
汽车制造业	Automobile Industry	43.22	-0.80	8.35	10.56	50.25
铁路、船舶、航空航天和其他运输设备制造业	Manufacture of Railway,Marine,Aerospace and Other Transport Equipment	90.14	2.56	1.55	6.97	94.42
电气机械和器材制造业	Manufacture of Electrical Machinery and Equipment	85.48	-5.89	2.68	6.71	79.05
计算机、通信和其他电子设备制造业	Manufacture of Communication Equipment, Computer and Other Electronic Equipment	91.70	-5.50	6.77	12.63	82.45
仪器仪表制造业	Manufacture of Measuring Instrument	17.34	-0.28	0.48	1.13	17.15
其他制造业	Other Manufacture N.E.C	9.14	0.02	0.14	0.32	9.31
废弃资源综合利用业	Recycling and Disposal of Waste	6.85	0.04	0.13	0.61	6.29
金属制品、机械和设备修理业	Mental Products,Machine and Equipment Repair	0.82				0.55
电力、热力生产和供应业	Production and Supply of Electric Power and Heat Power	79.88	2.49	4.02	12.94	86.39
燃气生产和供应业	Production and Distribution of Gas	13.58	-0.16	0.36	0.90	13.23
水的生产和供应业	Production and Distribution of Water	2.45	0.47	0.64	1.33	3.48

11-4 续表 10 continued

单位:亿元 (100 million yuan)

指标	Item	亏损企业亏损总额 Total Loss of Enterprises Running under Deficit	利税总额 Total Taxes	本年应付职工薪酬 Total Sum of Wages Payable this Year
按行业划分:	**Grouped by Sector**	**185.89**	**3904.90**	**1796.81**
煤炭开采和洗选业	Mining and Washing of Coal	3.89	55.75	51.64
石油和天然气开采业	Petroleum and Natural Gas Extraction			
黑色金属矿采选业	Mining of Ferrous Metal Ores	0.21	13.72	7.16
有色金属矿采选业	Mining of Non-ferrous Metal Ores	7.55	27.45	23.23
非金属矿采选业	Mining and Processing of Nonmetal Ores	1.09	36.49	18.63
开采辅助活动	Mining of Other Ores N.E.C			
其他采矿业	Other Mining and Dressing		0.25	0.13
农副食品加工业	Processing of Food from Agricultural Products	1.88	223.82	97.92
食品制造业	Manufacture of Foods	1.32	78.85	47.89
酒、饮料和精制茶制造业	Manufacture of Liquor, Beverage and Refined Tea	1.55	63.94	27.39
烟草制品业	Manufacture of Tobacco		762.48	36.59
纺织业	Manufacture of Textile	1.77	45.83	31.97
纺织服装、服饰业	Manufacture of Textile Wearing and Clothing Apparel	0.09	23.39	26.02
皮革、毛皮、羽毛及其制品和制鞋业	Leather, Fur, Feather and Its Products and Footwear	0.33	39.66	44.10
木材加工和木、竹、藤、棕、草制品业	Processing of Timbers,Manufacture of Wood,Bamboo, Rattan,Palm and Straw Products	0.18	50.32	31.40
家具制造业	Manufacture of Furniture	0.03	32.51	12.56
造纸和纸制品业	Manufacture of Paper and Paper Products	6.18	54.11	28.08
印刷和记录媒介复制业	Printing,Reproduction of Recording Media	0.23	52.23	16.39
文教、工美、体育和娱乐用品制造业	Manufacture of Articles for Culture,Education and Sport Activity	0.08	29.37	15.72
石油加工、炼焦和核燃料加工业	Processing of Petroleum,Coking,Processing of Nucleus Fuel	4.09	160.33	22.37
化学原料和化学制品制造业	Manufacture of Chemical Raw Material and Chemical Products	17.99	310.50	171.23
医药制造业	Manufacture of Medicines	2.69	110.09	37.67
化学纤维制造业	Manufacture of Chemical Fiber	0.13	2.09	1.18
橡胶和塑料制品业	Manufacture of Rubber and plastic	0.63	59.01	23.09
非金属矿物制品业	Manufacture of Non-metallic Mineral Products	8.70	279.19	171.21
黑色金属冶炼和压延加工业	Manufacture and Processing of Ferrous Metals	38.67	66.42	60.68
有色金属冶炼和压延加工业	Manufacture and Processing of Non-ferrous Metals	16.68	146.58	67.25
金属制品业	Manufacture of Metal Products	1.71	121.21	45.08
通用设备制造业	Manufacture of General Purpose Machinery	4.00	137.36	65.57
专用设备制造业	Manufacture of Special Purpose Machinery	8.26	166.80	118.44
汽车制造业	Automobile Industry	28.19	91.54	69.82
铁路、船舶、航空航天和其他运输设备制造业	Manufacture of Railway,Marine,Aerospace and Other Transport Equipment	1.34	132.53	90.03
电气机械和器材制造业	Manufacture of Electrical Machinery and Equipment	5.34	130.54	70.15
计算机、通信和其他电子设备制造业	Manufacture of Communication Equipment,Computer and Other Electronic Equipment	11.82	141.97	106.29
仪器仪表制造业	Manufacture of Measuring Instrument	0.29	26.90	11.24
其他制造业	Other Manufacture N.E.C	0.01	13.48	9.17
废弃资源综合利用业	Recycling and Disposal of Waste	0.38	11.73	3.99
金属制品、机械和设备修理业	Mental Products,Machine and Equipment Repair	0.01	0.76	1.99
电力、热力生产和供应业	Production and Supply of Electric Power and Heat Power	6.17	181.50	116.19
燃气生产和供应业	Production and Distribution of Gas	0.10	16.34	4.42
水的生产和供应业	Production and Distribution of Water	2.34	7.88	12.92

11-4 续表 11 continued

单位:亿元 (100 million yuan)

指标	Item	本年应交增值税 Value Added Payable of the Current Year
按行业划分:	**Grouped by Sector**	**1067.44**
煤炭开采和洗选业	Mining and Washing of Coal	22.18
石油和天然气开采业	Petroleum and Natural Gas Extraction	
黑色金属矿采选业	Mining of Ferrous Metal Ores	4.18
有色金属矿采选业	Mining of Non-ferrous Metal Ores	13.54
非金属矿采选业	Mining and Processing of Nonmetal Ores	10.02
开采辅助活动	Mining of Other Ores N.E.C	
其他采矿业	Other Mining and Dressing	0.15
农副食品加工业	Processing of Food from Agricultural Products	55.76
食品制造业	Manufacture of Foods	23.52
酒、饮料和精制茶制造业	Manufacture of Liquor, Beverage and Refined Tea	15.50
烟草制品业	Manufacture of Tobacco	118.76
纺织业	Manufacture of Textile	15.93
纺织服装、服饰业	Manufacture of Textile Wearing and Clothing Apparel	4.11
皮革、毛皮、羽毛及其制品和制鞋业	Leather, Fur, Feather and Its Products and Footwear	9.68
木材加工和木、竹、藤、棕、草制品业	Processing of Timbers,Manufacture of Wood, Bamboo, Rattan, Palm and Straw Products	13.64
家具制造业	Manufacture of Furniture	9.08
造纸和纸制品业	Manufacture of Paper and Paper Products	18.92
印刷和记录媒介复制业	Printing,Reproduction of Recording Media	11.95
文教、工美、体育和娱乐用品制造业	Manufacture of Articles for Culture,Education and Sport Activity	7.46
石油加工、炼焦和核燃料加工业	Processing of Petroleum,Coking, Processing of Nucleus Fuel	31.35
化学原料和化学制品制造业	Manufacture of Chemical Raw Material and Chemical Products	92.46
医药制造业	Manufacture of Medicines	37.23
化学纤维制造业	Manufacture of Chemical Fiber	0.63
橡胶和塑料制品业	Manufacture of Rubber and plastic	16.22
非金属矿物制品业	Manufacture of Non-metallic Mineral Products	87.63
黑色金属冶炼和压延加工业	Manufacture and Processing of Ferrous Metals	38.91
有色金属冶炼和压延加工业	Manufacture and Processing of Non-ferrous Metals	48.83
金属制品业	Manufacture of Metal Products	28.67
通用设备制造业	Manufacture of General Purpose Machinery	33.56
专用设备制造业	Manufacture of Special Purpose Machinery	53.24
汽车制造业	Automobile Industry	24.64
铁路、船舶、航空航天和其他运输设备制造业	Manufacture of Railway,Marine,Aerospace and Other Transport Equipment	32.55
电气机械和器材制造业	Manufacture of Electrical Machinery and Equipment	37.43
计算机、通信和其他电子设备制造业	Manufacture of Communication Equipment, Computer and Other Electronic Equipment	46.51
仪器仪表制造业	Manufacture of Measuring Instrument	7.35
其他制造业	Other Manufacture N.E.C	2.77
废弃资源综合利用业	Recycling and Disposal of Waste	3.71
金属制品、机械和设备修理业	Mental Products,Machine and Equipment Repair	0.18
电力、热力生产和供应业	Production and Supply of Electric Power and Heat Power	83.85
燃气生产和供应业	Production and Distribution of Gas	2.03
水的生产和供应业	Production and Distribution of Water	3.29

11-4 续表12 continued

指标	Item	全部从业人员年平均人数（万人） Average Number of Empolyment of the Current Year (10000persons)	百元固定资产原价实现利税（元） Per-tax Profits per 100 Yuan of Original Value of Fix Assets (yuan)	每百元销售收入实现的利税(元) Per-tax Profits per 100 Yuan of Sales Recenue (yuan)
按行业划分:	**Grouped by Sector**	**336.90**	**27.37**	**11.03**
煤炭开采和洗选业	Mining and Washing of Coal	12.33	21.20	12.22
石油和天然气开采业	Petroleum and Natural Gas Extraction			
黑色金属矿采选业	Mining of Ferrous Metal Ores	1.78	27.31	10.65
有色金属矿采选业	Mining of Non-ferrous Metal Ores	5.48	18.64	7.60
非金属矿采选业	Mining and Processing of Nonmetal Ores	4.27	35.84	10.09
开采辅助活动	Mining of Other Ores N.E.C			
其他采矿业	Other Mining and Dressing	0.03	65.79	9.06
农副食品加工业	Processing of Food from Agricultural Products	22.52	31.59	7.58
食品制造业	Manufacture of Foods	11.22	32.71	8.37
酒、饮料和精制茶制造业	Manufacture of Liquor, Beverage and Refined Tea	6.40	29.81	9.99
烟草制品业	Manufacture of Tobacco	1.33	370.73	87.34
纺织业	Manufacture of Textile	8.81	23.23	7.46
纺织服装、服饰业	Manufacture of Textile Wearing and Clothing Apparel	5.93	29.45	7.74
皮革、毛皮、羽毛及其制品和制鞋业	Leather, Fur, Feather and Its Products and Footwear	10.76	47.93	9.50
木材加工和木、竹、藤、棕、草制品业	Processing of Timbers,Manufacture of Wood, Bamboo, Rattan, Palm and Straw Products	8.59	32.07	7.37
家具制造业	Manufacture of Furniture	2.73	44.51	10.87
造纸和纸制品业	Manufacture of Paper and Paper Products	6.58	14.82	8.66
印刷和记录媒介复制业	Printing,Reproduction of Recording Media	3.35	50.60	13.88
文教、工美、体育和娱乐用品制造业	Manufacture of Articles for Culture, Education and Sport Activity	3.58	61.66	9.89
石油加工、炼焦和核燃料加工业	Processing of Petroleum,Coking,Processing of Nucleus Fuel	2.17	53.43	25.12
化学原料和化学制品制造业	Manufacture of Chemical Raw Material and Chemical Products	36.76	35.20	10.89
医药制造业	Manufacture of Medicines	6.85	40.99	11.91
化学纤维制造业	Manufacture of Chemical Fiber	0.29	14.62	7.72
橡胶和塑料制品业	Manufacture of Rubber and plastic	5.24	39.09	9.57
非金属矿物制品业	Manufacture of Non-metallic Mineral Products	35.60	25.38	10.21
黑色金属冶炼和压延加工业	Manufacture and Processing of Ferrous Metals	11.21	6.91	4.83
有色金属冶炼和压延加工业	Manufacture and Processing of Non-ferrous Metals	12.34	24.10	5.29
金属制品业	Manufacture of Metal Products	9.23	46.83	11.02
通用设备制造业	Manufacture of General Purpose Machinery	13.07	35.76	8.88
专用设备制造业	Manufacture of Special Purpose Machinery	16.82	22.07	6.41
汽车制造业	Automobile Industry	10.78	18.62	7.25
铁路、船舶、航空航天和其他运输设备制造业	Manufacture of Railway,Marine,Aerospace and Other Transport Equipment	7.68	41.46	13.33
电气机械和器材制造业	Manufacture of Electrical Machinery and Equipment	13.06	31.84	7.67
计算机、通信和其他电子设备制造业	Manufacture of Communication Equipment,Computer and Other Electronic Equipment	18.64	31.90	7.66
仪器仪表制造业	Manufacture of Measuring Instrument	2.14	46.01	11.94
其他制造业	Other Manufacture N.E.C	1.84	64.59	7.89
废弃资源综合利用业	Recycling and Disposal of Waste	0.97	29.27	7.95
金属制品、机械和设备修理业	Mental Products,Machine and Equipment Repair	0.23	23.53	12.28
电力、热力生产和供应业	Production and Supply of Electric Power and Heat Power	13.31	5.22	13.72
燃气生产和供应业	Production and Distribution of Gas	0.66	20.38	13.03
水的生产和供应业	Production and Distribution of Water	2.34	3.99	9.74

11-4 续表13 continued

指标	Item	资产负债率(%) Assets-Liability Ratio (%)	产品销售率（%） Proportion of Products Sold（%）
按行业划分:	**Grouped by Sector**	**51.92**	**97.80**
煤炭开采和洗选业	Mining and Washing of Coal	40.42	98.74
石油和天然气开采业	Petroleum and Natural Gas Extraction		
黑色金属矿采选业	Mining of Ferrous Metal Ores	41.63	98.40
有色金属矿采选业	Mining of Non-ferrous Metal Ores	46.43	98.36
非金属矿采选业	Mining and Processing of Nonmetal Ores	45.64	98.78
开采辅助活动	Mining of Other Ores N.E.C		
其他采矿业	Other Mining and Dressing	53.22	98.31
农副食品加工业	Processing of Food from Agricultural Products	37.54	98.55
食品制造业	Manufacture of Foods	37.92	97.84
酒、饮料和精制茶制造业	Manufacture of Liquor, Beverage and Refined Tea	40.32	96.07
烟草制品业	Manufacture of Tobacco	15.25	97.56
纺织业	Manufacture of Textile	46.84	97.95
纺织服装、服饰业	Manufacture of Textile Wearing and Clothing Apparel	33.61	99.02
皮革、毛皮、羽毛及其制品和制鞋业	Leather, Fur, Feather and Its Products and Footwear	37.59	99.89
木材加工和木、竹、藤、棕、草制品业	Processing of Timbers,Manufacture of Wood, Bamboo, Rattan, Palm and Straw Products	30.88	98.66
家具制造业	Manufacture of Furniture	37.23	98.01
造纸和纸制品业	Manufacture of Paper and Paper Products	57.38	97.52
印刷和记录媒介复制业	Printing,Reproduction of Recording Media	40.58	98.63
文教、工美、体育和娱乐用品制造业	Manufacture of Articles for Culture, Education and Sport Activity	35.10	98.74
石油加工、炼焦和核燃料加工业	Processing of Petroleum,Coking, Processing of Nucleus Fuel	55.17	99.40
化学原料和化学制品制造业	Manufacture of Chemical Raw Material and Chemical Products	41.19	97.85
医药制造业	Manufacture of Medicines	36.27	97.89
化学纤维制造业	Manufacture of Chemical Fiber	58.47	97.21
橡胶和塑料制品业	Manufacture of Rubber and plastic	39.67	98.69
非金属矿物制品业	Manufacture of Non-metallic Mineral Products	45.41	98.08
黑色金属冶炼和压延加工业	Manufacture and Processing of Ferrous Metals	73.75	98.51
有色金属冶炼和压延加工业	Manufacture and Processing of Non-ferrous Metals	54.25	99.31
金属制品业	Manufacture of Metal Products	40.32	98.11
通用设备制造业	Manufacture of General Purpose Machinery	47.33	96.94
专用设备制造业	Manufacture of Special Purpose Machinery	58.07	95.59
汽车制造业	Automobile Industry	68.77	96.46
铁路、船舶、航空航天和其他运输设备制造业	Manufacture of Railway,Marine,Aerospace and Other Transport Equipment	53.09	98.34
电气机械和器材制造业	Manufacture of Electrical Machinery and Equipment	56.75	96.94
计算机、通信和其他电子设备制造业	Manufacture of Communication Equipment,Computer and Other Electronic Equipment	51.22	96.96
仪器仪表制造业	Manufacture of Measuring Instrument	38.62	96.27
其他制造业	Other Manufacture N.E.C	33.37	95.32
废弃资源综合利用业	Recycling and Disposal of Waste	40.36	98.88
金属制品、机械和设备修理业	Mental Products,Machine and Equipment Repair	63.47	95.66
电力、热力生产和供应业	Production and Supply of Electric Power and Heat Power	67.83	98.23
燃气生产和供应业	Production and Distribution of Gas	63.14	98.39
水的生产和供应业	Production and Distribution of Water	66.54	90.57

11-4 续表14 continued

指标	Item	总资产贡献率（%）Ratio of Per-tax Profits to Total Capital (%)	产值利税率（%）Ratio of Per-tax Profits to Gross Output Value (%)
按行业划分:	**Grouped by Sector**	**18.04**	**10.54**
煤炭开采和洗选业	Mining and Washing of Coal	19.16	11.83
石油和天然气开采业	Petroleum and Natural Gas Extraction		
黑色金属矿采选业	Mining of Ferrous Metal Ores	20.68	10.34
有色金属矿采选业	Mining of Non-ferrous Metal Ores	11.08	7.21
非金属矿采选业	Mining and Processing of Nonmetal Ores	20.59	9.90
开采辅助活动	Mining of Other Ores N.E.C		
其他采矿业	Other Mining and Dressing	51.15	8.90
农副食品加工业	Processing of Food from Agricultural Products	22.71	7.34
食品制造业	Manufacture of Foods	20.25	7.56
酒、饮料和精制茶制造业	Manufacture of Liquor, Beverage and Refined Tea	20.25	9.26
烟草制品业	Manufacture of Tobacco	97.60	85.02
纺织业	Manufacture of Textile	15.29	6.96
纺织服装、服饰业	Manufacture of Textile Wearing and Clothing Apparel	19.22	7.45
皮革、毛皮、羽毛及其制品和制鞋业	Leather, Fur, Feather and Its Products and Footwear	33.17	9.36
木材加工和木、竹、藤、棕、草制品业	Processing of Timbers,Manufacture of Wood ,Bamboo, Rattan, Palm and Straw Products	27.27	6.96
家具制造业	Manufacture of Furniture	35.29	10.67
造纸和纸制品业	Manufacture of Paper and Paper Products	12.22	7.93
印刷和记录媒介复制业	Printing,Reproduction of Recording Media	34.53	13.59
文教、工美、体育和娱乐用品制造业	Manufacture of Articles for Culture,Education and Sport Activity	39.45	9.89
石油加工、炼焦和核燃料加工业	Processing of Petroleum,Coking,Processing of Nucleus Fuel	60.42	23.65
化学原料和化学制品制造业	Manufacture of Chemical Raw Material and Chemical Products	24.58	10.38
医药制造业	Manufacture of Medicines	23.09	11.48
化学纤维制造业	Manufacture of Chemical Fiber	11.42	6.65
橡胶和塑料制品业	Manufacture of Rubber and plastic	25.32	9.25
非金属矿物制品业	Manufacture of Non-metallic Mineral Products	18.71	9.92
黑色金属冶炼和压延加工业	Manufacture and Processing of Ferrous Metals	7.83	4.64
有色金属冶炼和压延加工业	Manufacture and Processing of Non-ferrous Metals	13.61	5.19
金属制品业	Manufacture of Metal Products	25.04	10.69
通用设备制造业	Manufacture of General Purpose Machinery	16.62	8.43
专用设备制造业	Manufacture of Special Purpose Machinery	7.26	5.92
汽车制造业	Automobile Industry	8.33	6.48
铁路、船舶、航空航天和其他运输设备制造业	Manufacture of Railway,Marine,Aerospace and Other Transport Equipment	12.49	11.89
电气机械和器材制造业	Manufacture of Electrical Machinery and Equipment	11.37	7.50
计算机、通信和其他电子设备制造业	Manufacture of Communication Equipment,Computer and Other Electronic Equipment	17.67	7.58
仪器仪表制造业	Manufacture of Measuring Instrument	16.77	11.10
其他制造业	Other Manufacture N.E.C	35.90	7.90
废弃资源综合利用业	Recycling and Disposal of Waste	20.62	7.82
金属制品、机械和设备修理业	Mental Products,Machine and Equipment Repair	10.30	11.53
电力、热力生产和供应业	Production and Supply of Electric Power and Heat Power	9.47	13.33
燃气生产和供应业	Production and Distribution of Gas	14.05	13.98
水的生产和供应业	Production and Distribution of Water	3.97	9.37

11-5 规模以上国有控股工业企业主要经济指标(2015年)
Major Economic Indications of State-owned Share Holding Industrial Enterprises above Designated Size(2015)

单位:亿元 (100 million yuan)

指标	Item	企业单位数(个) Number of Enterprises (unit)	#亏损企业 Loss-making Enterprises
总计	**Total**	**764**	**204**
在总计中:	Of the Total		
亏损企业	Enterprises running under Deficit	204	204
在总计中:	Of the Total		
中央企业	Central Enterprises	160	46
地方企业	Local Enterprises	604	158
在总计中:	Of the Total		
大型企业	Large Scale Enterprises	71	29
中型企业	Medium Scale Enterprises	264	78
小型企业	Small Enterprises	415	91
微型企业	Microenterprise	14	6
按行业分	Grouped by Sector		
煤炭开采和洗选业	Mining and Washing of Coal	36	16
石油和天然气开采业	Petroleum and Natural Gas Extraction		
黑色金属矿采选业	Mining of Ferrous Metal Ores		
有色金属矿采选业	Mining of Non-ferrous Metal Ores	20	6
非金属矿采选业	Mining and Processing of Nonmetal Ores	6	
开采辅助活动	Mining of Other Ores N.E.C		
其他采矿业	Other Mining and Dressing		
农副食品加工业	Processing of Food from Agricultural Products	42	4
食品制造业	Manufacture of Foods	8	1
酒、饮料和精制茶制造业	Manufacture of Liquor, Beverage and Refined Tea	9	3
烟草制品业	Manufacture of Tobacco	7	
纺织业	Manufacture of Textile	7	3
纺织服装、服饰业	Manufacture of Textile Wearing and Clothing Apparel	3	
皮革、毛皮、羽毛及其制品和制鞋业	Leather, Fur, Feather and Its Products and Footwear	2	
木材加工和木、竹、藤、棕、草制品业	Processing of Timbers, Manufacture of Wood, Bamboo, Rattan, Palm and Straw Products	5	1
家具制造业	Manufacture of Furniture		
造纸和纸制品业	Manufacture of Paper and Paper Products	8	4
印刷和记录媒介复制业	Printing, Reproduction of Recording Media	8	3
文教、工美、体育和娱乐用品制造业	Manufacture of Articles for Culture,Education and Sport Activity	3	
石油加工、炼焦和核燃料加工业	Processing of Petroleum,Coking,Processing of Nucleus Fuel	7	2
化学原料和化学制品制造业	Manufacture of Chemical Raw Material and Chemical Products	35	14
医药制造业	Manufacture of Medicines	13	1
化学纤维制造业	Manufacture of Chemical Fiber	1	1
橡胶和塑料制品业	Manufacture of Rubber and plastic	3	
非金属矿物制品业	Manufacture of Non-metallic Mineral Products	83	15
黑色金属冶炼和压延加工业	Manufacture and Processing of Ferrous Metals	13	8
有色金属冶炼和压延加工业	Manufacture and Processing of Non-ferrous Metals	33	17
金属制品业	Manufacture of Metal Products	16	3
通用设备制造业	Manufacture of General Purpose Machinery	33	10
专用设备制造业	Manufacture of Special Purpose Machinery	34	16
汽车制造业	Automobile Industry	35	13
铁路、船舶、航空航天和其他运输设备制造业	Manufacture of Railway,Marine,Aerospace and Other Transport Equipment	19	4
电气机械和器材制造业	Manufacture of Electrical Machinery and Equipment	24	6
计算机、通信和其他电子设备制造业	Manufacture of Communication Equipment, Computer and Other Electronic Equipment	13	2
仪器仪表制造业	Manufacture of Measuring Instrument	5	1
其他制造业	Other Manufacture N.E.C	5	
废弃资源综合利用业	Recycling and Disposal of Waste	3	
金属制品、机械和设备修理业	Mental Products,Machine and Equipment Repair	2	1
电力、热力生产和供应业	Production and Supply of Electric Power and Heat Power	150	32
燃气生产和供应业	Production and Distribution of Gas	4	
水的生产和供应业	Production and Distribution of Water	69	17

11-5 续表 1 continued

单位:亿元 (100 million yuan)

指标	Item	工业销售产值 Output Value of Industrial Products Sales	出口交货值 Delivery Value for Export	资产总计 Total Assets
总计	**Total**	**6766.83**	**220.69**	**9325.62**
在总计中:	Of the Total			
亏损企业	Enterprises running under Deficit	1745.14	86.59	2734.11
在总计中:	Of the Total			
中央企业	Central Enterprises	3670.12	113.68	4452.50
地方企业	Local Enterprises	3096.71	107.01	4873.11
在总计中:	Of the Total			
大型企业	Large Scale Enterprises	4932.90	188.56	6752.16
中型企业	Medium Scale Enterprises	1113.77	14.56	1417.96
小型企业	Small Enterprises	715.63	17.54	1124.94
微型企业	Microenterprise	4.53	0.030	30.56
按行业分	Grouped by Sector			
煤炭开采和洗选业	Mining and Washing of Coal	34.30		59.60
石油和天然气开采业	Petroleum and Natural Gas Extraction			
黑色金属矿采选业	Mining of Ferrous Metal Ores			
有色金属矿采选业	Mining of Non-ferrous Metal Ores	48.37		111.32
非金属矿采选业	Mining and Processing of Nonmetal Ores	16.17	0.03	21.15
开采辅助活动	Mining Auxiliary Activities			
其他采矿业	Other Mining and Dressing			
农副食品加工业	Processing of Food from Agricultural Products	172.84	0.42	89.90
食品制造业	Manufacture of Foods	24.10	0.32	14.76
酒、饮料和精制茶制造业	Manufacture of Liquor, Beverage and Refined Tea	25.01	0.08	40.45
烟草制品业	Manufacture of Tobacco	873.09	4.23	775.19
纺织业	Manufacture of Textile	10.98	0.60	11.99
纺织服装、服饰业	Manufacture of Textile Wearing and Clothing Apparel	1.20		1.51
皮革、毛皮、羽毛及其制品和制鞋业	Leather, Fur, Feather and Its Products and Footwear	6.35		9.17
木材加工和木、竹、藤、棕、草制品业	Processing of Timbers,Manufacture of Wood,Bamboo, Rattan, Palm and Straw Products	8.15		11.70
家具制造业	Manufacture of Furniture			
造纸和纸制品业	Manufacture of Paper and Paper Products	117.48		303.98
印刷和记录媒介复制业	Printing,Reproduction of Recording Media	39.34	0.22	30.89
文教、工美、体育和娱乐用品制造业	Manufacture of Articles for Culture,Education and Sport Activity	3.62		3.49
石油加工、炼焦和核燃料加工业	Processing of Petroleum,Coking,Processing of Nucleus Fuel	565.60	2.73	181.17
化学原料和化学制品制造业	Manufacture of Chemical Raw Material and Chemical Products	156.63	8.09	258.40
医药制造业	Manufacture of Medicines	74.24		62.92
化学纤维制造业	Manufacture of Chemical Fiber	4.94		5.71
橡胶和塑料制品业	Manufacture of Rubber and plastic	1.03	0.11	2.16
非金属矿物制品业	Manufacture of Non-metallic Mineral Products	212.12	0.01	307.12
黑色金属冶炼和压延加工业	Manufacture and Processing of Ferrous Metals	469.35	49.31	831.64
有色金属冶炼和压延加工业	Manufacture and Processing of Non-ferrous Metals	409.52	8.36	301.50
金属制品业	Manufacture of Metal Products	146.50	4.34	98.62
通用设备制造业	Manufacture of General Purpose Machinery	143.15	3.34	224.71
专用设备制造业	Manufacture of Special Purpose Machinery	639.19	31.08	1105.48
汽车制造业	Automobile Industry	289.02	5.33	432.54
铁路、船舶、航空航天和其他运输设备制造业	Manufacture of Railway,Marine,Aerospace and Other Transport Equipment	691.42	85.44	742.34
电气机械和器材制造业	Manufacture of Electrical Machinery and Equipment	256.54	2.97	547.02
计算机、通信和其他电子设备制造业	Manufacture of Communication Equipment,Computer and Other Electronic Equipment	92.00	12.97	160.81
仪器仪表制造业	Manufacture of Measuring Instrument	11.94		10.81
其他制造业	Other Manufacture N.E.C	4.52	0.33	9.26
废弃资源综合利用业	Recycling and Disposal of Waste	3.40		1.71
金属制品、机械和设备修理业	Mental Products,Machine and Equipment Repair	4.47		5.60
电力、热力生产和供应业	Production and Supply of Electric Power and Heat Power	1147.05	0.38	2301.75
燃气生产和供应业	Production and Distribution of Gas	11.79		8.27
水的生产和供应业	Production and Distribution of Water	51.39		241.02

11-5 续表 2 continued

单位:亿元 (100 million yuan)

指标	Item	固定资产合计 Total Fixed Assets	流动资产合计 Circulating Funds	负债合计 Total Liabilities
总计	**Total**	**3999.0**	**4117.20**	**5818.20**
在总计中:	Of the Total			
亏损企业	Enterprises running under Deficit	1217.8	1128.58	2211.54
在总计中:	Of the Total			
中央企业	Central Enterprises	2230.8	1716.76	2593.45
地方企业	Local Enterprises	1768.2	2400.44	3224.75
在总计中:	Of the Total			
大型企业	Large Scale Enterprises	2656.9	3244.40	4313.71
中型企业	Medium Scale Enterprises	689.2	539.55	884.93
小型企业	Small Enterprises	646.2	325.86	595.22
微型企业	Microenterprise	6.7	7.39	24.34
按行业分	Grouped by Sector			
煤炭开采和洗选业	Mining and Washing of Coal	28.62	16.53	39.33
石油和天然气开采业	Petroleum and Natural Gas Extraction			
黑色金属矿采选业	Mining of Ferrous Metal Ores			
有色金属矿采选业	Mining of Non-ferrous Metal Ores	54.40	22.05	67.14
非金属矿采选业	Mining and Processing of Nonmetal Ores	11.55	4.41	9.05
开采辅助活动	Mining Auxiliary Activities			
其他采矿业	Other Mining and Dressing			
农副食品加工业	Processing of Food from Agricultural Products	58.73	22.69	32.21
食品制造业	Manufacture of Foods	4.60	4.90	8.40
酒、饮料和精制茶制造业	Manufacture of Liquor, Beverage and Refined Tea	14.22	20.14	15.94
烟草制品业	Manufacture of Tobacco	93.50	576.22	117.73
纺织业	Manufacture of Textile	4.36	5.32	4.74
纺织服装、服饰业	Manufacture of Textile Wearing and Clothing Apparel	0.19	1.28	0.61
皮革、毛皮、羽毛及其制品和制鞋业	Leather, Fur, Feather and Its Products and Footwear	0.61	5.78	3.77
木材加工和木、竹、藤、棕、草制品业	Processing of Timbers,Manufacture of Wood, Bamboo, Rattan, Palm and Straw Products	10.24	1.17	1.77
家具制造业	Manufacture of Furniture			
造纸和纸制品业	Manufacture of Paper and Paper Products	142.22	127.30	216.99
印刷和记录媒介复制业	Printing,Reproduction of Recording Media	7.14	20.79	13.63
文教、工美、体育和娱乐用品制造业	Manufacture of Articles for Culture,Education and Sport Activity	0.70	2.52	1.71
石油加工、炼焦和核燃料加工业	Processing of Petroleum,Coking,Processing of Nucleus Fuel	140.39	37.94	106.35
化学原料和化学制品制造业	Manufacture of Chemical Raw Material and Chemical Products	129.73	101.16	172.46
医药制造业	Manufacture of Medicines	12.30	30.02	29.54
化学纤维制造业	Manufacture of Chemical Fiber	4.25	1.38	4.10
橡胶和塑料制品业	Manufacture of Rubber and plastic	0.62	1.05	1.44
非金属矿物制品业	Manufacture of Non-metallic Mineral Products	186.08	82.43	203.11
黑色金属冶炼和压延加工业	Manufacture and Processing of Ferrous Metals	421.73	300.37	691.96
有色金属冶炼和压延加工业	Manufacture and Processing of Non-ferrous Metals	110.68	121.87	217.40
金属制品业	Manufacture of Metal Products	30.68	57.29	51.03
通用设备制造业	Manufacture of General Purpose Machinery	39.90	156.78	129.84
专用设备制造业	Manufacture of Special Purpose Machinery	126.47	853.19	643.26
汽车制造业	Automobile Industry	117.68	273.56	329.97
铁路、船舶、航空航天和其他运输设备制造业	Manufacture of Railway,Marine,Aerospace and Other Transport Equipment	105.46	560.63	395.52
电气机械和器材制造业	Manufacture of Electrical Machinery and Equipment	115.80	360.29	429.03
计算机、通信和其他电子设备制造业	Manufacture of Communication Equipment,Computer and Other Electronic Equipment	36.20	80.61	79.74
仪器仪表制造业	Manufacture of Measuring Instrument	2.12	8.23	6.60
其他制造业	Other Manufacture N.E.C	4.22	5.05	4.69
废弃资源综合利用业	Recycling and Disposal of Waste	1.10	0.50	0.89
金属制品、机械和设备修理业	Mental Products,Machine and Equipment Repair	1.96	1.83	4.16
电力、热力生产和供应业	Production and Supply of Electric Power and Heat Power	1851.68	184.14	1610.50
燃气生产和供应业	Production and Distribution of Gas	6.42	1.61	3.27
水的生产和供应业	Production and Distribution of Water	122.51	66.18	170.33

11-5 续表 3 continued

单位:亿元 (100 million yuan)

指标	Item	实收资本 Assets Recevied	所有者权益 Paid-in capital	主营业务收入 Revenue of Major Business
总计	**Total**	**1590.67**	**3510.35**	**6636.21**
在总计中:	Of the Total			
亏损企业	Enterprises running under Deficit	485.18	525.67	1757.56
在总计中:	Of the Total			
中央企业	Central Enterprises	768.01	1859.05	3521.60
地方企业	Local Enterprises	822.66	1651.30	3114.61
在总计中:	Of the Total			
大型企业	Large Scale Enterprises	964.06	2438.45	4885.73
中型企业	Medium Scale Enterprises	377.14	535.95	1022.81
小型企业	Small Enterprises	245.05	529.72	721.75
微型企业	Microenterprise	4.42	6.22	5.92
按行业分	Grouped by Sector			
煤炭开采和洗选业	Mining and Washing of Coal	14.69	20.14	35.22
石油和天然气开采业	Petroleum and Natural Gas Extraction			
黑色金属矿采选业	Mining of Ferrous Metal Ores			
有色金属矿采选业	Mining of Non-ferrous Metal Ores	35.75	44.18	52.01
非金属矿采选业	Mining and Processing of Nonmetal Ores	5.86	12.10	15.94
开采辅助活动	Mining Auxiliary Activities			
其他采矿业	Other Mining and Dressing			
农副食品加工业	Processing of Food from Agricultural Products	20.30	57.69	183.00
食品制造业	Manufacture of Foods	3.07	6.36	22.38
酒、饮料和精制茶制造业	Manufacture of Liquor, Beverage and Refined Tea	10.34	24.51	22.35
烟草制品业	Manufacture of Tobacco	50.40	657.46	871.32
纺织业	Manufacture of Textile	5.11	7.24	10.54
纺织服装、服饰业	Manufacture of Textile Wearing and Clothing Apparel	0.30	0.90	1.45
皮革、毛皮、羽毛及其制品和制鞋业	Leather, Fur, Feather and Its Products and Footwear	1.78	5.41	6.15
木材加工和木、竹、藤、棕、草制品业	Processing of Timbers,Manufacture of Wood, Bamboo, Rattan, Palm and Straw Products"	10.09	9.93	12.86
家具制造业	Manufacture of Furniture			
造纸和纸制品业	Manufacture of Paper and Paper Products	67.68	86.98	98.79
印刷和记录媒介复制业	Printing,Reproduction of Recording Media	3.69	17.26	38.06
文教、工美、体育和娱乐用品制造业	Manufacture of Articles for Culture,Education and Sport Activity	1.44	1.78	3.60
石油加工、炼焦和核燃料加工业	Processing of Petroleum,Coking,Processing of Nucleus Fuel	63.62	74.82	513.87
化学原料和化学制品制造业	Manufacture of Chemical Raw Material and Chemical Products	87.81	89.04	170.63
医药制造业	Manufacture of Medicines	15.67	33.38	70.98
化学纤维制造业	Manufacture of Chemical Fiber	1.87	1.61	2.81
橡胶和塑料制品业	Manufacture of Rubber and plastic	0.76	0.72	1.03
非金属矿物制品业	Manufacture of Non-metallic Mineral Products	70.11	104.02	207.41
黑色金属冶炼和压延加工业	Manufacture and Processing of Ferrous Metals	108.18	139.68	443.56
有色金属冶炼和压延加工业	Manufacture and Processing of Non-ferrous Metals	79.48	84.10	422.64
金属制品业	Manufacture of Metal Products	15.06	47.58	141.60
通用设备制造业	Manufacture of General Purpose Machinery	32.97	94.87	138.72
专用设备制造业	Manufacture of Special Purpose Machinery	114.14	462.22	619.80
汽车制造业	Automobile Industry	74.09	102.57	293.59
铁路、船舶、航空航天和其他运输设备制造业	Manufacture of Railway,Marine,Aerospace and Other Transport Equipment	140.58	346.81	608.99
电气机械和器材制造业	Manufacture of Electrical Machinery and Equipment	73.00	117.99	295.49
计算机、通信和其他电子设备制造业	Manufacture of Communication Equipment, Computer and Other Electronic Equipment"	32.93	81.07	101.38
仪器仪表制造业	Manufacture of Measuring Instrument	1.58	4.20	11.80
其他制造业	Other Manufacture N.E.C	1.57	4.54	4.60
废弃资源综合利用业	Recycling and Disposal of Waste	0.64	0.81	3.43
金属制品、机械和设备修理业	Mental Products,Machine and Equipment Repair	0.60	1.44	4.36
电力、热力生产和供应业	Production and Supply of Electric Power and Heat Power	410.75	691.24	1137.80
燃气生产和供应业	Production and Distribution of Gas	2.38	5.00	11.38
水的生产和供应业	Production and Distribution of Water	32.37	70.68	56.65

11-5 续表 4 continued

单位:亿元 (100 million yuan)

指标	Item	主营业务成本 Cost of Major Businese	利润总额 Total Profit	利税总额 Total Taxes
总计	**Total**	**4988.80**	**224.18**	**1249.17**
在总计中:	Of the Total			
亏损企业	Enterprises running under Deficit	1560.54	-120.99	37.84
在总计中:	Of the Total			
中央企业	Central Enterprises	2302.29	214.87	1126.77
地方企业	Local Enterprises	2686.51	9.31	122.39
在总计中:	Of the Total			
大型企业	Large Scale Enterprises	3596.23	150.20	1092.79
中型企业	Medium Scale Enterprises	819.38	36.13	87.74
小型企业	Small Enterprises	570.36	38.66	69.32
微型企业	Microenterprise	2.82	-0.82	-0.68
按行业分	Grouped by Sector			
煤炭开采和洗选业	Mining and Washing of Coal	29.85	-0.82	3.37
石油和天然气开采业	Petroleum and Natural Gas Extraction			
黑色金属矿采选业	Mining of Ferrous Metal Ores			
有色金属矿采选业	Mining of Non-ferrous Metal Ores	41.28	-4.84	-1.54
非金属矿采选业	Mining and Processing of Nonmetal Ores	11.84	0.25	1.44
开采辅助活动	Mining Auxiliary Activities			
其他采矿业	Other Mining and Dressing			
农副食品加工业	Processing of Food from Agricultural Products	161.94	5.03	9.62
食品制造业	Manufacture of Foods	19.93	0.30	0.75
酒、饮料和精制茶制造业	Manufacture of Liquor, Beverage and Refined Tea	15.25	1.33	4.02
烟草制品业	Manufacture of Tobacco	170.95	107.67	761.62
纺织业	Manufacture of Textile	9.66	-0.04	0.42
纺织服装、服饰业	Manufacture of Textile Wearing and Clothing Apparel	1.00	0.03	0.12
皮革、毛皮、羽毛及其制品和制鞋业	Leather, Fur, Feather and Its Products and Footwear	4.81	1.34	1.60
木材加工和木、竹、藤、棕、草制品业	Processing of Timbers, Manufacture of Wood, Bamboo, Rattan, Palm and Straw Products	10.21	0.26	0.60
家具制造业	Manufacture of Furniture			
造纸和纸制品业	Manufacture of Paper and Paper Products	81.18	-2.32	2.05
印刷和记录媒介复制业	Printing,Reproduction of Recording Media	27.40	6.23	8.33
文教、工美、体育和娱乐用品制造业	Manufacture of Articles for Culture,Education and Sport Activity	2.99	0.14	0.33
石油加工、炼焦和核燃料加工业	Processing of Petroleum,Coking,Processing of Nucleus Fuel	367.04	0.49	149.71
化学原料和化学制品制造业	Manufacture of Chemical Raw Material and Chemical Products	152.40	-10.90	-5.56
医药制造业	Manufacture of Medicines	46.87	3.73	9.82
化学纤维制造业	Manufacture of Chemical Fiber	2.74	-0.12	-0.02
橡胶和塑料制品业	Manufacture of Rubber and plastic	0.81	0.29	0.34
非金属矿物制品业	Manufacture of Non-metallic Mineral Products	162.57	13.99	24.82
黑色金属冶炼和压延加工业	Manufacture and Processing of Ferrous Metals	418.48	-37.63	-24.71
有色金属冶炼和压延加工业	Manufacture and Processing of Non-ferrous Metals	401.28	-11.42	-2.93
金属制品业	Manufacture of Metal Products	125.02	4.82	9.97
通用设备制造业	Manufacture of General Purpose Machinery	110.09	5.53	8.24
专用设备制造业	Manufacture of Special Purpose Machinery	543.14	2.07	15.36
汽车制造业	Automobile Industry	267.72	-0.54	8.01
铁路、船舶、航空航天和其他运输设备制造业	Manufacture of Railway,Marine,Aerospace and Other Transport Equipment	426.60	74.82	101.28
电气机械和器材制造业	Manufacture of Electrical Machinery and Equipment	247.98	-0.18	6.98
计算机、通信和其他电子设备制造业	Manufacture of Communication Equipment, Computer and Other Electronic Equipment	83.19	-1.35	0.31
仪器仪表制造业	Manufacture of Measuring Instrument	10.42	0.09	0.35
其他制造业	Other Manufacture N.E.C	3.24	0.24	0.27
废弃资源综合利用业	Recycling and Disposal of Waste	2.80	0.31	0.27
金属制品、机械和设备修理业	Mental Products,Machine and Equipment Repair	3.33	0.25	0.26
电力、热力生产和供应业	Production and Supply of Electric Power and Heat Power	973.44	64.31	150.08
燃气生产和供应业	Production and Distribution of Gas	10.16	0.69	0.92
水的生产和供应业	Production and Distribution of Water	41.21	0.12	2.67

11-5 续表 5 continued

单位:亿元 (100 million yuan)

指标	Item	本年应缴增值税 Value Added Payable of the Current Year	本年应付职工薪酬 Total Sum of Wages Payable this Year	全部从业人员年平均人数(万人) Average Number of Empolyment of the Current Year (10000persons)
总计	**Total**	**330.11**	**458.46**	**56.49**
在总计中:	Of the Total			
亏损企业	Enterprises running under Deficit	46.68	126.90	20.06
在总计中:	Of the Total			
中央企业	Central Enterprises	240.23	247.16	22.93
地方企业	Local Enterprises	89.88	211.30	33.56
在总计中:	Of the Total			
大型企业	Large Scale Enterprises	261.84	326.68	32.73
中型企业	Medium Scale Enterprises	43.23	94.91	17.17
小型企业	Small Enterprises	24.93	36.44	6.49
微型企业	Microenterprise	0.12	0.43	0.10
按行业分	Grouped by Sector			
煤炭开采和洗选业	Mining and Washing of Coal	3.25	13.39	3.27
石油和天然气开采业	Petroleum and Natural Gas Extraction			
黑色金属矿采选业	Mining of Ferrous Metal Ores			
有色金属矿采选业	Mining of Non-ferrous Metal Ores	2.32	8.60	1.48
非金属矿采选业	Mining and Processing of Nonmetal Ores	0.73	2.10	0.29
开采辅助活动	Mining Auxiliary Activities			
其他采矿业	Other Mining and Dressing			
农副食品加工业	Processing of Food from Agricultural Products	3.12	5.54	1.20
食品制造业	Manufacture of Foods	0.36	1.19	0.36
酒、饮料和精制茶制造业	Manufacture of Liquor, Beverage and Refined Tea	1.22	1.98	0.42
烟草制品业	Manufacture of Tobacco	118.46	36.11	1.22
纺织业	Manufacture of Textile	0.40	0.68	0.34
纺织服装、服饰业	Manufacture of Textile Wearing and Clothing Apparel	0.08	0.59	0.09
皮革、毛皮、羽毛及其制品和制鞋业	Leather, Fur, Feather and Its Products and Footwear	0.22	1.09	0.27
木材加工和木、竹、藤、棕、草制品业	Processing of Timbers, Manufacture of Wood, Bamboo, Rattan, Palm and Straw Products	0.23	1.03	0.32
家具制造业	Manufacture of Furniture			
造纸和纸制品业	Manufacture of Paper and Paper Products	3.93	6.39	1.20
印刷和记录媒介复制业	Printing,Reproduction of Recording Media	1.87	2.91	0.34
文教、工美、体育和娱乐用品制造业	Manufacture of Articles for Culture,Education and Sport Activity	0.15	0.56	0.07
石油加工、炼焦和核燃料加工业	Processing of Petroleum,Coking,Processing of Nucleus Fuel	26.20	20.01	1.65
化学原料和化学制品制造业	Manufacture of Chemical Raw Material and Chemical Products	4.69	15.69	2.40
医药制造业	Manufacture of Medicines	5.10	5.25	0.62
化学纤维制造业	Manufacture of Chemical Fiber	0.09	0.24	0.05
橡胶和塑料制品业	Manufacture of Rubber and plastic	0.03	0.35	0.05
非金属矿物制品业	Manufacture of Non-metallic Mineral Products	9.47	13.50	2.27
黑色金属冶炼和压延加工业	Manufacture and Processing of Ferrous Metals	10.80	29.80	4.38
有色金属冶炼和压延加工业	Manufacture and Processing of Non-ferrous Metals	6.84	24.28	3.19
金属制品业	Manufacture of Metal Products	4.03	6.79	1.28
通用设备制造业	Manufacture of General Purpose Machinery	2.35	12.76	1.87
专用设备制造业	Manufacture of Special Purpose Machinery	11.19	29.76	3.73
汽车制造业	Automobile Industry	4.36	20.88	3.34
铁路、船舶、航空航天和其他运输设备制造业	Manufacture of Railway,Marine,Aerospace and Other Transport Equipment	23.12	52.31	4.08
电气机械和器材制造业	Manufacture of Electrical Machinery and Equipment	5.54	15.38	1.90
计算机、通信和其他电子设备制造业	Manufacture of Communication Equipment, Computer and Other Electronic Equipment	1.27	5.75	0.71
仪器仪表制造业	Manufacture of Measuring Instrument	0.13	1.02	0.15
其他制造业	Other Manufacture N.E.C	0.02	1.77	0.29
废弃资源综合利用业	Recycling and Disposal of Waste	-0.06	0.06	0.02
金属制品、机械和设备修理业	Mental Products,Machine and Equipment Repair		1.41	0.15
电力、热力生产和供应业	Production and Supply of Electric Power and Heat Power	76.42	107.59	11.42
燃气生产和供应业	Production and Distribution of Gas	0.20	0.43	0.06
水的生产和供应业	Production and Distribution of Water	1.99	11.28	2.03

11-5 续表 6 continued

指标	Item	总资产贡献率 (%) Ratio of Total Assets to Industrial Output Value(%)	成本费用利润率 (%) Ratio of Profits to Industrial Cost (%)
总计	**Total**	**14.97**	**3.74**
在总计中：	Of the Total		
亏损企业	Enterprises running under Deficit	3.40	-6.53
在总计中：	Of the Total		
中央企业	Central Enterprises	26.87	7.56
地方企业	Local Enterprises	4.10	0.30
在总计中：	Of the Total		
大型企业	Large Scale Enterprises	17.73	3.45
中型企业	Medium Scale Enterprises	7.54	3.74
小型企业	Small Enterprises	8.20	5.85
微型企业	Microenterprise	-1.15	-13.47
按行业分	Grouped by Sector		
煤炭开采和洗选业	Mining and Washing of Coal	6.20	-2.22
石油和天然气开采业	Petroleum and Natural Gas Extraction		
黑色金属矿采选业	Mining of Ferrous Metal Ores		
有色金属矿采选业	Mining of Non-ferrous Metal Ores	-0.02	-9.29
非金属矿采选业	Mining and Processing of Nonmetal Ores	8.22	1.64
开采辅助活动	Mining Auxiliary Activities		
其他采矿业	Other Mining and Dressing		
农副食品加工业	Processing of Food from Agricultural Products	12.08	2.82
食品制造业	Manufacture of Foods	6.29	1.32
酒、饮料和精制茶制造业	Manufacture of Liquor, Beverage and Refined Tea	10.44	6.71
烟草制品业	Manufacture of Tobacco	98.09	26.64
纺织业	Manufacture of Textile	3.57	-0.37
纺织服装、服饰业	Manufacture of Textile Wearing and Clothing Apparel	7.73	1.68
皮革、毛皮、羽毛及其制品和制鞋业	Leather, Fur, Feather and Its Products and Footwear	17.92	23.07
木材加工和木、竹、藤、棕、草制品业	Processing of Timbers,Manufacture of Wood, Bamboo, Rattan, Palm and Straw Products	9.34	2.09
家具制造业	Manufacture of Furniture		
造纸和纸制品业	Manufacture of Paper and Paper Products	3.52	-2.16
印刷和记录媒介复制业	Printing,Reproduction of Recording Media	27.53	19.91
文教、工美、体育和娱乐用品制造业	Manufacture of Articles for Culture,Education and Sport Activity	9.70	4.04
石油加工、炼焦和核燃料加工业	Processing of Petroleum,Coking,Processing of Nucleus Fuel	84.27	0.13
化学原料和化学制品制造业	Manufacture of Chemical Raw Material and Chemical Products	-1.02	-5.87
医药制造业	Manufacture of Medicines	15.94	5.68
化学纤维制造业	Manufacture of Chemical Fiber	0.84	-4.11
橡胶和塑料制品业	Manufacture of Rubber and plastic	15.69	26.16
非金属矿物制品业	Manufacture of Non-metallic Mineral Products	10.04	7.26
黑色金属冶炼和压延加工业	Manufacture and Processing of Ferrous Metals	-1.08	-7.13
有色金属冶炼和压延加工业	Manufacture and Processing of Non-ferrous Metals	1.56	-2.56
金属制品业	Manufacture of Metal Products	10.93	3.59
通用设备制造业	Manufacture of General Purpose Machinery	4.12	4.47
专用设备制造业	Manufacture of Special Purpose Machinery	2.45	0.34
汽车制造业	Automobile Industry	2.57	-0.18
铁路、船舶、航空航天和其他运输设备制造业	Manufacture of Railway,Marine,Aerospace and Other Transport Equipment	13.64	13.77
电气机械和器材制造业	Manufacture of Electrical Machinery and Equipment	3.04	-0.07
计算机、通信和其他电子设备制造业	Manufacture of Communication Equipment, Computer and Other Electronic Equipment	0.85	-1.35
仪器仪表制造业	Manufacture of Measuring Instrument	4.16	0.81
其他制造业	Other Manufacture N.E.C	3.11	5.36
废弃资源综合利用业	Recycling and Disposal of Waste	18.35	11.01
金属制品、机械和设备修理业	Mental Products,Machine and Equipment Repair	4.71	6.50
电力、热力生产和供应业	Production and Supply of Electric Power and Heat Power	9.49	5.96
燃气生产和供应业	Production and Distribution of Gas	10.52	6.20
水的生产和供应业	Production and Distribution of Water	2.63	0.19

11-5 续表 7 continued

指标	Item	产品销售率 (%) Proporting of Products Sold (%)	资产负债率 (%) Assets-Liability Ratio (%)
总计	**Total**	**97.58**	**62.39**
在总计中:	Of the Total		
亏损企业	Enterprises running under Deficit	98.00	80.89
在总计中:	Of the Total		
中央企业	Central Enterprises	98.32	58.25
地方企业	Local Enterprises	96.71	66.17
在总计中:	Of the Total		
大型企业	Large Scale Enterprises	97.68	63.89
中型企业	Medium Scale Enterprises	97.59	62.41
小型企业	Small Enterprises	97.25	52.91
微型企业	Microenterprise	61.97	79.66
按行业分	Grouped by Sector		
煤炭开采和洗选业	Mining and Washing of Coal	96.40	65.99
石油和天然气开采业	Petroleum and Natural Gas Extraction		
黑色金属矿采选业	Mining of Ferrous Metal Ores		
有色金属矿采选业	Mining of Non-ferrous Metal Ores	95.68	60.31
非金属矿采选业	Mining and Processing of Nonmetal Ores	98.63	42.79
开采辅助活动	Mining Auxiliary Activities		
其他采矿业	Other Mining and Dressing		
农副食品加工业	Processing of Food from Agricultural Products	90.22	35.83
食品制造业	Manufacture of Foods	97.42	56.88
酒、饮料和精制茶制造业	Manufacture of Liquor, Beverage and Refined Tea	103.22	39.41
烟草制品业	Manufacture of Tobacco	97.55	15.19
纺织业	Manufacture of Textile	98.03	39.56
纺织服装、服饰业	Manufacture of Textile Wearing and Clothing Apparel	104.98	40.24
皮革、毛皮、羽毛及其制品和制鞋业	Leather, Fur, Feather and Its Products and Footwear	94.72	41.08
木材加工和木、竹、藤、棕、草制品业	Processing of Timbers, Manufacture of Wood, Bamboo, Rattan, Palm and Straw Products	100.00	15.10
家具制造业	Manufacture of Furniture		
造纸和纸制品业	Manufacture of Paper and Paper Products	94.68	71.38
印刷和记录媒介复制业	Printing,Reproduction of Recording Media	98.32	44.13
文教、工美、体育和娱乐用品制造业	Manufacture of Articles for Culture,Education and Sport Activity	96.46	49.02
石油加工、炼焦和核燃料加工业	Processing of Petroleum,Coking,Processing of Nucleus Fuel	100.27	58.70
化学原料和化学制品制造业	Manufacture of Chemical Raw Material and Chemical Products	98.70	66.74
医药制造业	Manufacture of Medicines	96.56	46.95
化学纤维制造业	Manufacture of Chemical Fiber	90.34	71.78
橡胶和塑料制品业	Manufacture of Rubber and plastic	111.16	66.53
非金属矿物制品业	Manufacture of Non-metallic Mineral Products	98.16	66.13
黑色金属冶炼和压延加工业	Manufacture and Processing of Ferrous Metals	98.87	83.20
有色金属冶炼和压延加工业	Manufacture and Processing of Non-ferrous Metals	98.14	72.11
金属制品业	Manufacture of Metal Products	98.43	51.75
通用设备制造业	Manufacture of General Purpose Machinery	100.59	57.78
专用设备制造业	Manufacture of Special Purpose Machinery	95.10	58.19
汽车制造业	Automobile Industry	98.36	76.29
铁路、船舶、航空航天和其他运输设备制造业	Manufacture of Railway,Marine,Aerospace and Other Transport Equipment	98.57	53.28
电气机械和器材制造业	Manufacture of Electrical Machinery and Equipment	97.29	78.43
计算机、通信和其他电子设备制造业	Manufacture of Communication Equipment, Computer and Other Electronic Equipment	85.87	49.59
仪器仪表制造业	Manufacture of Measuring Instrument	98.34	61.10
其他制造业	Other Manufacture N.E.C	93.92	50.60
废弃资源综合利用业	Recycling and Disposal of Waste	100.00	52.30
金属制品、机械和设备修理业	Mental Products,Machine and Equipment Repair	100.01	74.25
电力、热力生产和供应业	Production and Supply of Electric Power and Heat Power	98.59	69.97
燃气生产和供应业	Production and Distribution of Gas	99.08	39.50
水的生产和供应业	Production and Distribution of Water	88.78	70.67

11-6 集体工业企业主要经济指标(2015年)
Major Economic Indications of Collective-owned Industrial Enterprises(2015)

单位:亿元 (100 million yuan)

指标	Item	企业单位数(个) Number of Enterprises (unit)	#亏损企业 Loss-making Enterprises
总计	**Total**	**164**	**13**
在总计中:	Of the Total		
亏损企业	Enterprises running under Deficit	13	13
在总计中:	Of the Total		
大型企业	Large Scale Enterprises	2	
中型企业	Medium Scale Enterprises	33	2
小型企业	Small Enterprises	124	10
微型企业	Microenterprise	5	1
按行业分	Grouped by Sector		
煤炭开采和洗选业	Mining and Washing of Coal	48	5
石油和天然气开采业	Petroleum and Natural Gas Extraction		
黑色金属矿采选业	Mining of Ferrous Metal Ores	7	
有色金属矿采选业	Mining of Non-ferrous Metal Ores	2	1
非金属矿采选业	Mining and Processing of Nonmetal Ores	4	
开采辅助活动	Mining Auxiliary Activities		
其他采矿业	Other Mining and Dressing		
农副食品加工业	Processing of Food from Agricultural Products	3	
食品制造业	Manufacture of Foods		
酒、饮料和精制茶制造业	Manufacture of Liquor, Beverage and Refined Tea	1	
烟草制品业	Manufacture of Tobacco		
纺织业	Manufacture of Textile	1	
纺织服装、服饰业	Manufacture of Textile Wearing and Clothing Apparel	1	
皮革、毛皮、羽毛及其制品和制鞋业	Leather, Fur, Feather and Its Products and Footwear	1	
木材加工和木、竹、藤、棕、草制品业	Processing of Timbers,Manufacture of Wood, Bamboo,Rattan, Palm and Straw Products	2	
家具制造业	Manufacture of Furniture	1	
造纸和纸制品业	Manufacture of Paper and Paper Products	3	1
印刷和记录媒介复制业	Printing,Reproduction of Recording Media	3	
文教、工美、体育和娱乐用品制造业	Manufacture of Articles for Culture,Education and Sport Activity	3	
石油加工、炼焦和核燃料加工业	Processing of Petroleum,Coking,Processing of Nucleus Fuel		
化学原料和化学制品制造业	Manufacture of Chemical Raw Material and Chemical Products	12	1
医药制造业	Manufacture of Medicines	1	
化学纤维制造业	Manufacture of Chemical Fiber		
橡胶和塑料制品业	Manufacture of Rubber and plastic	6	1
非金属矿物制品业	Manufacture of Non-metallic Mineral Products	27	3
黑色金属冶炼和压延加工业	Manufacture and Processing of Ferrous Metals	2	
有色金属冶炼和压延加工业	Manufacture and Processing of Non-ferrous Metals	4	
金属制品业	Manufacture of Metal Products	3	
通用设备制造业	Manufacture of General Purpose Machinery	5	
专用设备制造业	Manufacture of Special Purpose Machinery	3	1
汽车制造业	Automobile Industry	3	
铁路、船舶、航空航天和其他运输设备制造业	Manufacture of Railway,Marine,Aerospace and Other Transport Equipment	2	
电气机械和器材制造业	Manufacture of Electrical Machinery and Equipment	4	
计算机、通信和其他电子设备制造业	Manufacture of Communication Equipment, Computer and Other Electronic Equipment	1	
仪器仪表制造业	Manufacture of Measuring Instrument	1	
其他制造业	Other Manufacture N.E.C		
废弃资源综合利用业	Recycling and Disposal of Waste	1	
金属制品、机械和设备修理业	Mental Products,Machine and Equipment Repair		
电力、热力生产和供应业	Production and Supply of Electric Power and Heat Power	7	
燃气生产和供应业	Production and Distribution of Gas		
水的生产和供应业	Production and Distribution of Water	2	

11-6 续表 1 continued

单位:亿元 (100 million yuan)

指标	Item	工业销售产值 Output Value of Industrial Products Sales	出口交货值 Delivery Value for Export	资产总计 Total Assets
总计	**Total**	**249.79**	**2.91**	**89.65**
在总计中:	Of the Total			
亏损企业	Enterprises running under Deficit	7.63		5.84
在总计中:	Of the Total			
大型企业	Large Scale Enterprises	16.50		9.67
中型企业	Medium Scale Enterprises	81.20	0.04	26.91
小型企业	Small Enterprises	147.94	2.46	51.84
微型企业	Microenterprise	4.15	0.41	1.24
按行业分	Grouped by Sector			
煤炭开采和洗选业	Mining and Washing of Coal	52.85		19.76
石油和天然气开采业	Petroleum and Natural Gas Extraction			
黑色金属矿采选业	Mining of Ferrous Metal Ores	9.64	0.41	2.90
有色金属矿采选业	Mining of Non-ferrous Metal Ores	2.78		0.81
非金属矿采选业	Mining and Processing of Nonmetal Ores	4.50	0.03	1.45
开采辅助活动	Mining Auxiliary Activities			
其他采矿业	Other Mining and Dressing			
农副食品加工业	Processing of Food from Agricultural Products	12.02		2.40
食品制造业	Manufacture of Foods			
酒、饮料和精制茶制造业	Manufacture of Liquor, Beverage and Refined Tea	1.36		0.08
烟草制品业	Manufacture of Tobacco			
纺织业	Manufacture of Textile	0.19		0.06
纺织服装、服饰业	Manufacture of Textile Wearing and Clothing Apparel	0.36		0.34
皮革、毛皮、羽毛及其制品和制鞋业	Leather, Fur, Feather and Its Products and Footwear	1.35		0.07
木材加工和木、竹、藤、棕、草制品业	Processing of Timbers,Manufacture of Wood, Bamboo, Rattan, Palm and Straw Products	1.25	0.73	0.22
家具制造业	Manufacture of Furniture	0.53		0.18
造纸和纸制品业	Manufacture of Paper and Paper Products	1.93		0.61
印刷和记录媒介复制业	Printing,Reproduction of Recording Media	3.01		1.40
文教、工美、体育和娱乐用品制造业	Manufacture of Articles for Culture,Education and Sport Activity	4.66		1.28
石油加工、炼焦和核燃料加工业	Processing of Petroleum, Coking, Processing of Nucleus Fuel			
化学原料和化学制品制造业	Manufacture of Chemical Raw Material and Chemical Products	14.63		3.84
医药制造业	Manufacture of Medicines	2.11		0.18
化学纤维制造业	Manufacture of Chemical Fiber			
橡胶和塑料制品业	Manufacture of Rubber and plastic	9.30	1.66	1.69
非金属矿物制品业	Manufacture of Non-metallic Mineral Products	64.15	0.04	23.81
黑色金属冶炼和压延加工业	Manufacture and Processing of Ferrous Metals	8.61		3.27
有色金属冶炼和压延加工业	Manufacture and Processing of Non-ferrous Metals	6.61		1.21
金属制品业	Manufacture of Metal Products	2.92		2.26
通用设备制造业	Manufacture of General Purpose Machinery	18.77		4.53
专用设备制造业	Manufacture of Special Purpose Machinery	3.31		0.86
汽车制造业	Automobile Industry	6.60		3.47
铁路、船舶、航空航天和其他运输设备制造业	Manufacture of Railway,Marine,Aerospace and Other Transport Equipment	2.98		2.58
电气机械和器材制造业	Manufacture of Electrical Machinery and Equipment	3.16	0.04	1.56
计算机、通信和其他电子设备制造业	Manufacture of Communication Equipment, Computer and Other Electronic Equipment	0.29		0.14
仪器仪表制造业	Manufacture of Measuring Instrument	0.96		0.59
其他制造业	Other Manufacture N.E.C			
废弃资源综合利用业	Recycling and Disposal of Waste	1.81		4.25
金属制品、机械和设备修理业	Mental Products, Machine and Equipment Repair			
电力、热力生产和供应业	Production and Supply of Electric Power and Heat Power	6.17		3.53
燃气生产和供应业	Production and Distribution of Gas			
水的生产和供应业	Production and Distribution of Water	0.99		0.34

11-6 续表 2 continued

单位:亿元 (100 million yuan)

指标	Item	固定资产合计 Total Fixed Assets	流动资产合计 Circulating Funds	负债合计 Total Liabilities
总计	**Total**	**40.50**	**26.19**	**38.71**
在总计中:	Of the Total			
亏损企业	Enterprises running under Deficit	1.31	2.33	3.14
在总计中:	Of the Total			
大型企业	Large Scale Enterprises	3.15	4.03	6.93
中型企业	Medium Scale Enterprises	11.91	7.29	11.90
小型企业	Small Enterprises	25.29	14.63	19.15
微型企业	Microenterprise	0.14	0.24	0.73
按行业分	Grouped by Sector			
煤炭开采和洗选业	Mining and Washing of Coal	10.10	5.31	8.55
石油和天然气开采业	Petroleum and Natural Gas Extraction			
黑色金属矿采选业	Mining of Ferrous Metal Ores	1.78	0.95	1.37
有色金属矿采选业	Mining of Non-ferrous Metal Ores	0.18	0.14	0.58
非金属矿采选业	Mining and Processing of Nonmetal Ores	1.04	0.18	0.36
开采辅助活动	Mining Auxiliary Activities			
其他采矿业	Other Mining and Dressing			
农副食品加工业	Processing of Food from Agricultural Products	1.86	0.25	0.26
食品制造业	Manufacture of Foods			
酒、饮料和精制茶制造业	Manufacture of Liquor, Beverage and Refined Tea	0.03	0.04	0.03
烟草制品业	Manufacture of Tobacco			
纺织业	Manufacture of Textile		0.06	0.04
纺织服装、服饰业	Manufacture of Textile Wearing and Clothing Apparel	0.29	0.04	0.24
皮革、毛皮、羽毛及其制品和制鞋业	Leather, Fur, Feather and Its Products and Footwear	0.06	0.01	0.01
木材加工和木、竹、藤、棕、草制品业	Processing of Timbers, Manufacture of Wood, Bamboo, Rattan, Palm and Straw Products	0.07	0.11	0.18
家具制造业	Manufacture of Furniture	0.11	0.06	0.10
造纸和纸制品业	Manufacture of Paper and Paper Products	0.22	0.22	0.10
印刷和记录媒介复制业	Printing,Reproduction of Recording Media	1.15	0.23	0.35
文教、工美、体育和娱乐用品制造业	Manufacture of Articles for Culture,Education and Sport Activity	1.03	0.25	0.72
石油加工、炼焦和核燃料加工业	Processing of Petroleum,Coking,Processing of Nucleus Fuel			
化学原料和化学制品制造业	Manufacture of Chemical Raw Material and Chemical Products	1.14	1.35	0.95
医药制造业	Manufacture of Medicines	0.12	0.06	0.10
化学纤维制造业	Manufacture of Chemical Fiber			
橡胶和塑料制品业	Manufacture of Rubber and plastic	0.56	1.02	0.72
非金属矿物制品业	Manufacture of Non-metallic Mineral Products	9.73	6.79	7.46
黑色金属冶炼和压延加工业	Manufacture and Processing of Ferrous Metals	0.42	2.13	3.40
有色金属冶炼和压延加工业	Manufacture and Processing of Non-ferrous Metals	0.66	0.24	0.54
金属制品业	Manufacture of Metal Products	1.53	0.71	0.45
通用设备制造业	Manufacture of General Purpose Machinery	3.41	0.50	0.95
专用设备制造业	Manufacture of Special Purpose Machinery	0.19	0.67	0.49
汽车制造业	Automobile Industry	0.67	0.85	1.57
铁路、船舶、航空航天和其他运输设备制造业	Manufacture of Railway,Marine,Aerospace and Other Transport Equipment		0.50	1.70
电气机械和器材制造业	Manufacture of Electrical Machinery and Equipment	0.61	0.54	0.49
计算机、通信和其他电子设备制造业	Manufacture of Communication Equipment, Computer and Other Electronic Equipment	0.01	0.13	0.05
仪器仪表制造业	Manufacture of Measuring Instrument	0.29	0.30	0.22
其他制造业	Other Manufacture N.E.C			
废弃资源综合利用业	Recycling and Disposal of Waste	1.07	1.68	4.96
金属制品、机械和设备修理业	Mental Products,Machine and Equipment Repair			
电力、热力生产和供应业	Production and Supply of Electric Power and Heat Power	2.05	0.73	1.65
燃气生产和供应业	Production and Distribution of Gas			
水的生产和供应业	Production and Distribution of Water	0.12	0.13	0.13

11-6 续表 3 continued

单位:亿元 (100 million yuan)

指标	Item	实收资本 Assets Recevied	所有者权益 Paid-in capital	主营业务收入 Revenue of Major Business
总计	**Total**	**26.19**	**50.65**	**255.63**
在总计中:	Of the Total			
亏损企业	Enterprises running under Deficit	2.17	2.63	6.87
在总计中:	Of the Total			
大型企业	Large Scale Enterprises	1.89	2.74	17.40
中型企业	Medium Scale Enterprises	9.82	15.00	81.10
小型企业	Small Enterprises	14.26	32.69	153.54
微型企业	Microenterprise	0.21	0.21	3.60
按行业分	Grouped by Sector			
煤炭开采和洗选业	Mining and Washing of Coal	7.49	10.98	51.98
石油和天然气开采业	Petroleum and Natural Gas Extraction			
黑色金属矿采选业	Mining of Ferrous Metal Ores	0.92	1.53	9.68
有色金属矿采选业	Mining of Non-ferrous Metal Ores	0.09	0.16	2.57
非金属矿采选业	Mining and Processing of Nonmetal Ores	0.67	1.09	4.41
开采辅助活动	Mining Auxiliary Activities			
其他采矿业	Other Mining and Dressing			
农副食品加工业	Processing of Food from Agricultural Products	0.13	2.14	11.55
食品制造业	Manufacture of Foods			
酒、饮料和精制茶制造业	Manufacture of Liquor, Beverage and Refined Tea	0.03	0.05	1.36
烟草制品业	Manufacture of Tobacco			
纺织业	Manufacture of Textile		0.02	0.19
纺织服装、服饰业	Manufacture of Textile Wearing and Clothing Apparel	0.01	0.10	0.34
皮革、毛皮、羽毛及其制品和制鞋业	Leather, Fur, Feather and Its Products and Footwear	0.02	0.06	1.30
木材加工和木、竹、藤、棕、草制品业	Processing of Timbers,Manufacture of Wood, Bamboo, Rattan, Palm and Straw Products	0.01	0.04	1.32
家具制造业	Manufacture of Furniture	0.03	0.08	0.19
造纸和纸制品业	Manufacture of Paper and Paper Products	0.13	0.51	1.99
印刷和记录媒介复制业	Printing,Reproduction of Recording Media	0.45	1.04	3.06
文教、工美、体育和娱乐用品制造业	Manufacture of Articles for Culture,Education and Sport Activity	0.06	0.56	4.60
石油加工、炼焦和核燃料加工业	Processing of Petroleum,Coking,Processing of Nucleus Fuel			
化学原料和化学制品制造业	Manufacture of Chemical Raw Material and Chemical Products	1.44	2.89	14.48
医药制造业	Manufacture of Medicines	0.03	0.08	2.11
化学纤维制造业	Manufacture of Chemical Fiber			
橡胶和塑料制品业	Manufacture of Rubber and plastic	0.67	0.97	8.85
非金属矿物制品业	Manufacture of Non-metallic Mineral Products	8.84	16.36	64.68
黑色金属冶炼和压延加工业	Manufacture and Processing of Ferrous Metals	0.36	-0.13	9.04
有色金属冶炼和压延加工业	Manufacture and Processing of Non-ferrous Metals	0.57	0.67	6.60
金属制品业	Manufacture of Metal Products	0.69	1.82	2.85
通用设备制造业	Manufacture of General Purpose Machinery	1.06	3.58	30.99
专用设备制造业	Manufacture of Special Purpose Machinery	0.05	0.37	1.33
汽车制造业	Automobile Industry	0.39	1.91	6.36
铁路、船舶、航空航天和其他运输设备制造业	Manufacture of Railway,Marine,Aerospace and Other Transport Equipment	0.03	0.88	1.78
电气机械和器材制造业	Manufacture of Electrical Machinery and Equipment	0.38	1.07	2.83
计算机、通信和其他电子设备制造业	Manufacture of Communication Equipment, Computer and Other Electronic Equipment	0.02	0.09	0.29
仪器仪表制造业	Manufacture of Measuring Instrument	0.16	0.37	0.96
其他制造业	Other Manufacture N.E.C			
废弃资源综合利用业	Recycling and Disposal of Waste	0.21	-0.72	2.07
金属制品、机械和设备修理业	Mental Products,Machine and Equipment Repair			
电力、热力生产和供应业	Production and Supply of Electric Power and Heat Power	1.21	1.88	4.95
燃气生产和供应业	Production and Distribution of Gas			
水的生产和供应业	Production and Distribution of Water	0.06	0.21	0.90

11-6 续表 4 continued

单位:亿元 (100 million yuan)

指标	Item	主营业务成本 Cost of Major Business	利润总额 Total Profit	利税总额 Total Taxes
总计	**Total**	**216.18**	**16.28**	**26.98**
在总计中:	Of the Total			
亏损企业	Enterprises running under Deficit	6.26	-0.19	0.08
在总计中:	Of the Total			
大型企业	Large Scale Enterprises	16.35	0.28	0.82
中型企业	Medium Scale Enterprises	69.84	2.90	6.58
小型企业	Small Enterprises	126.77	12.98	19.39
微型企业	Microenterprise	3.23	0.11	0.20
按行业分	Grouped by Sector			
煤炭开采和洗选业	Mining and Washing of Coal	44.63	4.25	6.26
石油和天然气开采业	Petroleum and Natural Gas Extraction			
黑色金属矿采选业	Mining of Ferrous Metal Ores	8.46	0.51	0.95
有色金属矿采选业	Mining of Non-ferrous Metal Ores	2.29	0.13	0.22
非金属矿采选业	Mining and Processing of Nonmetal Ores	3.89	0.19	0.38
开采辅助活动	Mining Auxiliary Activities			
其他采矿业	Other Mining and Dressing			
农副食品加工业	Processing of Food from Agricultural Products	10.26	0.20	0.58
食品制造业	Manufacture of Foods			
酒、饮料和精制茶制造业	Manufacture of Liquor, Beverage and Refined Tea	1.07	0.17	0.28
烟草制品业	Manufacture of Tobacco			
纺织业	Manufacture of Textile	0.13	0.03	0.06
纺织服装、服饰业	Manufacture of Textile Wearing and Clothing Apparel	0.34		0.01
皮革、毛皮、羽毛及其制品和制鞋业	Leather, Fur, Feather and Its Products and Footwear	0.82	0.16	0.23
木材加工和木、竹、藤、棕、草制品业	Processing of Timbers, Manufacture of Wood, Bamboo, Rattan ,Palm and Straw Products	1.19	0.03	0.09
家具制造业	Manufacture of Furniture	0.15	0.03	0.04
造纸和纸制品业	Manufacture of Paper and Paper Products	1.74	0.04	0.13
印刷和记录媒介复制业	Printing,Reproduction of Recording Media	2.47	0.26	0.38
文教、工美、体育和娱乐用品制造业	Manufacture of Articles for Culture,Education and Sport Activity	3.90	0.25	0.38
石油加工、炼焦和核燃料加工业	Processing of Petroleum,Coking,Processing of Nucleus Fuel			
化学原料和化学制品制造业	Manufacture of Chemical Raw Material and Chemical Products	12.18	1.02	1.69
医药制造业	Manufacture of Medicines	1.56	0.04	0.10
化学纤维制造业	Manufacture of Chemical Fiber			
橡胶和塑料制品业	Manufacture of Rubber and plastic	8.23	0.09	0.37
非金属矿物制品业	Manufacture of Non-metallic Mineral Products	54.64	2.41	5.32
黑色金属冶炼和压延加工业	Manufacture and Processing of Ferrous Metals	8.59	0.17	0.43
有色金属冶炼和压延加工业	Manufacture and Processing of Non-ferrous Metals	5.42	0.54	0.82
金属制品业	Manufacture of Metal Products	2.31	0.22	0.38
通用设备制造业	Manufacture of General Purpose Machinery	24.00	4.50	5.86
专用设备制造业	Manufacture of Special Purpose Machinery	0.95	0.13	0.23
汽车制造业	Automobile Industry	5.43	0.22	0.40
铁路、船舶、航空航天和其他运输设备制造业	Manufacture of Railway,Marine,Aerospace and Other Transport Equipment	1.51	0.10	0.15
电气机械和器材制造业	Manufacture of Electrical Machinery and Equipment	2.43	0.17	0.29
计算机、通信和其他电子设备制造业	Manufacture of Communication Equipment, Computer and Other Electronic Equipment	0.23	0.02	0.04
仪器仪表制造业	Manufacture of Measuring Instrument	0.79	0.08	0.15
其他制造业	Other Manufacture N.E.C			
废弃资源综合利用业	Recycling and Disposal of Waste	1.75	0.03	0.21
金属制品、机械和设备修理业	Mental Products, Machine and Equipment Repair			
电力、热力生产和供应业	Production and Supply of Electric Power and Heat Power	4.03	0.25	0.46
燃气生产和供应业	Production and Distribution of Gas			
水的生产和供应业	Production and Distribution of Water	0.80	0.06	0.10

11-6 续表 5 continued

单位:亿元 (100 million yuan)

指标	Item	本年应缴增值税 Value Added Payable of the Current Year	本年应付职工薪酬 Total Sum of Wages Payable this Year	全部从业人员年平均人数（万人） Average Number of Empolyment of the Current Year (10000persons)
总计	**Total**	**7.82**	**15.32**	**3.57**
在总计中:	Of the Total			
亏损企业	Enterprises running under Deficit	0.21	0.98	0.25
在总计中:	Of the Total			
大型企业	Large Scale Enterprises	0.48	1.18	0.26
中型企业	Medium Scale Enterprises	2.57	6.75	1.53
小型企业	Small Enterprises	4.70	7.35	1.67
微型企业	Microenterprise	0.06	0.03	0.10
按行业分	Grouped by Sector			
煤炭开采和洗选业	Mining and Washing of Coal	1.63	5.07	1.09
石油和天然气开采业	Petroleum and Natural Gas Extraction			
黑色金属矿采选业	Mining of Ferrous Metal Ores	0.31	1.01	0.17
有色金属矿采选业	Mining of Non-ferrous Metal Ores	0.06	0.11	0.06
非金属矿采选业	Mining and Processing of Nonmetal Ores	0.16	0.28	0.06
开采辅助活动	Mining Auxiliary Activities			
其他采矿业	Other Mining and Dressing			
农副食品加工业	Processing of Food from Agricultural Products	0.32	0.43	0.09
食品制造业	Manufacture of Foods			
酒、饮料和精制茶制造业	Manufacture of Liquor, Beverage and Refined Tea	0.07	0.03	0.01
烟草制品业	Manufacture of Tobacco			
纺织业	Manufacture of Textile	0.02	0.04	0.01
纺织服装、服饰业	Manufacture of Textile Wearing and Clothing Apparel		0.01	0.01
皮革、毛皮、羽毛及其制品和制鞋业	Leather, Fur, Feather and Its Products and Footwear	0.06	0.14	0.02
木材加工和木、竹、藤、棕、草制品业	Processing of Timbers,Manufacture of Wood, Bamboo, Rattan, Palm and Straw Products	0.05	0.06	0.02
家具制造业	Manufacture of Furniture	0.01	0.04	0.01
造纸和纸制品业	Manufacture of Paper and Paper Products	0.07	0.24	0.04
印刷和记录媒介复制业	Printing,Reproduction of Recording Media	0.10	0.34	0.06
文教、工美、体育和娱乐用品制造业	Manufacture of Articles for Culture, Education and Sport Activity	0.09	0.43	0.07
石油加工、炼焦和核燃料加工业	Processing of Petroleum, Coking, Processing of Nucleus Fuel			
化学原料和化学制品制造业	Manufacture of Chemical Raw Material and Chemical Products	0.49	0.59	0.18
医药制造业	Manufacture of Medicines	0.04	0.16	0.06
化学纤维制造业	Manufacture of Chemical Fiber			
橡胶和塑料制品业	Manufacture of Rubber and plastic	0.23	0.24	0.09
非金属矿物制品业	Manufacture of Non-metallic Mineral Products	1.68	2.93	0.72
黑色金属冶炼和压延加工业	Manufacture and Processing of Ferrous Metals	0.23	0.59	0.17
有色金属冶炼和压延加工业	Manufacture and Processing of Non-ferrous Metals	0.19	0.34	0.07
金属制品业	Manufacture of Metal Products	0.11	0.09	0.02
通用设备制造业	Manufacture of General Purpose Machinery	1.13	0.24	0.06
专用设备制造业	Manufacture of Special Purpose Machinery	0.08	0.11	0.03
汽车制造业	Automobile Industry	0.17	0.45	0.08
铁路、船舶、航空航天和其他运输设备制造业	Manufacture of Railway,Marine,Aerospace and Other Transport Equipment	0.03	0.07	0.02
电气机械和器材制造业	Manufacture of Electrical Machinery and Equipment	0.09	0.25	0.05
计算机、通信和其他电子设备制造业	Manufacture of Communication Equipment, Computer and Other Electronic Equipment	0.02	0.06	0.01
仪器仪表制造业	Manufacture of Measuring Instrument	0.07	0.14	0.02
其他制造业	Other Manufacture N.E.C			
废弃资源综合利用业	Recycling and Disposal of Waste	0.15	0.35	0.12
金属制品、机械和设备修理业	Mental Products,Machine and Equipment Repair			
电力、热力生产和供应业	Production and Supply of Electric Power and Heat Power	0.14	0.46	0.14
燃气生产和供应业	Production and Distribution of Gas			
水的生产和供应业	Production and Distribution of Water	0.02	0.04	0.02

11-6 续表 6 continued

单位:亿元 (100 million yuan)

指标	Item	总资产贡献率 (%) Ratio of Total Assets to Industrial Output Value(%)	成本费用利润率 (%) Ratio of Profits to Industrial Cost (%)
总计	**Total**	**32.17**	**6.83**
在总计中:	Of the Total		
亏损企业	Enterprises running under Deficit	1.98	-1.99
在总计中:	Of the Total		
大型企业	Large Scale Enterprises	8.91	1.67
中型企业	Medium Scale Enterprises	27.47	3.62
小型企业	Small Enterprises	39.28	9.44
微型企业	Microenterprise	18.14	3.33
按行业分	Grouped by Sector		
煤炭开采和洗选业	Mining and Washing of Coal	32.95	8.88
石油和天然气开采业	Petroleum and Natural Gas Extraction		
黑色金属矿采选业	Mining of Ferrous Metal Ores	34.15	5.63
有色金属矿采选业	Mining of Non-ferrous Metal Ores	27.61	5.46
非金属矿采选业	Mining and Processing of Nonmetal Ores	27.90	4.42
开采辅助活动	Mining Auxiliary Activities		
其他采矿业	Other Mining and Dressing		
农副食品加工业	Processing of Food from Agricultural Products	24.95	1.90
食品制造业	Manufacture of Foods		
酒、饮料和精制茶制造业	Manufacture of Liquor, Beverage and Refined Tea	364.91	14.99
烟草制品业	Manufacture of Tobacco		
纺织业	Manufacture of Textile	98.00	21.36
纺织服装、服饰业	Manufacture of Textile Wearing and Clothing Apparel	2.37	1.08
皮革、毛皮、羽毛及其制品和制鞋业	Leather, Fur, Feather and Its Products and Footwear	360.41	15.15
木材加工和木、竹、藤、棕、草制品业	Processing of Timbers, Manufacture of Wood, Bamboo, Rattan, Palm and Straw Products	43.77	2.47
家具制造业	Manufacture of Furniture	22.43	16.10
造纸和纸制品业	Manufacture of Paper and Paper Products	23.58	2.04
印刷和记录媒介复制业	Printing,Reproduction of Recording Media	28.32	9.15
文教、工美、体育和娱乐用品制造业	Manufacture of Articles for Culture,Education and Sport Activity	30.68	5.93
石油加工、炼焦和核燃料加工业	Processing of Petroleum,Coking,Processing of Nucleus Fuel		
化学原料和化学制品制造业	Manufacture of Chemical Raw Material and Chemical Products	45.66	7.65
医药制造业	Manufacture of Medicines	59.26	2.41
化学纤维制造业	Manufacture of Chemical Fiber		
橡胶和塑料制品业	Manufacture of Rubber and plastic	22.70	0.77
非金属矿物制品业	Manufacture of Non-metallic Mineral Products	25.65	3.99
黑色金属冶炼和压延加工业	Manufacture and Processing of Ferrous Metals	13.21	1.95
有色金属冶炼和压延加工业	Manufacture and Processing of Non-ferrous Metals	76.82	8.96
金属制品业	Manufacture of Metal Products	17.15	8.44
通用设备制造业	Manufacture of General Purpose Machinery	136.33	17.14
专用设备制造业	Manufacture of Special Purpose Machinery	26.99	11.30
汽车制造业	Automobile Industry	13.38	3.51
铁路、船舶、航空航天和其他运输设备制造业	Manufacture of Railway,Marine,Aerospace and Other Transport Equipment	5.84	6.20
电气机械和器材制造业	Manufacture of Electrical Machinery and Equipment	18.36	6.23
计算机、通信和其他电子设备制造业	Manufacture of Communication Equipment, Computer and Other Electronic Equipment	27.19	5.71
仪器仪表制造业	Manufacture of Measuring Instrument	26.57	8.73
其他制造业	Other Manufacture N.E.C		
废弃资源综合利用业	Recycling and Disposal of Waste	4.97	1.03
金属制品、机械和设备修理业	Mental Products, Machine and Equipment Repair		
电力、热力生产和供应业	Production and Supply of Electric Power and Heat Power	14.76	5.81
燃气生产和供应业	Production and Distribution of Gas		
水的生产和供应业	Production and Distribution of Water	29.89	7.24

11-6 续表 7 continued

单位:亿元 (100 million yuan)

指标	Item	产品销售率 (%) Proporting of Products Sold (%)	资产负债率 (%) Assets-Liability Ratio (%)
总计	**Total**	**98.60**	**43.18**
在总计中:	Of the Total		
亏损企业	Enterprises running under Deficit	106.13	53.72
在总计中:	Of the Total		
大型企业	Large Scale Enterprises	94.64	71.62
中型企业	Medium Scale Enterprises	99.93	44.24
小型企业	Small Enterprises	98.33	36.94
微型企业	Microenterprise	99.16	59.22
按行业分	Grouped by Sector		
煤炭开采和洗选业	Mining and Washing of Coal	98.60	43.30
石油和天然气开采业	Petroleum and Natural Gas Extraction		
黑色金属矿采选业	Mining of Ferrous Metal Ores	98.82	47.23
有色金属矿采选业	Mining of Non-ferrous Metal Ores	100.00	71.74
非金属矿采选业	Mining and Processing of Nonmetal Ores	97.60	24.65
开采辅助活动	Mining Auxiliary Activities		
其他采矿业	Other Mining and Dressing		
农副食品加工业	Processing of Food from Agricultural Products	99.79	10.89
食品制造业	Manufacture of Foods		
酒、饮料和精制茶制造业	Manufacture of Liquor, Beverage and Refined Tea	100.00	39.20
烟草制品业	Manufacture of Tobacco		
纺织业	Manufacture of Textile	100.00	65.72
纺织服装、服饰业	Manufacture of Textile Wearing and Clothing Apparel	99.87	69.59
皮革、毛皮、羽毛及其制品和制鞋业	Leather, Fur, Feather and Its Products and Footwear	100.00	17.66
木材加工和木、竹、藤、棕、草制品业	Processing of Timbers, Manufacture of Wood, Bamboo, Rattan, Palm and Straw Products	95.18	83.38
家具制造业	Manufacture of Furniture	104.87	54.89
造纸和纸制品业	Manufacture of Paper and Paper Products	97.19	16.50
印刷和记录媒介复制业	Printing,Reproduction of Recording Media	99.01	25.12
文教、工美、体育和娱乐用品制造业	Manufacture of Articles for Culture,Education and Sport Activity	98.49	56.30
石油加工、炼焦和核燃料加工业	Processing of Petroleum,Coking,Processing of Nucleus Fuel		
化学原料和化学制品制造业	Manufacture of Chemical Raw Material and Chemical Products	97.65	24.85
医药制造业	Manufacture of Medicines	100.00	55.58
化学纤维制造业	Manufacture of Chemical Fiber		
橡胶和塑料制品业	Manufacture of Rubber and plastic	104.89	42.55
非金属矿物制品业	Manufacture of Non-metallic Mineral Products	99.15	31.31
黑色金属冶炼和压延加工业	Manufacture and Processing of Ferrous Metals	95.23	103.90
有色金属冶炼和压延加工业	Manufacture and Processing of Non-ferrous Metals	99.46	44.63
金属制品业	Manufacture of Metal Products	99.84	19.71
通用设备制造业	Manufacture of General Purpose Machinery	92.70	20.95
专用设备制造业	Manufacture of Special Purpose Machinery	100.00	57.27
汽车制造业	Automobile Industry	100.00	45.12
铁路、船舶、航空航天和其他运输设备制造业"	Manufacture of Railway,Marine,Aerospace and Other Transport Equipment	100.00	65.99
电气机械和器材制造业	Manufacture of Electrical Machinery and Equipment	100.14	31.38
计算机、通信和其他电子设备制造业	Manufacture of Communication Equipment,Computer and Other Electronic Equipment	122.38	37.59
仪器仪表制造业	Manufacture of Measuring Instrument	100.00	37.48
其他制造业	Other Manufacture N.E.C		
废弃资源综合利用业	Recycling and Disposal of Waste	102.87	116.86
金属制品、机械和设备修理业	Mental Products,Machine and Equipment Repair		
电力、热力生产和供应业	Production and Supply of Electric Power and Heat Power	99.53	46.70
燃气生产和供应业	Production and Distribution of Gas		
水的生产和供应业	Production and Distribution of Water	100.00	37.39

11-7 私营工业企业主要经济指标(2015年)
Major Economic Indications of Private Industrial Enterprises(2015)

单位:亿元 (100 million yuan)

指标	Item	企业单位数(个) Number of Enterprises (unit)	#亏损企业 Loss-making Enterprises
总计	**Total**	**10094**	**426**
在总计中:	Of the Total		
亏损企业	Enterprises running under Deficit	426	426
在总计中:	Of the Total		
大型企业	Large Scale Enterprises	64	8
中型企业	Medium Scale Enterprises	1443	54
小型企业	Small Enterprises	8294	335
微型企业	Microenterprise	293	29
按行业分	Grouped by Sector		
煤炭开采和洗选业	Mining and Washing of Coal	283	16
石油和天然气开采业	Petroleum and Natural Gas Extraction		
黑色金属矿采选业	Mining of Ferrous Metal Ores	73	4
有色金属矿采选业	Mining of Non-ferrous Metal Ores	143	15
非金属矿采选业	Mining and Processing of Nonmetal Ores	235	6
开采辅助活动	Mining Auxiliary Activities		
其他采矿业	Other Mining and Dressing	2	
农副食品加工业	Processing of Food from Agricultural Products	948	25
食品制造业	Manufacture of Foods	285	15
酒、饮料和精制茶制造业	Manufacture of Liquor, Beverage and Refined Tea	276	7
烟草制品业	Manufacture of Tobacco	1	
纺织业	Manufacture of Textile	176	16
纺织服装、服饰业	Manufacture of Textile Wearing and Clothing Apparel	174	1
皮革、毛皮、羽毛及其制品和制鞋业	Leather, Fur, Feather and Its Products and Footwear	196	3
木材加工和木、竹、藤、棕、草制品业	Processing of Timbers, Manufacture of Wood ,Bamboo, Rattan, Palm and Straw Products	361	5
家具制造业	Manufacture of Furniture	115	
造纸和纸制品业	Manufacture of Paper and Paper Products	250	11
印刷和记录媒介复制业	Printing,Reproduction of Recording Media	161	5
文教、工美、体育和娱乐用品制造业	Manufacture of Articles for Culture,Education and Sport Activity	129	2
石油加工、炼焦和核燃料加工业	Processing of Petroleum,Coking,Processing of Nucleus Fuel	24	1
化学原料和化学制品制造业	Manufacture of Chemical Raw Material and Chemical Products	1218	43
医药制造业	Manufacture of Medicines	207	8
化学纤维制造业	Manufacture of Chemical Fiber	6	2
橡胶和塑料制品业	Manufacture of Rubber and plastic	251	8
非金属矿物制品业	Manufacture of Non-metallic Mineral Products	1218	67
黑色金属冶炼和压延加工业	Manufacture and Processing of Ferrous Metals	369	21
有色金属冶炼和压延加工业	Manufacture and Processing of Non-ferrous Metals	361	26
金属制品业	Manufacture of Metal Products	360	17
通用设备制造业	Manufacture of General Purpose Machinery	589	27
专用设备制造业	Manufacture of Special Purpose Machinery	474	19
汽车制造业	Automobile Industry	160	7
铁路、船舶、航空航天和其他运输设备制造业	Manufacture of Railway,Marine,Aerospace and Other Transport Equipment	68	4
电气机械和器材制造业	Manufacture of Electrical Machinery and Equipment	398	16
计算机、通信和其他电子设备制造业	Manufacture of Communication Equipment,Computer and Other Electronic Equipment	293	15
仪器仪表制造业	Manufacture of Measuring Instrument	68	4
其他制造业	Other Manufacture N.E.C	63	2
废弃资源综合利用业	Recycling and Disposal of Waste	47	1
金属制品、机械和设备修理业	Mental Products,Machine and Equipment Repair	1	
电力、热力生产和供应业	Production and Supply of Electric Power and Heat Power	81	6
燃气生产和供应业	Production and Distribution of Gas	19	
水的生产和供应业	Production and Distribution of Water	11	1

11-7 续表 1 continued

单位:亿元 (100 million yuan)

指标	Item	工业销售产值 Output Value of Industrial Products Sales	出口交货值 Delivery Value for Export	资产总计 Total Assets
总计	**Total**	**19988.50**	**600.25**	**8661.97**
在总计中:	Of the Total			
亏损企业	Enterprises running under Deficit	477.33	11.80	500.19
在总计中:	Of the Total			
大型企业	Large Scale Enterprises	2008.71	118.35	1902.48
中型企业	Medium Scale Enterprises	5467.82	266.10	2286.37
小型企业	Small Enterprises	12375.52	215.59	4359.83
微型企业	Microenterprise	136.45	0.21	113.29
按行业分	Grouped by Sector			
煤炭开采和洗选业	Mining and Washing of Coal	307.66	0.81	180.06
石油和天然气开采业	Petroleum and Natural Gas Extraction			
黑色金属矿采选业	Mining of Ferrous Metal Ores	100.13	0.36	53.03
有色金属矿采选业	Mining of Non-ferrous Metal Ores	234.17	2.28	122.08
非金属矿采选业	Mining and Processing of Nonmetal Ores	263.47	3.88	97.58
开采辅助活动	Mining Auxiliary Activities			
其他采矿业	Other Mining and Dressing	2.77		0.53
农副食品加工业	Processing of Food from Agricultural Products	2076.69	42.85	675.88
食品制造业	Manufacture of Foods	681.71	0.30	266.06
酒、饮料和精制茶制造业	Manufacture of Liquor, Beverage and Refined Tea	405.35	4.53	143.08
烟草制品业	Manufacture of Tobacco	0.23		0.11
纺织业	Manufacture of Textile	470.79	17.21	208.05
纺织服装、服饰业	Manufacture of Textile Wearing and Clothing Apparel	215.04	4.98	95.87
皮革、毛皮、羽毛及其制品和制鞋业	Leather, Fur, Feather and Its Products and Footwear	261.60	16.19	64.01
木材加工和木、竹、藤、棕、草制品业	Processing of Timbers,Manufacture of Wood, Bamboo, Rattan, Palm and Straw Products	606.99	1.96	141.04
家具制造业	Manufacture of Furniture	254.57	0.52	75.31
造纸和纸制品业	Manufacture of Paper and Paper Products	395.24	5.93	145.11
印刷和记录媒介复制业	Printing,Reproduction of Recording Media	271.99	1.20	82.55
文教、工美、体育和娱乐用品制造业	Manufacture of Articles for Culture,Education and Sport Activity	221.66	8.37	51.34
石油加工、炼焦和核燃料加工业	Processing of Petroleum, Coking, Processing of Nucleus Fuel	94.74	0.32	81.87
化学原料和化学制品制造业	Manufacture of Chemical Raw Material and Chemical Products	2031.85	156.57	694.69
医药制造业	Manufacture of Medicines	613.43	10.75	236.94
化学纤维制造业	Manufacture of Chemical Fiber	11.46		5.44
橡胶和塑料制品业	Manufacture of Rubber and plastic	423.16	0.61	149.86
非金属矿物制品业	Manufacture of Non-metallic Mineral Products	1907.54	44.70	937.78
黑色金属冶炼和压延加工业	Manufacture and Processing of Ferrous Metals	672.54	8.28	183.10
有色金属冶炼和压延加工业	Manufacture and Processing of Non-ferrous Metals	1283.58	20.53	480.57
金属制品业	Manufacture of Metal Products	687.28	21.78	252.22
通用设备制造业	Manufacture of General Purpose Machinery	1090.49	38.59	455.83
专用设备制造业	Manufacture of Special Purpose Machinery	1797.30	68.14	1490.97
汽车制造业	Automobile Industry	465.71	2.52	303.86
铁路、船舶、航空航天和其他运输设备制造业	Manufacture of Railway, Marine, Aerospace and Other Transport Equipment	122.86	0.11	65.42
电气机械和器材制造业	Manufacture of Electrical Machinery and Equipment	907.56	5.52	431.05
计算机、通信和其他电子设备制造业	Manufacture of Communication Equipment, Computer and Other Electronic Equipment	642.91	72.97	228.13
仪器仪表制造业	Manufacture of Measuring Instrument	123.00	9.29	51.45
其他制造业	Other Manufacture N.E.C	144.73	27.81	25.56
废弃资源综合利用业	Recycling and Disposal of Waste	97.17		34.87
金属制品、机械和设备修理业	Mental Products,Machine and Equipment Repair	0.54		0.01
电力、热力生产和供应业	Production and Supply of Electric Power and Heat Power	62.39	0.40	122.38
燃气生产和供应业	Production and Distribution of Gas	25.26		12.98
水的生产和供应业	Production and Distribution of Water	12.93		15.29

11-7 续表 2 continued

单位:亿元 (100 million yuan)

指标	Item	固定资产合计 Total Fixed Assets	流动资产合计 Circulating Funds	负债合计 Total Liabilities
总计	**Total**	**3647.13**	**3580.48**	**3718.07**
在总计中:	Of the Total			
亏损企业	Enterprises running under Deficit	157.89	242.80	352.24
在总计中:	Of the Total			
大型企业	Large Scale Enterprises	413.83	1178.59	1198.98
中型企业	Medium Scale Enterprises	1189.31	771.69	824.02
小型企业	Small Enterprises	2016.40	1594.16	1636.83
微型企业	Microenterprise	27.60	36.05	58.24
按行业分	Grouped by Sector			
煤炭开采和洗选业	Mining and Washing of Coal	115.89	37.88	52.86
石油和天然气开采业	Petroleum and Natural Gas Extraction			
黑色金属矿采选业	Mining of Ferrous Metal Ores	24.96	18.61	21.47
有色金属矿采选业	Mining of Non-ferrous Metal Ores	62.65	42.27	42.25
非金属矿采选业	Mining and Processing of Nonmetal Ores	52.74	25.89	32.94
开采辅助活动	Mining Auxiliary Activities			
其他采矿业	Other Mining and Dressing	0.25	0.27	0.28
农副食品加工业	Processing of Food from Agricultural Products	332.97	249.95	242.62
食品制造业	Manufacture of Foods	125.33	94.43	88.05
酒、饮料和精制茶制造业	Manufacture of Liquor, Beverage and Refined Tea	74.92	46.09	44.92
烟草制品业	Manufacture of Tobacco	0.04	0.08	
纺织业	Manufacture of Textile	90.18	79.01	103.02
纺织服装、服饰业	Manufacture of Textile Wearing and Clothing Apparel	43.19	36.39	32.32
皮革、毛皮、羽毛及其制品和制鞋业	Leather, Fur, Feather and Its Products and Footwear	35.71	19.36	19.81
木材加工和木、竹、藤、棕、草制品业	Processing of Timbers, Manufacture of Wood, Bamboo, Rattan, Palm and Straw Products	81.41	43.76	42.74
家具制造业	Manufacture of Furniture	41.62	24.23	25.19
造纸和纸制品业	Manufacture of Paper and Paper Products	82.61	37.29	50.78
印刷和记录媒介复制业	Printing,Reproduction of Recording Media	38.02	31.25	31.54
文教、工美、体育和娱乐用品制造业	Manufacture of Articles for Culture,Education and Sport Activity	24.79	21.11	18.55
石油加工、炼焦和核燃料加工业	Processing of Petroleum, Coking, Processing of Nucleus Fuel	35.95	37.16	39.54
化学原料和化学制品制造业	Manufacture of Chemical Raw Material and Chemical Products	367.32	217.97	223.83
医药制造业	Manufacture of Medicines	114.17	83.68	73.98
化学纤维制造业	Manufacture of Chemical Fiber	3.01	0.81	1.54
橡胶和塑料制品业	Manufacture of Rubber and plastic	69.83	54.30	58.31
非金属矿物制品业	Manufacture of Non-metallic Mineral Products	442.20	330.18	348.75
黑色金属冶炼和压延加工业	Manufacture and Processing of Ferrous Metals	106.66	58.79	72.73
有色金属冶炼和压延加工业	Manufacture and Processing of Non-ferrous Metals	180.09	223.88	218.69
金属制品业	Manufacture of Metal Products	122.35	95.81	101.50
通用设备制造业	Manufacture of General Purpose Machinery	178.59	217.05	196.31
专用设备制造业	Manufacture of Special Purpose Machinery	333.94	887.56	873.03
汽车制造业	Automobile Industry	63.32	186.12	231.40
铁路、船舶、航空航天和其他运输设备制造业	Manufacture of Railway,Marine,Aerospace and Other Transport Equipment	22.93	37.66	31.73
电气机械和器材制造业	Manufacture of Electrical Machinery and Equipment	149.60	171.71	169.55
计算机、通信和其他电子设备制造业	Manufacture of Communication Equipment,Computer and Other Electronic Equipment	85.52	102.12	110.28
仪器仪表制造业	Manufacture of Measuring Instrument	20.94	23.02	17.64
其他制造业	Other Manufacture N.E.C	10.24	9.15	5.61
废弃资源综合利用业	Recycling and Disposal of Waste	18.18	10.39	12.44
金属制品、机械和设备修理业	Mental Products,Machine and Equipment Repair			0.12
电力、热力生产和供应业	Production and Supply of Electric Power and Heat Power	78.69	17.39	67.99
燃气生产和供应业	Production and Distribution of Gas	6.66	3.32	6.49
水的生产和供应业	Production and Distribution of Water	9.65	4.57	7.27

11-7 续表 3 continued

单位:亿元 (100 million yuan)

指标	Item	实收资本 Assets Recevied	所有者权益 Paid-in capital	主营业务收入 Revenue of Major Business
总计	**Total**	**2262.34**	**4923.84**	**19600.23**
在总计中：	Of the Total			
亏损企业	Enterprises running under Deficit	114.68	146.46	423.12
在总计中：	Of the Total			
大型企业	Large Scale Enterprises	106.65	703.49	1902.50
中型企业	Medium Scale Enterprises	792.40	1462.34	5336.80
小型企业	Small Enterprises	1331.30	2718.63	12227.73
微型企业	Microenterprise	31.99	39.37	133.20
按行业分	Grouped by Sector			
煤炭开采和洗选业	Mining and Washing of Coal	77.39	123.04	298.66
石油和天然气开采业	Petroleum and Natural Gas Extraction			
黑色金属矿采选业	Mining of Ferrous Metal Ores	20.22	31.25	99.44
有色金属矿采选业	Mining of Non-ferrous Metal Ores	40.99	79.82	217.78
非金属矿采选业	Mining and Processing of Nonmetal Ores	39.58	64.53	261.28
开采辅助活动	Mining Auxiliary Activities			
其他采矿业	Other Mining and Dressing	0.24	0.25	2.76
农副食品加工业	Processing of Food from Agricultural Products	213.70	432.36	2051.95
食品制造业	Manufacture of Foods	81.17	177.06	644.71
酒、饮料和精制茶制造业	Manufacture of Liquor, Beverage and Refined Tea	48.57	97.79	409.60
烟草制品业	Manufacture of Tobacco	0.10	0.11	0.23
纺织业	Manufacture of Textile	46.32	105.04	449.60
纺织服装、服饰业	Manufacture of Textile Wearing and Clothing Apparel	22.77	63.55	208.49
皮革、毛皮、羽毛及其制品和制鞋业	Leather, Fur, Feather and Its Products and Footwear	21.74	43.91	260.82
木材加工和木、竹、藤、棕、草制品业	Processing of Timbers,Manufacture of Wood, Bamboo, Rattan, Palm and Straw Products	54.37	98.22	574.72
家具制造业	Manufacture of Furniture	32.24	48.51	255.13
造纸和纸制品业	Manufacture of Paper and Paper Products	139.26	94.11	390.99
印刷和记录媒介复制业	Printing,Reproduction of Recording Media	23.21	50.96	272.89
文教、工美、体育和娱乐用品制造业	Manufacture of Articles for Culture,Education and Sport Activity	15.52	32.80	225.76
石油加工、炼焦和核燃料加工业	Processing of Petroleum,Coking,Processing of Nucleus Fuel	4.61	42.34	110.42
化学原料和化学制品制造业	Manufacture of Chemical Raw Material and Chemical Products	229.00	469.77	1963.43
医药制造业	Manufacture of Medicines	87.18	162.77	605.20
化学纤维制造业	Manufacture of Chemical Fiber	3.85	3.90	10.05
橡胶和塑料制品业	Manufacture of Rubber and plastic	53.03	90.98	412.91
非金属矿物制品业	Manufacture of Non-metallic Mineral Products	291.08	587.96	1887.23
黑色金属冶炼和压延加工业	Manufacture and Processing of Ferrous Metals	61.31	109.81	671.80
有色金属冶炼和压延加工业	Manufacture and Processing of Non-ferrous Metals	102.07	259.82	1260.75
金属制品业	Manufacture of Metal Products	68.96	150.72	676.64
通用设备制造业	Manufacture of General Purpose Machinery	95.01	259.30	1064.16
专用设备制造业	Manufacture of Special Purpose Machinery	111.14	616.97	1747.83
汽车制造业	Automobile Industry	39.05	72.16	397.14
铁路、船舶、航空航天和其他运输设备制造业	Manufacture of Railway, Marine, Aerospace and Other Transport Equipment	9.19	33.69	121.30
电气机械和器材制造业	Manufacture of Electrical Machinery and Equipment	99.21	260.13	889.34
计算机、通信和其他电子设备制造业	Manufacture of Communication Equipment, Computer and Other Electronic Equipment	55.97	115.14	686.80
仪器仪表制造业	Manufacture of Measuring Instrument	13.62	33.81	119.12
其他制造业	Other Manufacture N.E.C	9.10	19.94	151.45
废弃资源综合利用业	Recycling and Disposal of Waste	15.65	22.43	95.77
金属制品、机械和设备修理业	Mental Products,Machine and Equipment Repair			0.34
电力、热力生产和供应业	Production and Supply of Electric Power and Heat Power	26.91	54.40	61.99
燃气生产和供应业	Production and Distribution of Gas	4.19	6.48	29.94
水的生产和供应业	Production and Distribution of Water	4.82	8.01	11.85

11-7 续表 4 continued

单位:亿元 (100 million yuan)

指标	Item	主营业务成本 Cost of Major Business	利润总额 Total Profit	利税总额 Total Taxes
总计	**Total**	**16144.50**	**1122.63**	**1857.97**
在总计中:	Of the Total			
亏损企业	Enterprises running under Deficit	377.18	-20.38	-11.24
在总计中:	Of the Total			
大型企业	Large Scale Enterprises	1559.14	84.58	127.69
中型企业	Medium Scale Enterprises	4361.54	309.22	543.86
小型企业	Small Enterprises	10108.45	722.50	1174.69
微型企业	Microenterprise	115.37	6.32	11.73
按行业分	Grouped by Sector			
煤炭开采和洗选业	Mining and Washing of Coal	250.10	20.18	38.24
石油和天然气开采业	Petroleum and Natural Gas Extraction			
黑色金属矿采选业	Mining of Ferrous Metal Ores	82.64	6.33	10.70
有色金属矿采选业	Mining of Non-ferrous Metal Ores	175.37	11.12	23.88
非金属矿采选业	Mining and Processing of Nonmetal Ores	212.59	16.67	28.29
开采辅助活动	Mining Auxiliary Activities			
其他采矿业	Other Mining and Dressing	1.97	0.08	0.25
农副食品加工业	Processing of Food from Agricultural Products	1723.88	104.49	166.47
食品制造业	Manufacture of Foods	534.54	33.78	56.70
酒、饮料和精制茶制造业	Manufacture of Liquor, Beverage and Refined Tea	335.23	23.81	36.51
烟草制品业	Manufacture of Tobacco	0.22		
纺织业	Manufacture of Textile	392.49	17.24	32.70
纺织服装、服饰业	Manufacture of Textile Wearing and Clothing Apparel	174.24	12.65	16.40
皮革、毛皮、羽毛及其制品和制鞋业	Leather, Fur, Feather and Its Products and Footwear	212.76	15.65	23.75
木材加工和木、竹、藤、棕、草制品业	Processing of Timbers, Manufacture of Wood, Bamboo, Rattan, Palm and Straw Products	493.30	25.39	43.24
家具制造业	Manufacture of Furniture	211.02	17.47	28.10
造纸和纸制品业	Manufacture of Paper and Paper Products	323.20	19.88	36.34
印刷和记录媒介复制业	Printing,Reproduction of Recording Media	221.84	22.16	33.83
文教、工美、体育和娱乐用品制造业	Manufacture of Articles for Culture,Education and Sport Activity	188.22	13.43	22.07
石油加工、炼焦和核燃料加工业	Processing of Petroleum, Coking, Processing of Nucleus Fuel	98.79	4.26	9.91
化学原料和化学制品制造业	Manufacture of Chemical Raw Material and Chemical Products	1591.97	123.90	231.23
医药制造业	Manufacture of Medicines	488.01	41.23	69.16
化学纤维制造业	Manufacture of Chemical Fiber	8.77	0.18	0.97
橡胶和塑料制品业	Manufacture of Rubber and plastic	347.49	24.66	41.78
非金属矿物制品业	Manufacture of Non-metallic Mineral Products	1520.72	110.09	195.78
黑色金属冶炼和压延加工业	Manufacture and Processing of Ferrous Metals	570.94	43.83	70.59
有色金属冶炼和压延加工业	Manufacture and Processing of Non-ferrous Metals	1041.66	53.64	91.24
金属制品业	Manufacture of Metal Products	556.89	48.16	75.16
通用设备制造业	Manufacture of General Purpose Machinery	864.53	65.85	97.54
专用设备制造业	Manufacture of Special Purpose Machinery	1463.81	77.88	127.81
汽车制造业	Automobile Industry	307.45	39.81	51.37
铁路、船舶、航空航天和其他运输设备制造业	Manufacture of Railway,Marine,Aerospace and Other Transport Equipment	93.68	7.32	12.39
电气机械和器材制造业	Manufacture of Electrical Machinery and Equipment	729.79	48.76	76.31
计算机、通信和其他电子设备制造业	Manufacture of Communication Equipment, Computer and Other Electronic Equipment	533.69	44.57	66.12
仪器仪表制造业	Manufacture of Measuring Instrument	99.46	8.01	12.64
其他制造业	Other Manufacture N.E.C	128.00	8.28	11.81
废弃资源综合利用业	Recycling and Disposal of Waste	83.78	3.12	6.29
金属制品、机械和设备修理业	Mental Products,Machine and Equipment Repair	0.28	0.03	0.05
电力、热力生产和供应业	Production and Supply of Electric Power and Heat Power	48.27	5.53	7.69
燃气生产和供应业	Production and Distribution of Gas	23.24	2.27	3.01
水的生产和供应业	Production and Distribution of Water	9.61	0.90	1.66

11-7 续表 5 continued

单位:亿元 (100 million yuan)

指标	Item	本年应缴增值税 Value Added Payable of the Current Year	本年应付职工薪酬 Total Sum of Wages Payable this Year	全部从业人员年平均人数（万人） Average Number of Empolyment of the Current Year (10000persons)
总计	**Total**	**498.40**	**887.50**	**191.74**
在总计中:	Of the Total			
亏损企业	Enterprises running under Deficit	6.93	30.99	8.17
在总计中:	Of the Total			
大型企业	Large Scale Enterprises	33.79	96.25	15.47
中型企业	Medium Scale Enterprises	168.91	335.37	72.38
小型企业	Small Enterprises	292.28	452.19	102.20
微型企业	Microenterprise	3.42	3.69	1.69
按行业分	Grouped by Sector			
煤炭开采和洗选业	Mining and Washing of Coal	14.19	25.59	6.23
石油和天然气开采业	Petroleum and Natural Gas Extraction			
黑色金属矿采选业	Mining of Ferrous Metal Ores	3.32	5.23	1.39
有色金属矿采选业	Mining of Non-ferrous Metal Ores	9.14	11.44	3.14
非金属矿采选业	Mining and Processing of Nonmetal Ores	7.39	12.84	3.09
开采辅助活动	Mining Auxiliary Activities			
其他采矿业	Other Mining and Dressing	0.15	0.13	0.03
农副食品加工业	Processing of Food from Agricultural Products	42.35	72.11	15.99
食品制造业	Manufacture of Foods	16.40	32.32	7.29
酒、饮料和精制茶制造业	Manufacture of Liquor, Beverage and Refined Tea	7.80	16.00	3.86
烟草制品业	Manufacture of Tobacco			
纺织业	Manufacture of Textile	11.03	21.94	6.26
纺织服装、服饰业	Manufacture of Textile Wearing and Clothing Apparel	1.99	18.92	4.26
皮革、毛皮、羽毛及其制品和制鞋业	Leather, Fur, Feather and Its Products and Footwear	5.83	22.56	4.56
木材加工和木、竹、藤、棕、草制品业	Processing of Timbers, Manufacture of Wood, Bamboo, Rattan, Palm and Straw Products	11.32	24.51	6.85
家具制造业	Manufacture of Furniture	7.66	10.85	2.33
造纸和纸制品业	Manufacture of Paper and Paper Products	10.35	17.04	4.10
印刷和记录媒介复制业	Printing,Reproduction of Recording Media	7.95	10.35	2.35
文教、工美、体育和娱乐用品制造业	Manufacture of Articles for Culture,Education and Sport Activity	5.41	10.67	2.39
石油加工、炼焦和核燃料加工业	Processing of Petroleum,Coking,Processing of Nucleus Fuel	4.90	2.07	0.45
化学原料和化学制品制造业	Manufacture of Chemical Raw Material and Chemical Products	64.25	124.65	27.40
医药制造业	Manufacture of Medicines	22.10	18.41	3.62
化学纤维制造业	Manufacture of Chemical Fiber	0.27	0.25	0.09
橡胶和塑料制品业	Manufacture of Rubber and plastic	11.31	15.15	3.48
非金属矿物制品业	Manufacture of Non-metallic Mineral Products	59.01	118.03	24.36
黑色金属冶炼和压延加工业	Manufacture and Processing of Ferrous Metals	17.84	22.21	5.14
有色金属冶炼和压延加工业	Manufacture and Processing of Non-ferrous Metals	25.54	25.67	6.02
金属制品业	Manufacture of Metal Products	16.84	28.49	5.75
通用设备制造业	Manufacture of General Purpose Machinery	21.93	41.24	8.23
专用设备制造业	Manufacture of Special Purpose Machinery	36.56	74.94	10.83
汽车制造业	Automobile Industry	8.40	17.03	3.51
铁路、船舶、航空航天和其他运输设备制造业	Manufacture of Railway,Marine,Aerospace and Other Transport Equipment	4.00	5.06	1.14
电气机械和器材制造业	Manufacture of Electrical Machinery and Equipment	18.86	32.99	7.38
计算机、通信和其他电子设备制造业	Manufacture of Communication Equipment, Computer and Other Electronic Equipment	13.99	30.98	6.08
仪器仪表制造业	Manufacture of Measuring Instrument	3.40	4.10	0.90
其他制造业	Other Manufacture N.E.C	2.27	6.59	1.46
废弃资源综合利用业	Recycling and Disposal of Waste	2.13	2.38	0.58
金属制品、机械和设备修理业	Mental Products,Machine and Equipment Repair	0.01		
电力、热力生产和供应业	Production and Supply of Electric Power and Heat Power	1.62	3.47	0.89
燃气生产和供应业	Production and Distribution of Gas	0.38	0.77	0.16
水的生产和供应业	Production and Distribution of Water	0.50	0.54	0.14

11-7 续表 6 continued

指标	Item	总资产贡献率 (%) Ratio of Total Assets to Industrial Output Value(%)	成本费用利润率 (%) Ratio of Profits to Industrial Cost (%)
总计	**Total**	**23.10**	**6.29**
在总计中:	Of the Total		
亏损企业	Enterprises running under Deficit	-0.95	-4.76
在总计中:	Of the Total		
大型企业	Large Scale Enterprises	8.34	4.73
中型企业	Medium Scale Enterprises	25.51	6.37
小型企业	Small Enterprises	28.59	6.53
微型企业	Microenterprise	10.76	5.04
按行业分	Grouped by Sector		
煤炭开采和洗选业	Mining and Washing of Coal	22.04	7.47
石油和天然气开采业	Petroleum and Natural Gas Extraction		
黑色金属矿采选业	Mining of Ferrous Metal Ores	21.76	7.01
有色金属矿采选业	Mining of Non-ferrous Metal Ores	20.22	5.71
非金属矿采选业	Mining and Processing of Nonmetal Ores	30.67	6.95
开采辅助活动	Mining Auxiliary Activities		
其他采矿业	Other Mining and Dressing	51.15	2.83
农副食品加工业	Processing of Food from Agricultural Products	26.89	5.53
食品制造业	Manufacture of Foods	23.16	5.62
酒、饮料和精制茶制造业	Manufacture of Liquor, Beverage and Refined Tea	27.50	6.36
烟草制品业	Manufacture of Tobacco	3.94	1.71
纺织业	Manufacture of Textile	18.16	4.05
纺织服装、服饰业	Manufacture of Textile Wearing and Clothing Apparel	18.35	6.54
皮革、毛皮、羽毛及其制品和制鞋业	Leather, Fur, Feather and Its Products and Footwear	40.72	6.61
木材加工和木、竹、藤、棕、草制品业	Processing of Timbers,Manufacture of Wood, Bamboo, Rattan, Palm and Straw Products	32.53	4.71
家具制造业	Manufacture of Furniture	39.56	7.48
造纸和纸制品业	Manufacture of Paper and Paper Products	27.09	5.48
印刷和记录媒介复制业	Printing,Reproduction of Recording Media	42.63	9.10
文教、工美、体育和娱乐用品制造业	Manufacture of Articles for Culture,Education and Sport Activity	44.37	6.61
石油加工、炼焦和核燃料加工业	Processing of Petroleum, Coking, Processing of Nucleus Fuel	14.00	4.06
化学原料和化学制品制造业	Manufacture of Chemical Raw Material and Chemical Products	35.34	6.98
医药制造业	Manufacture of Medicines	30.63	7.43
化学纤维制造业	Manufacture of Chemical Fiber	18.05	1.95
橡胶和塑料制品业	Manufacture of Rubber and plastic	29.15	6.54
非金属矿物制品业	Manufacture of Non-metallic Mineral Products	22.37	6.48
黑色金属冶炼和压延加工业	Manufacture and Processing of Ferrous Metals	40.57	7.17
有色金属冶炼和压延加工业	Manufacture and Processing of Non-ferrous Metals	20.32	4.90
金属制品业	Manufacture of Metal Products	31.21	7.90
通用设备制造业	Manufacture of General Purpose Machinery	22.68	6.83
专用设备制造业	Manufacture of Special Purpose Machinery	10.19	4.75
汽车制造业	Automobile Industry	18.09	11.17
铁路、船舶、航空航天和其他运输设备制造业	Manufacture of Railway,Marine,Aerospace and Other Transport Equipment	19.58	7.06
电气机械和器材制造业	Manufacture of Electrical Machinery and Equipment	19.18	6.06
计算机、通信和其他电子设备制造业	Manufacture of Communication Equipment, Computer and Other Electronic Equipment	31.07	7.41
仪器仪表制造业	Manufacture of Measuring Instrument	25.32	7.41
其他制造业	Other Manufacture N.E.C	49.64	5.84
废弃资源综合利用业	Recycling and Disposal of Waste	18.37	3.54
金属制品、机械和设备修理业	Mental Products,Machine and Equipment Repair	918.97	10.08
电力、热力生产和供应业	Production and Supply of Electric Power and Heat Power	7.34	10.05
燃气生产和供应业	Production and Distribution of Gas	24.20	8.84
水的生产和供应业	Production and Distribution of Water	11.87	8.20

11-7 续表 7 continued

指标	Item	产品销售率 (%) Proporting of Products Sold (%)	资产负债率 (%) Assets-Liability Ratio (%)
总计	**Total**	**97.88**	**42.92**
在总计中:	Of the Total		
亏损企业	Enterprises running under Deficit	98.78	70.42
在总计中:	Of the Total		
大型企业	Large Scale Enterprises	94.48	63.02
中型企业	Medium Scale Enterprises	98.04	36.04
小型企业	Small Enterprises	98.39	37.54
微型企业	Microenterprise	97.46	51.41
按行业分	Grouped by Sector		
煤炭开采和洗选业	Mining and Washing of Coal	99.08	29.36
石油和天然气开采业	Petroleum and Natural Gas Extraction		
黑色金属矿采选业	Mining of Ferrous Metal Ores	98.12	40.49
有色金属矿采选业	Mining of Non-ferrous Metal Ores	98.77	34.61
非金属矿采选业	Mining and Processing of Nonmetal Ores	98.52	33.76
开采辅助活动	Mining Auxiliary Activities		
其他采矿业	Other Mining and Dressing	98.31	53.22
农副食品加工业	Processing of Food from Agricultural Products	99.05	35.90
食品制造业	Manufacture of Foods	97.99	33.09
酒、饮料和精制茶制造业	Manufacture of Liquor, Beverage and Refined Tea	97.89	31.40
烟草制品业	Manufacture of Tobacco	101.28	4.07
纺织业	Manufacture of Textile	98.26	49.52
纺织服装、服饰业	Manufacture of Textile Wearing and Clothing Apparel	98.79	33.71
皮革、毛皮、羽毛及其制品和制鞋业	Leather, Fur, Feather and Its Products and Footwear	99.16	30.94
木材加工和木、竹、藤、棕、草制品业	Processing of Timbers,Manufacture of Wood, Bamboo, Rattan, Palm and Straw Products	98.55	30.30
家具制造业	Manufacture of Furniture	97.83	33.45
造纸和纸制品业	Manufacture of Paper and Paper Products	98.37	34.99
印刷和记录媒介复制业	Printing,Reproduction of Recording Media	98.75	38.20
文教、工美、体育和娱乐用品制造业	Manufacture of Articles for Culture, Education and Sport Activity	98.68	36.12
石油加工、炼焦和核燃料加工业	Processing of Petroleum,Coking,Processing of Nucleus Fuel	94.46	48.29
化学原料和化学制品制造业	Manufacture of Chemical Raw Material and Chemical Products	97.99	32.22
医药制造业	Manufacture of Medicines	98.72	31.22
化学纤维制造业	Manufacture of Chemical Fiber	98.42	28.38
橡胶和塑料制品业	Manufacture of Rubber and plastic	99.00	38.91
非金属矿物制品业	Manufacture of Non-metallic Mineral Products	98.18	37.19
黑色金属冶炼和压延加工业	Manufacture and Processing of Ferrous Metals	98.47	39.72
有色金属冶炼和压延加工业	Manufacture and Processing of Non-ferrous Metals	99.37	45.50
金属制品业	Manufacture of Metal Products	98.26	40.24
通用设备制造业	Manufacture of General Purpose Machinery	96.40	43.07
专用设备制造业	Manufacture of Special Purpose Machinery	96.12	58.55
汽车制造业	Automobile Industry	92.21	76.16
铁路、船舶、航空航天和其他运输设备制造业	Manufacture of Railway, Marine, Aerospace and Other Transport Equipment	99.36	48.50
电气机械和器材制造业	Manufacture of Electrical Machinery and Equipment	97.90	39.33
计算机、通信和其他电子设备制造业	Manufacture of Communication Equipment, Computer and Other Electronic Equipment	96.34	48.34
仪器仪表制造业	Manufacture of Measuring Instrument	96.70	34.28
其他制造业	Other Manufacture N.E.C	95.04	21.96
废弃资源综合利用业	Recycling and Disposal of Waste	98.86	35.67
金属制品、机械和设备修理业	Mental Products,Machine and Equipment Repair	100.00	2212.34
电力、热力生产和供应业	Production and Supply of Electric Power and Heat Power	98.71	55.55
燃气生产和供应业	Production and Distribution of Gas	96.95	50.03
水的生产和供应业	Production and Distribution of Water	99.09	47.58

11-8 外商投资和港澳台投资工业企业主要经济指标(2015年)
Main Indicators of Industrial Enterprises with Hong Kong,Taiwan and Foreign Funds(2015)

单位:亿元 (100 million yuan)

指标	Item	企业单位数(个) Number of Enterprises (unit)	#亏损企业 Loss-making Enterprises
总计	**Total**	**563**	**71**
在总计中:	Of the Total		
亏损企业	Enterprises running under Deficit	71	71
在总计中:	Of the Total		
大型企业	Large Scale Enterprises	35	1
中型企业	Medium Scale Enterprises	188	22
小型企业	Small Enterprises	325	45
微型企业	Microenterprise	15	3
按行业分	Grouped by Sector		
煤炭开采和洗选业	Mining and Washing of Coal		
石油和天然气开采业	Petroleum and Natural Gas Extraction		
黑色金属矿采选业	Mining of Ferrous Metal Ores	33	1
有色金属矿采选业	Mining of Non-ferrous Metal Ores	23	3
非金属矿采选业	Mining and Processing of Nonmetal Ores	22	2
开采辅助活动	Mining Auxiliary Activities		
其他采矿业	Other Mining and Dressing	10	1
农副食品加工业	Processing of Food from Agricultural Products	20	2
食品制造业	Manufacture of Foods	48	2
酒、饮料和精制茶制造业	Manufacture of Liquor, Beverage and Refined Tea	8	2
烟草制品业	Manufacture of Tobacco	2	
纺织业	Manufacture of Textile	10	1
纺织服装、服饰业	Manufacture of Textile Wearing and Clothing Apparel	10	
皮革、毛皮、羽毛及其制品和制鞋业	Leather, Fur, Feather and Its Products and Footwear	23	
木材加工和木、竹、藤、棕、草制品业	Processing of Timbers,Manufacture of Wood, Bamboo, Rattan, Palm and Straw Products	1	
家具制造业	Manufacture of Furniture	53	3
造纸和纸制品业	Manufacture of Paper and Paper Products	15	2
印刷和记录媒介复制业	Printing,Reproduction of Recording Media	3	
文教、工美、体育和娱乐用品制造业	Manufacture of Articles for Culture,Education and Sport Activity	20	2
石油加工、炼焦和核燃料加工业	Processing of Petroleum,Coking,Processing of Nucleus Fuel	35	3
化学原料和化学制品制造业	Manufacture of Chemical Raw Material and Chemical Products	5	
医药制造业	Manufacture of Medicines	16	4
化学纤维制造业	Manufacture of Chemical Fiber	9	1
橡胶和塑料制品业	Manufacture of Rubber and plastic	20	4
非金属矿物制品业	Manufacture of Non-metallic Mineral Products	14	5
黑色金属冶炼和压延加工业	Manufacture and Processing of Ferrous Metals	41	15
有色金属冶炼和压延加工业	Manufacture and Processing of Non-ferrous Metals	10	1
金属制品业	Manufacture of Metal Products	22	4
通用设备制造业	Manufacture of General Purpose Machinery	48	9
专用设备制造业	Manufacture of Special Purpose Machinery	2	
汽车制造业	Automobile Industry		
铁路、船舶、航空航天和其他运输设备制造业	Manufacture of Railway,Marine,Aerospace and Other Transport Equipment	2	
电气机械和器材制造业	Manufacture of Electrical Machinery and Equipment		
计算机、通信和其他电子设备制造业	Manufacture of Communication Equipment, Computer and Other Electronic Equipment	15	3
仪器仪表制造业	Manufacture of Measuring Instrument	10	
其他制造业	Other Manufacture N.E.C	7	
废弃资源综合利用业	Recycling and Disposal of Waste	1	1
金属制品、机械和设备修理业	Mental Products,Machine and Equipment Repair		
电力、热力生产和供应业	Production and Supply of Electric Power and Heat Power	2	
燃气生产和供应业	Production and Distribution of Gas	2	
水的生产和供应业	Production and Distribution of Water	1	

11-8 续表 1 continued

单位:亿元 (100 million yuan)

指标	Item	工业销售产值 Output Value of Industrial Products Sales	出口交货值 Delivery Value for Export	资产总计 Total Assets
总计	**Total**	**2962.19**	**411.58**	**1997.56**
在总计中:	Of the Total			
亏损企业	Enterprises running under Deficit	264.37	8.20	363.55
在总计中:	Of the Total			
大型企业	Large Scale Enterprises	1327.01	309.85	875.12
中型企业	Medium Scale Enterprises	856.03	73.79	655.39
小型企业	Small Enterprises	725.75	25.20	452.55
微型企业	Microenterprise	53.40	2.74	14.51
按行业分	Grouped by Sector			
煤炭开采和洗选业	Mining and Washing of Coal			
石油和天然气开采业	Petroleum and Natural Gas Extraction			
黑色金属矿采选业	Mining of Ferrous Metal Ores	166.37	7.74	91.34
有色金属矿采选业	Mining of Non-ferrous Metal Ores	103.19	3.17	53.25
非金属矿采选业	Mining and Processing of Nonmetal Ores	81.38		49.53
开采辅助活动	Mining Auxiliary Activities			
其他采矿业	Other Mining and Dressing	33.21	1.03	36.44
农副食品加工业	Processing of Food from Agricultural Products	58.18	1.62	18.46
食品制造业	Manufacture of Foods	113.75	16.99	43.17
酒、饮料和精制茶制造业	Manufacture of Liquor, Beverage and Refined Tea	10.55		4.12
烟草制品业	Manufacture of Tobacco	5.32		1.37
纺织业	Manufacture of Textile	42.07		53.23
纺织服装、服饰业	Manufacture of Textile Wearing and Clothing Apparel	37.57	0.11	26.48
皮革、毛皮、羽毛及其制品和制鞋业	Leather, Fur, Feather and Its Products and Footwear	47.64	10.43	16.76
木材加工和木、竹、藤、棕、草制品业	Processing of Timbers, Manufacture of Wood, Bamboo, Rattan, Palm and Straw Products	2.32		6.96
家具制造业	Manufacture of Furniture	131.07	7.15	81.90
造纸和纸制品业	Manufacture of Paper and Paper Products	42.42	1.95	32.96
印刷和记录媒介复制业	Printing,Reproduction of Recording Media	13.46		6.87
文教、工美、体育和娱乐用品制造业	Manufacture of Articles for Culture,Education and Sport Activity	46.93	3.44	44.47
石油加工、炼焦和核燃料加工业	Processing of Petroleum,Coking,Processing of Nucleus Fuel	90.89	15.86	71.65
化学原料和化学制品制造业	Manufacture of Chemical Raw Material and Chemical Products	6.81	4.32	3.32
医药制造业	Manufacture of Medicines	177.00	0.61	72.13
化学纤维制造业	Manufacture of Chemical Fiber	34.90	0.38	10.55
橡胶和塑料制品业	Manufacture of Rubber and plastic	79.54	0.13	45.96
非金属矿物制品业	Manufacture of Non-metallic Mineral Products	48.95	2.20	50.33
黑色金属冶炼和压延加工业	Manufacture and Processing of Ferrous Metals	425.58	12.10	395.23
有色金属冶炼和压延加工业	Manufacture and Processing of Non-ferrous Metals	37.89	10.58	23.88
金属制品业	Manufacture of Metal Products	59.28	7.46	80.84
通用设备制造业	Manufacture of General Purpose Machinery	883.79	301.13	387.34
专用设备制造业	Manufacture of Special Purpose Machinery	41.58	3.19	72.22
汽车制造业	Automobile Industry			
铁路、船舶、航空航天和其他运输设备制造业	Manufacture of Railway, Marine, Aerospace and Other Transport Equipment	3.19		6.01
电气机械和器材制造业	Manufacture of Electrical Machinery and Equipment			
计算机、通信和其他电子设备制造业	Manufacture of Communication Equipment, Computer and Other Electronic Equipment	62.38		128.97
仪器仪表制造业	Manufacture of Measuring Instrument	55.38		60.62
其他制造业	Other Manufacture N.E.C	5.47		15.73
废弃资源综合利用业	Recycling and Disposal of Waste	0.48		0.75
金属制品、机械和设备修理业	Mental Products,Machine and Equipment Repair			
电力、热力生产和供应业	Production and Supply of Electric Power and Heat Power	2.66		0.43
燃气生产和供应业	Production and Distribution of Gas	10.28		4.00
水的生产和供应业	Production and Distribution of Water	0.68		0.28

11-8 续表 2 continued

单位:亿元 (100 million yuan)

指标	Item	固定资产合计 Total Fixed Assets	流动资产合计 Circulating Funds	负债合计 Total Liabilities
总计	**Total**	**855.58**	**859.20**	**932.45**
在总计中:	Of the Total			
亏损企业	Enterprises running under Deficit	166.58	143.42	261.43
在总计中:	Of the Total			
大型企业	Large Scale Enterprises	339.31	409.62	486.85
中型企业	Medium Scale Enterprises	314.64	266.16	278.87
小型企业	Small Enterprises	195.31	178.55	155.39
微型企业	Microenterprise	6.31	4.88	11.35
按行业分	Grouped by Sector			
煤炭开采和洗选业	Mining and Washing of Coal			
石油和天然气开采业	Petroleum and Natural Gas Extraction			
黑色金属矿采选业	Mining of Ferrous Metal Ores	21.17	45.02	35.20
有色金属矿采选业	Mining of Non-ferrous Metal Ores	10.37	29.46	21.20
非金属矿采选业	Mining and Processing of Nonmetal Ores	29.19	15.31	20.68
开采辅助活动	Mining Auxiliary Activities			
其他采矿业	Other Mining and Dressing	27.35	8.15	4.43
农副食品加工业	Processing of Food from Agricultural Products	12.14	5.63	4.02
食品制造业	Manufacture of Foods	24.44	15.21	19.62
酒、饮料和精制茶制造业	Manufacture of Liquor, Beverage and Refined Tea	1.82	0.99	1.44
烟草制品业	Manufacture of Tobacco	0.89	0.47	0.60
纺织业	Manufacture of Textile	16.23	33.86	30.08
纺织服装、服饰业	Manufacture of Textile Wearing and Clothing Apparel	4.94	20.17	5.52
皮革、毛皮、羽毛及其制品和制鞋业	Leather, Fur, Feather and Its Products and Footwear	7.22	8.44	4.76
木材加工和木、竹、藤、棕、草制品业	Processing of Timbers, Manufacture of Wood, Bamboo, Rattan, Palm and Straw Products	5.81	0.85	3.60
家具制造业	Manufacture of Furniture	39.15	23.16	21.96
造纸和纸制品业	Manufacture of Paper and Paper Products	9.87	15.92	10.63
印刷和记录媒介复制业	Printing,Reproduction of Recording Media	5.49	0.81	4.92
文教、工美、体育和娱乐用品制造业	Manufacture of Articles for Culture,Education and Sport Activity	23.61	13.06	18.80
石油加工、炼焦和核燃料加工业	Processing of Petroleum,Coking,Processing of Nucleus Fuel	35.90	18.99	31.09
化学原料和化学制品制造业	Manufacture of Chemical Raw Material and Chemical Products	1.27	1.94	1.80
医药制造业	Manufacture of Medicines	32.77	26.50	41.88
化学纤维制造业	Manufacture of Chemical Fiber	5.64	3.39	3.14
橡胶和塑料制品业	Manufacture of Rubber and plastic	11.49	27.15	19.58
非金属矿物制品业	Manufacture of Non-metallic Mineral Products	13.48	29.73	28.86
黑色金属冶炼和压延加工业	Manufacture and Processing of Ferrous Metals	158.46	180.63	242.85
有色金属冶炼和压延加工业	Manufacture and Processing of Non-ferrous Metals	4.65	16.99	8.09
金属制品业	Manufacture of Metal Products	13.26	57.06	39.46
通用设备制造业	Manufacture of General Purpose Machinery	177.54	171.50	221.46
专用设备制造业	Manufacture of Special Purpose Machinery	9.27	50.65	30.77
汽车制造业	Automobile Industry			
铁路、船舶、航空航天和其他运输设备制造业	Manufacture of Railway, Marine, Aerospace and Other Transport Equipment	4.53	0.53	2.78
电气机械和器材制造业	Manufacture of Electrical Machinery and Equipment			
计算机、通信和其他电子设备制造业	Manufacture of Communication Equipment, Computer and Other Electronic Equipment	103.83	17.08	2.90
仪器仪表制造业	Manufacture of Measuring Instrument	35.57	15.45	40.62
其他制造业	Other Manufacture N.E.C	4.82	4.57	6.47
废弃资源综合利用业	Recycling and Disposal of Waste	0.02	0.19	0.64
金属制品、机械和设备修理业	Mental Products,Machine and Equipment Repair			
电力、热力生产和供应业	Production and Supply of Electric Power and Heat Power	0.39	0.04	0.20
燃气生产和供应业	Production and Distribution of Gas	2.84	0.17	2.30
水的生产和供应业	Production and Distribution of Water	0.16	0.12	0.09

11-8 续表 3 continued

单位:亿元 (100 million yuan)

指标	Item	实收资本 Assets Recevied	所有者权益 Paid-in capital	主营业务收入 Revenue of Major Business
总计	**Total**	**565.95**	**1063.98**	**2839.68**
在总计中:	Of the Total			
亏损企业	Enterprises running under Deficit	149.80	102.03	248.45
在总计中:	Of the Total			
大型企业	Large Scale Enterprises	175.29	388.28	1292.60
中型企业	Medium Scale Enterprises	241.47	376.52	797.24
小型企业	Small Enterprises	145.14	297.06	693.04
微型企业	Microenterprise	4.05	2.13	56.80
按行业分	Grouped by Sector			
煤炭开采和洗选业	Mining and Washing of Coal			
石油和天然气开采业	Petroleum and Natural Gas Extraction			
黑色金属矿采选业	Mining of Ferrous Metal Ores	15.94	56.14	153.55
有色金属矿采选业	Mining of Non-ferrous Metal Ores	12.53	32.06	75.63
非金属矿采选业	Mining and Processing of Nonmetal Ores	16.56	28.85	74.34
开采辅助活动	Mining Auxiliary Activities			
其他采矿业	Other Mining and Dressing	28.32	32.01	33.74
农副食品加工业	Processing of Food from Agricultural Products	6.90	14.34	57.55
食品制造业	Manufacture of Foods	15.79	23.54	109.78
酒、饮料和精制茶制造业	Manufacture of Liquor, Beverage and Refined Tea	2.32	2.68	10.52
烟草制品业	Manufacture of Tobacco	0.35	0.77	5.32
纺织业	Manufacture of Textile	18.79	23.15	36.13
纺织服装、服饰业	Manufacture of Textile Wearing and Clothing Apparel	3.60	20.96	36.72
皮革、毛皮、羽毛及其制品和制鞋业	Leather, Fur, Feather and Its Products and Footwear	8.63	12.00	47.68
木材加工和木、竹、藤、棕、草制品业	Processing of Timbers, Manufacture of Wood, Bamboo, Rattan, Palm and Straw Products	6.29	3.35	2.32
家具制造业	Manufacture of Furniture	30.14	58.91	125.18
造纸和纸制品业	Manufacture of Paper and Paper Products	9.97	22.33	40.55
印刷和记录媒介复制业	Printing,Reproduction of Recording Media	2.35	1.96	13.49
文教、工美、体育和娱乐用品制造业	Manufacture of Articles for Culture,Education and Sport Activity	24.86	25.67	46.14
石油加工、炼焦和核燃料加工业	Processing of Petroleum,Coking,Processing of Nucleus Fuel	22.60	40.56	88.12
化学原料和化学制品制造业	Manufacture of Chemical Raw Material and Chemical Products	1.07	1.52	6.61
医药制造业	Manufacture of Medicines	7.88	30.25	169.82
化学纤维制造业	Manufacture of Chemical Fiber	3.81	7.41	34.50
橡胶和塑料制品业	Manufacture of Rubber and plastic	16.73	26.38	78.02
非金属矿物制品业	Manufacture of Non-metallic Mineral Products	13.08	21.47	48.02
黑色金属冶炼和压延加工业	Manufacture and Processing of Ferrous Metals	130.55	152.39	401.57
有色金属冶炼和压延加工业	Manufacture and Processing of Non-ferrous Metals	11.96	15.79	36.19
金属制品业	Manufacture of Metal Products	36.16	41.38	70.91
通用设备制造业	Manufacture of General Purpose Machinery	65.51	165.87	864.92
专用设备制造业	Manufacture of Special Purpose Machinery	6.04	41.45	30.18
汽车制造业	Automobile Industry			
铁路、船舶、航空航天和其他运输设备制造业	Manufacture of Railway, Marine, Aerospace and Other Transport Equipment	1.34	3.23	3.19
电气机械和器材制造业	Manufacture of Electrical Machinery and Equipment			
计算机、通信和其他电子设备制造业	Manufacture of Communication Equipment, Computer and Other Electronic Equipment	31.13	126.07	61.34
仪器仪表制造业	Manufacture of Measuring Instrument	6.26	20.00	58.38
其他制造业	Other Manufacture N.E.C	6.82	9.26	5.28
废弃资源综合利用业	Recycling and Disposal of Waste	0.11	0.11	0.48
金属制品、机械和设备修理业	Mental Products,Machine and Equipment Repair			
电力、热力生产和供应业	Production and Supply of Electric Power and Heat Power	0.16	0.23	2.66
燃气生产和供应业	Production and Distribution of Gas	1.31	1.69	10.19
水的生产和供应业	Production and Distribution of Water	0.08	0.19	0.69

11-8 续表 4 continued

单位:亿元 (100 million yuan)

指标	Item	主营业务成本 Cost of Major Businese	利润总额 Total Profit	利税总额 Total Taxes
总计	**Total**	**2370.16**	**147.14**	**256.84**
在总计中:	Of the Total			
亏损企业	Enterprises running under Deficit	224.72	-30.21	-24.38
在总计中:	Of the Total			
大型企业	Large Scale Enterprises	1096.77	58.39	111.13
中型企业	Medium Scale Enterprises	643.18	46.43	77.57
小型企业	Small Enterprises	576.38	43.98	69.16
微型企业	Microenterprise	53.84	-1.68	-1.02
按行业分	Grouped by Sector			
煤炭开采和洗选业	Mining and Washing of Coal			
石油和天然气开采业	Petroleum and Natural Gas Extraction			
黑色金属矿采选业	Mining of Ferrous Metal Ores	135.61	7.49	10.17
有色金属矿采选业	Mining of Non-ferrous Metal Ores	64.82	3.38	6.31
非金属矿采选业	Mining and Processing of Nonmetal Ores	56.16	5.02	9.84
开采辅助活动	Mining Auxiliary Activities			
其他采矿业	Other Mining and Dressing	30.25	1.05	1.96
农副食品加工业	Processing of Food from Agricultural Products	47.29	1.89	3.21
食品制造业	Manufacture of Foods	92.07	6.47	9.90
酒、饮料和精制茶制造业	Manufacture of Liquor, Beverage and Refined Tea	9.83	0.15	0.36
烟草制品业	Manufacture of Tobacco	4.68	0.23	0.45
纺织业	Manufacture of Textile	29.31	3.15	4.28
纺织服装、服饰业	Manufacture of Textile Wearing and Clothing Apparel	25.84	11.15	13.57
皮革、毛皮、羽毛及其制品和制鞋业	Leather, Fur, Feather and Its Products and Footwear	38.22	2.58	4.54
木材加工和木、竹、藤、棕、草制品业	Processing of Timbers, Manufacture of Wood, Bamboo, Rattan, Palm and Straw Products	1.19	0.07	0.29
家具制造业	Manufacture of Furniture	102.15	8.73	16.57
造纸和纸制品业	Manufacture of Paper and Paper Products	31.93	3.99	5.80
印刷和记录媒介复制业	Printing,Reproduction of Recording Media	12.20	0.82	1.10
文教、工美、体育和娱乐用品制造业	Manufacture of Articles for Culture,Education and Sport Activity	38.95	2.42	4.39
石油加工、炼焦和核燃料加工业	Processing of Petroleum,Coking,Processing of Nucleus Fuel	70.09	5.18	10.76
化学原料和化学制品制造业	Manufacture of Chemical Raw Material and Chemical Products	5.67	0.40	0.58
医药制造业	Manufacture of Medicines	162.62	2.63	6.27
化学纤维制造业	Manufacture of Chemical Fiber	27.74	3.31	4.93
橡胶和塑料制品业	Manufacture of Rubber and plastic	63.56	4.63	6.80
非金属矿物制品业	Manufacture of Non-metallic Mineral Products	37.15	1.66	3.14
黑色金属冶炼和压延加工业	Manufacture and Processing of Ferrous Metals	311.63	2.53	19.06
有色金属冶炼和压延加工业	Manufacture and Processing of Non-ferrous Metals	31.07	1.83	2.44
金属制品业	Manufacture of Metal Products	58.21	3.56	5.40
通用设备制造业	Manufacture of General Purpose Machinery	770.99	24.98	54.51
专用设备制造业	Manufacture of Special Purpose Machinery	19.76	4.74	7.44
汽车制造业	Automobile Industry			
铁路、船舶、航空航天和其他运输设备制造业	Manufacture of Railway, Marine, Aerospace and Other Transport Equipment	2.20	0.76	0.99
电气机械和器材制造业	Manufacture of Electrical Machinery and Equipment			
计算机、通信和其他电子设备制造业	Manufacture of Communication Equipment, Computer and Other Electronic Equipment	30.62	23.65	30.84
仪器仪表制造业	Manufacture of Measuring Instrument	44.79	7.27	8.66
其他制造业	Other Manufacture N.E.C	3.12	1.27	1.64
废弃资源综合利用业	Recycling and Disposal of Waste	0.33	-0.08	-0.02
金属制品、机械和设备修理业	Mental Products,Machine and Equipment Repair			
电力、热力生产和供应业	Production and Supply of Electric Power and Heat Power	2.42	0.07	0.11
燃气生产和供应业	Production and Distribution of Gas	7.17	0.11	0.50
水的生产和供应业	Production and Distribution of Water	0.52	0.04	0.06

11-8 续表 5 continued

单位:亿元　　(100 million yuan)

指标	Item	本年应缴增值税 Value Added Payable of the Current Year	本年应付职工薪酬 Total Sum of Wages Payable this Year	全部从业人员年平均人数（万人） Average Number of Empolyment of the Current Year (10000persons)
总计	**Total**	**83.58**	**169.45**	**32.22**
在总计中：	Of the Total			
亏损企业	Enterprises running under Deficit	2.16	21.14	2.76
在总计中：	Of the Total			
大型企业	Large Scale Enterprises	42.88	84.01	14.60
中型企业	Medium Scale Enterprises	22.66	57.46	12.53
小型企业	Small Enterprises	17.96	22.59	4.77
微型企业	Microenterprise	0.08	5.39	0.33
按行业分	Grouped by Sector			
煤炭开采和洗选业	Mining and Washing of Coal			
石油和天然气开采业	Petroleum and Natural Gas Extraction			
黑色金属矿采选业	Mining of Ferrous Metal Ores	1.97	4.25	0.79
有色金属矿采选业	Mining of Non-ferrous Metal Ores	2.36	3.67	0.90
非金属矿采选业	Mining and Processing of Nonmetal Ores	3.45	4.54	0.81
开采辅助活动	Mining Auxiliary Activities			
其他采矿业	Other Mining and Dressing	0.66	2.59	0.57
农副食品加工业	Processing of Food from Agricultural Products	0.86	4.42	1.02
食品制造业	Manufacture of Foods	2.62	17.15	5.06
酒、饮料和精制茶制造业	Manufacture of Liquor, Beverage and Refined Tea	0.10	0.45	0.10
烟草制品业	Manufacture of Tobacco	0.13	0.14	0.05
纺织业	Manufacture of Textile	1.00	1.23	0.33
纺织服装、服饰业	Manufacture of Textile Wearing and Clothing Apparel	2.15	1.79	0.32
皮革、毛皮、羽毛及其制品和制鞋业	Leather, Fur, Feather and Its Products and Footwear	1.26	2.45	0.69
木材加工和木、竹、藤、棕、草制品业	Processing of Timbers, Manufacture of Wood, Bamboo, Rattan, Palm and Straw Products	0.18	0.36	0.02
家具制造业	Manufacture of Furniture	4.50	4.89	1.16
造纸和纸制品业	Manufacture of Paper and Paper Products	1.60	2.14	0.36
印刷和记录媒介复制业	Printing,Reproduction of Recording Media	0.27	0.66	0.13
文教、工美、体育和娱乐用品制造业	Manufacture of Articles for Culture,Education and Sport Activity	1.61	2.79	0.49
石油加工、炼焦和核燃料加工业	Processing of Petroleum,Coking,Processing of Nucleus Fuel	4.04	9.42	2.98
化学原料和化学制品制造业	Manufacture of Chemical Raw Material and Chemical Products	0.13	0.44	0.08
医药制造业	Manufacture of Medicines	2.73	1.80	0.32
化学纤维制造业	Manufacture of Chemical Fiber	1.15	1.08	0.18
橡胶和塑料制品业	Manufacture of Rubber and plastic	1.75	1.79	0.69
非金属矿物制品业	Manufacture of Non-metallic Mineral Products	1.26	2.45	0.46
黑色金属冶炼和压延加工业	Manufacture and Processing of Ferrous Metals	8.80	22.54	2.26
有色金属冶炼和压延加工业	Manufacture and Processing of Non-ferrous Metals	0.47	2.53	0.35
金属制品业	Manufacture of Metal Products	1.45	5.11	0.94
通用设备制造业	Manufacture of General Purpose Machinery	26.44	60.57	9.94
专用设备制造业	Manufacture of Special Purpose Machinery	2.44	2.60	0.38
汽车制造业	Automobile Industry			
铁路、船舶、航空航天和其他运输设备制造业	Manufacture of Railway, Marine, Aerospace and Other Transport Equipment	0.20	0.27	0.04
电气机械和器材制造业	Manufacture of Electrical Machinery and Equipment			
计算机、通信和其他电子设备制造业	Manufacture of Communication Equipment, Computer and Other Electronic Equipment	6.41	1.67	0.23
仪器仪表制造业	Manufacture of Measuring Instrument	0.97	2.17	0.30
其他制造业	Other Manufacture N.E.C	0.26	0.73	0.10
废弃资源综合利用业	Recycling and Disposal of Waste	0.05	0.21	0.06
金属制品、机械和设备修理业	Mental Products,Machine and Equipment Repair			
电力、热力生产和供应业	Production and Supply of Electric Power and Heat Power	0.01	0.16	0.03
燃气生产和供应业	Production and Distribution of Gas	0.27	0.34	0.08
水的生产和供应业	Production and Distribution of Water	0.01	0.04	0.01

11-8 续表 6 continued

指标	Item	总资产贡献率 (%) Ratio of Total Assets to Industrial Output Value(%)	成本费用利润率 (%) Ratio of Profits to Industrial Cost (%)
总计	**Total**	**13.81**	**5.66**
在总计中：	Of the Total		
亏损企业	Enterprises running under Deficit	-5.40	-11.69
在总计中：	Of the Total		
大型企业	Large Scale Enterprises	13.37	4.92
中型企业	Medium Scale Enterprises	12.64	6.40
小型企业	Small Enterprises	17.00	6.95
微型企业	Microenterprise	-6.44	-2.92
按行业分	Grouped by Sector		
煤炭开采和洗选业	Mining and Washing of Coal		
石油和天然气开采业	Petroleum and Natural Gas Extraction		
黑色金属矿采选业	Mining of Ferrous Metal Ores	11.66	5.11
有色金属矿采选业	Mining of Non-ferrous Metal Ores	12.47	4.64
非金属矿采选业	Mining and Processing of Nonmetal Ores	19.87	7.19
开采辅助活动	Mining Auxiliary Activities		
其他采矿业	Other Mining and Dressing	6.23	3.21
农副食品加工业	Processing of Food from Agricultural Products	18.57	3.66
食品制造业	Manufacture of Foods	24.33	6.52
酒、饮料和精制茶制造业	Manufacture of Liquor, Beverage and Refined Tea	9.18	1.42
烟草制品业	Manufacture of Tobacco	34.58	4.69
纺织业	Manufacture of Textile	7.88	8.91
纺织服装、服饰业	Manufacture of Textile Wearing and Clothing Apparel	51.40	39.43
皮革、毛皮、羽毛及其制品和制鞋业	Leather, Fur, Feather and Its Products and Footwear	28.81	6.19
木材加工和木、竹、藤、棕、草制品业	Processing of Timbers, Manufacture of Wood, Bamboo, Rattan, Palm and Straw Products	7.57	3.28
家具制造业	Manufacture of Furniture	20.96	7.81
造纸和纸制品业	Manufacture of Paper and Paper Products	18.01	10.94
印刷和记录媒介复制业	Printing,Reproduction of Recording Media	16.43	6.51
文教、工美、体育和娱乐用品制造业	Manufacture of Articles for Culture,Education and Sport Activity	10.76	5.68
石油加工、炼焦和核燃料加工业	Processing of Petroleum,Coking,Processing of Nucleus Fuel	16.79	6.34
化学原料和化学制品制造业	Manufacture of Chemical Raw Material and Chemical Products	18.66	6.54
医药制造业	Manufacture of Medicines	9.35	1.57
化学纤维制造业	Manufacture of Chemical Fiber	49.45	10.73
橡胶和塑料制品业	Manufacture of Rubber and plastic	15.34	6.55
非金属矿物制品业	Manufacture of Non-metallic Mineral Products	6.95	3.95
黑色金属冶炼和压延加工业	Manufacture and Processing of Ferrous Metals	5.76	0.71
有色金属冶炼和压延加工业	Manufacture and Processing of Non-ferrous Metals	10.31	5.52
金属制品业	Manufacture of Metal Products	7.29	5.17
通用设备制造业	Manufacture of General Purpose Machinery	14.64	3.10
专用设备制造业	Manufacture of Special Purpose Machinery	10.61	18.83
汽车制造业	Automobile Industry		
铁路、船舶、航空航天和其他运输设备制造业	Manufacture of Railway, Marine, Aerospace and Other Transport Equipment	18.10	28.05
电气机械和器材制造业	Manufacture of Electrical Machinery and Equipment		
计算机、通信和其他电子设备制造业	Manufacture of Communication Equipment, Computer and Other Electronic Equipment	28.11	58.97
仪器仪表制造业	Manufacture of Measuring Instrument	14.83	14.31
其他制造业	Other Manufacture N.E.C	11.59	30.20
废弃资源综合利用业	Recycling and Disposal of Waste	-1.64	-14.95
金属制品、机械和设备修理业	Mental Products,Machine and Equipment Repair		
电力、热力生产和供应业	Production and Supply of Electric Power and Heat Power	25.07	2.73
燃气生产和供应业	Production and Distribution of Gas	12.76	1.13
水的生产和供应业	Production and Distribution of Water	20.35	6.93

11-8 续表 7 continued

指标	Item	产品销售率 (%) Proporting of Products Sold (%)	资产负债率 (%) Assets-Liability Ratio (%)
总计	**Total**	**98.46**	**46.68**
在总计中:	Of the Total		
亏损企业	Enterprises running under Deficit	96.88	71.91
在总计中:	Of the Total		
大型企业	Large Scale Enterprises	99.84	55.63
中型企业	Medium Scale Enterprises	97.12	42.55
小型企业	Small Enterprises	97.83	34.34
微型企业	Microenterprise	94.90	78.24
按行业分	Grouped by Sector		
煤炭开采和洗选业	Mining and Washing of Coal		
石油和天然气开采业	Petroleum and Natural Gas Extraction		
黑色金属矿采选业	Mining of Ferrous Metal Ores	98.13	38.54
有色金属矿采选业	Mining of Non-ferrous Metal Ores	99.39	39.80
非金属矿采选业	Mining and Processing of Nonmetal Ores	97.57	41.76
开采辅助活动	Mining Auxiliary Activities		
其他采矿业	Other Mining and Dressing	97.38	12.17
农副食品加工业	Processing of Food from Agricultural Products	99.70	21.79
食品制造业	Manufacture of Foods	102.56	45.46
酒、饮料和精制茶制造业	Manufacture of Liquor, Beverage and Refined Tea	99.59	35.02
烟草制品业	Manufacture of Tobacco	100.00	43.71
纺织业	Manufacture of Textile	89.08	56.51
纺织服装、服饰业	Manufacture of Textile Wearing and Clothing Apparel	98.27	20.85
皮革、毛皮、羽毛及其制品和制鞋业	Leather, Fur, Feather and Its Products and Footwear	98.99	28.40
木材加工和木、竹、藤、棕、草制品业	Processing of Timbers, Manufacture of Wood, Bamboo, Rattan, Palm and Straw Products	100.00	51.80
家具制造业	Manufacture of Furniture	95.87	26.81
造纸和纸制品业	Manufacture of Paper and Paper Products	97.89	32.25
印刷和记录媒介复制业	Printing,Reproduction of Recording Media	98.86	71.51
文教、工美、体育和娱乐用品制造业	Manufacture of Articles for Culture,Education and Sport Activity	100.12	42.28
石油加工、炼焦和核燃料加工业	Processing of Petroleum,Coking,Processing of Nucleus Fuel	97.87	43.40
化学原料和化学制品制造业	Manufacture of Chemical Raw Material and Chemical Products	98.27	54.31
医药制造业	Manufacture of Medicines	100.56	58.06
化学纤维制造业	Manufacture of Chemical Fiber	96.12	29.73
橡胶和塑料制品业	Manufacture of Rubber and plastic	97.55	42.60
非金属矿物制品业	Manufacture of Non-metallic Mineral Products	93.55	57.34
黑色金属冶炼和压延加工业	Manufacture and Processing of Ferrous Metals	99.67	61.44
有色金属冶炼和压延加工业	Manufacture and Processing of Non-ferrous Metals	92.74	33.89
金属制品业	Manufacture of Metal Products	94.67	48.81
通用设备制造业	Manufacture of General Purpose Machinery	99.27	57.18
专用设备制造业	Manufacture of Special Purpose Machinery	95.04	42.60
汽车制造业	Automobile Industry		
铁路、船舶、航空航天和其他运输设备制造业	Manufacture of Railway, Marine, Aerospace and Other Transport Equipment	100.00	46.20
电气机械和器材制造业	Manufacture of Electrical Machinery and Equipment		
计算机、通信和其他电子设备制造业	Manufacture of Communication Equipment, Computer and Other Electronic Equipment	93.82	2.25
仪器仪表制造业	Manufacture of Measuring Instrument	98.50	67.01
其他制造业	Other Manufacture N.E.C	98.40	41.15
废弃资源综合利用业	Recycling and Disposal of Waste	100.00	85.29
金属制品、机械和设备修理业	Mental Products,Machine and Equipment Repair		
电力、热力生产和供应业	Production and Supply of Electric Power and Heat Power	100.00	46.30
燃气生产和供应业	Production and Distribution of Gas	100.00	57.63
水的生产和供应业	Production and Distribution of Water	99.01	32.92

11-9 规模以上大中型工业企业主要经济指标及在工业中的地位(2015年)

Main Indicatorsof Large and Medium-sized Industrial Enterprises above Designated Size & Percentage of Industry Total(2015)

指标	Item	企业单位数(个) Number of Enterprises (unit)	在工业中的地位(%) Status in Industry (%)
总计	**Total**	**2501**	**17.87**
按登记注册类型:	**Grouped by Registration**		
内资企业	Internal-invested Enterprises	2278	16.96
国有企业	State-owned Enterprises	101	47.87
集体企业	Collective-owned Enterprises	35	21.34
股份合作企业	Enterprises Cooperated by Joint-stock	4	14.29
联营企业	Cooperative Enterprises	3	30.00
有限责任公司	Limited Liability Company	483	20.49
股份有限公司	Company Limited by Shares	129	29.72
私营企业	Individual-owned Enterprises	1507	14.93
其他企业	Enterprises of Other Types of Ownership	16	12.21
港、澳、台投资企业	Enterprises Funded by Entrepreneurs From Hong Kong, Macao and Taiwan	134	40.98
外商投资企业	Enterprises funded by Foreigners	89	37.71
按经济组织类型:	**Grouped by Ownership**		
独资企业	Enterprises Owned by a Sole Investor	405	29.96
合作、合伙企业	Enterprises of Partnership	150	21.49
股份有限公司	Company Limited by Shares	289	26.15
有限责任公司	Limited Liability Company	1657	15.29
按行业划分:	**Grouped by Sector**		
煤炭开采和洗选业	Mining and Washing of Coal	92	21.05
石油和天然气开采业	Petroleum and Natural Gas Extraction		
黑色金属矿采选业	Mining of Ferrous Metal Ores	12	12.24
有色金属矿采选业	Mining of Non-ferrous Metal Ores	44	21.36
非金属矿采选业	Mining and Processing of Nonmetal Ores	19	6.48
开采辅助活动	Mining Auxiliary Activities		
其他采矿业	Other Mining and Dressing		

11-9 续表 1 continued

全部从业人员年平均人数(万人) Average Number of Employees (10 000 persons)	在工业中的地位(%) Status in Industry (%)	固定资产原价(亿元) Original Value of Fixed Assets (100 million yuan)	在工业中的地位(%) Status in Industry (%)	利税总额(亿元) Total Pre-tax Profits (100 million yuan)	在工业中的地位(%) Status in Industry (%)
193.52	**57.44**	**9646.6**	**67.62**	**2287.61**	**58.58**
166.39	54.61	8701.35	67.16	2098.9	57.53
14.92	88.23	1894.34	94.91	831.2	98.80
1.8	50.42	20.89	38.45	7.39	27.39
0.29	51.79	5.47	57.16	0.38	10.35
0.13	61.90	2.17	54.52	0.79	53.02
41.87	63.36	2549.03	66.64	320.63	55.53
18.74	80.99	2016.46	90.52	260.42	83.17
87.85	45.82	2172.79	45.73	671.55	36.14
0.79	32.11	40.19	45.73	6.54	25.08
19.15	88.01	581.96	84.57	129.23	79.35
7.98	76.29	363.29	58.36	59.47	63.27
36.27	72.37	2309.67	86.69	946.22	87.68
7.61	48.13	136.2	40.19	39.07	35.22
31.81	74.05	2381.7	84.50	394.86	73.45
117.83	51.68	4819.03	57.07	907.46	41.68
6.06	49.15	82.94	31.54	11.49	20.61
0.59	33.15	10.52	20.94	2.21	16.11
3.43	62.59	93.84	63.73	9.91	36.10
1.08	25.29	31.73	31.17	5.66	15.51

11-9 续表 2 continued

指标	Item	企业单位数(个) Number of Enterprises (unit)	在工业中的地位(%) Status in Industry (%)
农副食品加工业	Processing of Food from Agricultural Products	179	14.07
食品制造业	Manufacture of Foods	85	22.02
酒、饮料和精制茶制造业	Manufacture of Liquor, Beverage and Refined Tea	47	12.14
烟草制品业	Manufacture of Tobacco	5	55.56
纺织业	Manufacture of Textile	99	41.77
纺织服装、服饰业	Manufacture of Textile Wearing and Clothing Apparel	56	24.56
皮革、毛皮、羽毛及其制品和制鞋业	Leather, Fur, Feather and Its Products and Footwear	90	33.33
木材加工和木、竹、藤、棕、草制品业	Processing of Timbers, Manufacture of Wood, Bamboo, Rattan, Palm and Straw Products	66	15.38
家具制造业	Manufacture of Furniture	29	21.17
造纸和纸制品业	Manufacture of Paper and Paper Products	45	14.20
印刷和记录媒介复制业	Printing,Reproduction of Recording Media	20	9.66
文教、工美、体育和娱乐用品制造业	Manufacture of Articles for Culture, Education and Sport Activity	37	21.51
石油加工、炼焦和核燃料加工业	Processing of Petroleum,Coking, Processing of Nucleus Fuel	7	17.95
化学原料和化学制品制造业	Manufacture of Chemical Raw Material and Chemical Products	344	21.65
医药制造业	Manufacture of Medicines	65	21.17
化学纤维制造业	Manufacture of Chemical Fiber	3	23.08
橡胶和塑料制品业	Manufacture of Rubber and plastic	31	8.81
非金属矿物制品业	Manufacture of Non-metallic Mineral Products	340	20.64
黑色金属冶炼和压延加工业	Manufacture and Processing of Ferrous Metals	39	8.86
有色金属冶炼和压延加工业	Manufacture and Processing of Non-ferrous Metals	73	14.72
金属制品业	Manufacture of Metal Products	70	14.23
通用设备制造业	Manufacture of General Purpose Machinery	71	9.01
专用设备制造业	Manufacture of Special Purpose Machinery	86	13.72
汽车制造业	Automobile Industry	70	23.33
铁路、船舶、航空航天和其他运输设备制造业	Manufacture of Railway, Marine, Aerospace and Other Transport Equipment	35	25.74
电气机械和器材制造业	Manufacture of Electrical Machinery and Equipment	89	15.75
计算机、通信和其他电子设备制造业	Manufacture of Communication Equipment, Computer and Other Electronic Equipment	111	25.58
仪器仪表制造业	Manufacture of Measuring Instrument	15	14.85
其他制造业	Other Manufacture N.E.C	17	22.37
废弃资源综合利用业	Recycling and Disposal of Waste	6	9.09
金属制品、机械和设备修理业	Mental Products,Machine and Equipment Repair	2	40.00
电力、热力生产和供应业	Production and Supply of Electric Power and Heat Power	75	25.60
燃气生产和供应业	Production and Distribution of Gas	5	11.63
水的生产和供应业	Production and Distribution of Water	22	22.92

11-9 续表 3 continued

全部从业人员年平均人数(万人) Average Number of Employees (10 000 persons)	在工业中的地位(%) Status in Industry (%)	固定资产原价(亿元) Original Value of Fixed Assets (100 million yuan)	在工业中的地位(%) Status in Industry (%)	利税总额(亿元) Total Pre-tax Profits (100 million yuan)	在工业中的地位(%) Status in Industry (%)
9.47	42.05	339.50	47.91	84.67	37.83
7.06	62.92	132.67	55.03	42.77	54.24
2.57	40.16	105.99	49.41	23.05	36.05
1.28	96.24	193.80	94.23	761.10	99.82
6.87	77.98	158.99	80.57	33.92	74.01
3.42	57.67	48.52	61.09	13.93	59.56
8.08	75.09	50.58	61.13	22.00	55.47
3.26	37.95	64.30	40.97	16.13	32.05
1.35	49.45	29.79	40.79	16.42	50.51
3.30	50.15	260.40	71.30	15.70	29.01
1.13	33.73	47.78	46.28	22.52	43.12
1.77	49.44	19.00	39.89	9.53	32.45
1.78	82.03	274.51	91.48	156.08	97.35
19.37	52.69	476.40	54.01	100.32	32.31
3.82	55.77	155.76	57.99	64.27	58.38
0.18	62.07	10.97	76.71	0.92	44.02
1.54	29.39	50.35	33.35	14.42	24.44
21.32	59.89	612.13	55.64	121.57	43.54
6.34	56.56	838.47	87.23	-0.61	-0.92
7.44	60.29	423.89	69.70	66.04	45.05
4.29	46.48	132.43	51.17	52.60	43.40
4.98	38.10	149.21	38.85	33.81	24.61
11.05	65.70	621.07	82.17	90.37	54.18
8.00	74.21	410.78	83.54	72.70	79.42
6.32	82.29	291.95	91.33	120.62	91.01
6.83	52.30	263.71	64.32	49.98	38.29
13.96	74.89	345.21	77.56	88.12	62.07
1.17	54.67	34.43	58.89	14.08	52.34
1.13	61.41	9.78	46.86	3.93	29.15
0.31	31.96	20.01	49.94	2.32	19.78
0.21	91.30	2.96	91.64	0.39	51.32
11.12	83.55	2679.82	77.08	132.02	72.74
0.28	42.42	51.56	64.31	10.22	62.55
1.36	58.12	120.87	61.20	2.42	30.71

11-10 规模以上中小型工业企业主要经济指标及在工业中的地位(2015年)

Main Indicators of Small and Medium-sized Industrial Enterprises above Designated Size & Percentage of Industry Total(2015)

指标	Item	企业单位数(个) Number of Enterprises (unit)	在工业中的地位(%) Status in Industry (%)
总计	**Total**	**13781**	**98.49**
按登记注册类型:	**Grouped by Registration**		
内资企业	Internal-invested Enterprises	13253	98.69
国有企业	State-owned Enterprises	200	94.79
集体企业	Collective-owned Enterprises	162	98.78
股份合作企业	Enterprises Cooperated by Joint-stock	27	96.43
联营企业	Cooperative Enterprises	10	100.00
有限责任公司	Limited Liability Company	2300	97.58
股份有限公司	Company Limited by Shares	393	90.55
私营企业	Individual-owned Enterprises	10030	99.37
其他企业	Enterprises of Other Types of Ownership	131	100.00
港、澳、台商投资企业	Enterprises Funded by Entrepreneurs From Hong Kong, Macao and Taiwan	306	93.58
外商投资企业	Enterprises funded by Foreigners	222	94.07
按经济组织类型:	**Grouped by Ownership**		
独资企业	Enterprises Owned by a Sole Investor	1321	97.71
合作、合伙企业	Enterprises of Partnership	697	99.86
股份有限公司	Company Limited by Shares	1050	95.02
有限责任公司	Limited Liability Company	10713	98.86
按行业划分:	**Grouped by Sector**		
煤炭开采和洗选业	Mining and Washing of Coal	436	99.77
石油和天然气开采业	Petroleum and Natural Gas Extraction		
黑色金属矿采选业	Mining of Ferrous Metal Ores	98	100.00
有色金属矿采选业	Mining of Non-ferrous Metal Ores	203	98.54
非金属矿采选业	Mining and Processing of Nonmetal Ores	291	99.32
开采辅助活动	Mining Auxiliary Activities		
其他采矿业	Other Mining and Dressing	2	100.00

11-10 续表 1 continued

全部从业人员年平均人数(万人) Average Number of Employees (10 000 persons)	在工业中的地位(%) Status in Industry (%)	固定资产原价(亿元) Original Value of Fixed Assets (100 million yuan)	在工业中的地位(%) Status in Industry (%)	利税总额(亿元) Total Pre-tax Profits (100 million yuan)	在工业中的地位(%) Status in Industry (%)
265.24	**78.73**	**8197.67**	**57.46**	**2498.5**	**63.98**
247.62	81.27	7377.4	56.94	2352.79	64.49
7.42	43.88	329.49	16.51	33.91	4.03
3.31	92.72	51	93.87	26.17	97.00
0.38	67.86	6.84	71.47	4.23	115.26
0.21	100.00	3.98	100.00	1.49	100.00
47.98	72.61	2330.35	60.92	435.78	75.47
9.59	41.44	403.73	18.12	94.85	30.29
176.27	91.93	4164.13	87.65	1730.28	93.13
2.46	100.00	87.88	100.00	26.08	100.00
10.48	48.16	352.45	51.22	86.81	53.30
7.14	68.26	467.82	75.15	58.9	62.67
35.39	70.61	920.46	34.55	239.37	22.18
15.63	98.86	336.13	99.20	111.49	100.50
23.87	55.56	833.8	29.58	256.91	47.79
190.35	83.49	6107.27	72.32	1890.73	86.84
12.22	99.11	260.57	99.08	55.26	99.12
1.78	100.00	50.24	100.00	13.72	100.00
5.02	91.61	124.53	84.58	26.72	97.34
4.04	94.61	85.46	83.95	35.59	97.53
0.03	100.00	0.38	100.00	0.25	100.00

11-10 续表 2 continued

指标	Item	企业单位数(个) Number of Enterprises (unit)	在工业中的地位(%) Status in Industry (%)
农副食品加工业	Processing of Food from Agricultural Products	1260	99.06
食品制造业	Manufacture of Foods	372	96.37
酒、饮料和精制茶制造业	Manufacture of Liquor, Beverage and Refined Tea	382	98.71
烟草制品业	Manufacture of Tobacco	8	88.89
纺织业	Manufacture of Textile	230	97.05
纺织服装、服饰业	Manufacture of Textile Wearing and Clothing Apparel	223	97.81
皮革、毛皮、羽毛及其制品和制鞋业	Leather, Fur, Feather and Its Products and Footwear	260	96.30
木材加工和木、竹、藤、棕、草制品业	Processing of Timbers, Manufacture of Wood, Bamboo, Rattan, Palm and Straw Products	427	99.53
家具制造业	Manufacture of Furniture	136	99.27
造纸和纸制品业	Manufacture of Paper and Paper Products	312	98.42
印刷和记录媒介复制业	Printing,Reproduction of Recording Media	204	98.55
文教、工美、体育和娱乐用品制造业	Manufacture of Articles for Culture, Education and Sport Activity	171	99.42
石油加工、炼焦和核燃料加工业	Processing of Petroleum,Coking, Processing of Nucleus Fuel	35	89.74
化学原料和化学制品制造业	Manufacture of Chemical Raw Material and Chemical Products	1580	99.43
医药制造业	Manufacture of Medicines	300	97.72
化学纤维制造业	Manufacture of Chemical Fiber	13	100.00
橡胶和塑料制品业	Manufacture of Rubber and plastic	352	100.00
非金属矿物制品业	Manufacture of Non-metallic Mineral Products	1638	99.45
黑色金属冶炼和压延加工业	Manufacture and Processing of Ferrous Metals	434	98.64
有色金属冶炼和压延加工业	Manufacture and Processing of Non-ferrous Metals	482	97.18
金属制品业	Manufacture of Metal Products	486	98.78
通用设备制造业	Manufacture of General Purpose Machinery	782	99.24
专用设备制造业	Manufacture of Special Purpose Machinery	618	98.56
汽车制造业	Automobile Industry	280	93.33
铁路、船舶、航空航天和其他运输设备制造业	Manufacture of Railway,Marine,Aerospace and Other Transport Equipment	127	93.38
电气机械和器材制造业	Manufacture of Electrical Machinery and Equipment	554	98.05
计算机、通信和其他电子设备制造业	Manufacture of Communication Equipment, Computer and Other Electronic Equipment	420	96.77
仪器仪表制造业	Manufacture of Measuring Instrument	100	99.01
其他制造业	Other Manufacture N.E.C	74	97.37
废弃资源综合利用业	Recycling and Disposal of Waste	66	100.00
金属制品、机械和设备修理业	Mental Products,Machine and Equipment Repair	4	80.00
电力、热力生产和供应业	Production and Supply of Electric Power and Heat Power	284	96.93
燃气生产和供应业	Production and Distribution of Gas	42	97.67
水的生产和供应业	Production and Distribution of Water	95	98.96

11-10 续表 3 continued

全部从业人员年平均人数(万人) Average Number of Employees (10 000 persons)	在工业中的地位(%) Status in Industry (%)	固定资产原价(亿元) Original Value of Fixed Assets (100 million yuan)	在工业中的地位(%) Status in Industry (%)	利税总额(亿元) Total Pre-tax Profits (100 million yuan)	在工业中的地位(%) Status in Industry (%)
20.49	90.99	628.08	88.64	211.60	94.54
7.93	70.68	190.56	79.05	63.06	79.97
5.73	89.53	190.07	88.61	55.83	87.32
0.33	24.81	19.54	9.50	3.69	0.48
7.63	86.61	174.21	88.28	40.78	88.98
5.10	86.00	69.74	87.80	19.71	84.27
7.52	69.89	67.81	81.96	33.12	83.51
8.33	96.97	151.10	96.28	48.86	97.10
2.60	95.24	70.77	96.89	32.25	99.20
5.27	80.09	196.67	53.85	54.20	100.17
3.02	90.15	80.36	77.85	43.96	84.17
3.48	97.21	47.29	99.29	29.30	99.76
0.63	29.03	48.65	16.21	6.99	4.36
35.10	95.48	736.73	83.52	307.47	99.02
5.68	82.92	230.43	85.79	100.25	91.06
0.29	100.00	14.30	100.00	2.09	100.00
5.24	100.00	150.96	100.00	59.01	100.00
33.54	94.21	1027.83	93.42	265.45	95.08
6.44	57.45	164.07	17.07	81.95	123.38
8.06	65.32	321.39	52.85	132.63	90.48
7.93	85.92	202.13	78.10	117.58	97.01
11.30	86.46	320.76	83.51	128.27	93.38
9.91	58.92	300.89	39.81	119.41	71.59
5.36	49.72	198.48	40.37	37.47	40.93
2.70	35.16	78.72	24.63	27.63	20.85
10.44	79.94	298.88	72.90	112.80	86.41
9.70	52.04	206.56	46.41	82.35	58.01
1.77	82.71	46.67	79.83	19.48	72.42
1.54	83.70	20.48	98.13	12.88	95.55
0.97	100.00	40.07	100.00	11.73	100.00
0.09	39.13	0.45	13.93	0.50	65.79
5.36	40.27	1181.69	33.99	84.68	46.66
0.51	77.27	58.94	73.51	11.71	71.66
2.15	91.88	141.19	71.49	8.28	105.08

11-11 规模以上非公有制工业主要经济指标及在工业中的地位(2015年)
Main Indicators of Non-public Industrial Enterprises above Designated Size & Percentage of Industry Total(2015)

指标	Item	企业单位数(个) Number of Enterprises (unit)	在工业中的地位(%) Status in Industry (%)
总计	**Total**	**12890**	**92.12**
按登记注册类型:	**Grouped by Registration**		
内资企业	Internal-invested Enterprises	12366	92.08
股份合作企业	Enterprises Cooperated by Joint-stock	13	46.43
联营企业	Cooperative Enterprises	2	20.00
有限责任公司	Limited Liability Company	1817	77.09
股份有限公司	Company Limited by Shares	310	71.43
私营企业	Individual-owned Enterprises	10094	100.00
其他企业	Enterprises of Other Types of Ownership	130	99.24
港、澳、台投资企业	Enterprises Funded by Entrepreneurs From Hong Kong, Macao and Taiwan	308	94.19
外商投资企业	Enterprises funded by Foreigners	216	91.53
按经济组织类型:	**Grouped by Ownership**		
独资企业	Enterprises Owned by a Sole Investor	977	72.26
合作、合伙企业	Enterprises of Partnership	671	96.13
股份有限公司	Company Limited by Shares	981	88.78
有限责任公司	Limited Liability Company	10261	94.68
按行业划分:	**Grouped by Sector**		
煤炭开采和洗选业	Mining and Washing of Coal	344	78.72
石油和天然气开采业	Petroleum and Natural Gas Extraction		
黑色金属矿采选业	Mining of Ferrous Metal Ores	91	92.86
有色金属矿采选业	Mining of Non-ferrous Metal Ores	180	87.38
非金属矿采选业	Mining and Processing of Nonmetal Ores	280	95.56
开采辅助活动	Mining Auxiliary Activities		
其他采矿业	Other Mining and Dressing	2	100.00

11-11 续表 1 continued

全部从业人员年平均人数(万人) Average Number of Employees (10 000 persons)	在工业中的地位(%) Status in Industry (%)	固定资产原价(亿元) Original Value of Fixed Assets (100 million yuan)	在工业中的地位(%) Status in Industry (%)	利税总额(亿元) Total Pre-tax Profits (100 million yuan)	在工业中的地位(%) Status in Industry (%)
271.92	**80.71**	**7535.07**	**52.82**	**2567.82**	**65.76**
241.06	79.12	6439.01	49.70	2341.65	64.19
0.14	25.00	1.56	16.30	0.63	17.17
0.08	38.10	0.72	18.09	0.14	9.40
36.98	55.96	1230.97	32.18	365.83	63.36
9.72	42.01	378.54	16.99	91.26	29.14
191.74	100.00	4750.94	100.00	1857.97	100.00
2.4	97.56	76.28	86.80	25.82	99.00
20.72	95.22	637.24	92.61	147.53	90.59
10.14	96.94	458.81	73.71	78.64	83.67
29.64	59.14	613.92	23.04	210.84	19.54
15.18	96.02	314.22	92.73	106.27	95.80
29.54	68.76	969.55	34.40	315.69	58.73
197.56	86.65	5637.38	66.76	1935.02	88.87
7.84	63.58	214.61	81.60	43.71	78.40
1.61	90.45	47.89	95.32	12.77	93.08
3.85	70.26	82.33	55.92	28.30	103.10
3.82	89.46	80.08	78.66	33.72	92.41
0.03	100.00	0.38	100.00	0.25	100.00

11-11 续表 2 continued

指标	Item	企业单位数(个) Number of Enterprises (unit)	在工业中的地位(%) Status in Industry (%)
农副食品加工业	Processing of Food from Agricultural Products	1216	95.60
食品制造业	Manufacture of Foods	374	96.89
酒、饮料和精制茶制造业	Manufacture of Liquor, Beverage and Refined Tea	373	96.38
烟草制品业	Manufacture of Tobacco	2	22.22
纺织业	Manufacture of Textile	227	95.78
纺织服装、服饰业	Manufacture of Textile Wearing and Clothing Apparel	223	97.81
皮革、毛皮、羽毛及其制品和制鞋业	Leather, Fur, Feather and Its Products and Footwear	266	98.52
木材加工和木、竹、藤、棕、草制品业	Processing of Timbers,Manufacture of Wood, Bamboo, Rattan, Palm and Straw Products	418	97.44
家具制造业	Manufacture of Furniture	136	99.27
造纸和纸制品业	Manufacture of Paper and Paper Products	301	94.95
印刷和记录媒介复制业	Printing,Reproduction of Recording Media	195	94.20
文教、工美、体育和娱乐用品制造业	Manufacture of Articles for Culture, Education and Sport Activity	166	96.51
石油加工、炼焦和核燃料加工业	Processing of Petroleum,Coking,Processing of Nucleus Fuel	30	76.92
化学原料和化学制品制造业	Manufacture of Chemical Raw Material and Chemical Products	1526	96.04
医药制造业	Manufacture of Medicines	291	94.79
化学纤维制造业	Manufacture of Chemical Fiber	12	92.31
橡胶和塑料制品业	Manufacture of Rubber and plastic	337	95.74
非金属矿物制品业	Manufacture of Non-metallic Mineral Products	1525	92.59
黑色金属冶炼和压延加工业	Manufacture and Processing of Ferrous Metals	418	95.00
有色金属冶炼和压延加工业	Manufacture and Processing of Non-ferrous Metals	453	91.33
金属制品业	Manufacture of Metal Products	468	95.12
通用设备制造业	Manufacture of General Purpose Machinery	737	93.53
专用设备制造业	Manufacture of Special Purpose Machinery	584	93.14
汽车制造业	Automobile Industry	260	86.67
铁路、船舶、航空航天和其他运输设备制造业	Manufacture of Railway,Marine,Aerospace and Other Transport Equipment	106	77.94
电气机械和器材制造业	Manufacture of Electrical Machinery and Equipment	525	92.92
计算机、通信和其他电子设备制造业	Manufacture of Communication Equipment, Computer and Other Electronic Equipment	418	96.31
仪器仪表制造业	Manufacture of Measuring Instrument	91	90.10
其他制造业	Other Manufacture N.E.C	71	93.42
废弃资源综合利用业	Recycling and Disposal of Waste	61	92.42
金属制品、机械和设备修理业	Mental Products,Machine and Equipment Repair	3	60.00
电力、热力生产和供应业	Production and Supply of Electric Power and Heat Power	118	40.27
燃气生产和供应业	Production and Distribution of Gas	38	88.37
水的生产和供应业	Production and Distribution of Water	24	25.00

11-11 续表 3 continued

全部从业人员年平均人数(万人) Average Number of Employees (10 000 persons)	在工业中的地位(%) Status in Industry (%)	固定资产原价(亿元) Original Value of Fixed Assets (100 million yuan)	在工业中的地位(%) Status in Industry (%)	利税总额(亿元) Total Pre-tax Profits (100 million yuan)	在工业中的地位(%) Status in Industry (%)
20.93	92.94	609.63	86.04	211.73	94.60
10.73	95.63	229.45	95.18	76.51	97.03
5.89	92.03	185.27	86.38	58.04	90.77
0.10	7.52	2.55	1.24	0.87	0.11
8.42	95.57	191.87	97.23	44.97	98.12
5.82	98.15	78.49	98.82	23.21	99.23
10.45	97.12	80.28	97.03	37.73	95.13
8.19	95.34	144.60	92.14	49.25	97.87
2.72	99.63	72.91	99.82	32.47	99.88
5.14	78.12	153.02	41.90	49.93	92.27
2.93	87.46	80.40	77.88	43.39	83.07
3.44	96.09	45.35	95.21	28.66	97.58
0.50	23.04	47.51	15.83	10.61	6.62
33.75	91.81	659.39	74.75	310.40	99.97
6.14	89.64	245.46	91.38	99.90	90.74
0.24	82.76	9.45	66.08	2.11	100.96
4.94	94.27	141.30	93.60	56.79	96.24
32.11	90.20	839.26	76.28	247.34	88.59
6.53	58.25	199.66	20.77	89.32	134.48
8.91	72.20	424.60	69.82	139.00	94.83
7.81	84.62	203.89	78.78	110.76	91.38
10.52	80.49	297.16	77.37	119.62	87.09
12.93	76.87	549.46	72.69	147.24	88.27
7.25	67.25	316.31	64.33	83.01	90.68
3.02	39.32	125.94	39.40	24.75	18.68
10.7	81.93	281.17	68.58	110.94	84.99
17.91	96.08	397.21	89.24	141.54	99.70
1.91	89.25	53.04	90.73	25.72	95.61
1.56	84.78	15.68	75.13	13.20	97.92
0.81	83.51	37.63	93.91	10.38	88.49
0.08	34.78	0.44	13.62	0.50	65.79
1.52	11.42	297.69	8.56	29.02	15.99
0.59	89.39	72.29	90.16	15.37	94.06
0.29	12.39	21.40	10.84	4.81	61.04

11-12 规模以上工业主要产品产量
Output of Industrial Products above Designated Size

产品		Item		2000	2005	2014	2015
化学纤维	(万吨)	Chemical Fiber	(10 000 tons)	7.79	8.29	6.51	6.46
纱(混合数)	(万吨)	Yarn	(10 000 tons)	16.63	26.06	106.03	112.03
布(混合数)	(亿米)	Cloth	(100 million m)	3.41	3.61	3.46	3.93
棉布	(亿米)	Cotton Cloth	(100 million m)	0.70	2.21	2.10	2.68
针棉织品(折用纱量)	(万吨)	Cotton Knitwear	(10 000 tons)	0.65	1.62	0.36	0.40
毛巾	(万条)	Towel	(10 000 cartons)	5394.00	15164.83	195804.90	94922.00
服装	(万件)	Clothes	(10 000 pieces)	1151.00	12736.80	36157.57	32127.73
麻袋	(万条)	Gunny-bag	(10 000 cartons)	339.75	280.86	3311.62	3462.22
纸浆	(万吨)	Paper Pulp	(10 000 tons)	31.90	68.37	104.72	97.98
机制纸及纸板	(万吨)	Machine_made Paper and Paper boards	(10 000 tons)	70.07	170.59	406.56	398.47
日用玻璃制品	(万吨)	Household Glass Product	(10 000 tons)	5.40	9.07	37.32	33.03
玻璃保温容器	(万个)	Baowenrongqi Glass	(10 000 units)	1300.69	715.00	10740.00	9900.00
电光源	(万只)	Electric Light	(10 000 units)	12961.00	19201.00	1385.00	1362.00
合成洗涤剂	(万吨)	Synthetic Detergents	(10 000 tons)	8.12	32.06	49.35	44.65
铅酸蓄电池	(万千伏安时)	Lead-acid Dry Cell	(100 million units)	0.57	8.11	275.88	183.34
大米	(万吨)	Rice	(10 000 tons)	102.40	134.22	1245.06	1331.99
原盐	(万吨)	Salt	(10 000 tons)	72.93	118.65	280.90	263.04
成品糖	(万吨)	Refined Sugar	(10 000 tons)	4.44	2.10	0.09	
卷烟	(万箱)	Cigarettes	(10 000 cases)	230.43	289.28	348.77	351.47
罐头	(万吨)	Canned Food	(10 000 tons)	4.21	26.76	98.70	105.85
软饮料	(万吨)	Soft Drinks	(10 000 tons)	12.4	61.91	548.21	541.37

11-12 续表 1 continued

产品		Item		2000	2005	2014	2015
饮料酒	(万千升)	Liquor	(10 000 tons)	30.21	52.57	105.18	104.28
白酒(商品量)	(万千升)	Spirit	(10 000 tons)	3.76	2.69	21.71	23.68
啤酒	(万千升)	Beer	(10 000 tons)	26.42	49.77	76.80	74.60
乳制品	(吨)	Dairy Products	(tons)	5577	153547	364207	295216
食用植物油	(万吨)	Edible Vegetable Oil	(10 000 tons)	20.14	53.69	298.81	319.66
化学药品原药	(吨)	Chemical Medicine	(ton)	1964.76	2448.12	41705.39	64316.31
中成药	(吨)	Traditional Chinese Medicine	(10 000 tons)	11745	26657	185349	132454
饲料	(万吨)	Fixed-Forage	(10 000 tons)	163.62	356.49	1619.09	1684.49
塑料制品	(万吨)	Plastics Products	(10 000 tons)	7.29	18.63	158.75	156.01
皮革鞋靴	(万双)	Leather Shoe	(10 000 units)	429.49	1335.80	18495.29	17796.59
家用电冰箱	(万台)	Household Refrigerators	(10 000 units)	44.54	55.54	12.18	8.91
电风扇	(万台)	Electric Fans	(10 000 units)	4.64	2.39		
原煤	(万吨)	Coal	(10 000 tons)	1490.81	3646.51	5413.70	3464.59
原油加工量	(万吨)	Crude Process	(10 000 tons)	526.42	590.92	800.00	877.42
汽油	(万吨)	Gasoline	(10 000 tons)	120.19	122.82	199.00	228.33
柴油	(万吨)	Diesel oil	(10 000 tons)	215.53	229.19	243.30	287.41
发电量	(亿千瓦小时)	Electricity	(100 million kwh)	354.42	630.29	1241.90	1215.18
水电	(亿千瓦小时)	Hydro-power	(100 million kwh)	191.15	228.01	466.10	485.32
火电	(亿千瓦小时)	Thermal Power	(100 million kwh)	163.27	402.27	749.20	697.76
生铁	(万吨)	Pig Iron	(10 000 tons)	332.72	961.38	1780.67	1762.82
粗钢	(万吨)	Steel	(10 000 tons)	304.13	975.17	1917.59	1852.78
钢材	(万吨)	Steel Products	(10 000 tons)	299.05	961.26	1989.35	1951.29
铁道用钢材	(万吨)	Railway Steel	(10 000 tons)	1.41	1.96	10.61	5.90
线材	(万吨)	Wire Rod	(10 000 tons)	97.24	314.59	270.36	289.10
无缝钢管x	(万吨)	Seamless Steel Pipe	(10 000 tons)	31.63	63.44	108.67	105.69
焊接钢管	(万吨)	Welding Steel Pipe	(10 000 tons)	2.17	1.48	11.30	13.35
机制焦炭	(万吨)	Machine made Coke	(10 000 tons)	207.00	397.91	658.29	657.30
煤气	(亿立方米)	Coal Gas	(100 millions cm)	3.20	10.73	209.30	200.82
铁矿石(原矿)	(万吨)	Iron Mineral	(10 000 tons)	4.27	417.34	1227.66	918.30
水泥	(万吨)	Cement	(10 000 tons)	2395.72	3571.07	11991.30	11613.56

11-12 续表 2 continued

产品		Item		2000	2005	2014	2015
平板玻璃	(万重量箱)	Plate Glass	(10 000 weight cases)	735.34	1009.28	1208.22	2144.52
硫酸(折100%)	(万吨)	Sulfuric Acid	(10 000 tons)	128.17	183.86	397.62	244.08
纯碱	(万吨)	Sode Ash	(10 000 tons)	13.03	27.53	61.29	47.25
烧碱(折100%)	(万吨)	Caustic Soda	(10 000 tons)	20.96	33.79	64.59	47.99
合成氨	(万吨)	Synthetic Ammonia	(10 000 tons)	167.30	193.69	123.87	106.00
农用化肥(折纯量)	(万吨)	Chemical Fertilizer	(10 000 tons)	141.74	257.55	105.51	108.44
氮肥		Nitrogen Fertilizers	(10 000 tons)	112.90	228.88	94.09	95.75
磷肥		Phosphate Fertilizers	(10 000 tons)	27.57	25.66	11.42	12.69
化学农药原药	(万吨)	Chemical Pesticide	(10 000 tons)	4.58	9.03	6.05	5.14
电石	(万吨)	Calcium Carbide	(10 000 ton)	10.44	18.06	18.83	13.38
初级形态的塑料	(万吨)	Primary Plastics	(10 000 tons)	23.10	37.04	68.84	66.84
合成橡胶	(万吨)	Synthetic Rubber	(10 000 tons)	9.83		27.40	28.33
矿山专用设备	(吨)	Mining Special Equipment	(ton)	9912	31140	381963	442375
起重机	(吨)	Crane	(ton)	14810	23976	1074179	702150
金属冶炼设备	(吨)	Metal Smelting Equipment	(ton)	4540	2453	472921	51696
发电设备	(万千瓦)	Power Generating Equipment	(10 000 kw)	9.92	38.09	136.58	190.45
交流电动机	(万千瓦)	AC Electric Motor	(10 000 kw)	137.59	783.66	1738.00	1434.68
变压器	(万千伏安)	Transformer	(10 000 kva)	494.96	3271.01	10415.84	10594.06
泵	(万台)	Pump	(10 000 units)	14.24	18.43	107.97	105.04
金属切削机床	(台)	Metal-cutting Machine Tools	(unit)	907	1570	6298	4455
金属成形机床	(台)	Metal Forming Machine Tools	(unit)	1577	1799	26519	6845
汽车	(辆)	Motor Vehicles	(unit)	17614	92589	621178	635941
摩托车	(辆)	Motorcycles	(unit)	142452	295415	241419	163812
滚动轴承	(万套)	Rolling Bearings	(10 000 sets)	1940.13	1108.82	8575.54	6827.18
小型拖拉机	(万台)	Small Tractor	(10 000 units)	0.45	0.66	4.56	6.30
发动机	(万千瓦)	Engines	(10 000 kw)	175.94	97.11	72.45	76.43
铁路机车	(辆)	Railway Locomotive	(unit)	69	167	578	776
铁路货车	(辆)	Railway Freight wagons	(unit)	3486	3727	4991	5210
民用钢质船舶	(载重吨)	Civil Plate ship	(ton)	13541	17716	337914	544421
工业锅炉	(蒸发量吨)	Industrial Boiler	(ton)	2976	10708	14381	15379

11-13 规模以上工业企业主要产品、生产能力及能力利用率综合表(2015年)

Main Products, Production Capacity and Utilization Rate of Industrial Enterprises above Designated Size(2015)

产品名称		Item		企业单位数（个） Number of Enterprises (unit)
原煤	（万吨）	Raw coal	(10000 tons)	337
卷烟	（亿支）	Cigarette	(10000 units)	1
棉纺锭／纺纱量	（万锭/万吨）	Cotton spindle/spinning capacity	(10000/10000 tons)	97
气流纺锭／纺纱量	（万头/万吨）	Air spindle/spinning capacity	(10000/10000 tons)	9
棉布织机／布	（万台/亿米）	Cotton weaving/cloth	(million/10000 tons)	31
原油加工能力／原油加工量	（万吨/万吨）	Crude oil ptocessing capacity/crude oil processing capacity	(10000 tons)	2
焦炭	（万吨）	Coke		6
烧碱（折100%）	（万吨）	Caustic soda	(10000 tons)	6
碳化钙(电石，折 300升／千克)	(万吨)	Calcium carbide	(calcium carbide,off 300liters/kg)	1
农用氮、磷、钾化学肥料总计(折纯)	（万吨）	Agricultural nitrogen,phosphorus and potassium fertilizer Total(off net)	(10000 tons)	28
初级形态塑料	（万吨）	Primary form of plastic	(10000 tons)	16
焰火制品	（亿元）	Pyrotechnic products	(100 million yuan)	598
其中：烟花	（亿元）	Of which:Fireworks	(100 million yuan)	402
化学纤维	（万吨）	Chemical fiber	(10000 tons)	7
硅酸盐水泥熟料	（万吨）	Cement clinker	(10000 tons)	64
水泥	（万吨）	Cemnet	(10000 tons)	150
平板玻璃	（万重量箱）	Plate glass	(Million boxes)	4
生铁	（万吨）	Pig iron	(10000 tons)	13
粗钢	（万吨）	Crude steel	(10000 tons)	7
钢材	（万吨）	Steel	(10000 tons)	38
铁合金	（万吨）	Ferroalloy	(10000 tons)	139
原铝(电解铝)	(万吨)	Primary aluminum	(10000 tons)	1
金属切削机床	（万台）	Metal cutting machine tools	(10000 tons)	12
挖掘机	（万台）	Excavator	(10000 sets)	6
汽车	(万辆)	Car	(10000 sets)	15
其中：基本型乘用车（轿车）	(万辆)	Of which:basic passenger vehicles(cars)	(10000 sets)	5
载货汽车	（万辆）	trucks	(10000 sets)	3
民用钢质船舶	（万载重吨）	Civil steel ship	(10000 tons)	16
太阳能电池	（万千瓦）	solar battery	(10000 KW)	2
家用电冰箱	(万台）	Household Refrigerators	(10000 sets)	
房间空气调节器	(万台)	Room air conditiones	(10000 sets)	
家用洗衣机	(万台)	Household Washing Machines	(10000 sets)	
微型计算机设备	（万台）	Micro Computers	(10000 sets)	2
移动通信手持机(手机)	(万台)	Mobile handset(cell phone)	(10000 sets)	1
彩色电视机	(万台)	Color TV	(10000 sets)	1
发电设备容量总计／发电量	(万千瓦/万千瓦小时）	Total capacity of power equipment/power genneration	(10000 KW/10000 KW·h)	275
其中：火电设备容量／发电量	(万千瓦/万千瓦小时）	Of which:thermal power equipment capacity/power generation	(10000 KW/10000 KW·h)	74
水电设备容量／发电量	(万千瓦/万千瓦小时）	Hydropower Equipment capacity/power generation	(10000 KW/10000 KW·h)	176
风电设备容量／发电量	(万千瓦/万千瓦小时）	Capacity of wind power equipment/power generation	(10000 KW/10000 KW·h)	15

11-13 续表 continued

产品名称		Item		年初生产能力 Early production	年末生产能力 At the end of production capacity	能力利用率(%) Capacity Utilization (%)
原煤	（万吨）	Raw coal	(10000 tons)	4772.86	4760.22	73.8
卷烟	（亿支）	Cigarette	(10000 units)	2468.70	2633.40	68.9
棉纺锭／纺纱量	（万锭/万吨）	Cotton spindle/spinning capacity	(10000/10000 tons)	212.64	228.31	49.6
气流纺锭／纺纱量	（万头/万吨）	Air spindle/spinning capacity	(10000/10000 tons)	3.50	3.65	254.1
棉布织机／布	（万台/亿米）	Cotton weaving/cloth	(million/10000 tons)	4.49	5.40	78.4
原油加工能力／原油加工量	（万吨/万吨）	Crude oil ptocessing capacity/crude oil processing capacity	(10000 tons)	1342.00	1342.00	65.4
焦炭	（万吨）	Coke		705.04	727.00	91.8
烧碱（折100%）	（万吨）	Caustic soda	(10000 tons)	71.02	60.92	72.7
碳化钙(电石，折 300升／千克)	(万吨)	Calcium carbide	(calcium carbide,off 300liters/kg)	16.50	16.50	59.2
农用氮、磷、钾化学肥料总计(折纯)	（万吨）	Agricultural nitrogen,phosphorus and potassium fertilizer Total(off net)	(10000 tons)	200.23	151.42	61.7
初级形态塑料	（万吨）	Primary form of plastic	(10000 tons)	78.21	73.03	69.7
焰火制品	（亿元）	Pyrotechnic products	(100 million yuan)	905.08	1049.55	87.3
其中：烟花	（亿元）	Of which:Fireworks	(100 million yuan)	395.04	438.90	83.9
化学纤维	（万吨）	Chemical fiber	(10000 tons)	8.99	8.67	73.2
硅酸盐水泥熟料	（万吨）	Cement clinker	(10000 tons)	8484.75	8485.84	75.7
水泥	（万吨）	Cemnet	(10000 tons)	15280.97	15491.42	74.7
平板玻璃	（万重量箱）	Plate glass	(Million boxes)	637.81	3850.53	95.6
生铁	（万吨）	Pig iron	(10000 tons)	1879.62	1946.20	92.1
粗钢	（万吨）	Crude steel	(10000 tons)	2081.80	2061.67	85.9
钢材	（万吨）	Steel	(10000 tons)	2668.65	2713.40	72.2
铁合金	（万吨）	Ferroalloy	(10000 tons)	368.03	374.34	57.6
原铝(电解铝)	（万吨）	Primary aluminum	(10000 tons)	33.00	33.00	100.0
金属切削机床	（万台）	Metal cutting machine tools	(10000 tons)	0.99	0.58	56.5
挖掘机	（万台）	Excavator	(10000 sets)	3.16	2.95	62.7
汽车	（万辆）	Car	(10000 sets)	100.41	95.30	58.4
其中：基本型乘用车（轿车）	（万辆）	Of which:basic passenger vehicles(cars)	(10000 sets)	51.43	39.31	66.1
载货汽车	（万辆）	trucks	(10000 sets)	11.40	5.53	35.7
民用钢质船舶	（万载重吨）	Civil steel ship	(10000 tons)	57.36	72.94	80.1
太阳能电池	（万千瓦）	solar battery	(10000 KW)	10.00	14.00	90.5
家用电冰箱	（万台）	Household Refrigerators	(10000 sets)			
房间空气调节器	（万台）	Room air conditiones	(10000 sets)			
家用洗衣机	（万台）	Household Washing Machines	(10000 sets)			
微型计算机设备	（万台）	Micro Computers	(10000 sets)	85.00	85.00	39.9
移动通信手持机(手机)	（万台）	Mobile handset(cell phone)	(10000 sets)	172.86	55.28	30.0
彩色电视机	（万台）	Color TV	(10000 sets)	60.00	60.00	59.5
发电设备容量总计／发电量	(万千瓦/万千瓦小时)	Total capacity of power equipment/power genneration	(10000 KW/10000 KW·h)	3907.02	3887.99	42.2
其中：火电设备容量／发电量	(万千瓦/万千瓦小时)	Of which:thermal power equipment capacity/power generation	(10000 KW/10000 KW·h)	2152.26	2087.96	40.9
水电设备容量／发电量	(万千瓦/万千瓦小时)	Hydropower Equipment capacity/power generation	(10000 KW/10000 KW·h)	1604.53	1616.75	44.2
风电设备容量／发电量	(万千瓦/万千瓦小时)	Capacity of wind power equipment/power generation	(10000 KW/10000 KW·h)	62.18	92.73	32.4

11-14 按全省人口平均的主要产品产量
Per Capita Output of Major Industrial Products

产品		Item		2000	2005	2014	2015
化学纤维	(公斤/人)	Chemical Fiber	(kg / person)	1.19	1.23	0.97	0.96
纱(混合数)	(公斤/人)	Yarn	(kg / person)	2.53	3.88	15.79	16.57
布(混合数)	(米/人)	Cloth	(m / person)	5.19	5.38	5.15	5.82
针棉织品(折用纱量)	(公斤/人)	Cotton Knitwear	(kg / person)	0.10	0.24	0.05	0.06
机制纸及纸板	(公斤/人)	Machine-made Paper and Paperboards	(kg/person)	10.68	25.40	60.55	58.94
合成洗涤剂	(公斤/人)	Synthetic Detergents	(kg / person)	1.24	4.77	7.35	6.60
原盐	(公斤/人)	Salt	(kg / person)	11.11	17.67	41.84	38.91
成品糖	(公斤/人)	Refined Sugar	(kg / person)	0.68	0.31	0.01	
卷烟	(箱/百人)	Cigarette	(case /100 persons)	3.51	4.31	5.19	5.20
家用电冰箱	(台/百人)	Household Refrigerators	(unit / 100 persons)	0.68	0.83	0.18	0.13
原煤	(吨／人)	Coal	(ton / person)	0.23	0.54	0.80	0.51
原油加工量	(公斤/人)	Processing Output of Crude Oil	(kg / person)	80.22	88.00	118.74	129.36
发电量	(千瓦小时/人)	Electricity	(kwh / person)	540.11	938.64	1843.34	1791.51
生铁	(公斤/人)	Pig Iron	(kg / person)	50.70	143.17	265.22	260.77
粗钢	(公斤/人)	Crude Steel	(kg / person)	46.35	145.23	285.61	274.07
钢材	(公斤/人)	Steel	(kg / person)	45.57	143.15	296.30	288.65
水泥	(吨/人)	Cement	(ton / person)	0.37	0.53	1.79	1.72
平板玻璃	(重量箱/人)	Plate Glass	(weight case / person)	0.11	0.15	0.18	0.32
硫酸(折100)	(公斤/人)	Sulfuric Acid	(kg / person)	19.53	27.38	59.22	36.11
纯碱	(公斤/人)	Soda Ash	(kg / person)	1.99	4.10	9.13	6.99
烧碱(折100)	(公斤/人)	Caustic Soda	(kg / person)	3.19	5.03	9.62	7.10
合成氨	(公斤/人)	Synthetic Ammonia	(kg / person)	25.49	28.84	18.45	15.68
农用化肥(折纯量)	(公斤/人)	Chemical Fertilizer	(kg / person)	21.60	38.35	15.72	16.04
氮肥	(公斤/人)	Nitrogen Fertilizer	(kg / person)	17.21	34.09	14.01	14.16
磷肥	(公斤/人)	Phosphate Fertilizer	(kg / person)	4.20	3.82	1.70	1.88
化学农药原药	(公斤/人)	Chemical Pesticide	(kg / person)	0.70	1.34	0.90	0.76
初级形态塑料	(公斤/人)	Primary Plastics	(kg / person)	3.52	5.52	10.25	9.89
合成橡胶	(公斤/人)	Synthetic Rubber	(kg/person)	1.50	2.39	4.08	4.19
汽车	(辆/万人)	Motor Vehicles	(unit/10 000 persons)	2.68	13.79	92.52	94.07
摩托车	(辆/万人)	Motorcycles	(unit/10 000 persons)	21.72	43.99	35.96	24.23

注:人均的主要产品产量按常住人口计算。The data are based on the permanent population.

11-15 各市、州规模以上工业主要经济指标(2015年)
Main Indicators of Industrial Enterprises above Designated Size by Region(2015)

单位:亿元 (100 million yuan)

指标	Item	全省总计 Total	长沙市 Changsha City	株洲市 Zhuzhou City	湘潭市 Xiangtan City	衡阳市 Hengyang City	邵阳市 Shaoyang City	岳阳市 Yueyang City	常德市 Changde City
企业单位数(个)	Number of Enterprises (unit)	**13992**	2710	1540	907	961	1060	1285	993
#大型企业	#Largest Enterprise	**211**	54	24	21	14	12	26	13
#中型企业	#Medium-sized Enterprises	**2290**	324	533	68	247	148	277	135
#小型企业	#Small Enterprises	**11088**	2242	961	777	685	890	973	808
#微型企业	#Micro Enterprises	**403**	90	22	41	15	10	9	37
#亏损企业	#Loss-making Enterprises	**944**	216	108	71	83	19	41	106
工业销售产值	Industrial Sales Value	**36231.56**	9494.53	3233.46	3068.17	1993.36	1874.60	4883.16	2431.75
实收资本	Total Capital Hold	**5257.40**	1081.53	649.58	287.71	442.92	224.11	948.28	299.44
#外商资本	#Foreign Capital	**199.07**	113.50	7.31	5.18	4.27	0.06	13.50	18.43

单位:亿元 (100 million yuan)

指标	Item	张家界市 Zhangjiajie City	益阳市 Yiyang City	郴州市 Chenzhou City	永州市 Yongzhou City	怀化市 Huaihua City	娄底市 Loudi City	湘西州 West Hunan A.P
企业单位数(个)	Number of Enterprises (unit)	162	971	1095	777	577	676	293
#大型企业	#Largest Enterprise	1	16	14	7	5	13	4
#中型企业	#Medium-sized Enterprises	9	121	121	107	68	104	30
#小型企业	#Small Enterprises	146	797	909	641	494	517	248
#微型企业	#Micro Enterprises	6	37	51	22	10	42	11
#亏损企业	#Loss-making Enterprises	17	30	64	44	54	49	42
工业销售产值	Industrial Sales Value	128.29	2020.80	3078.17	1078.11	930.30	1636.96	243.48
实收资本	Total Capital Hold	32.02	218.85	357.11	168.93	151.37	277.66	46.67
#外商资本	#Foreign Capital		0.71	2.44	1.63	0.32	13.22	

11-15 续表 1 continued

单位:亿元 (100 million yuan)

指标	Item	全省总计 Total	长沙市 Changsha City	株洲市 Zhuzhou City	湘潭市 Xiangtan City	衡阳市 Hengyang City
全部从业人员年平均人数 (万人)	Annual Average Number of Obtain Employees (10 000 persons)	336.90	68.18	51.47	20.21	27.10
流动资产	Liquid Assets	10247.43	4036.28	1259.32	864.13	524.34
#存货	#Inventory	2705.08	912.97	290.58	196.48	121.52
产成品	Products	910.61	351.46	98.56	62.37	40.63
固定资产合计	Total Fixed Assets	9903.94	1993.48	958.37	638.90	670.11
固定资产原价	Original Value of Fixed Assets	14266.10	2750.15	1458.69	941.06	956.05
累计折旧	Add up Depreciation of Fixed Assets	4994.03	889.75	528.76	374.19	315.00
资产总计	Total Assets	23575.75	7132.82	2621.56	1810.12	1405.79
流动负债合计	Total Liquid Liabilities	8477.96	2708.09	1000.30	918.04	605.58
长期负债合计	Total Long-term Liabilities	3027.13	1055.60	271.31	202.96	161.14
负债合计	Total Liabilities	12240.94	3879.01	1294.96	1184.96	836.11
所有者权益	Creditors Equity	11311.45	3220.87	1324.98	626.21	569.39
主营业务收入	Revenue of Main Bussiness	35410.45	9223.93	3132.22	3023.65	1945.81
主营业务成本	Cost of Main Bussiness	28807.96	7526.70	2586.28	2429.93	1583.90
主营业务税金及附加	Tax and Extra Charges of Main Bussiness	1023.72	226.94	37.14	21.65	16.22
管理费用	Administrative Expense	1565.74	464.03	165.55	92.79	122.13
利息收入	Interest Revenue	28.24	12.99	3.86	4.19	0.97
利息支出	Interest Expense	376.71	96.91	28.10	46.36	24.00
营业利润	Operating Profit	1868.56	547.90	149.17	128.36	106.46
利润总额	Total Profit	1808.70	580.36	159.92	119.49	104.05
利税总额	Total of Profit and Tax	3904.90	1101.05	312.44	204.45	161.40
应交增值税	Income Tax Payable	1067.44	291.66	115.19	63.23	41.03
本年应付职工薪酬	Total Wages Payable of the Year	1796.81	444.97	311.23	148.56	111.72
总资产贡献率 (%)	Ratio of Total Assets to Output Value (%)	18.04	16.61	12.84	13.62	13.12
每百元销售收入实现利税 (元)	Per-tax Profits per 100 yuan of Sales Revenue (yuan)	11.03	11.94	9.98	6.76	8.29
资产负债率 (%)	Assets-Liability Ratio (%)	51.92	54.38	49.40	65.46	59.48
成本费用利润率 (%)	Ratio of Profits to Cost (%)	5.60	6.81	5.39	4.41	5.72
产值利税率 (%)	Ratio of Per-tax Profits to Output Value (%)	10.54	11.23	9.45	6.50	7.95

11-15 续表 2 continued

单位:亿元 (100 million yuan)

指标	Item	邵阳市 Shaoyang City	岳阳市 Yueyang City	常德市 Changde City	张家界市 Zhangjiajie City	益阳市 Yiyang City
全部从业人员年	Annual Average Number of Obtain Employees					
平均人数 (万人)	(10 000 persons)	21.86	36.26	19.42	2.24	18.46
流动资产	Liquid Assets	219.22	551.58	901.72	28.65	336.69
#存货	#Inventory	52.42	185.12	407.91	7.18	83.86
产成品	Products	22.47	67.27	84.50	3.74	37.35
固定资产合计	Total Fixed Assets	409.16	1295.92	590.74	68.32	486.45
固定资产原价	Original Value of Fixed Assets	577.38	1973.66	916.04	85.03	635.77
累计折旧	Add up Depreciation of Fixed Assets	199.39	719.47	349.24	25.89	177.13
资产总计	Total Assets	762.83	2179.85	1606.19	110.61	945.83
流动负债合计	Total Liquid Liabilities	162.42	493.03	579.51	27.19	366.38
长期负债合计	Total Long-term Liabilities	111.54	133.06	152.73	26.62	74.97
负债合计	Total Liabilities	313.44	806.02	759.12	57.47	476.26
所有者权益	Creditors Equity	449.00	1373.40	947.23	53.14	467.28
主营业务收入	Revenue of Main Bussiness	1805.39	4735.75	2391.20	124.26	1996.36
主营业务成本	Cost of Main Bussiness	1557.09	4023.45	1700.31	96.83	1694.24
主营业务税金及附加	Tax and Extra Charges of Main Bussiness	20.87	188.23	346.61	1.82	20.85
管理费用	Administrative Expense	67.33	203.36	105.70	5.45	53.68
利息收入	Interest Revenue	0.30	0.38	2.26		0.29
利息支出	Interest Expense	14.05	42.28	19.23	1.81	14.75
营业利润	Operating Profit	93.45	146.18	159.06	14.85	163.36
利润总额	Total Profit	94.46	141.50	160.13	15.21	77.41
利税总额	Total of Profit and Tax	149.90	465.33	630.47	21.05	137.60
应交增值税	Income Tax Payable	34.33	135.31	123.43	4.00	38.96
本年应付工资总额	Total Wages Payable of the Year	88.91	168.52	109.96	11.90	71.41
总资产贡献率 (%)	Ratio of Total Assets to Output Value (%)	21.45	23.27	40.31	20.67	16.08
每百元销售收入	Per-tax Profits per 100 yuan of Sales Revenue					
实现利税 (元)	(yuan)	8.30	9.83	26.37	16.94	6.89
资产负债率 (%)	Assets-Liability Ratio (%)	41.09	36.98	47.26	51.96	50.35
成本费用利润率 (%)	Ratio of Profits to Cost (%)	5.58	3.20	7.97	14.02	4.26
产值利税率 (%)	Ratio of Per-tax Profits to Output Value (%)	7.73	9.45	24.89	16.14	6.73

11-15 续表 3 continued

单位:亿元 (100 million yuan)

指标	Item	郴州市 Chenzhou City	永州市 Yongzhou City	怀化市 Huaihua City	娄底市 Loudi City	湘西州 West Hunan A.P
全部从业人员年	Annual Average Number of Obtain Employees					
平均人数 (万人)	(10 000 persons)	22.15	16.12	10.29	17.06	5.16
流动资产	Liquid Assets	615.35	221.90	166.20	383.60	116.85
#存货	#Inventory	196.49	83.59	32.71	108.49	30.70
产成品	Products	50.96	24.00	12.09	43.07	12.46
固定资产合计	Total Fixed Assets	806.43	329.37	468.15	613.33	139.97
固定资产原价	Original Value of Fixed Assets	988.85	520.03	673.85	932.28	178.46
累计折旧	Add up Depreciation of Fixed Assets	322.86	206.35	227.07	350.69	64.69
资产总计	Total Assets	1620.24	673.75	726.46	1125.48	289.37
流动负债合计	Total Liquid Liabilities	524.34	192.60	146.37	545.05	75.98
长期负债合计	Total Long-term Liabilities	176.69	63.30	121.81	141.34	69.89
负债合计	Total Liabilities	727.59	299.71	323.37	726.14	159.51
所有者权益	Creditors Equity	893.01	370.77	402.93	394.13	129.86
主营业务收入	Revenue of Main Bussiness	3107.80	1052.49	902.83	1610.34	228.37
主营业务成本	Cost of Main Bussiness	2277.31	879.38	739.28	1432.68	182.69
主营业务税金及附加	Tax and Extra Charges of Main Bussiness	75.21	48.34	7.30	12.54	2.37
管理费用	Administrative Expense	96.90	44.54	86.13	46.18	10.57
利息收入	Interest Revenue	0.79	0.62	0.05	1.01	0.49
利息支出	Interest Expense	16.17	8.56	17.65	22.39	2.00
营业利润	Operating Profit	187.56	43.04	32.97	60.62	24.01
利润总额	Total Profit	175.14	45.30	38.10	62.64	21.35
利税总额	Total of Profit and Tax	329.99	127.48	71.87	132.82	32.45
应交增值税	Income Tax Payable	79.39	33.78	26.27	57.24	8.33
本年应付工资总额	Total Wages Payable of the Year	104.06	69.90	40.71	84.23	17.62
总资产贡献率 (%)	Ratio of Total Assets to Output Value (%)	21.32	20.10	12.32	13.70	11.74
每百元销售收入	Per-tax Profits per 100 yuan of Sales Revenue					
实现利税 (元)	(yuan)	10.62	12.11	7.96	8.25	14.21
资产负债率 (%)	Assets-Liability Ratio (%)	44.91	44.48	44.51	64.52	55.12
成本费用利润率 (%)	Ratio of Profits to Cost (%)	7.06	4.63	4.40	4.03	10.42
产值利税率 (%)	Ratio of Per-tax Profits to Output Value (%)	10.64	11.69	7.60	7.98	12.48

11-16 省级及以上产业园区规模工业主营业务收入(2015年)

Revenue from Principal Business of above the provincial level Industrial Park (2015)

单位：万元 (10 000 yuan)

园区名称	Park	主营业务收入 Revenue of Major Business	#国有经济 State-owned Economic	#集体经济 Collective Economic
长沙天心经济开发区	Changsha Tianxin Industrial Park	1501150		
长沙高新技术产业开发区（国家级）	"Changsha High-tech Industrial Development Zone (National)	14607655	17651	1383
长沙金霞经济开发区	Changsha Jinxia Economic Development Zone	1114259	110480	
长沙雨花经济开发区	Changsha Yuhua Economic Development Zone	4644547	2027639	22809
长沙经济技术开发区（国家级）	Changsha Economic and Technological Development Zone (National)	15047990	8445	
湖南长沙暮云经济开发区	Muyun Industrial Park in Changsha, Hunan	491366		
湖南望城经济开发区	Economic Development Zone in Hunan wangcheng	5894803		
湖南宁乡经济开发区（国家级）	Ningxiang Economic and Technological Development Zone (National)	7462054		
浏阳经济技术开发区（国家级）	Hunan Liuyang Biomedical Park (National)	8382040		
株州高新技术产业开发区（国家级）	Zhuzhou Hi-tech Industrial Development Zone (National)	11285410	279596	6570
湖南株洲建宁经济开发区	Zhuzhou Jianning Development Zone, Hunan	159951		
湖南株洲渌口经济开发区	Port Economic Development Zone, Zhuzhou, Hunan Lukou	905449	16698	
湖南茶陵经济开发区	Economic Development Zone, Hunan Chaling	950072	23045	
湖南醴陵经济开发区	Hunan Liling Ceramics Industrial Park	4524889	12833	13192
湖南湘潭经济技术开发区（国家级）	Xiangtan Economic and Technological Development Zone, Hunan (National)	4354020	3439	
湖南湘潭高新技术产业园区（国家级）	Xiangtan High-tech Industrial Development Zone, Hunan (National)	6931364		41128
湖南湘潭天易经济开发区	Xiangtan Tianyi Economic Development Zone, Hunan	3274229		
湖南湘潭岳塘经济开发区	Xiangtan Yuetang Economic Development Zone, Hunan	154401		
湖南湘乡经济开发区	Hunan Xiangxiang Industrial Park	4082248	50963	
韶山高新技术产业开发区	Shaoshan High-tech Industrial Development Zone	1217438		
湖南衡阳松木经济开发区	Hunan Hengyang Pine Industrial Park	631628		3255
湖南衡阳高新技术产业园区（国家级）	High-tech Industrial Park in Hunan Hengyang (National)	4148641		
湖南衡阳西渡高新技术产业园区	Hunan Hengyang Xidu Economic Development Zone	1298444		
湖南衡山经济开发区	Economic Development Zone, Hunan Hengshan	424880		
湖南衡东经济开发区	Hunan Hengdong Industrial Park	1015781		
湖南祁东经济开发区	Hunan Qidong Economic Development Zone	1174537		
湖南耒阳经济开发区	Hunan Leiyang Economic Development Zone	1138762		
湖南常宁水口山经济开发区	Hunan Changning Shuikoushan Economic Development Zone	1362864		
湖南邵阳经济开发区	Hunan Shaoyang Economic Development Zone	584695		
湖南邵东经济开发区	Hunan Shaodong Economic Development Zone	3495879	3709	
湖南新邵经济开发区	Hunan Xinshao Economic Development Zone	1226345	6196	
湖南洞口经济开发区	Hunan Dongkou Economic Development Zone	1162907		
湖南武冈经济开发区	Hunan Wugang Economic Development Zone	645183	2011	
岳阳经济技术开发区（国家级）	Yueyang Economic and Technological Development Zone (National)	5297385		1386
湖南岳阳绿色化工产业园	Hunan Yueyang Green Chemical Industrial Park	7773473		18242
湖南湘阴工业园区	Hunan Xiangyin Industrial Park	3147234		
湖南平江工业园区	Hunan Pingjiang Industrial Park	1695279		
湖南汨罗循环经济产业园区	Hunan Miluo Circular Economy Industrial Park	3485475		

11-16 续表 1 continued

单位：万元 (10 000 yuan)

园区名称	Park	主营业务收入 Revenue of Major Business	#国有经济 State-owned Economic	#集体经济 Collective Economic
湖南临湘工业园区	Hunan Linxiang Industrial Park	2133082		
岳阳临港高新技术产业开发区	The Port of Yueyang Hi-tech Industrial Development Zone	800754		
湖南常德经济开发区（国家级）	Changde Economic and Technological Development Zone (National)	8180576	5374385	4230
湖南常德鼎城高新技术产业园区	Hunan Changde Dingcheng Economic Development Zone	1041156		
湖南汉寿经济开发区	Hunan Hanshou Economic Development Zone	1401369	86520	
湖南澧县经济开发区	Hunan Li county Economic Development Zone	1321480		
湖南临澧经济开发区	Hunan Linli Economic Development Zone	574765		
湖南石门经济开发区	Hunan shimen Economic Development Zone	1563269		
湖南张家界经济开发区	Hunan Zhangjiajie Economic Development Zone	141429		
湖南益阳长春经济开发区	Hunan Yiyang Changchun Industrial Park	1551642		1886
湖南益阳高新技术产业园区（国家级）	Yiyang High-tech Industrial Development Zone (National)	5049002	7081	
湖南南县经济开发区	Hunan Nan County Economic Development Zone	509176		
湖南桃江经济开发区	Hunan Taojiang Economic Development Zone	1021226		
湖南安化经济开发区	Hunan Anhua Economic Development Zone	577537	10352	
湖南沅江高新技术产业园区	Hunan Yuanjiang Economic Development Zone	1414518		
湖南郴州经济开发区	Hunan Chengzhou Economic Development Zone	1880817	645208	
湖南郴州高新技术产业园区	Hunan Chenzhou Nonferrous Metals Industrial Park	5586335	101496	
湖南桂阳工业园区	Hunan Guiyang Industrial Park	4762280		
湖南宜章经济开发区	Hunan Yizhang Economic Development Zone	1449592	2563	
湖南永兴经济开发区	Hunan Yongxing Economic Development Zone	3550751		
湖南嘉禾经济开发区	Hunan Jiahe Economic Development Zone	1262417		
湖南临武工业园区	Hunan Linwu Industrial Park	289728		
湖南汝城经济开发区	Hunan Rucheng Economic Development Zone	327111		
湖南资兴经济开发区	Hunan Zixing Economic Development Zone	5066668		
湖南零陵工业园区	Hunan Lingling Industrial Park	1006150	661648	
湖南永州凤凰园经济开发区	Yongzhou Phoenix Park Economic Development Zone	1729971		
湖南祁阳经济开发区	Hunan Qiyang Industrial Park	1260878	17524	
湖南东安经济开发区	Hunan Dongan Economic Development Zone	602176		
湖南宁远工业园区	Hunan Ningyuan Industrial Park	785361		
湖南蓝山经济开发区	Hunan Lanshan Economic Development Zone	637080		
湖南江华经济开发区	Hunan Jianghua Industrial Park	787961	2603	
湖南怀化经济开发区	Hunan Huaihua Economic Development Zone	33121		
湖南怀化工业园区	Hunan Huaihua Industrial Park	482521		
湖南娄底经济开发区（国家级）	"Hunan Loudi Economic Development Zone (National)	1777615		162668
湖南双峰经济开发区	Hunan Shuagnfeng Economic Development Zone	865278		
湖南新化经济开发区	Hunan Xinhua Economic Development Zone	661377	3891	
湖南冷水江经济开发区	Hunan Lenshuijiang Economic Development Zone	2671388		
湖南涟源经济开发区	Hunan Liangyuan Economic Development Zone	976916		
湖南吉首经济开发区	Hunan Jishou Economic Development Zone	46976		
湖南湘西经济开发区	Hunan xiangxijifeng Economic Development Zone	257060		
湖南永顺经济开发区	Hunan Yongshun Economic Development Zone	22147		

主要统计指标解释

工业　指从事自然资源的开采，对采掘品和农产品进行加工和再加工的物质生产部门。具体包括：(1)对自然资源的开采，如采矿、晒盐等(但不包括禽兽捕猎和水产捕捞)；(2)对农副产品的加工、再加工，如粮油加工、食品加工、缫丝、纺织、制革等；(3)对采掘品的加工、再加工，如炼铁、炼钢、化工生产、石油加工、机器制造、木材加工等，以及电力、自来水、煤气的生产和供应等；(4)对工业品的修理、翻新，如机器设备的修理、交通运输工具(如汽车)的修理等。

工业统计调查单位为独立核算法人工业企业。

独立核算法人工业企业指从事工业生产经营活动的单位。独立核算法人工业企业应同时具备以下条件：①依法成立，有自己的名称、组织机构和场所，能够承担民事责任；②独立拥有和使用资产，承担负债，有权与其他单位签订合同；③独立核算盈亏，并能够编制资产负债表。

本年鉴中涉及的企业登记注册类型：

国有及国有控股企业　指国有企业加上国有控股企业。国有企业(即原全民所有制工业或国营工业)指企业全部资产归国家所有，并按《中华人民共和国企业法人登记管理条例》规定登记注册的非公司制的经济组织。包括国有企业、国有独资公司和国有联营企业。1957年以前的公私合营和私营工业,后均改造为国营工业,1992年改为国有工业，这部分工业的资料不单独分列时，均包括在国有企业内。国有控股企业是对混合所有制经济的企业进行的“国有控股”分类。它是指这些企业的全部资产中国有资产(股份)相对其他所有者中的任何一个所有者占资(股)最多的企业。该分组反映了国有经济控股情况。

集体企业　指企业资产归集体所有，并按《中华人民共和国企业法人登记管理条例》规定登记注册的经济组织。是社会主义公有制经济的组成部分。包括城乡所有使用集体投资举办的企业，以及部分个人通过集资自愿放弃所有权并依法经工商行政管理机关认定为集体所有制的企业。

股份合作企业　指以合作制为基础，由企业职工共同出资入股，吸收一定比例的社会资产投资组建，实行自主经营，自负盈亏，共同劳动，民主管理，按劳分配与按股分红相结合的一种集体经济组织。

联营企业　指两个及两个以上相同或不同所有制性质的企业法人或事业单位法人，按自愿、平等、互利的原则，共同投资组成的经济组织。联营企业包括：

国有联营企业指国有企业与国有企业间的联营；

集体联营企业指集体企业与集体企业间的联营；

国有与集体联营企业指国有企业与集体企业间的联营。

有限责任公司　指根据《中华人民共和国公司登记管理条例》规定登记注册，由两个以上，五十个以下的股东共同出资，每个股东以其所认缴的出资额对公司承担有限责任，公司以其全部资产对其债务承担责任的经济组织。

有限责任公司包括国有独资公司以及其他有限责任公司。

股份有限公司　指根据《中华人民共和国企业法人登记管理条例》规定登记注册，其全部注册资本由等额股份构成并通过发行股票筹集资本，股东以其认购的股份对公司承担有限责任，公司以其全部资产对其债务承担责任的经济组织。

私营企业　指由自然人投资设立或由自然人控股，以雇佣劳动为基础的营利性经济组织。包括按照《公司法》、《合伙企业法》、《私营企业暂行条例》规定登记注册的私营有限责任公司、私营股份有限公司、私营合伙企业和私营独资企业。

港、澳、台商投资企业　指企业注册登记类型中的港、澳、台资合资、合作、独资经营企业和股份有限公司之和。

外商投资企业　指企业注册登记类型中的中外合资、合作经营企业、外资企业和外商投资股份有限公司之和。

工业增加值　指工业企业在报告期内以货币表现的工业生产活动的最终成果。

工业增加值有两种计算方法：一是生产法，即工业总产出减去工业中间投入加上应交增值税；二是收入法，即从收入的角度出发，根据生产要素在生产过程中应得到的收入份额计算，具体构成项目有固定资产折旧、劳动者报酬、生产税净额、营业盈余，这种方法也称要素分配法。本年鉴中的工业增加值是以生产法计算的。

生产法工业增加值的计算方法为：

工业增加值=工业总产出-工业中间投入+应交增值税

(1)工业总产出：指工业企业在一定时期内工业生产活动的总成果。工业总产出包括：成品生产价值，对外加工费收入，自制半成品、在产品期末期初差额价值。1995年后用新规定计算的工业总产值代替。

(2)工业中间投入：指工业企业在工业生产活动中消耗的外购物质产品和对外支付的服务费用。服务费用包括支付给物质生产部门(工业、农业、批发零售贸易业、建筑业、运输邮电业)的服务费用和支付给非物质生产部门(如保险、金融、文化教育、科学研究、医疗卫生、行政管理等)的服务费用。工业中间投入的确定须遵循以下原则：必须从外部购入的，并已计入工业总产出的产品和服务价值；必须是本期投入生产，并一次性消耗掉(包括本期摊销的低值易耗品等)的产品和服务价值。

工业中间投入包括直接材料费用、制造费用中的工业中间投入、管理费用中的工业中间投入、销售费用中的工业中间投入和利息支出五部分。

资产总计 指企业拥有或控制的能以货币计量的经济资源，包括各种财产、债权和其他权利。资产按流动性分为流动资产、长期投资、固定资产、无形资产、递延资产和其他资产。该指标根据企业会计“资产负债表”中“资产总计”项目的期末数增列。

流动资产 指企业可以在一年内或者超过一年的一个生产周期内变现或者耗用的资产，包括现金及各种存款、短期投资，应收及预付款项、存货等。

流动资产平均余额 指企业在报告期内全部流动资产的平均余额。

固定资产原价 指企业在建造、购置、安装、改建、扩建、技术改造某项固定资产时所支出的全部货币总额。它一般包括买价、包装费、运杂费和安装费等。

固定资产净值年平均余额 指固定资产净值在报告期内余额的平均数。计算公式为：

$$\text{固定资产净值年平均余额}=\frac{\text{1至12月各月月初、月末固定资产净值之和}}{24}$$

该指标根据“资产负债表”中“固定资产原价”、“累计折旧”指标的期初、期末数计算填列。

固定资产净值指固定资产原价减去历年已提折旧额后的净额。计算公式为：

固定资产净值=固定资产原价-累计折旧

负债合计 指企业所承担的能以货币计量，将以资产或劳务偿付的债务，偿还形式包括货币、资产或提供劳务。负债一般按偿还期长短分为流动负债和长期负债。根据会计“资产负债表”中“负债合计”的年末数填列。

所有者权益 指企业投资人对企业净资产的所有权。企业净资产等于企业全部资产减去全部负债后的余额，包括企业投资人对企业的最初投入的实际到位的资产及资本公积金、盈余公积金和未分配利润。所有者权益合计数小于零，表示企业资不抵债。

主营业务收入 指会计“利润表”中对应指标的本年累计数。未执行2001年《企业会计制度》的企业，用“产品销售收入”的本期累计数代替。

主营业务成本 指会计“利润表”中对应指标的本年累计数。未执行2001年《企业会计制度》的企业，用“产品销售成本”的本期累计数代替。

主营业务税金及附加 指会计“利润表”中对应指标的本年累计数。未执行2001年《企业会计制度》的企业，用“产品销售税金及附加” 的本期累计数代替。

利润总额 指企业生产经营活动的最终成果，是企业在一定时期内实现的盈亏相抵后的利润总额(亏损以“-”号表示)，它等于营业利润加上补贴收入加上投资收益加上营业外净收入再加上以前年度损益调整。

本年应交增值税 指企业在报告期内应交纳的增值税额。它等于本年销项税额加上出口退税加上进项税额转出数减去本年进项税额。小规模纳税企业直接按全年计税销售额乘以征收率计算取得。

从业人员平均人数 是指报告期内每天拥有的从业人员人数。其计算公式为：

$$\text{月平均人数}=\frac{\text{报告月内每天实有人数之和}}{\text{报告月日历日数}}$$

$$\text{季平均人数}=\frac{\text{季内各月平均人数之和}}{3}$$

$$\text{年平均人数}=\frac{\text{年内各月平均人数之和}}{12}$$

总资产贡献率 反映企业全部资产的获利能力，是企业经营业绩和管理水平的集中体现，是评价和考核企业盈利能力的核心指标。计算公式为：

$$\text{总资产贡献率(\%)}=\frac{\text{利润总额}+\text{税金总额}+\text{利息支出}}{\text{平均资金总额}}\times 100\%$$

公式中：税金总额为产品销售税金及附加与应交增值税之和；平均资产总额为期初期末资产之和的算术平均值。

资产负债率 该指标既反映企业经营风险的大小，也反映企业利用债权人提供的资金从事经营活动的能力。计算公式为：

$$\text{资产负债率(\%)}=\frac{\text{负债总额}}{\text{资产总额}}\times 100\%$$

资产与负债均为报告期期末数。

流动资产周转次数 指一定时期内流动资产完成的周转次数，反映投入工业企业流动资金的周转速度。计算公式为：

$$\text{流动资产周转次数}=\frac{\text{产品销售收入}}{\text{全部流动资产平均余额}}$$

公式中：全部流动资产平均余额为期初和期末的流动资产之和的算术平均值。

成本费用利润率 反映企业投入的生产成本及费用的经济效益，同时也反映企业降低成本所取得的经济效益。计算公式为：

$$\text{成本费用利润率(\%)}=\frac{\text{利润总额}}{\text{成本费用总额}}\times 100\%$$

公式中：成本费用总额为产品销售成本、销售费用、管理费用、财务费用之和。

产品销售率 该指标反映工业产品已实现销售的程度，是分析工业产销衔接情况，研究工业产品满足社会需求的指标。计算公式为：

$$\text{产品销售率(\%)}=\frac{\text{工业销售产值}}{\text{工业总产值(现价)}}\times 100\%$$

Explanatory Notes on Main Statistical Indicators

Industry refers to the material production sector which is engaged in the extraction of natural resources and processing and reprocessing of minerals and agricultural products, including (1) extraction of natural resources, such as mining, salt production (but not including hunting and fishing); (2) processing and reprocessing of farm and sideline produces, such as rice husking, flour milling, wine making, oil pressing, silk reeling, spinning and weaving, and leather making; (3) manufacture of industrial products, such as steel making, iron smelting, chemicals manufacturing, petroleum processing, machine building, timber processing; water and gas production and electricity generation and supply; (4)repairing of industrial products such as the repairing of machinery and means of transport (including cars).

In industrial statistics surveys, the units of enquiry are corporate industrial enterprises with independent accounting systems.

Corporate industrial enterprises with independent accounting systems refer to enterprises engaging in industrial production activities, which meet the following requirements: (1) They are established legally, having their own names, organizations, location and able to take civil liability; (2) They possess and use their assets independently, assume liabilities and are entitled to sign contracts with other units; (3) They are financially independent and compile their own balance sheets.

Enterprises covered in the industrial statistics in the Yearbook include the following categories by their registration:

State-owned and State-holding Enterprises refer to state-owned enterprises plus State-holding enterprises. State-owned enterprises (originally known as State-run enterprises with ownership by the whole society) are non-corporate economic entities registered in accordance with the Regulation of the People's Republic of China on the Management of Registration of Legal Enterprises, where all assets are owned by the State. Included in this category are State-owned enterprises, State-funded corporations and State-owned joint-operation enterprises. Joint State-private industries and private industries, which existed before 1957, were transformed into state-run industries since 1957, and into State-owned industries after 1992. Statistics on those enterprises are included in the State-owned industries instead of being grouped them separately. State-holding enterprises are a sub-classification of enterprises with mixed ownership, referring to enterprises where the percentage of State assets (or shares by the State) is larger than any other single share holder of the same enterprise. This sub-classification illustrates the control of the State over a particular industry.

Collective-owned Enterprises refer to economic entities registered in accordance with the Regulation of the People's Republic of China on the Management of Registration of Legal Enterprises, where assets are owned collectively. Collective enterprises constitute an integral part of the socialist economy with public ownership. They include urban and rural enterprises invested collectively, and some enterprises registered in industrial and commercial administration agency as collective units where funds are pooled together by individuals who voluntarily give up their right of ownership.

Cooperative Enterprises refer to economic units set up on a cooperative basis, with funding partly from employees of the enterprise and partly from outside investment, where the operation and management is decided by all the members who also participate in the production, and the distribution of income is based both on work (labour input) and on shares (capital input).

Joint Ownership Enterprises refer to economic units that are established by joint investment by two or more corporate enterprises or institutions of the same or different types of ownership on voluntary, equal and mutual-beneficial basis. They include:

a) State-owned joint-operation enterprises (joint operation between State-owned enterprises);

b) Collective joint-operation enterprises (joint operation between collective enterprises; and

c) State-collective joint-operation enterprises (joint operation between state and collective enterprises).

Limited Liability Corporations refer to economic units registered in accordance with the Regulation of the People's Republic of China on the Management of Registration of Corporations, with capital from 2 to 49 investors, each investor bears limited liability to the corporation depending on his/her holding of shares, and the corporation bears liability to its debt to the maximum of its total assets.

Limited liability corporations include state sole funded corporations and other limited liability corporations.

Share-holding Corporations Ltd. refer to economic units registered in accordance with the Regulation of the People's Republic of China on the Management of Registration of Corporate Enterprises, with total registered capital divided into equal shares and raised through issuing stocks. Each investor bears limited liability to the corporation depending on the holding of shares, and the corporation bears liability to its debt to the maximum of its total assets.

Private Enterprises refer to economic units invested or controlled (by holding the majority of the shares) by natural persons who hire labours for profit-making activities. Included in this category are private limited liability corporations, private share-holding corporations Ltd., private partnership enterprises and private sole investment enterprises registered in accordance with the Corporation Law, Partnership Enterprise Law and Tentative Regulation on Private Enterprises.

Enterprises with Funds from Hong Kong, Macao and Taiwan refers to all industrial enterprises registered as the joint-venture, cooperative, sole (exclusive) investment industrial enterprises and limited liability corporations with funds from Hong Kong, Macao and Taiwan.

Foreign Funded Enterprises refer to all industrial enterprises registered as the joint-venture, cooperative, sole (exclusive) investment industrial enterprises and limited liability corporations with foreign funds.

Value-added of Industry refers to the final results of industrial production of industrial enterprises in money terms during the reference period.

Industrial value-added can be calculated by two approaches: the production approach, i.e. gross industrial output value minus intermediate input plus value-added tax, and the income approach, i.e. income for various factors used in the course of production, including depreciation of fixed assets, remuneration of labourers, net of production tax, and operating surplus. Value-added of industry in the Yearbook is calculated by the production approach as follows:

Value-added of industry = gross industrial output - industrial intermediate input + value-added tax

(1) Gross industrial output: refers to the total achievements of industrial production activities during a given period. Gross industrial output includes value of finished products, income from external processing, and value of change in semi-finished products between the end and the beginning of the reference period. Since 1995, the gross industrial output value obtained by the new method is used in the calculation.

(2) Industrial intermediate input: refers to purchased goods and paid services consumed during the industrial production of enterprises. Fees paid for services include fees paid for the services provided by material production sectors (industry, agriculture, wholesale and retail trade, construction, transport, post and telecommunications) and by non-material production sectors (insurance, banking, culture, education, scientific research, health and medical care, public administration, etc.). The determination of industrial intermediate input follows the principle that the goods and services must be purchased from outside and included in the gross industrial output, and that the goods and services are inputted into production and consumed (include low-value consumables) during the reference period.

Industrial intermediate input includes 5 components, namely direct consumption of materials, industrial intermediate input in manufacturing cost, industrial intermediate input in management cost, industrial intermediate input in marketing cost and expenditure on interest.

Total Assets refer to all economic resources, in monetary term, these are owned or controlled by enterprises, including properties, creditor's equity and other economic rights of all forms. Classified by the degree of liquidity, total assets include working capitals, long-term investment, fixed assets, intangible assets, deferred assets and other assets. Data on this indicator can be obtained by the year-end figures of total assets in the Assets and Liability Table of accounting records of enterprises.

Working Capital refers to capital that an enterprise can cash or use during one year or one production cycle that may exceed one year, including cash and savings deposits of various forms, short-term investment, money receivable and prepaid money, inventories, etc.

Annual Average Value of Working Capital refers to the average value of all working capital of the enterprise during the reference period.

Original Value of Fixed Assets refers to the total value, in monetary terms, that an enterprise spent on fixed assets, through construction, purchase, installation, transformation, expansion or technical upgrading. Generally, it covers cost of purchase, packing, transportation and installation, etc.

Annual Average of Net Value of Fixed Assets refers to the average of the net value of fixed assets during the reference period, calculated with the following formula:

$$\text{Annual Average of Net Value of Fixed Assets} = \frac{\text{sum of net value of fixed assets at the beginning and at the end of each month from January to December}}{24}$$

Information on this indicator can be obtained from the beginning and ending figures of the original value of fixed assets and cumulative depreciation from the Assets and Liability Table of enterprises.

Net value of fixed assets refers to the original value of fixed assets minus depreciation over the years, i.e.:

Net value of fixed assets = original value of fixed assets - cumulative depreciation

Total Liabilities refer to payable liabilities of

enterprises that have to be repaid in terms of money, assets or labour services. In terms of payment, it can be divided into liquid liabilities and long-term liabilities. Data on this item is obtained from the ending figures on total liabilities from the Assets and Liability Table from the enterprises.

Owner's Equity refers to the ownership of net assets of enterprise by its investors. Net assets equal total assets minus total liabilities of the enterprise, including the actual assets invested into the enterprise by investors, accumulation of capital and operating surplus and non-distributed profits. The enterprise's assets are less than its liabilities if the sum of owner's equity is smaller than zero.

Revenue from Principal Business refers to the annual accumulation of the corresponding item in the "profit table" of the accountant. For enterprises that do not follow the 2001 Enterprise Accounting Standards, the year-end accumulation of revenue from the sales of products is used as a substitute.

Cost of Principal Business refers to the annual accumulation of the corresponding item in the "profit table" of the accountant. For enterprises that do not follow the 2001 Enterprise Accounting Standards, the year-end accumulation of cost for the sales of products is used as a substitute.

Tax and Extra Charges from Principal Business refer to the annual accumulation of the corresponding item in the "profit table" of the accountant. For enterprises that do not follow the 2001 Enterprise Accounting Standards, the year-end accumulation of tax and extra charges from the sales of products is used as a substitute.

Total Profits refer to the final achievement of production and operation activities of the enterprises, represented by total profits after deducting losses (loss is expressed by the negative figure). It is the sum of profits from operation, income from subsidies, investment earnings, net income from activities other than operation, and adjustment of profits and losses of previous years.

Value-added Tax Payable in the Current Year refers to the amount of the value-added tax which should be paid by the enterprises during the reference period. It is the sum of tax on sales, export rebate, and transferred tax on purchases of the current year, minus the tax on purchases of the current year. Value-added tax payable of small-size enterprises is determined by the taxable sales of the year multiplied by the tax rate.

Average Annual Number of Employed Persons Employed persons refer to all those who are employed in enterprises and receive remunerations there from, including currently working employees, retirees who are re-employed, teachers of local-run schools, as well as foreigners, staff from Hong Kong, Macao and Taiwan, part-time employees and persons with second job who are employed by the enterprise, and employees of other units temporarily working in the enterprises, but excluding former employees who left the enterprise with their employment records still being kept by the enterprises.

Average number of employed persons refers to the number of employee everyday during the reference period, calculated with the following formula:

$$\text{Monthly average number} = \frac{\text{sum of actual employees everyday in reference month}}{\text{number of calendar dates in reference month}}$$

$$\text{Quarterly average number} = \frac{\text{sum of monthly average number in reference quarter}}{3}$$

$$\text{Annual average number} = \frac{\text{sum of monthly average number in reference year}}{12}$$

Ratio of Profits, Taxes and Interests to Average Assets reflects the profit-making capability of all assets of the enterprise and is a key indicator manifesting the performance and management and evaluating the profit-making potential of the enterprise. It is calculated as follows:

$$\text{Ratio of Profits, Taxes and Interests to Average Assets (\%)} = \frac{\text{total profits + total taxes + interest payment}}{\text{average assets}} \times 100\%$$

In the above formula, total taxes is the sum of tax and extra charges on the sales of products and value-added tax payable; and average assets is the arithmetic mean of the sum of beginning assets and ending assets.

Ratio of Debts to Assets reflects both the operation risk and the capability of the enterprise in making use of the capital from the creditors. It is calculated as follows:

$$\text{Ratio of Debts to Assets (\%)} = \frac{\text{total debts}}{\text{total assets}} \times 100\%$$

Both assets and debts are figures at the end of the reference period.

Turnover of Working Capital refers to the number of times of turnover of working capital in a given period of time, which reflects the speed of the turnover of working capital of industrial enterprises, and is calculated as follows:

$$\text{Turnover of Working Capital} = \frac{\text{sales revenue of products}}{\text{average balance of total working capital}}$$

In the above formula, average balance of total working capital refers to the arithmetic mean of the sum of working capital at the beginning and at the end of the reference period.

Ratio of Profits to Total Industrial Costs refers to the ratio of profits realized in a given period to the total costs in the same period, which reflects the economic efficiency of input cost and is calculated as follows:

$$\text{Ratio of Profits to Total Industrial Cost (\%)} = \frac{\text{total profits}}{\text{total costs}} \times 100\%$$

Total costs in the above formula are the sum of cost of products sold, marketing cost, management cost and financial cost.

Sales Ratio of Products is an indicator reflecting the actual sale of industrial products, analyzing the production-selling and supply-demand relations. It is calculated as:

$$\text{Sales Ratio of Products (\%)} = \frac{\text{value of industrial sales}}{\text{gross industrial output value (current prices)}} \times 100\%$$

12 建筑业

Construction

资料整理人员：　李培楚

12-1 建筑企业概况
General Survey of Construction Enterprises

单位：亿元 (100 millions yuan)

年份 Year	建筑业企业单位数(个) Number of Construction Enterprises (unit)	总产值 Gross Output Value of Construction	企业总收入 Total Income of Enterprises	利税总额合计 Total pre-tax Profits	利润总额合计 Total Profits
1980	3427	7.97			
1981	2771				
1982	2610				
1983	2822				
1984	3677				
1985	4248	16.48			0.95
1986	4013	20.33			0.92
1987	4083	23.23			0.73
1988	4015	29.95			0.86
1989	3887	32.39			0.48
1990	3713	33.47		1.31	0.26
1991	3718	40.55		1.89	0.53
1992	3967	55.04		2.47	0.92
1993	4759	81.77		3.40	1.04
1994	5262	115.35		4.35	0.94
1995	5169	148.80		5.73	1.05
1996	1656	278.38	248.05	11.96	3.54
1997	1748	296.50	261.67	12.23	2.97
1998	1840	327.32	288.72	11.58	1.95
1999	1812	333.90	303.46	12.10	1.72
2000	1812	354.29	316.13	15.29	4.39
2001	1628	489.79	464.73	25.52	8.64
2002	1442	595.77	552.65	31.89	11.10
2003	1593	818.84	769.26	45.25	15.61
2004	1940	1027.89	966.60	60.95	25.47
2005	1842	1219.35	1136.14	73.14	28.75
2006	1861	1462.88	1370.91	91.51	37.66
2007	1893	1828.81	1720.40	122.05	54.56
2008	1992	2115.44	1994.97	202.77	112.11
2009	1948	2507.40	2333.97	180.28	84.59
2010	2005	3161.73	3010.77	228.87	105.02
2011	2021	3915.01	3600.93	267.00	124.67
2012	2021	4407.92	4102.19	307.30	149.59
2013	2094	5283.84	4947.39	392.54	190.34
2014	2108	6020.97	5699.61	429.37	208.31
2015	2083	6630.82	6131.31	454.45	216.19

12-1 续表 1 continued

指标	Item	2000	2005	2014	2015
总产值 (万元)	**Gross Output Value of Construction (10 000 yuan)**	**3542866**	**7038249**	**60209689**	**66308249**
#国有企业	#State owned Enterprises	1581149	3921291	5009744	5640945
集体企业	Collective owned Enterprises	1509253	1205659	2099760	2328241
股份合作企业	Cooperative Enterprises	49773	181192	45238	41084
联营企业	Joint Ownership Enterprises	20538	41079	37552	67207
有限责任公司	Limited Liability Corporations	152616	4153066	35755969	39470585
股份有限公司	Share-holding Corporations Ltd.	174020	1482199	4987921	5048216
私营企业	Private Enterprises	41503	1126488	11603783	13099558
其他企业	Others Enterprises	566	26731	241028	130587
港澳台商投资企业	Funded by Entrepreneurs from Hong kong,Macao and Taiwan	13448	50268	216349	238314
外商投资企业	Enterprises with Foreign Investment		5521	212345	243512
增加值 (万元)	**Value Aded of construction (10 000 yuan)**				
#本年内提取的固定资产折旧	#Depreciation of Fixed Assets Of the Year	77163	152898	394821	390874
应付工资	Wages Payable	490810	1397471	7741313	7573753
应付福利费	Welfare Expenses Payable	42946	156508		
劳动、失业保险费	Labor and Unemployment Insurance	28358	42335		
主营业务税金及附加	Taxes and Extra Charges on Main Business	101064	418054	2131884	2271466
主营业务利润	Profits of Main Business	250524	768291		
管理费用中的税金	Taxes in Management Enpenses	8007	25851	78744	111115
实收资本 (万元)	**Capital Stock (10 000 yuan)**	**1004829**	**2632824**	**7574058**	**8216133**
#国有企业	#State owned Enterprises	337826	606232	768927	708832
集体企业	Collective owned Enterprises	488259	333322	285827	293675
股份合作企业	Cooperative Enterprises	17883	50362	7113	5045
联营企业	Joint Ownership Enterprises	5754	9328	13865	16207
有限责任公司	Limited Liability Corporations	48338	981955	3945549	4191545
股份有限公司	Share-holding Corporations Ltd.	69068	295457	598683	561959
私营企业	Private Enterprises	30891	314627	1900901	2391265

注：1995年至2001年，建筑施工企业为资质等级四级及以上的建筑施工企业。从2002年起，建筑施工企业的统计范围为具有新资质等级的施工总承包和专业承包企业。下表同。

Construction enterprises refer to the fourth and higher grade construction enterprises between 1995 and 2001. The Statistical Coverage of Construction Enterprises Just Included the New Grade Construction Enterprises of Overall Contract and Special Contract Since 2002. The Same as in the following table.

12-1 续表 2 continued

指标	Item	2000	2005	2014	2015
其他企业	Others Enterprises	100	9888	21968	25280
港澳台商投资企业	Funded by Entrepreneurs from Hong kong,Macao and Taiwan	6710	25455	8407	8363
外商投资企业	Enterprises with Foreign Investment		6199	22820	13961
资产合计 (万元)	**Total Assets (10 000 yuan)**	**3552544**	**8248407**	**34536098**	**40171158**
#流动资产	#Circulating Funds	2311307	5436223	26200314	29840067
#固定资产	# Fixed Assets	1032597	2240289	4158762	4404848
#国有企业	#State owned Enterprises	1807419	2820769	4047298	3337814
集体企业	Collective owned Enterprises	1301816	849100	862144	908579
股份合作企业	Cooperative Enterprises	43725	102864	12864	13304
联营企业	Joint Ownership Enterprises	11063	20091	52691	54763
有限责任公司	Limited Liability Corporations	138182	2903212	20983348	24240534
股份有限公司	Share-holding Corporations Ltd.	182134	732830	2226974	2173005
私营企业	Private Enterprises	58761	733761	6064188	9171426
其他企业	Others Enterprises	155	26624	40496	47718
港澳台商投资企业	Funded by Entrepreneurs from HongKong,Macao and Taiwan	9287	49724	74144	77341
外商投资企业	Enterprises with Foreign Investment		9432	171952	146676
负债合计 (万元)	**Total Liabilities (10 000 yuan)**	**2287791**	**4746545**	**20647465**	**23554784**
#流动负债	#Liquid Liabilities	2064425	4306361	18357791	20530551
长期负债	Long-term Liabilities	223366	440184		
#国有企业	#State owned Enterprises	1355446	2056273	2869390	2195543
集体企业	Collective owned Enterprises	697271	420938	401448	445325
股份合作企业	Cooperative Enterprises	21781	42609	3573	4264
联营企业	Joint Ownership Enterprises	4977	8378	19566	19462
有限责任公司	Limited Liability Corporations	82412	1561285	13498945	16045072
股份有限公司	Share-holding Corporations Ltd.	103449	310212	967803	921346
私营企业	Private Enterprises	19869	307809	2734821	3784074
其他企业	Others Enterprises	50	14898	13622	8818
港澳台商投资企业	Funded by Entrepreneurs from HongKong,Macao and Taiwan	2535	22035	49974	62030
外商投资企业	Enterprises with Foreign Investment		2109	88324	68851
所有者权益 (万元)	**Creditors' Equity (10 000 yuan)**	**1264753**	**3501862**	**13888633**	**16616374**
#国有企业	#State owned Enterprises	451973	764496	1177908	1142271
集体企业	Collective owned Enterprises	604545	428162	460696	463255
股份合作企业	Cooperative Enterprises	21945	60255	9292	9040
联营企业	Joint Ownership Enterprises	6086	11714	33125	35301
有限责任公司	Limited Liability Corporations	55770	1341927	7484403	8195462
股份有限公司	Share-holding Corporations Ltd.	78685	422619	1259171	1251659
私营企业	Private Enterprises	38893	425952	3329367	5387351
其他企业	Others Enterprises	105	11726	26874	38900
港澳台商投资企业	Funded by Entrepreneurs from HongKong,Macao and Taiwan	6752	27688	24170	15311
外商投资企业	Enterprises with Foreign Investment		7324	83628	77825
企业总收入 (万元)	**Total Income of Enterprises (10 000 yuan)**	**3161339**	**10030720**	**56996087**	**61313104**
#主营业务收入	#Revenue of Main Business	3049291	11256051	56383051	60918176
主营业务成本	Costs of Main Business	2697703	10007778	49696429	53614434

12-1 续表 3　continued

指标	Item	2000	2005	2014	2015
#国有企业	#State owned Enterprises	1476206	3625633	5215909	4845905
集体企业	Collective owned Enterprises	1281118	1111298	1908074	1921175
股份合作企业	Cooperative Enterprises	47570	158917	36321	38789
联营企业	Joint Ownership Enterprises	17549	41058	59074	74007
有限责任公司	Limited Liability Corporations	133184	3852669	33714227	35685026
股份有限公司	Share-holding Corporations Ltd.	152984	1408839	4637080	4586544
私营企业	Private Enterprises	38906	1084552	10937182	13757674
其他企业	Others Enterprises	374	26830	81460	44817
港澳台商投资企业	Funded by Entrepreneurs from Hong Kong, Macao and Taiwan	13448	42076	206813	220612
外商投资企业	Enterprises with Foreign Investment		9519	199948	138554
利税总额合计　(万元)	**Total pre-tax Profits　(10 000 yuan)**	**152949**	**731434**	**4293741**	**4544524**
#利润总额	#Total Profits	43878	287529	2083113	2161944
主营业务税金及附加	Taxes and Extra Charges on Main Business	101064	418054	2131884	2271466
管理费用中的税金	Taxes in Management Enpenses	8007	25851	78744	111115
产值利税率(%)	Ratio of Pretax Profits to Output Value(%)	4.3	6.0	7.1	6.9
资产利税率(%)	Ratio of tax Profits to Assets(%)	4.7	8.9	12.4	11.3
#国有企业	#State owned Enterprises	42940	177012	266870	258450
集体企业	Collective owned Enterprises	82842	78805	162177	165105
股份合作企业	Cooperative Enterprises	3077	11651	3365	3229
联营企业	Joint Ownership Enterprises	1146	4510	5568	7080
有限责任公司	Limited Liability Corporations	7781	255796	2353366	2399022
股份有限公司	Share-holding Corporations Ltd.	11236	105167	414827	390712
私营企业	Private Enterprises	2585	93409	1037373	1273798
其他企业	Others Enterprises	14	1672	4705	3142
港澳台商投资企业	Funded by Entrepreneurs from Hong kong,Macao and Taiwan	1344	1677	10092	10285
外商投资企业	Enterprises with Foreign Investment		1735	35398	33701
利润总额合计　(万元)	**Total Profits　(10 000 yuan)**	**43878**	**287529**	**2083113**	**2161944**
#国有企业	#State owned Enterprises	2640	45301	89601	90281
集体企业	Collective owned Enterprises	29367	28092	65363	61332
股份合作企业	Cooperative Enterprises	1437	5233	1521	1125
联营企业	Joint Ownership Enterprises	444	2803	3513	3833
有限责任公司	Limited Liability Corporations	2627	104793	1112453	1140247
股份有限公司	Share-holding Corporations Ltd.	5540	52152	209914	187854
私营企业	Private Enterprises	1024	46780	568598	645479
其他企业	Others Enterprises		803	2929	1713
港澳台商投资企业	Funded by Entrepreneurs from Hong kong,Macao and Taiwan	799	175	2088	1993
外商投资企业	Enterprises with Foreign Investment		1398	27134	28086

12-2 建筑施工企业个数和平均人数
Number of Construction Enterprises and Its Average Annual Staff and Workers

年 份	Year	总 计 Total	国有经济 State-owned	集体经济 Collective-owned	其他经济 Others owned
施工企业个数(个)		Number of Enterprises (unit)			
2000		1812	313	1241	258
2001		1628	305	829	494
2002		1442	262	532	648
2003		1593	257	470	866
2004		1940	274	414	1252
2005		1842	229	364	1249
2006		1861	233	350	1278
2007		1893	239	329	1325
2008		1992	253	272	1467
2009		1948	233	221	1495
2010		2005	254	264	1487
2011		2021	247	248	1526
2012		2021	228	233	1560
2013		2094	322	191	1581
2014		2108	316	184	1608
2015		2083	312	176	1595
建筑业从业人员(万人)		Staff and Workers (10 000 persons)			
1995		61.33	22.29	38.52	0.16
2000		76.30	22.66	41.98	11.66
2001		96.73	25.01	38.86	32.86
2002		92.72	21.56	28.70	42.46
2003		111.95	28.67	27.53	55.75
2004		115.53	25.59	20.90	69.04
2005		118.61	35.15	18.41	65.05
2006		125.97	28.90	17.14	79.93
2007		131.62	29.12	15.90	86.60
2008		137.90	27.85	12.78	97.27
2009		144.97	31.07	9.99	103.91
2010		150.41	32.48	12.41	105.51
2011		155.44	35.53	11.97	107.94
2012		118.82	16.79	10.30	91.73
2013		197.46	65.70	79.55	122.21
2014		211.55	70.26	9.48	131.81
2015		221.27	68.94	9.64	142.69

12-3 建筑施工企业主要效益指标(2015年)
Major Benefit Indicators of Construction Enterprises (2015)

指 标	Item	总 计 Total	国有经济 State-owned	集体经济 Collective-owned	其他经济 Other owned
年末固定资产原值(万元)	Original Value Fixed Assets at the Yearen (10 000 yuan)	5986005	2432197	218245	3335563
年末固定资产净值(万元)	Net Value of Fixed Assets at the Yearend (10 000 yuan)	3446449	1229161	148278	2069010
流动资产年末合计(万元)	Circulating Funds at the Yearend (10 000 yuan)	29840067	14533742	594494	14711831
利润总额 (万元)	Total Profits (10 000 yuan)	2161944	615513	61332	1485099
利税总额 (万元)	Total Pre-tax Profits (10 000 yuan)	4544524	1366878	165105	3012541
资金利润率 (元／百元)	Ratio of Fund to Profits (yuan/100 yuan)	6.5	4.2	10.1	10.0
产值利润率 (%)	Ratio of Profit to Gross Output Value (%)	3.3	0.2	0.1	3.0
产值利税率 (%)	Ratio of Pre-tax Profit to Output Value (%)	6.9	0.4	0.2	6.2
年底自有机械设备 (台)	Machinery and Equipment Owned at the Year-end (set)	738947			
年底自有机械设备净值 (万元)	Net Value of Machinery and Equipment Owned at the Year-end (10 000 yuan)	2763324			
期末技术装备率(元/人)	Value of Machines Per Laborer (yuan/person)	12487			
期末动力装备率(kw/人)	Power of Machines per Laborer (kw/person)	5.0			
按施工产值计算的劳动生产率（元/人年）	Overall Labor Productivity in Terms of Total Output Value (yuan /person-year)	299667	393633	241524	258200
人均竣工面积 (平方米/人)	Floor Space of Buildings Completed per Laborer (sq.m/person)	78.6	56.2	141.8	85.1

注:本表不包括建筑业活动单位。2013年开始,国有经济企业指国有及国有控股企业（下同）。

This table does not indude the constuction sector. Beginning in 2013,state-owned economic enterprises reper to state-owned and state holding enterprises (the same below)

12-4 国有建筑企业主要经济指标
Major Economic Indicators on State – owned Construction Enterprises

指标	Item	2000	2005	2014	2015
国有建筑施工企业	**State-owned**				
施工产值 （亿元）	Output Value of Projects (100 million yuan)	158.11	392.13	2405.16	2637.42
全员劳动生产率（元/人）	Overall Labor Productivity (yuan/person)	69792	155116	342313	393633
计算劳动生产率的平均人数 （万人）	Average Number of Staff and Workers by Calculating Labor Productivity (10 000 person)	22.66	25.28	70.26	68.94
房屋建筑施工面积 （万平方米）	Floor Space of Buildings Under Construction (10 000 sq.m)	1287.31	3155.37	18252.67	18585.29
房屋建筑竣工面积 （万平方米）	Floor Space of Buildings Completed (10 000 sq.m)	580.12	1187.33	3567.12	3873.21
#住宅	#Residential Buildings		501.48	2489.48	2583.89
地方国有建筑施工企业	**Local State-owned**				
施工产值 (亿元)	Output Value of Projects (100 million yuan)	92.10	219.64	1253.90	1342.70
全员劳动生产率 (元/人)	Overall Labor Productivity (yuan/person)	59094	127726	304549	419559
计算劳动生产率的平均人数 (万人)	Average Number of Staff and Workers by Calculating Labor Productivity (10 000 person)	15.59	17.19	41.17	32.78
房屋建筑施工面积 （万平方米）	Floor Space of Buildings Under Construction (10 000 sq.m)	1036.99	2141.96	8993.40	9339.14
房屋建筑竣工面积 （万平方米）	Floor Space of Buildings Completed (10 000 sq.m)	481.60	905.03	2224.11	2193.03
#住宅	#Residential Buildings		419.06	1498.94	1429.58

注:本表国有建筑企业为国有及国有控股企业。State owned construction enterprises in this table is the state owned and state holding enterprises.

12-5 房屋建筑面积
Floor Space of Building Construction

单位:万平方米 (10 000 sq.m)

年份 Year	房屋建筑面积 Floor Space of Building Construction		国有经济 State-owned		集体经济 Collective-owned	
	施工面积 Floor Space Under Construction	竣工面积 Floor Space Completed	施工面积 Floor Space Under Construction	竣工面积 Floor Space Completed	施工面积 Floor Space Under Construction	竣工面积 Floor Space Completed
1990	1159.10	558.70	572.40	233.50	586.70	325.20
1991	1282.70	653.20	577.20	269.50	705.50	383.70
1992	1554.00	711.30	699.40	279.80	854.60	431.50
1993	1869.50	802.20	867.90	334.60	1001.60	467.60
1994	2081.50	868.30	1011.10	378.40	1068.40	489.30
1995	4507.41	2313.70	1094.50	361.20	3223.05	1835.33
1996	4662.00	2393.05	1285.16	467.04	3333.59	1898.28
1997	4719.57	2279.89	1236.68	465.95	3444.90	1783.44
1998	5067.56	2382.33	1397.64	530.70	3373.22	1701.44
1999	5180.91	2681.81	1333.55	561.10	3417.60	1900.54
2000	5087.93	2603.08	1287.31	580.12	3017.81	1634.32
2001	6259.27	3204.60	1459.86	575.96	2734.12	1548.82
2002	7167.52	3665.71	1492.90	557.76	2342.29	1375.27
2003	10051.97	4969.67	2403.74	872.54	2667.99	1487.17
2004	12522.96	6250.66	2688.46	1105.49	2283.17	1342.06
2005	13774.87	6846.04	3155.37	1187.33	2310.26	1221.36
2006	15893.25	7451.71	4029.50	1203.42	2184.87	1280.53
2007	18796.15	8202.43	5031.99	1298.72	1885.13	1133.24
2008	21463.02	9077.52	4271.08	1240.98	1883.08	1038.20
2009	22442.34	9809.63	4014.66	1417.89	1617.52	889.23
2010	27680.25	10573.45	6158.88	1433.76	1920.30	1041.96
2011	32795.65	11777.74	10211.94	1870.29	2117.59	1100.78
2012	36412.18	13398.75	4175.97	1199.63	2292.37	1195.18
2013	43528.16	15890.95	15943.34	3831.35	2239.85	1142.34
2014	47433.19	16583.00	18252.67	3567.12	2356.22	1162.44
2015	47504.41	17389.97	18585.29	3873.21	2357.57	1366.82

12-6 国有、集体建筑企业生产指标(2015年)
Production Indicators of State – owned and Collective – owned Construction Enterprises (2015)

指标	Item	总计 Total	国有经济 State-owned Economic	中央 Central	地方 Local	集体经济 Collective Owned Economic
企业个数 (个)	**Number of Enterprises (unit)**	**2083**	**312**	**34**	**278**	**176**
建筑业总产值 (万元)	**Gross Output Value of Construction (10 000 yuan)**	**66308249**	**27135983**	**13381664**	**13754319**	**2328241**
#建筑工程	#Construction projects	57205308	24227999	12203436	12024563	2063434
安装工程	Installation projects	4419796	1883312	822227	1061085	183498
其他	Others	4683144	1024672	356001	668672	81309
竣工产值 (万元)	**Output Value Completed (10 000 yuan)**	**41499565**	**14782897**	**6569053**	**8213844**	**1704326**
房屋建筑施工面积 (万平方米)	**Floor Space of Buildings Under Construction (10 000 sq.m)**	**47504.41**	**18585.29**	**9246.15**	**9339.14**	**2357.57**
#本年新开工面积	#Floor Space of Buildings Started in Current Year	18420.56	5244.74	2486.03	2758.71	1332.92
#投标承包的面积	#Floor Space of Bidding Buildings	42021.97	17808.07	9059.42	8748.66	2014.83
#本年新开工	#Started in Current Year	18420.56	5244.74	2486.03	2758.71	1332.92
房屋建筑竣工面积 (万平方米)	Floor Space of Buildings Completed (10 000 sq.m)	17389.97	3873.21	1680.18	2193.03	1366.82
计算建筑业劳动生产率的平均人数 (万人)	Average of Staff and Workers by Calculating Construction Labor Productivity (10 000 persons)	221.27	68.94	36.15	32.78	9.64

12-7 建筑业企业分行业生产指标(2015年)
Production Indicators of Construction Enterprises by Sector (2015)

指标		Item		房屋建筑业 Building Construction	房屋工程建筑业 Building Engineering Construction	土木工程建筑业 Construction of Civil Engineering
企业个数	**(个)**	**Number of Enterprises**	**(unit)**	**1211**	**1211**	**457**
建筑业总产值	**(万元)**	**Gross Output Value of Construction**	**(10 000 yuan)**	**47145236**	**47145236**	**15620142**
#建筑工程		#Construction Projects		42528456	42528456	13183255
安装工程		Installation Projects		1376550	1376550	1463287
其他		Others		3240229	3240229	973601
竣工产值	**(万元)**	**Output Value Completed**	**(10000 yuan)**	**30214914**	**30214914**	**8502010**
房屋建筑施工面积	**(万平方米)**	**Floor Space of Buildings Under Construction**	**(10 000 sq.m)**	**41500**	**30215**	**8502**
#本年新开工面积		#Floor Space of Buildings Started in Current Year		47504	45558	1460
#投标承包的面积		#Floor Space of Bidding Buildings		18421	17694	603
#本年新开工		#Started in Current Year		47504	45558	1460
房屋建筑竣工面积	**(万平方米)**	**Floor Space of Buildings Completed**	**(10 000 sq.m)**	**42022**	**40552**	**1103**

12-7 续表 1 continued

铁路公路隧道桥梁建筑业 Construction of Railways, Roads, Tunnels and Bridgeworks	水利和港口建筑业 Construction of Water Conservancy and Harbor Engineering	海洋工程建筑业 Construction of Ocean Engineering	工矿工程建筑业 Construction of Industry and Mining Projects	架线和管道工程建筑业 Construction of Wire Laying and Pipework	其他土木工程建筑业 Construction of Other Civil Engineering	建筑安装业 Architectural Installation	电气安装 Electrical Installation
224	**75**		**36**	**81**	**41**	**207**	**55**
9893366	**2386490**		**1457348**	**1508281**	**374657**	**2283039**	**481845**
9097212	2282889		768480	759559	275116	759418	62795
210639	43008		563855	635145	10640	1321136	280163
585515	60594		125014	113577	88901	202484	138887
5048192	**1432316**		**806610**	**968054**	**246838**	**1870173**	**333953**
5048	**1432**		**807**	**968**	**247**	**1870**	**334**
649	196		163	346	106	333	1
283	86		53	109	72	92	
649	196		163	346	106	333	1
394	**193**		**139**	**278**	**99**	**288**	**1**

12-7 续表 2 continued

管道和设备安装 Piping and Equipment Installation	其他建筑安装业 Other Architectural Installation	建筑装饰和其他建筑业 Archi-tectural Decoration	建筑安装业 Architectural Decoration Industry	工程准备 Engineering Preparation	提供施工设备服务 Serviceof Supplying Construction Equipment	其他未列明的建筑活动 Other Construction Activities N.E.C
39	**113**	**208**	**130**	**32**	**2**	**44**
989639	**811555**	**1259832**	**856979**	**170434**	**22655**	**209764**
194105	502519	734179	536953	90464	15172	91590
750356	290617	258823	190847	2831	7483	57662
45178	18419	266830	129179	77139		60512
948019	**588201**	**912469**	**612599**	**146793**	**605**	**152471**
948	**588**	**912**	**613**	**147**	**1**	**152**
209	123	153	23	43	28	59
21	70	32	12	10		9
209	123	153	23	43	28	59
177	**111**	**78**	**12**	**37**		**28**

主要统计指标解释

建筑业统计单位 指从事房屋、构筑物建造和设备安装活动的法人企业。建筑业法人企业应具有建筑业资质并能够独立核算，同时其应具备以下条件：①依法成立，有自己的名称、组织机构和场所，能够承担民事责任；②独立拥有和使用资产，承担负债，有权与其他单位签订合同；③独立核算盈亏，能够编制资产负债表。

建筑业总产值 是以货币形式表现的建筑业企业在一定时期内生产的建筑业产品和提供的服务的总和。建筑业总产值包括：

⑴建筑工程产值：指列入建筑工程预算内的各种工程价值。

⑵安装工程产值：指设备安装工程价值，不包括被安装设备本身的价值。

⑶其他产值：建筑业总产值中除建筑工程、安装工程以外的产值。包括房屋构筑物修理产值、非标准设备制造产值、总包企业向分包企业收取的管理费以及不能明确划分的施工活动所完成的产值。

a.房屋构筑物修理产值：指房屋和构筑物修理所完成的产值，但不包括被修理房屋、构筑物本身价值和生产设备的修理价值。

b.非标准设备制造产值：指加工制造没有定型的非标准生产设备的加工费和原材料价值(如化工厂、炼油厂用的各种罐、槽，矿井生产统一使用的各种漏斗、三角槽、阀门等)以及附属加工厂为本企业承建工程制作的非标准设备的价值。

建筑业增加值 指建筑业企业在报告期内以货币形式表现的建筑业生产经营活动的最终成果。

从2004年第一次全国经济普查开始，建筑业现价增加值按生产法和分配法(收入法)两种方法计算，以收入法的计算结果为准，即从收入的角度出发，根据生产要素在生产过程中应得的收入份额计算。具体计算方法：经济普查年度建筑业增加值按照《经济普查年度GDP核算方案》计算，非经济普查年度建筑业增加值按照《非经济普查年度GDP核算方案》计算。

房屋建筑施工面积 指在报告期内施过工的全部房屋建筑面积，包括本期新开工的房屋面积、上期施工跨入本期继续施工的房屋面积、上期停缓建在本期恢复施工的房屋面积、本期竣工的房屋面积及本期施工后又停缓建的房屋面积。

房屋建筑竣工面积 指在报告期内房屋建筑按照设计要求全部完工，达到了使用条件，经验收鉴定合格，正式移交使用单位的房屋建筑面积。

Explanatory Notes on Main Statistical Indicators

Statistical Unit in the Construction Industry refers to a corporate enterprise engaged in the construction of buildings and structures and in the installation of equipment. A corporate construction enterprise should have qualification certificates with independent accounting system, and should meet the following 3 requirements: a) being set up in line with relevant legal basis, having its full name, organization and location, and capable of taking civil liabilities; b) independently possessing and using its assets and assuming its liabilities, and entitled to sign contracts with other institutions; and c) making independent accounts of its profits and losses, and capable of compiling its own balance sheet.

Gross Output Value of Construction refers to total of construction products and services, expressed in money terms, produced or rendered by construction and installation enterprises during a given period of time. It includes:

(1) Output value of construction projects: the value of projects covered by the project budgets;

(2) Output value of installation projects: the value of the installation of equipment, (excluding the value of the equipment to be installed);

(3) Other output values: the output value of construction industry apart from that of construction projects and installation projects. It includes: output value of repair of buildings and structures; output value of non-standard equipment manufacturing; overhead expenses received by contracted enterprises from the sub-contracted enterprises and the completed output value of construction activities for which there is no clear definition.

a. Output value of repair of buildings and structures: the value created through the repairs of buildings or structures. It does not include the value of buildings or structures being repaired and the value of the repair of production equipment;

b. Output value of manufactured non-standard equipment: the value of non-standard production equipment, including raw materials and manufacturing cost, made for the construction project (i.e., chemical plant; kettles or tanks used by refineries; various fillers, triangle tanks, valves used by mines). It also includes the output value of equipment manufactured by subsidiary workshops.

Value-added of Construction refers to the final result of the activities of production and operation of enterprises of the construction industry in monetary terms during the reference period.

Starting from the 2004 economic census, value-added of construction is calculated by both production approach and income approach, with the figures from the income approach as the final figures., Under the income approach,, calculation starts from the perspective of income and is based on the share of income derived from the production process by the relevant factors of production.. Specifically, value-added of construction for the Census years is calculated in accordance with the Programme of Compilation of GDP and National Accounts for the Year of Economic Census, and value-added of construction for other years is calculated in accordance with the Programme of Compilation of GDP and National Accounts for the Non Economic Census Years.

Floor Space of Buildings Under Construction refers to floor space of buildings under construction during the reference period, including the floor space of buildings for which construction has newly started; buildings for which construction has started earlier and is continuing during the reference period; and buildings for which construction has been suspended earlier but has restarted during the reference period; buildings completed during the reference period; and buildings under construction but construction has subsequently been during the reference period.

Floor Space of Buildings Completed refers to the floor space of buildings that are completed in the reference period in accordance with the requirements of the design, up to the standard for being put into use, and having been checked and accepted by departments concerned as qualified ones.

13 交通运输、邮电和其他服务业

Transportation, Postal, Telecommunication and Other Services

资料整理人员：　伍春阳　　韩建芳

13-1 运输线路长度和民用汽车拥有量
Length of Transportation Routes and Number of Civil Vehicles Owned

年份 Year	铁路营业里程(公里) Length of Railways in Operation (km)	#复线里程 Double-Tracking	公路里程(公里) Length of Highways (km)	#高速公路 Expressway	内河航道(公里) Length of Navigable Inland Waterways (km)	民用汽车拥有量(万辆) Number of Civil Vehicles Owned (10 000 units)	#私人汽车 Private-Owned
1949	950		3142		10913		
1950	950		3420		10913	0.11	
1951	950		3631		10913	0.16	
1952	950		3790		10913	0.16	
1953	928		4231		10913	0.17	
1954	933		4352		10913	0.17	
1955	933		4469		10952	0.19	
1956	933		5430		11295	0.22	
1957	919		6437		11299	0.24	
1958	919		11282		14202	0.41	
1959	1007		15326		16607	0.57	
1960	1127		17223		17098	0.64	
1961	1193		17340		17098	0.62	
1962	1193		17340		17098	0.60	
1963	1193		18466		15768	0.66	
1964	1193		19487		16586	0.70	
1965	1416		20979		16586	0.78	
1966	1443		22726		16586	0.84	
1967	1464		23875		16586	0.93	
1968	1464		25148		16586	1.04	
1969	1464		27028		16586	1.16	
1970	1464		29437		16586	1.64	
1971	1538		32066		12099	1.77	
1972	1937		32824		10643	2.10	
1973	2053		35978		10828	2.60	
1974	2065		38331		11179	2.86	
1975	2065		46803		11147	3.34	
1976	2065		49943		11499	3.85	
1977	2065		55420		11558	4.39	
1978	2065		59541		10798	4.89	

13-1 续表 continued

年份 Year	铁路营业里程(公里) Length of Railways in Operation (km)	#复线里程 Double-Tracking	公路里程(公里) Length of Highways (km)	#高速公路 Expressway	内河航道(公里) Length of Navigable Inland Waterways (km)	民用汽车拥有量(万辆) Number of Civil Vehicles Owned (10 000 units)	#私人汽车 Private-Owned
1979	1681		54678		10137	5.69	
1980	1653		54897		10137	6.52	
1981	1653		55155		10149	7.09	
1982	2236		55289		10154	7.85	
1983	2236		55483		10164	8.70	
1984	2299		55756		10164	9.24	
1985	2299		56002		9941	10.84	
1986	2299		56636		10005	12.89	
1987	2302		56930		10051	14.88	2.64
1988	2302		57090		10037	16.91	3.35
1989	2302		57209		10092	18.10	3.68
1990	2302		57460		10110	18.75	3.71
1991	2302		57693		10110	20.35	4.20
1992	2302		58110		10010	22.91	5.55
1993	2273		58421		10010	26.55	7.34
1994	2273		58803	44	10010	32.11	10.01
1995	2273		59125	44	10050	35.24	12.66
1996	2273		59554	100	10050	37.49	13.78
1997	2273	642	59761	101	10050	38.12	16.55
1998	2275	642	60077	172	10050	41.58	21.12
1999	2891	1033	60416	280	10065	42.73	22.94
2000	2924	1836	60848	449	10041	46.10	25.98
2001	2894	1282	66593	585	10041	50.43	27.95
2002	2829	1282	84808	1012	10041	57.67	30.72
2003	2771	1273	85233	1218	11968	65.08	36.01
2004	2774	1282	87875	1218	11968	71.78	41.60
2005	2802	1247	88200	1403	11968	82.76	52.13
2006	2806	1246	171848	1403	11968	94.64	61.35
2007	2799	1250	175415	1764	11398	121.72	85.36
2008	2795	1246	184568	2001	11398	142.67	101.89
2009	3693	1852	191405	2226	11968	200.07	138.28
2010	3695	1847	227998	2386	11968	243.72	179.57
2011	3693	1852	232190	2649	11968	290.58	222.93
2012	3825	1987	234051	3968	11968	340.18	271.33
2013	4028	2033	235396	5084	11968	397.75	327.24
2014	4532	2540	236250	5493	11968	443.42	393.26
2015	4521	2541	236886	5653	11968	516.60	466.14

注：2006年起，公路里程含村道。From 2006, Length of Highways included Village Roads.

13-2 运输线路、铁路机车基本情况
Basic Statistics on Transportation Routes and Railway Locomotives

单位：公里 (km)

指标		Item		2000	2005	2014	2015
铁路营业里程		**Lengh of Railways in Operation**		**2924**	**2802**	**4532**	**4521**
复线里程		Double-Track		1836	1247	2540	2541
电气化线路里程		Lengh of Electrified Railway		672	1245	3091	3047
高速铁路里程		Lengh of High Speed Railway				1102	1110
公路线路里程		**Lengh of Highways**		**60848**	**88200**	**236250**	**236886**
有铺装路面（高级）		Paved Highways			19228	167759	173227
未铺装路面（中低无）		Non-Paved Highway			56975	64396	60059
等级公路		Expressway and Class Ⅰ to Ⅳ Highway		33380	45801	211279	213512
高速		Expressway		440	1403	5493	5653
一级		First Class		239	530	1184	1292
二级		Second Class		3761	5563	11550	12606
等外路		Highway Below Class Ⅳ		27468	42399	24971	23374
内河航道		**Lengh of Navigable Inland Waterway**		**10041**	**11968**	**11968**	**11968**
管道线路里程		**Lengh Of Petroleum And Gas Pipeline**		**164**	**168**	**2044**	**2052**
中央铁路		**Central Railway**					
内燃机车	(台)	Diesel Locomotives	(unit)	529	363	338	342
电力机车	(辆)	Electric Locomotives	(unit)	120	393	641	657
地方铁路	**(窄轨)**	**Local Railway Locomotives**	**(narrow gauge)**				
客 车	(辆)	Passenger Coaches	(unit)	27		35	35

注：公路线路里程2006年起包含村道。 The figure on the lengh of highways includes country road since 2006.

13-3 民用车辆拥有量(2015年)
Number of Civil Motor Vehicles (2015)

指标		Item		总计 Total	营业性 Business	非营业性 Non-Business	#个体 Individual	#新注册 New Registration
合计		**Total**		**10891585**	**1039314**	**9837810**	**10230588**	**1346692**
民用汽车	(辆)	Civil Motor Vehicles	(unit)	5166002	609315	4542226	4661406	865604
载客汽车	(辆)	Passenger Vehicles	(unit)	4378120	141967	4221692	3999636	791201
#大型		#Large		46770	38036	5713	1186	5642
中型		Medium		47805	22582	13986	10923	4955
轿车		Cars		2772090	76780	2695310	2580972	470188
载客量	(客位)	Passenger Vehicles Seats(seat)		25945399				
载货汽车	(辆)	Trucks Vehicles	(unit)	673971	401472	272499	565071	58998
#重型		#Heavy		131126	125922	5204	82219	11950
中型		Medium		66515	63114	3401	56004	2178
#普通载货		#Ordinary Trucks		259862	61271	198591	227875	29013
载重量	(吨位)	General Trucks	(ton)	2833004				
摩托车	(辆)	Motors	(unit)	5291722	62371	5229351	5283546	394269
拖拉机	(辆)	Tractors	(unit)	313188	248163	65025	226143	52307
挂车	(辆)	Truck Trailer	(unit)	26392	25964	428	9584	4233
其他类型车	(辆)	Other Motors Vehicles	(unit)	94281	93501	780	49909	30279

13-4 水路运输工具拥有量(2015年)
Number of Civil Transport Vessels(2015)

指标		Item		总计 Total	#个体 Individual	内河运输 Reiver Shipping	#个体 Individual
机动船	**（艘）**	**Motor Vessels**	**(unit)**	**7104**	**5144**	**7073**	**5144**
净载重量	(吨位)	Net Haulage Capacity	(ton)	3996331	1657824	3740988	1657824
载客量	(客位)	Passenger Capacity	(seat)	67699	53527	67699	53527
功率	(千瓦)	Power	(kw)	1462726	710183	1424482	710183
客船	(艘)	Passenger Ship	(unit)	2321	1884	2321	1884
载客量	(客位)	Passenger Capacity	(seat)	67699	53527	67699	53527
功率	(千瓦)	Power	(kw)	103026	75752	103026	75752
货船	(艘)	Cargoboat	(unit)	4738	3236	4707	3236
净载重量	(吨位)	Net Haulage Capacity	(ton)	3996041	1657574	3740698	1657574
功率	(千瓦)	Power	(kw)	1352449	630961	1314205	630961
货船中：油船	(艘)	Oil Tanker	(unit)	19	6	16	6
净载重量	(吨位)	Net Haulage Capacity	(ton)	22642	7210	14729	7210
功率	(千瓦)	Power	(kw)	9774	2579	5949	2579
拖船	(艘)	Drawing	(unit)	45	24	45	24
功率	(千瓦)	Power	(kw)	7251	3470	7251	3470
驳船	**(艘)**	**Barges**	**(unit)**	**36**	**10**	**36**	**10**
净载重量	(吨位)	Net Haulage Capacity	(ton)	43743	9260	43743	9260

13-5 公路客货运输量(2015年)
Passenger and Freight Traffic of Highway Transportation(2015)

指标	Item	合 计 Total	个体 Individual
客运量 (万人)	**Passenger Traffic (10 000 persons)**	**138221.05**	**28511.64**
汽车	Motor Vehicles		
其他机动车	Other Motor Vehicles		
旅客周转量 (亿人公里)	**Passenger Kilometers (100 million persons-km)**	**767.26**	**150.88**
汽车	Motor Vehicles		
其他机动车	Other Motor Vehicles		
货运量 (万吨)	**Freight Traffic (10 000 tons)**	**184830.90**	**131455.92**
汽车	Motor Vehicles		
其他机动车	Other Motor Vehicles		
轮胎式拖拉机	Tyre Tractors		
货物周转量 (亿吨公里)	**Total Freight Ton-kilometers (100 million ton-km)**	**2731.80**	**2037.61**
汽车	Motor Vehicles		
其他机动车	Other Motor Vehicles		
轮胎式拖拉机	Tyre Tractors		

注：2013年开始，公路水路客货运输数据，源自交通运输业经济统计专项调查，统计口径有所调整（下同）。

Beginning in 2013,highway and waterway freignt volume data,from traffic transportation economic statistics,special inrestigation,statistical adjustments（the same below）.

13-6 水路客货运输量(2015年)
Passenger and Freight Traffic of Waterway Transportation (2015)

指标	Item	总 计 Total	# 个体 Individual	内河运输 Reiver Shipping	# 个体 Individual	远洋运输 Ocean Shipping
客运量 (万人)	**Passenger Traffic (10 000 persons)**	**1533.91**	**990.81**	**1533.91**	**990.81**	
旅客周转量 (亿人公里)	**Passenger Kilometersc (100 million persons-km)**	**3.07**	**1.88**	**3.07**	**1.88**	
货运量 (万吨)	**Freight Traffic (10 000 tons)**	**25109.21**	**20052.64**	**24932.72**	**20052.64**	**176.49**
货物周转量 (亿吨公里)	**Total Freight Ton-kilometers (100 million ton-km)**	**666.83**	**341.12**	**498.13**	**341.12**	**168.70**

13-7 旅客运量和旅客周转量
Passenger Traffic and Turnover Volume of Passenger Traffic

年份 Year	合计 Total	铁路 Railway	中央 Central	地方 Local	公路 Highway	水运 Waterway	民用航空 Civil Aviation
客运量(万人)	**Total Passenger Traffic (10 000 persons)**						
1990	54161	3474	3389	85	49112	1568	7
1991	54710	3514	3437	77	49566	1621	9
1992	52641	3638	3564	74	47366	1615	22
1993	55896	4022	3949	73	50252	1562	60
1994	64757	4176	4105	71	59028	1481	72
1995	71566	4135	4083	52	65971	1375	85
1996	76377	3892	3846	46	71087	1298	100
1997	79250	4488	4444	44	73233	1357	172
1998	79540	4497	4469	28	73681	1260	102
1999	87806	5022	5000	22	81675	1002	107
2000	87462	5233	5216	17	81005	1094	130
2001	92381	5202	5188	14	85971	1063	145
2002	98244	5173	5161	13	91653	1249	169
2003	96182	4850	4850		90353	793	186
2004	106333	5326	5326		99975	772	260
2005	116457	5423	5423		109728	702	304
2006	118621	5550	5550		112135	573	363
2007	123626	5891	5891		116780	525	430
2008	131442	6239	6239		124274	509	419
2009	141061	6407	6407		133359	747	548
2010	156871	7111	7111		148235	919	606
2011	171886	7915	7915		161980	1327	664
2012	184872	8429	8429		174386	1349	708
2013	197541	9067	9067		149016	1480	757
2014	162540	9639	9639		150583	1449	870
2015	151059	10368	10368		138221	1534	935
周转量(亿人公里)	**Total Passenger-kilometers (100 million passenger-km)**						
1990	339.86	162.32	162.17	0.15	172.73	4.25	0.56
1991	378.20	189.29	189.16	0.13	184.27	3.94	0.70
1992	435.19	228.39	228.24	0.15	200.09	4.87	1.84
1993	490.26	270.82	270.68	0.14	209.34	4.58	5.52
1994	539.02	291.44	291.29	0.15	237.00	3.90	6.68
1995	555.13	301.60	301.49	0.11	242.46	3.66	7.41
1996	538.29	262.99	262.89	0.10	263.48	3.45	8.37
1997	592.16	305.06	304.97	0.09	274.68	3.69	8.73
1998	610.53	319.67	319.61	0.06	279.69	3.49	7.68
1999	676.04	353.87	353.83	0.04	310.69	3.76	7.72
2000	724.06	394.00	393.96	0.04	318.37	3.55	8.14
2001	761.62	410.65	410.62	0.03	337.90	3.23	9.84
2002	827.55	428.84	428.81	0.03	384.91	3.20	10.60
2003	831.24	431.00	431.00		384.67	2.43	13.14
2004	972.57	500.38	500.38		449.73	2.35	25.87
2005	1046.27	531.71	531.71		480.57	1.94	32.05
2006	1114.86	562.48	562.48		512.24	1.42	38.72
2007	1224.57	626.14	626.14		548.12	1.19	49.12
2008	1260.17	645.98	645.98		565.64	0.82	47.73
2009	1289.93	625.44	625.44		601.11	1.01	62.37
2010	1464.96	707.18	707.18		683.58	1.69	72.51
2011	1636.15	775.01	775.01		778.04	2.74	80.36
2012	1713.94	769.62	769.62		853.96	2.63	87.73
2013	1856.51	830.75	830.75		721.93	2.85	97.96
2014	1762.41	873.49	873.49		776.48	2.84	109.60
2015	1782.07	879.46	879.46		767.26	3.07	132.28

13-8 货物运量和货物周转量
Freight Traffic and Turnover Volume of Freight Traffic

年份 Year	合计 Total	铁路 Railway	中央 Central	地方 Local	公路 Highway	水运 Waterway	民用航空 Civil Aviation
货运量(万吨)	**Total Freight Traffic (10 000 tons)**						
1990	37708	4771	4597	174	29679	3217	
1991	41219	4777	4614	163	33224	3177	
1992	42548	4906	4787	119	33788	3821	
1993	46074	4982	4886	96	37582	3441	1.00
1994	48448	4929	4841	88	39912	3536	1.00
1995	49885	5017	4904	113	41272	3531	1.00
1996	50454	4893	4830	63	42191	3301	1.00
1997	48980	4535	4495	40	41340	3034	2.00
1998	49147	4408	4360	48	41610	2990	1.00
1999	51183	4456	4424	32	43296	3178	1.00
2000	51228	4676	4628	48	42868	3406	2.00
2001	53035	4965	4913	52	44340	3572	2.00
2002	52156	4942	4905	37	42982	3760	2.00
2003	59952	5214	5214		51136	3600	2.00
2004	69680	5400	5400		60291	3986	3.00
2005	76876	5218	5218		67040	4615	3.00
2006	84998	5643	5643		72457	6894	3.74
2007	99501	5831	5831		85432	8234	3.77
2008	115810	5552	5552		98759	11495	3.80
2009	128582	5392	5392		111351	11834	4.62
2010	149168	5716	5716		127635	15811	6.09
2011	168152	5951	5951		144241	17954	6.11
2012	190712	5331	5331		166670	18705	5.80
2013	210659	4890	4890		156268	23097	6.07
2014	202800	4495	4495		172613	25687	6.25
2015	214130	4184	4184		184831	25109	6.08
周转量(亿吨公里)	**Total Freight Ton-kilometers (100 million ton-km)**						
1990	774.81	590.33	589.44	0.89	137.02	47.37	
1991	830.64	621.98	621.18	0.80	164.42	44.15	
1992	901.85	656.29	655.50	0.79	191.53	53.95	
1993	951.86	683.10	682.49	0.61	209.85	58.66	0.07
1994	1003.47	720.46	719.87	0.59	221.78	60.98	0.07
1995	1043.67	751.84	751.24	0.60	235.52	56.06	0.09
1996	1029.32	728.91	728.46	0.45	240.13	60.10	0.11
1997	998.72	690.80	690.47	0.33	244.86	62.78	0.12
1998	978.89	652.98	652.66	0.32	256.56	68.92	0.09
1999	967.68	624.14	623.89	0.25	272.71	70.08	0.11
2000	1074.50	632.12	631.94	0.18	297.79	143.76	0.11
2001	1132.18	674.39	674.25	0.14	316.03	141.22	0.14
2002	1223.09	730.86	730.76	0.10	355.96	135.48	0.16
2003	1361.12	782.60	782.60		455.45	121.74	0.24
2004	1574.21	896.49	896.49		513.45	162.21	0.32
2005	1661.97	930.29	930.29		538.57	190.32	0.38
2006	1781.11	951.66	951.66		592.37	236.66	0.42
2007	1981.63	1038.39	1038.39		682.69	260.10	0.45
2008	2340.11	971.47	971.47		1085.06	283.10	0.48
2009	2505.27	990.00	990.00		1259.65	255.03	0.59
2010	2904.98	1022.71	1022.71		1539.36	342.14	0.77
2011	3345.76	1046.16	1046.16		1878.57	420.26	0.77
2012	3953.62	998.13	998.13		2392.49	562.26	0.74
2013	4227.44	923.76	923.76		2329.54	552.45	0.81
2014	4122.58	832.92	832.92		2578.90	709.94	0.82
2015	4149.45	749.95	749.95		2731.80	666.83	0.87

13-9 邮政业务基本情况
Basic Statistics of Postal Business

指标		Item		2014	2015
邮政局、所	**（处）**	**Number of Post Offices**	**(unit)**	**2475**	**2753**
#设在农村的局、所	（处）	#Rural Post Offices	(unit)	1901	2156
邮政局	（处）	Post Bureaus	(unit)	104	104
邮政支局	（处）	Branch of Post Bureaus	(unit)	1132	1115
自办邮政所	（处）	Post Places	(unit)	531	555
代办邮政所	（处）	Agency of Post Places	(unit)	708	979
邮路总长度	**(公里)**	**Length of Postal Routes**	**(km)**	**65305**	**83577**
农村投递路线总长度	**（公里）**	**Length of Rural Delivery Routes**	**(km)**	**212110**	**214427**
邮政业务总量	**（亿元）**	**Revenue of Postal Business**	**(100 million yuan)**	**81.21**	**104.15**
包裹业务合计	**（万件）**	**Total of Parcels**	**(10 000 pieces)**	**236**	**89**
报刊业务		**Business of Newspaper and Magazine**			
报纸累计份数	（万份）	Total of Newspapers	(10 000 copies)	66540	66948
杂志累计份数	（万份）	Total of Magazines	(10 000 copies)	4775	5531
报纸期发份数	（万份）	Number of Newspapers in one period	(10 000 copies)	298	297
杂志期发份数	（万份）	Number of Magazines in one period	(10 000 copies)	215	239
报刊流转额	（万元）	Revenue of Newspaper and Magazine in Circulation	(10 000 yuan)	88883	87452
邮政储蓄业务		**Postal Deposits Business**			
邮政储蓄网点数	（个）	Number of Places	(unit)	1885	1656
邮政储蓄年末余额	（万元）	Balance at the year-end	(10 000 yuan)	19050358	21532045
邮政其他业务量	**（万元）**	**Revenue of Other Postal Business**	**(10 000 yuan)**	**14757**	**23190**

注：邮政业务总量2010年起，由2000年不变价调整为2010年不变价。

From 2010，the index of Revenue From Postal is adjusted from 2000’s constant price to 2010's constant price.

13-10 电信业务基本情况
Basic Statistics of Telecommunication

指标		Item		2014	2015
销售营业网点数	**（处）**	**Number of Selling Places**	**(unit)**	**120195**	**106916**
自办营业网点数	（处）	Main Selling Places	(unit)	1892	1568
电信业务代办网点数	（处）	Agency of Telecommunication Places	(unit)	118303	105348
长途电信设备		**Equipment of Long Distance Telecommunication**			
长途自动电话交换机容量	（路端）	Autoexchange of Long Distance Telephone Capacity	(line)	584727	584727
长途光缆线路长度	（公里）	Length of Long Distance Optical Cables	(km)	38778	40964
长途业务电路	（路）	Long Distance lines	(line)	2617120	2539219
本地电话设备		**Equipment of Local Telephone**			
局用交换机容量	（万门）	Local Switch Boards Capacity	(10 000 lines)	669.40	469.95
移动通信主要设备		**Main Equipment of Mobile Communication**			
移动电话基站	（个）	Basic Station of Mobile Telephone	(unit)	134506	161574
#GSM	（个）	#GSM	(unit)	74246	85212
移动电话信道	（万个）	Mobile Telephone Channel	(10 000unit)	341.17	365.41
移动电话交换机容量	（万门）	Switch Boards Capacity of Mobile Telephone	(10 000line)	7266.38	7276.48
电信业务总量	**（亿元）**	**Revenue of Telecommunication Business**	**(100 million yuan)**	**663.79**	**799.97**
长途电话	（万分钟）	Long Distance Telephone	(10 000 times)	1097424.42	1500037.00
移动电话年末用户	（万户）	Mobile Telephone User at the year-end	(10 000 households)	4820.72	4886.94
本地电话用户	（万户）	Local Telephone User	(10 000 households)	844.12	786.99
住宅电话用户	（万户）	Fixed Telephone User	(10 000 households)	540.96	486.26
公用电话用户	（万户）	Public Telephone User	(10 000 households)	77.79	63.67
互联网上网用户	（万户）	Internet User	(10 000 households)	744.92	898.02

注：电信业务总量2010年起，由2000年不变价调整为2010年不变价。

From 2010，the index of Revenue From Telecommunication is adjusted from 2000’s constant price to 2010's constant price.

13-11 邮电通信水平(2015年)
Development of Postal and Telecommunications Services(2015)

指标		Item		2015
平均每一邮电局所服务面积	(平方公里)	Average Area Served by Every Post Office	(sq.km)	115.8
平均每一邮电局所服务人口	(万人)	Average People Served by Every Post Office	(10 000 persons)	3.5
平均每人每年发函件数	(件)	Annual Average Number of Letters Mailes Per Capita	(piece)	0.7
平均每百人每年订购报刊数	(份)	Annual Average Number of Newspaper and Magazine Subscribers Per 100 Persons	(copy)	10.7
设有邮电局、所的乡镇比重	(%)	Percentage of Townships with Post and Telecommunication Office	(%)	100.0
电话普及率(含移动)	(部/百人)	Popularization Rate of Telephone	(sets/100 persons)	83.2
进入长途电话自动网的县(市)比重	(%)	Percentage of Townships with Connected Autoexchange Net of Long Distance Call	(%)	100.0
已通电话的乡(镇)比重	(%)	Percentage of Townships with Telephone Communication	(%)	100.0

13-12 规模以上服务业企业分类别经济指标(2015年)
Classification Economic Indicators of Service Enterprises above Designated Size (2015)

单位:亿元 (100 million yuan)

指标	Item	单位数(个) Number of Enterprises (unit)	年初存货 Inventory Year-early	流动资产 Circulating Funds	应收账款 Net Value of Account Received	存货 Stock
总计	**Total**	**3837**	**2302.81**	**7460.22**	**1478.54**	**2366.86**
按登记注册类型分:	**Grouped by Registration**					
内资企业	Internal-invested Enterprises	3776	2298.72	7339.34	1470.56	2364.72
国有企业	State-owned Enterprises	246	336.37	782.71	43.91	363.63
集体企业	Collective-owned Enterprises	58	1.35	5.96	1.27	1.21
股份合作企业	Enterprises Cooperated by Joint-stock	9	0.03	0.54	0.24	0.03
联营企业	Cooperative Enterprises	2	0.15	0.34	0.07	0.10
有限责任公司	Limited Liability Company	1408	1886.42	5837.02	1327.34	1925.84
股份有限公司	Company Limited by Shares	157	30.60	419.15	31.49	34.95
私营企业	Individual-owned Enterprises	1502	39.83	265.82	59.48	33.44
其他企业	Enterprises of Other Types of Ownership	394	3.97	27.80	6.75	5.50
港、澳、台商投资企业	Enterprises Funded by Entrepreneurs From Hong Kong,Macao and Taiwan	42	0.49	78.59	6.07	0.23
外商投资企业	Enterprises funded by Foreigners	19	3.60	42.29	1.92	1.91
按控股类型分:	**Classification by Holding**					
国有控股	State Holding	794	2210.18	6688.20	1287.62	2275.39
集体控股	Collective-owned Holdings	146	3.70	46.12	10.19	4.24
私人控股	Privately Holdings	2357	78.67	555.10	149.42	77.58
港澳台商控股	Hong Kong, Macao and Taiwan suppliers Holdings	31	0.37	13.87	3.96	0.17
外商控股	Foreign Holdings	13	3.44	37.33	1.22	1.72
其他	Others	496	6.45	119.61	26.13	7.76
按企业规模分:	**Grouped by Size of Enterprises**					
大型企业	Large Enterprises	152	246.40	1020.03	186.06	250.01
中型企业	Medium-sized Enterprises	613	640.79	1329.89	100.29	574.27
小型企业	Small Enterprises	2558	1412.64	4914.61	1173.62	1536.40
微型企业	Miniature Enterprise	514	2.98	195.70	18.57	6.19

13-12 续表1 continued

单位:亿元 (100 million yuan)

指标	Item	固定资产原价 Original Price of Fixed Assets	本年折旧 Depreciation this Year	资产总计 Total Assets	负债合计 Total Liability	所有者权益合计 Total Rights of Owners
总计	**Total**	**2581.38**	**182.95**	**17183.84**	**7937.68**	**9245.95**
按登记注册类型分:	**Grouped by Registration**					
内资企业	Internal-invested Enterprises	2388.81	161.24	16769.47	7753.42	9015.84
国有企业	State-owned Enterprises	354.89	21.06	1168.32	630.86	537.29
集体企业	Collective-owned Enterprises	13.50	1.09	23.08	10.98	12.10
股份合作企业	Enterprises Cooperated by Joint-stock	2.25	0.04	2.72	1.02	1.70
联营企业	Cooperative Enterprises	14.07	1.26	10.47	7.03	3.44
有限责任公司	Limited Liability Company	1098.78	85.06	13695.95	6201.42	7494.77
股份有限公司	Company Limited by Shares	572.76	34.92	1232.39	527.43	704.76
私营企业	Individual-owned Enterprises	300.21	15.97	573.96	349.58	224.37
其他企业	Enterprises of Other Types of Ownership	32.36	1.84	62.59	25.11	37.40
港、澳、台商投资企业	Enterprises Funded by Entrepreneurs From Hong Kong,Macao and Taiwan	150.88	17.25	203.17	117.68	85.49
外商投资企业	Enterprises funded by Foreigners	41.68	4.46	211.19	66.57	144.62
按控股类型分:	**Classification by Holding**					
国有控股	State Holding	1745.57	119.56	15149.28	6797.75	8351.62
集体控股	Collective-owned Holdings	70.21	4.88	142.87	76.33	66.55
私人控股	Privately Holdings	532.04	31.07	1358.85	802.07	556.57
港澳台商控股	Hong Kong, Macao and Taiwan suppliers Holdings	91.56	14.22	92.53	50.98	41.55
外商控股	Foreign Holdings	24.90	2.70	193.71	58.88	134.83
其他	Others	117.10	10.52	246.61	151.67	94.83
按企业规模分:	**Grouped by Size of Enterprises**					
大型企业	Large Enterprises	619.46	38.21	2081.84	954.91	1126.94
中型企业	Medium-sized Enterprises	1273.65	101.85	3492.91	1930.68	1561.88
小型企业	Small Enterprises	627.72	38.13	11265.35	4924.16	6341.35
微型企业	Miniature Enterprise	60.55	4.76	343.74	127.93	215.78

13-12 续表2 continued

单位:亿元 (100 million yuan)

指标	Item	营业收入 Operating Income	主营业务收入 Revenue of Major Business	营业成本 Operating Cost	主营业务成本 Cost of Major Business	营业税金及附加 Tax and Extra Charges from Principal Business
总计	**Total**	**2255.77**	**2162.64**	**1742.71**	**1658.98**	**30.42**
按登记注册类型分:	**Grouped by Registration**					
内资企业	Internal-invested Enterprises	2169.20	2077.92	1686.96	1604.95	29.25
国有企业	State-owned Enterprises	340.41	329.01	244.75	236.86	3.61
集体企业	Collective-owned Enterprises	11.55	11.43	8.49	8.42	0.32
股份合作企业	Enterprises Cooperated by Joint-stock	1.43	1.43	1.11	0.94	
联营企业	Cooperative Enterprises	4.75	4.51	3.73	3.42	0.02
有限责任公司	Limited Liability Company	1123.21	1098.51	938.88	921.37	14.61
股份有限公司	Company Limited by Shares	313.51	264.84	207.51	157.10	4.09
私营企业	Individual-owned Enterprises	303.67	298.21	229.05	224.87	5.77
其他企业	Enterprises of Other Types of Ownership	70.66	70.00	53.42	51.96	0.83
港、澳、台商投资企业	Enterprises Funded by Entrepreneurs From Hong Kong,Macao and Taiwan	45.03	43.21	27.87	26.16	0.86
外商投资企业	Enterprises funded by Foreigners	41.55	41.50	27.89	27.87	0.31
按控股类型分:	**Classification by Holding**					
国有控股	State Holding	1396.76	1320.01	1107.29	1037.44	14.10
集体控股	Collective-owned Holdings	68.02	66.27	52.30	50.79	1.69
私人控股	Privately Holdings	570.88	561.34	423.57	414.73	11.87
港澳台商控股	Hong Kong, Macao and Taiwan suppliers Holdings	29.58	27.97	21.01	19.54	0.38
外商控股	Foreign Holdings	27.92	27.89	19.21	19.21	0.16
其他	Others	162.61	159.16	119.33	117.27	2.23
按企业规模分:	**Grouped by Size of Enterprises**					
大型企业	Large Enterprises	688.33	626.31	478.21	428.42	6.38
中型企业	Medium-sized Enterprises	783.61	766.92	545.14	523.13	9.17
小型企业	Small Enterprises	739.20	725.89	682.43	671.53	13.72
微型企业	Miniature Enterprise	44.63	43.51	36.93	35.90	1.15

13-12 续表3 continued

单位:亿元 (100 million yuan)

指标	Item	主营税金及附加 Tax and Extra Charges from Principal Business	销售费用 Operation Expense	管理费用 Management Expense	税金 Tax	财务费用 Financial Expense
总计	**Total**	**29.05**	**146.46**	**263.61**	**6.38**	**177.90**
按登记注册类型分:	**Grouped by Registration**					
内资企业	Internal-invested Enterprises	27.90	136.68	257.06	6.18	173.48
国有企业	State-owned Enterprises	3.48	13.88	51.04	1.33	3.94
集体企业	Collective-owned Enterprises	0.31	0.52	1.73	0.06	0.07
股份合作企业	Enterprises Cooperated by Joint-stock		0.01	0.27		0.01
联营企业	Cooperative Enterprises	0.02	0.72	0.25	0.01	0.49
有限责任公司	Limited Liability Company	13.89	73.19	127.12	2.76	149.46
股份有限公司	Company Limited by Shares	3.83	30.89	30.72	1.09	12.23
私营企业	Individual-owned Enterprises	5.58	14.90	39.19	0.89	6.34
其他企业	Enterprises of Other Types of Ownership	0.79	2.59	6.75	0.05	0.94
港、澳、台商投资企业	Enterprises Funded by Entrepreneurs From Hong Kong,Macao and Taiwan	0.84	4.54	3.18	0.13	3.09
外商投资企业	Enterprises funded by Foreigners	0.31	5.23	3.36	0.08	1.33
按控股类型分:	**Classification by Holding**					
国有控股	State Holding	13.44	100.10	158.22	4.16	147.78
集体控股	Collective-owned Holdings	1.63	2.89	12.27	0.34	0.96
私人控股	Privately Holdings	11.54	27.26	68.00	1.54	22.56
港澳台商控股	Hong Kong, Macao and Taiwan suppliers Holdings	0.36	3.13	2.06	0.08	1.18
外商控股	Foreign Holdings	0.16	3.13	2.40	0.04	1.31
其他	Others	1.93	9.95	20.55	0.22	4.11
按企业规模分:	**Grouped by Size of Enterprises**					
大型企业	Large Enterprises	6.05	31.66	78.43	1.89	6.58
中型企业	Medium-sized Enterprises	8.95	87.87	84.45	2.44	28.66
小型企业	Small Enterprises	12.95	23.84	87.24	1.80	147.37
微型企业	Miniature Enterprise	1.10	3.09	13.49	0.25	-4.71

13-12 续表4 continued

单位:亿元 (100 million yuan)

指标	Item	利息收入 Interest Revenue	利息支出 Interest Expense	投资收益 Income from Investment	营业利润 Operating Profit
总计	**Total**	**22.52**	**77.28**	**41.83**	**176.03**
按登记注册类型分:	**Grouped by Registration**				
内资企业	Internal-invested Enterprises	22.43	72.85	41.22	165.72
国有企业	State-owned Enterprises	2.05	4.40	0.23	26.41
集体企业	Collective-owned Enterprises	0.02	0.13	0.01	0.41
股份合作企业	Enterprises Cooperated by Joint-stock				0.02
联营企业	Cooperative Enterprises		0.11	0.15	-0.30
有限责任公司	Limited Liability Company	16.62	47.98	33.73	85.95
股份有限公司	Company Limited by Shares	3.40	14.93	6.24	36.41
私营企业	Individual-owned Enterprises	0.31	4.96	0.73	10.47
其他企业	Enterprises of Other Types of Ownership	0.01	0.36	0.14	6.34
港、澳、台商投资企业	Enterprises Funded by Entrepreneurs From Hong Kong,Macao and Taiwan	0.04	3.11	0.53	5.66
外商投资企业	Enterprises funded by Foreigners	0.06	1.31	0.07	4.65
按控股类型分:	**Classification by Holding**				
国有控股	State Holding	20.87	50.06	37.13	138.64
集体控股	Collective-owned Holdings	0.36	1.08	2.31	2.28
私人控股	Privately Holdings	1.01	19.91	1.18	22.31
港澳台商控股	Hong Kong, Macao and Taiwan suppliers Holdings	0.04	1.21	0.01	1.58
外商控股	Foreign Holdings	0.01	1.25	0.07	3.02
其他	Others	0.23	3.77	1.14	8.21
按企业规模分:	**Grouped by Size of Enterprises**				
大型企业	Large Enterprises	4.44	10.00	5.14	88.82
中型企业	Medium-sized Enterprises	4.77	24.40	15.16	54.53
小型企业	Small Enterprises	7.38	42.07	21.26	37.40
微型企业	Miniature Enterprise	5.92	0.82	0.27	-4.72

13-12 续表5 continued

单位:亿元 (100 million yuan)

指标	Item	营业外收入 Non-operating Income	补贴收入 Income from Subsidy	营业外支出 Operating Expense	利润总额 Total Profit
总计	**Total**	**102.08**	**57.08**	**29.24**	**241.78**
按登记注册类型分:	**Grouped by Registration**				
内资企业	Internal-invested Enterprises	99.36	56.77	28.82	230.40
国有企业	State-owned Enterprises	34.00	25.15	22.28	34.29
集体企业	Collective-owned Enterprises	0.17	0.13	0.04	0.47
股份合作企业	Enterprises Cooperated by Joint-stock			0.02	
联营企业	Cooperative Enterprises	0.40	0.01	0.01	0.09
有限责任公司	Limited Liability Company	47.90	24.99	3.35	130.20
股份有限公司	Company Limited by Shares	10.82	2.43	1.96	45.04
私营企业	Individual-owned Enterprises	5.56	3.88	1.02	13.95
其他企业	Enterprises of Other Types of Ownership	0.52	0.17	0.14	6.38
港、澳、台商投资企业	Enterprises Funded by Entrepreneurs From Hong Kong,Macao and Taiwan	1.75	0.28	0.31	7.10
外商投资企业	Enterprises funded by Foreigners	0.97	0.04	0.11	4.28
按控股类型分:	**Classification by Holding**				
国有控股	State Holding	83.72	45.83	26.36	190.83
集体控股	Collective-owned Holdings	3.25	2.00	0.66	4.72
私人控股	Privately Holdings	10.33	6.99	1.56	30.84
港澳台商控股	Hong Kong, Macao and Taiwan suppliers Holdings	1.41	0.27	0.25	2.75
外商控股	Foreign Holdings	0.40	0.01	0.08	2.11
其他	Others	2.97	1.98	0.32	10.54
按企业规模分:	**Grouped by Size of Enterprises**				
大型企业	Large Enterprises	19.90	12.19	22.15	86.38
中型企业	Medium-sized Enterprises	49.21	21.90	4.22	93.71
小型企业	Small Enterprises	32.44	22.57	2.57	66.23
微型企业	Miniature Enterprise	0.53	0.42	0.30	-4.54

13-12 续表6 continued

单位:亿元 (100 million yuan)

指标	Item	应交所得税 Income Tax Payable	应付职工薪酬 Total Sum of Wages Payable (100 million Yuan)	应交增值税 Value Added Payable (100 million Yuan)	年均从业人员（万人） Average Number of Empolyment of the Current Year (10000 persons)
总计	**Total**	**54.50**	**341.92**	**48.55**	**55.40**
按登记注册类型分：	**Grouped by Registration**				
内资企业	Internal-invested Enterprises	52.71	332.21	45.92	54.25
国有企业	State-owned Enterprises	6.28	74.06	8.71	8.82
集体企业	Collective-owned Enterprises	0.06	3.83	0.37	1.03
股份合作企业	Enterprises Cooperated by Joint-stock		0.50		0.10
联营企业	Cooperative Enterprises		0.44	0.08	0.08
有限责任公司	Limited Liability Company	37.97	148.84	25.13	22.34
股份有限公司	Company Limited by Shares	4.64	40.65	7.86	5.30
私营企业	Individual-owned Enterprises	3.00	52.76	3.38	13.28
其他企业	Enterprises of Other Types of Ownership	0.75	11.14	0.36	3.29
港、澳、台商投资企业	Enterprises Funded by Entrepreneurs From Hong Kong,Macao and Taiwan	0.87	3.45	0.94	0.53
外商投资企业	Enterprises funded by Foreigners	0.92	6.26	1.70	0.62
按控股类型分：	**Classification by Holding**				
国有控股	State Holding	43.26	188.81	37.05	21.46
集体控股	Collective-owned Holdings	0.90	21.94	1.41	4.78
私人控股	Privately Holdings	7.85	94.04	5.95	22.17
港澳台商控股	Hong Kong, Macao and Taiwan suppliers Holdings	0.12	2.22	0.64	0.38
外商控股	Foreign Holdings	0.30	4.58	1.13	0.37
其他	Others	2.07	30.33	2.37	6.24
按企业规模分：	**Grouped by Size of Enterprises**				
大型企业	Large Enterprises	16.03	126.58	14.21	13.63
中型企业	Medium-sized Enterprises	13.74	124.10	26.93	19.90
小型企业	Small Enterprises	10.46	78.78	6.97	19.17
微型企业	Miniature Enterprise	14.27	12.46	0.44	2.69

13-13 规模以上服务业企业分行业大类经济指标(2015年)
Main Economic Indicators of Service Enterprises above Designated Size by Service Sector (2015)

单位:亿元　　(100 million yuan)

指标	Item	单位数(个) Number of Institutions (unit)	亏损企业 Loss-making Enterprises	年初存货 Inventory Year-early	流动资产合计 Circulating Funds
总计	**Total**	**3837**	**1186**	**2302.81**	**7460.22**
铁路运输业	Railway Transport	4	2	1.21	12.82
道路运输业	Road Transport	528	201	36.29	389.01
水上运输业	Water Transport	38	14	0.15	3.50
航空运输业	Air Transport	6	3	0.05	18.90
管道运输业	Transport Via Pipelines	3	1	0.06	26.61
装卸搬运和运输代理业	Loading,Unloading and Other Transport Services	78	28	0.34	11.84
仓储业	Storage	80	52	116.53	183.10
邮政业	Post	36	15	1.11	56.09
电信、广播电视和卫星传输服务	Telecommunications, radio and television and satellite transmission services	169	38	5.67	187.52
互联网和相关服务	Internet and related services	30	14	0.18	9.69
软件和信息技术服务业	Software and IT services	151	38	3.81	156.26
物业管理	Property Management	368	154	0.66	29.58
房地产中介服务	Real estate intermediary services	15	4		3.08
自有房地产经营活动	Own real estate business activities	2			0.03
租赁业	Leasing	38	7	0.67	9.66
商务服务业	Business Services	696	200	2033.64	5453.76
研究和试验发展	Research and Experimental Development	28	13	33.89	86.15
专业技术服务业	Professional Technical Services	264	52	22.45	246.07
科技推广和应用服务业	Services of Science and Technology Promotion and Application	315	22	5.63	26.00
水利管理业	Management of Water Conservancy	10	10	0.01	0.45
生态保护和环境治理业	Ecological protection and Environmental management	18	4	3.69	19.00
公共设施管理业	Management of Public Facilities	70	21	3.67	43.18
居民服务业	Services to Households	105	27	1.54	12.22
机动车、电子产品和日用产品修理业	Motor vehicles, electronics and household goods repair industry	33	9	0.36	1.97
其他服务业	Other Services	39	5	0.04	1.74
教育	Education	185	51	4.95	20.53
卫生	Health	209	95	2.94	36.60
社会工作	Social Work	8	5	0.34	1.75
新闻和出版业	Journalism and Publishing Activities	43	22	7.70	123.24
广播、电视、电影和影视录音制作业	Radio, television,film and video production industry recordings	112	43	13.14	269.82
文化艺术业	Cultural and Art Activities	59	14	1.56	10.32
体育	Sports Activities	21	6	0.07	1.56
娱乐业	Entertainment	76	16	0.45	8.15

13-13 续表1 continued

单位:亿元 (100 million yuan)

指标	Item	应收账款 Net Value of Account Received	存货 Inventory	固定资产原价 Original Price of Fixed Assets	本年折旧 Depreciation this Year
总计	**Total**	**1478.54**	**2366.86**	**2581.38**	**182.95**
铁路运输业	Railway Transport	0.50	1.59	41.89	0.73
道路运输业	Road Transport	66.53	35.77	400.98	32.51
水上运输业	Water Transport	1.05	0.10	14.69	0.82
航空运输业	Air Transport	2.09	0.06	84.75	5.00
管道运输业	Transport Via Pipelines	0.09	0.06	4.80	0.63
装卸搬运和运输代理业	Loading,Unloading and Other Transport Services	3.19	0.27	10.89	0.97
仓储业	Storage	4.65	155.10	39.27	1.93
邮政业	Post	9.16	1.08	36.74	2.92
电信、广播电视和卫星传输服务	Telecommunications, radio and television and satellite transmission services	20.02	4.77	1001.12	92.53
互联网和相关服务	Internet and related services	1.96	0.18	21.05	2.35
软件和信息技术服务业	Software and IT services	35.80	3.81	12.67	1.30
物业管理	Property Management	3.35	0.64	14.36	0.77
房地产中介服务	Real estate intermediary services	0.42	0.03	0.26	0.04
自有房地产经营活动	Own real estate business activities	0.01	0.01	0.05	
租赁业	Leasing	3.61	0.83	7.15	0.39
商务服务业	Business Services	1206.69	2051.90	422.34	15.51
研究和试验发展	Research and Experimental Development	5.65	32.19	24.10	1.52
专业技术服务业	Professional Technical Services	70.53	25.61	48.23	3.69
科技推广和应用服务业	Services of Science and Technology Promotion and Application	4.29	6.82	18.87	1.05
水利管理业	Management of Water Conservancy	0.18	0.01	4.68	0.11
生态保护和环境治理业	Ecological protection and Environmental management	4.33	3.48	4.98	0.40
公共设施管理业	Management of Public Facilities	4.98	5.34	141.57	0.97
居民服务业	Services to Households	0.34	2.45	16.21	3.83
机动车、电子产品和日用产品修理业	Motor vehicles, electronics and household goods repair industry	0.33	0.39	1.48	0.16
其他服务业	Other Services	0.35	0.04	1.58	0.23
教育	Education	6.42	4.71	41.44	2.47
卫生	Health	8.64	3.77	45.75	3.69
社会工作	Social Work	0.10	0.33	1.96	0.04
新闻和出版业	Journalism and Publishing Activities	4.94	9.81	31.84	1.40
广播、电视、电影和影视录音制作业	Radio, television,film and video production industry recordings	3.75	13.00	43.65	2.40
文化艺术业	Cultural and Art Activities	3.70	1.96	12.33	0.86
体育	Sports Activities	0.07	0.09	4.55	0.22
娱乐业	Entertainment	0.83	0.65	25.15	1.48

13-13 续表2 continued

单位:亿元 (100 million yuan)

指标	Item	资产总计 Total Assets	负债合计 Total liability	所有者权益合计 Tatol Rights of Owners	营业收入 Operating Income
总计	**Total**	**17183.84**	**7937.68**	**9245.95**	**2255.77**
铁路运输业	Railway Transport	219.15	109.94	109.20	8.86
道路运输业	Road Transport	1193.70	905.06	288.64	231.67
水上运输业	Water Transport	16.28	9.05	7.23	8.20
航空运输业	Air Transport	113.66	47.16	66.49	13.73
管道运输业	Transport Via Pipelines	40.53	26.59	13.94	1.67
装卸搬运和运输代理业	Loading,Unloading and Other Transport Services	29.50	14.76	14.74	19.19
仓储业	Storage	232.85	211.71	21.14	42.52
邮政业	Post	80.39	69.31	11.08	68.19
电信、广播电视和卫星传输服务	Telecommunications, radio and television and satellite transmission services	831.35	349.90	481.46	440.23
互联网和相关服务	Internet and related services	35.28	20.20	15.08	24.21
软件和信息技术服务业	Software and IT services	204.56	124.37	79.93	77.77
物业管理	Property Management	55.18	41.31	13.86	36.60
房地产中介服务	Real estate intermediary services	3.56	1.22	2.34	4.12
自有房地产经营活动	Own real estate business activities	0.09	0.03	0.05	0.15
租赁业	Leasing	20.80	14.26	6.54	12.71
商务服务业	Business Services	12419.54	5221.51	7198.09	578.67
研究和试验发展	Research and Experimental Development	230.28	116.08	114.20	29.12
专业技术服务业	Professional Technical Services	339.02	202.27	136.78	237.84
科技推广和应用服务业	Services of Science and Technology Promotion and Application	83.61	27.18	56.34	61.42
水利管理业	Management of Water Conservancy	4.16	1.72	2.44	0.66
生态保护和环境治理业	Ecological protection and Environmental management	20.89	15.39	5.51	9.58
公共设施管理业	Management of Public Facilities	93.84	63.06	30.78	27.84
居民服务业	Services to Households	23.26	16.57	6.69	20.27
机动车、电子产品和日用产品修理业	Motor vehicles, electronics and household goods repair industry	3.16	1.71	1.43	5.45
其他服务业	Other Services	3.57	2.04	1.53	3.45
教育	Education	65.50	30.66	34.83	20.60
卫生	Health	78.42	51.89	26.51	64.94
社会工作	Social Work	5.05	3.23	1.82	0.73
新闻和出版业	Journalism and Publishing Activities	259.35	54.65	204.94	46.04
广播、电视、电影和影视录音制作业	Radio, television,film and video production industry recordings	396.34	133.70	262.47	138.69
文化艺术业	Cultural and Art Activities	26.49	16.47	10.02	5.99
体育	Sports Activities	6.77	6.79	-0.02	1.63
娱乐业	Entertainment	47.75	27.87	19.89	13.01

13-13 续表3 continued

单位:亿元 (100 million yuan)

指标	Item	主营业务收入 Revenue of Major Business	营业成本 Operating Cost	主营业务成本 Cost of Major Business	营业税金及附加 Tax and Extra Charges from Principal Business
总计	**Total**	**2162.64**	**1742.71**	**1658.98**	**30.42**
铁路运输业	Railway Transport	8.41	7.18	6.75	0.04
道路运输业	Road Transport	223.18	195.72	186.90	3.16
水上运输业	Water Transport	8.13	7.27	6.82	0.07
航空运输业	Air Transport	13.73	10.68	10.65	0.13
管道运输业	Transport Via Pipelines	1.45	0.94	0.86	0.02
装卸搬运和运输代理业	Loading,Unloading and Other Transport Services	19.13	15.97	15.78	0.29
仓储业	Storage	41.28	41.75	39.93	0.13
邮政业	Post	67.05	61.12	60.07	0.17
电信、广播电视和卫星传输服务	Telecommunications, radio and television and satellite transmission services	433.56	261.96	248.43	1.71
互联网和相关服务	Internet and related services	24.20	25.99	25.98	0.07
软件和信息技术服务业	Software and IT services	77.55	48.54	48.16	0.65
物业管理	Property Management	35.35	26.03	25.05	1.90
房地产中介服务	Real estate intermediary services	3.85	1.57	1.55	0.22
自有房地产经营活动	Own real estate business activities	0.15	0.13	0.13	0.01
租赁业	Leasing	12.60	9.75	9.75	0.22
商务服务业	Business Services	524.55	550.85	503.38	12.37
研究和试验发展	Research and Experimental Development	24.71	23.75	21.42	0.18
专业技术服务业	Professional Technical Services	233.75	181.66	180.60	2.90
科技推广和应用服务业	Services of Science and Technology Promotion and Application	60.69	48.24	47.36	0.69
水利管理业	Management of Water Conservancy	0.63	0.63	0.63	0.01
生态保护和环境治理业	Ecological protection and Environmental management	9.53	7.10	7.08	0.14
公共设施管理业	Management of Public Facilities	27.68	20.62	20.51	0.62
居民服务业	Services to Households	20.07	14.36	13.91	0.67
机动车、电子产品和日用产品修理业	Motor vehicles, electronics and household goods repair industry	5.43	4.35	4.33	0.08
其他服务业	Other Services	3.40	2.73	2.69	0.14
教育	Education	20.11	13.85	13.16	0.35
卫生	Health	64.71	44.35	43.35	0.18
社会工作	Social Work	0.70	0.80	0.78	
新闻和出版业	Journalism and Publishing Activities	45.29	32.94	32.20	0.48
广播、电视、电影和影视录音制作业	Radio, television,film and video production industry recordings	131.53	72.81	71.85	2.04
文化艺术业	Cultural and Art Activities	5.69	3.36	3.18	0.21
体育	Sports Activities	1.67	0.89	0.98	0.07
娱乐业	Entertainment	12.87	4.80	4.73	0.47

13-13 续表4 continued

单位:亿元 (100 million yuan)

指标	Item	主营业务税金及附加 Tax of Major Business	销售费用 Operation Expense	管理费用 Management Expense	税金 Tax
总计	**Total**	**29.05**	**146.46**	**263.61**	**6.38**
铁路运输业	Railway Transport	0.03	0.02	0.55	0.01
道路运输业	Road Transport	2.88	3.51	33.98	0.71
水上运输业	Water Transport	0.06	0.07	0.92	0.01
航空运输业	Air Transport	0.13	0.02	2.23	0.37
管道运输业	Transport Via Pipelines	0.01	0.05	0.36	0.01
装卸搬运和运输代理业	Loading,Unloading and Other Transport Services	0.27	0.22	2.01	0.08
仓储业	Storage	0.08	2.05	4.86	0.09
邮政业	Post	0.14	0.40	8.71	0.25
电信、广播电视和卫星传输服务	Telecommunications, radio and television and satellite transmission services	1.66	81.62	34.48	1.09
互联网和相关服务	Internet and related services	0.07	2.61	2.41	0.06
软件和信息技术服务业	Software and IT services	0.63	7.48	14.03	0.09
物业管理	Property Management	1.79	1.42	7.79	0.12
房地产中介服务	Real estate intermediary services	0.21	0.85	0.74	0.01
自有房地产经营活动	Own real estate business activities	0.01	0.01	0.01	
租赁业	Leasing	0.22	0.79	0.82	0.02
商务服务业	Business Services	11.87	13.02	53.73	1.64
研究和试验发展	Research and Experimental Development	0.18	1.40	6.98	0.05
专业技术服务业	Professional Technical Services	2.86	5.41	31.76	0.46
科技推广和应用服务业	Services of Science and Technology Promotion and Application	0.65	2.12	4.14	0.07
水利管理业	Management of Water Conservancy	0.01		0.26	
生态保护和环境治理业	Ecological protection and Environmental management	0.14	0.28	0.98	0.04
公共设施管理业	Management of Public Facilities	0.57	1.26	1.69	0.04
居民服务业	Services to Households	0.63	1.76	2.92	0.04
机动车、电子产品和日用产品修理业	Motor vehicles, electronics and household goods repair industry	0.08	0.31	0.45	0.01
其他服务业	Other Services	0.14	0.09	0.25	0.01
教育	Education	0.31	0.90	3.49	0.06
卫生	Health	0.18	4.70	11.50	0.14
社会工作	Social Work		0.02	0.26	
新闻和出版业	Journalism and Publishing Activities	0.48	4.67	7.50	0.24
广播、电视、电影和影视录音制作业	Radio, television,film and video production industry recordings	2.02	5.64	19.40	0.52
文化艺术业	Cultural and Art Activities	0.20	0.74	1.76	0.05
体育	Sports Activities	0.08	0.30	0.40	0.01
娱乐业	Entertainment	0.46	2.71	2.26	0.08

13-13 续表5 continued

单位:亿元 (100 million yuan)

指标	Item	财务费用 Financial Expense	利息收入 Interest Revenue	利息支出 Interest Expense	投资收益 Income from Investment
总计	**Total**	**177.90**	**22.52**	**77.28**	**41.83**
铁路运输业	Railway Transport	0.50	0.02	0.51	
道路运输业	Road Transport	20.30	0.34	18.82	0.39
水上运输业	Water Transport	0.55		0.12	0.21
航空运输业	Air Transport	0.58	0.15	0.68	
管道运输业	Transport Via Pipelines	0.25		0.06	
装卸搬运和运输代理业	Loading,Unloading and Other Transport Services	0.44	0.03	0.44	0.10
仓储业	Storage	4.89	0.08	3.76	0.01
邮政业	Post	0.14	0.11	0.23	0.06
电信、广播电视和卫星传输服务	Telecommunications, radio and television and satellite transmission services	-4.48	5.94	1.17	1.30
互联网和相关服务	Internet and related services	0.44	0.04	0.26	
软件和信息技术服务业	Software and IT services	-1.30	1.77	0.34	0.52
物业管理	Property Management	0.23	0.09	0.24	0.10
房地产中介服务	Real estate intermediary services	0.01		0.01	
自有房地产经营活动	Own real estate business activities				
租赁业	Leasing	0.32		0.24	
商务服务业	Business Services	149.41	7.80	40.56	27.94
研究和试验发展	Research and Experimental Development		0.66	0.44	2.69
专业技术服务业	Professional Technical Services	1.71	0.78	2.08	0.90
科技推广和应用服务业	Services of Science and Technology Promotion and Application	1.15	0.25	0.89	2.39
水利管理业	Management of Water Conservancy				
生态保护和环境治理业	Ecological protection and Environmental management	0.02	-0.08	0.07	
公共设施管理业	Management of Public Facilities	2.13	0.02	1.97	0.02
居民服务业	Services to Households	0.32	0.02	0.21	0.03
机动车、电子产品和日用产品修理业	Motor vehicles, electronics and household goods repair industry	0.08		0.02	
其他服务业	Other Services	0.06		0.01	
教育	Education	0.70	0.02	0.44	0.02
卫生	Health	0.73	0.04	0.37	0.07
社会工作	Social Work				
新闻和出版业	Journalism and Publishing Activities	-2.14	2.18	0.30	3.93
广播、电视、电影和影视录音制作业	Radio, television,film and video production industry recordings	-0.66	2.21	1.52	1.14
文化艺术业	Cultural and Art Activities	0.51		0.52	0.01
体育	Sports Activities	0.16		0.15	
娱乐业	Entertainment	0.82	0.05	0.82	

13-13 续表6 continued

单位:亿元 (100 million yuan)

指标	Item	营业利润 Operating Profit	营业外收入 Non-operating Income	补贴收入 Income from Subsidy
总计	**Total**	**176.03**	**102.08**	**57.08**
铁路运输业	Railway Transport	0.69	0.02	
道路运输业	Road Transport	-17.87	18.84	15.84
水上运输业	Water Transport	-0.49	0.22	0.07
航空运输业	Air Transport	0.10	1.76	1.34
管道运输业	Transport Via Pipelines	0.05	0.01	
装卸搬运和运输代理业	Loading,Unloading and Other Transport Services	0.61	0.22	0.12
仓储业	Storage	-10.10	9.39	7.46
邮政业	Post	-1.65	1.67	0.03
电信、广播电视和卫星传输服务	Telecommunications, radio and television and satellite transmission services	67.36	20.10	0.27
互联网和相关服务	Internet and related services	-7.38	0.37	0.30
软件和信息技术服务业	Software and IT services	8.96	1.56	1.22
物业管理	Property Management	-0.62	1.12	0.04
房地产中介服务	Real estate intermediary services	0.68		
自有房地产经营活动	Own real estate business activities			
租赁业	Leasing	0.71	0.09	0.08
商务服务业	Business Services	58.41	30.25	18.81
研究和试验发展	Research and Experimental Development	-0.88	2.10	1.19
专业技术服务业	Professional Technical Services	16.26	1.66	0.67
科技推广和应用服务业	Services of Science and Technology Promotion and Application	7.13	0.53	0.30
水利管理业	Management of Water Conservancy	-0.26	0.15	0.12
生态保护和环境治理业	Ecological protection and Environmental management	1.02	0.51	0.18
公共设施管理业	Management of Public Facilities	1.82	0.57	0.51
居民服务业	Services to Households	0.59	0.14	0.03
机动车、电子产品和日用产品修理业	Motor vehicles, electronics and household goods repair industry	0.15	0.01	
其他服务业	Other Services	0.15	0.02	0.01
教育	Education	1.74	0.29	0.16
卫生	Health	4.51	0.57	0.18
社会工作	Social Work	-0.36	0.70	0.70
新闻和出版业	Journalism and Publishing Activities	6.34	1.71	1.29
广播、电视、电影和影视录音制作业	Radio, television,film and video production industry recordings	37.39	6.13	4.96
文化艺术业	Cultural and Art Activities	-0.80	1.02	0.90
体育	Sports Activities	-0.07	0.01	
娱乐业	Entertainment	1.81	0.36	0.29

13-13 续表7 continued

单位:亿元 (100 million yuan)

指标	Item	营业外支出 Non-operating Expense	利润总额 Total Profit	应交所得税 Income Tax Payable
总计	**Total**	**29.24**	**241.78**	**54.50**
铁路运输业	Railway Transport	0.09	0.61	
道路运输业	Road Transport	1.81	-3.67	3.48
水上运输业	Water Transport	0.01	-0.26	0.05
航空运输业	Air Transport	0.13	1.73	0.54
管道运输业	Transport Via Pipelines		0.05	0.02
装卸搬运和运输代理业	Loading,Unloading and Other Transport Services	0.10	0.71	0.50
仓储业	Storage	0.17	-1.38	0.17
邮政业	Post	0.46	-0.37	0.12
电信、广播电视和卫星传输服务	Telecommunications, radio and television and satellite transmission services	2.98	85.41	24.54
互联网和相关服务	Internet and related services	0.06	-7.16	0.01
软件和信息技术服务业	Software and IT services	0.08	10.30	1.26
物业管理	Property Management	0.04	0.43	0.38
房地产中介服务	Real estate intermediary services		0.69	0.16
自有房地产经营活动	Own real estate business activities			
租赁业	Leasing	0.04	0.79	0.13
商务服务业	Business Services	1.15	84.56	11.11
研究和试验发展	Research and Experimental Development	0.14	1.12	0.09
专业技术服务业	Professional Technical Services	0.47	17.53	3.19
科技推广和应用服务业	Services of Science and Technology Promotion and Application	0.15	7.17	0.69
水利管理业	Management of Water Conservancy	0.06	-0.16	
生态保护和环境治理业	Ecological protection and Environmental management	0.02	1.49	0.22
公共设施管理业	Management of Public Facilities	0.04	1.74	0.32
居民服务业	Services to Households	0.02	0.64	0.12
机动车、电子产品和日用产品修理业	Motor vehicles, electronics and household goods repair industry		0.14	0.02
其他服务业	Other Services	0.01	0.16	0.02
教育	Education	0.08	1.83	0.25
卫生	Health	0.33	4.33	1.21
社会工作	Social Work	0.35		
新闻和出版业	Journalism and Publishing Activities	0.21	7.97	0.33
广播、电视、电影和影视录音制作业	Radio, television,film and video production industry recordings	20.13	23.39	4.81
文化艺术业	Cultural and Art Activities	0.06	0.02	0.20
体育	Sports Activities		-0.15	0.01
娱乐业	Entertainment	0.04	2.11	0.54

13-13 续表8 continued

单位:亿元 (100 million yuan)

指标	Item	应付职工薪酬 Total Sum of Wages Payable	应交增值税 Value Added Payable	年均从业人员（万人） Average Number of Empolyment of the Current Year (10000persons)
总计	**Total**	**341.92**	**48.55**	**55.40**
铁路运输业	Railway Transport	2.76	0.17	0.26
道路运输业	Road Transport	48.66	3.98	11.21
水上运输业	Water Transport	1.39	0.23	0.30
航空运输业	Air Transport	6.06	0.24	0.57
管道运输业	Transport Via Pipelines	0.11	0.02	0.02
装卸搬运和运输代理业	Loading,Unloading and Other Transport Services	2.67	0.31	0.62
仓储业	Storage	2.78	0.14	0.45
邮政业	Post	27.97	0.64	3.37
电信、广播电视和卫星传输服务	Telecommunications, radio and television and satellite transmission services	45.94	25.05	5.20
互联网和相关服务	Internet and related services	4.01	0.08	0.38
软件和信息技术服务业	Software and IT services	14.52	2.32	1.58
物业管理	Property Management	17.52	0.13	5.04
房地产中介服务	Real estate intermediary services	1.94		0.24
自有房地产经营活动	Own real estate business activities	0.02		
租赁业	Leasing	1.29	0.09	0.42
商务服务业	Business Services	41.93	2.76	8.13
研究和试验发展	Research and Experimental Development	5.45	0.15	0.44
专业技术服务业	Professional Technical Services	39.70	4.41	4.05
科技推广和应用服务业	Services of Science and Technology Promotion and Application	6.76	0.29	2.34
水利管理业	Management of Water Conservancy	0.42	0.01	0.10
生态保护和环境治理业	Ecological protection and Environmental management	0.95	0.33	0.15
公共设施管理业	Management of Public Facilities	2.08	0.02	0.60
居民服务业	Services to Households	8.00	0.07	1.55
机动车、电子产品和日用产品修理业	Motor vehicles, electronics and household goods repair industry	1.04	0.08	0.19
其他服务业	Other Services	1.28	0.01	0.39
教育	Education	6.96	0.02	1.79
卫生	Health	16.70	0.12	2.75
社会工作	Social Work	0.42		0.07
新闻和出版业	Journalism and Publishing Activities	7.31	1.32	0.73
广播、电视、电影和影视录音制作业	Radio, television,film and video production industry recordings	20.55	5.49	1.22
文化艺术业	Cultural and Art Activities	1.68	0.02	0.41
体育	Sports Activities	0.57		0.16
娱乐业	Entertainment	2.49	0.04	0.69

13-14 重点领域规模以上服务务业企业主要经济指标（2015年）
Key Areas of Main Economic Indicators of Services Enterprises above Designated Size(2015)

单位：亿元 (100 million yuan)

指标	Item	高技术服务业企业 Hightech Services Enterprises	科技服务业企业 Science and Technology Services Enterprises	生产性服务业企业 Producer Services Enterprises
年初存货	Inventory Year-early	78.44	2111.55	2260.20
流动资产合计	Circulating Funds	920.30	6202.90	6905.81
应收账款	Net Value of Account Received	146.69	1341.88	1431.14
存货	Inventory	80.44	2133.17	2319.55
固定资产原价	Original Price of Fixed Assets	1164.20	1482.72	2052.24
本年折旧	Depreciation this Year	104.48	115.79	154.85
资产总计	Total Assets	1990.17	14153.88	16051.30
负债合计	Total Liability	949.65	5962.67	7396.02
所有者权益	Tatol Rights of Owners	1040.04	8191.26	8655.36
营业收入	Operating Income	995.34	1380.97	1734.55
主营业务收入	Revenue of Major Business	974.69	1311.23	1652.68
营业成本	Operating Cost	654.47	1094.80	1399.46
主营业务成本	Cost of Major Business	636.18	1029.10	1322.14
营业税金及附加	Tax and Extra Charges from Principal Business	7.98	15.45	20.97
主营业务税金及附加	Tax and Surcharge for Major Business	7.83	14.86	19.98
销售费用	Operation Expense	104.12	111.09	117.22
管理费用	Management Expense	107.84	144.46	194.63
税金	Tax	2.30	3.07	4.98
财务费用	Financial Expense	-3.71	142.15	170.48
利息收入	Interest Revenue	10.88	19.03	19.51
利息支出	Interest Expense	5.51	43.11	68.78
投资收益	Income from Investment	7.48	38.43	36.73
营业利润	Operating Profit	129.91	145.48	110.21
营业外收入	Non-operating Income	30.41	56.32	88.24
补贴收入	Income from Subsidy	7.36	22.88	47.87
营业外支出	Non-operating Expense	23.33	4.98	7.81
利润总额	Total Profit	137.54	194.67	184.68
应交所得税	Income Tax Payable	34.72	38.90	44.13
应付职工薪酬	Total Sum of Wages Payable	133.55	144.11	235.25
应交增值税	Value Added Payable	25.75	24.01	28.90
年均从业人员	Average Number of Empolyment of the Current Year(10000 persons)	14.74	17.51	34.18

主要统计指标解释

铁路营业里程 又称营业长度(包括正式营业和临时营业里程)，指办理客货运输业务的铁路正线总长度。凡是全线或部分建成双线及以上的线路，以第一线的实际长度计算；复线、站线、段管线、岔线和特殊用途线以及不计算运费的联络线都不计算营业里程。该指标可以反映铁路运输业基础设施的发展水平，也是计算客货周转量、运输密度和机车车辆运用效率等指标的基础资料。

铁路电气化里程 指在全部铁路营业里程中已安装了供电线路及设备，可以供电力机车牵引列车运行的区段的总里程。

铁路自动、半自动闭塞里程 为保证列车安全运行，在一个区间、同一时间内，一般只允许一列列车运行，这种保证列车在这个区间安全间隔运行的技术方法称为“闭塞”。自动和半自动闭塞里程指装有列车自动或人工完成闭塞状态的铁路设备里程。

公路里程 指在一定时期内实际达到《公路工程[WTBZ]技术标准 JTJ01-88》规定的等级公路，并经公路主管部门正式验收交付使用的公路里程数。包括大中城市的郊区公路以及通过小城镇街道部分的公路里程和桥梁、渡口的长度，不包括大中城市的街道、厂矿、林区生产用道和农业生产用道的里程。两条或多条公路共同经由同一路段，只计算一次，不得重复计算里程长度。该指标可以反映公路建设的发展规模，也是计算运输网密度等指标的基础资料。

内河航道里程 也称内河通航里程，指在一定时期内，能通航运输船舶及排筏的天然河流、湖泊水库、运河及通航渠道的长度。包括全年季节性通航累计三个月以上的航道，不包括仅供零散流放竹、木排的河道。该指标可以反映内河水运网的规模、水平和发展情况。

民用航空航线里程 指统计期间内全部民用航空航线的航线总长度。航线长度指民用航空航线的计费距离。计算航线里程可按重复和不重复两种方法，前者是指各航线长度相加的总和；后者则要扣除各航线之间相同航段重复计算的部分。

输油(气)管道长度 也称输油(气)里程，指油品(或天然气)的实际输送距离，一般按输油(气)管道的单线长度计算。若包括复线和备用线长度则称为输油(气)管道延展长度，是指管道铺设的实际长度。我们通常使用的是不包括复线的“输油(气)管道里程”，该指标可以反映管道运输的发展规模和水平。

货(客)运量 指在一定时期内，各种运输工具实际运送的货物(旅客)数量。该指标是反映运输业为国民经济和人民生活服务的数量指标，也是制定和检查运输生产计划、研究运输发展规模和速度的重要指标。货运按吨计算，客运按人计算。货物不论运输距离长短、货物类别，均按实际重量统计。旅客不论行程远近或票价多少，均按一人一次客运量统计；半价票、小孩票也按一人统计。

货(客)运密度 指在一定时期内某种运输方式在营运线路的某一区段平均每公里线路通过的货物(旅客)运输周转量。计算公式为：

$$货(客)运密度=\frac{货物(旅客)周转量}{营业线路长度}$$

该指标可以反映交通运输线路上的货物(旅客)运输量运输繁忙程度，是平衡运输线路运输能力和通过能力，规划线路建设及改造、配备技术设备，研究运输网布局的重要依据。

货物(旅客)周转量 指在一定时期内，由各种运输工具运送的货物(旅客)数量与其相应运输距离的乘积之总和。该指标可以反映运输业生产的总成果，也是编制和检查运输生产计划，计算运输效率、劳动生产率以及核算运输单位成本的主要基础资料。计算货物周转量通常按发出站与到达站之间的最短距离，也就是计费距离计算。计算公式为：

货物（旅客）周转量=∑（货物（旅客）运输量×运输距离）

铁路货车平均静载重 指铁路货车在始发站静止状态下平均每车装载的货物重量，用以分析货车完成装车时车辆载重力的利用情况。计算公式为：

$$货车平均静载量=\frac{货物发送吨数}{装车数}$$

静载重的多少取决于运送货物的性质、种类、车辆的类型和装载技术的高低。根据货车的平均标记载重与静载重进行对比，可以反映货车载重能力的利用程度。计算公式为：

$$货车载重力利用率(\%)=\frac{货车平均静载重}{货车平均标记载重}\times 100\%$$

铁路货运机车日产量 指在一定时期内，平均每台货运机车在一昼夜内所完成的总重吨公里数，包括载运货物的重量和车辆本身的自重。该指标从时间和牵引能力两方面反映了机车运用效率。计算公式为：

$$货运机车平均日产量=\frac{货运总重吨公里数}{货运机车台日数}$$

规模以上港口货物吞吐量 指经由水路进、出港区范围，并经过装卸的货物数量。按货物流向分为进港吞吐量和出港吞吐量，按货物贸易性质分为内贸和外贸吞吐量。按货物的类别分，可根据现行的交通行业标准《运输货物分类和代码》分类。沿海港口是指位于海沿岸，具有一定设施和条件，供船舶停靠、旅客上下、货物装卸、生活物料供应等作业的港口。

民用汽车拥有量 指报告期末，在公安交通管理部门按照《机动车注册登记工作规范》，已注册登记领有民用车辆牌照的全部汽车数量。汽车拥有量统计的主要分类：根据汽车结构分为载客汽车、载货汽车及其他汽车；根据汽车所有者不同分为个人(私人)汽车、单位汽车；根据汽车的使用性质分为营运汽车、非营运汽车；根据汽车大小规格不同载客汽车分为大型、中型、小型和微型，载货汽车分为重型、中型、轻型和微型。

邮电业务总量 指以货币形式表示的邮电企业为社会提供各类邮电服务的总数量，是用于观察邮电业务发展变化总趋势的综合性总量指标。分别按邮政业务总量和电信业务总量统计。邮电业务总量是以各类业务的实物量分别乘以相应的不变单价，得出各类业务的货币量再加总求得。

移动电话用户 指在电信运营企业营业网点办理开户登记手续，通过移动电话交换机进入移动电话网，占用移动电话号码的各类电话用户。包括GSM数字移动电话用户、CDMA数字移动电话用户和电信运营企业发行的报告期末已激活充值的能异地漫游的各种智能卡用户。

互联网上网人数 指平均每周使用互联网至少1小时的6周岁以上中国公民人数。

固定电话用户 指在电信运营企业营业网点办理开户登记手续并已接入固定电话网上的全部电话用户。包括普通电话用户、公用电话用户、窄带综合业务数字网（N—ISDN）用户、智能网专用接入终端用户等。按行政区划分为城市电话用户和农村电话用户。

城市电话用户 指直辖市、省辖市、地级市、县级市的市区、市郊区及县城范围内接入局用交换机的电话用户。包括分布在农村地区县团级以上建制的独立工矿区、林区、驻军等电话用户。

农村电话用户 指县城关区以下的集镇和农村接入局用交换机的电话用户。

住宅电话用户 指安装在居民住宅或农民家里并按照住宅电话用户登记注册和收费的各类电话用户。包括私人付费、单位付费和按规定免费安装的住宅电话用户。

长途电话交换机容量 指用于接入长途电话网的电话交换机的设备额定容量，包括国际电话交换机容量。

局用交换机容量 指安装在电信运营企业内用于接续本地固定电话的电话交换机容量，有倍增设备按倍增后的数量计数。包括现用和备用的人工或自动交换机的全部容量。不包括用户交换机容量。

移动电话交换机容量 指移动电话交换机根据一定话务模型和交换机处理能力计算出来的最大同时服务用户的数量。

互联网宽带接入端口 指用于接入互联网用户的各类实际安装运行的接入端口的数量，包括xDSL用户接入端口、LAN接入端口以及其他类型接入端口等，不包括窄带拨号接入端口。

规模以上服务业的统计范围及标准 规模以上服务业是指年营业收入或者年末从业人员达到一定规模标准的执行企业会计制度的服务业法人单位。其中，交通运输、仓储和邮政业，信息传输、软件和信息技术服务业，租赁和商务服务业，科学研究和技术服务业，水利、环境和公共设施管理业，教育，卫生和社会工作，物业管理、房地产中介及自有房地产经营活动等行业规模标准为年营业收入1000万元及以上或者年末从业人员50人及以上的执行企业会计制度的法人单位；居民服务、修理和其他服务业，文化体育和娱乐业等行业规模标准为年营业收入500万元及以上或者年末从业人员50人及以上的执行企业会计制度的法人单位。

Explanatory Notes on Main Statistical Indicators

Length of Railways in Operation refers to the total length of the trunk line for passenger and freight transportation (including both full operation and temporary operation). The calculation is based on the actual length of the first line if this line has a full or partial double (or more). Not included are double tracks, station sidings, tracks under the charge of stations, branch lines, special-purpose lines and non-payable connecting lines. The length of railways in operation is an important indicator to show the development of the infrastructure of railway transport. It is also essential data to calculate volume of passenger freight transport, traffic density and utilization efficiency of locomotives and carriages.

Length of Electrified Railways refers to the length of the section of railways in operation in which the power supply lines and other equipment are installed for the running of electrified locomotives. The proportion of the length of electrified railways to the total length of railways in operation is an important indicator to show the modernization of railways.

Length of Automatic-blocking and Semi-automatic-blocking Railways Blocking is a spacing technique by which a section of the railway only allows one train to pass at a time with the aim of ensuring traffic safety. Length of automatic-blocking and semi-automatic-blocking railways refers to length of railways installed with equipment to perform automatic or manual blocking of trains.

Length of Highways refers to the length of highways which are built in conformity with the grades specified by the highway engineering standard [Highways WTBZ-Technical Standard JTJ01-88] formulated by the Ministry of Transport, and have been formally checked and accepted by the departments of highways and put into use. The length of highways includes that of the suburb highways at large and medium-sized cities, highways passing through streets at small cities and towns, and also the length of bridges and ferry piers. It does not include the length of streets in big and medium-sized cities and highways built for the production purpose at factories, mines, forest areas and agricultural areas. If two or more highways go the same section of the way, the length of the section is only calculated for once and no duplication is allowed. The length of highways is an indicator to show the development of the scale of highway construction and to provide essential information to calculate the transport network density.

Length of Navigable Inland Waterways is an indicator reflecting the size and development of inland water network. It refers to the length of the natural rivers, lakes, reservoirs, canals, and ditches open to navigation during a given period, which enables transportation by ships and rafts. It includes the channels open to navigation for over an accumulated period of 3 months in a year, yet this does not include the river courses which are only used to float odd logs and bamboo rafts. This indicator can reflect the scale, level and development situation of the inland waterway network.

Length of Civil Aviation Routes refers to the length of all routes for civil aviation flights, which is used to account the freight, during the period of statistics.. There are usually two ways to calculate the route length: duplicated calculation and non-duplicated calculateion, the former is the sum of length of all civil aviation routes, and the latter should deduct the duplication length of same route among all routes.

Length of Oil (Gas) Pipelines is used as an indicator to show the development, scale and level of the pipeline transportation. It refers to the actual transport distance of oil (or gas) products, and is in general calculated according to the length of single pipeline. If the length of the double pipelines and alternate pipeline are included, it is called the extension length of the oil (gas) pipelines, which indicates the actual length of the pipelines built. The commonly used indicator, the "length of "oil (gas)" pipelines, does not include the double pipelines. It can reflect the extent and level of development of pipeline transport.

Freight (Passenger) Traffic refers to the volume of freight (passenger) transported with various means within a specific period of time. This indicator reflects the service of the transport industry towards the national economy and people's living conditions, as well as an important indicator used in formulating and monitoring transport production plans and research into the scale and pace of transport development. Freight transport is calculated in tons and passenger traffic is calculated in terms of number of persons. Freight transport is calculated in terms of the actual weight of the goods and takes no account of the type of freight and distance of travel. Passenger traffic is calculated by the principle that one person can be counted only once in one trip and takes no account of the travelling distance and ticket price. The passengers who travel with a half price ticket or a child's ticket is also calculated as one person.

Freight (Passenger) Traffic Density refers to the freight (passenger) traffic volume carried by a particular means of transportation during a given period through one kilometre of a specific section of transportation route. The formula is as follows:

$$\begin{matrix}\text{Freight (Passenger)}\\ \text{traffic density}\end{matrix} = \frac{\begin{matrix}\text{freight ton - kilometres}\\ \text{(passenger - kilometres)}\end{matrix}}{\begin{matrix}\text{length of route}\\ \text{in operation}\end{matrix}}$$

Freight (passenger) traffic density reflects how busy freight (passenger) traffic is on transportation routes. It provides an important basis for balancing transport capability and throughput capability, planning construction and upgrading of transport routes, installing technical facilities and studying the distribution of transport networks.

Freight Ton-kilometres (Passenger-kilometres) refers to the sum of the product of the volume of transported cargo (passengers) multiplied by the transport distance. It is an important indicator to reflect the achievement of the transportation industry. This is an important indicator to show the total results of the transport industry; to prepare and examine the transport plan; and to serve as the main basic data for calculating the efficiency, labour productivity and unit cost of transport. Normally, the shortest distance between the departure station and the destination station (i.e., the payable distance) is the basis in calculating the freight ton-kilometres. The formula is as follows:

$$\begin{matrix}\text{Freight ton - kilometres}\\ \text{(passenger - kilometres)}\end{matrix} = \sum \begin{matrix}\text{freight}\\ \text{(passenger)traffic}\end{matrix} \times \begin{matrix}\text{distance of}\\ \text{transportation}\end{matrix}$$

Average Static Load of Freight Cars refers to the average cargo weight as loaded by each freight car under the static condition at the departure station. It is used to show the utilization extent of the loading capacity of the freight cars. The formula is:

$$\begin{matrix}\text{Static load (ton)}\\ \text{of freight car}\end{matrix} = \frac{\text{tonnage of goods dispatched}}{\text{number of freight cars loaded}}$$

The static load of freight cars is determined by the nature and type of goods loaded the type of vehicles, and the technique of loading. Comparison of the average marked load with the static load of freight cars provides indication on the degree of utilization of loading capacity of freight cars. For its calculation the following formula is applied:

$$\begin{matrix}\text{Utilization rate of}\\ \text{capacity of freight cars (\%)}\end{matrix} = \frac{\text{Average static load}}{\text{Average marked load}} \times 100\%$$

Average Daily Haul of Freight Locomotives refers to the average total ton-kilometres accomplished by each freight transport locomotive over one day and night during a given period of time. It includes both the weight of the goods carried and the dead weight of the train itself. It is a comprehensive indicator reflecting the locomotive efficiency in terms of both time and the pulling force.

$$\begin{matrix}\text{Average daily haul of}\\ \text{freight transport locomotive}\\ \text{(ton - kilometre)}\end{matrix} = \frac{\begin{matrix}\text{Total ton - kilometres}\\ \text{of freight}\end{matrix}}{\begin{matrix}\text{Daily number of freight}\\ \text{transport locomotive}\end{matrix}}$$

Volume of Freight Handled in Coastal Ports above Designated size refers to the volume of cargo passing in and out of the harbour area of the major coastal ports and having been loaded and unloaded. The volume of freight handled may be classified by direction of flow as freight for import and freight for export, or by nature of cargo as freight for domestic trade and freight for foreign trade. The volume of freight handled maybe classified by the classification of cargo, or the current transport standard of The Classification and Code of Cargo Type. Coastal ports refer to the ports, which are located at the edge of an ocean or sea, and with some equipment and facility for ship anchoring, passenger embarking/debarking, cargo loading/unloading, living material provideng, etc. .

Possession of Civil Motor Vehicles refer to the total numbers of vehicles that are registered and received vehicles license tags according to the Work Standard for Motor Vehicles Registration formulated by the Transport Management Office under the department of public security at the end of the reference period. They are divided into categories. According to the structure of motor vehicles, they are divided into passenger vehicles, trucks and others; according to ownership into private vehicles and vehicles for the unit's use; according to kind of usage into working vehicles and non-working vehicles; and according to size of vehicles into large passenger vehicles, medium-sized passenger vehicles, small passenger vehicles and mini passenger vehicles, heavy trucks, light-heavy trucks, light trucks and mini-trucks.

Business Volume of Post and Telecommunications refers to the total amount of postal and telecommunication services, expressed in value terms, provided by the post and telecommunications departments for society. This indicator reflects the overall results of development of postal and telecommunication services. It can be classificated as postal services and and telecommunication services. Business volume of post and telecommunications is the sum of all services in kind multiplying with the unit price (constant price) to get the total business value.

Mobile Telephone Subscribers refer to persons who have gone through registration procedures in the operation points of enterprises engaged in telecommunications and are hence connected with the mobile telephone communication network through the mobile telephone switchboards and occupy mobile phone numbers. Included are GSM digital mobile phone subscribers, CDMA digital mobile phone subscribers and subscribers to intelligent phone cards with roaming facility issued by telecommunications enterprises and which have been subscribed to and activated at the end of the reference period.

Internet Users refer to the number of Chinese citizens aged 6 and over who use the Internet at least for one hour each week.

Local Telephone Subscribers refer to all subscribers who have gone through registration procedures in the operation points of enterprises engaged in telecommunications and are hence connected to the local telecommunications service provider through fixed line network. Included are general subscribers, public telephones subscribers, N-ISDN subscribers and intelligent network terminal subscribers. They are also classified in terms of administrative districts as urban telephone subscribers and rural telephone subscribers according to location.

Urban Telephone Subscribers refer to the number of telephone subscribers, located at the different administrative districts of municipalities directly under the Central Government, cities under the jurisdiction of province, cities at prefecture level, downtown and suburb of city at county level town and county towns, that are connected to the public line telephone network, including rural mineral area, forest area, military area.

Rural Telephone Subscribers refer to telephone subscribers, located at the towns below the level of county town and villages, that are connected to the public line telephone network.

Household Telephone Subscribers refer to telephone sets installed in the dwelling units of urban or rural residents, and registered as residence subscribers for payment, including three types of payment for the service: private payment, public payment and free service in accordance with relevant regulations.

Capacity of Long Distance Telephone Exchanges refers to the rated capacity of telephone exchanges to connect long distance telephone network, including capacity of international telephone exchanges.

Capacity of Office Telephone Exchanges refers to the capacity (measured in gate) of telephone exchanges installed in the offices of telecommunication service providers for communication between fixed telephones. It includes the capacity of both manual and automatic exchanges in use and for stand-by purpose. The capacity of subscriber exchanges is not included.

Capacity of Mobile Telephone Exchanges refers to the capacity of the maximum services provided to subscribers at any one time as computed based on a certain model of calls distribution and transacting capacity of the mobile telephone exchanges.

Broadband Connection Terminals refer to the connection terminals to internet users actually installed and put into operation, including connection terminals for xDSL, connection terminals for LAN, and other connection terminals for xDSL. N-ISDN connection terminals are not included.

The statistical scope and standard of service industry above Designated Size the service industry above designated size is a legal person unit of service industry which refers to the annual operating income or the implementation of enterprise accounting system with a certain scale standard at the end of the year. Among them, transportation, storage and postal industry, information transmission, software and information technology services, leasing and business services, scientific research and technical services, water conservancy, environment and public facilities management industry, education, health and social work, corporate units, property management, real estate intermediary and private real estate business activities the scale of industry standards for annual revenues of 10 million yuan and above or at the end of the year, more than 50 employees and the implementation of enterprise accounting system; resident services, repairs and other services, culture, sports and entertainment industries corporation scale standard for the annual revenues of 5 million yuan and above or at the end of the year, more than 50 employees and the implementation of enterprise accounting system.

14 批发和零售业、住宿和餐饮业

Wholesale and Retail Trades, Hotels and Catering Services

资料整理人员：　郑石明　　孟　强

14-1 社会消费品零售总额
Retail Sale of Consumer Goods

单位：亿元 (100 million yuan)

年份 Year	社会消费品零售总额 Total Retail Sales of Consumer Goods	# 商品销售额 Commodity sales	餐饮消费额 Catering consumption	城镇 Urban	乡村 Rural
1950	6.58	6.47	0.11	2.68	3.85
1951	8.72	8.53	0.19	3.91	4.72
1952	10.05	9.78	0.27	4.49	5.47
1953	11.61	11.34	0.27	5.04	7.16
1954	12.95	11.31	0.30	5.37	8.24
1955	13.22	12.77	0.45	5.49	8.49
1956	14.79	14.28	0.51	6.21	9.86
1957	15.73	15.15	0.58	6.73	10.22
1958	18.06	17.39	0.67	7.60	13.30
1959	21.29	20.43	0.86	9.03	16.17
1960	22.86	21.87	0.99	9.99	17.71
1961	21.47	19.91	1.56	10.18	13.59
1962	22.43	20.80	1.63	9.95	14.46
1963	22.46	21.11	1.35	8.99	15.61
1964	23.28	22.14	1.14	9.27	16.35
1965	23.10	22.10	1.00	9.43	16.91
1966	25.38	24.38	1.00	11.31	18.37
1967	28.21	27.11	1.10	11.52	20.50
1968	27.11	26.08	1.03	10.80	19.81
1969	30.01	29.10	0.91	12.26	21.86
1970	32.05	31.07	0.98	13.58	24.10
1971	34.42	33.33	1.09	15.18	26.03
1972	37.37	36.17	1.20	16.48	28.46
1973	41.21	39.93	1.28	18.17	31.65
1974	43.25	41.88	1.37	19.07	32.77
1975	47.01	45.53	1.48	19.97	36.83
1976	48.24	46.66	1.58	20.89	37.66
1977	50.98	49.30	1.68	21.93	40.31
1978	54.84	53.05	1.79	24.53	44.31

14-1 续表 continued

单位：亿元 (100 million yuan)

年 份 Year	社会消费品零售总额 Total Retail Sales of Consumer Goods	# 商品销售额 Commodity sales	餐饮消费额 Catering consumption	城镇 Urban	乡村 Rural
1979	65.20	63.03	2.17	30.59	51.21
1980	76.77	74.24	2.53	35.47	60.04
1981	87.24	84.45	2.79	37.31	66.87
1982	95.39	92.19	3.20	41.06	71.34
1983	107.36	91.70	3.69	43.30	81.61
1984	124.36	119.90	4.46	49.29	92.79
1985	157.47	151.84	5.63	68.80	108.50
1986	180.61	174.03	6.58	77.24	127.44
1987	213.81	205.55	8.26	91.10	151.78
1988	277.71	267.14	10.57	123.92	192.32
1989	299.74	288.49	11.25	142.13	199.86
1990	300.95	289.59	11.36	300.95	103.11
1991	341.80	327.56	14.24	341.80	113.55
1992	401.17	383.20	17.97	401.17	127.44
1993	496.55	475.10	21.45	496.55	149.72
1994	673.14	633.97	39.17	673.14	201.69
1995	854.48	799.85	54.63	854.48	242.81
1996	966.74	895.60	71.14	966.74	292.44
1997	1062.93	980.74	82.19	1062.93	312.99
1998	1148.36	1050.41	97.95	1148.36	350.55
1999	1254.31	1137.13	117.18	1254.31	368.35
2000	1392.26	1195.02	197.24	1392.26	383.38
2001	1541.27	1380.19	161.08	1541.27	433.00
2002	1712.33	1524.80	187.53	1712.33	468.79
2003	1897.26	1637.81	259.45	1897.26	490.13
2004	2162.90	1852.41	310.49	2162.90	546.01
2005	2474.33	2105.12	369.21	2474.33	618.60
2006	2869.40	2465.06	404.34	2869.40	723.54
2007	3419.17	2939.41	479.76	3419.17	836.92
2008	4222.17	3628.21	593.96	4222.17	1006.15
2009	4943.86	4343.03	600.83	4943.86	489.40
2010	5952.56	5214.96	737.60	5952.56	570.85
2011	7208.99	6334.19	874.79	7208.99	685.36
2012	8318.66	7317.14	1001.52	8318.66	774.53
2013	9509.52	8344.77	1164.75	9509.52	905.88
2014	10723.45	9436.60	1286.85	9707.51	1015.95
2015	12023.97	10580.97	1443.01	10883.83	1140.14

注：1.2009-2014社会消费品零售总额统计数据根据经济普查数据进行了调整，分行业的部分数据不可比。

2.从2010年起，社会消费品零售总额统计采用新的分组，即将经营单位所在地分组由“市”、“县”、“县以下”改为“城镇”、“乡村”。

3.2008年及以前，城镇数据为“市”、“县”数据、“乡村”为“县以下”数据。

a. Figures on total retail sales of goods 2009-2014 were adjusted on the baiss of economic census.Some industry figures can not be compared with before.

b. From 2010, new grouping method is adopted for the statistics on the total retail sales of consumer goods: grouping according to operation location changes from city, county and below county level to urban and rural areas.

c.In 2008 and before, the urban data contained city and county data, the country data was below county data.

14-2 国内贸易基本情况
Basic Statistics on Domestic Trade

项 目	Item	2000	2005	2014	2015
社会消费品零售总额 (亿元)	**Total Retail Sales of Consumer Goods (100 million yuan)**	**1383.72**	**2459.12**	**10723.45**	**12023.97**
按经营地分	**By Location of Outlets**				
城镇	Urban			9707.51	10883.83
其中：城区	City Proper			6302.04	7047.02
乡村	Rural			1015.95	1140.14
按消费形态分	**By Consuming Pattern**				
餐饮收入	Food and Beverage Revenue			1286.85	1443.01
商品零售	Commodity Retail			9436.60	10580.97
亿元以上商品交易市场个数 (个)	**Number of Commodity Transaction Markets above 100 Million Yuan (unit)**		**134**	**326**	**328**
亿元以上商品交易市场成交额 (亿元)	**Turnover of Commodity Transaction Markets above 100 Million Yuan (100 million yuan)**		**864.88**	**3190.03**	**3256.24**
法人单位 (个)	**Number of Corporation Unit (unit)**				**7272**
批发零售贸易业	Wholesales and Retail Trades	756	1026	5535	**5834**
住宿餐饮业	Hotels and Catering Trades		690	1312	1438
从业人员 (万人)	**Employed Persons (10 000 persons)**				
批发零售贸易业	Wholesales and Retail Trades	15.49	14.74	35.93	36.74
住宿餐饮业	Hotels and Catering Trades		10.46	13.87	13.66
批发零售贸易业	**Wholesales and Retail Trades**				
商品购进总额 （亿元）	Total Purchases (100 million yuan)	614.09	1184.91	7833.10	7567.85
商品销售总额 （亿元）	Total Salees (100 million yuan)	665.65	1370.79	8582.05	8427.13
商品库存总额 （亿元）	Total Inventory (100 million yuan)	91.86	129.50	848.07	1750.70

注：法人单位、从业人员和批发零售贸易业商品购进、销售、库存总额为限额以上法人企业数据。

Figures on number of corporation unit,persons employed , and total purchae,total in inventory of wholesale and retail trade refer to units above designated size.

14-3 限额以上批发零售、住宿餐饮业基本情况(2015年)

Basic Conditions on Gross Value of Purchases, Sales and Inventory of Wholesale and Retail Trade above Designated Size (2015)

项 目	Item	法人单位(个) Number of Corporation (Unit)	从业人数(人) Persons Engaged (person)
总 计	**Total**	**7272**	**504002**
批发业	**Wholesale Trades**	**1806**	**110084**
内资企业	Domestic Funded Enterprises	1799	109666
国有企业	State-owned Enterprises	69	23864
集体企业	Collective-owned Enterprises	11	647
股份合作企业	Cooperative Enterprises		
联营企业	Joint Ownership Enterprises		
有限责任公司	Limited Liability Corporations	456	29133
股份有限公司	Share-holding Corporations Ltd.	58	7874
私营企业	Private Enterprises	1188	47459
其他企业	Other Enterprises	17	689
港澳台商投资企业	Enterprises with Funds From HongKong,Macao and Taiwan	3	187
外商投资企业	Enterprises with Foreign Investment	4	231
零售业	**Retail Sale Trades**	**4028**	**257306**
内资企业	Domestic Funded Enterprises	3989	244722
国有企业	State-owned Enterprises	63	5632
集体企业	Collective-owned Enterprises	39	3177
股份合作企业	Cooperative Enterprises	5	236
联营企业	Joint Ownership Enterprises	2	66
有限责任公司	Limited Liability Corporations	761	71620
股份有限公司	Share-holding Corporations Ltd.	112	28158
私营企业	Private Enterprises	2972	134706
其他企业	Other Enterprises	35	1127
港澳台商投资企业	Enterprises with Funds From HongKong,Macao and Taiwan	21	6773
外商投资企业	Enterprises with Foreign Investment	18	5811
住宿业	**Hotels Trades**	**731**	**81160**
内资企业	Domestic Funded Enterprises	712	76424
国有企业	State-owned Enterprises	55	7325
集体企业	Collective-owned Enterprises	8	923
股份合作企业	Cooperative Enterprises	1	145
联营企业	Joint Ownership Enterprises	1	35
有限责任公司	Limited Liability Corporations	228	30464
股份有限公司	Share-holding Corporations Ltd.	28	4513
私营企业	Private Enterprises	382	32426
其他企业	Other Enterprises	9	593
港澳台商投资企业	Enterprises with Funds From HongKong,Macao and Taiwan	16	4002
外商投资企业	Enterprises with Foreign Investment	3	734
餐饮业	**Catering Trades**	**707**	**55452**
内资企业	Domestic Funded Enterprises	697	49770
国有企业	State-owned Enterprises	9	906
集体企业	Collective-owned Enterprises	1	15
股份合作企业	Cooperative Enterprises		
联营企业	Joint Ownership Enterprises		
有限责任公司	Limited Liability Corporations	217	14184
股份有限公司	Share-holding Corporations Ltd.	9	835
私营企业	Private Enterprises	453	33484
其他企业	Other Enterprises	8	346
港澳台商投资企业	Enterprises with Funds From HongKong,Macao and Taiwan	5	221
外商投资企业	Enterprises with Foreign Investment	5	5461

14-4 商品交易市场基本情况(2015年)
Basic Statistics on Commodity Exchange Markets(2015)

项 目	Item	市场数（个） Number of Markets (unit)	亿元及以上市场 Commodity Markets over 100 Million Yuan
总计	**Total**	**2553**	**328**
按市场类别分组	By Market Category		
综合市场	Integrated Markets	1607	127
生产资料综合市场	Production Comprehensive Markets	31	1
工业消费品综合市场	Industrial Consumable Comprehensive Markets	88	29
农产品综合市场	Farm Produce Comprehensive Markets	683	42
其他综合市场	Other Comprehensive Markets	805	55
专业市场	Special Markets	946	201
生产资料市场	Production Markets	93	45
农用生产资料市场	Agricultural Production Markets	4	2
木材市场	Wood Markets	14	1
建材市场	Building Material Markets	43	24
化工材料及制品市场	Chemical Materials and Products Markets	3	3
金属材料市场	Metal Materials Markets	7	4
机械设备市场	Mechanical Equipments Markets	9	7
其他生产资料市场	Others	8	2
农产品市场	Farm Produce Markets	450	42
粮油市场	Grain and Oil Markets	38	3
肉禽蛋市场	Meat, Poultry and Eggs Markets	64	5
水产品市场	Aquatic Products Markets	8	5
蔬菜市场	Vegetables Markets	128	9
干鲜果品市场	Dried and Fresh Melons and Fruits Markets	25	7
其他农产品市场	Others	185	13
食品、饮料及烟酒市场	Food, Beverages, Tobacco and Liquor Markets	67	8
食品饮料市场	Food and Beverages Markets	39	3
烟酒市场	Tobacco and Liquor Markets	3	2
其他食品饮料及烟酒市场	Others	23	3
纺织、服装、鞋帽市场	Textiles, Clothing, Shoes and Hats Markets	160	44
布料及纺织品市场	Cloth and Textiles Markets	16	2
服装市场	Clothing Markets	107	34
鞋帽市场	Shoes and Hats Markets	7	3
其他纺织服装鞋帽市场	Others	30	5
日用品及文化用品市场	Daily Use Articles and Cultural Goods Markets	18	4
文具市场	Stationary Markets	2	1
图书、报刊杂志市场	Books, Newspapers and Magazines Markets	2	1
音像制品及电子出版物市场	Video Products and E-journal Markets	2	1
其他日用品及文化用品市场	Others	4	1
电器、通讯器材、电子设备市场	Electrical Appliances, Communication Appl- iances and Electronical Appliances Markets	45	14
家电市场	Household Appliances Markets	12	7
通讯器材市场	Communication Appliances Markets	21	2
计算机及辅助设备市场	Computer and Auxillary Equipments Markets	11	4
其他电器、通讯器材、电子设备	Others	1	1
医疗、医疗用品及器材市场	Medicine, Medical Materials and Medical Instruments Markets	4	2
其他医药、医疗用品及器材市场	Others	2	
家具、五金及装饰材料市场	Furniture, Hardware and Decoration Materials Markets	70	31
家具市场	Furniture Markets	18	7
装饰材料市场	Decoration Materials Markets	33	16
五金材料市场	Hardware Materials Markets	10	5
其他装修市场	Others	9	3
汽车、摩托车及零配件市场	Cars, Motorcycles and Spare Parts Markets	18	8
汽车市场	Cars Markets	10	3
摩托车市场	Motocycles Markets	4	2
机动车零配件市场	Vehicle Spare Parts Markts	4	3
花、鸟、鱼、虫市场	Flower, Bird, Fish and Insects Markets	5	1
花卉市场	Flower Markets	4	1
按营业状态分组	By Operating Status		
常年营业	Perennial Operation	2363	326
季节性营业	Seasonal Operation	83	1
其他	Others	107	1
按经营方式分组	By Operating Mode		
以批发为主	Whole Sale	349	173
以零售为主	Retail	2204	155
按经营环境分组	By Operating Circumstance		
露天式	Outdoor	781	24
封闭式	Indoor	1120	254
其他	Others	652	50

14-4 续表 continued

摊位总数（个）Number of Stalls (unit)	亿元及以上市场 Commodity Markets over 100 Million Yuan	出租摊位个数（个）Number of rented stall(unit)	亿元及以上市场 Commodity Markets over 100 Million Yuan	营业面积（万平方米）Operation Area (10000sq.m)	亿元及以上市场 Commodity Markets over 100 Million Yuan	成交额（亿元）Turnover (100 million yuan)	亿元及以上市场 Commodity Markets over 100 Million Yuan
552211	**196945**	**485241**	**179398**	**1876.11**	**1092.84**	**3891.20**	**3256.24**
350292	93112	310690	89226	809.40	369.97	1982.67	1583.15
2859	156	2282	156	7.71	0.62	8.23	2.01
47949	32072	42565	31261	160.84	128.68	850.47	829.58
124123	27523	107735	26405	293.33	137.91	707.34	546.21
175361	33361	158108	31404	347.52	102.75	416.64	205.36
201919	103833	174551	90172	1066.71	722.87	1908.53	1673.09
30438	22203	24675	18700	310.36	231.39	422.48	401.53
415	62	396	49	4.52	3.70	9.81	8.30
1328	550	1242	513	18.82	6.50	5.12	1.93
18262	12221	14467	10434	167.44	106.39	112.85	101.30
1356	1356	921	921	7.26	7.26	15.57	15.57
2264	1882	2029	1797	76.48	74.26	195.48	193.16
4984	4886	4249	4189	20.38	19.07	67.58	66.90
1151	676	1133	665	4.42	3.41	4.61	3.41
64774	16007	56238	13874	171.31	74.25	473.85	370.01
4947	676	3930	534	13.13	4.63	54.64	46.45
7292	1009	5982	930	20.57	5.44	25.32	12.52
1270	1025	1238	1007	10.57	9.26	129.41	128.64
19905	5061	18694	4991	52.92	28.66	149.67	124.67
3770	1925	2775	1128	21.46	14.20	32.50	24.16
27000	6311	23041	5284	51.95	12.07	81.79	33.58
15007	4889	12429	2952	28.01	9.48	59.42	41.02
8136	2226	6818	1352	14.36	4.24	23.18	12.45
1775	1615	850	692	2.39	2.11	6.02	5.47
4757	1048	4509	908	8.36	3.14	29.47	23.10
55937	38347	49897	34687	147.41	103.03	240.25	196.89
2721	632	1728	579	8.47	1.74	10.68	6.24
36577	25721	35274	25243	99.48	71.20	150.84	120.50
1624	1224	1502	1202	8.16	6.20	7.92	7.05
15015	10770	11393	7663	31.30	23.89	70.80	63.10
2641	734	2297	719	7.91	3.45	25.10	18.76
165	65	165	65	1.70	1.30	3.52	2.55
501	421	501	421	1.49	1.31	11.05	10.07
371	163	363	155	0.80	0.65	5.83	4.85
439	85	327	78	0.60	0.19	1.83	1.30
7174	4068	6273	3712	31.40	19.50	87.75	76.57
1944	1291	1691	1268	12.85	9.62	39.44	37.41
1974	291	1714	246	4.98	0.28	9.65	3.04
2576	1806	2198	1528	12.37	8.40	33.62	31.08
680	680	670	670	1.20	1.20	5.05	5.05
1877	1747	1772	1682	48.39	47.77	71.54	71.28
130		90		0.62		0.26	
17516	12163	15386	10743	200.18	137.39	268.28	246.54
2483	1098	2355	1078	29.03	16.20	23.70	17.42
9602	7173	8303	6107	82.84	54.58	133.83	123.98
3750	3246	3442	3018	55.37	52.12	72.36	70.11
1681	646	1286	540	32.94	14.49	38.38	35.03
3874	2856	3221	2411	92.87	85.83	230.34	225.94
1804	1239	1313	864	79.35	74.68	219.31	216.97
499	314	375	282	1.86	1.48	5.33	4.18
1571	1303	1533	1265	11.67	9.67	5.70	4.78
765	434	561	319	19.64	7.91	4.42	4.00
665	434	461	319	19.20	7.91	4.27	4.00
523644	195421	461471	178343	1835.01	1090.24	3857.08	3245.74
12077	450	9926	265	18.82	0.70	15.50	6.00
16490	1074	13844	790	22.27	1.90	18.62	4.50
133765	104953	120278	97008	945.08	782.21	2519.91	2440.20
418446	91992	364963	82390	931.03	310.62	1371.30	816.04
132700	16815	118814	14684	333.67	138.37	561.72	395.20
287422	147061	250547	136210	1094.35	715.10	2617.10	2323.14
132089	33069	115880	28504	448.09	239.36	712.38	537.89

14-5 商品交易市场经营情况
Business Statistics of Commodity Exchange Markets

项 目	Item	出租摊位个数（个）Number of Booths (unit)		成交额（亿元）Turnover(100 million yuan)	
		2014	2015	2014	2015
总计	**Total**	**492967**	**485241**	**3803.31**	**3891.20**
粮油、食品类	Food	217119	214823	1314.46	1383.22
#粮油类	#Grain and Oil	37844	37513	174.94	288.80
#肉禽蛋类	#Meat,Poultry and Eggs	43851	43871	229.52	232.82
#水产品类	#Aquatic Products	22077	22549	213.99	226.08
#蔬菜类	#Vegetables	71276	70422	277.56	284.45
#干鲜果品类	#Dried and Fresh Melons and Fruits	26607	26916	265.46	283.58
饮料类	Beverages	11491	11546	60.58	65.26
烟酒类	Tobacco and Liquor	15580	15854	130.40	148.86
服装、鞋帽、针纺织品类	Garments, Shoes Hats Knit and Textile Goods	110136	108084	423.61	427.45
#服装类	#Garments	74551	73482	288.13	283.86
#鞋帽类	#Shoes and Hats	20848	20142	79.83	81.87
#针纺织品类	#Knit and Textile Goods	14737	14460	55.65	61.71
化妆品类	Cosmetics	3956	3865	19.57	19.35
金银珠宝类	Gold,Silver and Jewelry	725	927	3.52	24.93
日用品类	Articles for Daily Use	21636	21335	115.79	135.73
#儿童玩具类	#Children Toys	4634	4550	24.34	27.77
五金、电料类	Hardware & Electrical Materials	10986	11601	169.17	187.32
体育、娱乐用品类	Sports & Recreational	2362	2458	7.13	12.15
书报杂志类	Newspapers and Magazines	1342	1345	8.99	9.89
电子出版物及音像制品类	Electronic Publication and Audiovisual Products	2926	2938	21.45	22.24
家用电器和音像器材类	Household Appliances and Audiovisual Equipment	5886	5871	93.52	98.69
中西药品类	Traditional Chinese and Western Medicine	4232	4306	94.01	97.70
#西药类	#Western Medicine	913	898	5.52	6.03
#中草药及中成药类	#Chinese Herbal Medicine and Other Traditional Chinese Medicine	2668	2581	86.48	89.37
文化办公用品类	Cultural and Official Goods	5501	5499	83.62	89.97
家具类	Furniture	6167	5881	77.49	87.90
通讯器材类	Communication Appliances	3043	3038	16.63	16.80
木材及制品类	Wood and Wooden Products	2959	2651	17.49	16.82
石油及制品类	Oil and Related Products	576	364	3.57	2.80
化工材料及制品类	Chemical Materials and Related Products	2771	2942	26.06	26.89
#化肥类	#Fertilizer	1196	1170	8.11	7.84
金属材料类	Metal Materials	3238	3432	280.17	203.14
建筑及装潢材料类	Building and Decoration Materials	25053	25692	312.26	326.74
机电产品及设备类	Mechanical & Electrical Products and Appliances	4782	4987	111.63	109.43
#农机类	#Agricultural Machinery	508	540	8.66	12.62
汽车类	Automobile	8350	3613	302.56	267.87
种子饲料类	Seed and Feedstuff	2900	2947	16.42	15.35
其他类	Others	18009	17893	89.28	91.11

14-6 亿元以上商品交易市场基本情况
Basic Statistics on Commodity Transaction Markets of Turnover above 100 Million Yuan

项 目	Item	出租摊位个数 (个) Number of Booth (unit)		成交额 (亿元) Turnover (100 million yuan)	
		2014	2015	2014	2015
总计	**Total**	**185316**	**179398**	**3190.03**	**3256.24**
粮油、食品类	Food	51495	48945	1009.79	1060.94
#粮油类	#Grain and Oil	7868	7515	108.89	218.53
#肉禽蛋类	#Meat,Poultry and Eggs	8899	8848	140.80	142.03
饮料类	Beverage	3853	3888	46.37	50.52
烟酒类	Tobacco and Liquor	5045	5055	106.23	123.50
服装、鞋帽、针纺织品类	Garments,Shoes,Hats,knit and Textile Goods	55288	54250	325.15	325.72
#服装类	#Garments	39003	38396	221.50	215.50
#鞋帽类	#Shoes and Hats	9305	8979	61.73	63.55
#针、纺织品类	#knit and Textile Goods	6980	6875	41.91	46.67
化妆品类	Cosmetics	1647	1373	16.29	15.61
金银珠宝类	Gold,Silver and Jewelry	181	354	2.18	23.57
日用品类	Articles for Daily Use	7583	7954	95.85	115.12
五金、电料类	Handware & Electric Materials	6410	7017	158.88	177.38
体育、娱乐用品类	Sports and Recreaction	948	1009	4.78	9.86
书报杂志类	Newspapers & Magazines	522	531	7.57	8.43
电子出版物及音像制品类	Electronic Publication and Audiovisual Products	1262	1268	18.53	19.36
家用电器和音像器材类	Household Appliances and Audiovisual Equipment	3435	3434	84.12	89.79
中西药品类	Traditional Chinese and Western Medicines	2195	2177	89.81	93.31
#西药类	#Western Medicines	109	106	3.61	4.14
#中草药及中成药类	#Chinese Herbal Medicine and Other Traditional Chinese Medicine	1975	1941	85.46	88.32
文化办公用品类	Culture and Official Goods	3070	3210	77.44	83.78
家具类	Furniture	3226	3169	63.61	75.16
通讯器材类	Communication Appliances	868	875	8.87	8.81
煤炭及制品类	Coal and Related Products	44	52	0.27	0.29
木材及制品类	Wood and Wooden Products	1185	873	12.22	11.23
石油及制品类	Oil and Related Products	226	29	1.67	0.86
化工材料及制品类	Chemical Materials and Related Products	1049	1213	20.35	21.22
#化肥类	Chemical Fertilizer	90	73	4.02	3.78
金属材料类	Metal Materials	2077	2266	274.52	197.48
建筑及装潢材料类	Building and Decoration Materials	17499	18046	283.91	298.11
机电产品及设备类	Mechanical & Electrical Products and Appliances	3860	4046	107.61	104.85
#农机类	#Agricutural Mechanical Products	173	205	8.00	11.54
汽车类	Automobile	6777	2592	295.99	262.75
种子饲料类	Seed and Feedstuff	374	321	11.18	9.98
棉麻类	Cotton & Ambery	85	89	0.95	0.97
其他类	Others	5112	5362	65.88	67.66

14-7 限额以上批发、零售业商品购进、销售、库存总额(2015年)

Total Value of Purchases Sales and Inventory of above Designated Size in Wholesale and Retail Sales Trade (2015)

单位：亿元 (100 million yuan)

指标	Item	商品购进总额 Total Purchases	商品销售总额 Total Sales	批发 Wholesale Trade	零售 Retail Trade	年末库存总额 Inventory Year-end
总计	**Total**	**7567.85**	**8427.13**	**4173.54**	**4253.59**	**1750.70**
批发业	**Wholesale Trade**	**4063.72**	**4199.32**	**3783.90**	**415.41**	**1251.25**
按登记注册类型分组	**By Status of Registration**					
内资企业	Domestic Funded Enterprises	4050.28	4182.98	3772.73	410.25	1250.84
国有企业	State-owned Enterprises	622.84	874.95	858.87	16.08	111.89
集体企业	Collective-owned Enterprises	16.08	17.32	9.36	7.96	0.70
股份合作企业	Cooperative Enterprises					
联营企业	Joint Ownership Enterprises					
有限责任公司	Limited Liability Corporations	1639.82	1260.22	1143.89	116.33	1036.59
股份有限公司	Share-holding Corporations Ltd.	328.96	377.04	334.50	42.54	18.67
私营企业	Private Enterprises	1421.54	1630.80	1404.22	226.59	81.06
其他企业	Other Enterprises	21.05	22.64	21.89	0.75	1.93
港澳台商投资企业	Enterprises with Funds From HongKong, Macao and Taiwan	5.38	5.57	5.25	0.32	0.24
外商投资企业	Enterprises with Foreign Investment	8.06	10.77	5.93	4.84	0.17
按国民经济行业分组	**By Sector**					
农畜产品批发业	Farming Products and Animal Products	95.43	114.47	97.28	17.18	18.91
食品、饮料及烟草制品	Foods、Beverages and Tobaccos	906.14	1212.41	1137.78	74.63	156.25
纺织、服装及日用品	Textiles,Garments and Daily Consumer Goods	162.07	185.17	148.90	36.27	32.90
文化、体育用品及器材	Goods and Appliancea of Cultural and Sports	124.21	137.65	129.31	8.34	14.53
医药及医疗器材	Medicines and Medical Appliances	491.31	547.35	459.83	87.52	940.02
矿产品、建材及化工产品	Mineral Products,Building and Chemical Materials	1930.63	1592.93	1463.59	129.33	68.44
机械、五金交电及电子产品	Machinery,Hardware,Transport,Electric Products	282.61	312.46	275.96	36.49	16.70
贸易经纪与代理	Trade brokers and agents	2.48	3.19	1.93	1.26	0.02
其他批发业	Others	68.84	93.71	69.33	24.38	3.47

14-7 续表 continued

单位：亿元 (100 million yuan)

指标	Item	商品购进总额 Total Purchases	商品销售总额 Total Sales	批发 Wholesale Trade	零售 Retail Trade	年末库存总额 Inventory Year-end
零售业	**Retail Trade**	**3504.13**	**4227.81**	**389.63**	**3838.18**	**499.45**
按登记注册类型分组	By Status of Registration					
内资企业	Domestic Funded Enterprises	3391.05	4099.97	388.83	3711.13	481.27
国有企业	State-owned Enterprises	62.40	66.26	2.60	63.66	3.34
集体企业	Collective-owned Enterprises	33.05	37.35	1.03	36.32	1.82
股份合作企业	Cooperative Enterprises	4.48	4.49		4.49	0.10
联营企业	Joint Ownership Enterprises	0.35	0.25	0.11	0.14	0.04
有限责任公司	Limited Liability Corporations	1094.49	1225.89	137.38	1088.51	91.43
股份有限公司	Share-holding Corporations Ltd.	406.56	760.98	84.80	676.18	42.52
私营企业	Private Enterprises	1778.74	1993.52	162.27	1831.24	341.31
其他企业	Other Enterprises	10.98	11.22	0.63	10.60	0.71
港澳台商投资企业	Enterprises with Funds From HongKong, Macao and Taiwan	52.71	64.42	0.74	63.68	13.96
外商投资企业	Enterprises with Foreign Investment	60.37	63.42	0.06	63.36	4.23
按国民经济行业分组	By Sector					
综合零售业	General Retail Trade	786.51	848.59	14.53	834.06	170.04
百货零售业	Retail of Consumer Goods	314.86	337.67	2.79	334.87	106.36
超级市场零售业	Retail of Super Markets	443.44	480.16	9.29	470.87	61.45
食品、饮料及烟草制品	Foods、Beverages and Tobaccos	124.13	163.94	28.14	135.80	11.51
纺织、服装及日用品	Textiles,Garments and Daily Consumer Goods	97.73	115.58	11.10	104.49	23.33
文化、体育用品及器材	Goods and Appliancea of Cultural and Sports	101.31	118.82	12.94	105.89	10.47
医药及医疗器材专门零售业	Medicines and Medical Appliances	226.90	251.69	64.22	187.48	26.97
#药品零售	#Medicines	222.34	245.98	60.48	185.50	26.49
汽车、摩托车、燃料及零配件	Motor Vehicles,Motorcycles and Parts,Fuels	1748.90	2256.95	202.58	2054.37	225.04
#汽车零售业	#Motor Vehicles	1292.61	1424.45	50.09	1374.36	213.52
机动车燃料零售业	Retail of Motor Vehicles Fules	421.52	791.44	147.84	643.60	8.97
家用电器及电子产品	Electronic Household Appliances and Products	257.92	282.16	36.62	245.54	23.42
五金、家具及室内装修材料	Hardware,Furniture and Fittering Material	85.72	96.95	6.31	90.65	4.15
无店铺及其他零售业	Others	75.03	93.12	13.20	79.92	4.54

14-8 限额以上批发和零售业企业财务状况(2015年)
Financial Affairs of above Designated Size in Wholesale and Retail Trade Enterprises (2015)

单位：万元　　　　(10000 yuan)

项 目	Item	合 计 Total	内资企业 Domestic Funded Enterprises	国有企业 State-owned Enterprises	集体企业 Collective Owned Enterprises	股份合作企业 Cooperative Enterprises
企业数 (个)	number of enterprises (unit)	**5834**	5788	132	50	5
流动资产合计	Total Circulating Funds	**23678811**	23286054	2697472	37496	1334
#存货	#Inventories	**6233535**	6150175	1280752	11649	426
固定资产原价	Original Value of Fixed Assets	**6784985**	6545648	912044	43576	6698
累计折旧	Total Depreciation	**2008490**	1917196	381908	9883	959
#本年折旧	#Depreciation This Year	**400776**	384581	50904	3216	241
资产总计	Total Assets	**35750157**	34983973	3822102	90713	10719
负债合计	Total Liabilities	**23094964**	22754611	1398856	50033	9271
所有者权益合计	Total Creditors Equity	**12655193**	12229361	2423246	40680	1448
实收资本	Capitals Hold	**6051308**	5850181	201580	26425	1494
国家资本	State Capital	**1347580**	1342330	172116	2	592
集体资本	Collective Capital	**167455**	141568	429	24109	8
法人资本	Legal Person Capital	**2416693**	2391579	27847	1842	865
个人资本	Individual Capital	**1971795**	1960411	1188	471	29
港澳台资本	Hongkong, Macao and Taiwan	**67750**	8625			
外商资本	Foreign Capital	**80035**	5668			
主营业务收入	Net Sales Revenue	**76469962**	75175620	8639979	530410	39959
主营业务成本	Cost of Sales	**67347742**	66282178	6360817	465051	34950
主营业务税金及附加	Taxes and other charges on principal Business	**1246507**	1238866	718184	6452	1950
其他业务利润	Other Business Profits	**217334**	197918	3607	648	
营业费用	Operating Expenses	**3388939**	3262000	282577	22116	748
管理费用	Overhead Expenses	**1987455**	1929080	392595	19627	1136
税金	Taxes	**91884**	90119	12159	1132	228
财务费用	Financial Expenses	**486368**	484843	3072	4183	364
利息支出	Expenses for Interest	**316581**	314468	21175	89	155
营业利润	Operating Profits	**2432043**	2363660	896693	14236	1646
利润总额	Total Profits	**2313120**	2243080	911159	7466	2271
应交所得税	Income Tax	**439904**	429976	232386	380	547
本年应付工资总额	Total Wages Payable this Year	**1770641**	1703499	332654	12854	739
本年应交增值税额	Value-added Tax Payable	**1084895**	1057583	355487	2752	1404
资产减值损失	Asset impairment loss	**50993**	51086	606		
公允价值变动收益	Changes in fair value gains	**8585**	8585	8		

续表 continued

单位：万元 (10000 yuan)

联营企业 Joint Ownership Enterprises	有限公司 Limited Liability Corporation	股份公司 Share-holding Corporation Ltd.	私营企业 Private Enterprises	其他企业 Other Enterprises	港、澳、台商投资企业 Enterprises with Funds From HongKong, Macao and Taiwan	外商投资 Foreign Investment	批发业 Wholesale Trade	农畜产品 Farming Products and Animal Products	食品饮料烟草 Foods, Beverages, and Tobaccos	纺织服装日用品 Textiles, Garments, and Daily Consumer Goods	文体用品器材批发 Cultural and Sports Goods
2	1217	170	4160	52	24	22	1806	128	261	128	75
1406	8560389	3371125	8559779	57054	203776	188981	13579103	455955	3978996	766310	910437
255	1942145	892513	2003830	18605	46938	36422	3476548	170159	1709416	291870	111550
1353	1757705	1629485	2162192	32595	118970	120368	2344265	192380	1246859	29921	53754
222	530677	508498	477783	7265	25477	65816	703699	46184	425700	7898	22178
6	93625	98772	135413	2403	6497	9698	121654	5678	65488	1869	3957
2791	11940791	6792982	12225344	98530	472488	293697	18349328	766278	6019516	853652	1388210
2074	8878481	3979106	8381652	55137	191272	149081	12110292	390642	2866270	745132	934131
717	3062309	2813876	3843692	43393	281216	144616	6239036	375636	3153246	108519	454079
496	1890901	904920	2798266	26100	113847	87280	2596658	216310	486922	63053	240225
20	653269	495330	20159	844		5250	647459	88083	153031	4502	168420
155	51289	51700	13163	714	25069	818	30607	1487	5948	301	1203
30	844249	227653	1274075	15018	21749	3365	1063101	49256	249035	33896	44286
291	329146	129842	1489921	9524	10529	855	827177	75713	78685	24355	25917
	7948	396	280		56500	2625	19652				400
	5000		668			74366	8663	1771	223		
2018	22293025	11019335	32351986	298908	633739	660603	38098726	1041451	11149691	1682725	1255470
1451	20323014	9872287	28974645	249962	525111	540453	33475677	909699	8619732	1497987	1080999
62	126157	65011	318607	2443	2264	5378	919381	11001	729296	13784	7260
	115608	25454	52521	79	8330	11086	28459	1916	2823	2052	1248
205	1077705	720691	1146088	11871	75211	51727	1206092	30198	445462	82458	44149
363	480074	247996	775648	11642	21994	36381	945725	36426	454950	30124	37233
	20078	13853	41304	1365	521	1244	39107	1063	13633	1400	1876
46	152553	42265	280501	1859	1931	-406	234448	17178	33677	8613	-4527
47	121455	32651	138515	382	1523	589	199477	6486	64571	7839	2593
-109	267603	232387	931375	19830	26007	42376	1383785	40806	874626	54319	92344
107	286217	222796	793826	19238	26387	43653	1387467	47717	985467	33196	95444
46	66734	53172	74973	1737	5039	4890	311225	3759	244911	4282	4176
280	502083	228358	622024	4506	36750	30393	754071	34413	405815	33783	33325
	279301	85461	330626	2552	12372	14941	661902	3041	407815	17481	13475
	30446	17536	2325	173	14	-106	45214	1807	9208	623	2809
	1273	829	6425	50			1758	880	361	46	28

14-8 续表 1 continued

单位：万元 (10000 yuan)

项 目	Item	医药医疗器材批发 Medicines and medical Appliances	矿产品建材及化工产品 Mineral Products, Building and Chemical Materials	机械五金交电及电子批发 Hardware, Transport and Electric	贸易经纪与代理 Trade brokers and agents	其他批发 Other wholesale Trade	零售业 Retail Trade	综合零售 General Retail Trade
企业数 (个)	number of enterprises (unit)	196	681	242	4	91	4028	565
流动资产合计	Total Circulating Funds	2122487	4175057	1025577	1897	142387	10099708	2560797
#存货	#Inventories	392170	645760	130689	29	24904	2756987	795516
固定资产原价	Original Value of Fixed Assets	183603	468931	115383	760	52674	4440721	1859316
累计折旧	Total Depreciation	43188	117671	29746	184	10949	1304791	596818
#本年折旧	#Depreciation This Year	11461	24044	6889	32	2236	279122	133870
资产总计	Total Assets	2404982	5428021	1277515	2602	208553	17400829	5365102
负债合计	Total Liabilities	1931071	4023675	1118699	1924	98748	10984672	3447595
所有者权益合计	Total Creditors Equity	473910	1404346	158817	677	109806	6416157	1917507
实收资本	Capitals Hold	329695	996998	186271	679	76505	3454650	728913
国家资本	State Capital	19714	191261	16819	50	5580	700121	29367
集体资本	Collective Capital	1080	15425	1677		3485	136849	77074
法人资本	Legal Person Capital	160797	419928	59709	355	45841	1353592	313639
个人资本	Individual Capital	148096	369488	84599	274	20052	1144618	219508
港澳台资本	Hongkong, Macao and Taiwan	8	896	18000		347	48098	19978
外商资本	Foreign Capital			5468		1200	71372	69347
主营业务收入	Net Sales Revenue	4849419	14364244	2833000	30548	892179	38371236	8883806
主营业务成本	Cost of Sales	4473190	13544675	2570400	25036	753959	33872065	7536512
主营业务税金及附加	Taxes and other charges on principal Business	16980	88757	25718	1315	25269	327126	79233
其他业务利润	Other Business Profits	11020	8143	1235		23	188876	114207
营业费用	Operating Expenses	147160	251531	166862	1050	37223	2182847	882723
管理费用	Overhead Expenses	96663	194125	57853	1097	37255	1041730	337126
税金	Taxes	4906	12203	2741	59	1228	52777	16203
财务费用	Financial Expenses	30184	121042	13670	65	14545	251921	51589
利息支出	Expenses for Interest	21632	86387	8217	45	1708	117104	23975
营业利润	Operating Profits	94603	197939	2160	1985	25004	1048258	261413
利润总额	Total Profits	82464	149207	-22633	2	16601	925653	275460
应交所得税	Income Tax	13940	32467	5246		2445	128679	45234
本年应付工资总额	Total Wages Payable this Year	83534	108648	38885	156	15515	1016570	296306
本年应交增值税额	Value-added Tax Payable	83791	105090	25103	308	5799	422994	88609
资产减值损失	Asset impairment loss	1533	27930	1344		-38	5779	3810
公允价值变动收益	Changes in fair value gains	84	243	58		57	6827	5510

14-8 续表 2 continued

单位：万元 (10000 yuan)

		食品饮料	纺织服装	文体用品	医药医疗	汽车摩托	家用电器	五金家具	无店铺及
百货商店 Consumer Goods Shoping	超级市场 Super Markets	烟草 Foods, Beverages, and Tobaccos	日用品 Textiles, Garments, and Daily Consumer Goods	器材 Cultural and Sports Goods	器材 Medicines and medical Appliances	及燃料 Motor Vehicles, Motorcycles and Fuels	及电子产品 Electronic Household Appliance, Electronic Products	室内装修 Hardware Furniture and Fittering Material	其他零售 And other nonstore retail
178	314	357	204	161	167	1656	517	235	166
1251454	1248175	347685	345914	520547	1060227	4492716	512887	102674	156261
384503	391501	108566	98399	80965	162399	1309793	134683	27204	39462
791586	1013514	167334	74849	103663	104249	1778123	149593	104076	99518
263530	325773	31358	21752	35128	30396	514649	31943	21356	21391
45113	87143	9066	4567	7272	6644	102205	7796	5772	1930
2531793	2680814	667696	510314	676746	1315710	7385094	769086	271090	439990
1693776	1673146	349524	295448	286330	835709	4991086	444695	109459	224826
838018	1007669	318172	214866	390416	480001	2394009	324391	161631	215164
310259	370577	213209	178335	216567	178499	1428765	210578	100795	198988
15726	7485	35246	2064	116336	8945	499961	1989	3790	2424
8577	63566	9092	2857	800	8808	5620	26258	3160	3180
121119	169190	62509	134439	78599	90635	483204	100180	41227	49160
113438	92463	106361	38617	18583	62490	423725	81316	52614	141403
6000	13978		359	225	7621	16256	834	5	2820
45400	23896			2025					
3091439	5507123	1583746	1097348	1034220	2231180	19053417	2633493	936277	917751
2583842	4717036	1287700	875224	830114	1884388	17633319	2289263	771346	764199
39512	35239	25193	21398	8184	13860	100038	34903	20179	24138
46585	66518	7427	4486	3578	8333	33349	5249	9033	3214
236272	621983	107021	80905	105008	178467	617969	124503	43568	42684
171936	151677	66904	43268	47589	69237	333744	65376	37590	40896
6406	7846	1611	1592	2025	2535	22139	4152	1884	635
21651	26525	15431	12516	3267	15839	106966	21969	12195	12149
17113	5770	3672	3363	3573	13059	58928	5680	2056	2798
106427	145666	109906	64381	41226	86548	287020	110166	51120	36480
118647	149795	88876	43166	43111	84302	243766	77815	35495	33662
28980	15633	7538	5216	2634	12912	44077	6342	2215	2510
135297	145280	58394	44748	62637	92627	348891	63985	21508	27474
40031	45901	15595	17248	12408	39872	201867	28362	11356	7676
2315	1451	440	9	297	662	513	45	-178	182
78	5432	13	469	86	91	65	567	25	3

14-9 限额以上批发零售企业商品分类零售额(2015年)
Business Statistics of Commodity Exchange Markets (2015)

单位：万元 (10000 yuan)

指标	Item	2015	比2014增长 Increase over 2014（%）
合　计	**Total**	**45064921**	**9.8**
按商品耐用性分	According to product durability points		
耐用品类	Durable goods	20193085	14.4
非耐用品类	Non Durable goods	24871836	6.3
按商品用途分	According to the use of goods branch		
吃类商品	Commodities goods	6128327	23.2
穿类商品	Dress goods	3211385	7.4
用类商品	Class goods	27587413	13.5
烧类商品	Burning goods	8137796	-6.8
按商品类别分	According to the category of commodities		
基本生活类	Basic life	10706349	16.7
#粮油食品类	Grain and oil food	4093123	23.1
烟酒类	Tobacco and liquor	1219238	19.7
居住类	Type of residence	1547358	20.0
其中：建筑材料类	Building materials	778077	24.4
燃料类	Fuel type	8137796	-6.8
#石油类	Petroleum oil	7506060	-8.0
交通电器设备类	Traffic electrical equipment	17710087	14.5
#汽车类	Class car	13731532	13.6
家用电器类	Household electric appliances	3050221	16.1
文化娱乐体育健康类	Cultural and recreational sports and health class	4425278	14.1
#中西药类	Drug category	2838668	13.9
其他类	Other categories	2538053	2.7
#金银珠宝类	Gold and silver jewelry	760466	4.8
化妆品类	Cosmetics	500672	6.7
按商品需要性分	According to the need of goods		
必需品类	Staples	9302881	14.8
非必需品类	Non Staples	35762040	8.6
按生活生产资料性分	According to the life of the means of production branch		
生活资料类	Life class	44057178	9.7
生产资料类	Production class	1007743	15.2
按消费速度分	According to the consumption rate		
快速消费品类	Fast moving consumer goods	10834305	18.5
非快速消费品类	Non Fast moving consumer goods	34230616	7.3

14-10 限额以上住宿和餐饮企业财务状况(2015年)
Financial Conditions of Hotels and Catering Services Enterprises above Designated Size (2015)

单位：万元 (10000 yuan)

项目	Item	合计 Total	内资企业 Domestic Funded Enterprise	国有企业 State-owned Enterprises	集体企业 Collective-Owned Enterprises	股份合作企业 Coopera-tive Enterprises
企业数 (个)	number of enterprises (unit)	**1438**	1409	64	9	1
流动资产合计	Total Circulating Funds	**1616559**	1551500	89081	22140	138
#存货	#Inventories	**86450**	78904	5515	492	42
固定资产原价	Original Value of Fixed Assets	**3282797**	3042350	197283	44376	574
累计折旧	Total Depreciation	**1142972**	1058773	90615	29024	241
#本年折旧	#Depreciation This Year	**176455**	165149	6882	1789	55
资产总计	Total Assets	**5517875**	5217559	303093	39193	802
负债合计	Total Liabilities	**3353409**	3103708	177475	11833	37
所有者权益合计	Total Creditors Equity	**2164467**	2113851	125618	27360	765
实收资本	Capitals Hold	**1748699**	1665531	70875	7507	346
国家资本	State Capital	**294588**	292915	64038		
集体资本	Collective Capital	**22387**	22387	407	7492	346
法人资本	Legal Person Capital	**667467**	639718	5300	15	
个人资本	Individual Capital	**715018**	709332	55		
港澳台资本	Hongkong, Macao and Taiwan	**22915**	1137	1075		
外商资本	Foreign Capital	**26325**	42			
主营业务收入	Net Sales Revenue	**2634706**	2428540	146593	26602	2450
主营业务成本	Cost of Sales	**1360406**	1268450	66956	9160	1641
主营业务税金及附加	Taxes and other charges on principal Business	**126638**	115200	6655	1345	196
其他业务利润	Other Business Profits	**34764**	34759	1443		
营业费用	Operating Expenses	**545295**	478896	33643	5075	136
管理费用	Overhead Expenses	**479061**	453119	35477	8840	98
税金	Taxes	**19970**	19139	1615	613	
财务费用	Financial Expenses	**109266**	101694	1005	310	75
利息支出	Expenses for Interest	**74752**	68029	587	285	
营业利润	Operating Profits	**25186**	22751	2073	1910	305
利润总额	Total Profits	**-4389**	-5817	3143	1621	
应交所得税	Income Tax	**11194**	10927	1054	327	
本年应付工资总额	Total Wages Payable this Year	**472233**	432692	33499	3709	375
资产减值损失	Asset impairment loss	**18**	-43	28		
公允价值变动收益	Changes in fair value gains	**175**	161	5		

续表 continued

单位：万元 (10000 yuan)

联营企业 Joint Ownership Enterprises	有限公司 Limitied Liability Corporation	股份公司 Share holding Corporation Ltd.	私营企业 Private Enterprises	其他企业 Other Enterprises	港澳台 Enterprises With Invest-ment from HongKong Macao and Taiwan	外商投资 Foreign Investment
1	445	37	835	17	21	8
85	454902	423360	556333	5460	45557	19502
3	29001	1945	41588	318	3162	4385
290	1431417	184425	1167021	16964	115817	124630
129	515205	83732	335209	4617	48830	35369
4	74825	7671	73366	557	5867	5439
247	2307062	722539	1824318	20306	173401	126915
28	1377619	424424	1107546	4747	136737	112963
219	929443	298116	716772	15558	36664	13952
219	794912	139547	641539	10587	46736	36433
	114008	110176	2627	2066	430	1243
	8484	3040	2619			
219	351814	13353	265298	3719	19542	8207
	320606	12979	370891	4802	4986	700
			62		21778	
			42			26283
1287	782762	102676	1350343	15826	56988	149178
972	364202	54841	762348	8332	17713	74243
17	39808	6041	60436	702	3085	8354
	3997	2178	26658	483	5	
20	173553	18198	245978	2294	22568	43830
29	206466	22259	177201	2750	12615	13327
4	9289	632	6940	48	647	184
3	42112	13021	44892	277	3338	4234
3	31757	11032	24179	187	3039	3685
246	-38759	-11987	67495	1469	-2768	5203
246	-39620	-15679	43299	1174	-3867	5295
33	1728	329	7441	15	210	57
99	157890	19539	215140	2441	11405	28136
	-54		-17			61
			156		15	

14-10 续表 1 continued

单位：万元 (10000 yuan)

住宿业 Hotels	旅游饭店 Tourist Hotel	一般旅馆 General Hotel	其他住宿服务 Other residential services	餐饮业 Catering Services	正餐 Dinner	快餐 Snack	饮料冷饮 Beverage and Cold Drinks	其他餐饮 Others
731	479	220	32	707	682	14	7	4
1221961	749194	69983	402784	394597	371305	22675	390	228
49650	42723	5803	1124	36800	31141	5471	149	40
2619989	2303839	238225	77925	662808	603418	55923	1505	1963
971052	870424	57620	43008	171920	147995	23264	316	346
138744	124244	12269	2231	37711	33346	4087	17	261
4303006	2878981	796072	627953	1214869	1117602	89809	1892	5565
2666393	2077951	260236	328207	687016	631046	53482	627	1861
1636613	801030	535837	299746	527854	486556	36327	1265	3705
1303095	1079517	104665	118912	445604	418552	23866	934	2252
250940	146869	1419	102653	43648	43451	197		
18296	15530	2312	455	4090	4081	9		
499075	453070	36443	9562	168392	156493	10446	452	1002
493629	426092	61294	6243	221389	213433	6224	482	1250
22575	19377	3198		340	340			
18580	18580			7745	754	6991		
1461300	1124013	291512	45775	1173406	963762	193214	2652	13778
693962	491584	174504	27874	666444	565412	89361	1892	9778
71196	56293	12846	2057	55443	44353	10099	70	922
15250	9281	5969		19514	19503		11	
303426	261363	39647	2417	241868	174031	67148	256	433
358323	310880	37324	10119	120738	106271	13802	219	446
14818	13302	1281	235	5152	4860	253	5	35
84108	66150	7896	10063	25158	22462	2441	34	221
63688	49457	4361	9870	11064	10256	775	1	33
-35863	-50863	21240	-6240	61049	48347	10532	192	1978
-45198	-49516	11205	-6887	40809	30549	9776	126	358
5599	3972	1498	130	5595	5440	139	1	16
278764	229846	39710	9208	193469	158059	34283	783	345
-115	-153	18	21	133	71	61	1	
106	79	23	5	70	69		1	

14-11 限额以上住宿和餐饮企业经营情况

Business Statistics of Hotels and Catering Services Enterprises above Designated Size

单位：万元 (10000 yuan)

指标	Item	营业额 Total Operating Revenue		商品零售额 Retail Trade	
		2014	2015	2014	2015
总 计	**Total**	**2486959**	**2689816**	**1590666**	**1734990**
住宿业	**Hotels Trade**	**1448544**	**1512519**	**679820**	**705446**
按登记注册类型分组	By Status of Registration				
内资企业	Domestic Funded Enterprises	1377544	1448300	652046	677981
国有企业	State-owned Enterprises	140756	139293	77046	76655
集体企业	Collective-owned Enterprises	27388	25424	16619	15872
股份合作企业	Cooperative Enterprises	2867	2450		565
联营企业	Joint Ownership Enterprises	4635	1287	2793	682
有限责任公司	Limited Liability Corporations	563966	551021	282491	266207
股份有限公司	Share-holding Corporations Ltd.	99308	79676	47776	36651
私营企业	Private Enterprises	534512	642861	222360	278174
其他企业	Other Enterprises	4112	6289	2059	3176
港澳台商投资企业	Enterprises with Funds From Hong Kong,Macao and Taiwan	57019	51824	24040	23924
外商投资企业	Enterprises with Foreign Investment	13981	12394	3734	3542
按国民经济行业分组	By Sector				
旅游饭店	Restaurant for Tourism	1119071	1168643	532171	560516
一般宾馆	Ordinary Hotels	282135	298518	125496	125141
其他住宿服务	Others	47338	45358	22153	19788
餐饮业	**Catering Trade**	**1038415**	**1177297**	**910846**	**1029544**
按登记注册类型分组	By Status of Registration				
内资企业	Domestic Funded Enterprises	901182	1036876	774593	889626
国有企业	State-owned Enterprises	10276	11376	6163	7002
集体企业	Collective-owned Enterprises	899	1178	292	243
股份合作企业	Cooperative Enterprises				
联营企业	Joint Ownership Enterprises				
有限责任公司	Limited Liability Corporations	306768	258669	261822	214759
股份有限公司	Share-holding Corporations Ltd.	37834	24183	36875	23785
私营企业	Private Enterprises	535736	732272	460715	637057
其他企业	Other Enterprises	9670	9199	8726	6780
港澳台商投资企业	Enterprises with Funds From Hong Kong,Macao and Taiwan	13741	4071	12761	3567
外商投资企业	Enterprises with Foreign Investment	123492	136351	123492	136351
按国民经济行业分组	By Sector				
正餐	Dinner	843914	968330	718426	823790
快餐	Snack	180589	192297	178507	189421
饮料及冷饮	Beverage and Cold Drinks	2015	2892	2015	2862
其他餐饮	Others	11898	13778	11898	13471

14-12 批发和零售业、住宿和餐饮业连锁经营情况(2015年)
Business of chain stores above Designated Size of Whloesale and Retail Trade and Catering Services (2015)

项 目		Item		合计 Total	直营店 Under Direct Management	加盟店 Through License Arrangement
门店总数	(个)	Number of Stores	(unit)	8294	5056	3238
从业人数	(人)	Employed Persons	(person)	82601	76104	6497
商品购进总额	(万元)	Total Purchases	(10 000 yuan)	8461251	8181002	280250
#统一配送商品购进额	(万元)	#by Centyalized Purchased and Delivery	(10 000 yuan)	7221801	6996170	225631
零售营业面积	(万平方米)	Operational Area of Retail	(10 000 sq.m)	5719120	5449111	270009
商品销售额	(万元)	Sales of Goods	(10 000 yuan)	10377240	10057343	319897
餐饮营业面积	(万平方米)	Operational Area of Catering	(10 000 sq.m)	563751	238398	325353
客房数	(间)	Number of rooms	(unit)	6256	5056	1200
床位数	(张)	The number of beds	(unit)	9104	7304	1800
餐位数	(个)	Number of Seats	(unit)	229962	95407	134555
营业收入	(万元)	Total Sales	(10 000 yuan)	528369	318806	209564
餐费收入和商品销售额	(万元)	Revenue of Catering and total Sales	(10 000 yuan)	520748	311390	209357

主要统计指标解释

社会消费品零售总额 指企业（单位）通过交易售给个人、社会集团非生产、非经营用的实物商品金额，以及提供餐饮服务所取得的收入金额。

社会消费品零售总额包括：售给城乡居民作为生活消费用的商品金额和修建房屋用的建筑材料，以及售给来华的外国人、华侨、港澳台同胞的消费品金额。

不包括：城市居民间或居民委托信托商店卖出的商品；

售给农业、工业、建筑业等行业用于生产的商品。

批发零售业商品购、销、存总额 指各种登记注册类型的批发、零售业企业(单位)以本企业(单位)为总体的，从国内、国外市场购进的商品总量，销售和出口的商品总量、库存商品总量等情况。该指标可以反映商品流转过程中商品的购进、销售、库存之间的比例关系和存在的问题。

商品购进总额 指从本企业(单位)以外的单位和个人购进(包括从境外直接进口)作为转卖或加工后转卖的商品总额。它反映批发零售贸易业从国内、国外市场上购进商品的总量。商品购进总额包括：(1)从工农业生产者购进的商品；(2)从出版社、报社的出版发行部门购进的图书、杂志和报纸；(3)从各种登记注册类型的批发零售贸易企业(单位)购进的商品；(4)从其他单位购进的商品，如从机关、团体、企业等单位购进的剩余物资，从餐饮业、服务业购进的商品，从海关、市场管理部门购进的缉私和没收的商品，从居民手中收购的废旧商品等；(5)从国(境)外直接进口的商品。不包括企业(单位)为自身经营用和未通过买卖行为而收入的商品以及销售退回、商品升溢等。

商品销售总额 指对本企业(单位)以外的单位和个人出售(包括对境外直接出口)的商品总额。它反映批发零售贸易业在国内市场上销售商品以及出口商品的总量。商品销售总额包括：(1)售给城乡居民和社会集团消费用的商品；(2)售给工业、农业、建筑业、运输邮电业、批发零售贸易业、餐饮业、服务业等作为生产、经营使用的商品；(3)售给批发零售贸易业作为转卖或加工后转卖的商品；(4)对国(境)外直接出口的商品。不包括出售本企业(单位)自用的废旧包装用品、未通过买卖行为付出的商品、经本单位介绍，由买卖双方直接结算，本单位只收取手续费的业务、购货退出的商品以及商品损耗和损失等。

批发零售业库存 指报告期末各种登记注册类型的批发零售贸易企业(单位)已取得所有权的商品。它反映批发零售贸易企业(单位)的商品库存情况和对市场商品供应的保证程度。期末库存包括：(1)存放在批发零售贸易业经营单位(如门市部、批发站、经营处)仓库、货场、货柜和货架中的商品；(2)挑选、整理、包装中的商品；(3)已记入购进而尚未运到本单位的商品，即发货单或银行承兑凭证已到而货未到的部分；(4)寄放他处的商品，如因购货方拒绝承付而暂时存放在购货方的商品和已办完加工成品收回手续而未提回的商品；(5)委托其他单位代销(未作销售或调出)尚未售出的商品；(6)代其他单位购进尚未交付的商品。不包括所有权不属于本单位的商品、拨付除批发零售贸易业以外的其他行业所属独立核算加工厂等加工生产尚未收回成品的商品、代国家物资储备部门保管的商品等。

库存总额采用的计算价格是：农副产品采购单位按购进价计算；批发单位按进货价计算；零售单位按核算价格计算，即按什么价格核算就按什么价格计算。

住宿餐饮业营业额 指住宿和餐饮业法人企业、产业活动单位在经营活动中因提供服务或销售商品等取得的收入，包括客房收入、餐费收入、商品销售收入和其他收入。客房收入指住宿和餐饮业法人企业、产业活动单位在经营活动中因提供住宿服务取得的客房收入。餐费收入指住宿和餐饮业法人企业、产业活动单位因为顾客提供就餐服务取得的收入，包括经烹饪、调制加工后出售的各种食品，如主食、炒菜、凉拌菜等的收入。商品销售收入指住宿和餐饮业法人企业、产业活动单位伴随服务而出售商品所取得的收入。其他收入指营业收入中除客房收入、餐费收入、商品销售收入以外的其他收入，包括娱乐、健身和商务服务等。

亿元商品交易市场成交额 指年成交额达到亿元以上，经工商部门批准、专门从事商品批发、零售业务活动的市场。其市场所有摊位成交总额称为商品交易市场成交额。

连锁企业（或称连锁店、连锁公司） 指在核心企业或总店的领导下，由分散的、经营同类商品或服务的企业或活动单位，采取共同方针，实行集中采购和分散销售的有机结合，通过规范化经营，实现规模效益的经济联合组织形式。一般连锁店应由若干个分店组成。其经营特征：(1)经营同类商品；(2)使用统一商号；(3)统一采购配送，采购与销售相分离（部分商品可根据物流合理和保质保鲜原则，由供应商直接送货到门店，其余均由总部统一配送）。

连锁门店包括下列三种形式：

直营连锁：也叫正规连锁。连锁门店均由总部独资或控股开设，在总部的直接领导下统一经营。总部采取纵深似的管理方式，直接下令掌管所有的零售门店，零售门店也必须完全接受总部指挥。他是大型垄断商业资本通过吞并、兼并或独资、控股等途径，发展壮大自身实力和规模的一种形式。

特许连锁：各连锁门店（被特许人）通过合同形式，取得使用总部（特许人）商标、商号、经营技术和销售总部开发的商品的特许权，各加盟连锁门店为独立法人，在总部指导下统一经营。

自由连锁：也称自愿连锁。连锁公司的门店均为独立法人，各自的资产所有权关系不变，在公司总部的指导下共同经营。各成员店使用共同的店名，与总部订阅有关购、销、宣传等方面的合同，并按合同开展经营活动。在合同规定的范围之外，各成员店可以自由活动。根据自愿原则，各成员店可自由加入连锁体系，也可自由退出。

特许连锁加上自由连锁等于加盟连锁。

Explanatory Notes on Main Statistical Indicators

Total Retail Sales of Consumer Goods refers to the sales of physical commodity or the income of catering Services sold or provided by enterprises (units) to indivieduals, Social organizations for non-Production and non-operation purposes.

The Retail Sales of Consumer Goods Includes commodities sold to urban and rural residents for their daily use, building material sold to them for the construction and repair of houses and consumer goods sold to foreigners, overseas Chinese and Chinese compatriots from Hong Kong, Macao and Taiwan.

The Retail Sales of Consumer Goods excludes commodities sold by trust shops commissioned by urban residents and sold among the urban residents. It also excludes commodities sold to agricultural, industrial, construction and other industries for the production.

Retail Sales of the Counties refers to the retail sales of consumer goods sold by various sectors which are set up at the urban districts of the counties and the retail sales of consumer goods sold by the units under the direct jurisdiction of county government distributed at independent industrial and mineral and forestry areas in rural districts.

Retail Sales Below the County Level refers to the retail sales of consumer goods sold by various sectors which are set up at the market towns or rural areas outside the urban districts of the counties and county level cities, but it excludes the retail sales of consumer goods sold by the units which are distributed at independent industrial and mineral and forestry areas in rural districts.

Retail Sales of Wholesale and Retail Trades refers to the retail sales of consumer goods sold to residents and social groups by wholesale and retail businesses, industrial activity units and self-employed from various economic types that specialize in business sales of goods.

Retail Sales of Hotels and Catering Services refers to the retail sales of consumer goods sold to residents and social groups as staple food, food, beverages and tobacco and other commodities by the external business hotels and catering enterprises, industrial units and self-employed activities that specialize in the provision of accommodation services, food cooking modulation,including the retail sales of the external business hotel, train dining car, ship restaurant, the airport restaurant of enterprises or units from various sectors,excluding the sales of no external business staff canteens of agencies, organizations, schools, enterprises and institutions.

The Retail Sales of Other Industries refers to the sales of the corporate enterprise, industrial activity units or self-employed which do not belong to the wholesale and retail, accommodation and catering industry, also engaged in retail activities of life consumer goods or providing accommodation services.

Purchase, Sales and Stock of Commodities by Wholesale and Retail Trades refers to the total volume of commodities purchased, total volume of sales and exports, and the stock of commodities by wholesale and retail enterprises (establishments) of different status of registration from domestic and overseas markets. This indictor reflects the relationship among purchase, sales and stock of commodities in the circulation of goods and reveals the existing problems.

Total Purchases of Commodities refer to the total value of purchases of commodities by the enterprises (establishments) from other establishments or individuals (including direct import from abroad) for the purpose of re selling, either with or without further processing of the commodities purchased. This indicator is used to show the total value of purchases of commodities by wholesale and retail establishments from domestic and overseas markets. The total purchases include: (1) agricultural and industrial products purchased from producers; (2) books, magazines and newspapers purchased from distribution departments of the publishers; (3) commodities purchased from wholesale and retail establishments of different status of registration; (4) commodities purchased from other units, such as surplus materials purchased from government agencies, enterprises or institutions, commodities purchased from catering and service establishments, confiscated goods purchased from customs authorities or market management agencies, second hand goods and wastes purchased from residents; and (5) commodities directly imported from abroad. Excluded are commodities purchased by enterprises (establishments) for use in their own business operation, commodities obtained without buying or selling procedures, rejected commodities, etc.

Total Sales of Commodities refer to value of commodities sold by the establishments to other establishments and individuals (including direct export). This indicator is used to show the total value of sales of commodities at domestic markets and export. The total sales include: (1) commodities sold to urban and rural residents and social groups for their consumption; (2) commodities sold to establishments in industry, agriculture, construction, transportation, post and telecommunications, wholesale and retail trades, catering trade and public utility for their production and operation; (3) commodities sold to wholesale and retail establishments for re selling, with or without further processing;and (4)commodities for direct export to other countries. Excluded are selling of waste packaging materials used by the establishments (units) themselves, commodities transferred without buying or selling procedures, commission income from brokerage in transactions whose settlement is directly handled by buyers and sellers, rejected commodities in the purchase, loss in commodities, etc.

Commodity Stock of Wholesale and Retail Enterprises refers to total commodities possessed by wholesale and retail enterprises (units) of various types of registration status at the end of the reference period, which reflects the commodity stock level of various wholesale and retail enterprises and the potential for market supply. It includes: (1) commodities located in storage, garages, counters, and shelves of operating units (such as sale stores, wholesale centers, and operating offices) of wholesale and retail enterprises; (2) commodities in the process of selecting, sorting, and packing; (3) commodities not arrived but recorded as purchase in the account, i.e. commodities not arrived but payment receipts for the commodities from the sellers or the banks arrived; (4) commodities deposited in other places rather than places mentioned above, for instance: commodities in the hold of purchasers temporarily due to the refusal of payment and commodities not taken back after going through the formalities; (5) commodities entrusted to other units to sell but not sold yet; (6) commodities purchased for other units but not delivered yet. Commodities not included as stock are those not owned by the enterprises (units), those allocated to financially independent factories rather than wholesale and retail enterprises for processing but not taken back yet, and finally those put in stock by wholesale and retail enterprises on behalf of the state material reserves units.

For the calculation of the value of commodities stock, the value is calculated at purchasing prices in agricultural goods purchasing units and wholesale units, and at the accounting prices in retail units.

Business Revenue of Hotels and Catering Services refer to revenue received from providing services or selling commodities by corporate enterprises and establishments engaged in hotel and catering services, including income from hotel rooms, from catering services, from selling of commodities and from other services. Income from hotel rooms refers to income of corporate enterprises and establishments by providing lodging services. Income from catering services refers to income of corporate enterprises and establishments by providing catering services, including selling of cooked or prepared foods such as stable food, cooked dishes or cold dishes. Income from selling of commodities refers to income of corporate enterprises and establishments by selling commodities that accompany the services they provide. Income from other activities refers to income received other than income from hotel rooms, catering services or selling of commodities, such as income from providing recreation, fitness or business services.

Volume of Transaction at Large Commodity Markets (with transaction value over 100 million yuan) refers to markets approved by the industrial and commercial administration departments, which specialize in wholesale and retail of commodities with an annual transaction of over 100 million yuan. The sum of sales of all sellers in the markets makes up the transaction value of the markets.

Chain Enterprises (also called chain stores or chain corporations) refer to a form of joint economic entities under which scattered enterprises or establishments engaged in providing homogeneous commodities or services, with the central leadership of core enterprise or headquarters and guided by common policies, conduct centralized purchase and distributed selling of commodities, in order to gain better efficiency through standardized operation. Consisting of a number of branch stores, the chain stores have in general following features: 1) homogeneous commodities, 2) unique name of stores, 3) centralized purchase and delivery which is separated from distributed selling operation (most commodities are delivered from the headquarters except some items which, from logistics, quality or freshness considerations, might be delivered by the suppliers directly).

Chain stores have 3 categories:

a) Chain stores under direct management: These are formal chain stores invested or controlled by the headquarters. They operate under the direct and unified management from the headquarters. Adopting a direct management approach, the headquarters give orders and control all retail stores, which follow completely the directives from the headquarters. Large monopolized commercial companies develop and expand their business through purchasing, merging, direct investment and controlling of shares.

b) Chain stores through special permit: Through contracts, chain stores (or their owners) obtain licenses from the headquarters to use designated trade marks, names, operation know how, and to sell the commodity developed by the headquarters. Under this arrangement, each store in the chain is an independent legal entity and operates under the guidance from the headquarters.

c) Chain stores through voluntary arrangement: Under this arrangement, all stores operate together under the guidance of the headquarters, while maintaining their status of independent legal entities with full ownership of their assets. They use the same store name, sign contracts with the headquarters concerning purchase, sale, publicity, etc. and

operate under the contract. They are free to engage in other activities which are not bounded in the contract. They could join or leave the chain on voluntary basis.

Chain stores through special permit and those through voluntary arrangement make up chain stores through license arrangement.

15 教育和科技

Education, Science and Technology

资料整理人员：蔡冬娥　　肖首雄　　阳小林
刘　峰　　郭开金

15-1 教育基本情况
Basic Statistics for Education

年份 Year	专任教师数(人) Number of Full-time Teachers (person)				在校学生数（万人） Student Enrollment (10 000 persons)				每万人口在校大学生数(人) University & College Student Enrollment per 10 000 Population (person)
	普通高等学校 Institutions of Higher Education	普通中等学校 Secondary Schools	普通中学 Regular Secondary Schools	小学 Primary Schools	普通本专科 Institutions of Higher Education	普通中等学校 Secondary Schools	普通中学 Regular Secondary Schools	小学 Primary Schools	
1949	500	1700	4400	92900	0.26	3.00	11.43	192.26	1.0
1950	600	600	3300	70300	0.26	0.90	5.00	116.88	1.0
1951	700	900	3500	90700	0.37	2.00	5.07	218.75	1.0
1952	800	1000	4700	96500	0.63	2.30	12.34	274.86	2.0
1953	900	1300	5800	102700	0.65	2.40	13.75	295.92	2.0
1954	1000	1400	6800	99200	0.79	2.20	15.48	276.40	2.0
1955	1200	1300	6900	100600	0.84	1.90	15.58	314.74	2.3
1956	1500	1500	7800	105600	1.18	2.20	20.28	383.65	3.4
1957	1800	1700	9100	110100	1.36	2.60	23.16	385.20	4.0
1958	2100	2900	16200	136700	2.24	7.90	47.22	525.71	6.0
1959	2600	3200	15400	142400	2.76	6.20	41.47	528.84	6.0
1960	4100	6200	20000	154000	3.94	12.70	54.73	573.35	11.0
1961	4600	4200	18800	142000	3.41	4.30	36.04	448.27	9.6
1962	4600	2200	18000	135300	2.91	2.20	30.30	376.09	8.0
1963	4400	2400	17900	135900	2.60	2.00	30.84	385.87	7.0
1964	3900	2600	18800	140400	2.09	1.90	36.83	494.80	5.5
1965	4000	2500	19800	142700	2.18	2.30	40.84	497.74	6.0
1966	3700	2800	22900	159300	1.92	3.10	49.99	550.61	5.0
1967	3700	2800	21500	161900	1.57	2.40	49.45	518.02	4.0
1968	3800	2600	28300	161900	1.10	1.40	54.54	476.93	3.0
1969	3700	1400	41700	176600	0.70	0.20	86.19	480.11	2.0
1970	4000	1200	56800	171100	0.43	0.80	123.58	516.91	1.0
1971	3600	1600	78500	186100	0.32	1.30	149.74	563.25	0.7
1972	4700	2000	81400	213600	1.03	1.60	171.72	650.79	2.0
1973	5200	2100	80100	236300	1.67	2.70	162.45	711.35	4.0
1974	5600	3000	79000	263600	2.18	3.50	165.86	809.73	4.5
1975	6000	3100	103600	274700	2.44	3.70	231.60	837.54	5.0
1976	6800	3400	151800	281600	2.55	3.20	320.47	842.69	5.0
1977	7300	3900	173500	280500	2.81	3.10	368.93	825.73	5.0
1978	8200	4200	166600	284800	3.57	3.50	346.44	829.32	7.0
1979	9200	5000	152800	293200	4.32	5.40	305.23	830.33	8.0

15-1 续表 continued

年份 Year	专任教师数(人) Number of Full-time Teachers (person)				在校学生数（万人） Student Enrollment (10 000 persons)				每万人口在校大学生数(人) University & College Student Enrollment per 10 000 Population (person)
	普通高等学校 Institutions of Higher Education	普通中等学校 Secondary Schools	普通中学 Regular Secondary Schools	小学 Primary Schools	普通本专科 Institutions of Higher Education	普通中等学校 Secondary Schools	普通中学 Regular Secondary Schools	小学 Primary Schools	
1980	9800	5700	149100	303200	5.45	5.40	281.77	832.24	10.0
1981	8900	6000	139900	311500	5.47	4.50	251.95	830.48	10.0
1982	10000	6500	134600	308500	4.82	4.40	243.59	810.64	8.8
1983	10600	6900	130000	311800	5.15	5.00	233.14	798.48	9.0
1984	11200	6700	129700	311400	5.82	5.70	242.36	791.56	10.0
1985	12700	6700	136400	313400	7.13	6.70	248.15	773.44	13.0
1986	13500	7400	142600	308300	7.82	7.30	262.53	759.23	14.0
1987	14300	8300	150400	306700	8.34	7.70	267.17	738.43	14.0
1988	14500	8700	153600	308600	8.73	9.20	251.88	721.65	14.7
1989	14500	9100	159000	321700	8.90	10.20	249.62	705.82	15.0
1990	14400	9100	158100	306600	8.82	9.90	253.78	693.96	14.0
1991	14200	9100	163100	305700	8.86	9.90	257.03	687.63	14.0
1992	14300	9200	166200	300400	9.54	10.70	252.87	685.04	15.0
1993	14500	9500	168600	300300	11.10	12.90	250.45	697.32	17.7
1994	15000	9700	172000	298800	12.31	15.40	265.35	715.35	19.5
1995	15300	10600	179100	298000	13.04	18.60	285.41	736.65	20.0
1996	15700	11600	187100	298500	13.57	21.30	305.22	765.91	21.2
1997	15900	12300	194800	299500	14.37	23.70	323.24	787.13	22.0
1998	16500	12400	201800	304100	15.67	25.90	336.23	769.35	24.0
1999	17990	11934	212435	307404	19.40	27.30	356.00	721.40	30.0
2000	20317	10775	223693	306387	25.31	25.83	391.73	663.93	38.7
2001	23878	9036	236161	291574	33.13	24.09	425.59	601.26	50.2
2002	30557	8598	248245	276535	41.94	22.37	466.91	529.49	63.3
2003	33229	6377	259281	260704	53.72	22.65	488.78	468.69	80.6
2004	38345	5362	260897	248345	62.60	24.60	471.90	432.60	93.5
2005	45272	25962	261449	246112	74.24	70.56	429.11	419.83	110.3
2006	49470	28099	256047	247567	81.95	75.78	384.62	429.31	121.0
2007	54751	30628	251451	249994	89.05	83.10	354.31	444.84	130.9
2008	57651	30040	246257	250229	94.86	76.35	333.92	458.44	138.6
2009	58846	29514	243831	250365	101.38	80.87	320.78	469.15	146.9
2010	59557	28004	240494	250039	104.43	76.48	316.82	479.16	147.3
2011	61156	27977	268602	222630	106.79	77.88	317.72	490.32	161.9
2012	62541	27293	238277	246859	108.05	73.42	313.77	473.79	162.7
2013	63869	24827	236461	246273	110.08	65.07	318.39	467.81	210.6
2014	64919	25106	238543	248118	113.50	64.48	326.34	473.84	214.5
2015	66615	26047	238254	226087	117.98	64.80	329.85	488.86	221.4

注：2005年之后普通中等专业学校数为中等职业教育学校数据。2013年每万人口在校大学生数包含了研究生65276人，成人本专科232228人，普通本专科1100770人。

Prior to 2005 number of secondary vocation in shcools as number of regular specialized secondary schools. In 2013, number of university & college student enrollment included graduate students, adult colleges and eneral of the specialty.

15-2 各级学校单位数及教职工数
Number of Schools and School Staff

年 份 Year	普通高等学校 Regular Institution of Higher Education	中等职业教育学校 Secondary Vocationl Schools	职业中学 Vocational Secondary Schools	技工学校 Technical Schools	普通中学 Regular Secondary Schools	普通小学 Primary Schools	特殊教育学 校 Special Education Schools	学前教育 Pre-school education
单位数(所)	**Number of Schools (unit)**							
1980	46	117	179	115	7411	53400		15295
2000	52	144	539	167	4505	34521	57	5473
2005	93	665	477	147	4560	17108	53	4359
2006	96	677	496	138	4394	15859	52	4528
2007	99	708	534	140	4257	14677	51	4751
2008	100	687	539	144	4129	13929	50	5516
2009	115	682	533	128	4032	13263	51	6453
2010	117	626	486	129	3933	12692	54	7829
2011	120	567		129	3904	10824	58	9488
2012	106	525		129	3885	10165	61	11030
2013	107	496		129	3878	9270	69	12236
2014	109	501		129	3894	8560	76	12935
2015	109	471		129	3906	8412	78	13944
教职工数(人)	**Number of Teachers and Staff (person)**							
1980	24462	13262	1242	6391	192400	321900		39900
2000	46642	21078	22375	10050	259989	324199	1203	39790
2005	80766	39753	26081	8955	305413	261560	1213	37864
2006	86031	43243	30020	8890	300958	263305	1245	42932
2007	90417	46733	33309	8669	294108	264623	1314	49181
2008	93303	45475	32686	9217	288168	265680	1338	58230
2009	94428	44459	32023	9394	285576	266878	1397	69731
2010	94871	41822	29926	10074	281722	266854	1531	88538
2011	95652	40070		11097	312162	235773	1656	107361
2012	96322	38410		11552	309794	231358	1673	126187
2013	96915	33342		11820	301044	226699	1733	143739
2014	97652	33272		11229	301432	226307	1826	157461
2015	98746	34134		10946	302504	226087	1936	175737

注：本表高等学校含3所部属院校，不含军事院校、分院校和大专班。

Regular institutions of higher education includes three institutions managed by the national ministry,excluding military institutions, branches and Specialized Subject class.

15-3 各级学校招生及毕业生数
New Student Enrollment and Graduates

单位：人 (person)

年 份 Year	普通高等学校 Regular Institution of Higher Education	中等职业教育学校 Secondary Vocationl Schools	职业中学 Vocational Secondary Schools	技工学校 Technical Schools	普通中学 Regular Secondary Schools	高中 Senior Secondary Schools	初中 Junior Secondary Schools	普通小学 Primary Schools	特殊教育学校 Special Education	学前教育 Pre-school education
招生数	**New Student Enrollment**									
1980	13004	20515	9267	16071	934300			1657300		
2000	101020	63625	93447	26683	1518734	260515	1258219	717496	2090	583324
2005	246520	317819	192156	60779	1325504	512714	812790	710905	1181	687422
2006	263799	314465	203364	59657	1216865	489621	727244	785684	1347	723322
2007	288712	336757	220657	56460	1171706	438131	733575	862812	2317	749784
2008	307575	280488	200876	61200	1111499	392351	719148	847528	2443	825608
2009	323592	348884	195299	60378	1076485	356521	719964	833027	2246	878680
2010	309776	302889	173050	59516	1104881	370508	734373	863796	2174	1001644
2011	310172	279918		51484	1104813	369889	734924	869704	1117	1035175
2012	324526	253092		46643	1112562	370069	742493	880773	1132	1082809
2013	325880	228682		40878	1140231	373754	766477	847605	2240	974589
2014	344724	227065		37444	1110833	365462	745371	813950	2924	1061997
2015	360030	237759		40291	1118969	380349	738620	886705	4625	989791
毕业生数	**Graduates**									
1980	1306	21260	2469	6114	522900			1297800		
2000	42428	73076	68800	20479	1000980	145587	855393	1302004	1138	
2005	147642	187911	98870	37958	1591964	340207	1251757	815684	760	
2006	187456	215907	119210	39551	1540757	378477	1162280	716297	937	
2007	207604	256378	152676	42407	1357555	408711	948844	712920	1538	
2008	240027	269438	181021	43441	1204202	429998	774204	702820	1551	
2009	253795	273181	184098	47353	1108959	415666	693293	718528	1606	
2010	275285	282883	172902	44142	1059256	361786	697470	723227	1378	
2011	284178	225490		45149	1018307	325598	692709	730155	613	516842
2012	305674	251480		41949	998786	310055	688731	770212	634	735088
2013	325880	237119		40248	983228	316720	666508	770482	1286	799267
2014	295442	205099		28593	972811	320363	652448	741023	1202	827392
2015	300161	204137		29936	1034745	334954	699791	730191	1768	903774

注：2005年之前中等职业教育学校数据为普通中等专业学校数。

Prior to 2005 number of secondary vocational education in schools as number of regular specialized secondary schools

15-4 研究生在校学生、招生及毕业生数
Student Enrollment, New Student Enrollment and Graduates of Postgraduates

单位：人 (person)

年 份	招生数 New Student Enrollment	毕业生数 Graduates	在校学生数 Student Enrollment
1980	77		347
1985	1104	296	2016
1988	769	1067	2538
1989	600	862	2311
1990	705	812	2165
1991	687	783	2035
1992	734	543	2168
1993	911	668	2357
1994	1209	630	2864
1995	1209	710	3307
1996	1400	876	3775
1997	1383	1087	4027
1998	1723	1131	4552
1999	2380	1394	5585
2000	3475	1311	7729
2001	4575	1639	10589
2002	5832	1942	14147
2003	8597	3099	19421
2004	10656	4148	26083
2005	11702	5243	32676
2006	13260	7329	38711
2007	14088	9492	43343
2008	14876	10982	46815
2009	17326	12434	51809
2010	18270	13145	56221
2011	18942	14338	60097
2012	19801	16216	62745
2013	18473	15745	54454
2014	18795	17414	55121
2015	19476	17007	57155

15-5 普通高等学校本科在校学生、招生及毕业生数
Student Enrollment, New Student Enrollment and Graduates of Colleges and Universities

单位：人 (person)

项目	Item	在校学生数 Student Enrollment		招收学生数 New Student Enrollment		毕业生数 Graduates	
		2014	2015	2014	2015	2014	2015
总 计	**Total**	**665305**	**678314**	**168880**	**171289**	**151349**	**154185**
哲 学	Philosophy	293	339	95	105	75	40
经济学	Economics	38951	38037	8913	8461	8680	9485
法 学	Law	21283	22104	5862	5648	4505	4783
教育学	Education	23132	24260	6334	6418	5060	5112
文 学	Literature	65371	66603	16657	17529	16192	15624
历史学	History	1811	1914	543	530	411	389
理 学	Science	39966	42224	11013	11540	9094	8981
工 学	Engineering	220795	222947	56406	57057	50960	52612
农 学	Agriculture	9256	9269	2661	2471	2246	2190
医 学	Medicine	62623	63230	13497	13796	13268	13378
管理学	Administration	118618	121793	30048	30457	26747	27500

15-6 普通高等学校、中等职业教育学校教职工情况
Staff and Workers in General Institutions of Higher Education and Specialized Secondary Schools

单位：人 (person)

类 别	Item	高等学校 General Institutions of Higher Education			中等职业教育学校 Specialized Secondary Schools		
		2013	2014	2015	2013	2014	2015
教职工	**Staff and Teachers**	**96915**	**97652**	**98746**	**33342**	**33272**	**34134**
#校部教职工	#Staff and Workers	92065	92966	94411	33201	33110	33991
#专任教师	#Full-time Teachers	63869	64919	66615	24827	25106	26047
教辅人员	Auxiliary Teaching Staff	8908	9142	9381	2396	2137	2185
行政人员	Administrative Personnel	13286	13307	13099	3576	3523	3505
工勤人员	Logistics Personnel	6002	5598	5316	2402	2344	2254

15-7 普通高等学校分科专任教师情况(2015年)
Full – Time Teachers in General Institutions of Higher Education by Field of Study (2015)

单位：人 (person)

类 别	Item	合 计 Total	正高级 Professors	副高级 Asso. Professors	中 级 Lecturers	初 级 Assistants	无职称 Instructors
总 计	**Total**	**66615**	**7149**	**19269**	**27624**	**7679**	**4894**
哲 学	Philosophy	1789	222	603	703	157	104
经济学	Economics	3710	364	1110	1562	381	293
法 学	Law	2452	296	721	1053	227	155
教育学	Education	5714	414	1513	2395	853	539
文 学	Literature	9350	661	2489	4456	1086	658
历史学	History	547	108	156	207	49	27
理 学	Science	6980	1025	2326	2589	601	439
工 学	Engineering	18184	2098	5425	7489	1859	1313
农 学	Agriculture	1258	206	389	438	107	118
医 学	Medicine	6780	984	2064	2513	928	291
管理学	Adminstration	5565	529	1606	2310	652	468

15-8 中等职业教育分科专任教师和学生数(2015年)
Students and Full-Time Teachers in General Specialized Secondary Schools (2015)

单位：人 (person)

类 别	Item	招生数 New Student Enrollment	毕业生数 Graduates	在校学生数 Student Enrollment	专任教师 Full-time Teachers
总 计	**Total**	**237759**	**204137**	**648020**	**26047**
农林牧渔类	Denomination of Agriculture and Forestry	6884	11000	22564	692
资源环境类	Denomination of Natural Resources and Environment	412	385	695	27
能源与新能源类	Denomination of Energy Sources	230	71	580	32
土木水利类	Denomination of Civil and Water Conservancy Engineering	5105	4741	18321	272
加工制造类	Denomination of Processing and Manufacture	46790	43166	133183	2282
石油化工类	Denomination of Petrochemical	892	1404	3034	31
轻纺食品类	Denomination of Textile Food	2550	1626	5227	155
交通运输类	Denomination of Transportation	18001	12935	46457	556
信息技术类	Denomination of Information Technique	51258	38598	128507	2858
医药卫生类	Denomination of Sanitation and Medicines	16245	15238	48997	299
休闲保健类	Denomination of Leisure Care	915	938	2657	60
财经商贸类	Denomination of Financial Business	26474	19891	72016	1294
旅游服务类	Denomination of Travel Services	14401	13473	37331	926
文化艺术类	Denomination of Culture and Arts	12657	11025	36855	1385
体育与健身	Denomination of Sports and Fitness	2307	1109	5719	465
教育类	Denomination of Education	24741	22787	67608	1469
司法服务类	Denomination of Justice			399	106
公共管理与服务类	Denomination of Public Management and Services	6022	4595	13531	389
其他	Other Denomination	1875	1155	4339	608

注：专任教师中含文化基础课教师和实习指导课教师。
Full-time teachers included teachers of basic culture and intern guide.

15-9 普通中学、小学按城乡和主办部门分组的情况(2015年) Basic Statistics on General Secondary Schools, Primary Schools by Urban and Rural Area and by Department (2015)

单位：人 (person)

类别	Item	合计 Total	按城乡分 By Urban and Rural Areas			按主办部门分 By Departments	
			城市 Urban Areas	县镇 Counties and Towns	农村 Rural Areas	教育部门和集体办 Schools Run by Educational Departments	其他部门和民办 Schools Run by Other Departments
普通中学	**Regular Secondary Schools**						
学校数 (所)	Number of Schools (unit)	3906	551	1757	1598	3581	325
教职工数	Number of Staff and Teachers	302504	75172	156888	70444	272677	29827
#专任教师数	#Full-time Teachers	238254	60032	127344	50878	232861	5393
招生数	New Student Enrollment	1118969	308296	627497	183176	978604	140365
毕业生数	Number of Graduates	1034745	289570	564366	180809	918538	116207
在校学生数	Student Enrollment	3298520	912914	1827811	557795	2899837	398683
普通中学中：高中	**Senior Secondary Schools**						
学校数 (所)	Number of Schools (unit)	575	208	327	40	467	108
专任教师数	Full-time Teachers	70019	25770	40869	3380	64626	5393
招生数	New Student Enrollment	380349	130881	230261	19207	335283	45066
毕业生数	Number of Graduates	334954	121498	196808	16648	301330	33624
在校学生数	Student Enrollment	1074382	379161	641665	53556	957007	117375
普通中学中：初中	**Junior Secondary Schools**						
学校数 (所)	Number of Schools (unit)	3331	343	1430	1558	3114	217
专任教师数	Full-time Teachers	168235	34262	86475	47498	155226	13009
招生数	New Student Enrollment	738620	177415	397236	163969	643321	95299
毕业生数	Number of Graduates	699791	168072	367558	164161	617208	82583
在校学生数	Student Enrollment	2224138	533753	1186146	504239	1942830	281308
小 学	**Primary Schools**						
学校数 (所)	Number of Schools (unit)	8412	982	2374	5056	8240	172
教职工数	Number of Staff and Teachers	226087	49271	93392	83424	219072	7015
#专任教师数	#Full-time Teachers	249115	53021	101383	94711	238023	11092
招生数	New Student Enrollment	886705	203392	378136	305177	847735	38970
毕业生数	Number of Graduates	730191	160266	336597	233328	691848	38343
在校学生数	Student Enrollment	4888598	1134921	2169623	1584054	4650441	238157

注：1.普通初中学校数包括初级中学、九年一贯制学校和职业初中；普通高中包括完全中学、高级中学和十二年一贯制学校。

2.所有教职工数据均按学校类型统计，专任教师按教育层次统计。以九年一贯制学校为例，教职工全部统计为普通中学教职工，专任教师则分别统计为小学、初中专任教师。

a. Junior Secondary Schools include regular junior secondary schools、nine-year coherent shools and vocational junior secondary school;Senior secondary schools include regular senior secondart schools、full secondary schools and twlve-year coherent schools.

b.All data of staff statistics are according to the school type,full-time teachers in education level statistics. Take nine-year coherent schools as example, all school staff count as secondary school staff, and full-time teachers are respectively primary and junor secondary teachers.

15-10 各级学校在校女学生和女教职工数
Number of Female Students and Faculties by Level of School

类 别	Item	2000	2005	2014	2015
女学生 (万人)	**Number of Female Students (10 000 persons)**	**531.25**	**468.13**	**473.62**	**485.48**
普通高等学校	Regular Institutions of Higher Education	9.58	34.16	58.76	61.90
中等职业学校	Secondary vocational schools	15.06	14.51	31.80	31.59
普通中学	Regular Secondary Schools	179.12	201.92	152.12	153.38
普通小学	Primary Schools	317.81	197.10	217.62	225.49
女学生占全部学生 (%)	**Percentage of Female Students to Total Students (%)**	**47.09**	**47.39**	**47.24**	**47.33**
普通高等学校	Regular Institutions of Higher Education	37.85	46.02	51.71	52.43
中等职业学校	Secondary vocational schools	58.29	56.07	49.32	48.75
普通中学	Regular Secondary Schools	45.73	47.05	46.61	46.50
普通小学	Primary Schools	47.87	46.95	45.93	46.12
女教职工 (万人)	**Number of Female faculties (10 000 persons)**	**24.79**	**29.45**	**32.86**	**34.02**
普通高等学校	Regular Institutions of Higher Education	0.69	3.40	4.58	4.71
中等职业学校	Secondary vocational schools	0.43	0.33	1.44	1.51
普通中学	Regular Secondary Schools	8.13	11.53	13.63	14.11
普通小学	Primary Schools	14.95	13.12	13.15	13.64
女教职工占全部教职工 (%)	**Percentage of Female faculties to Total faculties (%)**	**42.97**	**43.19**	**49.79**	**51.35**
普通高等学校	Regular Institutions of Higher Education	33.96	42.09	46.91	47.67
中等职业学校	Secondary vocational schools	39.90	41.65	43.27	44.31
普通中学	Regular Secondary Schools	36.34	37.76	45.21	46.66
普通小学	Primary Schools	48.79	50.15	58.13	60.34

15-11 平均每万人口中在校学生
Student Enrollment Per l0,000 Population

项目	Item	2000	2005	2014	2015
各类普通学校在校学生占全省人口 (%)	**Students as Percentage of Total Population (%)**	**17.24**	**14.67**	**18.02**	**18.56**
平均每万人口中在校学生 (人)	**Student Enrollment Per l0 000 Population (person)**				
普通高等学校	Regular Institutions of Higher Education	38.70	110.27	214.52	221.44
中等职业教育学校	Secondary Vocationl Schools	665.50	637.41	95.71	96.19
普通小学	Primary Schools	1011.77	623.63	703.32	725.61

注: 1.本表未包括技工学校在校学生。

2.各类普通学校在校学生数包括普通高校、中等职业教育学校（普通中专、成人中专、职业高中）、普通中小学的在校学生数。

3.2006年起中等学校改为中等职业教育.

a. Secondary schools excludes schools for skilled workers.

b. The number of student enrollment refers to that of students enrolled in regular institutions of higher education, Secondary Vocationl schools, regular secondary schools and primary schools.

c.From 2006,Secondary Schools change Secondary Vocationl Schools.

15-12 民办(私立)学校情况
Statistics on Private Schools

单位：人 (person)

项目	Item	2000	2005	2014	2015
普通中学	**Regular Secondary Schools**				
学校数 (所)	Number of Schools (unit)	166	375	288	305
教职工数	Staff and Teachers	4845	21440	25644	28297
专任教师数	Full-time Teachers	3367	16101	15593	17095
毕业生数	Graduates	9035	97653	97547	109428
招生数	New Student Enrollment	43333	141602	124893	133179
在校学生数	Student Enrollment	90112	390572	353240	379047
普通小学	**Primary Schools**				
学校数 (所)	Number of Schools (unit)	213	180	145	152
教职工数	Staff and Teachers	2451	5093	5749	6296
专任教师数	Full-time Teachers	1713	3677	9292	10416
毕业生数	Graduates	6183	15520	34942	36648
招生数	New Student Enrollment	5572	14077	33695	37305
在校学生数	Student Enrollment	45911	87627	209837	227105

15-13 特殊教育学校基本情况
Basic Statistics on Schools for Special Education

单位：人 (person)

项目	Item	2000	2005	2014	2015
各类特殊学校数 (所)	Number of Schools for Special Education (unit)	57	53	76	78
教职工数	Staff and Teachers	1203	1213	1826	1936
专任教师数	Full-time Teachers	918	928	1527	1655
毕业生数	Graduates	1138	760	1202	1768
招生数	New Student Enrollment	2090	1181	2924	4625
在校学生数	Student Enrollment	12179	9270	15697	22532

15-14 各类学校代课教师及临时工人数
Provisional Teachers and Temporary Workers by Type of School

单位：人 (person)

项目	Item	2000	2005	2014	2015
普通中学	**Regular Secondary Schools**				
代课教师	Provisional Teachers	2593	3263	2162	2264
兼任教师	Part-time Teachers	440	1010	432	407
技工学校	**Various Technical Schools**				
兼职教师	Part-time Teachers	1233		2225	2223
普通小学	**Primary Schools**				
代课教师	Provisional Teachers	15718	3455	7129	8024
兼任教师	Part-time Teachers	71	559	586	608

15-15 平均每一教职工负担学生
Student/ Staff and Worker Ratio

单位：人 (person)

项目	Item	2000	2005	2014	2015
平均每一教职工负担的学生	**Student - Teacher Ratio**				
普通高等学校	Regular Institutions of Higher Education	5.50	9.19	13.22	13.54
中等职业学校	Secondary vocational schools	12.00	32.54	19.38	18.98
普通中学	Regular Secondary Schools	15.10	14.05	10.83	10.90
普通小学	Primary Schools	20.50	16.05	20.94	21.62
平均每一专任教师负担的学生	**Student - Full-time Teacher Ratio**				
普通高等学校	Regular Institutions of Higher Education	12.50	16.40	19.88	20.07
中等职业学校	Secondary vocational schools	23.97	53.89	25.68	24.88
普通中学	Regular Secondary Schools	17.50	16.41	13.68	13.84
普通小学	Primary Schools	21.70	17.06	19.10	19.62

15-16 初中和小学毕业生升学率及学龄儿童入学率
Percentage of Graduates of Junior Middle Schools and Primary Schools Entering Higher Level Schools, Percentage of School - Age Children Enrolled

项目	Item	2000	2005	2014	2015
初 中	**Junior Middle Schools**				
毕业生数 (万人)	Number of Graduates (10 000 persons)	85.77	125.18	65.24	69.98
高级中等学校招生数 (万人)	New Student Enrollment of Senior Secondary Schools (10 000 persons)	43.87	76.13	57.79	60.81
升学率 (%)	Percentage of Graduates (%)	51.15	60.82	88.57	86.90
小 学	**Primary Schools**				
毕业生数 (万人)	Number of Graduates (10 000 persons)	130.20	81.57	74.10	73.02
初级中等学校招生数 (万人)	New Student Enrollment of Junior Secondary Schools (10 000 persons)	126.34	81.29	74.54	73.86
升学率 (%)	Percentage of Graduates (%)	97.04	99.66	100.59	101.15
学龄儿童 (万人)	**School-age Children (10 000 persons)**	**645.08**	**396.59**	**455.21**	**473.33**
已入学学龄儿童 (万人)	School-age Children Enrolled in Schools (10 000 persons)	634.90	392.76	455.05	473.19
入学率 (%)	Enrollment Rate (%)	98.40	99.03	99.96	99.97

注：2006年起初中升学率包括:普通高中招生数.职业高中招生数.技工学校招生数.普通中专招收初中应届毕业生数.成人中专招收初中应届毕业生数。

From 2006, the percentage of graduates in junior middle schools includes: the number of new student enrollment in senior schools, vocational high schools, technical training schools, vocational secondary schools and adult vocational schools.

15-17 学前教育基本情况
Basic Statistics on Pre-school Education

项目		Item		2000	2005	2014	2015
幼儿园个数	(所)	Number of Kindergartens	(unit)	5473	4359	12935	13944
班数	(个)	Number of Classes	(unit)	29896	30987	67672	73432
在园幼儿数	(万人)	Student Enrollment	(10 001 persons)	62.87	82.17	203.17	216.63
教职工数	(万人)	Number of Staff and Teachers	(10 001 persons)	3.98	3.79	15.75	17.57
#专任教师		#Full-time Teachers		3.39	1.97	7.78	8.60

15-18 各类专业技术人员
Various Specialized Technical Personnel

单位：人 (person)

项目	Item	2014			2015		
		合计 Total	企业 Enterprise	事业 Institutions	合计 Total	企业 Enterprise	事业 Institutions
总 计	**Total**	**986510**	**101606**	**884904**	**994507**	**98629**	**895878**
#高级职称	#Senior	112198	5054	107144	110214	5903	104311
中级职称	Secondary	448857	28508	420349	453873	27256	426617
#女性	#Female	430163	35548	394615	438045	34092	403953
#自然科学	#Natural Sciences	877492	44064	833428	885220	42606	842614
#社会及人文科学	#Social Sciences and Humanities	109018	57542	51476	109287	56023	53264

注：此表未包括国家机关与人民团体中的专业技术人员。2008年起，本表数据不含中央在湘单位，国有单位改为公有经济企业，集体单位改为事业单位(下表同)。事业单位自然科学和社会及人文科学只统计正式在册人员。

Technicians from government offices and mass organizations were excluded. Form 2008, Technicians from center units in Hunan province were excluded. State-Owned units changed into State-Owned Enterprises , Collective-Owned units changed into Institutions (The same as the following). Natural Sciences and Social Sciences and Humanities of Institutions only count Officially registered workers.

15-19 自然科学研究获奖成果
Number of Achievements in Natural Scientific Research

单位：项 (item)

项目	Item	2000	2005	2014	2015
省自然科学奖	Provincial Natural Sciences Prize			31	39
省技术发明奖	Provincial Invention Prize			21	15
省科技进步奖	Provincial Scientific Technological Progress Prize	360	148	175	164
国家科学技术进步奖	National Scientific Technological Progress Prize	13	19	20	14
国家批准授予的发明奖	National Invention Prize		2	3	4
国家自然科学奖	National Natural Sciences Prize	1		2	

15-20 科技成果情况(2015年)
Statistics on Achievements of Science and Technology (2015)

单位：项 (item)

项目	Item	总 计 Total	科研院所 Research Institutions	大专院校 Universities and Colleges	工矿企业 Industrial and Mining Enterprises	其 他 Others
项目基本情况	**Basic Statistics on Items**					
登记项目数	Number of Registered Items	777	101	193	387	96
#基础理论成果	#Results of Foundation Theories	50	4	38		8
软科学成果	Results of Soft Science	37	8	9	3	17
应用技术成果	Results of Applied Technique	690	89	146	384	71
#鉴定项目数	# Number of Appraised Items	224	24	25	128	47
奖励项目数	Number of Prized Items					
项目计划管理情况	**Statistics of Items Planned Management**					
国家计划项目	National Plan Items	124	43	46	31	4
省部计划项目	Provincial Plan Items	268	39	67	105	57
计划外项目	Non-plan Items	385	19	80	251	35
应用成果水平	**Level of Achievements**					
国际首创或领先	Originate and Keep Ahead at International	30	5	5	20	5
国际先进	International Advanced Level	84	7	9	63	5
国内首创或领先	Originate and Keep Ahead at National	247	22	37	169	19
国内先进	Domestically Advanced Level	107	7	26	38	36
其他	Others	222	48	69	94	11

15-21 三种专利申请与批准项数
Three Types of Patent Applications Examined and Certified

单位：项 (item)

项目	Item	申请数 Applications Examined 2014	2015	批准数 Applications Granted 2014	2015
总 计	**Total**	**44194**	**54501**	**26637**	**34075**
按种类分	**By Types:**				
发 明	Creation and Inventions	14474	19499	4160	6776
实用新型	Utility Models	19248	23641	15967	18467
外观设计	Designs	10472	11361	6510	8832
按申请人类别分	**By Proposer:**				
个 人	Personal	13822	17846	8028	10730
大专院校	Universities and Colleges	5806	8628	3040	4632
科研单位	Research Institutions	596	595	319	291
工矿企业	Industrial and Mining Enterprises	23524	26867	15126	18207
机关团体	Agencies and Organizations	446	565	124	215

15-22 各类技术合同签订及执行情况(2015年)
Statistics on Contracts Signed and Performed (2015)

项目	Item	合同数(项) Number of Contracts (item)	合同金额(万元) Contracted Value (10 000 yuan)	#技术交易额 Value of Technical Trade
总 计	**Total**	**3710**	**1053817.98**	**493215.91**
技术开发合同	Contracts of Technical Development	2242	363565.93	256418.83
技术转让合同	Contracts of Technical Alienation	199	152083.09	81817.89
技术服务合同	Contracts of Technical Services	1162	526161.03	145168.06
技术咨询合同	Contracts of Technical Consultative	107	12007.93	9811.13

15-23 各级科技计划项目进入技术市场情况(2015年)
Statistics on Different Levels of Scientific Plan Items Put into Technical Markets (2015)

开发类别	Item	总计 Total	国家部门计划 Country Level	省级计划 Province Level	计划外 other
项目个数合计 (项)	**Total (item)**	**3710**	**197**	**322**	**3191**
#机关法人	#Official Organ as a Legal Person	30		1	29
事业法人	Corporation of public utility	1288	30	87	1171
社团法人	Juridical Association	84			84
企业法人	Legal body of Enterprise	2196	97	233	1866
自然人	Natural Personal	39		1	38
其他组织	Other Organizations	73	70		3
金额合计 (万元)	**Total (10 000 yuan)**	**1053817.98**	**84026.34**	**83193.17**	**886598.48**
#机关法人	#Official Organ as a Legal Person	40283.47		8	40275.47
事业法人	Corporation of public utility	109975.59	7552.63	8260.32	94162.64
社团法人	Juridical Association	13053.49			13053.49
企业法人	Legal body of Enterprise	874616.59	73466.39	72834.85	728315.35
自然人	Natural Personal	12250.42		2090.00	10160.42
其他组织	Other Organizations	3638.42	3007.32		631.10

15-24 高新技术产业情况(2015年)
Basic Statistics on High-tech Industries (2015)

项目	Item	企业单位数（个）Number of Enterprises (unit)	高新技术产业总产值（万元）Gross Output Value of High-tech Industries (10 000 yuan)	高新技术产业增加值（万元）Added Value of High-tech Industries (10 000 yuan)
总 计	**Total**	**3995**	**201159042**	**61288173**
#高新技术企业	# High and New Technology Enterprises	2166	144770777	43868458
按登记注册类型分:	**By Registration Status**			
内资企业	Domestic-Funded Enterprises	3754	183685592	56142513
国有	State-owned Enterprises	72	6215382	2655275
集体	Collective-owned Enterprises	9	111262	37369
股份合作	Cooperative Enterprises	4	5980	2195
集体联营	Collective Joint Ownership Enterprises			
国有与集体联营	State-owned and collective-associate Enterprises	1	480	110
国有独资公司	State-funded Corporations	70	10349070	3535905
其他有限责任公司	Other Limited Liability Corporations	977	66004758	21094109
股份有限公司	Share-holding Corporations Ltd.	242	26817508	7761766
私营独资	Private-funded Enterprises	65	1746789	472524
私营合伙	Private Partnership Enterprises	21	456846	136774
私营有限责任公司	Private Limited Liability Corporations	2038	62978220	17862173
私营股份有限公司	Private Share-holding Corporations Ltd.	239	8694886	2504563
其他内资	Other Enterprises	16	304411	79750
港澳台商投资企业	Enterprises With Investment from H.K,Macao and Taiwan	131	9955001	3000870
外商投资企业	Enterprises With Foreign Investment	110	7518449	2144791
按企业规模分:	**By Size:**			
大型企业	Large	233	88865502	28209331
中型企业	Medium	889	49046943	14662094
按高新技术领域分:	**By High-tech Fields:**			
电子信息技术	Electron and Information	526	22479446	7896375
生物与新医药技术	Biological Medicine and Medical Instrument	782	28565985	8212778
航空航天技术	Avigation and Spaceflight	9	531778	196941
新材料技术	New Materials	933	50059894	13181924
高技术服务业	High-tech Services	159	11574764	4869368
新能源及节能技术	New Energy Resources，Energy Saving	170	8866270	2576505
资源与环境技术	Resources and Environmental Technology	173	4926092	1411843
高新技术改造传统产业	High-technology to Transform Traditional Industries	977	55039779	16382980
其他领域	Other Fields	266	19115035	6559460

15-24 续表 continued

项目	Item	高新技术产业销售收入（万元）Sales Revenue of High-tech Industries (10 000 yuan)	#出口收入 Exports Revenue	高新技术产业利税总额（万元）Peofits and Tax of High-tech Industries (10 000 yuan)	#利润总额 Total of Profit and Tax
总 计	**Total**	**190732459**	**17130221**	**16771417**	**8594806**
# 高新技术企业	# High and New Technology Enterprises	134559489	13875271	11395545	5982205
按登记注册类型分：	**By Registration Status**				
内资企业	Domestic-Funded Enterprises	174868128	12312570	15331546	7969497
国有	State-owned Enterprises	5405114	200842	954902	479247.6
集体	Collective-owned Enterprises	109639		9714	6735
股份合作	Cooperative Enterprises	5828		113	127
集体联营	Collective Joint Ownership Enterprises				
国有与集体联营	State-owned and collective-associate Enterprises	480		74	48
国有独资公司	State-funded Corporations	11954249	830688	453187	30234
其他有限责任公司	Other Limited Liability Corporations	61406711	5960080	5666504	3401541
股份有限公司	Share-holding Corporations Ltd.	29753929	1975427	2352078	779763
私营独资	Private-funded Enterprises	1495628	806254	119253	93615
私营合伙	Private Partnership Enterprises	456031		22880	12747
私营有限责任公司	Private Limited Liability Corporations	56372818	1698985	5045692	2739570
私营股份有限公司	Private Share-holding Corporations Ltd.	7667374	840294	682311	411101
其他内资	Other Enterprises	240327		24839	14769
港澳台商投资	Enterprises With Investment from H.K,Macao and Taiwan	8941277	3648782	906959	473060
外商投资	Enterprises With Foreign Investment	6923054	1168869	532912	152250
按企业规模分：	**By Size:**				
大型企业	Large	86759052	1018872	6837568	3106967
中型企业	Medium	44723668	338604	4692504	2314537
按高新技术领域分：	**By High-tech Fields:**				
电子信息技术	Electron and Information	21913850	5978675	2754606	1934271
生物与新医药技术	Biological Medicine and Medical Instrument	27144076	1042378	2442928	1241681
航空航天技术	Avigation and Spaceflight	639729	39340	44763	30757
新材料技术	New Materials	49594583	3997261	4060264	1133366
高技术服务业	High-tech Services	11825941	505015	801963	387857
新能源及节能技术	New Energy Resources，Energy Saving	6803867	1018332	656754	336915
资源与环境技术	Resources and Environmental Technology	4636468	391304	318706	178390
高新技术改造传统产业	High-technology to Transform Traditional Industries	47764536	3891045	4099508	2266502
其他领域	Other Fields	20409408	266871	1591925	1085067

15-25 全省R&D活动基本情况(2015年)
Basic Statistics on Scientific Research and Development (2015)

项目	Item	合计 Total	科研机构 Scientific Research Institution	高等学校 Higher Education	工业企业 Industrial Enterprises	非工业企业 Non-Industrial Enterprises	事业单位 Institutions
有R&D活动的单位数 （个）	Number of Units Having R&D Activities (unit)	3193	108	144	2731	109	101
R&D人员 （人）	R&D Personnel (person)	173514	8430	34608	117750	8451	4275
#女性	Female	45825	2698	13801	25859	1370	2097
#全时人员	Full-time Personnel	109515	7242	12105	83273	5776	1119
R&D人员全时当量 （人年）	Full-time Equivalent of R&D Personnel (man-year)	114869	7914	14343	83821	5879	2912
1.基础研究人员	Basic Research	7636	534	6761	254	6	81
2.应用研究人员	Applied Research	14510	1960	6748	3635	791	1376
3.试验发展人员	Experimental Development	92724	5420	834	79933	5083	1455
R&D经费内部支出 （万元）	Intramural Expenditure on R&D (10000 yuan)	4126692	196044	261159	3525450	120682	23356
#政府资金	Government Funds	508931	132319	168523	186593	10887	10610
按支出用途分	by Use						
1.经常费支出	Operating Expenses	3669178	161155	205351	3177945	107257	17471
#人员劳务费	Service Fees	1103706	52738	50887	946525	43783	9773
2.资产性支出	Capital Expenditures	457514	34889	55808	347506	13425	5886
#仪器和设备	Instruments & Equipments	429591	25949	49721	335741	12428	5753
按活动类型分	by Activity						
1.基础研究支出	Basic Research	136022	7660	111803	16133	276	149
2.应用研究支出	Applied Research	400433	52935	124644	194736	19903	8214
3.试验发展支出	Experimental Development	3590237	135449	24711	3314581	100503	14993
R&D经费外部支出 （万元）	External Expenditure on R&D (10000 yuan)	130356	5830	11267	110133	3034	93
研究机构数 （个）	Number of Research Institutions (unit)	2758	132	681	1765	115	65
研究机构R&D人员 （人）	R&D Personnel in Research Institutions (person)	67331	8430	8809	44879	3317	1896
研究机构R&D经费支出 （万元）	Expenditure on R&D in Research Institutions (10000 yuan)	1709789	196044	52677	1399414	55159	6495
R&D项目（课题）数 （项）	Number of R&D Projects (item)	43373	1422	34304	6646	653	348
R&D项目（课题）人员全时当量 （人年）	Full-time Equivalent of R&D Projects Personnel (man-year)	101294	7201	14312	73836	4391	1553
R&D项目（课题）经费内部支出 （万元）	Intramural Expenditure on R&D Projects (10000 yuan)	3418383	143826	178481	3002236	83416	10424

15-26　R&D人员情况(2015年)
R&D Personnel (2015)

项　目	Item	有R&D活动的单位数（个） Number of Enterprises Having R&D Activities (unit)	R&D人员（人） R&D Personnel (person)	#女性 Femal	1.全时人员 Full-time Person-nel	2.非全时人员 Parttime Person-nel
总　计	**Total**	**3193**	**173514**	**45825**	**109515**	**63999**
按执行部门分组	**By Performer**					
科研机构	Scientific Research Institution	108	8430	2698	7242	1188
高等学校	Higher Education	144	34608	13801	12105	22503
企业	Enterprises	2840	126201	27229	89049	37152
工业企业	Industrial Enterprises	2731	117750	25859	83273	34477
非工业企业	Non Industrial Enterprises	109	8451	1370	5776	2675
事业单位	Institution	101	4275	2097	1119	3156
按国民经济行业分组	**By Sector**					
农、林、牧、渔业	Agriculture, Forestry, Farming of Animals and Fishing	19	119	9	67	52
采矿业	Mining	39	1560	215	1142	418
制造业	Manufacturing	2665	114618	25237	80950	33668
电力、燃气及水的生产和供应业	Production and Distribution of Electricity, Gas and Water	27	1572	407	1181	391
建筑业	Construction	47	5738	808	3716	2022
交通运输、仓储和邮政业	Traffic,Transport,Storage and Post	2	52	12	52	
信息传输、计算机服务和软件业	Information Transfer,Computer Services and Software	19	480	101	408	72
金融业	Finance	3	244	37	191	53
租赁和商务服务业	Tenancy and Business Services	2	16	4	16	
科学研究、技术服务和地质勘查业	Scientific Research,Technical Service and Geologic Perambulation	167	11138	3340	9268	1870
水利、环境和公共设施管理业	Management of Water Conservancy,Environment and Public Establishment	8	109	19	35	74
教育	Education	144	34608	13801	12105	22503
卫生、社会保障和社会福利业	Sanitation,Social Security&Social Welfare	49	3238	1829	376	2862
文化、体育和娱乐业	Culture,Sports and Entertainment	2	22	6	8	14
按地区分组	**By Region**					
长沙市	Changsha	1072	93887	25834	64426	29461
株洲市	Zhuzhou	257	13993	3439	9911	4082
湘潭市	Xiangtan	130	12165	4052	5958	6207
衡阳市	Hengyang	220	9326	1964	5309	4017
邵阳市	Shaoyang	190	5269	1145	2941	2328
岳阳市	Yueyang	390	10923	2487	4505	6418
常德市	Changde	248	7640	1637	4410	3230
张家界市	Zhangjiajie	18	251	63	192	59
益阳市	Yiyang	181	5276	1627	3359	1917
郴州市	Chenzhou	176	5399	1171	3617	1782
永州市	Yongzhou	136	3045	898	1447	1598
怀化市	Huaihua	80	1730	371	1083	647
娄底市	Loudi	69	3291	735	1809	1482
湘西州	West Hunan	26	1319	402	548	771

15-27 R&D人员全时当量情况(2015年)
Full-time Equivalent of R&D Personnel (2015)

单位：人年 (man-year)

项 目	Item	R&D人员全时当量 Full-time Equivalent of R&D Personnel	基础研究人员 Basic Research Personnel	应用研究人员 Applied Research Personnel	试验发展人员 Experimental Development Personnel
总 计	**Total**	**114869**	**7636**	**14510**	**92724**
按执行部门分组	**By Performer**				
科研机构	Scientific Research Institution	7914	534	1960	5420
高等学校	Higher Education	14343	6761	6748	834
企业	Enterprises	89701	260	4426	85016
工业企业	Industrial Enterprises	83821	254	3635	79933
非工业企业	Non Industrial Enterprises	5879	6	791	5083
事业单位	Institution	2912	81	1376	1455
按国民经济行业分组	**By Sector**				
农、林、牧、渔业	Agriculture, Forestry, Farming of Animals and Fishing	79			79
采矿业	Mining	952		37	915
制造业	Manufacturing	81902	254	3477	78171
电力、燃气及水的生产和供应业	Production and Distribution of Electricity,Gas and Water	967		120	847
建筑业	Construction	3767	6	338	3425
交通运输、仓储和邮政业	Traffic,Transport,Storage and Post	41			41
信息传输、计算机服务和软件业	Information Transfer,Computer Services and Software	253		44	209
金融业	Finance	100			100
租赁和商务服务业	Tenancy and Business Services	10			10
科学研究、技术服务和地质勘查业	Scientific Research,Technical Service and Geologic Perambulation	10350	602	2548	7200
水利、环境和公共设施管理业	Management of Water Conservancy,Environment and Public Establishment	61		27	34
教育	Education	14343	6761	6748	834
卫生、社会保障和社会福利业	Sanitation,Social Security&Social Welfare	2024	13	1171	840
文化、体育和娱乐业	Culture,Sports and Entertainment	22			22
按地区分组	**By Region**				
长沙市	Changsha	63535	4568	9727	49241
株洲市	Zhuzhou	8699	348	508	7844
湘潭市	Xiangtan	6840	1244	853	4743
衡阳市	Hengyang	5754	615	756	4383
邵阳市	Shaoyang	3662	120	99	3443
岳阳市	Yueyang	7840	144	1109	6588
常德市	Changde	5042	105	292	4646
张家界市	Zhangjiajie	142			142
益阳市	Yiyang	4109	52	380	3678
郴州市	Chenzhou	3786	8	328	3450
永州市	Yongzhou	1616	60	125	1431
怀化市	Huaihua	1085	100	89	896
娄底市	Loudi	2105	62	79	1964
湘西州	West Hunan	656	211	167	278

15-28 按经费来源分R&D经费内部支出情况(2015年)
Intramural Expenditure on R&D by Sources (2015)

单位：万元 (10 000 yuan)

项目	Item	R&D经费内部支出 Intramural Expenditure on R&D	政府资金 Government Funds	企业资金 Self-raised Funds by Enterprises	境外资金 Foreign Funds	其他 Other Funds
总计 Total	**Total**	**4126692**	**508931**	**3525897**	**2978**	**88886**
按执行部门分组	**By Performer**					
科研机构	Scientific Research Institution	196044	132319	40378	216	23132
高等学校	Higher Education	261159	168523	67104	860	24672
企业	Enterprises	3646132	197480	3407956	1903	38794
工业企业	Industrial Enterprises	3525450	186593	3306331	1903	30624
非工业企业	Non Industrial Enterprises	120682	10887	101626		8170
事业单位	Institution	23356	10610	10458		2288
按国民经济行业分组	**By Sector**					
农、林、牧、渔业	Agriculture, Forestry, Farming of Animals and Fishing	1835	298	1527		10
采矿业	Mining	30104	1069	28766		269
制造业	Manufacturing	3477012	185439	3259748	1903	29922
电力、燃气及水的生产和供应业	Production and Distribution of Electricity,Gas and Water	18334	85	17816		433
建筑业	Construction	72090	410	71387		293
交通运输、仓储和邮政业	Traffic,Transport,Storage and Post	6093	125	5968		
信息传输、计算机服务和软件业	Information Transfer,Computer Services and Software	4488	466	4003		19
金融业	Finance	2506		2506		
租赁和商务服务业	Tenancy and Business Services	182	55	127		
科学研究、技术服务和地质勘查业	Scientific Research,Technical Service and Geologic Perambulation	235281	145117	56733	216	33215
水利、环境和公共设施管理业	Management of Water Conservancy,Environment and Public Establishment	1188	494	694		
教育	Education	261159	168523	67104	860	24672
卫生、社会保障和社会福利业	Sanitation,Social Security&Social Welfare	16136	6770	9312		53
文化、体育和娱乐业	Culture,Sports and Entertainment	284	80	204		
按地区分组	**By Region**					
长沙市	Changsha	1883174	305201	1536182	1447	40344
株洲市	Zhuzhou	445873	71882	370600		3391
湘潭市	Xiangtan	205314	30453	164655	263	9943
衡阳市	Hengyang	195360	14612	173556	46	7146
邵阳市	Shaoyang	102510	3838	95994	57	2622
岳阳市	Yueyang	483160	31119	440491	1164	10385
常德市	Changde	309563	7240	298568		3755
张家界市	Zhangjiajie	5929	596	5334		
益阳市	Yiyang	127792	8671	117664		1457
郴州市	Chenzhou	154233	10088	138924		5221
永州市	Yongzhou	43787	3234	39187		1366
怀化市	Huaihua	45154	14014	29698		1441
娄底市	Loudi	115365	3897	110092		1376
湘西州	West Hunan	9478	4088	4951		439

15-29 按支出用途分R&D经费内部支出情况(2015年)
Intramural Expenditure on R&D by Use (2015)

单位：万元 (10 000 yuan)

项　目	Item	R&D经费内部支出 Intramural Expenditure on R&D	经常费支出 Operating Expenses	#人员劳务费 Service Fees	资产性支出 Capital Expenditures	#仪器和设备 Instruments & Equipments
总　计	**Total**	**4126692**	**3669178**	**1103706**	**457514**	**429591**
按执行部门分组	**By Performer**					
科研机构	Scientific Research Institution	196044	161155	52738	34889	25949
高等学校	Higher Education	261159	205351	50887	55808	49721
企业	Enterprises	3646132	3285201	990307	360931	348169
工业企业	Industrial Enterprises	3525450	3177945	946525	347506	335741
非工业企业	Non Industrial Enterprises	120682	107257	43783	13425	12428
事业单位	Institution	23356	17471	9773	5886	5753
按国民经济行业分组	**By Sector**					
农、林、牧、渔业	Agriculture, Forestry, Farming of Animals and Fishing	1835	1443	343	392	371
采矿业	Mining	30104	26929	10202	3175	3118
制造业	Manufacturing	3477012	3134557	929960	342456	330776
电力、燃气及水的生产和供应业	Production and Distribution of Electricity,Gas and Water	18334	16459	6362	1875	1847
建筑业	Construction	72090	65539	22647	6551	6406
交通运输、仓储和邮政业	Traffic,Transport,Storage and Post	6093	3458	187	2635	2387
信息传输、计算机服务和软件业	Information Transfer,Computer Services and Software	4488	4282	3029	206	186
金融业	Finance	2506	1232	1107	1275	1275
租赁和商务服务业	Tenancy and Business Services	182	144	54	38	35
科学研究、技术服务和地质勘查业	Scientific Research,Technical Service and Geologic Perambulation	235281	198077	72418	37204	27683
水利、环境和公共设施管理业	Management of Water Conservancy,Environment and Public Establishment	1188	1161	193	28	28
教育	Education	261159	205351	50887	55808	49721
卫生、社会保障和社会福利业	Sanitation,Social Security&Social Welfare	16136	10262	6197	5874	5759
文化、体育和娱乐业	Culture,Sports and Entertainment	284	284	119		
按地区分组	**By Region**					
长沙市	Changsha	1883174	1665088	596540	218086	203338
株洲市	Zhuzhou	445873	416563	114490	29310	25812
湘潭市	Xiangtan	205314	178578	50830	26735	25011
衡阳市	Hengyang	195360	165252	41906	30108	28619
邵阳市	Shaoyang	102510	93513	28638	8997	8748
岳阳市	Yueyang	483160	419712	97522	63448	59877
常德市	Changde	309563	283376	51713	26187	25406
张家界市	Zhangjiajie	5929	4700	969	1229	1180
益阳市	Yiyang	127792	115994	32819	11798	11439
郴州市	Chenzhou	154233	135430	41382	18803	18342
永州市	Yongzhou	43787	33263	11984	10524	10216
怀化市	Huaihua	45154	39340	14031	5814	5461
娄底市	Loudi	115365	111216	18790	4149	3998
湘西州	West Hunan	9478	7153	2093	2325	2144

15-30 按活动类型分R&D经费内部支出情况(2015年)
Intramural Expenditure on R&D by Activities (2015)

单位：万元 (10 000 yuan)

项　目	Item	R&D经费内部支出 Intramural Expenditure on R&D	基础研究支出 Basic Research	应用研究支出 Applied Research	试验发展支出 Experimental Development
总　计	**Total**	**4126692**	**136022**	**400433**	**3590237**
按执行部门分组	**By Performer**				
科研机构	Scientific Research Institution	196044	7660	52935	135449
高等学校	Higher Education	261159	111803	124644	24711
企业	Enterprises	3646132	16409	214639	3415084
工业企业	Industrial Enterprises	3525450	16133	194736	3314581
非工业企业	Non Industrial Enterprises	120682	276	19903	100503
事业单位	Institution	23356	149	8214	14993
按国民经济行业分组	**By Sector**				
农、林、牧、渔业	Agriculture, Forestry, Farming of Animals and Fishing	1835			1835
采矿业	Mining	30104		2523	27581
制造业	Manufacturing	3477012	16133	190836	3270043
电力、燃气及水的生产和供应业	Production and Distribution of Electricity,Gas and Water	18334		1376	16958
建筑业	Construction	72090	276	9606	62208
交通运输、仓储和邮政业	Traffic, Transport, Storage and Post	6093			6093
信息传输、计算机服务和软件业	Information Transfer, Computer Services and Software	4488		1005	3483
金融业	Finance	2506			2506
租赁和商务服务业	Tenancy and Business Services	182			182
科学研究、技术服务和地质勘查业	Scientific Research, Technical Service and Geologic Perambulation	235281	7766	63123	164392
水利、环境和公共设施管理业	Management of Water Conservancy, Environment and Public Establishment	1188		544	644
教育	Education	261159	111803	124644	24711
卫生、社会保障和社会福利业	Sanitation, Social Security&Social Welfare	16136	44	6774	9319
文化、体育和娱乐业	Culture, Sports and Entertainment	284			284
按地区分组	**By Region**				
长沙市	Changsha	1883174	85947	213937	1583291
株洲市	Zhuzhou	445873	3247	28533	414093
湘潭市	Xiangtan	205314	16480	18994	169840
衡阳市	Hengyang	195360	19142	24232	151987
邵阳市	Shaoyang	102510	610	989	100911
岳阳市	Yueyang	483160	4009	70996	408155
常德市	Changde	309563	1074	18192	290297
张家界市	Zhangjiajie	5929			5929
益阳市	Yiyang	127792	783	10657	116352
郴州市	Chenzhou	154233	16	7278	146939
永州市	Yongzhou	43787	408	1869	41510
怀化市	Huaihua	45154	237	2875	42042
娄底市	Loudi	115365	1153	1072	113140
湘西州	West Hunan	9478	2917	810	5752

15-31 R&D经费外部支出情况(2015年)
External Expenditure on R&D (2015)

单位：万元 (10 000 yuan)

项　目	Item	R&D经费外部支出 External Expenditure on R&D	对境内研究机构支出 To Domestic Research Institutions	对境内高等学校支出 To Domestic Higher Education	对国内企业支出 To Domestic Enterprises	对境外机构支出 To Foreign Institutions
总　计	**Total**	**130356**	**71539**	**32812**	**22493**	**3420**
按执行部门分组	**By Performer**					
科研机构	Scientific Research Institution	5830	2407	411	3011	
高等学校	Higher Education	11267	4746	4371	1463	683
企业	Enterprises	113167	64385	28027	18018	2737
工业企业	Industrial Enterprises	110133	63292	27188	16931	2722
非工业企业	Non Industrial Enterprises	3034	1094	839	1087	14
事业单位	Institution	93		3	1	
按国民经济行业分组	**By Sector**					
农、林、牧、渔业	Agriculture, Forestry, Farming of Animals and Fishing	66	41	25		
采矿业	Mining	1238	717	400	120	1
制造业	Manufacturing	106959	61598	26148	16492	2721
电力、燃气及水的生产和供应业	Production and Distribution of Electricity,Gas and Water	1936	977	640	319	
建筑业	Construction	1667	368	658	632	9
交通运输、仓储和邮政业	Traffic,Transport,Storage and Post	38	26	9		3
信息传输、计算机服务和软件业	Information Transfer,Computer Services and Software	124	94	10	19	1
金融业	Finance	342	342			
租赁和商务服务业	Tenancy and Business Services	10	2	2	5	
科学研究、技术服务和地质勘查业	Scientific Research,Technical Service and Geologic Perambulation	6703	2626	546	3442	
水利、环境和公共设施管理业	Management of Water Conservancy, Environment and Public Establishment	6	2	3		
教育	Education	11267	4746	4371	1463	683
卫生、社会保障和社会福利业	Sanitation,Social Security&Social Welfare					
文化、体育和娱乐业	Culture,Sports and Entertainment					
按地区分组	**By Region**					
长沙市	Changsha	43320	19014	11045	10382	2877
株洲市	Zhuzhou	17277	14116	2423	739	
湘潭市	Xiangtan	6469	1235	4952	208	75
衡阳市	Hengyang	4872	2134	841	1897	
邵阳市	Shaoyang	2516	950	1539	27	
岳阳市	Yueyang	34904	27919	5536	1092	357
常德市	Changde	10283	2253	1260	6770	1
张家界市	Zhangjiajie	1492	45	691	756	
益阳市	Yiyang	2136	855	822	324	52
郴州市	Chenzhou	2726	1264	1437	25	
永州市	Yongzhou	1595	913	631	42	8
怀化市	Huaihua	1304	410	762	83	50
娄底市	Loudi	1307	410	751	138	
湘西州	West Hunan	156	22	123	11	

15-32 研究机构情况(2015年)
Statistics on Scientific Research Institutions (2015)

单位：万元 (10 000 yuan)

项 目	Item	机构数（个）Number of Instituti-ons (unit)	R&D人员(人) R&D Personnel (person)	R&D经费支出 Expendi-ture on R&D	科研用仪器和设备原价 Original Price on equipmenet for Scientific Research	#进口 import
总计	**Total**	**2758**	**67331**	**1709789**	**2786975**	**295172**
按执行部门分组	**By Performer**					
科研机构	Scientific Research Institution	132	8430	196044	165610	33567
高等学校	Higher Education	681	8809	52677	369103	148968
企业	Enterprises	1880	48196	1454573	2232162	108416
工业企业	Industrial Enterprises	1765	44879	1399414	2151779	103142
非工业企业	Non Industrial Enterprises	115	3317	55159	80383	5274
事业单位	Institution	65	1896	6495	20100	4221
按国民经济行业分组	**By Sector**					
农、林、牧、渔业	Agriculture, Forestry, Farming of Animals and Fishing	14	36	232	210	
采矿业	Mining	39	538	7801	10693	294
制造业	Manufacturing	1710	43881	1386064	2097082	94016
电力、燃气及水的生产和供应业	Production and Distribution of Electricity,Gas and Water	16	460	5549	44005	8832
建筑业	Construction	53	1555	32839	24925	1626
交通运输、仓储和邮政业	Traffic,Transport,Storage and Post					
信息传输、计算机服务和软件业	Information Transfer,Computer Services and Software	23	800	3474	838	12
金融业	Finance	17	131	1046	40751	
租赁和商务服务业	Tenancy and Business Services	1	4	6	6	
科学研究、技术服务和地质勘查业	Scientific Research,Technical Service and Geologic Perambulation	143	9374	215405	179714	37203
水利、环境和公共设施管理业	Management of Water Conservancy,Environment and Public Establishment	6	48	882	79	
教育	Education	681	8809	52677	369103	148968
卫生、社会保障和社会福利业	Sanitation,Social Security&Social Welfare	55	1695	3816	19570	4221
文化、体育和娱乐业	Culture,Sports and Entertainment					
按研究机构组成类型分组	**By types of R&D Institutions**					
政府部门办	By government	213	9457	200005	169155	34122
与国内高校合办	Cooperation with Higher Education	14	216	597	3632	1071
与国内独立研究机构合办	Cooperation with Independent Research Institutes	6	104	147	26	16
与境内注册的其他企业合办	Cooperation with Other Enterprise	33	883	5800	70132	13357
单位自办	By self	2477	56435	1503040	2543981	246607
其他	Others	15	236	200	50	
按学科分组	**By Subject**					
自然科学	Natural sciences	58	1738	22056	76920	34196
农业科学	Agricultural Sciences	135	3377	53194	52848	19035
医药科学	Medical Science	128	3768	19781	79779	32987
工程与技术科学	Engineering and Technological Sciences	2045	54351	1602328	2560044	204952
人文与社会科学	Humanities and Social Sciences	392	4097	12430	17384	4002
按地区分组	**By Region**					
长沙市	Changsha	1220	40869	971068	1599280	196484
株洲市	Zhuzhou	128	5563	126283	212136	17325
湘潭市	Xiangtan	132	3092	75149	87197	28006
衡阳市	Hengyang	218	2577	51108	141433	26152
邵阳市	Shaoyang	122	2243	48407	25647	1952
岳阳市	Yueyang	278	3663	140644	223074	12677
常德市	Changde	122	2187	142171	147035	4782
张家界市	Zhangjiajie	18	107	1352	1649	
益阳市	Yiyang	100	1368	27845	226815	1371
郴州市	Chenzhou	191	2538	79766	45335	1145
永州市	Yongzhou	110	1132	12006	30795	1028
怀化市	Huaihua	35	406	11376	14213	8
娄底市	Loudi	55	1307	21601	24147	2347
湘西州	West Hunan	29	279	1013	8219	1897

15-33 全部R&D项目（课题）情况(2015年)
Statistics on Total R&D Projects (2015)

项目	Item	项目（课题）数（项） Number of Projects (item)	项目(课题)人员全时当量(人年) Full-time Equivalent of Projects (man-year)	项目(课题)经费内部支出(万元) Intramural Expenditure (10 000 yuan)
总　计	**Total**	**43373**	**101294**	**3418383**
按执行部门分组	**By Performer**			
科研机构	Scientific Research Institution	1422	7201	143826
高等学校	Higher Education	34304	14312	178481
企业	Enterprises	7299	78227	3085652
工业企业	Industrial Enterprises	6646	73836	3002236
非工业企业	Non Industrial Enterprises	653	4391	83416
事业单位	Institution	348	1553	10424
按国民经济行业分组	**By Sector**			
农、林、牧、渔业	Agriculture, Forestry, Farming of Animals and Fishing	23	66	826
采矿业	Mining	93	853	25187
制造业	Manufacturing	6399	72054	2960227
电力、燃气及水的生产和供应业	Production and Distribution of Electricity,Gas and Water	154	928	16822
建筑业	Construction	322	2983	59601
交通运输、仓储和邮政业	Traffic,Transport,Storage and Post	9	37	1367
信息传输、计算机服务和软件业	Information Transfer,Computer Services and Software	26	198	3839
金融业	Finance	45	51	895
租赁和商务服务业	Tenancy and Business Services	2	10	120
科学研究、技术服务和地质勘查业	Scientific Research,Technical Service and Geologic Perambulation	1778	8986	165347
水利、环境和公共设施管理业	Management of Water Conservancy,Environment and Public Establishment	15	51	992
教育	Education	34304	14312	178481
卫生、社会保障和社会福利业	Sanitation, Social Security&Social Welfare	201	746	4498
文化、体育和娱乐业	Culture, Sports and Entertainment	2	17	181
按项目来源分组	**By Sources of Topics**			
国家科技项目	National S&T Projects	9129	12897	344558
地方科技项目	Local S&T Projects	16927	13134	214548
企业委托科技项目	S&T Projects Entrusted by Enterprise	5253	4722	125937
自选科技项目	S&T Projects Chosen by Enterprise	10405	68033	2663347
来自国外的科技项目	Oversease S&T Projects	77	150	3396
其它科技项目	Others	1582	2358	66597
按项目合作形式分组	**By Cooperation Modality**			
与境外机构合作	Cooperation with Oversease Institutes	110	634	34923
与国内高校合作	Cooperation with Higher Education	2163	7204	286850
与国内独立研究机构合作	Cooperation with Independent Research Institutes	1066	5075	207339
与境内注册外商独资企业合作	Cooperation with Sole Foreign Enterprise	22	137	5885
与境内注册其他企业合作	Cooperation with Other Enterprise	2943	5161	162733
独立完成	Independent Implementation	35844	78952	2621072
其他	Others	1225	4132	99580

15-33 续表 continued

项目	Item	项目（课题）数（项） Number of Projects (item)	项目(课题)人员全时当量(人年) Full-time Equivalent of Projects (man-year)	项目(课题)经费内部支出(万元) Intramural Expenditure (10 000 yuan)
按项目活动类型分组	**By R&D Activities types**			
基础研究	Basic Research	17882	7531	93941
应用研究	Applied Research	15868	13394	294371
试验发展	Experimental Development	9623	80368	3030072
按项目社会经济目标分组	**By Socio-economic Objective**			
环境保护及污染防治	Environmental conservation and Prevention of Pollution	1241	2944	123165
能源的生产、分配和合理利用	Production,Distribution and Rational Utilisation of Energy	1327	5156	191039
卫生事业的发展	Development of Human Health	3007	3010	33790
教育事业的发展	Development of Education	10266	2668	12204
基础设施以及城市和农村规划	Infrastructure, Urban and Rural Planning	2441	3915	72433
社会发展和社会服务	Social Development and Community Services	5751	2248	15482
地球和大气层的探索与利用	Exploration and Utilization of the Earth and Atmosphere	87	99	1173
民用空间的探测及开发	Civil Exploration and Exploitation of Space	29	34	322
农林牧渔业发展	Development of Agriculture,Forestry,Animal Husbandry and Fishery	2464	3760	47596
工商业发展	Development of Industry and Commerce	10374	70318	2734145
非定向研究	Non-oriented Research	5974	4022	84903
其他民用目标	Other Civil Research	412	3119	102132
按学科分组	**By Subject**			
自然科学	Natural sciences	3353	2566	35289
农业科学	Agricultural Sciences	2106	3495	45011
医药科学	Medical Science	3182	3289	31527
工程与技术科学	Engineering and Technological Sciences	15063	86956	3288908
人文与社会科学	Humanities and Social Sciences	19669	4989	17648
按地区分组	**By Region**			
长沙市	Changsha	26322	54977	1710207
株洲市	Zhuzhou	1857	7422	266569
湘潭市	Xiangtan	4889	6190	148731
衡阳市	Hengyang	2903	5354	165221
邵阳市	Shaoyang	753	3438	95805
岳阳市	Yueyang	1006	7009	340769
常德市	Changde	902	4468	264839
张家界市	Zhangjiajie	19	132	3674
益阳市	Yiyang	727	3845	107298
郴州市	Chenzhou	1218	3430	127374
永州市	Yongzhou	789	1502	33479
怀化市	Huaihua	615	951	40562
娄底市	Loudi	361	1951	107086
湘西州	West Hunan	1012	627	6770

15-34 R&D活动产出情况(2015年)
Statistics on R&D Outputs (2015)

项目	Item	专利申请数（件） Patent Applications (item)	#发明专利 Inventions	有效发明专利数（件） Inventions In Force (item)	发表科技论文（篇） Scientific Papers Issued (piece)
总　计	**Total**	**26754**	**12096**	**25422**	**57342**
按执行部门分组	**By Performer**				
科研机构	Scientific Research Institution	504	358	414	2332
高等学校	Higher Education	7423	3853	5302	48417
企业	Enterprises	18553	7754	19490	4373
工业企业	Industrial Enterprises	18175	7591	19087	3515
非工业企业	Non Industrial Enterprises	378	163	403	858
事业单位	Institution	274	131	216	2220
按国民经济行业分组	**By Sector**				
农、林、牧、渔业	Agriculture, Forestry, Farming of Animals and Fishing	5	2	3	12
采矿业	Mining	151	81	64	44
制造业	Manufacturing	17624	7346	18863	3047
电力、燃气及水的生产和供应业	Production and Distribution of Electricity,Gas and Water	400	164	160	424
建筑业	Construction	124	29	32	252
交通运输、仓储和邮政业	Traffic,Transport,Storage and Post	4	3	3	7
信息传输、计算机服务和软件业	Information Transfer,Computer Services and Software	55	44	39	16
金融业	Finance				1
租赁和商务服务业	Tenancy and Business Services				
科学研究、技术服务和地质勘查业	Scientific Research, Technical Service and Geologic Perambulation	910	537	953	3178
水利、环境和公共设施管理业	Management of Water Conservancy, Environment and Public Establishment				2
教育	Education	7423	3853	5302	48417
卫生、社会保障和社会福利业	Sanitation,Social Security&Social Welfare	58	37	3	1942
文化、体育和娱乐业	Culture,Sports and Entertainment				
按地区分组	**By Region**				
长沙市	Changsha	13324	6478	14544	35811
株洲市	Zhuzhou	3755	1527	3882	2929
湘潭市	Xiangtan	1848	751	1277	4500
衡阳市	Hengyang	1327	652	813	4811
邵阳市	Shaoyang	468	147	146	920
岳阳市	Yueyang	1508	594	937	1549
常德市	Changde	1079	545	1775	1343
张家界市	Zhangjiajie	109	69	168	5
益阳市	Yiyang	904	346	423	1070
郴州市	Chenzhou	707	334	639	787
永州市	Yongzhou	408	126	281	704
怀化市	Huaihua	80	52	176	768
娄底市	Loudi	391	119	177	902
湘西州	West Hunan	846	356	184	1243

15-35 规模以上工业企业科技活动情况(2015年)

Basic Statistics on Scientific and Technological Activities in Industrial Enterprises above Designated Size (2015)

项目	Item	合计 Total	大型 Large	中型 Medium	小型 Small	微型 Miniature
工业企业个数 （个）	Number of Industrial Enterprises above Designated Size (unit)	13992	211	2291	11087	403
#有R&D活动的企业个数	# Number of Units Having R&D Activities	2731	140	755	1817	19
R&D人员 （人）	R&D Personnel (person)	117750	56811	28860	31925	154
#女性	Female	25859	13410	6317	6098	34
#全时人员	Full-time Personnel	83273	41786	19438	21947	102
R&D人员全时当量 （人年）	Full-time Equivalent of R&D Personnel(man-year)	83821	41104	20378	22240	99
R&D经费内部支出 （万元）	Intramural Expenditure on R&D (10000 yuan)	3525450	1769830	817673	934946	3001
按经费来源分	by Sources					
1.政府资金	Government Funds	186593	113487	28766	44184	156
2.企业资金	Self-raised Funds by Enterprises	3306331	1649799	780681	873074	2777
3.境外资金	Foreign Funds	1903	302	200	1400	
4.其他	Other funds	30624	6242	8026	16288	68
按支出用途分	by Use					
1.经常费支出	Operating Expenses	3177945	1618191	738832	818572	2351
#人员劳务费	Service Fees	946525	519006	201295	225407	817
2.资产性支出	Capital Expenditures	347506	151640	78842	116374	650
#仪器和设备	Instruments & Equipments	335741	145888	76424	112782	647
R&D经费外部支出 （万元）	External Expenditure on R&D (10000 yuan)	110133	52123	20283	37671	57
企业办科技机构数 （个）	Number of Institutions for S&T in Enterprises (unit)	1765	179	498	1083	5
企业办科技机构人员 （人）	Number of Persons of Institutions for S&T in Enterprises (person)	69090	32394	17584	19045	67
#博士毕业	#Doctor	1756	460	473	815	8
#硕士毕业	#Master	10094	5874	1880	2333	7
企业办科技机构经费支出 （万元）	Expenditure on S&T in Research Institutions (10000 yuan)	1786269	891730	431662	461948	929
R&D项目（课题）数 （项）	Number of R&D Projects (item)	6646	1669	1804	3151	22
R&D项目（课题）人员 （人）	Personnel of Projects for R&D (person)	105347	49126	26289	29783	149
R&D项目（课题）经费内部支出 （万元）	Intramural Expenditure on R&D Projects (10000 yuan)	3002236	1491521	725942	782374	2400
新产品开发项目数 （项）	Number of Projects for New Products Development (item)	6402	1384	1779	3221	18
新产品开发经费支出 （万元）	Expenditure on New Products Development (10000 yuan)	3315134	1753691	730364	827805	3274
新产品产值 （万元）	Gross Output Value of New Products (10 000 yuan)	77685539	42858527	18083983	16362474	380556
新产品销售收入 （万元）	Sales Revenue of New Products (10 000 yuan)	73497969	40287360	17352926	15482159	375524
#出口	#Exported	5096888	3913765	818964	363841	318
专利申请数 （件）	Patent Applications (item)	18175	6963	4519	6644	49
有效发明专利数 （件）	Inventions In Force (item)	19087	9920	4583	4547	37
发表科技论文 （篇）	Number of Published Scientific Papers (piece)	3515	2331	579	605	
拥有注册商标数 （件）	Number of registered trademark (item)	10480	6321	2183	1968	8

15-36 规模以上工业企业R&D人员情况(2015年)
R&D Personnel in Industrial Enterprises above Designated Size (2015)

类别	Item	有R&D活动的单位数（个）Number of Enterprises Having R&D Activities (unit)	R&D人员（人）R&D Personnel (person)	#全时人员 Full-time Personnel	R&D人员全时当量（人年）Full-time Equivalent of R&D Personnel (man-year)
总计	**Total**	**2731**	**117750**	**83273**	**83821**
按企业规模分组	**By Size**				
大型	Large	140	56811	41786	41104
中型	Medium	755	28860	19438	20378
小型	Small	1817	31925	21947	22240
微型	Miniature	19	154	102	99
按登记注册类型分组	**By Registration Status**				
内资企业	Domestic-Funded Enterprises	2564	99718	68027	69534
国有	State-owned Enterprises	28	3603	2154	2350
集体	Collective-owned Enterprises	9	156	91	83
股份合作	Cooperative Enterprises	5	180	148	79
国有联营	State Joint Ownership Enterprises				
集体联营	Collective Joint Ownership Enterprises				
国有与集体联营	Joint State-collective Enterprises				
其他联营	Other Joint Ownership Enterprises				
国有独资公司	State-funded Corporations	45	7056	4292	4931
其他有限责任公司	Other Limited Liability Corporations	508	22638	15738	16334
股份有限公司	Share-holding Corporations Ltd.	168	19482	15164	12319
私营独资	Private-funded Enterprises	67	884	437	597
私营合伙	Private Partnership Enterprises	35	395	299	276
私营有限责任公司	Private Limited Liability Corporations	1490	37124	23925	26492
私营股份有限公司	Private Share-holding Corporations Ltd.	201	8040	5674	5934
其他内资	Other Enterprises	8	160	105	139
港澳台商投资	Enterprises With Investment from Hong Kong, Macao and Taiwan	89	15041	13177	12016
外商投资	Enterprises With Foreign Investment	78	2991	2069	2272

15-36 续表 continued

类 别	Item	有R&D活动的单位数（个）Number of Enterprises Having R&D Activities (unit)	R&D人员（人）R&D Personnel (person)	#全时人员 Full-time Personnel	R&D人员全时当量（人年）Full-time Equivalent of R&D Personnel (man-year)
按工业行业大类分组	**By Industrial Branch**				
煤炭开采和洗选业	Mining and Washing of Coal	2	30	21	27
黑色金属矿采选业	Mining of Ferrous Metal Ores	4	95	70	83
有色金属矿采选业	Mining of Non-ferrous Metal Ores	17	1030	798	576
非金属矿采选业	Mining and Processing of Nonmetal Ores	16	405	253	267
其他采矿业	Mining of Other Ores N.E.C				
农副食品加工业	Processing of Food from Agricultural Products	217	4605	2591	3166
食品制造业	Manufacture of Foods	89	1853	1172	1336
酒、饮料和精制茶制造业	Manufacture of Liquor, Beverage and Refined Tea	60	945	523	571
烟草制品业	Manufacture of Tobacco	4	955	246	551
纺织业	Manufacture of Textile	41	1752	987	1128
纺织服装、服饰业	Manufacture of Textile Wearing and Clothing Apparel	16	565	326	444
皮革、毛皮、羽毛及其制品和制鞋业	Leather, Fur, Feather and Its Products and Footwear	18	403	277	300
木材加工和木、竹、藤、棕、草制品业	Processing of Timbers, Manufacture of Wood, Bamboo, Rattan, Palm and Straw Products	48	842	470	576
家具制造业	Manufacture of Furniture	15	365	201	257
造纸和纸制品业	Manufacture of Paper and Paper Products	42	1697	1004	1197
印刷和记录媒介复制业	Printing, Reproduction of Recording Media	27	500	362	360
文教、工美、体育和娱乐用品制造业	Manufacture of Articles for Culture, Education, Artwork, Sport and Entertainment Activity	28	642	384	469
石油加工、炼焦和核燃料加工业	Processing of Petroleum,Coking,Processing of Nucleus Fuel	11	622	315	575
化学原料和化学制品制造业	Manufacture of Chemical Raw Material and Chemical Products	295	6732	4174	4752
医药制造业	Manufacture of Medicines	167	5560	3550	4408
化学纤维制造业	Manufacture of Chemical Fiber	3	208	46	138
橡胶和塑料制品业	Manufacture of Rubber and Plastic Products	55	1121	764	787
非金属矿物制品业	Manufacture of Non-metallic Mineral Products	235	5407	3446	3611
黑色金属冶炼和压延加工业	Manufacture and Processing of Ferrous Metals	51	4370	2419	3374
有色金属冶炼和压延加工业	Manufacture and Processing of Non-ferrous Metals	156	6958	4769	4663
金属制品业	Manufacture of Metal Products	96	2854	1915	2215
通用设备制造业	Manufacture of General Purpose Machinery	208	6244	4625	3997
专用设备制造业	Manufacture of Special Purpose Machinery	208	19061	14549	12523
汽车制造业	Manufacture of Automobile	92	5626	3790	4310
铁路、船舶、航空航天和其他运输设备制造业	Manufacture of Railways, Ships, Aerospace and Other Transport Equipment	45	6709	5131	4595
电气机械和器材制造业	Manufacture of Electrical Machinery and Equipment	192	7718	5865	5825
计算机、通信和其他电子设备制造业	Manufacture of Computer, Communication and Other Electronic Equipment	172	17400	14775	13540
仪器仪表制造业	Manufacture of Measuring Instrument	52	2519	2049	2001
其他制造业	Manufacture of Other Manufacture N.E.C	9	153	121	87
废弃资源综合利用业	Comprehensive Utilization of Waste	12	220	93	137
金属制品、机械和设备修理业	Maintenance of Metal Products, Machinery and Equipment	1	12	11	10
电力、热力生产和供应业	Production and Supply of Electric Power and Heat Power	20	1318	1004	815
燃气生产和供应业	Production and Distribution of Gas	4	116	74	81
水的生产和供应业	Production and Distribution of Water	3	138	103	71

15-37 规模以上工业企业按经费来源分R&D经费内部支出情况(2015年)

Intramural R&D Expenditures in Industrial Enterprises above Designated Size by Sources (2015)

单位：万元 (10000 yuan)

类别	Item	R&D经费内部支出 Intramural Expenditure on R&D	政府资金 Government Funds	企业资金 Self-raised Funds by Enterprises	境外资金 Foreign Funds	其他 Other Funds
总计	**Total**	**3525450**	**186593**	**3306331**	**1903**	**30624**
按企业规模分组	**By Size**					
大型	Large	1769830	113487	1649799	302	6242
中型	Medium	817673	28766	780681	200	8026
小型	Small	934946	44184	873074	1400	16288
微型	Miniature	3001	156	2777		68
按登记注册类型分组	**By Registration Status**					
内资企业	Domestic-Funded Enterprises	3095891	182659	2882244	1610	29378
国有	State-owned Enterprises	106943	13505	93179		259
集体	Collective-owned Enterprises	3213	181	2843		188
股份合作	Cooperative Enterprises	2174	156	2019		
国有联营	State Joint Ownership Enterprises					
集体联营	Collective Joint Ownership Enterprises					
国有与集体联营	Joint State-collective Enterprises					
其他联营	Other Joint Ownership Enterprises					
国有独资公司	State-funded Corporations	172414	12356	159639		419
其他有限责任公司	Other Limited Liability Corporations	821017	82076	733292	46	5603
股份有限公司	Share-holding Corporations Ltd.	617612	24706	586379		6528
私营独资	Private-funded Enterprises	26064	498	24998		569
私营合伙	Private Partnership Enterprises	11179	124	11054		
私营有限责任公司	Private Limited Liability Corporations	1133035	42388	1076158	1261	13227
私营股份有限公司	Private Share-holding Corporations Ltd.	198341	6609	188844	302	2586
其他内资	Other Enterprises	3899	60	3839		
港澳台商投资	Enterprises With Investment from Hong Kong, Macao and Taiwan	315458	2933	311418		1107
外商投资	Enterprises With Foreign Investment	114101	1001	112669	293	138

15-37 续表 continued

单位：万元 (10000 yuan)

类 别	Item	R&D经费内部支出 Intramural Expenditure on R&D	政府资金 Government Funds	企业资金 Self-raised Funds by Enterprises	境外资金 Foreign Funds	其他 Other Funds
按工业行业大类分组	**By Industrial Branch**					
煤炭开采和洗选业	Mining and Washing of Coal	2014		2014		
黑色金属矿采选业	Mining of Ferrous Metal Ores	1264		1264		
有色金属矿采选业	Mining of Non-ferrous Metal Ores	15097	889	14208		
非金属矿采选业	Mining and Processing of Nonmetal Ores	11729	180	11280		269
其他采矿业	Mining of Other Ores N.E.C					
农副食品加工业	Processing of Food from Agricultural Products	143555	7209	132939	57	3350
食品制造业	Manufacture of Foods	66415	3722	61561		1133
酒、饮料和精制茶制造业	Manufacture of Liquor, Beverage and Refined Tea	27742	1122	26521		99
烟草制品业	Manufacture of Tobacco	25314		25314		
纺织业	Manufacture of Textile	41919	1870	40049		
纺织服装、服饰业	Manufacture of Textile Wearing and Clothing Apparel	11056	555	10264		238
皮革、毛皮、羽毛及其制品和制鞋业	Leather, Fur, Feather and Its Products and Footwear	10764	160	9983		622
木材加工和木、竹、藤、棕、草制品业	Processing of Timbers, Manufacture of Wood, Bamboo, Rattan, Palm and Straw Products	25730	3110	21977		643
家具制造业	Manufacture of Furniture	8444	996	7448		
造纸和纸制品业	Manufacture of Paper and Paper Products	62133	1523	55905		4706
印刷和记录媒介复制业	Printing,Reproduction of Recording Media	14936	241	14695		
文教、工美、体育和娱乐用品制造业	Manufacture of Articles for Culture, Education, Artwork, Sport and Entertainment Activity	11246	470	10240		537
石油加工、炼焦和核燃料加工业	Processing of Petroleum,Coking,Processing of Nucleus Fuel	60058	519	59539		
化学原料和化学制品制造业	Manufacture of Chemical Raw Material and Chemical Products	211556	5584	204922	79	972
医药制造业	Manufacture of Medicines	157242	5355	149224		2663
化学纤维制造业	Manufacture of Chemical Fiber	2191		2100		91
橡胶和塑料制品业	Manufacture of Rubber and Plastic Products	35392	1264	34088		41
非金属矿物制品业	Manufacture of Non-metallic Mineral Products	133419	2793	129384		1242
黑色金属冶炼和压延加工业	Manufacture and Processing of Ferrous Metals	161152	1024	159970		158
有色金属冶炼和压延加工业	Manufacture and Processing of Non-ferrous Metals	323464	7653	312332		3479
金属制品业	Manufacture of Metal Products	62788	16021	46578		189
通用设备制造业	Manufacture of General Purpose Machinery	176218	16451	158467	40	1260
专用设备制造业	Manufacture of Special Purpose Machinery	608747	10798	595418	807	1724
汽车制造业	Manufacture of Automobile	164452	21527	140050	154	2721
铁路、船舶、航空航天和其他运输设备制造业	Manufacture of Railways, Ships, Aerospace and Other Transport Equipment	309313	54514	254043		757
电气机械和器材制造业	Manufacture of Electrical Machinery and Equipment	218166	8347	208334	767	719
计算机、通信和其他电子设备制造业	Manufacture of Computer, Communication and Other Electronic Equipment	346582	10315	334346		1921
仪器仪表制造业	Manufacture of Measuring Instrument	45265	1705	42960		600
其他制造业	Manufacture of Other Manufacture N.E.C	2350	115	2174		60
废弃资源综合利用业	Comprehensive Utilization of Waste	9167	478	8689		
金属制品、机械和设备修理业	Maintenance of Metal Products, Machinery and Equipment	236		236		
电力、热力生产和供应业	Production and Supply of Electric Power and Heat Power	11749	44	11376		329
燃气生产和供应业	Production and Distribution of Gas	4035	1	3930		104
水的生产和供应业	Production and Distribution of Water	2551	40	2511		

15-38 规模以上工业企业按支出用途分R&D经费内部支出情况(2015年)
Intramural R&D Expenditures in Industrial Enterprises above Designated Size by Use (2015)

单位：万元 (10000 yuan)

类别	Item	R&D经费内部支出 Intramural Expenditure on R&D	1.经常费支出 Operating Expenses	#人员劳务费 Service Fees	2.资产性支出 Capital Expenditures	#仪器和设备 Instruments & Equipments
总计	**Total**	**3525450**	**3177945**	**946525**	**347506**	**335741**
按企业规模分组	**By Size**					
大型	Large	1769830	1618191	519006	151640	145888
中型	Medium	817673	738832	201295	78842	76424
小型	Small	934946	818572	225407	116374	112782
微型	Miniature	3001	2351	817	650	647
按登记注册类型分组	**By Registration Status**					
内资企业	Domestic-Funded Enterprises	3095891	2799456	803088	296435	285779
国有	State-owned Enterprises	106943	99073	33503	7870	7837
集体	Collective-owned Enterprises	3213	2951	967	262	249
股份合作	Cooperative Enterprises	2174	2111	935	64	63
国有联营	State Joint Ownership Enterprises					
集体联营	Collective Joint Ownership Enterprises					
国有与集体联营	Joint State-collective Enterprises					
其他联营	Other Joint Ownership Enterprises					
国有独资公司	State-funded Corporations	172414	160559	40351	11856	11512
其他有限责任公司	Other Limited Liability Corporations	821017	714857	175097	106160	103268
股份有限公司	Share-holding Corporations Ltd.	617612	583186	159408	34427	31767
私营独资	Private-funded Enterprises	26064	23538	6184	2526	2465
私营合伙	Private Partnership Enterprises	11179	9576	2433	1603	1565
私营有限责任公司	Private Limited Liability Corporations	1133035	1021303	326027	111732	108272
私营股份有限公司	Private Share-holding Corporations Ltd.	198341	178887	57414	19454	18357
其他内资	Other Enterprises	3899	3417	769	482	425
港澳台商投资	Enterprises With Investment from Hong Kong, Macao and Taiwan	315458	270940	114260	44517	43658
外商投资	Enterprises With Foreign Investment	114101	107549	29177	6553	6304

15-38 续表 continued

单位：万元 (10000 yuan)

类别	Item	R&D经费内部支出 Intramural Expenditure on R&D	1.经常费支出 Operating Expenses	#人员劳务费 Service Fees	2.资产性支出 Capital Expenditures	#仪器和设备 Instruments & Equipments
按工业行业大类分组	**By Industrial Branch**					
煤炭开采和洗选业	Mining and Washing of Coal	2014	1953	224	61	56
黑色金属矿采选业	Mining of Ferrous Metal Ores	1264	1137	352	127	123
有色金属矿采选业	Mining of Non-ferrous Metal Ores	15097	13978	6247	1119	1096
非金属矿采选业	Mining and Processing of Nonmetal Ores	11729	9860	3379	1869	1843
其他采矿业	Mining of Other Ores N.E.C					
农副食品加工业	Processing of Food from Agricultural Products	143555	127369	33100	16186	15806
食品制造业	Manufacture of Foods	66415	59686	14537	6729	6531
酒、饮料和精制茶制造业	Manufacture of Liquor, Beverage and Refined Tea	27742	24501	6604	3241	3184
烟草制品业	Manufacture of Tobacco	25314	19346	16094	5968	5930
纺织业	Manufacture of Textile	41919	36686	8037	5233	5049
纺织服装、服饰业	Manufacture of Textile Wearing and Clothing Apparel	11056	9636	3901	1420	1408
皮革、毛皮、羽毛及其制品和制鞋业	Leather, Fur,Feather and Its Products and Footwear	10764	10497	2836	268	260
木材加工和木、竹、藤、棕、草制品业	Processing of Timbers, Manufacture of Wood, Bamboo, Rattan, Palm and Straw Products	25730	22224	6760	3507	3482
家具制造业	Manufacture of Furniture	8444	7418	2287	1026	979
造纸和纸制品业	Manufacture of Paper and Paper Products	62133	56613	12687	5520	5397
印刷和记录媒介复制业	Printing,Reproduction of Recording Media	14936	13716	3457	1220	1033
文教、工美、体育和娱乐用品制造业	Manufacture of Articles for Culture, Education, Artwork, Sport and Entertainment Activity	11246	9582	3502	1664	1631
石油加工、炼焦和核燃料加工业	Processing of Petroleum,Coking,Processing of Nucleus Fuel	60058	56235	10620	3823	3365
化学原料和化学制品制造业	Manufacture of Chemical Raw Material and Chemical Products	211556	183808	47078	27749	26200
医药制造业	Manufacture of Medicines	157242	140812	41014	16430	15870
化学纤维制造业	Manufacture of Chemical Fiber	2191	2191	802		
橡胶和塑料制品业	Manufacture of Rubber and Plastic Products	35392	29539	7594	5853	5601
非金属矿物制品业	Manufacture of Non-metallic Mineral Products	133419	119109	36316	14310	14001
黑色金属冶炼和压延加工业	Manufacture and Processing of Ferrous Metals	161152	151641	31469	9512	9061
有色金属冶炼和压延加工业	Manufacture and Processing of Non-ferrous Metals	323464	249628	51753	73836	72580
金属制品业	Manufacture of Metal Products	62788	56474	18745	6314	6225
通用设备制造业	Manufacture of General Purpose Machinery	176218	159547	44675	16671	16118
专用设备制造业	Manufacture of Special Purpose Machinery	608747	586569	200797	22178	20384
汽车制造业	Manufacture of Automobile	164452	154089	43220	10363	10224
铁路、船舶、航空航天和其他运输设备制造业	Manufacture of Railways, Ships, Aerospace and Other Transport Equipment	309313	301156	76945	8157	6673
电气机械和器材制造业	Manufacture of Electrical Machinery and Equipment	218166	199928	51827	18238	17711
计算机、通信和其他电子设备制造业	Manufacture of Computer, Communication and Other Electronic Equipment	346582	297959	133923	48624	47723
仪器仪表制造业	Manufacture of Measuring Instrument	45265	37918	16456	7347	7287
其他制造业	Manufacture of Other Manufacture N.E.C	2350	2106	1088	244	244
废弃资源综合利用业	Comprehensive Utilization of Waste	9167	8370	1724	796	790
金属制品、机械和设备修理业	Maintenance of Metal Products, Machinery and Equipment	236	206	115	30	30
电力、热力生产和供应业	Production and Supply of Electric Power and Heat Power	11749	10493	3815	1257	1256
燃气生产和供应业	Production and Distribution of Gas	4035	3974	1578	61	59
水的生产和供应业	Production and Distribution of Water	2551	1993	970	557	532

15-39 规模以上工业企业办科技机构情况(2015年)
Basic Statistics on Institutions for Scientific and Technological in Industrial Enterprises above Designated Size(2015)

类 别	Item	企业办科技机构数（个）Number of Institutions for S&T in Enterprises (unit)	企业办科技机构人员（人）Number of Personnel in Institutions for S&T in Enterprises (person)	#博士 Doctor	#硕士 Master	科技机构内部经费支出(万元) Intramural Expenditure for S&T Institutions (10 000 yuan)
总计	**Total**	**1765**	**69090**	**1756**	**10094**	**1786269**
按企业规模分组	**By Size**					
大型	Large	179	32394	460	5874	891730
中型	Medium	498	17584	473	1880	431662
小型	Small	1083	19045	815	2333	461948
微型	Miniature	5	67	8	7	929
按登记注册类型分组	**By Registration Status**					
内资企业	Domestic-Funded Enterprises	1662	62109	1680	9405	1490302
国有	State-owned Enterprises	34	1524	136	342	83175
集体	Collective-owned Enterprises	6	103	5	4	1550
股份合作	Cooperative Enterprises	2	174		1	2029
国有联营	State Joint Ownership Enterprises					
集体联营	Collective Joint Ownership Enterprises					
国有与集体联营	Joint State-collective Enterprises					
其他联营	Other Joint Ownership Enterprises					
国有独资公司	State-funded Corporations	43	3595	43	442	93869
其他有限责任公司	Other Limited Liability Corporations	324	14962	290	2069	398988
股份有限公司	Share-holding Corporations Ltd.	161	13335	236	2150	217679
私营独资	Private-funded Enterprises	23	292	10	26	8438
私营合伙	Private Partnership Enterprises	12	140	7	10	1060
私营有限责任公司	Private Limited Liability Corporations	932	23225	835	3823	575433
私营股份有限公司	Private Share-holding Corporations Ltd.	121	4699	116	530	106366
其他内资	Other Enterprises	4	60	2	8	1716
港澳台商投资	Enterprises With Investment from Hong Kong, Macao and Taiwan	55	4605	47	346	217219
外商投资	Enterprises With Foreign Investment	48	2376	29	343	78749

15-39 续表 continued

类 别	Item	企业办科技机构数（个）Number of Institutions for S&T in Enterprises (unit)	企业办科技机构人员（人）Number of Personnel in Institutions for S&T in Enterprises (person)	#博士 Doctor	#硕士 Master	科技机构内部经费支出(万元) Intramural Expenditure for S&T Institutions (10 000 yuan)
按工业行业大类分组	**By Industrial Branch**					
煤炭开采和洗选业	Mining and Washing of Coal	1	16			901
黑色金属矿采选业	Mining of Ferrous Metal Ores	5	103		12	861
有色金属矿采选业	Mining of Non-ferrous Metal Ores	19	497	5	21	6673
非金属矿采选业	Mining and Processing of Nonmetal Ores	14	263	4	11	5959
其他采矿业	Mining of Other Ores N.E.C					
农副食品加工业	Processing of Food from Agricultural Products	143	2809	163	336	81510
食品制造业	Manufacture of Foods	59	1176	51	159	34170
酒、饮料和精制茶制造业	Manufacture of Liquor, Beverage and Refined Tea	40	768	22	73	18399
烟草制品业	Manufacture of Tobacco	2	212	24	58	21897
纺织业	Manufacture of Textile	26	1206	13	84	22703
纺织服装、服饰业	Manufacture of Textile Wearing and Clothing Apparel	22	754	13	39	10186
皮革、毛皮、羽毛及其制品和制鞋业	Leather, Fur, Feather and Its Products and Footwear	11	214	5	24	5304
木材加工和木、竹、藤、棕、草制品业	Processing of Timbers, Manufacture of Wood, Bamboo, Rattan, Palm and Straw Products	27	485	20	56	15968
家具制造业	Manufacture of Furniture	14	161	7	20	2870
造纸和纸制品业	Manufacture of Paper and Paper Products	30	1007	16	62	58572
印刷和记录媒介复制业	Printing,Reproduction of Recording Media	15	389	11	43	6773
文教、工美、体育和娱乐用品制造业	Manufacture of Articles for Culture, Education, Artwork, Sport and Entertainment Activity	24	503	16	30	7183
石油加工、炼焦和核燃料加工业	Processing of Petroleum,Coking,Processing of Nucleus Fuel	9	261	13	49	4869
化学原料和化学制品制造业	Manufacture of Chemical Raw Material and Chemical Products	145	3654	123	481	95822
医药制造业	Manufacture of Medicines	119	3176	145	427	74880
化学纤维制造业	Manufacture of Chemical Fiber					
橡胶和塑料制品业	Manufacture of Rubber and Plastic Products	32	456	19	43	11797
非金属矿物制品业	Manufacture of Non-metallic Mineral Products	117	2894	63	261	56754
黑色金属冶炼和压延加工业	Manufacture and Processing of Ferrous Metals	46	2148	23	204	46440
有色金属冶炼和压延加工业	Manufacture and Processing of Non-ferrous Metals	103	4652	124	414	169281
金属制品业	Manufacture of Metal Products	56	1217	57	237	38941
通用设备制造业	Manufacture of General Purpose Machinery	135	4104	123	546	95373
专用设备制造业	Manufacture of Special Purpose Machinery	154	10294	190	2762	281715
汽车制造业	Manufacture of Automobile	60	4405	43	434	103697
铁路、船舶、航空航天和其他运输设备制造业	Manufacture of Railways, Ships, Aerospace and Other Transport Equipment	32	6300	102	1486	129970
电气机械和器材制造业	Manufacture of Electrical Machinery and Equipment	131	5747	125	630	118126
计算机、通信和其他电子设备制造业	Manufacture of Computer, Communication and Other Electronic Equipment	106	6398	88	592	218739
仪器仪表制造业	Manufacture of Measuring Instrument	39	1972	44	317	26178
其他制造业	Manufacture of Other Manufacture N.E.C	6	82	1	17	2606
废弃资源综合利用业	Comprehensive Utilization of Waste	6	66	4	6	2833
金属制品、机械和设备修理业	Maintenance of Metal Products, Machinery and Equipment	1	18			169
电力、热力生产和供应业	Production and Supply of Electric Power and Heat Power	10	645	99	160	7925
燃气生产和供应业	Production and Distribution of Gas	2	18			91
水的生产和供应业	Production and Distribution of Water	4	20			137

15-40 规模以上工业企业R&D项目和新产品开发项目情况(2015年)
Basic Statistics on Projects for R&D and New Products Development in Industrial Enterprises above Designated Size(2015)

类 别	Item	R&D项目数(项) Number of R&D Projects (item)	R&D项目人员(人) Personnel of Projects for R&D (person)	R&D项目经费(万元) Intramural Expenditure on R&D Projects (10000 yuan)	新产品开发项目数(项) Number of Projects for New Products Development (item)	新产品开发经费(万元) Expenditure on New Products Development (10000 yuan)
总计	**Total**	**6646**	**105347**	**3002236**	**6402**	**3315134**
按企业规模分组	**By Size**					
大型	Large	1669	49126	1491521	1384	1753691
中型	Medium	1804	26289	725942	1779	730364
小型	Small	3151	29783	782374	3221	827805
微型	Miniature	22	149	2400	18	3274
按登记注册类型分组	**By Registration Status**					
内资企业	Domestic-Funded Enterprises	6145	89120	2594930	5914	2913617
国有	State-owned Enterprises	433	3229	87819	294	65313
集体	Collective-owned Enterprises	17	147	2654	16	3488
股份合作	Cooperative Enterprises	25	130	2173	30	2704
国有联营	State Joint Ownership Enterprises					
集体联营	Collective Joint Ownership Enterprises					
国有与集体联营	Joint State-collective Enterprises					
其他联营	Other Joint Ownership Enterprises					
国有独资公司	State-funded Corporations	426	6162	125510	324	174020
其他有限责任公司	Other Limited Liability Corporations	1439	20102	608961	1426	780758
股份有限公司	Share-holding Corporations Ltd.	782	17676	572812	806	659458
私营独资	Private-funded Enterprises	75	805	24620	74	22026
私营合伙	Private Partnership Enterprises	38	358	9041	40	11193
私营有限责任公司	Private Limited Liability Corporations	2338	33096	984270	2364	1021698
私营股份有限公司	Private Share-holding Corporations Ltd.	557	7304	173446	527	164557
其他内资	Other Enterprises	15	111	3626	13	8403
港澳台商投资	Enterprises With Investment from Hong Kong, Macao and Taiwan	268	13422	302439	268	296777
外商投资	Enterprises With Foreign Investment	233	2805	104867	220	104740

15-40 续表 continued

类 别	Item	R&D 项目数 (项) Number of R&D Projects (item)	R&D 项目人员 （人） Personnel of Projects for R&D (person)	R&D 项目经费 （万元） Intramural Expenditure on R&D Projects (10000 yuan)	新产品 开发项目数 (项) Number of Projects for New Products Development (item)	新产品 开发经费 （万元） Expenditure on New Products Development (10000 yuan)
按工业行业大类分组	**By Industrial Branch**					
煤炭开采和洗选业	Mining and Washing of Coal	2	29	2004	1	30
黑色金属矿采选业	Mining of Ferrous Metal Ores	4	95	1001	4	1694
有色金属矿采选业	Mining of Non-ferrous Metal Ores	61	875	11328	14	5807
非金属矿采选业	Mining and Processing of Nonmetal Ores	26	388	10855	20	9843
其他采矿业	Mining of Other Ores N.E.C					
农副食品加工业	Processing of Food from Agricultural Products	349	4179	111603	342	120618
食品制造业	Manufacture of Foods	159	1727	54903	116	41349
酒、饮料和精制茶制造业	Manufacture of Liquor, Beverage and Refined Tea	95	902	25264	111	31882
烟草制品业	Manufacture of Tobacco	177	750	11309	67	6749
纺织业	Manufacture of Textile	77	1575	33039	68	21068
纺织服装、服饰业	Manufacture of Textile Wearing and Clothing Apparel	28	518	10199	29	13719
皮革、毛皮、羽毛及其制品和制鞋业	Leather, Fur, Feather and Its Products and Footwear	29	391	9648	34	12130
木材加工和木、竹、藤、棕、草制品业	Processing of Timbers, Manufacture of Wood, Bamboo, Rattan, Palm and Straw Products	55	748	20343	50	25170
家具制造业	Manufacture of Furniture	15	333	7705	19	6383
造纸和纸制品业	Manufacture of Paper and Paper Products	67	1372	54217	65	62649
印刷和记录媒介复制业	Printing,Reproduction of Recording Media	45	473	13760	54	13711
文教、工美、体育和娱乐用品制造业	Manufacture of Articles for Culture, Education, Artwork, Sport and Entertainment Activity	37	582	10049	44	14300
石油加工、炼焦和核燃料加工业	Processing of Petroleum,Coking,Processing of Nucleus Fuel	30	470	31691	30	62029
化学原料和化学制品制造业	Manufacture of Chemical Raw Material and Chemical Products	582	6187	169429	495	180863
医药制造业	Manufacture of Medicines	534	5138	142316	543	138589
化学纤维制造业	Manufacture of Chemical Fiber	3	208	2191	3	2191
橡胶和塑料制品业	Manufacture of Rubber and Plastic Products	99	1034	29256	102	25536
非金属矿物制品业	Manufacture of Non-metallic Mineral Products	358	5093	116771	323	125707
黑色金属冶炼和压延加工业	Manufacture and Processing of Ferrous Metals	170	4188	155695	150	151817
有色金属冶炼和压延加工业	Manufacture and Processing of Non-ferrous Metals	472	6362	294349	339	217426
金属制品业	Manufacture of Metal Products	224	2489	54964	212	54840
通用设备制造业	Manufacture of General Purpose Machinery	428	5547	155535	475	155822
专用设备制造业	Manufacture of Special Purpose Machinery	567	16532	579351	613	586596
汽车制造业	Manufacture of Automobile	271	4834	147219	272	163286
铁路、船舶、航空航天和其他运输设备制造业	Manufacture of Railways, Ships, Aerospace and Other Transport Equipment	236	5303	161844	297	428991
电气机械和器材制造业	Manufacture of Electrical Machinery and Equipment	554	7201	181881	600	206219
计算机、通信和其他电子设备制造业	Manufacture of Computer, Communication and Other Electronic Equipment	518	15524	324871	593	365530
仪器仪表制造业	Manufacture of Measuring Instrument	182	2466	41713	162	40978
其他制造业	Manufacture of Other Manufacture N.E.C	20	112	2094	26	1970
废弃资源综合利用业	Comprehensive Utilization of Waste	17	218	6815	6	2828
金属制品、机械和设备修理业	Maintenance of Metal Products, Machinery and Equipment	1	8	206	1	236
电力、热力生产和供应业	Production and Supply of Electric Power and Heat Power	138	1274	10897	106	12088
燃气生产和供应业	Production and Distribution of Gas	12	87	3935	13	3763
水的生产和供应业	Production and Distribution of Water	4	135	1990	3	728

15-41 规模以上工业企业科技活动产出情况(2015年)
Basic Statistics on Scientific and Technological Outputs in Industrial Enterprises above Designated Size (2015)

类 别	Item	新产品产值（万元）Gross Output Value of New Products (10 000 yuan)	新产品销售收入（万元）Sales Revenue of New Products (10 000 yuan)	#出口 Exported	专利申请数(件) Patent Applic-ations (item)	有效发明专利数(件) Inventions In Force (item)
总计	**Total**	**77685539**	**73497969**	**5096888**	**18175**	**19087**
按企业规模分组	**By Size**					
大型	Large	42858527	40287360	3913765	6963	9920
中型	Medium	18083983	17352926	818964	4519	4583
小型	Small	16362474	15482159	363841	6644	4547
微型	Miniature	380556	375524	318	49	37
按登记注册类型分组	**By Registration Status**					
内资企业	Domestic-Funded Enterprises	68054211	64046845	2103059	16740	17614
国有	State-owned Enterprises	8056224	7804615	98402	604	836
集体	Collective-owned Enterprises	65252	57072		24	8
股份合作	Cooperative Enterprises	102521	102341	9167	23	7
国有联营	State Joint Ownership Enterprises					
集体联营	Collective Joint Ownership Enterprises	2800	2800			
国有与集体联营	Joint State-collective Enterprises					
其他联营	Other Joint Ownership Enterprises					
国有独资公司	State-funded Corporations	2617300	2695159	154727	949	1211
其他有限责任公司	Other Limited Liability Corporations	13812365	12221229	837351	3676	3495
股份有限公司	Share-holding Corporations Ltd.	13979308	13599499	392145	3173	5686
私营独资	Private-funded Enterprises	363165	336330	40667	171	41
私营合伙	Private Partnership Enterprises	74283	68977	6171	27	31
私营有限责任公司	Private Limited Liability Corporations	25696652	23968845	490884	6718	5007
私营股份有限公司	Private Share-holding Corporations Ltd.	3230593	3142460	69505	1322	1272
其他内资	Other Enterprises	53748	47517	4040	53	20
港澳台商投资	Enterprises With Investment from Hong Kong, Macao and Taiwan	7337917	7240356	2609461	1041	1136
外商投资	Enterprises With Foreign Investment	2293412	2210768	384369	394	337

15-41 续表 continued

类别	Item	新产品产值（万元）Gross Output Value of New Products (10 000 yuan)	新产品销售收入（万元）Sales Revenue of New Products (10 000 yuan)	#出口 Exported	专利申请数(件) Patent Applic-ations (item)	有效发明专利数(件) Inventions In Force (item)
按工业行业大类分组	**By Industrial Branch**					
煤炭开采和洗选业	Mining and Washing of Coal					1
黑色金属矿采选业	Mining of Ferrous Metal Ores	54884	52636		2	
有色金属矿采选业	Mining of Non-ferrous Metal Ores	93198	91768		38	27
非金属矿采选业	Mining and Processing of Nonmetal Ores	138894	137622		111	36
其他采矿业	Mining of Other Ores N.E.C					
农副食品加工业	Processing of Food from Agricultural Products	4035158	3945406		552	380
食品制造业	Manufacture of Foods	1503530	1356901	31875	305	145
酒、饮料和精制茶制造业	Manufacture of Liquor, Beverage and Refined Tea	595865	555608	3782	224	175
烟草制品业	Manufacture of Tobacco	7686040	7445231	3772	167	585
纺织业	Manufacture of Textile	976944	957186	2378	166	66
纺织服装、服饰业	Manufacture of Textile Wearing and Clothing Apparel	323013	312827	7251	47	43
皮革、毛皮、羽毛及其制品和制鞋业	Leather, Fur, Feather and Its Products and Footwear	268649	253634	10838	61	16
木材加工和木、竹、藤、棕、草制品业	Processing of Timbers, Manufacture of Wood, Bamboo, Rattan, Palm and Straw Products	648757	584464	8030	107	22
家具制造业	Manufacture of Furniture	314200	293739		29	40
造纸和纸制品业	Manufacture of Paper and Paper Products	663891	621415	20500	108	172
印刷和记录媒介复制业	Printing,Reproduction of Recording Media	546602	509274	996	88	37
文教、工美、体育和娱乐用品制造业	Manufacture of Articles for Culture, Education, Artwork, Sport and Entertainment Activity	241699	236017	9944	205	68
石油加工、炼焦和核燃料加工业	Processing of Petroleum,Coking,Processing of Nucleus Fuel	2776074	2875514	7696	56	141
化学原料和化学制品制造业	Manufacture of Chemical Raw Material and Chemical Products	4699569	4449655	262496	802	918
医药制造业	Manufacture of Medicines	2220077	2141552	80774	1117	713
化学纤维制造业	Manufacture of Chemical Fiber					
橡胶和塑料制品业	Manufacture of Rubber and Plastic Products	643712	622544	3487	214	104
非金属矿物制品业	Manufacture of Non-metallic Mineral Products	2520449	2447738	170367	1162	1141
黑色金属冶炼和压延加工业	Manufacture and Processing of Ferrous Metals	1880318	2121143	190870	134	278
有色金属冶炼和压延加工业	Manufacture and Processing of Non-ferrous Metals	5276335	5264394	49821	1070	1079
金属制品业	Manufacture of Metal Products	1911600	1762632	14332	451	535
通用设备制造业	Manufacture of General Purpose Machinery	3360447	3077217	175694	1359	1474
专用设备制造业	Manufacture of Special Purpose Machinery	9464115	9075574	99678	2928	4750
汽车制造业	Manufacture of Automobile	3934870	3675909	94139	954	632
铁路、船舶、航空航天和其他运输设备制造业	Manufacture of Railways, Ships, Aerospace and Other Transport Equipment	5773216	4473899	629243	2033	2524
电气机械和器材制造业	Manufacture of Electrical Machinery and Equipment	5628232	5189027	188093	1307	1073
计算机、通信和其他电子设备制造业	Manufacture of Computer, Communication and Other Electronic Equipment	8318935	7839676	3027465	1302	664
仪器仪表制造业	Manufacture of Measuring Instrument	950366	907457	1516	624	1051
其他制造业	Manufacture of Other Manufacture N.E.C	32964	28538		36	33
废弃资源综合利用业	Comprehensive Utilization of Waste	65134	63888		6	2
金属制品、机械和设备修理业	Maintenance of Metal Products, Machinery and Equipment	5689	5689	1852	10	2
电力、热力生产和供应业	Production and Supply of Electric Power and Heat Power	13316	13044		381	140
燃气生产和供应业	Production and Distribution of Gas	84651	83099		13	2
水的生产和供应业	Production and Distribution of Water	34146	26052		6	18

15-42 大中型工业企业科技活动情况(2015年)
Basic Statistics on Scientific and Technological Activities in Large and Medium-Sized Industrial Enterprises (2015)

指　标	Item	合 计 Total	#大型 Large	#中型 Medium
大中型工业企业个数　（个）	Number of Large and Medium-Sized Industrial Enterprises (unit)	2502	211	2291
#有R&D活动的企业个数	# Number of Units Having R&D Activities	895	140	755
R&D人员　（人）	R&D Personnel (person)	85671	56811	28860
#女性	Female	19727	13410	6317
#全时人员	Full-time Personnel	61224	41786	19438
R&D人员全时当量　（人年）	Full-time Equivalent of R&D Personnel (man-year)	61482	41104	20378
R&D经费内部支出　（万元）	Intramural Expenditure on R&D (10000 yuan)	2587503	1769830	817673
按经费来源分	by Sources			
1.政府资金	Government Funds	142253	113487	28766
2.企业资金	Self-raised Funds by Enterprises	2430480	1649799	780681
3.境外资金	Foreign Funds	502	302	200
4.其他	Other funds	14268	6242	8026
按支出用途分	by Use			
1.经常费支出	Operating Expenses	2357022	1618191	738832
#人员劳务费	Service Fees	720301	519006	201295
2.资产性支出	Capital Expenditures	230481	151640	78842
#仪器和设备	Instruments & Equipments	222312	145888	76424
R&D经费外部支出　（万元）	External Expenditure on R&D (10000 yuan)	72405	52123	20283
企业办科技机构数　（个）	Number of Institutions for S&T in Enterprises (unit)	677	179	498
企业办科技机构人员　（人）	Number of Persons of Institutions for S&T in Enterprises (person)	49978	32394	17584
#博士毕业	#Doctor	933	460	473
#硕士毕业	#Master	7754	5874	1880
企业办科技机构经费支出（万元）	Expenditure on S&T in Research Institutions (10000 yuan)	1323391	891730	431662
R&D项目（课题）数　（项）	Number of R&D Projects (item)	3473	1669	1804
R&D项目（课题）人员　（人）	Personnel of Projects for R&D (person)	75415	49126	26289
R&D项目（课题）经费内部支出（万元）	Intramural Expenditure on R&D Projects (10000 yuan)	2217463	1491521	725942
新产品开发项目数　（项）	Number of Projects for New Products Development (item)	3163	1384	1779
新产品开发经费支出　（万元）	Expenditure on New Products Development (10000 yuan)	2484055	1753691	730364
新产品产值　（万元）	Gross Output Value of New Products (10 000 yuan)	60942510	42858527	18083983
新产品销售收入　（万元）	Sales Revenue of New Products (10 000 yuan)	57640286	40287360	17352926
#出口	#Exported	4732729	3913765	818964
专利申请数　（件）	Patent Applications (item)	11482	6963	4519
有效发明专利数　（件）	Inventions In Force (item)	14503	9920	4583
发表科技论文　（篇）	Number of Published Scientific Papers (piece)	2910	2331	579
拥有注册商标数　（件）	Number of registered trademark (item)	8504	6321	2183

15-43 大中型工业企业R&D人员情况(2015年)
R&D Personnel in Large and Medium-Sized Industrial Enterprises (2015)

类 别	Item	有R&D活动的单位数（个）Number of Enterprises Having R&D Activities (unit)	R&D人员（人）R&D Personnel (person)	#全时人员 Full-time Personnel	R&D人员全时当量（人年）Full-time Equivalent of R&D Personnel (man-year)
总计	**Total**	**895**	**85671**	**61224**	**61482**
按企业规模分组	**By Size**				
大型企业	Large	140	56811	41786	41104
中型企业	Medium	755	28860	19438	20378
按登记注册类型分组	**By Registration Status**				
内资企业	Domestic-Funded Enterprises	802	69220	47196	48303
国有	State-owned Enterprises	21	3417	2021	2234
集体	Collective-owned Enterprises	3	108	58	58
股份合作	Cooperative Enterprises	1	151	132	59
国有联营	State Joint Ownership Enterprises				
集体联营	Collective Joint Ownership Enterprises				
国有与集体联营	Joint State-collective Enterprises				
其他联营	Other Joint Ownership Enterprises				
国有独资公司	State-funded Corporations	36	6735	4059	4836
其他有限责任公司	Other Limited Liability Corporations	170	15187	10441	10742
股份有限公司	Share-holding Corporations Ltd.	82	17309	13573	10929
私营独资	Private-funded Enterprises	24	419	209	292
私营合伙	Private Partnership Enterprises	19	204	177	122
私营有限责任公司	Private Limited Liability Corporations	372	20051	12625	14681
私营股份有限公司	Private Share-holding Corporations Ltd.	72	5550	3835	4265
其他内资	Other Enterprises	2	89	66	84
港澳台商投资	Enterprises With Investment from Hong Kong, Macao and Taiwan	54	14329	12644	11515
外商投资	Enterprises With Foreign Investment	39	2122	1384	1664

15-43 续表 continued

类 别	Item	有R&D活动的单位数（个）Number of Enterprises Having R&D Activities (unit)	R&D人员（人）R&D Personnel (person)	#全时人员 Full-time Personnel	R&D人员全时当量（人年）Full-time Equivalent of R&D Personnel (man-year)
按工业行业大类分组	**By Industrial Branch**				
煤炭开采和洗选业	Mining and Washing of Coal	1	21	16	21
黑色金属矿采选业	Mining of Ferrous Metal Ores	1	67	49	62
有色金属矿采选业	Mining of Non-ferrous Metal Ores	12	949	729	539
非金属矿采选业	Mining and Processing of Nonmetal Ores	4	233	168	140
其他采矿业	Mining of Other Ores N.E.C				
农副食品加工业	Processing of Food from Agricultural Products	57	2302	1148	1691
食品制造业	Manufacture of Foods	35	1183	805	822
酒、饮料和精制茶制造业	Manufacture of Liquor, Beverage and Refined Tea	12	302	178	165
烟草制品业	Manufacture of Tobacco	3	946	240	543
纺织业	Manufacture of Textile	29	1560	841	983
纺织服装、服饰业	Manufacture of Textile Wearing and Clothing Apparel	10	501	285	423
皮革、毛皮、羽毛及其制品和制鞋业	Leather, Fur, Feather and Its Products and Footwear	16	379	269	286
木材加工和木、竹、藤、棕、草制品业	Processing of Timbers, Manufacture of Wood, Bamboo, Rattan, Palm and Straw Products	19	471	252	335
家具制造业	Manufacture of Furniture	9	289	152	202
造纸和纸制品业	Manufacture of Paper and Paper Products	15	1239	714	884
印刷和记录媒介复制业	Printing,Reproduction of Recording Media	5	190	155	138
文教、工美、体育和娱乐用品制造业	Manufacture of Articles for Culture, Education, Artwork, Sport and Entertainment Activity	11	392	178	286
石油加工、炼焦和核燃料加工业	Processing of Petroleum,Coking,Processing of Nucleus Fuel	4	548	271	529
化学原料和化学制品制造业	Manufacture of Chemical Raw Material and Chemical Products	90	3406	2021	2474
医药制造业	Manufacture of Medicines	52	3119	2183	2634
化学纤维制造业	Manufacture of Chemical Fiber	3	208	46	138
橡胶和塑料制品业	Manufacture of Rubber and Plastic Products	10	332	248	172
非金属矿物制品业	Manufacture of Non-metallic Mineral Products	123	3789	2319	2497
黑色金属冶炼和压延加工业	Manufacture and Processing of Ferrous Metals	9	3590	1802	2768
有色金属冶炼和压延加工业	Manufacture and Processing of Non-ferrous Metals	40	4829	3256	3051
金属制品业	Manufacture of Metal Products	26	1689	1209	1394
通用设备制造业	Manufacture of General Purpose Machinery	43	3069	2286	1847
专用设备制造业	Manufacture of Special Purpose Machinery	58	15986	12252	10267
汽车制造业	Manufacture of Automobile	42	4789	3119	3782
铁路、船舶、航空航天和其他运输设备制造业	Manufacture of Railways, Ships, Aerospace and Other Transport Equipment	22	5996	4531	4119
电气机械和器材制造业	Manufacture of Electrical Machinery and Equipment	52	5219	4159	4338
计算机、通信和其他电子设备制造业	Manufacture of Computer, Communication and Other Electronic Equipment	55	14880	12865	11695
仪器仪表制造业	Manufacture of Measuring Instrument	9	1611	1297	1314
其他制造业	Manufacture of Other Manufacture N.E.C	3	82	67	37
废弃资源综合利用业	Comprehensive Utilization of Waste	2	95	42	41
金属制品、机械和设备修理业	Maintenance of Metal Products, Machinery and Equipment				
电力、热力生产和供应业	Production and Supply of Electric Power and Heat Power	9	1183	914	739
燃气生产和供应业	Production and Distribution of Gas	2	94	58	59
水的生产和供应业	Production and Distribution of Water	2	133	100	68

15-44 大中型工业企业按经费来源分R&D经费内部支出情况(2015年) Intramural R&D Expenditures in Large and Medium-Sized Industrial Enterprises by Sources (2015)

单位：万元 (10000 yuan)

类 别	Item	R&D经费内部支出 Intramural Expenditure on R&D	政府资金 Government Funds	企业资金 Self-raised Funds by Enterprises	境外资金 Foreign Funds	其他 Other Funds
总计	**Total**	**2587503**	**142253**	**2430480**	**502**	**14268**
按企业规模分组	**By Size**					
大型企业	Large	1769830	113487	1649799	302	6242
中型企业	Medium	817673	28766	780681	200	8026
按登记注册类型分组	**By Registration Status**					
内资企业	Domestic-Funded Enterprises	2219264	140466	2065090	349	13359
国有	State-owned Enterprises	104362	12723	91380		259
集体	Collective-owned Enterprises	2200	150	2050		
股份合作	Cooperative Enterprises	1720	150	1571		
国有联营	State Joint Ownership Enterprises					
集体联营	Collective Joint Ownership Enterprises					
国有与集体联营	Joint State-collective Enterprises					
其他联营	Other Joint Ownership Enterprises					
国有独资公司	State-funded Corporations	166247	12326	153921		
其他有限责任公司	Other Limited Liability Corporations	596669	71691	522915	46	2017
股份有限公司	Share-holding Corporations Ltd.	562539	22179	533889		6472
私营独资	Private-funded Enterprises	12947	106	12841		
私营合伙	Private Partnership Enterprises	5013	40	4973		
私营有限责任公司	Private Limited Liability Corporations	639751	17312	618344		4094
私营股份有限公司	Private Share-holding Corporations Ltd.	125520	3746	120955	302	517
其他内资	Other Enterprises	2296	44	2252		
港澳台商投资	Enterprises With Investment from Hong Kong, Macao and Taiwan	276717	1351	274548		818
外商投资	Enterprises With Foreign Investment	91523	437	90842	154	91

15-44 续表 continued

单位：万元 (10000 yuan)

类 别	Item	R&D经费内部支出 Intramural Expenditure on R&D	政府资金 Government Funds	企业资金 Self-raised Funds by Enterprises	境外资金 Foreign Funds	其他 Other Funds
按工业行业大类分组	**By Industrial Branch**					
煤炭开采和洗选业	Mining and Washing of Coal	1653		1653		
黑色金属矿采选业	Mining of Ferrous Metal Ores	479		479		
有色金属矿采选业	Mining of Non-ferrous Metal Ores	13474	687	12787		
非金属矿采选业	Mining and Processing of Nonmetal Ores	5062	47	5015		
其他采矿业	Mining of Other Ores N.E.C					
农副食品加工业	Processing of Food from Agricultural Products	71250	2892	66192		2167
食品制造业	Manufacture of Foods	38988	1829	37159		
酒、饮料和精制茶制造业	Manufacture of Liquor, Beverage and Refined Tea	8768	326	8441		
烟草制品业	Manufacture of Tobacco	25207		25207		
纺织业	Manufacture of Textile	37558	1455	36104		
纺织服装、服饰业	Manufacture of Textile Wearing and Clothing Apparel	9287	465	8626		196
皮革、毛皮、羽毛及其制品和制鞋业	Leather, Fur, Feather and Its Products and Footwear	10161	70	9469		622
木材加工和木、竹、藤、棕、草制品业	Processing of Timbers, Manufacture of Wood, Bamboo, Rattan, Palm and Straw Products	15773	2694	12634		445
家具制造业	Manufacture of Furniture	6643	963	5680		
造纸和纸制品业	Manufacture of Paper and Paper Products	39058	548	33831		4680
印刷和记录媒介复制业	Printing,Reproduction of Recording Media	7148		7148		
文教、工美、体育和娱乐用品制造业	Manufacture of Articles for Culture, Education, Artwork, Sport and Entertainment Activity	6555	102	5916		537
石油加工、炼焦和核燃料加工业	Processing of Petroleum,Coking,Processing of Nucleus Fuel	57521	489	57033		
化学原料和化学制品制造业	Manufacture of Chemical Raw Material and Chemical Products	93130	880	92249		
医药制造业	Manufacture of Medicines	90977	2335	86531		2111
化学纤维制造业	Manufacture of Chemical Fiber	2191		2100		91
橡胶和塑料制品业	Manufacture of Rubber and Plastic Products	8509	145	8364		
非金属矿物制品业	Manufacture of Non-metallic Mineral Products	84297	1137	82731		428
黑色金属冶炼和压延加工业	Manufacture and Processing of Ferrous Metals	146964	581	146383		
有色金属冶炼和压延加工业	Manufacture and Processing of Non-ferrous Metals	211380	3759	207621		
金属制品业	Manufacture of Metal Products	33981	14183	19639		159
通用设备制造业	Manufacture of General Purpose Machinery	102964	11895	90716		353
专用设备制造业	Manufacture of Special Purpose Machinery	533640	6879	525857	146	757
汽车制造业	Manufacture of Automobile	140274	20458	119035	154	628
铁路、船舶、航空航天和其他运输设备制造业	Manufacture of Railways, Ships, Aerospace and Other Transport Equipment	296719	54277	241701		741
电气机械和器材制造业	Manufacture of Electrical Machinery and Equipment	161787	5375	156135	203	75
计算机、通信和其他电子设备制造业	Manufacture of Computer, Communication and Other Electronic Equipment	282153	6758	275116		280
仪器仪表制造业	Manufacture of Measuring Instrument	27229	917	26313		
其他制造业	Manufacture of Other Manufacture N.E.C	1709	35	1674		
废弃资源综合利用业	Comprehensive Utilization of Waste	1472		1472		
金属制品、机械和设备修理业	Maintenance of Metal Products, Machinery and Equipment					
电力、热力生产和供应业	Production and Supply of Electric Power and Heat Power	8392	34	8358		
燃气生产和供应业	Production and Distribution of Gas	3644		3644		
水的生产和供应业	Production and Distribution of Water	1508	40	1468		

15-45 大中型工业企业按支出用途分R&D经费内部支出情况(2015年)
Intramural R&D Expenditures in Large and Medium-Sized Industrial Enterprises by Use (2015)

单位：万元 (10000 yuan)

类别	Item	R&D经费内部支出 Intramural Expenditure on R&D	1.经常费支出 Operating Expenses	#人员劳务费 Service Fees	2.资产性支出 Capital Expenditures	#仪器和设备 Instruments & Equipments
总计	**Total**	**2587503**	**2357022**	**720301**	**230481**	**222312**
按企业规模分组	**By Size**					
大型企业	Large	1769830	1618191	519006	151640	145888
中型企业	Medium	817673	738832	201295	78842	76424
按登记注册类型分组	**By Registration Status**					
内资企业	Domestic-Funded Enterprises	2219264	2033315	588614	185949	178499
国有	State-owned Enterprises	104362	96668	32238	7694	7661
集体	Collective-owned Enterprises	2200	2048	517	152	141
股份合作	Cooperative Enterprises	1720	1670	781	51	50
国有联营	State Joint Ownership Enterprises					
集体联营	Collective Joint Ownership Enterprises					
国有与集体联营	Joint State-collective Enterprises					
其他联营	Other Joint Ownership Enterprises					
国有独资公司	State-funded Corporations	166247	155891	39104	10356	10030
其他有限责任公司	Other Limited Liability Corporations	596669	511317	121963	85353	83058
股份有限公司	Share-holding Corporations Ltd.	562539	534460	145555	28080	25709
私营独资	Private-funded Enterprises	12947	12301	2719	646	623
私营合伙	Private Partnership Enterprises	5013	4323	1332	689	657
私营有限责任公司	Private Limited Liability Corporations	639751	596055	204742	43696	42255
私营股份有限公司	Private Share-holding Corporations Ltd.	125520	116694	39247	8826	7934
其他内资	Other Enterprises	2296	1889	417	407	381
港澳台商投资	Enterprises With Investment from Hong Kong, Macao and Taiwan	276717	236748	108700	39969	39358
外商投资	Enterprises With Foreign Investment	91523	86959	22987	4564	4455

15-45 续表 continued

单位：万元 (10000 yuan)

类 别	Item	R&D经费内部支出 Intramural Expenditure on R&D	1.经常费支出 Operating Expenses	#人员劳务费 Service Fees	2.资产性支出 Capital Expenditu-res	#仪器和设备 Instruments & Equipments
按工业行业大类分组	**By Industrial Branch**					
煤炭开采和洗选业	Mining and Washing of Coal	1653	1593	204	61	56
黑色金属矿采选业	Mining of Ferrous Metal Ores	479	412	240	67	67
有色金属矿采选业	Mining of Non-ferrous Metal Ores	13474	12528	5803	947	942
非金属矿采选业	Mining and Processing of Nonmetal Ores	5062	4942	1710	120	119
其他采矿业	Mining of Other Ores N.E.C					
农副食品加工业	Processing of Food from Agricultural Products	71250	64410	17619	6840	6684
食品制造业	Manufacture of Foods	38988	35048	8825	3940	3879
酒、饮料和精制茶制造业	Manufacture of Liquor, Beverage and Refined Tea	8768	8276	2478	492	481
烟草制品业	Manufacture of Tobacco	25207	19253	16005	5954	5917
纺织业	Manufacture of Textile	37558	32642	7001	4916	4764
纺织服装、服饰业	Manufacture of Textile Wearing and Clothing Apparel	9287	8444	3515	843	832
皮革、毛皮、羽毛及其制品和制鞋业	Leather, Fur, Feather and Its Products and Footwear	10161	9893	2705	268	260
木材加工和木、竹、藤、棕、草制品业	Processing of Timbers, Manufacture of Wood, Bamboo, Rattan, Palm and Straw Products	15773	14566	4243	1208	1196
家具制造业	Manufacture of Furniture	6643	5917	1946	726	679
造纸和纸制品业	Manufacture of Paper and Paper Products	39058	36471	9304	2586	2569
印刷和记录媒介复制业	Printing,Reproduction of Recording Media	7148	6925	1930	223	69
文教、工美、体育和娱乐用品制造业	Manufacture of Articles for Culture, Education, Artwork, Sport and Entertainment Activity	6555	5528	1769	1027	1004
石油加工、炼焦和核燃料加工业	Processing of Petroleum,Coking,Processing of Nucleus Fuel	57521	53807	9809	3714	3258
化学原料和化学制品制造业	Manufacture of Chemical Raw Material and Chemical Products	93130	81538	22645	11591	11047
医药制造业	Manufacture of Medicines	90977	83284	23658	7693	7356
化学纤维制造业	Manufacture of Chemical Fiber	2191	2191	802		
橡胶和塑料制品业	Manufacture of Rubber and Plastic Products	8509	7093	2059	1417	1365
非金属矿物制品业	Manufacture of Non-metallic Mineral Products	84297	76567	24116	7730	7551
黑色金属冶炼和压延加工业	Manufacture and Processing of Ferrous Metals	146964	139324	27772	7639	7222
有色金属冶炼和压延加工业	Manufacture and Processing of Non-ferrous Metals	211380	150279	33527	61102	60351
金属制品业	Manufacture of Metal Products	33981	31607	11312	2374	2322
通用设备制造业	Manufacture of General Purpose Machinery	102964	96227	24539	6737	6360
专用设备制造业	Manufacture of Special Purpose Machinery	533640	519776	177406	13863	12357
汽车制造业	Manufacture of Automobile	140274	132965	36603	7309	7256
铁路、船舶、航空航天和其他运输设备制造业	Manufacture of Railways, Ships, Aerospace and Other Transport Equipment	296719	289349	72165	7370	5886
电气机械和器材制造业	Manufacture of Electrical Machinery and Equipment	161787	149587	37498	12200	11765
计算机、通信和其他电子设备制造业	Manufacture of Computer, Communication and Other Electronic Equipment	282153	239180	114117	42974	42160
仪器仪表制造业	Manufacture of Measuring Instrument	27229	21855	10539	5375	5370
其他制造业	Manufacture of Other Manufacture N.E.C	1709	1572	726	138	138
废弃资源综合利用业	Comprehensive Utilization of Waste	1472	1452	396	20	16
金属制品、机械和设备修理业	Maintenance of Metal Products, Machinery and Equipment					
电力、热力生产和供应业	Production and Supply of Electric Power and Heat Power	8392	7773	2950	619	618
燃气生产和供应业	Production and Distribution of Gas	3644	3644	1464		
水的生产和供应业	Production and Distribution of Water	1508	1107	903	401	396

15-46 大中型工业企业办科技机构情况(2015年)
Basic Statistics on Institutions for Scientific and Technological in Large and Medium-Sized Industrial Enterprises (2015)

类别	Item	企业办科技机构数（个） Number of Institutions for S&T in Enterprises (unit)	企业办科技机构人员（人） Number of Personnel in Institutions for S&T in Enterprises (person)	#博士 Doctor	#硕士 Master	科技机构内部经费支出(万元) Intramural Expenditure for S&T Institutions (10 000 yuan)
总计	**Total**	**677**	**49978**	**933**	**7754**	**1323391**
按企业规模分组	**By Size**					
大型企业	Large	179	32394	460	5874	891730
中型企业	Medium	498	17584	473	1880	431662
按登记注册类型分组	**By Registration Status**					
内资企业	Domestic-Funded Enterprises	624	43979	883	7145	1074541
国有	State-owned Enterprises	20	1392	128	327	80403
集体	Collective-owned Enterprises	3	59	5	3	1254
股份合作	Cooperative Enterprises	1	162		1	1960
国有联营	State Joint Ownership Enterprises					
集体联营	Collective Joint Ownership Enterprises					
国有与集体联营	Joint State-collective Enterprises					
其他联营	Other Joint Ownership Enterprises					
国有独资公司	State-funded Corporations	35	3391	41	412	91239
其他有限责任公司	Other Limited Liability Corporations	132	10882	140	1605	298209
股份有限公司	Share-holding Corporations Ltd.	109	11960	177	1930	187188
私营独资	Private-funded Enterprises	3	77		2	3551
私营合伙	Private Partnership Enterprises	1	6	1		472
私营有限责任公司	Private Limited Liability Corporations	262	12750	319	2507	337571
私营股份有限公司	Private Share-holding Corporations Ltd.	56	3265	70	350	71527
其他内资	Other Enterprises	2	35	2	8	1168
港澳台商投资	Enterprises With Investment from Hong Kong, Macao and Taiwan	29	4051	37	313	182256
外商投资	Enterprises With Foreign Investment	24	1948	13	296	66594

15-46 续表 continued

类 别	Item	企业办科技机构数（个）Number of Institutions for S&T in Enterprises (unit)	企业办科技机构人员（人）Number of Personnel in Institutions for S&T in Enterprises (person)	#博士 Doctor	#硕士 Master	科技机构内部经费支出(万元) Intramural Expenditure for S&T Institutions (10 000 yuan)
按工业行业大类分组	**By Industrial Branch**					
煤炭开采和洗选业	Mining and Washing of Coal	1	16			901
黑色金属矿采选业	Mining of Ferrous Metal Ores	3	83		6	652
有色金属矿采选业	Mining of Non-ferrous Metal Ores	15	447	5	19	6492
非金属矿采选业	Mining and Processing of Nonmetal Ores	2	55			100
其他采矿业	Mining of Other Ores N.E.C					
农副食品加工业	Processing of Food from Agricultural Products	43	1347	54	154	35096
食品制造业	Manufacture of Foods	28	787	34	108	24969
酒、饮料和精制茶制造业	Manufacture of Liquor, Beverage and Refined Tea	11	365	3	22	12293
烟草制品业	Manufacture of Tobacco	2	212	24	58	21897
纺织业	Manufacture of Textile	20	1122	12	82	20623
纺织服装、服饰业	Manufacture of Textile Wearing and Clothing Apparel	16	646	10	33	9170
皮革、毛皮、羽毛及其制品和制鞋业	Leather, Fur, Feather and Its Products and Footwear	10	208	3	21	5077
木材加工和木、竹、藤、棕、草制品业	Processing of Timbers, Manufacture of Wood, Bamboo, Rattan, Palm and Straw Products	10	253	11	27	11454
家具制造业	Manufacture of Furniture	7	89	1	9	1523
造纸和纸制品业	Manufacture of Paper and Paper Products	10	565	5	36	36337
印刷和记录媒介复制业	Printing,Rcproduction of Recording Media	5	175	1	12	3934
文教、工美、体育和娱乐用品制造业	Manufacture of Articles for Culture, Education, Artwork, Sport and Entertainment Activity	9	369	8	15	4343
石油加工、炼焦和核燃料加工业	Processing of Petroleum,Coking,Processing of Nucleus Fuel	6	223	13	47	3820
化学原料和化学制品制造业	Manufacture of Chemical Raw Material and Chemical Products	45	1981	46	242	47570
医药制造业	Manufacture of Medicines	37	1966	68	262	46770
化学纤维制造业	Manufacture of Chemical Fiber					
橡胶和塑料制品业	Manufacture of Rubber and Plastic Products	3	89	1	6	3100
非金属矿物制品业	Manufacture of Non-metallic Mineral Products	41	1915	20	120	30155
黑色金属冶炼和压延加工业	Manufacture and Processing of Ferrous Metals	16	1703	20	171	39932
有色金属冶炼和压延加工业	Manufacture and Processing of Non-ferrous Metals	31	3196	68	292	101344
金属制品业	Manufacture of Metal Products	28	787	25	163	29193
通用设备制造业	Manufacture of General Purpose Machinery	33	1986	33	268	50388
专用设备制造业	Manufacture of Special Purpose Machinery	74	8470	126	2544	250392
汽车制造业	Manufacture of Automobile	31	3628	24	389	91276
铁路、船舶、航空航天和其他运输设备制造业	Manufacture of Railways, Ships, Aerospace and Other Transport Equipment	21	5768	96	1433	122145
电气机械和器材制造业	Manufacture of Electrical Machinery and Equipment	56	4590	68	474	93314
计算机、通信和其他电子设备制造业	Manufacture of Computer, Communication and Other Electronic Equipment	42	4858	32	340	191223
仪器仪表制造业	Manufacture of Measuring Instrument	9	1381	22	231	17320
其他制造业	Manufacture of Other Manufacture N.E.C	2	36	1	11	2216
废弃资源综合利用业	Comprehensive Utilization of Waste	1	37			655
金属制品、机械和设备修理业	Maintenance of Metal Products, Machinery and Equipment					
电力、热力生产和供应业	Production and Supply of Electric Power and Heat Power	7	616	99	159	7630
燃气生产和供应业	Production and Distribution of Gas					
水的生产和供应业	Production and Distribution of Water	2	9			91

15-47 大中型工业企业R&D项目和新产品开发项目情况(2015年)
Basic Statistics on Projects for R&D and New Products Development in Large and Medium-Sized Industrial Enterprises (2015)

类别	Item	R&D项目数(项) Number of R&D Projects (item)	R&D项目人员(人) Personnel of Projects for R&D (person)	R&D项目经费(万元) Intramural Expenditure on R&D Projects (10000 yuan)	新产品开发项目数(项) Number of Projects for New Products Development (item)	新产品开发经费(万元) Expenditure on New Products Development (10000 yuan)
总计	**Total**	**3473**	**75415**	**2217463**	**3163**	**2484055**
按企业规模分组	**By Size**					
大型企业	Large	1669	49126	1491521	1384	1753691
中型企业	Medium	1804	26289	725942	1779	730364
按登记注册类型分组	**By Registration Status**					
内资企业	Domestic-Funded Enterprises	3144	60668	1863858	2853	2135872
国有	State-owned Enterprises	407	3048	85298	263	60955
集体	Collective-owned Enterprises	8	106	1735	5	1365
股份合作	Cooperative Enterprises	21	103	1719	26	2090
国有联营	State Joint Ownership Enterprises					
集体联营	Collective Joint Ownership Enterprises					
国有与集体联营	Joint State-collective Enterprises					
其他联营	Other Joint Ownership Enterprises					
国有独资公司	State-funded Corporations	404	5862	120331	294	165680
其他有限责任公司	Other Limited Liability Corporations	722	13154	416413	684	596880
股份有限公司	Share-holding Corporations Ltd.	549	15673	521804	555	604538
私营独资	Private-funded Enterprises	27	352	12251	27	10352
私营合伙	Private Partnership Enterprises	20	184	4520	22	5457
私营有限责任公司	Private Limited Liability Corporations	685	17184	583430	683	574047
私营股份有限公司	Private Share-holding Corporations Ltd.	299	4958	114206	291	107262
其他内资	Other Enterprises	2	44	2152	3	7249
港澳台商投资	Enterprises With Investment from Hong Kong, Macao and Taiwan	204	12771	267225	203	265192
外商投资	Enterprises With Foreign Investment	125	1976	86380	107	82991

15-47 续表 continued

类 别	Item	R&D 项目数 (项) Number of R&D Projects (item)	R&D 项目人员 (人) Personnel of Projects for R&D (person)	R&D 项目经费 (万元) Intramural Expenditure on R&D Projects (10000 yuan)	新产品开发项目数 (项) Number of Projects for New Products Development (item)	新产品开发经费 (万元) Expenditure on New Products Development (10000 yuan)
按工业行业大类分组	**By Industrial Branch**					
煤炭开采和洗选业	Mining and Washing of Coal	1	20	1643		
黑色金属矿采选业	Mining of Ferrous Metal Ores	1	67	468	1	479
有色金属矿采选业	Mining of Non-ferrous Metal Ores	52	795	9827	11	4434
非金属矿采选业	Mining and Processing of Nonmetal Ores	11	233	4980	7	2833
其他采矿业	Mining of Other Ores N.E.C					
农副食品加工业	Processing of Food from Agricultural Products	122	2052	54695	131	58855
食品制造业	Manufacture of Foods	93	1092	33702	55	19669
酒、饮料和精制茶制造业	Manufacture of Liquor, Beverage and Refined Tea	28	288	8368	32	12847
烟草制品业	Manufacture of Tobacco	176	741	11202	67	6749
纺织业	Manufacture of Textile	55	1383	29696	39	15823
纺织服装、服饰业	Manufacture of Textile Wearing and Clothing Apparel	19	465	8470	17	10429
皮革、毛皮、羽毛及其制品和制鞋业	Leather, Fur, Feather and Its Products and Footwear	27	369	9045	27	10921
木材加工和木、竹、藤、棕、草制品业	Processing of Timbers, Manufacture of Wood, Bamboo, Rattan, Palm and Straw Products	23	413	11899	19	12681
家具制造业	Manufacture of Furniture	9	263	6021	7	2556
造纸和纸制品业	Manufacture of Paper and Paper Products	28	960	32979	29	38632
印刷和记录媒介复制业	Printing,Reproduction of Recording Media	14	188	6522	12	6174
文教、工美、体育和娱乐用品制造业	Manufacture of Articles for Culture, Education, Artwork, Sport and Entertainment Activity	13	376	6147	18	8351
石油加工、炼焦和核燃料加工业	Processing of Petroleum,Coking,Processing of Nucleus Fuel	19	405	29686	18	61094
化学原料和化学制品制造业	Manufacture of Chemical Raw Material and Chemical Products	226	3101	78252	175	80266
医药制造业	Manufacture of Medicines	308	2862	85022	309	76907
化学纤维制造业	Manufacture of Chemical Fiber	3	208	2191	3	2191
橡胶和塑料制品业	Manufacture of Rubber and Plastic Products	19	319	8165	21	6131
非金属矿物制品业	Manufacture of Non-metallic Mineral Products	189	3531	75330	164	79380
黑色金属冶炼和压延加工业	Manufacture and Processing of Ferrous Metals	105	3456	143614	95	140049
有色金属冶炼和压延加工业	Manufacture and Processing of Non-ferrous Metals	288	4395	197023	180	149545
金属制品业	Manufacture of Metal Products	88	1392	31924	84	32567
通用设备制造业	Manufacture of General Purpose Machinery	142	2520	94033	158	92054
专用设备制造业	Manufacture of Special Purpose Machinery	300	13676	513502	316	509934
汽车制造业	Manufacture of Automobile	180	4028	127998	181	144203
铁路、船舶、航空航天和其他运输设备制造业	Manufacture of Railways, Ships, Aerospace and Other Transport Equipment	171	4700	150469	201	412545
电气机械和器材制造业	Manufacture of Electrical Machinery and Equipment	313	4846	131180	327	149022
计算机、通信和其他电子设备制造业	Manufacture of Computer, Communication and Other Electronic Equipment	242	13186	273010	288	297352
仪器仪表制造业	Manufacture of Measuring Instrument	64	1597	24979	54	24059
其他制造业	Manufacture of Other Manufacture N.E.C	5	54	1500	4	772
废弃资源综合利用业	Comprehensive Utilization of Waste	5	95	1122		
金属制品、机械和设备修理业	Maintenance of Metal Products, Machinery and Equipment					
电力、热力生产和供应业	Production and Supply of Electric Power and Heat Power	121	1144	7654	102	10919
燃气生产和供应业	Production and Distribution of Gas	10	65	3644	9	2956
水的生产和供应业	Production and Distribution of Water	3	130	1503	2	677

15-48 大中型工业企业科技活动产出情况(2015年)
Basic Statistics on Scientific and Technological Outputs in Large and Medium-Sized Industrial Enterprises (2015)

类 别	Item	新产品产值（万元）Gross Output Value of New Products (10 000 yuan)	新产品销售收入（万元）Sales Revenue of New Products (10 000 yuan)	#出口 Exported	专利申请数(件) Patent Applic-ations (item)	有效发明专利数(件) Inventions In Force (item)
总计	**Total**	**60942510**	**57640286**	**4732729**	**11482**	**14503**
按企业规模分组	**By Size**					
大型企业	Large	42858527	40287360	3913765	6963	9920
中型企业	Medium	18083983	17352926	818964	4519	4583
按登记注册类型分组	**By Registration Status**					
内资企业	Domestic-Funded Enterprises	53257239	50084712	1773971	10262	13356
国有	State-owned Enterprises	8036875	7785591	98027	577	811
集体	Collective-owned Enterprises	48921	40208		17	5
股份合作	Cooperative Enterprises	101945	101766	8592	22	7
国有联营	State Joint Ownership Enterprises					
集体联营	Collective Joint Ownership Enterprises					
国有与集体联营	Joint State-collective Enterprises					
其他联营	Other Joint Ownership Enterprises					
国有独资公司	State-funded Corporations	2528333	2623980	154727	899	1109
其他有限责任公司	Other Limited Liability Corporations	10621815	9173310	760834	2259	2434
股份有限公司	Share-holding Corporations Ltd.	13003429	12709311	317885	2722	5370
私营独资	Private-funded Enterprises	87736	87690	18925	72	25
私营合伙	Private Partnership Enterprises	9576	9576		3	7
私营有限责任公司	Private Limited Liability Corporations	16580972	15372378	349371	2723	2797
私营股份有限公司	Private Share-holding Corporations Ltd.	2229347	2172652	65512	957	777
其他内资	Other Enterprises	8291	8250	98	11	14
港澳台商投资	Enterprises With Investment from Hong Kong, Macao and Taiwan	6019873	5940918	2597546	944	994
外商投资	Enterprises With Foreign Investment	1665398	1614656	361213	276	153

15-48 续表 continued

类 别	Item	新产品产值（万元）Gross Output Value of New Products (10 000 yuan)	新产品销售收入（万元）Sales Revenue of New Products (10 000 yuan)	#出口 Exported	专利申请数(件) Patent Applic-ations (item)	有效发明专利数(件) Inventions In Force (item)
按工业行业大类分组	**By Industrial Branch**					
煤炭开采和洗选业	Mining and Washing of Coal					1
黑色金属矿采选业	Mining of Ferrous Metal Ores	53819	51571		2	
有色金属矿采选业	Mining of Non-ferrous Metal Ores	81822	80546		27	27
非金属矿采选业	Mining and Processing of Nonmetal Ores	70149	69447		23	10
其他采矿业	Mining of Other Ores N.E.C					
农副食品加工业	Processing of Food from Agricultural Products	2621636	2601284		126	104
食品制造业	Manufacture of Foods	1066971	938373	31875	168	56
酒、饮料和精制茶制造业	Manufacture of Liquor, Beverage and Refined Tea	376556	344873	3782	59	42
烟草制品业	Manufacture of Tobacco	7686040	7445231	3772	166	584
纺织业	Manufacture of Textile	885946	866159	2378	149	42
纺织服装、服饰业	Manufacture of Textile Wearing and Clothing Apparel	285609	276133	6675	28	5
皮革、毛皮、羽毛及其制品和制鞋业	Leather, Fur, Feather and Its Products and Footwear	248957	234571	10838	61	16
木材加工和木、竹、藤、棕、草制品业	Processing of Timbers, Manufacture of Wood, Bamboo, Rattan, Palm and Straw Products	564285	506993	7630	32	8
家具制造业	Manufacture of Furniture	245147	235548		10	8
造纸和纸制品业	Manufacture of Paper and Paper Products	305504	296974	20500	30	93
印刷和记录媒介复制业	Printing,Reproduction of Recording Media	365990	333401	996	31	29
文教、工美、体育和娱乐用品制造业	Manufacture of Articles for Culture, Education, Artwork, Sport and Entertainment Activity	109406	102643	297	45	31
石油加工、炼焦和核燃料加工业	Processing of Petroleum,Coking,Processing of Nucleus Fuel	2698181	2826261	7696	55	137
化学原料和化学制品制造业	Manufacture of Chemical Raw Material and Chemical Products	2213065	2104035	157864	403	539
医药制造业	Manufacture of Medicines	1379237	1339497	12793	787	484
化学纤维制造业	Manufacture of Chemical Fiber					
橡胶和塑料制品业	Manufacture of Rubber and Plastic Products	316959	314770		14	4
非金属矿物制品业	Manufacture of Non-metallic Mineral Products	1403585	1370018	169553	547	963
黑色金属冶炼和压延加工业	Manufacture and Processing of Ferrous Metals	1813412	2058560	177264	76	250
有色金属冶炼和压延加工业	Manufacture and Processing of Non-ferrous Metals	3256115	3257572	31947	604	782
金属制品业	Manufacture of Metal Products	1357795	1250550	12559	215	341
通用设备制造业	Manufacture of General Purpose Machinery	1796693	1639532	163515	690	976
专用设备制造业	Manufacture of Special Purpose Machinery	8373411	8070460	78668	2129	4063
汽车制造业	Manufacture of Automobile	3520567	3287352	36304	704	524
铁路、船舶、航空航天和其他运输设备制造业	Manufacture of Railways, Ships, Aerospace and Other Transport Equipment	5637845	4342209	626363	1931	2414
电气机械和器材制造业	Manufacture of Electrical Machinery and Equipment	4195417	3870546	185612	826	596
计算机、通信和其他电子设备制造业	Manufacture of Computer, Communication and Other Electronic Equipment	7280225	6826722	2982853	716	435
仪器仪表制造业	Manufacture of Measuring Instrument	687520	664662	997	416	786
其他制造业	Manufacture of Other Manufacture N.E.C	13920	11432		21	6
废弃资源综合利用业	Comprehensive Utilization of Waste	932	659			
金属制品、机械和设备修理业	Maintenance of Metal Products, Machinery and Equipment				2	
电力、热力生产和供应业	Production and Supply of Electric Power and Heat Power	4149	3877		374	129
燃气生产和供应业	Production and Distribution of Gas				9	
水的生产和供应业	Production and Distribution of Water	25646	17826		6	18

主要统计指标解释

普通高等学校 指按国家规定的设置标准和审批程序批准举办的，通过全国普通高等学校统一招生考试，招收高中毕业生为主要培养对象，实施高等学历教育的全日制大学、独立设置的学院和高等专科学校、高等职业学校及其他机构（独立学院和分校、大专班）。

大学、独立设置的学院主要实施本科层次以上教育。高等专科学校、高等职业学校实施专科层次教育。其他机构是承担国家普通招生计划任务不计校数的机构，包括独立学院、普通高等学校分校、大专班和批准筹建的普通高等学校等。独立学院指由普通本科高校按新机制、新模式举办的本科层次的二级学院，一些普通本科高校按公办机制和模式建立的二级学院，“分校”或其他类似的二级办学机构不属此范畴。

成人高等学校 指按照国家规定的设置标准和审批程序批准举办的，通过全国成人高等教育统一招生考试，招收具有高中毕业或同等学历的人员为主要培养对象，利用函授、业余、脱产等多种形式对其实施高等学历教育的学校。包括职工高等学校、农民高等学校、管理干部学院、教育学院、独立函授学院、广播电视大学、其他机构等。其他机构是承担国家成人招生计划任务不计校数的机构。

小学学龄儿童净入学率 指调查范围内已入小学学习的学龄儿童占校内外学龄儿童总数(包括弱智儿童，不包括盲聋哑儿童)的比重。计算公式为：

$$\text{小学学龄儿童净入学率}=\frac{\text{已入学的小学学龄儿童数}}{\text{校内外小学学龄儿童总数}}\times 100\%$$

国家财政性教育经费 包括国家财政预算内教育经费，各级政府征收用于教育的税费，企业办学校教育经费，校办产业、勤工俭学和社会服务收入用于教育的经费。

公共财政预算安排的教育经费 指中央、地方各级财政或上级主管部门在年度内安排，并计划拨到教育部门和其他部门主办的各级各类学校、教育事业单位，列入国家预算支出科目的教育经费，包括教育事业拨款、科研经费拨款、基建拨款和其他经费拨款。

科技活动 指在自然科学、农业科学、医药科学、工程与技术科学、人文与社会科学领域(简称科学技术领域)中，与科技知识的产生、发展、传播和应用密切相关的有组织的活动。可分为研究与试验发展(R&D)、研究与试验发展成果应用及相关的科技服务三类活动。该定义是联合国教科文组织考虑成员国特别是发展中国家开展科技统计工作的需要，而对科技活动所作的统计界定。

科技活动人员 指直接从事科技活动、以及专门从事科技活动管理和为科技活动提供直接服务，累计的实际工作时间占全年制度工作时间10%及以上的人员。(1)直接从事科技活动的人员包括：在独立核算的科学研究与技术开发机构、高等学校、各类企业及其他事业单位内设的研究室、实验室、技术开发中心及中试车间(基地)等机构中从事科技活动的研究人员、工程技术人员、技术工人及其它人员；虽不在上述机构工作，但编入科技活动项目(课题)组的人员；科技信息与文献机构中的专业技术人员；从事论文设计的研究生等。(2)专门从事科技活动管理和为科技活动提供直接服务的人员，包括：独立核算的科学研究与技术开发机构、科技信息与文献机构、高等学校、各类企业及其他事业单位主管科技工作的负责人，专门从事科技活动的计划、行政、人事、财务、物资供应、设备维护、图书资料管理等工作的各类人员，但不包括保卫、医疗保健人员、司机、食堂人员、茶炉工、水暖工、清洁工等为科技活动提供间接服务的人员。该指标用来反映投入科技活动人力的规模。

科技活动经费内部支出 指报告年内用于科技活动的实际支出，包括劳务费、科研业务费、科研管理费，非基建投资购建的固定资产、科研基建支出以及其他用于科技活动的支出。不包括生产性活动支出、归还贷款支出及转拨外单位支出。反映科技投入实际完成情况。

研究与试验发展(R&D) 指在科学技术领域，为增加知识总量，以及运用这些知识去创造新的应用进行的系统的创造性的活动，包括基础研究、应用研究、试验发展三类活动。国际上通常采用R&D活动的规模和强度指标反映一国的科技实力和核心竞争力。

基础研究 指为了获得关于现象和可观察事实的基本原理的新知识(揭示客观事物的本质、运动规律，获得新发现、新学说)而进行的实验性或理论性研究，它不以任何专门或特定的应用或使用为目的。其成果以科学论文和科学著作为主要形式。用来反映知识的原始创新能力。

应用研究 指为获得新知识而进行的创造性研究，主要针对某一特定的目的或目标。应用研究是为了确定基础研究成果可能的用途，或是为达到预定的目标探索应采取的新方法(原理性)或新途径。其成果形式以科学论文、专著、原理性模型或发明专利为主。用来反映对基础研究成果应用途径的探索。

试验发展 指利用从基础研究、应用研究和实际经验所获得的现有知识，为产生新的产品、材料和装置，建立新的工艺、系统和服务，以及对已产生和建立的上述各项作实质性的改进而进行的系统性工作。其成果形式主要是专利、专有技术、具有新产品基本特征的产品原型或具有新装置基本特征的原始样机等。在社会科学领域，试验发展是指把通过基础研究、应用研究获得的

知识转变成可以实施的计划(包括为进行检验和评估实施示范项目)的过程。人文科学领域没有对应的试验发展活动。主要反映将科研成果转化为技术和产品的能力，是科技推动经济社会发展的物化成果。

R&D 人员 指参与研究与试验发展项目研究、管理和辅助工作的人员，包括项目(课题)组人员，企业科技行政管理人员和直接为项目(课题)活动提供服务的辅助人员。反映投入从事拥有自主知识产权的研究开发活动的人力规模。

R&D 人员全时当量 指全时人员数加非全时人员按工作量折算为全时人员数的总和。例如：有两个全时人员和三个非全时人员(工作时间分别为 20%、30%和 70%)，则全时当量为 2+0.2+0.3+0.7=3.2 人年。为国际上比较科技人力投入而制定的可比指标。

R&D 经费内部支出合计 指调查单位用于内部开展 R&D 活动（基础研究、应用研究和试验发展）的实际支出。包括用于 R&D 项目（课题）活动的直接支出，以及间接用于 R&D 活动的管理费、服务费、与 R&D 有关的基本建设支出以及外协加工费等。不包括生产性活动支出、归还贷款支出以及与外单位合作或委托外单位进行 R&D 活动而转拨给对方的经费支出。

R&D 经费内部支出中政府资金 指 R&D 经费内部支出中来自各级政府部门的各类资金，包括财政科学技术拨款、科学基金、教育等部门事业费以及政府部门预算外资金的实际支出。

R&D 经费内部支出中企业资金 指 R&D 经费内部支出中来自本企业的自有资金和接受其他企业委托而获得的经费，以及科研院所、高校等事业单位从企业获得的资金的实际支出。

R&D 项目（课题）数 指在当年立项并开展研究工作、以前年份立项仍继续进行研究的研发项目（课题）数，包括当年完成和年内研究工作已告失败的研发项目（课题），但不包括委托外单位进行的研发项目（课题）数。

R&D 项目（课题）人员全时当量 指实际参加研发项目（课题）活动人员折合的全时当量。

R&D 项目（课题）经费内部支出 指调查单位内部在报告年度进行研发项目（课题）研究和试制等的实际支出。包括劳务费、其他日常支出、固定资产购建费、外协加工费等，不包括委托或与外单位合作进行项目（课题）研究而拨付给对方使用的经费。

专利 是专利权的简称，是对发明人的发明创造经审查合格后，由专利局依据专利法授予发明人和设计人对该项发明创造享有的专有权。包括发明、实用新型和外观设计。反映拥有自主知识产权的科技和设计成果情况。

发明（专利） 指对产品、方法或者其改进所提出的新的技术方案。是国际通行的反映拥有自主知识产权技术的核心指标。

实用新型（专利） 指对产品的形状、构造或者其结合所提出的适于实用的新的技术方案。反映具有一定技术含量的技术成果情况。

外观设计（专利） 指对产品的形状、图案、色彩或者其结合所作出的富有美感并适于工业上应用的新设计。反映拥有自主知识产权的外观设计成果情况。

Explanatory Notes on Main Statistical Indicators

Regular Institutions of Higher Education refer to educational establishments set up according to the government evaluation and approval procedures, recruiting graduates from senior secondary schools as the main target by National Matriculation TEST. They include full-time universities, colleges, institutions of higher professional education, institutions of higher vocational education, institutions of higher vocational education and others (non-university tertiary, branch schools and undergraduate classes).

Universities and colleges primarily provide undergraduate courses; institutions of higher professional education and institutions of higher vocational education primarily provide professional trainings; and others refer to educational establishments, which are responsible for enrolling higher education students under the State Plan but not enumerated in the total number of schools, including: branch schools of universities and colleges, and universities and colleges that have been approved and under plan for construction. Non-university tertiary refers to the regular undergraduate branch college which is running in new mechanism and mode, excluding the branch schools and other similar branches of educational institutions.

Institutions of Higher Education for Adults refer to educational establishments, set up in line with relevant rules approved by the government, enrolling staff and workers with senior secondary school or equivalent education, and providing higher education courses in many forms of correspondence, spare time, or full time for adults. Professionals thus trained receive a qualification equivalent to graduates studying regular courses at regular universities, colleges and professional colleges. Institutions of higher learning for adults include schools of higher education for staff and workers, schools of higher education for peasants, colleges for management cadres, pedagogical colleges, independent correspondence colleges, Radio and TV universities and other educational establishments. Other educational establishments have undertakings to enrol adult students but not enumerated in the schools under the State Plan.

Net Enrolment Ratio of Primary Schools refers to the proportion of school age children enrolled at schools to the total number of school age children both in and outside schools (including retarded children, but excluding blind, deaf and mute children). The formula is:

$$\text{Net Enrolment Ratio of Primary Schools} = \frac{\text{Total Primary School - age Children at Schools}}{\text{Total Primary School - age Children Whether or Not Attending School}} \times 100\%$$

Government Appropriation for Education refers to State budgetary fund for education, taxes and fees collected by governments at all levels that are used for education purpose, education fund for enterprise-run schools, income from school-run enterprises, work-study programme and social services that are used for education purpose.

Budget of public finance education funds refers to education funding that is planned to be allocated to various schools and education institutions by central and local financial departments at various levels within the reference year, which is within the State budgetary expenditure, including: appropriated funds for education, for science and research, for capital construction and others.

Scientific and Technological Activities (S&T Activities) refer to organized activities which are closely related with the creation, development, dissemination and application of the scientific and technical knowledge in the fields of natural sciences, agricultural science, medical science, engineering and technological science, humanities and social sciences (referred to as scientific and technological fields). S&T activities can be classified in to 3 categories: research and development (R&D) activities, application of R&D results, and related S&T services. This statistical definition is made by UNICHIEF for scientific and technological activities to meet the need of carrying out statistical work in this field for its member countries in particular those developing countries.

Personnel Engaged in S&T Activities refer to personnel directly engaged in S&T activities, in the management of S&T activities, and in providing direct service to S&T activities, who spend over 10% of the total working hours in a year in S&T activities. (1) Personnel directly engaged in S&T activities include researchers, engineers, technicians and other related personnel engaged in S&T activities in independent accounting R&D institutions, institutions of higher learning, and in research institutes, laboratories, technology development centers and central experiment workshops under enterprises and institutions. Also included are people working in S&T research project teams, professional and technical personnel working in S&T information archiving institutes,

and graduate students working on the design of their thesis. (2) Personnel engaged in the management of S&T activities and in providing direct service to S&T activities include senior management people responsible for S&T activities in independent accounting R&D institutions, S&T information archiving institutes, institutions of higher learning, and in enterprises and institutions where S&T activities are undertaken. Also included are people responsible for the planning, administration, personnel management,financial management, logistics supply, equipment maintenance, information and library management that are related with S&T activities. People providing indirect services are excluded, such as security, medical service, drivers, plumbers, cleaners and those providing catering and related service. This indicator reflects the size of personnel engaged in S&T activities.

Research and Development (R&D) refers to systematic and creative activities in the field of science and technology aiming at increasing the knowledge and using the knowledge for new application. R&D includes 3 categories of activities: basic research, applied research and experimentation for development. The scale and intensity of R&D are widely used internationally to reflect the strength of S&T and the core competitiveness of a country in the world.

Basic Research refers to empirical or theoretical research aiming at obtaining new knowledge on the fundamental principles regarding phenomena or observable facts to reveal the intrinsic nature and underlying laws and to acquire new discoveries or new theories. Basic research takes no specific or designated application as the aim of the research. Results of basic research are mainly released or disseminated in the form of scientific papers or monographs. This indicator reflects the innovation capacity for original knowledge.

Applied Research refers to creative research aiming at obtaining new knowledge on a specific objective or target. Purpose of the applied research is to identify the possible uses of results from basic research, or to explore new (fundamental) methods or new approaches. Results of applied research are expressed in the form of scientific papers, monographs, fundamental models or invention patents. This indicator reflects the exploration of ways to apply the results of basic research.

Experiments and Development refer to systematic activities aiming at using the knowledge from basic and applied researches or from practical experience to develop new products, materials and equipment, to establish new production process, systems and services, or to make substantial improvement on the existing products, process or services. Results of experiment and development activities are embodied in patents, exclusive technology, and monotype of new products or equipment. In social sciences, experiment and development activities refer to the process of converting the knowledge from basic or applied researches into feasible programmes (including conduct of demonstration projects for assessment and evaluation). There are no experiment and development activities in the science of humanities. This indicator reflects the capability of transferring the results of S&T into technique and products, and measures the realization of S&T in spearheading the economic and social development.

R&D Personnel refer to persons engaged in research, management and supporting activities of R&D, including persons in the project teams, persons engaged in the management of S&T activities of enterprises and supporting staff providing direct service to the research projects. This indicator reflects the size of personnel engaged in R&D activities with independent intellectual property.

Full-time Equivalent of R&D Personnel refers to the sum of the full-time persons and the full-time equivalent of part-time persons converted by workload. For instance, if there are 2 full-time persons and 3 part-time workers (20%, 30% and 70% of working hours respectively on R&D activities), the full-time equivalent are 2+0.2+0.3+0.7=3.2 person-years. This is an internationally comparable indicator of S&T manpower input.

Total Internal Expenditure of Funds on R&D refers to the real expenditure of surveyed units on their own R&D activities (basic research, application study, test and development) including direct expenditure on R&D activities, indirect expenditure of management and services on R&D activities, expenditure on capital construction and material processing by others. Excluding the expenditure on production activities, return of loan, and fees transferred to cooperated and entrusted agencies on R&D activities.

Internal Expenditure of Government Funds refers to the expenditure of funds on R&D activities from government agencies at different levels, including appropriate funds on science and technology from financial departments, scientific funds, operating expenses from education departments and the real expenditure of extra budgetary funds from government agencies.

Internal Expenditure of Funds of Enterprises refers to the expenditure of funds on R&D activities from self-raised funds of enterprises and funds from other enterprises through entrustment, and the expenditure of funds of institutions, such as institution of scientific research and universities, from enterprises.

Number of R&D Projects (Subjects) refers to the number of R&D projects (subjects) set up and implemented at the reference year, and the number of R&D projects (subjects) set up in former years and under implementation, including the projects (subjects) finished and failed at the reference year, excluding the projects (subjects) implemented by others through entrustment.

Full-time Equivalent of R&D Personnel refers to the full-time equivalent of persons actually engaged in R&D projects.(subjects)

Internal Expenditure of Funds on R&D Projects (subjects) refers to the real expenditure of internal funds of the surveyed units on research and test of R&D projects (subjects) at the reference year, including service fee, other daily expenditure, cost for capital goods, cost of external process; excluding expenditure of funds transferred to other cooperated and entrusted units of the projects.

Patent is an abbreviation for the patent right and refers to the exclusive right of ownership by the inventors or designers for the creation or inventions, given from the patent offices after due process of assessment and approval in accordance with the Patent Law. Patents are granted for inventions, utility models and designs. This indicator reflects the achievements of S&T and design with independent intellectual property.

Patented Inventions refer to new technical proposals to the products or methods or their modifications. This is universal core indicator reflecting the technologies with independent intellectual property.

Patented Utility Models refer to the practical and new technical proposals on the shape and structure of the product or the combination of both. This indicator reflects the condition of technological results with certain technical content.

Designs refer to the aesthetics and industrially applicable new designs for the shape, pattern and colour of the product, or their combinations. This indicator reflects the appearance design achievements with independent intellectual property.

16 文化、体育和卫生

Culture,Sports and Public Health

资料整理人员：蔡冬娥　肖首雄
贺　震　郭开金

16-1 文化事业基本情况
Basic Statistics on Culture

年份 Year	艺术表演团体(个) Art Performance Troupes (unit)	公共图书馆(个) Public Libraries (unit)	博物馆(个) Museums (unit)	图书出版总印数（万册） Number of Books Published (10 000 copies)	杂志出版总印数（万册） Number of Magazines Published (10 000 copies)	报纸出版总印数（万份） Number of Newspapers Published (10 000 copies)	广播人口覆盖率(%) Listener Rating (%)	电视人口覆盖率(%) Viewer Rating (%)
1949	53	1						
1950	53	1						
1951	75	1	1	484	43			
1952	90	1	1	1647	245	5785		
1953	108	2	1	1489	40	4719		
1954	113	2	1	1976	6	4503		
1955	111	3	1	2671	52	5402		
1956	114	13	2	3237	116	6851		
1957	116	15	3	3610	169	6530		
1958	118	35	4	9591	371	19317		
1959	137	36	7	8326	678	25253		
1960	134	53	9	6347	402	33318		
1961	135	46	9	4190	165	9024		
1962	136	34	9	3298	150	6983		
1963	144	30	10	3950	172	6771		
1964	143	29	12	5889	228	15911		
1965	134	43	11	7563	211	17000		
1966	131	42	12	12797	271	20571		
1967	137	35	15	12074		12054		
1968	124	35	17	8811		15185		
1969	104	26	18	6551		10694		
1970	106	25	19	15149		10028		
1971	119	28	20	7886	293	10799		
1972	137	42	15	10072	515	20134		
1973	134	40	20	11340	1056	31744		
1974	136	49	18	12170	1226	33662		
1975	137	40	17	15181	1656	33861		
1976	137	72	19	9457	10239	38363		
1977	137	74	20	14588	822	36931		
1978	141	72	19	16479	1296	31921		

16-1 续表 continued

年份 Year	艺术表演团体（个） Art Performance Troupes (unit)	公共图书馆（个） Public Libraries (unit)	博物馆（个） Museums (unit)	图书出版总印数（万册） Number of Books Published (10 000 copies)	杂志出版总印数（万册） Number of Magazines Published (10 000 copies)	报纸出版总印数（万份） Number of Newspapers Published (10 000 copies)	广播人口覆盖率 (%) Listener Rating (%)	电视人口覆盖率 (%) Viewer Rating (%)
1979	137	76	20	16685	1372	33685		
1980	138	77	22	21745	1169	34801		
1981	140	85	19	28012	1437	33070		
1982	139	91	13	30514	1656	36050		
1983	137	98	15	30013	1925	52655		
1984	126	101	19	30240	3019	63653		
1985	115	110	31	35629	5944	67727	50.3	75.1
1986	108	113	31	30202	5437	62209	50.3	78.0
1987	107	113	38	33376	6632	72898	54.0	85.0
1988	96	114	42	37715	6556	71960	54.8	86.5
1989	91	116	43	35055	5235	47146	54.8	86.5
1990	91	116	42	32134	5226	51749	54.8	86.5
1991	89	116	50	35085	6430	60658	54.8	86.9
1992	90	116	51	36436	7002	67890	54.8	86.9
1993	89	116	54	33503	8022	73754	54.8	86.9
1994	89	116	55	29597	7400	57718	54.8	86.9
1995	89	116	57	33677	7768	62425	54.8	86.9
1996	88	115	60	39393	7844	63585	68.5	88.1
1997	86	115	67	37494	7686	68726	78.6	87.7
1998	88	115	68	36582	8920	75879	79.1	88.2
1999	88	115	68	30765	12437	84995	81.1	90.4
2000	91	115	71	24844	10504	83467	81.5	91.4
2001	87	115	72	23808	10051	92273	81.6	91.7
2002	87	115	74	32600	11207	95198	81.7	91.8
2003	86	115	73	29556	12577	113514	81.8	91.9
2004	91	115	71	30525	19133	104165	82.1	92.1
2005	91	120	73	33238	11708	106428	82.5	92.4
2006	93	120	73	27946	9957	103489	88.4	94.0
2007	96	120	73	31310	8849	110207	89.0	94.7
2008	98	120	74	29103	9063	104235	91.1	95.7
2009	110	120	75	26192	11373	126346	91.7	96.1
2010	201	124	81	31153	12762	129101	92.0	96.4
2011	114	130	85	34528	12584	122640	92.6	96.8
2012	141	136	95	36290	12680	131889	93.0	97.2
2013	227	136	103	35803	12991	134113	93.3	97.4
2014	271	136	109	42194	13442	136738	93.5	97.5
2015	273	137	113	48545	14099	133554	94.1	98.0

注：2010年起，艺术表演团体含民间职业剧团，此前为文化部门专业剧团数据。

From 2010, arts performance troupes included folk troupes. And before that, arts performance troupes included professional troupes of cultural department only.

16-2 文化机构和人员(2015年)
Cultural Institutions and Personnel (2015)

类 别	Item	合 计 Total		文化部门 Culture Department		其他部门 Other Department	
		机构(个) Institutions (unit)	人员(人) Personnel (person)	机构(个) Institutions (unit)	人员(人) Personnel (person)	机构(个) Institutions (unit)	人员(人) Personnel (person)
总 计	**Total**	**15490**	**97132**	**3342**	**23793**	**12148**	**73339**
艺术表演团体	Art Performance Troupes	273	8686	100	4208	173	4478
艺术表演场馆	Art Performance Places	71	2054	61	1229	10	825
公共图书馆	Public Libraries	137	2092	137	2092		
文化馆	Cultural Centers	143	2185	143	2185		
文化站	Cultural Stations	2534	5877	2534	5877		
其中：乡镇综合文化站	# Cultural Stations in Townships	2238	5114	2238	5114		
艺术展览创作机构	Art Exhibition & Authoring Institutions	24	125	24	125		
艺术教育业	Art Education	4	636	4	636		
文化科研机构	Cultural Scientific Research Institutions	7	87	7	87		
文化市场经营机构	Cultural Marketing Institutions	11961	67692			11961	67692
文化行政主管部门	Cultural Administration Departments	141	2932	141	2932		
其他文化机构	Others	195	4766	191	4422	4	344

16-3 艺术业机构和人员
Art Institutions and Personnel

类 别	Item	2014		2015	
		机构(个) Institutions (unit)	人员(人) Personnel (person)	机构(个) Institutions (unit)	人员(人) Personnel (person)
艺术表演团体	**Art Performance Troupes**	**271**	**8203**	**273**	**8686**
话剧、儿童剧、滑稽剧类	Drama,Children's Play and Comedy Troupes	34	706	15	831
歌舞团、音乐类	Song and Dance Troupe, Music	81	2560	74	2631
京剧、昆曲类	Beijing Opera,Kunqu Opera	2	193	2	164
地方戏曲类	Local Opera	74	2642	80	2632
杂技、魔术、马戏类	Acrobatics, Magic and Circus	3	210	3	130
曲艺类	Folk Arts	12	206	6	188
综合性艺术表演团体	Comprehensive performing arts groups	64	1666	93	2110
艺术表演场馆	**Art Performance Places(Theaters and Music Halls)**	**57**	**965**	**71**	**2054**
艺术教育业	**Art Education**	**4**	**592**	**4**	**636**
文化科研	**Literature and Art research**	**7**	**86**	**7**	**87**

16-4 出版发行、文物、图书馆、群众文化业机构人员(2015年)

Number of Institutions and Personnel in Publishing and Distribution, Cultural Relics, Libraries and Mass Culture (2015)

类别	Item	总计 Total		文化部门 Culture Department		其他部门 Other Department	
		机构(个) Institutions (unit)	人员(人) Personnel (person)	机构(个) Institutions (unit)	人员(人) Personnel (person)	机构(个) Institutions (unit)	人员(人) Personnel (person)
出版发行事业	**Publishing and Distribution**						
图　书	Books Published	13	1379			13	1379
报　纸	Newspaper Published	85	8712			85	8712
杂　志	Magazines Published	248	1668			248	1668
音像出版	Image to Publish	8	121			8	121
音像电复制	Image to copy	2	129			2	129
出版物印刷	Publicationto Print	397	19228			397	19228
发　行	Distribution	4473	20322			4473	20322
印刷物质供销	Print Materiat Supply and Marketing	1	154			1	154
文物事业	**Cultural Relics**	**265**	**4533**	**255**	**3888**	**10**	**645**
博物馆	Museums	113	2736	104	2116	9	620
文物保护管理机构	Protection and Management Agencies	84	835	83	810	1	25
文物科研机构	Relics Scientific Research Institutions	3	145	3	145		
文物商店	Relics Stores	2	56	2	56		
其他文物机构	Others	63	761	63	761		
图书馆事业	**Libraries**	**137**	**2092**	**137**	**2092**		
群众文化服务	**Mass Culture**	**2677**	**8062**	**2677**	**8062**		
文化馆	Cultural Centers	143	2185	143	2185		
文化站	Cultural Stations	2534	5877	2534	5877		

注：文物保护管理机构的人员包含文物行政主管机关中文物事业编制的人员。
Protection and management agencies include administrative departments and other agencies.

16-5 图书、杂志、报纸出版情况

Statistics on Books, Magazines and Newspapers Published

年份 Year	图书 Books Published			杂志 Magazines Published			报纸 Newspaper Published		
	种数(种) Number of Publications (kind)	总印数(万册) Printed Copies (10 000 copies)	总印张(亿印张) Printed Sheets (100 million sheets)	种数(种) Number of Publications (kind)	总印数(万册) Printed Copies (10 000 copies)	总印张(亿印张) Printed Sheets (100 million sheets)	种数(种) Number of Publications (kind)	总印数(万份) Printed Copies (10 000 copies)	总印张(亿印张) Printed Sheets (100 million sheets)
1995	2357	33677	14.90	208	7768	1.75	63	62425	6.90
2000	3156	24844	12.37	244	10504	2.11	95	83467	12.75
2001	3346	23808	12.70	251	10051	2.27	109	92273	18.65
2002	3504	32600	18.10	263	11207	2.66	109	95198	21.59
2003	3702	29556	16.80	269	12577	3.20	106	113514	31.50
2004	3896	30525	16.11	247	19133	3.96	86	104165	34.60
2005	4068	33238	17.99	233	11708	4.20	88	106428	34.87
2006	4163	27946	15.96	244	9957	3.35	61	103489	38.06
2007	4354	31310	17.39	237	8849	3.72	85	110207	38.77
2008	5095	28094	18.72	235	9063	3.52	84	104235	40.14
2009	5938	26192	17.22	240	11508	5.45	86	126807	45.02
2010	7396	31153	18.71	247	12762	5.82	88	129101	54.52
2011	9949	34528	22.40	248	12584	5.63	87	122640	46.11
2012	10823	36290	24.10	248	12680	5.59	87	131889	52.57
2013	11418	35803	24.67	247	12991	2.66	86	134113	52.70
2014	10931	42194	29.89	247	13442	6.28	48	136738	51.45
2015	11364	48545	37.66	248	14099	6.86	48	133554	47.86

注：图书种数不包括租型图书。The total collection books excludes the books for rental.

16-6 广播、电视事业情况
Statistics on Broadcasting and Television Stations

项 目	Item	2000	2005	2014	2015
广播电视从业人员 (万人)	**Number of Employees of Broadcasting and Television (10 000 persons)**	**2.32**	**2.60**	**4.43**	**4.38**
广播	**Broadcasting**				
广播电台数 (座)	Number of Broadcasting Stations (set)	11	13	13	13
广播电台节目套数 (套)	Number of Broadcasting Program (set)	53	89	102	105
平均每日公共广播节目播出时间 (小时)	Public Serrice Broadcasting Hours per Day (hour)	483	762	1085	1127
中、短波转播发射台数（座）	Fransmission and Relaying Stations of Medium and short ware Broad cast (set)	25	28	25	25
中、短波发射机 (部)	Medium Wave and Short Wave Broadcast	36	56	46	44
	Transmitters (set)				
中、短波发射机功率	Power of Medium and Short Wave	579	604	550	551
(千瓦)	Broadcast Transmitters (kw)				
覆盖率 (%)	Listener-Coverage Rate (%)	81.46	82.47	93.48	94.06
电视	**Television**				
电视台数 (座)	Number of Television Stations (set)	16	15	15	15
电视节目套数 (套)	Number of Television Program (set)	33	136	139	138
平均公共电视节目每周播出时间 (小时)	Public Serrice Television Hours per Week (hour)	2338	13210	14523	14570
电视转播发射台 (座)	Television Transmission Stations and Relang Station (set)	542	358	179	277
电视发射机 (部)	Television Transmitters (set)	720	500	407	415
电视发射机功率 (千瓦)	Power of Television Transmitters (kw)	291.00	289.11	455	463.55
覆盖率 (%)	Viewer-Coverage Rate (%)	91.38	92.42	97.51	97.98

16-7 文化和创意产业总产出
Gross Output of Cultural and Creative Industries

单位：万元 (10 000 yuan)

指 标	Item	2014	2015
总 计	**Total**	**46024532**	**51188536**
文化产品的生产	**The Production of Cultural products**	**15469605**	**18081981**
新闻出版发行服务	**News publishing and Distribution services**	**973832**	**912304**
新闻服务	News Services	37874	40780
出版服务	PublishingServices	564198	600652
发行服务	Distribution Services	371761	270872
广播电视电影服务	**Broadcasting, TV & Film Services**	**1605874**	**2051397**
广播电视服务	Broadcasting and TV Services	1206297	1548330
电影和影视录音服务	Film and video recording Services	399577	503067
文化艺术服务	**Cultural and Artistic Services**	**1081899**	**1228297**
文艺创作与表演服务	creation and performance service	258457	283663
图书馆与档案馆服务	Library and archives service	49581	56607
文化遗产保护服务	Cultural heritage protection services	123654	146700
群众文化服务	Mass Cultural Services	108591	108176
文化研究和社团服务	Research and Society Services	149234	175247
文化艺术培训服务	Culture and arts training services	201696	240200
其他文化艺术服务	Others	190686	217704
文化信息传输服务	**Cultural information transmission services**	**995240**	**1095194**
互联网信息服务	Internet Information Services	482583	535515
增值电信服务（文化部分）	Value-added telecom services (culture)	7092	9937
广播电视传输服务	Radio and television transmission services	505565	549742
文化创意和设计服务	**Cultural creativity and design services**	**4214318**	**5147369**
广告服务	Advertising service	2074620	2323165
文化软件服务	Cultural software services	365190	368064
建筑设计服务	Architectural design services	1335587	1992689
专业设计服务	Professional design services	438921	463451
文化休闲娱乐服务	**Cultural, Leisure and Pleasure Services**	**3342286**	**3629542**
景区游览服务	The scenic spot tour service	605098	592140
娱乐休闲服务	Entertainment and leisure services	2562102	2852147
摄影扩印服务	Photography KuoYin services	175086	185255
工艺美术品的生产	**The Production of Arts and Crafts**	**3256156**	**4017878**
工艺美术品的制造	Arts and Crafts products manufacturing	1872035	2679842
园林、陈设艺术及其他陶瓷制品的制造	Garden Furniture art and other Ceramic products manufacturing	1155270	1141962
工艺美术品的销售	Arts and Crafts sales	228851	196074
文化相关产品的生产	**The Production of Cultural and related products**	**30554927**	**33106555**
文化产品生产的辅助生产	**Cultural products production of auxiliary production**	**5518115**	**6118738**
版权服务	Copyright services	2312	3995
印刷复制服务	Printing and Duplicating services	4612264	5266935
文化经纪代理服务	Culture brokerage agent service	89877	115826
文化贸易代理与拍卖服务	Cultural trade agent and Sale service	22819	8350
文化出租服务	Cultural rental service	9679	13575
会展服务	Exhibition services	85745	90831
其他文化辅助生产	Other cultural auxiliary production	695419	619226
文化用品的生产	**The production of cultural goods**	**24287028**	**25956606**
办公用品的制造	Office supplies manufacturing	132585	96581
乐器的制造	Instrument manufacturing	45613	23494
玩具的制造	Toys manufacturing	429067	396218
游艺器材及娱乐用品的制造	Recreational equipment and entertainment products manufacturing	28829	29716
视听设备的制造	Video equipment manufacturing	396682	476408
焰火、鞭炮产品的制造	Fireworks firecracker manufacturing	13146637	14192908
文化用纸的制造	Culture paper manufacturing	3481565	3500633
文化用油墨颜料的制造	Culture ink pigment manufacturing	652401	771139
文化用化学品的制造	Culture with chemicals manufacturing	0	0
其他文化用品的制造	Other cultural products manufacturing	5094585	5710745
文具乐器照相器材的销售	Stationery instrument photographic equipment sales	176174	162428
文化用家电的销售	Culture in home appliance sales	291356	267799
其他文化用品的销售	Other stationery sales	411534	328537
文化专用设备的生产	**The production of Cultural special equipment**	**749785**	**1031211**
印刷专用设备的制造	Printing special equipment manufacturing	63338	70672
广播电视电影专用设备的制造	Radio and Television movie special equipment manufacturing	490818	723951
其他文化专用设备的制造	Other cultural special equipment manufacturing	158827	207866
广播电视电影专用设备的批发	Radio and Television movie special equipment wholesale	31507	23948
舞台照明设备的批发	Stage lighting equipment wholesale	5295	4774

16-8 文化和创意产业增加值
Value-added of Cultural and Creative Industries

单位：万元 (10 000 yuan)

指 标	Item	2014	2015
总 计	**Total**	**15138646**	**17071807**
文化产品的生产	**The Production of Cultural products**	**5765713**	**6716447**
新闻出版发行服务	**News publishing and Distribution services**	**476152**	**447108**
新闻服务	News Services	13225	15774
出版服务	PublishingServices	195808	214182
发行服务	Distribution Services	267119	217152
广播电视电影服务	**Broadcasting, TV & Film Services**	**780771**	**938186**
广播电视服务	Broadcasting and TV Services	640821	790278
电影和影视录音服务	Film and video recording Services	139950	147908
文化艺术服务	**Cultural and Artistic Services**	**489627**	**591545**
文艺创作与表演服务	creation and performance service	128257	153025
图书馆与档案馆服务	Library and archives service	28705	36372
文化遗产保护服务	Cultural heritage protection services	67604	84081
群众文化服务	Mass Cultural Services	43303	53233
文化研究和社团服务	Research and Society Services	75073	95933
文化艺术培训服务	Culture and arts training services	98205	121738
其他文化艺术服务	Others	48480	47163
文化信息传输服务	**Cultural information transmission services**	**487603**	**502590**
互联网信息服务	Internet Information Services	167472	137007
增值电信服务（文化部分）	Value-added telecom services (culture)	3070	4720
广播电视传输服务	Radio and television transmission services	317061	360863
文化创意和设计服务	**Cultural creativity and design services**	**1208575**	**1382454**
广告服务	Advertising service	531352	581008
文化软件服务	Cultural software services	132470	116995
建筑设计服务	Architectural design services	396648	524715
专业设计服务	Professional design services	148107	159736
文化休闲娱乐服务	**Cultural, Leisure and Pleasure Services**	**1334748**	**1626468**
景区游览服务	The scenic spot tour service	238766	266475
娱乐休闲服务	Entertainment and leisure services	1024067	1277334
摄影扩印服务	Photography KuoYin services	71915	82659
工艺美术品的生产	**The Production of Arts and Crafts**	**988237**	**1228096**
工艺美术品的制造	Arts and Crafts products manufacturing	537001	799686
园林、陈设艺术及其他陶瓷制品的制造	Garden Furniture art and other Ceramic products manufacturing	303609	299056
工艺美术品的销售	Arts and Crafts sales	147627	129354
文化相关产品的生产	**The Production of Cultural and related products**	**9372932**	**10355360**
文化产品生产的辅助生产	**Cultural products production of auxiliary production**	**1539058**	**1684685**
版权服务	Copyright services	1480	2190
印刷复制服务	Printing and Duplicating services	1285220	1421191
文化经纪代理服务	Culture brokerage agent service	45818	65418
文化贸易代理与拍卖服务	Cultural trade agent and Sale service	15286	6055
文化出租服务	Cultural rental service	3353	5511
会展服务	Exhibition services	25141	26287
其他文化辅助生产	Other cultural auxiliary production	162760	158033
文化用品的生产	**The production of cultural goods**	**7640891**	**8398326**
办公用品的制造	Office supplies manufacturing	32979	23602
乐器的制造	Instrument manufacturing	9201	6000
玩具的制造	Toys manufacturing	139681	125244
游艺器材及娱乐用品的制造	Recreational equipment and entertainment products manufacturing	6116	6952
视听设备的制造	Video equipment manufacturing	105733	118058
焰火、鞭炮产品的制造	Fireworks firecracker manufacturing	4258946	4631151
文化用纸的制造	Culture paper manufacturing	664246	630287
文化用油墨颜料的制造	Culture ink pigment manufacturing	164204	211073
文化用化学品的制造	Culture with chemicals manufacturing	0	0
其他文化用品的制造	Other cultural products manufacturing	1655659	2122535
文具乐器照相器材的销售	Stationery instrument photographic equipment sales	130092	123411
文化用家电的销售	Culture in home appliance sales	174850	171009
其他文化用品的销售	Other stationery sales	299184	229004
文化专用设备的生产	**The production of Cultural special equipment**	**192983**	**272349**
印刷专用设备的制造	Printing special equipment manufacturing	17876	18017
广播电视电影专用设备的制造	Radio and Television movie special equipment manufacturing	111150	179367
其他文化专用设备的制造	Other cultural special equipment manufacturing	44011	57639
广播电视电影专用设备的批发	Radio and Television movie special equipment wholesale	16494	13799
舞台照明设备的批发	Stage lighting equipment wholesale	3452	3527

16-9 卫生事业基本情况
Basic Statistics on Health Institutions

年份 Year	卫生机构数（个） Number of Health Institutions (unit)	#医院、卫生院 Hospitals	卫生机构床位数（万床） Number of Beds in Health Institution (10 000 beds)	#医院、卫生院 Hospitals	卫生技术人员数（万人） Medical Technical Personnel (10 000 persons)	#医生 Doctors	每万人口拥有 Per 10 000 Persons 床位数（张） Number of Beds	每万人口拥有 Per 10 000 Persons 医生数（人） Number of Doctors
1949	239	113	0.39	0.27	1.69	1.48	1.3	5.0
1950	264	123	0.39	0.28	1.67	1.48	1.3	4.8
1951	443	130	0.52	0.39	1.81	1.52	1.6	4.8
1952	2531	149	0.64	0.48	2.39	1.67	2.0	5.1
1953	3209	153	0.64	0.48	2.79	1.82	1.9	5.4
1954	3966	164	0.65	0.48	3.70	2.19	1.9	6.4
1955	4587	176	0.69	0.51	4.37	2.69	2.0	7.8
1956	7741	235	0.87	0.61	5.22	2.73	2.5	7.8
1957	8079	330	1.04	0.67	5.53	2.83	2.9	7.9
1958	12705	5307	5.00	1.75	6.44	3.04	13.6	8.3
1959	22495	5370	4.95	1.66	6.76	3.24	13.4	8.8
1960	21987	4289	5.01	2.35	6.97	3.29	14.0	9.2
1961	18517	3390	4.12	2.44	7.08	3.43	11.7	9.8
1962	12118	416	2.67	2.25	6.29	3.33	7.4	9.3
1963	11613	388	2.63	2.29	6.39	3.34	7.1	9.0
1964	11240	395	2.88	2.28	6.24	3.31	7.6	8.7
1965	11124	484	3.11	2.44	6.28	3.34	8.0	8.6
1966	10424	1014	3.68	2.69	6.29	3.24	9.2	8.1
1967	6285	3983	4.06	2.55	6.11	3.11	9.9	7.5
1968	6161	3945	4.27	2.45	6.25	3.31	10.1	7.8
1969	6144	4026	4.62	2.52	6.29	3.36	10.6	7.7
1970	7056	4447	5.83	3.31	6.54	3.54	13.0	7.9
1971	7042	4280	6.63	3.73	7.10	3.62	14.4	7.9
1972	7372	4264	7.28	4.96	7.95	3.72	15.5	7.9
1973	7898	4309	7.93	3.75	8.53	4.14	16.5	8.6
1974	8239	4340	8.67	4.02	9.26	4.43	17.7	9.0
1975	8707	4365	9.36	4.34	10.04	4.85	18.8	9.7
1976	8987	4383	9.88	4.45	10.73	5.23	19.5	10.3
1977	9259	4397	10.49	5.25	11.20	5.23	20.5	10.2
1978	9477	4374	11.14	5.52	11.54	5.38	21.6	10.4

16-9 续表 continued

年份 Year	卫生机构数（个） Number of Health Institutions (unit)	#医院、卫生院 Hospitals	卫生机构床位数（万床） Number of Beds in Health Institution (10 000 beds)	#医院、卫生院 Hospitals	卫生技术人员数（万人） Medical Technical Personnel (10 000 persons)	#医生 Doctors	每万人口拥有 Per 10 000 Persons 床位数（张） Number of Beds	医生数（人） Number of Doctors
1979	9753	4387	11.56	5.93	12.54	5.80	22.1	11.1
1980	9871	4402	11.58	6.05	13.16	5.88	21.9	11.1
1981	10222	4375	11.26	6.11	13.96	6.20	21.0	11.6
1982	10262	4334	11.41	6.28	14.29	6.40	20.9	11.7
1983	10324	4335	11.54	6.45	14.84	6.59	21.0	12.0
1984	10507	4357	11.80	6.75	15.26	6.76	21.2	12.2
1985	10552	4226	11.93	6.97	15.54	6.90	21.2	12.3
1986	10352	4112	12.22	7.35	15.81	6.91	21.5	12.1
1987	10392	4132	12.69	7.76	16.28	7.06	22.0	12.2
1988	10376	4114	12.93	8.12	16.89	7.83	21.9	13.2
1989	10492	4197	13.16	8.32	17.27	8.15	21.9	13.6
1990	10552	4191	13.36	8.48	17.63	8.26	21.9	13.5
1991	10557	4219	13.52	8.67	17.81	8.17	21.9	13.3
1992	10579	4229	13.65	8.85	18.29	8.23	22.0	14.3
1993	9604	4187	13.64	9.03	18.38	8.13	21.8	13.0
1994	9931	4314	13.42	8.92	18.98	8.39	21.3	13.3
1995	9137	3879	13.52	9.04	19.25	8.46	21.3	13.3
1996	9031	3423	13.36	9.08	20.22	9.57	20.8	14.1
1997	9177	3349	13.47	9.24	20.56	10.61	20.8	16.4
1998	9711	3318	13.43	9.28	21.25	9.32	20.7	14.3
1999	4259	3359	14.00	13.46	19.50	8.00	22.3	12.9
2000	4286	3339	14.34	13.21	19.88	8.80	21.9	13.5
2001	4205	3335	14.62	13.43	19.89	8.90	22.0	13.5
2002	4272	3332	14.00	13.00	19.00	8.00	21.6	11.9
2003	4016	3348	14.49	13.00	18.95	7.90	21.8	12.0
2004	4039	3340	14.79	13.70	18.89	7.90	22.1	11.9
2005	4097	3324	15.22	14.16	18.94	7.99	22.6	11.9
2006	4082	3242	16.02	14.97	19.00	8.05	23.7	11.9
2007	14521	3165	17.24	16.17	22.06	9.25	25.3	13.5
2008	14455	3111	18.79	17.47	23.21	9.63	27.5	14.1
2009	14374	3103	21.20	19.73	24.81	10.07	30.7	14.6
2010	14175	3066	23.33	21.59	26.26	10.42	32.9	14.7
2011	14266	3096	26.14	24.20	27.55	10.59	39.6	16.1
2012	14225	3092	29.44	26.78	29.71	11.67	44.3	17.6
2013	17364	3226	31.70	29.25	32.34	12.74	47.4	19.1
2014	16872	3318	35.55	33.05	34.14	13.34	52.8	19.8
2015	17824	3470	39.65	36.85	37.08	15.08	58.4	22.2

注：1、2002年及以后卫生机构数为登记注册数，医生系执业(助理)医师数。机构数不含村卫生室。

2、2007年起卫生部网络直报数据包含了诊所、医务室、卫生所、社区服务站；而2007年以前是没有包括的。

a.Number of health institutions since 2002 are the number of registeration, doctors refer to the certified (assistant) doctors.

b.The Direct Network Report from the Ministry of Health data includes outpatient departments, medical stations clinics, health service centers since 2007. But before 2007, has not included.

16-10 各类卫生机构、床位和人员(2015年)
Health Care Institutions, Beds and Personnel by Type (2015)

类别	Item	机构(个) Number of Institutions (unit)	床位数(张) Number of Reality Beds (bed)
总计	**Total**	**62646**	**396450**
医院	Hospitals	1172	275831
综合医院	General Hospitals	696	183032
中医医院	Hospitals of Chinese Medicine	138	46018
中西医结合医院	Hospitals Which Integrate Traditional Chinese Therapeutics with Western Therapeutics	28	2084
民族医院	National Hospitals	3	106
专科医院	Specialized Hospitals	306	44533
口腔医院	Hospitals for Oral Cavity Diseases	23	739
眼科医院	Ophthalmology Hospitals	23	1514
耳鼻喉科医院	Otorhinolaryngology Hospitals	2	110
肿瘤医院	Tumor Hospitals	5	2786
心血管病医院	Cardiovascular hospitals	3	535
妇产(科)医院	Hospitals for Maternity and Child Care	37	2257
儿童医院	Children's Hospitals	3	2211
精神病医院	Mental Hospitals	50	19807
传染病医院	Hospitals for Infectious Diseases	1	460
皮肤病医院	Hospitals for Occupational Diseases	7	287
结核病医院	Tuberculosis Hospitals	1	660
麻风病医院	Leprology Hospitals	1	30
骨科医院	Orthopaedics Hospitals	24	1683
康复医院	Rehabilitation Hospitals	25	5183
整形外科医院	Plastic Hospitals	2	30
美容医院	Cosmetic Hospitals	12	264
其他专科医院	Other Specialized Hospitals	87	5977
社区卫生服务中心(站)	Health Service Center and Station for Community	674	9729
卫生院	Health Centers	2298	92637
村卫生室	The village health room	44822	
门诊部	Clinics	387	609
诊所、卫生所、医务室	Outpatient Departments, Clinics and Medical Stations	10405	
疾病预防控制中心	Disease Prevention & Control Centers	147	
专科疾病防治院(所、站)	Specialized Disease Prevention and Treatment Institute	89	5334
健康教育所(站、中心)	Health Education Centers	3	
妇幼保健院(所、站)	Maternity and Child Care Centers	139	12210
急救中心(站)	First-aid Stations	3	
采供血机构	Institutions for Collection and Supply of Blood	15	
卫生监督所(中心)	Medical Supervision Institutes	130	
计划生育技术服务机构	Family planning technical service institutions	2253	
其他卫生机构	Other Health Care Institutions	109	100

16-10 续表 continued

卫生工作人员 (人) Health Personnel (person)	#卫生技术人员 Medical Technical Personnel	执业(助理)医师 Assistant Doctors	执业医师 Doctors	注册护士 Senior Nurse & Nurse	药师（士） Pharmacist	技师（士） Laboratory Technician	其他 Others
494176	**370788**	**150840**	**112352**	**149345**	**20388**	**19983**	**30232**
263780	220395	74414	66575	109548	11635	11984	12814
181559	153241	51236	46572	78199	7072	8098	8636
48465	41099	14241	12618	19008	3249	2366	2235
1933	1543	628	440	565	104	118	128
59	42	20	16	9	6	3	4
31741	24451	8278	6924	11764	1202	1397	1810
1588	1282	593	496	542	30	39	78
1902	1243	414	321	586	48	44	151
111	92	31	27	42	4	5	10
2731	2264	723	681	1074	125	185	157
534	472	173	168	230	32	18	19
2491	1841	714	531	805	89	157	76
2286	2078	614	610	1206	97	92	69
7891	5979	1817	1503	3152	290	251	469
567	449	111	110	242	32	48	16
293	229	64	54	118	18	9	20
446	344	111	111	186	13	30	4
16	10	8	3	1	1		
1232	931	338	260	408	51	81	53
2848	1931	608	547	803	107	92	321
132	114	38	37	65	5	4	2
679	362	138	109	188	15	11	10
5994	4830	1783	1356	2116	245	331	355
15120	13010	5654	3954	4634	1059	610	1053
82715	69997	33646	16346	18466	5860	3733	8292
56151	8218	7705	2878	513			
2770	2373	1268	1072	799	90	98	118
19108	18658	12029	9815	4603	533	64	1429
9579	6718	3316	2653	769	199	1323	1111
4143	3271	1520	1100	978	185	299	289
10	2			2			
20879	17559	6975	5988	7605	710	1313	956
69	37	24	22	13			
1417	1025	109	76	636	5	231	44
3014	2645						2645
14035	6237	3887	1700	664	81	272	1333
1386	643	293	173	115	31	56	148

16-11 医疗机构运营情况(2015年)
Basic Statistics of Operation on Health Care Institutions (2015)

类别	Item	诊疗人次(人次) Number of Patients Treated (person-time)	#门诊、急诊人次 Out-Patients and Emergency Patients	病床周转次数(次) Turn Over of Beds (time)	病床工作日(天) Days Per Bed in Use (day)	病床使用率(%) Utilization Rate of Beds (%)
总　计	**Total**	**256955015**	**239250417**	**34.7**	**297.6**	**81.5**
医院	**Hospitals**	**90061579**	**87265657**	**32.2**	**315.5**	**86.4**
综合医院	General Hospitals	65045936	63213678	35.5	316.8	86.8
中医医院	Hospitals of Chinese Medicine	16007261	15532296	33.5	323.5	88.6
中西医结合医院	Hospitals Which Integrate Traditional Chinese Therapeutics with Western Therapeutics	540521	490984	35.7	228.5	62.6
民族医院	National Hospitals	11873	11827	21.5	152.9	41.9
专科医院	Specialized Hospitals	8439904	8003005	17.0	306.2	83.9
口腔医院	Hospitals for Oral Cavity Diseases	930662	927965	24.3	196.2	53.8
眼科医院	Ophthalmology Hospitals	765803	685905	52.3	237.6	65.1
耳鼻喉科医院	Otorhinolaryngology Hospitals	9628	9628	29.1	213.6	58.5
肿瘤医院	Tumor Hospitals	392804	344544	32.0	331.3	90.8
心血管病医院	Cardiovascular hospitals	216053	211112	30.1	299.1	81.9
妇产(科)医院	Hospitals for Maternity and Child Care	508439	496630	24.1	183.8	50.4
儿童医院	Children's Hospitals	1896728	1896728	40.3	346.8	95.0
精神病医院	Mental Hospitals	1160583	1121794	6.2	345.2	94.6
传染病医院	Hospitals for Infectious Diseases	93908	92311	20.9	343.1	94.0
皮肤病医院	Hospitals for Occupational Diseases	77216	74820	17.9	156.8	43.0
结核病医院	Tuberculosis Hospitals	62077	62077	22.5	437.8	119.9
麻风病医院	Leprology Hospitals	16200	16200		231.2	63.3
骨科医院	Orthopaedics Hospitals	210142	199060	21.9	215.0	58.9
康复医院	Rehabilitation Hospitals	332811	215089	8.3	279.8	76.7
整形外科医院	Plastic Hospitals	6457	6457	14.6	365.0	100.0
美容医院	Cosmetic Hospitals	137731	123239	44.9	151.5	41.5
其他专科医院	Other Specialized Hospitals	1622662	1519446	28.2	264.8	72.5
护理院	Nursing home.	16084	13867	40.3	282.4	77.4
疗养院	**Sanatoriums**	**3532**	**3482**	**20.7**	**162.2**	**44.4**
社区卫生服务中心(站)	**Health Service Center for Community**	**10293601**	**9666640**	**32.2**	**249.2**	**68.3**
卫生院	**Health Centers**	**40525622**	**38704595**	**40.1**	**255.5**	**70.0**
村卫生室	**The village health room**	**78879678**	**68917548**			
门诊部	**Clinics**	**1397907**	**1288705**			
妇幼保健院(所、站)	**Maternity and Child Care Centers**	**10547758**	**10254580**	**51.6**	**282.5**	**77.4**
专科疾病防治院(所、站)	**Specialized Disease Prevention and Treatment Institute**	**998158**	**908296**	**25.0**	**230.5**	**63.2**

16-12 诊所、卫生所、医务室基本情况(2015年)
Statistics on Clinics,Health Service Stations and Health Center(2015)

项目		Item		诊所 Clinics	医务室、卫生所 Health Center and Health-room、Health Service Stations for Community
机构总数		**Number of Institutions**		**8601**	**1780**
总人员数	（人）	Number of Personnel	(person)	15888	3178
卫生技术人员		Medical Technical Personnel		15496	3120
执业医师		Doctors		8340	1455
执业助理医师		Assistant Doctors		1649	555
注册护士		Registered Nurse		3987	608
药剂师(士)		Pharmacist		423	110
技师(士)		Skilled Technician		51	13
#检验人员		Laboratory Technician		34	10
其他		Others		1046	379
工勤技能人员		Logistic personnel		392	58
总收入	（万元）	Annual Income	(10 000 yuan)	105302	19017
总支出	（万元）	Annual Expenditure	(10 000 yuan)	94573	17689
诊疗人次数	（人次）	Number of Visits	(person-times)	20221408	3910639

16-13 村卫生室基本情况(2015年)
Statistics on Village Health Center(2015)

项目		Item		合计 Total	按主办单位分 Grouped by Organizers				
					村办 Village	乡医院设点 Township	联合办 Combine	私人办 Private	其他 other
机构数	(个)	Number of Institutions	(unit)	44822	29856	1671	1042	8594	3659
执业(助理)医师	(人)	Number of Doctors and Assistant Doctors	(person)	7705	5647		97	1345	616
注册护士	(人)	Registered Nurses	(Person)	513	348		7	100	58
乡村医生和卫生员	(人)	Number of Village Doctors & Assistants	(person)	47933	31903	1481	1394	9111	4044
#乡村医生		#Number of Village Doctors		43905	29581	1375	1016	8437	3496
卫生员		Health Professional		4028	2322	106	378	674	548
总收入	(万元)	Annual Income	(10 000 yuan)	202247.1	133571.5	7708.6	4254.5	39197.5	17514.9
总支出	(万元)	Annual Expenditure	(10 000yuan)	167735.2	112495.2	6761.5	3338.8	31803.7	13336.0
诊疗人次数	(万人次)	Number of Children Vaccinate	(10 000person-time)	7887.97	5222.47	2336.38	164.45	1531.15	7362.62

16-14 体育事业情况
Statistics on Sports

项 目		Item		2000	2005	2014	2015
体育系统从业人数	**(人)**	**Staff and Workers in Sports Commissions**	**(person)**	**5303**	**4918**	**5474**	**5524**
体育场地数	**(个)**	**Stadiums**	**(unit)**	**37**	**21294**	**73822**	**83575**
体育馆	**(个)**	**Gymnasiums**	**(unit)**	**55**	**140**	**208**	**220**
游泳跳水场（馆）	**(个)**	**Swimming and Diving (Pavilion)**	**(unit)**	**111**	**40**	**357**	**459**
举办县级以上运动会	**(次)**	**Number of Sports Meets Above County Level**	**(time)**	**1705**	**129**	**638**	**461**
等级运动员发展人数	**(人)**	**Number of Athletes in Grades**	**(person)**	**5175**	**1939**	**1416**	**1524**
#国际级运动健将		#International Master of Sports		2	2	6	6
国家级运动健将		National Master of Sports		31	28	28	45
一 级		First Grade Sportsmen		13	149	391	353
二 级		Second Grade Sportsmen		890	1760	942	1120
三 级		Third Grade Sportsmen		2191			
少年级		Juvenile Grade Sportsmen		2048			
等级裁判员发展人数	**(人)**	**Number of Referees in Grades**	**(person)**	**4173**	**1620**	**3479**	**2608**
#国家级裁判员		#National Referees		21	8	20	5
打破纪录情况	**(人/次/项)**	**Basic Situation of Records Chalked Up**	**(person/time/event)**				
#世界纪录		#World Records		3/1/5		1/1/1	1/2/2
亚洲纪录		Asia Records				3/3/3	
全国纪录		National Records		1/1/1		1/1/1	1/1/1
获奖情况		**Basic Situation of Medallion Won**					
参加全国比赛获奖		National Competitions					
#金 牌	(枚)	# Gold-plate	(piece)	32	40	49	67
银 牌	(枚)	Silver-plate	(piece)	36	17	35	40
铜 牌	(枚)	Copper-plate	(piece)	36	19	41	28
参加国际比赛获奖		International Competitions					
#金 牌	(枚)	# Gold-plate	(piece)	12	13	29	18
银 牌	(枚)	Silver-plate	(piece)	7	10	10	12
铜 牌	(枚)	Copper-plate	(piece)	6	2	16	6

注：1. 参加全国比赛指参加全国性的成人竞技比赛。参加国际比赛指参加世界锦标赛、世界杯赛、奥运会、亚洲锦标赛和亚运会。

2. 奖牌数包括我省运动员参加国家队集体项目所得的奖牌。

3. 从2002年起，等级运动员不含三级和少年级运动员。

a. National games refer to nation-wide adult athletics. International games include the world championship, the world cup, the Olympics,the Asia championship and the Asian Games.

b. The number of medals includes that of medals won by athletes of our province in national collective events.

c. The number of athletes in grades excludes third grade sportsmen and juvenile grade sportsmen since 2002.

主要统计指标解释

文化及相关产业　指为社会公众提供文化产品和文化相关产品的生产活动的集合。

文化及相关产业是在我国《国民经济行业分类》基础上的派生分类，有文化产品的生产和文化相关产品的生产两大类：

文化产品的生产　主要指新闻出版发行服务，广播电视电影服务，文化艺术服务，文化信息传输服务，文化创意和设计服务，文化休闲娱乐服务，工艺美术品的生产。

文化相关产品的生产　主要指文化产品生产的辅助生产，文化用品的生产，文化专用设备的生产。

艺术表演团体　指由文化部门主办或实行行业管理（经文化市场行政部门审批或已申报登记并领取相关许可证），专门从事表演艺术等活动的各类专业艺术表演团体，含民间职业剧团。如话剧团、方言话剧团、滑稽剧团、儿童剧团、歌剧团、木偶团、皮影团等以及由若干剧种组成的综合性专业艺术表演团体。不包括群众业余文艺表演团体。

艺术表演场馆　指由文化部门主办或实行行业管理（经文化市场行政部门审批或已申报登记并领取相关许可证），有观众席、舞台、灯光设备，公开售票、专供文艺团体演出的文化活动场所。附属于文化部门机构内非独立核算的剧场、排演场，公开营业的也应单独统计。

文化市场经营机构　指经文化市场行政部门审批或已申报登记并领取相关许可证的、从事文化经营和文化服务活动的机构。

广播节目综合人口覆盖率　指根据国家广电总局制定的《广播电视人口覆盖率统计技术标准和方法》进行统计调查的，在对象区内采用无线、有线、卫星等技术手段能够收听到包括中央、省、地市、县广播节目其中任意一套的人口数占全国总人口数的百分比。

电视节目综合人口覆盖率　指根据国家广电总局制定的《广播电视人口覆盖率统计技术标准和方法》进行统计调查的，在对象区内采用无线、有线、卫星等技术手段能够收看到包括中央、省、地市、县级电视节目中任意一套的人口数占全国总人口数的百分比。

卫生机构　指从卫生行政部门取得《医疗机构执业许可证》，或从民政、工商行政、机构编制管理部门取得法人单位登记证书，为社会提供医疗保健、疾病控制、卫生监督服务或从事医学科研和教育等工作的单位。卫生机构包括医院、疗养院、社区卫生服务中心(站)、卫生院、门诊部、诊所(卫生所、医务室)、急救中心(站)、采供血机构、妇幼保健院(所、站)、专科疾病防治院(所、站)、疾病预防控制中心(防疫站)、卫生监督所、卫生监督检验(监测、检测)机构、医学科研机构、医学在职培训机构、健康教育所(站)等其他卫生机构。

医疗机构　指从卫生行政部门取得《医疗机构执业许可证》的机构，包括医院、疗养院、社区卫生服务中心(站)、卫生院、门诊部、诊所(卫生所、医务室)、妇幼保健院(所、站)、专科疾病防治院(所、站)　、急救中心(站)和临床检验中心。

社区卫生服务中心(站)　指为本社区居民提供预防、医疗、保健、康复、健康教育、计划生育技术服务等的基层卫生机构。包括社区卫生服务中心和社区卫生服务站。

卫生人员　指在医疗、预防保健、医学科研和在职教育等卫生机构工作的职工，包括卫生技术人员、其他技术人员、管理人员和工勤人员。

卫生技术人员　包括执业(助理)医师、注册护士、药剂人员、检验和影像人员等卫生专业人员。不包括从事管理工作的卫生技术人员(一律计入管理人员)。

执业医师　指具有《医师执业证》及其“级别”为“执业医师”且实际从事医疗、预防保健工作的人员，不包括实际从事管理工作的执业医师。执业医师类别分为临床、中医、口腔和公共卫生。

执业助理医师　指具有《医师执业证》及其“级别”为“执业助理医师”且实际从事医疗、预防保健工作的人员，不包括实际从事管理工作的执业助理医师。执业助理医师类别同样分为临床、中医、口腔和公共卫生四类。

每万人口执业(助理)医师　每万人口执业(助理)医师=（执业医师数+执业助理医师数)/人口数×10000。人口数系公安部户籍人口。

每万人口医院、卫生院床位数　每万人口医院卫生院床位数=(医院床位数+卫生院床位数)/人口数×10000。人口数系常住人口。

每万人口卫生技术人员　每万人口卫生技术人员=卫生技术人员数/人口数×10000。人口数系常住人口。

Explanatory Notes on Main Statistical Indicators

Culture and Related Industries refers to provide public cultural products and related products of a collection of production activities.

Culture and related industries in our country is derived on the basis of the national economy industry classification categories, there are cultural production and cultural related products in the production of two major categories.

The Production of Cultural Products mainly refers to the news publication services, radio and television movie service, culture and art services, cultural information transmission services, cultural creativity and design services, cultural entertainment services, arts and crafts production.

Cultural Production of Related Products mainly refers to the cultural production of auxiliary production, the production of cultural goods, culture, production of special equipment.

Arts Performance Troupes refer to the various professional performing arts groups, which sponsored by the cultural sectors or guided by the cultural society (approved by the cultural market administration, or registered and permitted with the relative certificate), including non-governmental troupes, such as drama troupes, dialect troupes, comedy troupes, children troupes, Opera troupes, puppetry troupes, Shadowgraph troupes, etc., comprehensive professional arts performance troupes. The mass sparetime arts performance troups are not included.

Arts Performance Places refer to the various sites for cultural activities, which sponsored by the cultural sectors or guided by the cultural society (approved by the cultural market administration, or registered and permitted with the relative certificate), with the facility of auditorium, stage, and lighting, and selling tickets in public, including the opera halls and rehearse sites, etc. which are affiliated to the culture sectors without independent financial accounts and open to the public.

Cultural Market Operating Units refer to the units dealing in culture and cultural services, which registered and permitted with the relative certificate by cultural market administration.

Radio Coverage of Population refers to the percentage of population, which can listen to one of central, provincial, city, prefecture, and county radio programs by wireless, cable, satellite and other technical means, in the surveying area, to national total population, according to Statistical Standard and Method on Television and Radio Coverage of Population established by the State Administration of Broadcasting, Film and Television.

Television Coverage of Population refers to the percentage of population, which can watch one of central, provincial, city, prefecture, and county television programs by wireless, cable, satellite and other technical means, in the surveying area, to national total population, according to Statistical Standard and Method on Television and Radio Coverage of Population established by the State Administration of Broadcasting, Film and Television.

Cable Television Coverage of Household refers to the percentage of household, which can watch television by cable of radio and television network, to national total household.

National Comprehensive Archives refer to all archives institution, which are directly conducted by the central and local levels archives administration, collecting and keeping various documents and materials by administrative regions or historical periods.

Health Care Institutions refer to the units which have been qualified the Certification of Health Care Institution by the administration of public health, or qualified the Certification of Corporate Unit by the civil affairs, administration for industry and commerce, commission office for public sector reform, and engaging in medical care, disease prevention and control, health supervision and inspection, medicine research and health education, etc., including: hospitals, sanatoriums, community health service centers (stations), health centers, clinics (health stations and infirmaries), first-aid centres (stations), blood gathering and supplying institutions, women and children care agencies (centres and stations), special disease prevention and curing agencies (centres and stations), disease prevention and control centres (epidemic prevention stations), health supervision and inspection agencies, sanitary inspection institutions, medicinal scientific research and on-job training institutions, health education centres and so on.

Medical Organizations refer to the institutions which have been qualified the Certification of Health Care Institution by the administration of public health, including: hospitals, sanatoriums, community health service centers (stations), health centers, clinics (health stations and infirmaries), women and children care agencies (centres and stations), special disease prevention and curing agencies (centres and stations), first-aid centres (stations) and clinic inspection centers.

Community Health Service Centres (stations)

refer to the primary units that provide the health care for community residents, such as disease prevention and control, medical treatment, health care, rehabilitation, health education, family planning technical services, including community health service centres and community health service stations.

Health Care Employee refer to all employee engaged in the health care institutions, such as medical organizations, disease prevention and control centres, health care agencies, medicinal scientific research and on-job training institutions, including medical technical personnel, other technical personnel, manager and labour.

Medical Technical Personnel refer to the professional staff engaged in health care, including licensed (assistant) doctors, registered nurse, pharmacists, laboratory technician, and imaging staff, excluding the medical technical personnel engaged in management job (included as the management staff).

Licensed Doctors refer to the medical workers who have obtained the licenses of qualified doctors and are employed in medical treatment, disease prevention or healthcare institutions, excluding the licensed doctors engaged in management job. The classification of licensed doctors is clinician, Chinese medicine, dentist and public health.

Licensed Assistant Doctors refer to the medical workers who have obtained the licenses of qualified assistant doctors and are employed in medical treatment, disease prevention or healthcare institutions, excluding the licensed assistant doctors engaged in management job. The classification of licensed assistant doctors is clinician, Chinese medicine, dentist and public health.

Number of Licensed (Assistant) Doctors per 10000 Population the formula is:

Number of Licensed Doctors per 10000 Population = (Number of Licensed Doctors + Number of Licensed Assistant Doctors) / Population *10000

The population is the figure of household registration from the Ministry of Public Security.

Number of Beds of Hospitals and Health Care per 10000 Population the formula is:

Number of Beds of Hospitals and Health Care per 10000 Population = Number of Beds of Hospitals + Number of Beds of Health Care) / Population *10000

The population is the figure of household registration from the Ministry of Public Security.

Number of Medical Technical Personnel per 10000 Population the formula is:

Number of Medical Technical Personnel per 10000 Population = Number of Medical Technical Personnel / Population *10000

The population is the figure of household registration from the Ministry of Public Security.

党群、政法和社会服务

17 Party and Mass, Politics and Law, Social Service

资料整理人员：　蔡冬娥　　郭开金

17-1 历届省人民代表大会的代表人数
Number of Deputies to All the Previous Provincial People's Congress

单位：人 (person)

指标	Item	代表总数 Total Number of All Deputies	#女性代表 Female Deputies	占代表总数% As Percentage to Total (%)	#少数民族代表 Deputies From National Minorities	占代表总数% As Percentage to Total (%)	#中青年代表 Midlife and Youth Deputies	占代表总数% As Percentage to Total (%)
第一届 (1954)	First Congress (1954)	**552**	36	6.5	9	1.6	399	72.3
第二届 (1958)	Second Congress (1958)	**552**	36	6.5	9	1.6	399	72.3
第三届 (1964)	Third Congress (1964)	**662**	148	22.4	57	8.6	409	61.8
省革命委员会 (1968)	The Provincial Revolutionary Committee (1968)	**160**						
第五届 (1977)	Fifth Congress (1977)	**1252**	274	21.9	72	5.8	966	77.2
第六届 (1983)	Sixth Congress (1983)	**988**	225	22.8	84	8.5	570	57.7
第七届 (1988)	Seventh Congress (1988)	**874**	210	24.0	78	8.9	529	60.5
第八届 (1993)	Eighth Congress (1993)	**870**	191	22.0	87	10.0	587	62.0
第九届 (1997)	Ninth Congress (1997)	**763**	175	22.9	85	11.1	488	64.0
第十届 (2003)	Tenth Congress (2003)	**772**	149	19.3	82	10.8	72	9.5
第十一届(2007)	Eleventh Congress (2007)	**774**	149	19.3	82	10.8	72	9.5
第十二届(2012)	Twelfth Congress (2012)	**768**	130	16.9	83	10.8		

注：1968年省革命委员会召开了全体委员会议，代表人数为委员人数。

The plenary meeting was held by the provincial revolutionary committee in 1968, and the number of delegates was that of committee members.

17-2 历届省政治协商会议的委员人数
Number of Deputies to All the Previous Provincial People's Political consultative Conferences

单位：人 (person)

指标	Item	委员总数 Total Number of All Deputies	#中国共产党代表 Deputies from the Communist Party of China	占代表总数% As Percentage to Total (%)	#少数民族代表 Deputies From National Minorities	占代表总数% As Percentage to Total (%)
第一届 (1955)	First Congress (1955)	**175**	39	22.3	6	3.4
第二届 (1959)	Second Congress (1959)	**396**	131	33.1	15	3.8
第三届 (1964)	Third Congress (1964)	**398**	134	33.7	20	5.0
第四届 (1977)	Fourth Congress (1977)	**500**	222	44.4	26	5.2
第五届 (1983)	Fifth Congress (1983)	**732**	270	36.9	38	5.2
第六届 (1988)	Sixth Congress (1988)	**703**	280	39.8	58	8.3
第七届 (1993)	Seventh Congress (1993)	**724**	288	39.8	61	8.4
第八届 (1997)	Eighth Congress (1997)	**716**	280	39.1	70	9.8
第九届 (2003)	Ninth Congress (2003)	**728**	281	38.6	72	10.6
第十届(2007)	Tenth Congress (2007)	**750**	289	38.5	65	8.7
第十一届(2012)	Eleventh Congress (2012)	**749**	278	37.1	69	9.2

17-3 工会工作情况
Labor Union Work

项 目	Item	2000	2005	2014	2015
工会基层组织个数 (万个)	Number of Grassroots Unions (10 000 unit)	4.10	5.75	12.57	13.61
工会会员人数 (万人)	Union membership (10 000 persons)			1137.53	1147.88
其中：女性	#Female			402.42	395.76
已建工会组织的基层单位在岗职工人数 (万人)	Number of Staff and Workers in Grassroots Unions (10 000 persons)	487.00	732.27	1178.61	1257.45
#在岗女职工	#Female	186.00	251.11	409.27	412.93
工会专职干部数 (万人)	Full-time Cadres (10 000 persons)	2.14	3.01	7.30	7.36
已建立职代会制度的单位个数 (万个)	Number of Units Established With Workers Delegating Congress System (10 000 units)	1.34	0.85	15.71	17.05
本年度提出合理化建议 (万件)	Advanced Rationalization Proposals This Year (10 000 piece)	66.60	16.91	23.51	48.23
实行厂务公开的企业单位（万个）	Implementation of factory affairs of the business units (ten thousand)			15.43	11.03
签订集体合同的企业单位（万个）	Sign a collective contract of the business units (ten thousand)			7.69	
建立劳动争议调解组织（万个）	Establish a labor dispute mediation organizations (ten thousand)			1.00	1.38
建立工会劳动法律监督组织（个）	Number of Units Established With Labor Law Supervisional Organization (unit)	6295	6566	12908	22946

17-4 其他社会福利事业单位机构和人员
Institution and Personnel in Social Welfare and Special Care

项 目	Item	机构数（个）Number of Institutions(unit)		职工人数（人）Staff and Workers (person)	
		2014	2015	2014	2015
福利企业单位总计	**Social Welfare Institutions and Enterprises**	**502**	**407**	**31512**	**26356**
福利工厂	Welfare Factories	317	266	20610	17763
假肢厂	Artificial Limb Factories	1	1	105	100
安置农场	Placement Farm	3	3	48	51
其他福利企业	Other social welfare Institutions	181	137	10749	8442
救助类社会服务机构	**Relief type of social service agencies**	**178**	**146**	**1470**	**1334**
救助管理站	Salvation management station	124	113	1003	1010
流浪儿童救助保护中心	The Centers of Salvation and Safeguard Children on the Tramp	54	33	467	324
殡仪事业单位	**Funeral and Interment Institutions**	**232**	**206**	**3118**	**3060**

17-5 提供住宿的社会服务机构基本情况(2015年)
Basic Statistics of Social service Agencies with Accommodate (2015)

项 目	Item	机构(个) Institution (unit)	职 工(人) Staff and Workers (person)	床 位(张) Beds (unit)	年末在院人数(人) Number of Persons Housed (person)
总 计	**Total**	**1962**	**16999**	**143636**	**101949**
工商部门登记的提供住宿单位	The ministry of commerce and industry registration provide accommodation units	1	135	800	308
编制部门提供住宿单位	Compiling department provide accommodation units	1701	13740	118905	90974
民政部门登记提供住宿单位	Civil affairs department registration provide accommodation units	172	2407	20665	10367
未登记的提供住宿单位	Unregistered provide accommodation units	88	717	3266	1474
在总计中	**Among Total**				
智障与精神疾病服务机构	Service organization on mental retardation and mental illness	17	1724	5217	4119
#复退军人精神病院	Mental Hospitals for Veteran and Demobilized Soldiers	8	835	3181	2559
#福利类精神病院和医院	Psychiatric hospitals, and hospitals of the welfare class	9	889	2036	1560
儿童福利机构	Child welfare agencies	21	371	3321	2366
老年人与残疾人服务机构	Elderly and disabled service agencies	1751	13179	126776	93109
#城市养老服务机构	City pension service agencies	142	2755	18945	10225
#农村养老服务机构	Pension services in rural areas	1322	5609	80640	63911
#荣誉军人康复医院	Rehabilitation Hospitals for Glory Soldiers	2	355	618	310
#复员军人疗养院	Convalescent Homes for Demobilized Soldiers	1	102	98	80
#光荣院	Homes for Disabled Veterans	105	824	6061	3729
#社会福利医院	Psychopathic Welfare Homes	81	2706	15274	10932
军休所	Army Hugh	98	828	5140	3922
其他收养性机构	Other adoption agencies	140	1401	7214	2125

17-6 社会救济和福利主要费用
Value of Major Social Relief and Welfare Funds

单位：万元 (10 000 yuan)

项 目	Item	2014	**2015**
总 计	**Total**	**2085354.4**	**2406458.2**
民政事业费支出	**Civil Administration Department Funds**	**2085354.4**	**2377472.5**
抚恤事业费	Commiserate	411076.4	461329.1
退役安置事业费	Settle Down	105284.9	127835.6
社会救助	Social Assistance	1222781.2	1275702.2
城市居民最低生活保障事业费	Funds for Urban Residents Receiving Mininum Income Relief	445206.0	431434.5
农村居民最低生活保障事业费	Funds for Rural Residents Receiving Mininum Income Relief	449362.0	441395.4
其他社会救助	Other social assistance	187697.2	233318.3
医疗救助	Medical assistance	140516.0	155971.9
社会福利事业费	Social Welfware Funds	153669.5	273429.9
民政管理事务事业费	Civil Administation Affairs Furds	114913.2	139406.1
自然灾害救助费	Relief Funds for Natural Disasters	51680.8	57405.9
行政事业单位离退休人员经费	Administration Institution retired personnels Funds	8964.7	8228.1
其他款项用于民政支出	Other Funds use in the Civil Administation	16983.7	32286.8

17-7 婚姻登记情况
Basic Statistics on Marriage Registration

项 目		Item		2000	2005	2014	2015
准予登记结婚	**(万对)**	**Registered Marriages**	**(10 000 couples)**	**38.31**	**45.97**	**62.20**	**54.26**
初 婚	(万人)	First Marriages	(10 000 persons)	71.77	83.80	106.07	89.24
再 婚	(万人)	Remarriages	(10 000 persons)	4.85	8.14	18.33	19.28
离婚人数	**(万对)**	**Number of Divorces**	**(10 000 couples)**	**6.45**	**8.30**	**16.87**	**17.75**
离婚率	(‰)	Divorce Rate	(‰)	1.97	2.50	2.50	2.63

17-8 律师、公证、调解工作基本情况
Basic Statistics on Lawyers, Notarization and Mediation

项 目		Item		2000	2005	2014	2015
律师工作		**Lawyers**					
律师事务所	(个)	Number of Law Offices	(unit)	352	426	603	644
律师	(人)	Number of lawyers	(person)	4888	5663	10227	11442
担任法律顾问工作	(家)	Number of Units with Permanent Legal Advisors	(unit)	7899	8623	12681	14295
刑事案件代理及辩护	(件)	Agent & Defender of Criminal Cases	(case)	13664	15270	22823	26054
民事案件诉讼代理	(件)	Agent of Civil Cases	(case)	25820	30342	50992	64350
非诉讼法律事务	(件)	Agent of Non-Litigious Legal Affairs	(case)	25883	4617	33861	32206
行政案件诉讼代理	(件)	Agent of Administrative Action	(case)	2156	2425	2654	4236
解答法律询问	(人次)	Agent of Legal Advisory Services	(person-time)	236553	194157	146659	140938
代写法律事务文书	(件)	Agent of Legal Documents Written on Behalf of Clients	(case)	35934	39060	22262	20908
公证工作		**Notarization**					
公证处	(个)	Number of Notary Offices	(unit)	138	129	121	117
公证人员	(人)	Notarization Personnel	(person)	604	652	724	714
受理公证文书	(件)	Number of Accept Notarized Documents	(case)	319416	164616	183506	179395
出证公证文书	(件)	Number of Show Notarized Documents	(case)	317705	163857	183007	178525
#国内经济合同公证	(件)	#Number of Domestic Notarized Business Contracts	(case)	81815	63026		
人民调解工作		**Number of People's Mediation**					
专职司法助理员	(人)	Number of Full-time Judicial Assistants	(person)	4114	4238	4888	4434
人民调解委员会	(个)	Number of People's Mediation Committees	(person)	57231	55188	50997	50514
调解人员	(人)	Number of Mediators	(person)	723389	260000	185967	186719
调解民间纠纷	(件)	Number of Civil Disputes Mediated	(case)	340612	300957	417049	402834

17-9 交通事故发生情况
Statistics on Traffic Accidents

指标	Item	合计 Total	按事故发生程度分 By Serious Degree of Traffic Accidents			
			特大 Extraordinarily Serious	重大 Serious	较大 More	一般 Ordinary
发生次数 （起）	Number of Traffic Accidents (case)					
	2005	15013	84	3216		11713
	2006	12202	76	3013		9113
	2007	9903	63	2539		7301
	2008	7637	50	2132		5455
	2009	7444	43	1791		5610
	2010	8651	54	1850		6747
	2011	8121	34	1699		6388
	2012	8756	34	1668		7054
	2013	8709	25	1674		7010
	2014	8786	1		25	8760
	2015	9036		1	22	9013
死亡人数 （人）	Number of Deaths (person)					
	2005	3832	339	3493		
	2006	3563	297	3266		
	2007	3057	279	2778		
	2008	2555	222	2333		
	2009	2154	183	1971		
	2010	2250	240	2010		
	2011	2039	137	1902		
	2012	1955	137	1818		
	2013	1894	93	1801		
	2014	1921	54		85	1782
	2015	1792		21	90	1681
受伤人数 （人）	Number of Injuries (person)					
	2005	18271	365	2294		15612
	2006	16486	353	2178		13955
	2007	12993	250	1948		10795
	2008	9918	220	1707		7991
	2009	10083	254	1541		8288
	2010	11621	303	1370		9948
	2011	11058	220	1536		9302
	2012	11770	216	1303		10251
	2013	11306	79	1262		10037
	2014	11382	6		52	11324
	2015	11619		11	94	11514
损失折款 （万元）	Losses Coverted into Cash (10 000 yuan)					
	2005	7131.44	368.09	2037.29		4726.06
	2006	5716.44	309.11	1750.68		3656.66
	2007	4995.27	186.20	1618.66		3190.41
	2008	3765.35	129.60	1475.40		2160.35
	2009	3822.29	348.67	1454.33		2019.29
	2010	4104.41	243.18	1590.70		2270.53
	2011	5145.58	265.20	2212.64		2667.74
	2012	6758.36	242.37	2562.01		3953.98
	2013	6486.64	189.45	2230.69		4066.50
	2014	7093.13	200.00		219.30	6673.83
	2015	7230.93		800	257.85	6173.08
平均每起损失（元）	Average Loss per Traffic Accident (yuan)					
	2005	4750.18	43820.24	6334.86		4034.88
	2006	4684.84	40672.12	5810.41		4012.57
	2007	5044.20	29555.50	6375.20		4369.83
	2008	4930.40	25920.00	6920.26		3960.37
	2009	5134.73	81086.05	8120.21		3599.45
	2010	4744.43	45033.33	8598.38		3365.24
	2011	6336.14	78000.00	13023.19		4176.17
	2012	7718.54	71285.29	15359.75		5605.30
	2013	7448.20	75780.00	13325.51		5801.00
	2014	8073.22	2000000.00		87720.00	7618.53
	2015	8002.36		8000000	117204.55	6849.08

注:从2014年开始，公安部门交通事故统计增加“较大”类分组。

Sine 2014,The public security department increased “categories grouped” in traffic accident statistics.

17-10 火灾发生情况
Statistics on Fires

指标	Item	合计 Total	按事故发生程度分 By Serious Degree of Fires			
			特大 Extraordinarily Serious	重大 Serious	较大 More	一般 Ordinary
发生次数 （起）	Number of Fires Accidents (case)					
	2005	5223	2	11		5210
	2006	5180		11		5169
	2007	5524	1	5		5518
	2008	3393		6		3387
	2009	2563			4	2559
	2010	2928			3	2925
	2011	3789		1	3	3785
	2012	4898			1	4897
	2013	16030			7	4897
	2014	18237			4	18233
	2015	15471			2	15469
死亡人数 （人）	Number of Deaths (person)					
	2005	118	5	23		90
	2006	60		16		44
	2007	55		12		43
	2008	83		20		63
	2009	52			16	36
	2010	33			11	22
	2011	45		10	13	22
	2012	33			5	28
	2013	80			26	54
	2014	72			9	63
	2015	79			7	72
受伤人数 （人）	Number of Injuries (person)					
	2005	123	19			104
	2006	54		1		53
	2007	11				11
	2008	16		4		12
	2009	16			3	13
	2010	4				4
	2011	14		4		10
	2012	13				13
	2013	59				59
	2014	54				54
	2015	52			3	49
损失折款 （万元）	Losses Coverted into Cash (10 000 yuan)					
	2005	4862.03	640.51	436.95		3784.57
	2006	3736.39		514.11		3222.27
	2007	6774.00	299.50	217.30		6257.20
	2008	6876.09		172.76		6703.33
	2009	9963.00			11.60	9951.40
	2010	8753.60			4.50	8749.10
	2011	7537.70		60.40	122.70	7354.60
	2012	15841.10			14.00	15827.10
	2013	28302.00			6399.80	21902.20
	2014	25089.60			2519.90	22569.70
	2015	22892.00			94.00	22798.00
平均每起损失（万元）	Average Loss per Fire (10 000 yuan)					
	2005	0.93	320.26	39.72		0.73
	2006	0.72		46.74		0.62
	2007	1.23	299.50	43.46		1.13
	2008	2.03		28.79		1.98
	2009	3.89			2.90	3.89
	2010	2.99			1.50	2.99
	2011	1.99		60.40	40.90	1.94
	2012	3.23			14.00	3.23
	2013	1.77			914.26	4.47
	2014	1.38			629.98	1.24
	2015	1.48			47.00	1.47

主要统计指标解释

律　师　指依法取得律师执业证书，担任法律顾问，民事(刑事、行政)案件代理人、刑事案件辩护人、办理非诉讼业务，解答法律询问，代写法律事务文书等，为社会提供法律服务的人员。

公证人员　指在公证处工作的人员总称，包括公证处主任、副主任、公证员、公证员助理(助理公证员)和其他从事辅助性工作的人员。

公证文书　指公证处根据当事人申请，依照事实和法律，按照法定程序制作的，具有法律效力的司法证明文书。

调解员　指在人民调解委员会担负调解民间纠纷工作的人员，包括调解委员会的委员和调解小组的调解员。该指标主要反映从事人民调解工作的人员数量。

调解民间纠纷　指调解委员会按照法律规定，根据自愿原则，用说服教育的方法调解民间发生的有关民事权利和义务争执的件数，包括调解成功数和调解未成功数。该指标主要反映人民调解委员会的工作量。

特大火灾　指造成 30 人以上死亡，或者 100 人以上重伤，或者 1 亿元以上直接财产损失的火灾。

重大火灾　指造成 10 人以上 30 人以下死亡，或者 50 人以上 100 人以下重伤，或者 5000 万元以上 1 亿元以下直接财产损失的火灾。

较大火灾　指造成 3 人以上 10 人以下死亡，或者 10 人以上 50 人以下重伤，或者 1000 万元以上 5000 万元以下直接财产损失的火灾。

一般火灾　指造成 3 人以下死亡，或者 10 人以下重伤，或者 1000 万元以下直接财产损失的火灾。

Explanatory Notes on Main Statistical Indicators

Lawyers are certified legal workers according to law, and who are employed by legal counseling firms to act as legal advisers, agents in criminal or civil lawsuits, or defenders in criminal lawsuits, or to handle non litigious legal affairs, to advise on matters of law or to write legal papers for others, and provide service to the public.

Notary Personnel refers to people working for notary offices including: directors, deputy directors, notaries, assistant notaries and other people providing assistance.

Notary Documents refer to the judicial notary documents drawn up at the request of the interested party and are in accordance with facts and the law and following certain legal proceedings.

Extraordinarily Serious Fire Case refers to a case which has caused over 30 deaths; or over 100 serious injuries; or a direct property loss over 100 million yuan.

Serious Fire Case refers to a case which has caused over 10 to 30 deaths; or over 50 to 100 serious injuries; or a direct property loss over 50 million to 100 million yuan.

Comparatively Serious Fire Case refers to a case which has caused over three to ten deaths; or over 10 to 50 serious injuries; or a direct property loss over 10 million to 50 million yuan.

Ordinary Fire Case refers to a case which has caused less than three deaths; or less than 10 serious injuries; or a direct property loss less than 10 million yuan.

区域经济

18

Regional Economy

资料整理人员：　周　迅

18-1 “长株潭城市群”主要经济指标情况(2015年)
Main Economic Indicators of "Changsha, Zhuzhou & Xiangtan" City Clusters(2015)

指标	Item	绝对值 Value	比上年增长 Increase over 2014（%）	占全省比重 Percentage（%）
土地面积（平方公里）	Area of Land (10 000 sq.km)	28096.00	0.1	13.2
常住人口（万人）	Resident Population (10 000 persons)	1425.60	1.2	21.0
生产总值（亿元）	Gross Domestic Products (100 million yuan)	12548.34	9.8	41.2
第一产业增加值（亿元）	Primary Industry (100 million yuan)	661.95	3.6	20.1
第二产业增加值（亿元）	Secondary Industry (100 million yuan)	6604.48	8.6	45.3
第三产业增加值（亿元）	Tertiary Industry (100 million yuan)	5281.91	12.4	42.1
人均地区生产总值（元）	Per Capita Gross Regional Product (yuan)	88543	8.6	
固定资产投资(亿元）	Fixed Assets Investment (100 million yuan)	10350.06	17.9	39.9
地方财政收入(亿元）	Public Budgetary Revenue (100 million yuan)	1027.70	13.3	40.9
公共财政支出(亿元）	Public Budgetary Expenditure (100 million yuan)	1506.25	16.0	26.3
城镇居民人均可支配收入（元）	Per Capita Annual Disposable Income of Urban Households (yuan)	36777	8.3	
农村居民人均可支配收入（元）	Per Capita Annual Disposable Income of Rural Households (yuan)	19489	8.8	
农林牧渔业总产值(亿元）	Gross Output Value of Farming, Forestry, Animal，Husbandry and Fishery (100 million yuan)	1044.02	9.2	18.5
规模以上工业企业单位数（个）	Number of industrial enterprises above Designated Size (unit)	5157	3.1	36.9
规模以上工业总产值(亿元）	Gross Industrial Output Value above Designated Size (100 million yuan)	16905.33	9.9	44.8
规模以上工业企业利润总额(亿元）	Total Profits of industrial Enterprises above Designated Size (100 million yuan)	859.77	-0.6	47.5
社会消费品零售总额(亿元）	Total Retail Sales of Consumer Goods (100 million yuan)	5050.86	15.8	42.0
进出口总额（万美元）	Total Exports and Imports (USD 10 000)	1765054.76	-0.5	60.1
出口额(万美元）	Exports (USD 10 000)	1149273.12	-3.6	59.9
实际利用外资（万美元）	Foreign Direct Investment Actually Used (USD 100 00)	626755	11.5	54.2
金融机构人民币存款余额(亿元）	Deposits in Financial Organizations (100 million yuan)	18102.60	22.8	50.3
金融机构人民币贷款余额(亿元）	Loans in Financial Organizations (100 million yuan)	14415.04	14.4	60.7

18-2 “环长株潭城市群”主要经济指标情况(2015年)
Main Economic Indicators of the Rim Chang-Zhu-Tan City Clusters (2015)

指标	Item	绝对值 Value	比上年增长 Increase over 2014（%）	占全省比重 Percentage（%）
土地面积（平方公里）	Area of Land (10 000 sq.km)	97606.0	0.8	45.8
常住人口（万人）	Resident Population (10 000 persons)	4134.9	0.7	61.0
生产总值（亿元）	Gross Domestic Products (100 million yuan)	23391.28	9.2	76.9
第一产业增加值（亿元）	Primary Industry (100 million yuan)	2170.93	3.7	66.0
第二产业增加值（亿元）	Secondary Industry (100 million yuan)	11670.25	7.9	80.0
第三产业增加值（亿元）	Tertiary Industry (100 million yuan)	9550.11	12.4	76.1
人均地区生产总值（元）	Per Capita Gross Regional Product (yuan)	56768	8.5	
固定资产投资（亿元）	Fixed Assets Investment (100 million yuan)	18820.78	18.7	72.5
地方财政收入（亿元）	Public Budgetary Revenue (100 million yuan)	1627.47	11.8	64.7
公共财政支出（亿元）	Public Budgetary Expenditure (100 million yuan)	3313.24	17.0	57.8
城镇居民人均可支配收入（元）	Per Capita Annual Disposable Income of Urban Households (yuan)	30458	8.4	
农村居民人均可支配收入（元）	Per Capita Annual Disposable Income of Rural Households (yuan)	14307	9.2	
农林牧渔业总产值（亿元）	Gross Output Value of Farming, Forestry, Animal，Husbandry and Fishery (100 million yuan)	3486.46	8.8	61.9
规模以上工业企业单位数（个）	Number of industrial enterprises above Designated Size (unit)	10043	0.8	71.8
规模以上工业总产值（亿元）	Gross Industrial Output Value above Designated Size (100 million yuan)	30110.19	6.1	79.8
规模以上工业企业利润总额（亿元）	Total Profits of industrial Enterprises above Designated Size (100 million yuan)	1405.50	-1.2	77.7
社会消费品零售总额（亿元）	Total Retail Sales of Consumer Goods (100 million yuan)	9033.86	16.4	75.1
进出口总额（万美元）	Total Exports and Imports (USD 10 000)	2428312	-0.5	82.7
出口额（万美元）	Exports (USD 10 000)	1569712	-0.9	81.9
实际利用外资（万美元）	Foreign Direct Investment Actually Used (USD 100 00)	896824	12.8	77.6
金融机构人民币存款余额(亿元）	Deposits in Financial Organizations (100 million yuan)	27478.32	20.5	76.3
金融机构人民币贷款余额(亿元）	Loans in Financial Organizations (100 million yuan)	18954.72	14.5	79.8

18-3 “湘南地区”主要经济指标情况(2015年)
Main Economic Indicators of "Southern Hunan"(2015)

指标	Item	绝对值 Value	比上年增长 Increase over 2014（%）	占全省比重 Percentage（%）
土地面积（平方公里）	Area of Land (10 000 sq.km)	57217.00	0.6	26.9
常住人口（万人）	Resident Population (10 000 persons)	1749.74	0.6	25.8
生产总值（亿元）	Gross Domestic Products (100 million yuan)	6031.82	8.7	19.8
第一产业增加值（亿元）	Primary Industry (100 million yuan)	900.94	3.8	27.4
第二产业增加值（亿元）	Secondary Industry (100 million yuan)	2778.74	7.4	19.0
第三产业增加值（亿元）	Tertiary Industry (100 million yuan)	2352.14	12.2	18.7
人均地区生产总值（元）	Per Capita Gross Regional Product (yuan)	34580	7.9	
固定资产投资(亿元）	Fixed Assets Investment (100 million yuan)	5836.26	21.8	22.5
地方财政收入(亿元）	Public Budgetary Revenue (100 million yuan)	449.77	5.6	17.9
公共财政支出(亿元）	Public Budgetary Expenditure (100 million yuan)	1223.93	14.5	21.4
城镇居民人均可支配收入（元）	Per Capita Annual Disposable Income of Urban Households (yuan)	25024	8.5	
农村居民人均可支配收入（元）	Per Capita Annual Disposable Income of Rural Households (yuan)	12322	9.0	
农林牧渔业总产值(亿元）	Gross Output Value of Farming, Forestry, Animal, Husbandry and Fishery (100 million yuan)	1542.50	10.0	27.4
规模以上工业企业单位数（个）	Number of industrial enterprises above Designated Size (unit)	2833	0.9	20.2
规模以上工业总产值(亿元）	Gross Industrial Output Value above Designated Size (100 million yuan)	6415.56	2.2	17.0
规模以上工业企业利润总额(亿元）	Total Profits of industrial Enterprises above Designated Size (100 million yuan)	324.49	-3.2	17.9
社会消费品零售总额(亿元）	Total Retail Sales of Consumer Goods (100 million yuan)	2346.49	19.1	19.5
进出口总额（万美元）	Total Exports and Imports (USD 10 000)	684459	-16.6	23.3
出口额(万美元）	Exports (USD 10 000)	425198	-10.6	22.2
实际利用外资（万美元）	Foreign Direct Investment Actually Used (USD 100 00)	321586	14.0	27.8
金融机构人民币存款余额(亿元）	Deposits in Financial Organizations (100 million yuan)	6260.69	16.0	17.4
金融机构人民币贷款余额(亿元）	Loans in Financial Organizations (100 million yuan)	2895.41	20.1	12.2

18-4 “大湘西地区”主要经济指标情况(2015年)
Main Economic Indicators of "West Hunan"(2015)

指标	Item	绝对值 Value	比上年增长 Increase over 2014（%）	占全省比重 Percentage（%）
土地面积（平方公里）	Area of Land (10 000 sq.km)	81691.0	0.2	38.3
常住人口（万人）	Resident Population (10 000 persons)	2019.4	0.6	29.8
生产总值（亿元）	Gross Domestic Products (100 million yuan)	4897.05	8.6	16.1
第一产业增加值（亿元）	Primary Industry (100 million yuan)	800.43	3.8	24.3
第二产业增加值（亿元）	Secondary Industry (100 million yuan)	1951.66	6.7	13.4
第三产业增加值（亿元）	Tertiary Industry (100 million yuan)	2144.95	12.0	17.1
人均地区生产总值（元）	Per Capita Gross Regional Product (yuan)	24318	8.0	
固定资产投资(亿元）	Fixed Assets Investment (100 million yuan)	4292.36	18.8	16.5
地方财政收入(亿元）	Public Budgetary Revenue (100 million yuan)	302.90	11.7	12.0
公共财政支出(亿元）	Public Budgetary Expenditure (100 million yuan)	1390.11	21.6	24.3
城镇居民人均可支配收入（元）	Per Capita Annual Disposable Income of Urban Households (yuan)	20680	7.9	71.7
农村居民人均可支配收入（元）	Per Capita Annual Disposable Income of Rural Households (yuan)	7899	11.7	71.9
农林牧渔业总产值(亿元）	Gross Output Value of Farming, Forestry, Animal, Husbandry and Fishery (100 million yuan)	1270.63	9.0	22.6
规模以上工业企业单位数（个）	Number of industrial enterprises above Designated Size (unit)	2768	4.5	19.8
规模以上工业总产值(亿元）	Gross Industrial Output Value above Designated Size (100 million yuan)	4897.63	4.7	13.0
规模以上工业企业利润总额(亿元）	Total Profits of industrial Enterprises above Designated Size (100 million yuan)	231.77	-9.7	12.8
社会消费品零售总额(亿元）	Total Retail Sales of Consumer Goods (100 million yuan)	2086.54	11.7	17.4
进出口总额（万美元）	Total Exports and Imports (USD 10 000)	235291	-16.7	8.0
出口额(万美元)	Exports (USD 10 000)	147170	0.2	7.7
实际利用外资（万美元）	Foreign Direct Investment Actually Used (USD 100 00)	75545	9.6	6.5
金融机构人民币存款余额(亿元）	Deposits in Financial Organizations (100 million yuan)	6217.31	17.7	17.3
金融机构人民币贷款余额(亿元）	Loans in Financial Organizations (100 million yuan)	3292.27	17.7	13.9

18-5 “洞庭湖生态经济区”主要经济指标情况(2015年)
Main Economic Indicators of "Dongting Lake"(2015)

指标	Item	绝对值 Value	比上年增长 Increase over 2014（%）	占全省比重 Percentage（%）
土地面积（平方公里）	Area of Land (10 000 sq.km)	46088.0	1.6	21.6
常住人口（万人）	Resident Population (10 000 persons)	1588.3	0.4	23.4
生产总值（亿元）	Gross Domestic Products (100 million yuan)	6949.71	8.7	22.8
第一产业增加值（亿元）	Primary Industry (100 million yuan)	923.95	3.7	28.1
第二产业增加值（亿元）	Secondary Industry (100 million yuan)	3254.62	7.3	22.3
第三产业增加值（亿元）	Tertiary Industry (100 million yuan)	2771.14	12.3	22.1
人均地区生产总值（元）	Per Capita Gross Regional Product (yuan)	43846	8.2	
固定资产投资(亿元)	Fixed Assets Investment (100 million yuan)	5236.42	19.9	20.2
地方财政收入(亿元)	Public Budgetary Revenue (100 million yuan)	345.20	9.2	13.7
公共财政支出(亿元)	Public Budgetary Expenditure (100 million yuan)	1077.34	17.7	18.8
城镇居民人均可支配收入（元）	Per Capita Annual Disposable Income of Urban Households (yuan)	24247	8.8	84.1
农村居民人均可支配收入（元）	Per Capita Annual Disposable Income of Rural Households (yuan)	11997	9.3	109.1
农林牧渔业总产值(亿元)	Gross Output Value of Farming, Forestry, Animal，Husbandry and Fishery (100 million yuan)	1489.15	8.2	26.4
规模以上工业企业单位数（个）	Number of industrial enterprises above Designated Size (unit)	3249	0.7	23.2
规模以上工业总产值(亿元)	Gross Industrial Output Value above Designated Size (100 million yuan)	9490.25	6.1	25.2
规模以上工业企业利润总额（亿元）	Total Profits of industrial Enterprises above Designated Size (100 million yuan)	379.03	2.1	21.0
社会消费品零售总额(亿元)	Total Retail Sales of Consumer Goods (100 million yuan)	2540.08	16.5	21.1
进出口总额（万美元）	Total Exports and Imports (USD 10 000)	251876.13	18.0	8.6
出口额(万美元)	Exports (USD 10 000)	195647	22.0	10.2
实际利用外资（万美元）	Foreign Direct Investment Actually Used (USD 100 00)	132555	15.9	11.5
金融机构人民币存款余额(亿元)	Deposits in Financial Organizations (100 million yuan)	5333.54	17.2	14.8
金融机构人民币贷款余额(亿元)	Loans in Financial Organizations (100 million yuan)	2580.17	15.0	10.9

18-6 各市州中心城区人口情况(2015年)
City Center Population (2015)

市州	Cities and Prefecture	年末总人口(万人) Total Populatin(10 000 persons)	年平均人口(万人) Average Population (10 000 persons)	常住人口(万人) Resident Population (10 000 persons)	年出生人口(人) Year of Population Birth (persons)	年死亡人口(人) Years of Population Death (persons)	年末总户数(万户) Households (10000 households)
长沙市	Changsha	318.5	311	397.29	43335	13091	110.29
株洲市	Zhuzhou	96.43	96.17	123.09	12021	5892	35.35
湘潭市	Xiangtan	87.1	95.67	105.78	9238	7236	30.58
衡阳市	Hengyang	100.37	94.08	117.85	12621	6141	36.58
邵阳市	Shaoyang	70.06	69.88	76.47	9403	4406	23.82
岳阳市	Yueyang	108.81	109.25	127.2	14720	3400	39.94
常德市	Changde	140.77	140.41	156.34	14586	7440	47.19
张家界市	Zhangjiajie	52.47	52.83	52.25	6326	3175	20.19
益阳市	Yiyang	136.35	136.29	127.48	17575	6611	44.45
郴州市	Chenzhou	76.86	85.57	85.68	8000	4700	28.82
永州市	Yongzhou	116.37	115.79	108.33	15216	5453	40.18
怀化市	Huaihua	38.11	37.76	60.79	5876	2880	16.83
娄底市	Loudi	49.01	48.75	51.05	7437	1601	20.65
湘西州	Xiangxizhou	30.40	30.23	31.30	4019	2003	10.70

注：中心城区是指市辖区，涵盖所有城区，不包括市辖县(市)。湘西州指的是吉首市。下表同。

City Center is a municipal district, covers all areas of the city, not including the city administer county (city). The same as in the following table.

18-7 各市州中心城区从业人员情况(2015年)
City Center Staff (2015)

市 州	Cities and Prefecture	年末单位从业人员数(城镇)(万人) Employees at the year-end (town) (10 000 persons)	第一产业 Primary Industry (10 000persons)	第二产业 Secondary Industry (10 000 persons)	第三产业 Tertiary Industry (10 000 persons)	城镇私营和个体从业人员(万人) Urban Private and Individual Employees (10 000 persons)
长沙市	Changsha	90.76	0.09	35.14	55.53	77.07
株洲市	Zhuzhou	27.85	0.01	14.88	12.95	41.47
湘潭市	Xiangtan	27.09	0.06	12.54	14.48	6.28
衡阳市	Hengyang	21.39	0.04	9.56	11.79	46.23
邵阳市	Shaoyang	13.05	0.02	6.49	6.54	19.15
岳阳市	Yueyang	20.70	0.11	11.19	9.41	31.69
常德市	Changde	17.22	0.04	6.93	10.25	42.56
张家界市	Zhangjiajie	4.69	0.02	0.85	3.82	4.48
益阳市	Yiyang	13.72	0.04	6.13	7.55	
郴州市	Chenzhou	14.56	0.01	5.41	9.14	23.47
永州市	Yongzhou	10.09	0.03	3.06	7.00	13.98
怀化市	Huaihua	6.99	0.00	1.22	5.76	
娄底市	Loudi	7.83	0.00	5.33	2.50	7.06
湘西州	Xiangxizhou	4.58	0.00	0.87	3.69	

18-8 各市州中心城区土地面积情况(2015年)
City Center Land Area (2015)

单位：平方公里 (sq.km)

市 州	Cities and Prefecture	行政区域土地面积 Administrative Region Land Area	建成区面积 Developed Areas	城市建设用地面积 City Construction Use Land	居住用地面积 Living Space	公共设施用地面积 Public Engineering	工业用地面积 Industry
长沙市	Changsha	1909	364	331	124	43	37
株洲市	Zhuzhou	863	138	125	46	12	17
湘潭市	Xiangtan	658	80	80	27.2	10.35	14
衡阳市	Hengyang	697	159	113	29.52	11.4	16.57
邵阳市	Shaoyang	436	65	59.62	21.85	7.62	3.73
岳阳市	Yueyang	1413	97	92.7	25	10	18.1
常德市	Changde	2510	90	90	23.2	12.36	21.46
张家界市	Zhangjiajie	2735	34	34	11	1	2
益阳市	Yiyang	1851	75	69	28	10	5
郴州市	Chenzhou	2246	77	73	25.55	6.45	6.5
永州市	Yongzhou	3181	62	62	15.81	5.07	7.68
怀化市	Huaihua	666	64	71	14	5.2	5.3
娄底市	Loudi	428	47	47.15	16.2	7.8	2.23
湘西州	Xiangxizhou	1087	35	38	10	7	8

18-9 各市州中心城区生产总值情况(2015年)
City Center GDP (2015)

市 州	Cities and Prefecture	地区生产总值(当年价格)(万元) Gross Domestic Product (10000 yuan)	第一产业增加值 Value added of the first Primary Industry	第二产业增加值 Added value of the Secondary Industry	第三产业增加值 Added value of the tertiary Industry
长沙市	Changsha	53885323	711875	22740367	30433081
株洲市	Zhuzhou	11281076	244935	6580500	4455641
湘潭市	Xiangtan	10454415	210464	6100023	4143928
衡阳市	Hengyang	7525966	203008	4221203	3101755
邵阳市	Shaoyang	2868701	139438	1385185	1344078
岳阳市	Yueyang	12146806	423446	5894814	5828546
常德市	Changde	13569843	691018	7129295	5749530
张家界市	Zhangjiajie	2275306	174920	388402	1711984
益阳市	Yiyang	5537286	614621	2891224	2031441
郴州市	Chenzhou	5966477	242255	2761461	2962761
永州市	Yongzhou	4091134	690936	1726871	1673327
怀化市	Huaihua	2864889	95432	806904	1962553
娄底市	Loudi	3708645	117384	2175217	1416044
湘西州	Xiangxizhou	1228167	66076	368312	793779

18-10 各市州中心城区财政收支情况(2015年)
City Center Financial Revenue and Expenditure (2015)

单位：万元 (10 000 yuan)

市 州	Cities and Prefecture	地方财政收入 Public Budgetary Revenue	各项税收 Taxes Revenue	企业所得税 Income Tax of Enterprises	个人所得税 Individual Income Tax	公共财政支出 Public Budgetary Expenditure
长沙市	Changsha	5522641	3603026	433278	201085	6428872
株洲市	Zhuzhou	1858736	1425680	52693	14569	2165824
湘潭市	Xiangtan	1253980	415030	39120	14581	1370761
衡阳市	Hengyang	1191315	576738	28030	19298	2022757
邵阳市	Shaoyang	371666	103535	10846	4280	722662
岳阳市	Yueyang	2388143	1893728	128729	39145	1550482
常德市	Changde	1040505	596817	35211	13601	1811596
张家界市	Zhangjiajie	146873	69131	10717	1298	380182
益阳市	Yiyang	411771	222683	16435	5388	1132951
郴州市	Chenzhou	665106	307635	27435	12476	1107203
永州市	Yongzhou	189954	129909	8885	2438	573883
怀化市	Huaihua	419760	301586	42377	18020	600197
娄底市	Loudi	304505	170942	9900	5582	600268
湘西州	Xiangxizhou	104548	46851	3635	981	294917

18-11 各市州中心城区规模以上工业情况(2015年)
City Center above Industrial Enterprises Designated Size (2015)

市 州	Cities and Prefecture	规模以上工业企业数(个) Number of Enterprises (unit)	主营业务收入（万元） Revenue of Main Business (10000 yuan)	主营业务成本（万元） Cost of Major Business (10000 yuan)	利润总额（万元） Total Profits (10000 yuan)	从业人员年平均人数（万人） Average Number of Employent of the Current Year (10000 persons)
长沙市	Changsha	967	42599224	29760393	2806741	23.69
株洲市	Zhuzhou	398	14719400	11990600	835200	13.22
湘潭市	Xiangtan	424	17080407	13287403	355608	11.14
衡阳市	Hengyang	277	6593970	5690434	480010	6.33
邵阳市	Shaoyang	187	4236600	3658900	202900	3.99
岳阳市	Yueyang	330	16725237	13300099	515324	11.25
常德市	Changde	306	11214314	6017175	960693	6.53
张家界市	Zhangjiajie	60	363190	293727	42695	0.61
益阳市	Yiyang	450	10454100	8681800	338800	6.63
郴州市	Chenzhou	202	8468900	5826100	282200	5.31
永州市	Yongzhou	232	2292721	2190695	148351	3.82
怀化市	Huaihua	59	897500	787400	22600	0.74
娄底市	Loudi	169	5989604	5448535	64774	4.9
湘西州	Xiangxizhou	74	649245	469022	119846	0.97

18-12 各市州中心城区贸易主要情况(2015年)
City Center Trade (2015)

市州	Cities and Prefecture	社会消费品零售总额（万元）Total Retail Sales of Consumer Goods (10000 yuan)	限额以上批发零售企业				
			法人数(个) Number of Corporate Enterprises (unit)	商品销售总额（万元）Total sales of goods (10000 yuan)	主营业务收入（万元）Main business income (10000 yuan)	主营业务成本（万元）Cost of main business (10000 yuan)	利润总额（万元）Total profit (10000 yuan)
长沙市	Changsha	28377521	913	29743951	26343511	24074462	499123
株洲市	Zhuzhou	4516242	155	3389735	3628746	3290911	38537
湘潭市	Xiangtan	3369416	196	2236801	4192023	3614839	127354
衡阳市	Hengyang	4402229	313	4714372	4062676	3463328	159659
邵阳市	Shaoyang	1705211	86	1979368	1727556	1451583	77219
岳阳市	Yueyang	5562987	215	3323662	3079189	2006769	148142
常德市	Changde	3784258	162	2906915	2483472	2129412	102445
张家界市	Zhangjiajie	983245	28	543190	517653	417362	24687
益阳市	Yiyang	2428903	97	2115569	1677446	1450258	102410
郴州市	Chenzhou	4237233	199	3914410	3204097	2801802	108598
永州市	Yongzhou	1831242	63	1000402	1580846	1319273	81015
怀化市	Huaihua	1740011	73	1820872	1571551	1355497	52348
娄底市	Loudi	988207	96	672675	1407467	1181891	58552
湘西州	Xiangxizhou	786026	30	924881	800700	663695	51062

18-13 各市州中心城区固定资产投资情况(2015年)
City Center Investment In Fixed Assets (2015)

市 州	Cities and Prefecture	固定资产投资总额（不含农户）（万元）Total Investment in Fixed Assets (10000 yuan)	房地产开发投资额 Real Estate Development	全年新增固定资产（万元）The Newly Increased Fixed Assets (10000 yuan)
长沙市	Changsha	36933099	8294279	23646606
株洲市	Zhuzhou	10256984	1533804	8796524
湘潭市	Xiangtan	13259190	1114084	10334229
衡阳市	Hengyang	6780198	992392	2712079
邵阳市	Shaoyang	2307424	585971	370147
岳阳市	Yueyang	6377586	1128685	6825699
常德市	Changde	6332039	710355	4650469
张家界市	Zhangjiajie	1507493	176113	146166
益阳市	Yiyang	6036561	692583	3859621
郴州市	Chenzhou	6377910	1208507	3952104
永州市	Yongzhou	3949722	269545	1917444
怀化市	Huaihua	1643930	625433	987046
娄底市	Loudi	4216591	506582	234290
湘西州	Xiangxizhou	992785	366575	83039

18-14 各市州中心城区教育情况(2015年)
City Center Education (2015)

市 州	Cities and Prefecture	普通高等学校专任教师数（人）Institutions of Higher Education Teachers (persons)	普通中学专任教师数（人）Regular Secondary Schools Teachers (persons)	小学专任教师数（人）Primary Schools Teachers (persons)	普通高等学校在校学生数（万人）Institutions of Higher Education Students (10000 persons)	普通中学在校学生数（万人）Regular Secondary Schools Students (10000 persons)	小学在校学生数（万人）Primary Schools Students (10000 persons)
长沙市	Changsha	27235	14092	12716	46.13	19.86	26.96
株洲市	Zhuzhou	4192	6025	3865	8.28	5.1	8.21
湘潭市	Xiangtan	7006	3592	2106	12.23	3.8	5.78
衡阳市	Hengyang	6056	4683	4838	10.90	5.64	8.17
邵阳市	Shaoyang	1574	1702	2651	2.82	4.45	5.91
岳阳市	Yueyang	2278	5077	4201	4.38	6.1	8.08
常德市	Changde	2288	5144	4114	4.18	5.18	6.6
张家界市	Zhangjiajie	740	1950	1910	1.26	1.91	4.23
益阳市	Yiyang	1873	4421	4359	3.26	5.67	7.47
郴州市	Chenzhou	1447	3816	4106	2.45	5.44	9.16
永州市	Yongzhou	1575	4257	4847	2.59	5.98	9.6
怀化市	Huaihua	1590	2607	2360	3.76	3.69	5.23
娄底市	Loudi	1512	2611	2317	2.78	4.3	5.7
湘西州	Xiangxizhou		1556	1594		2.31	2.79

18-15 各市州中心城区文化、体育、卫生情况(2015年)
City Center Culture, Sports and Public, Health (2015)

市 州	Cities and Prefecture	剧场、影剧院数（个） Number of Theater, Theater (unit)	公共图书馆图书总藏量（千册） Books of Total Reserves of Public Libraries (10 00 copies)	体育场馆数（个） The number of Stadiums (unit)	医院、卫生院数（个） Number of Hospitals (unit)	医院、卫生院床位数（张） Number of Hospitals Beds in(bed)	医生数（执业医师+执业助理医师）（人） The number of Doctors (Doctors and Assistant Doctors) (persons)
长沙市	Changsha	15	7367	59	172	43560	18552
株洲市	Zhuzhou	11	612	18	56	14501	5891
湘潭市	Xiangtan	5	1120	15	46	8456	3238
衡阳市	Hengyang	3	1075.04	28	217	14984	6787
邵阳市	Shaoyang	3	516	4	277	8578	3312
岳阳市	Yueyang	11	689	36	158	10199	3330
常德市	Changde	16	624	21	84	9370	3947
张家界市	Zhangjiajie	4	48.95	2	33	2832	1458
益阳市	Yiyang	4	520	27	53	6688	3626
郴州市	Chenzhou	4	511.39	10	66	9916	3218
永州市	Yongzhou	2	717.8	24	62	8162	3148
怀化市	Huaihua	1	614.96	5	18	4891	2231
娄底市	Loudi	2	138.45	17	68	4805	1543
湘西州	Xiangxizhou	4	73	2	36	3970	1549

18-16 各市州中心城区社会保障情况(2015年)
City Center Social Security (2015)

市 州	Cities and Prefecture	城镇基本养老保险参保人数（人）Urban Basic Pension Insarance Contributors (person)	基本医疗保险参保人数（人）Basic Medical Care Insurance (person)	失业保险参保人数（人）Persons Covered of Unemployment Insurance Contributors (person)	工伤保险参保人数（人）Work Injury Insurance Contributors (person)	生育保险参保人数（人）Maternity Insurance Contributors (person)	城市居民最低生活保障人数（人）City Residents Minimum Living Security Number (person)
长沙市	Changsha	1587806		942245	1041042	896321	28834
株洲市	Zhuzhou	402907	380060	277236	324485	249863	22654
湘潭市	Xiangtan	279729	318090	251719	296921	130435	28868
衡阳市	Hengyang	378941	370691	292212	211110	188582	43019
邵阳市	Shaoyang	176879	501828	121432	152342	96793	44061
岳阳市	Yueyang	260836	289235	28462	427496	50590	42537
常德市	Changde	448104	437452	146803	201381	142391	35561
张家界市	Zhangjiajie	32312	54960	28140	13956	49825	185400
益阳市	Yiyang	249100	290702	92600	175015	140442	67801
郴州市	Chenzhou	209557	573144	187713	159300	168472	17401
永州市	Yongzhou	195379	317291	127114	94147	111813	42687
怀化市	Huaihua	20238	215678	97529	36858	42789	15439
娄底市	Loudi	136792	176819	196843	191693	86561	21408
湘西州	Xiangxizhou	26000	82000	16000	27000	13000	8900

19 各市、州主要经济和社会统计指标

Main Economic and Social Statistics Indicators of Cities and Prefecture

资料整理人员：

彭　蕾	周　玲	欧阳普
赵　宏	张　驰	李培楚
田杰平	谢　凡	贺淑贞
郑石明	吕　燕	孟　强
陈　慧	杨　耒	宋　超
鲁　喆	殷梓晴	何　达
廖闻菲	雷芙蓉	屈雄英
刘　杰	刘　洋	周　迅
黄少华	汤炼坤	田　原
伍春阳	韩建芳	蔡冬娥
肖首雄	阳小林	贺　震
刘　峰	郭开金	彭　颖
周哲煊		

19-1 全社会总产出及指数(2015年)
Gross Output of Society and Its Indices (2015)

市 州	Cities and Prefecture	总产出(亿元) Gross Output (100 million yuan)	第一产业 Primary Industry	第二产业 Secondary Industry	第三产业 Tertiary Industry	总产出指数(以上年为100) Gross Output Indices (preceding year=100)
长沙市	Changsha	22385.25	527.91	15338.93	6518.40	111.2
株洲市	Zhuzhou	5907.52	257.59	4266.98	1382.94	109.4
湘潭市	Xiangtan	4509.58	230.67	3318.31	960.60	107.6
衡阳市	Hengyang	7267.32	635.61	4825.36	1806.35	109.5
邵阳市	Shaoyang	3209.70	442.44	1799.81	967.45	109.8
岳阳市	Yueyang	6226.27	482.62	3973.47	1770.18	107.4
常德市	Changde	5926.88	568.97	3314.83	2043.08	109.3
张家界市	Zhangjiajie	858.10	81.92	314.21	461.97	108.0
益阳市	Yiyang	3225.55	405.79	1893.16	926.60	108.2
郴州市	Chenzhou	4671.02	329.34	3209.88	1131.81	108.2
永州市	Yongzhou	3144.71	542.63	1687.02	915.06	108.9
怀化市	Huaihua	2844.40	308.60	1530.25	1005.55	108.5
娄底市	Loudi	3469.83	299.76	2436.38	733.70	106.8
湘西州	West Hunan	1077.47	125.91	487.07	464.49	108.3

19-2 按产业分的地区生产总值(2015年)
Gross Domestic Product by Three Strata of Industry (2015)

市 州	Cities and Prefecture	地区生产总值(亿元) Gross Domestic Product (100 million yuan)	第一产业 Primary Industry	第二产业 Secondary Industry	第三产业 Tertiary Industry	人均地区生产总值(元) Per Capita Gross Domestic Product (yuan)
长沙市	Changsha	8510.13	341.78	4333.58	3834.77	115443
株洲市	Zhuzhou	2335.11	179.54	1337.10	818.46	58661
湘潭市	Xiangtan	1703.10	140.63	933.79	628.68	60430
衡阳市	Hengyang	2601.58	395.84	1161.02	1044.71	35538
邵阳市	Shaoyang	1387.00	299.38	508.05	579.57	19156
岳阳市	Yueyang	2886.28	317.33	1446.83	1122.12	51429
常德市	Changde	2709.02	355.20	1237.48	1116.34	46408
张家界市	Zhangjiajie	447.70	51.83	101.89	293.98	29425
益阳市	Yiyang	1354.41	251.41	570.31	532.69	30776
郴州市	Chenzhou	2012.07	196.53	1099.69	715.85	42682
永州市	Yongzhou	1418.18	308.57	518.02	591.58	26222
怀化市	Huaihua	1273.25	184.36	532.68	556.20	26060
娄底市	Loudi	1291.66	189.19	650.12	452.34	33444
湘西州	West Hunan	497.44	75.66	158.91	262.87	18931

19-3 按产业分的地区生产总值指数(2015年)
Indices of Gross Domestic Product by Three Strata of Industry (2015)

以上年为100 (preceding year=100)

市州	Cities and Prefecture	地区生产总值(%) Gross Domestic Products(%)	第一产业 Primary Industry	第二产业 Secondary Industry	第三产业 Tertiary Industry	人均地区生产总值(%) Per Capita Gross Domestic Product (%)
长沙市	Changsha	109.9	103.6	108.8	112.1	108.4
株洲市	Zhuzhou	109.5	103.8	107.9	113.6	108.6
湘潭市	Xiangtan	109.6	103.6	108.5	112.8	109.1
衡阳市	Hengyang	108.7	103.7	107.1	112.6	108.1
邵阳市	Shaoyang	109.6	103.8	108.9	112.9	109.2
岳阳市	Yueyang	108.7	103.8	107.8	111.6	108.0
常德市	Changde	108.7	103.5	106.9	113.0	108.4
张家界市	Zhangjiajie	108.5	103.9	105.5	110.6	108.1
益阳市	Yiyang	108.4	104.0	106.9	112.2	108.0
郴州市	Chenzhou	108.5	103.9	107.1	112.3	107.8
永州市	Yongzhou	109.0	103.9	108.9	111.4	108.0
怀化市	Huaihua	108.5	103.7	106.8	111.6	107.6
娄底市	Loudi	107.6	103.8	105.8	112.1	107.1
湘西州	West Hunan	108.3	103.8	104.5	112.2	107.6

19-4 地区生产总值项目构成(2015年)
Item Composition of Gross Domestic Product (2015)

单位:亿元 (100 million yuan)

市州	Cities and Prefecture	地区生产总值 Gross Domestic Products	劳动者报酬 Compensation of Laborers	固定资产折旧 Depreciation of Fixed Assets	生产税净额 Net Taxes on Production	营业盈余 Operating surplus
长沙市	Changsha	8510.13	3605.87	779.08	1388.95	2736.23
株洲市	Zhuzhou	2335.11	1298.93	294.63	346.80	394.75
湘潭市	Xiangtan	1703.10	857.28	221.61	215.12	409.08
衡阳市	Hengyang	2601.58	1224.48	279.42	381.23	716.45
邵阳市	Shaoyang	1387.00	932.92	129.75	134.87	189.46
岳阳市	Yueyang	2886.28	1256.82	376.53	481.42	771.51
常德市	Changde	2709.02	1309.58	275.98	418.27	705.18
张家界市	Zhangjiajie	447.70	232.53	60.64	48.63	105.90
益阳市	Yiyang	1354.41	978.46	126.80	73.00	176.14
郴州市	Chenzhou	2012.07	924.77	265.50	389.94	431.86
永州市	Yongzhou	1418.18	779.76	158.77	149.68	329.97
怀化市	Huaihua	1273.25	724.89	127.18	118.58	302.59
娄底市	Loudi	1291.66	706.14	159.31	192.79	233.43
湘西州	West Hunan	497.44	297.52	51.21	45.07	103.64

19-5 按行业分的地区生产总值(2015年)
Gross Domestic Product by Sector (2015)

市 州	Cities and Prefecture	地区生产总值(亿元) Gross Domestic Product (100 million yuan)	农、林、牧、渔业 Agriculture, Forestry, Farming of Animals and Fishing Farming of Animals and Fishing	工业 Industry	建筑业 Construction	批发和零售业 Wholesale and Retail Trade	交通运输、仓储和邮政业 Traffic, Transport, Storage and Post	住宿和餐饮业 Accommod ation and	金融业 Finance
长沙市	Changsha	8510.13	348.31	3600.40	737.82	654.73	252.43	223.53	426.35
株洲市	Zhuzhou	2335.11	183.32	1182.02	156.56	115.98	77.09	38.90	51.90
湘潭市	Xiangtan	1703.10	145.39	852.17	87.51	80.65	42.96	31.74	35.46
衡阳市	Hengyang	2601.58	403.36	1006.33	154.70	128.29	109.98	44.54	44.36
邵阳市	Shaoyang	1386.99	302.64	427.90	81.03	78.86	39.79	29.38	28.17
岳阳市	Yueyang	2886.28	321.78	1307.50	141.36	208.61	98.07	58.00	35.36
常德市	Changde	2709.02	367.66	1117.66	120.67	145.05	120.07	48.54	43.44
张家界市	Zhangjiajie	447.70	53.71	83.57	18.44	21.99	33.19	17.42	13.76
益阳市	Yiyang	1354.41	254.11	514.28	57.55	68.45	60.07	37.19	40.62
郴州市	Chenzhou	2012.07	199.15	1015.95	84.65	128.66	73.28	45.82	30.85
永州市	Yongzhou	1418.18	312.88	437.34	81.25	59.58	67.20	17.68	26.67
怀化市	Huaihua	1273.25	184.90	472.07	60.94	88.45	64.11	32.86	34.49
娄底市	Loudi	1291.67	190.24	580.38	70.12	64.32	63.24	20.49	24.20
湘西州	West Hunan	497.44	76.07	127.12	32.19	35.64	30.92	24.22	11.86

市 州	Cities and Prefecture	信息传输、软件和信息技术服务业 Information Transfer, Soft ware and Information Technology Service	水利、环境和公共设施管理业 Management of Water Conservancy, Environment and Public Establishment	租赁和商务服务业 Tenancy and Business Services	科学研究和技术服务业 Scientific Research, Technical Service& Geologic Perambulation	房地产业 Real Estate	居民服务、修理和其他服务业 Resident Services and Other Services	教育 Education	卫生和社会工作 Health and Social Work	文化、体育和娱乐业 Culture, Sports and Enter-tainment	公共管理、社会保障和社会组织 Public Management and Social Organization
长沙市	Changsha	197.29	35.69	273.12	205.54	261.53	221.14	235.91	98.91	373.38	364.04
株洲市	Zhuzhou	35.16	6.56	40.91	13.42	91.34	58.99	57.29	51.03	22.20	152.43
湘潭市	Xiangtan	25.50	13.48	30.78	17.30	35.60	73.38	62.43	31.44	52.79	84.52
衡阳市	Hengyang	60.91	15.51	62.04	21.67	49.97	148.29	102.29	73.15	32.32	143.87
邵阳市	Shaoyang	14.89	6.23	9.06	5.69	56.91	83.13	63.22	51.33	14.16	94.62
岳阳市	Yueyang	62.27	16.51	104.99	29.57	79.95	95.39	79.97	80.60	35.27	131.08
常德市	Changde	63.89	16.57	98.56	15.92	63.98	135.50	72.35	66.75	70.72	141.69
张家界市	Zhangjiajie	9.84	6.41	15.70	2.05	10.89	53.39	15.71	14.62	12.83	64.18
益阳市	Yiyang	19.20	5.91	20.12	8.12	35.57	58.74	39.27	20.31	33.85	81.05
郴州市	Chenzhou	58.55	6.19	44.39	15.01	43.84	66.72	33.64	44.34	25.20	95.84
永州市	Yongzhou	26.12	5.46	15.78	6.46	45.56	38.47	62.42	37.90	9.99	167.41
怀化市	Huaihua	19.07	4.19	29.06	7.12	79.19	45.22	53.74	25.40	18.39	54.06
娄底市	Loudi	23.18	6.55	13.01	5.29	30.32	32.52	48.67	22.87	6.60	89.66
湘西州	West Hunan	7.63	5.28	8.46	4.09	15.60	15.86	28.14	14.53	7.05	52.78

19-6 按行业分的地区生产总值指数(2015年)
Indices of Gross Domestic Product by Sector (2015)

以上年为100 (preceding year=100)

市州	Cities and Prefecture	地区生产总值 Gross Domestic Product	农、林、牧、渔业 Agriculture, Forestry, Farming of Animals and Fishing Farming of Animals and Fishing	工业 Industry	建筑业 Construction	批发和零售业 Wholesale and Retail Trade	交通运输、仓储和邮政业 Traffic, Transport, Storage and Post	住宿和餐饮业 Accommod ation and	金融业 Finance
长沙市	Changsha	109.9	103.7	108.8	108.9	105.6	106.1	105.2	123.8
株洲市	Zhuzhou	109.5	103.9	107.9	108.7	106.8	102.2	107.5	116.7
湘潭市	Xiangtan	109.6	103.9	108.1	106.2	106.6	102.7	110.0	116.8
衡阳市	Hengyang	108.7	103.8	106.7	109.9	106.8	102.9	108.6	120.5
邵阳市	Shaoyang	109.6	103.8	109.1	107.7	106.9	101.9	109.6	121.0
岳阳市	Yueyang	108.7	103.9	108.1	104.8	106.9	102.1	108.4	123.6
常德市	Changde	108.7	103.6	106.9	106.5	105.7	106.0	108.3	117.5
张家界市	Zhangjiajie	108.5	104.0	106.4	100.8	104.7	104.4	110.5	115.3
益阳市	Yiyang	108.4	104.0	106.8	107.9	106.4	107.9	107.3	119.9
郴州市	Chenzhou	108.5	103.9	107.0	107.9	100.7	100.2	101.6	105.0
永州市	Yongzhou	109.0	103.9	109.2	107.3	107.0	101.9	108.0	121.8
怀化市	Huaihua	108.5	103.7	106.8	106.7	106.7	104.5	109.2	120.2
娄底市	Loudi	107.6	103.8	105.6	107.2	113.1	103.5	126.3	122.6
湘西州	West Hunan	108.3	103.8	105.2	101.7	105.4	102.6	105.5	125.5

市州	Cities and Prefecture	信息传输、软件和信息技术服务业 Information Transfer, Software and Information Technology Service	水利、环境和公共设施管理业 Management of Water Conservancy, Environment and Public Establishment	科学研究和技术服务业 Scientific Research, Technical Service& Geologic Perambulation	租赁和商务服务业 Tenancy and Business Services	房地产业 Real Estate	居民服务、修理和其他服务业 Resident Services and Other Services	教育 Education	卫生和社会工作 Health and Social Work	文化、体育和娱乐业 Culture, Sports and Entertainment	公共管理、社会保障和社会组织 Public Management and Social Organization
长沙市	Changsha	112.8	105.6	113.2	115.1	111.0	116.8	113.0	112.1	118.4	111.6
株洲市	Zhuzhou	112.3	122.3	121.5	118.5	107.6	117.3	122.6	122.0	120.2	120.7
湘潭市	Xiangtan	115.8	118.6	118.6	115.8	105.9	116.9	118.6	118.6	115.8	118.6
衡阳市	Hengyang	113.8	123.8	122.5	110.5	103.1	117.9	116.2	116.8	115.9	117.3
邵阳市	Shaoyang	108.1	120.2	119.1	117.3	105.9	117.1	119.4	118.5	116.7	115.7
岳阳市	Yueyang	110.4	114.5	117.1	115.3	110.4	115.5	116.6	114.3	116.1	117.7
常德市	Changde	109.6	127.4	129.3	127.3	107.3	111.2	123.3	123.7	131.9	110.5
张家界市	Zhangjiajie	111.0	105.0	104.0	112.0	100.2	120.2	103.5	103.1	110.7	114.6
益阳市	Yiyang	113.2	113.0	117.1	127.7	103.4	98.3	115.9	118.0	126.1	123.8
郴州市	Chenzhou	134.4	128.1	124.1	120.6	105.8	131.0	115.8	116.1	134.0	115.0
永州市	Yongzhou	109.2	115.4	115.4	116.0	102.8	116.0	115.4	115.4	116.0	115.4
怀化市	Huaihua	114.2	113.4	113.4	116.7	112.4	116.7	113.4	113.4	116.9	113.4
娄底市	Loudi	109.5	114.5	109.8	107.9	113.1	133.3	108.5	109.0	128.4	110.7
湘西州	West Hunan	115.8	127.8	109.0	130.3	108.8	118.9	111.5	119.5	116.4	117.3

19-7 支出法地区生产总值(2015年)
Gross Domestic Product by Expenditure Approach (2015)

市　州	Cities and Prefecture	支出法地区生产总值(亿元) Gross Domestic Product by Expenditure Approach (100 million yuan)	最终消费支出 Final Comsumption Expenditures	资本形成总额 Gross Capital Formation	货物和服务净流出 Net Export of Goods and Services	投资率(%) Capital Formation Rate (%)	消费率(%) Comsumption Rate (%)
长沙市	Changsha	8510.13	3506.95	4748.78	254.41	55.8	41.2
株洲市	Zhuzhou	2335.11	1090.44	2188.59	-943.92	93.7	46.7
湘潭市	Xiangtan	1703.10	722.49	977.87	2.73	57.4	42.4
衡阳市	Hengyang	2601.58	1532.83	1202.29	-133.55	46.2	58.9
邵阳市	Shaoyang	1387.00	988.12	1273.08	-874.21	91.8	71.2
岳阳市	Yueyang	2886.28	1396.59	1453.62	36.07	50.4	48.4
常德市	Changde	2709.02	1513.13	1175.60	20.28	43.4	55.9
张家界市	Zhangjiajie	447.70	224.66	213.48	9.57	47.7	50.2
益阳市	Yiyang	1354.41	780.35	638.68	-64.62	47.2	57.6
郴州市	Chenzhou	2012.07	906.23	1106.84	-1.01	55.0	45.0
永州市	Yongzhou	1418.18	741.23	695.87	-18.93	49.1	52.3
怀化市	Huaihua	1273.25	673.78	603.45	-3.99	47.4	52.9
娄底市	Loudi	1291.66	607.33	705.31	-20.98	54.6	47.0
湘西州	West Hunan	497.44	405.29	268.30	-176.15	53.9	81.5

19-8 支出法地区生产总值结构(2015年)
Structure of Gross Domestic Product by Expenditure Approach (2015)

单位:亿元　　(100 million yuan)

市　州	Cities and Prefecture	资本形成总额 Gross Capital Formation				最终消费 Final Consumption Expenditures					
		绝对数 Absolute Figure		比重 Proportion (%)		绝对数 Absolute Figure				比重 Proportion (%)	
		固定资本 Fixed Capital	存货增加 Changes in Inventories	固定资本 Fixed Capital	存货增加 Changes in Inventories	居民消费 Household Consumption	农村居民 Rural Household	城镇居民 Urban Household	政府消费 Government Consumption	居民消费 Household Consumption	政府消费 Government Consumption
长沙市	Changsha	4680.63	68.15	98.6	1.4	2677.03	490.84	2186.18	829.92	76.3	23.7
株洲市	Zhuzhou	2113.60	74.98	96.6	3.4	912.16	214.96	697.20	178.28	83.7	16.3
湘潭市	Xiangtan	772.52	205.35	79.0	21.0	604.60	199.52	405.08	117.90	83.7	16.3
衡阳市	Hengyang	1173.42	28.87	97.6	2.4	1328.48	550.56	777.92	204.35	86.7	13.3
邵阳市	Shaoyang	1248.05	25.04	98.0	2.0	706.71	279.00	427.71	281.41	71.5	28.5
岳阳市	Yueyang	1255.16	198.46	86.3	13.7	1044.83	318.66	726.18	351.76	74.8	25.2
常德市	Changde	1093.04	82.56	93.0	7.0	1242.89	450.40	792.48	270.25	82.1	17.9
张家界市	Zhangjiajie	180.41	33.06	84.5	15.5	179.99	81.22	98.76	44.67	80.1	19.9
益阳市	Yiyang	621.54	17.15	97.3	2.7	617.43	254.59	362.84	162.92	79.1	20.9
郴州市	Chenzhou	1098.36	8.47	99.2	0.8	690.55	226.41	464.14	215.68	76.2	23.8
永州市	Yongzhou	660.42	35.46	94.9	5.1	631.17	265.51	365.66	110.07	85.2	14.8
怀化市	Huaihua	571.91	31.54	94.8	5.2	409.22	156.11	253.11	264.56	60.7	39.3
娄底市	Loudi	657.35	47.96	93.2	6.8	449.10	191.17	257.93	158.23	73.9	26.1
湘西州	West Hunan	245.69	22.61	91.6	8.4	239.49	102.31	137.19	165.80	59.1	40.9

19-9 年末常住人口(2015年)
Population at the Year-end (2015)

市　州	Cities and Prefecture	总户数(万户) Households (10 000 households)	年末常住人口(万人) Population at the Year-end (10 000 persons)	男 Male	女 Female	城镇人口 Urban	乡村人口 Rural	城市化水平(%) City Level (%)
全　省	**Total**	**2054.74**	**6783.03**	**3496.11**	**3286.92**	**3451.88**	**3331.15**	**50.89**
长沙市	Changsha	238.57	743.18	375.40	367.78	552.78	190.40	74.38
株洲市	Zhuzhou	112.86	400.05	204.76	195.29	248.43	151.62	62.10
湘潭市	Xiangtan	83.05	282.37	143.95	138.42	164.56	117.81	58.28
衡阳市	Hengyang	206.78	733.75	380.12	353.63	361.01	372.74	49.20
邵阳市	Shaoyang	226.93	726.17	379.61	346.56	304.63	421.54	41.95
岳阳市	Yueyang	168.15	562.92	291.65	271.27	304.02	258.90	54.01
常德市	Changde	181.51	584.39	296.37	288.02	278.13	306.26	47.59
张家界市	Zhangjiajie	53.40	152.40	78.21	74.19	67.99	84.41	44.61
益阳市	Yiyang	131.37	441.02	226.93	214.09	204.58	236.44	46.39
郴州市	Chenzhou	151.28	473.02	245.94	227.08	238.12	234.90	50.34
永州市	Yongzhou	156.18	542.97	281.32	261.65	240.26	302.71	44.25
怀化市	Huaihua	145.73	490.16	253.60	236.56	209.54	280.62	42.75
娄底市	Loudi	122.74	387.18	201.91	185.27	169.47	217.71	43.77
湘西州	West Hinan	76.19	263.45	136.34	127.11	108.36	155.09	41.13

19-10 计划生育指标(2015年)
Indicators of Family Plan (2015)

市　州	Cities and Prefecture	出生率(‰) Birth Rate (‰)	死亡率(‰) Death Rate (‰)	自然增长率(‰) Natural Growth Rate (‰)	政策内生育率(%) Birth Within Plan Rate (%)	已婚育龄妇女人数(万人) Married Women at Child-Bearing Age (10 000 persons)	节育率(%) Contra-ceptive Rate (%)
全　省	**Total**	**13.19**	**7.16**	**6.03**	**83.23**	**1434.64**	**89.67**
长沙市	Changsha	13.71	8.01	5.70	90.70	134.18	84.80
株洲市	Zhuzhou	14.05	7.47	6.58	85.13	82.33	90.96
湘潭市	Xiangtan	12.25	8.15	4.10	86.04	57.88	89.38
衡阳市	Hengyang	13.47	6.37	7.10	78.44	160.12	88.83
邵阳市	Shaoyang	13.55	6.67	6.88	79.60	157.81	90.81
岳阳市	Yueyang	14.23	6.90	7.33	81.35	118.92	89.68
常德市	Changde	10.81	8.11	2.70	89.98	124.95	90.94
张家界市	Zhangjiajie	11.91	7.36	4.55	88.41	32.16	87.84
益阳市	Yiyang	13.20	7.83	5.37	81.69	98.06	91.90
郴州市	Chenzhou	12.34	5.86	6.48	78.68	100.03	91.36
永州市	Yongzhou	13.63	7.19	6.44	79.69	122.37	90.21
怀化市	Huaihua	13.14	7.50	5.64	84.57	102.37	89.17
娄底市	Loudi	13.66	6.86	6.80	82.00	87.93	93.18
湘西州	West Hinan	13.66	6.62	7.04	83.88	55.54	84.45

19-11 国有经济各行业在岗职工年末人数(2015年)

Employed Staff and Workers in State – Owned Units by Sector at the Year-end (2015)

单位：人 (person)

市 州	Cities and Prefecture	农林牧渔业 Agriculture Forestry, Forestry, Farming of Animals and Fishing	采掘业 Mining	制造业 Manu-facturing	电力、热力、燃气及水生产和供应业及水的生产和供应 Production and Supply of Electricity, Heat, Gas and Water	建筑业 Construc-tion	批发和零售业 Wholesale and Retail Trade	交通运输、仓储和邮政业 Transport, Storage and Post	住宿和餐饮业 Acco-mmodation and Restaurants
全 省	**Total**	**9705**	**16109**	**44669**	**107358**	**56528**	**26062**	**128747**	**9530**
长沙市	Changsha	204	250	9279	321	11739	1982	7275	3660
株洲市	Zhuzhou	133	2484	11699	2956	3828	892	2915	661
湘潭市	Xiangtan	19	1499	2830	664	390	336	3770	366
衡阳市	Hengyang	91	51	460	5306	7938	1668	2814	57
邵阳市	Shaoyang	1784	1863	1743	4410	3361	1826	9215	101
岳阳市	Yueyang	1585	266	1989	2059	6890	3784	4831	972
常德市	Changde	101	2037	1093	1701	5939	1437	3193	598
张家界市	Zhangjiajie	407	1214	4	1630	366	346	1232	348
益阳市	Yiyang	314	335	839	2051	4642	1695	1339	39
郴州市	Chenzhou	923	2674	1161	4247	3553	6310	4245	460
永州市	Yongzhou	2230		1296	4419	2675	2683	4443	
怀化市	Huaihua	887	12	1590	4836	2134	1026	5061	545
娄底市	Loudi	675	3132	255	1228	1664	511	2714	285
湘西州	West Hinan	352	271	232	5438	149	905	2917	86
其 他	Others		21	10199	66092	1260	661	72783	1352

市 州	Cities and Prefecture	信息传输、软件和信息技术服务业 Information Transfer, Computer Services and Software	金融业 Finance	房地产业 Real Estate Trade	租赁和商务服务业 Tenancy and Business Services	科学研究和技术服务业 Scientific Research and Technical Services	水利、环境和公共设施管理业 Management of Water Conservancy, Public Facilities	居民服务、修理和其他服务业 Services to Households, Repair and Other Services	教育 Education	卫生和社会工作 Health and Social Service	文化体育和娱乐业 Culture, Sports and Enter-tainment	公共管理、社会保障和社会组织 Management, Social Security and Social Organization
全 省	**Total**	**7405**	**18282**	**6567**	**19765**	**50053**	**56988**	**1832**	**580510**	**299370**	**30866**	**744748**
长沙市	Changsha	328	4652	2195	2490	17287	6254	347	77701	45153	11678	80241
株洲市	Zhuzhou	1291	144	411	2439	4683	2933	41	33049	17576	1433	48471
湘潭市	Xiangtan	23	121	177	755	2334	3867	87	25238	13878	978	26509
衡阳市	Hengyang	1553	987	776	1376	4079	6436	96	63539	31124	2600	76433
邵阳市	Shaoyang	635	3403	53	1403	1994	2868	27	51930	26351	1193	64653
岳阳市	Yueyang	1839	1647	169	2765	2222	6196	234	42603	20179	1358	67306
常德市	Changde	263	558	426	1063	2567	4084	489	45967	24004	1534	56608
张家界市	Zhangjiajie	169	769	23	180	526	2220		9784	5956	297	21617
益阳市	Yiyang	168	475	149	444	1288	2808	85	35072	18115	1439	39607
郴州市	Chenzhou	130	2194	189	1181	2294	3788	66	40033	20990	2083	53317
永州市	Yongzhou	291	1497	308	2381	3788	3058	122	48362	20696	1968	67321
怀化市	Huaihua	282	1576	606	1582	2371	5426	146	45344	24721	1727	61332
娄底市	Loudi	57	108	630	799	1600	3627	55	32227	16470	1052	43802
湘西州	West Hinan	267	151	176	743	2262	3423	37	29426	14021	1389	37531
其 他	Others	109		279	164	758			235	136	137	

19-12 城镇集体经济各行业在岗职工年末人数(2015年)

Employed Staff and Workers in Urban Collective-Owned Units by Sector at the Year-end (2015)

单位：人 (person)

市　州	Cities and Prefecture	农林牧渔业 Agriculture Forestry, Forestry, Farming of Animals and Fishing	采掘业 Mining	制造业 Manu-facturing	电力、热力、燃气及水生产和供应业及水的生产和供应 Production and Supply of Electricity, Heat, Gas and Water	建筑业 Construc-tion	批发和零售业 Wholesale and Retail Trade	交通运输、仓储和邮政业 Transport, Storage and Post	住宿和餐饮业 Acco-mmodation and Restaurants
全　省	**Total**	**1013**	**13282**	**22607**	**2314**	**64045**	**5368**	**4951**	**1409**
长沙市	Changsha	41	870	6029	48	4521	412	57	774
株洲市	Zhuzhou	17	2066	1124	281	657	83	230	370
湘潭市	Xiangtan		329	2108		3040	8	178	15
衡阳市	Hengyang	91	86	1900	18	8945	708	802	102
邵阳市	Shaoyang	14	507	441	9	8358	1506	108	6
岳阳市	Yueyang	326	76	5055	392	3773	1365	362	34
常德市	Changde	133		229		5	51	70	
张家界市	Zhangjiajie					955	6		50
益阳市	Yiyang	181	226	1775	155	2591	127	318	
郴州市	Chenzhou	138	1110	213	100	2289	540	150	
永州市	Yongzhou	36		556	457	13588	277	183	
怀化市	Huaihua		296	698	601	3550	26	768	
娄底市	Loudi	36	7571	2458		7769	255	1547	
湘西州	West Hinan		145	21	253	4004	4	178	58

市　州	Cities and Prefecture	信息传输、软件和信息技术服务业 Information Transfer, Computer Services and Software	金融业 Finance	房地产业 Real Estate Trade	租赁和商务服务业 Tenancy and Business Services	科学研究和技术服务业 Scientific Research and Technical Services	水利、环境和公共设施管理业 Management of Water Conservancy, Public Facilities	居民服务、修理和其他服务业 Services to Households, Repair and Other Services	教育 Education	卫生和社会工作 Health and Social Service	文化体育和娱乐业 Culture, Sports and Enter-tainment	公共管理、社会保障和社会组织 Management, Social Security and Social Organization
全　省	**Total**	**55**	**8447**	**618**	**4885**	**665**	**1742**	**681**	**6282**	**16182**	**392**	**170**
长沙市	Changsha	24	9	163	1110	151	90	49	2049	3816	77	
株洲市	Zhuzhou	15	619	37	173	53	156		330	1938		9
湘潭市	Xiangtan				1049		45		18	717		
衡阳市	Hengyang		1369	110	1384	218		23	239	2103		
邵阳市	Shaoyang		685	6	90		806	530	451	1397	13	
岳阳市	Yueyang		1012	36	109	175	58	26	1030	1201	48	102
常德市	Changde		1092	26	24		184		546	1689	191	
张家界市	Zhangjiajie			32	72		3			7		
益阳市	Yiyang		502	3	180		350		826	1533	19	
郴州市	Chenzhou		534	1	39	3		1	325	737	44	
永州市	Yongzhou	16	768	9	315	42			65	272		
怀化市	Huaihua		710	90	170	23	50		403	645		5
娄底市	Loudi		1001		107			52		127		54
湘西州	West Hinan		146	105	63							

19-13 在岗职工工资总额和年平均工资(2015年)
Total Wage Bill and Average Annual Wage of Employed Staff and Workers (2015)

市 州	Cities and Prefecture	在岗职工工资总额(亿元) Total Wages of Staff and Workers on the Job (100 million yuan)	#国有经济 State-owned Units	#城镇集体经济 Urban Collective Owned Units	在岗职工年平均工资(元) Average Annual Wages of Staff and Workers on the Job (yuan)	#国有经济 State-owned Units	#城镇集体经济 Urban Collective Owned Units	#其他 Others	在岗职工年平均工资为上年% Average Annual Wages as Percentage of Preceding Year (%)
全 省	**Total**	**2866.49**	**1311.08**	**65.53**	**53889**	**57308**	**41324**	**51860**	**111.1**
长沙市	Changsha	829.66	246.76	9.30	67266	81018	46414	63117	108.8
株洲市	Zhuzhou	244.46	79.55	3.81	57584	56301	46678	58566	110.5
湘潭市	Xiangtan	138.15	51.71	3.23	51742	57491	42344	49113	108.0
衡阳市	Hengyang	225.87	101.90	6.90	44983	49059	38533	42339	111.7
邵阳市	Shaoyang	161.95	95.85	6.43	47249	52018	41507	41727	114.5
岳阳市	Yueyang	194.98	81.18	7.05	45592	46275	41914	45347	110.5
常德市	Changde	187.50	83.94	2.34	48655	52862	54478	45538	114.2
张家界市	Zhangjiajie	37.94	24.72	0.43	48425	51730	37626	43475	114.4
益阳市	Yiyang	112.34	60.34	3.80	48724	53594	41960	44252	114.5
郴州市	Chenzhou	159.25	84.16	2.73	49086	54138	40834	44587	110.9
永州市	Yongzhou	131.49	80.53	5.53	44553	46663	35488	42469	111.6
怀化市	Huaihua	119.50	84.10	3.14	49006	51472	37612	44738	113.7
娄底市	Loudi	120.39	50.87	9.12	43986	44042	40534	44511	106.5
湘西州	West Hinan	63.48	49.97	1.72	48226	48818	34981	48410	115.1
其 他	Others	139.53	135.50		87890	86790		152896	115.0

19-14 年末在岗职工人数(2015年)

Number of Staff and Workers on the Job of Cities and Prefecture at the Year-end (2015)

单位：万人 (10 000 persons)

市 州	Cities and Prefecture	在岗职工 Staff and Workers on the Job	国有经济 State-owned Economic	城镇集体经济 Urban Collective-owned Economic	其他经济 Others
全 省	**Total**	**534.77**	**229.95**	**16.14**	**288.68**
长沙市	Changsha	123.27	30.59	2.06	90.62
株洲市	Zhuzhou	42.81	14.22	0.82	27.77
湘潭市	Xiangtan	26.69	9.07	0.79	16.83
衡阳市	Hengyang	50.65	20.97	1.84	27.84
邵阳市	Shaoyang	34.70	18.46	1.58	14.65
岳阳市	Yueyang	43.00	17.66	1.68	23.66
常德市	Changde	39.06	15.99	0.44	22.63
张家界市	Zhangjiajie	7.85	4.77	0.12	2.96
益阳市	Yiyang	23.03	11.30	0.89	10.84
郴州市	Chenzhou	32.32	15.52	0.65	16.15
永州市	Yongzhou	29.90	17.29	1.69	10.92
怀化市	Huaihua	24.43	16.40	0.84	7.19
娄底市	Loudi	27.66	11.55	2.23	13.87
湘西州	West Hunan	13.06	10.08	0.50	2.48

19-15 年末城镇单位从业人员(2015年)

Number of Employed Persons in Urban Unit at the Year-end(2015)

单位：万人 (10 000 persons)

市 州	Cities and Prefecture	城镇单位从业人员合计 Number of Employed Persons in Urban Unit (10 000persons)	国有经济 Stateo-wned Economic	城镇集体经济 Urban Collective-owned Economic	其他经济 Economic Units of Other Types	内资经济 Domestic Funded Economic	港澳台投资经济 Economioc With Funded From H.K, Macao and Taiwan	外商投资经济 Economic With Funded
全 省	**Total**	**579.15**	**244.57**	**18.53**	**316.04**	**281.96**	**20.30**	**13.78**
长沙市	Changsha	130.46	32.95	2.12	95.39	82.94	6.30	6.15
株洲市	Zhuzhou	46.47	14.73	0.88	30.86	26.97	1.71	2.18
湘潭市	Xiangtan	30.51	9.67	0.83	20.01	18.92	0.47	0.63
衡阳市	Hengyang	54.06	21.69	2.19	30.18	27.72	1.75	0.71
邵阳市	Shaoyang	38.23	19.83	1.90	16.50	14.77	1.47	0.26
岳阳市	Yueyang	48.34	19.60	1.89	26.85	25.25	0.59	1.01
常德市	Changde	41.35	17.15	0.45	23.75	22.30	1.05	0.40
张家界市	Zhangjiajie	8.67	5.09	0.24	3.34	3.09	0.15	0.10
益阳市	Yiyang	26.55	12.25	1.06	13.24	11.70	0.85	0.69
郴州市	Chenzhou	35.92	16.78	0.74	18.40	15.97	2.17	0.26
永州市	Yongzhou	32.31	18.44	2.01	11.86	8.54	2.48	0.84
怀化市	Huaihua	26.43	17.51	1.09	7.83	7.44	0.17	0.22
娄底市	Loudi	29.12	12.08	2.47	14.57	13.11	1.13	0.33
湘西州	West Hinan	14.05	10.40	0.66	2.99	2.97	0.02	
其 他	Others	16.67	16.40		0.27	0.27		

19-16 固定资产投资、新增固定资产及房屋竣工面积(2015年)
Investment in Fixed Assets, Newly Increased Fixed Assets and Completed Building Floor Space(2015)

市　州	Cities and Prefecture	固定资产投资(亿元) Total Investment in Fixed Assets (100 million yuan)	国有经济 Stateowned	非国有经济 non—State-owned	房地产开发 Real Estate Development	固定资产投资增速(%) Fixed asset investment growth (%)	新增固定资产(亿元) Newly Increased Fixed Assets (100 million yuan)	房屋建筑竣工面积(万平方米) Floor Space of Buildings Completed (10000 sq.m)	#住宅 Residential Buildings
全　省	**Total**	**25954.27**	**7829.93**	**18124.34**	**2613.75**	**18.2**	**18743.53**	**6174.72**	**3620.17**
长沙市	Changsha	6363.28	1515.16	4848.12	996.58	17.1	4094.82	1432.02	964.28
株洲市	Zhuzhou	2181.36	639.73	1541.63	225.86	18.7	1723.44	462.15	284.22
湘潭市	Xiangtan	1805.40	492.91	1312.49	145.44	20.1	1464.24	272.38	133.49
衡阳市	Hengyang	2125.93	663.48	1462.45	140.88	20.3	1539.94	524.87	202.65
邵阳市	Shaoyang	1522.60	263.89	1258.71	135.64	20.1	1163.01	426.13	202.37
岳阳市	Yueyang	2154.71	769.53	1385.18	151.45	20.4	1492.76	254.23	193.28
常德市	Changde	1857.91	570.41	1287.51	121.41	20.0	1514.94	295.19	122.73
张家界市	Zhangjiajie	296.43	154.40	142.03	31.45	18.1	213.51	39.52	26.42
益阳市	Yiyang	1223.80	280.37	943.43	103.90	18.7	994.38	134.74	88.94
郴州市	Chenzhou	2168.98	517.15	1651.83	194.36	19.5	1442.44	618.88	378.37
永州市	Yongzhou	1541.35	636.82	904.53	89.48	18.2	944.89	636.79	387.49
怀化市	Huaihua	1008.00	516.78	491.23	117.21	18.4	1023.50	448.10	355.12
娄底市	Loudi	1108.39	404.42	703.97	107.94	18.0	918.73	562.47	232.34
湘西州	West Hunan	356.95	235.06	121.88	52.14	19.4	212.93	67.25	48.47

19-17 按经济类型分固定资产投资(2015年)
Total Investment in Fixed Assets by Economic Types(2015)

单位：亿元 (100 million yuan)

市 州	Cities and Prefecture	总计 Total	国有经济 Stata-owned Units	集体经济 Collective-owned Units	个体经济 Individuals Economy	联营经济 Joint Ownership Economic Units
全 省	**Total**	**25954.27**	**7829.93**	**755.40**	**9377.88**	**17.13**
长沙市	Changsha	6363.28	1515.16	162.46	2022.99	4.73
株洲市	Zhuzhou	2181.36	639.73	24.35	901.17	4.90
湘潭市	Xiangtan	1805.40	492.91	11.38	953.19	
衡阳市	Hengyang	2125.93	663.48	20.70	841.73	0.40
邵阳市	Shaoyang	1522.60	263.89	34.96	851.03	0.71
岳阳市	Yueyang	2154.71	769.53	63.72	496.24	1.90
常德市	Changde	1857.91	570.41	71.61	810.44	1.40
张家界市	Zhangjiajie	296.43	154.40	5.91	33.67	0.12
益阳市	Yiyang	1223.80	280.37	10.02	472.52	
郴州市	Chenzhou	2168.98	517.15	290.69	590.72	1.50
永州市	Yongzhou	1541.35	636.82	14.31	613.84	0.60
怀化市	Huaihua	1008.00	516.78	9.79	271.45	
娄底市	Loudi	1108.39	404.42	35.30	469.92	0.64
湘西州	West Hunan	356.95	235.06	0.19	48.96	0.23

市 州	Cities and Prefecture	股份制经济 Share Holding Economic Units	外商投资经济 Foreign Funded Economic Units	港澳台商投资经济 Economic Units with Funds From Hong Kong, Macao and Taiwan	其他经济 Others Ownership
全 省	**Total**	**5716.21**	**224.51**	**194.94**	**1838.27**
长沙市	Changsha	2044.33	103.06	87.60	422.94
株洲市	Zhuzhou	514.70	20.17	14.51	61.84
湘潭市	Xiangtan	287.21	5.60	15.55	39.55
衡阳市	Hengyang	386.17	29.52	11.97	171.95
邵阳市	Shaoyang	228.81	0.54	1.78	140.88
岳阳市	Yueyang	647.02	8.64	5.10	162.57
常德市	Changde	299.56	19.23	6.43	78.83
张家界市	Zhangjiajie	97.01	2.86	1.41	1.05
益阳市	Yiyang	218.11	1.75	1.65	239.38
郴州市	Chenzhou	412.19	7.70	23.94	325.10
永州市	Yongzhou	139.55	18.89	20.74	96.59
怀化市	Huaihua	198.13	2.74	1.40	7.71
娄底市	Loudi	109.04	3.81	2.76	82.50
湘西州	West Hunan	65.03	0.01	0.09	7.38

注：各市州数据不含跨区投资。
Figures of cities and prefecture did not include the part of investment classified by region.

19-18 按构成和建设性质分固定资产投资(2015年)
Total Investment in Fixed Assets by Structure and Construction(2015)

单位:亿元 (100 million yuan)

市 州	Cities and Prefecture	投资额 Total Investment	按构成分 Grouped by Use of Funds 建安工程 Construction and Installation	设备工器具购置 Purchase of Equipment& Instruments	其他费用 Others	按建设性质分 Grouped by Type of Construction 新建 New Construction	扩建 Expansion	改建 Re-construction
全 省	**Total**	**25954.27**	**18821.34**	**4277.26**	**2855.67**	**11521.61**	**2573.48**	**9020.02**
长沙市	Changsha	6363.28	5188.00	567.86	607.42	2658.44	437.55	2179.94
株洲市	Zhuzhou	2181.36	1310.85	633.11	237.41	776.90	103.61	1053.11
湘潭市	Xiangtan	1805.40	1413.25	219.55	172.60	472.66	236.41	930.68
衡阳市	Hengyang	2125.93	1630.43	423.03	72.47	892.06	294.04	779.23
邵阳市	Shaoyang	1522.60	1064.46	301.20	156.94	871.43	198.78	309.50
岳阳市	Yueyang	2154.71	1307.47	469.45	377.79	779.36	332.38	882.78
常德市	Changde	1857.91	1240.56	483.82	133.53	905.60	288.78	536.81
张家界市	Zhangjiajie	296.43	192.03	54.49	49.91	173.65	18.27	71.86
益阳市	Yiyang	1223.80	810.13	324.29	89.38	598.90	32.31	486.30
郴州市	Chenzhou	2168.98	1428.22	274.74	466.02	1051.81	243.91	676.10
永州市	Yongzhou	1541.35	1051.88	247.57	241.90	851.66	163.07	424.80
怀化市	Huaihua	1008.00	794.50	132.82	80.68	476.69	86.09	309.50
娄底市	Loudi	1108.39	882.35	129.60	96.43	564.16	108.24	313.78
湘西州	West Hunan	356.95	316.28	15.73	24.94	209.14	30.03	65.64

注：按建设性质分不含房地产开发投资。
Figures grouped by type of construction did not include the investment in real estate development.

19-19 按资金来源和隶属关系分固定资产投资(2015年)
Total Investment in Fixed Assets by Source of Funds and Jurisdiction of Management(2015)

单位:亿元 (100 million yuan)

市 州	Cities and Prefecture	按资金来源分 Grouped by Source of Funds 国家预算内 State Budgetary Appropriation	国内贷款 Domestic Loans	利用外资 Foreign Investment	自筹资金 Fundraising	其他投资 Others	按隶属关系分 Grouped by Administrative Relationship 中央项目 Central Projects	地方项目 Local Projects
全 省	**Total**	**1383.71**	**1800.32**	**32.82**	**20130.65**	**2596.48**	**492.75**	**25461.52**
长沙市	Changsha	261.53	401.09	7.62	5075.74	1000.57	169.65	6193.63
株洲市	Zhuzhou	78.93	144.97	4.28	1667.63	226.77	69.75	2111.61
湘潭市	Xiangtan	26.51	282.99	1.16	1313.06	64.29	6.43	1798.97
衡阳市	Hengyang	124.10	73.40		1826.40	99.88	26.56	2099.37
邵阳市	Shaoyang	63.02	111.28		1416.95	74.62	6.82	1515.78
岳阳市	Yueyang	71.63	58.92	1.40	1845.06	248.96	19.10	2135.61
常德市	Changde	163.11	135.83	1.33	1343.25	162.59	11.71	1846.20
张家界市	Zhangjiajie	26.44	27.00	1.03	218.28	30.42		296.43
益阳市	Yiyang	49.49	71.55	2.56	930.45	152.68	40.20	1183.60
郴州市	Chenzhou	114.59	112.62	7.30	1567.02	181.61	10.69	2158.29
永州市	Yongzhou	181.65	133.60	1.14	1133.31	91.06	3.75	1537.60
怀化市	Huaihua	38.73	33.26	0.48	723.74	174.72	10.27	997.74
娄底市	Loudi	48.48	32.80		933.29	49.31	11.74	1096.64
湘西州	West Hunan	79.68	80.86	0.57	115.68	36.77	1.25	355.70

19-20 国有经济分地市项目个数、项目投产率及固定资产交付使用率(2015年)
Number of Projects, Rate of Projects Put into Use and Rate of Fixed Assets Put into Use of State—owned Units (2015)

市　州	Cities and Prefecture	施工项目个数(个) Number of Projects under Construction (unit)	全投项目个数(个) Number of Projects Completed and Put into Use (unit)	项目投产率(%) Rate of Projects Completed and Put into Use (%)	固定资产交付使用率(%) Rate of Fixed Assets Put into Use (%)
全　省	**Total**	**14709**	**10487**	**71.3**	**70.3**
长沙市	Changsha	2616	1594	60.9	51.3
株洲市	Zhuzhou	949	738	77.8	82.0
湘潭市	Xiangtan	838	666	79.5	75.6
衡阳市	Hengyang	1051	871	82.9	75.3
邵阳市	Shaoyang	817	604	73.9	75.9
岳阳市	Yueyang	1101	689	62.6	65.9
常德市	Changde	963	741	76.9	76.1
张家界市	Zhangjiajie	339	251	74.0	67.1
益阳市	Yiyang	702	565	80.5	91.5
郴州市	Chenzhou	953	559	58.7	62.8
永州市	Yongzhou	1451	1082	74.6	61.6
怀化市	Huaihua	1490	1103	74.0	117.8
娄底市	Loudi	900	658	73.1	87.0
湘西州	West Hunan	531	366	68.9	66.3

注：施工、全投项目及项目投产率未包括房地产开发统计资料。

The data of projects under construction, projects completed put into use and rate of projects completed put into use excluded information of real estate development.

19-21 房地产开发情况(2015年)
Real Estate Development (2015)

市 州	Cities and Prefecture	开发公司个数(个) Number of Development Enterprises (unit)	国有经济 State-owned Enterprises	集体经济 Collective-owned Enterprises	外商投资经济 Foreign Funded Enterprises	港澳台投资经济 Funded by Enterpreneurs from Hong Kong, Macao and Taiwan	房地产开发投资(万元) Investment (10000yuan)
全 省	**Total**	**3700**	**132**	**10**	**23**	**61**	**26137460**
长沙市	Changsha	788	30		6	21	9965846
株洲市	Zhuzhou	322	10	2	2	6	2258608
湘潭市	Xiangtan	161	12		1	6	1454435
衡阳市	Hengyang	367	13	1	7	8	1408786
邵阳市	Shaoyang	216	6	1	1	2	1356365
岳阳市	Yueyang	373	13	1	3	5	1514489
常德市	Changde	228	8			1	1214123
张家界市	Zhangjiajie	63	2	1	1		314491
益阳市	Yiyang	204	9	1	1		1039023
郴州市	Chenzhou	342	12	2		8	1943553
永州市	Yongzhou	171	2		1	2	894822
怀化市	Huaihua	231	10	1		1	1172099
娄底市	Loudi	137	2			1	1079409
湘西州	West Hunan	97	3				521411

市 州	Cities and Prefecture	主营业务收入(万元) Main business revenue (10 000 yuan)	土地转让收入 Land Transferred	商品房屋销售收入 Commercial Houses Sold	房屋出租收入 Houses Leased	其他收入 Others	主营业务税金及附加(万元) Main business taxes and additional (10 000 yuan)	利润总额(万元) Total Profits (10 000 yuan)
全 省	**Total**	19129338	269263	18121902	150778	587396	1509172	514300
长沙市	Changsha	9217669	140192	8778564	84351	214562	700787	365903
株洲市	Zhuzhou	1616686	45632	1541130	14449	15474	133772	27880
湘潭市	Xiangtan	761762		747816	3925	10021	57738	-19802
衡阳市	Hengyang	1088817	25737	967040	6384	89656	100485	-17615
邵阳市	Shaoyang	581058	13321	548531	5642	13563	39330	24300
岳阳市	Yueyang	693109	2258	673649	5722	11481	52919	-21742
常德市	Changde	894505	1574	866573	8794	17564	90123	58169
张家界市	Zhangjiajie	173974	4785	168159	1006	24	14638	-96
益阳市	Yiyang	631162	31044	586936	2325	10857	52918	23523
郴州市	Chenzhou	1098214	743	897326	4352	195793	99351	-3206
永州市	Yongzhou	920550		912520	4605	3425	42675	45074
怀化市	Huaihua	763440	2894	753688	3362	3496	64949	39320
娄底市	Loudi	324044	1084	318223	3513	1224	23517	-12946
湘西州	West Hunan	364349		361744	2348	257	35971	5539

19-22 商品房屋销售情况(2015年)
Sales of Commercial House (2015)

市 州	Cities and Prefecture	商品房屋销售面积(平方米) Floor Space of Selling Commercial House (sq.m)	#住宅 Residential Buildings	商品房屋销售额(万元) Total Sales of Commercial House (10 000 yuan)	#住宅 Residential Buildings	商品房平均销售价格 (元/平方米) Floor Space of Selling Commercial House(yuan/sq.m)	#住宅 Residential Buildings
全 省	**Total**	**63630113**	**56711922**	**27389200**	**22538479**	**4304.44**	**3974.20**
长沙市	Changsha	18976900	16771260	11132619	9320125	5866.41	5557.20
株洲市	Zhuzhou	6586418	5579685	2883657	2167470	4378.19	3884.57
湘潭市	Xiangtan	2043457	1874986	826125	716094	4042.78	3819.20
衡阳市	Hengyang	3754669	3501903	1334967	1169519	3555.49	3339.67
邵阳市	Shaoyang	3322522	3070556	1015290	897407	3055.78	2922.62
岳阳市	Yueyang	4488434	3918305	1758726	1475487	3918.35	3765.63
常德市	Changde	2991892	2774781	1392161	1149225	4653.11	4141.68
张家界市	Zhangjiajie	482499	460702	175817	157523	3643.88	3419.20
益阳市	Yiyang	3156392	2594723	1031206	720940	3267.04	2778.49
郴州市	Chenzhou	5186449	4819054	1784230	1552691	3440.18	3221.98
永州市	Yongzhou	5036799	4480000	1556113	1303793	3089.49	2910.25
怀化市	Huaihua	4020759	3468445	1453371	1010960	3614.67	2914.74
娄底市	Loudi	1971085	1864739	575511	498818	2919.77	2675.00
湘西州	West Hunan	1611838	1532783	469407	398427	2912.25	2599.37

19-23 房地产开发建设房屋建筑面积和价值(2015年)
Floor Space of Building and Value of Real Estate Development (2015)

市 州	Cities and Prefecture	施工房屋面积(平方米) Floor Space of Buildings under Construction (sq.m)	竣工房屋面积(平方米) Floor Space of Buildings Completed (sq.m)	房屋建筑面积竣工率(%) Rate of Floor Space of Buildings Completed(%)	竣工房屋价值(万元) Value of Buildings Completed (10 000 yuan)
全 省	**Total**	**283221312**	**39699606**	**14.0**	**12213778**
长沙市	Changsha	92085989	13492932	14.7	6126953
株洲市	Zhuzhou	27757882	3041599	11.0	806043
湘潭市	Xiangtan	13639263	1713115	12.6	454618
衡阳市	Hengyang	22628009	1692173	7.5	384468
邵阳市	Shaoyang	14824877	2321992	15.7	442881
岳阳市	Yueyang	14959749	2335020	15.6	542814
常德市	Changde	11797516	1411738	12.0	391491
张家界市	Zhangjiajie	3493740	313995	9.0	137635
益阳市	Yiyang	12142082	956018	7.9	264514
郴州市	Chenzhou	25052280	2739896	10.9	579739
永州市	Yongzhou	11199827	4184805	37.4	746383
怀化市	Huaihua	13949007	3310317	23.7	814856
娄底市	Loudi	12443244	1702553	13.7	408634
湘西州	West Hunan	7247847	483453	6.7	112749

19-24 地方财政收入情况(2015年)
Public Budgetary Revenue(2015)

市 州	Cities and Prefecture	地方财政收入（万元） Public Budgetary Revenue (10 000yuan)	各项税收入 Taxes Revenue	增值税 Value Added Tax	营业税 Operating Tax	企业所得税 Income Tax of Enterprises	个人所得税 Individual Income Tax	非税收入 No-tax Revenue
全 省	**Total**	**25154302**	**15275224**	**2186343**	**4751771**	**1695267**	**628997**	**9879078**
长沙市	Changsha	7189468	4752764	519235	1484233	502890	221897	2436704
株洲市	Zhuzhou	1913647	1032819	145715	240291	84153	29663	880828
湘潭市	Xiangtan	1173859	581941	77040	161227	51516	17410	591918
衡阳市	Hengyang	1946416	962112	83329	247155	55081	31693	984304
邵阳市	Shaoyang	917135	433714	48887	134669	32422	18688	483421
岳阳市	Yueyang	1279782	613889	105581	189236	49694	17199	665893
常德市	Changde	1486445	899919	74905	209136	57214	23275	586526
张家界市	Zhangjiajie	315761	180374	14703	68571	19066	4241	135387
益阳市	Yiyang	685818	392478	49508	94174	29478	10413	293340
郴州市	Chenzhou	1626511	683675	80512	176156	48185	25540	942836
永州市	Yongzhou	924799	549927	43195	133626	38106	12080	374872
怀化市	Huaihua	735607	437346	50515	127822	35261	13411	298261
娄底市	Loudi	599218	344861	63189	85999	20870	9045	254357
湘西州	West Hunan	461247	254522	28581	75175	21408	5742	206725

19-25 公共财政支出情况(2015年)
Public Budgetary Expenditure(2015)

市 州	Cities and Prefecture	公共财政支出（万元） Public Budgetary Expenditure (10 000yuan)	教育 Education	社会保障和就业 Social Security Progams and Employmenr	医疗和卫生 Pulic Health	农林水利事务 Agriculture, Forest and Irrigation	一般公共服务 General Public Services
全 省	**Total**	**57287161**	**9285366**	**7817875**	**4937384**	**6762424**	**6341652**
长沙市	Changsha	9249992	1444932	679418	532706	718833	1330488
株洲市	Zhuzhou	3501060	442167	458351	272113	307024	480993
湘潭市	Xiangtan	2311446	290861	368234	180006	232629	271583
衡阳市	Hengyang	4918783	757336	753435	507497	515067	416347
邵阳市	Shaoyang	4321331	756362	726280	468860	568966	417686
岳阳市	Yueyang	3758048	527649	702332	363530	526856	404573
常德市	Changde	4265226	587114	704889	411963	663067	409909
张家界市	Zhangjiajie	1339795	196555	173724	109622	200671	137371
益阳市	Yiyang	2750128	442843	484321	307122	368852	287411
郴州市	Chenzhou	3788178	651424	505175	356624	505083	410423
永州市	Yongzhou	3532357	623193	560887	398998	599711	397240
怀化市	Huaihua	3399317	581335	572917	345273	472627	402864
娄底市	Loudi	2377721	366982	383394	262768	287557	294991
湘西州	West Hunan	2462897	416550	316333	224163	389343	223234

19-26 金融机构人民币存款情况(2015年)
RMB Deposits of Financial Institutions(2015)

市 州	Cities and Prefecture	各项存款（亿元） Deposits (100 million yuan)	住户存款 Personal Deposits	非金融企业存款 Corporate Deposits	广义政府存款 General Government Deposits	非银行业金融机构存款 Non-banking Financial Institutions Deposit
全 省	**Total**	36009.09	18726.28	9745.95	6147.15	1363.75
长沙市	Changsha	13929.52	4310.42	5668.68	2624.48	1307.93
株洲市	Zhuzhou	2401.95	1352.60	697.05	347.80	3.85
湘潭市	Xiangtan	1771.13	1043.75	529.03	196.12	1.36
衡阳市	Hengyang	2760.00	1917.01	473.01	361.03	7.36
邵阳市	Shaoyang	2055.70	1442.60	275.37	330.03	6.93
岳阳市	Yueyang	1728.28	1087.77	303.50	333.64	2.64
常德市	Changde	2244.69	1440.92	454.21	342.98	6.00
张家界市	Zhangjiajie	539.97	351.39	78.38	108.21	1.64
益阳市	Yiyang	1360.57	968.98	161.00	220.65	9.54
郴州市	Chenzhou	1929.32	1229.19	380.25	317.16	1.93
永州市	Yongzhou	1571.37	1120.97	153.61	292.97	3.28
怀化市	Huaihua	1476.95	1031.40	198.20	241.15	5.92
娄底市	Loudi	1282.18	893.53	183.76	202.01	2.54
湘西州	West Hunan	862.50	528.60	124.79	207.35	1.69

19-27 金融机构人民币贷款情况(2015年)
RMB Loans of Financial Institutions(2015)

市 州	Cities and Prefecture	各项贷款(亿元） Loans (100 million yuan)	短期贷款 Shortterm Loans	个人消费贷款 Individual Consumption Loans	中长期贷款 Mediumterm and Longterm Loans	个人消费贷款 Individual Consumption Loans
全 省	**Total**	23738.58	633.86	6344.12	6977.99	3719.79
长沙市	Changsha	11927.56	143.24	2500.90	2644.14	1953.82
株洲市	Zhuzhou	1231.42	22.73	346.32	369.05	260.12
湘潭市	Xiangtan	1256.07	32.56	585.05	617.62	125.73
衡阳市	Hengyang	1180.85	31.47	398.70	430.17	203.54
邵阳市	Shaoyang	886.85	31.22	272.82	304.04	120.14
岳阳市	Yueyang	883.02	17.19	359.01	376.20	121.90
常德市	Changde	1080.37	15.12	320.10	335.22	159.12
张家界市	Zhangjiajie	370.72	17.36	71.28	88.63	70.82
益阳市	Yiyang	616.77	14.57	231.72	246.28	79.31
郴州市	Chenzhou	922.73	14.51	268.99	283.50	150.52
永州市	Yongzhou	791.83	32.10	169.30	201.40	141.13
怀化市	Huaihua	832.24	17.96	163.59	181.55	156.67
娄底市	Loudi	778.67	15.08	244.15	259.22	102.98
湘西州	West Hunan	423.78	18.10	134.43	152.53	60.61

19-28 农作物播种面积(2015年)
Sown Area of Crops (2015)

单位：千公顷 (1000 hectares)

市　州	Cities and Prefecture	农作物播种面积 TotalSown Area	#粮食作物 Area of Grain Crops	#稻谷面积 Area of Rice	油料面积 Area of Oil	蔬菜面积 Area of Vegetables
全　省	**Total**	**8716.99**	**4944.65**	**4114.10**	**1445.05**	**1372.91**
长沙市	Changsha	681.16	375.25	338.81	54.91	171.73
株洲市	Zhuzhou	416.39	270.28	252.26	39.48	65.97
湘潭市	Xiangtan	331.16	218.41	211.04	22.63	64.30
衡阳市	Hengyang	1001.45	569.91	512.13	219.67	110.02
邵阳市	Shaoyang	927.79	594.47	448.74	98.32	126.71
岳阳市	Yueyang	901.44	562.01	486.07	129.39	99.83
常德市	Changde	1224.54	723.25	614.16	306.24	98.12
张家界市	Zhangjiajie	236.01	139.09	54.70	45.13	33.56
益阳市	Yiyang	776.17	427.04	379.55	143.23	115.91
郴州市	Chenzhou	635.36	353.18	259.39	74.84	104.22
永州市	Yongzhou	946.17	560.18	431.86	91.02	196.09
怀化市	Huaihua	630.95	325.14	203.95	119.60	81.36
娄底市	Loudi	393.19	278.01	203.16	39.71	42.85
湘西州	West Hunan	372.60	182.59	90.54	60.88	62.24

注：全省的粮食、稻谷、油料以抽样调查推算，分市州采用全面统计。全省总计与分市州之和存在一定调查误差。

The Data of Provincial Grain Crops ,Rice and Oilseeds Used sample survey projections,the Data of Cities and Prefecture Used Comprehensive statistics. The Sum of Cities and Prefecture do not add up to the Provincial total.

19-29 机耕面积及水库、堤防(2015年)
Tractor-Ploughed Area, Reservoirs and Dikes (2015)

市　州	Cities and Prefecture	机耕面积 (千公顷) Tractor Ploughed Area (1 000 hectares)	水 库 (座) Number of Reservoirs (set)	堤防长度 (公里) Total Length of Dikes (km)
全　省	**Total**	**6160.61**	**14097**	**19534.21**
长沙市	Changsha	600.72	658	1474.20
株洲市	Zhuzhou	265.20	966	890.30
湘潭市	Xiangtan	277.98	387	982.39
衡阳市	Hengyang	708.68	1796	2598.81
邵阳市	Shaoyang	529.36	1252	308.96
岳阳市	Yueyang	688.98	1502	2505.41
常德市	Changde	1130.20	1424	3379.78
张家界市	Zhangjiajie	56.04	264	294.09
益阳市	Yiyang	504.87	623	3260.77
郴州市	Chenzhou	315.10	1086	1066.00
永州市	Yongzhou	456.31	1394	898.32
怀化市	Huaihua	299.39	1307	865.83
娄底市	Loudi	180.35	754	369.89
湘西州	West Hunan	87.18	684	639.46

注：机耕面积、水库、堤防长度数据由水利部门提供。

The Date of Tractor-Ploughed Area are provided by Department of agriculture machinery, The Data of Reservoirs and Dikes are provided by Department of the water conservancy.

19-30 主要农业机械年末拥有量(2015年)
Year-End Possession of Major Agriculture Machinery (2015)

市　州	Cities and Prefecture	大中型拖拉机 Large and Medium Tractors		小型及手扶拖拉机 Mini and Walking Tractors		排灌机械 Machinery for Agricultural Drainage and Irrigation	
		台 (unit)	千瓦 (kw)	台 (unit)	千瓦 (kw)	台 (unit)	千瓦 (kw)
全　省	**Total**	**131508**	**4185505**	**242976**	**2602649**	**2739184**	**11560013**
长沙市	Changsha	8412	308931	23937	277858	193970	812004
株洲市	Zhuzhou	5171	153895	25455	252382	78167	388607
湘潭市	Xiangtan	5036	154687	7588	75528	214512	540788
衡阳市	Hengyang	7798	305985	18732	188168	212325	724099
邵阳市	Shaoyang	9100	249700	15700	157900	269251	944217
岳阳市	Yueyang	14719	475966	22973	252408	164619	1163501
常德市	Changde	18173	618382	24383	277912	248603	1333875
张家界市	Zhangjiajie	3100	89840	8645	89796	172174	655054
益阳市	Yiyang	10369	409419	23449	250028	245617	1161712
郴州市	Chenzhou	14051	335354	23964	246334	112279	485873
永州市	Yongzhou	17888	497471	23443	238110	341562	1557426
怀化市	Huaihua	3901	130202	10102	97664	157980	529419
娄底市	Loudi	3100	89840	8645	89796	172174	655054
湘西州	West Hunan	7449	210799	7478	83289	40148	184988

19-31 农林牧渔业总产值(2015年)
Gross Output Value of Farming, Forestry, Animal Husbandry and fishery (2015)

单位：万元 (10 000 yuan)

市　州	Cities and Prefecture	农林牧渔业总产值 Gross Output Value of Farming, Forestry, Animal Husbandry and Fishery	指数(上年=100) Indices (preceding year=100)	农业产值 Output Value of Farming	林业产值 Output Value of Forestry	牧业产值 Output Value of Animal Husbandry	渔业产值 Output Value of Fishery	服务业产值 Output Value of Services
长沙市	Changsha	5371293	103.6	3173855	273543	1637129	194604	92161
株洲市	Zhuzhou	2668193	103.9	1339758	208336	922523	105332	92246
湘潭市	Xiangtan	2400713	103.8	1053212	120056	1024995	108468	93982
衡阳市	Hengyang	6518455	103.8	3017362	344906	2550657	443221	162309
邵阳市	Shaoyang	4486296	103.8	2536866	178039	1575699	133760	61932
岳阳市	Yueyang	4901200	103.9	2302436	158702	1536238	828803	75021
常德市	Changde	5885742	103.5	2664429	134095	2353013	538147	196058
张家界市	Zhangjiajie	845898	104.0	472205	79904	230072	37014	26703
益阳市	Yiyang	4104521	104.0	2052358	136572	1331735	537201	46655
郴州市	Chenzhou	3353182	103.9	1792624	235346	1129587	135820	59805
永州市	Yongzhou	5553410	103.9	2615236	615305	1882320	313408	127140
怀化市	Huaihua	3094260	103.5	1768944	260479	953718	102871	8248
娄底市	Loudi	3014496	103.8	1211429	43973	1618288	123906	16899
湘西州	West Hunan	1265364	103.7	926895	46775	267494	17945	6255

19-32 主要农产品产量(2015年)
Output of Major Farm Crops (2015)

单位：吨 (ton)

市　州	Cities and Prefecture	粮食合计 Total Grain	稻谷 Rice	小麦 Wheat	玉米 Corn	大豆 Beans	薯类 Tubers
长沙市	Changsha	2511419	2338590	973	78997	20688	58196
株洲市	Zhuzhou	1845080	1772326		28734	10998	25689
湘潭市	Xiangtan	1526409	1500300	25	14931	1137	8470
衡阳市	Hengyang	3357674	3133765	3884	82996	29779	81859
邵阳市	Shaoyang	3263974	2641366	10007	422914	41954	121339
岳阳市	Yueyang	3241138	2958590	22388	151863	17676	62637
常德市	Changde	3894840	3519813	46780	221604	22838	55511
张家界市	Zhangjiajie	611983	325969	651	171484	12517	95841
益阳市	Yiyang	2500836	2343436	7554	88481	7838	41354
郴州市	Chenzhou	1899906	1540203	263	201787	29060	118825
永州市	Yongzhou	3218958	2733562	1005	253039	65227	129867
怀化市	Loudi	1829626	1398478	885	309309	11155	97080
娄底市	Huaihua	1638377	1346496	6386	224362	17699	22226
湘西州	West Hinan	853853	533465	1481	156508	19075	139078

市　州	Cities and Prefecture	油菜籽 Rapeseeds	黄红麻 Jute and Ambary Hemp	苎麻 Ramie	烤烟 Fluecured Tobacco	茶叶 Tea	柑桔 Citrus
长沙市	Changsha	80154		55	15293	32553	114491
株洲市	Zhuzhou	51338		1621	6478	2333	66773
湘潭市	Xiangtan	22116		50		1948	13509
衡阳市	Hengyang	311740	83	82	20395	2740	91336
邵阳市	Shaoyang	126305		965	10992	5179	417276
岳阳市	Yueyang	191668	449	1998		18121	112223
常德市	Changde	563738		2845	9152	15802	717074
张家界市	Zhangjiajie	67939		4782	14737	2583	254431
益阳市	Yiyang	235994		1718	113	74266	220258
郴州市	Chenzhou	86020			65523	6606	324650
永州市	Yongzhou	113608	24	265	40959	2300	541241
怀化市	Loudi	154460	12	4	3624	2679	943267
娄底市	Huaihua	30885	83	93	183	7411	45309
湘西州	West Hinan	72147		238	31827	2683	709437

19-33 主要林产品产量(2015年)
Output of Major Forest Products (2015)

市 州	Cities and Prefecture	油茶籽(吨) Tea-oil Seeds (ton)	油桐籽(吨) Tung-oil Seeds (ton)	松脂(吨) Pine Resin (ton)	板栗(吨) Chestnuts (ton)	棕片(吨) Palm Leaf (ton)	竹笋干(吨) Bamboo Shoots (ton)	木材采伐量(万方) Woods Cuts (10 000 cu.m)	竹材采伐量(万根) Bamboo Cuts (10 000 roots)
全 省	**Total**	**824341**	**32985**	**39364**	**101655**	**6713**	**38251**	**351.67**	**6398.59**
长沙市	Changsha	34401		450	9460	4	47	16.13	458.49
株洲市	Zhuzhou	124750	1072	1952	1562	491	5164	19.76	611.03
湘潭市	Xiangtan	10097	11		400		24	3.22	23.43
衡阳市	Hengyang	192943	1690	335	16943	27	5327	5.39	549.08
邵阳市	Shaoyang	74587	364	248	4906	387	2992	55.95	668.62
岳阳市	Yueyang	25511	8230	845	6229	228	1500	21.22	500.98
常德市	Changde	39405	705	194	18504	335	378	35.68	804.55
张家界市	Zhangjiajie	5194	1420	20	2325	1600	260	11.53	1.95
益阳市	Yiyang	18253	700	350	1944	1210	4195	40.65	1554.00
郴州市	Chenzhou	99526	3976	1200	5758	661	8583	24.14	333.95
永州市	Yongzhou	106950	2005	31196	14808	937	6282	40.82	412.46
怀化市	Loudi	70948	11723	659	8844	730	3183	56.16	196.52
娄底市	Huaihua	9745	50	20	3910	40	144	10.72	271.13
湘西州	West Hinan	12030	1039	1895	6062	63	172	10.30	12.40

19-34 牲畜头数、畜产品产量(2015年)
Number of Live stocks, Output of Livestock Products (2015)

市 州	Cities and Prefecture	大牲畜年末存栏数(头) Large Animals (head)	#牛 Cattle and Buffaloes	生猪存栏(万头) Hogs (10000 heads)	肉猪出栏(万头) Slaughtered Fattened Hogs(10 000heads)	猪肉产量(吨) Output of Pork (ton)	牛肉产量(吨) Output of Beef (ton)	羊肉产量(吨) Output of Mutton (ton)	禽蛋产量(吨) Poultry eggs (ton)
长沙市	Changsha	168260	167582	406.03	786.41	580581	14266	12682	55038
株洲市	Zhuzhou	178045	177960	274.69	446.85	319792	7705	8746	50227
湘潭市	Xiangtan	55142	55142	272.21	529.11	409183	1701	1549	36373
衡阳市	Hengyang	317540	314229	545.53	955.61	723476	17302	10611	234704
邵阳市	Shaoyang	770663	751230	546.01	964.34	688314	43059	8703	18879
岳阳市	Yueyang	478430	475070	416.69	739.51	504524	20694	6959	80853
常德市	Changde	472889	472631	335.08	633.69	456257	17482	30054	408948
张家界市	Zhangjiajie	168080	164695	75.20	102.27	77420	7336	3425	13970
益阳市	Yiyang	386675	382699	304.28	488.96	352726	23248	7472	147757
郴州市	Chenzhou	398042	397355	332.92	583.96	415055	16045	7569	31491
永州市	Yongzhou	963920	958800	529.77	853.98	610318	32373	10589	61081
怀化市	Loudi	627121	608218	247.44	337.43	254497	17587	7442	16200
娄底市	Huaihua	424891	421552	283.93	516.71	361255	20174	4978	28867
湘西州	West Hinan	314932	314097	105.39	115.62	77110	7833	5833	10415

19-35 农业生产条件(2015年)
Condition of Agricultural Production(2015)

市 州	Cities and Prefecture	农业机械总动力(万千瓦) Total Power of Agricultural Machinery (10 000 kw)	有效灌溉面积(千公顷) Effective Irrigated Area (1000 hectares)	化肥施用量(万吨) Consumption of Chemical Fertilizers (10 000 tons)	农村用电量(万度) Electricity Consumed in Rural Areas (10 000 kwh)	每公顷面积产量 (公斤) Yield per hectare (kg) 粮食 Grain Crops	棉花 Cotton	油料 Oil-bearing Crops
全 省	**Total**	**5894.16**	**3113.32**	**246.54**	**1239142**	**6073**	**1272**	**1681**
长沙市	Changsha	586.20	224.16	19.91	199548	6693	1667	1706
株洲市	Zhuzhou	324.13	163.07	11.31	84396	6827	1493	1545
湘潭市	Xiangtan	281.21	140.20	10.71	64702	6989	926	1081
衡阳市	Hengyang	550.01	287.12	24.23	183814	5892	1367	1581
邵阳市	Shaoyang	447.38	284.89	22.63	92145	5491	1032	1767
岳阳市	Yueyang	586.99	316.24	23.64	80645	5767	1454	1713
常德市	Changde	592.52	469.11	32.70	130613	5385	1503	1907
张家界市	Zhangjiajie	109.39	53.19	6.24	18681	4400	1213	1762
益阳市	Yiyang	505.53	236.63	23.97	90909	5856	1656	1756
郴州市	Chenzhou	416.76	190.32	19.71	71077	5379	855	1660
永州市	Yongzhou	590.02	289.43	23.70	77051	5746	1454	1813
怀化市	Huaihua	396.64	195.67	11.08	58890	5627	634	1378
娄底市	Loudi	337.98	94.92	8.75	69133	5893	1410	1202
湘西州	West Hunan	169.41	168.37	7.95	17537	4676	708	1486

注:化肥施用量1989年及以前均为实物量,1990年及以后为折纯量。

Data of consumption of fertilizers refer to the consumption in quantity prior to 1989, and the consumption in purity in and after 1990.

19-36 农畜产品产量(2015年)
Output of Major Farm and Livestocks Products(2015)

市 州	Cities and Prefecture	粮食产量(万吨) Grain (10 000 tons)	棉花产量(吨) Cotton (ton)	油料产量(万吨) Oilbearing (10 000 tons)	水果产量(万吨) Fruit (10 000 tons)	肉类产量 (万吨) Total Output of Meat (10 000 tons)	猪牛羊肉产量 Output of Pork, Beef and Mutton	奶类(吨) Milk Output (tons)	牛奶 Cow Milk Output	水产品产量(吨) Aquatic Products (ton)
长沙市	Changsha	251.14	400	9.37	41.58	69.66	60.75	6977	6977	126951
株洲市	Zhuzhou	184.51	2135	6.10	30.65	37.33	33.62			91346
湘潭市	Xiangtan	152.64	204	2.45	7.86	42.73	41.24	2381	2381	92030
衡阳市	Hengyang	335.77	22315	34.73	79.14	91.05	75.14	903	903	289788
邵阳市	Shaoyang	326.40	320	17.37	83.79	81.54	74.01	49157	49157	107014
岳阳市	Yueyang	324.11	53381	22.16	69.19	58.17	53.22	6926	6926	513016
常德市	Changde	389.48	101715	58.40	96.31	67.13	50.38	13463	13463	479358
张家界市	Zhangjiajie	61.20	1116	7.95	30.97	9.60	8.82			16936
益阳市	Yiyang	250.08	39660	25.15	51.73	43.00	38.34			394353
郴州市	Chenzhou	189.99	256	12.43	77.42	49.01	43.87	719	719	114702
永州市	Yongzhou	321.90	3256	16.50	152.78	78.81	65.33	756	756	197266
怀化市	Huaihua	182.96	1040	16.48	145.50	34.46	27.95	950	950	81426
娄底市	Loudi	163.84	508	4.77	20.50	40.80	38.64	910	910	87219
湘西州	West Hunan	85.39	135	9.05	93.62	10.12	9.08			21805

19-37 农业基本情况(2015年)
Basic Indicators of Agriculture(2015)

市 州	Cities and Prefecture	乡村劳动力(万人) Number of Laborers (10 000 persons)	年末实有耕地面积(万公顷) Cultivated Areas (at the year end) (10 000 hectares)	当年减少耕地面积(万公顷) Decrease in Cultivated Area by Cause	造林面积(万公顷) Afforesta-tion Areas(10 000 hectares)
全 省	**Total**	**3503.1**	**415.35**	**0.37**	**37.60**
长沙市	Changsha	285.2	27.73	0.05	1.40
株洲市	Zhuzhou	199.6	20.90	0.02	2.29
湘潭市	Xiangtan	131.6	15.16	0.02	1.01
衡阳市	Hengyang	343.8	39.23	0.04	3.13
邵阳市	Shaoyang	436.4	44.59	0.04	3.62
岳阳市	Yueyang	254.9	35.36	0.02	2.73
常德市	Changde	307.0	50.60	0.04	2.75
张家界市	Zhangjiajie	87.7	12.00	0.01	1.63
益阳市	Yiyang	228.9	29.94	0.04	2.14
郴州市	Chenzhou	277.0	29.94	0.03	3.79
永州市	Yongzhou	303.2	36.31	0.03	4.43
怀化市	Huaihua	267.6	34.33	0.02	3.93
娄底市	Loudi	229.6	19.27	0.02	2.13
湘西州	West Hunan	150.5	19.99	0.00	2.61

注：从2000年起，耕地面积为省国土资源厅统计数据(下表同)。
The data of cultivated land from Hunan Province Territory Resource Bureau since 2000.The same as in the following table.

市 州	Cities and Prefecture	乡村户数(万户) Number of Rural Households (10 000 households)	乡村从业人员(万人) Number of Rural Laborers (10 000 persons)	农林牧渔业 Farming, Forestry, Animal Husbandry and Fishery Laborers	常用耕地面积(千公顷) Common Cultivated land (1 000 hectares)	农林牧渔业总产值(万元) Gross Output Value of Farming,Forestry,Animal,Husbandry,and Fishery	农林牧渔业总产值指数(上年=100) Indices (preceding year=100)
全 省	**Total**	**1594.5**	**3190.0**	**1762.3**		**56307477**	**103.7**
长沙市	Changsha	133.2	253.4	96.1		5371293	103.6
株洲市	Zhuzhou	78.5	170.2	82.0		2668193	103.9
湘潭市	Xiangtan	59.1	128.2	70.1		2400713	103.8
衡阳市	Hengyang	166.4	321.3	207.4		6518455	103.8
邵阳市	Shaoyang	187.2	395.6	236.1		4486296	103.8
岳阳市	Yueyang	124.3	232.6	117.3		4901200	103.9
常德市	Changde	157.5	284.2	160.2		5885742	103.5
张家界市	Zhangjiajie	43.1	80.9	52.2		845898	104.0
益阳市	Yiyang	108.7	210.0	119.7		4104521	104.0
郴州市	Chenzhou	120.3	251.4	110.3		3353182	103.9
永州市	Yongzhou	135.9	282.4	153.6		5553410	103.9
怀化市	Huaihua	119.5	244.7	143.5		3094260	103.5
娄底市	Loudi	99.8	198.9	121.1		3014496	103.8
湘西州	West Hunan	61.0	136.3	93.0		1265364	103.7

19-38 规模以上工业企业个数(2015年)
The Number of Units of Industrial Enterprises above Designated Size(2015)

单位：个 (unit)

市 州	Cities and Prefecture	工业企业单位个数 The number of units of industrial enterprises	按轻重工业分 轻工业 Light Industry	重工业 Heavy Industry	按登记注册类型分 国有控股 Stste-owned Enterprises	内资企业 Domestic Funde	港澳台商投资企业 Enterprises with Funds from Hongkong, Macao and Taiwan	外商投资企业 Foreign Funded
全 省	**Total**	**13992**	**5690**	**8302**	**764**	**13429**	**327**	**236**
长沙市	Changsha	2710	1273	1437	118	2559	68	83
株洲市	Zhuzhou	1540	634	906	110	1486	22	32
湘潭市	Xiangtan	907	267	640	44	873	16	18
衡阳市	Hengyang	961	331	630	63	921	24	16
邵阳市	Shaoyang	1060	499	561	48	1034	14	12
岳阳市	Yueyang	1285	585	700	55	1245	19	21
常德市	Changde	993	472	521	63	956	29	8
张家界市	Zhangjiajie	162	77	85	15	157	4	1
益阳市	Yiyang	971	439	532	39	936	24	11
郴州市	Chenzhou	1095	319	776	75	1042	44	9
永州市	Yongzhou	777	315	462	49	718	47	12
怀化市	Huaihua	577	189	388	49	564	6	7
娄底市	Loudi	676	185	491	30	662	9	5
湘西州	West Hunan	293	108	185	21	291	1	1

19-39 规模以上工业企业基本情况(2015年)
Basic Indicators of Industrial Enterprises above Designated Size (2015)

单位：亿元 (100 million yuan)

市 州	Cities and Prefecture	工业增加值指数(%) Index of Value Added of Industry(%)	主营业务收入 Revenue of Main Bussiness	利润总额 Total Profits	利税总额 Total Per-tax Profits	资产总计 Total assets of industrial enterprises	负债合计 Total liabilities of industrial enterprises
全 省	**Total**	**107.80**	**35410.45**	**1808.70**	**3904.90**	**23575.75**	**12240.94**
长沙市	Changsha	109.20	9223.93	580.36	1101.05	7132.82	3879.01
株洲市	Zhuzhou	108.20	3132.22	159.92	312.44	2621.56	1294.96
湘潭市	Xiangtan	108.20	3023.65	119.49	204.45	1810.12	1184.96
衡阳市	Hengyang	107.10	1945.81	104.05	161.40	1405.79	836.11
邵阳市	Shaoyang	109.70	1805.39	94.46	149.90	762.83	313.44
岳阳市	Yueyang	108.30	4735.75	141.50	465.33	2179.85	806.02
常德市	Changde	107.10	2391.20	160.13	630.47	1606.19	759.12
张家界市	Zhangjiajie	106.60	124.26	15.21	21.05	110.61	57.47
益阳市	Yiyang	107.10	1996.36	77.41	137.60	945.83	476.26
郴州市	Chenzhou	107.20	3107.80	175.14	329.99	1620.24	727.59
永州市	Yongzhou	110.10	1052.49	45.30	127.48	673.75	299.71
怀化市	Huaihua	107.00	902.83	38.10	71.87	726.46	323.37
娄底市	Loudi	105.70	1610.34	62.64	132.82	1125.48	726.14
湘西州	West Hunan	105.20	228.37	21.35	32.45	289.37	159.51

19-40 主要工业产品产量(2015年)
Output of Major Industrial Products(2015)

市 州	Cities and Prefecture	纱(万吨) Yarn (10 000 tons)	布(亿米) Cloth (100 million meters)	针棉织品(折用纱线)(万吨) Cotton Knitwear (10 000 tons)	机制纸及纸板(万吨) Machine-made Paper and Paperboard (10 000 tons)	电光源(万只) Lighting Service (10 000 units)	成品糖(万吨) Sugar (10 000 tons)
全 省	**Total**	**112.03**	**3.93**	**0.40**	**398.47**	**1362.00**	
长沙市	Changsha	10.01	0.04		32.73		
株洲市	Zhuzhou	8.80	0.16		3.95		
湘潭市	Xiangtan	4.30	0.09		3.48		
衡阳市	Hengyang	1.46	0.00		14.15		
邵阳市	Shaoyang	4.51	0.08		56.10		
岳阳市	Yueyang	30.39	1.06		99.06		
常德市	Changde	28.93	1.43		83.20	1362.00	
张家界市	Zhangjiajie		0.00				
益阳市	Yiyang	17.58	0.70	0.40	46.03		
郴州市	Chenzhou	1.38	0.04		37.05		
永州市	Yongzhou	0.08	0.13		10.44		
怀化市	Huaihua	2.41	0.21		12.29		
娄底市	Loudi	0.80					
湘西州	West Hunan	1.39					

市 州	Cities and Prefecture	卷 烟(万箱) Cigarettes (10 000 cases)	化学药品原药(吨) Original Chemical Drug (ton)	食用植物油(万吨) Edible Vegetable Oil (10 000 tons)	饲料(万吨) Mixed Fodder (10 000 tons)	粗钢(万吨) Crude Steel (10 000 tons)	生 铁(万吨) Pig Iron (10 000 tons)
全 省	**Total**	**351.47**	**64316.31**	**319.66**	**1684.49**	**1852.78**	**1762.82**
长沙市	Changsha	125.34	22998.75	9.61	322.82	12.64	
株洲市	Zhuzhou		329.26	0.77	119.21		
湘潭市	Xiangtan		14.13	6.54	65.89	719.64	697.26
衡阳市	Hengyang		25.30	10.14	116.82	114.83	93.86
邵阳市	Shaoyang		238.36	1.19	94.90		
岳阳市	Yueyang		8226.28	190.43	495.15	0.78	0.45
常德市	Changde	162.16	547.71	60.95	205.45		
张家界市	Zhangjiajie		42.19	1.64	1.30		
益阳市	Yiyang		22040.00	12.90	113.87	40.89	
郴州市	Chenzhou	32.96		0.23	27.87	30.51	0.15
永州市	Yongzhou	31.02	38.36	9.27	56.31		36.32
怀化市	Huaihua		9791.72	15.00	49.89	3.26	
娄底市	Loudi			0.98	15.03	930.23	934.77
湘西州	West Hunan		24.25				

19-40 续表 continued

市 州	Cities and Prefecture	原 煤 (万吨) Coal (10 000 tons)	发电量 (亿千瓦时) Electricity (100 million kw.h)	水电 Hydro-power	钢材 (万吨) Steel (10 000 tons)	水 泥 (万吨) Cement (10 000 tons)	平板玻璃 (万重量箱) Plate Class (10 000 weight cases)	硫 酸 (万吨) Sulfuric Acid (10 000 tons)	烧 碱 (万吨) Caustic Sode (10 000 tons)
全 省	**Total**	**3464.59**	**1215.18**	**485.32**	**1951.29**	**11613.56**	**2144.52**	**244.08**	**47.99**
长沙市	Changsha	2.62	53.59	10.85	16.00	1166.89	61.17	4.22	
株洲市	Zhuzhou	568.68	51.03	29.17	5.77	524.14	1887.01	63.36	
湘潭市	Xiangtan	35.22	88.54	2.19	683.39	760.50			
衡阳市	Hengyang	313.93	61.70	16.33	109.46	929.78		60.25	28.66
邵阳市	Shaoyang	110.81	97.14	50.64	2.72	1054.35			
岳阳市	Yueyang		103.29	0.71	13.59	414.62		5.26	7.46
常德市	Changde	53.96	133.51	42.96		1194.08	196.35		2.04
张家界市	Zhangjiajie	15.75	18.51	12.35		190.73			
益阳市	Yiyang	16.24	98.12	38.14	45.43	806.78			
郴州市	Chenzhou	1215.92	130.89	31.22	35.18	973.24		29.23	3.39
永州市	Yongzhou	18.57	62.72	56.67	43.12	1057.38		3.86	
怀化市	Huaihua	42.17	185.27	177.61	3.10	876.29		27.65	3.40
娄底市	Loudi	1064.22	116.65	2.77	993.52	1374.23		6.52	3.04
湘西州	West Hunan	6.49	14.22	13.70		290.55		43.74	

市 州	Cities and Prefecture	化学农药 (原药) (万吨) Chemical Pesticide (10 000 tons)	化学肥料 (折纯量) (万吨) Chemical Fertilizers (10 000 tons)	氮肥 Nitrogen Fertilizers	磷肥 Phosphate Fertilizers	电 石 (万吨) Calcium Carbide (10 000 tons)	初级形态的塑料 (万吨) Pimary Plastics (ton)	矿山专用设备 (万吨) Mining Special Equipment (10 000ton)	金属切削机床(台) Metal-Cutting Machine Tools(unit)
全 省	**Total**	**5.13**	**108.44**	**95.75**	**12.69**	**13.38**	**66.84**	**44.24**	**4455**
长沙市	Changsha	1.59	2.53		2.53		0.48	2.71	2108
株洲市	Zhuzhou	1.11	0.20	0.20					
湘潭市	Xiangtan		8.22	8.22				3.63	
衡阳市	Hengyang		8.10	7.63	0.46		11.20	1.99	
邵阳市	Shaoyang		0.59	0.59			0.00	5.48	
岳阳市	Yueyang	1.35	40.08	40.08			49.14		235
常德市	Changde	1.07	13.19	6.69	6.51		0.41	1.20	
张家界市	Zhangjiajie								
益阳市	Yiyang	0.02	2.62	2.62			2.69	0.02	628
郴州市	Chenzhou		2.41	2.41			2.92		
永州市	Yongzhou							0.10	1484
怀化市	Huaihua		5.04	2.60	2.44	13.38		0.35	
娄底市	Loudi		24.72	24.72				28.77	
湘西州	West Hunan		0.75		0.75				

19-41 建筑企业概况(2015年)
General Survey of Construction Enterprises(2015)

单位：亿元 (100 million yuan)

市　州	Cities and Prefecture	企业总收入 Total Income of Enterprises	利税总额合计 Total pre-tax Profits	利润总额合计 Total Profits
全　省	**Total**	**6131.31**	**454.45**	**216.19**
长沙市	Changsha	3357.69	229.59	112.51
株洲市	Zhuzhou	427.83	28.44	13.37
湘潭市	Xiangtan	261.15	19.03	8.89
衡阳市	Hengyang	390.20	29.04	9.53
邵阳市	Shaoyang	271.35	21.12	9.13
岳阳市	Yueyang	292.35	28.95	16.93
常德市	Changde	259.14	19.54	7.99
张家界市	Zhangjiajie	31.03	2.93	1.41
益阳市	Yiyang	172.86	15.36	7.16
郴州市	Chenzhou	205.92	22.13	10.01
永州市	Yongzhou	127.49	11.12	6.49
怀化市	Huaihua	83.13	6.07	2.74
娄底市	Loudi	204.54	17.37	8.27
湘西州	West Hunan	46.63	3.76	1.76

19-42 建筑业指标(2015年)
Statistics Indicators on Construction Enterprises(2015)

市　州	Cities and Prefecture	建筑业总产值(亿元) gross output value of construction (100 million yuan)	企业单位数(个) number of enterprises (unit)	从业人员数(万人) number of employees (10 000 persons)
全　省	**Total**	**6630.82**	**2083**	**221.27**
长沙市	Changsha	3478.18	552	110.22
株洲市	Zhuzhou	553.30	197	14.47
湘潭市	Xiangtan	301.87	123	12.68
衡阳市	Hengyang	438.95	176	14.71
邵阳市	Shaoyang	288.35	112	9.93
岳阳市	Yueyang	280.34	209	11.27
常德市	Changde	262.69	114	10.44
张家界市	Zhangjiajie	32.79	28	1.36
益阳市	Yiyang	201.19	96	6.61
郴州市	Chenzhou	237.72	118	8.21
永州市	Yongzhou	183.18	93	7.10
怀化市	Huaihua	109.54	92	3.69
娄底市	Loudi	216.70	121	8.56
湘西州	West Hunan	46.03	52	2.01

19-43 房屋建筑面积(2015年)
Floor Space of Building Construction(2015)

单位:万平方米 (10 000 sq.m)

市 州	Cities and Prefecture	房屋建筑面积 Floor Space of Building Construction		国有经济 State-owned		集体经济 Collective-owned	
		施工面积 Floor Space Under Construction	竣工面积 Floor Space Completed	施工面积 Floor Space Under Construction	竣工面积 Floor Space Completed	施工面积 Floor Space Under Construction	竣工面积 Floor Space Completed
全 省	**Total**	**47504.41**	**17389.97**	**18585.29**	**3873.21**	**3988.28**	**2132.53**
长沙市	Changsha	25852.37	6541.22	13876.30	2470.80	390.02	108.81
株洲市	Zhuzhou	3321.03	1549.67	1413.25	386.43	412.56	159.18
湘潭市	Xiangtan	1975.43	821.16	892.47	319.45	103.60	40.62
衡阳市	Hengyang	2873.91	1516.96	419.79	175.57	629.92	391.71
邵阳市	Shaoyang	3057.84	1159.24	1265.21	198.55	447.41	272.93
岳阳市	Yueyang	1338.53	944.03	84.34	51.12	382.36	231.33
常德市	Changde	2005.30	794.90	134.94	51.13	92.19	23.82
张家界市	Zhangjiajie	302.75	162.66			42.63	23.61
益阳市	Yiyang	1112.83	721.02	107.51	18.09	96.02	50.32
郴州市	Chenzhou	1353.94	856.49	74.63	26.53	135.35	101.11
永州市	Yongzhou	1839.08	1238.71	176.77	130.28	547.29	367.78
怀化市	Huaihua	862.61	337.79	93.42	27.21	303.67	137.81
娄底市	Loudi	1270.12	626.74	33.49	18.01	183.43	140.15
湘西州	West Hunan	338.69	119.38	13.18	0.05	221.85	83.36

注：2014年开始国有经济适用国有及国有控股企业。
Beginning in 2013,state-owned economic enterprises reper to state-owned and state holding enterprises.

19-44 公路长度(2015年)
Length of Highways (2015)

单位：公里 (km)

市 州	Cities and Prefecture	里程总计 Total Length of Highways	Expressway and Class Ⅰ to Ⅳ Highway	等级公路 高速公路 Express-way	一级公路 First Class	二级公路 Second Class	三级公路 Third Class	四级公路 Fourth Class	等外路 Highway Below Class Ⅳ
全 省	**Total**	**236886**	**213512**	**5653**	**1292**	**12606**	**5618**	**188343**	**23374**
长沙市	Changsha	16041	13411	652	219	1076	737	10726	2630
株洲市	Zhuzhou	13821	13588	458	85	1049	123	11874	233
湘潭市	Xiangtan	7844	5294	254	31	354	257	4398	2550
衡阳市	Hengyang	20747	16981	570	61	1007	173	15170	3766
邵阳市	Shaoyang	22042	18052	452	57	1303	500	15739	3990
岳阳市	Yueyang	20301	19735	339	122	990	402	17882	567
常德市	Changde	22459	22443	396	219	1116	545	20166	15
张家界市	Zhangjiajie	8880	6992	118	6	300	453	6115	1888
益阳市	Yiyang	15923	15242	108	114	875	132	14014	681
郴州市	Chenzhou	17634	16257	555	136	1325	375	13866	1377
永州市	Yongzhou	23053	20992	492	85	1004	558	18854	2060
怀化市	Huaihua	20630	19426	675	80	1112	638	16921	1204
娄底市	Loudi	14813	12757	222	69	630	295	11539	2057
湘西州	West Hunan	12696	12341	361	7	465	429	11080	355

注：资料来源于省交通厅。2006年起等外路包含村道。

Figures in this table form Transpotation Bureau of Hunan Province. Highway below class Ⅳ includes country road since 2006.

19-45 民用车辆拥有量(2015年)
Number of Civil Motor Vehicles (2015)

市 州	Cities and Prefecture	合 计（辆）Total (unit)	私人汽车 Private car	汽车 Civil Motor Vehicles 载客 Passenger Vehicles	载货 Trucks Vehicles	摩托车 Motors	拖拉机 Tractors	其他类型车 Other Motor Vehicles	机动车驾驶员（人）Number of Motor Drivers (person)	#汽车驾驶员 Automobile Drivers
全 省	**Total**	**10891585**	**4661406**	**4378120**	**673971**	**5291722**	**313188**	**94281**	**12396738**	**9579590**
长沙市	Changsha	2108041	1522538	1540228	129994	376321	29585	8068	2344436	2218613
株洲市	Zhuzhou	772268	308664	295556	43809	393402	24483	8912	871226	693592
湘潭市	Xiangtan	542473	222319	221048	21623	276087	12336	8527	603802	502930
衡阳市	Hengyang	739640	303245	281967	52704	361288	25389	8294	987465	765749
邵阳市	Shaoyang	794457	324649	274828	71993	412098	20046	4136	1041677	836249
岳阳市	Yueyang	797562	319824	304514	38100	403334	29819	13518	946597	737528
常德市	Changde	891415	305696	287595	49398	491041	37634	15450	1084455	724380
张家界市	Zhangjiajie	296371	80125	73824	15481	195673	7190	717	282778	174457
益阳市	Yiyang	660221	245526	217407	39773	349165	31169	13728	882428	635402
郴州市	Chenzhou	719943	272325	235743	57574	379597	32615	3298	645528	527610
永州市	Yongzhou	684247	232472	193002	48990	388442	32869	4905	811069	523705
怀化市	Huaihua	774334	203271	180570	37754	535316	8748	1980	815565	460688
娄底市	Loudi	814731	228180	195390	44648	553380	9019	2229	729715	556584
湘西州	West Hunan	295882	92572	76448	22130	176578	12286	519	349997	222103

19-46 邮电业务量(2015年)
Volume of Postal and Telecommunications Services (2015)

市 州	Cities and Prefecture	邮电业务总量(亿元) Revenue From Postal and Telecommunication (100 million yuan)	邮政业务总量(亿元) Revenue From Postal (100 million yuan)	电信业务总量(亿元) Revenue From Telecommunication (100 million yuan)	函件(万件) Letters (10 000 pieces)	报刊期发数(万份) Parcels (10 000 copies)	本地电话用户(万户) Local Telephone Subscribers (10 000 subscribers)	移动电话用户(万户) Mobile Telephone Subscribers (10 000 subscribers)	互联网用户数(万户) Number of Internet Users (10 000 persons)
全 省	**Total**	**904.12**	**104.15**	**799.97**	**4553.71**	**536.03**	**786.99**	**4886.94**	**898.02**
长沙市	Changsha	251.80	42.28	209.52	1587.67	92.42	179.35	1079.57	180.26
株洲市	Zhuzhou	60.41	8.06	52.35	105.92	31.16	60.54	336.23	69.01
湘潭市	Xiangtan	42.33	3.65	38.68	56.78	21.20	31.85	250.12	46.71
衡阳市	Hengyang	66.54	7.02	59.52	263.73	47.69	82.83	402.69	76.96
邵阳市	Shaoyang	59.86	6.36	53.50	697.50	44.68	62.33	353.31	65.12
岳阳市	Yueyang	62.47	5.17	57.30	99.17	34.73	72.61	403.26	71.64
常德市	Changde	65.79	4.86	60.93	455.26	39.77	60.40	365.21	85.12
张家界市	Zhangjiajie	21.16	1.31	19.85	34.67	14.15	15.25	103.79	23.82
益阳市	Yiyang	45.36	5.44	39.92	251.22	28.82	35.60	277.86	42.93
郴州市	Chenzhou	50.49	7.40	43.09	124.07	39.30	52.91	354.53	61.98
永州市	Yongzhou	46.94	3.95	42.99	59.96	36.86	34.16	262.02	49.73
怀化市	Huaihua	49.50	3.44	46.06	549.13	45.73	40.87	303.64	49.52
娄底市	Loudi	47.21	3.30	43.91	136.14	37.65	40.09	265.49	45.16
湘西州	West Hunan	28.90	1.93	26.97	132.49	21.89	18.20	129.22	30.07

注：邮电业务总量、邮政业务总量和电信业务总量2010年起，由2000年不变价调整为2010年不变价。

From 2010，the index of Revenue From Postal and Telecommunication is adjusted from 2000’s constant price to 2010's constant price.

19-47 规模以上服务业企业主要经济指标（2015年）
Major Economic Indicators of Service Enterprises above Designated Size(2015)

单位：亿元 (100 million yuan)

市 州	Cities and Prefecture	单位数(个) Number of Enterprises (unit)	年初存货 Inventory Year-early	流动资产合计 Circulating Funds	应收账款 Net Value of Account Received	年末存货 Inventory Year-end
总 计	**Total**	**3837**	**2302.81**	**7460.22**	**1478.54**	**2366.86**
长沙市	Changsha	1117	1255.40	3868.07	294.91	1427.51
株洲市	Zhuzhou	281	131.04	490.53	70.80	144.23
湘潭市	Xiangtan	80	13.19	77.30	19.85	15.30
衡阳市	Hengyang	430	318.67	1604.59	851.08	84.34
邵阳市	Shaoyang	184	8.67	23.65	3.67	8.30
岳阳市	Yueyang	350	28.07	115.11	18.08	33.58
常德市	Changde	433	56.94	174.44	18.82	90.94
张家界市	Zhangjiajie	45	2.78	39.88	1.60	3.40
益阳市	Yiyang	112	83.35	144.86	4.82	94.89
郴州市	Chenzhou	337	127.31	302.26	54.82	140.46
永州市	Yongzhou	144	89.74	141.98	11.40	98.12
怀化市	Huaihua	97	17.28	93.44	27.37	32.39
娄底市	Loudi	161	163.32	360.33	98.62	185.39
湘西州	West Hunan	66	7.05	23.78	2.71	8.00

市 州	Cities and Prefecture	固定资产原价 Original Price of Fixed Assets	本年折旧 Depreciation this Year	资产总计 Total Assets	负债合计 Total Liability	所有者权益合计 Tatol Rights of Owners
总 计	**Total**	**2581.38**	**182.95**	**17183.84**	**7937.68**	**9245.95**
长沙市	Changsha	1086.61	79.27	6830.71	3643.00	3187.32
株洲市	Zhuzhou	208.57	13.44	1926.93	1088.33	838.60
湘潭市	Xiangtan	201.34	6.53	158.74	116.52	42.22
衡阳市	Hengyang	174.81	9.83	5541.07	1616.10	3924.97
邵阳市	Shaoyang	104.84	9.15	103.88	59.40	44.46
岳阳市	Yueyang	124.91	8.69	237.72	144.44	93.28
常德市	Changde	134.58	12.26	348.93	200.34	148.74
张家界市	Zhangjiajie	50.85	4.13	102.92	69.07	33.85
益阳市	Yiyang	85.10	5.97	352.06	199.82	152.24
郴州市	Chenzhou	114.59	13.24	481.89	190.32	291.56
永州市	Yongzhou	64.34	3.88	364.92	209.80	155.18
怀化市	Huaihua	81.44	7.10	185.73	118.81	66.92
娄底市	Loudi	101.94	5.51	479.95	239.87	240.08
湘西州	West Hunan	47.44	3.95	68.39	41.87	26.52

19-47 续表1 continued

单位：亿元 (100 million yuan)

市 州	Cities and Prefecture	营业收入 Operating Income	主营业务收入 Revenue of Major Business	营业成本 Operating Cost	主营业务成本 Cost of Major Business	营业税金及附加 Tax and Extra Charges from Principal Business
总 计	**Total**	**2255.77**	**2162.64**	**1742.71**	**1658.98**	**30.42**
长沙市	Changsha	1139.87	1073.70	816.22	765.13	16.16
株洲市	Zhuzhou	139.74	130.94	103.19	96.69	1.81
湘潭市	Xiangtan	69.64	68.09	51.78	50.20	0.38
衡阳市	Hengyang	122.73	121.72	202.47	200.79	1.43
邵阳市	Shaoyang	65.11	63.02	45.60	41.56	0.61
岳阳市	Yueyang	110.06	108.26	73.75	71.98	1.28
常德市	Changde	127.60	126.12	93.21	90.53	1.58
张家界市	Zhangjiajie	40.18	39.80	22.49	22.24	0.93
益阳市	Yiyang	63.34	62.48	44.54	42.84	0.84
郴州市	Chenzhou	182.47	178.28	146.68	140.09	3.73
永州市	Yongzhou	51.26	50.92	40.73	40.01	0.48
怀化市	Huaihua	48.59	47.65	33.03	31.39	0.32
娄底市	Loudi	69.04	66.46	51.41	48.50	0.58
湘西州	West Hunan	26.14	25.19	17.61	17.01	0.29

市 州	Cities and Prefecture	主营业务税金及附加 Tax of Major Business	销售费用 Operation Expense	管理费用 Management Expense	税金 tax	财务费用 Financial Expense
总 计	**Total**	**29.05**	**146.46**	**263.61**	**6.38**	**177.90**
长沙市	Changsha	15.67	61.76	139.93	3.54	31.46
株洲市	Zhuzhou	1.64	10.18	15.59	0.45	2.99
湘潭市	Xiangtan	0.38	5.26	8.27	0.20	1.58
衡阳市	Hengyang	1.36	8.73	25.78	0.22	115.00
邵阳市	Shaoyang	0.53	6.65	8.89	0.27	0.82
岳阳市	Yueyang	1.22	8.09	10.49	0.31	2.70
常德市	Changde	1.38	8.42	14.07	0.37	3.47
张家界市	Zhangjiajie	0.92	4.48	2.99	0.14	2.51
益阳市	Yiyang	0.82	5.07	6.39	0.12	4.52
郴州市	Chenzhou	3.54	8.14	11.82	0.27	2.33
永州市	Yongzhou	0.48	5.02	4.90	0.10	6.79
怀化市	Huaihua	0.29	5.54	5.38	0.24	2.33
娄底市	Loudi	0.53	5.74	5.63	0.08	0.91
湘西州	West Hunan	0.28	3.38	3.48	0.06	0.49

19-47 续表2 continued

单位：亿元 (100 million yuan)

市 州	Cities and Prefecture	利息收入 Interest Revenue	利息支出 Interest Expense	投资收益 Income from Investment	营业利润 Operating Profit	营业外收入 Non-operating Income	补贴收入 Income from Subsidy
总 计	**Total**	**22.52**	**77.28**	**41.83**	**176.03**	**102.08**	**57.08**
长沙市	Changsha	21.39	50.67	36.33	95.23	45.07	29.10
株洲市	Zhuzhou	0.23	2.03	2.62	10.77	6.83	4.00
湘潭市	Xiangtan	0.12	1.27	0.24	2.33	2.95	1.46
衡阳市	Hengyang	0.17	4.97	0.53	12.15	11.14	6.25
邵阳市	Shaoyang	0.03	0.49	0.09	3.90	2.52	1.10
岳阳市	Yueyang	0.08	2.01	0.70	12.61	3.77	1.51
常德市	Changde	0.09	3.32	0.09	9.18	6.80	3.68
张家界市	Zhangjiajie	0.28	2.84	0.76	7.33	1.21	0.27
益阳市	Yiyang	0.02	1.25	0.08	6.45	3.55	1.06
郴州市	Chenzhou	0.04	1.02	0.32	12.69	4.69	2.97
永州市	Yongzhou	0.01	5.30		-6.38	4.36	2.47
怀化市	Huaihua	0.04	1.34	0.04	2.60	3.34	1.18
娄底市	Loudi	0.02	0.36	0.05	6.62	2.82	1.46
湘西州	West Hunan		0.39	-0.02	0.56	3.03	0.57

市 州	Cities and Prefecture	营业外支出 Non-operating Income	利润总额 Total Profit	应交所得税 Income Tax Payable	应付职工薪酬 Total Sum of Wages Payable	应交增值税 Value Added Payable	年均从业人员（万人） Average Number of Empolyment of the Current Year (10000 persons)
总 计	**Total**	**29.24**	**241.78**	**54.50**	**341.92**	**48.55**	**55.40**
长沙市	Changsha	23.25	115.40	39.97	181.32	21.46	20.72
株洲市	Zhuzhou	0.44	15.14	0.90	20.80	2.75	3.89
湘潭市	Xiangtan	0.31	4.75	1.02	9.35	2.26	2.02
衡阳市	Hengyang	1.12	18.95	2.39	18.52	2.32	4.39
邵阳市	Shaoyang	0.80	5.75	0.27	12.90	2.43	2.92
岳阳市	Yueyang	0.33	15.72	1.47	16.28	2.73	3.62
常德市	Changde	0.44	15.22	2.32	23.08	2.59	5.08
张家界市	Zhangjiajie	0.35	8.19	1.89	4.02	0.77	0.61
益阳市	Yiyang	0.33	10.28	0.75	8.96	1.74	1.58
郴州市	Chenzhou	0.47	17.26	2.05	14.90	3.44	3.36
永州市	Yongzhou	0.40	-2.50	0.63	8.96	2.02	1.96
怀化市	Huaihua	0.54	5.09	0.08	7.67	1.78	1.88
娄底市	Loudi	0.26	9.18	0.54	9.18	1.27	2.34
湘西州	West Hunan	0.19	3.37	0.22	5.95	0.99	1.02

19-48 国内外贸易、对外经济和旅游(2015年)
Domestic Trade, Foreign Trade, Foreign Economy And Tourism(2015)

市州	Cities and Prefecture	社会消费品零售总额(亿元) Total Retail Sales of Consumer Goods (100 million yuan)	社会消费品零售总额增速(%) Total Retail Sales of Consumer Goods growth rate (%)	实际利用外商直接投资金额（万美元） Total Amount of Foreign Capital Actually Used (USD 100million)	旅游业总收入(亿元) Income of Tourism (100 million yuan)
长沙市	Changsha	3690.59	12.06	440580	818.94
株洲市	Zhuzhou	839.66	12.08	94175	256.13
湘潭市	Xiangtan	520.60	12.79	92000	245.92
衡阳市	Hengyang	1009.10	12.21	103013	269.47
邵阳市	Shaoyang	745.49	12.73	19200	138.69
岳阳市	Yueyang	1020.64	12.70	36307	320.65
常德市	Changde	945.49	12.30	74116	229.65
张家界市	Zhangjiajie	177.37	12.79	9250	252.49
益阳市	Yiyang	573.95	12.05	22132	146.18
郴州市	Chenzhou	809.55	12.15	135413	301.49
永州市	Yongzhou	527.83	12.13	83160	157.21
怀化市	Huaihua	502.76	11.46	11394	226.80
娄底市	Loudi	433.82	10.83	34501	170.41
湘西州	West Hunan	227.11	10.00	1200	178.88

19-49 限额以上批发零售贸易业商品购销存总额(2015年)
Total Purchases, Sales and Inventory of Enterprise above Designated Size in Wholesale and Retail Trade (2015)

单位：万元 (10 000 yuan)

市州	Cities and Prefecture	购进总额 Total Goods Purchase	销售总额 Total Sales	批发额 Wholesale	零售额 Retail Trade	年末库存总额 Inventory at the Year-end
全 省	**Total**	**75678502**	**84271279**	**41735382**	**42535898**	**17507041**
长沙市	Changsha	37352563	36031928	19232980	16798949	11920793
株洲市	Zhuzhou	5257073	6148372	3503690	2644683	298271
湘潭市	Xiangtan	2974943	3728142	1345894	2382248	401474
衡阳市	Hengyang	4915241	5411012	2716318	2694693	814460
邵阳市	Shaoyang	2395247	3256291	1365614	1890677	278730
岳阳市	Yueyang	4785376	5995268	2594189	3401078	1447792
常德市	Changde	2680910	3467973	1444731	2023242	304682
张家界市	Zhangjiajie	401330	647740	243522	404219	40471
益阳市	Yiyang	2399327	2883846	1126491	1757355	196710
郴州市	Chenzhou	6353294	8451306	4757571	3693735	1260976
永州市	Yongzhou	1891638	2497315	1015690	1481625	135920
怀化市	Huaihua	1150433	1924059	721745	1202314	146190
娄底市	Loudi	2469735	2740375	1022285	1718090	122956
湘西州	West Hunan	651393	1087652	644662	442990	137616

19-50 限额以上批发零售、住宿餐饮业法人企业数
Number of Corporation Units above Designated Size in Wholesale and Retail Trade, Hotels and Catering Services

单位：个 (unit)

市州	Cities and Prefecture	合计 Total		批发业 Wholesale Trade		零售业 Retail Trade		住宿业 Hotels		餐饮业 Catering Services	
		2014	2015	2014	2015	2014	2015	2014	2015	2014	2015
全 省	**Total**	**6847**	**7272**	**1847**	**1806**	**3688**	**4028**	**714**	**731**	**598**	**707**
长沙市	Changsha	1599	1619	613	562	681	764	146	129	159	164
株洲市	Zhuzhou	553	571	183	186	248	248	53	54	69	83
湘潭市	Xiangtan	337	360	54	49	231	251	23	26	29	34
衡阳市	Hengyang	623	677	173	177	346	370	63	68	41	62
邵阳市	Shaoyang	548	729	91	101	368	487	38	56	51	85
岳阳市	Yueyang	533	547	172	175	276	282	49	49	36	41
常德市	Changde	583	629	84	83	388	423	56	55	55	68
张家界市	Zhangjiajie	117	108	8	5	56	56	49	44	4	3
益阳市	Yiyang	392	384	75	76	227	226	56	52	34	30
郴州市	Chenzhou	634	657	225	212	283	297	77	83	49	65
永州市	Yongzhou	269	329	29	34	185	227	24	30	31	38
怀化市	Huaihua	189	171	36	28	110	104	25	24	18	15
娄底市	Loudi	363	383	83	98	233	236	33	37	14	12
湘西州	West Hunan	107	108	21	20	56	57	22	24	8	7

19-51 限额以上批发零售、住宿餐饮业从业人员
Number of Persons Employed in Enterprises Units above Designated Size in Wholesale and Retail Trade, Hotels and Catering Services

单位：人 (person)

市州	Cities and Prefecture	合计 Total		批发业 Wholesale Trade		零售业 Retail Trade		住宿业 Hotels		餐饮业 Catering Services	
		2014	2015	2014	2015	2014	2015	2014	2015	2014	2015
全 省	**Total**	**498000**	**504002**	**109202**	**110084**	**250128**	**257306**	**85287**	**81160**	**53383**	**55452**
长沙市	Changsha	167184	165066	38656	37497	79806	81965	26055	23462	22667	22142
株洲市	Zhuzhou	30045	31150	6977	8436	13268	13187	5224	4728	4576	4799
湘潭市	Xiangtan	23669	23682	3149	3344	13908	13768	3784	3559	2828	3011
衡阳市	Hengyang	37583	37476	8846	8694	17951	18188	7599	7000	3187	3594
邵阳市	Shaoyang	32899	36341	5481	5572	19358	20956	4469	5082	3591	4731
岳阳市	Yueyang	34355	34557	10110	10140	15893	16359	5906	5437	2446	2621
常德市	Changde	34233	35331	6188	5748	18239	19549	6379	6115	3427	3919
张家界市	Zhangjiajie	13133	11728	922	796	6173	5044	5941	5809	97	79
益阳市	Yiyang	15562	18526	2286	3687	9031	10225	2967	3215	1278	1399
郴州市	Chenzhou	36023	35049	13099	11717	12942	12966	7075	6965	2907	3401
永州市	Yongzhou	20666	23833	4265	5836	10701	11987	2579	2679	3121	3331
怀化市	Huaihua	24575	23947	3203	2825	17930	18100	1881	1880	1561	1142
娄底市	Loudi	18927	18781	3112	3436	10961	11133	3470	3194	1384	1018
湘西州	West Hunan	9146	8535	2908	2356	3967	3879	1958	2035	313	265

19-52 商品交易市场基本情况(2015年)
Basic Statistics on Commodity Exchange Markets(2015)

市州	Cities and Prefecture	市场数（个） Number of Markets (unit)	亿元及以上市场 Commodity Markets over 100 Million Yuan	摊位总数（个） Number of Stalls (unit)	亿元及以上市场 Commodity Markets over 100 Million Yuan	出租摊位个数（个） Number of rented stall(unit)	亿元及以上市场 Commodity Markets over 100 Million Yuan	营业面积（万平方米） Operation Area (10000sq. m)	亿元及以上市场 Commodity Markets over 100 Million Yuan	成交额（亿元） Turnover (100 million yuan)	亿元及以上市场 Commodity Markets over 100 Million Yuan
全 省	**Total**	**2553**	**328**	**552211**	**196945**	**485241**	**179398**	**1876.11**	**1092.84**	**3891.20**	**3256.24**
长沙市	Changsha	301	63	74926	44993	63543	41902	685.02	532.69	1741.01	1679.77
株洲市	Zhuzhou	346	55	73691	29633	68198	28225	217.24	125.13	345.91	269.19
湘潭市	Xiangtan	68	11	18749	8077	12975	5185	70.85	37.83	94.91	75.60
衡阳市	Hengyang	283	36	52587	13809	46846	12719	100.47	38.40	234.75	153.69
邵阳市	Shaoyang	125	22	33477	15960	29039	14869	105.92	77.19	249.88	222.15
岳阳市	Yueyang	89	17	21091	10737	19656	10504	34.33	15.76	143.93	102.14
常德市	Changde	180	27	29465	12775	26024	12078	102.68	64.96	191.87	162.29
张家界市	Zhangjiajie	42	1	7646	590	7298	590	16.30	1.22	21.02	9.72
益阳市	Yiyang	110	9	16819	4803	14675	4383	45.31	27.76	142.91	112.79
郴州市	Chenzhou	244	23	59402	15143	53370	14713	117.41	38.17	176.52	98.33
永州市	Yongzhou	338	13	59957	7370	54130	7265	110.91	17.78	152.71	60.74
怀化市	Huaihua	222	26	50993	14222	39321	8716	148.42	69.92	201.72	160.82
娄底市	Loudi	62	14	17996	11037	17232	10990	48.08	25.59	108.08	98.27
湘西州	West Hunan	143	11	35412	7796	32934	7259	73.16	20.44	85.99	50.75

19-53 星级宾馆数(2015年)
Number of Star-Rated Hotels (2015)

单位：个 (unit)

市州	Cities and Prefecture	星级宾馆合计 Total Number of Tourist Hotels	五星级 Five Star	四星级 Four Star	三星级 Three Star	二星级 Two Star
全　省	**Total**	**498**	**21**	**69**	**259**	**145**
长沙市	Changsha	74	12	23	32	7
株洲市	Zhuzhou	39	1	4	18	16
湘潭市	Xiangtan	15	2	4	7	2
衡阳市	Hengyang	30		8	11	11
邵阳市	Shaoyang	44		4	12	25
岳阳市	Yueyang	42		5	32	5
常德市	Changde	39	2	3	21	13
张家界市	Zhangjiajie	37	3	6	28	
益阳市	Yiyang	21		3	8	10
郴州市	Chenzhou	25	1	3	19	2
永州市	Yongzhou	20		4	8	8
怀化市	Huaihua	45			33	12
娄底市	Loudi	30			21	9
湘西州	West Hunan	37		2	9	25

19-54 进出口商品总值(2015年)
Major Expors Commodities in Value(2015)

市　州	Cities and Prefecture	进出口总值(万美元) Total Exports and Imports (USD 10 000)	出　口 Exports	进　口 Imports	比上年增减(%) Increase Rate in 2015 Over 2014(%)
全　省	**Total**	**2936680**	**1917288**	**1019392**	**-4.8**
长沙市	Changsha	1296438	867274	429164	4.6
株洲市	Zhuzhou	248639	169794	78845	-11.1
湘潭市	Xiangtan	219977	112205	107772	-3.1
衡阳市	Hengyang	313320	201286	112034	6.5
邵阳市	Shaoyang	114558	104045	10513	36.1
岳阳市	Yueyang	113366	86236	27130	43.2
常德市	Changde	77977	57685	20292	2.9
张家界市	Zhangjiajie	6600	5257	1343	-26.8
益阳市	Yiyang	60534	51726	8808	4.1
郴州市	Chenzhou	281538	146969	134569	-38.0
永州市	Yongzhou	89601	76944	12658	-4.3
怀化市	Huaihua	4440	3515	926	-57.9
娄底市	Loudi	98061	23506	74556	-36.4
湘西州	West Hunan	11631	10847	783	-50.3

19-55 外商直接投资(2015年)
Foreign Direct Investment (2015)

市州	Cities and Prefecture	项目个数(个) Number of Projects (case)	实际利用外资(万美元) Actually Used Amount (USD 10 000)
全 省	**Total**	**562**	**1156441**
长沙市	Changsha	119	440580
株洲市	Zhuzhou	88	94175
湘潭市	Xiangtan	21	92000
衡阳市	Hengyang	115	103013
邵阳市	Shaoyang	26	19200
岳阳市	Yueyang	13	36307
常德市	Changde	36	74116
张家界市	Zhangjiajie	7	9250
益阳市	Yiyang	7	22132
郴州市	Chenzhou	41	135413
永州市	Yongzhou	56	83160
怀化市	Huaihua	16	11394
娄底市	Loudi	12	34501
湘西州	West Hunan	5	1200

19-56 内联引资项目个数情况
Number of Projects of Domestic Direct Investment

市 州	Cities and Prefecture	项目个数(个) Number of Projects (case)				
		2011	2012	2013	2014	2015
全 省	**Total**	**4687**	**4737**	**5136**	**5106**	**4915**
长沙市	Changsha	556	492	641	638	693
株洲市	Zhuzhou	342	288	290	334	305
湘潭市	Xiangtan	279	266	288	283	207
衡阳市	Hengyang	568	558	541	532	488
邵阳市	Shaoyang	328	349	385	415	466
岳阳市	Yueyang	511	551	580	564	540
常德市	Changde	248	236	219	165	155
张家界市	Zhangjiajie	53	56	58	55	37
益阳市	Yiyang	256	266	299	343	301
郴州市	Chenzhou	708	751	780	754	780
永州市	Yongzhou	330	406	534	476	416
怀化市	Huaihua	152	193	214	228	206
娄底市	Loudi	249	231	211	191	226
湘西州	West Hunan	107	94	96	128	95

注：内联引资是指吸收的省外境内资金。Domestic Direct Investment” is refers to the capital absorbed from other provinces in China.

19-57 内联引资实际到位资金情况
Capital Actually Used of Domestic Direct Investment

市州	Cities and Prefecture	实际到位资金(亿元) Amount of Domestic Capital Actually Used (100 million yuan)				
		2011	2012	2013	2014	2015
全 省	**Total**	**2086.02**	**2465.60**	**2883.90**	**3300.79**	**3791.94**
长沙市	Changsha	390.73	456.64	534.09	609.76	684.28
株洲市	Zhuzhou	164.71	195.30	230.00	265.64	305.03
湘潭市	Xiangtan	127.51	153.20	180.09	209.51	244.08
衡阳市	Hengyang	168.66	195.37	226.82	255.17	293.51
邵阳市	Shaoyang	132.70	153.65	180.62	209.50	241.98
岳阳市	Yueyang	226.49	270.39	315.47	358.03	403.15
常德市	Changde	142.90	170.69	198.10	225.33	294.86
张家界市	Zhangjiajie	29.57	33.21	37.03	41.08	45.17
益阳市	Yiyang	135.96	160.76	186.67	214.80	246.58
郴州市	Chenzhou	225.65	268.75	313.43	360.48	408.17
永州市	Yongzhou	115.37	136.42	158.41	178.12	199.26
怀化市	Huaihua	88.19	108.08	131.81	153.32	174.62
娄底市	Loudi	105.20	125.10	147.05	170.57	197.07
湘西州	West Hunan	32.38	38.02	44.31	49.50	54.18

注：内联引资是指吸收的省外境内资金。Domestic Direct Investment” is refers to the capital absorbed from other provinces in China.

19-58 对外经济合作情况(2015年)
Foreign Economic Cooperation (2015)

市州	Cities and Prefecture	新签合同额（万美元）The new contract amount (10000 U.S.dollars)	完成营业额（万美元）Complete turnover (10 000 U.S. dollars)	外派劳务人数（人）The number of field labor (person)	月末在外人数（人）At the end of the number of outside (people)
全　省	**Total**	**591393**	**517638**	**81936**	**116536**
长沙市	Changsha	57263	60540	16843	21606
株洲市	zhuzhou	20670	20025	7128	8628
湘潭市	xiangtan	14591	11998	5013	9515
衡阳市	hengyang	16405	18082	4563	5986
邵阳市	shaoyang	18951	18568	7095	7932
岳阳市	yueyang	13161	17702	5554	5811
常德市	changde	20813	12784	3835	5068
张家界市	zhangjiajie	1063	1030	710	1871
益阳市	yiyang	1498	1610	506	903
郴州市	chouzhou	7650	5831	5069	3200
永州市	yongzhou	5528	13729	6912	2900
怀化市	huaihua	2101	2037	1242	2205
娄底市	loudi	7080	7183	2590	3106
湘西州	West Hunan	1111	1725	856	1202

注：全省总计中包括省直企业数。 The number of provincial enterprises are including in the total of province.

19-59 旅游业基本情况(2015年)
Basic Statistics of Tourism(2015)

市州	Cities and Prefecture	接待旅游总人数（万人）Number of Tourists (10 000 persons)	接待国内游客（万人次）Domestic Tourists (10 000 person-times)	国内旅游总收入（亿元）Earning from Domestic Tourists (100 million yuan)	接待境外游客（人次）International Tourists (person-times)	#外国人 Foreign Tourists	旅游创汇收入（万美元）Earning from International Tourists (USD 10 000)
全　省	**Total**	**47331**	**47105**	**3660**	**2260521**	**1181881**	**85771.69**
长沙市	Changsha	8181	8121	808	595228	358791	17747.22
株洲市	Zhuzhou	3749	3739	254	97888	51723	2724.92
湘潭市	Xiangtan	3787	3779	245	75887	33293	2115.69
衡阳市	Hengyang	4099	4095	269	46921	756	1425.25
邵阳市	Shaoyang	1571	1569	138	23305	4186	669.98
岳阳市	Yueyang	4305	4278	312	270961	186615	13482.94
常德市	Changde	3081	3064	225	164893	51573	6863.96
张家界市	Zhangjiajie	2082	2036	239	460189	348126	21136.72
益阳市	Yiyang	2179	2178	146	11291	2304	414.68
郴州市	Chenzhou	4452	4423	293	295686	51633	12987.05
永州市	Yongzhou	2216	2215	157	8230	3737	220.32
怀化市	Huaihua	3324	3316	226	80503	16033	2103.50
娄底市	Loudi	2379	2374	169	46445	20829	1770.48
湘西州	West Hunan	1925	1917	178	83094	52282	2108.99

19-60 高新技术产业情况(2015年)
Basic Statistics on High-tech Industries (2015)

市　州	Cities and Prefecture	企业单位数 (个) Number of Enterprises (unit)	高新技术产业总产值 (万元) Gross Output Value of Hightech Industries (10 000 yuan)	高新技术产业增加值 (万元) Added Value of Hightech Industries (10 000 yuan)
全　省	**Total**	**3995**	**201159042**	**61288173**
长沙市	Changsha	1211	86032136	27299992
株洲市	Zhuzhou	287	16052980	5259416
湘潭市	Xiangtan	296	18248388	5365766
衡阳市	Hengyang	270	11192804	3218660
邵阳市	Shaoyang	335	8398306	2325274
岳阳市	Yueyang	394	20265725	5366364
常德市	Changde	311	7882989	2177402
张家界市	Zhangjiajie	47	234333	75453
益阳市	Yiyang	208	7502371	2314457
郴州市	Chenzhou	279	13432207	4578758
永州市	Yongzhou	158	3473601	1011280
怀化市	Huaihua	53	1667331	621876
娄底市	Loudi	98	6054464	1443461
湘西州	West Hunan	48	721409	230015
长沙高新技术开发区	Changsha High-tech Development District	275	37036724	12061244
株洲高新技术开发区	Zhuzhou High-tech Development District	114	11567468	3748212
湘潭高新技术开发区	Xiangtan High-tech Development District	73	4097829	1184100
衡阳高新技术开发区	Hengyang High-tech Development District	48	2912319	771416
岳阳高新技术开发区	Yueyang High-tech Development District	56	3660636	972058
益阳高新技术开发区	Yiyang High-tech Development District	61	3042038	959281
郴州高新技术开发区	Chenzhou High-tech Development District	69	5505808	1984795

19-60 续表 continued

市 州	Cities and Prefecture	高新技术产业销售收入 (万元) Sales Revenue of Hightech Industries (10 000 yuan)	#出口收入 Exports Revenue	高新技术产业利税总额 (万元) Peofits and Tax of Hightech Industries (10 000 yuan)	#利润总额 Total of Profit and Tax
全 省	**Total**	**190732459**	**17130221**	**16771417**	**8594806**
长沙市	Changsha	83891862	8908927	8046812	5308905
株洲市	Zhuzhou	14933336	2530069	2435313	740081
湘潭市	Xiangtan	15201457	934930	434651	137733
衡阳市	Hengyang	9501694	975971	549716	271324
邵阳市	Shaoyang	6946827	576671	495744	229082
岳阳市	Yueyang	20585005	189199	1937780	499066
常德市	Changde	7648018	296139	654123	411845
张家界市	Zhangjiajie	238719	16421	19343	15128
益阳市	Yiyang	7136909	559699	526269	263839
郴州市	Chenzhou	13774513	1825120	1419567	589889
永州市	Yongzhou	3048845	81466	137433	65506
怀化市	Huaihua	1628718	19049	18656	7101
娄底市	Loudi	5621528	128748	76111	50460
湘西州	West Hunan	575027	87812	19897	4848
长沙高新技术开发区	Changsha High-tech Development District	39186961	7190614	2665698	1429928
株洲高新技术开发区	Zhuzhou High-tech Development District	10732152	1558688	1242986	599491
湘潭高新技术开发区	Xiangtan High-tech Development District	4124262	53338	111629	20616
衡阳高新技术开发区	Hengyang High-tech Development District	2438694	632143	111352	22857
岳阳高新技术开发区	Yueyang High-tech Development District	3620347	25695	455791	258067
益阳高新技术开发区	Yiyang High-tech Development District	2949246	370686	147550	62977
郴州高新技术开发区	Chenzhou High-tech Development District	5562064	1750420	477450	122960

19-61 规模以上工业企业R&D人员情况(2015年)
R&D Personnel in Industrial Enterprises above Designated Size (2015)

市州	Cities and Prefecture	有R&D活动的企业数（个）Number of Enterprises Having R&D Activities (unit)	R&D人员（人）R&D Personnel (person)	#全时人员 Fulltime Personnel	R&D人员 全时当量（人年）Fulltime Equivalent of R&D Personnel (manyear)
全　省	**Total**	**2731**	**117750**	**83273**	**83821**
长沙市	Changsha	860	56741	44655	41019
株洲市	Zhuzhou	238	11636	9035	7612
湘潭市	Xiangtan	104	6206	4209	4566
衡阳市	Hengyang	187	6842	4283	4540
邵阳市	Shaoyang	165	4312	2585	3109
岳阳市	Yueyang	349	9590	3779	6875
常德市	Changde	229	6619	4107	4577
张家界市	Zhangjiajie	16	231	173	135
益阳市	Yiyang	158	4277	2974	3689
郴州市	Chenzhou	163	4715	3445	3501
永州市	Yongzhou	125	2383	1293	1372
怀化市	Huaihua	67	1307	983	841
娄底市	Loudi	54	2641	1621	1849
湘西州	West Hunan	16	250	131	136

19-62 规模以上工业企业按经费来源分R&D经费内部支出情况(2015年)
Intramural R&D Expenditures in Industrial Enterprises above Designated Size by Sources (2015)

单位：万元　　(10000 yuan)

市州	Cities and Prefecture	R&D经费内部支出 Intramural Expenditure on R&D	政府资金 Government Funds	企业资金 Self-raised Funds by Enterprises	境外资金 Foreign Funds	其他 Other Funds
全　省	**Total**	**3525450**	**186593**	**3306331**	**1903**	**30624**
长沙市	Changsha	1400388	49717	1350299	372	
株洲市	Zhuzhou	423191	57615	364232		1345
湘潭市	Xiangtan	167951	10564	154712	263	2413
衡阳市	Hengyang	175364	5835	166903	46	2580
邵阳市	Shaoyang	100363	2144	95809	57	2354
岳阳市	Yueyang	468269	24026	433345	1164	9734
常德市	Changde	305745	4279	298214		3252
张家界市	Zhangjiajie	5840	536	5305		
益阳市	Yiyang	123542	5403	117034		1105
郴州市	Chenzhou	151702	8066	138825		4811
永州市	Yongzhou	41336	2089	38181		1066
怀化市	Huaihua	43507	13382	28706		1419
娄底市	Loudi	112804	2214	110054		537
湘西州	West Hunan	5448	724	4714		10

19-63 规模以上工业企业按支出用途分R&D经费内部支出情况(2015年)

Intramural R&D Expenditures in Industrial Enterprises above Designated Size by Use (2015)

单位：万元 (10000 yuan)

市州	Cities and Prefecture	R&D经费内部支出 Intramural Expenditure on R&D	1.经常费支出 Operating Expenses	#人员劳务费 Service Fees	2.资产性支出 Capital Expenditures	#仪器和设备 Instruments & Equipments
全　省	**Total**	**3525450**	**3177945**	**946525**	**347506**	**335741**
长沙市	Changsha	1400388	1264110	472835	136278	133081
株洲市	Zhuzhou	423191	398169	109622	25023	22802
湘潭市	Xiangtan	167951	150356	42779	17596	16889
衡阳市	Hengyang	175364	151404	37423	23960	22920
邵阳市	Shaoyang	100363	91631	27292	8731	8509
岳阳市	Yueyang	468269	408219	91545	60050	57601
常德市	Changde	305745	280697	50326	25049	24480
张家界市	Zhangjiajie	5840	4637	940	1204	1155
益阳市	Yiyang	123542	112738	31058	10804	10460
郴州市	Chenzhou	151702	133582	39889	18120	17868
永州市	Yongzhou	41336	31173	10761	10163	9967
怀化市	Huaihua	43507	37913	13008	5594	5241
娄底市	Loudi	112804	109329	18104	3475	3324
湘西州	West Hunan	5448	3988	941	1460	1445

19-64 规模以上工业企业办科技机构情况(2015年)

Basic Statistics on Institutions for Scientific and Technological in Industrial Enterprises above Designated Size(2015)

市　州	Cities and Prefecture	企业办科技机构数(个) Number of Institutions for S&T in Enterprises (unit)	企业办科技机构人员(人) Number of Personnel in Institutions for S&T in Enterprises (person)	#博士 Doctor	#硕士 Master	科技机构内部经费支出(万元) Intramural Expenditure for S&T Institutions (10 000 yuan)
全　省	**Total**	**1765**	**69090**	**1756**	**10094**	**1786269**
长沙市	Changsha	561	30900	699	5448	789383
株洲市	Zhuzhou	106	8945	133	1719	147592
湘潭市	Xiangtan	47	3307	79	409	91712
衡阳市	Hengyang	151	3986	106	379	88473
邵阳市	Shaoyang	96	2362	78	196	57700
岳阳市	Yueyang	240	5784	297	789	219394
常德市	Changde	96	2803	71	285	149520
张家界市	Zhangjiajie	16	181	31	30	2378
益阳市	Yiyang	89	2410	39	117	54433
郴州市	Chenzhou	179	3846	97	249	114941
永州市	Yongzhou	98	1797	70	250	24470
怀化市	Huaihua	29	560	16	121	12161
娄底市	Loudi	39	1920	27	90	30604
湘西州	West Hunan	18	289	13	12	3508

19-65 规模以上工业企业R&D项目和新产品开发项目情况(2015年)
Basic Statistics on Projects for R&D and New Products Development in Industrial Enterprises above Designated Size(2015)

市 州	Cities and Prefecture	R&D 项目数 (项) Number of R&D Projects (item)	R&D 项目人员 (人) Personnel of Projects for R&D (person)	R&D 项目经费 (万元) Intramural Expenditure on R&D Projects (10000 yuan)	新产品开发项目数 (项) Number of Projects for New Products Development (item)	新产品开发经费 (万元) Expenditure on New Products Development (10000 yuan)
全 省	**Total**	**6646**	**105347**	**3002236**	**6402**	**3315134**
长沙市	Changsha	2886	50488	1363753	2760	1327203
株洲市	Zhuzhou	609	9753	249064	759	571893
湘潭市	Xiangtan	313	5427	127065	336	165974
衡阳市	Hengyang	461	6442	154618	542	213903
邵阳市	Shaoyang	276	4044	94326	255	93643
岳阳市	Yueyang	553	8627	332197	400	320103
常德市	Changde	509	5836	262684	413	215761
张家界市	Zhangjiajie	16	217	3585	21	5451
益阳市	Yiyang	277	4004	105444	319	118679
郴州市	Chenzhou	308	4345	126484	190	72171
永州市	Yongzhou	159	2271	32190	174	52540
怀化市	Huaihua	140	1195	39959	99	36843
娄底市	Loudi	112	2463	106578	101	112116
湘西州	West Hunan	27	235	4290	33	8855

19-66 规模以上工业企业科技活动产出情况(2015年)
Basic Statistics on Scientific and Technological Outputs in Industrial Enterprises above Designated Size (2015)

市州	Cities and Prefecture	新产品产值（万元） Gross Output Value of New Products (10 000yuan)	新产品销售收入（万元） Sales Revenue of New Products (10 000yuan)	#出口 Exported	专利申请数(件) Patent Applications (item)	有效发明专利数(件) Inventions In Force (item)
全 省	**Total**	**77685539**	**73497969**	**5096888**	**18175**	**19087**
长沙市	Changsha	31764610	29954658	3265063	8350	9568
株洲市	Zhuzhou	7363983	6036515	801446	3117	3624
湘潭市	Xiangtan	2906249	2809741	57441	791	730
衡阳市	Hengyang	5419171	5074962	417761	1044	711
邵阳市	Shaoyang	719559	673636	75909	342	134
岳阳市	Yueyang	14698019	14172028	66834	1429	901
常德市	Changde	6849013	6595770	63390	895	1562
张家界市	Zhangjiajie	69829	65140		108	167
益阳市	Yiyang	1789443	1791277	151854	597	413
郴州市	Chenzhou	3224618	3224199	60871	695	636
永州市	Yongzhou	402600	397752	36897	368	268
怀化市	Huaihua	459905	450830	5021	80	176
娄底市	Loudi	1938332	2177377	84805	274	155
湘西州	West Hunan	80208	74083	9596	85	42

19-67 大中型工业企业R&D人员情况(2015年)
R&D Personnel in Large and Medium-Sized Industrial Enterprises (2015)

市州	Cities and Prefecture	有R&D活动的企业数（个）Number of Enterprises Having R&D Activities (unit)	R&D人员（人）R&D Personnel (person)	#全时人员 Fulltime Personnel	R&D人员全时当量（人年）Fulltime Equivalent of R&D Personnel (man-year)
全　省	**Total**	**895**	**85671**	**61224**	**61482**
长沙市	Changsha	222	44849	35235	32403
株洲市	Zhuzhou	168	9768	7562	6480
湘潭市	Xiangtan	26	5102	3351	3862
衡阳市	Hengyang	82	4801	2941	3142
邵阳市	Shaoyang	64	2795	1759	2069
岳阳市	Yueyang	126	5333	2065	3925
常德市	Changde	67	4189	2416	2921
张家界市	Zhangjiajie				
益阳市	Yiyang	50	2456	1652	2151
郴州市	Chenzhou	36	2762	2068	1954
永州市	Yongzhou	29	939	522	644
怀化市	Huaihua	14	800	643	566
娄底市	Loudi	10	1869	1010	1364
湘西州	West Hunan	1	8		1

19-68 大中型工业企业按经费来源分R&D经费内部支出情况(2015年)
Intramural R&D Expenditures in Large and Medium-Sized Industrial Enterprises by Sources (2015)

单位：万元　　(10000 yuan)

市州	Cities and Prefecture	R&D经费内部支出 Intramural Expenditure on R&D	政府资金 Government Funds	企业资金 Self-raised Funds by Enterprises	境外资金 Foreign Funds	其他 Other Funds
全　省	**Total**	**2587503**	**142253**	**2430480**	**502**	**14268**
长沙市	Changsha	1161521	37672	1123595	253	
株洲市	Zhuzhou	388749	55789	331960		1000
湘潭市	Xiangtan	134759	9416	124397	203	744
衡阳市	Hengyang	115657	4047	110311	46	1252
邵阳市	Shaoyang	62704	1462	60440		802
岳阳市	Yueyang	259352	11084	239812		8456
常德市	Changde	188206	2070	186136		
张家界市	Zhangjiajie					
益阳市	Yiyang	65914	2852	63062		
郴州市	Chenzhou	68753	4686	64049		18
永州市	Yongzhou	12872	163	12539		171
怀化市	Huaihua	30509	11394	17826		1289
娄底市	Loudi	98491	1618	96337		537
湘西州	West Hunan	16		16		

19-69 大中型工业企业按支出用途分R&D经费内部支出情况(2015年)
Intramural R&D Expenditures in Large and Medium-Sized Industrial Enterprises by Use(2015)

单位：万元 (10000 yuan)

市州	Cities and Prefecture	R&D经费内部支出 Intramural Expenditure on R&D	1.经常费支出 Operating Expenses	#人员劳务费 Service Fees	2.资产性支出 Capital Expenditures	#仪器和设备 Instruments & Equipments
全 省	**Total**	**2587503**	**2357022**	**720301**	**230481**	**222312**
长沙市	Changsha	1161521	1044121	393894	117400	114739
株洲市	Zhuzhou	388749	365674	97208	23075	20918
湘潭市	Xiangtan	134759	122923	31836	11836	11264
衡阳市	Hengyang	115657	103564	25072	12093	11418
邵阳市	Shaoyang	62704	57691	16666	5013	4926
岳阳市	Yueyang	259352	231733	54159	27618	26614
常德市	Changde	188206	170506	34286	17701	17367
张家界市	Zhangjiajie					
益阳市	Yiyang	65914	62059	19225	3855	3659
郴州市	Chenzhou	68753	63602	21023	5151	5008
永州市	Yongzhou	12872	10431	3544	2441	2405
怀化市	Huaihua	30509	27582	9754	2928	2650
娄底市	Loudi	98491	97131	13630	1360	1339
湘西州	West Hunan	16	5	5	11	6

19-70 大中型工业企业办科技机构情况(2015年)
Basic Statistics on Institutions for Scientific and Technological in Large and Medium-Sized Industrial Enterprises (2015)

市 州	Cities and Prefecture	企业办科技机构（个） Number of Institutions for S&T in Enterprises (unit)	企业办科技机构人员(人) Number of Personnel in Institutions for S&T in Enterprises (person)	#博士 Doctor	#硕士 Master	科技机构内部经费支出(万元) Intramural Expenditure for S&T Institutions (10 000 yuan)
全 省	**Total**	**677**	**49978**	**933**	**7754**	**1323391**
长沙市	Changsha	223	23983	418	4404	662516
株洲市	Zhuzhou	51	7426	103	1581	125057
湘潭市	Xiangtan	25	2836	66	359	85588
衡阳市	Hengyang	89	3063	66	278	62974
邵阳市	Shaoyang	34	1572	26	110	39591
岳阳市	Yueyang	92	3154	139	428	105767
常德市	Changde	31	1669	28	175	105332
张家界市	Zhangjiajie					
益阳市	Yiyang	31	1587	23	67	39267
郴州市	Chenzhou	52	2023	27	103	55084
永州市	Yongzhou	24	713	16	87	8793
怀化市	Huaihua	8	334	9	98	10369
娄底市	Loudi	14	1549	12	63	22902
湘西州	West Hunan	3	69		1	153

19-71 大中型工业企业R&D项目和新产品开发项目情况(2015年)
Basic Statistics on Projects for R&D and New Products Development in Large and Medium-Sized Industrial Enterprises (2015)

市 州	Cities and Prefecture	R&D 项目数 (项) Number of R&D Projects (item)	R&D 项目人员 (人) Personnel of Projects for R&D (person)	R&D 项目经费 (万元) Intramural Expenditure on R&D Projects (10000 yuan)	新产品 开发项目数 (项) Number of Projects for New Products Development (item)	新产品 开发经费 (万元) Expenditure on New Products Development (10000 yuan)
全 省	**Total**	**3473**	**75415**	**2217463**	**3163**	**2484055**
长沙市	Changsha	1488	39378	1131054	1378	1094030
株洲市	Zhuzhou	430	8119	223723	506	526817
湘潭市	Xiangtan	219	4386	99803	222	136193
衡阳市	Hengyang	247	4514	106414	228	125971
邵阳市	Shaoyang	134	2590	59663	130	60951
岳阳市	Yueyang	263	4633	183693	201	193362
常德市	Changde	269	3579	160210	176	122783
张家界市	Zhangjiajie				1	61
益阳市	Yiyang	108	2287	58820	102	57914
郴州市	Chenzhou	140	2534	58388	82	29526
永州市	Yongzhou	41	883	11061	53	20454
怀化市	Huaihua	77	728	28396	44	21584
娄底市	Loudi	56	1776	96231	37	94366
湘西州	West Hunan	1	8	5	3	44

19-72 大中型工业企业科技活动产出情况(2015年)
Basic Statistics on Scientific and Technological Outputs in Large and Medium-Sized Industrial Enterprises (2015)

市州	Cities and Prefecture	新产品 产值（万元） Gross Output Value of New Products (10 000yuan)	新产品 销售收入（万元） Sales Revenue of New Products (10 000yuan)	#出口 Exported	专利 申请数(件) Patent Applications (item)	有效 发明专利数(件) Inventions In Force (item)
全 省	**Total**	**60942510**	**57640286**	**4732729**	**11482**	**14503**
长沙市	Changsha	25386943	24060288	3027441	5377	7411
株洲市	Zhuzhou	7073639	5751567	791909	2632	3200
湘潭市	Xiangtan	2776997	2679900	57306	684	578
衡阳市	Hengyang	3686573	3397992	413214	701	516
邵阳市	Shaoyang	509671	466113	20982	201	97
岳阳市	Yueyang	10422088	10182794	61107	712	533
常德市	Changde	6151614	5931193	59420	444	1299
张家界市	Zhangjiajie				2	1
益阳市	Yiyang	1097040	1102772	130413	281	259
郴州市	Chenzhou	1912766	1903088	55282	176	295
永州市	Yongzhou	108009	107333	25829	70	51
怀化市	Huaihua	200930	198083	5021	53	153
娄底市	Loudi	1616241	1859165	84805	140	110
湘西州	West Hunan				9	

19-73 幼儿园与小学基本情况(2015年)
Statistics on Kingdergartens and Primary Schools(2015)

市 州	Cities and Prefecture	幼儿园数 (个) kingder-gartens (unit)	在园儿童数 (人) Student Enrollment (unit)	普通小学学校数 (个) Primary Schools (person)	普通小学专任教师数 (人) Primary Schools Fulltime Teachers (person)	普通小学招生数 (人) Primary Schools New Student Enrollment (person)	普通小学在校学生数 (人) Primary Schools Student Enrollment (person)	普通小学毕业生数 (人) Primary Schools Graduates (person)
全 省	**Total**	**13944**	**2166259**	**8412**	**249115**	**886705**	**4888598**	**730191**
长沙市	Changsha	1512	255456	882	24480	94184	509396	71580
株洲市	Zhuzhou	1020	146553	332	12556	48800	253117	34010
湘潭市	Xiangtan	527	77708	410	8329	25159	142563	22477
衡阳市	Hengyang	1348	226081	1507	27397	100445	561517	91957
邵阳市	Shaoyang	1494	219226	1187	27725	101520	613713	97307
岳阳市	Yueyang	1196	167684	806	18589	65279	342114	52589
常德市	Changde	913	138762	524	16766	54181	286008	40303
张家界市	Zhangjiajie	308	53009	120	5517	20214	111109	16866
益阳市	Yiyang	740	117511	420	13756	43887	240346	36278
郴州市	Chenzhou	1051	174715	489	21867	83766	468873	69137
永州市	Yongzhou	1876	216533	461	23837	89280	496638	70009
怀化市	Huaihua	675	158631	264	20190	63455	339228	48356
娄底市	Loudi	683	114267	778	15261	58294	320783	45942
湘西州	West Hunan	601	100123	232	12845	38241	203193	33380

19-74 普通中学基本情况(2015年)
Statistics on Regular Secondary Schools(2015)

市 州	Cities and Prefecture	普通中学学校数(个) Number of Sckools (unit)	普通中学专任教师数(人) Number of Fulltime Teachers(person)	普通中学招生数(人) New Student Enrollment (person)	普通中学在校学生数(人) Student Enrollment (person)	普通中学毕业生数(人) Graduates (person)
全 省	**Total**	**3906**	**238254**	**1118969**	**3298520**	**1034745**
长沙市	Changsha	296	25110	125105	369520	117408
株洲市	Zhuzhou	195	12821	53545	159790	50741
湘潭市	Xiangtan	172	9328	37681	117826	42157
衡阳市	Hengyang	427	26180	141203	417950	130034
邵阳市	Shaoyang	462	25235	137775	406214	124490
岳阳市	Yueyang	303	19476	81176	245231	80901
常德市	Changde	290	20450	68594	207492	72448
张家界市	Zhangjiajie	100	5331	25508	75140	23502
益阳市	Yiyang	228	13724	56706	171359	57489
郴州市	Chenzhou	286	16766	95803	270615	73476
永州市	Yongzhou	323	20009	100364	284574	82528
怀化市	Huaihua	355	17469	72378	212002	64440
娄底市	Loudi	285	15441	73199	215224	69936
湘西州	West Hunan	184	10914	49932	145583	45195

19-75 普通高等学校基本情况 (2015年)
Statistics on Regular Institutions of Higher Education(2015)

市 州	Cities and Prefecture	普通高等学校数 (个) Number of Sckools (unit)	普通高等学校专任教师数 (人) Number of Full-time Teachers(person)	普通高等学校招生数 (人) New Student Enrollment (person)	普通高等学校在校学生数 (人) Student Enrollment (person)	普通高等学校毕业生数 (人) Graduates (person)
全 省	**Total**	**109**	**66615**	**360030**	**1179811**	**300161**
长沙市	Changsha	51	32497	171791	569400	143705
株洲市	Zhuzhou	9	4192	26331	82761	21194
湘潭市	Xiangtan	10	7006	37550	127807	32905
衡阳市	Hengyang	8	6235	32239	109023	27340
邵阳市	Shaoyang	3	1574	8340	28230	7311
岳阳市	Yueyang	4	2278	13950	43666	12153
常德市	Changde	5	2482	14811	44724	10929
张家界市	Zhangjiajie	1	740	4051	12608	3368
益阳市	Yiyang	4	1933	10139	32255	8444
郴州市	Chenzhou	3	1447	7585	24460	6084
永州市	Yongzhou	3	1575	8366	25900	6630
怀化市	Huaihua	3	1590	8792	27838	7384
娄底市	Loudi	3	1512	8359	25710	6050
湘西州	West Hunan	2	1554	7726	25429	6664

19-76 各级学校(2015年)
Number of Schools by Level (2015)

单位：个 (unit)

市 州	Cities and Prefecture	普通高等学校 Regular Institutions of Higher Education	中等学校 Secondary Schools	中等职业教育 Vocational Secondary Education	普通中学 Regular Secondary Schools	普通小学 Primary Schools
全 省	**Total**	**109**	**4377**	**471**	**3906**	**8412**
长沙市	Changsha	51	346	50	296	882
株洲市	Zhuzhou	9	217	22	195	332
湘潭市	Xiangtan	10	192	20	172	410
衡阳市	Hengyang	8	465	38	427	1507
邵阳市	Shaoyang	3	522	60	462	1187
岳阳市	Yueyang	4	337	34	303	806
常德市	Changde	5	337	47	290	524
张家界市	Zhangjiajie	1	112	12	100	120
益阳市	Yiyang	4	251	23	228	420
郴州市	Chenzhou	3	311	25	286	489
永州市	Yongzhou	3	363	40	323	461
怀化市	Huaihua	3	400	45	355	264
娄底市	Loudi	3	313	28	285	778
湘西州	West Hunan	2	211	27	184	232

19-77 各级学校教职工(2015年)
Number of School Staff and Workers by Level (2015)

单位：人 (person)

市 州	Cities and Prefecture	普通高等学校 Regular Institutions of Higher Education	中等学校 Secondary Schools	中等职业教育 Vocational Secondary Education	普通中学 Regular Secondary Schools	普通小学 Primary Schools
全 省	**Total**	**98746**	**336638**	**34134**	**302504**	**226087**
长沙市	Changsha	51232	33610	4403	29207	23641
株洲市	Zhuzhou	5764	19460	2246	17214	11396
湘潭市	Xiangtan	9793	12610	1679	10931	7790
衡阳市	Hengyang	8423	35755	3372	32383	27505
邵阳市	Shaoyang	2355	34129	3182	30947	25219
岳阳市	Yueyang	3316	25784	2515	23269	17183
常德市	Changde	3609	28832	2864	25968	14644
张家界市	Zhangjiajie	916	7773	753	7020	5067
益阳市	Yiyang	2464	20815	1856	18959	13133
郴州市	Chenzhou	1876	24992	2175	22817	18781
永州市	Yongzhou	2310	28727	2899	25828	21997
怀化市	Huaihua	2093	26768	2958	23810	15953
娄底市	Loudi	2240	21643	1978	19665	13195
湘西州	West Hunan	2355	15740	1254	14486	10583

19-78 各级学校专任教师(2015年)
Number of Full-time Teachers by Level (2015)

单位：人 (person)

市 州	Cities and Prefecture	普通高等学校 Regular Institutions of Higher Education	中等学校 Secondary Schools	中等职业教育 Vocational Secondary Education	普通中学 Regular Secondary Schools	普通小学 Primary Schools
全 省	**Total**	**66615**	**264301**	**26047**	**238254**	**249115**
长沙市	Changsha	32497	28156	3046	25110	24480
株洲市	Zhuzhou	4192	14513	1692	12821	12556
湘潭市	Xiangtan	7006	10705	1377	9328	8329
衡阳市	Hengyang	6235	28447	2267	26180	27397
邵阳市	Shaoyang	1574	27691	2456	25235	27725
岳阳市	Yueyang	2278	21402	1926	19476	18589
常德市	Changde	2482	22604	2154	20450	16766
张家界市	Zhangjiajie	740	5935	604	5331	5517
益阳市	Yiyang	1933	15162	1438	13724	13756
郴州市	Chenzhou	1447	18481	1715	16766	21867
永州市	Yongzhou	1575	22322	2313	20009	23837
怀化市	Huaihua	1590	19925	2456	17469	20190
娄底市	Loudi	1512	17028	1587	15441	15261
湘西州	West Hunan	1554	11930	1016	10914	12845

19-79 各级学校在校学生(2015年)
Number of Students Enrollment by Level (2015)

单位：人 (person)

市 州	Cities and Prefecture	普通高等学校 Regular Institutions of Higher Education	中等学校 Secondary Schools	中等职业教育 Vocational Secondary Education	普通中学 Regular Secondary Schools	普通小学 Primary Schools
全 省	**Total**	**1179811**	**3946540**	**648020**	**3298520**	**4888598**
长沙市	Changsha	569400	460992	91472	369520	509396
株洲市	Zhuzhou	82761	199280	39490	159790	253117
湘潭市	Xiangtan	127807	144689	26863	117826	142563
衡阳市	Hengyang	109023	489695	71745	417950	561517
邵阳市	Shaoyang	28230	477558	71344	406214	613713
岳阳市	Yueyang	43666	297062	51831	245231	342114
常德市	Changde	44724	255099	47607	207492	286008
张家界市	Zhangjiajie	12608	88604	13464	75140	111109
益阳市	Yiyang	32255	204245	32886	171359	240346
郴州市	Chenzhou	24460	310166	39551	270615	468873
永州市	Yongzhou	25900	338263	53689	284574	496638
怀化市	Huaihua	27838	262007	50005	212002	339228
娄底市	Loudi	25710	250495	35271	215224	320783
湘西州	West Hunan	25429	168385	22802	145583	203193

19-80 公共图书馆、广播和电视综合人口覆盖情况(2015年)
Statistics on Public Libraries、Coverage of Radio and TV Program Broadcasting(2015)

市 州	Cities and Prefecture	公共图书馆（个）Public Libraries（unit）	公共图书馆藏书量（千册）Collections(1000 copies)	艺术馆、文化馆个数（个）Art Galleries, Cultural Centers Number of Projects（Unit）	广播综合人口覆盖率（%）Listener Rating（%）	电视综合人口覆盖率（%）Viewer Rating（%）	有线电视入户率（%）Popularization Rate of Cable TV Programs(%)
全 省	**Total**	**137**	**25552**	**143**	**94.06**	**97.98**	**55.47**
长沙市	Changsha	12	7973	11	99.41	98.91	74.34
株洲市	Zhuzhou	7	1499	10	100.00	99.86	57.93
湘潭市	Xiangtan	6	1378	6	100.00	99.83	64.03
衡阳市	Hengyang	14	1962	13	96.90	99.33	64.13
邵阳市	Shaoyang	14	1810	13	83.38	95.37	56.94
岳阳市	Yueyang	11	1238	11	98.81	99.17	61.58
常德市	Changde	9	1570	10	99.64	96.30	49.52
张家界市	Zhangjiajie	4	233	5	63.03	96.72	49.70
益阳市	Yiyang	7	1127	9	96.45	98.79	55.87
郴州市	Chenzhou	11	1509	12	98.15	97.59	47.48
永州市	Yongzhou	12	1664	12	88.30	96.43	51.58
怀化市	Huaihua	15	1680	15	93.37	98.55	34.85
娄底市	Loudi	6	945	6	99.54	99.59	43.08
湘西州	West Hunan	9	965	10	74.47	95.10	44.03

19-81 卫生机构基本情况(2015年)
Basic Statistics on Health Institutions(2015)

市 州	Cities and Prefecture	卫生机构数（个）Number of Health Institutions（unit）	医院、卫生院 Hospitals、Health Centers	卫生机构床位数（张）Number of Reality Beds（unit）	医院卫生院数 Hospitals、Health Centers	卫生机构人员数（人）Number of Employed Persons in Health Institutions (person)	卫生技术人员 Medical &Technical Personnel	执业(助理)医生 Certified (Assistant) Doctors	注册护士 Senier Nurse
全 省	**Total**	**17824**	**3468**	**396450**	**368388**	**438025**	**362570**	**143135**	**148832**
长沙市	Changsha	3283	284	65536	59927	83320	69203	25209	32367
株洲市	Zhuzhou	1165	175	22060	20699	26069	21900	8199	9439
湘潭市	Xiangtan	1084	109	16605	15622	19260	15963	6218	6827
衡阳市	Hengyang	1159	331	40659	38003	46106	37781	15984	14964
邵阳市	Shaoyang	1137	296	32998	31605	35629	27855	10896	10909
岳阳市	Yueyang	1366	242	30027	26197	31933	26601	12352	9311
常德市	Changde	1684	306	32220	29408	33161	27544	11890	10713
张家界市	Zhangjiajie	453	119	7964	7266	9452	7744	2962	3081
益阳市	Yiyang	1096	158	22450	19278	24438	20248	9111	7343
郴州市	Chenzhou	1364	339	28811	27712	29500	25208	9218	10892
永州市	Yongzhou	1222	315	32572	30929	30119	24979	9820	9725
怀化市	Huaihua	1364	367	28186	27273	30151	25472	9104	10576
娄底市	Loudi	538	154	20515	19273	21598	17668	7355	6879
湘西州	West Hunan	909	273	15847	15196	17289	14404	4817	5806

19-82 居民人均可支配收入(2015年)
Per Capita Annual Disposable Income of Residents (2015)

市 州	Cities and Prefecture	农村居民人均可支配收入(元)		城镇居民人均可支配收入 (元)	
		Per Capita Annual Disposable Income of rural Residents (yuan)	增长速度(%) Rate of rise (%)	Per Capita Annual Disposable Income of Urban Residents(yuan)	增长速度(%) Rate of rise (%)
长沙市	Changsha	23601	8.6	39961	8.5
株洲市	Zhuzhou	15637	8.8	33977	8.4
湘潭市	Xiangtan	15347	8.9	29237	8.0
衡阳市	Hengyan	14407	8.8	26515	8.8
邵阳市	Shaoyang	8716	11.9	21070	8.9
岳阳市	Yueyang	12091	9.3	25202	9.0
常德市	Changde	11744	9.4	24513	8.3
张家界市	Zhangjiajie	7094	12.0	19473	7.9
益阳市	Yiyang	12344	9.2	22571	9.1
郴州市	Chenzhou	11778	9.2	25534	8.1
永州市	Yongzhou	10765	9.0	21938	8.7
怀化市	Huaihua	7203	11.2	20693	7.8
娄底市	Loudi	8655	10.5	21838	7.5
湘西州	West Hunan	6648	12.9	19267	7.7

注：全省农民人均收入指标名称为“人均纯收入”，是国家统计局湖南调查总队抽样调查数据；市州指标名称为“人均可支配收入”，根据各市县区抽样调查推算。

The per capita income of rural households of the whole province names "per capita net income", which is caculated by NBS survey office in Hunan's samling survey. The per capita income of rural households of the cities and prefectures name "per capita disposable income",which is estimated from the sampling survey of them.

19-83 能源消耗指标(2015年)
Index of Energy Consumption (2015)

市 州	Cities and Prefecture	单位GDP能耗上升或下降（±%）Energy Consumption of Unit GDP Increase/Decrease (±%)	单位规模工业增加值能耗上升或下降（±%）Energy Consumption of Unit Scale Industry Added Value Increase/Decrease (±%)	单位GDP电耗上升或下降(±%) Electric Power Consumption of Unit GDP Increase/Decrease (±%)
全 省	**Total**	**-6.98**	**-12.69**	**-6.82**
长沙市	Changsha	-5.77	-11.93	-1.69
株洲市	Zhuzhou	-8.03	-19.52	-15.65
湘潭市	Xiangtan	-7.05	-9.77	-6.48
衡阳市	Hengyang	-9.03	-19.00	-8.43
邵阳市	Shaoyang	-6.98	-12.28	-3.35
岳阳市	Yueyang	-7.36	-9.74	-3.52
常德市	Changde	-8.24	-12.89	-13.03
张家界市	Zhangjiajie	1.08	-6.45	2.91
益阳市	Yiyang	-6.17	-11.50	-8.42
郴州市	Chenzhou	-7.40	-16.03	-9.36
永州市	Yongzhou	-7.38	-10.95	-5.21
怀化市	Huaihua	-5.48	-12.10	-6.73
娄底市	Loudi	-6.99	-9.66	-8.70
湘西州	West Hunan	-7.45	-21.19	-4.27

19-84 规模以上工业企业综合能源消费量
Total Energy Consumption of Scale Industry

单位：万吨标准煤 (10 000 ton of SCE)

市 州	Cities and Prefecture	2010	2011	2012	2013	2014	2015
全 省	**Total**	**6754.37**	**7162.93**	**6708.61**	**6733.87**	**6525.80**	**6060.07**
长沙市	Changsha	523.18	538.28	518.46	531.55	519.19	499.91
株洲市	Zhuzhou	497.11	459.61	439.96	450.64	420.09	350.22
湘潭市	Xiangtan	753.80	799.53	681.70	654.85	637.29	622.22
衡阳市	Hengyang	669.45	720.21	637.07	600.67	505.61	413.87
邵阳市	Shaoyang	255.42	255.51	306.95	322.46	309.09	295.92
岳阳市	Yueyang	946.29	1035.75	1001.65	1029.35	1000.57	961.42
常德市	Changde	520.01	558.19	499.10	520.38	517.95	477.85
张家界市	Zhangjiajie	41.15	46.79	36.80	39.35	40.99	40.88
益阳市	Yiyang	366.55	397.55	346.63	354.47	362.14	342.21
郴州市	Chenzhou	585.33	611.67	581.85	585.37	581.26	522.54
永州市	Yongzhou	219.62	234.65	225.09	212.23	194.16	180.94
怀化市	Huaihua	282.08	308.21	270.17	240.84	214.04	198.83
娄底市	Loudi	969.25	1064.72	1052.41	1097.02	1124.56	1072.44
湘西州	West Hunan	97.80	96.57	89.61	74.48	76.68	65.00

19-85 规模以上工业企业主要能源品种消费量(2015年)
Main Energy Consumption of Industrial Enterprises above Designated Size (2015)

市 州	Cities and Prefecture	能源合计（吨标准煤）Total Energy (ton of SCE)	原煤（吨）Raw Coal (ton)	洗精煤（吨）Cleaned Coal (ton)	焦炭（吨）Coke (ton)	天然气（万立方米）Natrual Gas (10 000 cu.m)
全 省	**Total**	**109216304**	**68366345**	**9221834**	**9182089**	**130097**
长沙市	Changsha	5713650	3972409		34908	45778
株洲市	Zhuzhou	4219348	2857676	4864	144552	33461
湘潭市	Xiangtan	13256718	3744029	3471790	3040956	2064
衡阳市	Hengyang	5606432	4688374	3118	486446	9192
邵阳市	Shaoyang	3800520	3633217	5130	18957	388
岳阳市	Yueyang	25861716	8509518		2049	24664
常德市	Changde	6128108	5319013	1499	63671	6229
张家界市	Zhangjiajie	491943	487594			199
益阳市	Yiyang	4264573	4506967	69	17782	1371
郴州市	Chenzhou	7814725	8656354	188488	275413	5728
永州市	Yongzhou	1972328	1517002		170478	53
怀化市	Huaihua	2046232	1128792	28617	163138	
娄底市	Loudi	27231036	19003622	5517079	4763443	1994
湘西州	West Hunan	665927	341779	1180	297	25

市 州	Cities and Prefecture	原油(吨) Crude Oil (ton)	汽油(吨) Gasoline (ton)	煤油(吨) Kerosene (ton)	柴油(吨) Diesel Oil (ton)	燃料油(吨) Fuel Oil (ton)	液化石油气(吨) LPG (ton)	电力(万千瓦时) Electric Power (10 000 kwh)
全 省	**Total**	**8784621**	**194448**	**47188**	**425702**	**279743**	**152073**	**9340493**
长沙市	Changsha	48	78983	417	99806	540	462	1249142
株洲市	Zhuzhou		7391	846	17172	185660	109963	659318
湘潭市	Xiangtan	68	3269	80	15070	1335	100	752608
衡阳市	Hengyang	77	13707	266	38480	4447	0	759439
邵阳市	Shaoyang	6	14895	507	15294	510	35871	463095
岳阳市	Yueyang	8784421	57179	43932	138993	65440	3139	739706
常德市	Changde		2477	260	14265	1291	104	1051504
张家界市	Zhangjiajie		606		1284			62618
益阳市	Yiyang		5186		12215			479312
郴州市	Chenzhou		4834	542	20423		18	699302
永州市	Yongzhou		1086	110	24891		216	400380
怀化市	Huaihua		1532	5	3331	20103	2083	592785
娄底市	Loudi		2836	223	16007	416	97	979317
湘西州	West Hunan		468		8546		22	324393

19-86 规模以上工业企业取水总量
Water Intake Amount of Scale Industry

单位：万立方米 (10 000 cu.m)

市 州	Cities and Prefecture	2010	2011	2012	2013	2014	2015
全 省	**Total**	**637189.52**	**673445.94**	**373906.66**	**388919.79**	**371515.84**	**375964.33**
长沙市	Changsha	84119.98	86186.80	94020.01	102903.89	96216.91	102674.19
株洲市	Zhuzhou	56222.11	60366.65	30868.51	30190.55	28814.69	28383.70
湘潭市	Xiangtan	57911.35	63460.81	27933.34	28374.16	25122.97	24803.10
衡阳市	Hengyang	84305.94	74964.96	24506.75	30075.80	26456.68	28459.35
邵阳市	Shaoyang	21237.49	23650.65	24977.31	24660.13	24729.59	26059.34
岳阳市	Yueyang	107312.71	117094.89	46675.85	47679.18	44266.12	43998.59
常德市	Changde	48786.60	54166.13	20803.11	20577.60	20755.57	23370.52
张家界市	Zhangjiajie	3775.31	5791.56	4463.71	4563.32	4329.23	4234.19
益阳市	Yiyang	77436.39	83895.10	14567.87	15160.41	14085.23	13945.31
郴州市	Chenzhou	25403.56	27134.84	29110.59	28329.23	247456.50	23302.04
永州市	Yongzhou	31395.45	32472.98	14417.62	14251.54	17058.62	18103.10
怀化市	Huaihua	9435.68	13640.23	11252.73	13183.54	13626.39	13470.59
娄底市	Loudi	23071.03	24318.62	24650.87	22793.43	22013.70	21140.34
湘西州	West Hunan	6775.91	6301.74	5658.39	6177.00	6583.52	4019.97

注：根据国家新修订的报表制度，2012年水、火电企业用于冷却机组的河湖海冷却用水(包括循环冷却用水和直抽直排冷却用水)不计入取水量。而2007年至2011年取水量中均包括水、火电企业用于冷却机组的河湖海冷却用水。

According to the new revision of the reporting system, in 2012, thermal power enterprises for the rivers and lakes water cooling water cooling unit (including circulating cooling water and cooling water straight pulling straight row) are not included in the water. But from 2007 to 2011 water consumption in thermal power enterprises including water, for rivers and lakes sea cooling water cooling unit.

19-87 分产业法人单位数(2015年)
Corporate Units by Industry(2015)

单位：个 (Unit)

市 州	Cities and Prefecture	合计 Total	第一产业 Primary Industry	第二产业 Secondary Industry	第三产业 Tertiary Industry
全 省	**Total**	**467951**	**25373**	**86309**	**356269**
长沙市	Changsha	102915	5109	17942	79864
株洲市	Zhuzhou	24310	970	6222	17118
湘潭市	Xiangtan	15576	631	3784	11161
衡阳市	Hengyang	44290	2353	7374	34563
邵阳市	Shaoyang	31959	1973	6461	23525
岳阳市	Yueyang	38860	1670	7949	29241
常德市	Changde	43229	1230	7174	34825
张家界市	Zhangjiajie	9691	872	1466	7353
益阳市	Yiyang	32623	1885	6517	24221
郴州市	Chenzhou	30427	2043	6053	22331
永州市	Yongzhou	26575	1722	4462	20391
怀化市	Huaihua	25266	2331	3679	19256
娄底市	Loudi	25022	1867	4819	18336
湘西州	West Hunan	17208	717	2407	14084

19-88 分机构类型法人单位数（2015年）
Corporate Units by Organization Type (2015)

单位：个 (Unit)

市 州	Cities and Prefecture	合计 Total	企业 Enterprises	事业单位 Public Institution	机关 Government Department	社会团体 Social Organization	民办非企业单位 Private Non-enterprise Units	基金会 Foundation	居委会 Neighborhood Committee	村委会 Village Committee	其他组织机构 Other Organization
全 省	**Total**	**467951**	**321579**	**43579**	**12788**	**11645**	**13601**	**111**	**4481**	**41625**	**18542**
长沙市	Changsha	102915	91003	3749	830	1437	1752	56	641	1256	2191
株洲市	Zhuzhou	24310	17459	1643	729	479	1234	3	327	1591	845
湘潭市	Xiangtan	15576	10388	1238	509	877	423	1	199	1378	563
衡阳市	Hengyang	44290	25761	5322	1373	1142	2271	5	529	4899	2988
邵阳市	Shaoyang	31959	16474	3410	1176	946	933	2	377	5537	3104
岳阳市	Yueyang	38860	29179	3057	950	586	628	7	349	3167	937
常德市	Changde	43229	30942	4328	1176	1171	886	4	453	3335	934
张家界市	Zhangjiajie	9691	5303	1350	353	290	273	2	127	1522	471
益阳市	Yiyang	32623	25613	2084	588	644	483	2	216	1819	1174
郴州市	Chenzhou	30427	19339	2806	1053	1165	861	12	302	2944	1945
永州市	Yongzhou	26575	12186	4212	1365	901	1616	5	271	5115	904
怀化市	Huaihua	25266	12693	4856	1181	811	522	3	259	3834	1107
娄底市	Loudi	25022	17833	1318	608	383	711	5	243	3269	652
湘西州	West Hunan	17208	7406	4206	897	813	1008	4	188	1959	727

19-89 分行业法人单位数(2015年)
Corporate Units by Sector(2015)

单位：个 (Unit)

市 州	Cities and Prefecture	合计 Total	农、林、牧、渔业 Agriculture, Forestry, Animal Husbandry and Fishing	采矿业 Mining	制造业 Manufacturing	电力、燃气及水的生产和供应业 Production and Supply of Electricity, Gas and Water	建筑业 Construction	批发和零售业 Whole- sale and Retail Trade	交通运输、仓储和邮政业 Transport, Storage and Post	住宿和餐饮业 Lodging and Catering Services	信息传输、计算机服务和软件业 Information Transmission, Computer Services and Software
全 省	**Total**	**467951**	**35753**	**6835**	**62180**	**5419**	**12227**	**97476**	**7907**	**9786**	**8401**
长沙市	Changsha	102915	6235	340	13503	299	3893	29373	1834	1498	4880
株洲市	Zhuzhou	24310	1485	445	4766	307	726	5049	390	484	221
湘潭市	Xiangtan	15576	808	176	3164	64	403	2748	249	247	215
衡阳市	Hengyang	44290	4062	799	5175	284	1152	6018	700	996	384
邵阳市	Shaoyang	31959	2968	737	4483	624	632	4125	374	518	207
岳阳市	Yueyang	38860	2792	373	6172	218	1210	8245	837	1159	589
常德市	Changde	43229	2310	374	5773	347	715	13006	805	1291	385
张家界市	Zhangjiajie	9691	1102	253	842	171	204	1047	161	378	155
益阳市	Yiyang	32623	3104	176	5463	224	689	10061	493	891	299
郴州市	Chenzhou	30427	2569	931	3552	1054	534	5288	533	938	243
永州市	Yongzhou	26575	2262	358	2958	730	425	2188	416	282	187
怀化市	Huaihua	25266	2721	484	2212	572	426	2849	402	465	240
娄底市	Loudi	25022	2374	715	3071	263	790	5835	481	451	275
湘西州	West Hunan	17208	961	674	1046	262	428	1644	232	188	121

续表1 Continued

单位：个 (Unit)

市 州	Cities and Prefecture	金融业 Banking	房地产业 Real Estate	租赁和商务服务业 Leasing and Business Services	科学研究、技术服务和地质勘查业 Scientific Research, Technical Service and Geologic Perambulation	水利、环境和公共设施管理业 Water Conservan-cy, Environment and Public Facilities Management	居民服务和其他服务业 Services to Househol-ds and Other Services	教育 Educa-tion	卫生、社会保障和社会福利业 Sanitation, Social Security and Social Welfare	文化、体育和娱乐业 Culture, Sports and Entertainment	公共管理和社会组织 Public Manage-ment and Social Organiza-tion	国际组织 Internat-ional Organiza-tion
全 省	**Total**	**2996**	**13880**	**30928**	**16850**	**4441**	**10064**	**21891**	**16082**	**14899**	**89936**	
长沙市	Changsha	895	3834	14701	6895	778	1833	3139	1091	2396	5498	
株洲市	Zhuzhou	230	961	1192	584	168	253	1435	989	638	3987	
湘潭市	Xiangtan	111	512	1051	460	174	159	765	349	446	3475	
衡阳市	Hengyang	314	1366	1721	1165	401	766	2589	4764	2005	9629	
邵阳市	Shaoyang	141	731	1163	567	252	347	2156	1638	835	9461	
岳阳市	Yueyang	243	1177	1935	1096	386	2428	1739	725	1165	6371	
常德市	Changde	178	831	1913	948	449	1861	1406	937	1218	8482	
张家界市	Zhangjiajie	55	265	644	283	168	161	486	277	197	2842	
益阳市	Yiyang	142	636	1376	906	293	649	1053	559	1178	4431	
郴州市	Chenzhou	209	922	1257	1436	343	470	1462	965	932	6789	
永州市	Yongzhou	136	732	1018	735	278	284	2085	1451	628	9422	
怀化市	Huaihua	117	762	1118	650	272	302	1344	837	868	8625	
娄底市	Loudi	146	741	1296	471	139	391	1221	403	860	5099	
湘西州	West Hunan	79	410	543	654	340	160	1011	1097	1533	5825	

19-90 “一套表”联网直报调查单位数(2015年)
“A set of table” Networking Straight Survey respondent Numbers(2015)

单位：个 (Unit)

市 州	Cities and Prefecture	合计 Total	工业 Industry	建筑业 Construction	贸易业 Trade	房地产业 Real Estate	服务业 Service
全 省	**Total**	**32016**	**13984**	**2518**	**7272**	**3710**	**4532**
长沙市	Changsha	6987	2709	627	1619	786	1246
株洲市	Zhuzhou	3005	1536	243	571	325	330
湘潭市	Xiangtan	1722	902	158	360	161	141
衡阳市	Hengyang	2727	956	235	677	368	491
邵阳市	Shaoyang	2372	1060	147	729	217	219
岳阳市	Yueyang	2852	1283	235	547	374	413
常德市	Changde	2475	992	155	629	228	471
张家界市	Zhangjiajie	441	162	42	108	63	66
益阳市	Yiyang	1831	970	115	384	204	158
郴州市	Chenzhou	2607	1095	127	657	342	386
永州市	Yongzhou	1549	775	93	329	172	180
怀化市	Huaihua	1223	576	109	171	232	135
娄底市	Loudi	1572	675	178	383	138	198
湘西州	West Hunan	653	293	54	108	100	98

注：“一套表”联网直报单位是指规模以上工业企业、限额以上批发零售住宿餐饮企业、资质以内的建筑业企业和房地产开发企业、规模以上服务业企业。

“A set of table” Networking straight survey respondent refers to within the industrial enterprises above Designated Size, enterprises above Designated Size of whole sale and retai trade and hotels and catering services.

19-91 新增“一套表”联网直报调查单位数(2015年)
Newly Increased “A set of table” Networking Straight Survey respondent Numbers(2015)

市 州	Cities and Prefecture	合计 Total	其中成长 Growthtype	工业 Industry	其中成长 Growthtype	建筑业 Construction	其中成长 Growthtype	批发业 Wholesale Trade	其中成长 Growthtype
全 省	**Total**	**4086**	**2201**	**1515**	**883**	**64**		**264**	**178**
长沙市	Changsha	885	559	289	208	7		90	59
株洲市	Zhuzhou	360	203	147	90	9		34	21
湘潭市	Xiangtan	149	71	59	31	3		5	1
衡阳市	Hengyang	445	288	138	101	4		36	30
邵阳市	Shaoyang	482	157	172	60	5		17	7
岳阳市	Yueyang	199	158	108	103	5		14	14
常德市	Changde	271	149	88	47	1		7	7
张家界市	Zhangjiajie	46	23	27	11	1			
益阳市	Yiyang	172	93	113	67	2		4	3
郴州市	Chenzhou	352	183	98	49	11		21	9
永州市	Yongzhou	296	83	112	20	2		7	2
怀化市	Huaihua	146	60	52	30	4		3	3
娄底市	Loudi	228	139	80	44	9		24	20
湘西州	West Hunan	55	35	32	22	1		2	2

续表1 Continued

市 州	Cities and Prefecture	零售业 Retail Trade	其中成长 Growthtype	住宿业 Lodging Services	其中成长 Growthtype	餐饮业 Catering Services	其中成长 Growthtype	房地产业 Real Estate	其中成长 Growthtype	服务业 Service	其中成长 Growthtype
全 省	**Total**	**779**	**431**	**85**	**46**	**178**	**75**	**394**		**807**	**588**
长沙市	Changsha	166	106	12	11	34	10	78		209	165
株洲市	Zhuzhou	44	32	8	5	20	8	27		71	47
湘潭市	Xiangtan	49	23	4	1	6	4	11		12	11
衡阳市	Hengyang	77	55	9	4	25	17	30		126	81
邵阳市	Shaoyang	151	57	19	1	36	3	31		51	29
岳阳市	Yueyang	22	21			5	4	28		17	16
常德市	Changde	67	31	2	1	15	7	18		73	56
张家界市	Zhangjiajie	12	11	1	1			5			
益阳市	Yiyang	14	7	2	2			22		15	14
郴州市	Chenzhou	45	31	11	9	21	15	41		104	70
永州市	Yongzhou	64	15	7	1	12	4	34		58	41
怀化市	Huaihua	13	8	2	2	1	1	49		22	16
娄底市	Loudi	47	27	6	6	2	1	13		47	41
湘西州	West Hunan	8	7	2	2	1	1	7		2	1

19-92 退出“一套表”联网直报调查单位数(2015年)
Exited “A set of table” Networking Straight Survey respondent Numbers(2015)

单位：个 (Unit)

市州	Cities and Prefecture	合计 Total	工业 Industry	建筑业 Construction	批发业 Wholesale Trade	零售业 Retail Trade	住宿业 Lodging Services	餐饮业 Catering Services	房地产业 Real Estate	服务业 Service
全 省	**Total**	**2356**	**952**	**64**	**256**	**380**	**49**	**62**	**347**	**246**
长沙市	Changsha	628	161	25	127	75	22	27	88	103
株洲市	Zhuzhou	191	61	8	28	38	7	7	22	20
湘潭市	Xiangtan	124	58	2	8	28	1	1	21	5
衡阳市	Hengyang	239	122	3	24	31	4	3	20	32
邵阳市	Shaoyang	155	84	1	6	28		1	28	7
岳阳市	Yueyang	95	34	2	10	17			19	13
常德市	Changde	124	28	5	5	30		4	29	23
张家界市	Zhangjiajie	43	16	2	2	7	3		10	3
益阳市	Yiyang	116	72	7	3	15	5	4	6	4
郴州市	Chenzhou	203	101	3	23	26	3	2	30	15
永州市	Yongzhou	95	41		3	23	2	5	19	2
怀化市	Huaihua	75	26	2	7	18	2	3	13	4
娄底市	Loudi	213	136	3	9	37		3	15	10
湘西州	West Hunan	55	12	1	1	7		2	27	5

各县(市、区)主要经济和社会统计指标

20 Main Economic and Social Statistics Indicators of Counties and Cities (Districts)

资料整理人员：			
	彭　蕾	周　玲	欧阳普
	赵　宏	张　驰	李培楚
	田杰平	谢　凡	贺淑贞
	郑石明	吕　燕	孟　强
	陈　慧	杨　耒	宋　超
	鲁　喆	殷梓晴	何　达
	廖闻菲	雷芙蓉	屈雄英
	刘　杰	刘　洋	周　迅
	黄少华	汤炼坤	田　原
	伍春阳	韩建芳	蔡冬娥
	肖首雄	阳小林	贺　震
	刘　峰	郭开金	彭　颖
	周哲煊		

20-1 年末常住人口(2015年)
Population at the Year-end (2015)

市县名称	Cities and Counties	总户数（万户）Households (10 000 households)	总人口（万人）Total Population (10 000 persons)	男 Male	女 Female	城镇人口 Urban	乡村人口 Rural	城市化水平(%) City Level (%)
芙蓉区	Furong District	19.14	54.28	27.20	27.08	54.28		100.00
天心区	Tianxin District	20.88	59.68	29.72	29.96	57.67	2.01	96.63
岳麓区	Yuelu District	25.12	82.65	40.65	42.00	70.72	11.93	85.57
开福区	Kaifu District	20.76	60.60	30.81	29.79	59.29	1.31	97.84
雨花区	Yuhua District	28.94	82.46	41.69	40.77	80.60	1.86	97.74
望城区	Wangcheng District	17.42	57.62	29.04	28.58	33.52	24.10	58.17
长沙县	Changsha County	27.41	91.60	47.29	44.31	55.19	36.41	60.25
宁乡县	Ningxiang County	40.64	123.55	62.18	61.37	65.46	58.09	52.98
浏阳市	Liuyang City	38.26	130.74	66.82	63.92	76.05	54.69	58.17
荷塘区	Hetang District	9.78	31.14	16.14	15.00	29.60	1.54	95.05
芦淞区	Lousong District	8.85	29.91	14.89	15.02	25.07	4.84	83.82
石峰区	Shifeng District	11.17	32.89	17.00	15.89	30.84	2.05	93.77
天元区	Tianyuan District	8.80	29.25	15.66	13.59	22.32	6.93	76.31
株洲县	Zhuzhou County	9.39	29.51	14.83	14.68	12.58	16.93	42.63
攸　县	You County	18.89	70.26	35.77	34.49	37.95	32.31	54.01
茶陵县	Chaling County	15.15	58.78	29.97	28.81	28.22	30.56	48.01
炎陵县	Yanling County	5.27	20.42	10.49	9.93	9.09	11.33	44.52
醴陵市	Liling City	25.56	97.89	50.01	47.88	52.76	45.13	53.90
雨湖区	Yuhu District	17.59	59.83	30.64	29.19	50.68	9.15	84.70
岳塘区	Yuetang District	13.75	46.78	23.96	22.82	44.75	2.03	95.66
湘潭县	Xiangtan County	25.22	85.72	43.51	42.21	33.22	52.50	38.75
湘乡市	Xiangxiang City	23.61	80.26	40.84	39.42	31.30	48.96	39.00
韶山市	Shaoshan City	2.88	9.78	5.00	4.78	4.61	5.17	47.14
珠晖区	Zhuhui District	10.74	34.44	18.19	16.25	31.41	3.03	91.20
雁峰区	Yanfeng District	7.42	22.09	11.81	10.28	21.23	0.86	96.11
石鼓区	Shigu District	7.78	24.06	12.82	11.24	22.45	1.61	93.31
蒸湘区	Zhengxiang District	10.10	30.99	16.16	14.83	28.17	2.82	90.90
南岳区	Nanyue District	1.75	6.27	3.33	2.94	4.32	1.95	68.90
衡阳县	Hengyang County	30.29	112.27	57.95	54.32	43.04	69.23	38.34
衡南县	Hengnan County	26.05	97.94	49.68	48.26	36.22	61.72	36.98
衡山县	Hengshan County	10.55	39.33	20.63	18.70	14.22	25.11	36.16
衡东县	Hengdong County	16.65	64.32	34.19	30.13	23.28	41.04	36.19
祁东县	Qidong County	29.41	100.28	51.81	48.47	40.13	60.15	40.02
耒阳市	Leiyang City	34.44	118.32	61.08	57.24	56.93	61.39	48.12
常宁市	Changning City	21.60	83.44	42.47	40.97	39.61	43.83	47.47
双清区	Shuangqing District	9.88	31.50	16.20	15.30	26.12	5.38	82.92
大祥区	Daxiang District	9.90	34.37	17.48	16.89	26.20	8.17	76.23
北塔区	Beita District	3.57	10.60	5.38	5.22	7.52	3.08	70.94

20-1 续表 1 continued

市县名称	Cities and Counties	总户数（万户）Households (10 000 households)	总人口（万人）Total Population (10 000 persons)	男 Male	女 Female	城镇人口 Urban	乡村人口 Rural	城市化水平 (%) City Level (%)
邵东县	Shaodong County	36.67	92.80	48.11	44.69	45.66	47.14	49.20
新邵县	Xinshao County	23.50	76.97	40.04	36.93	26.19	50.78	34.03
邵阳县	Shaoyang County	26.11	95.78	49.68	46.10	34.96	60.82	36.50
隆回县	Longhui County	34.29	110.09	59.33	50.76	34.50	75.59	31.34
洞口县	Dongkou County	24.06	78.45	41.04	37.41	31.57	46.88	40.24
绥宁县	Shuining County	11.93	35.68	18.55	17.13	11.25	24.43	31.53
新宁县	Xinning County	17.02	57.41	30.22	27.19	21.51	35.90	37.47
城步县	Chengbu County	7.83	26.22	13.82	12.40	8.54	17.68	32.57
武冈市	Wugang City	22.17	76.30	39.76	36.54	30.61	45.69	40.12
岳阳楼区	Yueyanglou District	28.32	84.17	44.66	39.51	77.15	7.02	91.66
云溪区	Yunxi District	3.18	18.20	9.90	8.30	11.84	6.36	65.05
君山区	Junshan District	8.44	24.83	12.73	12.10	13.72	11.11	55.26
岳阳县	Yueyang County	20.84	73.33	40.16	33.17	33.63	39.70	45.86
华容县	Huarong County	22.10	72.56	36.86	35.70	32.44	40.12	44.71
湘阴县	Xiangying County	21.44	69.92	30.76	39.16	32.96	36.96	47.14
平江县	Pingjiang County	27.77	97.93	52.11	45.82	40.20	57.73	41.05
汨罗市	Miluo City	21.70	70.88	37.27	33.61	37.74	33.14	53.24
临湘市	Linxiang City	14.36	51.10	27.20	23.90	24.34	26.76	47.63
武陵区	Wuling District	22.11	74.26	36.92	37.34	65.77	8.49	88.57
鼎城区	Dingcheng District	23.57	82.08	40.89	41.19	38.63	43.45	47.06
安乡县	Anxiang County	14.78	53.14	26.56	26.58	21.04	32.10	39.59
汉寿县	Hanshou County	24.69	80.83	40.92	39.91	29.22	51.61	36.15
澧　县	Li County	25.89	78.18	40.55	37.63	33.27	44.91	42.56
临澧县	Linli County	13.54	43.71	21.88	21.83	18.91	24.80	43.26
桃源县	Taoyuan County	27.59	86.13	44.18	41.95	30.53	55.60	35.45
石门县	Shimen County	19.12	60.11	30.99	29.12	23.68	36.43	39.39
津市市	Jinshi City	10.22	25.95	13.48	12.47	17.08	8.87	65.82
永定区	Yongding District	17.25	46.10	23.66	22.44	23.42	22.68	50.80
武陵源区	Wulingyuan District	1.96	6.15	3.09	3.06	3.53	2.62	57.40
慈利县	Cili County	21.20	61.30	31.46	29.84	25.88	35.42	42.22
桑植县	Sangzhi County	12.99	38.85	20.00	18.85	15.16	23.69	39.02
资阳区	Ziyang District	12.42	42.10	21.32	20.78	22.33	19.77	53.04
赫山区	Heshan District	25.49	85.38	43.74	41.64	55.72	29.66	65.26
南　县	Nan County	22.19	74.20	38.31	35.89	31.43	42.77	42.36
大通湖区	Datonghu District	3.25	10.92	5.57	5.35	4.81	6.11	44.05
桃江县	Taojiang County	23.65	79.23	41.07	38.16	33.81	45.42	42.67
安化县	Anhua County	27.26	91.20	47.05	44.15	27.36	63.84	30.00
沅江市	Yuanjiang City	20.36	68.91	35.44	33.47	33.93	34.98	49.24
北湖区	Beihu District	14.35	42.99	22.13	20.86	34.66	8.33	80.62
苏仙区	Suxian District	14.53	42.69	22.17	20.52	28.03	14.66	65.66
桂阳县	Guiyang County	27.08	71.17	37.12	34.05	33.40	37.77	46.93
宜章县	Yizhang County	16.23	58.94	30.68	28.26	25.70	33.24	43.60
永兴县	Yongxing County	16.65	54.28	27.95	26.33	25.94	28.34	47.79

20-1 续表 2 continued

市县名称	Cities and Counties	总户数（万户）Households (10 000 households)	总人口（万人）Total Population (10 000 persons)	男 Male	女 Female	城镇人口 Urban	乡村人口 Rural	城市化水平(%) City Level (%)
嘉禾县	Jiahe County	10.64	31.73	16.56	15.17	14.34	17.39	45.19
临武县	Linwu County	12.46	39.99	20.87	19.12	16.22	23.77	40.56
汝城县	Rucheng County	10.66	34.40	18.41	15.99	12.07	22.33	35.09
桂东县	Guidong County	6.49	23.27	12.23	11.04	9.55	13.72	41.04
安仁县	Anren County	10.49	39.05	20.28	18.77	16.68	22.37	42.71
资兴市	Zixing City	11.70	34.51	17.54	16.97	21.53	12.98	62.39
零陵区	Lingling District	17.08	55.41	28.26	27.15	29.71	25.70	53.62
冷水滩区	Lengshuitan District	18.37	52.92	26.89	26.03	34.63	18.29	65.44
祁阳县	Qiyang County	24.92	87.99	44.88	43.11	37.93	50.06	43.11
东安县	Dongan County	17.27	56.45	29.04	27.41	21.07	35.38	37.33
双牌县	Shuangpai County	6.33	20.24	10.45	9.79	8.11	12.13	40.07
道　县	Dao County	16.25	62.46	33.91	28.55	25.88	36.58	41.43
江永县	Jiangyong County	7.13	24.09	12.43	11.66	8.55	15.54	35.49
宁远县	Ningyuan County	19.05	72.67	38.16	34.51	29.32	43.35	40.35
蓝山县	Lanshan County	8.78	33.91	17.77	16.14	15.01	18.90	44.26
新田县	Xintian County	9.72	33.92	17.25	16.67	12.74	21.18	37.56
江华县	Jianghua County	11.28	42.91	22.28	20.63	17.31	25.60	40.34
鹤城区	Hecheng District	19.22	60.79	31.06	29.73	56.18	4.61	92.42
中方县	Zhongfang County	7.20	24.28	12.59	11.69	8.10	16.18	33.36
沅陵县	Yuanling County	16.82	60.18	31.26	28.92	20.67	39.51	34.35
辰溪县	Chenxi County	14.09	46.14	23.96	22.18	15.85	30.29	34.35
溆浦县	Xupu County	22.86	75.20	39.10	36.10	26.65	48.55	35.44
会同县	Huitong County	9.77	33.05	16.87	16.18	11.14	21.91	33.71
麻阳县	Mayang County	9.13	34.92	18.10	16.82	11.24	23.68	32.19
新晃县	Xinhuang County	7.27	24.93	12.92	12.01	8.30	16.63	33.29
芷江县	Zhijiang County	10.28	34.68	17.98	16.70	11.29	23.39	32.55
靖州县	Jingzhou County	6.98	25.30	13.11	12.19	10.96	14.34	43.32
通道县	Tongdao County	5.86	21.23	11.03	10.20	6.80	14.43	32.03
洪江市	Hongjiang City	13.75	42.80	22.18	20.62	16.43	26.37	38.39
洪江区	Hongjiang District	2.50	6.66	3.44	3.22	5.93	0.73	89.04
娄星区	Louxing District	17.31	51.05	26.53	24.52	44.71	6.34	87.58
双峰县	Shuangfeng County	27.04	87.34	45.51	41.83	26.59	60.75	30.44
新化县	Xinhua County	34.21	113.15	59.06	54.09	35.87	77.28	31.70
冷水江市	Lengshuijiang City	11.71	34.27	18.03	16.24	26.29	7.98	76.71
涟源市	Liangyuan City	32.47	101.37	52.78	48.59	36.01	65.36	35.52
吉首市	Jishou City	10.04	31.26	15.84	15.42	22.90	8.36	73.26
泸溪县	Luxi County	8.42	28.96	14.76	14.20	12.00	16.96	41.44
凤凰县	Fenghuang County	9.69	36.37	18.92	17.45	11.53	24.84	31.70
花垣县	Huayuan County	7.91	30.08	15.63	14.45	11.32	18.76	37.63
保靖县	Baojing County	7.98	29.46	15.31	14.15	11.36	18.10	38.56
古丈县	Guzhang County	3.58	13.19	6.87	6.32	4.79	8.40	36.32
永顺县	Yongshun County	12.82	44.85	23.37	21.48	16.08	28.77	35.85
龙山县	Longshan County	15.75	49.28	25.64	23.64	18.38	30.90	37.30

20-2 计划生育指标(2015年)
Indicators of Family Plan (2015)

市县名称	Cities and Counties	出生率(‰) Birth Rate (‰)	死亡率(‰) Death Rate (‰)	自然增长率(‰) Natural Growth Rate (‰)	符合政策生育率(%) Birth Within Plan Rate (%)	已婚育龄妇女人数(万人) Married Women at Child-Bearing Age (10 000 persons)	节育率(%) Contra-ceptive Rate (%)
芙蓉区	Furong District	12.77	8.16	4.61	95.71	6.97	78.02
天心区	Tianxin District	10.57	8.84	1.73	95.50	7.17	83.47
岳麓区	Yuelu District	12.29	8.68	3.61	95.07	11.94	85.48
开福区	Kaifu District	11.35	8.70	2.65	94.87	8.49	83.60
雨花区	Yuhua District	13.46	7.41	6.05	94.59	11.60	84.73
望城区	Wangcheng District	14.68	9.95	4.73	93.07	12.05	86.92
长沙县	Changsha County	13.70	6.89	6.81	91.14	15.47	84.81
宁乡县	Ningxiang County	13.49	7.62	5.87	85.34	29.67	83.66
浏阳市	Liuyang City	16.14	7.67	8.47	85.09	30.82	87.01
荷塘区	Hetang District	9.93	8.45	1.48	91.61	3.73	87.68
芦淞区	Lousong District	12.71	9.38	3.33	89.78	4.65	86.29
石峰区	Shifeng District	11.99	9.28	2.71	91.06	5.10	88.57
天元区	Tianyuan District	12.44	7.51	4.93	89.95	4.90	89.58
株洲县	Zhuzhou County	13.94	8.21	5.73	83.94	7.37	90.37
攸　县	You County	14.57	6.73	7.84	83.93	17.37	90.54
茶陵县	Chaling County	15.81	7.57	8.24	81.97	13.23	93.80
炎陵县	Yanling County	13.48	6.15	7.33	82.56	4.31	89.88
醴陵市	Liling City	14.75	6.88	7.87	81.91	21.66	92.40
雨湖区	Yuhu District	10.88	8.36	2.52	88.38	9.93	90.27
岳塘区	Yuetang District	8.57	10.29	-1.72	95.97	6.75	87.99
湘潭县	Xiangtan County	12.94	7.58	5.36	84.21	19.66	88.00
湘乡市	Xiangxiang City	13.84	7.74	6.10	82.22	19.21	90.73
韶山市	Shaoshan City	12.35	8.01	4.34	92.80	2.33	90.05
珠晖区	Zhuhui District	10.38	7.84	2.54	87.28	5.78	84.22
雁峰区	Yanfeng District	10.93	6.78	4.15	89.61	4.06	82.77
石鼓区	Shigu District	10.87	7.29	3.58	88.16	4.30	87.64
蒸湘区	Zhengxiang District	11.92	5.85	6.07	90.60	5.28	89.86
南岳区	Nanyue District	13.64	5.53	8.11	86.32	1.24	88.74
衡阳县	Hengyang County	13.69	6.73	6.96	78.34	24.89	88.04
衡南县	Hengnan County	14.06	6.42	7.64	72.49	21.96	91.51
衡山县	Hengshan County	13.36	6.34	7.02	76.54	8.99	90.94
衡东县	Hengdong County	13.30	6.14	7.16	76.76	15.01	91.59
祁东县	Qidong County	14.02	6.37	7.65	77.31	20.90	89.11
耒阳市	Leiyang City	13.94	5.74	8.20	77.65	29.28	85.92
常宁市	Changning City	13.89	6.47	7.42	75.17	18.42	90.48
双清区	Shuangqing District	12.00	7.52	4.48	85.07	5.55	89.90
大祥区	Daxiang District	12.57	5.83	6.74	82.48	6.55	86.81
北塔区	Beita District	14.05	5.48	8.57	79.31	1.99	92.78

20-2 续表 1 continued

市县名称	Cities and Counties	出生率 (‰) Birth Rate (‰)	死亡率 (‰) Death Rate (‰)	自然增长率 (‰) Natural Growth Rate (‰)	符合政策生育率 (%) Birth Within Plan Rate (%)	已婚育龄妇女人数 (万人) Married Women at Child-Bearing Age (10 000 persons)	节育率 (%) Contra-ceptive Rate (%)
邵东县	Shaodong County	13.48	6.43	7.05	78.82	25.08	89.81
新邵县	Xinshao County	13.26	6.56	6.70	75.08	15.46	91.67
邵阳县	Shaoyang County	13.34	6.72	6.62	78.83	20.20	93.63
隆回县	Longhui County	14.30	6.41	7.89	77.18	24.29	91.96
洞口县	Dongkou County	13.21	7.20	6.01	79.58	16.67	85.50
绥宁县	Shuining County	13.68	6.84	6.84	82.30	7.42	90.67
新宁县	Xinning County	14.48	7.57	6.91	80.70	12.85	92.92
城步县	Chengbu County	14.43	5.76	8.67	91.88	5.66	92.22
武冈市	Wugang City	13.25	6.64	6.61	80.20	16.10	91.36
岳阳楼区	Yueyanglou District	12.87	7.17	5.70	80.63	14.05	87.24
云溪区	Yunxi District	11.90	6.46	5.44	84.67	3.67	90.58
君山区	Junshan District	13.26	7.00	6.26	85.46	5.07	90.55
岳阳县	Yueyang County	15.71	6.26	9.45	76.89	14.97	86.88
华容县	Huarong County	13.16	6.96	6.20	85.15	15.78	91.74
湘阴县	Xiangying County	13.71	6.69	7.02	86.45	15.40	90.80
平江县	Pingjiang County	14.97	6.36	8.61	79.39	22.83	90.49
汨罗市	Miluo City	14.28	7.85	6.43	83.52	14.44	88.63
临湘市	Linxiang City	16.38	7.45	8.93	75.41	10.99	90.79
武陵区	Wuling District	10.72	7.61	3.11	92.22	12.08	91.93
鼎城区	Dingcheng District	10.15	8.94	1.21	91.46	15.02	91.28
安乡县	Anxiang County	8.79	8.64	0.15	92.37	11.58	91.47
汉寿县	Hanshou County	12.32	7.46	4.86	86.70	17.57	89.36
澧　县	Li County	11.30	7.41	3.89	89.74	19.37	93.06
临澧县	Linli County	11.00	7.53	3.47	89.51	9.39	89.11
桃源县	Taoyuan County	10.98	8.63	2.35	90.40	19.65	90.18
石门县	Shimen County	11.38	8.33	3.05	88.45	13.68	89.22
津市市	Jinshi City	8.80	8.29	0.51	88.89	4.84	95.23
永定区	Yongding District	12.22	6.84	5.38	90.11	8.57	91.45
武陵源区	Wulingyuan District	12.33	6.33	6.00	91.20	1.10	90.20
慈利县	Cili County	10.86	7.89	2.97	88.54	13.53	88.75
桑植县	Sangzhi County	13.13	7.22	5.91	85.67	8.96	82.71
资阳区	Ziyang District	13.05	8.28	4.77	83.52	8.51	92.82
赫山区	Heshan District	12.83	7.84	4.99	81.48	18.47	92.35
南　县	Nan County	12.37	8.55	3.82	83.11	13.99	89.81
大通湖区	Datonghu District	11.30	5.75	5.28	91.77	2.09	92.15
桃江县	Taojiang County	13.59	7.45	6.14	81.34	18.40	93.49
安化县	Anhua County	13.98	7.12	6.86	79.32	20.94	91.58
沅江市	Yuanjiang City	13.27	8.13	5.14	82.03	15.66	91.24
北湖区	Beihu District	11.69	6.05	5.64	82.83	7.12	90.56
苏仙区	Suxian District	10.76	7.13	3.63	83.62	7.07	90.96
桂阳县	Guiyang County	11.85	5.33	6.52	77.13	17.12	90.66
宜章县	Yizhang County	13.71	5.57	8.14	77.24	12.26	89.31
永兴县	Yongxing County	12.93	5.56	7.37	78.75	13.14	93.20

20-2 续表 2 continued

市县名称	Cities and Counties	出生率(‰) Birth Rate (‰)	死亡率(‰) Death Rate (‰)	自然增长率(‰) Natural Growth Rate (‰)	符合政策生育率(%) Birth Within Plan Rate (%)	已婚育龄妇女人数(万人) Married Women at Child-Bearing Age (10 000 persons)	节育率(%) Contra-ceptive Rate (%)
嘉禾县	Jiahe County	12.35	5.10	7.25	73.51	8.11	92.31
临武县	Linwu County	11.23	5.94	5.29	72.22	6.93	93.64
汝城县	Rucheng County	13.59	5.82	7.77	78.40	8.10	92.14
桂东县	Guidong County	11.27	6.86	4.41	79.69	3.85	90.30
安仁县	Anren County	13.94	5.60	8.34	77.42	8.86	92.36
资兴市	Zixing City	10.78	7.16	3.62	84.30	7.46	89.56
零陵区	Lingling District	13.09	7.57	5.52	79.24	12.15	91.46
冷水滩区	Lengshuitan District	13.37	7.26	6.11	79.39	11.04	89.90
祁阳县	Qiyang County	12.90	7.47	5.43	79.85	19.88	91.73
东安县	Dongan County	14.33	6.83	7.50	78.12	12.33	87.99
双牌县	Shuangpai County	12.76	7.51	5.25	80.88	3.63	87.97
道　县	Dao County	14.16	7.14	7.02	79.93	14.60	89.80
江永县	Jiangyong County	13.62	7.13	6.49	80.55	5.46	91.37
宁远县	Ningyuan County	12.73	6.79	5.94	79.76	16.02	91.70
蓝山县	Lanshan County	12.45	6.94	5.51	77.99	7.81	89.29
新田县	Xintian County	14.95	7.20	7.75	76.69	8.08	90.54
江华县	Jianghua County	16.10	7.43	8.67	85.00	10.29	87.63
鹤城区	Hecheng District	12.81	5.98	6.83	83.64	7.80	91.44
中方县	Zhongfang County	15.41	7.10	8.31	77.98	5.97	93.34
沅陵县	Yuanling County	11.36	8.06	3.30	82.86	12.67	89.70
辰溪县	Chenxi County	13.55	7.78	5.77	83.69	10.57	87.84
溆浦县	Xupu County	14.71	7.07	7.64	80.28	18.20	91.29
会同县	Huitong County	13.62	7.10	6.52	81.07	7.42	87.58
麻阳县	Mayang County	13.20	8.29	4.91	90.39	7.59	83.01
新晃县	Xinhuang County	12.94	7.93	5.01	88.88	5.09	80.58
芷江县	Zhijiang County	11.77	7.56	4.21	91.19	7.40	92.75
靖州县	Jingzhou County	14.13	6.47	7.66	91.16	5.43	89.22
通道县	Tongdao County	13.53	6.49	7.04	92.81	4.58	86.91
洪江市	Hongjiang City	11.60	8.73	2.87	83.35	8.46	91.37
洪江区	Hongjiang District	8.50	4.62	3.88	89.62	1.22	83.76
娄星区	Louxing District	13.13	6.59	6.54	83.08	9.69	91.57
双峰县	Shuangfeng County	12.24	7.06	5.18	80.80	19.14	93.40
新化县	Xinhua County	15.93	6.49	9.44	81.81	28.62	94.05
冷水江市	Lengshuijiang City	13.64	7.38	6.26	81.55	7.93	96.28
涟源市	Liangyuan City	12.30	7.07	5.23	82.56	22.54	91.49
吉首市	Jishou City	12.02	6.83	5.19	88.28	5.57	89.40
泸溪县	Luxi County	13.09	6.61	6.48	83.73	5.86	89.48
凤凰县	Fenghuang County	14.55	6.25	8.30	83.30	7.66	83.03
花垣县	Huayuan County	13.30	6.82	6.48	83.07	5.84	91.20
保靖县	Baojing County	12.45	5.42	7.03	84.05	6.07	83.72
古丈县	Guzhang County	11.52	6.89	4.63	85.19	2.59	85.99
永顺县	Yongshun County	14.12	6.76	7.36	83.80	10.29	77.05
龙山县	Longshan County	15.09	7.11	7.98	83.16	11.67	83.69

20-3 城镇单位从业人员年末人数(2015年)
Number of Employed Persons in Urban Areas at the Year-end (2015)

单位：万人 (10 000 persons)

市县名称	Cities and Counties	城镇单位从业人员人数 Number of employees in Urban Units	在岗职工 Staff and Workers on the Job	#国有经济 State-owned Units	#城镇集体经济 Urban Collective Owned Units	#其他经济 Other economic	其他从业人员 Other Employed Persons
芙蓉区	Furong District	16.40	15.47	5.10	0.35	10.02	0.93
天心区	Tianxin District	14.23	13.75	2.89	0.10	10.77	0.47
岳麓区	Yuelu District	20.45	19.17	5.95	0.11	13.11	1.27
开福区	Kaifu District	11.97	11.57	3.52	0.13	7.92	0.40
雨花区	Yuhua District	18.81	16.40	4.82	0.30	11.28	2.42
望城区	Wangcheng District	8.91	8.40	1.01	0.12	7.27	0.51
长沙县	Changsha County	18.34	18.01	2.38	0.19	15.45	0.33
宁乡县	Ningxiang County	7.16	6.92	2.49	0.34	4.08	0.24
浏阳市	Liuyang City	14.21	13.59	2.44	0.43	10.73	0.61
荷塘区	Hetang District	4.87	4.28	1.59	0.03	2.66	0.59
芦淞区	Lusong District	6.88	6.07	2.52	0.04	3.51	0.81
石峰区	Shifeng District	7.08	6.53	0.80	0.01	5.72	0.55
天元区	Tianyuan District	8.99	8.23	2.76	0.05	5.42	0.76
株洲县	Zhuzhou County	2.73	2.33	0.78	0.09	1.46	0.40
攸　县	You County	3.24	3.19	1.42	0.18	1.60	0.05
茶陵县	Chaling County	2.79	2.57	1.45	0.28	0.84	0.22
炎陵县	Yanling County	1.48	1.40	0.77	0.02	0.61	0.08
醴陵市	Liling City	8.38	8.19	2.12	0.11	5.96	0.19
雨湖区	Yuhu District	8.14	7.72	2.97	0.23	4.51	0.43
岳塘区	Yuetang District	12.07	8.96	2.13	0.23	6.60	3.11
湘潭县	Xiangtan County	4.21	4.12	1.65	0.24	2.24	0.08
湘乡市	Xiangxiang City	5.21	5.06	1.93	0.09	3.04	0.15
韶山市	Shaoshan City	0.89	0.84	0.38	0.01	0.45	0.06
珠晖区	Zhuhui District	3.23	3.18	1.47	0.11	1.60	0.05
雁峰区	Yanfeng District	5.29	4.99	0.92	0.09	3.97	0.30
石鼓区	Shigu District	4.99	4.45	1.41	0.36	2.68	0.54
蒸湘区	Zhengxiang District	7.05	6.39	1.98	0.09	4.32	0.67
南岳区	Nanyue District	0.85	0.70	0.37	0.01	0.31	0.16
衡阳县	Hengyang County	7.21	7.15	2.94	0.51	3.70	0.06
衡南县	Hengnan County	5.92	5.32	2.46	0.12	2.74	0.61
衡山县	Hengshan County	2.14	2.08	1.00	0.04	1.04	0.06
衡东县	Hengdong County	2.71	2.58	1.47	0.15	0.96	0.13
祁东县	Qidong County	3.81	3.38	1.39	0.09	1.90	0.43
耒阳市	Leiyang City	6.17	5.92	2.99	0.13	2.80	0.25
常宁市	Changning City	4.68	4.52	2.58	0.14	1.81	0.16
双清区	Shuangqing District	7.13	6.49	1.68	0.20	4.62	0.64
大祥区	Da xiang District	4.54	3.50	2.23	0.20	1.07	1.04
北塔区	Beita District	1.38	1.29	0.63	0.02	0.63	0.09

20-3 续表 1 continued

单位：万人 (10 000 persons)

市县名称	Cities and Counties	城镇单位从业人员人数 Number of employees in Urban Units	在岗职工 Staff and Workers on the Job	#国有经济 State-owned Units	#城镇集体经济 Urban Collective Owned Units	#其他经济 Other economic	其他从业人员 Other Empolyed Persons
邵东县	Shaodong County	4.04	3.93	2.03	0.30	1.60	0.11
新邵县	Xinshao County	2.51	2.42	1.40	0.04	0.97	0.09
邵阳县	Shaoyang County	3.40	3.28	1.93	0.38	0.98	0.11
隆回县	Longhui County	3.37	3.29	2.09	0.02	1.18	0.08
洞口县	Dongkou County	3.13	2.81	1.75	0.04	1.02	0.33
绥宁县	Shuining County	1.93	1.63	1.02	0.03	0.58	0.31
新宁县	Xinning County	2.53	2.38	1.29	0.06	1.03	0.15
城步县	Chengbu County	1.36	1.17	0.86	0.01	0.31	0.19
武冈市	Wugang City	2.90	2.51	1.57	0.29	0.66	0.39
岳阳楼区	Yueyanglou District	16.39	13.75	4.93	0.16	8.66	2.64
云溪区	Yunxi District	3.81	3.34	0.48	0.19	2.67	0.47
君山区	Junshan District	1.79	1.73	1.08	0.07	0.58	0.06
岳阳县	Yueyang County	4.07	3.93	1.77	0.10	2.06	0.14
华容县	Huarong County	3.49	3.23	1.42	0.41	1.40	0.26
湘阴县	Xiangyin County	5.25	4.78	2.16	0.12	2.50	0.47
平江县	Pingjiang County	5.19	4.80	2.39	0.20	2.21	0.39
汨罗市	Miluo City	5.75	5.20	2.19	0.25	2.76	0.55
临湘市	Linxiang City	2.59	2.23	1.23	0.18	0.82	0.36
武陵区	Wuling District	13.47	12.57	4.35	0.07	8.15	0.90
鼎城区	Dingchen District	4.10	3.83	1.74	0.02	2.07	0.27
安乡县	Anxiang County	3.62	3.55	1.07	0.04	2.45	0.06
汉寿县	Hanshou County	3.38	3.29	1.54	0.09	1.66	0.10
澧　县	Li County	4.81	4.55	2.09	0.14	2.32	0.26
临澧县	Linli County	1.90	1.81	1.08	0.02	0.70	0.10
桃源县	Taoyuan County	4.32	4.05	1.83	0.01	2.22	0.27
石门县	Shimen County	3.11	2.82	1.47	0.03	1.31	0.30
津市市	Jinshi City	2.64	2.58	0.81	0.03	1.74	0.06
永定区	Yongding District	3.79	3.62	1.92		1.69	0.17
武陵源区	Wulingyuan District	0.81	0.71	0.43		0.27	0.10
慈利县	Cili County	2.54	2.09	1.27	0.11	0.70	0.46
桑植县	Sangzhi County	1.53	1.44	1.14		0.29	0.09
资阳区	Ziyang District	2.32	2.24	1.37	0.05	0.82	0.08
赫山区	Heshan District	11.39	9.21	2.92	0.34	5.96	2.18
南　县	Nan County	2.77	2.60	1.67	0.04	0.89	0.17
大通湖区	Datonghu District	0.49	0.44	0.21	0.02	0.21	0.05
桃江县	Taojiang County	3.66	3.10	1.52	0.12	1.46	0.56
安化县	Anhua County	2.92	2.67	1.80	0.17	0.69	0.25
沅江市	Yuanjiang City	3.49	3.20	2.02	0.16	1.02	0.29
北湖区	Beihu District	8.68	7.91	3.57	0.07	4.27	0.77
苏仙区	Suxian District	5.89	5.09	2.00	0.07	3.01	0.80
桂阳县	Guiyang County	4.01	3.69	1.78	0.10	1.81	0.33
宜章县	Yizhang County	2.53	2.42	1.46	0.04	0.92	0.11
永兴县	Yongxing County	2.60	2.50	1.57	0.10	0.83	0.10

20-3 续表 2 continued

单位：万人 (10 000 persons)

市县名称	Cities and Counties	城镇单位从业人员人数 Number of employees in Urban Units	在岗职工 Staff and Workers on the Job	#国有经济 State-owned Units	#城镇集体经济 Urban Collective Owned Units	#其他经济 Other economic	其他从业人员 Other Employed Persons
嘉禾县	Jiahe County	1.61	1.44	0.99	0.10	0.35	0.17
临武县	Linwu County	1.59	1.47	0.84	0.14	0.49	0.12
汝城县	Rucheng County	1.04	0.98	0.66	0.02	0.30	0.06
桂东县	Guidong County	1.02	0.89	0.54	0.02	0.33	0.13
安仁县	Anren County	1.74	1.62	1.07	0.01	0.55	0.12
资兴市	Zixing City	5.21	4.31	1.03		3.28	0.89
零陵区	Lingling District	3.73	3.56	2.36	0.21	0.99	0.17
冷水滩区	Lengshuitan District	6.36	5.74	2.71	0.13	2.90	0.62
祁阳县	Qiyang County	4.97	4.56	2.18	0.32	2.06	0.41
东安县	Dongan County	2.96	2.49	1.70	0.07	0.72	0.48
双牌县	Shuangpai County	1.17	1.10	0.78	0.08	0.25	0.06
道　县	Dao County	2.48	2.31	1.49	0.52	0.29	0.17
江永县	Jiangyong County	1.23	1.18	0.84	0.14	0.19	0.06
宁远县	Ningyuan Couny	3.23	3.12	1.79	0.03	1.30	0.11
蓝山县	Lanshan County	2.57	2.43	0.97	0.11	1.34	0.14
新田县	Xintian County	1.75	1.66	1.21	0.01	0.44	0.09
江华县	Jianghua County	1.84	1.75	1.24	0.07	0.44	0.09
鹤城区	Hecheng District	6.95	6.35	3.80	0.05	2.51	0.60
中方县	Zhongfang County	1.52	1.46	0.76		0.70	0.06
沅陵县	Yuanling County	2.68	2.54	1.66	0.02	0.86	0.14
辰溪县	Chenxi County	2.23	1.98	1.18	0.25	0.55	0.25
溆浦县	Xupu County	2.62	2.47	2.03	0.08	0.36	0.14
会同县	Huitong County	1.35	1.20	0.92	0.06	0.22	0.15
麻阳县	Mayang County	1.62	1.58	1.13	0.14	0.31	0.03
新晃县	Xinhuang County	1.06	0.99	0.78	0.08	0.14	0.06
芷江县	Zhijiang County	1.55	1.49	1.05	0.04	0.40	0.05
靖州县	Jingzhou County	1.14	0.96	0.76	0.03	0.17	0.18
通道县	Tongdao County	1.02	0.88	0.78	0.01	0.10	0.14
洪江市	Hongjiang City	1.97	1.87	1.23	0.05	0.59	0.10
洪江区	Hongjiang District	0.72	0.64	0.33	0.02	0.29	0.08
娄星区	Louxing District	10.74	9.93	3.38	0.73	5.82	0.81
双峰县	Shuangfeng County	4.28	4.13	1.80	0.20	2.13	0.15
新化县	Xinhua County	3.81	3.68	2.14	0.27	1.27	0.13
冷水江市	Lengshuijiang City	5.74	5.63	1.85	0.78	3.00	0.11
涟源市	Liangyuan City	4.56	4.30	2.39	0.26	1.65	0.26
吉首市	Jishou City	4.67	4.01	2.51	0.12	1.38	0.66
泸溪县	Luxi County	1.14	1.11	0.99	0.06	0.06	0.03
凤凰县	Fenghuang County	1.44	1.38	1.12	0.05	0.21	0.06
花垣县	Huayuan County	1.45	1.36	1.08	0.02	0.26	0.10
保靖县	Baojing County	1.03	1.02	0.84	0.07	0.12	0.01
古丈县	Guzhang County	0.66	0.60	0.51	0.01	0.07	0.06
永顺县	Yongsun County	1.89	1.89	1.53	0.13	0.23	0.01
龙山县	Longshan County	1.77	1.70	1.50	0.05	0.16	0.07

20-4 国有经济各行业在岗职工年末人数(2015年)
Employed Staff and Workers in State-Owned Units by Sector at the Year-end (2015)

单位：人

市县名称	Cities and Counties	农林牧渔业 Agriculture, Forestry, Farming of Animals and Fishing	采矿业 Minging Industry	制造业 Manufacturing	电力、热力、燃气及水的生产和供应业 Production and Distribution of Electricity, Heat,Gas and Water	建筑业 Construction	批发和零售业 Wholesale and Retail Trade	交通运输仓储和邮政业 Traffic, Transport, Storage and Post	住宿和餐饮业 Accommodation and Restaurants
芙蓉区	Furong District			359		120	286	2962	1500
天心区	Tianxin District		4	2086		5061	229		145
岳麓区	Yuelu District	25		3605		583	2	434	639
开福区	Kaifu District	39		328		1403	261	168	358
雨花区	Yuhua District			571		8592	1126	648	893
望城区	Wangcheng District			1399	22		46	76	77
长沙县	Changsha County			416			35	3120	
宁乡县	Ningxiang County	140		536	55	238		287	
浏阳市	Liuyang City		246		244		21	665	49
荷塘区	Hetang District			5478			5	132	
芦淞区	Lusong District			2141	1201	3380	593		247
石峰区	Shifeng District			1685				178	
天元区	Tianyuan District				95	277		2600	257
株洲县	Zhuzhou County		520	388	226			34	50
攸　县	You County	133	749	45	338		134		
茶陵县	Chaling County		1215	226	228	980	90	134	
炎陵县	Yanling County				904			96	107
醴陵市	Liling City			2390	194	154	103	23	
雨湖区	Yuhu District			1976			48	3736	
岳塘区	Yuetang District			62		320	284	262	
湘潭县	Xiangtan County		1499						
湘乡市	Xiangxiang City	19		925	645	70		125	
韶山市	Shaoshan City				19		4		366
珠晖区	Zhuhui District	11	11	23		3888	32	128	
雁峰区	Yanfeng District			318		332	70	9	
石鼓区	Shigu District	31		72		117	36		
蒸湘区	Zhengxiang District			45	32	65	1351	1925	
南岳区	Nanyue District				58			12	57
衡阳县	Hengyang County				84	1496			
衡南县	Hengnan County					865	19	172	
衡山县	Hengshan County	37		8	251			172	
衡东县	Hengdong County				1294			139	
祁东县	Qidong County				753	298		289	
耒阳市	Leiyang City				2040	580	110	303	
常宁市	Changning City	12	40		824	518	51	325	
双清区	Shuangqing District		128	1280	774	757	195	2454	
大祥区	Da xiang District			347	253	1546			
北塔区	Beita District	81					121	3990	

续表 continued

(person)

信息传输软件和信息技术服务业 Information Transfer,Software and Information technology Services	金融业 Finance	房地产业 Real Estate Trade	租赁和商务服务业 Tenancy and Business Services	科学研究和技术服务业 Scientific Research, Technical Service	水利环境和公共设施管理业 Management of Water Conservancy, Environment and Public Establishment	居民服务修理和其他服务业 Resident Services, Repair and Other Services	教育 Education	卫生和社会工作 Sanitation and Social Work	文化体育和娱乐业 Culture, Sports and Entertainment	公共管理社会保障和社会组织 Public Management, Social Security and Social Organization
200	4021	222	816	4632	842		7567	9868	1419	16208
	486	953	278	2817	1849	64	5256	1235	697	7702
36		155	125	1459	1209	328	26507	8369	30	16005
33	77	754	703	1629	492	1	3530	10159	7989	7264
8	259	112	413	6475	410	32	9444	10359	1477	7374
31			106	209	200		2939	1110	63	3861
66				199	14	66	8901	3432	70	7453
		37	175	602	1136	28	9766	2390	486	8989
	96		10	118	186		6770	5169	317	10479
			1659	540	174		2143	1185		4624
959		82	6	2080	226		8470	2486	283	3039
		4	13	8	159		3297	1123		1550
382	144	100	97	1528	642	19	5510	4607	368	10997
			35	34	80		2340	713	6	3405
			170	106	84		3647	2462	241	6053
45			98	522	496		4192	1574	202	4525
8		27	217	103	471		1704	864	182	3018
		207	144	178	965	22	1786	2612	157	12264
10	121		417	1360	2528	76	9140	4894	133	5279
16		124	193	844	1287	45	5683	3217	560	8404
		6	3	156	93		5605	2856	60	6187
		69	130	43	351		5265	3493	191	8012
		12	32	29	116		827	383	199	1860
		16			9		5027	2907	146	2512
		610	19	410	853		1746	2903	57	1891
1307	18		30	17	696	34	2743	4624	507	3818
	128	6	96	1061	160	10	3656	1076	282	9891
23			62	124	510		511	622	100	1629
			280	466	1446	27	11077	3805	230	10461
194	961		137	260	180		8610	2263	294	10605
	50	45	136	219	131		3498	1639	160	3654
			95	636	372	25	5430	1842	138	4766
		20	95	142	879		1836	2667	164	6782
		25	269	573	389		9429	3703	340	12145
29		57	177	178	811		10081	3624	191	8843
23	21	6		63	19	18	2371	3284	97	5274
	1502		42	724	519		4991	4242	320	7820
	45		10	106	29	9	93	169	4	1673

20-4 续表 1

单位：人

市县名称	Cities and Counties	农林牧渔业 Agriculture, Forestry, Farming of Animals and Fishing	采矿业 Minging Industry	制造业 Manufacturing	电力、热力、燃气及水的生产和供应业 Production and Distribution of Electricity, Heat,Gas and Water	建筑业 Construction	批发和零售业 Wholesale and Retail Trade	交通运输仓储和邮政业 Traffic, Transport, Storage and Post	住宿和餐饮业 Accommodation and Restaurants
邵东县	Shaodong County	51			250	516	55	302	
新邵县	Xinshao County	210			202		67	778	
邵阳县	Shaoyang County		1061		302		754	213	
隆回县	Longhui County	335			615	750		651	
洞口县	Dongkou County	116	674		185		24	345	9
绥宁县	Shuining County	35		218	740		323	351	
新宁县	Xinning County	254			714			324	
城步县	Chengbu County	497			94		124	200	40
武冈市	Wugang City	205			320		176	600	52
岳阳楼区	Yueyanglou District	9			835	2169	1166	3945	186
云溪区	Yunxi District						10	25	
君山区	Junshan District	873		473	90	3044	25	196	
岳阳县	Yueyang County			482	25	551	250	241	
华容县	Huarong County	429		311	270	30	62	33	
湘阴县	Xiangyin County	179			453	220	126	229	96
平江县	Pingjiang County		266	708	160		450	6	88
汨罗市	Miluo City	40			77	1821	480	592	540
临湘市	Linxiang City	55		15	150		1229	62	67
武陵区	Wuling District			304	846	5674	1247	2386	462
鼎城区	Dingchen District				157		98	266	
安乡县	Anxiang County							216	
汉寿县	Hanshou County			371	203			310	
澧　县	Li County	17	742		164	307	16	106	
临澧县	Linli County	46			130			256	
桃源县	Taoyuan County	38		45	11		76	229	
石门县	Shimen County				230			36	92
津市市	Jinshi City		1295	389				56	44
永定区	Yongding District	138		4	317	366	249	966	101
武陵源区	Wulingyuan District	1			100		6	90	256
慈利县	Cili County	268	290		459		91		9
桑植县	Sangzhi County		924		754			332	
资阳区	Ziyang District					4180	186	40	
赫山区	Heshan District	5		158	551	176	754	1617	39
南　县	Nan County	59		83	119		142	40	
大通湖区	Datonghu District	59		25					
桃江县	Taojiang County	178			139	225			
安化县	Anhua County	25	335	601	1110	61	201		
沅江市	Yuanjiang City	47			149	54	412	19	
北湖区	Beihu District			949	97	1524	5216	3290	134
苏仙区	Suxian District	4		203	461	1463	86	39	44
桂阳县	Guiyang County	15			668		304	378	
宜章县	Yizhang County	133			602	189	15	13	
永兴县	Yongxing County	20	1338	4	358	434	268	230	95

续表 continued

(person)

信息传输软件和信息技术服务业 Information Transfer,Software and Information technology Services	金融业 Finance	房地产业 Real Estate Trade	租赁和商务服务业 Tenancy and Business Services	科学研究和技术服务业 Scientific Research and Technical Service	水利环境和公共设施管理业 Management of Water Conservancy, Environment and Public Establishment	居民服务修理和其他服务业 Resident Services, Repair and Other Services	教育 Education	卫生和社会工作 Sanitation and Social Work	文化体育和娱乐业 Culture, Sports and Enter-tainment	公共管理社会保障和社会组织 Public Management, Social Security and Social Organization
202	402		168	85	230		7346	3514	156	7005
	157		132	63	361		4924	2133	73	4940
122	167		350	142	96		5616	2664	40	7734
	218		109	143	620		7560	2726		7159
	311		44	124	361		5508	3086	106	6571
153	157	15	33	243	147		2556	1304	48	3889
103	173		147	133	159		3839	1475	134	5430
	193	5	81	119	96		2665	945	129	3366
237	242	28	287	98	264		4722	2484	89	5857
2180	1259	30	1440	626	2084	31	10055	6306	390	16665
	148		30	3	228		1596	351	52	2334
		41		22	126		1764	866	11	3283
13			189	685	279		4676	2085	274	7919
86		23	31	273	348	12	4892	2103	44	5275
		22	133	317	1539	10	7140	3373	111	7669
			838	113	433	30	4966	3712	267	11859
143	294	46	24	138	1065	151	5441	1451	244	9380
83	35	10	84	97	317		3039	1315	97	5639
95	651	397	168	1404	926	127	7971	6233	582	14071
87			249	517	534		4567	2581	181	8162
		26	48	43	140	14	2928	1816	46	5398
		11	103	74	744	3	6061	1757	294	5508
		8	42	396	1306	30	8372	2789	150	6486
			61	29	139	6	3526	1958	88	4594
83			230	52	299		6692	2987	112	7422
			182	140	55	230	4837	3249	45	5650
		46			125	110	1679	1174	96	3075
143	828		127	240	335		2562	2118	78	10670
26			19	24	1254		556	143	41	1818
			34	244	619		3041	2446	178	5055
		23		18	12		3692	1344		4336
		50			588	15	3071	2088	47	3437
23	505	52	129	881	392		7653	4905	815	10508
		67	212	45	261	54	5640	1912	193	7843
							683	122	26	1209
			8	41	423		5093	3247	113	5694
80	17		21	61	367		5432	2540	283	6910
65			74	271	825	18	8313	3506	27	6437
39	960	198	288	1155	380		3417	6363	896	10819
	1247	58	71	497	1257		6466	2251	228	5650
91		27	72	138	162	32	6015	2846	92	6949
	36	20	76	46	390		4944	2200	153	5793
			171	125	215		4544	2205	155	5584

20-4 续表 2

单位：人

市县名称	Cities and Counties	农林牧渔业 Agriculture, Forestry, Farming of Animals and Fishing	采矿业 Minging Industry	制造业 Manufacturing	电力、热力、燃气及水的生产和供应业 Production and Distribution of Electricity, Heat,Gas and Water	建筑业 Construction	批发和零售业 Wholesale and Retail Trade	交通运输仓储和邮政业 Traffic, Transport, Storage and Post	住宿和餐饮业 Accommodation and Restaurants
嘉禾县	Jiahe County	148	1336		412		206	137	
临武县	Linwu County	63			108		37	108	50
汝城县	Rucheng County	358			34	218			
桂东县	Guidong County							147	81
安仁县	Anren County	39			409	413	93	251	20
资兴市	Zixing City	143		27	1206		86	99	36
零陵区	Lingling District	195			714	412		886	
冷水滩区	Lengshuitan District	37			245	1333	1694	2041	
祁阳县	Qiyang County				463	86	31	395	
东安县	Dongan County			426	709	108	841	247	
双牌县	Shuangpai County	350		850	298		50	66	
道　县	Dao County	62			117			211	
江永县	Jiangyong County	885			128	45	40	239	
宁远县	Ningyuan Couny	12			940	638	135	507	
蓝山县	Lanshan County	69		20	409		59	38	
新田县	Xintian County	79			177	58		158	
江华县	Jianghua County	545			240	121	10	262	
鹤城区	Hecheng District			6	236	2095	828	3628	142
中方县	Zhongfang County	56		323				71	
沅陵县	Yuanling County	22			1469		109	812	9
辰溪县	Chenxi County					50		157	
溆浦县	Xupu County	184	12	10	1099	423	6	21	85
会同县	Huitong County						53	168	2
麻阳县	Mayang County	108		45	142		15	208	99
新晃县	Xinhuang County	29			309		9	59	33
芷江县	Zhijiang County			68	405		64	25	136
靖州县	Jingzhou County	433			97		8	245	
通道县	Tongdao County	51			406		26	85	39
洪江市	Hongjiang City			888	526		43	12	
洪江区	Hongjiang District	4		250	211			225	
娄星区	Louxing District	38		230	439	1096	371	2715	
双峰县	Shuangfeng County	161			101			91	
新化县	Xinhua County				134		42	99	90
冷水江市	Lengshuijiang City		3132	25	284		35	327	129
涟源市	Liangyuan City	476			276	877	63	52	153
吉首市	Jishou City	159			497	109	1017	2779	2
泸溪县	Luxi County	137		232	635				
凤凰县	Fenghuang County	38	253		143	5	30	30	
花垣县	Huayuan County				1847		86		
保靖县	Baojing County	18			583			57	
古丈县	Guzhang County				344			57	
永顺县	Yongsun County		18		464	17	15	209	
龙山县	Yongsun County				946	35		16	84

续表　continued

(person)

信息传输软件和信息技术服务业 Information Transfer,Software and Information technology Services	金融业 Finance	房地产业 Real Estate Trade	租赁和商务服务业 Tenancy and Business Services	科学研究和技术服务业 Scientific Research and Technical Service	水利环境和公共设施管理业 Management of Water Conservancy, Environment and Public Establishment	居民服务修理和其他服务业 Resident Services, Repair and Other Services	教育 Education	卫生和社会工作 Sanitation and Social Work	文化体育和娱乐业 Culture, Sports and Entertainment	公共管理社会保障和社会组织 Public Management, Social Security and Social Organization
			123	35	349	11	2579	1474	35	3038
		61	61	44	228		2914	977	177	3595
			93	12	186	16	934	690	38	4017
	65		107	38	51		1499	575	69	2743
			168	46	494		3590	1453	124	3626
			75	161	219	7	3245	1342	124	3555
180	232	10	176	191	910		6719	5584	181	7249
123	447	23	783	1022	459	90	4753	2427	497	11156
			345	89	29		6241	2739	669	10708
			575	1339	257	35	3818	1924	117	6570
48	251		37	88	80		1818	590	50	3226
		8	175	349	367		5024	1910	120	6606
	58	4	115	54	186		2208	776	64	3634
4	150	255	34	312	986		5524	1341	125	6913
	226	18	11	101	362		2691	1017	52	4653
133	99		73	136	276		5739	1290	29	3887
	179		72	112	73		3999	2093	97	4632
99	1583	240	382	1175	2698	90	6056	6958	821	10915
				18	37		2355	396	4	4339
		53	205	139	192		5090	2747	135	5661
			39	52	297		3892	1390	154	5763
		15	56	102	385		7478	2605	43	7736
52		10	463	131	245		2991	1344	108	3654
94		108	47	20	387		3280	2129	82	4516
37		173	109	226	292		2400	1446	127	2517
			71	42	307		2813	1336	70	5157
			89	110	149		2440	1127	70	2813
			40	45	275	10	2362	1005	86	3368
		18	47	276	140	35	3651	1871	53	4708
			34	38	65	11	556	371	37	1407
27	89	473	178	844	1424	28	6947	6390	417	12131
	26	98	108	87	88		6714	2538	153	7809
		72	169	85	679		6766	2937	183	10097
30			188	200	1165	12	4130	2455	178	6187
			158	391	633	27	7688	3324	130	9657
106	165	59	263	1040	896		4898	4010	486	8571
		5	38	261	491		3283	1445	103	3293
		82	121	51	250		3623	1434	171	4978
104			9	21	278	37	2772	1645	72	3954
			95	453	282		2222	1349	133	3206
11			15	72	176		1419	415	54	2580
98		30	136	147	531		6205	1739	149	5557
			66	232	519		5004	1990	221	5839

20-5 城镇集体经济各行业在岗职工年末人数(2015年)
Employed Staff and Workers in Urban Collective-Owned Units by Sector at the Year-end (2015)

单位：人

市县名称	Cities and Counties	农林牧渔业 Agri-culture, Forestry, Farming of Animals and Fishing	采矿业 Minging Industry	制造业 Manu-facturing	电力、热力、燃气及水的生产和供应业 Production and Distribution of Electricity, Heat,Gas and Water	建筑业 Construc-tion	批发和零售业 Whole-sale and Retail Trade	交通运输仓储和邮政业 Traffic, Transport, Storage and Post	住宿和餐饮业 Acco-mmodation and Restaurants
芙蓉区	Furong District			324		897	209		394
天心区	Tianxin District			382			18		8
岳麓区	Yuelu District		68	442	16	138	34	12	12
开福区	Kaifu District			440		420	64	16	210
雨花区	Yuhua District			303		2200	87	6	
望城区	Wangcheng District	41		786	32	44		23	
长沙县	Changsha County			975					
宁乡县	Ningxiang County		802	1765					150
浏阳市	Liuyang City			656		822			
荷塘区	Hetang District	5		10			5		
芦淞区	Lusong District			20		26	50		288
石峰区	Shifeng District			76		10			
天元区	Tianyuan District			58					82
株洲县	Zhuzhou County			48		7		230	
攸　县	You County	12	759		11				
茶陵县	Chaling County		1307	289		518	21		
炎陵县	Yanling County					96	7		
醴陵市	Liling City			623	270				
雨湖区	Yuhu District		308	511		232		7	
岳塘区	Yuetang District			1432		497		171	15
湘潭县	Xiangtan County		21	95		1898	8		
湘乡市	Xiangxiang City			338		520			
韶山市	Shaoshan City					45			
珠晖区	Zhuhui District			371		550	32	9	
雁峰区	Yanfeng District		20	38		220		122	
石鼓区	Shigu District			337		882	52		
蒸湘区	Zhengxiang District					747	11		50
南岳区	Nanyue District						15		52
衡阳县	Hengyang County					3811	500	251	
衡南县	Hengnan County			167		297	98		
衡山县	Hengshan County		66					25	
衡东县	Hengdong County	91		633					
祁东县	Qidong County					503		395	
耒阳市	Leiyang City			164		1048			
常宁市	Changning City			190	18	1152			
双清区	Shuangqing District			68		1507	37	73	
大祥区	Da xiang District			139		1680		4	
北塔区	Beita District					224			

续表 continued

(person)

信息传输软件和信息技术服务业 Information Transfer,Software and Information technology Services	金融业 Finance	房地产业 Real Estate Trade	租赁和商务服务业 Tenancy and Business Services	科学研究和技术服务业 Scientific Research, Technical Service	水利环境和公共设施管理业 Management of Water Conservancy, Environment and Public Establishment	居民服务修理和其他服务业 Resident Services, Repair and Other Services	教育 Education	卫生和社会工作 Sanitation and Social Work	文化体育和娱乐业 Culture, Sports and Enter-tainment	公共管理社会保障和社会组织 Public Management, Social Security and Social Organization
		115	1016	77	59		49	342		
			11		22	19	175	337		
	9		3	17	7			346	10	
		12						123	3	
24		36	64	45			36	174	21	
			12	12	5		46	162		
							362	516		
								730		
			4			30	1510	1204	43	
				37	37		18	156		
			20					40		
		8						45		
	10		44	11			88	188		9
	283							322		
		13	23	5	95		224	620		
	357	16			24			326		
15								147		
			86					111		
			990				18	273		
			59		45			38		
								372		
								34		
			25			23	60	58		
	207						109	213		
		45	1380				32	889		
			12				20	44		
	80									
	547									
				196				416		
	255	54	17							
	296	13		22				444		
								40		
							18			
		6					75	198		
							115	54		

20-5 续表 1

单位：人

市县名称	Cities and Counties	农林牧渔业 Agri-culture, Forestry, Farming of Animals and Fishing	采矿业 Minging Industry	制造业 Manu-facturing	电力、热力、燃气及水的生产和供应业 Production and Distribution of Electricity, Heat,Gas and Water	建筑业 Construc-tion	批发和零售业 Whole-sale and Retail Trade	交通运输仓储和邮政业 Traffic, Transport, Storage and Post	住宿和餐饮业 Acco-mmodation and Restaurants
邵东县	Shaodong County	14				1554			
新邵县	Xinshao County					10			
邵阳县	Shaoyang County		231			1232	1429		
隆回县	Longhui County			234					
洞口县	Dongkou County		276		9			12	
绥宁县	Shuining County					102			
新宁县	Xinning County								
城步县	Chengbu County					24	80		
武冈市	Wugang City					2766		19	6
岳阳楼区	Yueyanglou District			139		469	200	79	
云溪区	Yunxi District	22		1207		268	4	23	
君山区	Junshan District			300	156		117	133	
岳阳县	Yueyang County		76			629	149	86	
华容县	Huarong County			2944		1000			
湘阴县	Xiangyin County			392					
平江县	Pingjiang County	272		449	236	80	150		
汨罗市	Miluo City			85		1905	398	43	34
临湘市	Linxiang City	32		306			384		
武陵区	Wuling District			59		7	7		
鼎城区	Dingchen District	3							
安乡县	Anxiang County	130							
汉寿县	Hanshou County						8		
澧　县	Li County			4					
临澧县	Linli County							70	
桃源县	Taoyuan County						8		
石门县	Shimen County						28		
津市市	Jinshi City			166					
永定区	Yongding District								15
武陵源区	Wulingyuan District								
慈利县	Cili County					1013	6		35
桑植县	Sangzhi County								
资阳区	Ziyang District			167				21	
赫山区	Heshan District	50		842	5	2276	79	92	
南　县	Nan County				52				
大通湖区	Datonghu District								
桃江县	Taojiang County		3	121			11	13	
安化县	Anhua County		223	110	98	28	37	156	
沅江市	Yuanjiang City	131		535		392		36	
北湖区	Beihu District					263			
苏仙区	Suxian District	8		16	78	282	49	141	
桂阳县	Guiyang County		50	174		392	15		
宜章县	Yizhang County		133	18			244		
永兴县	Yongxing County	5	390	5	22	310	180	9	

续表 continued

(person)

信息传输软件和信息技术服务业 Information Transfer,Software and Information technology Services	金融业 Finance	房地产业 Real Estate Trade	租赁和商务服务业 Tenancy and Business Services	科学研究和技术服务业 Scientific Research, Technical Service	水利环境和公共设施管理业 Management of Water Conservancy, Environment and Public Establishment	居民服务修理和其他服务业 Resident Services, Repair and Other Services	教育 Education	卫生和社会工作 Sanitation and Social Work	文化体育和娱乐业 Culture, Sports and Enter-tainment	公共管理社会保障和社会组织 Public Management, Social Security and Social Organization
					806	597		42		
	372									
	361						149	348		
			90							
							112	65	13	
								626		
						3		64		
		36	89	126			420	74		
				16				341		
				45						
								93		
	327				39		299	180		
	420		16	41	19	26	143	21	48	102
			8				50	18		
	265		35				197	584		
	403	5					19	218		
							125	34		
	277									
		21						823		
	435						258	577	95	
					49		57		41	
									55	
			24		135		87	37		
								98		
		32						7		
			72		3					
							172	144		
			55						19	
		3					176	172		
								172		
	514		128		105		279	73		
					42		199	802		
					203			342		
				3			325	65		
		2	5					142		
	360		10							
			5			1		33		

20-5 续表 2

单位：人

市县名称	Cities and Counties	农林牧渔业 Agriculture, Forestry, Farming of Animals and Fishing	采矿业 Minging Industry	制造业 Manu-facturing	电力、热力、燃气及水的生产和供应业 Production and Distribution of Electricity, Heat,Gas and Water	建筑业 Construc-tion	批发和零售业 Wholesale and Retail Trade	交通运输仓储和邮政业 Traffic, Transport, Storage and Post	住宿和餐饮业 Acco-mmodation and Restaurants
嘉禾县	Jiahe County		315			396			
临武县	Linwu County		222			704			
汝城县	Rucheng County	125							
桂东县	Guidong County					222			
安仁县	Anren County						52		
资兴市	Zixing City								
零陵区	Lingling District					1810			
冷水滩区	Lengshuitan District					1190	39		
祁阳县	Qiyang County	29			361	2248		30	
东安县	Dongan County			550	94		17		
双牌县	Shuangpai County					697			
道　县	Dao County					5043		160	
江永县	Jiangyong County					1427			
宁远县	Ningyuan Coauny								
蓝山县	Lanshan County	7		6		933	184		
新田县	Xintian County					43			
江华县	Jianghua County				2	456	37		
鹤城区	Hecheng District			24	5	278		39	
中方县	Zhongfang County								
沅陵县	Yuanling County		80	90	28				
辰溪县	Chenxi County		216	296	170	1111		11	
溆浦县	Xupu County			160	183	58		388	
会同县	Huitong County				211	68		39	
麻阳县	Mayang County			116		1314		3	
新晃县	Xinhuang County					394			
芷江县	Zhijiang County							45	
靖州县	Jingzhou County					135		177	
通道县	Tongdao County				4	52		29	
洪江市	Hongjiang City			12		444	26	65	
洪江区	Hongjiang District								
娄星区	Louxing District	36	1698	2360		1982			
双峰县	Shuangfeng County		307			1535		136	
新化县	Xinhua County		1518			1089			
冷水江市	Lengshuijiang City		3900	250		2016	266	1044	
涟源市	Liangyuan City		181			1512		367	
吉首市	Jishou City					1020		124	
泸溪县	Luxi County					450			
凤凰县	Fenghuang County					425	4		
花垣县	Huayuan County			21	25	130			
保靖县	Baojing County				228	423			
古丈县	Guzhang County							54	
永顺县	Yongsun County					1234			61
龙山县	Longshan County		145			322			

续表 continued

(person)

信息传输软件和信息技术服务业 Information Transfer,Software and Information technology Services	金融业 Finance	房地产业 Real Estate Trade	租赁和商务服务业 Tenancy and Business Services	科学研究和技术服务业 Scientific Research and Technical Service	水利环境和公共设施管理业 Management of Water Conservancy, Environment and Public Establishment	居民服务修理和其他服务业 Resident Services, Repair and Other Services	教育 Education	卫生和社会工作 Sanitation and Social Work	文化体育和娱乐业 Culture, Sports and Entertainment	公共管理社会保障和社会组织 Public Management, Social Security and Social Organization
	207		19					32	6	
								443		
									38	
								22		
			315							
		9		14				45		
	483									
				28				16		
								63		
	282									
8										
17	34									
							65	168		
		25			16		66			
								28		
	229						168	337		
					34		11			
	253			23				24		
			7							
	199	5	150					8		
							110	248		
			13							
	67	60					48			5
	302		812					68		
								59		
										54
	302									
	464					52				
		50	23							
	146									
		55								
			40							

20-6 在岗职工工资总额和年平均工资(2015年)
Total Wage Bill and Average Annual Wage of Employed Staff and Workers (2015)

市县名称	Cities and Counties	在岗职工工资总额 (万元) Total Wages of Staff and Workers on the Job (10 000 yuan)	#国有经济 State-owned Units	#城镇集体经济 Urban Collective Owned Units	在岗职工年平均工资 (元) Average Annual Wages of Staff and Workers on the Job (yuan)	#国有经济 State-owned Units	#城镇集体经济 Urban Collective Owned Units	在岗职工年平均工资为上年% Average Annual Wages as Percentage of Preceding Year (%)
芙蓉区	Furong District	1123372	454205	14089	73414	89182	39497	110.8
天心区	Tianxin District	1049967	188800	4871	78301	65250	50739	124.6
岳麓区	Yuelu District	1337603	505726	4276	69227	85048	38941	106.0
开福区	Kaifu District	977742	405666	4321	86602	116544	34399	113.6
雨花区	Yuhua District	1067526	380125	10669	65257	79562	39153	103.6
望城区	Wangcheng District	430087	64037	4376	53108	63980	37850	104.4
长沙县	Changsha County	1224392	162379	10852	66709	68848	58851	102.5
宁乡县	Ningxiang County	371009	152516	18086	54521	61464	54020	111.4
浏阳市	Liuyang City	714925	154130	21502	49644	63559	52547	102.8
荷塘区	Hetang District	196877	79618	1188	46202	49926	44483	94.3
芦淞区	Lusong District	321034	145930	1900	52451	56891	43088	101.8
石峰区	Shifeng District	473909	48864	821	70715	59021	59065	110.6
天元区	Tianyuan District	598734	202106	2470	74219	75012	51358	117.4
株洲县	Zhuzhou County	106091	40902	4287	46207	52284	48278	106.8
攸　县	You County	163139	77026	8759	51302	55343	49260	121.5
茶陵县	Chaling County	100713	62686	11253	40303	45046	39877	110.1
炎陵县	Yanling County	57396	35777	823	41429	46500	30724	110.0
醴陵市	Liling City	426751	102585	6569	53729	48566	61276	111.2
雨湖区	Yuhu District	411837	181894	10011	52704	61672	44773	108.5
岳塘区	Yuetang District	520811	131807	8535	58370	62143	39151	106.2
湘潭县	Xiangtan County	179167	85134	9835	44119	52478	41395	113.4
湘乡市	Xiangxiang City	232793	97583	3431	45815	50904	45389	108.3
韶山市	Shaoshan City	36895	20730	478	44939	53759	61321	109.8
珠晖区	Zhuhui District	160589	91805	3955	50476	62262	35598	112.0
雁峰区	Yanfeng District	274854	60736	4048	55040	65646	43852	120.2
石鼓区	Shigu District	232276	102949	14913	53032	73535	43101	111.9
蒸湘区	Zhengxiang District	357106	130725	2857	55722	66026	32761	113.4
南岳区	Nanyue District	31392	18837	922	45033	50816	61447	107.6
衡阳县	Hengyang County	260307	120264	17659	37845	43190	35943	111.4
衡南县	Hengnan County	202549	103752	4567	39072	42473	42367	112.3
衡山县	Hengshan County	79238	46142	2813	38825	46211	67465	107.3
衡东县	Hengdong County	101122	61919	6028	39779	42676	40131	110.5
祁东县	Qidong County	146083	58285	2474	43569	42107	28206	114.1
耒阳市	Leiyang City	229731	114256	4138	38343	38204	33886	106.7
常宁市	Changning City	183475	109342	4610	40217	42557	33452	115.8
双清区	Shuangqing District	277243	90733	9379	43717	54011	48748	105.2
大祥区	Da xiang District	197518	124373	8356	57009	55880	40462	108.2
北塔区	Beita District	50095	26379	423	38975	41758	17261	124.1

20-6 续表 1 continued

市县名称	Cities and Counties	在岗职工工资总额(万元) Total Wages of Staff and Workers on the Job (10 000 yuan)	#国有经济 State-owned Units	#城镇集体经济 Urban Collective Owned Units	在岗职工年平均工资(元) Average Annual Wages of Staff and Workers on the Job (yuan)	#国有经济 State-owned Units	#城镇集体经济 Urban Collective Owned Units	在岗职工年平均工资为上年% Average Annual Wages as Percentage of Preceding Year (%)
邵东县	Shaodong County	174010	104300	9692	44744	51782	33102	118.1
新邵县	Xinshao County	121180	71010	2706	50635	50519	70843	115.6
邵阳县	Shaoyang County	163717	100199	17077	49930	52510	45734	125.8
隆回县	Longhui County	163298	109754	1194	50082	52501	50809	121.1
洞口县	Dongkou County	125332	88604	1732	44996	50689	45815	121.2
绥宁县	Shuining County	66547	47095	1810	40929	46018	62612	111.2
新宁县	Xinning County	103602	65281	3589	44078	50696	57148	105.7
城步县	Chengbu County	55945	44024	280	48813	51442	26885	122.9
武冈市	Wugang City	120970	86716	8012	49309	55773	31210	121.4
岳阳楼区	Yueyanglou District	667488	256828	11149	48687	52116	67206	106.7
云溪区	Yunxi District	216553	23278	11277	63636	48831	59480	103.2
君山区	Junshan District	50131	31582	1821	29207	29643	25715	112.2
岳阳县	Yueyang County	155400	69843	3610	39805	40137	37490	104.1
华容县	Huarong County	119557	65126	12581	37266	46241	31087	114.5
湘阴县	Xiangyin County	220204	106550	6418	47010	49586	52049	120.9
平江县	Pingjiang County	186146	105033	5648	38904	44195	27949	112.1
汨罗市	Miluo City	229007	94612	8476	44479	43289	33741	115.2
临湘市	Linxiang City	105273	58934	9543	47719	48585	53403	130.6
武陵区	Wuling District	696494	269529	6258	56764	63353	88897	114.2
鼎城区	Dingchen District	169920	91618	778	44368	52479	47152	117.4
安乡县	Anxiang County	138095	46417	2012	42661	43760	49549	114.7
汉寿县	Hanshou County	149228	76402	3927	45668	49391	45984	113.6
澧　县	Li County	198592	89402	7137	43756	42778	53421	109.5
临澧县	Linli County	86748	53977	933	47922	49739	44237	113.7
桃源县	Taoyuan County	191692	96820	189	46882	53145	30000	115.3
石门县	Shimen County	138391	80174	1354	48178	54846	43524	114.6
津市市	Jinshi City	105802	35030	800	40364	43135	32905	112.9
永定区	Yongding District	181714	108127	34	50406	56202	22600	112.6
武陵源区	Wulingyuan District	33059	18201	192	46799	42250	58212	109.5
慈利县	Cili County	97055	65907	4120	46893	52212	37216	120.9
桑植县	Sangzhi County	67536	55005		46484	47320		112.9
资阳区	Ziyang District	105128	74500	2146	46038	52134	41674	112.7
赫山区	Heshan District	465458	175786	12057	49834	60933	33897	111.5
南　县	Nan County	114321	77396	2134	45358	47346	55726	121.3
大通湖区	Datonghu District	18417	9348	1230	42008	44472	74570	103.1
桃江县	Taojiang County	156294	84854	7770	51217	56337	59772	118.2
安化县	Anhua County	141349	98274	7159	53059	54670	42743	126.5
沅江市	Yuanjiang City	140872	92559	6753	44060	46148	41401	108.9
北湖区	Beihu District	465534	237276	2733	57715	65374	41727	110.8
苏仙区	Suxian District	271012	125806	2967	51835	62662	32388	112.2
桂阳县	Guiyang County	191045	95150	4496	51702	53389	45054	109.3
宜章县	Yizhang County	109469	71003	1091	45442	49002	27540	114.4
永兴县	Yongxing County	106519	69669	4455	43267	44277	48212	105.9

20-6 续表 2 continued

市县名称	Cities and Counties	在岗职工工资总额 (万元) Total Wages of Staff and Workers on the Job (10 000 yuan)	#国有经济 State-owned Units	#城镇集体经济 Urban Collective Owned Units	在岗职工年平均工资 (元) Average Annual Wages of Staff and Workers on the Job (yuan)	#国有经济 State-owned Units	#城镇集体经济 Urban Collective Owned Units	在岗职工年平均工资为上年% Average Annual Wages as Percentage of Preceding Year (%)
嘉禾县	Jiahe County	62483	44987	4815	43313	45672	49437	117.7
临武县	Linwu County	65637	41140	4987	43615	49388	36402	109.4
汝城县	Rucheng County	45007	31640	1038	46180	48172	62500	104.6
桂东县	Guidong County	41050	27950	487	46379	52301	22136	112.7
安仁县	Anren County	57465	38352	143	36891	36117	27442	109.6
资兴市	Zixing City	177296	58621	119	42033	56781	54045	111.5
零陵区	Lingling District	173340	131892	4183	50763	56381	38239	122.0
冷水滩区	Lengshuitan District	264435	112771	3928	47205	41738	33206	110.9
祁阳县	Qiyang County	194246	109966	16035	42909	50464	51742	112.8
东安县	Dongan County	110504	78911	2442	44580	46531	34734	113.3
双牌县	Shuangpai County	47535	34827	1983	43904	44724	27689	112.2
道　县	Dao County	92352	66383	14041	40108	44507	27064	103.4
江永县	Jiangyong County	46700	35169	4481	39413	41066	31962	117.0
宁远县	Ningyuan Couny	129364	80316	1472	41830	45233	52384	106.9
蓝山县	Lanshan County	107188	45420	3582	44417	46570	32360	109.5
新田县	Xintian County	69242	49759	576	41311	40603	61968	103.3
江华县	Jianghua County	79949	59865	2593	46001	48353	35960	111.4
鹤城区	Hecheng District	359803	229594	1615	57335	60678	35570	112.8
中方县	Zhongfang County	62012	38799	81	42699	50911	28821	115.0
沅陵县	Yuanling County	129345	86413	721	50979	52043	33535	113.4
辰溪县	Chenxi County	83369	50685	8494	39939	43081	33520	105.5
溆浦县	Xupu County	103475	84728	3039	41979	42090	35006	122.4
会同县	Huitong County	58807	47388	3306	49161	51570	54377	109.5
麻阳县	Mayang County	78028	59613	4620	49756	53216	33799	117.4
新晃县	Xinhuang County	51860	42382	3621	52458	54448	48025	116.2
芷江县	Zhijiang County	77768	58372	1812	52175	55683	45187	118.7
靖州县	Jingzhou County	45897	36577	986	48216	48254	32019	121.7
通道县	Tongdao County	43307	38701	211	49330	50176	24523	106.3
洪江市	Hongjiang City	77314	53645	2074	41506	43881	38481	108.3
洪江区	Hongjiang District	31272	13988	829	35372	44126	44096	10.8
娄星区	Louxing District	480446	179857	23212	48219	53115	31920	105.4
双峰县	Shuangfeng County	181046	76112	7459	44164	42514	37597	107.6
新化县	Xinhua County	137732	67001	13035	37621	31491	50268	105.8
冷水江市	Lengshuijiang City	226301	80925	35596	41143	43029	43821	104.4
涟源市	Liangyuan City	178411	104817	11876	43031	44307	47088	111.5
吉首市	Jishou City	222387	141650	4639	55669	55840	38024	113.5
泸溪县	Luxi County	47410	44186	1661	43206	44946	29714	113.3
凤凰县	Fenghuang County	65929	54982	2382	47285	48600	50577	120.8
花垣县	Huayuan County	58221	50498	568	43351	47063	35949	113.6
保靖县	Baojing County	47362	42178	1425	44009	47407	21751	123.0
古丈县	Guzhang County	28715	25051	260	48382	48860	28833	127.0
永顺县	Yongsun County	86381	72513	3999	43799	44891	30687	112.5
龙山县	Longshan County	78385	68617	2243	46341	45938	49399	119.3

20-7 地区生产总值(2015年)
Gross Domestic Product (2015)

市县名称	Cities and Counties	地区生产总值(万元) GDP (10 000 yuan)	第一产业 Primary Industry	第二产业 Secondary Industry	第三产业 Tertiary Industry	GDP 为上年% Index (preceding year=100)	人均GDP(元) Per Capita GDP (yuan)
芙蓉区	Furong District	10332511	2249	1594664	8735598	110.0	190989
天心区	Tianxin District	7007572	25240	2389131	4593201	110.5	121113
岳麓区	Yuelu District	8187351	190488	4132531	3864332	109.7	99518
开福区	Kaifu District	7219984	27657	1298617	5893710	112.0	120233
雨花区	Yuhua District	15933704	72215	9566225	6295264	109.6	193699
望城区	Wangcheng District	5204201	394026	3759199	1050976	112.0	91430
长沙县	Changsha County	11683431	674699	8216345	2792387	109.0	128715
宁乡县	Ningxiang County	10021715	1097188	6755512	2169015	112.1	81677
浏阳市	Liuyang City	11127590	934015	7815822	2377753	112.2	85426
荷塘区	Hetang District	2030753	38358	1136693	855702	109.5	65529
芦淞区	Lousong District	3093674	57394	1270427	1765853	110.2	103710
石峰区	Shifeng District	3472635	50173	2850147	572315	107.2	106132
天元区	Tianyuan District	2684014	99010	1323233	1261771	110.0	91950
株洲县	Zhuzhou County	1155548	194650	620748	340150	110.1	39345
攸　县	You County	3410141	481250	1805567	1123324	109.8	48800
茶陵县	Chaling County	1574472	310316	643421	620735	109.7	26919
炎陵县	Yanling County	614270	79991	316548	217731	109.7	30230
醴陵市	Liling City	5315568	484304	3404207	1427057	110.1	54625
雨湖区	Yuhu District	5450306	145887	3058422	2245997	110.0	91112
岳塘区	Yuetang District	5004109	64577	3041601	1897931	108.9	106994
湘潭县	Xiangtan County	3298050	585140	1703972	1008938	110.7	38565
湘乡市	Xiangxiang City	3285838	549678	1695765	1040395	110.1	41058
韶山市	Shaoshan City	705209	60989	398564	245656	110.7	72777
珠晖区	Zhuhui District	2058281	89428	1161574	807279	109.7	60096
雁峰区	Yanfeng District	2169593	27748	1488957	652888	109.2	98663
石鼓区	Shigu District	1418154	41551	416563	960040	110.1	59238
蒸湘区	Zhengxiang District	1914938	44281	1154109	716548	109.6	61992
南岳区	Nanyue District	321018	33441	31675	255902	109.6	51281
衡阳县	Hengyang County	2913668	678303	1091485	1143880	108.8	25922
衡南县	Hengnan County	2878523	651847	1275195	951481	108.2	29475
衡山县	Hengshan County	1349305	284934	401631	662740	108.7	34386
衡东县	Hengdong County	2364490	399223	870473	1094794	108.5	36790
祁东县	Qidong County	2399955	606610	858142	935203	109.1	23976
耒阳市	Leiyang City	3899472	628421	1466657	1804394	108.4	33069
常宁市	Changning City	2696016	472650	1088783	1134583	109.0	32424
双清区	Shuangqing District	1281677	49700	699287	532690	110.1	40792
大祥区	Daxiang District	1275351	61342	514347	699662	110.0	37107
北塔区	Beita District	311673	28396	171551	111726	110.0	29403

注:总量指标按当年价格计算,指数按可比价格计算。

Aggregate data are calculated at current prices, while indices are calculated at comparable prices.

20-7 续表 1 continued

市县名称	Cities and Counties	地区生产总值(万元) GDP (10 000 yuan)	第一产业 Primary Industry	第二产业 Secondary Industry	第三产业 Tertiary Industry	GDP为上年% Index (preceding year=100)	人均GDP(元) Per Capita GDP (yuan)
邵东县	Shaodong County	3101094	505743	1451814	1143537	108.8	33525
新邵县	Xinshao County	1166432	290025	433044	443363	109.2	15249
邵阳县	Shaoyang County	1227673	325617	425118	476938	109.7	12866
隆回县	Longhui County	1401160	332444	393284	675432	110.2	12777
洞口县	Dongkou County	1374477	464105	461862	448510	109.7	17523
绥宁县	Shuining County	750357	179028	337352	233977	108.6	21042
新宁县	Xinning County	841372	238539	213247	389586	110.3	14673
城步县	Chengbu County	335383	96830	116912	121641	109.2	12865
武冈市	Wugang City	1194200	422024	238298	533878	109.4	15688
岳阳楼区	Yueyanglou District	8002724	102881	2861797	5038046	109.5	95566
云溪区	Yunxi District	3017046	84056	2543121	389869	107.2	166596
君山区	Junshan District	1127036	236509	489896	400631	109.5	45592
岳阳县	Yueyang County	2608628	483470	1259681	865477	110.4	35632
华容县	Huarong County	2800156	587621	1312817	899718	110.1	38676
湘阴县	Xiangying County	3107084	486707	1741645	878732	110.6	44546
平江县	Pingjiang County	2169521	421390	972061	776070	108.7	22238
汨罗市	Miluo City	3976414	483142	2417411	1075861	108.8	56180
临湘市	Linxiang City	2135699	287570	1183985	664144	108.2	41901
武陵区	Wuling District	10957231	104568	6296115	4556548	108.6	149771
鼎城区	Dingcheng District	2612612	586450	833180	1192982	107.3	31861
安乡县	Anxiang County	1459504	291587	362226	805691	109.0	27038
汉寿县	Hanshou County	2219963	489757	700834	1029372	108.7	27488
澧　县	Li County	2784503	523029	1040753	1220721	110.5	35530
临澧县	Linli County	1394228	277328	523410	593490	109.1	32103
桃源县	Taoyuan County	2751162	728000	973728	1049434	109.6	31968
石门县	Shimen County	2113881	373351	871120	869410	109.1	35202
津市市	Jinshi City	1152962	177915	557398	417649	109.5	44464
永定区	Yongding District	1827231	158409	381312	1287510	108.6	39748
武陵源区	Wulingyuan District	448075	16511	7090	424474	108.2	73455
慈利县	Cili County	1515724	250107	490975	774642	109.2	24747
桑植县	Sangzhi County	740686	93313	162173	485200	108.2	19075
资阳区	Ziyang District	1274391	209149	543091	522151	109.3	30292
赫山区	Heshan District	4262895	405472	2348133	1509290	108.6	50270
南　县	Nan County	2089099	607515	627728	853856	108.0	28216
大通湖区	Datonghu District	384267	118142	196261	69864	107.0	35319
桃江县	Taojiang County	2032445	372834	917554	742057	108.6	25678
安化县	Anhua County	1750207	401978	648818	699411	107.6	19174
沅江市	Yuanjiang City	2325590	517174	912026	896390	107.0	33822
北湖区	Beihu District	3257256	104628	1059107	2093521	109.9	75803
苏仙区	Suxian District	2709221	139143	1702354	867724	109.1	63597
桂阳县	Guiyang County	3138603	418106	1552978	1167519	109.2	44112
宜章县	Yizhang County	1816750	194111	772561	850078	109.0	30839
永兴县	Yongxing County	2873791	249806	1665641	958344	109.5	52963

20-7 续表 2 continued

市县名称	Cities and Counties	地区生产总值(万元) GDP (10 000 yuan)	第一产业 Primary Industry	第二产业 Secondary Industry	第三产业 Tertiary Industry	GDP为上年% Index (preceding year=100)	人均GDP(元) Per Capita GDP (yuan)
嘉禾县	Jiahe County	1276267	172325	616090	487852	108.0	40607
临武县	Linwu County	1085334	129971	504631	450732	108.4	27477
汝城县	Rucheng County	514346	114674	179735	219937	108.7	15164
桂东县	Guidong County	276768	46933	73371	156464	108.8	11909
安仁县	Anren County	750155	167346	292372	290437	108.7	19235
资兴市	Zixing City	2982323	228152	1972282	781889	108.9	86570
零陵区	Lingling District	1922706	358363	889170	675173	107.5	34844
冷水滩区	Lengshuitan District	2168428	332573	837701	998154	110.2	41366
祁阳县	Qiyang County	2400209	481961	887592	1030656	110.0	27359
东安县	Dongan County	1521511	335094	588474	597943	109.7	27068
双牌县	Shuangpai County	503667	148031	215569	140067	109.1	24885
道　县	Dao County	1531423	403153	415930	712340	109.8	24593
江永县	Jiangyong County	523187	186116	148740	188331	109.0	21799
宁远县	Ningyuan County	1209429	267478	428499	513452	110.4	16682
蓝山县	Lanshan County	885511	161563	331274	392674	109.6	26199
新田县	Xintian County	630391	167633	177256	285502	108.9	18634
江华县	Jianghua County	942303	243742	272164	426397	111.3	22078
鹤城区	Hecheng District	2864889	95432	806904	1962553	108.5	47190
中方县	Zhongfang County	917590	120354	539236	258000	108.3	37870
沅陵县	Yuanling County	1629817	193482	1046560	389775	101.0	27318
辰溪县	Chenxi County	994107	156577	415412	422118	108.1	21550
溆浦县	Xupu County	1257759	302395	425196	530168	108.4	16743
会同县	Huitong County	607694	125033	145690	336971	108.6	18404
麻阳县	Mayang County	640026	155765	211435	272826	109.5	18334
新晃县	Xinhuang County	494479	69697	251990	172792	109.0	19851
芷江县	Zhijiang County	906696	212996	388523	305177	108.3	26175
靖州县	Jingzhou County	680357	135597	251166	293594	109.2	27127
通道县	Tongdao County	340151	72146	114242	153763	108.3	16106
洪江市	Hongjiang City	978242	187771	351739	438732	108.7	23072
洪江区	Hongjiang District	314175	16379	229268	68528	108.9	47173
娄星区	Louxing District	3708645	117384	2175217	1416044	107.1	72804
双峰县	Shuangfeng County	1994555	640294	786646	567615	108.3	22900
新化县	Xinhua County	2024668	542867	647562	834239	108.4	17929
冷水江市	Lengshuijiang City	2681936	97939	1807652	776345	108.0	78672
涟源市	Liangyuan City	2404879	493464	1103067	808348	108.5	23773
吉首市	Jishou City	1228167	66076	368312	793779	111.0	39364
泸溪县	Luxi County	535815	75142	272306	188367	102.7	18644
凤凰县	Fenghuang County	698203	87377	114250	496576	112.0	19362
花垣县	Huayuan County	596664	65932	326174	204558	100.2	20056
保靖县	Baojing County	445204	81738	156129	207337	111.9	15331
古丈县	Guzhang County	221466	45606	65816	110044	111.7	16893
永顺县	Yongshun County	574831	157610	149152	268069	110.8	12918
龙山县	Longshan County	674082	177154	137001	359927	107.0	13383

20-8 农作物播种面积(2015年)
Sown Area of Crops(2015)

单位：千公顷 (1 000 hectares)

市县名称	Cities and Counties	农作物播种面积 Total Sown Area	#粮食作物 Area of Grain Crops	#稻谷面积 Area of Rice	油料面积 Area of Oil	蔬菜面积 Area of Vegetables
芙蓉区	Furong District	0.38	0.04	0.04		0.33
天心区	Tianxin District	5.18	2.73	2.59	0.03	2.13
岳麓区	Yuelu District	28.46	13.91	12.79	1.21	11.58
开福区	Kaifu District	5.40	2.63	2.49	0.15	2.54
雨花区	Yuhua District	0.79	0.29	0.29		0.50
望城区	Wangcheng District	105.07	55.29	50.47	4.23	32.60
长沙县	Changsha County	140.49	83.01	72.42	9.03	32.67
宁乡县	Ningxiang County	206.84	132.75	121.98	8.10	46.60
浏阳市	Liuyang City	188.55	84.60	75.74	32.16	42.78
荷塘区	Hetang District	9.53	4.94	4.40	0.45	2.66
芦淞区	Lousong District	11.06	6.25	5.99	0.59	3.03
石峰区	Shifeng District	9.48	4.87	4.31	0.51	3.15
天元区	Tianyuan District	18.63	13.13	12.66	0.70	4.64
株洲县	Zhuzhou County	50.16	35.11	33.65	3.64	8.71
攸　县	You County	116.04	68.88	65.75	12.64	19.82
茶陵县	Chaling County	73.15	48.68	45.85	10.96	6.84
炎陵县	Yanling County	24.96	16.15	12.40	2.13	3.07
醴陵市	Liling City	103.39	72.27	67.25	7.86	14.06
雨湖区	Yuhu District	26.21	19.42	18.80	0.29	6.20
岳塘区	Yuetang District	7.89	3.69	3.45	0.33	3.52
湘潭县	Xiangtan County	146.94	107.50	103.93	8.71	24.18
湘乡市	Xiangxiang City	134.08	77.74	74.99	12.48	27.39
韶山市	Shaoshan City	16.04	10.06	9.87	0.82	3.01
珠晖区	Zhuhui District	12.97	5.23	4.54	1.96	5.17
雁峰区	Yanfeng District	3.28	1.60	1.32	0.19	1.29
石鼓区	Shigu District	5.93	3.77	3.73	0.78	1.21
蒸湘区	Zhengxiang District	5.46	3.16	2.99	0.43	1.60
南岳区	Nanyue District	4.72	2.56	1.99	0.12	1.25
衡阳县	Hengyang County	183.25	106.27	94.68	50.40	9.06
衡南县	Hengnan County	181.14	108.85	97.36	42.84	11.03
衡山县	Hengshan County	55.09	31.77	30.16	11.05	8.05
衡东县	Hengdong County	113.73	67.40	61.30	21.67	12.88
祁东县	Qidong County	154.66	81.35	72.65	31.67	25.92
耒阳市	Leiyang City	156.83	89.39	76.64	34.56	20.59
常宁市	Changning City	124.39	68.56	64.77	24.00	11.97
双清区	Shuangqing District	9.55	6.21	5.17	0.47	1.78
大祥区	Daxiang District	16.36	10.55	8.69	1.45	1.80
北塔区	Beita District	5.13	3.06	2.15	0.40	1.30

20-8 续表 1 continued

单位：千公顷 (1 000 hectares)

市县名称	Cities and Counties	农作物播种面积 Total Sown Area	#粮食作物 Area of Grain Crops	#稻谷面积 Area of Rice	油料面积 Area of Oil	蔬菜面积 Area of Vegetables
邵东县	Shaodong County	127.59	86.81	65.20	16.94	13.45
新邵县	Xinshao County	88.05	63.20	46.07	6.62	9.87
邵阳县	Shaoyang County	122.76	83.58	64.00	16.56	15.23
隆回县	Longhui County	149.23	78.93	59.93	6.96	32.84
洞口县	Dongkou County	152.03	90.30	71.23	25.20	19.46
绥宁县	Shuining County	41.37	22.68	18.45	4.29	8.59
新宁县	Xinning County	81.68	56.90	39.98	6.15	7.77
城步县	Chengbu County	28.74	15.60	11.55	2.79	4.82
武冈市	Wugang City	105.30	76.65	56.32	10.49	9.80
岳阳楼区	Yueyanglou District	22.96	12.68	10.41	2.87	5.33
云溪区	Yunxi District	15.71	7.43	5.31	2.11	3.00
君山区	Junshan District	63.07	29.37	20.82	11.73	9.40
岳阳县	Yueyang County	140.67	91.72	77.77	19.30	13.47
华容县	Huarong County	186.69	96.46	90.33	43.43	19.75
湘阴县	Xiangying County	137.36	103.04	87.97	10.63	15.97
平江县	Pingjiang County	125.55	76.75	66.26	15.97	12.05
汨罗市	Miluo City	115.64	85.99	76.29	9.42	11.06
临湘市	Linxiang City	93.79	58.57	50.91	13.93	9.80
武陵区	Wuling District	34.92	21.98	21.11	5.67	4.08
鼎城区	Dingcheng District	214.90	130.15	115.69	44.76	21.29
安乡县	Anxiang County	125.77	58.41	50.54	39.43	9.04
汉寿县	Hanshou County	184.35	113.41	109.36	43.12	14.60
澧　县	Li County	164.08	94.00	75.82	44.00	12.61
临澧县	Linli County	102.86	63.98	56.00	29.07	5.36
桃源县	Taoyuan County	242.95	153.89	132.29	57.59	17.19
石门县	Shimen County	104.49	62.60	30.29	26.85	8.95
津市市	Jinshi City	50.22	24.83	23.06	15.75	5.00
永定区	Yongding District	59.09	30.79	15.37	10.12	12.60
武陵源区	Wulingyuan District	5.30	3.03	1.29	0.72	1.00
慈利县	Cili County	101.99	62.09	25.00	21.95	9.98
桑植县	Sangzhi County	69.63	43.18	13.04	12.34	9.98
资阳区	Ziyang District	74.27	46.15	43.52	5.18	15.55
赫山区	Heshan District	106.80	81.56	74.60	6.41	15.37
南　县	Nan County	211.43	102.14	94.32	49.05	27.83
大通湖区	Datonghu District	49.78	22.07	20.11	10.92	7.43
桃江县	Taojiang County	113.04	65.43	56.76	21.45	17.27
安化县	Anhua County	102.71	48.27	29.62	27.56	16.49
沅江市	Yuanjiang City	167.92	83.49	80.73	33.58	23.40
北湖区	Beihu District	29.97	10.21	8.10	0.99	12.84
苏仙区	Suxian District	37.69	22.68	17.83	3.65	6.53
桂阳县	Guiyang County	105.95	55.05	36.06	9.08	15.03
宜章县	Yizhang County	87.95	49.10	30.74	6.44	13.68
永兴县	Yongxing County	89.61	47.38	38.80	13.41	12.06

20-8 续表 2 continued

单位：千公顷 (1 000 hectares)

市县名称	Cities and Counties	农作物播种面积 Total Sown Area	#粮食作物 Area of Grain Crops	#稻谷面积 Area of Rice	油料面积 Area of Oil	蔬菜面积 Area of Vegetables
嘉禾县	Jiahe County	39.09	24.31	16.55	3.84	5.90
临武县	Linwu County	41.48	24.03	15.38	3.27	7.74
汝城县	Rucheng County	52.59	32.52	26.58	5.19	9.09
桂东县	Guidong County	19.96	12.17	8.33	3.92	2.12
安仁县	Anren County	78.89	47.25	42.66	18.54	7.18
资兴市	Zixing City	52.18	28.48	18.36	6.51	12.05
零陵区	Lingling District	118.11	64.80	57.62	15.18	26.76
冷水滩区	Lengshuitan District	98.94	57.07	47.67	6.09	19.40
祁阳县	Qiyang County	171.14	108.82	83.94	22.67	29.04
东安县	Dongan County	103.81	66.25	55.06	4.87	24.48
双牌县	Shuangpai County	26.71	15.53	10.21	1.37	5.05
道 县	Dao County	131.24	72.19	54.29	9.04	33.86
江永县	Jiangyong County	53.53	24.22	17.16	9.51	16.65
宁远县	Ningyuan County	76.48	54.81	43.10	5.16	9.31
蓝山县	Lanshan County	42.67	23.14	18.60	7.35	7.24
新田县	Xintian County	51.36	30.72	18.56	2.17	12.16
江华县	Jianghua County	72.18	42.63	25.65	7.61	12.14
鹤城区	Hecheng District	25.10	7.72	6.40	2.88	9.15
中方县	Zhongfang County	44.73	20.40	12.88	9.79	5.34
沅陵县	Yuanling County	82.82	46.41	27.27	17.24	10.83
辰溪县	Chenxi County	64.26	32.92	22.50	15.21	7.83
溆浦县	Xupu County	99.11	58.92	30.50	19.09	6.01
会同县	Huitong County	39.97	19.81	14.12	7.91	7.32
麻阳县	Mayang County	44.04	20.95	13.93	10.01	4.13
新晃县	Xinhuang County	29.09	17.53	9.92	3.94	3.18
芷江县	Zhijiang County	68.98	36.25	19.05	12.06	10.08
靖州县	Jingzhou County	47.09	21.78	16.73	5.49	5.25
通道县	Tongdao County	30.39	14.20	12.11	6.97	3.55
洪江市	Hongjiang City	55.37	28.25	18.54	9.01	8.69
洪江区	Hongjiang District	2.24	0.97	0.66	0.30	0.89
娄星区	Louxing District	20.82	13.02	10.08	1.81	3.73
双峰县	Shuangfeng County	123.16	85.98	69.77	15.65	13.19
新化县	Xinhua County	124.60	86.38	59.98	10.84	12.49
冷水江市	Lengshuijiang City	13.32	7.83	5.52	1.59	2.24
涟源市	Liangyuan City	111.29	84.80	57.81	9.82	11.20
吉首市	Jishou City	29.11	9.77	5.57	5.56	7.33
泸溪县	Luxi County	40.66	14.66	10.55	8.93	7.81
凤凰县	Fenghuang County	59.13	28.44	16.62	8.28	11.24
花垣县	Huayuan County	36.35	19.87	9.68	5.20	5.33
保靖县	Baojing County	40.47	18.75	8.31	7.31	6.56
古丈县	Guzhang County	19.12	10.08	5.32	2.84	2.98
永顺县	Yongshun County	76.50	44.32	19.64	12.28	9.88
龙山县	Longshan County	71.26	36.70	14.85	10.48	11.11

20-9 机耕、灌溉面积及水库、堤防(2015年)
Tractor-Ploughed Area and Irrigated Area, Reservoirs and Dikes (2015)

市县名称	Cities and Counties	机耕面积 (千公顷) Tractor Ploughed Area (1 000 hectares)	有效灌溉面积 (千公顷) Irrigated Area (1 000 hectares)	水库 (座) Number of Reservoirs (set)	堤防长度 (公里) Total Length of Dikes (km)
芙蓉区	Furong District	0.01			15
天心区	Tianxin District	3.68	0.74		23
岳麓区	Yuelu District	14.73	10.88	42	87
开福区	Kaifu District	5.30	2.93	20	58
雨花区	Yuhua District	0.29	0.02	4	55
望城区	Wangcheng District	96.44	28.44	58	232
长沙县	Changsha County	53.73	50.61	167	131
宁乡县	Ningxiang County	248.31	69.35	166	753
浏阳市	Liuyang City	178.23	61.19	201	120
荷塘区	Hetang District	3.88	2.92	18	19
芦淞区	Lousong District	4.42	3.80	15	29
石峰区	Shifeng District	0.80	2.98	13	23
天元区	Tianyuan District	12.60	6.67	26	47
株洲县	Zhuzhou County	28.50	19.65	102	86
攸　县	You County	79.22	40.60	301	47
茶陵县	Chaling County	43.22	25.93	244	83
炎陵县	Yanling County	15.52	13.22	40	19
醴陵市	Liling City	75.04	47.30	207	539
雨湖区	Yuhu District	23.26	12.39	10	68
岳塘区	Yuetang District	5.42	2.92	6	59
湘潭县	Xiangtan County	125.05	66.68	133	128
湘乡市	Xiangxiang City	113.29	52.44	189	670
韶山市	Shaoshan City	10.96	5.77	49	57
珠晖区	Zhuhui District	3.94	3.66	25	76
雁峰区	Yanfeng District	0.41	0.95	9	33
石鼓区	Shigu District	1.69	1.11	20	36
蒸湘区	Zhengxiang District	2.29	1.16	25	42
南岳区	Nanyue District	3.50	2.03	10	116
衡阳县	Hengyang County	139.12	52.30	223	366
衡南县	Hengnan County	125.19	55.91	401	160
衡山县	Hengshan County	46.64	18.44	134	608
衡东县	Hengdong County	81.54	28.23	164	91
祁东县	Qidong County	71.34	41.08	189	952
耒阳市	Leiyang City	87.82	41.06	327	39
常宁市	Changning City	145.20	41.19	269	82
双清区	Shuangqing District	2.00	3.18	15	2
大祥区	Daxiang District	0.85	4.95	27	6
北塔区	Beita District	0.55	2.30	13	8

注：有效灌溉面积、水库、堤防长度数据由水利部门提供。

The date of irrigated area, reservoirs and length of dikes are provided by the water conservancy department.

20-9 续表 1 continued

市县名称	Cities and Counties	机耕面积 (千公顷) Tractor Ploughed Area (1 000 hectares)	有效灌溉面积 (千公顷) Irrigated Area (1 000 hectares)	水库 (座) Number of Reservoirs (set)	堤防长度 (公里) Total Length of Dikes (km)
邵东县	Shaodong County	64.94	30.84	129	60
新邵县	Xinshao County	47.79	21.07	94	38
邵阳县	Shaoyang County	116.24	45.01	240	1
隆回县	Longhui County	83.84	42.97	250	25
洞口县	Dongkou County	64.04	39.65	168	8
绥宁县	Shuining County	34.32	18.66	41	97
新宁县	Xinning County	45.67	27.82	117	16
城步县	Chengbu County	13.21	12.87	32	30
武冈市	Wugang City	55.92	35.57	126	19
岳阳楼区	Yueyanglou District	3.00	8.71	69	24
云溪区	Yunxi District	13.50	6.41	38	143
君山区	Junshan District	50.70	25.63	37	266
岳阳县	Yueyang County	94.39	43.52	250	152
华容县	Huarong County	196.80	66.11	74	728
湘阴县	Xiangying County	104.87	45.97	144	570
平江县	Pingjiang County	68.84	39.20	289	66
汨罗市	Miluo City	82.00	43.52	308	213
临湘市	Linxiang City	47.50	37.17	293	344
武陵区	Wuling District	10.56	6.27	1	165
鼎城区	Dingcheng District	151.41	82.95	200	829
安乡县	Anxiang County	103.80	47.70	11	403
汉寿县	Hanshou County	249.78	85.98	347	867
澧　县	Li County	118.25	72.35	152	401
临澧县	Linli County	82.79	39.95	151	62
桃源县	Taoyuan County	202.38	86.32	323	304
石门县	Shimen County	72.68	36.15	211	242
津市市	Jinshi City	38.20	11.44	28	106
永定区	Yongding District	15.15	14.35	91	72
武陵源区	Wulingyuan District	1.37	1.01	10	54
慈利县	Cili County	25.83	25.75	109	19
桑植县	Sangzhi County	13.69	12.08	54	150
资阳区	Ziyang District	74.94	22.44	36	255
赫山区	Heshan District	74.67	42.36	175	402
南　县	Nan County	123.03	67.06	1	824
大通湖区	Datonghu District	60.24	13.26		193.40
桃江县	Taojiang County	63.97	38.82	224.00	38
安化县	Anhua County	36.26	25.55	170	913
沅江市	Yuanjiang City	132.00	40.40	17	829
北湖区	Beihu District	6.76	8.78	14	84
苏仙区	Suxian District	17.93	13.55	61	51
桂阳县	Guiyang County	56.40	32.87	254	116
宜章县	Yizhang County	26.60	23.67	134	97
永兴县	Yongxing County	39.25	21.94	147	18

20-9 续表 2 continued

市县名称	Cities and Counties	机耕面积(千公顷) Tractor Ploughed Area (1 000 hectares)	有效灌溉面积(千公顷) Irrigated Area (1 000 hectares)	水库(座) Number of Reservoirs (set)	堤防长度(公里) Total Length of Dikes (km)
嘉禾县	Jiahe County	17.20	13.69	95	2
临武县	Linwu County	26.29	11.63	83	64
汝城县	Rucheng County	32.80	17.91	79	407
桂东县	Guidong County	6.22	9.86	23	154
安仁县	Anreng County	66.00	20.14	110	62
资兴市	Zixing City	19.65	16.28	86	12
零陵区	Lingling District	50.00	31.99	144	70
冷水滩区	Lengshuitan District	63.68	22.12	142	19
祁阳县	Qiyang County	74.20	50.24	258	25
东安县	Dongan County	51.73	37.24	203	354
双牌县	Shuangpai County	11.35	7.54	59	190
道　县	Dao County	45.20	44.10	100	18
江永县	Jiangyong County	20.79	13.32	84	45
宁远县	Ningyuan County	61.50	35.33	168	31
蓝山县	Lanshan County	19.00	15.12	55	91
新田县	Xintian County	22.00	11.91	69	35
江华县	Jianghua County	36.86	20.52	112	20
鹤城区	Hecheng District	7.50	6.92	45	48
中方县	Zhongfang County	13.80	11.46	111	127
沅陵县	Yuanling County	54.05	20.67	113	70
辰溪县	Chenxi County	20.07	16.78	166	97
溆浦县	Xupu County	55.52	32.21	141	108
会同县	Huitong County	15.24	15.46	106	211
麻阳县	Mayang County	12.56	12.57	170	15
新晃县	Xinhuang County	10.43	10.50	53	70
芷江县	Zhijiang County	25.68	16.34	152	36
靖州县	Jinzhou County	18.00	19.48	67	17
通道县	Tongdao County	18.00	12.97	42	27
洪江市	Hongjiang City	48.02	20.31	141	40
洪江区	Hongjiang District	0.52	1.06	7	
娄星区	Louxing District	6.22	6.18	50	51
双峰县	Shuangfeng County	81.51	29.72	219	94
新化县	Xinhua County	35.20	26.22	280	158
冷水江市	Lenshuijiang City	4.89	4.54	31	28
涟源市	Lianyuan City	52.53	28.26	174	39
吉首市	Jishou City	5.09	10.93	43	25
泸溪县	Luxi County	12.50	20.40	141	17
凤凰县	Fenghuang County	4.78	28.43	97	316
花垣县	Huayuan County	16.88	19.50	53	7
保靖县	Baojin County	6.86	20.34	90	31
古丈县	Guzhang County	5.24	10.55	48	60
永顺县	Yongshun County	17.50	33.27	117	146
龙山县	Longshan County	18.33	24.95	95	39

20-10 主要农业机械年末拥有量(2015年)
Year-End Possession of Major Agriculture Machinery (2015)

市县名称	Cities and Counties	农业机械总动力(千瓦) Power of Agricultural Machinery (kw)	大中型拖拉机 Large and Medium Tractors		小型及手扶拖拉机 Mini and Walking Tractors		排灌机械 Machinery for Agricultural Drainage and Irrigation	
			台 (unit)	千瓦 (kw)	台 (unit)	千瓦 (kw)	台 (unit)	千瓦 (kw)
芙蓉区	Furong District	18392	186	6417	54	459	2195	8689
天心区	Tianxin District	57732	116	1775	194	1772	736	5687
岳麓区	Yuelu District	216729	256	4307	955	14044	9358	42111
开福区	Kaifu District	149672	269	9550	642	6407	3366	28596
雨花区	Yuhua District	71579	7	152	112	1624	638	12643
望城区	Wangcheng District	1505500	663	22847	3451	37961	56000	221943
长沙县	Changsha County	596400	389	15188	1996	18000	35798	178700
宁乡县	Ningxiang County	1713208	2142	82632	7483	79858	60460	189025
浏阳市	Liuyang City	1532800	4384	166063	9050	117733	25419	124610
荷塘区	Hetang District	7939	12	510	175	9	895	4155
芦淞区	Lousong District	20638	13	367			442	
石峰区	Shifeng District	8574	6	187	34	324	56	2185
天元区	Tianyuan District	76547	20	413	228	2026	3007	13485
株洲县	Zhuzhou County	432400	500	20155	950	4751	11000	27524
攸　县	You County	877208	3212	89051	9996	100442	16377	84924
茶陵县	Chaling County	714128	226	8551	8620	101928	12462	75358
炎陵县	Yanling County	160580	596	13153	786	8640	6317	11877
醴陵市	Liling City	906907	573	21154	4491	32380	26239	163731
雨湖区	Yuhu District	114150	856	24889	541	5590	4832	16700
岳塘区	Yuetang District	96191	237	7185	785	8856	6582	17990
湘潭县	Xiangtan County	1446670	2966	90133	4791	44975	86667	327554
湘乡市	Xiangxiang City	1003496	756	25238	824	9002	82541	140835
韶山市	Shaoshan City	151569	221	7242	647	7105	33890	37709
珠晖区	Zhuhui District	73267	271	9404	124	1257	5197	39360
雁峰区	Yanfeng District	45163	375	8930	99	891	98	981
石鼓区	Shigu District	10078	388	6405	150	1515	4389	13845
蒸湘区	Zhengxiang District	57452	281	5663	287	1284	2800	11082
南岳区	Nanyue District	15796	40	1126	67	756	2972	4520
衡阳县	Hengyang County	853917	1178	54213	3394	40693	49533	118098
衡南县	Hengnan County	918537	1371	51360	1248	13872	39301	99743
衡山县	Hengshan County	380429	212	5516	1025	5331	28160	48546
衡东县	Hengdong County	652500	247	11090	3388	37430	20370	92235
祁东县	Qidong County	934161	1816	77748	701	6563	42860	224862
耒阳市	Leiyang City	852000	967	41813	3031	33296	16645	70828
常宁市	Changning City	706768	652	32717	5218	45280		
双清区	Shuangqing District	125200	255	3950	250	3100	9200	34000
大祥区	Daxiang District	126000	503	14560	235	2350	11600	56500
北塔区	Beita District	78300	520	14230	190	1900	3000	21350

20-10 续表 1 continued

市县名称	Cities and Counties	农业机械总动力(千瓦) Power of Agricultural Machinery (kw)	大中型拖拉机 Large and Medium Tractors		小型及手扶拖拉机 Mini and Walking Tractors		排灌机械 Machinery for Agricultural Drainage and Irrigation	
			台 (unit)	千瓦 (kw)	台 (unit)	千瓦 (kw)	台 (unit)	千瓦 (kw)
邵东县	Shaodong County	799804	1172	26423	3375	31232	59950	167183
新邵县	Xinshao County	247426	536	14138	1060	9923	7897	36227
邵阳县	Shaoyang County	501728	564	17310	1061	12998	46982	210102
隆回县	Longhui County	292560	931	26939	736	6793	26168	83802
洞口县	Dongkou County	690800	1242	47957	869	10553	25617	91419
绥宁县	Shuining County	421265	356	6050	4304	36645	6421	34683
新宁县	Xinning County	462032	667	15371	1586	19850	34206	67958
城步县	Chengbu County	155234	944	19538	883	10596	4952	31742
武冈市	Wugang City	573451	1358	43170	1164	11996	33258	109251
岳阳楼区	Yueyanglou District	218116	565	12286	822	10930	1200	9368
云溪区	Yunxi District	121477	516	10453	123	1104	2136	10237
君山区	Junshan District	244030	763	24945	1006	12297	2866	33179
岳阳县	Yueyang County	771126	762	26674	2478	23992	13906	49050
华容县	Huarong County	1014000	3536	132277	5453	43297	41605	369977
湘阴县	Xiangying County	897212	1332	37931	5128	72476	24324	211988
平江县	Pingjiang County	851081	2289	79079	2402	33028	26520	98510
汨罗市	Miluo City	687605	1505	41058	2152	18938	21216	154310
临湘市	Linxiang City	742000	1270	49140	1800	15202	24540	147241
武陵区	Wuling District	223423	776	24048	829	9479	6012	27887
鼎城区	Dingcheng District	816561	1483	45240	2427	32383	23546	109485
安乡县	Anxiang County	577152	1112	50149	3908	49240	19962	119772
汉寿县	Hanshou County	947399	1528	58706	5414	53552	47175	343308
澧　县	Li County	828617	2667	83648	2949	30638	49271	251459
临澧县	Linli County	373859	1319	45129	2091	27592	12542	70775
桃源县	Taoyuan County	916374	2812	81171	2000	23650	40542	175213
石门县	Shimen County	649954	3813	130865	2543	27139	25947	73316
津市市	Jinshi City	190638	658	25083	909	8650	10804	69003
永定区	Yongding District	335618	1801	30013	2995	29567	10037	75575
武陵源区	Wulingyuan District	7483	9	172	285	2517	219	646
慈利县	Cili County	551190	1743	54935	1006	13078	18752	128607
桑植县	Sangzhi County	199694	689	19160	2801	37590	9470	28725
资阳区	Ziyang District	693146	1167	56560	3605	36873	29539	205900
赫山区	Heshan District	843689	721	20914	3800	42000	53400	58200
南　县	Nan County	675548	1210	43279	3946	41320	42147	270190
大通湖区	Datonghu District	309396	948	37440	1265	13243	19316	118354
桃江县	Taojiang County	809693	2044	61574	3997	45781	16877	127862
安化县	Anhua County	776892	1630	74380	1738	20977	31248	86460
沅江市	Yuanjiang City	946920	2649	115272	5098	49834	53090	294746
北湖区	Beihu District	238968	2820	91400	360	5200	3700	22940
苏仙区	Suxian District	232499	238	7958	713	6873	6549	28416
桂阳县	Guiyang County	578002	2353	60623	3802	33765	22127	82658
宜章县	Yizhang County	894300	2585	35746	269	2970	23981	124756
永兴县	Yongxing County	288222	423	22063	1954	10796	6019	33790

20-10 续表 2 continued

市县名称	Cities and Counties	农业机械总动力(千瓦) Power of Agricultural Machinery (kw)	大中型拖拉机 Large and Medium Tractors		小型及手扶拖拉机 Mini and Walking Tractors		排灌机械 Machinery for Agricultural Drainage and Irrigation	
			台 (unit)	千瓦 (kw)	台 (unit)	千瓦 (kw)	台 (unit)	千瓦 (kw)
嘉禾县	Jiahe County	414381	1899	43574	4537	33210	13132	46459
临武县	Linwu County	359414	59	1661	6040	84474	15643	65516
汝城县	Rucheng County	462170	1472	24301	3654	37443	8190	38752
桂东县	Guidong County	126057	273	4720	1454	19190	1636	7550
安仁县	Anreng County	232501	1344	33407	727	8424	1370	8220
资兴市	Zixing City	341087	585	9901	454	3989	9932	26816
零陵区	Lingling District	565583	162	3698	869	12084	61372	290500
冷水滩区	Lengshuitan District	670339	1175	53140	2745	35508	29962	106381
祁阳县	Qiyang County	854380	1295	32072	2032	25571	88792	497925
东安县	Dongan County	636448	148	10958	1083	9451	25930	90688
双牌县	Shuangpai County	195386	1369	26344	536	7647	7230	19704
道　县	Dao County	492920	3492	110700	3113	24997	26688	113433
江永县	Jiangyong County	226792	1306	33832	2875	32550	11466	71314
宁远县	Ningyuan County	1049170	3740	106356	1960	18024	46900	199270
蓝山县	Lanshan County	400664	136	3665	2264	13360	4330	41568
新田县	Xintian County	412409	1845	46348	4096	39658	18646	48069
江华县	Jianghua County	396062	3220	70358	1870	19260	20246	78574
鹤城区	Hecheng District	180621	109	3712	462	4977	7069	13342
中方县	Zhongfang County	257000	328	12780	375	5274	6949	30553
沅陵县	Yuanling County	424780	480	10645	332	3603	21002	49853
辰溪县	Chenxi County	297376	112	4128	869	9147	17883	56938
溆浦县	Xupu County	653548	377	18075	618	8208	20703	87066
会同县	Huitong County	289027	507	9356	581	7034	12901	28876
麻阳县	Mayang County	269164	198	4328	210	1302	15992	46012
新晃县	Xinhuang County	167411	479	7609	129	1641	6627	17657
芷江县	Zhijiang County	393958	46	2055	412	5258	20410	108454
靖州县	Jinzhou County	391370	1007	48346	1288	14925	11106	40167
通道县	Tongdao County	297427	77	2405	3721	22521	6296	16410
洪江市	Hongjiang City	329805	90	3941	982	12219	9692	31044
洪江区	Hongjiang District	14891	91	2822	134	1632	1350	3047
娄星区	Louxing District	427769	685	25657	630	7685	16823	37369
双峰县	Shuangfeng County	1009590	997	28001	1154	11041	80643	232406
新化县	Xinhua County	878523	940	25612	918	13100	23550	151600
冷水江市	Lenshuijiang City	239966	34	685	223	3016	10715	66273
涟源市	Lianyuan City	823912	444	9885	5720	54954	40443	167406
吉首市	Jishou City	188564	2577	83540	862	10362	1655	9141
泸溪县	Luxi County	183616	127	2976	20	264	4916	43171
凤凰县	Fenghuang County	216337	1163	28312	663	6085	6324	43256
花垣县	Huayuan County	192836	412	8295	354	3439	5903	17728
保靖县	Baojin County	180665	1449	35967	554	6098	3865	11160
古丈县	Guzhang County	104073	230	9099	432	5717	2823	4683
永顺县	Yongshun County	378000	977	29383	2905	33094	10223	33434
龙山县	Longshan County	250017	514	13226	1688	18230	4439	22415

20-11 农林牧渔业总产值(2015年)
Gross Output Value of Farming, Forestry, Animal Husbandry and fishery (2015)

单位：万元　(10 000 yuan)

市县名称	Cities and Counties	农林牧渔业总产值 Gross Output Value of Farming, Forestry, Animal Husbandry and Fishery	指数(上年=100) Indices (preceding year=100)	农业产值 Output Value of Farming	林业产值 Output Value of Forestry	牧业产值 Output Value of Animal Husbandry	渔业产值 Output Value of Fishery	服务业产值 Output Value of Services
芙蓉区	Furong District	4467	55.7	2741		1353	308	64
天心区	Tianxin District	37381	68.1	19781		12806	3537	1258
岳麓区	Yuelu District	253965	94.1	155938	7225	69152	14789	6861
开福区	Kaifu District	53439	87.1	38700		11569	3077	94
雨花区	Yuhua District	109951	82.3	96287		6954	3591	3119
望城区	Wangcheng District	704112	105.8	431313	8592	212948	42854	8405
长沙县	Changsha County	1078370	105.5	641080	37208	362236	26291	11556
宁乡县	Ningxiang County	1684036	105.0	942897	53233	603722	57966	26218
浏阳市	Liuyang City	1445571	105.6	845117	167286	356390	42192	34586
荷塘区	Hetang District	66044	103.6	43431	2642	15827	3254	890
芦淞区	Lousong District	83731	103.7	43132	589	35174	3868	968
石峰区	Shifeng District	63821	103.6	33571	2118	23563	3398	1170
天元区	Tianyuan District	130262	103.8	78839	953	43328	5885	1257
株洲县	Zhuzhou County	273698	103.9	125507	23048	99325	14549	11270
攸　县	You County	761255	104.0	389434	59648	251230	24065	36878
茶陵县	Chaling County	475545	103.8	229400	53079	165715	20086	7266
炎陵县	Yanling County	124567	103.7	55201	31969	27164	1200	9032
醴陵市	Liling City	689271	104.1	341243	34289	261197	29028	23515
雨湖区	Yuhu District	264177	105.1	103211	8276	135388	5902	11400
岳塘区	Yuetang District	114723	104.3	37519	6759	51938	3721	14786
湘潭县	Xiangtan County	1000718	103.1	455782	47568	410345	49345	37678
湘乡市	Xiangxiang City	910323	104.7	407428	53010	376758	45487	27640
韶山市	Shaoshan City	110773	101.0	49272	4442	50566	4013	2479
珠晖区	Zhuhui District	146352	104.6	77961	529	56445	8658	2758
雁峰区	Yanfeng District	44376	104.2	20383	786	19259	2907	1041
石鼓区	Shigu District	74618	103.9	30713	2242	36047	4965	651
蒸湘区	Zhengxiang District	72034	104.4	34453	1111	29614	5625	1231
南岳区	Nanyue District	51170	104.3	25683	3627	20103	921	835
衡阳县	Hengyang County	1148338	103.0	431025	61710	525919	100627	29058
衡南县	Hengnan County	1068534	103.9	483083	57954	406857	96058	24583
衡山县	Hengshan County	431968	103.5	183530	60954	160103	17727	9654
衡东县	Hengdong County	741594	103.8	295739	81291	305802	41354	17407
祁东县	Qidong County	917610	104.1	439611	31057	325192	97796	23954
耒阳市	Leiyang City	1026467	103.7	452882	47572	442566	52556	30891
常宁市	Changning City	795396	103.9	276703	86783	362549	49129	20232
双清区	Shuangqing District	75049	103.3	31881	40	32309	3043	7775
大祥区	Daxiang District	89435	103.3	46614	790	28135	3117	10780
北塔区	Beita District	43901	103.3	18460	194	19320	2482	3446

20-11 续表 1 continued

单位：万元 (10 000 yuan)

市县名称	Cities and Counties	农林牧渔业总产值 Gross Output Value of Farming, Forestry, Animal Husbandry and Fishery	指数（上年=100） Indices (preceding year=100)	农业产值 Output Value of Farming	林业产值 Output Value of Forestry	牧业产值 Output Value of Animal Husbandry	渔业产值 Output Value of Fishery	服务业产值 Output Value of Services
邵东县	Shaodong County	765266	103.4	505257	2910	209907	41524	5668
新邵县	Xinshao County	412796	103.9	224802	15469	156113	9533	6880
邵阳县	Shaoyang County	485165	103.6	275147	18676	174707	12402	4234
隆回县	Longhui County	550649	103.9	341141	21384	171270	12900	3955
洞口县	Dongkou County	745595	104.0	387174	31939	291604	23834	11044
绥宁县	Shuining County	259228	104.0	125304	45725	83599	2888	1712
新宁县	Xinning County	301769	103.7	205724	10241	75418	7521	2865
城步县	Chengbu County	172390	103.8	68019	16004	85930	965	1472
武冈市	Wugang City	585054	104.1	307345	14667	247388	13552	2102
岳阳楼区	Yueyanglou District	164084	104.8	78195	4770	38117	34646	8356
云溪区	Yunxi District	128924	104.4	48643	4686	40516	32861	2219
君山区	Junshan District	400959	104.8	208799	10030	102659	76588	2883
岳阳县	Yueyang County	722481	104.6	337778	13316	274407	89215	7765
华容县	Huarong County	959685	102.9	493840	10161	198498	243318	13868
湘阴县	Xiangying County	740789	102.1	328067	24006	177973	199462	11280
平江县	Pingjiang County	640468	104.6	308043	57372	249787	13138	12128
汨罗市	Miluo City	719159	104.6	307992	13680	310928	74170	12389
临湘市	Linxiang City	424652	104.4	191079	20682	143354	65406	4132
武陵区	Wuling District	175553	103.2	92734	735	30791	35760	15533
鼎城区	Dingcheng District	964461	103.7	433417	43788	350142	101793	35321
安乡县	Anxiang County	467582	93.3	220253	2924	132844	95231	16330
汉寿县	Hanshou County	824060	103.9	389563	8444	283343	116837	25873
澧　县	Li County	914014	103.1	374847	19366	381168	73194	65439
临澧县	Linli County	467377	103.8	198585	9259	212536	39117	7880
桃源县	Taoyuan County	1177747	104.0	545027	12175	563578	43406	13561
石门县	Shimen County	596240	103.1	298029	10507	264164	15601	7939
津市市	Jinshi City	298708	102.7	111974	26897	134447	17208	8182
永定区	Yongding District	273158	104.0	148879	21383	69559	16436	16902
武陵源区	Wulingyuan District	27181	103.8	12402	3984	9249	327	1219
慈利县	Cili County	390925	104.1	221092	37469	113453	13026	5886
桑植县	Sangzhi County	154634	104.1	89833	17069	37811	7225	2696
资阳区	Ziyang District	339111	104.0	207320	2628	89192	38128	1843
赫山区	Heshan District	656932	104.1	322285	23385	268733	34401	8128
南　县	Nan County	804755	104.1	411073	3581	216064	165734	8303
大通湖区	Datonghu District	183378	104.2	121677	2580	20648	36773	1701
桃江县	Taojiang County	616304	104.1	278579	55678	261779	10667	9601
安化县	Anhua County	653287	103.8	304726	37767	270329	31708	8757
沅江市	Yuanjiang City	850754	104.0	406698	10953	204990	219790	8322
北湖区	Beihu District	198931	103.8	125354	13365	51831	5099	3282
苏仙区	Suxian District	251236	104.0	113748	13128	104903	15555	3902
桂阳县	Guiyang County	672507	103.8	372622	37310	227860	19201	15515
宜章县	Yizhang County	312531	103.8	175773	7830	116272	7606	5049
永兴县	Yongxing County	385780	103.8	195810	26997	131479	24442	7053

20-11 续表 2 continued

单位：万元 (10 000 yuan)

市县名称	Cities and Counties	农林牧渔业总产值 Gross Output Value of Farming, Forestry, Animal Husbandry and Fishery	指数 (上年=100) Indices (preceding year=100)	农业产值 Output Value of Farming	林业产值 Output Value of Forestry	牧业产值 Output Value of Animal Husbandry	渔业产值 Output Value of Fishery	服务业产值 Output Value of Services
嘉禾县	Jiahe County	305197	103.7	135719	11782	148956	3580	5158
临武县	Linwu County	213688	104.2	127319	9745	68617	4195	3812
汝城县	Rucheng County	266323	104.1	155877	36774	70030	1142	2500
桂东县	Guidong County	82890	104.1	46550	9010	25400	409	1520
安仁县	Anreng County	284755	104.0	176892	21688	70595	9255	6326
资兴市	Zixing City	379343	104.0	166960	47717	113644	45335	5687
零陵区	Lingling District	657852	104.1	345776	34456	238361	29477	9782
冷水滩区	Lengshuitan District	600992	104.1	298428	26570	228223	39930	7840
祁阳县	Qiyang County	828770	103.8	435836	71947	207232	95342	18412
东安县	Dongan County	606303	104.1	304399	40668	220801	31685	8750
双牌县	Shuangpai County	258815	103.9	54971	123099	62045	6972	11728
道　县	Dao County	732540	104.1	358593	60253	255714	46544	11435
江永县	Jiangyong County	342778	103.8	177439	28654	115886	7523	13275
宁远县	Ningyuan County	493684	103.9	198541	37249	208162	36206	13525
蓝山县	Lanshan County	298707	103.8	124754	51306	105792	2811	14044
新田县	Xintian County	302458	103.9	151712	19763	114636	12302	4045
江华县	Jianghua County	430515	103.8	164788	121339	125471	4614	14304
鹤城区	Hecheng District	159091	103.7	107671	6886	34189	8208	2136
中方县	Zhongfang County	206557	103.6	110505	25248	61715	8644	444
沅陵县	Yuanling County	317992	104.0	169405	44551	76127	27060	849
辰溪县	Chenxi County	283375	104.0	169947	5669	101165	4856	1739
溆浦县	Xupu County	541885	104.0	288102	34337	207851	11272	323
会同县	Huitong County	199581	104.0	96567	43026	55003	4978	7
麻阳县	Mayang County	243897	103.9	176504	5727	56726	4934	7
新晃县	Xinhuang County	142450	103.6	59840	5581	74001	1982	1046
芷江县	Zhijiang County	326743	103.8	188198	17809	110671	9944	121
靖州县	Jinzhou County	224135	104.1	149158	8179	60499	5849	449
通道县	Tongdao County	124095	103.6	62530	25706	30810	4191	858
洪江市	Hongjiang City	297549	103.6	178735	36103	72072	10426	213
洪江区	Hongjiang District	26911	103.7	11783	1657	12888	526	57
娄星区	Louxing District	184974	103.9	79678	2587	89637	7988	5085
双峰县	Shuangfeng County	1017643	103.8	422722	17048	527868	46575	3431
新化县	Xinhua County	866134	103.8	306020	11734	502517	41638	4224
冷水江市	Lenshuijiang City	157067	103.9	44486	3840	102375	5035	1332
涟源市	Lianyuan City	788678	103.8	358524	8765	395892	22670	2827
吉首市	Jishou City	110583	103.7	83096	2547	21500	2690	751
泸溪县	Luxi County	127190	103.6	87742	4840	31895	2060	652
凤凰县	Fenghuang County	147082	103.6	108253	5302	31423	1312	792
花垣县	Huayuan County	114495	103.6	70955	3035	37757	2098	650
保靖县	Baojin County	137384	103.8	100584	3438	30874	1839	650
古丈县	Guzhang County	75612	103.9	53796	5417	14173	1595	632
永顺县	Yongshun County	262002	103.8	194006	10866	52686	3424	1020
龙山县	Longshan County	291018	103.7	228464	11329	47188	2929	1108

20-12 主要农产品产量(2015年)
Output of Major Farm Crops (2015)

单位：吨 (ton)

市县名称	Cities and Counties	粮食合计 Total Grain	稻谷 Rice	小麦 Wheat	玉米 Corn	大豆 Beans	薯类 Tubers
芙蓉区	Furong District	230	230				
天心区	Tianxin District	17830	17052		189	105	463
岳麓区	Yuelu District	89186	84496		882	429	2499
开福区	Kaifu District	19781	19258			112	324
雨花区	Yuhua District	1980	1980				
望城区	Wangcheng District	373732	353454		3425	1474	13689
长沙县	Changsha County	548202	500672		17010	5708	19343
宁乡县	Ningxiang County	887583	828389	883	41982	5443	8679
浏阳市	Liuyang City	572895	533059	90	15509	7417	13199
荷塘区	Hetang District	34339	32047		233	278	1409
芦淞区	Lousong District	42850	41624		577	129	332
石峰区	Shifeng District	30621	28339		213	534	1223
天元区	Tianyuan District	92104	90196		213	140	1436
株洲县	Zhuzhou County	234305	227755		2553	1329	1944
攸　县	You County	478903	468491		1827	2301	5045
茶陵县	Chaling County	321112	312605		1878	2993	1866
炎陵县	Yanling County	93680	80356		2655	2040	7874
醴陵市	Liling City	517167	490914		18585	1254	4560
雨湖区	Yuhu District	133804	131170		672	26	1845
岳塘区	Yuetang District	25547	24678		128	52	557
湘潭县	Xiangtan County	751548	738808		7896	351	3876
湘乡市	Xiangxiang City	545309	536034	25	6105	614	1872
韶山市	Shaoshan City	70200	69610		130	95	319
珠晖区	Zhuhui District	32982	30072		62	389	2117
雁峰区	Yanfeng District	9225	8002		790	81	215
石鼓区	Shigu District	20722	20526				195
蒸湘区	Zhengxiang District	18341	17880		44	111	179
南岳区	Nanyue District	14953	12775		425	285	1162
衡阳县	Hengyang County	637604	588333	191	25404	5667	14371
衡南县	Hengnan County	603873	561469	935	16343	3899	12490
衡山县	Hengshan County	213416	206531		830	463	5082
衡东县	Hengdong County	405953	384926		4801	5753	6707
祁东县	Qidong County	469003	432977	717	19930	3577	9507
耒阳市	Leiyang City	519543	472407	107	5812	7871	28556
常宁市	Changning City	412059	397868	1934	8555	1683	1278
双清区	Shuangqing District	34994	30714	28	1576	465	1920
大祥区	Daxiang District	57840	50822	45	3275	1036	2494
北塔区	Beita District	17941	13150	118	2678	452	1363

20-12 续表 1 continued

单位：吨 (ton)

市县名称	Cities and Counties	粮食合计 Total Grain	稻谷 Rice	小麦 Wheat	玉米 Corn	大豆 Beans	薯类 Tubers
邵东县	Shaodong County	446546	365716	2400	45710	9800	18836
新邵县	Xinshao County	320140	247247	3231	57379	6931	4085
邵阳县	Shaoyang County	457601	379738	633	60596	3690	6980
隆回县	Longhui County	467814	394872	995	33538	2963	31293
洞口县	Dongkou County	458458	385883	1865	45140	7140	12957
绥宁县	Shuining County	142630	129107		3645	1688	6389
新宁县	Xinning County	308738	232054	203	63152	2019	10876
城步县	Chengbu County	79092	64928	104	9181	810	2950
武冈市	Wugang City	472180	347135	385	97045	4960	21196
岳阳楼区	Yueyanglou District	68399	61701	324	1725	1603	2168
云溪区	Yunxi District	44235	35962	432	2362	395	4285
君山区	Junshan District	161590	128157	11781	17769	989	1951
岳阳县	Yueyang County	528225	475373	916	24552	2093	18724
华容县	Huarong County	562581	540452	2741	15060	1386	2051
湘阴县	Xiangying County	611697	553302	573	33860	3365	13789
平江县	Pingjiang County	436260	400650	1382	18720	2170	6969
汨罗市	Miluo City	503256	461416	839	30151	2984	6472
临湘市	Linxiang City	324896	301576	3399	7664	2691	6229
武陵区	Wuling District	113165	110420		1039	837	501
鼎城区	Dingcheng District	713742	661835	12908	23992	4016	7660
安乡县	Anxiang County	308052	289218	8776	3428	1949	1542
汉寿县	Hanshou County	662672	649126	612	4640	2033	4804
澧　县	Li County	527334	472593	14660	21520	3262	9077
临澧县	Linli County	343445	314291	4123	21135	721	2591
桃源县	Taoyuan County	811076	737689	536	45943	7320	12944
石门县	Shimen County	273378	147593	3294	99583	2200	14746
津市市	Jinshi City	141976	137048	1871	324	500	1646
永定区	Yongding District	148500	88736	75	30882	3278	24206
武陵源区	Wulingyuan District	15333	9098		3748	174	2151
慈利县	Cili County	300562	158050	253	100821	4700	33485
桑植县	Sangzhi County	147588	70085	323	36033	4365	36000
资阳区	Ziyang District	280189	271503		983	239	6941
赫山区	Heshan District	507581	493923	900	5667	324	5010
南　县	Nan County	596095	564191	3535	12168	2942	8091
大通湖区	Datonghu District	120495	112714	1575	5455	78	628
桃江县	Taojiang County	370696	334844	718	21771	990	10352
安化县	Anhua County	245128	186189	49	45271	2785	9145
沅江市	Yuanjiang City	501147	492786	2352	2621	558	1815
北湖区	Beihu District	56138	47393		2901	730	4903
苏仙区	Suxian District	126088	105402		10504	103	9841
桂阳县	Guiyang County	288421	218778		32962	9521	26779
宜章县	Yizhang County	245816	167677		46441	4018	26234
永兴县	Yongxing County	239339	206282		13885	1142	15808

20-12 续表 2 continued

单位：吨 (ton)

市县名称	Cities and Counties	粮食合计 Total Grain	稻谷 Rice	小麦 Wheat	玉米 Corn	大豆 Beans	薯类 Tubers
嘉禾县	Jiahe County	133284	101408	263	19315	3780	7495
临武县	Linwu County	127482	90015		28789	1710	5389
汝城县	Rucheng County	199137	172548		13214	3742	9345
桂东县	Guidong County	64645	53626		8520	401	2098
安仁县	Anreng County	291063	279171		4110	3150	3764
资兴市	Zixing City	128493	97903		21146	764	7169
零陵区	Lingling District	377317	355886	404	7644	4560	6858
冷水滩区	Lengshuitan District	372518	332494		26807	6613	4602
祁阳县	Qiyang County	656688	548193	54	28464	17823	51556
东安县	Dongan County	396523	353972		20328	6359	10704
双牌县	Shuangpai County	73720	53498	113	12613	1112	5656
道　县	Dao County	398493	341135		30960	8207	12684
江永县	Jiangyong County	123512	97192	96	18077	1112	6084
宁远县	Ningyuan County	307719	271120	81	9200	8149	15182
蓝山县	Lanshan County	128255	113757	168	5711	1834	5092
新田县	Xintian County	161829	122324	64	21529	8770	6805
江华县	Jianghua County	222383	143990	25	71706	688	4644
鹤城区	Hecheng District	52493	48556		2171	472	1020
中方县	Zhongfang County	115854	91770	192	18050	304	3941
沅陵县	Yuanling County	225910	171344		32624	5408	15447
辰溪县	Chenxi County	187269	150685	13	30665	911	3256
溆浦县	Xupu County	341957	224101	620	99284	1137	12828
会同县	Huitong County	121251	103782	60	13400	132	2758
麻阳县	Mayang County	111775	93766		12896	89	4508
新晃县	Xinhuang County	81053	51006		22022	111	7795
芷江县	Zhijiang County	213390	138628		47461	676	25377
靖州县	Jinzhou County	126267	112552		5377	618	7284
通道县	Tongdao County	82070	74904		4003	341	2664
洪江市	Hongjiang City	170337	137383		21357	956	10201
洪江区	Hongjiang District	5918	4817		446	156	499
娄星区	Louxing District	76635	66029	75	5682	1314	2563
双峰县	Shuangfeng County	546568	478819	1182	52805	4374	4523
新化县	Xinhua County	485930	385430	2986	82536	3642	6009
冷水江市	Lenshuijiang City	46008	37365	762	5641	337	1130
涟源市	Lianyuan City	483235	378853	1381	77698	8032	8001
吉首市	Jishou City	48861	34255		7074	1323	5780
泸溪县	Luxi County	74664	62949	100	6157	1105	3660
凤凰县	Fenghuang County	122411	85083	95	20675	3288	13121
花垣县	Huayuan County	92033	58080		21576	3000	9056
保靖县	Baojin County	88772	50390		24788	2378	10357
古丈县	Guzhang County	33507	23471		6007	966	2608
永顺县	Yongshun County	212630	123062	1263	36039	3918	47423
龙山县	Longshan County	180975	96174	24	34192	3096	47073

20-12 续表 3 continued

单位：吨 (ton)

市县名称	Cities and Counties	棉花 Cotton	油料 Oil-bearing	#油菜籽 Rapeseeds	黄红麻 Jute and Ambary Hemp	苎麻 Ramie	烤烟 Fluecured Tobacco	茶叶 Tea	柑桔 Citrus
芙蓉区	Furong District								10
天心区	Tianxin District		46	26					1054
岳麓区	Yuelu District		3379	3158			14	89	8259
开福区	Kaifu District		534	534				2	150
雨花区	Yuhua District							1	120
望城区	Wangcheng District		8168	6431		18		646	8089
长沙县	Changsha County		14885	13125			154	25655	20150
宁乡县	Ningxiang County	220	14265	8370		17	7006	4553	22429
浏阳市	Liuyang City	180	52409	48510		20	8119	1607	54230
荷塘区	Hetang District		804	762				41	1005
芦淞区	Lousong District	55	688	648				93	2464
石峰区	Shifeng District		856	555				24	1359
天元区	Tianyuan District		1224	749				156	2354
株洲县	Zhuzhou County	409	6940	5237				619	6564
攸　县	You County	602	18998	15543		71		400	11302
茶陵县	Chaling County	975	18730	16497		1536	6478	314	26346
炎陵县	Yanling County	33	2817	2029				231	4889
醴陵市	Liling City	61	9935	9318		14		455	10490
雨湖区	Yuhu District		451	230				108	4307
岳塘区	Yuetang District		566	444				33	1105
湘潭县	Xiangtan County	165	8969	8123		24		962	3645
湘乡市	Xiangxiang City	31	13323	12363		26		764	4186
韶山市	Shaoshan City	8	1154	956				81	266
珠晖区	Zhuhui District		3317	2558					3127
雁峰区	Yanfeng District		302	240					3789
石鼓区	Shigu District		1082	1082					1512
蒸湘区	Zhengxiang District		696	538					1667
南岳区	Nanyue District	68	212	121				60	807
衡阳县	Hengyang County	8811	80949	78757	33	22	2153	37	4675
衡南县	Hengnan County	6639	70442	61938			4059	716	21484
衡山县	Hengshan County	846	16659	15758				455	2924
衡东县	Hengdong County	1385	31999	27282		10	21	468	7075
祁东县	Qidong County	1183	46468	40501			3503	115	15443
耒阳市	Leiyang City	1288	54808	48792	50	50	2572	213	15800
常宁市	Changning City	2095	40325	34173			8087	676	13033
双清区	Shuangqing District		1123	577					2712
大祥区	Daxiang District	20	2244	1267				14	18484
北塔区	Beita District	4	629	382				7	1905

20-12 续表 4 continued

单位：吨 (ton)

市县名称	Cities and Counties	棉花 Cotton	油料 Oil-bearing	#油菜籽 Rapeseeds	黄红麻 Jute and Ambary Hemp	苎麻 Ramie	烤烟 Fluecured Tobacco	茶叶 Tea	柑桔 Citrus
邵东县	Shaodong County	123	38745	23827		98		412	20896
新邵县	Xinshao County	34	12269	9343		680	105	65	22159
邵阳县	Shaoyang County	24	30769	23055		19	4008	28	13680
隆回县	Longhui County	45	12285	7748		86	4573	266	20887
洞口县	Dongkou County	70	36487	31570		68	92	3506	78000
绥宁县	Shuining County		5090	4190		8		88	38005
新宁县	Xinning County		11093	7171		6	2191	17	110615
城步县	Chengbu County		3955	3097				156	2745
武冈市	Wugang City		19006	14078			22	620	87188
岳阳楼区	Yueyanglou District	64	5604	3682				314	5207
云溪区	Yunxi District	451	3400	2818				206	2098
君山区	Junshan District	9949	18195	17727		67		8	13500
岳阳县	Yueyang County	7267	33168	25560				1332	11895
华容县	Huarong County	29730	74204	73804		429		850	28530
湘阴县	Xiangying County	513	18611	15848	375	240		2396	26308
平江县	Pingjiang County	1207	29857	20998	74	60		4153	13030
汨罗市	Miluo City	1072	15402	12781				480	108
临湘市	Linxiang City	3128	23158	18450		1202		5399	2235
武陵区	Wuling District	3880	9274	8659					26903
鼎城区	Dingcheng District	16783	78271	75332		51	85	151	44332
安乡县	Anxiang County	19116	70347	69971		185		24	28829
汉寿县	Hanshou County	11551	81688	78898		1488		1371	39006
澧　县	Li County	20785	90906	88652				400	80838
临澧县	Linli County	5986	53985	53265			2970	135	53195
桃源县	Taoyuan County	14261	120326	112919		1104	3125	5080	125800
石门县	Shimen County	3431	48726	47494		17	2972	8521	298254
津市市	Jinshi City	5922	30498	28548				120	19917
永定区	Yongding District	63	19474	14500		1120	2807	327	58122
武陵源区	Wulingyuan District		1796	1391		79		35	1358
慈利县	Cili County	1048	37468	34259		3553	4880	1773	171723
桑植县	Sangzhi County	5	20789	17789		30	7051	449	23228
资阳区	Ziyang District	1919	7813	7725		90		1356	10305
赫山区	Heshan District	15	9958	8436		32		2950	19492
南　县	Nan County	29525	91968	91746		167			64877
大通湖区	Datonghu District	7712	16868	16840		83			15967
桃江县	Taojiang County	289	34567	29679		17	113	13800	12177
安化县	Anhua County		42750	34280		92		56000	27325
沅江市	Yuanjiang City	7913	64404	64128		1320		160	86082
北湖区	Beihu District		1759	1044			1873	194	8278
苏仙区	Suxian District		7027	5640			5659	166	7616
桂阳县	Guiyang County		15314	6482			29347	392	23598
宜章县	Yizhang County	19	11498	4013			6407	276	35915
永兴县	Yongxing County	64	20020	16819			5022	405	99735

20-12 续表 5 continued

单位：吨 (ton)

市县名称	Cities and Counties	棉花 Cotton	油料 Oil-bearing	#油菜籽 Rapeseeds	黄红麻 Jute and Ambary Hemp	苎麻 Ramie	烤烟 Fluecured Tobacco	茶叶 Tea	柑桔 Citrus
嘉禾县	Jiahe County		8820	3750			7932	48	24980
临武县	Linwu County		7228	4575			1105	42	10173
汝城县	Rucheng County	120	8489	5428			174	227	11642
桂东县	Guidong County		2153	2035				2483	1127
安仁县	Anreng County	13	34230	29580			8004	1000	22525
资兴市	Zixing City	40	7722	6654				1373	79061
零陵区	Lingling District	676	22961	18492	24		486	745	69340
冷水滩区	Lengshuitan District	975	11086	7155			593		27735
祁阳县	Qiyang County	573	43415	31747			168	300	83543
东安县	Dongan County	106	11154	4224		252	1103	6	27276
双牌县	Shuangpai County	245	2107	1507				55	5880
道　县	Dao County	26	15341	9719			3900	22	110310
江永县	Jiangyong County	145	15794	12525			3058	110	129061
宁远县	Ningyuan County	35	9422	6518			11729	200	60414
蓝山县	Lanshan County	429	15063	12000			5932	110	16430
新田县	Xintian County		4645	2146		13	6367	152	802
江华县	Jianghua County	46	14023	7575			7623	600	10450
鹤城区	Hecheng District		3129	3097					9856
中方县	Zhongfang County	224	13782	13066			18	37	22056
沅陵县	Yuanling County	21	21986	19141			107	1050	16656
辰溪县	Chenxi County	225	23101	22838				16	132048
溆浦县	Xupu County	279	26125	25326				982	96170
会同县	Huitong County	10	12522	12285	11	4		500	60614
麻阳县	Mayang County	29	16080	12686					301322
新晃县	Xinhuang County		4365	4322			603		5225
芷江县	Zhijiang County	51	15396	14162			1294	14	129215
靖州县	Jinzhou County		8124	8026	1		1566	7	23576
通道县	Tongdao County	183	9357	9300				11	8068
洪江市	Hongjiang City	18	10792	10213			37	62	138461
洪江区	Hongjiang District		354	354					2760
娄星区	Louxing District		2445	894				1895	6837
双峰县	Shuangfeng County	288	16897	13458		23	30	2242	8368
新化县	Xinhua County	193	14211	7761	83	47	95	1400	5534
冷水江市	Lenshuijiang City		1296	1058				92	12528
涟源市	Lianyuan City	27	12891	7713		23	58	1782	12042
吉首市	Jishou City		7807	6361		33	306	60	106200
泸溪县	Luxi County	125	13210	11975		165	1225	2	188875
凤凰县	Fenghuang County		11709	9447		41	4271	15	85106
花垣县	Huayuan County		7505	5873			3787	5	13930
保靖县	Baojin County		10041	6515			2350	302	123785
古丈县	Guzhang County	8	4511	4142			1750	2122	17722
永顺县	Yongshun County	2	20475	15654			8924	140	108989
龙山县	Longshan County		15204	12179			9214	18	64831

20-13 主要林产品产量(2015年)
Output of Major Forest Products (2015)

市县名称	Cities and Counties	油茶籽(吨) Tea-oil Seeds (ton)	油桐籽(吨) Tung-oil Seeds (ton)	松脂(吨) Pine Resin (ton)	板栗(吨) Chestnuts (ton)	棕片(吨) Palm Leaf (ton)	竹笋干(吨) Bamboo Shoots (ton)	木材采伐量(万方) Woods Cuts (10 000 cu.m)	竹材采伐量(万根) Bamboo Cuts (10 000 roots)
芙蓉区	Furong District								
天心区	Tianxin District								
岳麓区	Yuelu District	650			20		16	1.17	37.69
开福区	Kaifu District							0.37	
雨花区	Yuhua District	68							
望城区	Wangcheng District	2310			6080		3	0.44	
长沙县	Changsha County	33			60		18	2.10	103.30
宁乡县	Ningxiang County	3500						5.78	302.96
浏阳市	Liuyang City	27840		450	3300	4	10	6.27	14.54
荷塘区	Hetang District							0.01	
芦淞区	Lousong District							0.03	
石峰区	Shifeng District	1900							
天元区	Tianyuan District	3450						0.05	
株洲县	Zhuzhou County	31100	65	280	580	38	520	0.85	210.00
攸　县	You County	34000						7.11	260.00
茶陵县	Chaling County	17700	870	1630	366	300	827	2.01	20.16
炎陵县	Yanling County	1400	27	42	261	53	3627	9.16	120.00
醴陵市	Liling City	35200	110		355	100	190	0.55	0.87
雨湖区	Yuhu District	515	10				5	0.21	3.27
岳塘区	Yuetang District	82							
湘潭县	Xiangtan County	6450			20		4	1.82	8.00
湘乡市	Xiangxiang City	3000	1		320		15	1.13	12.16
韶山市	Shaoshan City	50			60				
珠晖区	Zhuhui District	600			50		60	0.03	20.00
雁峰区	Yanfeng District				5				10.00
石鼓区	Shigu District				50		2	0.17	
蒸湘区	Zhengxiang District				2			0.37	9.10
南岳区	Nanyue District	10			75		120	0.08	27.00
衡阳县	Hengyang County	26894			300		500	1.30	200.00
衡南县	Hengnan County	16500	20		431	7	175	0.73	13.50
衡山县	Hengshan County	16905		240	580			0.20	33.50
衡东县	Hengdong County	55400	50	15	1000		10	1.10	200.00
祁东县	Qidong County	12800	1350		9000		60	0.20	2.00
耒阳市	Leiyang City	42000	250		4500		3200	0.31	1.80
常宁市	Changning City	21834	20	80	950	20	1200	0.91	32.18
双清区	Shuangqing District	97					26	0.55	0.16
大祥区	Daxiang District	1040			1200				
北塔区	Beita District	3			1			0.02	0.25

20-13 续表 1 continued

市县名称	Cities and Counties	油茶籽(吨) Tea-oil Seeds (ton)	油桐籽(吨) Tung-oil Seeds (ton)	松脂(吨) Pine Resin (ton)	板栗(吨) Chestnuts (ton)	棕片(吨) Palm Leaf (ton)	竹笋干(吨) Bamboo Shoots (ton)	木材采伐量(万方) Woods Cuts (10 000 cu.m)	竹材采伐量(万根) Bamboo Cuts (10 000 roots)
邵东县	Shaodong County	13145						0.09	2.10
新邵县	Xinshao County	1432	7	105	300		560	0.77	9.23
邵阳县	Shaoyang County	52000			1120		40	0.07	13.00
隆回县	Longhui County	900	21	7	763		468	1.33	1.00
洞口县	Dongkou County	324	9	6	605	5		6.25	18.19
绥宁县	Shuining County	2900	120	50	107		650	17.47	204.45
新宁县	Xinning County	500	59		178		75	2.01	10.03
城步县	Chengbu County	1806	130		567	132	1108	19.38	360.22
武冈市	Wugang City	440	18	80	65	250	65	8.00	50.00
岳阳楼区	Yueyanglou District							0.87	
云溪区	Yunxi District	90			920		15	1.56	36.54
君山区	Junshan District								
岳阳县	Yueyang County	6800	50		2100		1220	1.20	30.00
华容县	Huarong County	3	10		95			3.09	24.00
湘阴县	Xiangying County	35		100				6.40	10.00
平江县	Pingjiang County	13000	8160	35	1040	218	240	5.49	25.97
汨罗市	Miluo City	3383	10	560	274	10	25	0.76	13.00
临湘市	Linxiang City	2200		150	1800			1.85	361.47
武陵区	Wuling District	380						2.12	
鼎城区	Dingcheng District	9500	100	190	98	15	200	9.75	220.00
安乡县	Anxiang County							3.12	
汉寿县	Hanshou County	9660						6.07	271.66
澧　县	Li County	1200			50			5.70	10.13
临澧县	Linli County	9000	100		65			1.97	
桃源县	Taoyuan County	6965			501		9	4.70	300.00
石门县	Shimen County	1400	505	4	16710	320	169	1.11	0.06
津市市	Jinshi City	1300			1080			1.13	2.70
永定区	Yongding District	3000			750			3.04	0.66
武陵源区	Wulingyuan District				115			0.18	1.06
慈利县	Cili County	413	1420	20	1460	1600	260	3.26	0.16
桑植县	Sangzhi County	1781						5.05	0.06
资阳区	Ziyang District	2205			64		15	2.38	42.00
赫山区	Heshan District	4248			1300		30	7.51	392.00
南　县	Nan County					10		1.30	50.00
大通湖区	Datonghu District							0.97	
桃江县	Taojiang County	750			20		3450	16.75	720
安化县	Anhua County	11050	700	350	560	1200	700	8.00	350.00
沅江市	Yuanjiang City							4.32	
北湖区	Beihu District	4520	112		1354		521	0.25	18.00
苏仙区	Suxian District	6850	3260		520		315	0.32	45.00
桂阳县	Guiyang County	10822			68			1.58	0.85
宜章县	Yizhang County	700		1200	519			2.78	6.40
永兴县	Yongxing County	19753			159	220	1097	1.50	5.74

20-13 续表 2 continued

市县名称	Cities and Counties	油茶籽(吨) Tea-oil Seeds (ton)	油桐籽(吨) Tung-oil Seeds (ton)	松脂(吨) Pine Resin (ton)	板栗(吨) Chestnuts (ton)	棕片(吨) Palm Leaf (ton)	竹笋干(吨) Bamboo Shoots (ton)	木材采伐量(万方) Woods Cuts (10 000 cu.m)	竹材采伐量(万根) Bamboo Cuts (10 000 roots)
嘉禾县	Jiahe County	716			50		25	0.89	
临武县	Linwu County	1650	180		300	105	360	0.46	2.85
汝城县	Rucheng County	6760	144		603	76	2580	5.17	127.47
桂东县	Guidong County	660			35		185	3.96	100.00
安仁县	Anreng County	11095			1050		2180	2.14	8.50
资兴市	Zixing City	36000	280		1100	260	1320	5.09	19.14
零陵区	Lingling District	5400	120	650	1456	120	3500	0.77	165.00
冷水滩区	Lengshuitan District	11000	135	183	120	14	155	1.85	0.98
祁阳县	Qiyang County	17564			1680		750	1.93	21.00
东安县	Dongan County	8120		175	126	291	152	1.85	17.20
双牌县	Shuangpai County	1190	423	235	5760	150	350	6.03	13.12
道　县	Dao County	10110	320	18160	407	63	160	2.11	
江永县	Jiangyong County	1900	20	1802	58		12	3.51	
宁远县	Ningyuan County	16200	58	20	345	98	402	0.16	0.44
蓝山县	Lanshan County	12980	30	152	1632	40	51	2.27	186.00
新田县	Xintian County	2300	30	152	1632	40	51	1.73	6.50
江华县	Jianghua County	19864	671	9667	1560	121	614	14.92	1.82
鹤城区	Hecheng District	3712			1932		123	0.50	
中方县	Zhongfang County	15337	50	230	685	500	130	1.93	1.41
沅陵县	Yuanling County	2597	654	138	2442			17.46	
辰溪县	Chenxi County	11241	200	10	169	30	41	2.66	0.19
溆浦县	Xupu County	14700	85		105	11	558	5.78	5.28
会同县	Huitong County	12708	8000		800	70	1000	9.73	130.00
麻阳县	Mayang County	985					510	0.75	
新晃县	Xinhuang County	84			167			2.29	5.00
芷江县	Zhijiang County	3340	820	102	1750	74	80	4.56	
靖州县	Jinzhou County	1050			77		50	3.02	0.67
通道县	Tongdao County	3160	223	179	197		51	4.05	6.29
洪江市	Hongjiang City	1713	1602		500	39	556	3.13	6.33
洪江区	Hongjiang District	320	89		20	6	84	0.42	40.34
娄星区	Louxing District	386			2822		4		
双峰县	Shuangfeng County	6700			188		32	0.39	4.23
新化县	Xinhua County	1950	50	20	400	5		1.47	8.55
冷水江市	Lenshuijiang City	209			500	35	108	3.27	38.35
涟源市	Lianyuan City	500						5.60	220.00
吉首市	Jishou City	170	3	15	546		7	0.03	
泸溪县	Luxi County	1600			3676			0.04	
凤凰县	Fenghuang County	400			212		5	0.44	
花垣县	Huayuan County	320			7		2	1.00	2.00
保靖县	Baojin County	270	80		750	5	25	0.74	0.85
古丈县	Guzhang County	2850	46	1300	430	2	27	3.65	3.00
永顺县	Yongshun County	4370	430	300	226	16	46	2.25	3.20
龙山县	Longshan County	2050	480	280	215	40	60	2.16	3.35

20-14 牲畜头数、畜产品及水产品产量(2015年)
Number of Live stocks, Output of Livestock Products and Aquatic Products (2015)

市县名称	Cities and Counties	大牲畜年末存栏数(头) Large Animals (head)	#牛 Cattle and Buffaloes	生猪存栏(万头) Hogs (10 000 heads)	肉猪出栏(万头) Slaughtered Fattened Hogs (10 000 heads)	猪肉产量(吨) Output of Pork (ton)	牛肉产量(吨) Output of Beef (ton)	羊肉产量(吨) Output of Mutton (ton)	水产品(吨) Aquatic Products (ton)	#鱼 Fish
芙蓉区	Furong District	400	400	0.40	0.80	544			275	2
天心区	Tianxin District			6.02	9.25	7215		37	3806	122
岳麓区	Yuelu District	3570	3570	23.65	39.96	27972	243	83	11200	397
开福区	Kaifu District	176	176	7.08	8.15	5298		2	2296	
雨花区	Yuhua District	39	39	1.40	3.93	2908	52	3	2850	594
望城区	Wangcheng District	7851	7851	61.42	114.64	83247	612	174	26046	1789
长沙县	Changsha County	31520	31520	93.60	203.87	152902	2688	371	18790	115
宁乡县	Ningxiang County	79500	79500	117.89	212.70	159525	7596	1195	35918	4275
浏阳市	Liuyang City	45204	44526	94.57	193.11	140970	3075	10817	25770	2029
荷塘区	Hetang District	1200	1200	8.54	8.30	5887	30	264	3520	
芦淞区	Lousong District	1460	1460	7.96	13.80	10103	232	264	2889	
石峰区	Shifeng District	800	800	7.93	10.94	7342	35	289	2872	92
天元区	Tianyuan District	1200	1200	13.01	22.45	17410	85	246	5101	513
株洲县	Zhuzhou County	6400	6400	27.34	54.35	38127	220	762	11427	955
攸　县	You County	48685	48600	68.08	119.57	81431	2270	852	23132	694
茶陵县	Chaling County	81500	81500	48.77	85.54	59003	2819	514	16475	405
炎陵县	Yanling County	19200	19200	7.79	14.18	10245	343	78	1130	80
醴陵市	Liling City	17600	17600	85.27	117.72	90244	1672	5478	24800	374
雨湖区	Yuhu District	2060	2060	37.14	73.56	55170	63	75	6752	224
岳塘区	Yuetang District	595	595	12.65	26.56	20177	52	288	3001	128
湘潭县	Xiangtan County	12565	12565	116.79	207.59	163954	686	585	41137	493
湘乡市	Xiangxiang City	38430	38430	85.71	194.37	148066	769	468	37610	826
韶山市	Shaoshan City	1492	1492	19.92	27.03	21816	131	133	3530	9
珠晖区	Zhuhui District	587	587	20.85	24.72	19560	20	17	4406	16
雁峰区	Yanfeng District	100	100	4.87	7.44	5763	12	10	2219	
石鼓区	Shigu District			7.48	10.90	8121			3026	15
蒸湘区	Zhengxiang District			4.53	8.97	6856		21	3378	
南岳区	Nanyue District	783	783	4.13	6.93	5252	96	45	616	12
衡阳县	Hengyang County	74401	74401	99.20	174.14	132444	3061	1126	63890	1963
衡南县	Hengnan County	45914	45914	102.54	164.13	124516	1797	457	61594	836
衡山县	Hengshan County	27300	27300	41.00	68.40	51300	2064	406	12520	703
衡东县	Hengdong County	20145	17044	59.80	103.45	79057	694	851	19199	455
祁东县	Qidong County	15810	15600	65.60	126.40	96285	1465	5117	53835	1645
耒阳市	Leiyang City	87100	87100	72.18	140.55	108224	4600	617	31625	2057
常宁市	Changning City	45400	45400	63.35	119.58	86098	3493	1944	33480	124
双清区	Shuangqing District	4000	4000	9.08	21.53	14693	713	147	2710	161
大祥区	Daxiang District	4900	4600	10.80	21.00	15750	481	296	2826	270
北塔区	Beita District	4600	4600	4.86	11.90	8330	378	68	1965	65

20-14 续表 1 continued

市县名称	Cities and Counties	大牲畜年末存栏数(头) Large Animals (head)	#牛 Cattle and Buffaloes	生猪存栏(万头) Hogs (10 000 heads)	肉猪出栏(万头) Slaughtered Fattened Hogs (10 000 heads)	猪肉产量(吨) Output of Pork (ton)	牛肉产量(吨) Output of Beef (ton)	羊肉产量(吨) Output of Mutton (ton)	水产品(吨) Aquatic Products (ton)	#鱼 Fish
邵东县	Shaodong County	26800	26600	74.00	123.30	88776	1500	324	30142	974
新邵县	Xinshao County	107202	106781	56.03	103.03	74195	3780	1004	13005	329
邵阳县	Shaoyang County	83985	80185	61.50	104.00	70720	4191	712	10850	1185
隆回县	Longhui County	103000	101500	56.29	103.12	68913	5641	1062	11521	100
洞口县	Dongkou County	81100	80700	109.37	204.00	155040	5721	1664	16988	350
绥宁县	Shuining County	100234	99114	38.40	57.50	39100	7328	1152	2044	168
新宁县	Xinning County	107892	100900	28.80	44.50	31088	5439	539	6200	890
城步县	Chengbu County	89800	88400	16.88	16.46	11209	4104	759	943	15
武冈市	Wugang City	57150	53850	80.00	154.00	110500	3783	976	7820	664
岳阳楼区	Yueyanglou District	9600	9600	12.40	22.74	15613	538	116	21176	3471
云溪区	Yunxi District	5400	5400	12.90	22.88	15558	264	24	19754	1780
君山区	Junshan District	25550	25500	26.12	41.00	27880	996	206	38040	2817
岳阳县	Yueyang County	74470	74470	78.60	139.55	94894	3656	914	52561	7800
华容县	Huarong County	54652	53400	41.58	83.00	57188	2304	408	143868	15066
湘阴县	Xiangying County	71258	69900	52.62	97.08	66014	4032	441	141314	8070
平江县	Pingjiang County	139300	139000	72.85	99.76	68086	5280	4221	8854	1512
汨罗市	Miluo City	66800	66800	84.43	162.19	110801	2508	243	47731	6880
临湘市	Linxiang City	31400	31000	35.19	71.31	48490	1116	386	39718	4729
武陵区	Wuling District	5573	5573	6.82	7.92	5702	260	67	22781	1340
鼎城区	Dingcheng District	58595	58595	43.19	86.52	62294	2912	1944	84796	2933
安乡县	Anxiang County	17812	17812	25.26	35.80	25776	718	891	104538	1564
汉寿县	Hanshou County	37641	37641	49.07	100.24	72173	1508	718	96229	3940
澧　县	Li County	60780	60780	48.02	101.62	73166	2111	4565	59986	3484
临澧县	Linli County	39379	39265	32.21	48.65	35028	1602	2293	24505	711
桃源县	Taoyuan County	140500	140500	58.95	114.60	82512	4826	13269	43050	3742
石门县	Shimen County	91809	91665	45.71	83.74	60293	2933	5626	15795	1375
津市市	Jinshi City	20800	20800	25.85	54.60	39312	614	682	27678	1695
永定区	Yongding District	43689	43133	23.55	27.80	20850	3262	858	8473	508
武陵源区	Wulingyuan District	4288	4200	1.86	3.38	2636	378	67	65	
慈利县	Cili County	86200	85000	33.50	50.55	37913	2880	1936	6780	933
桑植县	Sangzhi County	33903	32362	16.29	20.54	16021	816	564	1618	1146
资阳区	Ziyang District	8400	8400	32.90	48.05	31713	207	48	29178	5976
赫山区	Heshan District	12445	12102	53.54	103.76	78757	1340	400	30213	1083
南　县	Nan County	21500	20000	47.79	79.32	55386	3063	772	142715	8818
大通湖区	Datonghu District	5500	5500	11.23	11.32	8698	325	122	38283	35741
桃江县	Taojiang County	76430	75825	62.26	95.01	70307	4184	272	9503	497
安化县	Anhua County	218300	216772	60.08	88.97	60437	11810	5358	23544	819
沅江市	Yuanjiang City	49600	49600	47.71	73.85	56126	2644	622	159200	12011
北湖区	Beihu District	14298	13740	15.17	27.11	19248	936	836	3708	
苏仙区	Suxian District	40096	40096	32.51	61.27	43501	1135	2122	13700	24
桂阳县	Guiyang County	48589	48589	49.96	100.54	71383	1435	1010	15600	550
宜章县	Yizhang County	64555	64507	45.95	68.42	48578	2774	414	6860	64
永兴县	Yongxing County	57801	57801	37.75	69.09	49504	2668	717	24900	477

20-14 续表 2 continued

市县名称	Cities and Counties	大牲畜年末存栏数(头) Large Animals (head)	#牛 Cattle and Buffaloes	生猪存栏(万头) Hogs (10 000 heads)	肉猪出栏(万头) Slaughtered Fattened Hogs (10 000 heads)	猪肉产量(吨) Output of Pork (ton)	牛肉产量(吨) Output of Beef (ton)	羊肉产量(吨) Output of Mutton (ton)	水产品(吨) Aquatic Products (ton)	#鱼 Fish
嘉禾县	Jiahe County	16988	16988	41.88	70.11	49776	1427	269	3226	146
临武县	Linwu County	14368	14287	16.23	27.41	19463	593	1130	3917	54
汝城县	Rucheng County	11872	11872	21.55	40.28	28595	164	51	1100	190
桂东县	Guidong County	39107	39107	10.72	11.45	8127	1571	259	378	14
安仁县	Anreng County	36097	36097	28.63	43.05	30567	896	74	7558	318
资兴市	Zixing City	54271	54271	32.57	65.23	46313	2446	687	33755	1329
零陵区	Lingling District	72500	72400	53.17	90.94	63658	1386	420	18499	642
冷水滩区	Lengshuitan District	78400	78400	57.91	101.89	73361	1045	342	25122	1698
祁阳县	Qiyang County	18300	18300	65.95	104.28	72996	1685	867	62647	2587
东安县	Dongan County	61600	60400	54.48	91.23	65686	2666	789	19739	622
双牌县	Shuangpai County	74832	74800	17.90	21.47	14814	1690	2811	4279	715
道　县	Dao County	212900	209800	66.09	97.90	70488	9580	1804	29655	543
江永县	Jiangyong County	186300	185900	38.75	64.63	46534	6889	552	4922	1028
宁远县	Ningyuan County	71000	70900	58.75	91.43	65830	2136	182	20920	1335
蓝山县	Lanshan County	38788	38700	44.37	88.09	63425	1063	413	1410	44
新田县	Xintian County	15600	15500	30.30	48.32	34790	1413	654	7231	1943
江华县	Jianghua County	133700	133700	42.10	53.80	38736	2820	1755	2842	143
鹤城区	Hecheng District	9845	9800	9.36	12.13	8876	827	205	6422	737
中方县	Zhongfang County	26930	26930	16.41	20.05	16030	671	510	6268	740
沅陵县	Yuanling County	109800	105700	22.11	27.83	21792	1245	1126	18976	2245
辰溪县	Chenxi County	35500	34100	22.18	28.57	20022	958	371	4038	492
溆浦县	Xupu County	50100	49300	55.53	86.46	64142	880	654	10340	838
会同县	Huitong County	22870	22758	14.43	17.66	14514	938	1633	4861	282
麻阳县	Mayang County	42300	42100	17.06	19.76	14780	981	609	4672	118
新晃县	Xinhuang County	105967	104731	16.05	21.08	15283	6823	685	1747	164
芷江县	Zhijiang County	64100	60810	27.52	39.43	28631	1366	585	7691	470
靖州县	Jinzhou County	80200	77500	17.00	22.60	17990	1285	280	4572	611
通道县	Tongdao County	38500	38500	9.04	10.20	8058	1137	252	2579	442
洪江市	Hongjiang City	41009	35989	20.75	31.66	24379	476	532	9258	1047
洪江区	Hongjiang District	609	589	1.44	2.46	1750	26	34	508	508
娄星区	Louxing District	23000	23000	17.16	27.87	19633	1294	447	5905	576
双峰县	Shuangfeng County	46326	46326	96.31	183.91	131503	1671	374	28478	670
新化县	Xinhua County	234334	231526	85.28	150.73	102496	10249	1626	29886	2268
冷水江市	Lenshuijiang City	18200	18200	17.27	31.71	21880	1630	570	4660	30
涟源市	Lianyuan City	103031	102500	67.91	122.49	85743	5330	1961	18288	634
吉首市	Jishou City	20515	20500	6.90	7.75	5449	623	661	3266	410
泸溪县	Luxi County	45275	44955	10.85	14.48	9487	1062	400	2472	548
凤凰县	Fenghuang County	43559	43530	14.54	15.08	10159	816	335	1590	303
花垣县	Huayuan County	25700	25700	13.15	15.80	10394	1300	920	2558	88
保靖县	Baojin County	33600	33600	10.23	12.65	8869	881	872	2242	447
古丈县	Guzhang County	22200	22200	5.66	5.82	3783	407	411	1933	306
永顺县	Yongshun County	75783	75512	21.22	21.40	13850	1812	1258	4172	733
龙山县	Longshan County	48300	48100	22.84	22.64	15119	932	976	3572	476

20-15 规模以上工业主营业务收入(2015年)
Revenue of Major Business of Industrial Enterprises above Designated Size (2015)

单位：万元 (10 000 yuan)

市县名称	Cities and Counties	主营业务收入 Revenue of Major Business	#国有经济 State-owned Economic	#集体经济 Collective Owned Economic
芙蓉区	Furong District	4270665	4608	66778
天心区	Tianxin District	4088090	1351798	191078
岳麓区	Yuelu District	11124874	4789	
开福区	Kaifu District	1865763	106244	3526
雨花区	Yuhua District	4917878	2050664	24862
望城区	Wangcheng District	18134469	40297	37850
长沙县	Changsha County	9320857	32035	74660
宁乡县	Ningxiang County	19254219	59382	88273
浏阳市	Liuyang City	19262449	5683	63933
荷塘区	Hetang District	2005737	657751	513
芦淞区	Lusong District	1470732	168582	
石峰区	Shifeng District	7692643	218229	
天元区	Tianyuan District	3558133	34520	2913
株洲县	Zhuzhou County	1197023	54531	5865
攸　县	You County	4826773	31043	15876
茶陵县	Chaling County	1553598	45718	67983
炎陵县	Yanling County	936583	35332	
醴陵市	Liling City	8080934	49554	29458
雨湖区	Yuhu District	7640426	428244	80512
岳塘区	Yuetang District	9417819	402269	37438
湘潭县	Xiangtan County	4724784	16904	5224
湘乡市	Xiangxiang City	6671449	59507	43815
韶山市	Shaoshan City	1782028		
珠晖区	Zhuhui District	1022924	100504	
雁峰区	Yanfeng District	3409105	28380	
石鼓区	Shigu District	921753	43290	20921
蒸湘区	Zhengxiang District	1824590	567051	
南岳区	Nanyue District	7666		
衡阳县	Hengyang County	1920711		
衡南县	Hengnan County	1780020		14718
衡山县	Hengshan County	706575	3667	777
衡东县	Hengdong County	1574998	33396	21128
祁东县	Qidong County	2136520	9465	
耒阳市	Leiyang City	2412301	135448	94480
常宁市	Changning City	1740957	35221	44539
双清区	Shuangqing District	2168513	55147	12517
大祥区	Daxiang District	1430232	352912	4181
北塔区	Beita District	637850		

20-15 续表 1 continued

单位：万元 (10 000 yuan)

市县名称	Cities and Counties	主营业务收入 Revenue of Major Business	#国有经济 State-owned Economic	#集体经济 Collective Owned Economic
邵东县	Shaodong County	4865061	3509	
新邵县	Xinshao County	1633989	6196	
邵阳县	Shaoyang County	1065809	8434	3212
隆回县	Longhui County	1597368	29947	
洞口县	Dongkou County	1593145	3360	16646
绥宁县	Shuining County	1367745	26558	
新宁县	Xinning County	651147	23435	
城步县	Chengbu County	243934		
武冈市	Wugang City	799131	2011	
岳阳楼区	Yueyanglou District	6966612	491604	1385
云溪区	Yunxi District	7969790		18241
君山区	Junshan District	1792137	88313	59576
岳阳县	Yueyang County	4571283	210183	18625
华容县	Huarong County	4653815	92198	339629
湘阴县	Xiangying County	6030118	18726	28894
平江县	Pingjiang County	3300015	154312	23189
汨罗市	Miluo City	8693916		1861
临湘市	Linxiang City	3379800		
武陵区	Wuling District	9295894	5816354	4230
鼎城区	Dingcheng District	1918420	4664	
安乡县	Anxiang County	694792		
汉寿县	Hanshou County	1830045	92087	
澧　县	Li County	2576879	5871	
临澧县	Linli County	1209456	2082	
桃源县	Taoyuan County	2507275		
石门县	Shimen County	2123541	11779	
津市市	Jinshi City	1755710	86161	5495
永定区	Yongding District	485363	105415	
武陵源区	Wulingyuan District	2400		
慈利县	Cili County	544325	4023	
桑植县	Sangzhi County	210541	25616	
资阳区	Ziyang District	2212897		10916
赫山区	Heshan District	8537976	291688	120261
南　县	Nan County	1739183	6440	
大通湖区	Datonghu District	724900		
桃江县	Taojiang County	3226650		12735
安化县	Anhua County	1321945	144083	8738
沅江市	Yuanjiang City	2924985		27184
北湖区	Beihu District	2137280	718778	
苏仙区	Suxian District	6331635	376753	2000
桂阳县	Guiyang County	6087206	52234	27413
宜章县	Yizhang County	2093918	3409	7812
永兴县	Yongxing County	4614928	13623	11140

20-15 续表 2 continued

单位：万元 (10 000 yuan)

市县名称	Cities and Counties	主营业务收入 Revenue of Major Business	#国有经济 State-owned Economic	#集体经济 Collective Owned Economic
嘉禾县	Jiahe County	2092213	41879	12822
临武县	Linwu County	617670		11322
汝城县	Rucheng County	395803		
桂东县	Guidong County	184984		
安仁县	Anreng County	590204	18073	
资兴市	Zixing City	5932113	77124	
零陵区	Lingling District	1187129	680400	
冷水滩区	Lengshuitan District	2237329	328886	
祁阳县	Qiyang County	1454071	29344	10378
东安县	Dongan County	1018711	58162	25024
双牌县	Shuangpai County	481156	36463	
道　县	Dao County	573630	2622	
江永县	Jiangyong County	335635	8486	
宁远县	Ningyuan County	983523	25318	
蓝山县	Lanshan County	917461		
新田县	Xintian County	531814		
江华县	Jianghua County	804391	2603	
鹤城区	Hecheng District	1107671	210211	3689
中方县	Zhongfang County	1212345	5986	
沅陵县	Yuanling County	1551542	70369	
辰溪县	Chenxi County	536596	76009	12240
溆浦县	Xupu County	708809	39245	6398
会同县	Huitong County	208747		
麻阳县	Mayang County	478910		7734
新晃县	Xinhuang County	460622		
芷江县	Zhijiang County	612235	43424	
靖州县	Jinzhou County	636925		
通道县	Tongdao County	300302	27494	
洪江市	Hongjiang City	1213618	134746	
洪江区	Hongjiang District	407730	90108	
娄星区	Louxing District	5989604	435481	460940
双峰县	Shuangfeng County	2423390		14818
新化县	Xinhua County	1631023	3891	58798
冷水江市	Lenshuijiang City	3663724	37429	111244
涟源市	Lianyuan City	2395708	2463	13383
吉首市	Jishou City	649245	157547	
泸溪县	Luxi County	525558	2522	
凤凰县	Fenghuang County	104826	9040	
花垣县	Huayuan County	400621	57655	
保靖县	Baojin County	219859	18651	2476
古丈县	Guzhang County	97829	12176	
永顺县	Yongshun County	155308	17065	
龙山县	Longshan County	130472	30092	2000

20-16 规模以上工业企业基本情况(2015年)
Basic Indicators of Industrial Enterprises above Designated Size (2015)

单位：万元 (10 000 yuan)

市县名称	Cities and Counties	利润总额 Total Profits	资产总计 Total Aassets	负债合计 Total Liabilities	全部从业人员年平均人数（万人） Average Number of Empolyment of the Current Year (10000persons)
芙蓉区	Furong District	356415	1852812	763885	1.78
天心区	Tianxin District	255517	4646471	3150388	3.41
岳麓区	Yuelu District	485433	17350374	9484989	8.50
开福区	Kaifu District	140277	1753247	962281	1.91
雨花区	Yuhua District	375806	4545189	1646542	2.61
望城区	Wangcheng District	664001	23371951	14865188	15.57
长沙县	Changsha County	267720	5381440	3039060	5.64
宁乡县	Ningxiang County	2088202	6550302	2393600	11.14
浏阳市	Liuyang City	1170206	5876460	2484154	17.60
荷塘区	Hetang District	-18918	2037939	1178003	2.48
芦淞区	Lusong District	64945	2260942	1261080	2.85
石峰区	Shifeng District	664139	7785612	4639253	4.86
天元区	Tianyuan District	125284	4833740	3297916	3.03
株洲县	Zhuzhou County	43712	415597	229836	1.00
攸　县	You County	182814	2452926	761952	5.58
茶陵县	Chaling County	29265	436811	188621	2.05
炎陵县	Yanling County	23001	345523	204534	1.44
醴陵市	Liling City	484934	5646546	1188400	28.18
雨湖区	Yuhu District	397524	3733451	2044313	4.65
岳塘区	Yuetang District	-39602	12184897	8826406	6.48
湘潭县	Xiangtan County	151703	1358461	507492	3.59
湘乡市	Xiangxiang City	652927	566583	457222	4.50
韶山市	Shaoshan City	32363	257821	14143	1.00
珠晖区	Zhuhui District	52766	653149	467512	1.12
雁峰区	Yanfeng District	160575	2547614	1471059	2.79
石鼓区	Shigu District	27697	1037267	595258	1.24
蒸湘区	Zhengxiang District	-9216	2930299	2104549	2.15
南岳区	Nanyue District	340	7148	1966	0.02
衡阳县	Hengyang County	147664	686835	314463	3.53
衡南县	Hengnan County	115456	1109702	412446	2.09
衡山县	Hengshan County	28844	377160	207023	1.39
衡东县	Hengdong County	84048	710888	400045	2.45
祁东县	Qidong County	179672	1393168	660117	4.46
耒阳市	Leiyang City	195839	1811060	1088960	3.80
常宁市	Changning City	56863	793586	637726	2.07
双清区	Shuangqing District	112558	1211040	455998	2.33
大祥区	Daxiang District	74379	1245257	716021	1.08
北塔区	Beita District	15877	313014	187904	0.58

20-16 续表 1 continued

单位：万元 (10 000 yuan)

市县名称	Cities and Counties	利润总额 Total Profits	资产总计 Total Aassets	负债合计 Total Liabilities	全部从业人员年平均人数（万人） Average Number of Empolyment of the Current Year (10000persons)
邵东县	Shaodong County	342127	1022318	184706	4.06
新邵县	Xinshao County	56730	848098	304829	2.07
邵阳县	Shaoyang County	99205	545679	200961	2.14
隆回县	Longhui County	38277	397835	188036	2.77
洞口县	Dongkou County	50220	503954	184616	1.84
绥宁县	Shuining County	80236	443514	131254	2.18
新宁县	Xinning County	39515	362824	187269	1.50
城步县	Chengbu County	5769	293023	211793	0.38
武冈市	Wugang City	29695	441720	181036	0.93
岳阳楼区	Yueyanglou District	454469	6474589	3510617	6.01
云溪区	Yunxi District	1401	3845650	1772748	3.54
君山区	Junshan District	59072	822037	149111	1.77
岳阳县	Yueyang County	238685	1847676	486006	2.86
华容县	Huarong County	103322	920972	197897	4.21
湘阴县	Xiangying County	158014	3128760	614199	6.20
平江县	Pingjiang County	103808	853888	407184	3.07
汨罗市	Miluo City	183840	2667053	633360	6.21
临湘市	Linxiang City	112394	1237840	289093	2.40
武陵区	Wuling District	861686	7446998	2719498	4.38
鼎城区	Dingcheng District	99007	1731947	914092	2.16
安乡县	Anxiang County	17284	345846	181292	0.78
汉寿县	Hanshou County	136513	1119321	599731	2.20
澧　县	Li County	169018	991803	456917	2.30
临澧县	Linli County	76222	727337	391912	1.81
桃源县	Taoyuan County	93453	1821201	1188679	1.65
石门县	Shimen County	95629	982643	617417	1.70
津市市	Jinshi City	52442	894755	521696	2.44
永定区	Yongding District	28795	487779	264834	0.86
武陵源区	Wulingyuan District	397	838	373	0.01
慈利县	Cili County	94577	391331	204965	1.00
桑植县	Sangzhi County	28380	226123	104505	0.37
资阳区	Ziyang District	104912	663481	334305	1.89
赫山区	Heshan District	236956	3396711	1929808	5.11
南　县	Nan County	60874	1335742	481746	2.00
大通湖区	Datonghu District	7800	444300	205600	0.47
桃江县	Taojiang County	147616	1163376	536406	4.40
安化县	Anhua County	94551	993216	447888	1.36
沅江市	Yuanjiang City	129173	1905728	1032410	3.70
北湖区	Beihu District	105063	3082803	1732937	1.42
苏仙区	Suxian District	177172	4099544	2377233	3.88
桂阳县	Guiyang County	272169	2272041	216109	3.06
宜章县	Yizhang County	200957	1247564	546449	2.81
永兴县	Yongxing County	223899	1762911	768363	2.50

20-16 续表 2 continued

单位：万元 (10 000 yuan)

市县名称	Cities and Counties	利润总额 Total Profits	资产总计 Total Aassets	负债合计 Total Liabilities	全部从业人员年平均人数（万人） Average Number of Empolyment of the Current Year (10000persons)
嘉禾县	Jiahe County	254888	516498	74878	1.42
临武县	Linwu County	58962	449942	194372	1.28
汝城县	Rucheng County	10764	419624	271648	0.49
桂东县	Guidong County	13942	127067	73122	0.21
安仁县	Anreng County	41745	329810	119743	0.72
资兴市	Zixing City	391841	1894594	901024	4.34
零陵区	Lingling District	97642	935768	219487	0.95
冷水滩区	Lengshuitan District	52012	2013464	1133599	3.41
祁阳县	Qiyang County	40888	1126399	705505	2.13
东安县	Dongan County	19757	308625	127752	1.28
双牌县	Shuangpai County	88539	267885	33844	0.66
道　县	Dao County	3315	270940	145505	1.35
江永县	Jiangyong County	29620	216219	71203	0.59
宁远县	Ningyuan County	42019	573753	258108	2.03
蓝山县	Lanshan County	17518	271695	58029	1.94
新田县	Xintian County	22751	242172	104736	0.96
江华县	Jianghua County	38931	510571	139282	0.82
鹤城区	Hecheng District	24427	649418	386477	0.96
中方县	Zhongfang County	134952	1460303	946059	1.06
沅陵县	Yuanling County	126652	1158939	-4014	1.25
辰溪县	Chenxi County	20107	846950	558687	0.96
溆浦县	Xupu County	-22652	432917	459720	1.29
会同县	Huitong County	5483	170332	90653	0.31
麻阳县	Mayang County	4324	84430	56895	0.38
新晃县	Xinhuang County	10880	221394	97245	0.73
芷江县	Zhijiang County	14403	202052	84067	0.53
靖州县	Jinzhou County	2616	126113	57266	0.55
通道县	Tongdao County	15161	64189	10053	0.30
洪江市	Hongjiang City	44641	1847563	490605	1.98
洪江区	Hongjiang District	19001	367881	145187	0.50
娄星区	Louxing District	64774	5940202	4273824	4.91
双峰县	Shuangfeng County	246703	776988	184561	2.73
新化县	Xinhua County	86920	624952	319011	2.86
冷水江市	Lenshuijiang City	31209	2393532	1776649	3.67
涟源市	Lianyuan City	196814	1519153	707308	2.89
吉首市	Jishou City	119846	901844	427224	0.97
泸溪县	Luxi County	61575	281242	174319	1.06
凤凰县	Fenghuang County	8323	58257	23661	0.32
花垣县	Huayuan County	850	1039378	611452	1.51
保靖县	Baojin County	-1648	194261	132963	0.38
古丈县	Guzhang County	7945	143913	90185	0.20
永顺县	Yongshun County	10034	157105	86772	0.34
龙山县	Longshan County	6626	117719	48529	0.37

20-17 固定资产投资、新增固定资产及房屋竣工面积(2015年)
Investment in Fixed Assets,Newly Increased Fixed Assets and Completed Building Floor Space (2015)

市县名称	Cities and Counties	固定资产投资 (万元) Investment in Fixed Assets (10000 yuan)	国有经济 State-owned	非国有经济 non—State-owned	房地产开发 Real Estate Develop-ment	新增固定资产 (万元) Newly Increased Fixed Assets (10 000 yuan)	房屋建筑竣工面积 (平方米) Floor Space of Buildings Completed (sq.m)	#住宅 Residential Buildings
芙蓉区	Furong District	4361193	601741	3759452	721293	3611981	1078304	667321
天心区	Tianxin District	5277980	1039120	4238860	834265	3198268	1593602	949165
岳麓区	Yuelu District	7537555	2369229	5168326	2518211	1790765	2294692	1649585
开福区	Kaifu District	6702673	500743	6201930	872359	4667768	1993561	1425160
雨花区	Yuhua District	6243265	874019	5369246	1764025	4476086	664756	566570
望城区	Wangcheng District	6810433	443227	6367206	1376335	3811287	20657	
长沙县	Changsha County	7703673	3121909	4581764	1209536	5366500	3781073	2643568
宁乡县	Ningxiang County	8420886	3468211	4952675	351628	7053598	1270475	783893
浏阳市	Liuyang City	8590051	1315665	7274386	318194	5386222	672274	356045
荷塘区	Hetang District	1711860	988473	723387	221826	1473288	138089	119088
芦淞区	Lusong District	2943978	685370	2258608	139686	2569449	298406	55419
石峰区	Shifeng District	3429290	1303467	2125823	106912	1256351	292522	218111
天元区	Tianyuan District	3932320	1632129	2300191	966957	3377515	1626310	1289661
株洲县	Zhuzhou County	969454	310513	658941	157049	986408	455743	162234
攸　县	You County	2774931	299005	2475926	210975	2356267	313528	205897
茶陵县	Chaling County	1280841	411220	869621	105786	864052	122743	97948
炎陵县	Yanling County	1143459	242804	900655	89694	1011645	659615	467531
醴陵市	Liling City	3599764	496605	3103159	157498	3209771	714591	226285
雨湖区	Yuhu District	2788905	501557	2287348	150762	2035515	415175	334366
岳塘区	Yuetang District	2506231	709107	1797124	435180	2234739	322899	249091
湘潭县	Xiangtan County	2001828	527060	1474768	157425	1811298	968528	208988
湘乡市	Xiangxiang City	1910593	574922	1335671	136345	1738989	562497	404777
韶山市	Shaoshan City	870379	340180	530199	35397	757911	20610	20610
珠晖区	Zhuhui District	1746212	615959	1130253	67452	29005	108867	99380
雁峰区	Yanfeng District	1963473	569005	1394468	133060	1364376	48549	35960
石鼓区	Shigu District	1674752	306039	1368713	167416	541264	171158	133700
蒸湘区	Zhengxiang District	2610732	373578	2237154	186596	1637661	11340	11340
南岳区	Nanyue District	299627	168396	131231	17690	35000	39292	27558
衡阳县	Hengyang County	2275157	578564	1696593	83635	1839802	49744	43344
衡南县	Hengnan County	1937081	475046	1462035	45716	1889938	765806	300214
衡山县	Hengshan County	880639	232065	648574	53956	785158	105215	70967
衡东县	Hengdong County	1335977	326600	1009377	62102	1257913	691363	116032
祁东县	Qidong County	1412889	568690	844199	5205	951239	1699238	510154
耒阳市	Leiyang City	3514379	1428173	2086206	77076	3101032	209009	123611
常宁市	Changning City	1608365	992704	615661	43574	1309761	75653	59352
双清区	Shuangqing District	1034866	259212	775654	276274	325086	236799	150945
大祥区	Daxiang District	746876	112605	634271	167286	556024	56028	56028
北塔区	Beita District	525682	57002	468680	142411	238935	76000	

20-17 续表 1 continued

市县名称	Cities and Counties	固定资产投资(万元) Investment in Fixed Assets (10000 yuan)	国有经济 State-owned	非国有经济 non—State-owned	房地产开发 Real Estate Develop-ment	新增固定资产(万元) Newly Increased Fixed Assets (10 000 yuan)	房屋建筑竣工面积(平方米) Floor Space of Buildings Completed (sq.m)	#住宅 Residential Buildings
邵东县	Shaodong County	2671008	343412	2327596	330699	2252233	1221514	443030
新邵县	Xinshao County	1843102	114773	1728329	72034	1631474	203517	187554
邵阳县	Shaoyang County	1597963	294964	1302999	30500	1483604	365337	336260
隆回县	Longhui County	1918360	546793	1371567	97974	1877890	536528	122385
洞口县	Dongkou County	1562335	301565	1260770	109398	1154739	296814	248019
绥宁县	Shuining County	791468	231140	560328	42795	518061	164292	159504
新宁县	Xinning County	675265	98321	576944	43880	664606	830547	111055
城步县	Chengbu County	426470	108407	318063	10248	343581	73550	70530
武冈市	Wugang City	1432573	170712	1261861	32866	583845	200378	138413
岳阳楼区	Yueyanglou District	1679142	959511	719631	1102297	2886993	1071873	875803
云溪区	Yunxi District	765742	109583	656159	5349	1345725	58976	58976
君山区	Junshan District	1052102	502173	549929	21039	741549	238118	93795
岳阳县	Yueyang County	2513159	53740	2459419	64902	2784492	112924	57612
华容县	Huarong County	2691343	1736441	954902	59371	2454679	133242	113334
湘阴县	Xiangying County	2712908	747992	1964916	51918	147823	673495	519525
平江县	Pingjiang County	2038675	1289630	749045	73826	244356	136670	121827
汨罗市	Miluo City	3068922	1176093	1892829	74386	2101648	3067	3067
临湘市	Linxiang City	1691184	535345	1155839	60214	1764132	91444	69821
武陵区	Wuling District	2563000	776400	1786600	527054	2450140	1032964	572395
鼎城区	Dingcheng District	2369100	1280300	1088800	181133	1729378	183659	137299
安乡县	Anxiang County	572300	452200	120100	8666	470679	25631	25631
汉寿县	Hanshou County	1804200	431600	1372600	79929	1708094	65333	55559
澧　县	Li County	2764600	297300	2467300	82245	2080632	606473	198752
临澧县	Linli County	1427300	268000	1159300	33666	1326307	717378	39253
桃源县	Taoyuan County	2048300	558900	1489400	55843	2117786	114020	94505
石门县	Shimen County	1767800	249500	1518300	34464	1534161	121506	95062
津市市	Jinshi City	1128200	311200	817000	207045	1106645	8836	8836
永定区	Yongding District	1430232	736195	694037	157395	1070875	185225	135879
武陵源区	Wulingyuan District	253374	139236	114138	18718	240226	35000	5412
慈利县	Cili County	748791	394849	353942	93440	524235		
桑植县	Sangzhi County	531861	278685	253176	44938	299748	175001	122922
资阳区	Ziyang District	1050736	32403	1018333	70692	886853	23666	7436
赫山区	Heshan District	2883275	60000	2823275	438791	2833259	258902	87134
南　县	Nan County	671156	342579	328577	36467	879813	70800	30800
大通湖区	Datonghu District	383364	38421	344943	11973	293125	70800	30800
桃江县	Taojiang County	1749883	656667	1093216	100031	1552797	222885	154902
安化县	Anhua County	1351119	331018	1020101	96676	1344144	193516	130339
沅江市	Yuanjiang City	2045929	793616	1252313	101293	2298815	522334	435949
北湖区	Beihu District	3182074	389363	2792711	839548	1703546	734260	627252
苏仙区	Suxian District	3195836	894464	2301372	368959	2506745	227192	208369
桂阳县	Guiyang County	3075971	956965	2119006	136985	2798906	2095228	305045
宜章县	Yizhang County	1986027	266304	1719723	27686	1434619	94605	90106
永兴县	Yongxing County	2691076	675086	2015990	75867	120534	398730	211962

20-17 续表 2 continued

市县名称	Cities and Counties	固定资产投资 (万元) Investment in Fixed Assets (10000 yuan)	国有经济 State-owned	非国有经济 non—State-owned	房地产开发 Real Estate Develop-ment	新增固定资产 (万元) Newly Increased Fixed Assets (10 000 yuan)	房屋建筑竣工面积 (平方米) Floor Space of Buildings Completed (sq.m)	#住宅 Residential Buildings
嘉禾县	Jiahe County	944717	381692	563025	82562	668946	148864	148359
临武县	Linwu County	1134434	302961	831473	37765	782643	111828	81981
汝城县	Rucheng County	753040	351700	401340	59599	745201	130290	71617
桂东县	Guidong County	498561	211973	286588	20219	236212	17999	13951
安仁县	Anreng County	1273130	299271	973859	278787	1062911	769060	739938
资兴市	Zixing City	2954951	363268	2591683	15576	2356120	1460721	1285154
零陵区	Lingling District	1819060	281603	1537457	104942	1101986	703322	595994
冷水滩区	Lengshuitan District	2400207	372812	2027395	165899	792313	353041	273118
祁阳县	Qiyang County	2742191	1242477	1499714	88086	901130	638334	608156
东安县	Dongan County	1785627	933471	852156	153301	1639740	939599	777491
双牌县	Shuangpai County	666370	256000	410370	2870	601576	80534	74576
道　县	Dao County	1525492	772872	752620	111200	1332435	1827024	346125
江永县	Jiangyong County	635990	435710	200280	56990	79820	90838	90838
宁远县	Ningyuan County	1516980	673542	843438	86583	1392711	600688	479707
蓝山县	Lanshan County	740512	360037	380475	36099	562549	112896	108950
新田县	Xintian County	638826	561135	77691	18341	606935	65755	60200
江华县	Jianghua County	942238	478571	463667	62807	414585	948574	452436
鹤城区	Hecheng District	1643930	582753	1061177	616051	947608	1539662	1294847
中方县	Zhongfang County	1479958	439246	1040712	12456	1278971	126682	88527
沅陵县	Yuanling County	1034817	550649	484168	91130	1099634	159813	154901
辰溪县	Chenxi County	924094	596162	327932	59472	787841	950745	721193
溆浦县	Xupu County	975000	499743	475257	51857	1182315	416078	389607
会同县	Huitong County	469023	320429	148594	54304	420159	270067	224762
麻阳县	Mayang County	539616	272340	267276	58175	501929	185305	149351
新晃县	Xinhuang County	465051	214814	250237	43916	474234	137066	137066
芷江县	Zhijiang County	532447	401087	131360	35835	319308	2685	2685
靖州县	Jinzhou County	405822	243623	162199	65017	453409	204214	179806
通道县	Tongdao County	356816	254074	102742	35491	291657	410303	136503
洪江市	Hongjiang City	947861	763532	184329	6400	2438538	78394	71931
洪江区	Hongjiang District	305600	35700	269900	41995			
娄星区	Louxing District	4216591	1270764	2945827	506582	904501	841148	605938
双峰县	Shuangfeng County	1623188	694264	928924	88330	1400166	653906	87092
新化县	Xinhua County	1358947	676768	682179	256185	1202753	2030191	1522205
冷水江市	Lenshuijiang City	1984258	749819	1234439	170853	1839839	73859	55396
涟源市	Lianyuan City	1900869	652542	1248327	57459	1575913	101655	52775
吉首市	Jishou City	985291	349303	635988	212570	329924	248173	204044
泸溪县	Luxi County	234980	186943	48037	4802	151890		
凤凰县	Fenghuang County	475364	341030	134334	58110	500431	115210	58169
花垣县	Huayuan County	205430	134214	71216	9214	127826		
保靖县	Baojin County	200856	130664	70192	15648	213549	40578	29859
古丈县	Guzhang County	288186	239258	48928		91659	3000	
永顺县	Yongshun County	569017	511466	57551	6463	305530	215117	166569
龙山县	Longshan County	610339	457755	152584	60599	315918	31815	26091

20-18 社会消费品零售总额(2015年)
Total Value of Retail Sales of Consumer Goods (2015)

市县名称	Cities and Counties	消费品零售总额（万元） Total Retail Sales of Consumer Goods（10000yuan）	增速(%) Growth Rate (%)
芙蓉区	Furong District	7125798	10.3
天心区	Tianxin District	4497910	11.3
岳麓区	Yuelu District	2744311	11.3
开福区	Kaifu District	6599869	12.6
雨花区	Yuhua District	6407559	7.9
望城区	Wangcheng District	1002074	21.2
长沙县	Changsha County	3736670	16.5
宁乡县	Ningxiang County	2364476	16.2
浏阳市	Liuyang City	2427263	15.9
荷塘区	Hetang District	573200	12.4
芦淞区	Lusong District	2662200	11.5
石峰区	Shifeng District	526600	11.9
天元区	Tianyuan District	754100	12.2
株洲县	Zhuzhou County	368900	12.4
攸　县	You County	1112800	12.5
茶陵县	Chaling County	584300	12.6
炎陵县	Yanling County	180500	12.3
醴陵市	Liling City	1634000	12.6
雨湖区	Yuhu District	2466522	12.9
岳塘区	Yuetang District	902895	12.8
湘潭县	Xiangtan County	748211	12.7
湘乡市	Xiangxiang City	904798	12.7
韶山市	Shaoshan City	183620	12.8
珠晖区	Zhuhui District	1119522	12.3
雁峰区	Yanfeng District	990446	12.5
石鼓区	Shigu District	976135	12.2
蒸湘区	Zhengxiang District	1098767	12.4
南岳区	Nanyue District	217358	11.9
衡阳县	Hengyang County	838727	12.2
衡南县	Hengnan County	898038	12.4
衡山县	Hengshan County	266002	12.1
衡东县	Hengdong County	802060	12.5
祁东县	Qidong County	944478	12.3
耒阳市	Leiyang City	1139001	12.6
常宁市	Changning City	800491	10.7
双清区	Shuangqing District	963516	13.6
大祥区	Daxiang District	638074	12.5
北塔区	Beita District	103621	12.6

20-18 续表 1 continued

单位：万元 (10 000 yuan)

市县名称	Cities and Counties	消费品零售总额（万元）Total Retail Sales of Consumer Goods（10000yuan）	增速(%) Growth Rate (%)
邵东县	Shaodong County	1363298	12.5
新邵县	Xinshao County	565985	14.6
邵阳县	Shaoyang County	761414	12.8
隆回县	Longhui County	786616	12.4
洞口县	Dongkou County	653212	13.8
绥宁县	Shuining County	312296	12.7
新宁县	Xinning County	410225	12.8
城步县	Chengbu County	220111	12.9
武冈市	Wugang City	676556	12.8
岳阳楼区	Yueyanglou District	5175719	12.6
云溪区	Yunxi District	204583	12.5
君山区	Junshan District	182685	12.7
岳阳县	Yueyang County	848854	13.0
华容县	Huarong County	914807	12.8
湘阴县	Xiangying County	711387	13.1
平江县	Pingjiang County	589112	13.0
汨罗市	Miluo City	853523	12.7
临湘市	Linxiang City	725769	12.8
武陵区	Wuling District	2249466	11.4
鼎城区	Dingcheng District	1526546	12.7
安乡县	Anxiang County	576859	12.2
汉寿县	Hanshou County	678350	12.5
澧　县	Li County	1052847	12.1
临澧县	Linli County	531306	12.3
桃源县	Taoyuan County	1326445	12.4
石门县	Shimen County	968447	12.3
津市市	Jinshi City	544586	12.6
永定区	Yongding District	860103	12.8
武陵源区	Wulingyuan District	123141	12.5
慈利县	Cili County	501287	12.8
桑植县	Sangzhi County	289119	12.9
资阳区	Ziyang District	521630	12.4
赫山区	Heshan District	1907272	11.8
南　县	Nan County	770533	12.2
大通湖区	Datonghu District	114214	11.9
桃江县	Taojiang County	840511	12.1
安化县	Anhua County	898098	12.3
沅江市	Yuanjiang City	801434	11.8
北湖区	Beihu District	2950927	11.6
苏仙区	Suxian District	963484	12.3
桂阳县	Guiyang County	947125	12.5
宜章县	Yizhang County	743671	12.4
永兴县	Yongxing County	708879	12.4

20-18 续表 2 continued

单位：万元 (10 000 yuan)

市县名称	Cities and Counties	消费品零售总额（万元）Total Retail Sales of Consumer Goods（10000yuan）	增速(%) Growth Rate (%)
嘉禾县	Jiahe County	206451	12.2
临武县	Linwu County	302416	12.3
汝城县	Rucheng County	119208	12.0
桂东县	Guidong County	78152	12.9
安仁县	Anreng County	358345	12.7
资兴市	Zixing City	716889	13.0
零陵区	Lingling District	787114	12.2
冷水滩区	Lengshuitan District	1044128	11.9
祁阳县	Qiyang County	654063	11.8
东安县	Dongan County	505566	12.4
双牌县	Shuangpai County	103130	11.6
道　县	Dao County	487903	12.1
江永县	Jiangyong County	196076	12.1
宁远县	Ningyuan County	565891	12.3
蓝山县	Lanshan County	336856	12.0
新田县	Xintian County	223770	11.7
江华县	Jianghua County	373843	13.4
鹤城区	Hecheng District	1740011	11.3
中方县	Zhongfang County	168883	11.2
沅陵县	Yuanling County	482621	10.5
辰溪县	Chenxi County	409178	11.9
溆浦县	Xupu County	544405	12.1
会同县	Huitong County	168118	11.5
麻阳县	Mayang County	251136	11.5
新晃县	Xinhuang County	139192	11.6
芷江县	Zhijiang County	339940	11.8
靖州县	Jinzhou County	256880	11.7
通道县	Tongdao County	119033	11.5
洪江市	Hongjiang City	277783	11.7
洪江区	Hongjiang District	130379	11.8
娄星区	Louxing District	988207	10.7
双峰县	Shuangfeng County	669828	10.7
新化县	Xinhua County	839331	11.0
冷水江市	Lenshuijiang City	835208	10.7
涟源市	Lianyuan City	1005648	11.0
吉首市	Jishou City	786026	8.0
泸溪县	Luxi County	126104	9.0
凤凰县	Fenghuang County	402705	12.1
花垣县	Huayuan County	131972	10.0
保靖县	Baojin County	109668	11.2
古丈县	Guzhang County	51743	12.4
永顺县	Yongshun County	317922	10.5
龙山县	Longshan County	344930	11.5

20-19 地方财政收入与支出(2015年)
Public Budgetary Revenue and Expenditure (2015)

单位：万元 (10 000 yuan)

市县名称	Cities and Counties	地方财政收入 Public Budgetary Revenue	公共财政支出 Public Budgetary Expenditure	市县名称	Cities and Counties	地方财政收入 Public Budgetary Revenue	公共财政支出 Public Budgetary Expenditure
芙蓉区	Furong District	399608	511027	衡山县	Hengshan County	63293	220943
天心区	Tianxin District	401430	506339	衡东县	Hengdong County	93960	312385
岳麓区	Yuelu District	305790	467517	祁东县	Qidong County	74307	416403
开福区	Kaifu District	507221	625699	耒阳市	Leiyang City	183090	551910
雨花区	Yuhua District	611340	786170	常宁市	Changning City	127208	512003
望城区	Wangcheng District	401513	650614	双清区	Shuangqing District	40914	111553
长沙县	Changsha County	760940	1188641	大祥区	Daxiang District	32487	108670
宁乡县	Ningxiang County	407355	781460	北塔区	Beita District	14940	69568
浏阳市	Liuyang City	498532	851019	邵东县	Shaodong County	135624	470271
荷塘区	Hetang District	72946	115943	新邵县	Xinshao County	78343	371092
芦淞区	Lusong District	76631	129332	邵阳县	Shaoyang County	63009	435997
石峰区	Shifeng District	84612	122396	隆回县	Longhui County	72622	511627
天元区	Tianyuan District	388848	278942	洞口县	Dongkou County	62080	422258
株洲县	Zhuzhou County	84869	209151	绥宁县	Suining County	34553	265492
攸　县	You County	217363	440502	新宁县	Xinning County	51752	298068
茶陵县	Chaling County	86587	313396	城步县	Chengbu County	26963	189531
炎陵县	Yanling County	66110	181244	武冈市	Wugang City	66589	344542
醴陵市	Liling City	344386	595706	岳阳楼区	Yueyanglou District	100695	195837
雨湖区	Yuhu District	85243	149605	云溪区	Yunxi District	39176	113527
岳塘区	Yuetang District	82537	99055	君山区	Junshan District	26536	187753
湘潭县	Xiangtan County	190802	436116	岳阳县	Yueyang County	48017	318694
湘乡市	Xiangxiang City	137080	385484	华容县	Huarong County	48031	349560
韶山市	Shaoshan City	42850	105137	湘阴县	Xiangyin County	88653	364104
珠晖区	Zhuhui District	58411	124379	平江县	Pingjiang County	68119	467376
雁峰区	Yanfeng District	29374	64086	汨罗市	Miluo City	108661	334208
石鼓区	Shigu District	40310	85772	临湘市	Linxiang City	39445	273756
蒸湘区	Zhengxiang District	37128	74089	武陵区	Wuling District	117396	236480
南岳区	Nanyue District	54747	84012	鼎城区	Dingcheng District	111348	402643
衡阳县	Hengyang County	91923	437112	安乡县	Anxiang County	32968	276955
衡南县	Hengnan County	121320	445270	汉寿县	Hanshou County	58611	370450

20-19 续表 continued

单位：万元 (10 000 yuan)

市县名称	Cities and Counties	地方财政收入 Public Budgetary Revenue	公共财政支出 Public Budgetary Expenditure	市县名称	Cities and Counties	地方财政收入 Public Budgetary Revenue	公共财政支出 Public Budgetary Expenditure
澧　县	Li County	97568	409574	道　县	Dao County	76125	320680
临澧县	Linli County	40709	245945	江永县	Jiangyong County	29136	165901
桃源县	Taoyuan County	105476	546208	宁远县	Ningyuan County	87987	367520
石门县	Shimen County	66683	364755	蓝山县	Lanshan County	45076	202216
津市市	Jinshi City	41011	197063	新田县	Xintian County	42680	212278
永定区	Yongding District	55004	271498	江华县	Jianghua County	70016	326745
武陵源区	Wulingyuan District	42247	101676	鹤城区	Hecheng District	64190	178880
慈利县	Cili County	68472	391581	中方县	Zhongfang County	31967	168600
桑植县	Sangzhi County	31802	297628	沅陵县	Yuanling County	62162	342557
资阳区	Ziyang District	47459	247567	辰溪县	Chenxi County	45250	258187
赫山区	Heshan District	106836	387917	溆浦县	Xupu County	39991	376076
南　县	Nan County	41396	306742	会同县	Huitong County	30737	204688
大通湖区	Datonghu District	19408	120080	麻阳县	Mayang County	27281	216400
桃江县	Taojiang County	67609	341052	新晃县	Xinhuang County	23264	188407
安化县	Anhua County	66531	470142	芷江县	Zhijiang County	43811	234418
沅江市	Yuanjiang City	79102	382659	靖州县	Jinzhou County	23745	182000
北湖区	Beihu District	113411	234230	通道县	Tongdao County	21084	196519
苏仙区	Suxian District	95186	221787	洪江市	Hongjiang City	40252	227266
桂阳县	Guiyang County	198820	423208	洪江区	Hongjiang District	13793	90147
宜章县	Yizhang County	116799	381007	娄星区	Louxing District	52915	155600
永兴县	Yongxing County	170525	374180	双峰县	Shuangfeng County	57613	412236
嘉禾县	Jiahe County	81065	217527	新化县	Xinhua County	70188	573480
临武县	Linwu County	63322	226474	冷水江市	Lenshuijiang City	93465	297295
汝城县	Rucheng County	59863	265000	涟源市	Lianyuan City	73447	494442
桂东县	Guidong County	15995	160683	吉首市	Jishou City	77306	294917
安仁县	Anreng County	31588	221654	泸溪县	Luxi County	28761	234086
资兴市	Zixing City	223428	411242	凤凰县	Fenghuang County	66359	304462
零陵区	Lingling District	91478	297229	花垣县	Huayuan County	48491	240587
冷水滩区	Lengshuitan District	88684	256597	保靖县	Baojin County	23469	215208
祁阳县	Qiyang County	85326	412253	古丈县	Guzhang County	21012	150377
东安县	Dongan County	63735	268645	永顺县	Yongshun County	32553	330663
双牌县	Shuangpai County	25948	137865	龙山县	Longshan County	43745	333590

20-20 各级学校(2015年)
Number of Schools by Level (2015)

单位：所 (unit)

市县名称	Cities and Counties	中等学校 Secondary Schools	中等职业教育 Vocational Secondary Education	普通中学 Regular Secondary Schools	普通小学 Primary Schools
芙蓉区	Furong District	14	6	8	34
天心区	Tianxin District	11		11	38
岳麓区	Yuelu District	38	9	29	88
开福区	Kaifu District	19	3	16	46
雨花区	Yuhua District	34	14	20	53
望城区	Wangcheng District	27	1	26	80
长沙县	Changsha County	49	8	41	164
宁乡县	Ningxiang County	87	6	81	186
浏阳市	Liuyang City	67	3	64	193
荷塘区	Hetang District	21	10	11	20
芦淞区	Lusong District	13		13	20
石峰区	Shifeng District	12	1	11	17
天元区	Tianyuan District	11		11	30
株洲县	Zhuzhou County	25	2	23	23
攸　县	You County	36	3	33	59
茶陵县	Chaling County	26	1	25	36
炎陵县	Yanling County	20	1	19	9
醴陵市	Liling City	53	4	49	118
雨湖区	Yuhu District	28	6	22	42
岳塘区	Yuetang District	16	3	13	28
湘潭县	Xiangtan County	77	7	70	172
湘乡市	Xiangxiang City	61	3	58	157
韶山市	Shaoshan City	10	1	9	11
珠晖区	Zhuhui District	12	1	11	37
雁峰区	Yanfeng District	22	10	12	26
石鼓区	Shigu District	9	1	8	31
蒸湘区	Zhengxiang District	14	3	11	37
南岳区	Nanyue District	8	1	7	19
衡阳县	Hengyang County	82	4	78	282
衡南县	Hengnan County	58	4	54	182
衡山县	Hengshan County	35	4	31	53
衡东县	Hengdong County	47	1	46	137
祁东县	Qidong County	59	3	56	212
耒阳市	Leiyang City	65	3	62	356
常宁市	Changning City	54	3	51	135
双清区	Shuangqing District	23	8	15	35
大祥区	Daxiang District	31	16	15	44
北塔区	Beita District	6	1	5	14

20-20 续表1 continued

单位：所 (unit)

市县名称	Cities and Counties	中等学校 Secondary Schools	中等职业教育 Vocational Secondary Education	普通中学 Regular Secondary Schools	普通小学 Primary Schools
邵东县	Shaodong County	70	3	67	218
新邵县	Xinshao County	51	3	48	172
邵阳县	Shaoyang County	58	3	55	130
隆回县	Longhui County	75	4	71	181
洞口县	Dongkou County	63	6	57	189
绥宁县	Shuining County	23	2	21	27
新宁县	Xinning County	39	4	35	69
城步县	Chengbu County	28	2	26	24
武冈市	Wugang City	55	8	47	84
岳阳楼区	Yueyanglou District	49	14	35	70
云溪区	Yunxi District	11	1	10	25
君山区	Junshan District	9	1	8	29
岳阳县	Yueyang County	34	3	31	67
华容县	Huarong County	35	2	33	76
湘阴县	Xiangying County	51	4	47	120
平江县	Pingjiang County	60	3	57	258
汨罗市	Miluo City	57	4	53	90
临湘市	Linxiang City	31	2	29	71
武陵区	Wuling District	42	18	24	39
鼎城区	Dingcheng District	48	3	45	61
安乡县	Anxiang County	28	3	25	32
汉寿县	Hanshou County	43	4	39	71
澧　县	Li County	43	4	39	99
临澧县	Linli County	23	3	20	53
桃源县	Taoyuan County	55	5	50	66
石门县	Shimen County	41	4	37	86
津市市	Jinshi City	14	3	11	17
永定区	Yongding District	33	6	27	43
武陵源区	Wulingyuan District	3		3	7
慈利县	Cili County	42	3	39	37
桑植县	Sangzhi County	34	3	31	33
资阳区	Ziyang District	19	5	14	53
赫山区	Heshan District	51	9	42	78
南　县	Nan County	34	2	32	72
大通湖区	Datonghu District	5		5	15
桃江县	Taojiang County	51	2	49	93
安化县	Anhua County	51	2	49	70
沅江市	Yuanjiang City	45	3	42	54
北湖区	Beihu District	30	2	28	32
苏仙区	Suxian District	27	6	21	25
桂阳县	Guiyang County	38	1	37	47
宜章县	Yizhang County	41	3	38	41
永兴县	Yongxing County	33	2	31	84

20-20 续表2 continued

单位：所 (unit)

市县名称	Cities and Counties	中等学校 Secondary Schools	中等职业教育 Vocational Secondary Education	普通中学 Regular Secondary Schools	普通小学 Primary Schools
嘉禾县	Jiahe County	28	2	26	23
临武县	Linwu County	20	2	18	44
汝城县	Rucheng County	26	2	24	119
桂东县	Guidong County	14	1	13	29
安仁县	Anreng County	27	2	25	22
资兴市	Zixing City	27	2	25	23
零陵区	Lingling District	33	6	27	61
冷水滩区	Lengshuitan District	39	4	35	31
祁阳县	Qiyang County	46	5	41	98
东安县	Dongan County	41	6	35	33
双牌县	Shuangpai County	15	1	14	14
道　县	Dao County	39	3	36	46
江永县	Jiangyong County	21	2	19	19
宁远县	Ningyuan County	40	5	35	64
蓝山县	Lanshan County	30	2	28	21
新田县	Xintian County	30	3	27	22
江华县	Jianghua County	29	3	26	52
鹤城区	Hecheng District	48	15	33	28
中方县	Zhongfang County	25	2	23	18
沅陵县	Yuanling County	52	4	48	12
辰溪县	Chenxi County	37	4	33	22
溆浦县	Xupu County	59	2	57	39
会同县	Huitong County	29	2	27	15
麻阳县	Mayang County	27	3	24	21
新晃县	Xinhuang County	23	1	22	18
芷江县	Zhijiang County	31	3	28	24
靖州县	Jinzhou County	17	1	16	14
通道县	Tongdao County	13	2	11	27
洪江市	Hongjiang City	39	6	33	26
洪江区	Hongjiang District	3	1	2	5
娄星区	Louxing District	33	7	26	48
双峰县	Shuangfeng County	68	3	65	203
新化县	Xinhua County	112	8	104	257
冷水江市	Lenshuijiang City	36	6	30	48
涟源市	Lianyuan City	64	4	60	222
吉首市	Jishou City	30	10	20	26
泸溪县	Luxi County	21	2	19	19
凤凰县	Fenghuang County	31	2	29	35
花垣县	Huayuan County	24	3	21	25
保靖县	Baojin County	19	2	17	27
古丈县	Guzhang County	13	2	11	11
永顺县	Yongshun County	39	2	37	42
龙山县	Longshan County	34	4	30	47

20-21 各级学校教职工(2015年)
Number of School Staff and workers by Level (2015)

单位：人 (person)

市县名称	Cities and Counties	中等学校 Secondary Schools	中等职业教育 Vocational Secondary Education	普通中学 Regular Secondary Schools	普通小学 Primary Schools
芙蓉区	Furong District	2204	961	1243	2027
天心区	Tianxin District	1689		1689	1397
岳麓区	Yuelu District	4590	534	4056	3129
开福区	Kaifu District	2463	35	2428	1879
雨花区	Yuhua District	5783	1457	4326	2262
望城区	Wangcheng District	2114	188	1926	1808
长沙县	Changsha County	4184	549	3635	2959
宁乡县	Ningxiang County	5542	390	5152	4075
浏阳市	Liuyang City	5041	289	4752	4105
荷塘区	Hetang District	2534	995	1539	880
芦淞区	Lusong District	1438		1438	991
石峰区	Shifeng District	1134	215	919	743
天元区	Tianyuan District	1477		1477	954
株洲县	Zhuzhou County	1659	174	1485	770
攸　县	You County	3930	200	3730	1920
茶陵县	Chaling County	2532	112	2420	1848
炎陵县	Yanling County	965	48	917	483
醴陵市	Liling City	3791	502	3289	2807
雨湖区	Yuhu District	2548	729	1819	1393
岳塘区	Yuetang District	1433	238	1195	1036
湘潭县	Xiangtan County	4516	516	4000	2406
湘乡市	Xiangxiang City	3560	150	3410	2719
韶山市	Shaoshan City	553	46	507	236
珠晖区	Zhuhui District	916	52	864	1163
雁峰区	Yanfeng District	2478	1263	1215	876
石鼓区	Shigu District	766	19	747	1130
蒸湘区	Zhengxiang District	1724	165	1559	1522
南岳区	Nanyue District	429	20	409	291
衡阳县	Hengyang County	4881	314	4567	3580
衡南县	Hengnan County	4950	187	4763	3704
衡山县	Hengshan County	2199	236	1963	1361
衡东县	Hengdong County	3055	86	2969	2104
祁东县	Qidong County	4595	351	4244	3233
耒阳市	Leiyang City	5818	388	5430	5123
常宁市	Changning City	3944	291	3653	3418
双清区	Shuangqing District	1276	138	1138	1130
大祥区	Daxiang District	2333	864	1469	1278
北塔区	Beita District	327	39	288	329

20-21 续表 1 continued

单位：人 (person)

市县名称	Cities and Counties	中等学校 Secondary Schools	中等职业教育 Vocational Secondary Education	普通中学 Regular Secondary Schools	普通小学 Primary Schools
邵东县	Shaodong County	4481	291	4190	3375
新邵县	Xinshao County	3171	186	2985	2428
邵阳县	Shaoyang County	3356	152	3204	2683
隆回县	Longhui County	6579	326	6253	5042
洞口县	Dongkou County	3643	307	3336	2232
绥宁县	Shuining County	1582	94	1488	1252
新宁县	Xinning County	2048	120	1928	1982
城步县	Chengbu County	1335	68	1267	1131
武冈市	Wugang City	3998	597	3401	2357
岳阳楼区	Yueyanglou District	5112	935	4177	3093
云溪区	Yunxi District	903	25	878	564
君山区	Junshan District	625	32	593	620
岳阳县	Yueyang County	2548	259	2289	1839
华容县	Huarong County	3094	152	2942	2190
湘阴县	Xiangying County	3422	284	3138	1631
平江县	Pingjiang County	3993	234	3759	3733
汨罗市	Miluo City	3717	408	3309	1931
临湘市	Linxiang City	2370	186	2184	1582
武陵区	Wuling District	4241	932	3309	1847
鼎城区	Dingcheng District	3274		3274	1769
安乡县	Anxiang County	2576	268	2308	1187
汉寿县	Hanshou County	4249	228	4021	1602
澧　县	Li County	3903	401	3502	2234
临澧县	Linli County	2049	152	1897	1342
桃源县	Taoyuan County	4647	484	4163	2029
石门县	Shimen County	2871	271	2600	2017
津市市	Jinshi City	1022	128	894	617
永定区	Yongding District	2292	300	1992	1839
武陵源区	Wulingyuan District	309	23	286	215
慈利县	Cili County	2986	247	2739	1561
桑植县	Sangzhi County	2186	183	2003	1452
资阳区	Ziyang District	1492	162	1330	1455
赫山区	Heshan District	4949	553	4396	2485
南　县	Nan County	3204	245	2959	2515
大通湖区	Datonghu District	324		324	316
桃江县	Taojiang County	3459	304	3155	2301
安化县	Anhua County	3793	285	3508	2638
沅江市	Yuanjiang City	3918	307	3611	1739
北湖区	Beihu District	3637	473	3164	1580
苏仙区	Suxian District	2647	647	2000	1587
桂阳县	Guiyang County	2825	92	2733	3341
宜章县	Yizhang County	2427	92	2335	2501
永兴县	Yongxing County	3297	255	3042	1653

20-21 续表 2 continued

单位：人 (person)

市县名称	Cities and Counties	中等学校 Secondary Schools	中等职业教育 Vocational Secondary Education	普通中学 Regular Secondary Schools	普通小学 Primary Schools
嘉禾县	Jiahe County	1801	54	1747	1494
临武县	Linwu County	1527	70	1457	1733
汝城县	Rucheng County	1744	116	1628	1156
桂东县	Guidong County	906	54	852	621
安仁县	Anreng County	2076	177	1899	1793
资兴市	Zixing City	2105	145	1960	1322
零陵区	Lingling District	2656	297	2359	2263
冷水滩区	Lengshuitan District	3488	275	3213	1922
祁阳县	Qiyang County	5343	477	4866	3821
东安县	Dongan County	2793	192	2601	2248
双牌县	Shuangpai County	957	116	841	715
道　县	Dao County	3131	621	2510	2375
江永县	Jiangyong County	1483	100	1383	1130
宁远县	Ningyuan County	3070	328	2742	3128
蓝山县	Lanshan County	1862	178	1684	1010
新田县	Xintian County	2009	125	1884	1304
江华县	Jianghua County	1935	190	1745	2081
鹤城区	Hecheng District	4833	1379	3454	1878
中方县	Zhongfang County	1645	146	1499	902
沅陵县	Yuanling County	3889	168	3721	998
辰溪县	Chenxi County	2192	83	2109	1825
溆浦县	Xupu County	3302	217	3085	2741
会同县	Huitong County	1575	95	1480	997
麻阳县	Mayang County	1669	121	1548	1273
新晃县	Xinhuang County	1128	73	1055	836
芷江县	Zhijiang County	1690	190	1500	1066
靖州县	Jinzhou County	1223	106	1117	1027
通道县	Tongdao County	977	80	897	1025
洪江市	Hongjiang City	2645	300	2345	1385
洪江区	Hongjiang District	301	36	265	298
娄星区	Louxing District	4163	631	3532	1984
双峰县	Shuangfeng County	4572	268	4304	2990
新化县	Xinhua County	5413	242	5171	3746
冷水江市	Lenshuijiang City	3081	589	2492	1115
涟源市	Lianyuan City	4414	248	4166	3360
吉首市	Jishou City	2355	480	1875	1497
泸溪县	Luxi County	1735	137	1598	1134
凤凰县	Fenghuang County	2094	171	1923	1484
花垣县	Huayuan County	1516	103	1413	1135
保靖县	Baojin County	1559	118	1441	992
古丈县	Guzhang County	785	11	774	506
永顺县	Yongshun County	2835	99	2736	1712
龙山县	Longshan County	2861	135	2726	2123

20-22 各级学校专任教师(2015年)
Number of Full-time Teachers by Level (2015)

单位：人 (person)

市县名称	Cities and Counties	中等学校 Secondary Schools	中等职业教育 Vocational Secondary Education	普通中学 Regular Secondary Schools	普通小学 Primary Schools
芙蓉区	Furong District	1663	525	1138	2004
天心区	Tianxin District	1551		1551	1382
岳麓区	Yuelu District	3775	446	3329	3389
开福区	Kaifu District	1991	28	1963	1966
雨花区	Yuhua District	4491	970	3521	2380
望城区	Wangcheng District	1786	173	1613	1947
长沙县	Changsha County	3456	373	3083	3008
宁乡县	Ningxiang County	4797	288	4509	4079
浏阳市	Liuyang City	4646	243	4403	4325
荷塘区	Hetang District	2013	723	1290	899
芦淞区	Lusong District	1095		1095	1072
石峰区	Shifeng District	927	163	764	818
天元区	Tianyuan District	1011		1011	1120
株洲县	Zhuzhou County	1280	156	1124	966
攸　县	You County	2604	133	2471	1905
茶陵县	Chaling County	1812	81	1731	2030
炎陵县	Yanling County	634	41	593	687
醴陵市	Liling City	3137	395	2742	3059
雨湖区	Yuhu District	2129	610	1519	1521
岳塘区	Yuetang District	1240	192	1048	1055
湘潭县	Xiangtan County	4014	424	3590	2379
湘乡市	Xiangxiang City	2955	107	2848	2986
韶山市	Shaoshan City	367	44	323	388
珠晖区	Zhuhui District	792	23	769	1151
雁峰区	Yanfeng District	1627	681	946	812
石鼓区	Shigu District	668	11	657	965
蒸湘区	Zhengxiang District	1435	136	1299	1337
南岳区	Nanyue District	255	16	239	304
衡阳县	Hengyang County	4050	244	3806	3613
衡南县	Hengnan County	4020	101	3919	3686
衡山县	Hengshan County	1663	188	1475	1421
衡东县	Hengdong County	2432	64	2368	2167
祁东县	Qidong County	3891	287	3604	3256
耒阳市	Leiyang City	4420	323	4097	5156
常宁市	Changning City	3194	193	3001	3529
双清区	Shuangqing District	1039	83	956	1063
大祥区	Daxiang District	1844	615	1229	1201
北塔区	Beita District	222	31	191	387

20-22 续表1 continued

单位：人 (person)

市县名称	Cities and Counties	中等学校 Secondary Schools	中等职业教育 Vocational Secondary Education	普通中学 Regular Secondary Schools	普通小学 Primary Schools
邵东县	Shaodong County	3654	229	3425	3606
新邵县	Xinshao County	2733	168	2565	2638
邵阳县	Shaoyang County	2931	125	2806	2848
隆回县	Longhui County	5352	259	5093	5745
洞口县	Dongkou County	3076	249	2827	2484
绥宁县	Shuining County	1125	84	1041	1542
新宁县	Xinning County	1719	97	1622	2037
城步县	Chengbu County	1021	67	954	1331
武冈市	Wugang City	2975	449	2526	2843
岳阳楼区	Yueyanglou District	4167	679	3488	3239
云溪区	Yunxi District	755	18	737	616
君山区	Junshan District	600	17	583	615
岳阳县	Yueyang County	2181	176	2005	1932
华容县	Huarong County	2572	113	2459	2300
湘阴县	Xiangying County	2842	227	2615	2025
平江县	Pingjiang County	3442	223	3219	3859
汨罗市	Miluo City	2870	342	2528	2300
临湘市	Linxiang City	1973	131	1842	1703
武陵区	Wuling District	2966	541	2425	2125
鼎城区	Dingcheng District	2719		2719	1989
安乡县	Anxiang County	2046	209	1837	1227
汉寿县	Hanshou County	3149	210	2939	2476
澧　县	Li County	3474	366	3108	2366
临澧县	Linli County	1677	121	1556	1252
桃源县	Taoyuan County	3289	363	2926	2545
石门县	Shimen County	2429	230	2199	2104
津市市	Jinshi City	855	114	741	682
永定区	Yongding District	1798	235	1563	1898
武陵源区	Wulingyuan District	221	23	198	243
慈利县	Cili County	2261	196	2065	1747
桑植县	Sangzhi County	1655	150	1505	1629
资阳区	Ziyang District	1239	120	1119	1371
赫山区	Heshan District	3702	400	3302	2988
南　县	Nan County	1862	203	1659	1765
大通湖区	Datonghu District	265		265	306
桃江县	Taojiang County	2654	217	2437	2260
安化县	Anhua County	2774	231	2543	2891
沅江市	Yuanjiang City	2931	267	2664	2481
北湖区	Beihu District	2403	384	2019	2162
苏仙区	Suxian District	1843	463	1380	1944
桂阳县	Guiyang County	2518	75	2443	3326
宜章县	Yizhang County	1862	78	1784	2613
永兴县	Yongxing County	2182	216	1966	2513

20-22 续表2 continued

单位：人 (person)

市县名称	Cities and Counties	中等学校 Secondary Schools	中等职业教育 Vocational Secondary Education	普通中学 Regular Secondary Schools	普通小学 Primary Schools
嘉禾县	Jiahe County	1456	45	1411	1655
临武县	Linwu County	1215	61	1154	1814
汝城县	Rucheng County	1223	99	1124	1517
桂东县	Guidong County	662	38	624	758
安仁县	Anreng County	1654	136	1518	1800
资兴市	Zixing City	1463	120	1343	1765
零陵区	Lingling District	2183	236	1947	2364
冷水滩区	Lengshuitan District	2542	232	2310	2483
祁阳县	Qiyang County	4186	320	3866	3712
东安县	Dongan County	2108	150	1958	2411
双牌县	Shuangpai County	706	96	610	831
道　县	Dao County	2489	510	1979	2572
江永县	Jiangyong County	1102	66	1036	1288
宁远县	Ningyuan County	2595	274	2321	3110
蓝山县	Lanshan County	1165	154	1011	1419
新田县	Xintian County	1579	119	1460	1585
江华县	Jianghua County	1667	156	1511	2062
鹤城区	Hecheng District	3711	1104	2607	2300
中方县	Zhongfang County	1201	128	1073	1215
沅陵县	Yuanling County	2360	145	2215	2326
辰溪县	Chenxi County	1695	74	1621	2186
溆浦县	Xupu County	2621	206	2415	3292
会同县	Huitong County	1161	89	1072	1243
麻阳县	Mayang County	1416	119	1297	1428
新晃县	Xinhuang County	841	57	784	965
芷江县	Zhijiang County	1281	149	1132	1298
靖州县	Jinzhou County	1013	100	913	1150
通道县	Tongdao County	756	75	681	982
洪江市	Hongjiang City	1869	210	1659	1805
洪江区	Hongjiang District	294	33	261	296
娄星区	Louxing District	3063	452	2611	2317
双峰县	Shuangfeng County	3800	251	3549	3444
新化县	Xinhua County	4172	184	3988	4301
冷水江市	Lenshuijiang City	2281	487	1794	1687
涟源市	Lianyuan City	3712	213	3499	3512
吉首市	Jishou City	1936	380	1556	1594
泸溪县	Luxi County	1414	121	1293	1336
凤凰县	Fenghuang County	1529	139	1390	1824
花垣县	Huayuan County	1129	92	1037	1313
保靖县	Baojin County	1101	106	995	1311
古丈县	Guzhang County	535	8	527	663
永顺县	Yongshun County	2045	77	1968	2253
龙山县	Longshan County	2241	93	2148	2551

20-23 各级学校在校学生(2015年)
Number of Students Enrollment by Level (2015)

单位：人 (person)

市县名称	Cities and Counties	中等学校 Secondary Schools	中等职业教育 Vocational Secondary Education	普通中学 Regular Secondary Schools	普通小学 Primary Schools
芙蓉区	Furong District	21136	4582	16554	37912
天心区	Tianxin District	22535	1960	20575	26317
岳麓区	Yuelu District	65687	14806	50881	61246
开福区	Kaifu District	30071	353	29718	35411
雨花区	Yuhua District	89541	32651	56890	64870
望城区	Wangcheng District	30266	9524	20742	34982
长沙县	Changsha County	58742	15417	43325	71934
宁乡县	Ningxiang County	73768	6780	66988	77162
浏阳市	Liuyang City	69246	5399	63847	99562
荷塘区	Hetang District	34008	16672	17336	22190
芦淞区	Lusong District	16235	3230	13005	21187
石峰区	Shifeng District	15116	5757	9359	14536
天元区	Tianyuan District	12552		12552	21803
株洲县	Zhuzhou County	12169	2071	10098	13108
攸　县	You County	33633	1801	31832	46090
茶陵县	Chaling County	24394	1583	22811	41688
炎陵县	Yanling County	7719	534	7185	12117
醴陵市	Liling City	43454	7842	35612	60398
雨湖区	Yuhu District	26315	10699	15616	27929
岳塘区	Yuetang District	19011	7147	11864	19836
湘潭县	Xiangtan County	56077	5759	50318	45522
湘乡市	Xiangxiang City	39952	2834	37118	43840
韶山市	Shaoshan City	3334	424	2910	5436
珠晖区	Zhuhui District	18621	8122	10499	21092
雁峰区	Yanfeng District	37696	21993	15703	16379
石鼓区	Shigu District	15784	7546	8238	16539
蒸湘区	Zhengxiang District	26407	4420	21987	27660
南岳区	Nanyue District	4373	443	3930	6534
衡阳县	Hengyang County	68532	3896	64636	74903
衡南县	Hengnan County	63204	3873	59331	64522
衡山县	Hengshan County	23270	2763	20507	27955
衡东县	Hengdong County	38419	2977	35442	47701
祁东县	Qidong County	60671	5233	55438	70801
耒阳市	Leiyang City	79704	5750	73954	112978
常宁市	Changning City	53014	4729	48285	74453
双清区	Shuangqing District	19859	1105	18754	22438
大祥区	Daxiang District	45257	22360	22897	29252
北塔区	Beita District	3374	533	2841	7383

20-23 续表1 continued

单位：人 (person)

市县名称	Cities and Counties	中等学校 Secondary Schools	中等职业教育 Vocational Secondary Education	普通中学 Regular Secondary Schools	普通小学 Primary Schools
邵东县	Shaodong County	76674	10399	66275	99095
新邵县	Xinshao County	49195	4604	44591	59032
邵阳县	Shaoyang County	44341	2358	41983	60712
隆回县	Longhui County	67373	6114	61259	107122
洞口县	Dongkou County	56817	8697	48120	69280
绥宁县	Shuining County	16412	1095	15317	27123
新宁县	Xinning County	27343	2119	25224	48167
城步县	Chengbu County	10799	566	10233	21266
武冈市	Wugang City	60114	11394	48720	62843
岳阳楼区	Yueyanglou District	69029	23646	45383	60822
云溪区	Yunxi District	10514	1571	8943	9082
君山区	Junshan District	7124	416	6708	10930
岳阳县	Yueyang County	33442	5212	28230	40158
华容县	Huarong County	27710	3083	24627	31153
湘阴县	Xiangying County	35286	4353	30933	36163
平江县	Pingjiang County	53236	4745	48491	75679
汨罗市	Miluo City	34507	5456	29051	43353
临湘市	Linxiang City	26214	3349	22865	34774
武陵区	Wuling District	43466	15332	28134	34431
鼎城区	Dingcheng District	24601	971	23630	31572
安乡县	Anxiang County	19085	4309	14776	20470
汉寿县	Hanshou County	34478	5279	29199	47257
澧　县	Li County	39358	8202	31156	42307
临澧县	Linli County	18771	2050	16721	22012
桃源县	Taoyuan County	40848	7406	33442	47157
石门县	Shimen County	27239	3207	24032	31781
津市市	Jinshi City	7253	851	6402	9021
永定区	Yongding District	31517	7032	24485	35942
武陵源区	Wulingyuan District	3479	391	3088	4848
慈利县	Cili County	30334	4503	25831	36923
桑植县	Sangzhi County	23274	1538	21736	33396
资阳区	Ziyang District	19612	4974	14638	21939
赫山区	Heshan District	53507	11439	42068	52759
南　县	Nan County	28609	4668	23941	30878
大通湖区	Datonghu District	3828		3828	4642
桃江县	Taojiang County	37788	4875	32913	46155
安化县	Anhua County	39922	4120	35802	58535
沅江市	Yuanjiang City	24807	2810	21997	30080
北湖区	Beihu District	45078	11191	33887	56766
苏仙区	Suxian District	33611	13060	20551	34854
桂阳县	Guiyang County	43846	3494	40352	70025
宜章县	Yizhang County	36472	1268	35204	65402
永兴县	Yongxing County	30505	2713	27792	57662

20-23 续表2 continued

单位：人 (person)

市县名称	Cities and Counties	中等学校 Secondary Schools	中等职业教育 Vocational Secondary Education	普通中学 Regular Secondary Schools	普通小学 Primary Schools
嘉禾县	Jiahe County	23070	527	22543	34906
临武县	Linwu County	24510	444	24066	41772
汝城县	Rucheng County	21001	1456	19545	36759
桂东县	Guidong County	10356	1650	8706	13852
安仁县	Anreng County	24176	1659	22517	32502
资兴市	Zixing City	17541	2089	15452	24373
零陵区	Lingling District	38495	12097	26398	44625
冷水滩区	Lengshuitan District	38599	5177	33422	51358
祁阳县	Qiyang County	57115	10739	46376	74350
东安县	Dongan County	23867	1209	22658	39445
双牌县	Shuangpai County	7414	734	6680	11392
道　县	Dao County	47039	9951	37088	67491
江永县	Jiangyong County	13878	1196	12682	25394
宁远县	Ningyuan County	42151	2917	39234	72163
蓝山县	Lanshan County	21654	3973	17681	34630
新田县	Xintian County	21438	2285	19153	33718
江华县	Jianghua County	26613	3411	23202	42072
鹤城区	Hecheng District	64286	27364	36922	52338
中方县	Zhongfang County	9535	1180	8355	13641
沅陵县	Yuanling County	25176	2455	22721	37158
辰溪县	Chenxi County	17120	739	16381	29407
溆浦县	Xupu County	35737	2826	32911	63039
会同县	Huitong County	15862	1849	14013	22874
麻阳县	Mayang County	17910	1338	16572	24594
新晃县	Xinhuang County	10597	727	9870	16948
芷江县	Zhijiang County	19231	3513	15718	22885
靖州县	Jinzhou County	13777	2616	11161	16884
通道县	Tongdao County	10583	761	9822	15787
洪江市	Hongjiang City	22193	4637	17556	23673
洪江区	Hongjiang District	1680	331	1349	2885
娄星区	Louxing District	61187	18261	42926	56515
双峰县	Shuangfeng County	48530	4131	44399	59462
新化县	Xinhua County	62253	1478	60775	108505
冷水江市	Lenshuijiang City	28471	7568	20903	33046
涟源市	Lianyuan City	50054	3833	46221	63255
吉首市	Jishou City	35923	12857	23066	27918
泸溪县	Luxi County	17594	1688	15906	20282
凤凰县	Fenghuang County	19173	1091	18082	28209
花垣县	Huayuan County	16653	1634	15019	24108
保靖县	Baojin County	14673	1453	13220	17777
古丈县	Guzhang County	6054		6054	7792
永顺县	Yongshun County	27610	1972	25638	35983
龙山县	Longshan County	30705	2107	28598	41124

20-24 卫生机构、人员与床位(2015年)
Health Care Institutions, Personnel and Beds (2015)

市县名称	Cities and Counties	机构(个) Number of Instituti-ons(unit)	床位(张) Number of Beds(unit)	卫生技术人员(人) Medical Technical Personnel (person) 合计 Total	执业(助理)医师 Assistant Doctors	注册护士 Senior Nurse	药师(士) Pharmaeist	技师(士) Laboratory Technician	其他 Others
芙蓉区	Furong District	297	9057	11551	3914	6084	427	453	673
天心区	Tianxin District	338	4287	4676	1760	2177	207	223	309
岳麓区	Yuelu District	340	8620	8816	3141	4234	426	530	485
开福区	Kaifu District	282	7519	10663	3649	5344	451	587	632
雨花区	Yuhua District	467	14116	13534	4894	6535	647	710	748
望城区	Wangcheng District	475	2912	2981	1166	1071	215	144	385
长沙县	Changsha County	457	5464	5155	2023	2248	282	255	347
宁乡县	Ningxiang County	852	6290	5011	1937	1848	398	251	577
浏阳市	Liuyang City	1153	7271	7247	3115	2867	407	393	465
荷塘区	Hetang District	276	2796	2629	990	1270	121	107	141
芦淞区	Lusong District	194	2782	3889	1383	1892	228	193	193
石峰区	Shifeng District	153	1680	1598	582	748	72	94	102
天元区	Tianyuan District	141	3180	3392	1293	1521	177	201	200
株洲县	Zhuzhou County	296	1153	1169	487	396	84	46	156
攸　县	You County	472	3109	2672	1116	937	154	138	327
茶陵县	Chaling County	629	2445	2123	781	741	148	148	305
炎陵县	Yanling County	190	663	851	348	293	88	63	59
醴陵市	Liling City	635	4252	4073	1684	1672	283	203	231
雨湖区	Yuhu District	480	5577	5899	2054	2915	322	337	271
岳塘区	Yuetang District	339	3155	3560	1338	1638	184	206	194
湘潭县	Xiangtan County	820	3394	3388	1459	1256	229	161	283
湘乡市	Xiangxiang City	800	4009	2969	1569	817	219	177	187
韶山市	Shaoshan City	108	470	570	206	216	72	33	43
珠晖区	Zhuhui District	258	3952	3181	1144	1564	181	149	143
雁峰区	Yanfeng District	68	2264	2711	925	1232	132	229	193
石鼓区	Shigu District	102	3659	3412	1082	1799	160	200	171
蒸湘区	Zhengxiang District	208	4421	3740	1377	1860	208	154	141
南岳区	Nanyue District	68	688	679	259	291	60	42	27
衡阳县	Hengyang County	1012	4570	3714	2199	1069	168	114	164
衡南县	Hengnan County	883	3947	3984	2022	1204	214	186	358
衡山县	Hengshan County	379	1516	1344	482	482	186	68	126
衡东县	Hengdong County	665	2618	2780	1303	845	316	135	181
祁东县	Qidong County	831	4308	4564	2216	1685	230	195	238
耒阳市	Leiyang City	798	4769	4569	2012	1682	242	193	440
常宁市	Changning City	751	3947	3687	1496	1302	282	222	385
双清区	Shuangqing District	188	3069	3111	1014	1540	154	161	242
大祥区	Daxiang District	234	5287	4350	1541	2149	194	268	198
北塔区	Beita District	84	222	217	88	90	8	27	4

注:本表资料包含医务室、卫生保健所、诊所和村卫生室。 The Infirmary, health care, Clinicc and Village health were included.

20-24 续表 1 continued

市县名称	Cities and Counties	机构(个) Number of Instituti-ons(unit)	床位(张) Number of Beds(unit)	卫生技术人员(人) Medical Technical Personnel (person) 合计 Total	执业(助理)医师 Assistant Doctors	注册护士 Senior Nurse	药师(士) Pharmaeist	技师(士) Laboratory Technician	其他 Others
邵东县	Shaodong County	1238	3984	3723	1595	1525	195	186	222
新邵县	Xinshao County	855	2659	2064	876	689	135	148	216
邵阳县	Shaoyang County	955	3357	2531	987	960	165	162	257
隆回县	Longhui County	1251	3920	2880	1298	817	166	218	381
洞口县	Dongkou County	685	2201	2556	1267	804	183	167	135
绥宁县	Suining County	429	1326	1311	518	443	93	102	155
新宁县	Xinning County	745	2522	2230	688	904	125	125	388
城步县	Chengbu County	226	1277	893	348	305	66	68	106
武冈市	Wugang City	598	3174	3226	1819	777	157	162	311
岳阳楼区	Yueyanglou District	286	7855	8314	2919	4041	382	440	532
云溪区	Yunxi District	133	1264	1021	414	433	53	59	62
君山区	Junshan District	170	1080	973	499	294	48	45	87
岳阳县	Yueyang County	704	3095	2384	1648	414	88	113	121
华容县	Huarong County	657	3994	2917	1698	786	93	155	185
湘阴县	Xiangyin County	629	3377	2853	1592	813	140	124	184
平江县	Pingjiang City	1022	4001	3899	2029	1072	382	154	262
汨罗市	Miluo City	714	2938	2996	1469	861	201	184	281
临湘市	Linxiang County	493	2423	2145	952	630	84	119	360
武陵区	Wuling District	581	6863	6583	2521	3141	265	351	305
鼎城区	Dingcheng District	846	3624	2931	1426	972	151	173	209
安乡县	Anxiang County	391	3364	1814	710	698	119	120	167
汉寿县	Hanshou County	792	3702	3318	1448	1203	207	222	238
澧　县	Li County	704	4063	4303	2449	1391	143	167	153
临澧县	Linli County	445	1647	1694	710	585	118	92	189
桃源县	Taoyuan County	877	4380	3030	1474	905	208	181	262
石门县	Shimen County	758	3430	3255	1327	1303	199	174	252
津市市	Jinshi City	225	1147	1371	555	540	88	72	116
永定区	Yongdi District	351	3111	3469	1369	1438	208	201	253
武陵源区	Wulingyuan District	65	280	171	89	56	12	10	4
慈利县	Cili County	516	2834	2514	924	1016	208	145	221
桑植县	Sangzhi County	432	1739	1734	706	589	87	108	244
资阳区	Ziyang District	355	2159	2225	1009	853	121	111	131
赫山区	Heshan District	764	6282	6147	2617	2595	300	303	332
南　县	Nan County	643	2542	2538	1283	719	172	153	211
大通湖区	Datonghu District	88	648	424	185	181	26	18	14
桃江县	Taojiang County	376	3924	3618	1695	1259	180	179	305
安化县	Anhua County	985	4122	3309	1799	911	258	176	165
沅江市	Yuanjiang City	697	3421	3316	1518	1101	198	227	272
北湖区	Beihu District	428	6291	6275	2341	2911	251	300	472
苏仙区	Suxian District	400	3259	3201	1283	1521	108	140	149
桂阳县	Guiyang County	683	3583	3046	1082	1185	171	125	483
宜章县	Yizhang County	571	3153	2703	924	1141	155	117	366
永兴县	Yongxing County	571	3017	2072	819	837	95	107	214

20-24 续表 2 continued

市县名称	Cities and Counties	机构(个) Number of Instituti-ons(unit)	床位(张) Number of Beds(unit)	卫生技术人员(人) Medical Technical Personnel (person)					
				合计 Total	执业(助理)医师 Assistant Doctors	注册护士 Senior Nurse	药师(士) Pharmaeist	技师(士) Laboratory Technician	其他 Others
嘉禾县	Jiahe County	358	1724	1682	620	685	117	99	161
临武县	Linwu County	440	1595	1394	495	547	63	81	208
汝城县	Rucheng County	407	1468	1262	501	486	54	71	150
桂东县	Guidong County	197	935	688	311	238	30	48	61
安仁县	Anren County	384	1841	1630	677	607	105	86	155
资兴市	Zixing City	381	1945	1824	699	769	91	89	176
零陵区	Lingling District	631	2981	2688	1105	1029	121	151	282
冷水滩区	Lengshuitan District	643	5880	5401	2043	2456	212	263	427
祁阳县	Qiyang County	998	5509	3611	1683	1202	219	208	299
东安县	DonganCounty	612	2345	2021	1031	649	96	98	147
双牌县	Shuangpai County	244	1089	805	332	294	44	52	83
道　县	Dao County	639	2954	2071	761	774	106	150	280
江永县	Jiangyong County	257	1140	936	463	311	55	66	41
宁远县	Ningyuan County	693	3703	2549	903	962	135	154	395
蓝山县	Lanshan County	433	1747	1612	557	695	81	76	203
新田县	Xintian County	488	2400	1647	732	582	90	89	154
江华县	Jianghua County	365	2824	2368	925	786	113	132	412
鹤城区	Hecheng District	330	5268	6096	2231	2924	288	352	301
中方县	Zhongfang County	299	1000	819	340	235	45	63	136
沅陵县	Yuanling County	491	3260	2571	828	1022	143	158	420
辰溪县	Chenxi County	624	2200	2279	878	915	118	126	242
溆浦县	Xupu County	842	3292	2800	1047	1029	135	141	448
会同县	Huitong County	462	1712	1394	562	547	69	69	147
麻阳县	Mayang County	336	1910	1714	605	729	109	102	169
新晃县	Xinhuang County	369	1818	1146	400	437	60	77	172
芷江县	Zhijiang County	399	1584	1466	600	423	103	78	262
靖州县	Jingzhou County	284	1112	1240	501	460	48	56	175
通道县	Tongdao County	251	833	1059	398	371	42	59	189
洪江市	Hongjiang City	523	4197	3437	1225	1522	172	202	316
洪江区	Hongjiang District	44	502	500	196	175	43	31	55
娄星区	Louxing District	243	5801	5869	1982	2950	299	314	324
双峰县	Shuangfeng County	1079	3148	3093	1569	1065	170	159	130
新化县	Xinhua County	1336	4996	3406	1621	946	313	220	306
冷水江市	Lengshuijiang City	300	2208	2434	966	1030	170	111	157
涟源市	Lianyuan County	1056	4362	3338	1672	905	291	171	299
吉首市	Jishou County	484	4318	4615	1549	2179	203	292	392
泸溪县	Luxi County	252	1085	1070	353	443	61	59	154
凤凰县	Fenghuang County	439	1571	1262	447	408	76	88	243
花垣县	Huayuan County	386	1604	1598	492	526	91	97	392
保靖县	Baojing County	464	1213	1384	525	461	74	95	229
古丈县	Guzhang County	162	579	558	161	209	45	34	109
永顺县	Yongshun County	483	2886	1862	618	774	88	126	256
龙山县	Longshan County	613	2591	2077	689	811	89	140	348

20-25 城乡居民收入、支出和住房情况(2015年)
Urban and Rural Residents Income, Expenditure and Houssing Conditions(2015)

市县名称	Cities and Counties	全体居民人均可支配收入 (元) Per Capita Annual Disposable Income of Residents	城镇居民人均可支配收入 Per Capita Annual Disposable Income of Urban Residents		农村居民人均可支配收入 Per Capita Annual Disposable Income of rural Residents		全体居民人均生活消费支出(元) Per Capita Consumption Expenditure of living (yuan)	全体居民人均现住房建筑面积(平方米) Now all Residents Per Capita Housing Floor Space (sq.m)
			绝对值(元) value (yuan)	增速(%) Growth Rate (%)	绝对值(元) value (yuan)	增速(%) Growth Rate (%)		
芙蓉区	Furong District	42697	42697	9.0			31978	33.8
天心区	Tianxin District	43105	43105	8.3			35988	39.5
岳麓区	Yuelu District	42301	42301	9.1			27342	36.5
开福区	Kaifu District	42205	42205	9.0			26533	33.1
雨花区	Yuhua District	42905	42905	8.4			36144	39.1
望城区	Wangcheng District	31352	37088	8.5	25623	8.4	20051	61.6
长沙县	Changsha County	31260	36642	9.3	25207	8.4	21336	45.2
宁乡县	Ningxiang County	27117	33929	9.0	21469	8.9	19401	58.1
浏阳市	Liuyang City	30877	36631	8.3	25191	8.6	18759	58.6
荷塘区	Hetang District	35083	35857	8.2			22605	36.4
芦淞区	Lusong District	34794	37361	8.4			24796	42.1
石峰区	Shifeng District	35085	36243	8.3			21287	36.3
天元区	Tianyuan District	36566	41480	8.5			28716	53.1
株洲县	Zhuzhou County	17868	26784	8.7	14674	8.9	11671	57.6
攸　县	You County	25547	30540	8.3	20539	8.8	15172	83.9
茶陵县	Chaling County	16409	26343	8.5	7269	9.1	10286	69.1
炎陵县	Yanling County	13530	22753	8.3	6720	9.2	10836	57.0
醴陵市	Liling City	25976	31093	8.6	20732	8.6	16963	57.2
雨湖区	Yuhu District	29610	30044	8.0			22020	42.3
岳塘区	Yuetang District	29083	29381	7.9			22850	41.5
湘潭县	Xiangtan County	18770	27709	8.0	14539	9.0	12325	54.5
湘乡市	Xiangxiang City	18689	27790	8.2	14340	8.8	14853	56.7
韶山市	Shaoshan City	26918	32046	8.1	20253	9.0	19237	50.4
珠晖区	Zhuhui District	27366	27736	8.9			21787	39.0
雁峰区	Yanfeng District	26647	26647	8.5			16386	41.9
石鼓区	Shigu District	28149	28149	8.7			19514	38.1
蒸湘区	Zhenxiang District	27241	27353	9.1			21008	39.8
南岳区	Nanyue District	30795	31083	9.0			22747	48.8
衡阳县	Hengyang County	17832	26053	9.2	13453	9.3	12795	59.2
衡南县	Hengnan County	19548	25636	8.9	16234	9.0	12169	56.3
衡山县	Hengshan County	19620	25916	8.8	16341	8.9	13983	49.8
衡东县	Hengdong County	19112	25895	8.8	15716	9.0	12886	57.6
祁东县	Qidong County	14745	20898	8.8	11088	8.3	10122	56.2
耒阳市	Leiyang City	21254	27087	8.5	16138	8.7	13054	41.3
常宁市	Changning City	18551	25314	8.9	12812	9.1	12193	62.0
双清区	Shuangqing District	20649	21953	10.0	14467	14.4	16084	52.7
大祥区	Daxiang District	19666	21448	10.0	14111	12.4	15201	50.8
北塔区	Beita District	17649	19606	9.8	13009	12.6	11106	53.9

20-25 续表 1 continued

市县名称	Cities and Counties	全体居民人均可支配收入 (元) Per Capita Annual Disposable Income of Residents (yuan)	城镇居民人均可支配收入 Per Capita Annual Disposable Income of Urban Residents		农村居民人均可支配收入 Per Capita Annual Disposable Income of rural Residents		全体居民人均生活消费支出 (元) Per Capita Consumption Expenditure of living (yuan)	全体居民人均现住房建筑面积(平方米) Now all Residents Per Capita Housing Floor Space (sq.m)
			绝对值 (元) value (yuan)	增速 (%) Growth Rate (%)	绝对值 (元) value (yuan)	增速 (%) Growth Rate (%)		
邵东县	Shaodong County	19153	24305	8.2	15200	12.6	11508	57.4
新邵县	Xinshao County	11810	20507	8.0	8149	12.1	9352	52.2
邵阳县	Shaoyang County	11826	20595	8.0	7885	12.0	9288	55.2
隆回县	Longhui County	10317	19636	7.2	7129	12.1	5978	45.0
洞口县	Dongkou County	12283	21014	7.3	7790	12.6	9772	70.6
绥宁县	Suining County	10272	18751	7.0	7350	11.5	7102	42.5
新宁县	Xinning County	11271	19543	8.2	7230	13.4	8614	44.6
城步县	Chengbu County	8813	18125	7.2	5332	13.8	6262	43.6
武冈市	Wugang City	12690	20593	8.1	8540	12.4	8756	40.6
岳阳楼区	Yueyanglou District	26183	27877	9.2			21330	45.2
云溪区	YungXi District	23590	29264	9.1			16647	44.1
君山区	JungShang District	19488	24462	9.0	14008	9.4	14406	46.5
岳阳县	Yueyang County	16626	22192	9.1	12746	10.9	9935	43.3
华容县	Huarong County	18212	22732	9.2	15167	10.9	11366	50.4
湘阴县	Xiangyin County	18723	24437	9.3	14560	11.3	14941	67.6
平江县	Pingjiang County	11348	18512	8.7	7238	6.0	11356	41.8
汨罗市	Miluo City	19344	24594	9.1	14114	10.8	14903	49.4
临湘市	Linxiang City	16456	21854	8.9	12245	9.0	11706	51.8
武陵区	Wuling District	27753	28754	9.0	19466	10.9	27093	58.0
鼎城区	Dingcheng District	18066	26079	7.8	12011	9.2	17944	55.2
安乡县	Anxiang County	15375	21411	8.9	12081	10.2	11798	67.7
汉寿县	Hanshou County	16202	23962	7.5	12521	8.9	13298	59.9
澧　县	Li County	15901	23060	8.2	11713	9.6	13411	52.8
临澧县	Linli County	17959	25116	7.6	13050	8.9	14573	59.8
桃源县	Taoyuan County	14974	23420	8.4	11236	10.0	11571	56.3
石门县	Shimen County	12539	19596	7.4	8778	8.8	10303	58.4
津市市	Jinshi City	20766	26027	7.7	11285	9.4	14944	41.5
永定区	Yongding District	14630	21906	7.8	7370	11.0	11530	39.4
武陵源区	Wulingyuan District	18066	22951	10.2	10001	12.4	12862	46.7
慈利县	Cili County	11976	18735	7.8	7870	11.0	9631	49.5
桑植县	Sangzhi County	7923	12739	9.0	5428	15.0	7175	46.2
资阳区	Ziyang District	18867	23135	9.5	14727	9.3	14693	52.1
赫山区	Heshan District	22827	28134	9.2	14502	10.0	17461	49.2
南　县	Nan County	16198	21995	9.0	12593	8.9	11946	49.8
大通湖区	Datonghu District	16153	21941	8.8	12263	9.3	11770	46.8
桃江县	Taojiang County	16036	22935	8.8	12058	9.9	14034	62.6
安化县	Anhua County	8836	14304	9.3	6797	9.7	7088	51.1
沅江市	Yuanjiang City	19797	26247	8.9	14370	8.8	14059	55.0
北湖区	Beihu District	25995	28168	9.0	17224	10.1	16733	41.1
苏仙区	Suxian District	22995	27212	8.7	16006	9.2	16674	54.2
桂阳县	Guiyang County	20234	27054	8.6	15422	8.7	13053	39.2
宜章县	Yizhang County	13730	23886	7.9	7215	10.4	11585	55.2
永兴县	Yongxing County	18893	25454	8.9	14161	8.7	10374	38.4

20-25 续表 2 continued

市县名称	Cities and Counties	全体居民人均可支配收入 (元) Per Capita Annual Disposable Income of Residents (yuan)	城镇居民人均可支配收入 Per Capita Annual Disposable Income of Urban Residents 绝对值(元) value (yuan)	增速(%) Growth Rate (%)	农村居民人均可支配收入 Per Capita Annual Disposable Income of rural Residents 绝对值(元) value (yuan)	增速(%) Growth Rate (%)	全体居民人均生活消费支出(元) Per Capita Consumption Expenditure of living (yuan)	全体居民人均现住房建筑面积(平方米) Now all Residents Per Capita Housing Floor Space (sq.m)
嘉禾县	Jiahe County	16676	22178	8.0	12810	7.1	9907	44.2
临武县	Linwu County	13530	21583	7.5	9205	14.5	10102	40.9
汝城县	Rucheng County	10381	16952	8.1	7560	10.4	9212	39.6
桂东县	Guidong County	10221	15872	8.3	7081	10.3	8602	49.7
安仁县	Anreng County	12426	19315	8.3	8215	10.1	10584	73.6
资兴市	Zixing City	22387	26861	8.7	15834	9.2	12757	47.9
零陵区	Lingling District	18675	22400	8.9	14601	8.7	13402	61.5
冷水滩区	Lengshuitan District	21518	24669	9.5	15917	10.9	11827	50.3
祁阳县	Qiyang County	16095	23809	9.4	10861	9.7	12639	62.2
东安县	Dongan County	15368	22948	9.3	11388	11.0	12031	53.9
双牌县	Shuangpai County	11453	19568	8.4	6724	10.1	8567	61.8
道　县	Dao County	15320	20839	9.1	12084	9.7	12223	48.8
江永县	Jiangyong County	11033	18740	9.1	7654	11.0	9023	44.2
宁远县	Ningyuan County	14055	20155	8.9	10628	10.9	11013	59.5
蓝山县	Lanshan County	15220	21520	8.7	10932	10.1	9740	76.3
新田县	Xintian County	10912	19112	8.9	6971	9.3	8902	68.8
江华县	Jianghua County	11303	18899	9.2	7750	11.0	8518	57.9
鹤城区	Hecheng District	24324	25578	7.9	10657	10.9	17858	35.5
中方县	Zhongfang County	12150	21671	8.5	8433	11.3	9527	46.4
沅陵县	Yuanling County	10504	17621	7.7	7042	10.0	8946	44.9
辰溪县	Chenxi County	10749	17904	8.7	7436	11.1	9147	33.2
溆浦县	Xupu County	11488	18272	8.4	8379	10.6	9390	55.8
会同县	Huitong County	10206	17134	8.3	7407	11.0	9495	41.3
麻阳县	Mayang County	9602	17924	7.6	6158	14.6	7930	42.2
新晃县	Xinhuang County	8849	15865	8.8	6003	11.3	7604	35.9
芷江县	Zhijiang County	9873	18502	8.9	6533	11.9	6918	41.5
靖州县	Jinzhou County	11445	17151	7.8	7156	11.2	8718	36.3
通道县	Tongdao County	8265	16280	8.5	5339	11.6	6071	31.3
洪江市	Hongjiang City	12150	18618	8.0	8325	10.7	9853	47.1
洪江区	Hongjiang District	15873	16826	8.6	8152	10.3	11047	43.8
娄星区	Louxing District	23595	25049	7.8	13607	11.0	16937	38.9
双峰县	Shuangfeng County	10873	16581	7.3	8811	11.3	8562	58.0
新化县	Xinhua County	9188	16363	8.2	6473	11.2	9951	56.2
冷水江市	Lenshuijiang City	25445	27625	8.0	18239	7.8	15501	51.6
涟源市	Lianyuan City	10326	17073	7.8	7401	11.5	10232	76.8
吉首市	Jishou City	19157	23510	8.0	7875	12.2	11660	37.9
泸溪县	Luxi County	10589	18030	7.7	5967	13.5	7997	31.3
凤凰县	Fenghuang County	10611	19035	8.4	7288	13.6	8385	35.5
花垣县	Huayuan County	10856	18994	8.3	6276	13.9	7412	39.3
保靖县	Baojin County	10464	17003	7.7	6952	12.7	7081	34.4
古丈县	Guzhang County	9136	16642	7.5	5265	13.8	6437	47.4
永顺县	Yongshun County	9312	16880	7.6	5579	13.7	8436	38.3
龙山县	Yongshun County	10124	16864	8.1	6869	12.7	7878	37.5

20-26 规模工业增加值能耗降低率(2015年)
Decreasing Rate of Added Value Energy Consumption of Scale Industry (2015)

市县名称	Cities and Counties	综合能源消费量 万吨标准煤 Total Consumption of Energy 10,000 tons of SCE	综合能源消费量增速（%） Increasing Speed of Total Consumption of Energy (%)	增加值能耗降低率（%） Decreasing Rate of Added Value Energy Consumption (%)
芙蓉区	Furong District	34.76	4.6	-1.9
天心区	Tianxin District	27.57	-2.7	-5.5
岳麓区	Yuelu District	30.61	-7.3	-12.6
开福区	Kaifu District	8.20	-2.5	-8.4
雨花区	Yuhua District	14.99	5.0	-0.4
望城区	Wangcheng District	105.18	9.2	-4.7
长沙县	Changsha County	76.62	1.4	-6.1
宁乡县	Ningxiang County	90.27	-21.3	-31.6
浏阳市	Liuyang City	111.72	-1.8	-14.6
荷塘区	Hetang District	36.54	2.9	-3.8
芦淞区	Lusong District	4.65	5.5	-1.5
石峰区	Shifeng District	115.40	-26.1	-30.9
天元区	Tianyuan District	9.19	-8.5	-16.2
株洲县	Zhuzhou County	15.89	-14.7	-22.0
攸　县	You County	43.13	-18.6	-24.9
茶陵县	Chaling County	25.85	-9.4	-16.5
炎陵县	Yanling County	4.58	-12.9	-19.5
醴陵市	Liling City	94.98	4.7	-4.3
雨湖区	Yuhu District	32.43	-8.7	-16.9
岳塘区	Yuetang District	514.24	1.5	-4.1
湘潭县	Xiangtan County	8.27	-64.4	-38.0
湘乡市	Xiangxiang City	65.77	-6.2	-15.5
韶山市	Shaoshan City	1.51	-19.9	-27.6
珠晖区	Zhuhui District	25.73	-13.0	-9.5
雁峰区	Yanfeng District	7.54	-35.2	-43.0
石鼓区	Shigu District	59.21	-6.1	-19.2
蒸湘区	Zhenxiang District	83.99	0.6	-0.7
南岳区	Nanyue District		-8.4	-5.7
衡阳县	Hengyang County	15.02	-7.5	-20.1
衡南县	Hengnan County	19.08	-24.8	-24.3
衡山县	Hengshan County	9.75	11.4	2.1
衡东县	Hengdong County	21.22	-14.4	-23.9
祁东县	Qidong County	15.84	-24.6	-32.3
耒阳市	Leiyang City	132.36	-20.4	-13.4
常宁市	Changning City	24.14	-23.7	-26.2
双清区	Shuangqing District	22.24	-14.3	-21.5
大祥区	Daxiang District	102.41	1.9	-7.7
北塔区	Beita District	4.75	-17.3	-24.8

20-26 续表 1 continued

市县名称	Cities and Counties	综合能源消费量 万吨标准煤 Total Consumption of Energy 10,000 tons of SCE	综合能源消费量增速(%) Increasing Speed of Total Consumption of Energy (%)	增加值能耗降低率(%) Decreasing Rate of Added Value Energy Consumption (%)
邵东县	Shaodong County	26.38	3.7	-6.2
新邵县	Xinshao County	31.32	-17.6	-25.2
邵阳县	Shaoyang County	9.88	3.8	-5.4
隆回县	Longhui County	19.78	-9.0	-17.6
洞口县	Dongkou County	19.47	3.7	-1.1
绥宁县	Suining County	34.63	1.7	-7.2
新宁县	Xinning County	4.90	-36.4	-42.2
城步县	Chengbu County	4.59	7.1	-2.7
武冈市	Wugang City	15.55	-1.1	-9.8
岳阳楼区	Yueyanglou District	234.02	-4.1	-9.2
云溪区	YungXi District	441.80	-0.2	-7.0
君山区	JungShang District	9.39	2.0	-5.7
岳阳县	Yueyang County	67.93	-4.4	-12.3
华容县	Huarong County	50.18	-10.5	-17.7
湘阴县	Xiangyin County	37.74	6.0	-3.2
平江县	Pingjiang County	11.97	-3.1	-10.9
汨罗市	Miluo City	40.84	-0.5	-9.2
临湘市	Linxiang City	67.56	-5.6	-12.9
武陵区	Wuling District	5.99	-5.3	-11.2
鼎城区	Dingcheng District	13.37	-7.2	-10.2
安乡县	Anxiang County	12.97	7.4	-8.9
汉寿县	Hanshou County	15.22	-15.8	-20.9
澧　县	Li County	31.59	-6.7	-17.6
临澧县	Linli County	52.97	-6.6	-16.4
桃源县	Taoyuan County	164.18		-10.7
石门县	Shimen County	121.28	-10.3	-19.8
津市市	Jinshi City	24.72	-15.4	-24.5
永定区	Yongding District	12.74	-6.2	-12.5
武陵源区	Wulingyuan District			
慈利县	Cili County	5.99	-40.8	-43.9
桑植县	Sangzhi County	22.16	28.1	19.9
资阳区	Ziyang District	8.54	2.8	-5.0
赫山区	Heshan District	147.10	-12.1	-18.1
南　县	Nan County	9.49	2.7	-3.4
大通湖区	Datonghu District	4.68	-17.2	-21.90
桃江县	Taojiang County	81.64	-2.60	-9.7
安化县	Anhua County	31.51	17.5	12.7
沅江市	Yuanjiang City	59.24	-1.2	-8.1
北湖区	Beihu District	28.70	-14.9	-21.3
苏仙区	Suxian District	176.52	-13.4	-19.6
桂阳县	Guiyang County	40.17	-6.2	-12.7
宜章县	Yizhang County	32.65	-8.0	-14.9
永兴县	Yongxing County	39.09	-2.3	-10.1

20-26 续表 2 continued

市县名称	Cities and Counties	综合能源消费量 万吨标准煤 Total Consumption of Energy 10,000 tons of SCE	综合能源消费量增速（%） Increasing Speed of Total Consumption of Energy (%)	增加值能耗降低率（%） Decreasing Rate of Added Value Energy Consumption (%)
嘉禾县	Jiahe County	18.15	-4.9	-11.1
临武县	Linwu County	3.45	4.8	-2.2
汝城县	Rucheng County	3.71	1.4	-5.8
桂东县	Guidong County	6.51	11.6	4.4
安仁县	Anreng County	17.13	-7.5	-13.9
资兴市	Zixing City	156.46	-10.2	-16.2
零陵区	Lingling District	7.66	-7.0	-12.7
冷水滩区	Lengshuitan District	29.08	-7.3	-15.8
祁阳县	Qiyang County	38.00	6.1	-5.4
东安县	Dongan County	24.61	-5.6	-14.8
双牌县	Shuangpai County	4.27	0.9	-10.0
道　县	Dao County	17.89	-5.0	-16.1
江永县	Jiangyong County	2.56	-13.0	-21.8
宁远县	Ningyuan County	21.74	7.5	-5.3
蓝山县	Lanshan County	5.71	-11.8	-20.7
新田县	Xintian County	6.04	-14.4	-23.0
江华县	Jianghua County	23.29	0.0	-14.2
鹤城区	Hecheng District	16.31	-6.4	-14.8
中方县	Zhongfang County	50.44	3.1	-6.3
沅陵县	Yuanling County	10.10	-17.9	-15.4
辰溪县	Chenxi County	27.05	-11.1	-12.4
溆浦县	Xupu County	20.85	-6.2	-14.1
会同县	Huitong County	4.51	-22.1	-28.7
麻阳县	Mayang County	5.11	1.0	-7.3
新晃县	Xinhuang County	16.85	2.4	-6.9
芷江县	Zhijiang County	3.99	-9.0	-16.6
靖州县	Jinzhou County	16.70	-10.5	-19.3
通道县	Tongdao County	9.00	-0.4	-8.0
洪江市	Hongjiang City	9.79	-6.5	-13.7
洪江区	Hongjiang District	10.08	-1.6	-10.3
娄星区	Louxing District	451.35	-2.9	-4.8
双峰县	Shuangfeng County	45.94	-15.3	-22.3
新化县	Xinhua County	43.10	3.2	-4.3
冷水江市	Lenshuijiang City	377.16	-5.1	-11.1
涟源市	Lianyuan City	154.88	-6.2	-13.5
吉首市	Jishou City	14.08	1.8	-9.8
泸溪县	Luxi County	15.04	-15.2	-12.0
凤凰县	Fenghuang County	1.28	-33.6	-40.2
花垣县	Huayuan County	12.26	-38.9	-34.3
保靖县	Baojin County	3.32	1.7	-9.7
古丈县	Guzhang County	10.58	-8.5	-19.0
永顺县	Yongshun County	2.03	-20.5	-29.3
龙山县	Longshan County	6.42	-14.1	-8.4

20-27 分行业法人单位数(2015年)
Corporate Units by Sector(2015)

单位：个 (Unit)

市县名称	Cities and Counties	合计 Total	农、林、牧、渔业 Agriculture, Forestry, Animal Husbandry and Fishing	采矿业 Mining	制造业 Manufacturing	电力、燃气及水的生产和供应业 Production and Supply of Electricity, Gas and Water	建筑业 Construction	批发和零售业 Wholesale and Retail Trade	交通运输、仓储和邮政业 Transport, Storage and Post	住宿和餐饮业 Lodging and Catering Services	信息传输、计算机服务和软件业 Information Transmission, Computer Services and Software
芙蓉区	Furong District	14186	36	1	582	9	460	5778	199	257	874
天心区	Tianxin District	13579	58	10	752	21	658	4764	170	197	803
岳麓区	Yuelu District	12564	221	24	1596	23	475	2250	137	213	1367
开福区	Kaifu District	11118	82	6	1011	9	422	3387	229	192	559
雨花区	Yuhua District	14748	50	12	1086	12	680	5550	346	189	685
望城区	Wangcheng District	6133	1326	29	1245	24	416	787	119	106	94
长沙县	Changsha County	11755	1140	24	2309	28	456	2948	412	185	292
宁乡县	Ningxiang County	6246	566	134	1454	37	113	1608	78	71	42
浏阳市	Liuyang City	12586	2756	100	3468	136	213	2301	144	88	164
荷塘区	Hetang District	2127	27	4	502	4	71	594	64	46	24
芦淞区	Lusong District	1970	17	1	296	3	76	508	30	56	45
石峰区	Shifeng District	2146	57	5	628	3	76	605	60	69	15
天元区	Tianyuan District	3701	155	7	564	10	162	801	49	121	73
株洲县	Zhuzhou County	1826	319	18	288	19	56	281	36	17	11
攸　县	You County	2878	325	259	427	52	82	474	34	62	13
茶陵县	Chaling County	2356	118	93	267	51	54	591	33	46	15
炎陵县	Yanling County	1284	58	11	161	136	21	151	15	22	3
醴陵市	Liling City	6022	409	47	1633	29	128	1044	69	45	22
雨湖区	Yuhu District	4483	141	50	856	11	111	1224	62	79	88
岳塘区	Yuetang District	3635	44	10	891	13	107	687	85	59	87
湘潭县	Xiangtan County	3206	151	75	699	19	49	370	39	22	12
湘乡市	Xiangxiang City	3130	282	35	574	14	100	351	45	72	14
韶山市	Shaoshan City	1122	190	6	144	7	36	116	18	15	14
珠晖区	Zhuhui District	2208	92	13	405	3	87	459	75	61	24
雁峰区	Yanfeng District	2107	47	6	426	4	79	428	45	51	47
石鼓区	Shigu District	2453	76	2	267	8	81	773	63	47	59
蒸湘区	Zhengxiang District	3580	74		234	8	208	961	83	106	120
南岳区	Nanyue District	689	22		55	6	13	58	5	25	3
衡阳县	Hengyang County	5689	327	185	652	51	79	424	43	111	9
衡南县	Hengnan County	5047	851	66	583	49	69	388	84	32	16
衡山县	Hengshan County	2102	64	105	256	16	50	247	28	13	6
衡东县	Hengdong County	4210	508	56	587	25	190	306	61	107	17
祁东县	Qidong County	4773	670	47	459	24	78	483	54	39	10
耒阳市	Leiyang City	6731	878	193	553	38	145	1071	117	340	57
常宁市	Changning City	4701	453	126	698	52	73	420	42	64	16
双清区	Shuangqing District	2882	78	11	488	6	132	968	79	38	24
大祥区	Daxiang District	2669	59	23	233	4	99	333	32	54	40
北塔区	Beita District	609	35	14	132	4	19	56	3	20	8

20-27 续表1 Continued

单位：个 (Unit)

市县名称	Cities and Counties	合计 Total	农、林、牧、渔业 Agriculture, Forestry, Animal Husbandry and Fishing	采矿业 Mining	制造业 Manufacturing	电力、燃气及水的生产和供应业 Production and Supply of Electricity, Gas and Water	建筑业 Construction	批发和零售业 Wholesale and Retail Trade	交通运输、仓储和邮政业 Transport, Storage and Post	住宿和餐饮业 Lodging and Catering Services	信息传输、计算机服务和软件业 Information Transmission, Computer Services and Software
邵东县	Shaodong County	4307	263	73	988	22	46	787	62	62	16
新邵县	Xinshao County	2717	388	94	378	34	106	234	25	27	17
邵阳县	Shaoyang County	4320	355	152	434	32	39	442	30	68	11
隆回县	Longhui County	4267	433	107	545	103	85	368	33	106	35
洞口县	Dongkou County	2808	137	93	554	101	24	437	44	76	17
绥宁县	Shuining County	1719	605	7	147	48	15	78	12	9	20
新宁县	Xinning County	2218	322	59	168	101	29	152	19	23	8
城步县	Chengbu County	1323	90	29	107	113	9	69	7	9	6
武冈市	Wugang City	2120	203	75	309	56	29	201	28	26	5
岳阳楼区	Yueyanglou District	11086	289	10	836	21	456	2860	300	162	225
云溪区	Yunxi District	1656	91	11	289	5	38	361	108	15	16
君山区	Junshan District	1344	207	2	287	11	37	204	36	14	5
岳阳县	Yueyang County	4701	293	30	261	17	65	1750	93	250	106
华容县	Huarong County	3521	130	7	744	10	61	615	55	284	8
湘阴县	Xiangying County	4143	610	11	903	9	187	616	60	110	149
平江县	Pingjiang County	4144	441	107	825	82	71	435	53	107	14
汨罗市	Miluo City	4941	464	47	1390	29	205	779	62	106	44
临湘市	Linxiang City	3324	267	148	637	34	90	625	70	111	22
武陵区	Wuling District	12485	198	4	1364	28	294	4991	233	487	180
鼎城区	Dingcheng District	5888	391	20	591	46	45	2130	127	97	63
安乡县	Anxiang County	3770	217	1	501	51	36	1128	78	192	22
汉寿县	Hanshou County	4308	413	14	554	36	56	1080	85	171	40
澧　县	Li County	5687	378	117	688	35	102	2088	69	85	14
临澧县	Linli County	2644	138	78	647	34	34	295	59	107	16
桃源县	Taoyuan County	3575	374	44	499	69	87	553	64	46	25
石门县	Shimen County	2955	102	84	465	32	31	477	32	36	13
津市市	Jinshi City	1917	99	12	464	16	30	264	58	70	12
永定区	Yongding District	4087	268	68	310	57	152	725	86	140	86
武陵源区	Wulingyuan District	627	68	1	13	11	12	48	20	79	6
慈利县	Cili County	3183	637	129	424	48	20	149	36	107	28
桑植县	Sangzhi County	1794	129	55	95	55	20	125	19	52	35
资阳区	Ziyang District	2911	415		490	7	52	910	34	58	31
赫山区	Heshan District	9015	708	41	1687	35	257	2783	154	200	137
南　县	Nan County	4588	364	3	562	46	56	1794	85	164	41
大通湖区	Datonghu District	837	185		106	6	13	214	11	17	2
桃江县	Taojiang County	5279	484	66	1053	40	96	1705	44	114	20
安化县	Anhua County	4438	486	64	661	63	67	952	59	146	34
沅江市	Yuanjiang City	5602	466	2	917	28	149	1721	108	194	34
北湖区	Beihu District	4937	234	33	259	75	137	1498	129	198	107
苏仙区	Suxian District	3735	129	141	396	77	127	627	64	116	38
桂阳县	Guiyang County	3800	242	155	405	185	47	690	33	194	18
宜章县	Yizhang County	3364	311	140	776	120	67	396	63	67	7
永兴县	Yongxing County	3495	420	71	474	77	19	599	49	101	17

20-27 续表2 Continued

单位：个 (Unit)

市县名称	Cities and Counties	合计 Total	农、林、牧、渔业 Agriculture, Forestry, Animal Husbandry and Fishing	采矿业 Mining	制造业 Manufacturing	电力、燃气及水的生产和供应业 Production and Supply of Electricity, Gas and Water	建筑业 Construction	批发和零售业 Whole sale and Retail Trade	交通运输、仓储和邮政业 Transport, Storage and Post	住宿和餐饮业 Lodging and Catering Services	信息传输、计算机服务和软件业 Information Transmission, Computer Services and Software
嘉禾县	Jiahe County	1549	164	43	301	29	10	174	17	34	8
临武县	Linwu County	1648	318	86	88	62	11	244	22	33	5
汝城县	Rucheng County	1592	137	92	145	122	23	108	17	18	10
桂东县	Guidong County	1247	166	22	77	147	17	186	19	10	8
安仁县	Anreng County	2252	241	31	257	41	28	409	51	77	10
资兴市	Zixing City	2808	207	117	374	119	48	357	69	90	15
零陵区	Lingling District	2820	223	65	390	48	44	286	40	38	22
冷水滩区	Lengshuitan District	4091	222	54	590	23	124	606	83	70	86
祁阳县	Qiyang County	3834	395	45	477	60	70	206	54	48	17
东安县	Dongan County	2378	182	52	320	67	23	148	43	25	11
双牌县	Shuangpai County	1222	170	5	112	45	25	56	19	7	6
道　县	Dao County	2463	232	39	161	74	25	150	41	16	9
江永县	Jiangyong County	1155	51	14	72	40	4	114	18	11	4
宁远县	Ningyuan County	2121	173	16	213	39	38	199	25	20	6
蓝山县	Lanshan County	1958	273	30	279	139	21	110	20	11	8
新田县	Xintian County	2006	173	13	163	12	25	104	27	14	14
江华县	Jianghua County	2527	168	25	181	183	26	209	46	22	4
鹤城区	Hecheng District	6384	236	24	509	36	252	1588	129	210	124
中方县	Zhongfang County	1476	106	30	197	41	14	49	21	13	12
沅陵县	Yuanling County	1893	128	23	128	30	10	97	23	29	15
辰溪县	Chenxi County	2160	228	127	181	35	21	144	31	20	3
溆浦县	Xupu County	2905	403	140	302	116	19	209	36	80	14
会同县	Huitong County	1415	174	8	96	26	17	82	13	13	9
麻阳县	Mayang County	1402	234	17	77	30	17	92	18	2	2
新晃县	Xinhuang County	1418	193	16	92	29	13	127	25	15	14
芷江县	Zhijiang County	1829	266	26	169	36	19	161	23	23	16
靖州县	Jinzhou County	1183	127	23	158	32	7	80	28	14	6
通道县	Tongdao County	1212	292	17	110	46	13	57	17	10	18
洪江市	Hongjiang City	1639	300	33	118	110	18	154	30	31	6
洪江区	Hongjiang District	350	4		75	5	6	9	8	5	1
娄星区	Louxing District	8641	305	82	790	35	494	3159	178	154	194
双峰县	Shuangfeng County	4140	481	91	685	25	118	776	40	90	16
新化县	Xinhua County	4589	746	166	580	114	62	427	58	59	18
冷水江市	Lenshuijiang City	2749	273	140	355	17	38	694	86	51	21
涟源市	Lianyuan City	4903	569	236	661	72	78	779	119	97	26
吉首市	Jishou City	3386	103	24	234	31	56	604	54	51	38
泸溪县	Luxi County	1727	47	107	210	23	66	105	25	12	21
凤凰县	Fenghuang County	2207	109	65	74	22	82	117	15	30	7
花垣县	Huayuan County	2042	131	299	92	60	20	154	20	23	18
保靖县	Baojin County	1945	149	58	122	23	24	212	23	14	15
古丈县	Guzhang County	1311	230	28	107	20	47	61	12	9	8
永顺县	Yongshun County	2101	65	64	95	52	75	165	38	24	8
龙山县	Longshan County	2489	127	29	112	31	58	226	45	25	6

20-27 续表3 Continued

单位：个 (Unit)

市县名称	Cities and Counties	金融业 Finance	房地产业 Real Estate Trade	租赁和商务服务业 Tenancy and Business Services	科学研究和技术服务业 Scientific Research, Technical Services	水利、环境和公共设施管理业 Management of Water Conservancy, Environment and Public Establishment	居民服务、修理和其他服务业 Resident services, repairs and other services	教育 Education	卫生和社会工作 Health and social work sector	文化、体育和娱乐业 Culture, Sports and Entertainment	公共管理、社会保障和社会组织 Public administra-tion, social security and social organizations	国际组织 International Organization
芙蓉区	Furong District	213	542	2727	981	43	203	299	111	276	595	
天心区	Tianxin District	136	570	3050	873	83	290	243	114	377	410	
岳麓区	Yuelu District	98	581	2016	1603	105	222	435	170	379	649	
开福区	Kaifu District	138	470	2121	784	86	298	277	108	440	499	
雨花区	Yuhua District	131	653	2433	1359	99	288	374	150	246	405	
望城区	Wangcheng District	23	234	406	179	84	140	304	90	135	392	
长沙县	Changsha County	83	394	1088	596	114	186	449	82	272	697	
宁乡县	Ningxiang County	29	199	286	180	81	70	298	108	107	785	
浏阳市	Liuyang City	44	191	574	340	83	136	460	158	164	1066	
荷塘区	Hetang District	31	131	112	37	11	43	139	29	43	215	
芦淞区	Lusong District	38	179	172	25	8	30	127	31	67	261	
石峰区	Shifeng District	9	109	72	39	13	26	108	29	64	159	
天元区	Tianyuan District	73	213	409	116	37	67	152	33	121	538	
株洲县	Zhuzhou County	11	49	82	20	10	17	96	42	39	415	
攸　县	You County	21	70	107	67	21	25	190	44	72	533	
茶陵县	Chaling County	12	59	72	50	32	16	169	53	68	557	
炎陵县	Yanling County	4	35	23	22	10	2	65	124	12	409	
醴陵市	Liling City	31	116	143	208	26	27	389	604	152	900	
雨湖区	Yuhu District	26	173	387	137	48	40	249	74	161	566	
岳塘区	Yuetang District	55	172	358	138	28	48	158	59	93	543	
湘潭县	Xiangtan County	9	73	115	41	41	24	213	75	88	1091	
湘乡市	Xiangxiang City	12	63	98	123	37	36	102	56	60	1056	
韶山市	Shaoshan City	9	31	93	21	20	11	43	85	44	219	
珠晖区	Zhuhui District	17	120	112	51	12	40	157	111	95	274	
雁峰区	Yanfeng District	33	117	154	42	14	41	120	54	90	309	
石鼓区	Shigu District	29	134	237	54	19	55	89	66	107	287	
蒸湘区	Zhengxiang District	104	307	370	180	29	91	148	89	137	331	
南岳区	Nanyue District	2	27	49	24	19	7	54	43	34	243	
衡阳县	Hengyang County	23	82	130	121	46	57	367	915	223	1844	
衡南县	Hengnan County	15	109	110	245	69	56	226	558	273	1248	
衡山县	Hengshan County	11	36	33	92	39	8	132	190	138	638	
衡东县	Hengdong County	11	76	118	114	52	23	234	575	187	963	
祁东县	Qidong County	20	58	76	140	53	49	288	727	161	1337	
耒阳市	Leiyang City	41	222	247	50	19	229	412	725	302	1092	
常宁市	Changning City	8	78	85	52	30	110	362	711	258	1063	
双清区	Shuangqing District	16	161	184	54	6	73	138	71	65	290	
大祥区	Daxiang District	56	130	227	94	28	51	208	126	81	791	
北塔区	Beita District	5	27	23	13	2	11	40	20	26	151	

20-27 续表4 Continued

单位：个 (Unit)

市县名称	Cities and Counties	金融业 Finance	房地产业 Real Estate Trade	租赁和商务服务业 Tenancy and Business Services	科学研究和技术服务业 Scientific Research, Technical Services	水利、环境和公共设施管理业 Management of Water Conservancy, Environment and Public Establishment	居民服务、修理和其他服务业 Resident services, repairs and other services	教育 Education	卫生和社会工作 Health and social work sector	文化、体育和娱乐业 Culture, Sports and Entertainment	公共管理、社会保障和社会组织 Public administra-tion, social security and social organizations	国际组织 International Organization
邵东县	Shaodong County	8	119	109	38	24	49	120	110	132	1279	
新邵县	Xinshao County	8	32	48	18	20	20	309	29	47	883	
邵阳县	Shaoyang County	4	36	93	97	30	37	377	962	98	1023	
隆回县	Longhui County	13	90	175	34	38	45	403	65	191	1398	
洞口县	Dongkou County	7	52	61	33	22	31	227	51	47	794	
绥宁县	Shuining County	8	14	35	23	13	5	77	47	19	537	
新宁县	Xinning County	6	24	106	54	22	13	79	59	63	911	
城步县	Chengbu County	3	13	36	41	12		72	31	21	655	
武冈市	Wugang City	7	33	66	68	35	12	106	67	45	749	
岳阳楼区	Yueyanglou District	122	640	1029	263	76	1877	578	159	319	864	
云溪区	Yunxi District	4	30	106	56	22	57	56	30	35	326	
君山区	Junshan District	16	36	24	56	11	6	33	22	80	257	
岳阳县	Yueyang County	5	43	146	98	49	129	216	84	151	915	
华容县	Huarong County	6	76	98	242	44	99	133	57	86	766	
湘阴县	Xiangying County	10	141	115	105	49	82	128	92	89	677	
平江县	Pingjiang County	20	54	149	122	36	47	308	116	74	1083	
汨罗市	Miluo City	46	80	145	88	43	98	172	100	190	853	
临湘市	Linxiang City	14	77	123	66	56	33	115	65	141	630	
武陵区	Wuling District	110	391	981	324	103	772	386	177	304	1158	
鼎城区	Dingcheng District	10	73	198	81	53	282	137	123	154	1267	
安乡县	Anxiang County	15	52	102	65	67	154	81	69	205	734	
汉寿县	Hanshou County	10	75	109	66	59	141	154	106	103	1036	
澧　县	Li County	13	86	187	169	57	288	172	125	104	910	
临澧县	Linli County	5	31	67	63	17	63	61	51	71	807	
桃源县	Taoyuan County	6	42	136	63	27	50	148	118	147	1077	
石门县	Shimen County	4	33	74	71	33	45	181	102	51	1089	
津市市	Jinshi City	5	48	59	46	33	66	86	66	79	404	
永定区	Yongding District	31	196	508	108	73	112	247	57	68	795	
武陵源区	Wulingyuan District	4	9	41	9	24	4	14	17	18	229	
慈利县	Cili County	10	34	75	96	48	29	108	123	70	1012	
桑植县	Sangzhi County	10	26	20	70	23	16	117	80	41	806	
资阳区	Ziyang District	7	49	107	87	16	77	107	51	97	316	
赫山区	Heshan District	79	287	538	242	70	189	290	170	297	851	
南　县	Nan County	14	36	136	69	40	83	177	83	189	646	
大通湖区	Datonghu District	5	4	21	9	2	10	20	9	28	165	
桃江县	Taojiang County	14	67	212	122	56	86	133	78	114	775	
安化县	Anhua County	15	74	164	122	53	51	134	76	189	1028	
沅江市	Yuanjiang City	8	110	198	255	56	155	192	92	264	653	
北湖区	Beihu District	82	391	340	232	35	127	194	100	164	602	
苏仙区	Suxian District	41	153	272	129	49	44	164	106	130	932	
桂阳县	Guiyang County	9	78	147	252	37	57	216	142	108	785	
宜章县	Yizhang County	8	37	101	338	27	69	130	45	70	592	
永兴县	Yongxing County	29	54	101	117	28	39	183	93	131	893	

20-27 续表5 Continued

单位：个 (Unit)

市县名称	Cities and Counties	金融业 Finance	房地产业 Real Estate Trade	租赁和商务服务业 Tenancy and Business Services	科学研究和技术服务业 Scientific Research, Technical Services	水利、环境和公共设施管理业 Management of Water Conservancy, Environment and Public Establishment	居民服务、修理和其他服务业 Resident services, repairs and other services	教育 Education	卫生和社会工作 Health and social work sector	文化、体育和娱乐业 Culture, Sports and Entertainment	公共管理、社会保障和社会组织 Public administra - tion, social security and social organizations	国际组织 International Organization
嘉禾县	Jiahe County	8	21	31	27	12	26	120	24	72	428	
临武县	Linwu County	5	31	36	26	11	15	90	34	45	486	
汝城县	Rucheng County	8	43	43	23	21	18	70	33	41	620	
桂东县	Guidong County	7	13	44	25	12	12	46	38	32	366	
安仁县	Anreng County	4	47	39	107	31	38	97	265	71	408	
资兴市	Zixing City	8	54	103	160	80	25	152	85	68	677	
零陵区	Lingling District	3	70	146	169	32	27	247	72	57	841	
冷水滩区	Lengshuitan District	63	234	328	103	38	60	289	105	131	882	
祁阳县	Qiyang County	14	42	100	60	37	79	458	144	63	1465	
东安县	Dongan County	8	57	58	68	39	32	190	99	49	907	
双牌县	Shuangpai County	8	22	34	71	21	14	68	134	37	368	
道　县	Dao County	5	74	98	73	30	13	269	47	95	1012	
江永县	Jiangyong County	6	23	28	28	22	8	98	26	35	553	
宁远县	Ningyuan County	12	59	66	39	20	14	132	73	27	950	
蓝山县	Lanshan County	7	36	48	47	14	8	115	66	38	688	
新田县	Xintian County	5	54	42	42	14	17	90	445	36	716	
江华县	Jianghua County	5	61	70	35	11	12	129	240	60	1040	
鹤城区	Hecheng District	63	429	697	209	65	155	325	139	213	981	
中方县	Zhongfang County	6	24	14	50	11	10	62	37	54	725	
沅陵县	Yuanling County	9	48	41	69	18	11	159	99	107	849	
辰溪县	Chenxi County	2	37	36	47	15	13	97	71	85	967	
溆浦县	Xupu County	16	38	60	51	22	34	175	89	34	1067	
会同县	Huitong County	1	13	22	19	15	14	83	50	76	684	
麻阳县	Mayang County	8	35	33	27	15	8	89	63	42	593	
新晃县	Xinhuang County	1	21	38	41	19	12	67	76	47	572	
芷江县	Zhijiang County	2	24	51	51	39	9	81	80	62	691	
靖州县	Jinzhou County	3	13	42	31	20	12	68	37	63	419	
通道县	Tongdao County	3	25	34	16	10	10	53	31	16	434	
洪江市	Hongjiang City	2	39	30	28	11	8	71	52	62	536	
洪江区	Hongjiang District	1	16	20	11	12	6	14	13	7	139	
娄星区	Louxing District	101	496	801	200	49	198	328	120	248	709	
双峰县	Shuangfeng County	12	51	102	31	15	65	214	52	94	1182	
新化县	Xinhua County	18	62	141	48	38	26	279	86	156	1505	
冷水江市	Lenshuijiang City	10	77	104	48	16	48	176	49	126	420	
涟源市	Lianyuan City	5	55	148	144	21	54	224	96	236	1283	
吉首市	Jishou City	53	194	212	193	31	42	215	100	281	870	
泸溪县	Luxi County	1	16	47	50	26	11	91	49	179	641	
凤凰县	Fenghuang County	3	73	91	67	77	11	86	405	117	756	
花垣县	Huayuan County	9	26	49	29	27	23	106	66	160	730	
保靖县	Baojin County	5	18	35	87	38	21	100	98	307	596	
古丈县	Guzhang County	3	4	28	60	21	16	53	66	46	492	
永顺县	Yongshun County	3	26	39	87	71	11	190	163	233	692	
龙山县	Longshan County	2	53	42	81	49	25	170	150	210	1048	

20-28 规模以上服务业企业主要经济指标（2015年）
Major Economic Indicators of Service Enterprises above Designated Size (2015)

市县名称	Cities and Counties	单位数（个）Number of Enterprises（unit）	营业收入（亿元）Revenue of Bussiness (100 million Yuan)	利税总额（亿元）Total Taxes（100 million Yuan）	年均从业人员（万人）Average Number of Empolyment of the Current Year (10000 persons)
芙蓉区	Furong District	199	114.46	28.94	3.99
天心区	Tianxin District	137	240.40	37.40	2.69
岳麓区	Yuelu District	203	161.57	29.07	3.34
开福区	Kaifu District	129	222.42	41.62	2.37
雨花区	Yuhua District	240	289.53	32.41	5.40
望城区	Wangcheng District	75	16.33	1.25	0.64
长沙县	Changsha County	68	45.28	11.76	1.70
宁乡县	Ningxiang County	21	14.33	1.18	0.19
浏阳市	Liuyang City	45	35.54	12.90	0.39
荷塘区	Hetang District	31	8.97	-0.07	0.62
芦淞区	Lusong District	44	13.75	2.88	0.36
石峰区	Shifeng District	32	51.95	5.47	0.85
天元区	Tianyuan District	23	32.16	7.23	0.75
株洲县	Zhuzhou County	17	2.23	-0.06	0.12
攸　县	You County	42	12.07	1.23	0.51
茶陵县	Chaling County	53	8.52	1.64	0.34
炎陵县	Yanling County	4	0.39	0.12	0.02
醴陵市	Liling County	35	9.71	2.60	0.31
雨湖区	Yuhu District	24	33.57	6.73	1.04
岳塘区	Yuetang District	35	31.76	2.12	0.80
湘潭县	Xiangtan County	8	1.46	-0.02	0.07
湘乡市	Xiangxiang City	9	1.05	0.13	0.08
韶山市	Shaoshan City	4	1.80	-0.33	0.03
珠晖区	Zhuhui District	40	7.02	0.68	0.35
雁峰区	Yanfeng District	55	6.01	1.59	0.26
石鼓区	Shigu District	99	26.28	5.58	0.92
蒸湘区	Zhengxiang District	60	58.17	14.77	1.36
南岳区	Nanyue District	8	3.24	0.84	0.09
衡阳县	Hengyang County	38	5.09	-2.28	0.24
衡南县	Hengnan County	33	5.69	0.93	0.29
衡山县	Hengshan County	7	0.90	0.10	0.06
衡东县	Hengdong County	14	1.64	0.13	0.12
祁东县	Qidong County	29	4.13	2.61	0.22
耒阳市	Leiyang City	33	2.11	0.14	0.35
常宁市	Changning City	14	2.44	0.15	0.14
双清区	Shuangqing District	22	25.11	5.36	0.49
大祥区	Daxiang District	15	8.07	2.13	0.24
北塔区	Beita District	5	10.88	-0.09	0.61

20-28 续表1 continued

市县名称	Cities and Counties	单位数（个）Number of Enterprises (unit)	营业收入（亿元）Revenue of Bussiness (100 million Yuan)	利税总额（亿元）Total Taxes (100 million Yuan)	年均从业人员（万人）Average Number of Empolyment of the Current Year (10000 persons)
邵东县	Shaodong County	39	4.09	0.45	0.35
新邵县	Xinshao County	8	5.43	0.21	0.18
邵阳县	Shaoyang County	13	1.41	0.10	0.16
隆回县	Longhui County	13	1.14	0.19	0.08
洞口县	Dongkou County	18	1.79	0.15	0.20
绥宁县	Suining County	11	0.75	0.18	0.11
新宁县	Xinning County	9	2.16	0.43	0.15
城步县	Chengbu County	12	0.92	0.20	0.05
武冈市	Wugang City	19	3.35	0.01	0.30
岳阳楼区	Yueyanglou District	83	60.26	13.11	1.58
云溪区	Yunxi District	26	6.28	0.57	0.24
君山区	Junshan District	18	9.68	2.33	0.10
岳阳县	Yueyang County	22	6.20	0.72	0.21
华容县	Huarong County	58	10.80	1.36	0.63
湘阴县	Xiangyin County	54	3.75	0.56	0.27
平江县	Pingjiang County	52	6.06	0.99	0.34
汨罗市	Miluo City	21	4.38	1.32	0.13
临湘市	Linxiang City	16	2.66	0.54	0.13
武陵区	Wuling District	124	66.57	16.14	1.70
鼎城区	Dingcheng District	40	14.86	2.27	1.25
安乡县	Anxiang County	28	6.85	0.59	0.24
汉寿县	Hanshou County	33	5.57	0.49	0.23
澧　县	Li County	97	13.21	1.38	0.72
临澧县	Linli County	28	6.29	0.41	0.19
桃源县	Taoyuan County	31	7.09	0.31	0.30
石门县	Shimen County	29	3.25	0.16	0.26
津市市	Jinshi City	23	3.91	0.31	0.18
永定区	Yongding District	34	29.51	8.02	0.42
武陵源区	Wulingyuan District	9	10.64	3.91	0.18
慈利县	Cili County	1			0.01
桑植县	Sangzhi County	1	0.03		0.01
资阳区	Ziyang District	5	3.48	1.42	0.02
赫山区	Heshan District	56	48.08	9.67	1.08
南　县	Nan County	13	1.58	0.26	0.11
桃江县	Taojiang County	11	2.59	0.85	0.12
安化县	Anhua County	13	2.01	0.21	0.11
沅江市	Yuanjiang City	14	5.60	1.33	0.14
北湖区	Beihu District	79	55.56	9.34	1.47
苏仙区	Suxian District	57	97.53	12.99	0.34
桂阳县	Guiyang County	26	2.57	0.33	0.22
宜章县	Yizhang County	26	2.21	0.18	0.18
永兴县	Yongxing County	40	2.30	0.22	0.26

20-28 续表2 continued

市县名称	Cities and Counties	单位数（个）Number of Enterprises (unit)	营业收入（亿元）Revenue of Bussiness (100 million Yuan)	利税总额（亿元）Total Taxes (100 million Yuan)	年均从业人员（万人）Average Number of Empolyment of the Current Year (10000 persons)
嘉禾县	Jiahe County	22	1.45	0.08	0.20
临武县	Linwu County	7	1.51	0.14	0.08
汝城县	Rucheng County	7	0.33		0.05
桂东县	Guidong County	7	7.02	1.39	0.10
安仁县	Anreng County	13	1.12	0.13	0.08
资兴市	Zixing City	53	10.87	1.92	0.38
零陵区	Lingling District	10	5.99	2.28	0.14
冷水滩区	Lengshuitan District	32	35.64	-2.28	0.93
祁阳县	Qiyang County	13	2.94	0.15	0.14
东安县	Dongan County	14	1.62	0.22	0.18
双牌县	Shuangpai County	4	0.64	0.06	0.04
道　县	Dao County	8	0.72	0.10	0.07
江永县	Jiangyong County	5	0.21	0.02	0.04
宁远县	Ningyuan County	16	1.13	-0.04	0.15
蓝山县	Lanshan County	12	0.60	0.08	0.06
新田县	Xintian County	11	0.53	0.01	0.06
江华县	Jianghua County	19	1.26	0.14	0.14
鹤城区	Hecheng District	33	39.28	7.81	1.30
中方县	Zhongfang County	2	0.21		0.02
沅陵县	Yuanling County	6	1.28	0.10	0.05
辰溪县	Chenxi County	9	1.55	0.07	0.12
溆浦县	Xupu County	7	0.74	-0.02	0.11
会同县	Huitong County	5	1.31	0.02	0.04
麻阳县	Mayang County	3	0.19	0.01	0.01
新晃县	Xinhuang County	2	0.19	-0.01	0.02
芷江县	Zhijiang County	8	0.46	-0.57	0.05
靖州县	Jinzhou County	5	0.30	0.04	0.03
通道县	Tongdao County	3	0.07	-0.02	0.01
洪江市	Hongjiang City	9	2.30		0.06
洪江区	Hongjiang District	5	0.72	0.07	0.05
娄星区	Louxing District	81	55.41	10.57	1.43
双峰县	Shuangfeng County	15	4.07	0.72	0.12
新化县	Xinhua County	17	2.69	-0.14	0.20
冷水江市	Lengshuijian City	18	3.08	0.21	0.29
涟源市	Lianyuan City	30	3.79	0.28	0.29
吉首市	Jishou City	32	20.29	3.42	0.65
泸溪县	Louxi County	2	0.16	-0.01	0.03
凤凰县	Fenghuang County	9	3.21	1.30	0.17
花垣县	Huayuan County	6	0.28	0.09	0.03
保靖县	Baojin County	2	0.15		0.01
古丈县	Guzhang County	2	0.14	-0.01	0.01
永顺县	Yongshun County	7	1.61	0.12	0.08
龙山县	Longshan County	6	0.31	0.03	0.04

21 各省（市、自治区）主要经济和社会统计指标

Main Economic and Social Statistics Indicators By Provinces, Municipalities and Autonomous Regions

资料整理人员：　廖闻菲　　韩建芳

21-1 年末常住人口
Population at the Year-end

单位：万人 (10000 persons)

地 区	Region	2007年	2008年	2009年	2010年	2011年	2012年	2013年	2014年	2015年
全 国	**National Total**	**132129**	**132802**	**133450**	**134091**	**134735**	**135404**	**136072**	**136782**	**137462**
北 京	Beijing	1676	1771	1860	1962	2019	2069	2115	2152	2171
天 津	Tianjin	1115	1176	1228	1299	1355	1413	1472	1517	1547
河 北	Hebei	6943	6989	7034	7194	7241	7288	7333	7384	7425
山 西	Shanxi	3393	3411	3427	3574	3593	3611	3630	3648	3664
内蒙古	Inner Mongolia	2429	2444	2458	2472	2482	2490	2498	2505	2511
辽 宁	Liaoning	4298	4315	4341	4375	4383	4389	4390	4391	4382
吉 林	Jilin	2730	2734	2740	2747	2749	2750	2751	2752	2753
黑龙江	Heilongjiang	3824	3825	3826	3833	3834	3834	3835	3833	3812
上 海	Shanghai	2064	2141	2210	2303	2347	2380	2415	2426	2415
江 苏	Jiangsu	7723	7762	7810	7869	7899	7920	7939	7960	7976
浙 江	Zhejiang	5155	5212	5276	5447	5463	5477	5498	5508	5539
安 徽	Anhui	6118	6135	6131	5957	5968	5988	6030	6083	6144
福 建	Fujian	3612	3639	3666	3693	3720	3748	3774	3806	3839
江 西	Jiangxi	4368	4400	4432	4462	4488	4504	4522	4542	4566
山 东	Shandong	9367	9417	9470	9588	9637	9685	9733	9789	9847
河 南	Henan	9360	9429	9487	9405	9388	9406	9413	9436	9480
湖 北	Hubei	5699	5711	5720	5728	5758	5779	5799	5816	5852
湖 南	Hunan	6355	6380	6406	6570	6596	6639	6691	6737	6783
广 东	Guangdong	9660	9893	10130	10441	10505	10594	10644	10724	10849
广 西	Guangxi	4768	4816	4856	4610	4645	4682	4719	4754	4796
海 南	Hainan	845	854	864	869	877	887	895	903	911
重 庆	Chongqing	2816	2839	2859	2885	2919	2945	2970	2991	3017
四 川	Sichuan	8127	8138	8185	8045	8050	8076	8107	8140	8204
贵 州	Guizhou	3632	3596	3537	3479	3469	3484	3502	3508	3530
云 南	Yunnan	4514	4543	4571	4602	4631	4659	4687	4714	4742
西 藏	Tibet	289	292	296	300	303	308	312	318	324
陕 西	Shaanxi	3708	3718	3727	3735	3743	3753	3764	3775	3793
甘 肃	Gansu	2548	2551	2555	2560	2564	2578	2582	2591	2600
青 海	Qinghai	552	554	557	563	568	573	578	583	588
宁 夏	Ningxia	610	618	625	633	639	647	654	662	668
新 疆	Xinjiang	2095	2131	2159	2185	2209	2233	2264	2298	2360

注：2010年数据为当年人口普查数据推算数，其余年份数据根据年度人口抽样调查推算。

Data of 2010 are the census year estimates; the rest are the estimates from the annual national sample survey of population.

21-2 地区生产总值
Gross Domestic Product

单位：亿元 (100 million yuan)

地 区	Region	2009年	2010年	2011年	2012年	2013年	2014年	2015年
北 京	Beijing	12153.0	14113.6	16251.9	17879.4	19800.8	21330.8	22968.6
天 津	Tianjin	7521.9	9224.5	11307.3	12893.9	14442.0	15722.5	16538.2
河 北	Hebei	17235.5	20394.3	24515.8	26575.0	28443.0	29421.2	29806.1
山 西	Shanxi	7358.3	9200.9	11237.6	12112.8	12665.3	12759.4	12802.6
内蒙古	Inner Mongolia	9740.3	11672.0	14359.9	15880.6	16916.5	17769.5	18032.8
辽 宁	Liaoning	15212.5	18457.3	22226.7	24846.4	27213.2	28626.6	28743.4
吉 林	Jilin	7278.8	8667.6	10568.8	11939.2	13046.4	13803.8	14274.1
黑龙江	Heilongjiang	8587.0	10368.6	12582.0	13691.6	14454.9	15039.4	15083.7
上 海	Shanghai	15046.5	17166.0	19195.7	20181.7	21818.2	23560.9	24965.0
江 苏	Jiangsu	34457.3	41425.5	49110.3	54058.2	59753.4	65088.3	70116.4
浙 江	Zhejiang	22990.4	27722.3	32318.9	34665.3	37756.6	40153.5	42886.5
安 徽	Anhui	10062.8	12359.3	15300.7	17212.1	19229.3	20848.8	22005.6
福 建	Fujian	12236.5	14737.1	17560.2	19701.8	21868.5	24055.8	25979.8
江 西	Jiangxi	7655.2	9451.3	11702.8	12948.9	14410.2	15708.6	16723.8
山 东	Shandong	33896.7	39169.9	45361.9	50013.2	55230.3	59426.6	63002.3
河 南	Henan	19480.5	23092.4	26931.0	29599.3	32191.3	34939.4	37010.3
湖 北	Hubei	12961.1	15967.6	19632.3	22250.5	24791.8	27367.0	29550.2
湖 南	Hunan	13059.7	16038.0	19669.6	22154.2	24621.7	27048.5	29047.2
广 东	Guangdong	39482.6	46013.1	53210.3	57067.9	62474.8	67792.2	72812.6
广 西	Guangxi	7759.2	9569.9	11720.9	13035.1	14449.9	15673.0	16803.1
海 南	Hainan	1654.2	2064.5	2522.7	2855.5	3177.6	3500.7	3702.8
重 庆	Chongqing	6530.0	7925.6	10011.4	11409.6	12783.3	14265.4	15719.7
四 川	Sichuan	14151.3	17185.5	21026.7	23872.8	26392.1	28536.7	30103.1
贵 州	Guizhou	3912.7	4602.2	5701.8	6852.2	8086.9	9251.0	10502.6
云 南	Yunnan	6169.8	7224.2	8893.1	10309.5	11832.3	12814.6	13717.9
西 藏	Tibet	441.4	507.5	605.8	701.0	815.7	920.8	1026.4
陕 西	Shaanxi	8169.8	10123.5	12512.3	14453.7	16205.5	17689.9	18171.9
甘 肃	Gansu	3387.6	4120.8	5020.4	5650.2	6330.7	6835.3	6790.3
青 海	Qinghai	1081.3	1350.4	1670.4	1893.5	2122.1	2301.1	2417.1
宁 夏	Ningxia	1353.3	1689.7	2102.2	2341.3	2577.6	2752.1	2911.8
新 疆	Xinjiang	4277.1	5437.5	6610.1	7505.3	8443.8	9264.1	9324.8

注：本表按当年价格计算。 Absolute figures in this table are calculated at current prices.

21-3 地区生产总值指数
Indices of Gross Regional Product

（上年=100） (preceding year=100)

地 区	Region	2009年	2010年	2011年	2012年	2013年	2014年	2015年
北 京	Beijing	110.2	110.3	108.1	107.7	107.7	107.3	106.9
天 津	Tianjin	116.5	117.4	116.4	113.8	112.5	110.0	109.3
河 北	Hebei	110.0	112.2	111.3	109.6	108.2	106.5	106.8
山 西	Shanxi	105.4	113.9	113.0	110.1	108.9	104.9	103.1
内蒙古	Inner Mongolia	116.9	115.0	114.3	111.5	109.0	107.8	107.7
辽 宁	Liaoning	113.1	114.2	112.2	109.5	108.7	105.8	103.0
吉 林	Jilin	113.6	113.8	113.8	112.0	108.3	106.5	106.5
黑龙江	Heilongjiang	111.4	112.7	112.3	110.0	108.0	105.6	105.7
上 海	Shanghai	108.2	110.3	108.2	107.5	107.7	107.0	106.9
江 苏	Jiangsu	112.4	112.7	111.0	110.1	109.6	108.7	108.5
浙 江	Zhejiang	108.9	111.9	109.0	108.0	108.2	107.6	108.0
安 徽	Anhui	112.9	114.6	113.5	112.1	110.4	109.2	108.7
福 建	Fujian	112.3	113.9	112.3	111.4	111.0	109.9	109.0
江 西	Jiangxi	113.1	114.0	112.5	111.0	110.1	109.7	109.1
山 东	Shandong	112.2	112.3	110.9	109.8	109.6	108.7	108.0
河 南	Henan	110.9	112.5	111.9	110.1	109.0	108.9	108.3
湖 北	Hubei	113.5	114.8	113.8	111.3	110.1	109.7	108.9
湖 南	Hunan	113.7	114.6	112.8	111.3	110.1	109.5	108.6
广 东	Guangdong	109.7	112.4	110.0	108.2	108.5	107.8	108.0
广 西	Guangxi	113.9	114.2	112.3	111.3	110.2	108.5	108.1
海 南	Hainan	111.7	116.0	112.0	109.1	109.9	108.5	107.8
重 庆	Chongqing	114.9	117.1	116.4	113.6	112.3	110.9	111.0
四 川	Sichuan	114.5	115.1	115.0	112.6	110.0	108.5	107.9
贵 州	Guizhou	111.4	112.8	115.0	113.6	112.5	110.8	110.7
云 南	Yunnan	112.1	112.3	113.7	113.0	112.1	108.1	108.7
西 藏	Tibet	112.4	112.3	112.7	111.8	112.1	110.8	111.0
陕 西	Shaanxi	113.6	114.6	113.9	112.9	111.0	109.7	108.0
甘 肃	Gansu	110.3	111.8	112.5	112.6	110.8	108.9	108.1
青 海	Qinghai	110.1	115.3	113.5	112.3	110.8	109.2	108.2
宁 夏	Ningxia	111.9	113.5	112.1	111.5	109.8	108.0	108.0
新 疆	Xinjiang	108.1	110.6	112.0	112.0	111.0	110.0	108.8

注：本表按不变价格计算。Absolute figures in this table are calculated at constant prices.

21-4 人均地区生产总值
Per Capita Gross Domestic Product

单位：元 (yuan)

地 区	Region	2009年	2010年	2011年	2012年	2013年	2014年	2015年
北 京	Beijing	66940	73856	81658	87475	94648	99995	106284
天 津	Tianjin	62574	72994	85213	93173	100105	105202	107960
河 北	Hebei	24581	28668	33969	36584	38909	39984	40255
山 西	Shanxi	21522	26283	31357	33628	34984	35064	35017
内蒙古	Inner Mongolia	39735	47347	57974	63886	67836	71044	71903
辽 宁	Liaoning	35149	42355	50760	56649	61996	65201	65524
吉 林	Jilin	26595	31599	38460	43415	47428	50162	51852
黑龙江	Heilongjiang	22447	27076	32819	35711	37697	39226	39462
上 海	Shanghai	69165	76074	82560	85373	90993	97343	103141
江 苏	Jiangsu	44253	52840	62290	68347	75354	81874	87995
浙 江	Zhejiang	43842	51711	59249	63374	68805	72967	77644
安 徽	Anhui	16408	20888	25659	28792	32001	34427	35997
福 建	Fujian	33437	40025	47377	52763	58145	63472	67966
江 西	Jiangxi	17335	21253	26150	28800	31930	34661	36724
山 东	Shandong	35894	41106	47335	51768	56885	60879	64168
河 南	Henan	20597	24446	28661	31499	34211	37073	39131
湖 北	Hubei	22677	27906	34197	38572	42826	47124	50654
湖 南	Hunan	20428	24719	29880	33480	36943	40287	42968
广 东	Guangdong	39436	44736	50807	54095	58833	63452	67503
广 西	Guangxi	16045	20219	25326	27952	30741	33090	35190
海 南	Hainan	19254	23831	28898	32377	35663	38924	40818
重 庆	Chongqing	22920	27596	34500	38914	43223	47859	52330
四 川	Sichuan	17339	21182	26133	29608	32617	35128	36836
贵 州	Guizhou	10971	13119	16413	19710	23151	26393	29847
云 南	Yunnan	13539	15752	19265	22195	25322	27264	29015
西 藏	Tibet	15008	17027	20077	22936	26326	29252	31999
陕 西	Shaanxi	21947	27133	33464	38564	43117	46929	48023
甘 肃	Gansu	13269	16113	19595	21978	24539	26427	26165
青 海	Qinghai	19454	24115	29522	33181	36875	39633	41252
宁 夏	Ningxia	21777	26860	33043	36394	39613	41834	43805
新 疆	Xinjiang	19942	25034	30087	33796	37553	40607	40036

注：本表按当年价格计算。 Absolute figures in this table are calculated at current prices.

21-5 人均地区生产总值指数
Indices of Per Capita Gross Domestic Product

（上年=100）　(preceding year=100)

地 区	Region	2009年	2010年	2011年	2012年	2013年	2014年	2015年
北 京	Beijing	104.6	104.8	103.8	104.9	105.2	105.2	105.5
天 津	Tianjin	111.1	111.7	110.9	109.2	108.0	106.2	106.6
河 北	Hebei	109.3	110.6	109.7	108.9	107.5	105.8	106.1
山 西	Shanxi	104.9	111.2	110.4	109.6	108.4	104.4	102.6
内蒙古	Inner Mongolia	116.2	114.4	113.8	111.1	108.7	107.5	107.4
辽 宁	Liaoning	112.5	113.4	111.7	109.3	108.6	105.7	103.1
吉 林	Jilin	113.4	113.6	113.5	111.9	108.3	106.5	106.5
黑龙江	Heilongjiang	111.4	112.6	112.2	110.1	107.9	105.6	106.0
上 海	Shanghai	104.6	106.4	105.0	105.7	106.2	106.0	106.9
江 苏	Jiangsu	111.8	112.0	110.3	109.8	109.3	108.4	108.3
浙 江	Zhejiang	107.7	109.5	107.2	107.7	107.9	107.3	107.6
安 徽	Anhui	112.8	118.8	112.6	111.8	109.9	108.4	107.7
福 建	Fujian	111.6	113.2	111.6	110.5	110.2	109.1	108.0
江 西	Jiangxi	112.3	113.2	111.8	110.4	109.6	109.2	108.5
山 东	Shandong	111.6	111.3	109.9	109.2	109.0	108.1	107.3
河 南	Henan	110.2	112.6	112.5	110.1	108.9	108.7	107.9
湖 北	Hubei	113.3	114.7	113.5	110.7	109.7	109.3	108.4
湖 南	Hunan	113.2	112.9	111.2	110.7	109.3	108.7	107.9
广 东	Guangdong	107.1	109.5	108.0	107.4	107.8	107.1	107.0
广 西	Guangxi	112.9	113.9	112.0	110.4	109.4	107.7	107.2
海 南	Hainan	110.4	115.0	111.1	108.0	108.7	107.5	106.9
重 庆	Chongqing	114.1	116.2	115.1	112.4	111.3	110.0	110.1
四 川	Sichuan	114.0	115.7	115.9	112.3	109.6	108.1	107.2
贵 州	Guizhou	112.9	114.7	116.1	113.5	111.9	110.4	110.3
云 南	Yunnan	111.4	111.6	112.9	112.3	111.5	107.5	108.0
西 藏	Tibet	111.1	110.8	111.3	110.4	110.5	109.1	108.9
陕 西	Shaanxi	113.3	114.4	113.7	112.6	110.7	109.4	107.6
甘 肃	Gansu	110.2	111.6	112.3	112.2	110.4	108.6	107.7
青 海	Qinghai	109.6	114.5	112.3	111.3	109.9	108.2	107.2
宁 夏	Ningxia	110.6	112.2	110.8	110.3	108.6	106.8	106.9
新 疆	Xinjiang	106.5	109.3	110.7	110.8	109.6	108.4	106.6

注：本表按不变价格计算。 Absolute figures in this table are calculated at current prices.

21-6 地区生产总值和指数 (2015年)
Gross Domestic Product and Indices (2015)

地 区	Region	地区生产总值 (亿元) Gross Domestic Product (100 million yuan)	第一产业 Primary Industry	第二产业 Secondory Industry	第三产业 Tertiary Industry	#农林牧渔业 Farming,Forestry,Animal Husbandry and Fishery
北 京	Beijing	22968.6	140.2	4526.4	18301.9	142.6
天 津	Tianjin	16538.2	208.8	7688.7	8640.7	210.5
河 北	Hebei	29806.1	3439.5	14388.0	11978.7	3578.7
山 西	Shanxi	12802.6	788.1	5224.3	6790.2	829.1
内蒙古	Inner Mongolia	18032.8	1618.7	9200.6	7213.5	1643.8
辽 宁	Liaoning	28743.4	2384.0	13382.6	12976.8	2505.1
吉 林	Jilin	14274.1	1596.3	7337.1	5340.8	1644.6
黑龙江	Heilongjiang	15083.7	2633.5	4798.1	7652.1	2687.8
上 海	Shanghai	24965.0	109.8	7940.7	16914.5	114.0
江 苏	Jiangsu	70116.4	3987.9	32043.6	34084.8	4209.5
浙 江	Zhejiang	42886.5	1832.8	19707.1	21346.6	1865.2
安 徽	Anhui	22005.6	2456.7	11342.3	8206.6	2550.3
福 建	Fujian	25979.8	2117.7	13218.7	10643.5	2193.6
江 西	Jiangxi	16723.8	1773.0	8487.3	6463.5	1827.8
山 东	Shandong	63002.3	4979.1	29485.9	28537.4	5182.9
河 南	Henan	37010.3	4209.6	18189.4	14611.3	4348.4
湖 北	Hubei	29550.2	3309.8	13503.6	12736.8	3417.3
湖 南	Hunan	29047.2	3331.6	12955.4	12760.2	3462.0
广 东	Guangdong	72812.6	3344.8	32511.5	36956.2	3425.4
广 西	Guangxi	16803.1	2566.0	7694.7	6542.4	2634.3
海 南	Hainan	3702.8	855.8	875.1	1971.8	881.7
重 庆	Chongqing	15719.7	1150.2	7071.8	7497.8	1168.7
四 川	Sichuan	30103.1	3677.3	14293.2	12132.6	3745.3
贵 州	Guizhou	10502.6	1640.6	4146.9	4715.0	1712.7
云 南	Yunnan	13717.9	2055.7	5492.8	6169.4	2098.2
西 藏	Tibet	1026.4	96.9	376.2	553.3	99.2
陕 西	Shaanxi	18171.9	1597.6	9360.3	7213.9	1673.2
甘 肃	Gansu	6790.3	954.5	2494.8	3341.0	996.0
青 海	Qinghai	2417.1	208.9	1207.3	1000.8	212.2
宁 夏	Ningxia	2911.8	238.5	1379.0	1294.3	252.4
新 疆	Xinjiang	9324.8	1559.1	3565.0	4200.7	1598.7

注：本表绝对数按当年价格计算，增长速度按不变价格计算。

Absolute figures in this table are calculated at current prices, and the growth rate is calculated at comparable prices.

21-6 续表1 continued

地 区	Region	#工 业 Industry	#建筑业 Construction	#交通运输、仓储和邮政业 Transport,Storage and Post	#批发和零售业 Wholesale and Retail Trades	指数(上年=100) Indices (preceding year=100)
北 京	Beijing	3662.9	965.9	957.9	2400.3	106.9
天 津	Tianjin	6981.3	742.3	764.7	2075.1	109.3
河 北	Hebei	12626.2	1782.0	2479.9	2410.4	106.8
山 西	Shanxi	4389.6	847.2	897.8	1077.1	103.1
内蒙古	Inner Mongolia	7939.2	1263.2	1087.3	1728.3	107.7
辽 宁	Liaoning	11637.3	1881.3	1578.3	2839.5	103.0
吉 林	Jilin	6439.8	927.1	522.0	1104.9	106.5
黑龙江	Heilongjiang	4053.8	850.1	697.8	1689.2	105.7
上 海	Shanghai	7109.9	856.8	1130.9	3826.4	106.9
江 苏	Jiangsu	27996.4	4055.5	2705.4	6992.7	108.5
浙 江	Zhejiang	17209.4	2563.3	1598.7	5202.2	108.0
安 徽	Anhui	9659.8	1698.9	792.6	1603.5	108.7
福 建	Fujian	10974.4	2268.9	1469.4	2098.2	109.0
江 西	Jiangxi	6987.0	1500.6	736.2	1196.7	109.1
山 东	Shandong	25910.8	3664.9	2434.5	8464.1	108.0
河 南	Henan	16100.9	2160.3	1806.2	2465.4	108.3
湖 北	Hubei	11532.6	2039.6	1242.3	2332.3	108.9
湖 南	Hunan	11090.8	1877.7	1267.8	2344.0	108.6
广 东	Guangdong	30137.5	2441.9	2901.9	8134.4	108.0
广 西	Guangxi	6338.3	1360.9	764.4	1196.6	108.1
海 南	Hainan	485.9	390.4	185.8	446.8	107.8
重 庆	Chongqing	5557.5	1514.3	761.3	1345.4	111.0
四 川	Sichuan	12084.9	2325.6	1132.4	1690.8	107.9
贵 州	Guizhou	3315.6	832.6	920.4	671.4	110.7
云 南	Yunnan	3925.2	1574.5	304.5	1334.6	108.7
西 藏	Tibet	69.9	306.3	31.7	67.4	111.0
陕 西	Shaanxi	7634.2	1787.2	686.5	1504.7	108.0
甘 肃	Gansu	1778.1	730.9	274.7	508.0	108.1
青 海	Qinghai	893.9	313.8	90.6	154.8	108.2
宁 夏	Ningxia	979.7	400.0	200.7	137.6	108.0
新 疆	Xinjiang	2690.0	958.0	571.9	523.6	108.8

21-7 电力消费量
Electricity Consumption

单位：亿千瓦小时 (100 million kwh)

地 区	Region	2009年	2010年	2011年	2012年	2013年	2014年
北 京	Beijing	739.1	809.9	821.7	874.3	913.1	937.1
天 津	Tianjin	550.2	645.7	695.2	722.5	774.5	794.4
河 北	Hebei	2343.8	2691.5	2984.9	3077.7	3251.2	3314.1
山 西	Shanxi	1267.5	1460.0	1650.4	1765.8	1832.3	1822.6
内蒙古	Inner Mongolia	1287.9	1536.8	1864.1	2016.8	2181.9	2416.7
辽 宁	Liaoning	1488.2	1715.3	1861.5	1899.9	2008.5	2038.7
吉 林	Jilin	515.3	577.0	630.2	637.0	653.8	667.8
黑龙江	Heilongjiang	688.7	747.8	801.9	827.9	845.2	859.4
上 海	Shanghai	1153.4	1295.9	1339.6	1353.4	1410.6	1369.0
江 苏	Jiangsu	3314.0	3864.4	4281.6	4580.9	4956.6	5012.5
浙 江	Zhejiang	2471.4	2820.9	3116.9	3210.6	3453.1	3506.4
安 徽	Anhui	952.3	1077.9	1221.2	1361.1	1528.1	1585.2
福 建	Fujian	1134.9	1315.1	1515.9	1579.5	1700.7	1855.8
江 西	Jiangxi	609.2	700.5	835.1	867.7	947.1	1018.5
山 东	Shandong	2941.1	3298.5	3635.3	3794.6	4083.1	4223.5
河 南	Henan	2081.4	2354.0	2659.1	2747.7	2899.2	2919.6
湖 北	Hubei	1135.1	1330.4	1450.8	1507.9	1629.8	1656.5
湖 南	Hunan	1010.6	1171.9	1293.4	1346.5	1423.1	1430.9
广 东	Guangdong	3609.6	4060.1	4399.0	4619.4	4830.1	5235.2
广 西	Guangxi	856.4	993.2	1112.2	1153.9	1237.7	1308.0
海 南	Hainan	133.8	159.0	185.3	210.3	232.0	251.9
重 庆	Chongqing	533.8	626.4	717.0	723.5	813.3	867.2
四 川	Sichuan	1324.6	1549.0	1751.4	1830.7	1949.0	2014.8
贵 州	Guizhou	750.3	835.4	944.1	1046.7	1126.3	1173.7
云 南	Yunnan	891.2	1004.1	1204.1	1315.9	1459.8	1529.4
西 藏	Tibet	17.7	20.4	23.8	27.8	30.7	34.0
陕 西	Shaanxi	740.1	859.2	982.5	1066.7	1152.2	1226.0
甘 肃	Gansu	705.5	804.4	923.4	994.6	1073.2	1095.5
青 海	Qinghai	337.2	465.2	560.7	602.2	676.3	723.2
宁 夏	Ningxia	463.0	546.8	724.5	741.8	811.2	848.8
新 疆	Xinjiang	547.9	662.0	839.1	1151.5	1539.8	1900.2

注：2000年及以后为中国电力企业联合会数据。 Data since 2010 are provided by the Association of Power Generation Enterprises.

21-8 固定资产投资
Investment in Fixed Assets

单位：亿元 (100 million yuan)

地 区	Region	2009年	2010年	2011年	2012年	2013年	2014年	2015年
全 国	**National Total**	**193920.39**	**241430.89**	**302396.06**	**364854.15**	**435747.43**	**501264.87**	**551590.04**
北 京	Beijing	4149.63	4916.53	5519.84	6064.86	6797.54	6873.44	7446.02
天 津	Tianjin	4446.57	5896.52	7040.68	7913.26	9103.01	10490.37	11814.57
河 北	Hebei	10476.50	12922.66	15780.26	19104.63	22629.77	26147.20	28905.74
山 西	Shanxi	4509.56	5526.60	6837.69	8584.85	10745.35	12035.46	13744.59
内蒙古	Inner Mongolia	7143.84	8687.99	10252.97	11749.77	14072.39	17437.85	13529.15
辽 宁	Liaoning	11605.12	15106.33	17431.46	21535.37	24791.40	24426.83	17640.37
吉 林	Jilin	5958.95	7395.23	7226.65	9262.23	9725.76	11107.94	12508.59
黑龙江	Heilongjiang	4695.74	6292.67	7157.92	9375.44	11121.28	9537.88	9884.28
上 海	Shanghai	4618.91	4630.47	4959.93	5114.64	5644.13	6012.97	6349.39
江 苏	Jiangsu	14266.80	17416.47	26313.46	30473.74	35982.52	41552.75	45905.17
浙 江	Zhejiang	7454.33	8438.08	13651.65	17095.96	20194.07	23554.76	26664.72
安 徽	Anhui	7945.50	10281.29	12007.87	14943.81	18091.21	21256.29	23803.93
福 建	Fujian	5548.61	7385.78	9677.09	12182.52	15045.81	17869.76	20973.98
江 西	Jiangxi	6008.12	7856.94	8753.93	10378.37	12434.95	14646.31	16993.90
山 东	Shandong	15439.10	18844.41	25907.38	30319.76	35875.86	41599.13	47381.46
河 南	Henan	11454.89	13934.82	16934.32	20558.61	25188.06	30012.28	34951.28
湖 北	Hubei	7183.67	9405.63	12195.39	15148.71	18796.85	22441.67	26086.42
湖 南	Hunan	6880.00	8617.98	11407.74	13966.26	17225.19	20548.55	24324.17
广 东	Guangdong	10230.05	12599.26	16599.16	18250.13	21795.52	25843.06	29950.48
广 西	Guangxi	4689.88	6383.26	7580.90	9345.18	11383.93	13287.61	15654.95
海 南	Hainan	942.68	1257.50	1599.14	2064.44	2625.59	3039.46	3355.40
重 庆	Chongqing	4855.11	6170.61	7366.95	8610.37	10290.95	12140.83	14208.15
四 川	Sichuan	9090.09	11061.38	13687.75	16530.31	19755.29	22662.13	24965.56
贵 州	Guizhou	2049.83	2609.36	4026.47	5504.95	7102.78	8778.40	10676.70
云 南	Yunnan	4117.51	5052.61	5932.75	7553.51	9621.83	11073.81	13069.39
西 藏	Tibet	327.64	404.98	516.31	670.52	876.00	1069.23	1295.68
陕 西	Shaanxi	5888.37	7569.90	9108.98	11705.83	14533.51	16840.27	18231.03
甘 肃	Gansu	2076.36	2808.55	3870.08	5040.03	6407.20	7759.63	8626.60
青 海	Qinghai	689.09	840.01	1365.91	1808.67	2285.30	2788.91	3144.17
宁 夏	Ningxia	964.16	1292.80	1589.14	2033.03	2577.79	3093.92	3426.42
新 疆	Xinjiang	2434.15	3065.13	4444.99	5857.98	7371.24	9067.79	10525.42

21-9 房地产开发企业投资和房屋施工、竣工面积
Invesment of Enerprises for Real Estate Development and Floor Space of Buildings under Construction and Completed

地 区	Region	房地产开发投资(亿元) Invesment for Real Estate Development (100 million yuan)		房屋施工面积(万平方米) Floor Space of Buildings under Construction (10 000 sq.m)		房屋竣工面积(万平方米) Floor Space of Buildings Completed (10 000 sq.m)	
		2014年	2015年	2014年	2015年	2014年	2015年
全 国	**National Total**	**95035.6**	**95978.8**	**726482**	**735693**	**107459**	**100039**
北 京	Beijing	3715.3	4177.0	13588	12993	3054	2631
天 津	Tianjin	1699.6	1871.5	10652	10230	2925	2904
河 北	Hebei	4059.7	4285.3	31628	30435	4038	4039
山 西	Shanxi	1403.6	1494.9	15477	15734	2182	2114
内蒙古	Inner Mongolia	1370.9	1081.1	18474	17641	2012	1697
辽 宁	Liaoning	5301.3	3558.6	38617	29283	6147	3238
吉 林	Jilin	1030.1	924.2	12268	11566	1574	1287
黑龙江	Heilongjiang	1324.1	992.1	14218	12410	3001	2924
上 海	Shanghai	3206.5	3468.9	14690	15095	2313	2647
江 苏	Jiangsu	8240.2	8153.7	57638	58118	9620	10297
浙 江	Zhejiang	7262.4	7111.9	42144	41687	6390	5893
安 徽	Anhui	4339.0	4424.9	33479	34245	5196	5538
福 建	Fujian	4567.4	4469.6	30052	30891	3584	3437
江 西	Jiangxi	1322.5	1520.1	13333	15294	1872	1908
山 东	Shandong	5818.0	5892.2	54508	57206	7787	8278
河 南	Henan	4375.7	4818.9	38858	40994	7324	5390
湖 北	Hubei	3983.8	4249.2	26322	28296	3431	2785
湖 南	Hunan	2883.6	2613.7	27748	28322	4023	3970
广 东	Guangdong	7638.5	8538.5	53977	57942	7328	6044
广 西	Guangxi	1838.5	1909.1	17472	18608	1866	1675
海 南	Hainan	1431.7	1704.0	7557	8317	1204	1069
重 庆	Chongqing	3630.2	3751.3	28624	28986	3718	4630
四 川	Sichuan	4380.1	4813.0	36499	38981	5334	4546
贵 州	Guizhou	2187.7	2205.1	20369	20878	2842	2583
云 南	Yunnan	2846.7	2669.0	20035	20722	1789	2547
西 藏	Tibet	52.9	50.0	273	381	52	92
陕 西	Shaanxi	2426.5	2494.3	19466	20752	2189	1682
甘 肃	Gansu	721.5	768.1	7660	8586	813	962
青 海	Qinghai	308.3	336.0	2546	2586	559	454
宁 夏	Ningxia	654.8	633.6	7019	7046	1204	1169
新 疆	Xinjiang	1014.8	998.9	11289	11465	2086	1609

21-10 商品房销售面积和销售额
Floor Space and Sale of Commercialized Buildings Sold

地区	Region	商品房销售面积(万平方米) Floor Space of Commercialized Buildings Sold (10 000 sq.m)		商品房销售额(亿元) Total sale of Commercialized Buildings Sold (100 million yuan)		#住宅 Residential Buildings	
		2014年	2015年	2014年	2015年	2014年	2015年
全国	**National Total**	**120649**	**128495**	**76292.4**	**87280.8**	**62411.0**	**72753.0**
北京	Beijing	1454	1554	2738.7	3517.6	2102.5	2512.9
天津	Tianjin	1613	1771	1486.9	1790.0	1309.7	1646.4
河北	Hebei	5706	5855	2928.0	3371.6	2501.6	2854.2
山西	Shanxi	1576	1593	746.1	775.6	639.8	702.3
内蒙古	Inner Mongolia	2457	2369	1064.8	1052.2	765.0	766.1
辽宁	Liaoning	5755	3916	3092.1	2255.0	2518.9	1907.6
吉林	Jilin	1582	1492	808.6	816.9	667.6	680.3
黑龙江	Heilongjiang	2476	1997	1208.5	1027.1	962.7	824.2
上海	Shanghai	2085	2431	3499.5	5093.5	2923.4	4319.9
江苏	Jiangsu	9847	11414	6898.4	8396.2	5969.6	7374.9
浙江	Zhejiang	4677	5985	4923.0	6299.5	4172.6	5519.3
安徽	Anhui	6202	6174	3345.2	3369.4	2691.8	2714.3
福建	Fujian	4119	4038	3763.5	3585.8	2939.6	2839.8
江西	Jiangxi	3067	3478	1621.8	1863.7	1379.5	1606.7
山东	Shandong	9180	9727	4879.7	5408.0	4009.5	4510.8
河南	Henan	7880	8556	3440.6	3945.6	2739.7	3300.3
湖北	Hubei	5602	6245	3088.3	3661.4	2543.8	3198.5
湖南	Hunan	5440	6363	2299.1	2738.9	1858.6	2253.8
广东	Guangdong	9316	11681	8461.8	11442.8	6960.3	9967.3
广西	Guangxi	3157	3523	1532.1	1747.8	1274.6	1459.4
海南	Hainan	1004	1052	935.2	982.8	873.2	908.6
重庆	Chongqing	5100	5381	2815.0	2952.2	2253.3	2244.4
四川	Sichuan	7142	7671	3997.4	4199.8	3145.0	3269.5
贵州	Guizhou	3178	3560	1370.3	1571.7	1000.0	1068.1
云南	Yunnan	3194	3145	1596.4	1666.9	1165.4	1236.8
西藏	Tibet	59	51	34.3	21.1	28.6	16.7
陕西	Shaanxi	3094	2979	1598.0	1597.4	1368.1	1381.3
甘肃	Gansu	1326	1435	602.3	704.9	513.5	603.1
青海	Qinghai	416	393	211.3	206.0	155.8	139.8
宁夏	Ningxia	1129	839	465.0	370.3	352.0	284.0
新疆	Xinjiang	1816	1825	840.5	849.2	625.3	641.6

21-11 按境内目的地和货源地分货物进出口总额
Import Value of Commodities by Place of Destination and Export Value of Commodities by Place of Origin

单位：亿美元 (USD 10 000)

地区	Region	2009年	2010年	2011年	2012年	2013年	2014年	2015年
全国	**National Total**	**22075.4**	**29740.0**	**36418.6**	**38671.2**	**41589.9**	**43015.3**	**39569.0**
北京	Beijing	870.9	1106.9	1293.0	1286.7	1315.6	1431.1	1307.9
天津	Tianjin	720.3	916.1	1116.8	1228.5	1346.0	1444.2	1190.6
河北	Hebei	402.7	620.5	841.5	822.9	902.2	942.7	802.0
山西	Shanxi	93.2	138.6	162.2	165.9	171.6	185.1	175.2
内蒙古	Inner Mongolia	94.6	116.8	148.2	139.7	143.9	152.9	139.2
辽宁	Liaoning	698.5	952.9	1129.5	1183.4	1213.6	1253.9	1071.2
吉林	Jilin	118.8	170.2	230.5	244.8	251.9	270.4	200.3
黑龙江	Heilongjiang	133.6	183.4	261.6	282.1	274.0	294.2	163.1
上海	Shanghai	2733.3	3654.4	4331.5	4341.6	4342.8	4526.0	4230.0
江苏	Jiangsu	3659.3	4987.8	5812.4	5886.7	5933.0	6091.3	5810.4
浙江	Zhejiang	2107.1	2872.5	3514.1	3481.9	3655.1	3782.7	3595.7
安徽	Anhui	156.6	233.8	303.3	329.6	389.3	432.0	426.2
福建	Fujian	812.4	1105.5	1345.7	1461.9	1544.8	1645.0	1479.2
江西	Jiangxi	138.3	209.5	279.9	302.4	336.5	391.1	407.1
山东	Shandong	1635.2	2251.6	2845.6	2966.5	3149.4	3284.1	2795.4
河南	Henan	150.7	200.2	355.9	543.3	627.7	684.8	770.1
湖北	Hubei	176.7	260.3	337.5	324.4	356.4	408.5	446.1
湖南	Hunan	116.1	156.1	201.0	214.5	243.2	283.0	293.3
广东	Guangdong	6319.9	8340.1	10067.9	11153.3	12811.9	12419.4	11658.6
广西	Guangxi	135.6	195.5	323.2	408.7	387.0	448.9	464.0
海南	Hainan	84.8	103.7	134.5	145.6	147.6	169.3	155.1
重庆	Chongqing	77.2	118.3	244.8	452.4	587.9	825.6	587.2
四川	Sichuan	215.2	263.0	401.1	517.0	550.9	612.4	472.2
贵州	Guizhou	27.3	34.6	49.2	50.5	47.6	51.4	78.3
云南	Yunnan	74.6	103.3	122.6	121.2	158.2	199.1	190.2
西藏	Tibet	2.9	5.9	11.0	21.2	21.0	21.4	6.7
陕西	Shaanxi	86.7	117.0	140.8	151.9	202.2	276.9	298.8
甘肃	Gansu	44.8	73.9	78.3	71.6	68.4	52.7	44.1
青海	Qinghai	7.2	8.2	7.6	8.1	8.6	6.2	5.9
宁夏	Ningxia	19.6	25.7	28.1	26.7	26.1	40.1	34.4
新疆	Xinjiang	161.3	213.6	299.2	336.3	375.7	388.9	270.7

21-12 农林牧渔业总产值及指数(2015年)

Gross Output Value of Agriculture, Forestry, Animal Husbandry and Fishery and Related Indices(2015)

地 区	Region	农林牧渔业总产值(亿元) Gross Output Value (100 million yuan)	#农 业 Farming	#林 业 Forestry	#牧 业 Animal Husbandry	#渔 业 Fishery	指数 (上年=100) (preceding year=100)
全 国	**National Total**	**107056.4**	**57635.8**	**4436.4**	**29780.4**	**10880.6**	**103.9**
北 京	Beijing	368.2	154.5	57.3	135.9	11.9	88.3
天 津	Tianjin	467.4	238.0	7.7	130.2	80.4	102.6
河 北	Hebei	5978.9	3441.4	121.5	1904.1	198.7	102.7
山 西	Shanxi	1522.6	969.5	97.4	359.0	9.9	101.1
内蒙古	Inner Mongolia	2751.6	1418.3	99.4	1160.9	30.8	102.4
辽 宁	Liaoning	4686.7	2068.6	166.1	1561.4	689.8	103.8
吉 林	Jilin	2880.6	1400.4	109.8	1244.9	39.9	104.3
黑龙江	Heilongjiang	5044.9	2911.9	204.2	1704.8	117.6	105.2
上 海	Shanghai	302.6	162.0	12.2	65.6	51.8	93.3
江 苏	Jiangsu	7030.8	3722.1	129.1	1262.1	1517.5	102.6
浙 江	Zhejiang	2933.4	1434.7	151.6	426.2	855.9	101.2
安 徽	Anhui	4390.8	2174.6	290.1	1259.0	475.1	104.2
福 建	Fujian	3717.9	1618.6	314.3	571.3	1082.3	103.9
江 西	Jiangxi	2859.1	1326.9	293.7	719.8	420.0	104.0
山 东	Shandong	9549.6	4929.9	139.9	2523.2	1524.7	104.3
河 南	Henan	7641.3	4610.7	134.3	2445.3	123.6	104.6
湖 北	Hubei	5728.6	2780.4	180.6	1503.3	922.8	105.4
湖 南	Hunan	5630.7	3043.5	317.4	1601.7	366.9	103.7
广 东	Guangdong	5520.0	2793.8	296.7	1117.1	1117.2	103.1
广 西	Guangxi	4197.1	2146.4	313.9	1140.3	429.8	103.7
海 南	Hainan	1323.9	613.9	99.2	238.5	324.9	105.5
重 庆	Chongqing	1738.1	1033.7	60.4	542.9	74.9	104.6
四 川	Sichuan	6377.8	3335.5	205.8	2515.6	210.5	103.6
贵 州	Guizhou	2738.7	1772.6	137.7	665.2	55.9	106.8
云 南	Yunnan	3383.1	1841.5	317.1	1031.0	81.7	106.0
西 藏	Tibet	149.5	68.0	2.1	75.3	0.2	104.5
陕 西	Shaanxi	2813.5	1910.7	75.8	665.5	23.6	105.0
甘 肃	Gansu	1722.1	1252.5	28.6	279.4	2.2	105.7
青 海	Qinghai	319.3	145.0	7.4	158.4	2.8	101.8
宁 夏	Ningxia	483.0	311.0	11.6	122.9	15.8	104.4
新 疆	Xinjiang	2804.4	2005.4	53.2	649.5	21.8	106.3

注：本表绝对数按当年价格计算，增长速度按可比价格计算。

Data in value terms in this table are calculated at current prices, while the indices are calculated at constant prices.

21-13 主要农产品产量(2015年)
Output of Major Farm Products(2015)

单位：万吨 (10 000 tons)

地 区	Region	粮 食 Grain Crops	油 料 Oil-bearing Crops	棉 花 Cotton	糖 料 Sugar Crops	蔬 菜 Vegetables	水 果 Fruits
全 国	**National Total**	**62143.9**	**3537.0**	**560.3**	**12500.0**	**78526.1**	**27375.0**
北 京	Beijing	62.6	0.6	0.01		205.1	87.9
天 津	Tianjin	181.7	0.4	2.6		441.5	62.7
河 北	Hebei	3363.8	151.5	37.3	89.2	8243.7	2117.2
山 西	Shanxi	1259.6	15.3	1.4	5.5	1302.2	842.6
内蒙古	Inner Mongolia	2827.0	193.6	0.02	230.1	1445.3	296.7
辽 宁	Liaoning	2002.5	46.1	0.02	5.2	2932.8	882.0
吉 林	Jilin	3647.0	76.4		1.3	860.0	209.0
黑龙江	Heilongjiang	6324.0	18.3		7.3	957.4	213.5
上 海	Shanghai	112.1	1.2	0.04	0.6	364.5	61.5
江 苏	Jiangsu	3561.3	143.1	11.7	9.5	5595.7	914.8
浙 江	Zhejiang	752.2	31.3	2.0	62.2	1806.9	740.9
安 徽	Anhui	3538.1	227.9	23.4	20.3	2714.2	1029.8
福 建	Fujian	661.1	30.7	0.01	43.6	1903.6	837.0
江 西	Jiangxi	2148.7	124.0	11.5	65.8	1359.1	663.4
山 东	Shandong	4712.7	324.1	53.7		10272.9	3218.6
河 南	Henan	6067.1	599.7	12.6	24.3	7456.5	2665.1
湖 北	Hubei	2703.3	339.6	29.8	32.0	3852.0	966.3
湖 南	Hunan	3002.9	242.9	14.5	66.0	3996.9	981.0
广 东	Guangdong	1358.1	110.3		1452.9	3438.8	1648.5
广 西	Guangxi	1524.8	64.7	0.3	7504.9	2786.4	1720.0
海 南	Hainan	184.0	11.3		264.8	572.2	405.9
重 庆	Chongqing	1154.9	59.9		9.8	1780.5	375.9
四 川	Sichuan	3442.8	307.6	1.0	54.2	4240.8	934.2
贵 州	Guizhou	1180.0	101.3	0.1	156.1	1731.9	224.9
云 南	Yunnan	1876.4	65.9	0.01	1930.1	1873.9	726.5
西 藏	Tibet	100.6	6.4			69.6	1.5
陕 西	Shaanxi	1226.8	62.7	3.9	0.2	1822.5	1930.9
甘 肃	Gansu	1171.1	71.6	4.3	16.0	1823.1	679.0
青 海	Qinghai	102.7	30.5		0.03	166.4	3.6
宁 夏	Ningxia	372.6	15.3			575.8	298.9
新 疆	Xinjiang	1521.3	62.9	350.3	448.3	1933.9	1635.0

注：水果产量含果用瓜。 Data of output of fruits include melons.

21-13 续表 contimued

单位：万吨 (10 000 tons)

地 区	Region	肉 类 Output of Meat	#猪 肉 Pork	#牛 肉 Beef	#羊 肉 Mutton	奶 类 Milk
全 国	**National Total**	**8625.0**	**5486.5**	**700.1**	**440.8**	**3870.3**
北 京	Beijing	36.4	22.5	1.5	1.2	57.2
天 津	Tianjin	45.8	29.2	3.4	1.6	68.0
河 北	Hebei	462.5	275.0	53.2	31.7	480.9
山 西	Shanxi	85.6	60.3	5.9	6.9	92.7
内蒙古	Inner Mongolia	245.7	70.8	52.9	92.6	812.2
辽 宁	Liaoning	429.4	227.1	40.3	8.5	142.6
吉 林	Jilin	261.1	136.0	46.6	4.8	52.8
黑龙江	Heilongjiang	228.7	138.4	41.6	12.3	574.4
上 海	Shanghai	20.3	16.1	0.1	0.6	27.7
江 苏	Jiangsu	369.4	225.8	3.2	8.1	59.6
浙 江	Zhejiang	131.1	103.3	1.2	1.8	16.5
安 徽	Anhui	419.4	259.1	16.2	16.6	30.6
福 建	Fujian	216.6	134.5	3.1	2.4	15.4
江 西	Jiangxi	336.5	253.5	13.6	1.2	13.0
山 东	Shandong	774.0	397.4	67.9	37.1	284.9
河 南	Henan	711.1	468.0	82.6	25.9	352.3
湖 北	Hubei	433.3	331.5	23.0	8.8	16.9
湖 南	Hunan	540.1	448.0	19.9	11.6	9.7
广 东	Guangdong	424.2	274.2	7.0	0.9	12.9
广 西	Guangxi	417.3	258.8	14.4	3.2	10.1
海 南	Hainan	78.0	45.8	2.6	1.0	0.2
重 庆	Chongqing	213.8	156.2	8.8	3.8	5.4
四 川	Sichuan	706.8	512.4	35.4	26.3	67.5
贵 州	Guizhou	201.9	160.7	16.8	4.2	6.2
云 南	Yunnan	378.3	288.6	34.3	15.0	62.5
西 藏	Tibet	28.0	1.5	16.5	8.2	35.0
陕 西	Shaanxi	116.2	90.4	7.9	7.8	189.9
甘 肃	Gansu	96.3	50.8	18.8	19.6	39.9
青 海	Qinghai	34.7	10.3	11.5	11.6	32.7
宁 夏	Ningxia	29.2	7.1	9.7	10.1	136.5
新 疆	Xinjiang	153.2	33.1	40.4	55.4	163.8

21-14 规模以上工业企业主要经济指标(2015年)
Main Indicators of Industrial Enterprises above Designated Size(2015)

单位：亿元 (100 million yuan)

地 区	Region	主营业务收入 Revenue from Principal Business	主营业务成本 Cost of Principal Business	销售费用 Selling Expenses	利润总额 Total Profits
全 国	**National Total**	**1103300.7**	**945359.2**	**28740.0**	**63554.0**
北 京	Beijing	19026.0	15915.1	925.5	1580.3
天 津	Tianjin	27958.9	23937.3	626.0	2002.9
河 北	Hebei	44843.9	39487.5	809.3	2181.4
山 西	Shanxi	14393.7	12569.6	502.9	-68.1
内蒙古	Inner Mongolia	18522.7	15648.6	430.3	940.5
辽 宁	Liaoning	37123.7	32264.5	882.8	1191.1
吉 林	Jilin	22045.9	18626.8	857.3	1171.5
黑龙江	Heilongjiang	11384.5	9649.7	288.0	409.9
上 海	Shanghai	33468.0	27025.0	1303.4	2635.4
江 苏	Jiangsu	148283.8	127321.0	3634.1	9617.1
浙 江	Zhejiang	62740.5	53198.9	1678.2	3717.7
安 徽	Anhui	38364.4	33626.2	934.6	1852.7
福 建	Fujian	39106.6	33728.7	988.5	2208.7
江 西	Jiangxi	32459.4	28591.1	551.3	2128.0
山 东	Shandong	146886.7	128905.0	2896.1	8617.2
河 南	Henan	72381.4	63351.3	1324.5	4840.6
湖 北	Hubei	42470.2	36326.7	1278.0	2233.1
湖 南	Hunan	35152.2	29644.3	1011.8	1548.6
广 东	Guangdong	117461.7	99329.8	4020.1	7208.8
广 西	Guangxi	20078.4	17076.3	468.1	1175.4
海 南	Hainan	1660.6	1314.8	66.1	89.6
重 庆	Chongqing	20370.3	17241.4	587.1	1396.8
四 川	Sichuan	37876.3	32039.4	1120.1	2044.0
贵 州	Guizhou	9221.4	7440.6	295.6	606.5
云 南	Yunnan	9823.3	7614.3	269.0	462.0
西 藏	Tibet	130.9	104.7	6.1	6.4
陕 西	Shaanxi	18336.3	14822.0	478.8	1339.7
甘 肃	Gansu	8155.8	7351.5	129.4	-72.3
青 海	Qinghai	2130.1	1777.6	78.2	68.8
宁 夏	Ningxia	3403.9	2936.2	69.5	79.3
新 疆	Xinjiang	8039.1	6493.3	229.4	340.5

21-15 规模以上工业企业主要经济效益指标(2015年)
Main Indicators on Economic Benefit of Industrial Enterprises above Designated Size (2015)

地 区	Region	亏损企业亏损总额 Total Loss of Loss-making Enterprise	应收账款 Accounts Receivable	存货 Inventory	产成品 Products	资产总计 Total Assets	负债合计 Total Liabilities
全 国	**National Total**	**9115.5**	**114546.9**	**100107.2**	**38700.1**	**999741.1**	**561560.3**
北 京	Beijing	209.5	3835.5	2186.9	776.2	38788.9	17943.5
天 津	Tianjin	215.3	3325.5	2707.5	966.8	24349.0	14910.0
河 北	Hebei	492.1	3373.0	3789.5	1423.3	41809.4	23419.7
山 西	Shanxi	613.2	2358.9	1925.3	831.8	31508.4	23826.4
内蒙古	Inner Mongolia	520.2	1670.1	1497.3	643.1	28380.8	17722.5
辽 宁	Liaoning	612.7	3764.4	3823.0	1340.2	38085.9	22430.7
吉 林	Jilin	242.0	1369.8	1741.1	569.5	17399.8	9361.7
黑龙江	Heilongjiang	220.7	1281.3	1368.7	463.7	14556.9	8261.5
上 海	Shanghai	335.0	6203.0	4363.6	1453.9	36238.2	17288.6
江 苏	Jiangsu	730.2	17445.9	11854.2	4540.7	106814.7	56733.0
浙 江	Zhejiang	372.1	10413.4	7935.7	3309.7	66515.7	38078.9
安 徽	Anhui	277.2	3887.7	3100.6	1257.0	30487.3	17592.7
福 建	Fujian	255.7	3840.0	3539.5	1428.9	29285.5	15609.3
江 西	Jiangxi	65.5	1779.6	1775.7	778.8	18971.6	9400.7
山 东	Shandong	496.2	8310.0	10373.2	4481.6	99610.3	53804.2
河 南	Henan	413.0	4899.6	4141.9	1572.2	54227.5	25352.8
湖 北	Hubei	259.8	3815.7	3803.0	1549.2	33540.3	18188.7
湖 南	Hunan	186.4	2787.2	2645.2	891.9	22732.2	11876.7
广 东	Guangdong	507.6	16478.0	12122.3	4533.0	93808.1	53474.6
广 西	Guangxi	165.9	1357.0	1626.4	731.7	14692.4	9120.5
海 南	Hainan	23.3	172.7	205.7	90.4	2723.9	1482.6
重 庆	Chongqing	149.0	2100.0	1558.8	710.9	17006.4	10430.5
四 川	Sichuan	343.9	3766.4	3442.7	1283.3	38999.5	23498.6
贵 州	Guizhou	123.6	813.3	1052.1	306.2	12100.3	7720.1
云 南	Yunnan	296.4	1047.2	2154.2	566.9	18096.1	11705.7
西 藏	Tibet	17.7	19.5	23.7	7.7	883.8	424.7
陕 西	Shaanxi	194.4	1969.2	1862.3	795.0	25905.2	14470.4
甘 肃	Gansu	297.8	763.6	1376.6	545.1	11160.0	7113.7
青 海	Qinghai	72.0	257.3	295.1	111.0	5553.1	3847.4
宁 夏	Ningxia	89.0	453.2	713.9	268.8	7701.4	5203.4
新 疆	Xinjiang	318.1	988.8	1101.3	471.7	17808.1	11266.4

21-16 主要工业产品产量 (2015年)
Output of Industrial Products(2015)

地 区	Region	原 油(万吨) Crude Oil (10 000 tons)	天然气(亿立方米) Natural Gas (100 million cu.m)	布(亿米) Cloth (100 million m)	水 泥(万吨) Cement (10 000 tons)	生 铁(万吨) Pig Iron (10 000 tons)	粗 钢(万吨) Crude Steel (10 000 tons)
全国	**National Total**	**21455.6**	**1346.1**	**892.6**	**235939.6**	**69141.3**	**80382.5**
北 京	Beijing		16.9	0.0	553.5		1.5
天 津	Tianjin	3496.8	20.5	2.5	777.6	1953.2	2068.9
河 北	Hebei	580.1	10.4	78.4	9126.2	17382.3	18832.0
山 西	Shanxi		43.1	0.8	3777.1	3576.4	3847.0
内蒙古	Inner Mongolia	45.8	9.2		5830.8	1461.4	1735.1
辽 宁	Liaoning	1037.1	6.6	3.5	4567.7	6059.0	6071.3
吉 林	Jilin	665.5	20.3	0.4	3325.0	974.9	1066.8
黑龙江	Heilongjiang	3838.6	35.8	0.1	3111.9	408.9	418.5
上 海	Shanghai	6.8	1.9	1.0	433.6	1686.7	1783.8
江 苏	Jiangsu	190.5	0.4	140.5	18056.1	7044.8	10995.2
浙 江	Zhejiang			239.6	11330.9	1072.5	1594.9
安 徽	Anhui			15.3	13207.9	2092.5	2506.0
福 建	Fujian			79.2	7787.5	980.1	1586.5
江 西	Jiangxi		0.4	10.8	9458.1	2083.2	2211.0
山 东	Shandong	2608.0	4.6	126.0	15249.1	6747.9	6619.3
河 南	Henan	412.1	4.2	33.5	16676.2	2903.6	2897.4
湖 北	Hubei	71.0	1.4	88.2	11145.5	2288.7	2919.8
湖 南	Hunan			4.4	11680.1	1762.8	1852.8
广 东	Guangdong	1572.6	96.6	33.9	14560.0	1146.3	1761.7
广 西	Guangxi	50.5	0.2	0.4	11144.5	1220.3	2146.0
海 南	Hainan	30.0	1.9		2225.2		23.9
重 庆	Chongqing		33.3	5.8	6840.2	366.6	689.5
四 川	Sichuan	15.4	267.2	19.7	14091.0	1747.4	1947.7
贵 州	Guizhou		0.9	0.5	9940.9	407.6	466.4
云 南	Yunnan				9436.2	1235.4	1418.1
西 藏	Tibet				467.9		
陕 西	Shaanxi	3736.7	415.9	7.6	8578.7	800.9	1027.3
甘 肃	Gansu	66.6	0.1		4764.3	690.5	852.1
青 海	Qinghai	223.0	61.4		1767.9	112.6	120.6
宁 夏	Ningxia	13.4			1749.8	175.3	181.8
新 疆	Xinjiang	2795.1	293.0	0.7	4278.5	759.5	739.6

21-16 续表 continued

地 区	Region	钢 材 (万吨) Rolled Steel (10 000 tons)	汽 车 (万辆) Motor Vehicles (10 000 units)	家 用 电冰箱 (万台) Household Refrigerators (10 000 units)	移动通信 手持机 (万台) Mobile Telephones (10 000 units)	微型计算机 设备(万台) Micro-Computer Equipment (10 000 units)	发电量 (亿千瓦 小时) Electricity (100 million kwh)
全 国	**National Total**	**112349.6**	**2450.4**	**7992.8**	**181261.4**	**31418.7**	**58105.8**
北 京	Beijing	175.0	202.4		9540.8	885.6	420.9
天 津	Tianjin	8186.2	52.9	58.4	7315.6	1029.7	622.8
河 北	Hebei	25244.3	112.9				2497.8
山 西	Shanxi	4267.3			2038.4		2449.3
内蒙古	Inner Mongolia	1897.2	2.6				3928.8
辽 宁	Liaoning	6321.6	109.0	147.1	1614.5	0.2	1665.2
吉 林	Jilin	1152.5	208.1				731.3
黑龙江	Heilongjiang	403.8	8.0			1.7	873.6
上 海	Shanghai	2202.7	243.0	140.4	6747.5	3652.0	792.7
江 苏	Jiangsu	13560.8	115.8	844.6	4691.0	5911.6	4360.8
浙 江	Zhejiang	4047.7	41.1	710.5	4036.0	151.4	3010.8
安 徽	Anhui	3334.7	117.0	2703.2	64.3	1801.5	2061.9
福 建	Fujian	2820.7	19.2		2133.6	818.8	1901.0
江 西	Jiangxi	2577.6	42.1	85.9	4195.3		982.1
山 东	Shandong	9003.2	81.9	872.1	6732.6	24.3	4684.6
河 南	Henan	4766.8	32.9	184.4	19841.8		2624.6
湖 北	Hubei	3421.2	196.4	286.2	5475.7	1121.5	2301.4
湖 南	Hunan	1951.3	36.3	8.9	34.2	33.9	1314.0
广 东	Guangdong	3271.0	239.4	1523.6	83795.4	3241.7	4034.9
广 西	Guangxi	3545.4	229.4			3.1	1299.9
海 南	Hainan	34.7	7.0				261.0
重 庆	Chongqing	1411.4	260.9	179.8	17605.1	6180.8	679.8
四 川	Sichuan	2702.5	42.3	73.6	3375.3	6342.7	3129.6
贵 州	Guizhou	463.0		174.1	2015.2	218.2	1814.9
云 南	Yunnan	1695.4	11.7				2553.4
西 藏	Tibet	2.5					44.8
陕 西	Shaanxi	1655.6	34.1		9.1		1623.1
甘 肃	Gansu	847.8	2.4				1242.2
青 海	Qinghai	113.6					565.6
宁 夏	Ningxia	201.6					1154.7
新 疆	Xinjiang	1070.5	1.6				2478.5

21-17 社会消费品零售总额
Total Retail Sales of Consumer Goods

单位：亿元 (100 million yuan)

地 区	Region	2010年	2011年	2012年	2013年	2014年	2015年
全 国	**National Total**	**158008.0**	**187205.8**	**214432.7**	**242842.8**	**271896.1**	**300930.8**
北 京	Beijing	6340.3	7222.2	8123.5	8872.1	9638.0	10338.0
天 津	Tianjin	2860.2	3395.1	3921.4	4470.4	4738.7	5257.3
河 北	Hebei	6821.8	8035.5	9254.0	10516.7	11820.5	12990.7
山 西	Shanxi	3318.2	3903.4	4506.8	5139.3	5717.9	6033.7
内蒙古	Inner Mongolia	3384.0	3991.7	4572.5	5114.2	5657.6	6107.7
辽 宁	Liaoning	6887.6	8095.3	9304.2	10581.4	11857.0	12787.2
吉 林	Jilin	3504.9	4119.8	4772.9	5426.4	6080.9	6651.9
黑龙江	Heilongjiang	4039.2	4750.1	5491.0	6251.2	7015.3	7640.2
上 海	Shanghai	6186.6	7185.8	7840.4	8557.0	9303.5	10131.5
江 苏	Jiangsu	13606.3	16058.3	18411.1	20878.2	23458.1	25876.8
浙 江	Zhejiang	10387.0	12532.8	14199.6	15970.8	17835.3	19784.7
安 徽	Anhui	4300.5	5288.2	6142.8	7044.7	7957.0	8908.0
福 建	Fujian	5310.0	6276.2	7256.5	8275.3	9346.7	10505.9
江 西	Jiangxi	2971.0	3560.5	4123.3	4696.1	5292.6	5925.5
山 东	Shandong	14620.3	17155.5	19651.9	22294.8	25111.5	27761.4
河 南	Henan	8004.2	9453.6	10915.6	12426.6	14005.0	15740.4
湖 北	Hubei	7014.4	8363.3	9682.4	11035.9	12449.3	14003.2
湖 南	Hunan	5952.6	7209.0	8318.7	9509.5	10723.5	12024.0
广 东	Guangdong	17458.4	20297.5	22677.1	25453.9	28471.1	31517.6
广 西	Guangxi	3312.0	3908.2	4516.6	5133.1	5772.8	6348.1
海 南	Hainan	663.8	822.5	950.2	1090.9	1224.5	1325.1
重 庆	Chongqing	3051.1	3782.3	4403.0	5055.8	5710.7	6424.0
四 川	Sichuan	6884.8	8290.8	9622.0	11001.0	12393.0	13877.7
贵 州	Guizhou	1531.6	1899.9	2266.3	2601.2	2936.9	3283.0
云 南	Yunnan	2555.8	3105.9	3597.9	4112.6	4632.9	5103.2
西 藏	Tibet	192.4	237.5	277.9	322.2	364.5	408.5
陕 西	Shaanxi	3257.5	3900.6	4581.6	5245.0	5918.7	6578.1
甘 肃	Gansu	1435.5	1772.9	2064.4	2368.8	2668.3	2907.2
青 海	Qinghai	351.0	413.4	480.3	549.6	620.8	691.0
宁 夏	Ningxia	418.5	515.5	590.5	668.5	737.2	789.6
新 疆	Xinjiang	1386.1	1662.4	1916.1	2179.5	2436.5	2606.0

21-18 客运量和旅客周转量(2015年)
Passenger Traffic and Passenger-kilometers(2015)

地 区	Region	客运量(万人) Passenger Traffic (10 000 persons)	#铁路 Railways	#公路 Highways	#水运 Waterways	旅客周转量(亿人公里) Passenger-kilometers (100 million passenger km)	#铁路 Railways	#公路 Highways	#水运 Waterways
全 国	**National Total**	**1941444**	**251657**	**1619097**	**27072**	**30059.0**	**11960.6**	**10742.7**	**73.1**
北 京	Beijing	62752	12821	49931		279.4	149.3	130.1	
天 津	Tianjin	18345	4054	14219	72	252.3	170.5	81.7	0.1
河 北	Hebei	53274	9706	43563	5	1213.2	944.4	268.4	0.3
山 西	Shanxi	29587	7393	22085	109	380.0	215.4	164.5	0.1
内蒙古	Inner Mongolia	16125	5108	11017		371.1	210.8	160.3	
辽 宁	Liaoning	73685	12912	60269	504	923.8	604.7	313.1	6.0
吉 林	Jilin	36359	7158	29013	188	430.3	252.2	177.8	0.3
黑龙江	Heilongjiang	42713	9709	32632	372	487.5	257.6	229.6	0.4
上 海	Shanghai	13844	9692	3766	386	215.2	89.0	125.5	0.8
江 苏	Jiangsu	138308	16116	119800	2392	1453.7	625.5	825.5	2.7
浙 江	Zhejiang	110951	14806	92304	3841	1092.5	541.9	544.8	5.8
安 徽	Anhui	86810	8553	78072	185	1218.2	642.9	574.9	0.4
福 建	Fujian	51646	9256	40394	1996	575.5	305.3	267.3	2.8
江 西	Jiangxi	62418	8458	53687	273	953.8	668.7	284.7	0.3
山 东	Shandong	60142	11183	46960	1999	1147.3	664.3	471.4	11.6
河 南	Henan	124981	12166	112535	280	1630.6	886.1	743.9	0.5
湖 北	Hubei	101659	13132	87953	574	1218.7	726.1	489.3	3.3
湖 南	Hunan	131311	10511	119266	1534	1527.5	888.8	635.6	3.1
广 东	Guangdong	123709	22932	98050	2727	1796.5	751.1	1034.9	10.5
广 西	Guangxi	49101	7046	41522	533	731.8	318.2	410.8	2.7
海 南	Hainan	13728	1651	10363	1714	112.9	30.2	79.3	3.5
重 庆	Chongqing	62282	3994	57556	732	533.6	151.0	376.4	6.1
四 川	Sichuan	135969	9207	124014	2748	987.8	313.5	671.6	2.6
贵 州	Guizhou	87541	4901	80621	2019	658.2	229.9	422.8	5.5
云 南	Yunnan	48513	3668	43688	1157	456.6	123.9	330.2	2.5
西 藏	Tibet	1092	221	871		38.3	14.1	24.2	
陕 西	Shaanxi	69680	7866	61436	378	758.3	464.4	293.2	0.6
甘 肃	Gansu	40453	3123	37240	90	619.7	370.7	248.7	0.2
青 海	Qinghai	5602	936	4596	70	119.2	74.4	44.6	0.1
宁 夏	Ningxia	9300	661	8444	195	115.5	47.4	68.0	0.1
新 疆	Xinjiang	35948	2719	33229		477.3	228.0	249.3	

21-19 货运量和货物周转量（2015年）
Freight Traffic and Freight Ton-kilometers (2015)

地 区	Region	货运量（万吨） Freight Traffic (10 000 tons)	#铁路 Railways	#公路 Highways	#水运 Waterways	货物周转量（亿吨公里） Freight Tonkilometers (100 million ton-km)	#铁路 Railways	#公路 Highways	#水运 Waterways
全 国	**National Total**	**4171109**	**335801**	**3150019**	**613567**	**177835.0**	**23754.3**	**57955.7**	**91772.5**
北 京	Beijing	20078	1034	19044		901.4	745.1	156.4	
天 津	Tianjin	48779	8378	30551	9850	2519.2	444.8	345.2	1729.2
河 北	Hebei	198024	17843	175637	4544	12007.3	3633.0	6821.5	1552.8
山 西	Shanxi	161765	70509	91240	16	3438.5	2063.7	1374.8	0.1
内蒙古	Inner Mongolia	175112	55612	119500		4190.3	1950.3	2240.0	
辽 宁	Liaoning	202021	16442	172140	13439	11711.9	898.1	2850.7	7963.2
吉 林	Jilin	43333	4432	38708	193	1425.3	373.5	1051.2	0.6
黑龙江	Heilongjiang	54478	9033	44200	1245	1545.3	608.0	929.3	8.1
上 海	Shanghai	90893	496	40627	49770	19495.9	10.8	289.6	19195.5
江 苏	Jiangsu	198998	5304	113351	80343	8270.2	310.5	2073.0	5886.7
浙 江	Zhejiang	201231	3887	122547	74797	9869.7	213.2	1513.9	8142.6
安 徽	Anhui	345756	10158	230649	104949	10402.3	739.4	4721.9	4941.0
福 建	Fujian	111041	2820	79802	28419	5447.5	128.7	1020.3	4298.5
江 西	Jiangxi	130349	4019	115436	10894	3753.5	497.2	3022.7	233.6
山 东	Shandong	261849	19191	227934	14724	8418.0	1161.2	5877.0	1379.9
河 南	Henan	192859	9969	172431	10459	6948.1	1700.1	4542.7	705.3
湖 北	Hubei	153904	4135	115801	33968	5674.1	762.6	2380.6	2530.9
湖 南	Hunan	199716	4407	172248	23061	3895.5	761.7	2553.5	580.3
广 东	Guangdong	339225	8117	255995	75113	14882.2	258.9	3108.8	11514.5
广 西	Guangxi	149714	5779	119194	24741	4061.8	674.5	2122.6	1264.7
海 南	Hainan	22287	779	11279	10229	1181.7	12.1	78.7	1090.9
重 庆	Chongqing	103833	1862	86931	15040	2709.5	158.2	851.2	1700.1
四 川	Sichuan	154597	7287	138622	8688	2387.4	723.4	1480.6	183.5
贵 州	Guizhou	84540	5736	77341	1463	1379.0	561.3	782.5	35.3
云 南	Yunnan	107608	5108	101993	507	1500.3	410.0	1077.9	12.4
西 藏	Tibet	2125	48	2077		119.6	23.5	96.1	
陕 西	Shaanxi	140900	32951	107731	218	3263.5	1435.9	1826.8	0.8
甘 肃	Gansu	58251	5936	52281	34	2225.8	1313.6	912.1	0.1
青 海	Qinghai	15962	2729	13233		445.6	223.4	222.1	
宁 夏	Ningxia	42626	5631	36995		816.9	245.1	571.8	
新 疆	Xinjiang	70673	6168	64505		1772.9	712.5	1060.5	

21-20 城镇居民人均收入与支出(2015年)
Per capita Income and Expenditure of Urban Households(2015)

单位：元 (yuan)

地 区	Region	人均可支配收入 Per Capita Disposable Income		人均消费支出 Per Capita Consmption Expenditure	
		2014年	2015年	2014年	2015年
全 国	**National Total**	**28843.9**	**31194.8**	**19968.1**	**21392.4**
北 京	Beijing	48531.8	52859.2	33717.5	36642.0
天 津	Tianjin	31506.0	34101.3	24289.6	26229.5
河 北	Hebei	24141.3	26152.2	16203.8	17586.6
山 西	Shanxi	24069.4	25827.7	14636.9	15818.6
内蒙古	Inner Mongolia	28349.6	30594.1	20885.2	21876.5
辽 宁	Liaoning	29081.7	31125.7	20519.6	21556.7
吉 林	Jilin	23217.8	24900.9	17156.1	17972.6
黑龙江	Heilongjiang	22609.0	24202.6	16466.6	17152.1
上 海	Shanghai	48841.4	52961.9	35182.4	36946.1
江 苏	Jiangsu	34346.3	37173.5	23476.3	24966.0
浙 江	Zhejiang	40392.7	43714.5	27241.7	28661.3
安 徽	Anhui	24838.5	26935.8	16107.1	17233.5
福 建	Fujian	30722.4	33275.3	22204.1	23520.2
江 西	Jiangxi	24309.2	26500.1	15141.8	16731.8
山 东	Shandong	29221.9	31545.3	18322.6	19853.8
河 南	Henan	23672.1	25575.6	16184.5	17154.3
湖 北	Hubei	24852.3	27051.5	16681.4	18192.3
湖 南	Hunan	26570.2	28838.1	18334.7	19501.4
广 东	Guangdong	32148.1	34757.2	23611.7	25673.1
广 西	Guangxi	24669.0	26415.9	15045.4	16321.2
海 南	Hainan	24486.5	26356.4	17513.8	18448.4
重 庆	Chongqing	25147.2	27238.8	18279.5	19742.3
四 川	Sichuan	24234.4	26205.3	17759.9	19276.8
贵 州	Guizhou	22548.2	24579.6	15254.6	16914.2
云 南	Yunnan	24299.0	26373.2	16268.3	17675.0
西 藏	Tibet	22015.8	25456.6	15669.4	17022.0
陕 西	Shaanxi	24365.8	26420.2	17546.0	18463.9
甘 肃	Gansu	21803.9	23767.1	15942.3	17450.9
青 海	Qinghai	22306.6	24542.3	17492.9	19200.6
宁 夏	Ningxia	23284.6	25186.0	17216.2	18983.9
新 疆	Xinjiang	23214.0	26274.7	17684.5	19414.7

21-21 农村居民人均收入与支出(2015年)
Per capita Income and Expenditure of Urban Households(2015)

单位：元 (yuan)

地 区	Region	人均可支配收入 Per Capita Disposable Income		人均消费支出 Per Capita Consmption Expenditure	
		2014年	2015年	2014年	2015年
全国总计	**National Total**	**10488.9**	**11421.7**	**8382.6**	**9222.6**
北 京	Beijing	18867.3	20568.7	14535.1	15811.2
天 津	Tianjin	17014.2	18481.6	13738.6	14739.4
河 北	Hebei	10186.1	11050.5	8248.0	9022.8
山 西	Shanxi	8809.4	9453.9	6991.7	7421.2
内蒙古	Inner Mongolia	9976.3	10775.9	9972.2	10637.4
辽 宁	Liaoning	11191.5	12056.9	7800.7	8872.8
吉 林	Jilin	10780.1	11326.2	8139.8	8783.3
黑龙江	Heilongjiang	10453.2	11095.2	7830.0	8391.5
上 海	Shanghai	21191.6	23205.2	14820.1	16152.3
江 苏	Jiangsu	14958.4	16256.7	11820.3	12882.5
浙 江	Zhejiang	19373.3	21125.0	14497.8	16107.7
安 徽	Anhui	9916.4	10820.7	7980.8	8975.2
福 建	Fujian	12650.2	13792.7	11055.9	11960.8
江 西	Jiangxi	10116.6	11139.1	7548.3	8485.6
山 东	Shandong	11882.3	12930.4	7962.2	8747.6
河 南	Henan	9966.1	10852.9	7277.2	7887.4
湖 北	Hubei	10849.1	11843.9	8680.9	9803.1
湖 南	Hunan	10060.2	10992.5	9024.8	9690.6
广 东	Guangdong	12245.6	13360.4	10043.2	11103.0
广 西	Guangxi	8683.2	9466.6	6675.1	7582.0
海 南	Hainan	9912.6	10857.6	7029.0	8210.3
重 庆	Chongqing	9489.8	10504.7	7982.6	8937.7
四 川	Sichuan	9347.7	10247.4	8301.1	9250.6
贵 州	Guizhou	6671.2	7386.9	5970.3	6644.9
云 南	Yunnan	7456.1	8242.1	6030.3	6830.1
西 藏	Tibet	7359.2	8243.7	4822.1	5579.7
陕 西	Shaanxi	7932.2	8688.9	7252.4	7900.7
甘 肃	Gansu	6276.6	6936.2	6147.8	6829.8
青 海	Qinghai	7282.7	7933.4	8235.1	8566.5
宁 夏	Ningxia	8410.0	9118.7	7676.5	8414.9
新 疆	Xinjiang	8723.8	9425.1	7365.3	7697.9

21-22 规模以上服务业主要经济指标（2015年）
Main Economic Indicators of Service Enterprises above Designated Size (2015)

地 区	Region	单位数（个） Number of Enterprises (unit)	营业收入（亿元） Operating Income (100 million Yuan)	营业利润（亿元） Operating Profit (100 million Yuan)	营业税金及附加（亿元） Tax and Extra Charges Principal Business (100 million Yuan)	管理费用中的税金（亿元） Tax in charge of Management (100 million Yuan)
全 国	**National Total**	**138432**	**138080.9**	**19023.8**	**1683.4**	**402.4**
北 京	Beijing	13685	27059.4	7646.5	292.9	57.0
天 津	Tianjin	3723	4781.7	387.0	66.4	12.1
河 北	Hebei	3407	2695.2	147.5	27.7	9.2
山 西	Shanxi	1428	1096.0	9.5	10.5	3.4
内 蒙	Inner Mongolia	1437	1004.8	-96.0	11.4	4.7
辽 宁	Liaoning	3407	2767.2	114.3	25.9	13.7
吉 林	Jilin	1355	731.2	-4.2	9.6	3.0
黑龙江	Heilongjiang	876	934.7	-12.9	7.3	3.1
上 海	Shanghai	9499	19486.4	2149.7	161.0	32.8
江 苏	Jiangsu	16542	11570.9	1194.8	173.5	35.6
浙 江	Zhejiang	9200	9139.5	1307.8	106.3	24.5
安 徽	Anhui	3662	2460.2	315.6	33.1	9.9
福 建	Fujian	4151	2810.0	306.7	34.2	7.9
江 西	Jiangxi	2824	1727.1	93.1	25.4	4.7
山 东	Shandong	12239	6872.0	871.8	110.7	42.6
河 南	Henan	7384	4451.8	416.7	64.0	16.7
湖 北	Hubei	4002	3719.2	283.0	55.2	8.1
湖 南	Hunan	3837	2255.8	176.0	30.4	6.4
广 东	Guangdong	15527	16821.5	2469.1	241.6	52.7
广 西	Guangxi	2032	1310.7	116.7	19.9	5.5
海 南	Hainan	577	897.4	76.2	8.1	2.9
重 庆	Chongqing	3745	2585.8	247.3	34.8	12.4
四 川	Sichuan	5590	3659.5	198.2	49.3	11.8
贵 州	Guizhou	1546	929.1	-6.4	16.6	3.3
云 南	Yunnan	1526	1712.3	224.3	21.5	5.1
西 藏	Tibet	100	47.9	-11.2	1.0	0.1
陕 西	Shaanxi	2251	2448.7	221.2	22.8	7.4
甘 肃	Gansu	817	526.9	58.9	4.1	1.6
青 海	Qinghai	267	236.6	-31.4	1.3	0.4
宁 夏	Ningxia	446	222.4	-0.5	2.8	0.8
新 疆	Xinjiang	1350	1119.2	154.4	14.1	3.1

21-22 续表1 continued

地 区	Region	本年折旧（亿元）Depreciation of the Year (100 million Yuan)	应付职工薪酬（亿元）Total Sum of Wages Payable (100 million Yuan)	应交增值税（亿元）Value Added Payable (100 million Yuan)	从业人员平均人数（万人）Average Number of Empolyment of the Current Year (10000persons)
全 国	**National Total**	**10211.0**	**22780.7**	**2812.6**	**2537.99**
北 京	Beijing	919.1	4831.5	511.9	328.72
天 津	Tianjin	269.6	555.4	71.4	55.99
河 北	Hebei	387.8	475.7	74.2	66.94
山 西	Shanxi	120.6	165.5	26.2	31.36
内 蒙	Inner Mongolia	195.7	249.2	33.5	34.28
辽 宁	Liaoning	306.8	501.1	45.8	68.15
吉 林	Jilin	289.1	131.5	12.5	20.57
黑龙江	Heilongjiang	124.2	155.5	23.7	19.56
上 海	Shanghai	710.0	2878.5	320.2	214.67
江 苏	Jiangsu	710.3	1633.0	198.4	217.91
浙 江	Zhejiang	488.1	1438.3	172.2	163.02
安 徽	Anhui	223.1	333.5	60.3	55.43
福 建	Fujian	284.3	479.4	65.5	67.18
江 西	Jiangxi	240.4	212.5	72.2	38.59
山 东	Shandong	656.6	964.4	163.0	145.03
河 南	Henan	462.5	631.4	82.4	113.22
湖 北	Hubei	374.4	636.7	78.6	77.72
湖 南	Hunan	183.0	341.9	48.6	55.40
广 东	Guangdong	1291.2	3252.1	359.7	357.20
广 西	Guangxi	138.9	244.8	33.9	40.00
海 南	Hainan	92.0	112.1	16.9	12.89
重 庆	Chongqing	358.3	534.8	44.4	77.50
四 川	Sichuan	374.4	712.5	84.6	97.44
贵 州	Guizhou	145.1	162.9	23.9	25.51
云 南	Yunnan	231.6	290.0	55.3	39.04
西 藏	Tibet	20.4	11.8	0.9	1.62
陕 西	Shaanxi	265.7	471.9	67.1	59.62
甘 肃	Gansu	90.5	78.5	16.1	14.39
青 海	Qinghai	80.0	60.3	6.7	6.39
宁 夏	Ningxia	39.8	49.3	5.6	7.75
新 疆	Xinjiang	137.3	184.6	37.2	24.89